JN262179

医事刑法概論 I

序論・医療過誤

山中敬一 著

Keiichi Yamanaka, Medizinstrafrecht I

成文堂

まえがき

　医事刑法の分野の進展は目覚ましいものがある。それは、医事法の刑法にかかわる分野の中で、古典的なテーマである医療過誤や精神医療の諸問題を超えて、遺伝子治療や生殖医療、美容整形、性転換手術、移植医療、終末期医療、臓器移植、再生医療、予防医療などの先端医療に及んでいる。刑法学においても、この分野に取り組む研究者は多くなり、多大な成果を上げているが、新しく多岐にわたるテーマであるため、それを体系化するには困難を伴う。研究論文のほか、個別の研究書や一般医事刑法の入門書は少なくないとしても、現代の問題点を比較的詳しく体系的に論じた概説書が未だないのは、そのような理由があると思われる。本書は、そのような体系的叙述を目指している。しかし、簡便な実務に役立つ医事刑法概説を目指しているわけではなく、むしろ、研究書に近いが、医事刑法という比較的新しい分野における問題の所在と解決方法に関する視座と展望を示し、新たな問題提起に理論的に、体系的にアプローチするための「概論」であろうとしている。

　このように、本書は、新しい医事刑法の分野における未成熟な体系性にかんがみて現在の一応の学問水準を体系化して提示しようと試みたものの一部である。本書は、その第１巻として、「序論」と「医療過誤」を扱う。第２巻では、「先端医療と刑法」として急速に発展を遂げ、いまだ流動的な先端分野の刑事法上の問題を扱う予定である。序論では、医事刑法の意義とわが国における研究の発展史、医療過誤を中心とする医事刑法学の課題と現状、方法論、医行為の意義などの諸問題を取り扱い、医療過誤においては、まず、医療侵襲に対する患者の同意と医師の説明義務の意義を論じ、医療水準論を中心とする過失の成立要件および医療過誤の発現形態における過失の問題点、そして最後に医療における組織過失について論じた。その際、問題提起とわが国ではいまだ議論の成熟していない論点にも考察を及ぼして分析対象を広げ、体系性を保つため、ドイツにおける学説と判例をも比較的詳細に検討した。わが国の医事刑法においては、民事法と異なり、医師の説明義務違反が過失の内容をなすことはほんど皆無といってよく、また、わが国では

未だ論じられていない重要論点についても考察すべく、ドイツの判例・学説をも考察の対象として体系的視座に取り入れ将来の議論に備えるようにした。

　本書執筆の動機は、2007年3月に還暦を迎えたとき、後期に在外研究をとったこともあって、次の比較的長期を要する主要研究テーマを真剣に考えたことにある。その頃から準備を始め、約半年の在外研究（フランクフルトのゲーテ大学およびベルリンのフンボルト大学）や3カ月のフンボルト財団の再招待（フンボルト大学）などの間に準備を進めた。その後、2010年夏に、秋からの本務校研修の間ゲーテ大学で決定していた客員教授としての渡独に備えて健康診断に行ったところ、手術を要することが発覚し、その体験は、患者として医療を経験しえたのみならず、今後の生き方と研究計画を深く再考する契機となった。結局、その研修（その間、ゲーテ大、ゲッティンゲン大などにそれぞれ1カ月弱滞在）の大半も、国内で本書の準備にあてたが、第1巻となるべき部分までの一応の構想と準備ができたときに「法学論集」への連載を開始し、その後もなお補筆・訂正しつつ推敲していった。そのようなわけで第2巻については、いまだ部分的にしか執筆するに至っていない。いままで費やした時間を思うと第2巻の完成は遠い先のように感じられ、ほかにも取り組みたい中断中のテーマがあるので、焦燥感を覚えるが、着実に一歩づつ進めていくほかない。

　本書の出版にあたっても成文堂のお世話になった。研究者としての初めてのモノグラフィーを出版していただいて以来、随分と研究発表の場としてご援助と協力を得た。成文堂の存在なくして私の研究意欲の長年にわたる持続はなかったであろう。今回も、医事刑法学という新たな分野での挑戦に、阿部耕一社長をはじめ成文堂の全面的な支援をいただいたことに深く感謝する。本書の出版を当初、長年親交のある土子三男取締役にお願いし、快諾を得た後、編集部の篠崎雄彦氏にご担当頂き、レイアウト、校正、索引の作成など多岐にわたって貴重な協力を得て本書を上梓することができたが、続巻の公刊予定に対する謝意をも含めて、末尾ながら深甚なる感謝の意を表したい。

2013年9月23日

山 中 敬 一

目 次

まえがき

第1章 序 論

1. 医事刑法の意義・対象・方法 …………………………… 3
   1. 医事刑法の意義と対象 …………………………………… 3
      （1）医事法の意義と分野　*3*
      （2）医事刑法の意義と内容　*5*
      （3）医事刑法の対象領域　*7*
   2. 医事刑法の方法 ………………………………………………… 8

2. 医事刑法の展開 ………………………………………………… *10*
   1. 時代区分の観点 ……………………………………………… *10*
   2. 著作物からみた医事刑法の発達 ………………………… *11*
      （1）前　史　*11*
      （2）第1期（1960年代-1970年代：医事刑法の分野形成の時代）　*12*
      （3）第2期（1980年代：医療過誤の時代）　*13*
      （4）第3期（1990年代以降：先端医療と生命倫理の時代）　*13*

3. 医療政策と刑事法 ………………………………………………… *16*
   1. 医療不信から医療崩壊へ ……………………………………… *16*
   2. 医療不信と医療安全 …………………………………………… *17*
   3. 刑事医療過誤事件の増加 ……………………………………… *18*
      （1）医療過誤事件の増加の現状　*18*
      （2）医療過誤事件増加の原因　*19*
   4. 医療行為への刑事法の介入の意義 ………………………… *24*

（1）医療事故に対する刑事責任のあり方　*24*
　　　（2）医療過誤に対する過失犯処罰の意義　*25*
　　5．医療事故予防のための方策 ……………………………………*28*
　　　（1）医療事故調査の機関の設置　*28*
　　　（2）モデル事業と医療安全調査委員会　*29*
　　　（3）医療安全体制の確立のための試み　*30*
　　　（4）医療被害防止・救済センターの構想　*33*
　　　（5）患者の権利法　*33*
　　　（6）危機的事象報告制度　*39*
　　6．医療過誤における過失犯処罰と過失犯理論の課題 …………*42*
　　　（1）医療事故に対する過失犯処罰の機能　*42*
　　　（2）医療過誤における過失犯の重罰化の根拠　*43*
　　　（3）医療過誤における過失理論の課題　*43*

4．医事刑法の行為規範 ……………………………………………*46*
　　1．医療行為における法規範の体系 ………………………………*46*
　　　（1）医事関係行政法・行政規則　*47*
　　　（2）専門家集団の倫理基準ないしガイドライン　*48*
　　　（3）倫理委員会　*50*
　　　（4）医療契約法　*51*
　　2．制裁規範の前提としての行為規範違反 ………………………*52*

5．先端医療と刑事法 ………………………………………………*54*
　　1．医療の発展と法規制 ……………………………………………*54*
　　2．生殖補助医療と法 ………………………………………………*55*
　　　（1）問題の所在　*55*
　　　（2）ドイツにおける胚保護法の意義　*56*
　　　（3）わが国におけるガイドライン・立法提案等　*58*
　　3．脳死・臓器移植と刑事法 ………………………………………*58*
　　　（1）脳死と臓器移植法成立の経緯　*58*
　　　（2）臓器移植法の適用範囲　*59*

（3）臓器の摘出の要件とその緩和　*60*
　4．精神医療と刑事法 ……………………………………………*61*
　　　（1）責任能力判断　*61*
　　　（2）責任無能力者の処遇　*63*
　　　（3）治療と人権　*63*
　　　（4）法改正と比較法　*64*
　5．その他の諸問題 ………………………………………………*65*

6．医事刑法と医療倫理 …………………………………………………*67*
　1．医事刑法解釈方法論と倫理原則 ………………………………*67*
　2．医事刑法における医療倫理の具体化 …………………………*69*
　　　（1）医療倫理四原則の内容と相互衝突の解決　*69*
　　　（2）衝突する四原則の射程と順位と適用の状況的事態　*70*
　　　（3）衝突の解決の判断要素　*73*
　　　（4）刑事法と四原則　*74*
　　　（5）医事刑法における医療倫理四原則　*75*

7．医行為（医療行為）の意義 …………………………………………*81*
　1．医　業 …………………………………………………………*81*
　2．医行為 …………………………………………………………*82*
　　　（1）医行為の定義　*82*
　　　（2）治療を目的とした検査・診察　*84*
　　　（3）医師法17条の立法趣旨　*85*
　　　（4）危害を及ぼす行為・危害を及ぼすおそれのある医行為　*87*
　　　（5）判例　*88*
　　　（6）課題　*89*
　3．医業類似行為 …………………………………………………*89*
　4．医行為と医療侵襲行為 ………………………………………*92*

8．医師の応招義務 ………………………………………………………*93*

1．医師法上の医師の義務 …………………………………… *93*
　　2．診療義務 ……………………………………………………… *94*

第2章　患者の同意

はじめに ……………………………………………………………… *107*

1．医療における患者の同意の意義 ……………………………… *108*
　1．刑法における「同意」の意義 ………………………………… *108*
　2．傷害罪における患者の同意の効果 …………………………… *109*
　　（1）法益保護の放棄による犯罪成立阻却　*109*
　　（2）構成要件的行為の文言解釈による区別？　*110*
　　（3）同意による法益保護の放棄か正当化事情の一要素か　*111*
　　（4）傷害の程度による同意の効果の区別　*111*
　3．患者の権利ないし自己決定権の行使としての「同意」……*112*
　　（1）医療の主体としての患者　*112*
　　（2）判例における説明に基づく同意の確立　*113*
　　（3）医療における患者の権利法への動き　*114*
　　（4）患者の医療への参加　*116*
　4．同意の要件と正当化の制限 …………………………………… *117*
　5．医的侵襲を直接の対象としない同意 ………………………… *118*

2．傷害構成要件と正当化事由 ……………………………………… *119*
　1．傷害概念・正当行為アプローチから同意アプローチへ ……*119*
　2．医療侵襲の正当化根拠 ………………………………………… *120*
　　（1）業務権説　*120*
　　（2）侵襲＝傷害説　*120*
　　（3）侵襲＝非傷害説　*121*
　3．医療侵襲と傷害概念 …………………………………………… *122*
　　（1）客観的傷害概念　*123*

（2）同意による構成要件阻却と正当化　*127*
　4．被害者の同意と構成要件阻却・違法性阻却（私見）………*130*
　　（1）医的侵襲における患者の同意の意義　*131*
　　（2）重大な傷害と軽微な傷害による区別　*131*
　　（3）同意の無効による傷害罪ないし傷害致死罪の成立　*132*

3．患者の同意の要件と制限 ……………………………………*135*
　1．同意の要件と同意の制限 …………………………………*135*
　　（1）同意の意義と要件　*135*
　　（2）同意の制限の基本的な考え方　*136*
　　（3）同意の客観的・規範的制限　*137*
　　（4）同意の実質的基盤としての医師の説明　*142*
　2．同意の客観的・規範的限界の具体的考察 ………………*143*
　　（1）ヘロイン注射に対する同意における「良俗」概念　*143*
　　（2）良俗違反の内容としての死の危険の概念　*145*
　　（3）傷害に対する正当化的同意の限界としての
　　　　「具体的な死の危険」　*146*
　　（4）わが国の判例における同意による正当化の限界　*146*
　　（5）学説における根拠論　*147*

4．患者の同意能力 ………………………………………………*149*
　1．同意能力の概念 ……………………………………………*149*
　　（1）ドイツ法における同意能力の概念　*149*
　　（2）ドイツの学説の検討　*151*
　2．自律的意思としての同意 …………………………………*154*
　　（1）同意能力の内容としての弁識能力・判断能力　*154*
　　（2）同意の代行　*154*
　3．未成年者の同意能力 ………………………………………*155*
　4．未成年者における同意の代行 ……………………………*156*
　　（1）ドイツ法における親の代諾　*156*
　　（2）わが国における法定代理人の代諾　*157*

（3）わが国における脳死者の家族の同意　*158*
　5．成年における同意能力の欠如・限定 ……………………………*159*
　　（1）ドイツ法における世話人ないし家族による同意の代行　*159*
　　（2）わが成年後見制度における同意の代行　*160*
　6．緊急状態における代諾（同意の代行）……………………………*161*
　　（1）問題の所在　*161*
　　（2）民事判例における代諾の要件　*162*
　　（3）刑事法における推定的同意　*164*

5．患者の同意と意思の欠缺 ………………………………………*165*
　1．患者の同意と錯誤 ……………………………………………………*165*
　　（1）合意と同意の区別？　*165*
　　（2）同意における意思の欠缺の効果　*166*
　　（3）錯誤と同意の効果に関する学説　*166*
　　（4）患者の同意の特殊性？　*169*
　　（5）目的に関する錯誤・施術者の同一性に関する錯誤　*169*
　2．治療ないし臓器摘出の目的に関する錯誤 …………………………*170*
　　（1）問題の所在　*170*
　　（2）事例の類型化　*170*
　3．採血目的の欺罔 ………………………………………………………*176*
　　（1）問題の所在　*176*
　　（2）判例の動向　*176*
　　（3）エイズ・テストに関する学説　*179*
　　（4）エイズ検査の諸類型と法益関係的錯誤　*180*
　　（5）医師の欺罔によらない患者の錯誤　*183*
　4．施術者の同一性に関する欺罔・錯誤 ………………………………*183*
　　（1）同一性の錯誤と法益関係的錯誤説　*183*
　　（2）医学研修生事件　*184*
　　（3）判決の評価　*186*
　5．患者が同意を放棄し医師に決定権限を委譲する事案 ……*187*
　　（1）問題の所在　*187*

（2）ドイツにおける学説と法規定　*187*

6．患者の同意と医学的適応 ………………………… *189*
1．同意と医学的適応の関係 ………………………… *189*
2．患者の自己決定と医師の理性の対立 ……………… *190*
　　　（1）自律性尊重原則と無危害原則の対立　*190*
　　　（2）患者の自己決定権の優越性　*190*
　　　（3）自己決定権の限界としての具体的な生命の危険　*191*
3．医学的適応があるのに同意がない場合 …………… *191*
　　　（1）事案の類型化　*191*
　　　（2）患者の信条に基づく輸血拒否　*192*
　　　（3）親権者の拒否する子供の医学的適応のある輸血　*201*
　　　（4）わが国における宗教上の輸血拒否に関するガイドライン
　　　　　の試み　*203*
4．医学的適応のない自己決定 ………………………… *204*
　　　（1）適応なき抜歯の自己決定　*204*
　　　（2）要望にもとづく帝王切開　*206*
　　　（3）男児の医学的適応のない割礼に対する親の代諾　*207*
5．事後の手術の拡大 …………………………………… *215*
　　　（1）事後の手術の拡大における同意の意義　*215*
　　　（2）ドイツ連邦裁判所の判例　*216*
　　　（3）手術の拡大に関するわが国の指導判例　*223*

7．患者の同意と医術的正当性 …………………………… *227*
1．医術的正当性の枠内での治療方法の選択 ………… *227*
2．治療方法の選択の自己決定 ………………………… *227*
　　　（1）分娩方法に関する説明義務違反事件　*227*
　　　（2）第2審判決　*230*
　　　（3）乳房切除術に対する説明義務違反事件　*231*
　　　（4）刑事法における治療方法の選択　*232*

8．小　括 …………………………………………………………………233

第3章　医師の説明義務

1．説明義務の意義と根拠 ………………………………………………237
　　1．刑事法における説明義務違反の意義 …………………………237
　　　（1）患者の自己決定権と医師の裁量　237
　　　（2）患者の同意と医師の説明義務——その展開過程　238
　　　（3）刑事法における説明義務違反の事実上の機能　240
　　2．説明義務の形式的・実質的根拠 ………………………………243
　　　（1）説明義務の法的根拠　243
　　　（2）自己決定権の実質的基盤　244

2．医師の説明の機能 ……………………………………………………246
　　1．医師の説明の機能的分類 ………………………………………246
　　　（1）自己決定のための説明と治療のための説明の概念上の区別　246
　　　（2）その効果の区別　249
　　　（3）説明義務の犯罪論上の体系的地位　249
　　　（4）説明の範囲の問題　252
　　2．自己決定のための説明 …………………………………………254
　　　（1）説明の内容の概観　254
　　　（2）診断に関する説明　254
　　　（3）経過に関する説明　264
　　　（4）危険に関する説明　285
　　3．治療のための説明 ………………………………………………290
　　　（1）治療上の危険に関する説明　291
　　　（2）HIV感染に関する説明　292
　　　（3）わが国における治療のための説明に関する判例　293

3．説明義務の範囲 ………………………………………………………299

1．ドイツにおける説明義務の範囲決定の一般的基準 ………299
　　　（1）ドイツ判例における「理解力ある患者」という基準　299
　　　（2）個別的基準と客観的基準　300
　　2．わが国における説明義務の範囲決定の一般的基準 ………301
　　3．理解力ある患者と説明の個人化 ……………………………302
　　4．危険の種類と侵襲の切迫性・重大性による説明義務
　　　　の範囲 ………………………………………………………305
　　　（1）危険の種類と説明の範囲　305
　　　（2）侵襲の切迫性・緊急性と説明の範囲　311
　　　（3）侵襲の重大性　319

4．説明の省略可能性 …………………………………………………320
　　1．説明の省略の要件 ……………………………………………320
　　2．省略要件の諸類型 ……………………………………………321
　　　（1）患者が説明を受けることを放棄するとき　321
　　　（2）説明が反対の適応（Kontraindikation）を示すとき　323
　　　（3）患者に判断能力がないとき　330
　　　（4）すでに情報を得ているとき　330

5．説明の実施方法 ……………………………………………………331
　　1．はじめに ………………………………………………………331
　　2．説明の主体 ……………………………………………………331
　　　（1）執刀医・受任医師　331
　　　（2）チーム医療の総責任者？　334
　　3．説明の相手方 …………………………………………………335
　　　（1）未成年者への説明　336
　　　（2）弁識能力のない成人の患者への説明　337
　　　（3）近親者への説明・手術拡大時の近親者への説明　338
　　4．説明の形式 ……………………………………………………340
　　5．説明の時点 ……………………………………………………341

6．説明義務の制限 …………………………………………343
1．説明義務の制限の意義 …………………………343
2．民事判例における原則と責任限定 ……………343
（1）包括的損害賠償責任の原則　343
（2）近時の判例における包括的損害賠償原則の例外　345
3．説明義務の発生する危険と発生しない危険の区別 ………346
（1）両者の区別基準　346
（2）説明義務の保護範囲　347
4．刑事事件における説明義務の保護範囲 ……………347

7．仮定的同意？ ……………………………………………349
1．民事法における仮定的同意 ……………………349
2．刑事法における仮定的同意 ……………………355
（1）先駆的判例　355
（2）サージボーン接合具事件　356
（3）椎間板事件　358
（4）その後の判例　359
（5）ドイツ刑事判例の意義　365
（6）ドイツの学説　366
3．私　見 …………………………………………370
（1）同意の有効要件としての医師の説明　370
（2）説明義務の規範的意味　371
（3）小活：仮定的同意と客観的帰属　372

第4章　医療過誤と過失犯の成立要件

はじめに ……………………………………………………377

1．医療過誤の概念と実態調査 ………………………379
1．ドイツにおける医療過誤実態調査 ……………379

（1）医療過誤とその発生メカニズム　*380*
　　（2）医療過誤の実態調査　*383*
　　（3）規範的カテゴリーとしての医療過誤概念　*391*

2．医療過誤概念の展開とその概念要素 …………………………… *393*
1．医術過誤から医療過誤へ …………………………… *393*
2．医療過誤概念の史的展開 …………………………… *394*
3．医療過誤の要素 …………………………… *395*
4．医療過誤の種類 …………………………… *396*
　　（1）医療における医療過誤の発現形態　*396*
　　（2）医療過誤の類型化　*397*
5．絶対的医療過誤と治療の自由 …………………………… *399*
　　（1）絶対的医療過誤　*399*
　　（2）治療方法の自由　*400*

3．医療水準と治療の自由 …………………………… *401*
1．治療の自由・学理医学・特殊療法 …………………………… *401*
　　（1）学理医学　*401*
　　（2）特殊療法　*402*
　　（3）わが国における「特殊な療法」に関する説明義務　*403*
2．治療の自由の意義 …………………………… *404*
　　（1）治療の自由の法的意義　*404*
　　（2）治療の自由の根拠　*405*
3．医療水準論 …………………………… *407*
　　（1）医学的水準の概念内容　*407*
　　（2）治療の自由の限界　*408*
4．医療水準の三つの判断基準 …………………………… *409*
　　（1）現在の水準　*409*
　　（2）分野関係的相対的水準　*410*
　　（3）治療効果・危険等の比較検討の義務　*410*

4．わが国における医療水準論の展開 …………………………………411
1．医療水準概念の意義と機能 ……………………………………411
（1）医術的正当性と医療水準　*411*
（2）医療水準の意義　*413*
2．判例における医療水準論の展開と医療水準の判断基準 ……*414*
（1）最善の注意義務　*414*
（2）医療水準論の確立　*415*
（3）相対的基準としての医療水準　*416*
（4）刑事事件における医療水準と医療の裁量性　*418*

5．医療水準論における判断基準 …………………………………*422*
1．医療水準と医療慣行 ……………………………………………*422*
2．専門医の知識と経験 ……………………………………………*423*
3．医療機関等の現状に応じた医療水準 …………………………*424*
（1）諸般の事情の勘案　*424*
（2）転医義務ないし転送義務　*425*
4．現在の水準 ………………………………………………………*428*
（1）現在の水準に関するドイツの判例　*428*
（2）「現在の水準」に関するわが国の刑事判例　*429*
（3）わが国の民事判例の展開（最新情報収集義務）　*433*
5．ガイドライン、指針、勧告の遵守と危険創出行為 …………*434*
（1）ガイドライン　*434*
（2）医薬品添付文書　*438*
6．緊急性等の状況に対応した基準 ………………………………*440*
7．小　括 ……………………………………………………………*440*

6．医療過誤における危険実現連関 ………………………………*442*
1．過失犯体系における因果関係と客観的帰属 …………………*442*
2．仮定的因果経過 …………………………………………………*442*
3．不作為犯における結果回避の蓋然性 …………………………*444*

（1）ドイツの判例　*445*
　　　（2）わが国の刑事判例　*449*
　　4．過失犯における危険実現連関 ……………………………………*451*
　　　（1）わが国の判例　*451*
　　　（2）ドイツの判例における「確実性に境を接する蓋然性」　*457*
　　5．過失犯における危険実現の諸類型 …………………………………*459*
　　　（1）創出された危険の相当な実現　*460*
　　　（2）過失の直列競合における危険の実現　*463*
　　　（3）保護目的連関　*466*
　　　（4）自己答責性の原則　*468*

7．小　括 ……………………………………………………………………*472*

第5章　医療過誤の諸類型と刑事過失

1．医療過誤の発現類型 ……………………………………………………*477*
　　1．単純な医療過誤から判断の難しい医療過誤へ ………………*477*
　　2．医療過誤の認知と事例研究の方法 ……………………………*479*
　　3．医療過誤の発現局面と発現形態 ………………………………*480*

2．注射による医療過誤 ……………………………………………………*481*
　　1．ドイツにおける注射に関するガイドライン …………………*481*
　　2．わが国における注射による医療過誤 …………………………*482*
　　　（1）医師による注射の際の患者の身体管理ミス　*483*
　　　（2）看護師の注射準備におけるミス　*486*
　　　（3）注射の部位・方法の過誤　*487*
　　　（4）医師による薬剤の処方ミス・誤認・確認ミス　*488*
　　　（5）医師のオーダリング・システムによる指示のミス　*493*
　　　（6）注射方法の指示ミス　*494*

3．調剤・投薬による医療過誤 ……503
1．医師による調剤ミスの事例 ……503
2．薬剤師による調剤ミスの事例 ……505
3．看護師による投薬ミス ……507
4．見習看護師・事務員等の無資格者による調剤・投薬ミスに対する医師の責任 ……509

4．麻酔による医療過誤 ……512
1．麻酔事故の特徴 ……512
2．無麻酔手術 ……513
3．麻酔剤の取違えと調剤過誤 ……514
4．麻酔器の取扱いミス ……519
5．麻酔の際の患者の身体管理に関するミス ……522

5．採血・輸血による医療過誤 ……534
1．採血・輸血の医療過誤の特徴 ……534
2．採血器具の操作の過誤の類型 ……535
3．不適合輸血の類型 ……536
　（1）初期の判例　537
　（2）昭和50年代以降の判例　538
　（3）近時の判例　542

6．手術に起因する医療過誤 ……544
1．手術における過誤の発現形態 ……544
2．患者・患部の取り違えの事例 ……545
　（1）横浜市立大学患者取り違え事件　545
　（2）最高裁の決定要旨　546
　（3）その他の人ないし患部の取り違え事件　547
3．術後管理におけるミス ……549

7. 医療機器の誤操作に起因する医療過誤 ……………………556
1．はじめに ……………………………………………………556
2．人工呼吸器の誤操作 ………………………………………556
3．カニューレ、チューブ、カテーテル等の誤操作 …………560
（1）カニューレの誤接続　*560*

（2）チューブの誤接続　*561*

（3）カテーテルの誤操作　*562*

（4）シリンジポンプの誤操作　*563*

8．診断・治療に関する医療過誤 ……………………………564
1．診断資料の過誤 ……………………………………………564
（1）患者の申告のみに基づく診断・治療　*564*

（2）造影剤注入に関する過誤　*566*

2．診断自体の過誤 ……………………………………………569

9．看護に関する医療過誤 ……………………………………577
1．新生児に対する看護ミス …………………………………577
（1）乳児窒息死事件　*577*

（2）乳児突然死事件　*578*

（3）新生児うつ伏せ寝死亡事件　*579*

（4）新生児落下事件　*581*

2．療養上の世話に関する判例 ………………………………582
（1）退院時における療養指導（淀川キリスト教病院事件）　*583*

（2）病院内の転落・転倒事故　*584*

（3）病院内誤嚥事故　*587*

10．小　括 ………………………………………………………592

第6章　医療過誤と刑事組織過失

1. 医療組織と過失類型 ……………………………………………………595
   1. 医療組織における危険と責任 ………………………………………595
      （1）医療組織における分業・協業と医療安全　595
      （2）医療における組織過失　596
      （3）過失複合の諸形態　598
      （4）単独人の組織過失の例　601
      （5）複数人の関与する組織過失の前提としての危険と責任の分担　608
      （6）治療における管理監督過失の事例類型　610
   2. 管理監督責任と信頼の原則 …………………………………………611
      （1）責任領域不可分の原則から個別責任の原則へ　611
      （2）信頼の原則と自己責任の原則　611
      （3）ドイツ医事刑法における信頼の原則の展開　612
      （4）信頼の原則と専門領域間の調整義務　613
      （5）他の医師の説明または記録と信頼の原則　614

2. 水平的分業（並列分業）における組織過失 ……………………618
   1. 水平的分業の意義と特徴 ……………………………………………618
      （1）水平的分業の意義　618
      （2）水平的分業の特徴　618
   2. チーム医療における共同過失 ………………………………………619
   3. 病院内の治療担当医間の分業体制 …………………………………623
      （1）ドイツの刑事判例　623
      （2）わが国の民事判例　625
      （3）刑事事件への応用？　626
   4. 病院内の専門間分業の事例群 ………………………………………626
      （1）ドイツの判例の二つの原則　627
      （2）麻酔医と執刀医の任務分担　633
      （3）外科医と放射線科医の任務分担　636

5．外来通院の領域における共同作業 ……………………………637
　　6．一般医と専門医、開業医と勤務医の共同作業 ………………639
　　　（1）一般医と専門医　*639*
　　　（2）ホームドクター（開業医）と勤務医（専門医）　*641*
　　7．連携診療 ……………………………………………………………645
　　8．医師と薬剤師の分業関係 …………………………………………646

3．垂直的分業（直列分業）における組織過失 ……………………648
　　1．垂直的分業の意義と特徴 …………………………………………648
　　　（1）垂直的分業における指導監督関係　*648*
　　　（2）指導監督関係における過失の発現形態　*649*
　　2．ドイツにおける医長（Chefarzt）の「全管轄性」…………650
　　　（1）医師の記録と患者に対する説明に関する職務命令と点検　*650*
　　　（2）当直業務と待機体制の組織形成　*652*
　　3．「科」の十分な人的配備に対する責任 …………………………656
　　　（1）医長の組織形成責任　*656*
　　　（2）組織形成責任に関する判例　*656*
　　　（3）医長の組織責任の位置づけ　*658*
　　4．施設・設備と器具・装置の設置および整備 …………………658
　　　（1）病院長と医長の責任　*658*
　　　（2）医療器具に関する組織形成に関する判例　*659*

4．入院患者の自傷他害行為に対する組織過失 ……………………662
　　1．問題の所在 …………………………………………………………662
　　2．ドイツの判例 ………………………………………………………663
　　　（1）精神病院内の自殺　*663*
　　　（2）精神病院内での自傷行為　*667*
　　　（3）病院外の他害行為　*668*
　　3．わが国の判例 ………………………………………………………672
　　　（1）判例における病院事故の傾向　*672*

（2）精神病患者の自殺　674
　　（3）自殺防止行為による死亡　678
　　（4）精神病患者の他害行為　679

5．チーム医療における組織過失　………………………………688
1．チーム医療と垂直的分業　…………………………………688
　　（1）組織の中の分業の意義と機能　688
　　（2）医療組織における分業の諸形態　688
2．チーム医療における管理監督過失　………………………693
　　（1）わが国刑事判例における管理監督過失　693
　　（2）チーム医療の総責任者の説明義務に関する民事判例　699
3．垂直的分業における信頼の原則　…………………………703
　　（1）医療における権限分担と信頼の原則　703
　　（2）信頼の原則の適用例外　703
　　（3）医療における信頼の原則と管理監督関係　704
4．医師間の垂直的分業における信頼の原則　………………705
　　（1）ドイツの判例　705
　　（2）わが国の判例　708
5．医師と看護師の間の監督関係　……………………………720
　　（1）信頼の原則適用の基礎としての医師と看護師の任務分担　720
　　（2）信頼の原則と特別の事情　721
　　（3）ドイツの判例　723
　　（4）わが国の判例　726
6．医師とレントゲン助手の間の監督過失　…………………732

6．薬品事故の刑事組織責任　……………………………………734
1．ドイツにおける薬品事故と刑事規制　……………………734
　　（1）ドイツにおける薬害に対する民事責任　734
　　（2）ドイツにおける薬事犯に対する刑事法規制　740
　　（3）ドイツにおける薬害に対する刑事過失責任　742
2．わが国における薬害事件　…………………………………752

（1）サリドマイド事件　*752*
　　　（2）京都ジフテリア禍事件　*753*
　　　（3）その後の民事薬害事件　*754*
　　　（4）クロイツフェルト・ヤコブ病事件　*756*
　　　（5）C型肝炎訴訟　*756*
　　3．薬害エイズ刑事事件 ……………………………………………*757*
　　　（1）薬害エイズ事件　*757*
　　　（2）薬害エイズ刑事事件　*758*
　　4．薬害エイズ刑事事件の判旨と論点 ……………………………*758*
　　　（1）ミドリ十字ルート　*758*
　　　（2）帝京大学ルート　*762*
　　　（3）厚生省ルート　*769*

7．小　括 ………………………………………………………………*776*
　　1．現代社会における因果の連鎖と責任の拡延 …………………*776*
　　2．刑事組織過失論の課題 …………………………………………*777*
　　3．医療過誤と刑事組織責任の課題 ………………………………*778*
　　　（1）行為準則の遵守と違反に対する補強制裁　*779*
　　　（2）刑事組織過失の限定原理の展開　*779*

和文献一覧 ………………………………………………………………*783*
外国文献一覧 ……………………………………………………………*825*
日本判例索引 ……………………………………………………………*843*
ドイツ判例索引 …………………………………………………………*851*
事項索引 …………………………………………………………………*857*
初出一覧 …………………………………………………………………*864*

第1章 序　論

1．医事刑法の意義・対象・方法

1．医事刑法の意義と対象

(1) 医事法の意義と分野

　医事刑法（Medizinstrafrecht）とは、その中核は、医師の医療行為を中心とする医療関係者の職業上の活動に伴う犯罪と刑罰に関する法の総称である。医事法（Medizinrecht）の概念は、直接・間接に医療に関係する規範の総体と解されている[1]ので、そのうち、処罰規定の付されているものが、医事刑法ということになる。しかし、医事法の取り扱う対象をもう少し具体的に言うと、医事法の概念には、**実質的な意味における医師法**、薬事法、製薬製品法ならびに移植ないし輸血に関する法を含む[2]のであるから、医事刑法も、処罰の対象となるそれらの法領域の犯罪をも含むということになる。ドイツにおいては、同様の法領域を対象とする法に関する学問を医師法（Arztrecht）と呼ぶ[3]ことがあり、したがって、医事刑法は、**医師刑法**[4]（Arztstrafrecht）と呼ばれることもある。もともとドイツの医事法は、医師法から始まり、医事刑法も「医師刑法」として表記されることから始まったといってよい。この意味における医師法とは、わが国の医師法のような**形式的な意味における医師法**、すなわち、医師法という名称をもった法規範を指すのではなく、医師の職業上の活動に伴うあらゆる法規範を指す[5]。したがって、実質的意味における医師法と医事法の相違は、医事法が、薬事、薬品関係の法をも含むのに対して、医師法ではそれらを含まないという点にあるといえる[6]。

1　*Sodan*, in: Wenzel (Hrsg.), Handbuch des Fachanwalts: Medizinrecht, 2. Aufl., 2009.
2　Vgl *Deutsch/Spickhoff*, Medizinrecht, 6. Aufl., 2008, S. 4.
3　例えば、*Laufs/Katzenmeiner/Lipp*, Arztrecht, 6. Aufl., 2009 のタイトルがそうである。
4　例えば、*Ulsenheimer*, Arztstrafrecht in der Praxis, 4. Aufl., 2008 のタイトルがこれを使っている。
5　もとより、医師の活動を中心として医事法が構想されていたかゆえにこのように表記されたことは疑いない。

しかし、医事刑法の概念は、さらに広く医師以外の医療従事者ないし医療関係者に関する、そして医療関係機関の組織ないし医療保険制度、薬事制度ないし保健制度に関する法規範をすべて総称する使い方もできる[7]（広義の医事刑法）。この意味では、例えば、医師法、歯科医師法、保健師助産師看護師法などの刑罰法規違反、医療施設に関する医療法の刑罰法規違反も医事刑法に含む。

その他、法分野との関係では、医事法は、私法の分野、社会法の分野、行政法の分野、あるいは訴訟法の分野にも広がる。したがって、医師・医療関係者の業務ないし身分法上の問題のみならず、医師ないし病院と患者の間の契約法あるいは労働法の分野にも及ぶ。したがって、これらの法分野を縦断するさまざまな法分野にまたがる刑罰法規はすべて医事刑法の対象となるということができる。

　さらに注記すると、ドイツにおいては、いわば法分野の体系に着目して、医事法を分類し、その概念につき、次のように三つに分類する見解もある[8]。第1に、資格をもった専門家による患者の治療に関する法規範に対する集合概念（＝第1次的医事法、primäres Medizinrecht）としての医事法である。第2に、第1次的医事法の様々な側面におけるあらゆる者に妥当する諸規範の解釈と特殊な適用（＝第2次的医事法、sekundäres Medizinrecht）を意味する。例えば、医師と病院との契約法について、医師の地位に応じてその特殊性を考慮しなければならないというのがそうである。さらに、医事法の第3の分野として、第1次的医事法の要請から、一般法に対する基本的関係を失うことなく、修正された一般的法秩序の規範（＝第3次医事法、tertiäres Medizinrecht）も含むとされる。社会法第5編136条で、民法の保証法（Gewährleistungsrecht）の部分的な新規定が設けられたのがその例であるとする。まとめると、第1次的医事法を「医事」に関する当初の法であり、第2次的医事法とは、医事法的事実に一般に妥当する法規範を適用することを意味するとし、第3次的医事法とは、医事法的所与のもとでの一般法を部分的に限定的に狭く修正したものであると解

6　医師法と医事法の名称の概念的相違については、vgl. *Jens Andreas Sickor*, Normenhierarchie im Arztrecht, 2005, S. 5 f.

7　医事法の概念の限界が明確ではないことから、広くは、人の健康にかかわる保健法（Gesundheitsrecht）とも関係づけられて論じられることがある（*Quaas/Zuck*, a. a. O., S. 1.）。

8　*Quaas/Zuck*, a. a. O., S. 7 f.

する。そして、第1次的医事法に重点が置かれるべきであるとされる。しかし、民事医事法にとってはともかく、医事刑法にとっては、この分類は意味を持たないと思われる。罪刑法定主義をとる刑法においては、上のどの分野に属する法規範であろうと、医事刑法に含まれる刑罰法規があれば、同様に適用されるからである。したがって、医事刑法においては、とくに医師ないし看護師に向けられた刑罰法規も、一般国民を名宛人にする詐欺罪の構成要件の医療法律行為への適用も、また、被害者の同意の法理が、患者の同意については、医師の説明義務を前提にするという修正を含むものであろうが、法規範の性質を貫いて横断的に問題化されるといえよう。

(2) 医事刑法の意義と内容

医事刑法の概念が、医事法の分野の一部を占めるのであれば、医事刑法とは、医事法における犯罪と刑罰に関する法の分野をいうと定義することができよう。しかし、この定義では、その具体的な内容は定かでない。

まず、医事刑法の現在までの中心的な分野が何かから出発するのが、医事刑法とは何かを理解するには最も分かりやすいと思われる。それは、「医療行為」に関する犯罪と刑罰に関する法であると定義することである。しかし、後述するように、医療行為は、原則として医師のみがなしうるのであるが、医療従事者には、看護師、薬剤師、その他の者も含まれ、これらの者の行為が医事刑法の対象から外れる定義は、狭すぎると言わざるを得ない。さらに、患者の身体に対する侵襲を伴う医師の行為であっても、人体実験のように、患者の治療を目的としない行為が、医事刑法に含まれないとするのも、医師が関係しうる分野で、刑法の対象としないという問題が明らかになる。さらに、医師が患者のカルテの情報を漏らす行為などの医師の直接的な医療行為に属さない行為であっても、医事刑法の対象に含めるべきである。

このように、医事刑法の内容を定めるにあたって、「医師ないし医療関係者の行為」を基準とすると、医師の医療行為以外に、医師の診断書の偽造や診療報酬に関する詐欺のみならず、病院経営に関する租税逋脱等の行為も含まれることになる。そこで、このうち、医療行為を中心にその周辺の行為に限定するには、最近、ドイツ医事法において「医師法」(Arztrecht)に代わって、あるいは並んで、「**患者法**」(Patientenrecht)という呼称が広く承認さ

れるようになってきている[9]のに注目してみることも有益だと思われる。すなわち、患者に対する医療行為を中心として、患者に対する直接の侵襲を伴う行為、すなわち、患者の身体・健康を保護法益とする行為類型を最狭義の医事刑法の内容とすることによって、まず、医事刑法の中核的部分を明確にし、その外延を広げていくという考察方法を取るのである。この最狭義における医事刑法には、医療行為以外に、患者の身体に対する侵襲である人体実験ないし臨床試験も含む。さらに、そのような医療行為等を適正に行わせ、医療行為等を円滑ならしめるための刑罰法規違反もこれに含める。次に、順次、医師ないし医療関係者の職業上の活動全般に広げ、そこには、患者の身体・健康に対する直接の侵襲以外の、患者の秘密・自由・財産に関する法益等も含める。これを狭義における医事刑法の内容とする。したがって、例えば、医師の秘密漏示、虚偽診断書作成、診療報酬に関する詐欺罪等をも含む。その他に、直接、患者に関係しない病院の組織や経営に関する犯罪、すなわち、病院経営上の租税法違反、賄賂罪等も、ここに含める。最後に、広義における医事刑法には、医療機器や薬品の開発・販売など、医師の医療行為に間接的に関係する犯罪も含める。

　これをまとめると、医事刑法は、**最狭義**では、医療関係者による患者に対する直接の身体的侵襲に関する犯罪及び治療行為等の周辺に位置する適正な診療を確保するための刑罰法規違反をその内容とし、**狭義**では、医師ないし医療関係者の職業上の活動及び病院経営上の犯罪を指し、そして**広義**では、薬事法を始め医療において使用される医療機器や薬品の製造・販売に関する刑罰法規をも含めて、その他、健康に関するあらゆる罰則を伴う行政取締法規を含むものとする。ドイツにおいては、健康（保健）法（Gesundheitsrecht）が、医事法と同義に用いられることもあるという[10]。

　本書では、上述の最狭義における医事刑法を対象とする。したがって、医師の医療行為と、患者ないし治験者に対する人体実験等ないし診療義務違反等の医師法上の違反行為をも含めた治療周辺行為を中心にその犯罪と刑罰を論じる。これには、診療（応招）義務違反（医師法19条1項）、診断書等交付義

9　*Deutsch/Spickhoff*, Medizinrecht, 6. Aufl., S. 5; *Quaas/Zuck*, a. a. O., S. 2 f.
10　*Deutsch/Spickhoff*, a. a. O., S. 4; *Quaas/Zuck*, a. a. O., S. 1 f. 健康とは、完全な身体的・精神的・社会的幸福状態である。健康保険、衛生、食品法などの分野も含む。

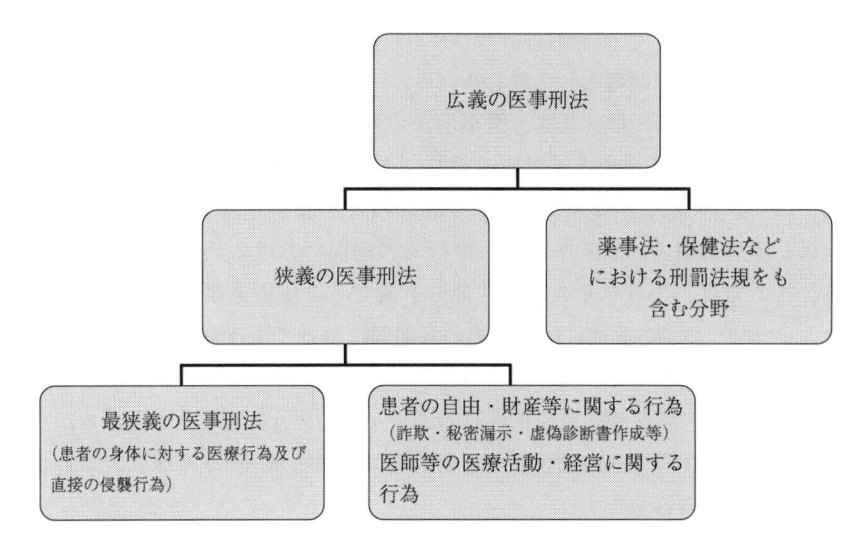

```
                    ┌─────────────────┐
                    │   広義の医事刑法  │
                    └─────────────────┘
                       │           │
            ┌──────────┘           └──────────┐
            │                                 │
     ┌─────────────┐                  ┌──────────────────┐
     │  狭義の医事刑法 │                  │ 薬事法・保健法など │
     │             │                  │ における刑罰法規をも │
     └─────────────┘                  │   含む分野        │
        │       │                     └──────────────────┘
   ┌────┘       └────┐
   │                 │
┌──────────────┐  ┌──────────────────────┐
│ 最狭義の医事刑法 │  │ 患者の自由・財産等に関する行為 │
│(患者の身体に対する│  │ (詐欺・秘密漏示・虚偽診断書作成等)│
│ 医療行為及び    │  │ 医師等の医療活動・経営に関する │
│ 直接の侵襲行為) │  │ 行為                   │
└──────────────┘  └──────────────────────┘
```

務（19条2項）、無診察治療および無診察証明の禁止（20条）、異状死届出義務（21条）、処方箋交付義務（22条）、療養指導義務（23条）および診療録の記載および保存義務（24条）の医師法上の義務のうち、罰則の付されていない医師法19条および24条の義務を除く義務に対する違反が含まれるが、本書では、便宜上、診療義務違反における正当化事由と業務上過失致死傷罪のような刑法上の犯罪の可能性について論じるにとどめる。

(3) 医事刑法の対象領域

さて、上記の医師法上の違反行為を除くと、最狭義における医事刑法の対象領域の中核を占めるのは、医療分野別に分類すると、①治療行為としての身体の医的侵襲、②人体実験ないし治療的実験、③組織・臓器移植、④生殖医療、⑤終末医療、⑥精神医療である。もちろん、すべての分野に共通する⑦患者の自己決定権ないし説明と同意の問題がある。さらに、身体の医的侵襲については、刑法学上の取扱いの側面から分類すると、⑧傷害の正当化の問題と⑨医療過誤（Behandlungsfehler）の問題に分けることができる。さらに、先に掲げた、広い意味の医療過誤の問題は、これを細かく分類すると、⑩狭義の医療過誤、すなわち、治療行為における過誤と、⑪説明義務違反としての過誤（Aufklärungsfehler）、さらに⑫組織形成の過誤（Organisationsfehler）に分けることができる[11]。最後の組織形成の過誤は、一般的な組織過

失[12]の一部であって、医療行為においては、典型的にはチーム医療における過失行為の帰属の問題として論じられる。

　医事刑法においては、まず、医事刑法の「序論」（第1章）の後、特に医事刑法の主要部分を占める「医療過誤」について何章かに分けて論じる。まず、「患者の同意」（第2章）および「医師の説明義務」（第3章）をまとめ、次に、医療過誤の判断基準や各医療行為の局面における過失について論じる。ここでは、これをその総論的部分を論じる「医療過誤と過失の成立要件」（第4章）と、各論的に医療行為の各局面において医療過誤がどのように発現するかを考察する「医療過誤の諸類型と刑事過失」（第5章）とに分けて論じる。次に、各医療組織や構成員の過失がどのように割り当てられるかを理論的に解明する「医療過誤と刑事組織過失」（第6章）を取り扱う。ここまでが第1巻の内容をなす。

　さらに、いわば「先端領域の医事法」として、人の誕生、生死、身体、精神に関する医療にかかわる論点を論じる。すなわち、まず、身体・死体に対する侵襲（第7章）を論じ、次いで、出生前診断や再生医療を含めた生殖医療と刑法（第8章）、そして、終末医療を含めた脳死・臓器移植と刑法（第9章）、精神医療と刑法（第10章）の論点につき論じる。これは、第2巻の課題である。

2．医事刑法の方法

　本書の意味における医事刑法の方法論については、おそらく、三つの方法がありうる。第1は、医事関係の現行の刑罰法規を体系的に整理して、その注釈を中心に法解釈を論じる方法である。実務家にとっては、この方法が最も役に立つであろう。しかし、これは、かなり大部の注釈書を企図する場合に初めて可能な方法であって、多数の執筆者による大きなプロジェクトを要する。第2は、外国における医事刑法の動向等を紹介しつつわが国における医事刑法のあるべき姿に関する資料を提供しようとする方法である。この方

11　Vgl. *Ulsenheimer*, Arztstrafrecht in der Praxis, 4. Aufl., 2008, S. 67 ff.
12　これについては、山中「刑事製造物責任における作為義務の根拠」法学論集60巻5号（2011年）1頁以下、また、これを「システム過失」と呼んだ山中『刑法総論』（第2版・2008年）395頁参照。

法は、外国法制についての情報提供という意味においてわが国の将来の立法や解釈にとって有益である。この方法は、とくに、わが国においていまだ未発達の新たな問題の解決の指針を得るにあたって役に立つ。しかし、現在の法の解釈に役立てるには、それをもとにその中間項となる創造的な解釈がなお必要であり、実務家にはすぐには役に立つことが少ない。けれども将来の法、あるべき解釈の一例を提示する機能を果たすものとなりえよう。第3は、わが国の法規範、判例ないし解釈を体系的にまとめて展開する方法である。これが最もオーソドックスな解説書の方法であり、入門書から中規模の教科書に最適である。この方法は、入門書を除くと、場合によっては、判例の解説に集中したり分野に応じた偏りがあったりして全体を俯瞰するものではなくなっているおそれもある。

そこで、本書では、おそらく、第2の方法と第3の方法を組み合わせて、この分野で近年理論的に飛躍的な発展を遂げているドイツ医事刑法の成果を踏まえつつ、それをわが国の政策論や解釈論に適用して、わが国では欠けている分野の判例等をも補いながら、医事刑法の体系化を目指す教科書を作成しようとした。内容的には、なるべくドイツ法から日本法へのコンテクストの変換[13]を行い、わが国における解釈論として主張するよう心がけた。

---

13 この法ないし理論における継受とその意義については、Vgl. *Yamanaka*, Wandelung der Strafrechtsdogmatik nach dem 2. Weltkrieg — Zugleich Kontextwechsel der Theorien in der japanischen Straftatslehre—, (Hrsg.) Jehle/Lipp/Yamanaka, Rezeption und Reform im japanischen und deutschen Recht, Universitätsverlag Göttingen, 2008, S. 173 ff.

2．医事刑法の展開

1．時代区分の観点

　医事刑法の史的展開につき、戦前の「黎明期」（第1期）、1960年代の「基盤構築期」（第2期）、1970年代以降の「伸展期」（第3期）、21世紀以降は「成熟期」（第4期）に分ける見解が唱えられている[14]。しかし、医事刑法という一つの樹が、黎明・基盤構築・伸展・成熟と一直線に進んでいく進化論的イメージは、医事刑法という分野では適切ではないように思われる。なぜなら、今後、少なくとも50年先の医事法は、「衰退期」にはいるのか、「熟成期」なのか分からず、短期的回顧としても、むしろ、研究や関心の中心が何だったかなどを基準にして、その特徴をとらえて時代区分する方が適切だと思われるからである。このような観点から医事刑法の展開の時代区分を行っておくことにしよう。

　わが国における医事刑法の研究は、ようやく昭和40年代に始まるといってよい。1969年（昭和44年）に刑法学者をしていまだわが国には「医事刑法の権威ある研究が全くない」[15]と言われているが、医療の刑法問題が初めて包括的に取り上げられたのは、1967年（昭和42年）10月の刑法学会においてであるとされている[16]。時代区分を西暦で行うか、元号で行うかによって昭和時代については5年の差が出るが、ここではあくまで研究の進展状況の特徴と傾向を表す目安と理解して、西暦による大まかな時代区分を行う。まず、以下で行う時代区分を先取りして示しておこう。①前史時代、②第1期（分

14　甲斐克則「医療と刑法—医事刑法の回顧と展望」ジュリスト1348号（2008年）122頁、中山研一「医療事故刑事判例の動向」中山研一・甲斐克則（編著）『新版医療事故の刑事判例』13頁以下参照。

15　木村亀二「生体実験と刑法」法学セミナー195号巻頭言。米田泰邦『医療行為と刑法』(1985年) 3頁参照。

16　米田・前掲書6頁（注4）。

野形成の時代)、⑧第2期(医療過誤中心の時代)、④第3期(先端医療と生命倫理の時代)、分けることができる。

　まず、明治期以降の医事刑法の「前史」というべき時代である。医療行為と刑法、医療過誤の問題が散発的に論じられた時代を表す。この時期は、1960年台初頭まで続く。1960年代の半ばから1970年代までは、医事刑法研究の黎明期であり、医療と刑法の問題が自覚され、医事刑法という「分野形成の時代」である。この時期に自己決定権の問題も自覚され始める。1980年代に入って、刑法における過失犯の研究の進展とともに、「医療過誤」の研究に注目が集まり、この分野の研究が飛躍的発展を遂げる。医療過誤に関する総合的研究が開始されるとともに、他方では、治療行為の正当化に関する研究も充実してくる。1990年代以降現在までは、いわば「先端医療」をめぐる「生命倫理の時代」である。生殖医学の発展により、ヒト杯に対する遺伝子操作が可能となり、体外授精の刑法的問題が論じられ、また、臓器移植が発達し、他方では、人工心肺機の発達により、尊厳死・臨死介助の問題が議論の中心に位置するようになる。この状況は、2013年段階で現在まで続いている。最近の医事刑法の問題点は、医療過誤に関しては、おそらく1999年に始まる刑事事件の増加と医療安全体制の確立という課題に向き合うことである。

2．著作物からみた医事刑法の発達

　以下では、「前史」については、著書・論文を挙げ、第1期以降については、論文数は膨大なものになるので、著書のみを挙げる。

(1)　前史

　刑法の観点から見た医師の治療行為の問題については、すでに大正元年(1912年)に花井卓蔵「刑法と医師」と題する論稿[17]において、医師による身体の傷害を正当業務行為とした。勝本勘三郎も、同年、治療行為には傷害の加害の意思がないと唱えた「刑法ト35条ト医業トノ関係」[18]について論じて

17　花井『刑法俗論』(大正元年) 383頁以下。
18　勝本『刑法の理論及び政策』(大正14年) 242頁以下。

いる。大正14年には、央忠雄「医師の医療手術と身体傷害罪」[19]が、昭和6年には、藤本直「医師の手術と身体傷害罪の問題に就いて」[20]および昭和8年の同「医師の手術と身体傷害罪」という論文[21]、昭和9年には、丸山正次「医師の診療過誤に就て」という著書[22]が公刊され、医療過誤の問題が論じられ始めた。しかし、大正・昭和初期の時代には、とくに医師の治療行為の正当化に関する理論が刑法の教科書の中で論じられるにとどまった。

　戦後、昭和30年代には、金沢文雄「治療行為」論文が木村亀二編『刑法（総論）』（昭和30年）に収録され、昭和36年には、大阪府医師会編の『医療と法律』が公刊された。

(2)　第1期（1960年代—1970年代：医事刑法の分野形成の時代）

　昭和40年代に入って、医療過誤の問題の研究が本格的に始まった。医師の編集にかかるものとして、松倉豊治編『医療過誤の諸問題』が昭和43年に公刊され、刑法学者によっても医療過誤の問題が論じられ始める。井上正治『判例にあらわれた過失犯の理論』（昭和43年）において、医療過誤判例の検討がなされたのを始め、松倉豊治『医療過誤と法律』（昭和45年）、藤木英雄「医療過誤と過失」（昭和44年）、同「医療事故における因果関係と過失」（昭和48年）[23]、板倉宏「医療過誤と過失責任」（昭和45年）、実務家によるものとしては、飯田英男「医療過誤に関する研究」（法務研究報告書第61集2号・昭和48年）があり、正当化事由としての治療行為については、本格的な研究が出始める。西山雅昭『治療行為と刑法』[24]（昭和44年）の後、町野朔「刑法解釈論からみた治療行為」[25]（昭和45～46年）が発表された。医事法についても、唄孝一『医事法学への歩み』（1970年）が上梓されている。

　昭和50年（1975年）代になると、莇立明・中井美雄『医療過誤法入門』

19　法曹会雑誌3巻4号64頁以下、5号83頁以下。
20　法学新報41巻177頁以下、418頁以下、757頁以下。
21　司法協会雑誌11巻244頁以下、364頁以下、426頁以下、498頁以下。
22　丸山（昭和9年）26頁以下。
23　ジュリスト548号。
24　西南学院大学法学論集2巻3号
25　法学協会雑誌87巻4号、88巻9号、10号。その他、同「患者の自己決定権」ジュリスト565号（昭和49年）、同「過失犯における予見可能性と信頼の原則」ジュリスト575号（昭和49年）がある。

(1979年)、松倉豊治『医学と法律の間』(1977年) のほか、医事刑法に関する論文は枚挙にいとまがないほどに増加する。

(3) 第2期 (1980年代：医療過誤の時代)

1980年代に入り、医事刑法の研究の深化・拡張、総合化の時代が到来する。重要なもののみに限定すると、まず、1980年代中頃の公刊にかかる、医事法学会で発表された報告を再録した、医事法研究のその時点での集大成ともいうべき総合的研究書である日本医事法学会編『医事法学叢書』(全5巻) の公刊が大きな意味をもつ。大谷實『医療行為と法』(1980年)、中山研一・泉正夫編『医療事故と刑事判例』(1983年)、町野朔『患者の自己決定権と法』(1986年)、加藤一郎・森島昭夫編『医療と人権』(1984年)、米田泰邦『医療行為と刑法』(1985年)、同『医療紛争と医療裁判』(1986年)、中川淳・大野真義編『医療関係者法学』(1989年)、さらに、大阪府医師会編『医事裁判と医療の実際』(1985年) には、臓器移植に関する章も収録されている。

1980年代後半には、厚生省研究班による脳死判定基準 (竹内基準)」が公表され (1985年)、生体部分肝移植などの臓器移植が行われるようになって、日本医師会生命倫理懇談会が「脳死および臓器移植についての最終報告」(1988年) を公表し、脳死・尊厳死および臓器移植の問題に注目が集まった。齊藤誠二『刑法における生命の保護』(初版・1987年)、中山研一『脳死・臓器移植と法』(1989年)、宮野彬『安楽死から尊厳死へ』(1984年) などがこの期に公刊された刑法学者による著書である。

(4) 第3期 (1990年代以降：先端医療と生命倫理の時代)

1990年代以降、臓器移植や週末医療の問題に加えて、体外授精、生殖医学の発達により、生命をめぐる「先端医療の時代」が到来した。これによって、医事法の研究領域が拡大されることになった。この時期は、現在にまで及ぶが、ここでは、医事法沿革史を扱うという趣旨および最近の文献[26]には枚挙にいとまがなく、このような回顧の意義が薄いことから、この10年間の現在に属する時期のものを除き、主として、20世紀に公刊された著書を扱

---

26 医事法関係の年間の文献については、「年報医事法」の各号巻末に網羅されている。

う。

　この時期、研究書としては、佐々木養二『医療と刑法』(1994年)が公刊され、医療過誤に関する概説的研究書としては、莇立明・中井美雄編『医療過誤法』(1994年)があり、安楽死問題等も含む医事法全般については、大野真義編『現代医療と医事法制』(1995年)、大谷實『医療行為と法』(新版・1990年)が出た。

　医療過誤については、1999年に、後に述べるように、医療不信・医療崩壊を招いたいくつかの事件が注目を浴び、大きな転換期を迎えているが、医療過誤に関する文献においては、判例タイムズ (678号41頁以下、770号70頁以下、1035号28頁以下) に掲載された判例を補充して医療過誤判例を集めた飯田英男・山口一誠『刑事医療過誤』(平成12年・2000年) の公刊の資料的価値は大きい。平成18年には、最近の医療過誤判例を収録して飯田英男『刑事医療過誤 II』(増補版) が公刊されている。

　医事法全般に関する編著としては、中谷瑾子『医事法への招待』(2001年)が上梓された。また、最近のものとしては、中山研一・甲斐克則 (編著)『新版医療事故の刑事判例』(2010年) は、新たな著者と判例を得て刑事医療事故判例の最新の総合的研究書となっている。また、2012年には、甲斐克則 (編)『医療事故と医事法』(医事法講座・第3巻) (2012年・信山社) が公刊され、さらに、米田泰邦『医療者の刑事処罰』が上梓され、著者が1980年代から実務に関わりつつ書き溜めた論文がまとめられている。なお、正当化事由としての治療行為については、小林公夫『治療行為の正当化原理』(2007年) を挙げておく。

　医事刑法の分野では、1991年には、ギュンター／ケラーの『生殖医学と人類遺伝学―刑法によって制限すべきか？―』(中義勝・山中敬一監訳) が出版され、ドイツにおけるヒト杯の操作に対する規制 (胚保護法) が紹介され、わが国における議論を準備した。2000年以降になるとこれに関する論文が次々に公表されるようになる。刑法研究者以外のものも多いが、刑法研究者による著書のみを以下で採り上げておく。その文献全般については、『遺伝子工学時代における生命倫理と法』(2003年) 巻末の文献リストを参照。外国における遺伝情報の取扱いについては、甲斐克則編著『遺伝情報と法政策』(2007年) および同『生殖医療と刑法』(2010年) が詳しい。

脳死と臓器移植については、1991年に脳死臨調の「脳死と臓器移植に対する中間意見」が公表され、ついで、92年には、「脳死及び臓器移植に関する重要事項について（答申）」を公表した。これによって、脳死・臓器移植問題が医事刑法におけるトピックスになり、これに関する著書・論文・啓蒙書は枚挙にいとまがない。刑法学者の手になる単行書としても、中山研一『資料にみる脳死・臓器移植問題』(1992年)、同『脳死論議のまとめ―慎重論の立場から』(1992年)、同『脳死移植立法のあり方―法案の経緯と内容―』(1995年)、中山研一・石原明編著「資料に見る尊厳死問題」(1993年)、町野朔・秋葉悦子編『脳死と臓器移植』(第2版・1996年)、町野ほか編『安楽死・尊厳死・末期医療（資料・生命倫理と法II)』(1997年)、石原明『医療と法と生命倫理』(1997年)が上梓されている。2000年以降の公刊著書では、甲斐克則『安楽死と刑法』(2003年)および同『尊厳死と刑法』(2004年)がある。最近のものとして、城下裕二編著『生体移植と法』(2009年)、町野朔・水野紀子・辰井聡子・米村滋人編著『生殖医療と法』(2010年)、町野朔・山本輝之・辰井聡子編『移植医療のこれから』(2011年)、を挙げておく。

医事刑法という名称のタイトルを付した著書には、齊藤誠二『医事刑法の基礎理論』(1997年)、および加藤久雄『ポストゲノム社会における医事刑法入門』(初版・1999年、新訂版・2005年)がある。しかし、最近の医事法分野の急速の発展によりその体系化は遅れているように思われる。少なくとも狭義の医事刑法に関する新たな詳しい医事刑法概説書が必要とされている。

3．医療政策と刑事法

1．医療不信から医療崩壊へ

　まず、日本においては、かつては、「医は仁術」とされ、医師に対しては絶対の信頼が寄せられていたが、近年では、社会全体の医師に対する信頼が揺らぎ、深刻な医療不信を招き、すでに「医療崩壊」に至っているといわれている[27]。それとともに刑事制裁が厳重化され、刑事事件の増加、厳罰化の傾向が加速されているというのである[28]。まず、医療崩壊の新たな背景となっている要因として、次の三つを挙げておく。

　第 1 点は、医療制度改革により、必要な医療が提供しえなくなっている点である。日本においては、2004年から新しい臨床研修制度が始まり、医師試験に合格した医師は、プライマリー・ケアを中心とする幅広い診療能力を習得するため 2 年間の臨床研修が義務づけられることになった。そこでは、適正な給与の支給が定められたが、他方、従来、研修は必ず出身大学の医学部で行われてきたのに対して、研修先の病院を自由に選べることになった。その結果、一部の病院、都市部の大病院に集中し、離島、過疎地などを中心に、地方では、研修医が来なくなり、地方病院で医師不足が起こった。さらに、大学病院では、従来は多数の研修医がいたが、他の病院での研修が可能

---

[27] ジュリスト2010年 3 月15日号の特集「医療安全の確立と法」（ジュリスト1396号 8 頁以下）所収論文参照。とくに、樋口範雄「医療安全と法の役割」ジュリスト1396号11頁以下、児玉安司「医療現場からみた医療安全・医事紛争の10年」ジュリスト1396号34頁以下、なお、佐伯仁志「医療の質の向上と刑事法の役割」ジュリスト1396号30頁以下では、過失犯処罰の現状からみて、個々の医療の特質に応じた過失判断のあり方につき検討作業をした後、「その結果出てきた基準で判断してもなお過失が認められる行為によって患者を死傷させた場合についても、およそ刑事責任の追及を認めるべきでないという意見は、現在の日本では現実的でないように思われる」とする。なお、刑事事件の増加の背景については、米田泰邦『医療者の刑事処罰』（2012年） 6 頁以下をも参照。

[28] 本章の記述をまとめたドイツ語による論文として、vgl. *Yamanaka*, Vorläufige Betrachtungen zur strafrechtlichen Haftung bei ärztlichen Behandlungsfehlern in Japan, in: Festschrift für Wolfgang Heinz, 2012, S. 837 ff.

になり、大学の医局の医師が不足したため、それまで他の病院に派遣していたのを引き上げはじめた。そこで、病院に医師不足が生じた。研修医が選択する診療科に偏向が見られ、産婦人科、小児科などの、救急患者が多く、死亡する患者が少なくなく、訴訟の危険も高い診療科を避けることが多くなり、これらの科で深刻な医師不足を招いた。その結果、妊婦や患者が救急車で医師のいる病院に搬送されるまでに病院をたらい回しにされ、出生児や母親ないし患者の死亡する事故が多く報告されている。

　第2点として、医師の利潤追求行為が目立つ点である。それは、特に、美容整形医院などが、流行し、テレビで派手に宣伝するなど莫大な儲けをあげていることにみられる。その他、極端な事例ではあるが、医師の中には、社会福祉制度ないし医療制度を悪用して社会的弱者から儲けるいわゆる「貧困ビジネス」に手を染める者も出てきて、医療に対する信頼を動揺させている。その手口は、暴力団と手を結び生活保護を受給している者を集めて入院させ、不要な検査や手術をし、地方自治体から治療費・入院費をだまし取るといったものである。

　さらに、第3に、医療に関する患者の自己決定権が強調され、患者の権利意識が高まるなかで、医師の説明が十分でないなどの理由から、とくにいったん医療ミスが生じた場合には、病院側の対応に情報を隠すなどの隠ぺい行為が不信を招いていることが挙げられる。他方で、「モンスター・ペイシェント」といわれるクレマーまがいの患者や家族が増えていることも指摘されている。これは、医師の側での患者不信を招き、結局、両者の相互不信が増幅される事態に至っている。

2．医療不信と医療安全

　以上のような医療不信ないし医療崩壊の契機となったのは、一連の具体的な事件の発生である。

　1999年1月に発生した横浜市立大学医学部附属病院における患者取り違え事件[29]、1999年2月に発生した都立広尾病院で誤薬投与・異状死届出違反事

29　最決平19・3・26刑集61・2・131。

件[30]、さらに、2000年10月に発生した埼玉医科大学総合医療センターで発生した抗がん剤の過剰投与事件[31]が、「医療不信」の契機となった[32]。これは、逆に「医療安全対策」に対する関心をも高めることとなった[33]。2001年5月に厚生労働省医政局長および医薬局長の私的検討機関として「医療安全対策検討会議」が設置され、医療安全対策の今後の方向性と緊急の課題について検討を行い、2002年4月には、厚生労働省の医療安全推進総合対策が発表されるに至った[34]。

　他方で、とくに、都立広尾病院の異状死届出義務違反事件およびその地裁・高裁・最高裁の有罪判決は、萎縮医療をもたらすのではないかとの医師側の不安をも醸成する契機となっていた。これを決定的にしたのが、2006年2月に発生した福島県立大野病院における産婦人科医の帝王切開ミス事件であった。この事件では、産科医が、医療過誤による業務上過失致死罪及び医師法21条違反で逮捕起訴されたが、医療過誤とされたのが、術前診断も難しく治療の難度の高い癒着胎盤に伴う出血が原因であったため、日本産婦人科学会や日本産婦人科医会がお知らせや声明を出し、逮捕起訴に対して抗議した。

　これによって、折しも、医療訴訟が多い等の理由で産婦人科の医師になることが敬遠され、医師確保が困難となり、産婦人科の医療体制の崩壊が問題視されていたことと相まって、医療安全体制の確立を求める声も大きくなっていった。

3．刑事医療過誤事件の増加

(1)　医療過誤事件の増加の現状

　医療事故をめぐる刑事事件は、当初、初歩的なミスによるもののみが起訴

30　最判平16・4・13刑集58・4・247。
31　最決平17・11・15刑集59・9・1558。
32　最近の医療過誤事件については、出河雅彦『ルポ医療事故』（朝日新書・2009年）参照。なお、医療の安全の問題全般については、高久史麿編『医の現在』（岩波新書・1999年）、矢崎義雄編『医の未来』（岩波新書・2011年）参照。
33　医療安全対策の展開については、原田啓一郎「医療安全対策の展開と課題」社会保障法26号（2011年）159頁以下参照。
34　新木一弘「医療安全推進総合対策について」年報医事法学18号（2003年）60頁以下参照。

されていたが、最近では、医学的な専門知識がなければ過失の有無を判断できないような事件まで起訴されるようになり、むしろ積極的な刑事責任の追及が行われるようになってきていると評価されている[35]。1970年代における医療過誤事件数と1999年以降のそれとを比較すれば、明らかにその数は増えている。戦後から1999年（平成11年）1月までの刑事裁判例は、全体で137件、同年11月から2004年（平成16年）4月までのそれは合計79件である[36]。しかし、警察に届け出られた医療事故のうち「せいぜい数パーセント程度」が検察庁で起訴されているにすぎず、ここから、医療事故に対する警察・検察の処分が従来より厳しくなっているとはいえないとされている[37]。民事医療過誤事件の新規受件数が年間1000件を超えていることからすれば「極めて僅かな件数にすぎない」という[38]。医療過誤事件に対する刑事処分件数が増加していることは事実であるとしても、医療過誤に対する刑事処罰は、謙抑的に行われているというのである。ちなみに、警察庁のまとめによると、2008年中に全国の警察が届け出を受けた医療事故は226件であった[39]。同年中に警察が業務上過失致死容疑などで送検した医療事故は79件であった。

(2) 医療過誤事件増加の原因
(a) 医療過誤民事訴訟の増加
(i) アメリカとドイツにおける民事訴訟の増加

医療過誤事件とそれに関する民事訴訟がどのくらいの頻度で発生しているかについては、アメリカの調査がある。1991年のハーバード・メディカル・プラクティス・センターでの調査によれば、ニューヨークの病院における31,429名の手術を受けた患者のうち280名が傷害を被ったと回答し、8名のみが訴訟に訴えたという。ドイツでは、年間3万から4万件の医療過誤があると見積もられている[40]。ドイツでは、医師に対する訴訟の数は、この20年間に極めて増加した。70年代には、訴訟の増加率は55パーセントであった

---

35 山本輝之「医療事故への刑事法の介入」年報医事法学18号（2003年）85頁以下。
36 飯田英男・ジュリスト1339号61頁、同「刑事医療過誤の現状と課題」社会保障法第26号（2011年）17頁以下参照。
37 飯田・前掲ジュリスト1339号61頁。
38 飯田・前掲ジュリスト1339号61頁。
39 2009年4月17日日経新聞記事。
40 *Deutsch/Spickhoff*, Medizinrecht 6. Aufl., 2008, S. 109.

が、1975年から1985年には215パーセントになっている。1993年には、3万件以上、保険会社に損害賠償が申し立てられ、その約半数が支払われている[41]。

(ii) わが国における民事訴訟件数

わが国においては、最高裁の「医事関係訴訟に関する統計」において、「医事関係訴訟事件の処理状況及び平均審理期間」が公表されている[42]。それによると、地裁・簡裁における医事訴訟事件の新規受理件数は、下図のようになっている[43]。

年	2000	2001	2002	2003	2004	2005	2006	2007	2008	2009	2010	2011
件数	795	824	906	1003	1110	999	913	944	876	732	791	767

このデータによると、新規受理件数は、2003年、2004年に千件を超え、その後は、漸減していた。既済件数についても見ておくと、新規受理件数のピークより少し後まで千件を越える件数が続き、2007年まで千件を越えている。

この統計は、裁判所に提起された訴訟のみを表しており、日本医師会の裁判外紛争解決制度や各都道県の医師会に提起された請求は含まれていない。2004年にピークを迎え、それ以降は、ほぼ漸減している。しかし、全体として、この数字は、人口比を考慮に入れても、アメリカに比べるとはるかに低いとされている[44]。この表からは、増加傾向が明らかではないが、日本の1970年代における医療過誤訴訟件数と比べると明らかに増加している。1970年代には200件から300件、1980年代には、300件から400件で推移していたが、1991年から急増しているのである[45]。このような増加傾向の理由として

---

41 ドイツにける刑事事件の実態研究については、「医療過誤と過失犯の成立要件」(第4章1.)で後述する。
42 菅野耕毅『医事法学概論』(第2版・2004年) 201頁以下も参照。
43 http://www.courts.go.jp/saikosai/about/iinkai/izikankei/toukei_01.html なお、1995年以降の推移をグラフ化したものとして、久々湊晴夫・旗手俊彦編著『はじめての医事法』(2009年) 174頁参照。
44 Robert B. Leflar (三瀬朋子・訳)「医療安全と法の日米比較」ジュリスト1323号 (2006年) 14頁参照。そこでは、その理由は、歴史的・文化的理由よりもむしろ制度的理由にあるとされている。第1に、医療ミスに熟達した弁護士の数がアメリカの方が多い、第2に、弁護士報酬制度につき、アメリカの方が被害者に有利であり、第3に、日本には医療過誤訴訟が判決までに長期間かかるということである。
45 手嶋豊『医事法入門』(2005年) 137頁参照。

は、一般の人の権利意識の高まり、専門家の意見を無批判に受け入れない人の増加、医療に対する期待の高まり、医療の高度化により医療事故自体が相対的に多くなっていることが挙げられている[46]。さらに、最近、医療訴訟の「かばい合いの壁」や「封建制の壁」を背景にした「密室性の壁」、「専門性の壁」ないし「立証責任の壁」[47]に風穴が開き始め、医療訴訟が大きく変貌してきていることも挙げられるであろう。

最高裁の資料によれば、「地裁民事第1審通常事件と医事関係訴訟事件の認容率」は、次の通りである。

年	2001	2002	2003	2004	2005	2006	2007	2008	2009	2010	2011
通常事件	85.3	84.9	85.2	84.1	83.4	82.4	83.5	84.2	85.3	87.6	84.8
医事関係	38.3	38.6	44.3	39.5	37.6	35.1	37.8	26.7	25.3	20.2	25.4

これによれば、通常訴訟事件の認容率はほぼ一定なのに対して、医事関係訴訟事件のそれは、2001年には、認容率は、38.3％であり、2003年に44.3％で最高となったのに対して、2010年には20.2％になっているのであるから、半減しているといってよい。1999年に起こった横浜市立大学病院の患者取り違え事件、東京都立広尾病院での消毒液注入事件が世間の注目を浴び、それによって医療不信が拡延し、裁判官に患者側に立たせる効果があったのではないかと推測されうる。その後の認容率の低下は、医療過誤に対する医師である鑑定人の認識・意識の変化、2001年以降は裁判所内に「医療集中部」が設けられ[48]、裁判官の医学的知識が向上し、また、医療過誤訴訟のリスクが医師の委縮効果を呼ぶことも認識され始めたことにも起因していると思われる。

最後に、同じく最高裁の資料から2008年から2010年までの医事関係訴訟事

---

46 近藤昌昭「医療安全に関する民事訴訟の現状」ジュリスト1323号（2006年）32頁参照。
47 金田朗「医療過誤訴訟・実務上の論点」加藤良夫（編著）『実務医事法講義』（2005年）232頁以下参照。
48 例えば、ホームページによると、大阪地方裁判所では、平成13（2001）年4月、医療訴訟を集中的に取り扱う医事事件集中部（「医事部」）が2か部発足し、第17民事部と第19民事部が、医事部として、医療訴訟を集中的に取り扱ってきたが、平成19年4月からは、新受事件の増加等を背景として、第20民事部も医事部となり、以後、3か部体制となっているという。また、千葉地方裁判所では、平成13年10月から医事関係訴訟の審理を民事第2部に集約したという。医事部導入後の審理については、金田朗「実務上の論点」加藤良夫（編著）『実務医事法講義』232頁以下、238頁以下参照。

件（地裁）の診療科目別既済件数を見ておく。

年 診療科目	2008年	2009年	2010年
内科	228	229	237
小児科	22	22	22
精神科（神経科）	30	33	29
皮膚科	9	10	17
外科	180	165	142
整形外科	108	105	105
形成外科	18	19	24
泌尿器科	18	22	9
産婦人科	99	84	89
眼科	27	23	24
耳鼻咽喉科	19	19	16
歯科	70	71	72
麻酔科	8	4	6
その他	119	116	104

　これによると、単純に、内科、外科、整形外科、産婦人科の既済件数が多い。しかし、各科の全国の医師数との割合では、訴訟の被告となる率は、産婦人科医が相対的に多い。厚生労働省の2010年12月31日段階の調査[49]で、全国の医師の数は、「診療科名（主たる）」別にみると、「内科」が61,878人（22.1％）と最も多く、次いで「整形外科」19,975人（7.1％）、「外科」16,704人（6.0％）である。それに対して、産婦人科の医師数は、10,227人であり、その全医師の中の割合は、3.6％、産科で、425人で、0.2％である。産婦人科と産科を単純に合わせても、10,652人であり、その中の89件は、他に比べて高い。

(b) 警察に対する医療事故の届出数の増加
　医療事故が、刑事事件として扱われるためには捜査機関である警察が事件

---
49 「平成22年（2010年）医師・歯科医師・薬剤師調査の概況」厚生労働省のホームページより。

を認知する必要がある。被害者・遺族等の通報・告訴が認知に至る大きな意味をもつが、病院が警察に医療過誤の疑いのある死亡または傷害が発生した場合に届け出る制度が機能すれば、警察の認知可能性が増えることになる。医師法21条は、次のように規定する。「医師は、死体又は妊娠4月以上の死産児を検案して異状があると認めたときは、24時間以内に所轄警察署に届け出なければならない」。これに違反した場合、同法33条の2（1号）によって、50万円以下の罰金に処せられる。この異状死体に関する届出義務が問題になったのが、1999年2月に東京都立広尾病院で薬剤取り違え事件が発生した際、院長らが24時間以内に警察に届けなかった事件においてである。この事件では、病院長が、異状死の届義務違反で起訴され、2004年4月13日の最高裁の判決[50]でその有罪が確定したのであるが、この院長が医師法21条違反に問われた事件は、医学界に激震を走らせた。この事件では、弁護人が、死体を検案して異状を認めた医師は、その死因等につき診療行為における業務上過失致死等の罪責を問われるおそれがある場合にも、異状死体に関する医師法21条の届出義務を負うとした原判決の判断について、憲法38条1項違反を主張したのに対し、最高裁は、「本件届出義務は、医師が、死体を検案して死因等に異状があると認めたときは、そのことを警察署に届け出るものであって、これにより、届出人と死体とのかかわり等、犯罪行為を構成する事項の供述までも強制されるものではない。また、医師免許は、人の生命を直接左右する診療行為を行う資格を付与するとともに、それに伴う社会的責務を課するものである。このような本件届出義務の性質、内容・程度及び医師という資格の特質と、本件届出義務に関する前記のような公益上の高度の必要性に照らすと、医師が、同義務の履行により、捜査機関に対し自己の犯罪が発覚する端緒を与えることにもなり得るなどの点で、一定の不利益を負う可能性があっても、それは、医師免許に付随する合理的根拠のある負担として許容されるものというべきである」とした。この判決により、医療事故については従来適用されてこなかった医師法21条の規定の適用があることが認識され、これに従って医療事故も警察に届け出ることが一般化されるに至った。当時の厚生省は、すでに2000年8月に国立病院向けに「リスクマネージ

---

50 最判平16・4・13刑集58・4・247。

メントマニュアル作成指針」をまとめ[51]、医療事故による死亡や傷害が発生した疑いがある場合には、施設長は、速やかに所轄警察に届け出ることがルール化された。

　死亡に至らない医療事故については、医師法21条の適用はないので、警察署に届ける必要はない。ただし、傷害が生じたのみであっても、犯罪となりうる限り、刑事訴訟法239条2項は、「官吏又は公吏は、その職務を行うことにより犯罪があると思料するときは、告発をしなければならない」と規定するから、公立病院の医師には告発義務が生じる。

　しかし、このような医療過誤における医師の犯罪としての警察への届出義務は、最高裁の判旨にもかかわらず、本来、自己負罪拒否特権とも矛盾しうるものである。届出義務の公益性は、刑事事件立件を目的とするものではなく、医療事故の原因を解明し、事故の予防と被害者の救済に役立てるという目的に存在するというべきである。そうだとすると、捜査機関である警察への届出義務ではなく、都道府県に設置されるべき事故調査委員会ないし医療安全調査委員会などへの報告義務を認めていくための制度の創設が望まれる[52]。

4．医療行為への刑事法の介入の意義

(1)　医療事故に対する刑事責任のあり方

　2007年（平成19年）5月に、日本医師会医療事故責任問題検討委員会は、医師会会長から「医療事故と業務上過失致死罪による刑事処分との関係の検討、および法律改善策などについての提言」について諮問を受け、医療事故と業務上過失致死罪による刑事処分との関係の検討、および法律改善策などについて、「医療事故に対する刑事責任のあり方について」という答申を提出している。そこで、提言の背景となっている現状認識について、本書との関係では次のような認識を示している。①「近年、わが国においては医療事故について刑事司法の積極的な関与とそれへの期待が高まっており、それは

51　平成12年8月22日「リスクマネージメントスタンダードマニュアル委員会作成報告書」にもとづく。8月23日付朝日新聞東京版。ジュリスト「特集・医療安全と法」1323号62頁参照。

52　甲斐「医療事故の届出義務とリスクマネージメント」中山・甲斐（編著）『新版医療事故の刑事判例』305頁参照。

過剰となるおそれのあるものであって、大きな問題をはらむこと」、および、②「業務上過失致死傷罪の適用についても、他の種類の事故と異なり、疾病・傷害に悩む患者を治療する過程で発生する医療事故の特殊性を考慮すべきであること。それを無視した適用は、かえって医療の安全と医療供給体制の確保を害し、患者や広く国民の利益にならないこと」である[53]。医療事故に対する刑事制裁に代わる制裁的措置が十分に発達・機能していないという状況があったことも、刑事制裁が多用される原因である。「医師に対する行政処分は、ほとんどの場合、刑事処分が行われた場合にその後追いという形でのみ課されてきたことは、通常の行政処分と刑事処分の関係と逆である。しかも、刑事処分以外に第三者的立場で死因を明らかにする場がなく、患者や遺族の不満を募らせる結果となっていた。…そこで、刑事司法に頼らざるをえないという事態が生じた」というのである。

　答申は、医療事故に関する刑事司法関与の影響につき、その否定的側面として、次の5点を挙げる。①刑事介入の結果、「真実」がかえって明らかにならないケースもある、②警察の関与は、医療機関内部での相互不信を増加させる可能性がある。③萎縮医療を生じさせる、④刑事司法依存によって医療不信を払拭することはできないことがある、⑤現在のような形での刑事警察の関与は民事紛争の早期解決を著しく困難にする、というのである[54]。

(2) **医療過誤に対する過失犯処罰の意義**

　医療過誤に対する刑事過失を問う事案の増加は、数量上の増加にとどまらず、厳罰化の傾向もみられる。それは、外部からもわかりやすい単純ミスから、その医師が医療水準を充たす知識と経験をもっていたか、診断にあたっ

53　この答申では、「飯田英男教授は、その著書の中で非公表の事例も含めて医療過誤が刑事裁判、特に公判請求に至った事例を検討しているが、1999年1月までのおよそ25年間で76件であったものが、1999年1月以降2004年4月までの約5年間で79件であると報告している。刑事裁判になった事例も増加している」と記されている。飯田英男『刑事医療過誤Ⅱ』(増補版・2007年) 1頁以下参照。同「刑事司法と医療」ジュリスト1339号 (2007年) 60頁以下参照。

54　ドイツにおいては、民事訴訟との関係につき、被害者が刑事訴訟手続を開始できる制度があり、ときおり用いられているが、その弊害として、医師を防御的態度に回らせ、患者側に歩み寄るに役立つことは稀であるとされている。また、医療過誤に関する鑑定費用を浮かせるという側面も、調停でも同じ目的が達成できるとされている。また、世間の注目を浴びることで患者の側の応報感情がみたされるにすぎず、物質的利益という点では、たいていはむしろ不利であるという。刑事手続によって民事責任につき重要な知見が期待されうるかについても明白ではないとされている (*Deutsch/Spickhoff*, a. a. O., S. 293 f.)。

て医療水準を充たしていたかなど、その判断に高度な専門的知識を要する医療過誤も起訴されるようになり、医師のミスをそもそも許さないという一般的風潮の中にうかがわれる。その際、一般に人の生命の価値の社会における高評価の傾向と過失犯の被害者の遺族の強い応報感情にもとづくマスコミにおける加害者の責任追及の激しさなどが背景となっている。しかも、その際、医師、病院に対する不信感から、その仮面を剥ぎ取り、死亡した患者と他の潜在的被害者のために正義を実現して、同様の事件の発生を防ぎたいという欲求も大きな役割を果たしている。これらが過失犯厳罰化の傾向の背景になっているように思われる[55]。

しかし、医療事故に対する適正な過失犯処罰の在り方とは、どのようなものであるべきであろうか。後に詳しく指摘するように、過失犯処罰はそもそも本来的に積極的一般予防を除いては予防効果が減殺されており、むしろ、事前に過失事故が起こらないような安全対策を充実させることが、事故防止の最善の策であることは明らかである。したがって、過失犯処罰は、予防効果という意味でも、究極の手段である。このことは、過失犯処罰が、予防目的と、もしそれをも目的というなら生命や身体の毀損に対する行為者の応報的な責任以外の目的に利用されてはならないということを意味する。このような意味で、刑事罰の謙抑的適用の原則は強調されなければならない[56]。

そこで、謙抑的適用の際に考慮されるべきは、第1に、最終的に患者の生命・身体の保護に役立つ処罰かどうかは考慮しなければならないということを意味する。たしかに、医師の軽微な治療上のミスに対しても刑事罰が科せられるならば、医師を委縮させ、患者のための思い切った医療措置ができなくなる恐れがある。将来の適切な治療を維持し促進するために刑事制裁が科

---

[55] 長いスパンで見た医療過誤刑事案の厳罰化傾向については、米田・前掲「医療者の刑事処罰」14頁、量刑については、21頁以下、25頁、195頁参照。なお、2012年11月30日にミュンヘン大学刑法・刑事訴訟法・法哲学研究所で開催された「法の生成と付価値」と題するシンポジウムにおいて、「日本の議論を手がかりとした過失処罰に関する考察」というタイトルで日本における過失犯の厳罰化傾向について報告した。これについては、後に、*Yamanaka*, Betrachtungen zur Fahrlässigkeitsbestrafung anhand der Diskussion in Japan, in: Rechtsentstehung und Wertlegung (Festsseminar für Roland Wittmann) としてドイツで公刊予定である。

[56] 刑事過失論のあり方と限界については、井田良「医療事故に対する刑事責任の追及のあり方」三井古稀（2012）229頁以下、日山恵美「医療の安全確保における刑事過失論の限界—刑事医療過誤判決の分析から—」年報医事法23号（2008年）8頁以下参照。

されなければならないにもかかわらず、処罰が治療を妨げ、結果として刑事処罰に対する予防ばかりを配慮する医師を生むようになるのであれば、また、それが単なる応報感情の満足にすぎなくなるのであれば、処罰の目的を達成しえない。

次に、それ以外の目的のための手段とされてはならないということを意味する。先に指摘されたように、民事訴訟の効果的遂行のための手段や、行政処分を行う名目として刑事告訴がなされるというように、別の目的の手段として刑事法の適用が求められることは、刑事法の究極性・謙抑性の原則に反する。別の目的は、別の対策によって解決すべきである。

他方、謙抑的適用は、不正義を招くものであってはならず、適正適用の枠内に位置するものでなければならないことも強調される必要がある。例えば、医療過誤とは言い難い不必要な手術で、生活保護受給者を利用した診療報酬の不正受給をもくろんだ事件[57]のように、医学的適応も医術的正当性もなく、虚偽の説明による錯誤にもとづく患者の同意を取り付けた上での手術については、業務上過失致死罪（211条1項）ではなく[58]、傷害致死罪（205条）が適用されるべきであるが、このような事件に対しては、たとえ過失犯の適用に止まるとしても、医師を適正な処罰のもとに置かなければ、医療不信を払拭できないであろう[59]。もとより、医療不信払拭の目的で処罰すべきであ

---

57 2006年6月に奈良県で発生した「山本病院事件」では、理事長が詐欺罪のみならず、業務上過失致死罪でも立件され、逮捕された（朝日新聞2010年2月6日夕刊）。この事件では、医学的適応がなく、患者に対しても十分な説明がないことを承知で不必要な肝腫瘍の摘出手術を実施し、しかも経験のない肝腫瘍摘出手術を医術的には全く不適切な態様で実施した点で医術的正当性も認められない。なお、本件については、NHK 取材班『病院ビジネスの闇』（宝島新書・2012年）参照。この第1審判決として、奈良地判平24・6・22LEX/DB。第6章2.2（620頁以下）参照。
58 朝日新聞2010年2月17日（朝刊）。
59 この事件では、結局、傷害の故意を立証する医師の供述がなく、その物的証拠も得られなかったため、傷害致死罪での起訴は見送られ、業務上過失致死罪で起訴された。医学的適応がなく、共犯である勤務医が患者への説明にあたったため、虚偽の説明であるとの認識の立証には困難が伴うが、執刀したのは院長自らであり、その際、肝腫瘍摘出手術の経験もなく、とられた術式についても、まったく医術的正当性を欠いた肝臓を傷つけることが明らかな方法がとられたのであるから、「不要な手術であった」という「医学的適応」の認識がなくても、少なくとも医術的正当性のない手術であるとの認識の立証には問題はなかったと思われる。自供がない場合の主観の立証には一般に困難は伴うが、客観的に、医師であり、未経験の手術を行うにあたって、必要なチームを構成せず、出血の後に手術を放棄して現場を去っているという客観的状況から少なくとも医術的正当性という正当化事由の一要素に欠ける「傷害」であることの認識・認容は認定できたのではないだろうか。正当化事由である「医術的正当性」がないとの表象とそれがなくても「構わない」という認容はあったと認定することはできたと思われる。

るというのではないが、適正な処罰とは、究極性・謙抑性を踏まえた上での果断性を要求することを看過してはならない。

5．医療事故予防のための方策

(1) 医療事故調査の機関の設置

　医療過誤があったのかどうか、それがどのような原因で起こったのかという事故の真相の解明が公正に透明性をもって行われることが、被害者の納得を得ることをも含めたすべての事故処理と将来への対策の前提である。事故調査委員会設立の目的は、起こしてしまった医療事故から教訓を引き出し、再発を防止し、医療の質の向上を図ることである[60]。事故調査委員会は、中立・公正な第三者機関でなければならない。従来も、病院および有床診療所は、医療法施行規則により、「医療安全管理委員会」の開催が義務づけられていた。厚生労働省は、2002年8月30日の「医政局長通知」により、「重大な問題が発生した場合は、速やかに発生の原因を分析し、改善策の立案及び実施ならびに職員への周知を図る」ことを求めている。これにもとづき、事故調査委員会が設けられ、事故の真相を解明することが行われていた。しかし、なかには、その委員に当事者たる医者や病院長がなるなど、中立的な第三者委員会とはいえないものも少なくなかった。事故の原因究明を目的とし、中立・公正な組織により行われ、調査結果の公開を前提とする委員会でなければならない。

　事故調査委員会は、事故の発生後速やかに設置される必要がある。委員会は、内部委員（3名ほど）と外部委員（3名ほど）から構成し、内部委員には医師のみならず、看護師や薬剤師、ケースワーカー等も入るのが望ましい。外部委員には、医療過誤訴訟を担当した経験のある弁護士、他院の医師である専門家が入るのが望ましい。事故調査委員会では、議事録を作成し、公

　　　刑事罰の謙抑的適用の原則は尊重されるべきであるが、医療行為の名のもとにそれを濫用し、その限界を超えた、生活保護受給者の命を利用した金もうけのための「手術」の違法性については、刑事罰の適用を不必要に躊躇すべきではないであろう。逆に、このような傷害致死事件を、不注意による業務上過失事件と同様に扱うことが、医療への不信を増幅させることになる。この山本病院事件について詳しくは、第6章2.2（620頁以下）参照。
60　加藤良夫・後藤克幸『医療事故から学ぶ』（加藤良夫執筆）（2005年）17頁参照。

開・閲覧が求められれば、公開し、あるいは閲覧を認めるべきである。委員会は、「事故調査委員会報告書」を作成し、病院長に提出するが、同時に被害者に渡し、公開する。

　最も重要な問題点は、事故調査の目的が将来の事故の予防に置かれるべきであって、そのために当該事故の原因を究明し、事故の予防に役立てることを主目的とすることが明確にされるべきことである。当該事故の民事責任や刑事責任の追及とは一線を画すべきであって、調査結果としての「事故調査委員会報告書」も個人ないし法人の責任追及に直接使われることがないようにしなければならない。さもなくば、責任の追及を恐れて真実の究明が妨げられる可能性が高くなる。事故の防止のための調査と責任追及のための調査（捜査）とをいかに切り離し、制度的にその区別を保障するかが、事故調査委員会が事故原因の総体的解明に役立つかどうかの分水嶺をなす試金石となる困難な課題である。しかし、事故調査報告書を、刑事訴訟上、鑑定書として利用することの効果については疑問が提起されていおり[61]、刑事司法の介入を適切に抑制し、調査への協力に対する委縮効果を避ける仕組みを作る課題が残されている。

(2)　モデル事業と医療安全調査委員会

　2005年9月に厚生省補助事業「医療行為に関連した死についての調査分析モデル事業」が開始された。地域に分けてこのモデル事業に対する申請を受け付け、診療行為に関連した死亡者が発生した事例につき実施される。このモデル時事業には、東京都、愛知県、大阪府、神戸市の4カ所でスタートし、その後、拡大されている。東京地域のモデル事業については、次のように実施される[62]。遺族、医療機関双方の合意に基づいて、東京事務所に申請があったとき、解剖担当施設で、チームが編成され、病理医、臨床医、法医の三者によって解剖が行われ、当日、遺族、病院関係者双方に説明が行われる。その後、さらに組織学的な検討が加えられ、最終報告書が作成される。異なった学会から推薦された2名の臨床評価医が、解剖結果報告書にもとづ

61　笹倉宏紀「事故調査と刑事司法」刑事法ジャーナル28号48頁以下参照。
62　「特集・医療安全と法」深山正久・加治一毅・出口徹「医師の立場から」ジュリスト1323号48頁以下参照。

き医学的評価を行う。地域評価委員会が、先の委員に加えて、内科系、外科系医院、病院側弁護士、遺族側弁護士などの委員を加えた委員で構成される。委員会の討議によって最終報告書が作成される。これが、医療機関と遺族に説明される。報告書の概要については、公表することが前提である。

　このモデル事業の終了をまたず、厚生労働省は、福島県立大野病院事件が起きたため、医療事故の死因究明のための専門機関の設置案をまとめ始めた。2008年4月に発表された「医療安全調査委員会」の試案は、調査組織の在り方、死亡事故の届出制度、調査のあり方などをまとめたものであった。これをもとにその年の6月に厚生労働省の「医療安全調査委員会設置法案（仮称）大綱案」が公表された[63]。その後、民主党が、患者支援法案の骨子をまとめたが、院内調査委員会の設置を義務づけ、医師法21条の異状死届出義務違反規定を削除する等の内容をもち、厚生労働省案とはまったく対立するものであった[64]。

　政権交代後、厚生労働省は、2013年2月15日に、「医療事故に係る調査の仕組み検討部会」を初開催し、医療事故調査の仕組みや再発防止のあり方について再検討を始め、同年5月29日、診療行為に関係した予期せぬ死亡事故が起きた際の第三者機関への届出と院内調査実施を柱とする「医療事故調査制度」の概要をまとめた。これにもとづき、医療法を改正し、届出と院内調査を義務づけるとともに、事故調査の手順を定めたガイドラインを策定する方針である。それによると、医療機関は、診療行為に関連した死亡事故が発生した場合、第三者機関に届け出たうえで院内調査を行い、当該調査結果について第三者機関に報告する。第三者機関からの警察や行政機関への通報や届出はしない。遺族や医療機関から申請があった場合は独自に調査も行い、調査費用の一部は、申請した遺族や医療機関が負担する。第三者機関のあり方については、独立性・中立性・透明性・公正性・専門性を有する民間組織を設置するものとした。

(3)　医療安全体制の確立のための試み

　医療安全体制の確立は、事故が発生してからの対応機関としての「医療安

63　甲斐・前掲中山・甲斐（編著）『新版医療事故の刑事判例』305頁参照。
64　これについて、出河『ルポ医療事故』307頁以下参照。

全調査委員会」の設置・実施に尽きるものではない。また、事故対策を出発点とする「リスクマネージメント」(危機管理)[65]は、医療全体の政策ではなく、個別事故への対処療法にすぎないともいえる。そもそも事後対応以前に、事前の「事故予防システム」の構築、すなわち、「医療安全体制」の確立が重要である[66]。

(a) 医療安全対策のあり方

2000年8月に医療審議会は、「医療安全対策の推進方策について(メモ)」においてその方策として七つの項目を挙げた[67]。①インシデント事例の収集・分析システムの確立、②医療機関内の安全確保のための情報システム化、③医療安全のための調査研究の推進、④医療安全担当者等の人材養成、⑤医療の安全に関する教育・研修の強化、⑥医療現場における安全性の確保、⑦事故防止に配慮した医療機器や医薬品の生産の促進である。

翌2001年には、厚労省の「医療安全対策検討会議」ヒューマンエラー部会において、「安全な医療を提供するための10の要点」が策定され(平成13年9月11日)公表した。そこでは、(1)安全文化、(2)対話と患者参加、(3)問題解決型アプローチ、(4)規則と手順、(5)職員間のコミュニケーション、(6)危険の予測と合理的な確認、(7)自己の健康管理、(8)技術の活用と工夫、(9)与薬、(10)環境整備、の10項目が、わかりやすい標語にまとめられている[68]。

(b) 2006年の医療法改正

このようにして医療安全確立への取り組みが始まり、2006年(平成18年)には、医療法[69](昭和23年法律第205号)の改正が行われ、「第3章 医療の安全

---

65 これについて、久々湊・旗手編『はじめての医事法』(2009年) 203頁以下参照。
66 飯田修平(編)『新版・医療安全管理テキスト』(2010年) 11頁参照。そこでは、医療不信の理由として、①医療提供側が説明責任を果たしていないこと、②医療内容の適切性が評価されていないこと、③改善や質向上の努力が十分ではないことが挙げられている。
67 飯田・前掲書13頁参照。
68 それは、「(1) 根づかせよう安全文化、みんなの努力と活かすシステム、(2) 安全高める患者の参加 対話が深める互いの理解、(3) 共有しよう 私の経験 活用しよう あなたの教訓、(4) 規則と手順 決めて 守って 見直して、(5) 部門の壁を乗り越えて 意見かわせる職場をつくろう、(6) 先の危険を考えて 要点おさえて しっかり確認、(7) 自分自身の健康管理 医療人の第一歩、(8) 事故予防 技術と工夫も取り入れて、(9) 患者と薬を再確認 用法・用量 気をつけて、(10) 整えよう療養環境 つくりあげよう作業環境」である。
69 医療法は、もともとは、医療施設に関する法律であったが、1992年に医事法全体の理念を示す医事法の総則的規定をももつように改正された。医療法1条の2では、「医療は、生命の尊重と個人の尊厳の保持を旨とし、医師、歯科医師、薬剤師、看護師その他医療の担い手と医療を受ける者との信頼関係に基づき、及び医療を受ける者の心身の状況に応じて行われるととも

の確保」の章が新設された。同法第6条の9において「国並びに都道府県、保健所を設置する市及び特別区は、医療の安全に関する情報の提供、研修の実施、意識の啓発その他の医療の安全の確保に関し必要な措置を講ずるよう努めなければならない」と定めて、国等の医療安全に取り組む義務を規定したほか、医療関係者の医療安全確保の義務（6条の10）、医療安全支援センターの設置義務（6条の11）[70]等が定められた。さらに、医療従事者に対する安全体制の樹立についても、法改正が行われた。医師法7条の2において、医療事故等を犯した医師に対する再教育研修の制度が設けられた。研修医に対する臨床研修専念義務が課せられ臨床研修期間にはアルバイト診療を禁止する規定が設けられた（同法16条の2）。

(c) 診療報酬の改訂と医療安全対策

さらに、厚生労働省の医療政策の方針は、診療報酬に反映され、診療報酬の改訂には、医療問題の解決が目的とされることがある。例えば、2008年4月には、小児科医医療不足を解消するため、地域連携小児夜間・休日診療料の引き上げが行われたが、診療報酬の改訂により、医療安全体制の確立が図られる仕組みも実現されている。すなわち、診療報酬によって、病院の医療安全対策に対する経済的誘因を与えるため、医療安全の取り組みをした病院にその病院の収入を増やすことになる「医療安全対策加算」が実施されている。また、厚生労働省の2009年12月9日の「平成22年度診療報酬の改定について」[71]においては、「救急医療の充実など喫緊の課題に対応するため、急性期を中心とする入院医療に優先的かつ重点的に配分するとともに、急性期後の受け皿としての後方病床・在宅療養の機能を強化」し、さらに、「手術等の医療技術の適正評価、医療の高度化への対応、医師補助業務の充実等を通じた勤務環境の改善」に加えて、「医療安全への取り組み」にも対応していくことが目指されている。

に、その内容は、単に治療のみならず、疾病の予防のための措置及びリハビリテーションを含む良質かつ適切なものでなければならない」とする。

70 医療安全支援センターは、医療法第6条の11の規定に基づき、各都道府県、保健所設置地区、2次医療圏ごとに設置され、その業務内容は、医療に関する、患者・住民の苦情・心配や相談に対応するとともに、医療機関、患者・住民に対して、医療安全に関する助言および情報提供等を行うことである（厚労省のホームページ参照）。

71 http://www.mhlw.go.jp/stf/houdou/2r98520000002zw8.html

(4) 医療被害防止・救済センターの構想

　医療安全体制の確立は、医療機関側の事故防止安全体制の確立だけでは不十分である。どのような安全体制を確立しようとも、事故の発生を完全に防止することはできない。事故が発生したときに、事故調査委員会が事故原因を調査し、再発防止に努めることは重要ではあるが、他方で、被害者の救済につき、民事訴訟以外の道が開かれ、ニーズに応じた迅速な対応が図れる体制が整えられていなければならない。医療被害者は、「五つの願い」をもっているとされる[72]。①現状回復、②真相究明、③反省謝罪、④再発防止、⑤損害賠償がそれである。このような医療被害防止・救済センター構想の提唱者である加藤良夫弁護士によると、その設立の目的は、「医療被害者の早期救済を図ると同時に、医療現場等への再発防止策等のフィードバック、診療レベルの向上、医療制度の改善、患者の権利の確立等に役立つ活動をする」ことである[73]。2001年9月には、「医療被害防止・救済システムの実現をめざす会（仮称）準備室」[74] が開設された。

　さらに、「患者の権利法」を作ろうという動きも始まっている。患者の権利法を作る会の権利法綱要案[75] によると、①医療に対する参加権、②知る権利と学習権、③最善の医療を受ける権利、④安全な医療を受ける権利、⑤平等な医療を受ける権利、⑥医療における自己決定権、⑦病気及び障害による差別を受けない権利の確立が掲げられている。これに対しては、患者の権利だけではなく、医療側の権利も含めた「医療基本法」の制定こそ望ましいとの見解も表明されている。以下で、患者の権利保護法の立法化に向けた諸外国、とくにドイツの動きを概観しておこう。

(5) 患者の権利法
(a) 世界医師会患者の権利に関するリスボン宣言

　1981年9月・10月にポルトガルのリスボンで開催された第34回世界医師会総会において「世界医師会・患者の権利に関するリスボン宣言」が採択された。その序文において、医師は、「患者の自律権と正義を保障するために」

72　加藤良夫「救済システムが事故防止に機能する」年報医事法学18号（2003年）96頁以下参照。
73　加藤・前掲年報医事法学18号99頁。
74　http://homepage2.nifty.com/pcmv/
75　http://homepage.mac.com/kanjanokenriho/kenriho/framepage.html

努力しなければならないとし、良質の医療行為を受ける権利、選択の自由の権利、自己決定の権利、情報に対する権利、秘密保持の権利、保健教育を受ける権利、尊厳の権利、宗教的な援助を受ける権利を謳う[76]。これを受けて、諸国において、患者の権利憲章の制定や患者の権利法の制定の動きが活発化する。

(b) アメリカ合衆国

アメリカでは、1960年代から、「患者の権利」として、議論され、世界の先駆けといわれている。1972年には、ボストンの病院で、医療機関として初めて「患者としてのあなたの権利」が掲げられ、その翌年1973年に米国病院協会が「患者の権利章典」を制定し、その後、多くの州で患者の権利が法制化されていったとされている[77]。

(c) 憲章モデルと法律モデル

このアメリカの患者の権利章典の制定は、患者の権利保護に関する一つのモデルであり、**「章典」モデル**と呼んでおく。これに対して、もう一つの方式は、**「法律」モデル**である。ヨーロッパ[78]では、この二つのモデルのいずれを採用するかで道は分かれた。前者の憲章モデルは、従来の判例の積み重ねの上に、「法」を制定するのではなく、医師や患者に患者の権利に対する自己責任と自己義務を課するものであり、その規制方法は、判例法に由来する合意モデルというべきものである[79]。これは、したがって、形成されてきた判例法を憲章によって側面補強するものといってよい。これに対して、後者の「法律モデル」は、法律上に患者の権利・義務を規定し、患者の権利を目に見えるものにし、それを実際に行使し承認する点での不備に対する不満を解消しようとするものである。

---

76 この宣言は、1995年9月にインドネシアのバリで開催された第47回世界医師会総会において改訂され、現在に至っている。

77 http://www.nichibenren.or.jp/activity/document/civil_liberties/year/2011/2011_2.html （日弁連のホームページ）参照。

78 ヨーロッパにおける患者の権利法の状況については、林かおり「ヨーロッパにおける患者の権利法」http://www.ndl.go.jp/jp/data/publication/legis/227/022701.pdf 参照。なお、河野正輝監訳・久保井摂訳「ヨーロッパにおける患者の権利の促進に関する宣言：患者の権利に関するヨーロッパ会議原文対訳」患者の権利法をつくる会・1995年も参照

79 *Katrin Kubella*, Patientenrechtegesetz, (Kölner Schriften zum Medizinrecht Bd. 7) 2011, S. 30.

(d) 改正法方式・基幹法方式・包括法方式

このような立法が憲法上の要請かどうかについては議論がある[80]。この法律モデルにも三つの方式がある。**第1の方式**は、「改正法」(Änderungsgesetz) の発布であり、すでに制定されているそれぞれの法律にそれぞれの患者の権利を統合し、それによってその事項の関連性を維持しつつ規範化するものである[81]。この方式では、例えば、民事上の個人の権利は、民法典に規定されることになる。**第2の方式**は、「患者の権利法」といった一定の事項に関する（複数のこともありうる）独立の単行法を制定する方法である。**第3の方式**は、包括的な、複数の法領域にまたがる法律を発布することである。第1方式をとって民法を改正するのは、オランダである。オランダでは、「医療契約に関する法律」(Wet op de Geneeskundige Behandelings Overeenkomst=WGBO) の発布により、1995年（4月1日）に医療契約に関する民法の規定が改正された。第2方式をとって「基幹法」(Stammgesetz) を制定するのが、フィンランドである[82]。この方式のメリットは、患者の権利法と事項的に関係のある限り、別の法的性質をもつ権利・義務が当該法律によって把捉されうる点にある。フィンランドでは、1992年に「患者の地位とその権利に関する法律」(Lag om patientens ställning och rättigheter) が制定され、1993年に発効したが、それはヨーロッパで最初の患者の権利法であった[83]。これによって、包括的な患者の権利法の制定が目指されたわけではなく、患者の権利に関する特殊領域は、他の諸々の法律において規定された。この法律によって目指されたのは、看護と治療の中心的な法原則、とくに、患者の自己決定権の総括と強化であった。第3の方式を採用するのが、フランスである。これは、統一的な法領域を横断するあらゆる患者の権利と義務を包括する保健法の法典化を行う方式である。2002年のフランスの「公衆保健法典」(Code de la Santé Publique=CSP) がそれである。この法典は、1万条の条文数を誇り、保健に関する法領域横断的でありながらいまだ完結したものではない法典である。この法典は、すでに1953年に公布されていたが、2000年から2005年にかけて大幅に修正され補充されたものである。2002年3月4日の法律で、患

---

80 *Kubella*, a. a. O., S. 31 ff.
81 *Kubella*, a. a. O., S. 36.
82 *Kubella*, a. a. O., S. 52 ff.
83 *Kubella*, a. a. O., S. 53.

者の権利に関する改正法が導入された。

(e) ドイツにおける立法への動き

　ドイツでは、すでに1962年に、司法の次元で患者の権利法の法典化の必要性をめぐる議論が行われていた。第44回「ドイツ法曹会議」において医師の説明義務について法律で規定するよう勧告された。当時は、刑法に説明義務に関する規定を設けようと提案されたが、第1次および第2次刑法改正法においては、この提案は採用されなかった[84]。1978年にドイツ法曹会議は、あらためて医師法の問題と取り組んだ。第52回大会の医師法部会で、契約法、身分法、責任法（Haftungsrecht）における立法措置として医師と患者の関係関して論議されたが、医療過誤の経済的損害やその克服法について十分に研究されていないといのが結論であった。1981年には、エルヴィン・ドイチュとミヒャエル・ガイガーが、司法省編集の「債務法の改訂に関する意見書および提言」において民法における医療契約の法典化に賛成した。1990年11月9日に、欧州委員会が医療に関する雇用（medizinische Dienstleistung）に及ぶ雇用責任に関する審議の指針に対する提案を提出した。1996年11月には、欧州評議会に代表を送る諸国の保健（厚生）大臣の第5回会議がワルシャワで開催され、患者の弱い立場に関して議論された[85]。同じく、1996年11月にコトブスで第69回保健大臣会議が開かれ、「保健制度における質の保障と体系的発達」に関する決議において保健に関する『消費者法』の改正が勧告された。1997年のザールブリュッケンにおける第70回保健大臣会議では、連邦規模の患者の権利憲章作成のための作業部会の設立の決議がなされた。これを受けてブレーメン大学のディター・アートとロベルト・フランケが「患者の権利憲章」を起草した。これに基づき、1999年のトリアーでの第72回保健大臣会議において「今日のドイツにおける患者の権利」というドキュメントが可決された。2002年には、連邦司法省および連邦保健省で作業グループ「患者の権利憲章」が設置され、その結論としてその年のうちに「ドイツにおける患者の権利」憲章が提示された。この憲章の特徴は、先行する過去のものとは違い、医師会、消費者団体などの他のあらゆる利益グループからも支持

84　*Kubella*, a. a. O., S. 15. エーベルハルト・シュミットが、構成要件に専断的医療行為の処罰規定を設けることを提案した。

85　1996年11月ストラースブールにおいて開催された、欧州評議会の関係理事会において（1996年11月19日）「欧州評議会・患者の権利条約」が採択された。

されていることである。

　ドイツにおける患者の権利に関する立法提案の発達史を振り返ると、「患者の権利法」に対する要請は、「繰り返し燃え上がり、現実性を失ってはいない」のであり[86]、ドイツ連邦議会は、何度も患者の権利法の編纂を行っている。CDU/CSU ないし SPD の各会派からも患者の権利保護法の制定作業が行われている。

(f)　ドイツにおける「患者の権利法」立法

　2009年秋に立法作業は新展開を見せる。2009年10月26日に、連立政党間の取決めによって、連邦議会が立法化の義務を負うことになった　連邦政府は、2012年 8 月15日の「患者の権利法政府草案」によりその新らたな構想を示した。それは、これまでのように、患者の権利に対する個別・点状の法規制ではなく、医療契約に対する権利と義務を条文化して規定する法律草案として規定しようとするものであった[87]。

　これに基づき、2012年 9 月27日に連邦議会における患者の権利法の第 1 読会審議が開始され、2012年11月29日の第 2 、第 3 読会において、SPD と Die Linken などの反対はあったが、全部で19箇所の変更を加えたうえで、連立政権の賛成により可決された。この「患者の権利法」は、2013年 2 月26日に施行された。

　その詳しい内容に触れることはできないが、その立法の目的と趣旨は、次のようにまとめることができる。すなわち、専門家の推定によれば、患者の権利の80～90％は、「判例」によっているとされ、それは、すでに概観できないほどの量に達し、疑問なしとしない裁判例も多く、すでに分類・構造化と明確化、そして患者にとっての透明化が不可欠となっていた[88]。法典化により、患者の権利を改善し、医療に関係するあらゆる人々の法的明晰性と法的安定性を打ち立て、同時に、医療における患者の利益と治療者、その他の関与者の利益の調整をすることが目指された。この目的は、主として、民法の治療契約法の法典化によって達成され、社会法、患者参加令（Patienten-

---

86　*Kubella*, a. a. O., S. 22 ff.
87　*Larissa Thole*, Das Patientenrechtsgesetz — Ziele und Politik, MedR 2013, S. 145.
88　*Thole*, a. a. O., MedR 2013, S. 146. しかし、この点では、従来の判例の寄せ集めにすぎず、何も付け加えるものでもないとしてこの立法に失望したとの評価もある（*Peter Thurn*, Das Patientenrechtegesetz — Sicht der Rechtsprechung, MedR 2013, S. 153.）。

beteiligungsverordnung)、病院財政法の改正によって図られることとなった。立法者は、民法の630条 a から630条 h により、治療者と患者の契約関係から生じる権利と義務に関する重要な柱を打ち立てた。医療契約の根幹をなす事項については、民法630条 a が定める。それによれば、医療契約の本質は雇用契約（Dienstvertrag）とされ、治療者は、患者の治療の義務を負い、患者は、取決められた報酬を供与する義務を負うが、治療者は、患者に治癒結果ではなく、「単に」専門的に正当な治癒への努力の義務を負うものとされる[89]。

（g）　わが国の動き

　他方、わが国の状況に目を転じると、1984年のリスボン宣言で謳われた人の尊厳、平等な医療を受ける権利、最善の医療を受ける権利、知る権利、自己決定権、プライバシーの権利といった医療における患者の権利をわが国においても実現する運動が展開されるようになった。患者の権利宣言運動は、保険医による「開業医宣言」（1998年）や、日本生協連医療部会による「患者の権利章典」（1991年5月11日）の発表などを経て、少しずつ「患者の権利」という考え方は広がっていき、1991年10月に、「患者の権利法をつくる会」が、「医療が患者の権利を基盤にしたものであることを、国が法律によって明らかにすることが必要」であるとして、全国の患者、医療関係者、市民、研究者、弁護士などが集まって結成された。この会では、「患者の諸権利を定める法律案要綱」（1991年7月30日）を発表している。

　2011年（平成23年）10月7日には、「日本弁護士連合会」が、「すべての人に対する以下の権利の保障を中核とした「患者の権利に関する法律」を速やかに制定することを求める」として、次の六つの事項を掲げた、患者の権利に関する法律の制定を求める決議を発表した。

1　常に人間の尊厳を侵されないこと。
2　安全で質の高い医療を平等に受ける権利を有すること。
3　疾病又は障がいを理由として差別されないこと。
4　インフォームド・コンセント原則が十分に実践され、患者の自己決定権が実質的に保障されること。

---

[89] *Thole*, a. a. O., MedR 2013, S. 146.

5　可能な限り、通常の社会生活に参加し、通常の私生活を営む権利を有すること。
6　国及び地方公共団体は、上記の患者の権利を保障するための施策を実施する責務を負うこと。

(6)　危機的事象報告制度
(a)　危機的事象報告制度の目的
　危機的事象報告制度（medizinisches Fehlermeldesystem in der Medizin; Critical Incident Reporting System）は、医療における危機的な事象（kritische Ereigniss）に関する報告制度である。その目的は、集まった報告を分析し、組織の改善に役立てて患者の安全を高めることである[90]。それは、病院におけるニアミス[91]の多くは、医療組織の機能不全に由来するという知見から、医師や医療関係者による大事故発生の予兆となるような軽微な事故・危機的事象に関する報告に関してデータベースを整備することが、大事故（実害）に至る前にその予兆を発見し除去するに役立つとして、患者ないし医療安全のために多くの医療機関で導入されているデータ把握システムなのである。もとよりそれは、データの集積が医師などの関係者の報告に依存するという点にその弱点をもつ。その背景には、自らの過ちを報告することが、非難に結びつくおそれがあるという問題点がある。この点は、「人は誰でも間違える」（To err is Human）[92]であると認識し、「非難の文化」（culture of blame）から「安全の文化」（safty culture）への文化の転換[93]によって解消されるべきであろう。

(b)　アメリカにおける制度の沿革
　大事故の予兆となる危機的事象の分析という方法が最初に用いられたのは、1954年に、フラナガンによる第2次大戦中のアメリカ空軍の心理学研究

90　*Jasmin Thüß*, Rechtsfragen des Critical Incident Reportings in der Medizin, 2012, S. 3.
91　ドイツの病院における軽微な医療過誤は毎年（2010年度）50万件を数えるとされる。Vgl. *Noëlly Zink*, Medizinische Fehlermeldesysteme, (Düsseldorfer Rechtswissenschaftliche Schriften Bd. 92), 2010, S.20.
92　*Kohn, Linda T./Corrigan, Janet M./ Donaldson, Molla S./Institute of Medicine* (Hrsg.), (To err is Human. Bilding a Safer Health System, Washington, 2000,（邦訳）L・コーン／J・コリガン／M・ドナルドソン（編）米国医療の質委員会著（医学ジャーナリスト協会訳）『人は誰でも間違える―より安全な医療システムを目指して』（日本評論社・2000年）。
93　*Zink*, a. a. O., s. 23.

においてである。パイロットの報告によって、パイロットの座席の右の、緊急脱出発射装置付き座席のこれまでレバーのすぐ横に設置されていた緊急点灯レバーの位置を変更して、ミスを防ごうとしたのである。この方法が、民間の航空機に転用され、1975年には、「航空安全報告制度」(Aviation Safety Reporting System＝ASRS) が開発され、航空宇宙局（NASA）がこれを用いている。この制度が医療に転用されたのである。アメリカでは、今日の事故報告制度に先立つのが、1978年の外科医ジェフリー・クーパーの研究およびオーストリア患者の安全協会（1993年）の研究である[94]。「間違いの文化」(Fehlerklutur) という概念は、1994年にリープ (Leape) の論文によってはじめて用いられ、そこでは病院においては、医療過誤は「システムの不備」であるというように文化を変更することが必要だとしたのであった。

(c) スイス・ドイツへの導入

危機的事象報告制度がヨーロッパに導入された最初は、スイスにおいてである。1998年には、この制度は、「スイス麻酔学および蘇生学会」(Schweizer Gesellschaft für Anästhesiologie und Reanimation) のプロジクトに導入された。2001年からは、「スイス患者の安全協会」(Schweizer Stiftung für Patientensicherheit) がこれを引き継いでいる。このスイスの経験がドイツにおけるこの制度の導入に影響を及ぼした。2002年にマールブルク大学の大学病院が病院内における危機的事象報告制度のパイロット・プロジェクトが導入された。ほぼ同時にキール大学の一般医療研究所の研究プロジェクトにも、ホームドクターにおける病院内報告制度が発足した[95]。2003年には、「医療と過誤」というテーマが「保健制度における発展の鑑定専門審議会」年次報告の対象とされた。連邦医師会（BÄK）と保険医連邦協会（KBV）が、スイスのモデルに従って、スイス患者の安全協会の協力のもとで専門を超えた病院内の危機的事象報告制度を導入した。2005年4月にデュッセルドルフで設立された「患者の安全行動連盟」(Aktionbündnis Patientensicherheit) が病院内危機的事象報告制度の設置を勧告した。専門家の推定によれば、この制度を導入する病院数は増え続け、2011年段階で、約30％にのぼる[96]。

---

94 *Cooper u. a.*, Anaesthesiology 1978, 399: Anaesth Intens Care, 1993, 506 ff. Vgl. *Zink*, a. a. O., S. 30 f.; *Thüß*, a. a. O., S. 4 f.

95 *Zink*, a. a. O., S. 37 f.

(d) わが国への導入

　わが国においても、2001年4月から厚生労働省の医政局総務課に医療安全推進室が設けられ、各病院から危機的事象（ヒヤリハット事例）を収集している[97]。2001年（平成13年）10月から、ヒヤリ・ハット事例を収集・分析し、その改善方策等医療安全に資する情報を提供する「医療安全対策ネットワーク整備事業（ヒヤリ・ハット事例収集事業）」を実施した。これは、厚生労働省医政局長・厚生労働省医薬食品局長の発する「医療安全対策ネットワーク整備事業の実施について」に基づいて行われたものであるが、この事業は、2004年（平成16年）4月1日から、公益財団法人「日本医療機能評価機構」に引き継がれ、同年（平成16年）10月から「医療事故情報収集事業」を開始し、①医療事故情報収集・分析・提供事業、②ヒヤリ・ハット事例収集・分析・提供事業、③医療安全情報提供事業を行っている。この事業を担う「医療事故防止事業部」では、医療法施行規則に定められている事故等分析事業を行う登録分析機関として、医療機関からの医療事故情報及びヒヤリ・ハット事例の収集等を行う、医療事故情報収集等事業を運営している[98]。その目的は、「効果的な医療安全対策を講じるためには、医療事故につながり得る様々な要因を客観的に把握し、その分析に基づいた対策を講じる」ことである。その手段として、「各医療機関においては、医療安全に資する情報の収集・分析体制を構築しているところである」が、さらに、「個々の医療機関の事情に基づく要因を超えて、各医療機関に共通する要因や改善策を広く効果的に収集し、個々の要因の重要性や傾向を把握することが重要である」という認識に基づいて、「個々の医療機関が収集・分析した情報や、当該情報を基に検討した対策などを収集・分析し、提供することにより、広く医療機関が医療安全対策に有用な情報を共有するとともに、国民に対して情報を提供することなどを通じて、医療安全対策の一層の推進を図ること」が必要である。その集計結果は、厚生労働省から医療機関、国民等に対して広く公表されている。しかし、その課題は、これらの収集された事例を有効な事故防止対策にどのように活かしていくかである[99]。

96　Thüß, a. a. O., S. 6. 2007年段階では10％であった（Vgl. Zink, a. a. O., S. 33.）。
97　河野龍太郎「医療におけるヒューマンエラー――なぜ間違える、どう防ぐ」（2004年）8頁以下参照。
98　公益財団法人「日本医療機能評価機構」ホームページをみよ。

6．医療過誤における過失犯処罰と過失犯理論の課題

　以上のような医療過誤の予防対策、事後処理対策が整えられたとしても、刑事法による医療過誤に対する対応が不要となるわけではない。しかし、医療事故に対する刑事的介入は、究極の手段として謙抑的に行われる必要がある一方、医療の安全を実現するに役に立つ限りで、適正に行われなければならない。以下では、医療過誤における過失犯処罰の理念と現実的要請、そして、過失解釈学における課題について考察しておこう[100]。

(1)　医療事故に対する過失犯処罰の機能

　医療事故に対する刑事的介入は、主として過失犯に対するものである。したがって、先述のように、過失犯処罰の予防機能は限定されている。その根拠は、次の三点にある。

　第1に、過失構成要件は、行為者に明確に禁止されるべき行為を指示できない。したがって、故意犯に比べて刑罰の予防効果も間接的であり、処罰された者が再び過失犯を犯さないようにするには、現実的には一般的に「不注意な行為」を避けるぐらいしかない。医師の行為準則である「医療水準」の遵守などの明確化によってはじめて指示される行為の内容が明確化しうる。

　第2に、過失犯は、社会的に有意義な行為の裏面として無価値結果をもたらす行為を処罰する場合が多い。いわゆる許された危険の考え方によって予見可能な危険な行為でも処罰の対象から外されることがあるのは、過失処罰によって社会的に有意義な行為を包括的に禁止することは無意味だからである。このことは、医療過誤に典型的に当てはまる。すなわち、本来的に医師の治療自体は、患者の健康を回復し生命を救う社会的に有益な行為であり、その際の不注意な行為が無価値結果をもたらすにすぎない。医師は、もしリ

99　河野・前掲書10頁以下参照。
100　これについては、2012年11月29〜30日にミュンヘン大学「刑法・刑事訴訟法・法哲学研究所」で開催されたRoland Wittmann教授の古稀記念シンポジウムにおいて「過失犯処罰に関する考察」において過失犯の重罰化傾向についてその意義や問題点を考察した。Yamanaka, „Betrachtungen zur Fahrlässigkeitsbestrafung", in: Lothar Philipps/Friedrich Lachmayer/Raihard Bengez (Hrsg.), Gesetzgebung und Wertsetzung (Festschrift für Roland Wittmann)（仮題）として公刊予定。

スクを冒さない治療のみを行うならば、もしそれによってのみ患者の健康を回復し生命を救えるなら、患者の同意があるかぎり、多少のリスクを冒しても医学の発展に応じて新たな治療法を試みることができなければ、患者の利益にもならない。

　第3に、過失犯が故意犯に比べて軽く処罰されるのは、行為者の主観的・心理状態に対する非難可能性の観点から説明されるのみならず、「期待可能性」の観点からも説明される。過失犯の予防には、事後的な処罰ではなく、事故の物理的な予防策や行為者の行動準則を規定することによって予防する方が効果的と思われるのであり、換言すれば、事故の実質的責任を行為者の不注意のみに帰することができない。国家は、政策の失敗を行為者の不注意に全面的に負担させることができないのである。医療の分野では、このことは、事故が起こる場合、病院組織や病院の安全体制の不備など、個人の責任を超えた要因が作用するといった形で現れる。それらの組織の問題を執刀した医師にすべて押しつけることはフェアーではないと思われる。

(2) 医療過誤における過失犯の重罰化の根拠

　以上のように過失犯処罰の効果の限定性にもかかわらず、近年、過失犯処罰の厳格化・重罰化の傾向が著しいのは、第1に、交通事犯や大規模火災等の他の分野における過失犯処罰の厳格化と歩調を合わせて、歴史的に、過失犯一般の重罰化の傾向という発展方向の途上にあることが指摘される。これは、とくに被害者の生命や身体の保護の観点から根拠づけられる。そのことは、死亡ないし傷害結果を伴う医療侵襲についても妥当する。第2に、従来の医療体制の絶対性の崩壊とともに、噴出した「医療不信」に対する反動が指摘されうる。医療側の、患者の医療過誤による「事故死」の隠ぺい体質に対して「真実」の解明を求める声が大きくなっていることが告訴を求める声の背景となっている。

(3) 医療過誤における過失理論の課題

　重要なのは、このような過失犯の究極手段性の理念と過失犯の厳罰化の現実の要請との矛盾を、医療過誤に対する過失犯の解釈学の中でどのように解消していくかという課題である。ここで、この課題の解決法を提示すること

はできないが、ヒントとなる視点をいくつか挙げておこう。

第1に、医師・看護師等の治療における行為準則としての「医療水準」を明らかにすることである。しかし、現実には「医療水準」の概念は、医療の内容や医療機関、地域の差異によってますます相対化され、内容が多様になってきている。

第2に、医療の個別化と自己決定権の発展によって、患者の「意思」が過失犯の成否に重大な意味をもち始めている。その際、患者の意思表示である患者の同意の前提としての医師の説明義務違反の過失犯における位置づけが、民事法に比べてどのような特殊性をもつかは意識的に理論化されなければならない。説明義務違反そのものは、結果惹起の前段階であり、侵襲行為の開始時における義務違反が過失犯にとって重要だからである。患者の意思に反することが直ちに刑法上医療過誤であって、過失犯の成立を根拠づけるものではない。患者の同意の有効性一般の問題としても、患者の意思違反と過失犯の成立との限界を画する理論が必要である。

第3に、医療過誤に対する紛争処理には、民事賠償と刑事責任の追及との二つの方法があるが、それぞれの法目的に応じて、用いられる概念の解釈学的意義は異なる[101]。例えば、同様に「過失」の有無が問われるとしても、その概念や認定基準において差がある。これについては、その両者の相違を「量的な差」と見て、積極的に刑事責任を追及していく立場と刑罰権発動の前提としての刑事過失については、民事過失と「質的な差」があるとして、「可罰的過失」の概念を用いて刑事責任を限定しようという立場[102]が対立している[103]。ここでは、民事責任は、被害者の損害の回復にあるから、被害者救済が第1次的な目的であるのに対して、刑事責任は、犯罪による社会的動揺を鎮め、予防を図ることにある。したがって、制裁の目的が異なるので

---

101 民事過失と刑事過失について論じた初期の民事法からの見解として、野田寛『医療事故と法』(1982年) 43頁以下参照。
102 米田泰邦『医療行為と刑法』(1985年)。
103 中山研一「医療事故刑事判例の動向」中山・甲斐 (編著)『新版医療事故の刑事判例』13頁以下。飯田『刑事医療過誤Ⅱ』13頁以下では、処罰の可否を考慮すべきだという慎重な対応が見られるが、信頼の原則の適用を安易に認めることに批判的であることを指摘する (中山・前掲14頁)。なお、「過失処罰」を認識ある過失に限定しようとする提案もある (甲斐克則・年報医事法学23巻138頁以下発言ほか) が、認識なき過失が「不注意」の程度として、一般的に認識ある過失より軽いわけではない。

あるから、制裁の前提的要件の種類や解釈にも差異があるというべきであろう。しかし、理論的に「可罰的過失」をどのように根拠づけるかは、いまだ明確化されているとはいえない[104]。

---

104 これについては、オーストリア刑法88条 2 項の規定のように、過失傷害罪につき、「法律で定められた保健に関係する職業に就いている者」について、「重過失」(schweres Verschulden) を要求する案も参考になる。Vgl. *Bruckmüller/Schumann*, Die Heilbehandlung im österreichischen Strafrecht, in: Roxin/Schroth, Handbuch des Medizinstrafrechts, S. 855; *Carolin Wever*, Fahrlässikeit und Vertrauen im Rahmen der arbeitsteiligen Medizin, 2005, S. 219 ff. オーストリア刑法88条 2 項では、行為者が、「法律で定められた保健に関係する職業に就いている者」であり、「重大な過失」があることとならんで、「その職務の実施において傷害又は健康被害が加えられ、その行為から14日間以上の健康被害又は就労不能が生じなかったとき」という要件を充たすとき、1 項に従って処罰されることはないとして、「重大な過失」という主観的要件と「被害の軽微性」という客観的要件の両者を要求している。しかし、一般的な可罰的過失の処罰限定原理を展開するのはともかく、医療関係者の過失だけがなぜ行為者に有利に取り扱われるかについては、説得的な説明を要するであろう。なお、ドイツにおける「刑法の退却傾向」については、アルビン・エーザー（上田健二・浅田和茂編訳）『医事刑法から統合的医事法へ』(2011年) 284頁以下、古川伸彦「ドイツにおける事故と過失」刑事法ジャーナル28号26頁参照。

4．医事刑法の行為規範

1．医療行為における法規範の体系

　医事・薬事法の分野の制度の全般につき、まず、その組織・機構・資格・医療業務・医療従事者の資格・責任などの枠組みを規制する法律は、複数にわたっている。ここでは、医療従事者の医行為について遵守すべき行為規範について一般的に論じる[105]が、その前提として広義の医事法の体系について概観しておく。行為規範の基本は、このような行政法としての医療関係法と、私法上の医療契約に基づく行為規範とがありうる。

　医事法の分野の行為規範は、法規範としての法律が枠組みを与えるが、医療が日進月歩であり、医師の医療行為の標準が、これまでの慣行に従っておれば十分というのではなく、日々新たな治療方法が開発・適用されるべきものであるから、医師の行動指針は、その発展に柔軟に対応しうるものでなければならないとすれば、法律の枠組みの中で、当該医療行為の時点において具体的に妥当な行為規範が定立されなければならない。もとより、行政において、通常の行政庁の「命令」（政令・省令など）が、補充規範として法律を柔軟に補充するために用いられうることは当然である。

　したがって、医事刑法における行為規範は、法律の内容をより具体化する命令や行政指導によって補充されるものである。さらに、医療においてはその行動規範は、専門家集団の自主規制によって規制されることも多い。医療の分野においても、一方では、なるべく医療においても法律主義[106]を貫き、

---

[105] ドイツにおける医事法の行為規範については、叙述を省略した。①EUの一員としてEU法ないし条約、②法律、命令を含む公法的規制、③自主団体の規約などの階層に分けられる。ドイツの医事法の規範構造について詳しくは、vgl. *Sickor*, a. a. O. (Normhierarchie im Arztrecht), S. 133 ff.

[106] 甲斐教授は、「メディカル・デュープロセスの法理」を提唱される（甲斐克則「医事刑法」加藤良夫編著『実務医事法講義』546頁、甲斐克則（編者）『ブリッジブック医事法』（2008年）9頁以下参照）。

「法律」による規制を行うことによって、その規制の客観性、安定性、透明性を図るべきではあるが、逆に、即応性、柔軟性、実際性も要求されるのである。医療において、医療関係者、特に医師と患者の関係を適正に規制するには、ハードローとソフトローの両者によることが必要であって、それによって、医療侵襲の対象となる「患者の安全性」を図っていく必要がある。

(1) 医事関係行政法・行政規則

　医療関係行政法として、医療制度の骨格をなす法律には、「医療法」（昭和23年法第205号）がある。医療法は、医療政策法であり、病院、診療所、助産所の開設・管理などについて規定し、医療提供体制の確保を図り、国民の健康保持に寄与することを目的とする（同法１条）。次いで、医療提供の基本理念が掲げられ、「生命の尊重と個人の尊厳の保持」を旨とし、「医療の担い手と医療を受ける者との信頼関係に基づき」、「医療を受ける者の心身の状況に応じて」行われ、その内容は、「単に治療のみならず、疾病の予防のための措置及びリハビリをも含む」（同法１条の２）。医療従事者に関する法律である「医師法」（昭和23年法第201号）、「歯科医師法」（昭和23年法第202号）、「保健師助産師看護師法」（昭和23年７月法第203号）、「臨床検査技師等に関する法律」（昭和33年法第76号）がある。中でも重要な医師法は、資格法、業務法、責任法から成り立っており、とくに医療における医師の行為規範となるのは、業務法である。医師の医療行為の内容を規制した特殊法規としては、「臓器の移植に関する法律」（平成９年法第104号）、研究に関する規制としては、「ヒトに関するクローン技術等の規制に関する法律」（平成12年法第146）がある。また、予防衛生関係の法律として、「感染症の予防及び感染症の患者に対する医療に関する法律」（平成10年法第114号）、予防接種法（昭和23年法68号）、「狂犬病予防法」（昭和25年法第247条）、「らい予防法」（昭和28年法第214号）、さらに、薬事法関係法規として、「薬事法」（昭和35年法第145号）、「薬剤師法」（昭和35年法第146号）、「毒物及び劇物取締法」（昭和25年法第303号）、「麻薬及び向精神薬取締法」（昭和28年法第14号）、「安全な血液製剤の安定供給の確保等に関する法律」（昭和31年法第160号）などがある。保健衛生法関係法としては、「精神保健及び精神障害者福祉に関する法律」（昭和25年法第123号［精神衛生法］、平成７年法律第94号により名称変更）、母体保護法（昭和23年法第156号［優生保護法］、平成８年法第

105号)、学校保健法（昭和33年法第56号)、地域保健法（昭和22年法第101号)、「心身喪失の状態で重大な他害行為を行った者の医療及び観察等に関する法律」（＝心神喪失者医療観察法）（平成15年法第110号）などがある。その他、「健康法保険法」（大正11年法第70号)、「国民健康保険法」（昭和33年法第192号)、「介護保険法」（平成9年法第123号）などの社会保険関係の法律および、「社会福祉法」（昭和26年法第45号［社旗福祉事業法］、平成12年法第222号）などの社会福祉関係法がある。

　これらの法律の規定に違反した場合には、その効果として、まず、行政処分が科される。例えば、医師の資格に不適格な事由が生じた場合、厚生労働大臣は、監督官庁として免許の取消や医業停止命令を発するといったような「行政処分」を発する権限が与えられている。そのような行政処分の要件は、医師法7条2項により、「医師としての品位を損するような行為があった」といったような医師法4条の各号に該当する場合と定められている。

　さらに、上記の法律の中には、行政取締法規に違反する重大な行為の定型として犯罪となる行為の構成要件を設け、罰則が設けられ、刑罰が科されている。したがって、これらの罰則に違反する行為は、犯罪行為である。

　このように、医療の領域での法律違反行為に対しては、行政処分が与えられるほか、とくに重い場合には刑罰が科せられているのである。これらの放棄が、医療従事者の行為規範となることはいうまでもない。しかし、これに尽きるものではない。医療関係者の行為規範としては、さらに、次のような専門家の団体による自律基準によってソフトに規制される[107]。いわゆる「ソフトロー」による規制である。

(2)　専門家集団の倫理基準ないしガイドライン

　法による行為規範は、行為者に逐一細かく行うべき行為を指示するわけではない。例えば、患者の手術一つとっても、どのような手術を行うべきかは、法的に明確かつ一義的に指示されているわけではなく、医療水準ないし標準医療には幅と裁量の余地が残されている。当該の具体的な手術の術式の

107　位田隆一「医療におけるソフトロー」樋口範雄・土屋裕子（編）『生命倫理と法』（2005年）70頁以下、78頁以下所収参照。なお、ソフトローに関する啓蒙書として、遠藤直哉『ソフトローによる社会改革』（2012年・幻冬社メディアコンサルティング）参照。

妥当性の判断についても、行為者の裁量に委ねられている側面が大きい。また、医学ないし医療の進歩は日進月歩であるので、何が先端医療で、何が医療水準をも満たす医療であるのかも、当該分野の専門家の知見や経験を駆使して具体的に決定していかなければならない。

(a) わが国における専門家集団のガイドライン

このように当該治療を行うに当たっての行為規範は、法規範によってではなく、もっと具体的に、専門家集団の自己規律として規定する「医師の職業倫理指針」(2004年)や、世界医師会「医の倫理マニュアル」(2007年5月・樋口範雄監訳・日本医師会発行)もこれに属する。その他の学界の準則やガイドラインもそうである。特にわが国においては諸外国に比べて、法規範によって規制されるよりは、このような自律的規範として規制される場合の方が多い点に特徴がある

法によるハードな規制と専門家集団による自律的なガイドライン等によるソフトな規制の長短は、次の如くである[108]。

法規制による場合の長所は、①法の可視性・公開性、②法の適用の明確性・公平性・安定性、③(刑事罰による)法の強制性、④法の普遍妥当性・衡平性である。その短所は、①法的対応における迅速性の欠如、②行政機関による対応のような柔軟性・個別具体性の欠如、③立法による対応の欠如、④立法の妥協的性格による立法趣旨の逸脱の可能性、⑤法規制の過度の包括性ないし要件の過度の厳格性のおそれなどである[109]。

(b) ドイツにおける専門家集団のガイドライン──連邦医師会の指針

ドイツにおける医療倫理に関する規範としては、連邦医師会という自治組織の「指針」が中心的な役割を果たす。連邦医師会は、ドイツの保健制度の中心的な役割を果たす主役であるといわれている[110]。連邦医師会の「指針」の最初のものは、1985年の「ヒトの不妊の治療法としての体外受精(IVF)と胚移植(ET)」である。連邦医師会は、合計18の模範指針(Muster-Richtlinie＝guideline)を発布している。模範指針は、法規範性に欠けるにもかかわらず、法的判断になじむ[111]。模範指針の対象は、医行為の特殊領域である。

---

108 これについては、手嶋『医事法入門』(第2版・2009年) 14頁参照。
109 ここでのまとめは、手嶋豊『医事法入門』(第2版) 14頁以下に基づく。
110 Vgl. *Martin Uhl*, Richtlinien der Bundesärztekammer (Schriftenreihe Medizinrecht in Forschung und Praxis, Bd. 16)), 2008, S. 23.

そのほか、「指針」(Leitlinie)、「勧告」並びに「立場の表明」(Stellungsnahme) も発している。この連邦医師会の模範指針から、それぞれのラントの医師会の「規約指針」(Satzungs-Richtlinien) が作られる。連邦医師会指針は、個々の医師に狭い裁量の余地しか認めない作為と不作為の、たいてい機関によって公表されたルールである。その違反は制裁を伴う。指針と同様の拘束性をもち、質の要件の充足に関する規範的準則と理解され、その原則として精確な記述によってむしろ技術的・命令的性格をもつのが、「水準」(Standard) である。連邦医師会の「指針」には四つの内容のものがある[112]。①医療倫理の枠組みを規範化すること、すなわち、現代の医学の発展によって医療措置が、倫理的相克をはらんだものであることから、その進むべき方向を示すこと、②関係する法規範を選び出すこと、すなわち、ばらばらの法律に規定された医療の特定分野に関する法規範を解説しつつまとめること、③医学との技術の現在の水準 (Stand der meidizinischen Wissenschaft und Technik) を確定すること、すなわち、正しい職業上の活動のための原則を定め、医学・医術の水準を示すこと、④医療従事者の職業活動に関する質の安全に関する要件を規範化すること、例えば、これに属するのは、「通院手術の質の安全のための連邦医師会の指針」である。

(3) 倫理委員会

当該の具体的な医療行為の是非等について、専門家から構成される委員会によってその是非や順守すべき手続が決定される必要がある。一定の医的侵襲を行うことが、そもそも許されるか、どのような条件と手続のもとで許されるかを具体的に判断するには、大学の「倫理委員会」における決定を媒介項として、安定的に確立された法規範を、医学の進歩に迅速に対応した新たな行動準則によって補完しつつ、当該の具体的な医療行為を行うに当たって具体的な行為規範をカズイスティックに決定する必要があるというべきであろう。倫理委員会は、ヘルシンキ宣言の精神に基づき設置され、ヒトを対象とする医学実験などについて、事前に、当該研究を倫理的観点からの配慮がなされているかをチェックすることで、実験に含まれる危険の実現を最小限

---

111 Vgl. *Uhl*, a. a. O., S. 26.
112 Vgl. *Uhl*, a. a. O., S. 29 ff., 50 ff., 52 ff., 65 ff.

に抑えるなどの職務が期待されているという[113]。

倫理員会の設置は、各種ガイドラインによって要請されているが、法的根拠はない。その構成は、医療関係者（医師・看護師・薬剤師・病院事務長）および有識者（法律家・倫理学研究者・宗教家など）からなり、市民が参加することもある。その主たる役割は、①研究協力者の保護の観点から研究計画の内容を精査しその科学的合理性を検討すること、②適切な方法で被験者が選択されているかを確認すること、③被験者にインフォームド・コンセント（説明に基づく同意）が十分になされている状況かを確認すること、④患者情報の秘密が守られているかどうかを確認すること、⑤研究の必要性と安全性等の検討を通じて被験者の保護を図ること、⑥被験者の研究に参加する権利も考慮すること[114]、である。

(4) 医療契約法

医療・診療契約の性質については、医療契約が、準委任契約である（通説・判例）のか、雇用契約ないし無名契約であるのかという契約の性質について争いがある[115]とともに、それが、行為規範なのか裁判規範なのかについては、従来、行為規範というよりも「裁判規範」と解されてきたとされている[116]。すなわち、医療契約は、医師・医療機関と患者がそれに基づいて行動するというより、むしろ、損害賠償請求訴訟になった場合に患者の権利を保護するためのいわば「訴訟上の患者保護」に関する規範であると考えられてきたのである。また、医療を「契約」と捉えることに対しても、むしろ「信認関係」と捉えるべきであるとして、これに批判的な見解も根強い[117]。最近の医師患者関係を契約とし法化する動きに対しても、従来の裁判規範を行為規範化することになる点で問題を感じるという医師の意見もある[118]。

---

[113] 手嶋豊『医事法入門』（第2版・2009年〔補遺〕）13頁以下、特に17頁。
[114] 手嶋・前掲『医事法入門』18頁参照。
[115] 増田聖子「日本における医療契約の現状と課題」年報医事法学21号（2006年）32頁以下、37頁参照。
[116] 塚本泰司「医療契約を考える―臨床医から見た医師―患者関係と法」年報医事法学21号（2006年）41頁以下参照。ドイツの通説は、雇用契約説である。
[117] 樋口範雄「患者の自己決定権」現代の法14巻（1998年）87頁以下、塚本・前掲年報医事法学21号41頁。
[118] 塚本・前掲年報医事法学21号42頁。

しかし、医療契約が、医師・医療機関のみならず患者の行為規範となることは、医療に対する患者の不信を払拭し、また、医師・病院側がモンスター・ペイシェントとなる患者の不等な要求に対抗するためにも、契約内容に則って行動することがともに必要である。具体的な契約において、患者の権利とその限界、医師の医療行為の範囲と限界を適切に定めることは非常に困難であろうが、両サイドに対等で納得のいく契約モデルが確立され、両サイドが法と契約に従って行動することによって、相互の信頼を高め、医療の成果を上げることができ、医療過誤の発生を防止することができればこれに越したことはない。

2. 制裁規範の前提としての行為規範違反

　医事刑法において犯罪が成立するのは、犯罪構成要件に該当する行為が違法で有責な場合である。刑罰を科される犯罪構成要件の禁止内容は、故意行為においては、規定中に直接に規定されている。罪刑法定主義の基本原則からして、法律に処罰規定のない行為は、処罰されることはない。ただし、空白刑法が命令等の補充規範によって補充されるがゆえに命令等の規定が犯罪の成否に重大な影響を及ぼす場合があるので、法律に至らない下位規範も、犯罪の成立に影響することは否定できない。

　しかし、ガイドラインや倫理委員会の決定は、法規範ではないから、犯罪構成要件の充足に直接の影響はない。ただ、医事刑法においては、これらは、二つの意味で、犯罪の成否に影響する。第1は、傷害（致死）罪の構成要件該当性ないし正当化事由にあたるかどうかを判断する際に、「医療水準」を充たすかどうかが、刑法上の正当業務行為（刑法35条）に当たるかどうかの判断の一要素となることがある。そうだとすると、ガイドラインを遵守しているかどうか、倫理委員会の決定に従っているかどうかが、その判断に影響するということになる。第2に、「医療水準」を充たすかどうかが、業務上過失致死傷罪（刑法211条1項）における「過失」の有無の判断の基準となるならば、ガイドラインや倫理委員会の決定の遵守かどうかは、「過失」判断の一基準となりうる。

　そこで、過失犯における医師の行為規範として重要なのが、「医療水準」

である。「医療水準」は、医学的知見と技術の水準と実際の医療の水準を意味する。通常提供されるべき医療の標準的に統一する医学的認識の水準と医療実務の水準の両者を合わせたものと解されているのである。医療水準は、事実なのか規範なのかという根本的な問題がありうると思われるが、いずれにしても、それは、確立された不変の慣行でも、不変の規範でもなく、変化する諸事情と認識に応じたダイナミックなものである。それは、具体的な基準であって、医療機関や医師の専門、医療の行われる地域によっても異なった内容でありうる。この概念の詳細については、本論（第4章）に委ねなければならない。

　このような医事刑法における行為規範に対する違反があり、さらに刑事制裁を課するためのその他の要件が充足されたとき、制裁規範が発動される条件が整うことになる。

5．先端医療と刑事法

1．医療の発展と法規制

　医療の発展は日進月歩であり、特に最近のそれは目覚ましい。医療とは、従来は、人体の器質的異状である疾病の治療を意味し、医療侵襲や投薬による外科的・内科的治療がその典型であった。しかし、近年、生殖医学・遺伝子医学の発達により、医学が遺伝子に介入することが可能になり、クローン、キメラ、ハイブリッドの産出技術やゲノム分析を進化させ、生殖細胞への遺伝子操作や、操作された体外受精、遺伝子治療を現実化させ、あるいはまた他人ないし死者の臓器・組織の移植や人工臓器・人造物質ないし人由来物質の使用などに関する医療技術の進歩により、医療の形態が劇的に変化し、多様に拡大されてきている。例えば、遺伝子診断の発達は、疾病の治療にではなく、ヒトとなる以前の受精卵の段階での遺伝子操作によって疾病を予防することを可能にしている[119]のであって、このような、将来の遺伝子に由来する疾病の発現が予想される場合に予防的にその原因を除去する予防手術を施す措置をも医療というなら、それは医療の意義を大きく変化させているといえる。また、医療は、元来、疾病の治癒を目指す行為であるが、現代医療の進歩は、「疾病」概念に変容を迫り、将来の疾病を予防するため遺伝子治療を行い、遺伝的に好ましい子孫を残すために医療を利用し、不妊治療の一環として代理母が出産することが可能になり、美容整形は、心の病と無関係にブームとなっている。そのような変化は、生命倫理の問題を浮上させ、法規制の領域拡大と従来の法体系の修正を迫る現実を生み出している。そこでは、法がそれをどのように、どこまで規制するか、従来の法体系をどのように修正するかが、法の焦眉の課題である。ここでは、科学的・技術的

---

[119] Vgl. *Günther/Taupitz/Kaiser*, Embryonenschutzgesetz, 2008, S. 4 ff.

に可能なことを、法によって禁止するのかという科学と倫理と法の関係に対する基本的スタンスの問題のほか、科学的可能性をどのように許容するかという立法問題の解決が課題である。規制形式の問題については、前項で論じたように、いかなる法域における規制を中心にするか、自主規制に委ねるか、行政規制によるか、刑事規制が必要かなどの観点から、その組み合わせによる多様なモデルがありうるが[120]、単純化して言えば、自主規制によるソフトな規制をとる方式[121]と、行政法により規制する中間的方式、処罰を伴うハードな規制をとる方式とがある。例えば、わが国では、現在のところ、この分野では自主規制による規制が圧倒的である[122]。

ここでは、先端医療の問題の展開過程を振り返ることによって、その法的な問題点を明らかにし、本論における考察の準備作業とする。

2．生殖補助医療と法

(1) 問題の所在

「そう遠くない未来、通常の出生によって子供を得ようとする者は、馬鹿だというようになるだろう」とまでいわれている[123]現在、生殖医学は、遺伝子技術の知見と結びついて、ヒト杯の細胞や細胞核に対して体外での侵襲を可能にし、それによって、両親の遺伝子の組み合わせによってできる子供をコンピュータの中で選択できるヴァーチャル・チャイルド」(Virtuelles Kind) や、希望に応じて遺伝子を任意に組み合わせて最適化して選択できる「デザイナーチャイルド」(Designerkind) が、現実化可能となっている。

わが国ではこの分野の刑事規制[124]は、2000年12月に公布された「ヒトに関するクローン技術等の規制に関する法律」(平成12法律第146号) のみである。

---

[120] さまざまな法規制モデルについては、甲斐克則『生殖医療と刑法』(2010年) 101頁以下、119頁以下、257頁以下等参照。
[121] これに関する一般的議論として、位田隆一・前掲『生命倫理と法』(樋口・土屋編) (2005年) 70頁以下、78頁以下所収参照。
[122] 高嶌英弘「日本における生殖補助医療の現状と法的対応」龍谷大学「遺伝子工学と生命倫理と法」研究会編『遺伝子工学時代における生命倫理と法』(2003年) 404頁以下、とくに408頁以下参照。
[123] Vgl. *Böckenförde-Wunderlich*, Präimplantationsdiagnostik als Rechtsproblem, 2002, S. 3.
[124] これについては、甲斐克則「生殖補助医療と刑事規制」法律時報79巻11号37頁以下参照。

研究者グループによって1994年に「生殖に関する医療的技術（生殖医療技術）の適正利用および濫用規制に関する勧告」が公表され[125]、「法的整備の必要性」（勧告１）が勧告されている。ドイツでは、すでに1990年に刑事法の性格をもつ「胚の保護に関する法律」（胚保護法＝Embryonenschutzgesetz）が公布され[126]、2001年に改正法が施行されている。

(2) ドイツにおける胚保護法の意義

　ドイツにおける胚保護法の目的は、第１に、体外受精がその濫用を可能にし、第２に、体外における胚を無保護状態で濫用的な干渉にさらされているが、これを刑事規制しようとするものである。その法益は、胚の生命とその完全性の保護、胚をもつ女性の保護、精子・卵子の提供者の人格、あらゆる関与者の人間の尊厳である[127]。胚保護法の評価については、ドイツでも積極的評価と消極的評価に二分されている。ここでは、どのような行為が規制対象にされているのかを明らかにするため、その刑事規制の内容を列挙するにとどめる。「生殖技術の濫用的適用」の禁止（１条）、「ヒト胚の濫用的利用」（２条）、「性別選択の禁止」（３条）、「専断的受精、専断的胚移植および死後の人為的受精」（４条）、「ヒトの生殖系細胞[128]（Keimbahnzelle）の人為的変更」（５条）、「クローニング」（６条）、「キメラおよびハイブリッドの作出」（７条）である。出生前診断ないし着床前診断（Präimplantationsdiagnostik）等については明示的に規定されておらず、その処罰規定は断片的であり、またそこで用いられている概念も最新医学の進歩に合わないとされている。着床前診断の規制については、2000年２月24日に「着床前診断に関するガイドラインに関する連邦医師会の討議草案」が公表され、さらに2002年９月には連

---

[125] ジュリスト1045号105頁以下（甲斐『生殖医療と刑法』135頁以下所収）。
[126] 立法当時の状況については、ギュンター／ケラー編著（中義勝・山中敬一監訳）『生殖医学と人類遺伝学―刑法によって制限すべきか？』(1991年)、山中敬一訳「アルビン・エーザー『胚子の刑法上の保護―新ドイツ胚子保護法に関する比較法的覚書』」ノモス２号（1991年）239頁以下、山中敬一訳「ハンス・ルートヴィッヒ・ギュンター『胚子の保護に関する法律討議草案』」法学論集38巻１号（1988年）354頁以下、なおギュンター（日高義博・山中敬一監訳）『トピックドイツ刑法』（1995年）99頁以下、123頁（甲斐克則訳・解題）参照。
[127] Vgl. *Günther/Taupitz/Kaiser*, Embryonenschutzgesetz, 2008, S. 124.
[128] 生殖系細胞の概念規定については、同法8条3項に、「本法の意味における生殖系細胞とは、それに由来する人間の受精卵細胞から卵細胞と精細胞に至るまでの細胞系統につながるすべての細胞、さらに、精細胞の注入ないし侵入から細胞核の融合によって完了する受精までに至る卵細胞をいう」という定義がある。

邦議会に「現代医療の法と倫理」審議会の連邦議会への答申が公表され[129]、さらに2008年10月13日には「ヒトの遺伝子調査に関する法律（＝遺伝子診断法）草案」（連邦政府法案）[130] が、ドイツ連邦議会で決議され、2009年4月22日には「健康に対する委員会の決議勧告と報告」[131] がなされた。その間、2010年7月6日には、連邦裁判所（刑事第5法廷）において、母体外の受精卵につき遺伝病がないかどうかを遺伝子診断して両親に告げたベルリンの医師がその処罰につき明確にするため自首した事件につき、その行為が、胚保護法1条の「生殖技術の濫用的適用」違反、とくに第1項2号の「卵細胞を、それが由来する女性の妊娠を引き起こす以外の目的で人工的に受精しようとした者」に該当するものとして処罰されるべきかどうかどうかが争われた事件につき、無罪を言い渡した[132] という出来事があった。

　着床前診断の立法化については、2010年中に立法化するという動きがあったが、ドイツの政治家達の間でも議論が激しく対立していた[133] ところ、2011年11月21日には「着床前診断の規制に関する法律」（**着床前診断法**）が制定された。これにより「胚保護法」に3条aが導入され、その1項でこれを明示的に禁止した。その2項では着床前診断を許容する例外要件が定められている。「卵細胞が由来する女性、精細胞が由来する男性または両者の遺伝的体質にもとづき、その子孫にとり重大な遺伝子病の高度な危険がある場合、妊娠を引き起こすために、卵細胞が由来する女性の書面による同意を得て、医学と医療技術の一般に承認された水準にしたがい、試験管内における胚の細胞を子宮内へと移植する前に、この病気の危険につき遺伝検査する者は、違法にふるまうものではない。また、卵細胞が由来する女性の書面による同意を得て着床前診断を、高度の蓋然性をもって死亡または障害をもって

129　この訳については、松田純監訳『ドイツ連邦議会審議会答申・受精卵診断と生命政策の合意形成』（2006年）参照。

130　Gesetzesentwurf der Bundesregierung, Entwurf eines Gesetzes über genetische Untersuchungen bei Menschen (Gendiagnostikgesetz-GenDG), Drucksache 16/10532

131　Beschlussempfehlung und Bericht des Ausschusses für Gesundheit, Drucksache 16/12713.

132　BGH 5 StR386/09, HRRS 2010 Nr. 774.

133　ドイツにおける遺伝子技術と生命倫理に関する議論の状況については、松田純『遺伝子技術の進展と人間の未来』（2005年）3頁以下、松田純監訳『ドイツ連邦議会審議会答申・人間の尊厳と遺伝子情報―現代医療の法と倫理（上）』（2004年）3頁以下参照。なお、Vgl. Duttge/Engel/Zoll,(Hrsg.), Das Gendiagnostikgesetz im Spannungsfeld von Humangenetik und Recht, 2011.

出生することにつながる杯の重大な損傷を認定するために実施する者も、違法にふるまうものではない」。

(3) わが国におけるガイドライン・立法提案等

わが国においては、この分野の基本的法政策は明らかにされておらず、体外受精卵の売買・廃棄、代理出産、着床前遺伝子診断、多胎減数術、遺伝子情報の保護[134]等について、法規制はない。しかし、すでに1993年には、厚生科学会議が、「遺伝子治療臨床研究に関する指針」を公表し、1994年にこの指針は「平成6年厚生省告示第23号」として告示された。文科省も1994年に「大学等における遺伝子治療臨床研究に関するガイドライン」を公表したが、2003年にはこの両告示が統一されて「遺伝子治療臨床研究に関する指針」となった（平成16年に改正）。2003年には厚生労働省の生殖補助医療部会が、提供精子を用いた不妊治療に関する最終報告書を取りまとめたほか、総合研究開発機構における「クローン技術等の生命科学の発展と法」プロジェクトの最終報告書では、「生命倫理法案試案」が提案され[135]、さらに生命倫理研究会が生命倫理法案を公表している。それによると、この法律案の目的につき、「この法律は、人間の尊厳、母体の保護及び生まれる子の利益の尊重を基調としつつ、生命倫理の観点より、生殖補助医療及び発生操作研究の適正な実施のための規制を行うことを目的とする」と定める[136]。これらにつきどのような内容の規制が望ましいか、どのような規制方法によるべきか、その生殖技術の許容の条件と手続などについて、さらに本格的な考察と提案が待たれる。

3．脳死・臓器移植と刑事法

(1) 脳死と臓器移植法成立の経緯

わが国では、1968年に札幌医大で、心臓移植手術が行われたのが、心臓移植の最初の例であるが、レピエントが3ケ月足らずで死亡する結果に終わ

---

134 これについて、甲斐克則（編）『遺伝情報と法政策』（2007年）参照。
135 『生命科学の発展と法―生命倫理法案―』（2001年）。
136 総合研究開発機構・川井健共編『生命倫理法案』（2005年）47頁参照。

り、心臓摘出にも疑問が提起され、殺人罪で告発される経過を辿った。その後、医療としての臓器移植は、免疫抑制剤の発達によって1970年代に飛躍的に進歩したが、臓器が損傷を受けない間に臓器移植を可能にするには、人工呼吸器によって心臓が動いている間に死を認定し、死者から臓器を摘出し、移植することが移植の成功率を高めることから、脳死をもって人の個体死とする脳死判定基準を提唱し、厚生省「脳死に関する研究班」(1985年) においていわゆる全脳死説を採用して、脳死の判定基準を提案した[137]。しかし、1987年には、日本精神神経学会は、脳死をもって個体死とみとめることはできないとする見解を発表するなど、脳死説に対する疑問も呈示された。

脳死臨調が脳死を人の死とし脳死移植を認める答申を出したのは、1992年のことであった。この答申には少数意見が付され、脳死を人の死とすることに反対するものであった。人の死に関する社会的合意があるかないかについてもそれ以降も議論が分かれ、議論は激しく対立した。

そのようななか、移植医療の促進の要請も強くなり、そのためには脳死状態での臓器摘出を可能にする立法を必要とするとして、「臓器移植法」の制定が目指された。その結果、1997年 (平成9年) には、「臓器移植法」が成立した。

(2) 臓器移植法の適用範囲

本法の適用される範囲については、角膜移植に関する法律 (昭和33年) および旧角膜法を経て適用の範囲が拡大されてきた。本法は、基本的に「死体からの臓器提供」を前提とし、死体臓器の移植について定めたものである[138]。なお1条から5条までは、総論的規定であるが、死体臓器の移植を念頭において規定した部分を除き、生体からの臓器移植についても適用があると考えられている[139]。

「臓器」とは、「人の心臓、肺、肝臓、腎臓その他厚生労働省令で定める内臓及び眼球をいう」(5条)。本法の要件に従う臓器の摘出は法令行為として

---

137 この経緯については、中山研一 (編著)『資料に観る脳死・臓器移植問題』(1992年)、町野朔・秋葉悦子 (編)『脳死と臓器移植』(第2版・1996年) 参照。
138 厚生省保健医療局臓器移植法研究会 (監修)『逐条解説臓器移植法』(1999年) 33頁参照。
139 前注所掲文献34頁参照。6条から10条までは、生体からの移植には適用がない。11条については適用がある。12条から17条までの規定については適用がない (12条1項参照)。

死体損壊罪は正当化される。皮膚、骨などの組織移植については、本法には特段の規定が置かれていない。しかし、医療的見地、社会的見地から正当化事由にあたることはありうる。

また、厚生労働省のガイドラインである「臓器の移植に関する法律の運用に関する指針」によって、2009年の法改正までは「民法上の遺言可能年齢等を参考として、法の運用に当たっては、15歳以上の者の意思表示を有効なものとして取り扱うこと」とされていた。

(3) 臓器の摘出の要件とその緩和

成立当初から2009年法改正に至るまで、臓器移植法第6条は、「医師は、死亡した者が生存中に臓器を移植術に使用されるために提供する意思を書面により表示している場合であって、その棟の告知を受けた遺族が当該臓器の摘出を拒まないとき又は遺族がないときは、この法律に基づき、移植術に使用されるための臓器を、死体（脳死した者の身体を含む。以下同じ。）から摘出することができる」と規定していた。

その結果、わが国では、生体からの臓器移植（例えば、生体肝移植）が死体移植よりも一般化していた[140]。このような厳しい要件は、その後の臓器移植を促進するという目的の達成を妨げることとなった。そこで様々な改正案が提言されていた[141]。

本条は、2009（平成21）年7月17日（法83号）改正され[142]、その1項は、次のように規定されることになった。

「医師は、次の各号のいずれかに該当する場合には、移植術に使用されるための臓器を、死体（脳死した者の身体を含む。以下同じ。）から摘出することができる。(1)死亡した者が生存中に当該臓器を移植術に使用されるために提供する意思を書面により表示している場合であって、その旨の告知を受けた遺族が当該臓器の摘出を拒まないとき又は遺族がいないとき。(2)死亡した者が

---

[140] 城下裕二「生体移植をめぐる法的状況」法律時報79巻10号（2007年）4頁以下、その他、この特集所収論文参照。なお、城下裕二（編著）『生体移植と法』（2010年）も参照。
[141] これについて、丸山英二「臓器移植法と臓器摘出の承諾要件」ジュリスト1339号（2007年）32頁以下、町野朔・長井圓・山本輝之（編著）『臓器移植法改正の論点』（2004年）など参照。
[142] その結果、2010年1月17日より、親族への優先提供の意思表示が可能となったことを注記しておく。

生存中に当該臓器を移植術に使用されるために提供する意思を書面により表示している場合以外の場合であって、遺族が当該臓器の摘出について書面により承諾しているとき」。2項では、「前項に規定する『脳死した者の身体』とは、脳幹を含む全脳の機能が不可逆的に停止するに至ったと判定された者の身体をいう」と規定する。

このような改正により、遺族の書面による承諾があれば臓器摘出が可能となり、脳死判定と移植の要件が緩和された規定は、その1年経過後の2010年7月17日から施行されることとなった。この要件緩和によって改正法施行直後から脳死者からの移植は飛躍的に増加し[143]、また、この改正によって、15歳未満の子供からの脳死移植が可能となり、2011年4月12日には、改正後、はじめて両親の同意にもとづく12歳の男児からの脳死移植が行われた[144]。

本論では、ドイツなどにおける臓器移植の動向[145]をも踏まえ、このようなわが国の脳死と臓器移植の問題について詳しく論じるとともに、終末期医療の問題をも取り扱う。

4．精神医療と刑事法

(1) 責任能力判断

刑法上責任能力は、刑事責任を問い、刑罰を科する前提であり、刑法は「心神喪失者の行為は、罰しない」（刑法39条1項）、「心神耗弱者の行為は、その刑を減軽する」（同条2項）と規定する。心神喪失とは、精神の障害により事物の理非善悪を弁識する能力（弁識能力）がなく、その弁識に従って行為する能力（制御能力）のない状態をいう。この定義は、精神の障害という生

---

[143] 2011年7月1日の朝日新聞（朝刊）の記事によると、改正臓器移植法施行後、本年6月末までの臓器提供数は、54件に上る。脳死での提供が検討されていたのは、アンケートに答えた310施設のうち108の施設（34.8％）で226人についてであったという。

[144] これにつき、ドイツ語によって、わが国の脳死移植の現状について報告するものとして、vgl. *Yuri Yamanaka*, Warum ist die Organentnahme in Japan so wenig? — Bemerkungen zum japanischen Organtransplantationgesetz, in: Festschrift für Claus Roxin, Bd. 2, 2011, S. 1623 ff.

[145] ドイツの臓器移植については、グンナール・ドゥトゥゲ（山中友理訳）「ドイツにおける死体からの臓器移植に関する最新の議論」刑事法ジャーナル34号（2012年）79頁以下参照。

物学的要素と弁識能力・制御能力という心理学的要素を混合して責任能力を判断するいわゆる「混合的方法」によるものである。責任能力は、有責行為能力であり、非難可能性判断の対象としての能力であるが、目的論的には、刑罰適応能力でもあり、刑罰の目的を達成しうるための能力、つまり可罰的責任能力の側面もある。刑罰制度とは、刑罰適応能力の存在を前提とした制度であって、刑事施設への収容は、このような能力のある者を対象とする。

その責任能力[146]の有無を判断する場合、病気としての精神の障害があるかどうかは、精神医学の立場から医者である鑑定人が行う。他方、弁識能力・制御能力については、法的な判断であり、裁判官が行う。しかし、これを踏まえて、全体としての責任能力の有無は、終局的に裁判官の判断による。最高裁は、「心神喪失又は心神耗弱に該当するかどうかは法律判断であって専ら裁判所に委ねられるべき問題であることはもとより、その前提となる生物学的、心理学的要素についても、法律判断との関係で究極的には裁判所の評価に委ねられるべき問題である」[147]とし、その判断は、「犯行当時の病状、犯行前の生活状態、犯行の動機・態様等を総合して」[148]、総合判断として行われるべきであるとする。しかし、近時の最高裁判例では、「専門家たる精神医学者の意見が鑑定等として証拠となっている場合には、鑑定人の構成さや能力に疑いが生じたり、鑑定の前提条件の問題があったりするなど、これを採用しえない合理的な事情が認められるのでない限り、その意見を十分に尊重して認定すべきものというべきである」[149]としたものがあり、裁判官は、鑑定人の意見に原則的に拘束されるとして、行き過ぎた裁判官の独自判断を戒める見解を表明している。しかし、ついで、最高裁は、前記両判断を踏まえ、「裁判所は、特定の精神鑑定の意見の一部を採用した場合においても、責任能力の有無・程度について、当該意見の他の部分に事実上拘束されることなく、上記事情等を総合して判定することができるというべきである」[150]として、鑑定人の意見を全面的に採用する必要はないとして、裁

---

[146] 責任能力論の現状については、中谷陽二編『責任能力の現在―法と精神医学の交錯―』(2009年) 所収論文参照。
[147] 最決昭58・9・13判時1100・156。
[148] 最決昭59・7・3刑集38・8・2783。
[149] 最決平20・4・25刑集62・5・1559。
[150] 最決平21・12・8刑集63・11・2829。

判所がこれを行うことを確認するものとしている。

　責任能力の判断については、上記のように究極的に裁判官が判断するとすれば、裁判員裁判の導入により、精神医学などの専門的知識をもたない裁判員にいかにして責任能力について理解を図るかが重要な課題となっている。

(2) 責任無能力者の処遇

　わが国では、精神障害に基づく他害行為をなした者に対する保安処分としての治療処分の制度がないので、責任無能力者に対しては、起訴された場合も無罪を言い渡し、刑事制裁以外の処分の対象となる。平成15年に心神喪失者等医療観察法が制定される（平成17年に施行され）以前には、精神保健法（旧精神衛生法）による措置入院が、それらの者に対する処分であった。都道府県知事は、精神障害者であって、それによって「自傷他害のおそれ」があると認めたときは措置入院させることができた（同法29条1項）。措置入院は、強制入院措置であり、いわば強制的な医療を受けさせる措置である。そこで、心神喪失者等医療観察法の施行後の処遇の要件とその内容はどのようなものなのかについて、詳しく検討することが必要である。

(3) 治療と人権

　精神医療は、一般には、先端医療には含まれないが、その医療に関する最近の変化と社会安全の思想的な変化に応じて、医療と強制とが相克する分野であり、自己決定権を基調とする医療の根本思想に大きな影響を及ぼす分野である。

　精神医療も、他の医療と同様に、患者の治療が第1目的であり、患者の自己決定権が尊重されるべきであるが、措置入院のような患者の意思に反する強制入院による治療は、保安の目的にも資するものである。精神障害者については、精神障害によりその自由な意思に制約がある場合があるので、任意入院であっても、完全な自己決定権を行使しうるかには問題がないわけではない。したがって、この点に他の医療に対する特殊性がある。これについては、現行法体系がどのように規定されているかが、まず、重要である。

(4) 法改正と比較法

1950年の「精神衛生法」は、精神障害者の医療および保護を図る目的で制定されたが、1987年に「精神保健法」と改称され、さらに1993年の改正を経て、1995年にはその目的に「自立と社会参加の促進のための援助」という福祉政策の充実が加えられ、法律の名称も「精神保健及び精神障害者福祉に関する法律」に改められた[151]。さらに1999年には、精神障害者の人権に配慮した医療の確保や精神障害者の保健福祉の充実などを図るための改正が行われた。これによって、精神障害者の個人としての尊厳を尊重し、その人権を擁護しつつ適切な精神医療の確保および社会復帰の推進および精神障害者の福祉の増進が図られることになった。2013年4月になって、精神保健福祉法の改正が閣議決定され、4月19日に国会に上程されるに至っている。改正の要点は、保護者の義務規定を廃止するとともに、医療保護入院の要件につき、保護者の同意に代えて、「家族等のうちいずれかの者」の同意があれば足りるとする点にある。これについては、患者の権利擁護に十分な制度とはいえず、容易な入院を増やすおそれがあるという批判がある。また、精神医療審査会のあり方につき「第三者機関」として独立していない点についても批判が強い。

他方、2005年に全面的に施行された「心神喪失者等医療観察法」によって、「心神喪失等の状態で重大な他害行為を行った者」に対して「適切な処遇」を行い、「病状の改善」と「他害行為の再発防止」を図ることによって、その社会復帰を促すためその手続等が定められた[152]。重大な他害行為とは、放火、強姦等、殺人、傷害、強盗などである。本法の性格については、他害行為の再発防止も含まれるがゆえに、優越的利益の原則にあるのであって、精神保健福祉法のそれとは異なるのか、それともパレンスパトリエ的な福祉の延長上にあるのかについて争いがある[153]。この議論を反映して、精神衛生福祉法の措置を受けさせる要件と本法にいう「この法律による医療を受けさせる必要」(42条1項)の判断の違いについても、議論があり、最高裁は、

---

151 精神保健福祉研究会(監修)『精神保健福祉法詳解』(改訂第2版・2002年) 8頁以下参照。
152 これについては、町野朔・中谷陽二・山本輝之(編)『触法精神障害者の処遇』(2005年)、本法の成立過程については、中山研一『心神喪失者等医療観察法の国会審議』(2005年)参照。
153 山本輝之「心神喪失者等医療観察法における強制処遇の正当化根拠と『医療の必要性』について」中谷陽二(編集代表)『精神科医療と法』(2008年) 132頁以下参照。

本法の要件を充たす場合には、精神衛生福祉法ではなく、心神喪失者等医療観察法による治療を行うべきだとした[154]。

この分野では、ドイツは、刑罰と処分のいわゆる二元主義を取り、改善保安処分の制度をもつ。精神病院収容も改善保安処分の一つである（ドイツ刑法61条）。収容期間については、一般原則としては、比例制の原則に従い、行為者の犯した犯行および予測される犯行の意味とその者から発する危険の程度と均衡を失してはならないとされる（同62条）。精神病院収容処分は、責任無能力または限定責任能力状態で違法行為を行った者につき、「行為者とその行為の全体的評価が、その状態のためにその者に著しい違法行為が予測されうるとき、したがって、その者が公共に危険であるときに、命じられる」（同63条）。このようなドイツ法における保安処分の制度とわが国の制度の比較も、わが国の制度の問題点を自覚するには重要な視点であると思われる[155]。

本論では、精神医療の刑事法の各局面における意義と役割について、ドイツにおける動向をも踏まえながら論じる。

5．その他の諸問題

医療技術の発達は、その他、さまざまな法的問題を提起している。まず、①延命治療の発達と医療に対する自己決定権の思想や生命の質（QOL）に対する考え方の発展は、終末期医療がいかにあるべきかの問題を提起している。安楽死・尊厳死の許容の問題がその具体的内容である[156]。次に、②医療の発達のためには、医療のために用いる新しい医薬品の開発や使用の基準を定める必要がある。いわゆる臨床研究のうち、新しい治療技術や新薬などの有効性と安全性を評価するための研究をいう「臨床試験」ないし医薬品等の臨床試験の成績に関する資料の収集を目的とする「治験」に関する倫理綱領ないし法規制の検討が重要である[157]。さらに、③医療の発達は、人体に

---

[154] 最決平19・7・25刑集61・5・563。
[155] これについて、山中友理「ドイツ刑法63条の精神病院収容の現状と課題」中谷編・前掲『精神科医療と法』195頁以下参照。
[156] 例えば、井田良「終末期医療と刑法」ジュリスト1339号（2007年）39頁以下参照。
[157] 加藤良夫（編著）『実務医事法講義』（2005年）383頁以下参照。

移植される臓器や組織[158]あるいは人工心臓や人工骨などの人造物質につき、それが、人の身体の一部なのか、所有権の対象であって「物」としての性格をもつのかという問題を発生させた[159]。

　本論では、このような論点を含む最近の医療技術の進化がもたらした、人間の身体や死体に対する侵襲にともなう法的諸問題についても考察を加える。さらに、性転換手術と美容整形手術の刑法上の問題点についても論じる。

---

[158] 「ヒト組織」の利用に関するガイドラインとしては、すでに平成10年12月16日付けの厚生科学審査会の答申がある。
[159] これにつき、簡潔には、加藤・前掲『実務医事法講義』304頁以下参照。なお、山中「身体・死体に対する侵襲の刑法上の意義（1）」法学論集63巻2号1頁以下参照。

6．医事刑法と医療倫理

1．医事刑法解釈方法論と倫理原則

　先端医療の発達は、技術的に可能となった医療に個人や社会の保護のためにその限界を設定し、医療行為の許容の基準を明らかにする必要を生じさせ、生命倫理・医療倫理の問題を提起した。医事刑法の分野においても、その立法指針や解釈指針として医療倫理という大きな解釈基準を論じる必要がある。まさに、新たな医療としての人への侵襲の刑法上の「正当化」は、新たな生命倫理によって裏打ちされていなければならないからである
　医療に関する刑事法規範の立法や解釈の目的となる固有の原理ないし原則は、後述する①自律性尊重原則、②無危害原則、③善行原則、④正義原則の四原則である[160]。すなわち、患者の自己決定権を尊重し、患者に対してできるだけ害を少なくする方法で、医師が患者の健康の増進を図れるような患者にとって最善の医療を提供でき、また、公正で安定的なシステムをもつ法体制を築きうる法規範の構築がなされ、法解釈が行われなければならないのである。
　このような医療倫理は、「諸原理倫理」（Prinzipienethik）と呼ばれている倫理学の考え方に立脚するものである。このような諸原理倫理は、功利主義やカント哲学のように「唯一最上の道徳原理」を放棄することを前提とする。それは、「中間的次元の諸原理」（Prinzipien der mitteren Ebene）なのである[161]。

---

[160] これについては、ビーチャム・チルドレス（永安幸正・立木教夫監訳）『生命医学倫理』（原書第3版）（1997年）、同（立木教夫・・足立智孝監訳）『生命医学倫理』（原書第5版）（2009年）参照。Vgl. *Beauchamp*, Prinzipien und andere aufkommende Paradigmen in der Bioethik, in: Rauprich/Steger (Hrsg.), Prinzipienethik in der Biomedizin, 2005, S. 48 ff. なお、このような諸原理倫理学に対してこれを原理相互間に体系性がなく、誤解を招くものとして批判するものに、*K. Danner Clouser/Bernard Gert*, Eine Kiritik der Prinzipienethik, in: Rauprich/Stegger, Prinzipienethik in der Biomedizin, 2005, S. 88 ff.

[161] *Wiesing*, Vom Nutzen und Nachteil der Prinzipienethik für Medizin, in: Rauprich/

諸原理倫理は、上記の、抽象的な四つの原理（ないし原則）から、第1にそれらを具体的な状況において適用できるように「特定」(Spezifizierung)と「序列化」(Gewichtung)を行う[162]。私見では、このような方法論は、刑法の解釈学においても、「原理」「原則」のもとに下位基準を立て「事例の類型化」を行って解釈の詳細化を図る方法論[163]に合致するものと思われる。

　もとより刑事法は、刑罰威嚇を通じた法規範の遵守の間接強制の役割を果たすとしても、規範が侵害されたときに制裁として作用するものであるから、事後的役割の方が大きいともいえる。したがって、四原則も、規範侵害の事後処理における基本原則として重要な意味をもつ。しかも、医療過誤は、過失犯であるので、とくに過失による法規範違反に対する解釈原理の中において四原則が具体化されなければならない。そのような観点からは、無危害原則は、すでに死亡結果や傷害結果が発生している場合にはじめて過失犯の構成要件に該当するのであるから、すでに侵害されているのであって、この原則は相対化され、「比較的に軽微な危害の原則」と解釈されなければならない。もちろん、医療と刑法という問題を論じるに当たっては、医的侵襲が傷害罪に当たるかという問題が避けて通れないのであるから、故意犯の解釈学についてもこの四原則が基本的解釈指針であることに変わりはない。例えば、自律性尊重原則は、説明と同意の問題において、無危害原則は、許された危険や正当化事由の解釈において、善行原則は、正当化事由における治療目的などの解釈において、また、正義原則は、解釈全般の解釈指針において重要な役割を果たすであろう。このような基本原則のもとで、予測可能性のある、安定的な結論を導きうる解釈学を展開することが、医事刑法解釈学の課題である。

　なお、以下ではPrinzipを「原理」ないし「原則」と訳するが、両者を同義語として使用していることを注記しておく。

　　　Steger (Hrsg.), Prinzipienethik in der Biomedizin, S. 76.
162　Wiesing, a. a. O., S. 77 f.
163　山中敬一『刑法総論』（第2版・2008年）134頁、なお、詳しくは、同『刑法における客観的帰属の理論』（1997年）661頁以下の「危険実現論の方法論的基礎」（とくに468頁以下）を参照せよ。

2. 医事刑法における医療倫理の具体化

(1) 医療倫理四原則の内容と相互衝突の解決

「自律的な患者の意思を尊重せよ」、②「患者に危害を及ぼすのを避けよ」、③「患者に利益をもたらせ」、④「利益と負担を公平に分配せよ」。これらの四原則[164]、すなわち、自律性尊重原則、無危害原則、善行原則、正義原則は、1970年代の末に提案され、その実践的な有用性ないし理論的体系性からいまや広く承認されている。ここでは、これらの諸原則の相互衝突の場面での優劣関係（序列化）等について検討しておく。

第1に、**自律性尊重原則**は、個人の自己決定的な決断を尊重し、促進する義務[165]を意味する。これには二つの形態がある[166]。一つは、自己決定能力のある人の決断を妨害したり、無視してはならないという禁止であり、もう一つは、人を現に自己決定的な決断をなしうるような状況に置くという義務である。すなわち、人が望んでいることを伝えることができるようにするために情報を与えるという義務である。第2に、**無危害原則**は、他人を害する行為をするなという禁止である。この原則違反には法的に制裁を課しうる点で、善行原則違反とは異なる。第3に、**善行原則**は、他人に善行を命じる命令である。それは、他人が被った被害を原状回復し、補償するよう命じる義務をも含む。それは、そのほか、利益・不利益、効果と副次効果、チャンスと危険を衡量し、副次効果に比べて効果が最大になるような行為を選べという命令でもある。第4に、**正義原則**は、有益性と負担とを公平に分配せよという義務を内容とする。この原則は、他の原則とは、それが、医療において、医師と患者の関係を超えて、医療制度をどう形成するかどう規制するかにまで及ぶ点で、異質である[167]。すなわち、医療が、国家の干渉のもとに

---

[164] 水野俊誠「医療倫理の4原則」赤林朗〔編〕『入門・医療倫理』(1) (2005年) 53頁以下参照。それに対する批判についても、同書75頁以下。Vgl. *Jonathan Herring*, Medical Law and Ethics, 2nd Edition, 2008, S. 21 ff.

[165] 倫理における義務論については、堂囿俊彦「義務論」赤林朗〔編〕『入門・医療倫理II』(2007年・勁草書房) 21頁以下所収。

[166] Vgl. *Rauprich*, Prinzipienethik in der Biomedizin — Zur Einführung, (Hrsg.) Rauprich/Steger, Prinzipienethik in der Biomedizin, 2005, S. 20.

[167] Vgl. *Rauprich*, a. a. O., S. 21.

行われ、公的機関の管理のもとに置かれているのは、福祉国家理念のもとに医療が社会保障の一環に位置づけられ[168]、私的経済活動に委ねられるのではなく、国民の公正・公平な生命・健康の増進という公的理念のもとに置かれるべき制度としてとらえられているからである。医療における正義の理念は、医療制度の基本的構想に表れているのである[169]。

　これら四つの原則は、医療倫理の事例やテーマの叙述と分析に対する概念的なフレームワークを形成する[170]。これらの原則は、当初、これらを具体的な事項に適用するにはいまだ抽象的で内容が乏しい。そこで、特定の下位原則と規則を導出して内容を与える必要がある。例えば、自律性尊重原則は、説明と同意（インフォームド・コンセント）という規則（ルール）に特定され、治療は、患者が予めそれにつき説明されていたときのみ行われてよいというようにルールとなる。それは、それを列挙するだけではなく、説明の内容と程度、説明の形式、同意能力の基準などの具体的な実施規定をもつものでなければならない。さらに、無危害原則の「特定」（Spezifizierung）の例は、それによって患者に心理的に害をもたらす危険があるときに、患者にその健康状態に関する情報を留保してよいかというものである。また、心理的効果を期待しての治療目的での偽薬の使用（プラセヴォ効果）は、善行原則の例である。

(2)　衝突する四原則の射程と順位と適用の状況的事態

　医行為、特に治療行為には、原則としてその由来や射程において異なる主として規範的なさまざまな要請が基礎とされている[171]。それらの要請は、三つのグループに分けられる。**第1グループ** では、生命の保護や広い意味の自律性尊重原則のような一般的倫理原則が問題となる。**第2グループ** においては、それらの要請は、医師の身分固有の倫理に対応する。例えば、医療における無危害原則や患者の治療促進という善行原則である。第1グループ

---

[168]　医療制度は、憲法25条の生存権保障規定のもとで、医療の水準を確保した設備や医療従事者の資格について法的規制を行った上で、構想されている。

[169]　したがって、私見によれば、正義原則は、いかなる制度を構想するかによって内容が異なることのありうる政策指針原理ないし一定の目的からみた調整原理であるともいえよう。

[170]　Vgl. *Rauprich*, a. a. O., S. 21.

[171]　*Vossenkuhl*, Ethische Grundlagen ärztlichen Handels, in: Roxin/Schroth (Hrsg.), Hadbuch des Medizinstrafrechts, 4. Aufl., 2010, S. 4.

が、患者も含めた一般人にも妥当するのに対して、第2グループは、医師を含む医療関係者に妥当する。**第3グループ**においては、自律性尊重原理のように、身分上も一般倫理的にも妥当するという二重の意味をもつ。その社会的・倫理的、法的射程に従ってそのような要請は、制限的に一般に、あるいは無制限に一般に、妥当する。これら諸原則は、その射程も様々であり、一般性の程度も異なる。したがって、諸原則の段階的妥当性は、独自の根拠づけが必要であるのみならず、相互に葛藤・相克に陥ることもある。相互に葛藤対立する場合、どのように解決すべきか。例えば、自律原則、患者の幸福原則、無危害原則が対立する場合を考えてみよう。患者が医師の治療方法の推薦に同意しない場合がその例である。患者の自律性は、あらゆる患者、治療する医師と医療関係者に、無危害原則と患者の幸福原則は、医師と医療関係者に妥当する。したがって、患者が、医師の裁量によれば患者のためになることに同意しないときにも、その意思を尊重しなければならない。患者の自律性は、他の二つの原則よりも、その拘束性においてより上位を、そして、一般性の程度においてより高い位置を占める。葛藤は、実践的観点から、患者の意思の拘束性の高い程度によってのみ解決される。すなわち、医師は、まず患者の意思に一定程度屈服しなければならない。自律性尊重原則は、生命保護の一般的原理と葛藤に陥るほど高い位置を占める。例えば、積極的臨死介助のように、現行法に矛盾するときにのみ、この順位は入れ替わり得る。

　しかし、この葛藤の種類がどのような意味での葛藤なのかもさらに分析される必要がある[172]。それは、諸原理間の葛藤（原理の葛藤）なのか、それらの原理の解釈やそれに関する見解の葛藤なのか（解釈の葛藤）、または、情報の違い、世界観的確信、当事者・関係者のそれぞれの視座に起因する葛藤（状況的葛藤）なのかである[173]。倫理問題に取り組む多くの者は、諸原理の対立を一般的衡量から解決しようとする傾向にある。この見解は、当初からそれらの原理には衝突は存在せず、直観的に順位は決まっているとする。例えば、カント主義者と功利主義者によってそれぞれ価値の優先順位は決まっているといってよい。原理の衝突は、義務の衝突と同様のものと解されてい

172　*Vossenkuhl*, a. a. O., S. 6.
173　*Vossenkuhl*, a. a. O., S. 6.

る。しかし、時間的制約を受けて妥当する義務と普遍妥当的な原理とは異なる。しかし、ここでは、諸原理を「普遍妥当的行為準則」と解するのが共通の概念的基盤である。

　「患者の意思に従え」、「患者の幸福のために行為せよ」または「患者を害するな」という三つの行為準則は、それ自体としては矛盾しないように思われる。しかし、患者がその意思に従って　―他人を害さずに―　自らを害することができるという一般的事態を考慮に入れるとき、葛藤が考えられることになる。このような事態を普遍的行為準則に統合するなら、三つのルールのうちの最初のルールは、「それが患者の幸福の役立たず、患者を害することがあるとしても、患者の意思に従え」となる。ここでは、解釈の葛藤ではなく、原理の葛藤が問題となっている。葛藤は、患者が原理をどう解釈するか、またどう適用するかにはかかっていないのである。このような葛藤を解決するには、原理の葛藤を解釈の葛藤であるかのように解してしまう見解がありうる。しかし、治療の勧め、危害禁止、患者の幸福に矛盾する患者の意思を、これらの原理にもはや矛盾しないように特定するのは不可能である。別の見解は、原理の矛盾の理解ではなく、それが適用される事実の判断の変更によって解決しようとする。解決されるのは、例えば、患者が医師によって勧められた治療が、当初、実際にその幸福に役立つと理解されなかったような「状況的葛藤」なのである。このような状況的葛藤は、適切な医師の説明があれば解決しうるのである。

　かくして、原理の葛藤ではあるが、状況的葛藤でもある葛藤の事例は、まず、医師の十分な説明によって医師と患者の間の信頼の構築によって克服できる[174]。次に、原理間に順位を付けることによっても解決できる。患者の自己決定権は、無危害原則や患者の幸福原則（善行原則）に優越するというがごときである。第1の解決は、真の解決であり、医師と患者の意思疎通により葛藤は解決する。第2の解決は、そうではなく、不真正の解決に導くにすぎない。例えば、患者の意思が医師の判断に反して断行されたにすぎず、葛藤は残るからである。しかし、この残った葛藤も、患者と医師のコミュニケーションで解消できる。

174　*Vossenkuhl*, a. a. O., S.15.

以上の議論は、とくに法解釈という統一的な解決原理を求める医事法の解釈原理の分析につき有益であると思われる。たしかに、「原理」ないし「原則」、ここでは、例えば、被害者の「同意」といった正当化原理が、重大な傷害を与えるなという無危害原則に対立するとき、「原則」自体の対立なのか、それが被害者の真の「意思」をどのように反映しているときに同意といえるのかという「原則の解釈」の対立なのか、あるいは、その原則が適用されるべき「事実」の同一性があるのかなどの分析が必要であることを示唆する。

(3)　衝突の解決の判断要素

　さて、四つの原則およびその下位に位置する様々なルールは、もともとは同程度に妥当する。具体的な状況においてこれらの原則ないしルールが衝突するまでは、「一応の義務」（Prima-Facie-Pflicht）とみなされる[175]。例えば、娘が、父親にその肝臓の一部を提供しようとするとき、一応の無危害原則と一応の善行原則及び一応の自律性尊重原則が衝突する。これを言い換えると、ここで問題は、一応の殺人禁止と無意味な生命を延長させないという一応の命令の衝突である。ここで、殺人禁止は、無危害原則を特定したものであり、無意味な生命を延長させないという命令は、善行原則の特定と把握される。この衝突の解消のためには、二つの手段が用意される。たいていの場合には、外見上の衝突は、さらに特定することで、それらは区別される。例えば、レスピレータの遮断は、殺人ではなく、道徳的には異なって位置づけられる「死なせること」に過ぎないといった場合である。特定という手段は、二つの機能をもつ。それは、第1に、四原則を脈絡に特殊な内容で補充し、それによって、具体的事例で使えるようにする。それは、第2に、具体的な状況において一応対立する原則やルールを、葛藤を解決するために、相互に限界づける。

　例えば、娘の父親への肝臓の提供の場合のように、特定することで、解決がつかない場合には、関係する価値の衡量による[176]。四つの原則ないしルールは、はじめから価値ヒエラルキーに服しているわけではなく[177]、具体

175　*Rauprich*, a. a. O., S. 23.
176　*Rauprich*, a. a. O., S. 24.

的状況において様々な要素が衡量されるべきである。例えば、移植されるべきだという結論は、移植成功の見込み、娘の合併症の蓋然性の高さなどによるのである。

(4) 刑事法と四原則

　以上のような原則ないしルールの衝突の事例は、刑法においては、周知のテーマである。上で挙げられた事例のほかにも、例えば、自律性尊重原則は、輸血を拒否する患者の自律尊重と生命を救うためには輸血しないと助からないので、輸血をしようとする医師の善行と対立する。あるいは、安楽死を願う患者の自律的意思を尊重しようとする医師が、無危害原則を破って、モルヒネ注射によって苦痛を緩和し、患者の生命を短縮する場合である。

　これらの原則は、刑事立法にあたっては、すべてを総合しバランスのとれた法規制をなすべきであるという点で重要な役割を果たす。例えば、無危害原則は、そもそも刑事立法の基礎であり、法益保護の原則に結実する。自律性尊重原則も、パターナリズムの刑事立法論に対立する刑事立法の基本思想の一つである。善行原則は、法益保護原則の背景にある基本思想であり、正当化事由の考え方の基本思想である。さらに正義原則は、刑法のみならず、法の理念であり、法の平等原則等に具体化される。

　これらの原則の対立は、犯罪成立要件論においては、構成要件該当性と正当化事由ないし責任阻却事由の対立において解決されるべき問題である。例えば、無意識で搬送され、輸血拒否の意思を事前に表明していた患者に対する輸血の事例では、自己決定権を尊重するというのが原則であるが、生命の保護のために善行原則の履行が正当化されることがある。また、安楽死事例では、消極的安楽死は、その他の要件を充足しているかぎり、正当化ないし責任阻却されうる。このような具体的な状況のもとで、どの原則が優先させられるかについては、状況と諸事情の衡量に応じて定まるにすぎない。

　四つの原則を刑法の体系の中で位置づけると次のようにいうことができる。すなわち、無危害原則は、とくに犯罪化と構成要件形成の基準である。原則的に他人に属する法益を侵害する行為ないしその危殆化行為のみが犯罪

177　*Rauprich*, a. a. O., S. 24.

化される。刑法においては、無危害原則以外の原則は、第1次的には問題にならない。なぜなら、法益侵害ないしその危険があるときにはじめて刑法の問題となるからである。自律尊重原則や正義原則が、無危害原則とは何かを決定する際に一定の役割を果たすことがあっても、それ自体が独立の積極的な役割を果たすわけではない。例えば、自己決定権を尊重して、溺れている子供を救助するかどうかは、自主的な判断によるということは、それが他人に危害を加えている限り、認められない。当該の不作為が、生命の侵害という危害結果を惹起すると法的にみなされるなら、無危害原則に違反しているのである[178]。あるいは、自律尊重原則は、自己決定権が尊重されればよいという理由で、平等に取り扱うべきだという正義原則に反してまで、溺れかけている二人の息子のいずれか一方のみを救助するべきではないから、二人とも助けない方がよいということにはならない。義務の衝突においては、無危害原則と善行原則により、より害の少なくなるよう、一方のみでも助けるべきだということになる。法益侵害に対する同意は、同意者に不利益な決断であっても尊重されるべきであるという被害者の同意において重要な役割を果たすのが自律性尊重原則である。善行原則は、正当化事由において有意義である。例えば、医師の治療という善行を果たすべく、被害者に手術という苦痛（不利益）をもたらす行為は、正当化されうるのである。善行原則は、自律性尊重原則によって、自己の法益の侵害をもたらす自殺をしようとする者に対して、パターナリスティックにそれをやめさせて、生命を救うことを善とする場合にも機能を果たす。正義原則は、利益衡量原則や、相当性原理、ないし比例性原理に現れる。

(5) 医事刑法における医療倫理四原則

医事刑法においては、医療倫理四原則[179]は、さまざまな場面における判断に際し、機能する。

(a) 自律性尊重原則

自律性原則は、患者や被験者の身体に対する侵襲の許諾・その範囲の決定

---

178 医療倫理においては、他人の侵害を防止する作為義務は、善行原理に算入される。ビーチャム・チルドレス（永易・立木監訳）『生命医学倫理』（1997年）239頁参照。しかし、不作為の因果力を考慮するとき、それは、無危害原則に関係する。

179 水野俊誠「医療倫理の四原則」赤林朗『入門・医療倫理1』（2005年）53頁以下所収参照。

などを自らの意思で決定することを尊重するという原則である。自律性尊重原則が機能するには、自己決定しようとする者は、事実とその意味、その効果について正しい情報を持ち、その情報と自己決定の効果等について正しい理解が可能であり、他者の強制なく自発的に判断しなければならない。このことは、医事刑法においては、患者の同意と医師の説明などの問題において論じられる。その際、医師と患者における情報量の差異から自律性を尊重するためには、患者の同意の前提としての医師の説明が重要である。

ここでは、善行原則との対立の解消が重要課題である。つまり、患者の自己決定権が、善行原則に矛盾するとき、医師はいずれを優先させるべきかという問題の前に立たされる。例えば、自殺者が意識不明の重体に陥ったとき、医師は、治療してよいかが問題である。自殺者は、生き延びたくないという意思で自殺を試みている。その意思を無視して治療することは自律性尊重原則に反する。しかし、善行原則からすれば、現在の自殺未遂者の意思は分からないから、善行を施し、もし自殺願望がまだ強いのであれば、その者はもう一度自殺を試みれば良いともいえる。

ここでは、個人的な自由主義といわゆる**パターナリズム**とが対立している。パターナリズムとは、その保護がその他人に望まれているかどうかにかかわらず、他人の保護を強いる目的をもつ行動と定義されることがある[180]。これについては、英米では、一般に、人がミスからに危険な行為に向けてまったく任意かつ自由に決断した場合も、他人が介入することを認めるという「かたいパターナリズム」(hard paternalism) とそれが不任意で不自由であったときだけ介入できるという「やわらかなパターナリズム」(soft paternalism) に分けられている[181]。さらに、別の観点からこれを「**直接的パターナリズム**」と「**間接的パターナリズム**[182]」に分類し、前者は、自分自身に対する有害行為から守ってやるための自由の制限であり、喫煙の禁止や、薬物を摂取しようとする者に干渉するパターナリズムである、後者は、例えば、喫煙や薬物の摂取自体を禁止するのではなく、煙草や薬物の販売を禁止して、第三者の有害行為を予防するような自由の制限を意味する[183]。これには、自

180　Vgl. *Kai Möller*, Paternalismus und Persönlichkeitsrecht, 2005, S. 11.
181　Vgl. *Möller*, a. a. O., S. 16
182　これを提唱したのは、*Joel Feinberg* である。Vgl. *Feinberg*, The Moral Limits of the Criminal Law, Vol. 3, Harm to self, 1986, S. 9.

殺関与罪の処罰も含まれる。積極的パターナリズムはともかく、間接的パターナリズムは、社会の習熟度に応じて一定限度で許容されるべきだと思われる。自殺関与罪は、自殺（未遂）者自身を保護するため、自殺行為を処罰するなら、それは直接的パターナリズムであるが、自殺関与者を処罰するのは「間接的パターナリズム」[184]であり、それは、完全な自己決定が可能な社会でない限り許容され、患者の自己決定権が制約を被ることはある。自殺者は、自己決定権の行使として死を選んでいるのだから、それを慫慂した者も、それを手助けした者も処罰されるべきではないとはいえないと思われる。例えば、1998年以降年間3万人を超えるわが国における自殺数における自殺の原因のほとんどは、健康問題や経済・生活問題、家庭問題であり[185]、うつ病に罹患している者も多く、自分の死を主体的に選択する自殺は皆無といってよい。例えば、自殺関与罪（刑法202条）を廃止することは、このような自殺の歯止めを外すことにもつながりかねないと思われる。医事刑法との関係では、安楽死を望む者の真意が、家族に迷惑をかけたくないといった心情に発するものではないのかなどを考慮するパターナリズムは不要とはいえないであろう[186]。

(b) 無危害原則

「他人に危害を加えることなかれ」というのは、刑事立法の基本思想であるとともに、刑法の行為規範の基本原理である。もちろん、医事刑法においても、医療行為が正当化されるのであるから、患者の健康を回復するために、患者の身体に対して一時的な侵襲を加えること、すなわち危害を加えることは、違法性阻却に関する法益衡量判断において許容されることがある。したがって、医療行為そのものが、無危害原則に対する違反を前提としてい

---

183 Vgl. *Möller*, a. a. O., S. 15 ff.
184 *Neumann/v. Hirsch*, „Indirekter" Paternalismus im Strafrecht - am Beispiel der Tötung auf Verlangen (§216 StGB), GA 2007, S. 671 ff. Vgl. auch Hirsch/Neumann/Seelmann (Hrsg.), Paternalismus im Strafrecht, 2010; *Hirsch, Andrew von/Neumann, Ulfrid*, Indirekter Paternalismus und §216 StGB: Weitere Bemerkungen zur Bedeutung und Reichweite des Paternalismus-Begriffs, in: a. a. O., S. 99 ff. Vgl. auch *Tatjana Hönle*, Paternalismus in der Medizin — am Beispiel der Eizellenspende in der Reproduktionsmedizin, a. a. O., S. 111 ff.
185 警察庁生活安全局地域課「自殺の概要」による。http://www.mhlw.go.jp/toukei/saikin/hw/jinkou/tokusyu/suicide04/16.html#5
186 Vgl. *Yamanaka*, Die Modelle und Typologie des indirekten Paternalismus im Strafrecht, in: v. Hirsch/Neumann/Seelmann (Hrsg.), Paternalismus im Strafrecht, S. 323 ff.

るといってもよい。患者の同意が、構成要件該当性を阻却し、実質的に「無危害」とみなすか、患者の回復という優越的利益の原則によって正当化されると考えるかは見解が分かれうる。

医療倫理においては、とくに「二重結果原理」ないし「殺すことと死なせること」との違いはあるかをめぐり尊厳死・安楽死ないし延命治療の中断が無危害原則に反しないかが論じられている[187]。医事刑法においても、これらは、刑法上どのように扱うべきかが重要な課題である。さらに、生体肝移植において肝臓の提供者からの肝臓の摘出は無危害原則に反しないのかどうか、刑法上、摘出行為は正当化され、または責任阻却されうるかが論じられなければならない。その際、善行原則が、無危害原則に対抗し、危害行為を許容し、または免責することになるのかどうかが検討されるべきである。医学的適応の存在につき疑問のある美容整形手術、性転換手術などのいわゆる「**願望充足医療**」(wunscherfüllende Medizin) ないし「**向上医療**」(enhancement Medizin) についても、それが自律性尊重原則で説明がつかないとすれば、無危害原則に反するのである[188]から、倫理的には、優越的利益原則による正当化ができるのかが問われなければならない。

(c) 善行原則

善行原則は、医事刑法の基本理念であるといってよい。決して患者が自己決定権の行使として治療を望むから治療侵襲は正当化されるのではなく、その背景には、医師の行為が患者のために善行をなすものだからという考えが存在する。しかし、善行原則が、パターナリスティックにすべてに優越するわけではなく、あくまで背景となっている基本理念にとどまるというべきであろう。

実際上、自らの身体からの臓器の摘出と必要とする患者へのその提供は、自律性尊重原則によって正当化される部分もあるが、重大な身体の侵襲が、自己決定だけで正当化されるわけではないであろう。例えば、生体肝移植などの部分肝の提供者からの摘出は、自己決定権のみによって正当化されるわ

---

187 ビーチャム・チルドレス（永安幸正・立木教夫監訳）『生命医学倫理』(1997年) 150頁以下参照。

188 Vgl. *Nine Joost*, Schönheitsoperationen — die Einwilligung in medizinisch nicht indizierte „wunscherfüllende" Eingriffe, in: Roxin/Schroth, Handbuch des Medizinstrafrechts, 4. Aufl., S. 390 f.

けではない。それは、臓器を必要とする他人の健康の回復という利益をもたらすがゆえに優越的利益の原則によっても正当化されるというべきである。その利益は、提供者の側からいうと、善行原則によって、パターナリズムによって画される自律性尊重原則の限界を超える意味をもちうるのである。また、死体からの臓器摘出ないし提供については、生前の本人の臓器提供の意思を尊重し、死後の死体の処分についての自律性尊重原則によるばかりではなく、おそらく死体については公共財としてその利用・処分が社会に許されるという思想が重要な意味をもつように思われる。ただし、その利用・処分は、本人の生前の意思と事実上死後の死体の世話をする家族の意思を通じてのみ許されると解すべきではないだろうか。このように、ここでも善行原則により、公共財たる臓器の利用・分配が正当化されるのである。

(d) **正義原則**

限りあるレスピレータや人工心臓の装着の順序、臓器の提供の順位と選択基準、例えば、非居住外国人への提供の保障、年齢による提供機会の制限、臓器の親族への優先的提供の是非[189]などの問題が正義原則に関係する。ここでは、正義を、―平等主義の理論か、自由主義の理論か、功利主義の理論か、あるいは公正機会の理論か[190]といったように―、どのようにとらえるかによっても考え方が異なってくる。正義原則は、おそらく、解釈論ないし法適用においてより、立法論の段階で問題となる方が多いのではないかと思われる。

以下では、正義原則の適用の一例のみを挙げておくと、**臓器売買の禁止**の法目的やそれに罰則が付いている場合の処罰根拠ないし保護法益については争いがある[191]が、この問題を考える際には自己決定尊重原則、善行原則、無危害原則のどの原則もそれだけでは説明しきれないものが残る。わが国では、脳死体からの移植は量的に多くなく、生体肝ないし腎移植が圧倒的に多い。しかし、それよりも移植を必要とし、希望して待機している患者の数が何倍にも多い。こ移植臓器不足問題を解決するには、臓器売買を認許することが一つの解決策である。これによって経済の法則に基づいて需要と供給の

189　臓器移植法6条の2参照。
190　ビーチャム・チルドレス・前掲『生命医学倫理』307頁以下参照。
191　生体臓器移植の問題については、法律時報79巻10号（2007年）4頁以下の特集「生体移植をめぐる法的諸問題」所収論文（城下裕二編著『生体移植と法』〔2010年〕所収）をみよ。

バランスがとれてくる見込みは高い。生体臓器の提供者の自己侵襲は、自己決定尊重原則と善行原則によって正当化可能である。提供の対価を得ることができるので、自己決定の結果としての経済的生活の質を高めることもできる。レシピエントにとっても、対価を支払って正当な取引として買った臓器によって生活の質を高めることができ、無危害原則侵害の懸念は、ドナーの自己決定によって払拭できる。しかし、現実には、貧富の差のある社会における臓器売買は、経済的にも実質的にも自由な自己決定に基づくものとはいえない。社会的に見て、臓器売買は、経済的弱者の移植を受ける公平な機会を奪い、臓器提供者は、経済的弱者に限られることとなる。これをその社会の政策がどこに向いているかに合わせて調整するのが「正義原則」である。臓器売買の禁止は、一方で、生体臓器移植のニーズを充たせなくなるという問題を生ぜしめるが、他方では、経済的利欲に動機づけられない善行原則と自己決定権の行使を保障しうるシステムをもたらし得る。切り離された身体の一部が、財産権の対象であるか、人格権をもつ主体であって人間の尊厳条項の適用を受ける[192]かあるいは二重の性質をもつのかという議論はそれだけでは、臓器売買の禁止の根拠を説明したことにはならないように思われる。そこでは、国家と社会の医療政策を反映した内容をもつ「正義原則」の実現という価値の観点からの考察が必要なのである。

---

[192] 甲斐克則「生体移植をめぐる刑事上の諸問題」法律時報79巻10号40頁参照。

7．医行為（医療行為）の意義

1．医　業

　医師法は、非医師の医業を禁止している。「医師でなければ、医業をなしてはならない」[193]（医師法17条）。本条に違反した者は、「3年以下の懲役又は10万円以下の罰金」に処せられ、又はこれを併科される（同法31条1項1号）。医業とは、医行為を「業」として行うことをいう[194]が、判例によれば、「反復継続の意思を以って医行為に従事することをいう」[195]と定義される。これは、次に掲げる説のうち反復意思説と称される見解である。以前は、①**営業説**＝医行為を営業として行う場合に医業に当たるとする説（大判明20・5・19刑録明治20年分124頁）、②**営業意思説**＝医行為を営業として行う決意を有するとき、医業であるとする説（大判明40・10・3刑録13・20・1047）、③**営業目的説**＝営業の目的をもって医行為をなした場合に医業をなしたものであるとする説（大判明40・12・5刑録13・26・1338）、④**生活資料獲得行為反復説**＝医行為によって生活資料を獲得する行為を反復することを医業とする説（大判明43・10・31刑録16・22・1792）、⑤**常業目的説**＝自己の常業[196]とする目的で医行為をなすことをいうとする説（大判明44・10・27刑録17・24・1800）、⑥**反復継続意思説**＝反復継続の意思をもって医行為を行うことであるとする説（大判大5・2・5刑録22・2・109）等があった[197]が、反復意思説が、大正時代以降の判例[198]で

193　これは、医業の独占を表しており、「業務独占」を意味し、また、医師でない者は、医師と称することはできない（医師法18条＝名称独占）、名称を用いた場合は、罰金刑に処せられる（医師法33条の2）。これにつて、加藤良夫編著『実務医事法講義』（2005年）451頁以下参照。
194　「医業」の意義については、小松進『注釈特別刑法』5（医事・薬事編）42頁以下に詳しい。
195　大阪高判昭28・5・21、最判昭30・5・24刑集9・7・1093。なお、磯崎辰五郎・高島学司『医事・衛生法』（新版・1979年）184頁以下、前田和彦『医事法講義』（全訂第8版・2008年）44頁参照。
196　営利の目的・継続反復を必須要件とはしない。「常業」の概念は、大判明20・5・19刑録明治20年分124頁で用いられているものであるが、その意味は、必ずしも明らかではないとされている（下野・医事判例百選137頁）。

あり、現在も通説である[199]。反復継続して行う意思があれば、一回限りの「行為でもよく、それによって生活資料（報酬）を得ることを目的とする必要もない。営利の目的を必要としない。特殊な希望者だけを対象として行っても、医業にあたる[200]。あん摩・マッサージ・指圧、はり、きゅうを行う者（あん摩マッサージ指圧師、はり師、きゅう師関する法律〔あはき法〕1条）、柔道整復を行う者（柔道整復師法15条）以外の者は、「医業類似行為」を業としてはならない（あはき法12条）とされる。したがって、これらの行為は、医行為には含まれない[201]。

2．医行為

(1) 医行為の定義

ここで、医行為の定義については、まず、広義における医行為と狭義における医行為とに分かれ、**広義における医行為**とは、医療目的のもとに行われる行為で、その目的に副うと認められるものをいうとされる。これには、疾病の治療のみならず、その予防や、出産の際の措置、あん摩、マッサージ、はり、きゅうなど医療目的に副うものも含まれる。**狭義における医行為**については、広義の医行為のなかで、医師が医学的知識と技能を用いて行うのでなければ人体に危険を生ずる恐れのある行為とされる[202]。判例上、大きく三つの見解に分けることができるとされている[203]。それは、①疾病の診察治療行為をいうとする見解、②疾病治療目的と医学の是認する方法の二つの要素から定義する見解、そして、③広く医師が行うのでなければ危険を生じる行為とする見解である。

まず、古い判例によれば、「汎く人の疾病を診察治療する行為」を指称す

---

197 これらの見解については、下野・前掲医事判例百選136頁以下参照。
198 大判大5・2・5刑録22・2・109。
199 判例として、東京高判昭42・3・16刑裁特18・3・82。評釈として、川辺新・医事判例百選（1976年）138頁。医師の資格を有しない元衛生兵が、求めに応じて8回、7名の者に対し診察をなし、治療の目的で注射液を注射したというもの。料金を徴収しなかったとしても、医行為にあたるとした。
200 最判昭29・8・20刑集8・8・1287。
201 大阪高判昭28・5・21注195参照。
202 小松進「医師法」『注釈特別刑法』5（医事・薬事編）(1983年) 37頁以下参照。
203 小松・前掲注釈特別刑法5（医事・薬事編）37頁以下。

る[204]とされる。この定義では、種痘、予防注射、美容整形外科手術などは、医行為というべきであるが、治療とはいえなくなる。これらを含まなくなる点がこの定義の問題点である。

次に、「人の疾病治療を目的とし現時医学の是認する方法により診察、治療をなすこと、換言すれば、主観的には疾病治療を目的とし客観的にはその方法が現代医学の基づくもので診断治療可能のものたることを要するもの」[205]とされ、また、「人の疾病の治療を目的とし医学の専門知識を基礎とする経験と技能とを用いて、診断、薬剤の処方又は外科的手術を行うことを内容とするものを指称し、等しく人の疾病の治療を目的とするもの」である[206]などとされ、その主観的・客観的な実質的意味を盛り込んで定義された。この見解からは、このように、医行為とは、人の疾病の治療を目的とし、かつ、現代医学の立場から是認されている方法によって診察、治療をなすことをいうとも定義される。この定義は、主観的目的（治療の目的）と客観的には、現代医学の原則にかなったことを要求するものである[207]。

しかし、最近では、医行為は、「人体に危害を及ぼし、又は危害を及ぼすおそれのある行為」[208]をいうと定義され、また最近の判例でも、「医学上の知識と技術を有する者がみだりにこれを行うときは生理的危険がある程度に達している」[209]行為をいう、また、「医師が行うのでなければ保健衛生上危害を生じるおそれのある行為」（平成13年11月8日政発第10号）である[210]と定義される。したがって、反復継続の意思をもってこのような行為を行えば、医行為にあたる。判例上、医行為に当たるとされた具体的行為としては、問診、打診、聴診等による疾病の診察、注射、薬液の塗布、外科的手術、投薬等がある[211]。このような最近の定義は、古い定義における「治療」や「治

---

204 大判昭2・11・14刑集6・4453。
205 広島高岡山支判昭29・4・13高刑集31・87。
206 前掲大阪高判昭28・5・21前注参照。
207 広島高岡山支判昭29・4・13高刑集31・87。この判決の事案は被告人が自己の右指示指を患者の眼前に突き動かして、これを凝視させながら上下左右に動かして病状を診断したうえ、効果のない焼骨粉を病者に売却したとうもの。被告人の行為は非科学的であって、現時医家の行う方法とはいいがたいとして、医行為であることを否定した。
208 大嶋一泰「治療行為―説明義務を中心として」刑法基本講座（第3巻・1994年）160頁参照。
209 前掲最判平16・4・13民集58・4・247参照。
210 東京地判平6・3・30刑集51・8・689。
211 最判昭30・5・24刑集9・7・1093。評釈として、門広繁幸「患者に対する、聴診・触診・指圧と医行為」医事判例百選（1976年）140頁。なお、下野省三「医師法17条にいう『医業』

療目的」以外の医行為をも含めることにその趣旨がある。例えば、移植目的でのドナーからの臓器摘出、輸血のための採血は、治療ではなく、治療目的でもないが医行為である。さらに、「保健衛生の確保」「患者の安全の確保」という医師法17条の「立法趣旨」[212]に照らしても、この最近の定義が妥当であるとされている[213]。

(2) 治療を目的とした検査・診察

　医行為に治療行為ではなく、治療を目的とした検査ないし診察も含まれるかどうかにつきもう少し詳しく見ておこう。検査自体が人体に対する危険を生じさせる行為である場合には、判例は、医行為とみなしてきた[214]。平成9年に、医師でない者が、コンタクトレンズ処方のための検眼とレンズの着脱、コンタクトレンズ処方を行った事案につき、第1審であった東京地裁は、コンタクト処方はこれを誤れば保健衛生上危害を及ぼすおそれのある行為であるとし、検眼・コンタクトレンズの着脱は、それ自体が保健衛生上危害を及ぼすおそれのある行為に当たるとはいいがたいが、コンタクトレンズ処方の一部をなす行為であり、「医行為」というべきであるとした。控訴審では、「検眼またはテスト用コンタクトレンズ着脱時の判断の誤りがひいてコンタクトレンズの処方の誤りと結び付くことにより、コンタクトレンズを装着した者に頭痛、吐き気、充血、眼痛、視力の低下等の結果をもたらし、最悪の場合は失明に至る危険性もないとはいえない」[215]とした。最高裁も、「コンタクトレンズの処方のために行われる検眼及びテスト用コンタクトの着脱のための各行為が、いずれも医師法17条にいう『医業』の内容となる医行為に当たるとした原判決の判断は、正当である」[216]とした。

　　の意義」医事判例百選（1976年）136頁。
212　小松進「医師法」平野龍一編集代表『注釈特別刑法』（5巻―1）医事・薬事法〔1〕第2版（1992年）40頁以下参照。
213　加藤良夫（編著）『実務医事法講義』（2005年）452頁参照。
214　探膿針を使用した化膿の有無の検査（大判大12・12・22刑集2・1009）、レントゲン照射機を用いた検査・診察（大判昭11・6・16刑集15・798）、子宮鏡を用いた子宮内診（大判昭15・3・19刑集19・134）は、医行為とされている。
215　東京高判平6・11・15高刑集47・3・299。
216　最決平9・9・30刑集51・8・671。評釈として、小林憲太郎・ジュリスト1167号（1999年）127頁以下、佐伯仁志「『医業』の意義」医事法判例百選4頁以下、飯田喜信・最判解平成9年度刑事篇166頁参照。

(3) 医師法17条の立法趣旨

次に、医師法17条の立法趣旨との関連でももう少し詳しく見ておこう。本罪の保護法益は公衆衛生であり、したがって、医師以外の者による医行為が禁止される理由は、「保健衛生上の危険の防止」にあり、本罪は、抽象的危険犯であると解せられる。まず、業として行われることを要するから、糖尿病者によるインシュリンの自己注射や家族によるALS患者からの痰の吸引は、医行為ではあっても禁止されてはいない。これを介護ヘルパーが行うことも、旧厚生省の行政解釈により許容されることになった[217]。また、看護師が静脈注射を行うことについて[218]も、厚生労働省は、保健師助産師看護師法5条の「診察の補助」行為の範疇として取り扱うものとした。歯科医師の救急救命処置に関する研修[219]についても、行政解釈によって認められている。判例には、医師が、看護師の資格を有しないものを診療補助者として使った事案につき、保健婦助産婦看護婦法（保健師助産師看護師法）違反に問ったもの[220]がある。そこでは、「医師が無資格者を助手として使える診療の範囲は、おのずから狭く限定されざるをえず、いわば医師の手足としてその監督監視の下に、医師の目が現実に届く限度の場所で、患者に危害の及ぶことがなく、かつ、判断作用を加える余地に乏しい機械的な作業を行わせる程度にとどめられるべきものと解される」と判示された。

さらに、判例において、医師が、医師免許をもたない歯科医師に気管挿管研修を行わせた行為につき、それが医行為にあたるのではないかが問題となった。判例は、「歯科医師が歯科に属さない疾病に関わる患者に対してそのような手技を行うことは、歯科医師がそのような手技にどんなに熟達していても、明らかに医師法17条に違反する」と判示した[221]。本罪が、抽象的危険犯であるとすると、この結論は不当とはいえない。しかし、一般的には危

---

[217] 痰の吸引については、平成15年7月17日医政発第0717001号、平成17年3月24日医政発0324006号。これにつき、加藤・前掲『新版医療事故の刑事判例』41頁参照。
[218] 看護師による静脈注射につき、平成14年9月30日医政発第0930002号。この行政解釈の変更につき、平林勝政「医行為をめぐる業務の分担」湯沢雍彦・宇都木伸（編集代表）『人の法と医の倫理』（唄孝寿）（2004年）573頁以下参照。
[219] 平成14年4月23日医政発第0423002号、医政発第0423004号による。
[220] 東京高判平1・2・23判タ691・152。
[221] 札幌地判平15・3・28医事法判例百選（2006年）6頁以下。評釈として、辰井聡子・同6頁以下参照。

険な行為であっても、厚労省の行政解釈により、許容される診療範囲内の行為であれば、許されるとするなら、禁止の範囲が事実上決められることになり、妥当とは言い難いであろう[222]。

　本件の控訴審[223]では、弁護人は、可罰的違法性がないのに起訴されたのは公訴権の濫用であると主張し、また、医師法17条の構成要件該当性がないと主張し、さらに、本件各行為は、研修としての必要性があり、その目的が正当で、手段も相当なものであったから、社会的相当性が認められ、刑法35条により違法性が阻却されると主張した。ここでは、医師法17条の構成要件該当性の点についての控訴審の判断について検討しておく。

　構成要件に該当しない根拠として、「歯科医師らが行った本件各行為は、いずれも実質的には背後で指揮をとっている指導医らの行為そのものと評価できるから、医師法17条の構成要件に該当しない」というものであった。しかし、札幌高裁は次のようにいう。「本件各行為は、医師の資格を持たない本件歯科医師らが自ら行った医行為であって、指導医らの行為と評価することはできない」。すなわち、「医師法17条は、『医師でなければ、医業をなしてはならない。』と規定しているが、同条にいう『医業』とは『医行為を業とすること』であり、『医行為』とは『医師が行うのでなければ保健衛生上危害を生ずるおそれのある行為』、『業とする』とは『反覆継続の意思で医行為を行うこと』と解すべきところ、本件各行為は、気管挿管及び抜管、大腿静脈路確保及びカテーテルの抜去、腹部触診、手術の説明及び同意の取付け、大腿動脈血栓除去等手術における筋鉤使用等による手術補助等であり、いずれも医師が行うのでなければ保健衛生上危害を生ずるおそれのある行為といえる。そして、歯科医師の研修が、医師の行う医行為の純然たる見学にとどまるときは、歯科医師が医行為をしたとは認められないから医師法17条の構成要件該当性を欠くといえるが、歯科医師が自ら患者に対する医療行為に関与する場合、それが医行為と判断される以上、関与の程度を問わず、歯科医師自身が医師法17条の医行為を行ったとみるべきである」。…「また、そもそも、歯科口腔外科医による歯科口腔外科領域に属する行為の研修は、本来、歯科口腔外科や歯科大学・歯学部の付属病院等における歯科及び歯科

222　辰井聡子・前掲医事法判例百選7頁参照。
223　札幌高判平20・3・6 LEX/DB

口腔外科疾患の患者に対する診療行為の中で行われるべきものであり、歯科医師が、医科の病院等において、歯科及び歯科口腔外科疾患以外の患者に医療行為を行うことは、それが歯科口腔外科で日常的に行われている手技であり、かつ、研修を目的として行われたものであったとしても、医師法17条の構成要件該当性を阻却することにはならない」。

さらに、控訴審は、歯科医師による救命救急センターにおける研修は歯科医療にとって不可欠であり、社会的相当性が認められるから違法性が阻却されるという主張についても、これを斥け、控訴を棄却した。

しかし、研修として行われているから社会相当性があるのではないとしても、このように、指導医が、背後で指揮をとり、研修がそのコントロールのもとで行われているかぎり、少なくとも、利益衡量原則によって判断されるべき正当化事由の段階においては、違法性を阻却するといってよいように思われる。医行為そのものの定義が、「医師が行うのでなければ保健衛生上危害を生ずるおそれのある行為」であり、それが、指導医のコントロールのもとに行われる限り、「危害を生じるおそれ」が否定され、少なくともその危害を上回る優越的利益によって正当化されるというべきであろう。

(4) 危害を及ぼす行為・危害を及ぼすおそれのある医行為

ところで、医行為とは、「人体に危害を及ぼし、又は危害を及ぼすおそれのある行為」とするだけでは、通常の暴行罪や傷害罪に当たる行為も含まれることになるので、これだけでは足りない。「治療目的」で限定できないとなると、医学的根拠を有する行為でなければならないという限定が必要であろう。人体に危害を及ぼす恐れのある行為は、身体に危険な行為を意味するが、これは定型的にみて危険な行為を意味する。しかし、医行為とみなされる「診察」については、それ自体としては、例えば、聴診器をあてるのみ、ないし問診を行うなど「危険」とはいえないことが多い。これも医行為とするには、それ自体として危険な行為のみならず、その行為の結果として人体に危険を及ぼす行為が行われることにつながる行為をも含める必要がある。

そこで、本罪が、抽象的危険犯であるとしても、「人体に危害を及ぼす行為」ないし「人体に危害を及ぼすおそれのある行為」における「危害」すなわち、「危険」とは、どのようなものをいうのかが問われなければならな

い[224]。「危害を及ぼすおそれのある行為」には、前述の問診ないし診断のような、それ自体、身体に対する侵襲を伴わないが、後にそれが危害を及ぼす侵襲行為につながる行為をも含むと解すべきことも予定されていると思われる。この例では、逆に、問診によって治療の必要がないと判断された場合のように、適切な治療を受ける機会が奪われる可能性もある。したがって、ここでいう「危害を及ぼす行為」は、その行為自体が直接に人体に危険を及ぼす行為（直接的危険行為）を指し、「危害を及ぼすおそれのある行為」は、その行為が前提となって、次の人体に通常直接的に危険な行為をもたらす行為（間接的危険行為）およびその行為によって適切な治療を受ける機会が奪われ[225]、存在する危険を防止することができず、あるいは後に人体に危害を及ぼす行為を必然的に誘発せざるをえなくなる行為（消極的危険誘発行為）をいう[226]。

(5) 判例

この点に関する判例を見ておくと、最高裁の判決には、まず、断食道場への入寮希望者に対し、入寮の目的、入寮時の症状、病気等を尋ねる行為を「問診」とみなし、「医行為」として無免許医業の罪に当たるとしたもの[227]がある。いわく、「被告人が断食道場の入寮者に対し、いわゆる断食療法を施行するため入寮の目的、入寮当時の症状、病歴等を尋ねた行為は、それらの者の疾病の治療、予防を目的としてした診察方法の一種である問診にあたる」という。その他、最高裁は、柔道整復師である被告人が、免許を受けて

---

[224] これについて、加藤麻耶（中山研一・甲斐克則編）『新版医療事故の刑事判例』（2010年）38頁以下参照。

[225] 後に詳しく検討する最判昭35・1・27刑集14・1・33（HS式高周波器事件）における石坂裁判官の「反対意見」参照。「かかる治療方法は、健康情態良好なる人にとりては格別、違和ある人、或は疾病患者に、違和情態、疾病の種類、その程度の如何によっては、悪影響のないことを到底保し難い。それのみならず、疾病、その程度、治療、恢復期等につき兎角安易なる希望を持ち易い患者の心理傾向上、殊に何等かの影響あるが如く感ぜられる場合、本件の如き治療法に依頼すること甚しきに過ぎ、正常なる医療を受ける機会、ひいては医療の適期を失い、恢復時を遅延する等の危険少なしとせざるべく、人の健康、公共衛生に害を及ぼす虞も亦あるものといねばならない」という。

[226] このような「直接的・積極的な危険」と「間接的・消極的な危険」という二つの危険概念につき、小林・前掲ジュリスト1167号128頁参照。

[227] 最判昭48・9・27刑集27・8・1403。評釈として、高木武「断食道場入寮希望者に対する問診」医事判例百選（1976年）142頁以下。

いないのに、患者らにエックス線を照射して撮影し、その読影により骨折の有無等疾患の状態を診断したという事案について、「昭和58年法律第83号による改正前の診療放射線技師及び診療エックス線技師法（以下「技師法」という。）24条1項、3項は、それぞれ医師法17条、31条1項1号の特別規定として、医師、歯科医師、診療放射線技師又は診療エックス線技師以外の者に対し、放射線を人体に照射することを業とすることを禁止し、これに違反した者を処罰する規定であると解するのが相当である」とした[228]が、本事案では、レントゲンを照射する行為自体がすでに人体に危害を及ぼす行為ということができるであろう。

(6) 課題

医師資格をもった医師以外の者の「医業」が禁止されるのは、それが、人体に対して危害を及ぼしまたは危害を及ぼすおそれがあるからである。しかし、一定の医療補助者に比較的安全なそのような医行為の一部を委ねて行わせることは、医師にすべてを行わせるわけにはいかず、現実に必要である。その条件としては、医師の監視・監督が行き届き、困難な医療上の判断を要しない、医師の手足となるような機械的な作業であって、それによって直接・間接の危険性を防止しうる行為であるということである。ここでは、①医師以外の者に医行為を行わせる必要性、②その行為の危険性のコントロール可能性、そして、③第三者による検証可能な体制の整備の存在が必要である[229]。

3．医業類似行為

医業類似行為について定めるのは、あん摩マッサージ指圧師、はり師、きゅう師に関する法律（あはき法）12条である。ただし、医業類似行為の定義規定をもつものではない。厚生省健康政策局医事課の見解[230]によれば、こ

---

228 最決平3・2・15刑集45・2・32。評釈として、斎藤信治「柔道整復師のX線照射事件」医事法判例百選16頁以下参照。
229 平林勝政「医行為をめぐる法制度論的問題状況」年報医事法学19号（2004年）73頁以下、加藤・前掲『新版医療事故の刑事判例』42頁参照。
230 厚生省健康政策局医事課編『あん摩マッサージ指圧師、はり師、きゅう師等に関する法律・

れには広義と狭義がある。狭義の医業類似行為とは、民間療法をいう。これを含め、あん摩マッサージ指圧師、はり師、きゅう師によって行われる、あん摩、マッサージ、指圧、はり、きゅう、柔道整復を加えて広義の医業類似行為とされる。狭義の医業類似行為には、「腰痛、肩こり、疲労等の症状のある者に対して、温熱機器、危惧その他の物を利用し、又は四肢若しくは精神作用を利用して施術を行うものであって、医師法、あん摩マッサージ指圧師、はり師、きゅう師等に関する法律等に基づく免許資格を有する者がその範囲内で行うものでないもの」をいう。昭和22年にあはき法が制定されたとき、医業類似行為には、積極的に人体に有害なもの（積極的被害）ではなくても、消極的に、医学的に妥当な治療とはいえず、医療を受ける機会を失わせるおそれのあるようなもの（消極的被害）も含まれると解されていた。これを限定的に解釈したのが、**最高裁昭和35年大法廷判決**[231]である。

この事件は次のような事実に関するものであった。

(**事実**) 被告人は、反復継続の意思をもって4回にわたり、胃病患者に対し、HS式高周波器という器具を使用したHS式高周波療法と称する療法を1回100円の料金を徴収して施した。この行為が、あはき法12条で禁止した医業類似行為を業とすることに該当するとされたのである。

第1審[232]は、12条が憲法22条の職業選択の自由に反するという弁護人の主張に対し、この規定は、公共の福祉を維持するため必要であって違憲ではないとした。控訴審判決[233]も、医業類似行為を「業とすることを禁止している趣旨は、かかる行為は時に人体に危害を生ぜしめる場合もあり、たとえ積極的にそのような危害を生ぜしめないまでも、人をして正当な医療を受ける機会を失わせ、ひいて疾病の治療恢復の時期を遅らせる如き虞あり、之を自由に放任することは正常な医療の普及徹底並びに公共の保健衛生の改善向上の為望ましくないので、国民に正当な医療を享受する機会を与え、わが国の保健衛生状態の改善向上をはかることを目的とするにあると解せられる」とし、「消極的被害」を防止することもその根拠として挙げた。

柔道整復師法逐条解説』（1990年）78頁参照。木村光江・医事法判例百選19頁参照。
231 最判（大）昭35・1・27刑集14・1・33。評釈として、木村光江・医事法判例百選18頁。差戻し第2審の判決（仙台高判昭38・7・22判時345・12）については、糸井克巳・医事判例百選（1976年）156頁参照。
232 平簡判昭28・4・16刑集14・1・41。
233 仙台高判昭29・6・29刑集14・1・43。

(判旨)「医業類似行為を業とすることが公共の福祉に反するのは、かかる業務行為が人の健康に害を及ぼす虞があるからである。それ故前記法律が医業類似行為を業とすることを禁止処罰するのも人の健康に害を及ぼす虞のある業務行為に限局する趣旨と解さなければならないのであって、このような禁止処罰は公共の福祉上必要であるから、前記法律12条、14条は憲法22条に反するものではない。しかるに、…原判決は被告人の業とした本件 HS 式無熱高周波療法が人の健康に害を及ぼす虞があるか否かの点についてはなんら判示するところがなく、ただ被告人が本件 HS 式無熱高周波療法を業として行った事実だけで前記法律12条に違反したものと即断したことは、右の法律の解釈を誤った違法があるか理由不備の違法があり、右の違法は判決に影響を及ぼすものと認められるので、原判決を破棄しなければ著しく正義に反するものというべきである」。

なお、本判決には **反対意見** があり、それは、「一般的・抽象的危険」があれば個々の行為が無害であっても処罰すべきだとするものと、正常な医療を受ける機会を失わせる虞がある場合、つまり、消極的被害がある場合も、処罰すべきだとするものとに分かれる。この消極的被害を根拠にする処罰については、その後、あはき法における上告制限に関する **最高裁判決**[234] において、広告制限の合憲性を認めた判例で、肯定された。

(事実) きゅう業を営む被告人が、きゅうの適応症となる病名を記載したビラを配布し、あん摩師、はり師、きゅう師及び柔道整復師法7条1項各号に列挙する事項以外の事項について広告をしたという事案につき、あはき法7条の広告制限に違反するかどうかが問題となった。

(判旨)「本法があん摩、はり、きゅう等の業務又は施術所に関し前記のような制限を設け、いわゆる適応症の広告をも許さないゆえんのものは、もしこれを無制限に許容するときは、患者を吸引しようとするためややもすれば虚偽誇大に流れ、一般大衆を惑わす虞があり、その結果適時適切な医療を受ける機会を失わせるような結果を招来することをおそれたためであって、このような弊害を未然に防止するため一定事項以外の広告を禁止することは、国民の保健衛生上の見地から、公共の福祉を維持するためやむをえない措置として是認されな

---

[234] 最判昭36・2・15刑集15・2・347。最判昭35・1・27刑集14・1・33、最決昭39・5・7刑集18・4・144。評釈として、保木本一郎・医事判例百選(1976年)154頁以下、木村光江「医業類似行為の規制」医事法判例百選18頁以下。さらに、前田和彦・前掲医事法講義67頁以下参照。

ければならない。されば同条は憲法21条に違反せず、同条違反の論旨は理由がない」。

このように本判決では、「適切な医療を受ける機会を失わせる結果を招来する」おそれをも広告制限違反の処罰の根拠として認めている[235]。

4．医行為と医療侵襲行為

医行為のうち、医療（疾病の治療・診断・予防）目的で、人体にメスを入れたり、エックス線を照射するなどして人の身体を侵害する行為を医療（医的）侵襲行為と呼ぶ。したがって、医的侵襲については、刑法上の犯罪類型としては、傷害罪（204条）が問題となる。医療侵襲行為のうち、治療目的で行うものを「治療行為」という。これは、医的侵襲行為のうち、診断や予防のための行為を除いたものである。すなわち、治療行為とは、「治療の目的で、傷病者本人またはその保護者の承諾もしくは推定的承諾のもとに、医学上一般に承認されている方法によって、人の身体を傷つける行為」であるとされる[236]。刑法の傷害罪との関係では、医的侵襲行為の意義が重要である。医的侵襲行為の正当化根拠については、第2章で詳論する。

---

235 その後、このような消極的被害を根拠とする判例として、最大判昭40・7・14刑集19・5・554、最決昭54・3・22刑集33・2・77など参照。
236 大塚『刑法概説総論』（第4版）423頁。これに対して、医療行為とは、「医師、看護師などの医療専門家によって行われるものであり、また、必ずしも患者の身体の傷害にあたらない疾病の予防や発見などのための診療、検査などの行為をも含む点で治療行為と異なる」（大塚・前掲書424頁）とされる。

8. 医師の応招義務

1. 医師法上の医師の義務

　医師法は、医師に対して、さまざまの医師の義務[237]を規定している。まず、医療行為に付随する義務として診療義務（医師法19条1項）や診断書等交付義務[238]（同法19条2項）、無診察治療[239]および無診察証明の禁止（同法20条）、異状死体等の届出義務[240]（同法21条）、処方せん交付義務（同法22条）、療養方法等の指導義務（23条）及び診察録の記載および保存義務（同法24条）等を課し、20条から22条までの規定または24条の規定に対する違反に対し、罰則（50万円以下の罰金）を設けている（33条の2）。したがって、診療義務違反・診断書交付義務違反（同法19条）及び療養指導義務違反（同法23条）に対しては、罰則は付されていない。診療義務については、後述のように、その目的が、医業に関する独占的地位ないし医師と国民との一般的な公法的関係にあるとしても、個別の患者の生命・身体の保護がまったく排除されるわけではないであろう[241]。したがって、診療義務から刑法上の不作為犯の成立が根拠づ

237　これについて、平林勝政「医師に対する法的規制」加藤一郎・森嶋昭夫（編）『医療と人権』（1984年）57頁以下参照。

238　歯科医師法19条2項にも同様の規定がある。その歯科医師法19条2項違反が問題となった事案で、歯科医師による診断書の交付拒否につき、拒否に正当化事由があるとした判例がある（大阪高判昭61・1・30判タ589・108）。これにつき、河原格「歯科医師による診断書の交付拒否」医事法判例百選38頁以下参照。

239　判例として、統合失調症の患者の診察をせずに水薬を患者の叔母に渡した事案につき、一時的な措置であり、十分な説明が行われた場合には、医師法20条の禁止する行為の範囲には含まれず、不法行為上の違法性を欠くとした千葉地判平12・6・30判時1741・113がある。星野茂「無診察治療の禁止」医事法判例百選10頁以下参照。さらに、近時、問題となっているのは、テレビ電話などの情報通信機器を用いたいわゆる「遠隔医療」である。直接の対面診察ができない地域において情報通信機器を用いて診療をすることが、この医師法20条に違反しないかどうかが問われている。行政解釈では、直ちに20条に反するものではないとする（「情報通信機器を用いた診療」平成9年・健政発第1075号、一部改正＝平成15年・医政発第0331020号）。

240　判例として、最判平16・4・13刑集58・4・247．評釈として、髙山佳奈子「異状死体の届出義務」医事法判例百選8頁以下。小川佳樹「医療事故と医師の届出義務」刑事法ジャーナル3号40頁。

けられるかという問題については、さらなる議論が必要であろう。

しかし、19条や23条に違反する行為があったとき、刑罰は科せられなくとも、その義務違反の程度や頻度によっては、「医師としての品位を損するような行為」（同法7条3項）として医師免許の取り消しまたは医業の停止（同法7条1項）という行政処分を受けることがある。ここでは、医師の診療義務（応招義務）について検討しておく。

2．診療義務

「診療に従事する医師は、診察治療の求があった場合には、正当な事由がなければ、これを拒んではならない」（医師法19条1項）。この診療義務は、応招義務と呼ばれることもある[242]。診療義務という方が、この義務は、医師が診療依頼を受けたが診療契約が成立する以前である場合にも、また、診療契約が成立している場合にも妥当するので　適切だと解されている。したがって、医療契約[243]によって生じる私法上の義務とは区別される。

この診察義務の根拠は、「医業の公共性」である[244]。医師法は、医師の一般的任務として「国民の健康な生活の確保」を掲げる[245]（医師法1条）。また、医業は医師が独占している。これによって、医師に診療拒否の自由が認めることは、これらの趣旨に反することになる。これがその根拠である。この診療義務は、公法上の義務[246]であって、患者に対して負う私法上の義務では

241　中森喜彦「医師の診療引受義務違反と刑事責任」法学論叢91巻1号121頁以下参照。
242　これについては、小松・前掲『注釈特別刑法』5（医事・薬事編）47頁以下、中森・前掲法学論叢91巻1号1頁以下、金澤文雄「医師の応招義務と刑事責任」法時47巻10号36頁以下参照。この義務の沿革についても、中森・前掲法学論叢91巻1号2頁以下。旧刑法では、違警罪として「医師穏婆事故なくして急病人の招きに応ぜざる者」（427条9号）に処罰規定を設け、明治412年にこの規定は、警察犯処罰令に引き継がれ、「開業の医師産婆事故なく病者又は妊婦産婦の招きに応ぜざる者」（3条7号）として20円未満の科料に処せられるようになった。大正8年には、この規定は、医師法施行規則に移され、「開業の医師は診察治療の需ある場合に於て正当の事由なくして之を拒むことを得ず」（9条の2）として、その違反に25円以下の罰金が科せられた。
243　医療契約の法的性格については、準委任契約説、請負契約説、雇傭契約説（ドイツの通説）、無名契約説などがあるが、多数説は、準委任契約説である（野田寛『医事法』〔中・1987年〕386頁以下参照）。
244　野田寛『医事法』（上巻）110頁、金澤・法律時報47巻10号36頁以下参照。
245　医師法1条は、「医師は、医療及び保健指導を掌ることによって公衆衛生の向上及び増進に寄与し、もって国民の健康な生活を確保するものとする」と定める。

ない。したがって、個々の患者がこの規定を根拠に個別の医師に診療請求権をもつわけではないとされている。

(a) 正当化事由の行政解釈

ここで、「正当な事由」とは、行政解釈によれば「医師の不在または病気等により、事実上診療が不可能である場合」をいう（昭和30年8月1日厚生省通達）。正当化事由の存否を判断するにあたっては、①病院ないし医師側の事情（医師の病気・不在、酩酊の程度、専門外、診療中時間外、入院設備の有無、ベッドの満床、救急病院であることなど）、②患者側の事情（病状の重さ、緊急性の有無など）、さらに③地域の医療事情（近くに専門医がいるかどうか、代替的医療施設の有無など）を総合的に考慮すべきだとする[247]。行政解釈上の例示によると、診療報酬の不払いが過去に存在したこと、診療時間外であること、天候不順などは、原則として「正当化事由」には含まれない。これに含まれる例としては、自己の専門外の疾病について「診療を求められ場合には、患者が診療拒否を了承する場合には、一応正当の理由と認められるが、了承しないで診療を求めるときには、応急の措置等できるだけの範囲のことをしなければならない」とする[248]。

このような正当化事由たる事情の類型化はあくまで考慮すべき要素であって、実際には、具体的事案における医療側の事情、患者側の事情、医療環境といった事情を総合して判断されるべきとされる[249]。

(b) 判例

以下では、診療拒否に関する判例を検討し、判例が正当化事由の具体的内容につきどのような基準を用い、どのように判断しているかを見ることにするが、診療義務は、公法上の義務であり、民事上の義務を直接根拠づけるものではないと解されている。しかし、診療拒否が、不作為による不法行為を成立させる可能性は認められ[250]、その根拠としては、学説は分かれる。診

---

[246] 磯部哲「医師の行為に対する行政法的規制」宇都木伸＝塚本泰司（編）『現代医療のスペクトル』（2001年）63頁参照。

[247] 山下登「医事法制」加ราะ良夫編著『実務医事法講義』457頁参照。

[248] 昭和24年9月10日医発第752号厚生省医務局長回答。山下・前掲『実務医事法講義』457頁参照。

[249] 村山淳子「神戸診療拒否事件」医事法判例百選213頁参照。中森喜彦「医師の診療引受義務違反と刑事責任」法学論叢91巻1号1頁以下。

[250] 我妻栄『債権各論〔1〕』（1954年）19頁。加藤一郎編『注釈民法（19）』（加藤執筆）148頁。

療義務は、生命や健康といった私人の一般の利益にかかわるから、その違反は不法行為上法上の責任をも根拠づけるとする見解がある。また、債務不履行責任をも肯定できるという見解もある。さらに、医師の契約締結上の過失とする見解[251]もある。民事訴訟においては、その公法上の義務違反があれば、それが、例えば不法行為責任を根拠づける「過失」を推定させるという解釈もありうる。患者側は、診療拒否があったという事実を立証すれば、医療側が正当化事由の存在を立証しないかぎり、医療側に過失があると推定させるというのである[252]。このようにして、判例においては、診療拒否が、このように民事過失を根拠づけるかどうかが重要な論点となっている。

(i) 名古屋地判昭和58・8・19判時1104・107

本件において、原告は、死亡した患者Mの子であり、被告は、当時、当直であったが、入院を拒否した脳神経外科医であるO医師の勤務するA市民病院を経営するA市、ならびにB病院を経営する内科医Uである。

　　(事実) Mは、高熱を発し、I医師の往診を受けたところ、直ちに入院治療を受けるようにと指示された。Mの看護にあたっていた原告は、右指示を得たのち、B医院に架電して同女に対する診療を求めたが同医院の被告Uは他に往診中で、直ちに同被告による診療を受けることができず…Mの容態が次第に悪化してきたため、被告病院（A病院）に架電して同女の入院診療を依頼したところ、同病院の当直事務員Hより医師不在を理由にこれを拒否され、やむなくA市役所に電話で事情を説明し、被告病院との交渉を依頼して再度同病院に架電し、Hより「かかりつけの医師に診察してもらい、その結果をその医師より被告病院宛連絡してもらうように。」との回答を得た。そこで原告は、右Kの承諾を得た後、…MをB医院に搬送した。

　　…被告Uは…診察中の患者の診察を数分程で済ませたのち待合室において、…Mの診察に着手し（たものの）…Mが危篤状態にあり、即刻入院治療を必要とするものと判断し、原告にその旨を告げ、原告から、「被告病院との間で、…同病院が同女の入院を受付ける旨の約束ができている。」との回答を得て、看護婦に対し、電話で被告病院に連絡するように指示したが、看護婦から、Mに対する入院治療を拒否している旨告げられ、自ら右電話口に出て被告病院の

251　前田達明「医療契約について」京都大学法学部創立百周年記念論文集（3）民事法」（1999年）111頁以下。
252　加藤一郎編『注釈民法（19巻）』（加藤執筆）153頁。

当直看護婦及びHにMの入院診療を依頼した。これに対し、（A病院の）O医師は、同医師は外科医であって、当夜被告病院には内科医がいないこと、重症の入院患者がいて手不足であること等を理由に同女の入院診療を拒否した。

その後A消防署から被告Uに対しS市の公立S病院が亡Mの入院治療に応じる旨の連絡があり、B医院を出た。Mは、S病院に搬送され、直ちに点滴を施されたものの、全身状態についてはほとんど改善傾向が見られず、全身衰弱が進行し、急性心不全により死亡した。

(判旨)（O医師の責任について）医師法19条1項は「診療に従事する医師は診察治療の求めがあった場合には、正当な事由がなければこれを拒んではならない」旨規定するが、右規定における医師の義務は公法上の義務と解すべきであり、右義務違反が直ちに民法上の不法行為を構成するものと断ずることには疑問がある。仮に民法上の不法行為を構成するとしても、本件におけるO医師の右入院診療の拒否は、①（当）日の被告病院の当直医師がO医師一人であったこと、②同医師は…当直時間中に出産2名を除く4名を入院させ診療しているが、そのうち…1名は交通事故による重傷者で出血が激しく、（当時）…同患者に対する治療に追われていたこと（…）、…③脳外科の専門医である同医師としては、同女を入院診察したとしても内科医である同被告のなした右措置以上の適切な措置を採ることは困難であり、他の専門医の診療を受けさせた方が適切であると判断したものと推認されること、等の事情を考慮すると、やむを得ざる入院診療の拒否であり、前記医師法上の義務違反には該当しないものと解するのが相当である。従ってO医師についてはその余の点を判断するまでもなく不法行為は成立せず、被告A市においても不法行為責任を負うべきいわれはなく原告の主張は理由がない。

(Uの責任について) ①　…Mと被告Uとの間で、同女についての診察契約が締結されたことは原告と同被告との間で争いはない。そこで右契約が同被告において同女を診察するのみならず、治療をなすことまでをその内容とするか否かにつき判断するに、…被告Uは前記契約に基づきMに対する適宜の診療を為すべき義務があったものと認められる。

（この点、）被告UはMに対し…鎮痛剤、解熱剤、心臓循環増強剤を注射し、五度に亘り同女を診察し、かつ同女の入院先を求めて相応の努力をしたことが認められ、…S病院におけるMに対してなされた処置に照らし、…入院設備をもたぬ被告Uとしては、適切な診療行為を尽くしたものと認められる（…）。

②　…B医院においては…台風により病室が使用不能になって以来、入院治療設備を備えていない事実が認められる。従って、被告Uが原告による亡Mの入院依頼を拒否（…）したことはやむを得ないものと認められる。

　よって、被告Uにおいては、Mに対する診療義務の懈怠及び診療拒否の事実は認められず、その余の点を判断するまでもなく、原告の主張はいずれも理由がない。

　本判決においては、O医師の診療拒否については、①当直医師がO医師一人であったこと、②当時の入院患者の治療に追われていたこと、③O医師が脳外科の専門医であり、他の専門医の診療を受けさせた方が適切であったことを挙げて、診療拒否を正当化事由としている。また、U医師の診療拒否については、①五度に亘り当該患者を診察し、かつ入院先を求めて相応の努力をしたなど、適切な診療行為を尽くしたとし、また、②B病院においては入院治療設備を備えていないから診療拒否は正当であったとした。

(ii)　千葉地判昭61・7・26判時1220・118

（事実） 原告Hは、子Jが感冒気味であったので、電話帳の裏のN医院の広告を見て同医院を訪れ、Jの診療を依頼した。被告Nは、原告Hへの問診及びJの視診の結果…気管支炎か肺炎の疑いを持ち、しかも重症であると判断した。そこで被告Nは、原告Hに、自分のところで治療するより小児科の専門家がおり入院設備のある病院で治療を受けた方がよいと勧め、自分の名刺の横にK中央病院小児科外来担当医宛の紹介の文言を書いてHに渡すとともに、自らK中央病院小児科外来に電話した。被告Nが、電話に出たO看護婦に、肺炎の一歳の女児の入院をお願いしたい旨述べたところ、O看護婦は、「ちょっとお待ち下さい」と言って電話を置いてM医師に入院が可能かを聞き、同医師から小児科のベッドは満床なので入院させられない旨の返事をもらった。被告Nは、O看護婦から入院承諾の返事をもらう前にKS消防署にJの搬送を依頼し（ていたので）…同署の救急車は…Jを乗せて…同医院を出発した。

　Jを乗せた救急車がN医院を出発した直後に、KS消防署指令室よりK中央病院外来にJの収容の確認の電話がなされたが、電話に出たT看護婦は、H医師の指示で小児科の病棟に電話をしてベッドが満床であることを確認し、H医師に入院を断るように言われて、その旨を同署指令室に伝えた。

　他方、Jを乗せた救急車は、…K中央病院に到着したとき、同病院にJの入院を断られた。…その後同署指令室は、KS消防署管内の各病院に電話で当た

ったが…入院可能な病院は見つからなかったので、KS消防署長自らK中央病院に電話して、Jの入院を依頼したが、同病院はこれを断った。そこで同署指令室は、同署管外へのJの搬送もやむを得ないと考え、…国立C病院へJの収容を依頼するが断られ、C消防署及びT消防署に依頼して入院設備のある小児科の病院を捜してもらったが容易に収容先は見つからなかった。

右救急車は、その後、C市内のNJ小児科医院がJの入院を引受けてくれるとの確認を得たので、同病院に向かい、HJ小児科医院に到着した。この時点でのJの病態は、呼吸困難、喘鳴、発熱…（など）が認められ、全身状態はぐったりしており、NJ医師によって補液、酸素投与、抗生物質、強心剤の投与がなされたが、呼吸循環不全症状は改善されず、死亡した。

（判旨）（医師法19条1項の正当事由について） 医師法19条1項における診療拒否が認められる「正当な事由」とは、原則として医師の不在または病気等により事実上診療が不可能である場合を指すが、診療を求める患者の病状、診療を求められた医師または病院の人的・物的能力、代替医療施設の存否等の具体的事情によっては、ベッド満床も右正当事由にあたると解せられる。

「…Jのような気管支肺炎の診察治療には、検査としてレントゲン写真、心電図、血液検査、喀痰及び鼻・咽頭よりの細菌培養動脈血中の酸素・炭酸ガス分圧、酸塩基平衡等が必要で、治療として酸素投与、保温、適切な輸液、抗生物質、強心剤、気管支拡張剤等の投与が必要であることが認められ、このような診療をするにはベッドや点滴装置等の設備が不可欠であると考えられるところ、…原告HらがJの診療を求めていた…間、K中央病院小児科にはベッドが一般病棟に38床、小児外科病棟に6床あったものの、いずれにも入院患者がおり、他の診療科にもベッドを借りている状態であったことが認められる」。

しかしながら、…①同日午前中のK中央病院小児科の担当医は3名おり、右時間帯は外来患者の受付中であったこと、②K市、KS市、S町には小児科の専門医がいてしかも小児科の入院設備のある病院は、K中央病院以外になかったこと、③H医師は、Jを救急車内で診察した際、直ちに処置が必要だと判断し、同時にK中央病院がJの診療を拒否すれば、C市もしくはそれ以北、C県南部ではI郡まで行かないと収容先が見つからないことを認識していたこと、④同病院の小児外科の病棟のベッド数は、現在は6床であるが、以前は同じ病室に12、3床のベッドを入れて使用していたこと、以上の事実が認められる。…少くとも300床を超える入院設備を有する同病院には可能であったといえる。よって右の事情の下ではK中央病院のベッド満床を理由とする診療拒

否には、医師法19条1項にいう正当事由がないと言うべきである。従ってK中央病院の診療拒否は、民事上の過失がある場合にあたると解すべきである。

本判決では、上記のように、四つの事由を検討し、診療拒否は、民事上の過失がある場合に当たるとする。

(iii)　神戸地判平4・6・30判タ802・196（神戸診療拒否事件）

(事実) Xは…普通乗用車を運転し、…本件事故現場にさしかかったところ、折から反対車線を走行して来た普通乗用自動車と正面衝突し、Xにおいて両側肺挫傷・右気管支（中間幹）断裂の傷害を受けた。

本件管制室（K市消防局管制室）が…本件交通事故が発生した旨の連絡を受け、K市S消防署I出張所に対しその所属する救急車の出動を指令し、本件救急車が本件事故現場に到着し…、同救急車がS日赤病院の玄関口までXを搬送し、同病院医師がXを同救急車内で診察したうえ同人を〔死亡する危険性が高い〕第3次救急患者と診断し、同病院では同人を受入れられないと述べ…、救急隊員が…本件管制室に対しXが第3次救急患者であることを告げ、被告病院への連絡を依頼し…、本件管制室が…同病院に対し第3次救急患者の受入れが可能か否かを問い合せた（本件連絡）…〔ところ〕、同病院には当時少くとも11名の当直医師がいた…、同病院の本件受付担当者が本件夜間救急担当医師（…）の指示を受け、本件管制室の本件連絡に対し「今日は整形も脳外科もない、遠いし、こちらでは取れません。」等応答した…。

本件管制室が本件事故当日その直後K医学部付属病院にXの受入れ方を要請したが、同病院の応答は手術中のため受入れられないというものであった…、そこで、本件管制室が…N病院に連絡したところ受入れる旨の回答があったので、本件救急車がXを同病院に搬送し、同人が…同病院に収容された…。同病院で開胸手術が行われたが、Xは、翌日午前…、前記受傷に起因する呼吸不全により死亡した。

(判旨) まず、「病院所属の医師が診察拒否をした場合、右診療拒否は当該病院の診療拒否となり、右一応推定される過失も右病院の過失になると解するのが相当である。蓋し、右診療拒否は、当該病院における組織活動全体の問題であり、ここで問題にされる過失は、いわば組織上の過失だからである」。

「…応招義務は患者保護の側面をも有すると解されるから、医師が診療を拒否して患者に損害を与えた場合には、当該医師に過失があるという一応の推定がなされ、同医師において同診療拒否を正当ならしめる事由の存在、すなわ

ち、この正当事由に該当する具体的事実を主張・立証しないかぎり、同医師は患者の被った損害を賠償すべき責任を負う…」。

そこで、被告病院主張の右診察拒否を正当ならしめる事由の存否について判断する。

① 「いかにK市内における救急医療体制が当時整備充実されていたとはいえ、右医療体制内において第3次救急医療機関である被告病院がK市内における第1次、第2次救急医療機関の存在をもって本件診療拒否の正当理由とすることは、できないというべきである」。

「確かに、N病院、H大学付属病院が、被告病院に匹敵する第3次救急医療機関としての機能を持って存在することは、前記認定のとおりである。

しかしながら、右二病院とS日赤病院との距離関係、特にS日赤病院から右二病院に至る高速道路も交通渋滞し勝ちであること（…）、それに前記認定のXの本件受傷内容、同人が第3次救急患者であったことを合せ考えると、同人のN病院、H大学付属病院への搬送は次善（…）というべく、したがって、本件においては、N病院、H大学付属病院の存在も、右説示を左右するに至らない」。

② 次に、被告病院における救急体制及び本件夜間救急における具体的状況により正当化事由とされうるかについては、次のようにいう。

「被告は、…右夜間救急担当医師が診察中であったから本件診療拒否には正当理由がある旨の主張をする。

確かに、医師が診療中であること、特に当該医師が手術中であることは、診療拒否を正当ならしめる事由の一つになり得ると解される。

しかしながら、本件では、被告において、本件夜間救急担当の前記医師11名が本件連絡時具体的にいかなる診療に従事していたのか、特に、Xの本件受傷と密接に関連する診療科目である外科の専門医師（同医師が当時被告病院に在院していたことは、前記認定から明らかである。）は当時いかなる診療に従事していたのか、本件受付担当者が本件連絡を受理しこれを伝えた医師はどの診療科目担当の医師で、同医師は当時いかなる診療に従事していたのか（…）等について、具体的な主張・立証をしない。

右各事実についての具体的な主張・立証がない以上、前記認定のみでは、未だ被告病院の本件診療拒否を正当ならしめる事由（医師が診療中）の存在を肯認するに至らない」。

「右病院では、本件連絡時脳外科及び整形外科の両専門医師が宅直で在院し

なかったにもかかわらず、なおXを現実に受入れても同人に対し施すべき医療は人的にも物的にも可能であった、それにもかかわらず、同病院は右両専門医師の不在を理由に本件診療拒否をした…」。

本判決[253]では、(a)第3次救急医療機関の機能をもつ被告病院が、被告病院に匹敵する第3次救急医療機関としての機能をもつ他の二つの病院が市内に存在しても、それによって診療拒否は正当化されない。(b)医師が診療中であることは、診療拒否の正当化事由にはなりうるが、その当時具体的に医師達がどのような診療に従事していたのかなど具体的な立証がないと、正当化事由とはならないのであって、本件では、本件患者を現実に受入れても同人に対し施すべき医療は人的にも物的にも可能であったとして、正当化されないとした。

(c) 診療拒否の刑法上の意義

診療義務違反には、罰則が設けられていないから、診療拒否そのものが処罰の対象となることはない。しかし、診療拒否が原因となって、死傷の結果が発生した場合に、死傷の結果が予見可能な場合には、業務上過失致死傷罪（刑法211条1項）が成立する可能性がある。さらに未必の故意があったとき、それぞれ不作為による殺人罪（199条）ないし傷害罪（204条）の成立可能性もありうる。また、医師が診療拒否することにより、もし医師が保護責任者という身分をもつとすれば、保護責任者遺棄罪（218条）ないしその致死傷罪（219条）が成立しうる。一般的には、診療義務違反があったときに、殺人罪、過失致死傷罪、遺棄罪等の不真正不作為犯も成立するという説は、むしろ少数説[254]であり、通説は、医師が当該患者の診療を、契約上ないし事実上引き受けていなければ、不作為犯における保障人的地位に立たず、作為義務が発生しないと解している[255]。

業務上過失致死傷罪の成立については、診療しなかったという不作為が過失の実行行為となる不作為犯の事例であるから、診療拒否した医師が、不真正不作為犯の成立要件である保障人的地位にあるといえるかがまず問題とな

---

253 評釈として、村山淳子・医事法判例百選212頁以下。
254 宮本英脩『刑法学粋』(1931年) 208頁、木村亀二「不作為犯における作為義務」木村『刑法解釈の諸問題』(第1巻・1938年) 263頁以下。
255 中森・前掲法学論叢91巻1号25頁、金澤・法律時報47巻10号39頁以下。

る。これについては、診療義務が肯定されることによって保障人的地位に立つことが徴表されることになると思われる。もとより、診療拒否に正当化事由があった場合には、保障人的地位には立たない。また、診療拒否にあたるとしても、患者の生命・身体に具体的な危険が迫っていなければ、具体的な作為義務は発生しない。したがって、診療拒否（診療義務違反）があって、患者が死傷したという結果があれば、保障人的地位に立つというのではなく、診療義務違反が、不作為犯における作為義務を根拠づけるものでなければならない。理論的には、その診療義務違反が、死傷の結果の発生に至る危険創出といえるものである必要がある。したがって、医師が、患者からの往診の依頼の段階ですでに診療を断る場合と、いったん診療の引受けがあり、患者が医師のもとにいる場合に実際に診療を行わない場合とは区別されうる[256]。後者の場合には、保障人的地位の肯定に結び付く可能性が大きい。

　業務上過失致死傷罪の成立には、もちろん、過失犯としての「注意義務違反」ないし危険創出行為の結果に対する客観的帰属連関の存在も必要である。結果の予見可能性・回避可能性の要件を充たすことが要求される。

　診療拒否する医師に、故意があり、上の要件を充たす場合には、殺人罪が成立する余地もないわけではない。しかし、よほど特殊な事情がない限り、故意の不作為による殺人を認めることは困難であろう。

　保護責任者遺棄罪の成否については、「遺棄」行為は、不作為によって行うこともできる[257]。問題は、医師が保障人的地位に立つかである。医師の身分があり、救助を求められた医師が診療を拒否したときには、「保護責任者」の身分を獲得するというわけではない。むしろ、医師が保護責任者となるには、患者の生命や身体の保護を「引き受け」、患者が自己の支配内においたこと、あるいは、医師がいったん診療を引受けながら、放置したといった先行行為が必要である。

---

[256] 中森・前掲法学論叢91巻1号1頁参照。
[257] この規定を真正不作為犯の規定であると解する見解につき、山中『刑法各論』（第2版・2009年）97頁以下参照。

第 2 章

患者の同意

はじめに

　本章では、医療侵襲における患者の同意の意義について考察する。患者の同意は、被害者の同意の一種であるが、それは、一般に、法益保護の放棄を意味する[1]。患者がその身体の完全性ないし生理的機能という法益[2]を法的に保護されることを放棄した場合、医師の、患者の身体に対する医療侵襲は、傷害構成要件にあたらず、あるいは構成要件に該当しても正当化されることがありうる。

　しかし、患者の同意があれば、身体への侵襲がすべて構成要件該当性を阻却し、または、正当化されるのではなく、その侵襲が医学的適応を有し、医術的正当性をもつことが必要とされる。また、一般に重大な侵害に対する被害者の同意は、直ちに完全に有効とはいい難い。

　ここでは、まず、同意の意義を論じ、次に、患者の同意が傷害構成要件該当性を阻却する効果をもつのか、構成要件に該当した行為を正当化する機能をもつのかについて詳しく論じ、その際の患者の同意の要件とその限界を考察する。そこでは、患者の同意の主観的・客観的限界の問題、すなわち、同意の有効性の範囲の問題を論じる。ただし、患者の同意の有効要件であるその前提としての「医師の説明義務」については、第3章において論じる。続いて、患者の同意能力について考察し、さらに、同意において患者の意思に錯誤があった場合等の意思の欠缺の効果について考察する。最後に、患者の意思と医学的適応や医術的正当性とが矛盾する場合、つまり、善行原則や無危害原則と自律性尊重原則が衝突する場合に具体的にどちらを優先させるかについての考え方について考察し、医療の目的と患者の自己決定権の関係の問題に取り組む。

1　山中敬一『刑法総論』(第2版・2008年) 199頁参照。
2　山中敬一『刑法各論』(第2版・2009年) 38頁以下参照。

1. 医療における患者の同意の意義

1. 刑法における「同意」の意義

　医事刑法における患者の同意の意義を考察する前に、まず、刑法における同意の意義について従来展開された基本的な考え方について考察を加えておこう。

　刑法における同意の法的性質をめぐる議論は、基本的に民法におけるその議論をその出発の前提としている。従来展開された議論をまとめると、①法律行為説、②法律行為類似説、③事実行為説、④意思方向説があり、現在は、事実行為説が通説である[3]。

　法律行為説 は、民法における法律行為が法律効果を生じる前提としての行為と捉え、それには、民法の代理規定（ドイツ民法164条以下）や法律行為能力規定[4]（ドイツ民法104条）の直接適用がある。同意を法律行為上の意思表示とする見解は、すでに20世紀初頭のツィテルマン[5]によって唱えられ、そこでは、同意者は、同意の意思表示の相手方に権利を許容するものとされたが、この見解は、フランクによって採用された[6]ほかは、刑法では支持されなかった[7]。ドイツ民法では、1950年代末まで、この法律行為説ないし意思表示説が判例においても通説であり、代理規定などが直接適用されるとされていたが、現在では、必ずしも、民法上の法律行為に関する代理規定などの適用はないとされ、むしろ、法律行為規範は自己決定権の実現に役立つという同

　3　これについては、とくに、vgl. *Christian Knauf*, Mutmaßliche Einwilligung und Stellvertretung bei ärztlichen Eingriffen an Einwilligungsunfähigen, 2005, S. 15 ff.
　4　ドイツ民法104条は、「法律行為無能力であるのは、①7歳に満たない者、②自由な意思決定を阻却する状態にある精神活動を病的に障害された者であって、その状態が、その性質上暫定的ではない者である」と規定する。
　5　*Ernst Zitelmann*, Ausschluß der Widerrechtlichkeit, AcP 99 (1906), S. 48 ff.
　6　*Reinhard Frank*, Das Strafgesetzbuch für das Deutsches Reich, 11.-14. Aufl., 1914, S. 109.
　7　Vgl. *Knauf*, a. a. O., S. 16.

意の機能にもとづき、その目的合理性と目的論的制限につき再検討されるべきだとされている。

次に、**法律行為類似説**は、意思表示説とは異なり、事実上の結果に向けられた意思表示とする。それは、法律行為説に類似しているので、法律行為規定が原則的に類推適用される。連邦裁判所[8]は、この見解に従い、次のようにいう。「身体の完全性に対する侵襲に対する同意にあっては、民法183条の意味における同意、つまり、法律行為に対する同意、ないし法律行為的意思表示が問題ではなく、許可者の権利圏に侵襲する事実上の行為の実行が問題なのである…。したがって、法律行為に関する民法107条の規定は、医師の侵襲に対する同意に直接には適用されるべきではない」。人間の身体は、物と同様に処分できるものではいというのが、その直接適用否定の背景にある見解である[9]。

そこで、**事実行為説**(Realaktstheorie) ないし **意思表示説**(Willensbekundungstheorie) が唱えられ、同意をたんなる権利放棄であるとみなす。それには、法律行為に関する規定は原則的に適用できない。これは、事実上の結果に向けられた意思活動であって、法律行為とは関係しない。これが刑法における同意の法的性格に関する通説である。この見解は、意思表示を必要とする点で、それを要しないとする**意思方向説**に対立する。

これらの見解のうち、同意者が、その意思を外部に表明することを要し、それは法律行為とは異なる事実的結果を目指すものであるとする事実行為説が妥当である。それは、同意者の法的保護の放棄の意思の表明である。

2．傷害罪における患者の同意の効果

(1) 法益保護の放棄による犯罪成立阻却

医的侵襲は、人の生理的機能を障害する行為であり、それが重大な身体の傷害を生じさせる場合には、原則として傷害罪の構成要件に該当する行為である。しかし、それが医療行為としての要件の枠内で行われるとき、傷害罪

---

[8] BGHZ 29, 33. 本判決では、「その身体の不可侵性（手術）に対する未成年者の同意は、その未成年者がその精神的・道義的成熟によってその侵襲と許可の意義と射程を判断できるとき、法的に有効である」という。Vgl. *Knauf*, a. a. O., S. 17.

[9] Vgl. *Knauf*, a. a. O., S. 18.

の違法性が阻却される。その違法阻却ないし正当化の事由は、医師の説明に基づく患者の同意を前提とする医学的適応と医術的正当性を備える行為であることにある[10]。医療侵襲に対する患者の同意は、身体の完全性ないし身体の生理的機能という法益の法的保護を放棄するという意思表示である。このように被害者の同意は、原則的に法益主体による法益の法的保護の放棄を意味する。法益主体による法益の法的保護の放棄は、それが完全に有効であれば、構成要件が最終的に目指すべき法益が存在しない場合と同様なのであるから、構成要件該当性を阻却する。

(2) 構成要件的行為の文言解釈による区別？

もとより、被害者の同意の存在によって「構成要件的行為」の解釈が異なってくる場合もあるが、それが理由で構成要件該当性が否定されるとみるのは同意の本質を見間違えている[11]。例えば、住居侵入罪において、居住者の同意があれば、「侵入」と言わないから、構成要件該当性がなくなるというのは、一見、分かりやすいが、同意の本質を衝いていないと思われる。すなわち、それは、被害者の同意が行為者にも知られ、行為者が同意の存在を知りながら住居に立ち入るという通常の場合のみを想定しているにすぎないのである[12]。もし、被害者の同意を行為者が知らない場合を前提にすれば、家人が行為者には告げずに行為が夜中に窓から侵入することに同意していたとすれば、その「立ち入り」を客観的に見て「侵入」と呼ぶことが排除されるわけではない[13]。また、店主が同意をしていることを知らない行為者が、個

---

10 山中敬一・前掲刑法総論206頁参照。基本的には、それらの要件を充たしたとき、医師の治療行為が正当業務行為（刑法35条）に当たることを根拠とする。
11 佐藤陽子『被害者の承諾―各論的考察による再構成―』（2011年）23頁以下は、三元説と称し、「行為態様にかかる合意」を一つの同意の類型とするが、以下の本文に記述するように、これは、被害者の同意の独立の類型ではない。あくまで、法益保護の放棄の一つの付随的効果にすぎない。
12 その意味では、日本語の「合意」とは、両者の意思が一致することを前提とするから、それが一致しない場合を想定していないとも言えよう。しかし、ドイツ誤のEinverständnisにそのような意味はない。ドイツでは、合意（被害者の承諾）がないのにあると誤信した場合に、ただちにEinverständnisがなくなるのではなく、故意が阻却されるという。日本語で合意という場合には、一方の承諾がなければもちろん「合意」はない。これについては、詳しくは後述のところを参照。
13 この場合、ドイツの同意論では、住居侵入や窃盗の未遂が成立するとされる。このことは、それが「侵入」行為や「窃取」行為にあたるということを前提としている（ロクシン〔平野龍一監修〕『刑法総論』〔第1巻第1分冊〕587頁参照）。佐藤・前掲書24頁その他では、住居侵入

人商店から商品を万引きする行為が、「窃取」であり続けることをはじめから排除することはできない。したがって、行為態様につき、同意によって「侵入」や「窃取」が否定されるのは、行為者が被害者の同意を知っている場合を原則的に想定したものであり、被害者の同意のすべてを包括して説明されるわけではない。

(3) 同意による法益保護の放棄か正当化事情の一要素か

このようにして、被害者の同意の意義は、それが完全に有効である限りやはり法益の法的保護の放棄であるということができる。医療侵襲に対する患者の同意については、傷害罪に対する同意の意義が問題となり、傷害罪については、患者の同意が身体の完全性の毀損や生理的機能の障害であることを否定することにならないのであるから、それを構成要件上の行為態様の変化を意味すると解する見解[14]は意味を持ち得ない。このようにして、治療目的や手術の医学的適応・医術的正当性などの要件がなくても同意が真意かつ任意であるかぎりで、同意があることによって傷害の構成要件該当性が阻却されるのは、法的に保護されるべき法益が放棄されたからだと説明されることになる。医療侵襲については、患者の同意が、例えば、身体に回復不可能な痕跡を残すことのない軽微な医的侵襲の場合のように、それだけで医師の医的侵襲の傷害罪の構成要件該当性を阻却する場合がそうである。しかし、医的侵襲が身体に対する不可逆的で「重大な傷害」を与える場合には、法益の法的保護の完全な放棄は効果をもたず、構成要件該当性は肯定されたうえで、正当化事由としての患者の同意が問題となり、その際、同意によって違法性は減少するが、正当化のためにはその他の医学的適応や医術的正当性などの要件を充足することも必要となる。

(4) 傷害の程度による同意の効果の区別

本章において以下で展開する患者の同意のある医療行為に対する傷害構成要件と正当化に関する見取り図を予め示しておくと、次のようになる。第1

や窃盗の場合の被害者の承諾は、「行為態様に係る合意」と表現されているので、行為者が、被害者の同意を知らない場合には、相互の「合意」があるとは言わないのだから、このような場合は初めから想定されていないのかもしれない。

14 佐藤・前掲書24頁。

に、医療行為によって「重大でない傷害」を加えるにすぎない場合には、患者の有効な同意によって、法益保護の放棄が有効であり、すでに傷害の構成要件該当性が否定される。第2に、当該医療侵襲が「重大な傷害」をもたらす場合には、患者の同意のみでは傷害の構成要件該当性を阻却しない。なぜなら、重大な傷害については、同意は完全な正当化力をもたないで、利益衡量の一要素となり、他の要素と相まって初めて正当化力をもつからである。したがって、正当化原理としての「利益衡量」によって、正当化される必要があるが、その要件は、患者の同意に加えて医学的適応と医術的正当性があることである。第3に、「生命に危険のある重大な身体傷害」に対する同意は、それだけでは、生命を保護する犯罪の正当化効果をもたらさない。殺人に対する同意は、わが国刑法のもとでは、殺人構成要件（199条）該当性から同意殺構成要件（202条）該当性へと変化するのみであって、その行為が完全に正当化されるわけではないが、このように正当化機能を持たないのは、（業務上）過失致死罪（210条、211条）でも同じである。したがって、死亡の結果・危険への同意は、該当する構成要件の変更をもたらすにすぎない。例えば、重大な傷害に当たり得る患部の摘出手術が、患者の同意と医学的適応と医術的正当性をもって行われたため、傷害を正当化するのであれば、たとえ患者が死亡した場合でも、傷害致死罪（205条）は否定され、結果との客観的帰属等が否定されないなら、業務上過失致死罪（211条）が成立することになる。これについては、後に詳論する。

3．患者の権利ないし自己決定権の行使としての「同意」

(1) 医療の主体としての患者

　従来、医療とは、医師が患者に施すべきものであり、いわば患者は医療の客体であったが、わが国でも、個人の尊厳を強調する憲法のもとでは、患者は個人としての幸福追求権（憲法13条）をもち、自分自身の生命・身体については自分自身が任意に決定するという考え方が普及・定着し、医療も、患者が治療を受けるかどうか、どのような治療を受けるかを自ら主体的に決定するという新しい医療思想の影響を受け始め[15]、医療における患者の自己決定権が自覚され始めた。これによって、患者の同意なしに医的侵襲を行う

「専断的治療行為」は、それが医学的適応と医術的正当性をもつものであったとしても、自己決定権に反し正当化されないと考えられるようになったのである。

(2) 判例における説明に基づく同意の確立

わが国の民事法において、患者の承諾と医師の説明について論じられ始めたのは、昭和40年代以降のことである[16]が、民事判例においても、医師の説明にもとづく患者の同意が重要な意味をもつことが自覚されたのは、昭和46年のいわゆる**「乳腺症手術事件」判決**[17]においてである。ある映画女優が右乳房の乳腺癌の摘出に同意したが、その手術中に左乳房も将来癌になるおそれがあるとして、医師が患者の同意を得ずに左の乳房も皮膚と乳首を残して摘出した事案につき、「医師が行なう手術は、…原則として、患者（…）の治療の申込とは別の手術の実施についての承諾を得たうえで行なうことを要すると解すべきであり、承諾を得ないでなされた手術は患者の身体に対する違法な侵害であるといわなければならない。…少くとも、たとえば、四肢の一部を切断する手術のような、身体の機能上または外観上極めて重大な結果を生ずる手術を実施するにあたっては、患者の治療の申込においてそのような重大な手術に関する承諾までが常に同時になされているものとは到底いえないから、患者の生命の危険がさしせまっていて承諾を求める時間的余裕のない場合等の特別の事情がある場合を除いては、医師はその手術につき患者が承諾するかどうかを確認すべきであり、これをしないで手術を実施したときは、当該手術は患者の身体に対する違法な侵害であるとのそしりを免れることができないというべきである」と判示した。さらに、「患者の承諾を求

15　刑法における治療と自己決定権については、町野朔『患者の自己決定権と法』（1986年）62頁以下、岡西賢治「治療行為における自己決定権」日本大学大学院法学研究年報17号（1987年）71頁以下、武藤眞朗「治療行為と傷害の構成要件該当性—専断的治療行為と患者の自己決定権に関する研究の予備作業—」早稲田大学法研論集54号（1990年）243頁以下参照。

16　唄孝一「治療における患者の承諾と医師の説明—西ドイツにおける判例・学説—」契約法体系Ⅶ補巻」（1965年）：同『医事法学への歩み』（1970年）3頁以下所収。なお、新美育文「医師と患者の関係—説明と同意の法的側面—」名古屋大学法政論集64号（1975年）67頁、65号182頁、66号（1976年）149頁。

17　東京地判昭46・5・19下民集22・5＝6・626。評釈として、新美育文「承諾なき乳腺摘出手術」医事判例百選（1976年）82頁以下。宇都木伸・木原章子「承諾なき乳腺全摘手術」医事法判例百選（2006年）117頁参照。手術の拡大との関係で、本判決には後にもう一度言及する。なお、岡西・前掲日本大学大学院法学研究年報17号（1987年）72頁以下参照。

めるにあたっては、その前提として、病状および手術の必要性に関する医師の説明が必要であること勿論であるが、本件のように手術の要否についての見解が分れている場合には、手術を受けるか否かについての患者の意思が一そう尊重されるべきであるから、医師は、右のような事情を患者に十分説明したうえでその承諾を得て手術をなすべきであったと解するのが相当である」として、患者の承諾には医師の説明が前提とされるとしている。

これに続いて、昭和48年の**「舌癌手術事件」**[18]では、医師は、病名を伏せて舌の切除を勧め、患者が同意しないばかりか、それを拒否したにもかかわらず、「被告Sは、原告の意思に反しあえてその手術を行なったのであって、それは、医療行為の方法ではあっても違法行為である。仮りに百歩譲って、被告らが原告の家族（妻と娘）にその病名を告知して手術の承諾を得たとしても、患者である原告本人の意思に反している以上、手術が違法であることに変わりはない」とした。

これらの民事判例は、医学的適応と医術的正当性は否定できないが医師の説明にもとづく患者の同意がない場合には、明らかにその医的侵襲は違法であるとして、不法行為責任を認めたのである。これらの判決以降、医師の説明を前提とする患者の自己決定権が、医的侵襲の正当化の不可欠の要件であることが判例・学説に浸透していき[19]、それは、刑事法の分野にまで及んだのである。

(3) 医療における患者の権利法への動き

この医療における患者の自己決定権の尊重の背景には、わが国においても1970年代から医療における「患者の権利」という考え方[20]が唱えられ、確立

---

18 秋田地大曲支判昭48・3・27判時718・98。評釈として、松倉豊治『医学と法律の間』（1977年）180頁以下、稲垣喬「患者の拒否が明らかであるのになされた舌癌病巣部の舌右半側切除手術が違法であるとして損害賠償が認められた事例—癌の手術をめぐる説明と承諾—」判例時報734号143頁。後者の評釈ではいくつかの点で、判旨に疑問を呈する。

19 松倉・前掲『医学と法律の間』180頁以下では、「医学上の合理性」と「法律上の合理性」の対立と捉えられている（193頁以下）。しかし、現在では、「医学上の合理性」は、十分な説明を尽くしてはじめて得られるのであり、医術的正当性があっても、それだけでは、医的侵襲に及んではならないという医学上の倫理を踏まえてその「合理性」も判断されるべきというべきであろう。

20 この概念は、1970年代にアメリカで生まれたとされている。これについて、樋口範雄「医療へのアクセスとアメリカの医療保険改革法の成立」岩田太（編著）『患者の権利と医療の安全』（2011年）101頁以下参照。ドイツ・ヨーロッパにおける患者の権利保護立法については、すで

していったことがある[21]。1983年から「患者の権利宣言」の起草の着手が、医療問題弁護団によって行われ、その後、全国に広がり、1984年10月に「患者の権利宣言案」に結実した経緯がある。1991年10月には、「患者の権利法」の制定を目指す「患者の権利法をつくる会」が結成され、7月には「患者の諸権利を定める法律要綱案」が発表された[22]。これは、1993年には、当時の厚生省が、「インフォームド・コンセントの在り方に関する検討会」を設立すること、そしてその報告書をとりまとめることにつながった。その間、国際的な動きとしては、1994年にアムステルダムにおいて患者の権利に関するヨーロッパ会議により「ヨーロッパにおける患者の権利の促進に関する宣言」[23]が発表され、1995年のインドネシア・バリ島における第47回世界医師会総会で、修正された「患者の権利に関する世界医師会リスボン宣言」が採択された[24]。1997年7月には当時の厚生省に「カルテ等の診療情報の活用に関する検討会」が設置された。2000年1月には、日本医師会は、「診療情報の提供に関する指針」を施行するに至った。2002年7月には、厚生労働省は、「診察に関する情報提供の在り方に関する検討会」を発足させたが、診療情報提供に関する法制化には医療者側の強い反発が見られた。2009年の衆議院議員選挙、2010年の参議院議員選挙においては、政党の中に「患者の権利基本法」ないし「医療基本法」の制定を明記するもの(社民党・公明党・共産党)が現れ、市民運動から国政における政党の政策として取り上げられる段階に至っている[25]。

に第1章で論じた(32頁以下)。
21 患者の権利に関して加藤一郎・森島昭夫(編)『医療と人権』(1984年)の「はしがき」(ii頁)では、「わが国では、残念なことに、まだそのような観念は、少なくとも医学界においては一般に受けいれられていない」とされている。なお、患者の権利宣言について、加藤良夫「患者の人権―医療へのアクセス権を中心として―」ジュリスト総合特集「医療と人権」166頁以下、168頁も参照。
22 このような患者の権利法制定の動きについては、土屋裕子「患者の権利と法の役割」岩田太(編)前掲書27頁以下、佐藤恵子「似て非なる『日本式インフォムド・コンセント』を超えるために」岩田(編)前掲書70頁以下、とくに80頁以下参照。
23 この宣言の邦訳は、石崎泰雄『患者の意思決定権』(2008年)223頁以下に収録されている。
24 邦訳として、石崎・前掲書219頁以下(その採択に際し、日本医師会は、棄権した〔石崎・前掲書191頁〕)。
25 土屋・前掲書44頁参照。

(4) 患者の医療への参加

このように、自己の身体の医的侵襲行為に対する正当化事由としての患者の同意を考察するにあたっても、**患者の自律性**（Patientenautonomie）ないしその自己決定権がその判断の基本である[26]が、最近では、このような医療における患者の自己決定権ないし自律権の思想から、患者が医療そのものを共同決定していくものであるという思想の展開につながっている。ドイツでは、患者の自己決定権は、治療に関する患者の側の「共同決定権」（Mitbestimmungsrecht）として捉えられ[27]、「**個人化された医療**」（personalisierte Medizin）ないし「医療の個人化」（Individualisierung von Medizin）が強調されるようになっているのである[28]。21世紀においては、医療の任務は、「現代医学の科学的観認識と実証された手続方法を、その価値を個人的な患者に移転させるにあたって完全に維持するように利用することにある」[29]。そして、「個人化された医療は、一般的なものと個人的なものとを具体的な患者の最善の幸福のために全く新たに結合させることを目指す」のである。

このようにして、個人化された医療を実現し、医療の進歩につながる医療の多様性を保障するには、患者の自己決定権を基礎とする患者の同意の問題の解明が、医事刑法のますます重要な課題となっている。かくして、現代医学においては、医療における患者の同意は、「個人化された医療」実現の基本的条件である。したがって、刑法上の医療行為の正当化を論じる際にも、患者の同意は、患者の医療に対する共同決定権を保障する重要な意味をもち、患者の医師に反する医療は、傷害罪を構成する可能性すらあるのである[30]。

---

26 人間その尊厳に関する宣言から、患者の自律性の原則を導き出し、それを論証するものとして、vgl. *Joerden*, Das Versprechen der Menschenwürde ― Konsequenzen für das Medizinrecht, ZiF (Zentrum für interdisziplinäre Forschung, Universität Bielefeld) 2010, Nr. 3, S. 10 ff., 16.

27 既に1984年に起草された「患者の権利宣言（案）」が、患者の主体性の確立を目指し、「与えられる医療から参加する医療へ」のキャッチフレーズが運動の目的を現している（これについて、加藤良夫「患者の人権―医療への患者のアクセス権を中心として―」ジュリスト増刊総合特集「日本の医療―これから」(1986年) 170頁参照）。

28 Vgl. *Duttge*, Rechtliche Problemfelder einer „Personalisierten Medizin", Wolfgang Niederlag/Heinz U. Lemke/Otto Rienhoff (Hrsg.), Personalisierte Medizin & Informationstechnichnologie, Health Academy 15, 2010, 251 ff.; *Eberbach*, Juristische Aspekte einer individualisierten Medizin, MedR 2011, S. 757 ff.

29 *Duttge*, a. a. O., S. 251 f.

4．同意の要件と正当化の制限

　患者の同意が、医療行為を正当化するためには、その同意は、有効なものでなければならないことはいうまでもない。同意の有効要件は、それが、患者の自由な意思に基づく法益保護の放棄であることである。したがって、基本的要件としては、患者が、「同意能力」をもつことが必要であり、また、意思の自由が排除されておらず、重要な錯誤がないことが、一般の同意論と同様にその要件である。しかし、医的侵襲にあっては、それに加えるに、事前の医師の説明が要求され、十分な説明にもとづく同意が与えられることが、正当化の前提である。なぜなら、患者の自己決定権を実現するには、その医的侵襲の意義、程度、効果、危険性、副次効果、代替治療方法の存在等に関する患者の正しい認識がなければならず、それは、医療に対する医師と患者の知識水準の差から、意思自由を保障するための実質的基盤を確保する必要があるからである。

　しかし、正当化事由の重要な原理は、利益衡量原理における優越的利益原則にある[31]から、当該医的侵襲が正当化されるには、軽微な傷害を除いて、患者の同意のほかに、その医的侵襲に優越的な利益が認められなければならない[32]。その優越的利益の判断要素には、医学的適応性や医術的正当性のほか、治療目的も必要であるとする見解[33]もある。これは、第1に、患者の同

30　もちろん、逆に、刑事処罰の限界が常に意識されなければならず、医師の処罰と患者の自己決定権の実現との調和を図る必要がある。

31　ここで、正当化の基本原理を目的説ないし社会相当性に求める見解をとれば、治療行為も基本的に社会相当性を有するから正当化されることになる。大塚仁『刑法概説』（総論）（第4版・2008年）423頁以下〔目的説を基本に利益衡量説を加味する〕、福田平『刑法総論』（第4版・2004年）149頁、175頁、大谷實『刑法講義総論』（新版第4版・2012年）242頁、259頁以下〔治療行為につき構成要件阻却説をとる〕、川端博『刑法総論講義』（第3版・2013年）308頁、330頁（大塚説と同様）。なお、治療行為について考察したものの中でこの立場に立つものとしては、青木清相・武田茂樹「医療行為の適法性について―その序論的考察―」日本法学48巻3号143頁、小林公夫『治療行為の正当化原理』（2007年）127頁以下。

32　医的侵襲における患者の同意の体系的地位につき、軽微な傷害にあたる場合と重大な傷害にあたる場合とを分け、前者は構成要件該当性の問題、後者は正当化事由の問題とする見解として、山中・前掲『刑法総論』205頁以下参照。

33　大塚仁『刑法概説』（総論）（第4版・2008年）423頁、福田平『刑法総論』（第4版・2004年）175頁参照。この見解によれば、「治療目的」には、疾病の予防を含むが、美容整形手術、第三者のための輸血、臓器等の移植などは除かれる。

意は、同意の「主観的要件」である自由な意思決定に基づき、第2に、同意の有効性の「実質的基盤」を保障する「医師の説明」が必要とされることを要し、さらに、第3に、いわば法益保護の放棄を意味する同意の「客観的制約」としての「傷害の重大性・生命に対する危険性」という客観的限界が存在することを意味する。

5．医的侵襲を直接の対象としない同意

　患者の「医的侵襲」に対する同意のほかにも、医事刑法における同意には、治療を直接に目的としない身体の侵襲に対する同意のほか、危険に対する同意、研究調査に対する同意、あるいは自らや家族の死後における身体の処分に対する同意も問題となる。例えば、臓器移植・輸血などの場合のドナーの同意は、その提供者の治療に役立つわけではないが、その同意はその身体的侵襲を正当化するためには法的に重要である。さらに臓器移植については、脳死状態にある者の、死後の臓器摘出に対する生前の意思や遺族の意思も、「同意」に含まれる。ここでは、患者の家族の同意や死体の処分ないし死体の一部の処分に対する同意が問題である[34]。これは、死亡後の身体の処分に関する同意など、医的侵襲が必要になった時点で同意できない事情がある場合に、事前の同意（Vorab-Einwilligung, antipierte Einwilligung）が許される[35]か、その要件は何かを問題とするものである。これについては、第2巻における生命と医療行為の箇所で詳論する。また、事前にも直前にも患者がその意思を表示できない場合、同意が推定されることがある。いわゆる「推定的同意」という正当化事由が問題となるのであるが、その要件や正当化根拠については理論上争いがある[36]。

34　これについて、vgl. *Deutsch/Spickhoff*, Medizinrecht, 6. Auflage, 2008, S. 167.
35　Vgl. *Deutsch/Spickhoff*, Medizinrecht, 6. Auflage, 2008, S. 171.
36　その理論状況については、山中・前掲『刑法総論』570頁以下参照。

2．傷害構成要件と正当化事由

1．傷害概念・正当行為アプローチから同意アプローチへ

　治療行為が、傷害罪の構成要件にあてはまるかどうかについては、歴史的には、当初、患者の同意からのアプローチではなく、「傷害」の概念や治療行為の正当（業務）行為性からアプローチする見解が展開された。そこで、ここでは、治療行為の傷害構成要件阻却と正当化の根拠の問題について、まず、検討を加えておく。

　さて、医療侵襲行為が傷害罪を構成するかどうかについては、医行為は、最終的には、治療行為を目的とする行為であり、疾病を快癒させることを目的とするのであるから、患者の有効な同意がある限り、傷害罪の構成要件該当性そのものが否定されるか、あるいは構成要件該当性はあるが違法性が阻却されるかには争いがあるとしても、結果的に処罰されるべき行為でないことは明らかである。もとより、医的侵襲により治療目的が達成されなかった場合には、業務上過失致死傷罪（211条1項）の成立する可能性は残るのであるから、医行為の成功・不成功も、犯罪の成否に影響を与えることは否定できない。しかし、故意による傷害罪の成否のみについていえば、その身体侵襲が、患者の同意、医学的適応、医術的正当性を充たして正当化事由があるかぎり、その成立は否定され、（業務上）過失傷害罪・過失致死罪が残るに過ぎない。

　しかし、患者の同意は、医療行為の正当化の展開過程を歴史的に振り返るなら、当初から当該医的侵襲の正当化のためには必須の要件であったわけではない。傷害構成要件への該当性を阻却し、あるいは構成要件該当の行為が正当化される根拠については、従来から様々な見解が表明されている[37]。

37　これに関するわが国の文献として、町野朔『患者の自己決定権と法』(1986年) とくに36頁以下、岡西・前掲日大大学院法学研究年報17号89頁以下、最近のものとして、小林公夫・前掲

2．医療侵襲の正当化根拠

(1) 業務権説

　古くは、医的侵襲は、医師の職業法上正当化されるという見解が唱えられた。これを業務権説[38]と呼ぶ。20世紀に入るころから、国家が医師の治療を認可していることによって、患者の生命と健康に対する医師の決定権が正当化されるわけではないのではないかが論じられ始め、ナチ時代を除いては、公共の利益が「患者の治療される義務」を認めるものとする見解は支持されなかった[39]。したがって、医業が国家によって管理されていることをもって、医師の医的侵襲が法令による行為として傷害罪の構成要件該当性を阻却され、または正当化されるわけではない。

　わが国においても、古くは、業務権説が唱えられた[40]が、治療行為の正当化を医業という職業上の許可そのものに求める見解はかつてから多くなく[41]、医業が免許を要件とする業務であることから、医師免許をもっている者の行為かどうかは、医的侵襲の構成要件該当性や正当化に影響を及ぼすものではないと解されている[42]。

(2) 侵襲＝傷害説

　医的侵襲そのものが、傷害といえるかどうかについては、ドイツ刑法においては、すでに1894年以来の判例[43]において、傷害罪（ドイツ刑法223条）にあ

　　『治療行為の正当化原理』21頁以下、田坂晶「刑法における治療行為の正当化」同志社法学58巻7号263頁以下参照。英米法ないしドイツ法における状況についても、これらの文献をも参照。
38　これについて、町野朔・前掲『患者の自己決定権と法』8頁以下、41頁以下参照。
39　ライヒ裁判所は、1936年6月19日の判決において、公共の利益の認められるときは、患者の意思の有無にかかわらず治療は正当化されるものとした（RGZ 151, 349.）。
40　花井卓蔵「刑法と医師」『刑法俗論』（大正元年）383頁以下、岡田庄作『刑法原論総論』（増訂4版・大正6年）302頁以下、市村光恵『医師ノ権利義務』（改版・昭和3年）82頁以下。
41　町野・前掲書10頁参照。
42　川端博『刑法総論講義』（第3版・2013年）331頁参照。
43　RG, Urteil v. 31. 05. 1894, RGSt 25, 375 ff. Vgl. *Ulsenheimer*, Arztstrafrecht in der Praxis, 4. Aufl., 2008, S. 88 f.; *Brigitte Tag*, Der Körperverletzungstatbestand im Spannungsfeld zwischen Patientenautonomie und Lex artis, 2000, S. 14 ff.; *Henning Rosenau*, Begrenzung der Strafbarkeit bei medizinischen Behandlungsfehlern?, in: Rosenau/Hakeri (Hrsg.), Der medizinische Behandlungsfehler, 2008, S. 215 f.; *Benedikt Edlbauer*, Die

たると解されている。1894年の事案は、医師が、7歳の子供の、結核菌により化膿した足の骨の切除に、自然療法の信奉者であった父親が承諾を与えなかったにもかかわらず手術を施行したが、手術後、子供に結核は出現せず、正常に発育したというものであった。原審は、この医師を無罪とした。大審院（ライヒ裁判所）は、この医師の行為は、傷害罪にあたると判示したのであるが、その際、判決は、医師の行為が不適切で失敗した場合のみならず、身体に加えられた直接的・物理的なあらゆる侵害が傷害にあたるとしたのである[44]。この見解は、判例においては連邦裁判所にまで引き継がれている。すなわち、あらゆる医的侵襲は、傷害の構成要件に該当するが、医療技術に沿っていた場合、違法性が阻却されると考えるのである。

このような「判例の傷害理論」は、刑事[45]のみならず、民事判例[46]においても同様であり、連邦裁判所に引き継がれている。それは、憲法裁判所によっても、医師の民事責任に関する憲法訴訟において基本法に合致し合憲とされている[47]。

(3) 侵襲＝非傷害説

これに対して、ドイツ刑法における通説は、すでに1889年にシュトースが医師の外科手術につき、それが「身体を侵害し、健康を害する活動を行うものではない」[48]として以来、医的侵襲を傷害ではないとしている。手術を

---

hypothetische Einwilligung als arztstrafrechtliches Haftungskorrektiv, 2009, S. 8 ff. これについて、町野・前掲書38頁参照。

44 この事件に対する1894年2月2日のハンブルク地裁の第3刑事部は、傷害罪による外科医の可罰性を否定した。成功した、医術の原則に添った手術は、健康侵害の構成要件も、傷害のそれも充足しない。同意の不存在は、手術を傷害の構成要件に包摂する際には明らかに考慮されなかった。Stooß, Chirurgische Operationen und ärztliche Behandlung, 1898, Anhang 108 ff.

45 BGHSt 11, 111 f.（子宮筋腫事件＝Myomfall）これについて、唄『医事法学への歩み』60頁、町野『患者の自己決定権と法』63頁参照。本書第3章（239頁以下）参照。

46 BGH NJW 1956, 1106.（電気ショック事件）。これについては、唄『医事法学への歩み』30頁以下、町野・前掲書62頁以下参照。

47 BverfGE 52, 131, 166.（医師責任決定）。本判決は、医療責任訴訟における挙証責任に関する憲法訴訟判例である。次のようにいう。「医師の医療過誤に関する挙証責任は、医師責任は、原則として患者側にある。医師の責任とする挙証責任の転換は、憲法によって要請されているわけではない」。しかし、「特殊な手続状況が、挙証責任の転換につながる挙証の軽減を許すことはありうる」。このことは、「傷害」の存在（構成要件該当性）は、原則として原告側（被害者・検察官側）が挙証責任を負うことを意味する。

48 Stooß, a. a. O., S. 6. 1927年草案263条でも治療行為は、「傷害」には当たらないと規定す

「傷害」というのは、「日常の用語法」や「ドイツ語の精神」に反するというものである[49]。この見解の背後にあるのは、医的侵襲は、健康を回復するための措置であるから、健康を害する傷害とは区別されるべきだという考え方である。しかし、今日では、この考え方が無条件に支持されうるわけではない。というのは、患者の意思に反する治療は違法であるという患者の自己決定権の保護という考え方が確立しており、健康を回復するための侵襲だから傷害ではないとはいえないからである。

ちなみに、この見解からは、患者の承諾を得ない医的侵襲は、傷害ではなく、自由剥奪罪（ドイツ刑法239条、日本刑法220条）ないし強要罪（ドイツ刑法240条、日本刑法223条1項）に該当しうることになるが、これらの罪が適用できるのは、承諾のない手術のうちごく少数のものに限られるとされている[50]。ドイツにおけるいわゆる専断的治療行為の処罰規定を設けるという立法の試み[51]が、意思決定の自由に対する罪として提案されてきたことは、このような承諾なき医的侵襲は「傷害」ではなく、「自由」を侵害する罪であるという認識にもとづく。1911年の予備草案に対する反対草案（279条）ないし1919年小刑法委員会草案（313条）における医療の専断性ないし専断的治療行為の規定の節が「人的自由又は安全の侵害」と題されているのはこのような考え方を表している。1927年草案（281条）においても専断的治療行為は自由に対する罪に位置づけられている。

3．医療侵襲と傷害概念

ドイツ刑法223条は、傷害罪の規定であるが、それは、わが国における傷害罪（204条）の規定とは異なる。わが国における傷害罪の規定は、「人の身体を傷害した者」は、15年以下の懲役または50万円以下の罰金に処すると規定するにすぎないが、ドイツ刑法223条は、「他人を身体的に虐待し、又は健康を害した者は、5年以下の自由刑又は罰金刑に処する」（1項）とし、未遂

る。Vgl. *Heimberger*, Arzt und Strafrecht, in: Frank-Festgabe, Bd. 1, 1930, S. 402 ff.
49　*Stooβ*, a. a. O., S. 20; *Edlbauer*, a. a. O., S. 14.
50　Vgl. *Riedelmeier*, Ärztlicher Heileingriff und allgemeine Strafrechtsdogmatik, 2004, S. 19.
51　これについて、近時の文献として、田坂・前掲同志社法学58巻7号348頁以下参照。

を罰する（2項）。「身体的に虐待する」行為と「健康を害する」行為の二つの類型の行為が禁止の対象とされている[52]。わが国では、傷害未遂の規定はない。有形力の行使を手段とする場合には、傷害未遂は、暴行罪（208条）にあたることはある。

(1) 客観的傷害概念
(a) 個別的・脱価値的傷害概念

ドイツ刑法においては、「身体的に虐待し」というには、身体の健康が侵害されるような不快で不適切な取り扱いがあったことを意味する。すなわち、「身体的な健全性（Wohlfinden）または身体的な完全性（Unversehrtheit）を少なからず侵害する不快で不適切な取り扱い」をいうと定義される。したがって、殴打といった、日本刑法における暴行をも含む。「虐待」という概念は、「取り扱う」という概念に接頭辞である、miss―（「誤った」「不当な」ないし「よくない」といった否定的意味をもつ接頭辞）が付けられた概念であるが、それは、「不当に取り扱う」という意味をもつ。そして、患者の健康状態を結果的によくする場合であっても、医的侵襲に通常伴う苦痛は、身体的健康状態の侵害にあたるとされている。これに対して、「健康を害する」とは、「身体的・精神的な機能の正常な状態から不利益に逸脱した病理的状態の惹起または増大」をいう[53]。「健康」とは、疾病や病理的変更が見られない状態を指すが、「健康を害する」という文言は、そのような病理的状態の惹起ないし悪化を意味するのである。例えば、内部器官や外部器官の疾病、骨折、感染、あざをつけること、HIV に感染させることなどがそうである。さらに、レントゲンの照射が、「健康を害する」にあたるとした判例[54]がある。そこで、成功した医的侵襲でも「虐待し」ないし「健康を害する」にあたる。

この見解は、傷害概念に患者の承諾を伴う病理的状態の惹起や健康への加害をも傷害とする点で、客観的で記述的・個別的な概念を目指し、患者の主

---

[52] これについて、武藤眞朗「治療行為と傷害の構成要件該当性」早稲田大学大学院法研論集54号（1990年）243頁以下、とくに245頁以下、佐伯仁志「違法論における自律と自己決定」刑法雑誌41巻188頁、小林公夫・前掲『治療行為の正当化原理』366頁以下参照。
[53] Tag, a. a. O., S. 173.
[54] 連邦裁判所1997年12月3日判決。BGHSt 43, 346.

観や傷害の価値評価が傷害概念に入り込まないという特徴をもつ。したがって、患者の同意は、構成要件該当性を阻却せず、正当化事由にすぎないということになる。

客観的傷害概念に依拠し、医療行為による侵襲につき傷害の構成要件該当性を肯定しつつ、患者の同意による正当化事由とする点では、ドイツの民事判例も同様であった。**連邦裁判所の民事判例**によると、次のように根拠づけられる[55]。「以前から、判例は、身体の完全性への侵襲を正当化するために、治療行為において患者の同意を必要とすることを、身体の完全性に対する権利（基本法2条2項）および人間の尊厳に対する権利から派生するものとしての自己決定権（基本法1条）から導いていた（…）。それによって保護されているのは、身体の完全性に対する患者の決定の自由であり、それに対しては、医師は、勝手に無視するわけにはいかない。つまり、医師の治療侵襲に対する同意は、その同意の枠内で、侵襲と結びついた侵害に対する身体の保護を放棄することを意味し、それを超えて、治療の副作用とありうる合併症から生じる危険を自ら引き受けることをも意味する。この意味において、医師による身体と健康の侵害の問題は、広く、患者の観点から限界づけられなければならない。というのは、医師の治療の間、患者がその枠内で、彼の法益をその処分に委ねるとき、彼の自己決定が問題だからである。（…）そこからは、患者の治療にあたって注意するよう義務づけられるだけではなく、その措置に対するその同意を確保するよう義務づけるような作為義務が導かれる。そのような同意を有効に得ることができるのは、医師が、患者の自己決定を保障しようとすれば、患者に必要な決断の基礎を伝えるときにのみである。有効な同意を欠くときには、医師の治療に存在する、患者の身体の完全性に対する侵襲は、違法である」。

わが国においても、治療行為であっても、身体の外形ないし生理的機能の現状を不良に変更する以上、傷害罪の構成要件に該当するという見解が通説である。この見解は、治療行為は、違法性を阻却するとする。治療行為は、違法阻却事由としつつ、被治療者の承諾を要件として、目的のための適当な手段である場合に違法性を阻却するという目的説ないし社会相当性説の立場

---

55 BGHZ 106, 391, 397＝NJW 1989, 1533＝MedR 1989, 188, 191.

に立って、違法阻却されるという見解[56]が有力である。これに対して、患者の同意のある治療行為に傷害の構成要件該当性を肯定しつつ、患者の意思を違法阻却の段階で利益衡量の判断において考慮し、患者の同意がある場合にのみ違法性を阻却するという見解が有力に唱えられている[57]。この見解は、利益衡量説を違法阻却事由と解する見解から唱えられる。そのほかにも、治療目的で行われる行為は違法性を阻却するとする見解[58]もかつて唱えられた。

(b) 全体的・価値的傷害概念

(i) 全体的考察説

傷害罪は、このような虐待ないし健康侵害による身体の傷害を意味するが、傷害とは、身体の一部の侵害ではなく、全体としての身体の侵害をいうとする見解[59]がある。治療行為によって身体が全体としてよくなっているのであれば、傷害とはいえないというのである。医的侵襲は、身体の健康の回復に向けられた行為であって、健康障害を意味する傷害とは真逆の概念であるとする[60]。このことは、手術による医的侵襲は、それだけを取り出してみれば健康侵害ということができるが、治療とは、「治癒過程における一つの局面」であって、全体としてみれば傷害ではないという見解にもあてはまる。わが国においても、「治療侵襲は部分的・一時的に見れば侵害と見えるとしても、全体的・永続的に見れば生命・身体の救助行為にほかならず、傷害罪の構成要件が予定している傷害とは、その社会的・法的意味を異にする」とし、治療行為が成功して健康を回復・増進した場合にはもはや法益を侵害したとはいえないとする見解[61]が唱えられている。

(ii) 全体優越衡量説

これは、身体組織の一部に対する侵害が、全体的な身体組織の健康の回復

---

56 大塚仁『刑法概説各論』（第3版・1998年）28頁以下、」同『刑法概説総論』（第4版・2008年）418頁以下、423頁、佐久間修『刑法総論』（2009年）185頁。
57 町野・前掲書163頁以下。
58 木村亀二（阿部純二）『刑法総論』（増補版・1978年）289頁。
59 *Bockelmann*, Strafrecht des Arztes, S. 67.
60 Vgl. *Schroth*, Ärztliches Handeln und strafrechtlicher Maßstab, in: Roxin/Schroth, Handbuch des Medizinstrafrechts, 4. Aufl., 2010, S. 24. ビンディングによれば、「昔から傷の治療は、負傷させる行為に対していい意味で真逆をなすものである」（*Binding*, Lehrbuch des Gemeinen Deutschen Strafrechts, BT, 2. Aufl., 1902, Bd. 1, S. 56）。
61 金沢文雄「医療と刑法」現代刑法講座（第2巻・1979年）137頁。

というより大きな利益との衡量において優越するがゆえに、傷害の概念にあてはまらないとする見解である。ここで問題となるのは、異なった主体の間の利益相互間の利益衡量ではなく、同一人物の中の利益衡量である点で、特殊性をもつ。手術においてメスを入れ皮膚を切る行為は、それが全体の健康を増進させるという全体的脈絡の中で中立化され、法益保護の側面の方が優越するがゆえに、傷害の構成要件には当たらないのである。

(iii) 三つの立場

全体概念としての傷害説および全体的優越衡量説は、理由づけが異なるだけで、個別的・一時的観察ではなく、全体的・衡量的観察すれば、医的侵襲は、傷害にあたらないという見解であり、これをまとめて**全体的観察説**とでも名付けることができる。これには三つの立場がある。行為説、結果説、目的説である。①**行為説**は、医療技術のルールに従って行われた医療侵襲は、結果の成功・不成功にかかわらず、すべて傷害の構成要件に該当しないとする見解である。医療過誤のない医的侵襲は、構成要件該当性はないということである。したがって、本説においては、「医術的正当性」（Kunstgerechtheit）と「適応」の概念が重要な意味をもつ[62]。本説によると、医療行為の開始時にすでに侵襲行為の判断が可能である。つまり、事前的にみて技術的に正当で適応のある、治療目的で行われた侵襲は、不可避の付随現象をともなう措置の結果とは独立に、傷害ないし致死の構成要件に該当しない。ここでは重要なのは、事前の侵襲の蓋然的な結果であって、事実上の結果ではない。これに対して、②**結果説**は、治療の効果があったときに、すなわち、治療前よりも患者の健康状態がよくなったときに、傷害の構成要件が阻却されると解する。したがって、事後的に、構成要件阻却が決まる。前掲の金澤説は、これに属する。成功した治療行為については、それが健康を回復させたというただそれだけの理由で、傷害罪の構成要件が否定され、失敗した場合には、医学的適応性・医術的正当性があれば、行為の社会相当性が認められ、不法構成要件を阻却すると解する見解[63]は、行為説と結果説の**折衷説**とすることができるであろう。さらに、③**目的説**は、行為者の侵襲時における

---

62 Vgl. *Wolfgang Bauer*, Die strafrechtliche Beurteilung des ärztlichen Heileingriffs, 2008, S. 22.

63 上田健二「正当な診療行為の要件」中山研一・泉正夫編『医療事故の刑事判例』（第2版・1993年）29頁。

目的、すなわち、治療に際して追求される治療目的を基準とする。加害の目的がない限り、傷害の故意に欠けるというのである。

この意味の客観的傷害概念は、医的侵襲は、患者の健康を回復するという目的で行われるのであるから、身体の状態の不良変更を意味する「傷害」概念にはなじまないという見解を基礎とする。この見解は、専断的治療行為としての治療も、傷害にはあたらないという見解に結びつく。したがって、患者の自己決定権の尊重ではなく、医師は患者の利益のために侵襲行為を行い、「善行」をなすというヒポクラテスの原理をその背景となる理念とする[64]。しかし、この傷害概念は、患者の自律性ないし自己決定権というもうひとつの医的侵襲の倫理的評価に関する格率を十分に評価しないという問題点をもつ。また、この見解は、医的侵襲の「善行」性から傷害構成要件不該当の結果を導くため、「医学的適応性」及び「医術的正当性」の要件は、不可欠の要件となる。すなわち、例えば、美容整形手術が自己決定権に基づくとしても、「医学的適応性」の要件で躓くことになる[65]。

わが国においては、本説の一種とみなされるのは、治療行為を構成要件該当性阻却事由と解し、患者の同意が得られない場合であっても、それが治療の目的で行われ、かつ、その手段・方法が医学上一般に承認されているものであって社会通念上是認しうる限り、人の身体の外形ないし生理的機能を不良に変更する行為とはいえないから、傷害罪の構成要件に該当しないと解する見解[66]である。この見解は、違法阻却事由の一般原理を社会相当性に求める[67]ので、目的説を考慮しつつ社会相当性の観点から行為説に立つものであろう。

(2) 同意による構成要件阻却と正当化

医的侵襲に対する被害者の承諾は、傷害罪の構成要件該当性に影響を及ぼすのであろうか。これまで検討した見解は、客観的な傷害概念を追求し、被害者の自己の身体に対する処分権との関係で、法益の主体が法益の法的保護を放棄した場合にまで傷害の構成要件該当性が認められるのかという問題を

64　Vgl. *Schroth*, in: Roxin/Schroth, Handbuch des Medizinstrafrechts, 4. Aufl., 2010, S. 27.
65　Vgl. *Joost*, in: Roxin/Schroth, Handbuch des Medizinstrafrechts, 4. Aufl., 2010, S. 408.
66　大谷實『刑法講義総論』(新版第4版・2012年) 259頁以下。
67　大谷・前掲書242頁参照。

論じることは避けられていた。従来、被害者の承諾を正当化事由に位置づける見解は、同意にもとづく傷害行為の構成要件該当性は肯定しつつ、違法性を否定した。

(a) 同一法益内の利益対立

被害者の同意における正当化事由は、多元説にもとづき利益不存在の原則に根拠をもつとする見解は、結局、被害者の同意が、保護されるべき利益の不存在を理由として法益侵害を否定して正当化するのであるから、保護されるべき法益が存在しなければ、正当化事由の検討の前に、その構成要件該当性も怪しくなるとも言いうる。また、もしここで、優越的利益原則に基づく[68]なら、その他の利益衡量とは異なり、ここでは、被害者という同一の人物の内部での利益衝突が問題になっており、他の法益主体の利益との衝突ではない[69]。例えば、法益の維持と法益の担い手の自己決定権が対立しているというのである[70]。そこで、このような同一法益主体の内部的な利益衝突については、構成要件該当性の問題とするものがある。

ここで、一般に、傷害罪における身体の侵害に対する保護と身体に関する自己決定権の保護の関係が問題となる。

(b) 身体と自由の二元的法益

ドイツにおける通説は、客体の保護とこれに関する意思の保護を区別し、医師の専断的治療行為による医的侵襲は、身体という法益と、独立した法益としての身体に対する処分権という二つの独立した法益の侵害であるとする[71]。これを「**二元的解決**」と称する。これを「**衝突モデル**」と呼ぶものもある[72]。したがって、この見解によれば、患者の意思に反する医的侵襲は、傷害罪ではなく、身体に関する自己決定権の侵害であるにすぎない。このよ

---

68 平野龍一『刑法総論』(II・1975年) 248頁。なお、塩谷毅『被害者の承諾と自己答責性』(2004年) 6頁も、この場合、「法益侵害」のマイナスと「被害者の意思にかなう」というプラスを衡量し、犯罪成立が阻却されるという。これに目的説を加えた根拠を示すものとして、川端博・前掲『刑法総論講義』(第3版) 327頁。

69 Vgl. *Riedelmeier*, a. a. O., S. 39. わが国では、曽根威彦『刑法総論』(第4版・2008年) 125頁が、優越的利益原理のなかの利益不存在の原則を説く。

70 *Noll*, Übergesetzliche Rechtfertigungsgründe — im besonderen die Einwilligung des Verletzten, 1955, S. 74 ff.; *ders*., Tatbestand und Rechtswidrigkeit, ZStW 77 (1965), S. 1, 14 ff.

71 LK-*Hirsch*, StGB,1989, Vor §223 Rn. 4.

72 *Rönnau*, Willensmängel bei der Einwilligung im Strafrecht, 2001, S. 14.

うな行為は、専断的治療行為に関する特別に設けられるべき構成要件に該当すべきことになる。

(c) 人的法益概念

これに対して、傷害罪の構成要件には、身体に関する自己決定権も含まれていると解する見解[73]も近年有力に唱えられている。この見解は、身体の完全性と身体に関する自己決定権の両者を法益と解する。そこでこれを「統合モデル」と呼ぶものもある[74]。その根拠は、健康という法益の意味は、社会的現実においてはその単なる静的存在に尽きるのではなく、むしろ、身体の完全性は、自己の人格の展開のための一定の支配可能性を開く点にあるというのである[75]。この人的法益概念 (personale Rechtsgutslehre) によれば、法益とは「刑法上の要保護的な人間の利益」である[76]。この見解によれば、法秩序の中心に位置するのは、その利害と欲求をもった具体的な個人である。あらゆる法益は、個人の利益から導きだされる。法益保護の対象は、財とその担い手との本質的関係、つまり、その個人に対するその具体的帰属における財であるという[77]。

その傷害罪に関する根拠づけの一例を挙げると、カルグルは、傷害罪の法益の本質を「身体上の利益」(Körperinteresse) にあるとする構想を打ち立て、そこから説明しようとする。それは、法益の「人格依存性」と個人の「基本的な利益」を二つの基本的思想とする。これによれば、傷害罪の法益は、「身体の完全性」(Unversehrtheit) および「不可侵性」(Unberührtheit) に対する身体上の利益にある[78]。これには、身体に関する「自己決定権」が含まれているというのである。本説によれば、同意に基づく傷害は、傷害の構成要件該当性を阻却する。同意の存在は、法益侵害を否定するからである。この

---

73 *Amelung*, Rechtsgüterschutz und Schutz der Gesellschaft 1972, S. 189 ff.: *Arzt*, Willensmängel bei der Einwilligung 1970, S. 42; *Roxin*, ZStW 85, 1973, 96 ff.; *ders.*, Gedächtnisschrift für Noll, 1984, S. 279; *Riedelmeier*, a. a. O., Ärztlicher Heileingriff und allgemeine Strafrechtsdogmatik, 2004, S. 65; *Wolfgang Bauer*, Die strrafrechtlche Beurteilung des ärztlichen Heileingriffs, 2008, S. 141 f.
74 *Rönnau*, a. a. O., S. 17.
75 Vgl. *Joost*, a. a. O., S. 404 f.
76 *Klaus Günther*, Die Person der personalen Rechtsgutslehre, in: Neumann/Prittwitz (Hrsg.), Personale Rechtsgutslehre und Opferorientierung im Strafrcht, 2007, S. 15.
77 *Rönnau*, a. a. O., S. 50.
78 *Kargl*, Körperverletzung durch Heilbehandlung, GA 2001, 550 ff.

見解によれば、同意は、傷害の消極的構成要件要素であるといってよい。

　ドイツにおける学説の中には、ドイツ刑法223条1項の第1選択肢である「身体的に虐待する」という文言については、医師が患者の現実的同意や推定的同意なしに身体を侵襲した場合には、身体に関する自己決定権が侵害されることを前提にするが、第2選択肢の「健康に害を加える」という文言は、客観的に身体の侵害があるかどうかのみによって判断するという二元論的な見解[79]がある。これに対しては、一方では個人的な同意を考慮し、他方ではこれを考慮しないのは、一貫しないという批判がある。

　わが国においては、患者の承諾があれば治療行為は傷害の構成要件にあたらないとし、また、被害者の法益の完全な放棄が認められれば傷害罪等の構成要件に該当しないとするものもある[80]。

4．被害者の同意と構成要件阻却・違法性阻却（私見）

　まず、人の身体の生理的機能の障害が、客観的につねに傷害罪の構成要件を充たすわけではなく、逆に、治療行為であれば、傷害とはいえないというものでもないと考えられるので、上の客観的傷害概念も、全体的・価値的傷害概念も不当である。次に、被害者の意思を考慮する人的傷害概念は、出発点において正当であるが、被害者が、その他の何の要件もなしに、その意思によって傷害の法益の保護の放棄を行いうるわけではないから、この見解も制約を加えられるべきである。結局、現代においては、専断的治療行為は否定され、治療行為であるというだけでは、傷害構成要件への該当を阻却できず、また、正当化もされえない。患者の同意の存在は、治療行為の構成要件阻却・正当化のための不可欠の前提である。しかし、それでは、人的法益概念の説くように、他人の「身体の完全性」という法益は、その他人の「意思」と相まってはじめて法益をなすと考えるべきであろうか。結論を先取りすれば、むしろ、患者の「意思」は、身体の完全性という法益の法的保護を放棄するという機能、すなわち、法益の個人帰属性を否定するがゆえに構成

79　SK-*Horn/Wolter*, §223 Rn. 35 ff.
80　齊藤誠二『刑法講義各論Ⅰ』（1978年）192頁以下参照。山中敬一・前掲『刑法総論』203頁。なお、前田雅英『刑法総論講義』（第5版・2011年）105頁、347頁。

要件該当性を否定し、または、その完全な否定がそれだけでは要保護性を否定しないときに、他の利益衡量要素と相まって正当化する機能を果たすのではないだろうか。そこで、以下ではこのことを論証する。

(1) 医的侵襲における患者の同意の意義

医的侵襲行為においても、侵襲される身体の傷害の程度が軽微な場合には、被害者の同意のみによって、すでに傷害罪の構成要件該当性が否定される場合がありうる[81]。それは、医学的適応や医術的正当性、治療目的とは無関係に、すでに被害者の法益処分の権限内であることによって、法益保護を放棄できる場合には保護されるべき法益がなく、構成要件該当性がないからである。このように考えると、患者の同意は、治療行為であっても傷害罪の構成要件を充足する重大な傷害の場合にのみ、その他の違法阻却の要件の充足と相まって違法性を阻却すると考えるべきである。

(2) 重大な傷害と軽微な傷害による区別

傷害の概念を生理的機能の障害と解する立場[82]に立っても、被害者が身体の生理的機能の障害に対して同意しているときには、自己決定権にもとづいて法益保護を放棄しているのだから、構成要件が保護すべき法益に欠け、構成要件該当性が否定される。しかし、同意によって無条件に法益保護が放棄されるのは、重大な生理的機能の障害に至らない場合に限定される。自殺と同様、刑法は、自傷行為そのものは処罰していない。しかし、自殺関与罪（202条）の処罰規定があるのに対して、自傷行為に関与する行為に独立の処罰規定を設けてはいない。したがって、自殺関与罪の処罰根拠を論じる際のように、自傷行為の違法性を根拠づけることは必要性ではない。そこで、自ら重大な自傷行為を行い、例えば、任意に自らの両足を切断しても、または、それを他人に教唆して行っても、それが本人の任意の決断によるものである限り、本人の自傷行為は不可罰である。それを違法性がないということ

---

[81] 田坂・同志社法学58巻7号397頁では、治療行為が傷害罪の構成要件該当性を否定するという見解を「実質的判断を差しはさむべきでない」として峻拒する。しかし、治療行為の構成要件該当性の問題は、形式的・類型的判断か実質的判断かの問題ではない。法益の主体への帰属の否定の問題なのである。

[82] 山中・前掲『刑法各論』§9.1参照。

にも問題はない。しかし、問題は、他人が被害者の同意を得て重大な傷害を与えることが、法益侵害がないという理由で構成要件該当性がないといえるかどうかである。重大な傷害とは、ここで、四肢の切断、臓器・器官の摘出・損傷、外形の主要部分の重大かつ不可逆的な変更ないし身体の機能の重大かつ不可逆的な損傷をいう。それ以外の軽微な傷害は、被害者の同意によって傷害罪の構成要件該当性が阻却される。傷痕が残るような傷害であっても、それが重大な傷害でなければ、被害者の同意によって傷害の構成要件該当性が否定される。例えば、腕や背中等に入れ墨をするのは、被害者の同意があれば傷害の構成要件には該当しない。医療行為であっても、しみやほくろを取る手術、網膜にレーザー治療を施すこと、虫歯を削ることなどは、患者の同意があれば傷害の構成要件に該当しない。医療行為そのものとはいえない、二重まぶたにするといった純粋な美容整形手術や輸血目的での採決等も、被害者の同意によって傷害の構成要件該当性が否定されうる。

重大な傷害については、患者の同意だけでは傷害の構成要件該当性は否定されない。その場合には、確かにその違法性は減少するが、構成要件該当性は否定されず、治療目的、医学的適応、医術正当性などの要件および患者の同意の有効性を利益衡量して、違法性の段階において違法阻却事由を備えるかを判断しなければならない[83]。

(3) 同意の無効による傷害罪ないし傷害致死罪の成立

重大な身体の侵襲を伴う治療行為に対する患者の同意が無効であり、医師がそのことを知っている場合、医師の行為は、傷害構成要件（204条）に該当しうる。この場合の同意の要件が最終的に違法性の段階で正当化事由の存否の問題であるなら、同意が無効であることによって、医師の治療行為は正当化されないことになる。そうすると、その行為は、傷害構成要件に該当し、正当化されないから、故意の傷害罪が成立するということになる。もしその傷害行為から予見可能な態様で、患者が死亡した場合には、傷害致死罪（205条）が成立しうる。

---

[83] 山中・前掲『刑法総論』561頁参照。

2. 傷害構成要件と正当化事由

デュセルドルフ上級ラント裁判所判決[84] **（事実）**被告人女医は、ホームドクターが糖尿病を認定していた7歳の児童の治療を引き受けたが、その児童の母親は、毎日打っていたインシュリン注射によって著しく負担を感じていた。そこで、両親は、別の治療を導入しようとして被告人に頼んだのであった。女医は、児童を触診によって診察し、下剤を与え、児童はそれを飲んで下痢を催したが、それによって膵臓はもとの機能を復活させた。そのほか、女医は、母親にさらに白と赤の錠剤を与え、白は毎日、赤は緊急時に与えるよう指示した。そして、この治療中児童には決してインシュリンを注射しないように強く注意した。母親は、その後、児童の容体が日々悪化したことを女医に告げた。再度インシュリンを注射する方がよいのではないかという問いに、被告人は、それを否定し、その際、そのまま続けないとせっかくの治療は元も子もなくなると注意を与えた。インシュリン注射をやめて3日後、児童は昏睡状態に陥り死亡した。上級ラント裁判所は、被告人を傷害致死罪で有罪とする根拠があると論じている。

（判旨）有効に与えられた同意がなく、被告人によって実行された傷害罪は違法である。被告人は、健康侵害を故意に実行した。なぜなら、…彼女は、依頼された児童の治療は、傷害をもたらすことを知っていたからである。…この侵害行為が、児童の死亡につながった。死亡は、傷害の構成要件特融の危険の結果である。刑法226条（旧）による傷害致死罪の故の有罪は、被告人が死亡結果に対して少なくとも過失の非難を受けるときにのみ、考察に上る。…両親の側で、必要だった救助行為をしなかったことは、被告人による不幸な結果の予見可能性を廃棄するものではない。

もうひとつの傷害致死罪のみとめられた事例は、**ザールブリュッケン・ラント裁判所の判決**[85]のそれである。

（事実）被告人医師は、説明せずに患者を手術し、その後の死亡を、少なくとも過失で惹起した。患者は、いわゆる「プロアクチノーマ」（プロラクチン産生下垂体腫瘍）を患っていた。治療法としては、手術と並んでプラヴィデル（Pravidel）という薬剤による治療があった。錠剤化注射の形で与えられるものであった。プラヴィデルの投与は、手術が不要とするほど強く腫瘍を収縮させる効果があった。医師は、腫瘍を正確に認定するためにプロアクチン値を正確

---

84 OLG Düsseldorf MDR 1984, 28. Vgl. *Ulsenheimer*, a. a. O., S. 302 f.
85 LG Saarbrücken Urteil vom 7. 3. 1995; *Ulsenheimer*, a. a. O., S. 303 ff..

に測定する必要があったが、一般的な診断として「脳腫瘍」とするにとどめ、患者に択一的治療法についても、侵襲が、死の危険を伴う特に困難なものであることについても説明しなかった。手術自体は医術的に正当に行われたが、その翌日、脳の圧力を下げるため脳室排膿（Ventikeldrainage）を施したが、そのさらに翌日出血を見たので、再手術したが、患者の容体は悪化し、数日後、患者は死亡した。

(判旨)「被告人は、手術を医学的根拠なしに、時間をおかず、事前にプロアクチン値を最終的に確定し、または、場合分けをして措置を施すこともしなかった。このことが、患者が診断と手術に対する代替治療について十分に説明されなかったことにつながった」。…「そのような、頭蓋骨を損傷することのある、極端に高い死亡率を示すような危険な侵襲に対する同意は、同意者が諾否を相互に衡量することができたときにのみ有効である。しかし、それは、医師が患者に根拠と反対の根拠を、―ここでは手術による治療と代替治療を―、詳しく対峙させて、さらなる質問に対し、また熟慮するための時間を与えることを前提とする。反対の根拠に属するのは、特にそのような侵襲を受けたときの死亡率である。その侵襲が速やかに必要というのでなければ、これについて告知されなければならない。ひょっとすれば、まったく危険のない治療によって同様に減じられ、または除去されうる腫瘍を取り去るために死亡する確率の高い手術に身をさらそうと思うものはいないだろう」。「被告人は、血液値の説明の義務を果たさず、患者に説明しなかったことを知っていた。…被告人の過失は、…手術による侵襲の死の結果に向けられていた。…したがって、被告人は、傷害致死の構成要件によって処罰されるべきである。

このように、医師が患者の無効な同意にもかかわらず、手術し、患者が死亡したときは、傷害致死罪の成立の可能性が吟味されなければならない。ドイツの判例によれば、医師による医療侵襲に対して、傷害の故意を認め、死亡結果に対して過失が認められるときは、傷害致死罪が適用された判例が少なくない。わが国の判例において医療過誤で患者が死亡した事案に傷害致死罪（205条）を適用することのない（第6章620頁以下、山本病院事件参照）のと対照的であるともいえよう。

3．患者の同意の要件と制限

1．同意の要件と同意の制限

(1) 同意の意義と要件

　個人的法益については、個人の処分が認められる。したがって、身体の安全性についても、法益の担い手である個人が、その法的保護を放棄し、侵襲を容認するなら、刑法はそれをその個人のために保護し、侵襲を行った者を処罰する必要はない。しかし、その法益保護の放棄の意思表示は、その個人の自由意思にもとづき、自己の任意の意思にもとづくものでなければならない。この自己決定権の一環としての自由な意思決定の範囲については、個人の自己決定権の行使が行われる社会的基盤や状況に応じて異なった限界が引かれる。法益の法的保護の放棄は、その本人にとって不利益な処分であり、その不利益であることが十分に認識された上で、「正しく自己決定される」必要があるからである。このように、自己決定権の実現は、それがどのような自己に不利益な決定であっても、原則的にその個人の自由であるが、それが本人の無知や無理解あるいは、他人の無言の圧力によるものである場合には、一定の限度でその決定を無効として、本人を保護する必要がある。これは、法の「間接的パターナリズム」[86]の表れであるといってよい。例えば、親子の間の臓器移植については、子が親への臓器の移植に同意する場合、それが、子としての親に対する愛情から同意する場合、親の無言の圧力によって同意する場合、同意しなかった場合の社会的非難を斟酌して同意する場合などが考えられるが、子としての自由な意思決定の限界がどこに引かれるべきかは、当該社会と親子関係の自由度によるであろう[87]。

86　間接的パターナリズムは、直接的パターナリズムに対立する。後者が、例えば、本人の法益を保護するために自殺を処罰するというように、直接に行為者のためという理由で処罰するのに対して、前者は、他人に自殺を勧める行為のような、自らの法益を放棄しようとする人に関与する行為を罰することで、自殺者等を保護しようとするものである。第1章76頁以下参照。

(2) 同意の制限の基本的な考え方

　刑法における被害者の同意は、法益保護の放棄により、法益と法益主体の帰属関係が否定され、構成要件該当性ないし違法性が阻却されるための要件である。したがって、そのような効果を生じさせるに値する「同意」はどのような前提要件を充す必要があるかというのが、考察の出発点である。それは、「主観的要件」と「客観的要件」の二つの観点から考えられる。

　第1は、被害者の「意思の表示」というためには、どのような要件が必要かという観点からする **主観的・形式的要件** である。これは、意思が強制されたものでないか、無知にもとづくものでないか、瑕疵がないか、真意であるのかなどの要件であり、本来、当該の意思表示者の主観的・心理的な能力・状態の問題である。しかし、その前提は、人間は、原則的に、自由で合理的、合目的的な判断をするというフィクションである。

　第2は、原則的に、意思表示者の主観的・心理的状態とは独立に、別の観点から **同意が客観的に制限されるための要件** である。例えば、その同意が、第三者の利益に反するとか、公序良俗に反する[88]とか、公共の利益に反するといった理由で客観的に制限される場合[89]である。その一つとして、先にのべた、間接的パターナリズムの観点から同意者の利益を保護するための客観的・実質的制限が含まれる。この要件は、実質的に被害者の同意が同意者に不利にならないようにするための **実質的な規範的要件** であるともいえる。二つ目は、これを同意の「客観的」制限というより、主観的要件の客観的前提という方が妥当かもしれないが、医的侵襲に特有の同意者の自由な判断の基

87　これについて詳しくは、vgl. *Yamanaka*, Die Modelle und Typologie des indirekten Paternalismus im Strafrecht, in: v. Hirsch/Neumann/Seelmann (Hrsg.), Paternalismus im Strafrecht, 2010, S. 323 f.

88　現行ドイツ刑法228条は、「身体の傷害を、侵害される人の同意をもって行う者は、その行為が同意にもかかわらず善良の風俗に反するときにのみ、違法に振る舞う者である」と規定する。この規定の前身は、旧226条 a であるが、ヒトラーの政権掌握後の1933年5月26日の刑法改正によって導入されたものであり、1871年の制定当時にはなかった。一般にドイツ刑法学においては、この228条の規定は、「意味喪失原則」(cessante-Grundsatz) の妥当する場合とされている (cessante ratione legis cessat lex ipsa＝法の理由がなくなったときは、法自体もなくなる)。「善良の風俗」の語義自体には意味はなく、それは、一般には、重大な傷害に対する同意は無効であることを根拠づける規定であると解釈され (Vgl. *Harald Niedermair*, Körperverletzung mit Einwilligung und die Guten Sitten, 1999, S. 18 ff.)、あるいは、この規定は、明確性の原則に反して違憲であるとされているのである (vgl. *Detlev Sternberg-Lieben*, Die objektiven Schranken der Einwilligung im Strafrecht, 1997, S. S. 136 ff.)。

89　同意の客観的制限については、vgl. *Sternberg-Lieben*, a. a. O., S. 9.

礎である知的基盤を実質的に保障するための要件である。医的侵襲に対する同意の前提として、「医師の説明」が必要であるとされるのは、実質的に、同意する側の専門的知識の不足を補うという配慮を必要とするのであり、したがって、「医師の説明」が患者の同意の前提要件であるという原則も、同意の有効性のための実質的要件に属する。

この第2の客観的・実質的制限については、これを実質的にみて法益の担い手の「意思」を保護する者であるととらえる見解[90]もある。同意の第1の主観的・心理的要件は、法益の担い手の「自主的な決断」を保障する者であったのに対し、第2の制限は、その同意が、「自主的な決断の現れ」とみなしえないとき、つまり、その同意の決断が「不合理」であるとき、これを無効とするものであるというのである。つまり、「合理的な人であれば、同意を与えないし、従って、自己決定のできる限りの維持のためであることを考慮しても、この同意に応じた行為を希望しないことが明らかである同意のみ」例外的に制限される[91]というのである。このような合理的人間なら行わない不合理な同意とは、例えば、回復不可能な傷害への同意である。この見解は、主観的要件をさらに実質的に患者の「自主的な決断」といえるのは、「合理的」な判断でもあるときであるとするものであり、客観的制限を主観的要件の実質化によって実現しようとするものである。しかし、同意の客観的制限には、患者の実質的な主観的意思以上の考慮要素が含まれていると考えられ、客観的・規範的観点からアプローチしてこれを説明する方がベターであると思われる。

(3) 同意の客観的・規範的制限
(a) ドイツ刑法における「良俗違反」概念の解釈

この客観的制限は、ドイツ刑法においては、刑法上規定されている。現行刑法228条は、「被害者の承諾を得て傷害を行った者は、承諾にもかかわらず、行為が善良の風俗に反する時にのみ、違法に行為を行ったものである」と規定する。ここでいう「善良の風俗に反する」（良俗違反）かどうかが同意

---

90 *Frisch*, Zum Unrecht der sittenwidrigen Krörperverletzung (§228 StGB), in: Hirsch-Festschrift, 1999, S. 485 ff. Dazu vgl. *Rönnau*, Willensmängel bei der Einwilligung im Strafrecht, 2001, S. 167 f.
91 *Frisch*, a. a. O., S. 498.

を客観的に無効とするかどうかの基準として掲げられているのである[92]。ライヒ裁判所の通説的な民事判例によれば、良俗違反は、「あらゆる公正で正義を重んじて思考する人々の礼節感情」に反した行為に見られるという[93]。連邦裁判所の判例においても、これに従うもの、あるいは「文化的国民の共通の法確信」、「羞恥心・風習及び礼節の民族に既存の概念」、「公共の平均的な羞恥・倫理感情」等々と解されるもののなかに[94]、戦後の法治国家的解釈の重要性を慮り、「疑いもなく犯罪的で当罰的な不法」の場合と解釈するものも現れた[95]。1960年代以降は、このような倫理的で純主観的判断に陥りやすい、基準としてはあいまいな良俗違反概念は批判にさらされた。そこでは、この規定は、基本法103条2項に反するとする道と、合憲的解釈によって、良俗違反概念を新たに解釈する道とがあった。後者の道を歩み、この規定を合憲的に解釈する方法には二つの解釈方法があった。それは、「重大性説」（Schweretheorie）と「目的説」（Zwecktheorie）である。

　第1に、**重大性説**は、良俗違反概念を具体化するにあたり、構成要件的法益侵害の重大性を基準とする。さまざまな学説が、重大な健康侵害、侵害の一過性、具体的な生命に対する危険などという基準が提唱した[96]。判例の中にもこの重大性説に従うものが多くなっている。軽微な傷害について良俗違反がないとするもの[97]、被害者に依頼されて1メートルの距離から顔面に刺激性ガスを発射した事案で、それが、「軽微性を示すだけではなく、まったく甚だしい侵害」であることを理由に良俗違反を肯定したものがある[98]。下

---

[92] この規定は、1933年に導入された旧226条が、1998年の改正によって、228条に移され、文言が修正されたものである。この条文の展開過程に関するわが国の文献として、塩谷毅『被害者の承諾と自己責任性』（2004年）128頁以下参照。

[93] RGZ 48, 114, 124 f.: 55, 367, 373. Vgl. *Ulrich Stegmüller*, Die Sittenwidrigkeit der Körperverletzung trotz Enwilligung des Verletzten, 2009, S. 16.

[94] BGHZ 10, 228, 232; 22, 167, 181; BGH, NJW 1982, 1455.

[95] BGHSt 4, 24, 32.

[96] Vgl. *Hirsch*, ZStW 83, 1971, S. 140, 174; ロクシンも基本的にこの立場に立つが、重大性を「具体的に生命に危険」が及ぶときと、生命に危険が及ばなくとも、不可逆的に傷害されたときの二つの場合があるとする（*Roxin*, Strafreccht AT, Bd. 1, 4. Aufl., S. 559 f.）。私見では、この二つの場合は、分類して効果を帰属させるべきである。わが国では、平野『刑法総論』（1972年）254頁、中山研一『刑法総論』（1981年）306頁、大谷實『刑法総論』（新版第4版・2012年）254頁、西田『刑法総論』（第2版・2006年）189頁、不可逆的で重大な傷害かどうかを傷害の構成要件該当性阻却か正当化事由かの区別に用いるものとして、山中・前掲『刑法総論』203頁以下参照。

[97] BGHSt 38, 87.

[98] BGH NStZ 2000, 87, 88.

級審の判例にも、「発生した危険の程度とその行為の目的」を基準とするもの[99]がある。後に紹介する連邦裁判所のヘロイン注射事件判決では、「それぞれの構成要件的法益侵害の特別の重大性、つまり、被害者に受忍された身体の虐待又は健康侵害の範囲とそれと結びついたそれ以上の身体と生命の危険の程度」を基準とする[100]。本説に対しては、228条の善良の風俗の概念の解釈とは文言上適合しないという批判や、侵害の程度に依存する基準は、そう明確でもないとする批判がある。

第2に、**目的説**は、侵害の目的を基準とする。とくに、その傷害行為に、犯罪目的や性的動機があるときに、同意の効力を否定する。ライヒ裁判所は、わいせつ目的やサド・マゾなどの性的動機による傷害に対する同意を無効とした[101]。しかし、本説に対しては、法益の自由な処分を認める同意の基本的見解に反して、「身体」という法益と無関係な「傷害によって求められる目的」が倫理的に妥当かに依存することになって妥当ではないといった批判がある。学説の中には、重大性説を基準としながら目的説も、重大な傷害であっても、それが特別の利益を生む場合、ないし積極的な目的をもつ場合には同意を有効とするというように補充的・補完的に用いようとする「良俗違反補完的目的説」[102]も唱えられている。この説は、まさに、生命に具体的な危険を生じる重大な傷害については、生命維持の目的があることによって正当化するというように機能する[103]。

(b) 客観的限定の基準

これらのドイツにおける客観的制限基準をめぐる見解の検討から、構成要件該当性判断においては、重大性説に従い、軽微な傷害については、患者の

---

99 OLG Düsseldorf, NStZ-RR 1997, 325, 327. 本判決では、「同意があるにもかかわらず、良俗違反が存在するかどうかの判断にとって決定的なのは、陥った危険の程度とその犯行の目的との関係である。危険が大きくなればなるほど、そして犯行目的に与えられる価値が少なくなればなるほど、むしろ良俗違反は存在することになる」という。

100 BGH NJW 2004, 1054, 1056.＝BGHSt 49, 34, 42（刑事第3部判決）. さらに、2004年の連邦裁判所刑事第2部の判例も同様である（BGHSt 49, 166.）。

101 RG, DR 1943, 234; RG DR 1943, 579; RG JW 1938, 30; RGSt 74, 91, 94. わが国の最高裁も、同様に「目的説」に立脚する。保険金を詐取するという「違法な目的」があった場合、傷害に対する被害者の同意は、無効である（最決昭55・11・13刑集34・6・396）。

102 *Otto*, Eigenverantwortliche Selbstschädigung und -gefährdung sowie einverständliche Fremdschädigung und -gefährdung, Festschrift für Tröndle, 1989, S. 168. Vgl. *Stegmüller*, a. a. O., S. 51.

103 Vgl. BGHSt 49, 166, 171.

同意は、法益侵害の法的保護の放棄によって、構成要件該当性を阻却するが、重大な傷害においては、患者の同意だけでは正当化されず、利益衡量や医療目的などの他の要素をも考慮して判断すべきだという結論の正当性が確認されたと思われる。そこで、以下では、このような基本的視座に基づいて、同意のみでは構成要件該当性や正当化を根拠づけられない限界を論じるべく、患者の同意の客観的制限の根拠と要件につき、詳論しておく。

前述のように、同意の「客観的制限」とは、結局、「患者の意思」以外に同意の効果を制限すべき場合を指すのであるから、それは、規範の想定する限界であるということができる。そこで、これを同意の「規範的制限」と呼ぶ。これには二つの場合がある。第1は、法規範が法益の処分を禁止している場合である。第2は、法規範が、法益の処分を制限している場合である。その制約には、実体法的制約と手続法的制約がある。

(c) 法益の処分不可能性

法益保護の放棄である同意の「客体」には、客観的な限界が付されている。医師の治療における同意の有効性条件の上位に位置する観点は、ここで関係する法益の処分可能性である。当該法益が、個人の法益の処分に委ねられていないような場合、例えば、自分が死亡したとき、自分の死体を鍋に入れて食べてほしいと依頼した場合、死体損壊罪との関係では、その同意は、死体損壊罪を正当化するには無効である。死体損壊罪は、死者に対する公衆の敬虔感情が保護法益であって、社会的法益を保護するものであり、個人的法益ではなく、個人の処分に委ねられていないからである。国家的法益についても、このことは妥当する。個人的法益についても制限が付されることがある。

(i) 生命の処分不可能性

刑法は、個人の自己の生命に対する処分を、たとえそれが自由で真摯な意思にもとづく決断であっても許してはいない。ドイツでは、嘱託殺人の処罰規定（216条）にこれがうかがわれ、日本では自殺関与罪（202条）の規定がこれを表わしている。故意の殺人のみならず、傷害致死、過失致死のような「死の結果」をともなう犯罪についても、その結果に対する同意は、原則的に無効である。したがって、「具体的な死の危険」がある行為に対する同意については、原則的してその同意は、同意の対象である当該行為に対しては

無効である。ただし、その同意が、他の減軽的構成要件における同意としては、―例えば、同意殺人罪における同意として―意味を持つことはありうる。

(ii) 死の危険の伴う場合の身体の処分不可能性

身体の処分、すなわち、身体の傷害に対する同意については、三段階的思考が必要である。**第1段階**は、軽微な傷害であり、身体の機能上回復可能な傷害に対する同意である。これについては、被害者に処分権限が認められ、任意に処分可能であり、同意はその要件を充たす限り、有効である。**第2段階**は、重要な身体部分ないし機能の侵害に対する同意である。これは、「不可逆的な外形の変更」を伴う傷害を意味する。これを簡単に「重大な傷害」と呼ぶ。これについては、同意は、それだけでは、傷害の構成要件該当性を阻却しない。しかし、その同意が一般人からみて合理的な決断であり、一定の別の自由の要件を備えた者であった場合には、正当化事由の一つとして利益衡量の要素となりうる。これについては、次項で採り上げる。**第3段階**は、生命に具体的危険の及ぶ身体の傷害に対する同意であり、ここではこれが重要である。これについては、法益の担い手には原則的に処分不可能であり、同意は原則的に無効である。正当化されるためには、同意がなくとも緊急避難にあたるなどの正当化事情がなければならない。

(d) 同意の規範的制限

人の身体という法益については、それが生命に危険を及ぼす危険を伴わない限り、原則として処分可能である。したがって、整形美容手術にせよ刺青にせよ、個人の身体の処分については個人に処分権が認められている。しかし、この場合でも、法秩序が、個人の自己決定権よりも、別の価値を優先させて保護している場合には、同意の様式や同意の効果に制約を課している。このように、法秩序が、同意につきそれを有効と判断するためには、一定の様式や前提の充足を求める場合は存在する。この限界は、二つの観点から引かれる。

(i) 実体的規範的限界

第1は、法体系上の上位の一般原則から導かれる限界である。もともと「公序良俗違反」という限定要件によって示されていたのはこのような意味の限界である。今日、この観点は、基本法を頂点とする法規範の法原則から

演繹される。例えば、「人間の尊厳の不可侵性」(基本法1条1項)といった憲法上の原則を侵害する同意は許されないという限界が、規範的観点から付される。この類型においては、その同意自体が社会的に有益であるとはいえない場合が多い。身体の傷害については、処分権は制限されるので、同意があるだけでは、重大な傷害を伴う医療行為は正当化されない。同意のほかに、医学的適応と医術的正当性が必要なのであり、それは、医師の説明に基づく患者の同意がある場合には、治療という優越する利益のために正当化されるのである。

(ii) 手続的規範的限界

第2の限界は、その法益の放棄は、個人にとっても、社会にとっても、有益ではあるが、同意の方式に法的限定を付しているような場合に認められる。例えば、医的侵襲にあたっては、患者の同意があれば、それだけで手術が直ちに有効となるのではなく、医学的適応と医術的正当性および説明にもとづく患者の同意があってはじめてその同意は有効となるという場合がそうである。同じことは、新たな医療分野に多くみられる。例えば、性転換手術や、代理母、臓器移植については、法秩序は、その法益保護処分を完全に当事者の任意の同意に委ねているわけではない。そのような医的侵襲に対する同意には、法的な有効要件の充足や倫理委員会の許可などの一定の手続を要求している。

(4) 同意の実質的基盤としての医師の説明

医療行為に対する患者の同意の場合には、問題は、医療行為の必要性、意味、効果、副作用、治癒の見込みなどの情報につき、医師が圧倒的な知識量を誇り、患者は、詳しい情報を持っていないのが通常であるという点にある。もし同意が、行為者と被害者の間の合意であり、両者が自由な立場で合意に達するのが原則であるとすれば、同意するには、説明が必要であるなら、被害者すなわち患者が施術する医師に説明を求めればよい。専門的知識がないにもかかわらず説明も求めないで同意した方に責任があるともいえる。しかし、医療行為においては、実際には、患者は、その病状や治療法、治療の効果、危険発生の確率等について専門的な知識はないのが普通であり、しかも患者にはいまだに医師に対する信頼があり、患者の方からは説明

を求めにくい。そこで、とくに身体の侵襲を伴う医療行為への同意に関しては、「医師の説明」が同意の有効性の前提とされなければ、実質的に、患者の自己に不利益な同意から同意者を保護できないことになる。このような患者の実質的に自由な意思決定を保障するために、同意に先行する説明を要求しているのである。

2．同意の客観的・規範的限界の具体的考察

先に述べたように、医療侵襲に対する患者の同意の客観的・規範的限界は、身体に関する法益の法的保護の放棄が、現在の法秩序の立場から見て法的限界内にあることである。同意が「公序良俗」に反しない限り有効であるとする良俗違反の概念は、わが国でも、最近では、その内容があいまいであり、道義的・倫理的色彩が濃い不明確な要件であるので、これを用いず、これを「傷害の重大性」の要件に置き換えて、同意の有効性を法益侵害の程度から測定しようという見解が有力である。以下では、この同意の法的限界のうち、とくに実質的規範的限界について、具体的な判例をみながら検討を加えておく。

まず、ドイツにおける判例を詳しく検討しておこう。

(1) ヘロイン注射に対する同意における「良俗」概念

リーディング・ケースは、**連邦裁判所の2003年12月11日の判決**[104]である。そこでは、共同してヘロインを摂取するため、他人の同意を得てその他人にヘロインを注射してやった者にとり、同意は公序良俗に反し無効であるから、傷害致死罪が成立するのではないかが問題となった。この「良俗」の概念につき、判決は次のようにいう。

> 「良俗概念は、もとよりそれ自体を見れば輪郭がはっきりしない。それが処罰を根拠づける要素として刑法の中に統合されるなら、基本法上の明確性の原則と矛盾に陥る。したがって、刑法228条に対しては憲法上の疑義が唱えられている。本法廷は、この見解には与さない。しかし、良俗の概念は、その中核

---

[104] BGH NJW 2004, 1054.

部分に限定されなければならない。その場合にのみ、国家刑罰の予見可能性の要請が充たされる。このことは、傷害行為が良俗に反すると認められるのは、それが、理性的に疑問にさらされることのない、普遍的に妥当する道徳上の規準に従って、良俗違反の明白な兆候をもつときのみである。この意味において、傷害は、被害者の同意にもかかわらず、一般的に用いられる言い回しによれば、あらゆる公平・公正に考える人の礼儀感情に反するとき、道義違反である」。このようにして、「良俗違反」かどうかは、その行為をもって非難すべき目的が追求されるかどうかではなく、「道義違反の兆候は、法益侵害と、それに結びついたそれから生じる生命・身体に対する危険という基準のゆえにのみ行為に認められる」ものとする。ラント裁判所の見解とは異なり、承諾によるヘロインの注射それ自体は、道義違反かつ違法ではない。刑法228条は、倫理的・道徳的規準を引用し、身体の完全性というその個人的法益に関して任意に処分するという個人の自由を制限しているというのである。そして、本法廷は、「違法な薬物を摂取することが今日の一般的に承認された、疑いのない価値表象に従って一般になお良俗と相いれるものとは認められない」という。いかなる条件ないし事情のもとで、薬物の同意による譲渡による健康侵害が、一般に承認された道徳の規準に従って、道義的に非難されるかは、もとより一般的考察になじまない。ここでは、一般にハードな薬物を手渡すということのみでも十分ではない。むしろ、決定的なのは、具体的な行為によって健康侵害の危険と中毒の危険とが根拠づけられ、強化されるか、またどの程度そうかである。一般的な道義的感覚によれば、道徳的非難可能性の限界は、あらゆる基準となる事情の予測可能な客観的観察により、当該者が薬物の手渡しによって具体的な死の危険にもたらされたとき、超えるのである。そして、ここではそれを超えたのである。

かくして、限界を超えた同意は無効であり、傷害罪の構成要件該当性は否定できず、正当化できないとする。しかし、結論的には、連邦裁判所は、被告人は同意が有効であると誤信していたのであり、事実の錯誤があり、構成要件の錯誤の原則によって検討されるべきであるという。このように、本判決では、目的説を明確に否定し、重大性説にしたがって判断し、結論としては、良俗違反を肯定しているのであるが、不明確な「良俗違反」概念を明確な「具体的な死の危険」概念に限定して解釈することによって明確であり合憲であるとするのであるから、これは、合憲的限定解釈であるということができる。

（2） 良俗違反の内容としての死の危険の概念

　良俗の概念に関するこの原則は、2004年5月26日のサドマゾ行為に対する同意が、良俗違反ではないのかが争われた**連邦裁判所の判例**[105]に受け継がれている。事案は、女性から「緊縛」を要望された男性が、女性の首を絞めたとき、死亡することはありうると思ったが、死ぬことはないだろうと信じたという場合に、同意が良俗に反し無効ではないか争われたのである。

　先のリーディング・ケースを引用した後、本判決は、次のようにいう。「近時の判例および学説において圧倒的に唱えられている見解によれば、行為の公序良俗違反性にとっては、傷害が、それぞれの構成要件上の法益侵害の特別の重要性のゆえに、発生した傷害の範囲とそれに結びついた被害者の生命・身体に対する危険の程度を考慮して、法益主体の同意にもかかわらず、法秩序によってもはや受忍されえないと思われるかどうかが決定的である。それによれば、刑法228条の意味における良俗違反にとっては、原則的に、傷害結果の種類と程度とありうる生命の危険の程度が基準となる。というのは、法益主体の処分権に対する国家の一般予防的・後見的介入は、重大な侵害の領域においてのみ正当化されうるからである。重大な侵害とは、その重大性において、刑法226条において規定された著しい侵害に近いものである」。…「良俗違反性の限界は、いずれにせよ、行為が同意者の予測的な客観的観察により傷害行為から具体的な死の危険が生じさせられるとき、越えられる」というのである[106]。

　結局、「死の危険をもたらす程度の法益侵害」であったかどうかが「公序良俗」基準の実質的内容となっているのであるから、処分の不可能性ないし生命の不可侵性の要件と同意の法的限界の要件は実質的には同じことを意味しているともいうことができる。このことは裏を返せば、公序良俗違反による同意の無効は、それ自体が重要なのではなく、別のもっと具体的な基準によって代替しうるものであることを示している。

---

[105] BGH, Urteil vom 26. 5. 2004, NJW 2004, 2458.
[106] 学説には、これに反対のものもある。「死の結果」に対する同意は、無効だが、死の危険に対する同意は有効だというのである（*Baumann/Weber/Mitsch*, Strafrecht BT, 2000, S. 152 f.）。

(3) 傷害に対する正当化的同意の限界としての「具体的な死の危険」

したがって、同意の法的限界につきまとめると、次のようにいうことができる。ドイツの判例が認めるように、「法益侵害と、それに結びついたそれから生じる生命・身体に対する危険」が同意の有効性の基準であり、傷害から「具体的な死の危険」が生じる場合には同意は無効なのである。

この見解は、不明確な「良俗」概念を「具体的な死の危険」と解釈することで、道義的・価値的概念から客観的概念に転化させ、むしろ概念の枠組みのみを残し、実質的内容が変更するものである。条文上良俗概念を用いているドイツにおける解釈としては、これを違憲と判断しない限り、これが限界であると思われる。条文上の制約のないわが国においては、その実質的内容のみを用いることで足りる。したがって、「具体的な死の危険」が生じない限り、同意は有効であると解することもできる。しかし、患者の同意には、有効と無効の中間に、正当化事由との関係で、同意としては無効ではないが、同意のみによっては正当化作用をもたず、他の正当化要素である優越的利益を根拠づける事実の存在と相まってはじめて正当化できるような同意も存在する。それが、「重大な傷害」に対する同意である。「重大な傷害」は「具体的な死の危険」までには至らないが、身体に対して回復不可能な損傷を与えるような傷害を意味する。医療行為については、臓器の摘出などそのような「重大な傷害」にあたる侵襲が多い。したがって、この場合、患者の同意は、侵襲の正当化の前提ではあるが、それだけでは十分ではない。

(4) わが国の判例における同意による正当化の限界

わが国の判例においては、わが国では医師免許を取得していないフィリピン人医師による美容整形手術について、医師が被害者Aに対して行った医行為は、「身体に対する重大な損傷、さらには生命に対する危難を招来しかねない極めて無謀かつ危険な行為であって、社会的通念上許容される範囲・程度を超えて、社会的相当性を欠くものであり、たとえAの承諾があるとしても、もとより違法性を阻却しない」と判示し、医術的正当性をもたない無謀かつ危険な行為」である手術に対する同意を社会的相当性を欠くがゆえに違法性阻却効果をもたないとされた[107]。わが国の判例は、一般に、傷害の重大性の観点ではなく、社会相当性や行為の目的の違法性を考慮して

同意の客観的限界を定めるという目的説・社会相当性説に立ってこの問題を解決しようとしているといえる。このことは、医療行為における同意以外の被害者の同意に関する判例の態度からもうかがわれる。暴力団の組員による不義理を理由とする指詰めにつき、「被害者の承諾があったとしても被害者の行為は公序良俗に反するとしか言いようのない指つめに関わるものであり、その方法も医学的知識に裏付けされた消毒等適切な措置を講じた上で行われたものではなく、全く野蛮で無残な方法であり、このような態様の行為が社会的に相当な行為として違法性が失われると解することはできない」とする判決[108]がこれである。さらに、交通事故を装って保険金を詐取する目的で、被害者の承諾を得て、その者に故意に自動車を追突させ傷害を負わせたという事案について、「被害者が身体侵害を承諾した場合に傷害罪が成立するか否かは、単に承諾が存在するという事実だけではなく、右承諾を得た動機・目的、身体傷害の手段・方法、損傷の部位・程度など諸般の事情を総合して判断すべきである」[109]とし、損傷の程度のほかに、動機・目的・方法等も考慮して決定するものとしている。

(5) 学説における根拠論

ドイツの学説においては、自殺関与罪の処罰との関係で、法益の担い手の法益に関する処分権の制限が許されるのは、「同意の制限が、第三者または公共の、より高い利益の保護にとり避けがたい場合に限る」[110]とされている。その際、パターナリスティックな観点から、法益保持者の、自己の利益の侵害に対する後見的な保護の必要性を論拠とすることは、憲法上許容できない行為の自由の限定として排除される。ドイツ刑法216条に関しても、処分の制限は、人間の尊厳を引証し、「本人の幸福のため」だといったパターナリスティックな論証では正当化されえない[111]。同意の制限根拠は、一般

---

107 東京高判平9・8・4高刑集50・2・130。本判決については、山中「身体・死体に対する侵襲の刑法上の意義」(3) 法学論集63巻4号掲載予定参照。
108 仙台地石巻支判昭62・2・18判夕632・254。
109 最決昭55・11・13刑集34・6・396。評釈として多くのものがあるが、ここでは、神作良二「被害者の承諾と傷害罪の成否」最判解(刑事篇)(昭和55年度)(1981年)235頁以下を挙げておく。この判例については、さらに、山中敬一・前掲『刑法総論』214頁参照。
110 *Rönnau*, Willensmängel bei der Einwilligung im Strafrecht, 2001, S. 162; Vgl. *Sternberg-Lieben*, Die objektiven Schranken im Strafrecht, 1997, S. 583 ff.

予防的観点から、例えば、嘱託殺が蔓延するのを防ぐ点にあるという見解も、個人法益保護の観点と調和しないと批判されている[112]。

わが国においては、自殺関与罪は、自殺教唆・幇助、嘱託殺・承諾殺のすべての類型が処罰されている。したがって、被殺者の同意を減軽構成要件への移行事由としかみなしておらず、本来の同意の効果である法益の法的保護の放棄とはみなしていない。もちろん、自殺を処罰する規定はないので、自殺関与の処罰を根拠づけるのは難しい[113]。自殺関与罪の保護法益に個人的法益を超えた利益の保護を含めるのも、現代刑法の思想と調和しない。また、個人的法益であっても、生命という法益は個人が処分できず、したがって放棄できないというのも、生命のタブー視の合理的根拠が見出せない。しかし、この見解は、現代の人間の、人間の生命に対する特殊な尊重をよく表している。最近では、自殺教唆・幇助も他人が自殺者の生命を否定する行為を行うことは自殺そのものの当罰性と無関係に処罰の対象となるという見解が、比較的支持を増している。傷害罪に関しては、死の具体的危険がある傷害については同意できないという見解は、生命のタブー視説の延長上に位置づけることができる。

---

111 *Rönnau*, a. a. O., S. 163.
112 *Rönnau*, a. a. O., S. 164.
113 これに関する学説については、山中敬一・前掲『刑法各論』25頁以下を参照。

4．患者の同意能力

1．同意能力の概念

(1)　ドイツ法における同意能力の概念
(a)　法律上の規定と法律行為能力

　同意能力の概念を規定した実定法上の規定は、ドイツ民法、刑法その他の法律にも存在しない。そこで、その内容については判例や解釈に委ねられることになる。その際、参考にされるのが、民法の「法律行為能力」（ドイツ民法104条以下）および刑法上の責任能力（ドイツ刑法20条以下）ないし民法上の不法行為能力（ドイツ民法841条以下）の規定である[114]。

　同意能力の概念についても、これを、先に検討した法律行為説に従うか、法律行為類似説によるか、事実行為説によるかにより、異なる。しかし、先に結論を得たように、同意は、法益保護の放棄であり、法律行為とは性質を異にする。

(b)　ドイツの判例の見解

　ドイツの判例は、すでに1908年のライヒ裁判所の判決[115]において法律行為説から離反した。そこでは、「同意に必要な行為能力またはありうる意思の欠缺の判断に当たって決定的なのは意思表示に関する民法の規定か、それともとくに責任能力ないし刑罰阻却事由の存在に関する刑法の規定か」が判示事項とされている。1958年の連邦裁判所の民事判決[116]で法律行為説からはっきりと決別している。事案は、当時、20歳であった原告[117]が、甲状腺の手術を受ける際に、法定代理人の同意を拒み、両親が当時ソビエト占領地区に

---

[114]　同意能力の概念については、vgl. *Ulrike Golbs*, Das Vetorecht eines einwilligungs-unfähigen Patienten, 2006, S. 48 ff.
[115]　RGSt 41, 392. Vgl. *Golbs*, a. a. O., S. 54 f.
[116]　BGHZ 29, 33. これにつき、vgl. *Golbs*, a. a. O., S. 59
[117]　ドイツ民法では、成人とは21歳以上の者である。

居てその同意をとれないので、自ら同意したのが有効かどうかが問題となったものである。判決は、「身体の完全性への侵襲に対する同意においては、民法183条の意味における同意、すなわち法律行為への同意、それゆえ法律行為に対する意思表示が問題となるのではなく、同意者の権利圏を侵害する事実上の行為の着手に対する許可または権限付与が問題となる」とし、「身体の完全性（手術）に対する未成年者の同意は、未成年者がその精神的・道義的成熟に従い侵襲およびその許可の意味と射程を衡量することができるとき、法的に有効である」という。

同意能力については、同意無能力とされる二つの根拠があるとされている。一つは、未成年であること、もう一つは、成人であっても精神障害にもとづいて後見が必要なことである。自己の身体の完全性に対して医師の侵襲を許容するかどうかの判断に関して、それが表明者の意思によるというためには、侵害される法益の本質、意義、その射程に対する「弁識能力」が不可欠である。その他の要件は、実際に適用される分野によってもその重要性の程度が異なりうる。その他の要件のうち重要なのは、意思決定する際の「判断能力」である。

判例は、同意能力の決定をこの自然的弁識能力（natürliche Einsichtsfähigkeit）と判断能力に依存させている。判断能力とは、「侵襲およびその実施の本質、意義および射程を概観し、その意思をこの弁識に従って形成するための十分な判断力を有している」[118] ことをいう。この**1999年の連邦裁判所の判例**では、「危険な傷害への有効な同意は、それが事実状況の完全な理解をもって与えられ、同意者が、予期されるべき攻撃の予測される経過と可能な結果に関する適切な表象をもっていたことを前提とする。彼は、その表示の射程を認識し、賛否を相互に衡量するために、必要な判断力と冷静さを有していなければならない」としている。

ドイツの判例は、1958年の判例以後、同意能力につきその構成要素として徐々にさまざまな要素を試し始めた。判例は、その際、圧倒的に認知的（認識的）（kognitiv）性格をもつものとした。それによれば、精神的・道義的成熟によって、侵襲の①種類と本質、②意味、③射程ないし結果を認識できる

---

[118] 最近のものとして、連邦裁判所1999年10月12日判決（BGH NStZ 2000, 87）。

とき、その者は同意能力があるとした[119]。認識は、侵害のあらゆる詳細にわたってではなく、その概要に及んでいればよいとされた。若干の判例では、認識的要素と並んで意欲的要素も要求され、意思決定にも言及する。①侵害の形成を図る能力があり、②賛否を判断し互いに衡量することができなければならないとするのである[120]。

しかし、全般的にみて判例の同意能力の概念には明確性は見られない。傾向としては、侵襲が緊急性をもてばもつほど、同意能力の要件は低く設定されるといえるとされている[121]。

(2) ドイツの学説の検討

学説は、判例に従って認識的要素から定義する者が多いが。そのうち多数のものが意欲的要素をも考慮する。つまり、認識的要素に加えて、侵襲の形成を理解し、侵襲の賛否を衡量し、または責任ある方法で決断するべく精神的・道義的に成熟していることを挙げる。

(a) 弁識・判断能力（および抑制・制御能力）

しかし、このように定義された同意能力の概念も、あいまいさを払拭しきれず、その判断をするにあたって具体的な手がかりはなく、内容空疎であると批判されている[122]。そこで、アメルングは、これをさらに分析し、同意能力がない場合を次のように定義する。「同意無能力があるのは、未成年であること、精神的障害または精神病によって次の事情、すなわち、①同意決定によって侵害される財と利益が、彼にとっていかなる価値と順位をもつのか、②いかなる結果と危険が同意の決断から生じるのか、または、③同意者にあまり負担とならずに、同意をもって目指された目的を達成するためにはいかなる手段があるかを把握できない者をいう[123]。未成年者や精神障碍者のなかに、そのような弁識能力は持っているが、それにしたがって決断できない者も同意無能力である。この後者は、抑制能力（Hemmungsfähigkeit）な

---

[119] BGH VersR 1961, 632; NJW 1964, 1177; Vgl. *Golbs*, a. a. O., S. 56.
[120] LG München FamRZ 1979, 850; LG Berlin FamRZ 1980, 285; AG Celle NJW 1987, 2307. これらの判例については、vgl. *Golbs*, a. a. O., S. 56.
[121] Vgl. *Golbs*, a. a. O., S. 60.
[122] Vgl. *Knauf*, a. a. O., S. 26.
[123] *Knut Amelung*, ZStW 104, S. 58.

いし制御能力（Steuerungsfähigkeit）を意味する。このような能力は、その依存性とその結果について完全に意識しているが、それにもかかわらず時にはその確信に反しても薬物に手を出してしまう麻薬中毒患者にあっては、決定的な観点となる能力である。しかし、このような判断能力を生半可に使うなら、それが、同意能力の定義には異物である「理性高権」（Vernunfthoheit）に対して裏扉を開けて、完全無欠な弁識能力者の決断を無視する可能性を与えるからである。この見解に対する批判としては、アメルングは、子供が抜歯の苦痛のため虫歯を抜かない決意をする子供の例を挙げるが、それを成人に置き換えるなら、「不合理に」決断する成人も自己決定能力を欠くということにならないとは限らないからであるという[124]。このような抑制・制御能力は、判断能力の中に含めて判断されることも少なくないが、判断能力とは区別されうるように思われる。

(b) 段階説ないし重畳的管轄説

学説においては、いわゆる「段階説」（Stufentheorie）ないし「重畳的管轄説」（Doppelzuständlichkeitstheorie）に注目すべきである。段階説は、意思決定の過程を三段階に分けて分析する見解である。「重畳的管轄説」は、未成年者の意思決定の管轄を未成年者自身と親権者の間に明確に分属させ得ず、重畳的に管轄が認められることがあるとする見解をいう。

まず、**段階説**に関して、意思決定に至るまでの内心の意思形成過程については、精神心理学研究によれば、次のような三段階の過程からなるとされている[125]。その過程は、視聴覚による信号の知覚に始まり、次にその意味が理解される。次の段階で、理解された事実が評価され処理される。情報がその個人の置かれた状況の中に転化させられ、その個人の中でその利用と扱いが決められる。最終段階では、利用と処理によって形成された意思の現実的適用が行われる。つまり、その意思にしたがって決断に移されるのである。第1段階は、客観的に判断可能な部分であるが、第2、第3段階は、客観的にはアプローチできない主観的部分である。アメルングは、同意能力をこのような原則に従って規定する。これによって事実上存在うる患者の能力によ

---

124 Vgl. *Knauf*, a. a. O., S. 28.
125 *Hans Springorum*, Selbstbestimmungsrecht des geistig Behinderten in der medizinischen Behandlung, 2000, S. 24; vgl. *Golbs*, a. a. O., S. 69.

って同意能力を決定しようというのである。先に、同意無能力者を定義して、「未成年、精神傷害または精神病の故に、①同意の決断によって干渉される財と利益が、自分にとっていかなる価値をもち、または位置を占めるかを把握できず、②同意の決断からいかなる結果と危険が生じるかを把握できず、③同意をもって得ようとする目的の達成のために、自分にとりあまり負担とならないいかなる手段があるかを把握できない者である」[126]と定義したのは、この見解による。

この段階説に対する批判は、意思形成の主観的側面の検討の複雑性と困難性である[127]。第1段階の情報の理解と知識は客観的側面であるが、評価と衡量の段階では決定できず、内面は見通せないからである。

重畳的管轄説は、未成年者の同意能力について、その単独の意思決定管轄に属するのではなく、医師の侵襲を正当化するのは、補完的に親権者の管轄も重畳的に認める見解をいう。この見解は、家庭裁判所の介入による共同の解決を可能にする長所があるとされている。未成年者は、たしかに単独で侵襲に対しては、有効な同意を与えることができるが、民法104条以下により、病院や医師との医療契約を法的に有効に締結できないということも根拠となる。

(c) 帰結

このようにみてくると、患者の同意能力は、自らの生命・身体に対する自由な自己決定権の行使を保障するための、自己の身体への①侵襲の種類と本質、②意味、③射程ないし結果を弁識し（弁識能力）、その利害得失を衡量し判断する能力（判断能力）、そして、それにしたがって意思表示を制御する能力（制御能力）も必要であろう。

これは、法律行為能力のように、同意表示者が成人であることを前提としない。どちらかといえばむしろ、刑法上の責任能力に近く、14歳程度の弁識・判断能力、制御能力以上の能力があれば足りるように思われる。しかし、「自由」な自己決定権は、14歳から16歳ではいまだ制約なしには行使できないであろう。ここでは、原則として親との重畳的管轄が認められるべきであり、16歳以上であれば、侵襲の種類や程度が比較的軽く、緊急性がある

126　*Amelung*, Über die Einwilligungsfähigkeit, ZStW 104 (1992), 558.
127　Vgl. *Golbs*, a. a. O., S. 76.

場合には未成年者単独で同意することができるであろう。18歳以上であれば、いかなる侵襲であっても、未成年者単独で同意できるように思われる。

2．自律的意思としての同意

(1) 同意能力の内容としての弁識能力・判断能力

患者の同意が、実際に「自己決定」による行為であるとき、その同意は、構成要件該当性ないし違法性を阻却する。患者は、医師と理性的に意思疎通できる限り、その自律的意思にそって決断しうる。したがって、医師の治療に有効に同意するためには、患者は、事理の弁識能力をもち、判断能力がなければならない。この同意能力の問題は、一方で当事者の「自律」と、他方では当事者の「保護」の間の緊張関係にある[128]。同意能力は、患者が事実上の弁識能力および判断能力をもつかどうかに従って判断される[129]。同意能力があるというためには、「侵襲とその許容の意味と射程」を判断でき、それによってその人格の自由に展開させうるという基礎のもとでその同意を行うことができなければならない。

(2) 同意の代行

他方で、未成年者や精神障害者のように同意の条件としての弁識能力や判断能力に欠ける場合には、法定代理人ないし家族（親族）の同意が必要であるとされるが、その意義が問題である[130]。高齢者についても、この能力が事実上制約されている場合にどのように「同意」要件をクリアーするか、さらに、成人患者が、同意表明の必要な時期に意識障害に陥っているなどの障害があるとき、どのように「同意」を確保すべきか、あるいは患者自身の同意に代える制度がありうるのかが問われている。

---

128 *Tag*, a. a. O., S. 308.
129 アメルング（山中訳）「同意能力について」法学論集45巻4号（1995年）170頁参照。
130 民事法の分野において患者の同意が相対化される事案について研究したものとして、寺沢知子「医療行為に対する承諾の相対化と法的評価」新井誠編『成年後見と医療行為』107頁以下参照。ドイツ刑法における代諾の研究として、田坂晶「ドイツにおける治療行為に対する患者の同意能力の意義とその判断基準」島大法学53巻3号（2009年）83頁以下参照。そこでは、判例の検討が行われている（92頁以下）。なお、同「同意能力を有さない患者への医的侵襲の正当化」大谷實先生喜寿記念論文集（2011年）509頁以下も参照。

3. 未成年者の同意能力

　治療における同意は、身体の生理的機能ないし完全性に対する侵襲を容認する機能をもつものであり、したがって、高度に人格的な意味をもち、そこで、自律性尊重原理が大きな意味をもつ[131]。そこで、法律行為における意思表示のための民法の規定等は参考にならない。同意能力については、前述のように、明文の規定は、民法においても刑法においても見当たらない。そこで、刑法・民法を問わず、患者が事実上の弁識・判断能力をもつかどうかを基準として判断されてきた[132]。そこでは、「侵襲とその形成の意義と射程を測定する能力」、そして、それによってその「人格の自由な展開を基礎としてその同意を行う能力」を意味する[133]。そこで、長きにわたって、未成年者については、当人の個人的な発達（個人の精神的・道義的成熟度）に応じて侵襲および法的保護の放棄の「意味と射程」を測る能力があったかどうかを具体的・個人的に基準とすることが承認されてきた。したがって、年齢を一律に確定することはできない。

　一般には、ドイツにおいては、例外的な軽微事案を除いて、未成年者の独自の判断能力・決定能力が認められるのは、14歳[134]を下らない年齢とされている[135]。しかし、14歳未満でも、例えば、12歳～13歳であっても[136]、そ

131　Geilen, a. a. O., S. 348.
132　Vgl. Bauer, Die strafrechtliche Beurteilung des ärztlichen Heileingriffs, 2008, S. 150.
133　Tag, a. a. O., S. 309. アメルング・前掲訳法学論集45巻4号163頁参照。ドイツの判例において、妊娠中絶に対する未成年者の同意については16歳の少女に同意能力ありとする判例が多い。共同自殺が行われた「ギーゼラ事件」において、男性は生き残ったが、16歳の少女が死亡したのであるが、判例は、少女の同意能力を肯定した（BGHSt 19, 135, 137.）。
134　Roxin, Strafrecht AT, Bd. 1, 4. Aufl., 2006, S. 574. は、14歳未満の場合には同意能力は原則的に否定されるとする。Vgl. Ulsenheimer, a. a. O., S. 56.
135　ドイツ民事法における同意能力に関する研究として、河原格『医師の説明と患者の同意』（1998年）62頁以下参照。イギリス判例法における未成年者の医療と同意については、横野恵「イギリス判例法における未成年者に対する医療と同意（1）（2）」早稲田大学大学院法研論集97号（2001年）228頁、98号210頁以下。家永登『子どもの治療決定権』（2007年）とくに107頁以下。それによると、イギリスでは、1969年家族法改正法で「16歳に達した未成年者の治療行為は成人の場合と同様の効力がある」とされた後、ギリック判決（高等法院判決＝1983年7月26日、控訴院判決＝1984年12月20、貴族院判決＝1985年10月17日）によって、年齢にかかわりなく、判断能力の成熟した未成年者には治療同意権・拒否権があると解されたが、1990年代にはギリック判決の射程範囲は狭められることになった（同書110頁以下）。なお、フランスにおける未成年者の医療行為に対する同意については、寺沢知子「未成年者への医療行為と承諾

の発育の程度と成熟過程に応じて、例えば軽微な侵襲についてはその同意に意味をもたせ、中程度から重大な侵襲には、保護者の同意を必要とすることができるものとされている。

なお、わが国では、小児脳死移植における臓器提供に同意できる年齢（生前の意思表示による）については、厚生労働省のガイドラインによって、「民法上の遺言可能年齢等を参考として、法の運用に当たっては、15歳以上の者の意思表示を有効なものとして取り扱うこと」とされていたのであり、12歳に引き下げる説なども唱えられた[137]が、2009年の臓器移植法の改正によって、15歳未満の児童であっても遺族のみの同意により臓器提供できることになった。

4．未成年者における同意の代行

(1) ドイツ法における親の代諾

法定代理人は、親である。したがって、それ自体、必要な場合には、両親が同意する必要がある[138]。しかし、これをもっと実用的なものとするため、ドイツの連邦裁判所は、「**三段階説**」を提唱している[139]。**第1段階**においては、一般日常事例においては、医師は、反対の意思が明らかにされていない限り、病院に現れなかった片方の親の同意をとるだけでもよいとする。**第2段階**においては、重大な侵襲で、些細とはいえない危険がある場合であるが、現れなかった片方の親がどの程度、授権していたのかを問わなければならない。それにもかかわらず、現れた方の親の積極的答えを信用することは許される。**第3段階**においては、手術は、子供に対する重大で決断を必要とし、大きな危険を伴う。ここでは、医師は、両親の同意につき確実でなけれ

―「代諾」構成の再検討―（2）」民商法雑誌106巻6号800頁以下参照。なお、医事法学会のワークショップの企画趣旨に関して、岩佐和一郎「未成年者の医療における同意」年報医事法学24号（2009年）30頁以下。

136　Bauer, a. a. O., S. 151.
137　町野朔「『脳死臓器移植』について」年報医事法学20号（2005年）57頁以下参照。
138　民法において、未成年者や同意能力が不十分な成人にあっては、家族や近親者等の同意を得ればよいというのが大方の学説の理解であるとされる（寺沢知子「医療行為に対する承諾の相対化と法的評価」湯沢雍彦・宇都木伸・今井貴（編）『人の法と医の倫理』（唄賀寿）（2004年）107頁参照）。
139　BGH NJW 1988, 2946. Vgl. Ulsenheimer, a. a. O., S. 154.

ばならない。

　未成年者が、自ら同意能力をもつ場合、親の代理は、原則として認められない。しかし、例えば、13歳の未成年者がいまだ積極的に同意することはできないが、その者の関与なしには決定できないというように、中間地帯も存在する。例えば、未成年者が両親によって同意された、切迫する危険から守るためには避けえないものではないような侵襲を拒否する場合に成り立つ。そのような同意能力をもつ前段階にある未成年者は、侵襲に対して積極的に同意できないとしても、拒否することは許さなければならない。14歳から18歳の部分的にはいわゆる年長少年（Jugendliche）については、成熟度や年齢によりは病気の種類や治療法、切迫性、合併症の可能性或は身体に対する影響が決め手になるとされている。侵襲が重大であればあるほど、また、切迫性や危険と結果が予測できない者であればあるほど、そして患者の年齢が低ければ低いほど、それらの年長少年達の同意能力は欠如することになるというのである[140]。

　親の代理権は、両親の子供に対するその義務を伴う身上および財産監護権（Sorgerecht）に発する（ドイツ民法1626条）。したがって、両親は、恣意的に決定することはできない。その子供の幸福に服する監護義務に一致する限りでのみ決定できる（ドイツ民法1627条）。親が同意していてもその治療が医学的に妥当でない場合、医師は、親の同意を全面的な許可状とみなしてはならない。その場合、同意は、無効である。逆に、適応症が切迫しているにもかかわらず、両親が治療への同意を拒むことによって子供の幸福を危険にさらすときには、医師は、両親が意見を変えないなら、ドイツ民法1666条により家庭裁判所に訴え、「危険を避けるために必要な措置」をとることができる。

(2)　わが国における法定代理人の代諾

　わが民法においては、親権を行う者の子の財産の管理について、「親権を行う者は、子の財産を管理し、その財産に関する法律行為についてその子を代表する。ただし、その子の行為を目的とする債務を生ずべき場合には、本人の同意を得なければならない」とする（824条）。医療契約の締結ではなく、

140　Vgl. *Ulsenheimer*, a. a. O., S. 154 f.

身体の侵襲に対する同意については、財産の管理の問題ではないので、直接の適用はない。したがって、侵襲に対する同意における代理権の問題につき、類推適用の限度で参考にされるにとどまるというべきであろう。学説・判例の傾向としては、親権者または法定代理人等による「代諾」(＝代理行為としての承諾)を要求し、子供に医療を受けさせるのは、一般に監護権の内容であると解されている[141]。判例は、親権者、法定代理人、両親などの表現をするが、全体としては、法定代理人である親権者の同意によって医療行為をすることができるとしている[142]。代諾は、患者の承諾と同視はできないので、「患者の最善の利益に適う範囲」でのみなされねばならない[143]。わが国の民事法学説も一般には15歳くらいから同意能力をもつと解している。しかし、学説の中には、15歳に達していても、監護権による保護を必要とみなし、未成年者の自己決定権と親権者(監護権者)の監護権とが共同して行使されなければならないとするものもある[144]。

(3) わが国における脳死者の家族の同意

未成年者の同意に関する特殊な問題として、「臓器移植法」における死亡した者からの臓器の摘出に関する遺族の「摘出を拒まない」(6条1項2号)意思表示、なし「遺族が当該臓器の摘出について書面により承諾しているとき」(6条1項2号)における「承諾」が、どのような意味をもつかという問題がある。同じように、脳死者の「家族が当該判定を行うことを書面により承諾しているとき」(6条3項2号)における「承諾」の意味も問題である。

まず、この拒否の意思表示ないし承諾は、家族ないし遺族の固有の意思の表示であり、本人に代わる代諾ではない。それでは、家族ないし遺族は、臓器の摘出および提供、並びに脳死判定を行うことの承諾を行う権限をなぜ取

---

[141] 寺沢知子「未成年者への医療行為と承諾―『代諾』構成の再検討―」民商法雑誌106巻5号656頁以下参照。
[142] 岩佐和一郎「医療契約・医療行為の法的問題点」新井誠(編)『成年後見と医療行為』(2007年)74頁以下参照。判例として、福岡地小倉支判昭58・8・26判時1105・101(親権者)、最判昭56・6・19判時1011・54(法定代理人)、横浜地判昭54・2・8判時941・81(両親)。
[143] 廣瀬美佳「医療における代諾に関する諸問題(下)」早稲田大学大学院法研論集61号178頁以下、畑中綾子「同意能力のない子の治療拒否をめぐる親の対応―医療ネグレクトへの介入―」岩田太(編著)『患者の権利と医療の安全』(20011年)54頁参照。
[144] 寺沢・前掲民商法雑誌107巻1号59頁参照。15歳より低くてもよいとする見解もある。

得するのであろうか。死体については、本人は、人格権の延長が認められ、切り離された身体の一部に対する所有権が生前の人の所有権の延長として認められたとしても、本人が自分の死後の死体に対する所有権はもたない。遺族が死体について所有権を取得するわけでもない。むしろ、人々の敬虔感情の対象となる、固有の所有権者が、仮に、その者が死亡した地域が属する領土を有する国家が存在する限り、処分権が認められない所有権が帰せられる「特殊な公共財」であると見るのが妥当ではないだろうか。その処分権については、本人の生前の意思と遺族の意思に委ねられている。臓器移植法の改正によって、本人の生前の意思表示が不明ないし不存在の場合には遺族の意思によって処分できることになったのである。

5．成年における同意能力の欠如・限定

通常の場合、成人の患者は同意能力をもつ。成年者についても、例外的に有効な同意に必要な弁識能力ないし判断能力がないことがありうる。精神障害ないし意識障害がある場合がそうである。

(1) ドイツ法における世話人ないし家族による同意の代行

その場合、ドイツでは、民法1896条によることになる[145]。世話裁判所は、当事者の申立てないし公的機関の申立てによって、その成年者が精神病または身体的・精神的障害によって自己に関する事項につき個人的に処理することが部分的または完全にできないときには、世話人を擁立することができる。世話人の代理権も、患者の幸福に制約される。

世話の事案で特に重要なのは、ドイツ民法1904条である[146]。被世話人の治療ないし彼に対する医的侵襲に対して、代理によって与えられた同意が関係する場合、被世話人がその措置のせいで死亡し、あるいは、重大なまたは長期の継続的健康被害を受ける根拠のある危険が存在するとき、世話裁判所による（補完的な）許可が必要である。

---

145 *Geerds*, a. a. O., S. 350. なお、わが国における研究として、黒田美亜紀「ドイツ世話制度における医療行為の同意」新井誠（編）『成年後見と医療行為』237頁以下参照。
146 Vgl. *Bauer*, a. a. O., S. 154.

ドイツでは最近、世話人でなくても、成人となった家族である配偶者、息子・娘、両親などに治療に対する承諾権を認めようという立法の準備が進められている[147]。2003年には、「法定代理権の導入に関する立法運動」が行われた。その前兆は、すでに1994年の後見裁判所大会（Vormundschaftsgerichtstag）で「信頼のおける人」（Person des Vertrauens）について議論されたが、結果は出なかった。しかし、2000年の大会では、その第11作業部会で親族に対する法定代理権を導入することが有意義であるかどうかという議論が行われている。2001年6月の第72回司法大臣会議は、「世話法」の作業部会を設置した。作業部会の中間報告書は、法定代理権導入を擁護している[148]。この導入の主要根拠は、財政上の根拠である。被世話人自身に財産がない場合、国庫が世話の費用を引き受ける（民法1836条等参照）。世話は、名誉職的な世話人が少なくなるにつれ、国家にとって費用のかさむ制度となっている。世話は民法1896条により補充的なものとされているが、それを「法定代理権」とすることによって費用を減額しようというのである。法定代理制度を導入し、家族の絆を考慮するというのも根拠の一つである。利益相反を防ぐため、代理権は一般的にではなく、特定の生活状況における事項に限定され、世話裁判所の個別のコントロールに服する。

(2) わが成年後見制度における同意の代行

わが民法は、第7条において、「精神上の障害により事理を弁識する能力を欠く常況にある者については、家庭裁判所は、本人、配偶者、4親等内の親族、未成年後見人、保佐人、補佐後見人、補助人、補助監督人又は検察官の請求により、後見開始の審判をすることができる」と規定する。成年後見人の選任につき、「家庭裁判所は、後見開始の審判をするときは、職権で、成年後見人を選任する」と規定する（843条1項）。民法858条は、「成年後見人は、成年被後見人の生活、療養看護及び財産の管理に関する事務を行うに当たっては成年被後見人の意思を尊重し、かつ、その心神の状態及び生活の状況に配慮しなければならない」と規定し、成年後見人の職務指針を定めている。そこに明らかに、「療養看護」も含められているので、この規定によ

---

147 これについて、詳しくは、vgl. *Monika Burchard*, Vertretung handlungsunfähiger volljähriger Patienten durch Angehörige, 2010, S. 5 ff.
148 *Burchard*, a. a. O., S. 7.

って、医療行為についても配慮しなければならないことになる。後見人は、「被後見人の財産を管理し、かつ、その財産に関する法律行為について被後見人を代表する」（859条1項）とあるが、わが民法には、ドイツ民法1904条にあたる規定はなく、被後見人の身体の侵襲に対する同意の代理の問題は、「財産に関する法律行為」の問題ではないので、医療行為に対するその代理権については、疑問の余地はあるが、最近では859条の規定によって医療行為への同意の代行が認められるという解釈もなされている[149]。

成年後見法の起草者は、医療侵襲に関する後見人の同意については、「社会一般のコンセンサスが得られているとは到底言い難い」として、これを否定した[150]。しかし、学説においては、肯定説と否定説に二分される[151]が、近時は、肯定説[152]が有力である。

6．緊急状態における代諾（同意の代行）

(1) 問題の所在

手術が急を要し、患者本人に同意する時間的余裕がない場合、親や子、配偶者が、通常であれば、成人の弁識能力・判断能力をもつ患者に代わって同意を与えることができるか[153]。最高裁の民事判例で頭がい骨陥没骨折の傷害を受けて意識不明となった10歳の少年の開頭手術にあたって、患者またはその法定代理人に対する説明義務を認めたもの[154]があるが、代諾について

---

149 小賀野晶一「医療同意と身上監護」前掲唄賀寿149頁参照。
150 法務省民事局参事官室「成年後見制度の改正に関する要綱試案捕捉説明」金融財政事情研究会（2000年）43頁参照。
151 学説の状況について詳しくは、新井誠「成年後見法における医療行為の同意権」新井誠（編）『成年後見と医療行為』4頁、上山泰「医療行為に関する成年後見人等の権限と機能」新井誠（編）・前掲書87頁以下参照。なお、簡潔に解説したものとして、野崎和義『コ・メディカルのための医事法学概論』（2011年）29頁以下参照。
152 上山泰『成年後見と身上配慮』（2000年）92頁以下、同「成年後見と医師能力」新井誠・西山詮『成年後見と意思能力』（2002年）127頁以下、同前掲（新井編）『成年後見と医療行為』（88頁以下参照）。
153 この問題については、寺沢・前掲唄賀寿107頁以下、本人以外の人の承諾が問題となった判例については、124頁以下参照。このほか、同「未成年者への医療行為と承諾」民商法雑誌105巻5号661頁、「『承諾能力』のない人への治療行為の決定と承諾」潮見佳男編『民法学の軌跡と展望』（国井還暦）（2002年）113頁、同「同意能力のない人への医療行為の決定と家族の利益」実践後見16号19頁参照。
154 最判昭56・6・19判時1011・54。評釈として、新美育文「傷害を受けた者に開頭手術を行う医師の説明義務の範囲」判例タイムズ472号（1982年）101頁以下参照。

直接問題にしたものとして、**東京地裁昭和45年の判決**[155]がある。問題となったのは、患者の承諾を得る余裕がなく、近親者もいないという事案であった。本判決は、緊急事態においては、近親者がいない場合には、患者の承諾を得ずに手術をしたとしても、違法性はないとした。

(2) 民事判例における代諾の要件

代諾の許容要件を論じた民事判例として、**東京地裁の平成13年の判決**[156]がある。この判決では、医師が患者に対して手術のような医的侵襲を伴う治療を行う場合には、患者の自己決定権が尊重されなければならないから、医師は患者に対し、患者が当該治療を受けるかどうかを決定するのに必要な情報を、当時の医療水準に照らし相当と認められる範囲内で具体的に説明して、当該治療を行うことについて患者の同意を得る診療契約上の義務を負い、緊急に治療する必要があり、患者本人の判断を求める時間的余裕がない場合や、患者本人に説明してその同意を求めることが相当でない場合など特段の事情が存する場合でない限り、医師が患者本人以外の者の代諾に基づいて治療を行うことは許されないとするものである。

> **（事実）** 原告は、被告病院で手術を受けた女性Xである。Xは、その病院の教授である医師Yの妻であった。Xは、検診の際、被告である医師Aから、子宮筋腫があるが分娩には特に支障がない旨の説明を受けたので、その後も被告Aの検診を継続した。Aは、Xに対し、妊娠当初から腹式帝王切開術で分娩する予定である旨説明していたところ、Xはこれに同意したが、輸血を避けてほしい旨要望した。Xは、腹式帝王切開術を受け、次男を分娩した。その際、「原告は、手術台に仰向けに横たわり、顔の直下のところに手術者との間を仕切るための布製のスクリーンが掛けられ、顔には酸素マスクが装着されていた。Yが原告の分娩と母子の無事を確認し、自分の手術室に戻ろうとしたところ、被告AがYに対し、原告の子宮からにじみ出るような出血が持続していることを伝えた上、それに対して考えられる対策とその問題点を説明し、

---

155 東京地判昭45・6・10メジカルダイジェスト135-46。そこでは、患者が意識も判然としない緊急な事態であり、手術の承諾の回答をなしうる状態になく、代諾できる近親者もいなかったとき、患者の承諾を得ず、医師の判断で子宮摘出手術をしても違法性はないとする。
156 東京地判平13・3・21判時1770・109。この判決については、小賀野晶一「医療同意と身上監護」唄賀寿138頁以下、池畑佐知子・藤山雅行（編著）『判例にみる医師の説明義務』307頁以下参照。

子宮の全摘出を行うのが一番安全であるとして、それを希望するか否か尋ねた。Ｙは、子宮からの出血が止まらない可能性があることや再手術の可能性があることを考え、原告の子宮の全摘出を承諾した。なお、この時点において、被告Ａは、原告の卵巣摘出が必要であるとは考えていなかったため、Ｙに対し、原告の子宮摘出について説明して同意を求めただけで、卵巣摘出については何の説明もしなかった」。

(判旨) (i) インフォームド・コンセント（説明と同意）　「医師が患者に対して手術のような医的侵襲を伴う治療を行う場合には、患者の自己決定権が尊重されなければならないから、医師は患者に対し、治療を行うことが緊急を要し、これを受けるか否かの判断を患者に求める時間的余裕がないなど特段の事情があるときを除いて、患者の症状、治療の方法・内容及び必要性、その治療に伴い発生の予測される危険性、代替的治療法の有無、予後等、患者が当該治療を受けるかどうかを決定するのに必要な情報を、当時の医療水準に照らし相当と認められる範囲内で具体的に説明して、当該治療を行うことについて患者の同意を得る診療契約上の義務を負うというべきである」。

(ii) 原告の同意の有無　被告等は、Ｙが原告と相談の上本件手術を依頼した旨主張するが、被告Ａは原告に対し、本件手術について何ら術前の説明を行っていない…被告らの上記主張事実を認めるに足りる証拠はない。

(iii) 夫による代諾の可否　被告らは、原告の夫であるＹの同意を得て行われたのであるから、本件手術は違法ではないと主張する。

　しかし、医療行為がときに患者の生命、身体に重大な侵襲をもたらす危険性を有していることにかんがみれば、患者本人が、自らの自由な意思に基づいて治療を受けるかどうかの最終決定を下すべきであるといわなければならないから、緊急に治療する必要があり、患者本人の判断を求める時間的余裕がない場合や、患者本人に説明してその同意を求めることが相当でない場合など特段の事情が存する場合でない限り、医師が患者本人以外の者の代諾に基づいて治療を行うことは許されないというべきである。

　これを本件についてみるに、…いったん閉腹して原告の回復を待ったとしても、直ちに原告の生命に影響するような状況にはなく、本件手術には本件帝王切開に引き続いて本件手術を行わなければならないほどの緊急性はなかったと認められる上、病名も子宮筋腫であって癌等の病気の場合のように患者に説明すること自体に慎重な配慮を要するともいえないから、代諾に基づく治療が許される特段の事情があるということはできず、被告らの主張は理由がない」。

この判決では、生命に影響するような状況がなく、手術の緊急の必要性もなかったといった「特段の事情」がなかった場合、「代諾」は許されないとしている。

(3) 刑事法における推定的同意

刑事法の分野においては、成人で弁識能力・判断能力を備えた患者の治療行為については、原則論的に本人の同意が必要であり、代諾は許されない。家族である保護者・配偶者の同意が必要だとする見解もある。その法的構成については、①患者本人が有する同意権を代位行使するとする見解、および②家族の代諾は、本人の意思を推定する機能をもつにすぎず、推定的同意の推定のための一資料にすぎないという見解、さらに、③法定代理人等が患者を保護するために認められる独立の活動であるとする見解も唱えられている[157]。

第2説が妥当である。患者が意識不明の状態に陥っていて同意できない場合で、一刻も早く緊急手術が必要な場合には、推定的同意の法理を援用できるのであって、家族の同意をもって本人の同意に代えることはできない。その意味で代諾は許されない。脳死移植に場合のように、代諾の制度が法的に認められているのではないかぎり、代諾は、それ自体として有効なのではなく、あくまでも本人の意思を推定するという意味をもつにすぎない。したがって、家族がいない患者については、医師の患者の意思を推定して緊急手術を行ったとき、推定的同意の法理によって正当化されるのと同様の意味をもつにすぎない[158]。

---

[157] 大杉一之「治療行為といわゆる『代諾』序説」法学新報113巻3=4号388頁参照。大杉説は第三説を採る。これについては、同392頁参照。この論文では、未成年者か成人かを区別せずに論じられている。なお、田坂晶「刑法における同意能力を有さない患者への治療行為に対する代諾の意義」島大法学55巻2号 (2011) 1頁以下参照。

[158] 山中・前掲『刑法総論』564頁参照。これに対して、緊急避難は、患者が明示的に反対の意思を表示している場合などを除いて、原則的に守るべき法益と犠牲にされる法益の各法益主体が異なる場合に適用される。

5．患者の同意と意思の欠缺

1．患者の同意と錯誤

(1) 合意と同意の区別？

　わが国の刑法学においては、一般に被害者の承諾において「合意」（Einverständnis）という言葉が用いられることはないといってよい。むしろ、承諾と同意（Einwilligung）[159]とが、同義語として用いられている。しかし、ドイツ刑法学においては、合意と同意の区別が異なった意味と効果をもたらす概念であるとして、両者が使い分けられることがある。したがって、わが国では、これを翻訳する場合に、合意と同意のいわば上位概念として「承諾」という概念が用いられている。ドイツ刑法学においては、合意とは、構成要件の実現が法益主体の意思に反する法益侵害に依存しており、合意は、事実的・自然的意思であり、その合意があれば構成要件該当性が阻却されるという意味をもつ。これに対して、同意とは、法的に有効な場合も無効な場合もある法的な概念であり、それがあるとき、構成要件該当性は認められるが、行為が正当化されるという効果をもつ。そして、重要なのは、このような区別を前提にして、合意と同意における同意能力の程度、承諾の方式、承諾の認識の要否、錯誤の取り扱いなどにつき明らかな区別をする見解が唱えられていることである[160]。合意の場合、被害者に錯誤があったとしても、その効果には影響を及ぼさないのに対して、同意にあっては、それが重要な錯誤であれば同意は無効となるというのである。ちなみに、わが国においても、最近、このゲールズの合意と同意の区別を同意（承諾）能力や同意（承

---

[159] わが国では、Einverständnis を「合意」と訳し、Einwilligung を「同意」と訳すのが一般である。須之内克彦『刑法における被害者の同意』（2004年）9頁以下参照。なお、ロクシン（平野龍一監修）前掲『刑法総論』（第1巻第1分冊）583頁以下も参照。

[160] Geerds, Einwilligung und Einverständnis des Verletzten, 1953. 須之内克彦「被害者の承諾」刑法基本講座（第3巻）148頁参照。

諾)の意義全般にまで及ぼそうとする見解[161]が唱えられているが、不当である。このような見解によれば、医療侵襲が、構成要件阻却の問題であるとすれば、患者の「合意」であり、錯誤はその効果に影響を及ぼさないが、同意であれば、それが重大であれば無効となるのであるから、これを構成要件該当性の問題とすることは、患者の同意能力や錯誤を考慮しないという不合理な結論につながるので、傷害罪につき構成要件該当性の問題と捉えることは、実際上は排除されることになる。しかし、このような形式的な区別は正当ではないという見解が、今日においてはドイツにおいてもむしろ多数となっているのであって、構成要件該当性の段階であろうと、正当化事由の段階であろうと、同意の要件は同じと解する見解が妥当である。同意能力がなく、また患者の錯誤が重要であれば構成要件該当性阻却としての同意であっても、無効と解すべきだと思われる。

(2) 同意における意思の欠缺の効果

同意に際して患者に意思の欠缺があり、それが重要であれば同意は無効である[162]。意思の欠缺は、患者に脅迫や強要、欺罔や錯誤があった場合に生じる。意思の欠缺があった場合に同意が無効になるのは、もちろん、自由な意思決定によらなければ、その法益保護の放棄は、患者の真意に出たものではなく、意思がともなわないところに、不利益な効果を帰属させることはできないからである。

(3) 錯誤と同意の効果に関する学説

患者にどのような錯誤があった場合に、同意が無効になるかについては、基本的にいわゆる法益関係的錯誤があった場合であるということができる。

---

[161] 佐藤・前掲書121頁。住居侵入や窃盗においては、事実的な立ち入りや持ち去りを容認する意思は、子供でも持ちうるという。12歳の子供に家の中の預金通帳を持って来させる「合意」は(同書・注9参照)、通説でも、窃盗の間接正犯ではなく、「教唆」となりうると思われる。しかし、この見解によれば、7歳の子供でも「合意」が有効であるから、その子供を騙して「もっといいぬいぐるみをあげるから、その熊のぬいぐるみをおくれ」と言ってぬいぐるみを手渡たせた場合には、「合意」においては錯誤や同意能力は問題にならないから、窃盗にもならないことになる。この場合、この見解によれば、詐欺罪の成否については、「同意」が必要なので、詐欺にもならない。

[162] 被害者の同意における錯誤の意義に関する基本的研究として、山中「被害者の同意における意思の欠缺」関西大学法学論集33巻3＝4＝5号(1983年)271頁以下参照。

この「法益関係的錯誤説」は、おそらくは少数説であるが、わが国では有力な見解である[163]。ここでは、周知のように、これと並んでもし患者が錯誤に陥っていなければ同意しなかったであろうというような本質的な錯誤があった場合に同意が無効であるとする「**本質的錯誤説**」も唱えられている。また、ドイツにおいては、第3に、欺罔があり、それに影響された同意は、すべて無効であるという見解[164]である。その場合、法益の担い手の真意にそぐわないというのである。これを「**欺罔無効説**」と呼んでおこう。

上記の第1説や第2説についてはすでに周知であるので、ここでは、基本的に欺罔無効説に属しつつ独自の論拠を提供した理論を検討しておこう。同意における医師の欠缺の問題を正当化事由の段階に位置づけて、同意の有効性の問題と帰属の衡量の問題との二段階の考察の視点から、この問題にアプローチしたアメルングの見解[165]がそれである。アメルングによれば、第1に、同意の有効性の基準は、その決断が同意者の価値体系と一致するかどうか、つまり、決断の自主性が維持されたかどうかである[166]。それがないとき、同意は無効であり、違法である。第2に、この意思の欠缺が認定されると、帰属の問題が、「再開」されるのであるが、この段階では、包括的な利益衡量により、その意思の欠缺を、法益侵害にかかわった人の一人に帰属できるか、このようにして行為の可罰性に対する決定的な転轍が切られたかどうかが問題である。欺罔者が被害者の錯誤の存在の後に、法益侵害的侵襲を加えたのではなく、侵襲の許可が成立するに当たってすでにそれを支配していたときには、その違法結果は、欺罔者に帰属されるのである[167]。行為者が評価上重要な事実に関する同意者の表象を偽ることによって、彼を法益侵害に対する同意へと動機づけ、それによってその意味において操縦することに成功する。このような決断の誤謬を伴う同意は、自主的ではなく、無効と評価される。つまり、行為者が同意者を欺罔した場合には、帰属が肯定され

---

[163] 山中・前掲『刑法総論』211頁以下参照。
[164] *Baumann/Weber/Mitsch*, Strafrecht AT, 11. Aufl., 2003, §17, Rn. 109 ff.; *Stratenwerth/Kuhlen*, Strafrecht AT, 5. Aufl., 2004, S. 144; *Kindhäuser*, Strafrecht, AT, 2005, S. 109; *Rengier*, Strafrecht, AT, 5. Aufl., 2013, S. 215.
[165] *Amelung*, Irrtum und Täuschung als Grundlage von Willensmängeln bei der Einwilligung des Verletzten, 1999, S. 36 ff.
[166] アメルング説の検討と批判については、vgl. *Rönnau*, a. a. O., S. 333 ff., 336, 345 ff.
[167] Vgl. *Rönnau*, a. a. O., S. 342.

るから、例えば、患者を欺罔して、手術に対する意思の欠缺を伴う同意を得た者は、その同意がその者の価値体系に反するものであるかぎりで、傷害罪で可罰的となるのである。

　アメルングのいわば錯誤論と違法結果の欺罔者への帰属の問題の二段階構成は、結局、第1段階で、被害者の錯誤による同意の無効については、同意者の価値体系と一致するかどうかがその同意が「自主的」判断によるかどうかの基準であるとし、それに一致しなければ無効であるとして幅広く認めておいて[168]、第2段階で、欺罔によって引き起こされた錯誤にもとづく違法な結果は、欺罔者に帰属されるとするものであり、欺罔があれば、違法であるという結論になることが多いことになる。これは、欺罔に違法結果が帰属されるかを問うものであるから、いわば「欺罔アプローチ」ともいう方法であり、それ以外の「錯誤アプローチ」に対立する。この二段階アプローチの特徴は、欺罔が、被欺罔者の錯誤を引き起こしたから、その同意の有効性に影響するとするのではなく、同意の有効性を厳格にすることによって広く認められる無効となった同意結果を欺罔者に帰属できるかを問うた点にある[169]。錯誤アプローチからは、錯誤による同意の有効・無効により構成要件該当性ないし違法性が阻却されるか否かが決定され、行為者側からすれば、同意の無効を認識していたかどうかは、故意の問題にすぎない。この錯誤アプローチが、従来の刑法理論の一般的アプローチであって、妥当だと思われる。

　しかし、ここで、同意と意思の欠缺の問題について、基本的な考察を行う余裕はない。従来からの私見によって、ここでは、基本的に、放棄される法益に関係する事実に錯誤がある場合にのみその錯誤は重要であるという法益関係的錯誤説に基本的に従う[170]。

168　批判として、vgl. *Rönnau*, a. a. O., S. 354.
169　欺罔アプローチからは、欺罔がある場合、同意者の判断の基礎に影響を与えるから、同意は無効であるとする方法も考えられるが、アメルングの方法は、錯誤があって無効な同意による違法結果を引き起こしたことの責任を問うという方法である点に独自性がある。
170　山中・前掲『刑法総論』212頁以下参照。なお、より詳しくは、山中・前掲関西大学法学論集33巻3＝4＝5号271頁以下参照。

(4) 患者の同意の特殊性？

　問題は、医的侵襲に対する患者の同意の場合に、法益関係的錯誤説が貫徹できるか、または、その理解に、医的侵襲に対する患者の同意に固有の特殊性がないのかどうかである。なぜなら、患者の同意は、医師の説明義務を前提にしており、重大な説明義務違反そのものが同意の無効の結果をもたらし、また、患者の医的侵襲への同意は、健康を回復するための手術という患者の動機が重要な意味をもつからである。身体の完全性に対する侵襲の必要性、その必要性の切迫性、その射程と危険性についての錯誤は、少なくとも法益関係的錯誤であるといえよう。なぜなら、医的侵襲においては、確かに、身体の完全性ないし生理的機能の障害がすでに「傷害」である点に意味があるのではあるが、その一時的生理機能の障害の発生の受忍は、健康状態の回復という目的によってのみ引き受けられるものであり、法益概念にそこまで含めて考えなければ、合理的でないからである。

(5) 目的に関する錯誤・施術者の同一性に関する錯誤

　法益関係的錯誤説に立脚する場合、法益侵害について正しく認識していた場合には、その真の目的に関する錯誤は重要ではない。しかし、治療行為との関係で、どこまでが「法益侵害」の範囲に属するかには争いがありうる。例えば、診察目的での採血に関する説明をしつつ、実際には「エイズ検査」をする目的を隠し持っていたという場合に、採血に対する同意は有効かという問題がある。これは、診察目的という第1次的目的には錯誤はないが、その第2次的目的に関する錯誤があった場合に、その同意は有効かを問うものである。

　次に、法益関係的錯誤との関係で重要なのは、手術する医師が、A医師であると思っていたが、実際にはB医師が手術をしたという場合のように、施術者の同一性に関する錯誤があった場合、同意は有効か、どのような基準でそれを判断するかという問題である。これらの場合について、詳しく論じよう。

2．治療ないし臓器摘出の目的に関する錯誤

(1) 問題の所在

目的の錯誤については、法益関係的錯誤説に立つと、法益侵害とは一見無関係な場合が多い。しかし、医療行為の場合の身体に対する侵襲に対する同意の有効性は、治療目的と密接に関係していることは明らかである。なぜなら治療行為の正当化は、医学的適応性・医術的正当性にも依拠しており、患者の同意は、それらにも依拠しているからである。医学的適応がないにもかかわらず、医師に欺罔されて患者が手術に同意した場合、確かに身体に対する侵襲については患者に認識があるが、その同意は有効とはいえない。傷害罪の保護法益は、身体の完全性ないしその生理的機能であるが、治療のための侵襲は、最終的には病気を除去し、健康、すなわち身体の完全性・生理的機能を回復することを目的とするのであり、これは、「法益」に含まれているからである。このように、一般的には目的の錯誤は、法益関係的錯誤と言えない場合が多いが、治療行為については、少なくとも「治療目的」の錯誤は、法益関係的錯誤といいうるのである。

(2) 事例の類型化

患者の錯誤が、医師の欺罔によって引き起こされる場合であって、身体の侵襲の「目的」に関する欺罔がいかなる場合に同意の無効を導くかについては、事例を類型化して考察しければならない。

タークは、これを次の類型に分類する。①治療とそれに結び付いた第1次的目的に関する欺罔、②治療の第2次的目的に関する欺罔である。後者は、さらに、ⓐ身体に関する処分権に関係する事情、ⓑ身体以外の法益に関係する事情、ⓒ器官と身体組織の生体提供者への適用、ⓓもっぱら身体に関するというわけではない錯誤である[171]。以下では、タークの議論を参考にしながら、若干の修正を加え、私見を展開する。なお、ここでは、医師による「欺罔」があった場合を中心に論じ、医師の欺罔なく患者の「錯誤」のみが

171　*Tag*, a. a. O., S. 366 ff.

問題となる場合を別に採り上げるが、法益関係的錯誤説に立つかぎり、原則的に、錯誤論の解決にとって「欺罔」の有無は意味をもたないことを予め指摘しておこう。

(a) 第1次的目的の錯誤 (治療に関する錯誤)

タークによれば、第1次的目的の錯誤とは、医師が、直接に治療に関係する事情またはその目的に関する説明義務を侵害し、患者の、その身体に関する処分権の中核領域において錯誤を引き起こしたり、維持したという特徴をもつ類型である[172]。診断や、治療の実施、健康への危険、治療の積極的・消極的効果に関して、義務に反して説明が行われなかった場合がこれに属する。この場合には、患者は、治療に対して正しく決断できないのであって、不可欠の判断のための基礎が欠けるため、侵襲にともなう危険とチャンスの現実的な評価ならびに総じて自律的な決断が不可能である。例えば、治療する医師が、薬剤による血栓の予防措置なくして外来のギプスの固定の際に、脚の静脈に血栓症を生じる危険が生じるといった患者の生活に重大な負担となる、その治療に特有の危険について説明しなかった場合である。このような治療そのものに関する錯誤がある場合、同意の有効性は否定される。

この点については、前述の通り、「法益」関係的錯誤には、治療目的とその付随的事情も含まれるというタークの見解は、治療目的が、法益主体本人の治療目的に関する限り、支持に値する。第1次的目的に関する錯誤というカテゴリーは精確ではあるが、これを端的に「治療に関する錯誤」という方が分かりやすいので、ここではそう呼ぶ。

(b) 侵襲の第2次的目的に関する欺罔

タークによれば、第2類型は、患者が確かに侵襲自体と、それに関係する危険、直接健康に関係する結果、第1次的目的ないしその付随的事情については説明されたが、医師がそれ以上の事情、つまり、第2次的な目的については説明しなかった場合がこれに当たる[173]。患者にとって第2次的な目的とは、例えば、人工透析を受けている近親者に普通の生活を可能にするという、腎臓提供の際の提供者の意図、または、細胞の提供によって遺伝子解析を行い、がん体質を発見するといった目的である。このような目的につい

---

[172] *Tag*, a. a. O., S. 369.
[173] *Tag*, a. a. O., S. 371.

て、欺罔があった場合に関する刑法的効果については争いがある。

タークによれば、同意の社会的脈絡は、法益に関する処分の自由から切り離せない[174]。確かに身体に関する処分の自由が意思の欠缺によって侵害されるかどうかという判断にとっては、まず、直接に医師の治療と結びついた事情が重要である。しかし、それが、単独で存在するわけではなく、そこから生じる第2次的な目的を達成するためにのみ必然的に受忍されるとき、そこから切り離して観察されるべきではない。

ここでの侵襲の第2次的目的に関する錯誤が、同意を無効にするかどうかは、法益主体本人の「治療」とは関係のないように思われる事情に関する錯誤の事例群に関して問題になる。法益関係的錯誤説からは、この場合の同意の無効性の結論は自明ではない。臓器や組織が移植のために摘出されることに同意したが、移植目的に利用されなかったとき、法益侵害について重要な錯誤があるかについては、否定的解答も排除できないからである。タークは、これをさらに類型別に考察する。それは、次の通りである。第1に、身体に関する処分権に関係する事情、第2に、身体以外の法益に関係する事情、第3に、生体臓器・身体組織の提供者への適用、第4に、身体にのみ関係するのではない錯誤である。しかし、ここでは、これを①治療目的の手段としての侵襲に関する錯誤、②身体以外の法益に関係する錯誤、③延長された身体に関する錯誤、④摘出臓器等の利用目的に関する錯誤と名付けることにする。その方が体系的に分かりやすいからである。

(i) 治療目的の手段としての侵襲に関する錯誤

この錯誤は、侵襲それ自体は第2次的目的のためであっても、最終目標は、本人の治療にあるので、治療目的に関する錯誤として取り扱われてよい。例えば、採血の目的に関する医師の説明において患者の手術に際して輸血の目的であると説明されたが、実際には研究目的で利用する目的あったという場合、その採血は、最終的に本人の治療目的の手段としての侵襲であると誤信したのであるから、その錯誤は重要であり、同意は無効である。

タークは、これを「身体に関する処分権に関係する事情」と題し、次のように説明する。治療者が、第2次的目的について欺罔したとき、患者に意思

---

[174] *Tag*, a. a. O., S. 371 f.

の欠缺が生じたとしても、必ずしも常にその錯誤が重要であるということにはならない。その錯誤が患者の身体・健康に関する自律性に触れるものであったかどうかが検討されなければならない。傷害罪は、患者の処分権と自己決定権を包括的に保護するものではないからである。欺罔されたことによって患者に生じた、第2次的事情に関する錯誤、例えば、身体と健康に必然的に影響し、身体から採取した物質（血液）を利用する方法に影響する事情に関する錯誤は、通常、傷害罪の保護範囲に属する。これに対する例は、採血に対する同意がなされたが、後に約束に反する利用に供されることについて錯誤があった場合である。採血によって得られた身体の組織の利用は傷害にはあたらない。利用は、身体から切り離された組織に関するものであり、したがって、人格権的な拘束を受けた物に関するものだからである。しかし、物に至るまでの中間段階として必然的に必要となる身体の侵襲に対する、欺罔によって得られた同意は、無効である。

以上のタークの説明において、採血によって得られた組織や血液が身体の一部か所有権の対象かという論点に言及されているが、ここでは、それは問題にする必要はないと思われる。本人の治療のための採血や組織の採取は、本人が採取という身体の侵襲行為が治療のためと誤信しているかぎり、治療目的（第1次的目的）の錯誤に含まれるからである。

(ii) **身体以外の法益に関係する事情**

欺罔が、身体の完全性以外の法益に重点的に位置づけられる錯誤を生じさせることを目指している場合、傷害以外の構成要件に関してのみ重要である。治療の医学的適応については説明を受けたが、手術費用について錯誤が生じた場合、医的侵襲には関係しない。その錯誤は、支払義務に関するものであり、詐欺罪に関するものである。

この点に関しては、法益関係的錯誤説からは、タークの説明に異論はない。

(iii) **延長された身体に関する錯誤**

タークは、これを「生体臓器・身体組織の提供者への適用」と題しているが、これは現象論的観点からの命名であって、体系的ではない。これは、生体肝移植のような、他人への臓器の提供時に、例えば、叔父への提供だと欺罔されたが、実際には第三者への提供であったといった事例群を意味してい

るのである。ここでは、重要なのは、提供者にとっては、肝臓の摘出は自分の治療という目的とは無関係であるという点である。その点で、第①の事例群とは異なる。しかし、生体肝移植のための肝臓の摘出は、短期間での移植が予定された提供者の身体の一部にとどまっていると考えることができる。すなわち、提供者の身体から切り離された身体の一部は、いまだ機能的にその身体の延長とみなされうるのである。したがって、その身体の一部が、提供者の意思に反して第三者の身体と附合させられたとき、それは身体の傷害にあたるといえる。

　これに関するタークの説明を聞いておこう。タークによれば、上記の原則は、他人への移植目的での臓器・組織の生きた提供者にも妥当する[175]。例えば、病気の近親者の治療に役立つことを願って生体移植に同意したが、第三者に移植された場合である。透析患者の甥が、叔父に腎臓を提供して通常の生活を送れるように希望したが、第三者に移植した事例、また、母親が、その子供に、迫っている失明を角膜移植によって防止するために、その眼の一つを提供したが、第三者に移植された事例がそうである。このような場合には、このような状況においては、摘出に対する同意は、最終的目的と不可分に結びついている。その限りで、任意の、自己決定的な同意であるというためには、事実上の利用目的に関する説明をも必要とするのである。

　このタークの説明は、法益関係的錯誤説からは説得的ではない。法益とは、ここでは、提供者の身体の完全性を意味する。タークは、「摘出に対する同意は、最終的目的と不可分に結びついている」と述べるが、法益関係的錯誤説にとっては、最終目標が、その本人の「身体」の「治療」に結び付いていないのであれば、目的の錯誤に過ぎず、錯誤は重要ではない。したがって、前述のように、その臓器・組織の由来する身体ないし移植が予定された身体と機能的統一体をなす臓器・組織などが他の身体に移植されたときには、治療の客体である身体に対する侵襲に関する錯誤が生じており、それは法益関係的錯誤であるから、同意は無効となると説明すべきである。

(iv) 摘出臓器等の利用目的に関する錯誤

　この事例群は、移植目的のためではなく、例えば、治療目的で癌に侵され

---

[175] *Tag*, a. a. O., S. 374.

た臓器を摘出することに同意したが、その臓器が研究目的で利用されることについて欺罔があったというものである。この事例群では、治療目的での臓器の摘出については錯誤はないといってもよい。しかし、その臓器の摘出後の利用につき錯誤があった。これについては、摘出された身体との機能的一体性はすでに失われており、身体の延長とみることはできない。法益関係的錯誤説からは、重要な錯誤とは言い難いように思われる。

　タークは、これを「身体にのみ関係するのではない錯誤」と命名するが、これによって、一時的に身体から切り離されたのではない臓器等の利用目的にも関係する錯誤を意味している。患者がその臓器の多くの利用目的のうち幾つかの目的についてのみ説明を受けた場合も含むとする。タークは、これを「ジョン・ムーア事件」[176]を用いて説明する。

　ジョン・ムーアは、白血病のため脾臓を摘出することに同意した。説明に当たって医師は、ジョン・ムーアの細胞は特殊なものであろうと推測していた。そこで、脾臓は、ジョン・ムーアの同意を得ることなく、その疑惑を確証するため、特別に調査された。その細胞は、培養され、広く営利の目的で利用された[177]。彼自身は、その後、6年間もの間、採血のために通院した。白血病が再発したために再検査し、特殊な細胞を補給したが、その背景をジョン・ムーアに告知することはなかった。カリフォルニア最高裁の多数意見では、遺伝子に対する原告ムーアの所有権は否定された。しかし、同意の有効性につき疑問があるとして、事件は、差し戻された。

　このムーア事件でも、臓器の摘出は、白血病の治療に必要だったからであり、これについては患者に錯誤はない。ただ、その際、摘出された臓器の利用目的について錯誤があったのである。この問題は、先に述べたように、錯

---

[176] Moore v. Regents of the University of Calfornia 793, P. 2d 479 (Calfornia 1990). この事件について、手嶋豊『医事法入門』(第2版) 142頁参照。

[177] 次に紹介するヒーラ細胞が有名である。1951年2月に、ジョンズホプキンス病院で子宮頸癌で診察を受けたヘンリエッタ・ラックス (Henrietta Lacks) から採取した子宮頸癌組織の切片から世界初となるヒト細胞株が培養され、HeLa 細胞と名付けて発表された。ヘンリエッタは、その年の10月に死亡したが、採取された細胞は、培養され続け、今日まで実験材料として世界中に有償・無償で提供され利用されている。当時、その細胞は、ヘンリエッタおよびその息子の知らない内に採取され、説明もなく同意を得ることもなく、利用されていた。当時、切除された組織等は、医師ないし医療研究所のものであると考えられていた。1990年のムーア事件判決でも、この HeLa 細胞の事件の考え方が前提とされた（これについて詳しくは、レベッカ・スクルート (中里京子訳)『不死細胞ヒーラ』(2011年) 参照。なお、朝日新聞2011年1月11日朝刊も見よ)。

誤の重要性は否定されるものと考えられるが、この問題を錯誤論のみで解決するのが妥当かどうかについては、別の考察を必要とするであろう。これは、次に検討する「採血の目的に関する錯誤」の問題とも関係するので、まず、その問題を取り上げよう。

3．採血目的の欺罔

(1) 問題の所在

「摘出臓器等の利用目的に関する錯誤」に関する欺罔につき、とくに、「採血目的に関する欺罔」の問題が、ドイツの判例・学説において大きく議論された[178]。

それは、診察目的で採血し、それによって「秘密裡のエイズ検査」(heimliche Aids-Tests) をするという事案についてであった。静脈に注射針を刺し、採血する行為が傷害の構成要件該当行為であることは、この議論の前提である。また、採血そのものについては、同意は存在する。同意の有無が問題になるのは、その採血された血液につきエイズ検査を行う目的がある点について説明がないことである。この議論の背景には、血液検査は、通常、診断のために行われ、説明義務が厳格に考えられていることに加えて、検査の陽性という結果が患者の生活の質を大きく変えるという結果をもたらす点にある[179]。

(2) 判例の動向

エイズ検査の目的を偽る事例に関する判断については、判例[180]に変遷がある。

---

178 Vgl. *Ulsenheimer*, a. a. O., S. 98 ff.
179 *Uhlenbruck*, Schmerzgeld wegen HIV-Test ohne Einwilligung des Patienten, MedR 1996, S. 206. わが国で、警察官採用試験に合格した者に対して実施された身体検査で血液が採取され、HIV抗体検査のためそれが警察病院に渡され、その結果、陽性であったという事案で、HIV抗体検査を実施することについて事前の説明がなく、同意を得ず、また、入校辞退願いを作成するよう求められたときに、検査について本人の同意を得ず、また検査結果を同意なしに警察学校に通知した等の行為を違法として損害賠償を請求した判例の事案がある（東京地判平13・3・21判時1770・109、医事法判例百選46頁以下＝髙嶌英弘「HIVの無断検査」同46頁以下）。東京地裁は、一部容認の判決を下した。
180 これに関するわが国の研究として、河原格『医師の説明と患者の同意』(1998年) 29頁以下参照。

5. 患者の同意と意思の欠缺　177

(a)　メルン区裁判所の1988年10月6日の判例[181]

(事案) 原告は、被告が医長として勤務する胃腸病・肝臓病専門の療養病院（Kurklinik）に治療を受けるためにやってきた。原告には、初診の検査としてその承諾を得て採血が行われた。それは、とくに糖尿病、肝炎、梅毒、腫瘍といった病気を検査するためのものであった。その後、被告の指示により、原告に告げることなく、エイズ抗体テスト（エイズ検査）も行われた。これもこの病院ですべての患者に対して行われる通常の検査であった。原告には、検査結果は知らされなかった。そこで、原告は、それを身体の完全性に対する侵害であり、また、一般的人格権侵害であるとして慰謝料を請求した。被告は、技術監査機関（TÜV）検査を行うと説明したが、理解力のある患者なら、それにはエイズ検査も含まれると理解すべきだと主張した。

(判決) 原告に初診検査の枠内で実施された採血は、原告の有効な同意によってカバーされており、違法ではない。したがって、慰謝料の支払の義務を負うような傷害は存在しない。「…原告は、原則的に、いわゆる初診時検査の枠内で採血に承諾した。それによって採血に有効に同意したのである。後の秘密裡の、約束違反である血液の利用は、いったん与えられた同意の効力を事後に再び排除するというものではない。有効な同意の要件は、たんに患者の身体の完全性と自己決定権を保護するものであるにすぎない」。

「被告によって秘密裡の実験室規定に沿った実施が指示されていたことも、インフォームド・コンセントの権利の下位形式における一般的人格権の侵害にもとづく原告の慰謝料請求権をもたらすものではない」。たしかにエイズ検査の実施も説明されているとはいえない。しかし、原告の慰謝料請求は、別の理由から認められない。すなわち、人格権のあらゆる侵害が慰謝料請求権を根拠づけるものではないからである。被害者は、人格権に対する重大な侵害についてのみ、そしてまた、その侵害が他の方法では満足のいくように償えない場合にのみ、金銭賠償を請求できる。軽微な侵害は、物質的賠償に対する請求権を根拠づけえない」。…「ここでは、裁判所は、慰謝料の支払義務を負わせるような原告の人格権に対する侵害を認定できない」。

このように、本判決は、人格権の重大な侵害を否定し、慰謝料の請求を認めなかった。本件の第2審である**リューベック地方裁判所判決**[182]も、1989年

---

[181] AG Mölln, Urteil vom 6. 10. 1988, NJW 1989, S. 775.
[182] LG Lübeck, NJW 1990, 2344.　理由なし。

6月22日に控訴を棄却した。刑法の観点からも、この民事判例の根拠づけは、錯誤論に限るかぎり、大筋で納得しうる。同意に含まれない後の利用目的は、身体の完全性の法益の侵害に関係するものではない。

逆に、次の**ケルン地方裁判所判決**では、患者の人格権の侵害のゆえに請求が容認された。

(b) ケルン地方裁判所1995年2月8日判決[183]

(事実) 被相続人（当初の原告）は、皮膚科の医師が、静脈から採血し、エイズ抗体テストを行い、それをその原告に知らせた。被相続人は、その後、治療を中断し、別の病院でカリニ肺炎と診断され死亡した。原告が、1万マルクの慰謝料を請求し、被告は、同意にはHIV抗体テストも含まれていたと主張した。

(判決) 請求は一部容認される。原告には、1500マルクの慰謝料の請求が認められる。身体と健康に対する不法行為による請求は認められない。民法823条1項の意味における身体の傷害ではあるが、慰謝料を支払うようなものではなく、軽微である。被相続人が、テストの結果を聞いて怒ったことは「普通のこと」であり、「疾病」には当たらない。しかし、被相続人には、人格権の侵害による慰謝料の支払請求権は認められる。患者の同意なしにエイズ抗体テストを行ったことは、患者の自己決定権の侵害である。当時の病状からそのようなテストを行うべき適応があったかどうかは、この関係では重要ではない。適応は患者の同意に代替できない。患者の人格権の侵害は、すでに重大な人格権の高位に位置するものである。金銭賠償以外の方法はない。

このような民事判例に対し、秘密裡のエイズ抗体テストの実施が刑事事件として扱われ、手続が打ち切られたベルリン高等裁判所の処分がある。

(c) ベルリン高等裁判所1987年2月25日検察庁処分[184]

(事実) 原告は、歯科医を探して、被告であるベルリン自由大学病院の教授のもとを訪れた。被告は、その意図を患者に告げることなく、注射器で採取した血液を、エイズ・テストを行うため自由大学の研究所に送った。検査の結果は陽性であった。被告は、このようなテストを希望していなかったので、騙されたと感じて、医師を告訴した。

---

183 LG Köln MedR 1995, 409.
184 Staatsanwaltschaft beim Kammergericht, Einstellungsverfügung v. 25. 2. 1987, MJW 1987, 1495＝JA 1987, S. 461.

(処分) 検察官は、公訴を提起すべきかを判断した（刑事訴訟法 170条1項）が、その際、被疑者が有罪とされる蓋然性が高い場合、犯行の嫌疑は十分であるとし、したがって、有罪の蓋然性が高いという予測が決定的であるとした。その見解によれば、嫌疑があるかどうかは、構成要件該当性、違法性、責任の三段階における検討が必要である。まず、構成要件については、注射による傷害は重要性がないわけではない。しかし、注射器が「危険な武器」（刑法223条a）とは言えない。

次に、患者の正当化事由たる同意については、三つの見解がある。第1に、一般的な採血に対する同意で十分であり、個々の血液検査に対する同意は不要であり、したがって、特別なエイズ・テストに関する同意は不要であるというものである。第2に、診断は可能であるが、現在まだ治療法がないというエイズ問題の特殊性にかんがみて、他の検査の場合とは異なり、同意が有効であるためには、特別のエイズ・テストに関する包括的な同意が要求されるという見解である。検察官は、次の第3の見解を採り、一般的部分的説明で十分だと考える。この見解は、説明されていない部分には、推定的同意が認められるとする。この見解の中核となっているのは、HIV感染テストのまたはエイズ発症を知るためのテストに関する説明がなされた場合の社会心理的な効果である。現在の議論は、いまだに理性というよりも、ヒステリーに強く刻印されており、陽性と判断された患者の差別と烙印づけが高まることを考慮すべきである。医師は、少なくともそう考えたのであり、禁止の錯誤の状態にあると考えられ、責任が否定される[185]。

(3) エイズ・テストに関する学説

学説には、まず患者が、用心のために「包括的な健康診断」を望んだ場合には、通常、エイズ・テストをも実施する権限が与えられており、また、患者が治療を望み、エイズ検査を必要とするような病状の原因を解明するために医師のもとを訪れた場合にも同じであるとする見解[186]があるが、これに関しては、一般的な健康診断のための検査を受けようとする者に、エイズ・テストに同意するという黙示の意思があるといえるかは疑問であるという反論がある[187]。また、医師が、契約上負っている解明の義務は、重大な病気

---

[185] JA 1987, S. 462.
[186] *Laufs/Laufs*, Aids und Arztrecht, NJW 1987, S. 2263.

の嫌疑がある場合、包括的な詳しい検査を要求するのであって、エイズ感染の既往歴が判明した場合、医師はテストを実施する義務を負うのであり、さらに、その医師のもとを訪れたことによって、患者が、血清検査の診断結果を告知されることについて同意していると推論することができるとする見解[188]もあるが、最後の点の同意の推論には無理があろう[189]。一般的健康相談、診断のため医師のもとを訪れる患者は、一般的な年齢相応の病気について知りたいと望んでいるが、患者がエイズに罹患していることを聞く意思をもつかどうかは、少なくとも疑問である。従来、問題なく生活してきており、エイズに罹っていると考えたこともなかったという場合はとくにそうである。この場合、エイズ・テストについては、明示的な同意が必要であろう[190]。

患者にエイズ検査に対する説明がない場合に、同意があるといえるかについては、その状況に応じて患者の意思を推し量る以外にない。次のような類型に応じた考察が必要である。

(4) エイズ検査の諸類型と法益関係的錯誤

以下では、ミヒェルの分析[191]に依拠しながら、医学的適応との関係を中心とする類型化に対応する解決策を検討しておこう。

(a) ミヒェルによる類型化と結論

ミヒェルによれば、刑法上の同意の有効要件を検討するにあたっては、**第1類型**、つまり、エイズ・テスト自体が他の検査と並んで医学的適応がある場合（エイズ・テストの医学的適応）、**第2類型**、つまり、検査が、他の医学的適応のある血液検査を契機として実施された場合（他の医学的適応のある血液検査におけるエイズ・テスト）、**第3類型**、つまり、医学的適応があるのではなく、採血が、ただ、エイズ・テストを実施するこという患者の知らない目的に資する場合（医学的適応なきエイズ・テスト）、**第4類型**、つまり、検査が、いわゆ

---

[187] *Uhlenbruck*, MedR 1996, S. 206.
[188] *Laufs/Laufs*, Aids und Arztrecht, NJW 1987, S. 2263.
[189] *Uhlenbruck*, MedR 1996, S. 206.
[190] *Uhlenbruck*, MedR 1996, S. 206.
[191] *Michel*, Aids-Test ohne Einwilligung — Körperverletzung oder Strafbarkeitslücke?, in: JuS 1988, S. 10 ff.

る危険グループに属する人の血液につき実施された場合（危険グループ）の四つのグループに分類できる[192]。

第1類型については、①患者がエイズ感染がありうるという兆候があり、または、医師との間で包括的な健康検査の契約が締結されている類型、および、②患者の明示的な意思が表示されていないため、その黙示的同意の意思表示の射程を決定するにつき、客観的に認識できる利害状況に従った解釈が必要な類型に分かれる。①については、黙示の意思表示の解釈によりエイズ・テストの実施に同意していたとすることができる。しかし、②については、これによって、いまだ患者が、この射程の意思表示を与えようとしていたということにはならない。つまり、もし患者がこれに明示的に賛成するときにのみ、その意思表示はエイズ・テストにも及ぶと考えていたなら、その際、患者の「内容の錯誤」（Inhaltsirrtum）が問題である。そのような内容の錯誤は、いまだに唱えられている見解によれば、同意の有効性をいずれにせよ阻却する。しかし、法益関係的錯誤説によれば、テストが実施されるのは、患者の身体に対してではなく、患者から切り離された物質（Substanz）である。しかし、注意すべきは、これはまだ一定の疾病を早期に認識するために行われるのであるから、身体ないし治療に関係する侵襲であるということも可能なことである。この場合、身体の完全性に対する侵害ということもできる。しかし、付加的にエイズ・テストをすることに関する錯誤は、223条以下の法益に関しては、「身体の完全性に役立つ（積極的な）誤信」を意味する[193]。かくして、医師が患者に説明せず、患者がエイズ・テストをその同意に含めていないときにも、医師は傷害として可罰的ではない。

第2類型については、テストが、患者の明示的な同意なく、他の適応を示す血液検査にともなって行われるとき、上述の解釈原理により、エイズ・テストの実施は、すでに同意の客観的表明内容の中に含まれているわけではないということになる[194]。したがって、患者の同意の表示がエイズ・テスト

---

192 ミヒェルによれば、以下は、リーガーの分類によるという。*Rieger*, Deutsche Medizinische Wochenschr. 1987, 736 ff.; Vgl. *Michel*, a. a. O., JuS 1988, S. 10 ff.
193 *Michel*, JuS 1988, S. 11.
194 *Michel*, JuS 1988, S. 11. ミヒェルは、続けて「この場合、患者の錯誤の問題も、医師の説明義務の問題も生じない」という。しかし、事後のテストの実施について意思表示に含まれていなかったから錯誤の問題が生じるのであり、医師がエイズ・テストを実施する意図であったなら、説明する義務が生じるのであり、この文の趣旨は不明である。

をも対象としなければならないかどうかのみが重要である。ここで、法益関係的錯誤説によれば、エイズ・テストを実施するという意図により、直接・間接に、223条以下によって保護された法益に介入されるかどうかが問題である。これについては、このテストの実施は、身体の完全性に対する権利に対する侵害とはいえないというべきである。したがって、この類型の行為も、傷害として可罰的ではない。

第3類型は、医学的適応のないエイズ・テストの類型である。採血がただ患者の知らない目的に役立つだけであった場合、医師による黙示の欺罔が存在する。患者は、医師の採血の指示は、医学的に適応があるということから出発できるからである。この場合、意思の欠缺により同意の有効性は欠落する。

第4類型は、危険グループにおけるエイズ・テストの特別扱いの問題を取り扱う。このグループにあっては、彼らから、他の患者や医療関係者、ならびに一般公衆にもより大きな感染の危険が広がるからである。ここでは、ドイツ刑法34条の緊急避難が問題となる。

(b) 私見

ミヒェルの分析と結論はおおむね支持できる。ここではとくに、4類型において、第1、第2の類型の法益関係的錯誤説による解決が重要である。たしかに、ムーア事件のように、臓器等の事後的な利用が直接患者自身の治療とは無関係であるが、臓器摘出それ自体が治療目的で行われている場合には、事後の利用目的における錯誤は重要ではなく、同意は有効であるという原則からは、第1、第2類型ともに錯誤は重要でないというミヒェルの結論は支持しうる。しかも、第1類型については、ミヒェルが述べるように、エイズ・テスト自体が、「身体の（最終的な）完全性」に役立つものであり、患者の治療目的に含まれ、患者の意思の射程内ともいえる。第2類型についても、この点では同様である。したがって、これらの類型において錯誤は重要でないという結論は支持に値する。第3、第4類型については、ミヒェルの論拠は支持しうる。

問題は、傷害の構成要件ないし正当化事由の要件を充たすかどうかという問題とは別に、ムーア事件のような他の利用目的に臓器や組織を利用することが妥当かどうかであり、これについては、臓器移植法等の別の法規制にお

いて説明と同意を要求する立法が行われる必要がある。これについては第2巻において論じる予定である。

(5) 医師の欺罔によらない患者の錯誤

患者が、治療の事情ならびに第1次的・第2次的目的について、欺罔されることなく、錯誤したとき、この錯誤も現実と表象の齟齬に導く[195]。ここでも、法益関係的錯誤説に立てば、欺罔のある場合と原則は同じである。第1次的目的の錯誤については、身体の完全性に対する治療行為の枠内での錯誤は原則的に重要ではなく、それを逸脱したときには、錯誤は重要であり、同意は無効であるといえる。第2次的目的に関する錯誤については、動機の錯誤は重要ではない。例えば、患者が、アルファベット順に、早朝に手術されると誤解していた場合、整形手術すれば、化粧品会社での就職のチャンスが増えると信じた場合、歯科医師が、反対の説明を尽くしたにもかかわらず、堪えがたい頭痛から解放されたくて、すべての歯を抜いてほしいと要望した弁識能力のある患者の同意がそうである。これらの事例においては、身体の完全性に関する法益関係的錯誤は、存在しない。

4. 施術者の同一性に関する欺罔・錯誤

(1) 同一性の錯誤と法益関係的錯誤説

患者の同意における法益関係的錯誤説の問題点は、治療・手術する医師の同一性に関する錯誤が、法益関係的錯誤に含まれるかどうかである。構成要件の種類によっては、同意の名宛人が誰かということが、法益侵害の有無に重要な意味をもつ類型がある。例えば、準強姦罪の成否について、被害者が、配偶者と誤信して双生児の配偶者の兄弟の性行為に同意したとき、誰に対して同意するかは、法益侵害の有無にかかわる重要な事実であり、それに関する錯誤は、法益関係的錯誤である。

実際にはここで問題となっている医療行為に関しては、ドイツの判例においては、医師免許をもたない研修生が執刀したという事件における患者の錯

---

[195] *Tag*, a. a. O., S. 381.

誤が問題となった判例[196]がある。したがって、手術に関する医師の技量や経験、執刀方法が全く異なり資格をもった医師ではなく、実際には研修医が手術したという場合には、その錯誤は、原則として同意の有効性を阻却する。

(2) 医学研修生事件

この1961年2月1日の連邦裁判所の判例の事件を検討しておこう。

被告人両名は、医学部の学生であったが、(医師資格のない)研修生として州立病院で働いていた。この間、被告人Pは、6件、Mは、2件、彼らを医師と信じた患者の手術を行った。故意による傷害罪、過失傷害罪につき、第1審は無罪とした。連邦裁判所は、第1事案から第5事案までと第6事案を区別して判示した。まず、第5事案までについて次のようにいう。

(第1～5事案)「原判決は、被告人の医師の資格に関する錯誤によって影響された患者の同意『自体』には、正当化の効果はないことから出発する。しかし、刑事裁判所は、彼を治療した者が資格をもった医師であるとの患者の表象が…同意にとって決定的な意味をもたない事案が存在することはありうるという。すなわち、あらゆる合理的な患者が危険のない、軽微で些細な手術が、その者が医師に信頼されている限りで、しばしばあるいはたいてい熟練の医療補助者によって実施されることを知っており、予想しているのであるから、患者は、一般には医師でない者によるそのような手術にも承諾するであろうというのである」。刑事裁判所は、手術のとき患者はどう「考えていた」かを認定するのは難しいとし、もし患者が、施術者が医師ではないと知っていたら同意しなかったかどうかにつき、患者の見解を聞いていない。したがって、正当化事由の前提の問題が未決定にされたままである。そこでは、医師は、患者が資格をもった医師によって治療されるかどうかは、患者にとってはどうでもよかったと信じていたと認定するのみにとどまるとする。

「原判決の法的考察には、部分的にのみ賛同されうる。刑事裁判所とともに同意の意思の欠缺は、通常、正当化効果を奪うということから出発すべきである。それゆえ、患者が治療を委ね任せた者を誤信して資格ある医師であると思った場合、有効な同意はない。その意思表示は、患者の真意にそぐわないから

---

[196] BGH NJW 1962, 682＝BGHSt 16, 309; BGHZ 88, 249. この判決については、山中・前掲法学論集33巻3＝4＝5号328頁以下参照。

である。しかし、この原則には例外がないわけではない。刑事裁判所には、一切の、同意の表示に随伴しまたはそれを動機づける誤信が、正当化事由を阻却するわけではないという点でも賛成しうる。患者を治療する者の資格に関する患者の錯誤は、例外的な場合には無意味となることがあるのである」。

すなわち、あらゆる治療行為が医師の特別の知見を必要とするわけではない。医学的に極めて簡単な事案においては、例えば、軽微な切り傷や衝突による傷害などの場合には、看護師でも治療しうる。そのような場合には、同意は、その客観的意味のうえで、医師でない者による治療も含んでいる。

判決が詳しく述べているところを要約すると、①手術の正当化にとっては、医長が、いかなる範囲で研修生にその患者の独立の治療を「許して」いたかが決定的ではありえない。むしろ、個々の事案の事実上の軽微性のみが決定的である。②患者はそのような場合、留保なき同意を正当化するものとして妥当させなければならない。あとから、研修生だと知っていたなら同意しなかっただろうということはできない。③さらに、治療の正当化は、医師でない者が、病気や傷害の軽微性を自ら判断しえ、治療に関する必要な専門的知識を備えているということに拘束される。④そのことから、たしかに例外的に治療に対する同意は、客観的な意味に従って、医師でない者による治療をも含みうるのではあるが、このような例外には厳しい限界が付されるべきだということが明らかになる。⑤このような観点から、内面についても推論が成り立つ。刑事裁判所がその点で述べたことは最終的判断には十分ではない。被告人達は、その行為を正当化する患者の同意を計算に入れていなかったという命題は、いかなる表象から被告人が出発したかを認識させることはない。原判決は、彼らが、被告人達が資格のある医師であるかどうかはどうでもよいと思っていたというのみである。有効な同意の前提について、被告人達がどのような表象をもっていたかは認定されていない。そこで、正当化事由の前提に対する錯誤が問われうるのである。刑事裁判所は、新たな公判において、これらの観点からこれらの事案を検討すべきである。

(**第 6 事案**)　第 6 事案については、患者たる女性が鎌で足の腱を切断したという事案で、両被告人が治療したというものであるが、ここでは、被告人達が研修生として許される限界を超える治療が行われている。有効な同意は存在しない。説明する時間も可能性もなかったという事案でもない。

　しかし、その傷害行為者が誰かは、誰が行っても同じ「傷害」の結果が生じる限り、法益侵害にとっては重要でないともいえる。医師による手術についても、例えば、医師としての技量・執刀方法が同一であれば、法益侵害にとって重要ではないともいえる。法益関係的錯誤説によれば、誰が手術しようが、傷害結果が同一である限り、同意の名宛人の同一性の錯誤は法益関係的錯誤ではないということができる。

(3)　判決の評価

　法益関係的錯誤説を提唱したアルツトは、手術における医師の同一性は、専門医に手術を依頼したのに専門医でない医師が施術したといったように、施術者の資格において重大な差異があるような場合にのみ、同意における患者の錯誤は法益関係的錯誤として重要であるという。ただし、アルツトによれば、少なくとも同水準の技量をもっている医師が手術する限り、患者が特定の医師にとくに信頼を置いていたときでも、別の医師が手術を行ったとき、その手術についても、同意は有効であるとする。もちろん、医師がすり替わったことによって、手術の失敗の危険が高められなかったということが前提となる[197]。

　このような法益関係的錯誤説からの結論に対して、もし同意者が、事実を知っていたなら同意しなかったであろうという場合には、同意は無効であるとするいわゆる本質的錯誤説によると、患者が、執刀医につき、その医師ならば手術に同意していなかったであろうという場合、同意は無効である。

197　*Arzt*, Heileingriffe aufgrund einer Blanko-Einwilligung bezüglich der Person des Arztes, Festschrift für Baumann, 1992, S. 207 f.　アルツトは、この点、前説を改めた（vgl. *Arzt*, Die Aufklärungspflicht des Arztes aus strafrechtlicher Sicht, Wiegand (Hrsg.), Arzt und Recht, 1985, S. 67 f.）。

5．患者が同意を放棄し医師に決定権限を委譲する事案

(1) 問題の所在

同意を放棄したいという願望は、患者から発するのが通常である。迫って来た手術に対する怖れから、または医者に対して特別の信頼を置いているために、同意を放棄する患者がいる[198]。侵襲に関する基本的な事項についての必要な同意が欠けているとき、同意による医的侵襲の正当化は欠落する。したがって、患者の推定的意思が、基準となる。

患者が同意を放棄したとき、決断を医師に移譲している。その場合、患者の現実的意思ではなく、医師によって仲介される推定的意思が、侵襲の正当化の基準となる。そこでは、患者は、医師に認められた決断権限の射程を決めることができるのみならず、権限移譲と並んで、同時に、医師が推定的意思を探るにあたって基礎とするべき基準をも挙げることができる。

(2) ドイツにおける学説と法規定
(a) 同意無能力の場合の代理

学説においては、人格的法益の中核領域において意思を代理することは否定されている[199]。しかし、このようにして一般的に代理を否定することはできない。同意無能力に陥っている場合には、民法においては、医師の措置に対する（ドイツ民法1904条2項）、また、閉鎖施設への収容に対する（民法1906条5項）いわゆる世話権限が、法律上規定されている。それによれば、個人は私法を通じて自分が決意無能力の時に代理人を決定できる。代理人は、本人のために健康に関する問題については、権限者の意思を明らかにし、その限りで本人のために、意思決定の担い手として機能する。したがって、立法者は、一定の事案においては、高度に個人的な事項についても、本人自身により選任された代理人に拘束的に移譲することを認めるべき決断をしたといえるのである。

---

[198] *Riedelmeier*, a. a. O., S. 101 f.
[199] *Riedelmeier*, a. a. O., S. 102.

(b) 同意能力が存在する場合の代理の可能性

患者に同意能力があるにもかかわらず、第三者にその決断を委任しようとする場合については、いまだ規定はない。この場合、受任者が、患者によって従前に定められた基準を基礎とすることが許されるのは、「推定的同意」による[200]。この事案では、患者は同意能力があり、患者の同意を得ることも可能であるが、ここでは例外的に同意が推定的同意に対する遮断作用をもたない。なぜなら、患者は同意を放棄し、医師に決断を委任しているので、自己決定権を行使しており、推定的同意によって患者の自己決定権を迂回することにはならないからである。

(c) 自己決定権の行使としての同意の放棄

病状や医療方法について知りたくない、医師に決定を任せるという患者の権利は、患者の保護のための限界内では保障されるべきである。「自己決定権の裏面」として、医師の説明が患者に著しい精神的負担をかけることがあることは、連邦憲法裁判所の裁判官によっても認められている。患者が、パニックに陥るなどして、目前の治療行為に対して有効な同意能力を欠く程度に至っているかどうかが詳しく吟味されなければならない。

説明を受けていない患者が、侵襲の重大性につき完全に誤った表象を持ち、または不十分な表象を持っている場合にも、その患者を守ることが必要となる。非常に危険の高い手術なのに、危険であるとほとんど思っていない患者の場合、侵襲の重大性についての知見が欠けていることによって、自己決定権の自律的行使と評価されるべき同意の放棄であるとはいえない。この場合、医師は、患者に手術の危険性を説明して、患者をしてこれに気づかせなければならない。これによって、医師は、患者によって説明を受けることが放棄される場合、患者が手術の重大性について正しく意識しているのかどうかを判断するという難しい問題に直面させられる。

---

200 *Riedelmeier*, a. a. O., S. 103.

6. 患者の同意と医学的適応

1. 同意と医学的適応の関係

　医的侵襲に対しては、医学的適応と医術的正当性および医師の説明にもとづく患者の同意があってはじめてその傷害が正当化される。原則的には、この三つの要件が充たされて初めて正当化される。しかし、現実には、一つが欠けても正当化される場合があるかどうかが問題となる。そこで、まず、医学的適応と同意の関係を見ておこう。

　医学的適応があっても患者の同意のない医的侵襲は、専断的治療行為であって、傷害の構成要件に該当し、正当化されない。問題は、同意はあるが、医学的適応のない医的侵襲は、傷害を構成するかである。前述のように、重大で不可逆的な外形の変更を伴わない傷害は、被害者の同意がある限り、適応症がなくても、同意によって法益保護を放棄しているので、傷害罪によって保護する必要性がない。それでは、重大で不可逆的な外形の変更を伴う医的侵襲については、医学的適応のない同意は無効なのであろうか。しかし、現実には、医学的に適応があるといえるかどうかが疑わしい医師の措置はいくらでも存在する。例えば、純然たる美容整形手術、生体臓器移植のための臓器提供、献血、治療の必要のない人工授精などは、医学的適応に疑問の余地がないわけではない。この場合、その同意は無効なのであろうか。それとも、医学的適応の程度とそれに対抗する別の利益の衡量によって、違法性の有無・程度が決定されることになるのであろうか。あるいは、患者自身の利益内部における患者の自己決定権という利益と患者の身体の保護という利益の矛盾対立場面における利益衡量の問題と捉えられるべきなのであろうか。

2．患者の自己決定と医師の理性の対立

(1)　自律性尊重原則と無危害原則の対立

　同意と医学的適応の関係の問題は、医療倫理四原則のうち、患者の自律性尊重原則と医師の無危害原則が相互矛盾に陥るときの序列関係の問題であるといえる。原則的には、刑法上の法益保護は、無危害原則にもとづき、刑法の任務の重要な役割である。したがって、無危害原則が医的侵襲行為における中心原理であるといってよい。ヒポクラテスの誓いの中心命題の一つが、「医師は、その最善の知識と能力に従ってその技術を病者の治療のために用いなければならず、決して病者の死滅と損傷のために用いてはならない」というものである[201]。これに対して、患者が、医師の目から見れば決して自らの健康の増進・回復のためにはならない決断をし、医師にそのような無危害原則に反する医的侵襲を要求する場合にどのように判断すべきかが問題となる。

(2)　患者の自己決定権の優越性

　一定の限度内では、患者の自己決定権は、無危害原則よりも尊重されるべきときがある。医師は、原則として、患者に対して「医師の理性高権」(Vernunfthoheit)ないし医師の「治療の特権」(therapeutisches Privileg)は認められない[202]。たとえ、医師の目から見て、あるいは、医学的見地から客観的に見て患者の同意の拒否が「理性」に反する不合理なものであるとしても、患者の同意がないなら、法律の規定において、例えば、感染予防法や刑事訴訟法に特別の規定がないかぎり、医療侵襲は許されない。連邦裁判所の判決によれば、このことは、次のことを意味する。「何人も、裁判官に向かって、いかなる事情のもとに、他人が、それによって再び健康になるために、その身体の完全性を合理的に犠牲にする用意があるべきかという問いを発することは許されない。このガイドラインは、医師にとっても拘束力をも

---

[201] *Schroth*, Ärztliches Handeln und strafrechtlicher Maßstab, in: Handbuch des Medizinstrafrechts, 3, Aufl., 2007, S. 38.（4版にはこの記述は見られない。）
[202] *Ulsenheimer*, a. a. O., S. 133.

つ。…医師が、―たとえ医学的に正しい根拠があろうとも―、専断的に勝手に、その見解を適時に聞くことができる患者に対して、重大な結果をもたらす手術を、その事前の承認なしに行うとき、それは、人間の人格の自由と尊厳に対する違法な侵害であろう。というのは、生命が危険にさらされている患者ですら、たとえその患者がその手術によって、そして、それによってのみその苦痛から解放されうるであろうとしても、その手術を拒否する、十分に説得力のある、人間的にも道義的にも尊重すべき根拠を有するからである」[203]。このように、患者の自己決定権は、患者が、一時的な危害に同意する場合のように、無危害原則に優越することがあるのである。ただし、患者に危害をもたらすような自己決定に対して、医師は、十分にその結果ないし危険性を説明しなければならない。

(3) 自己決定権の限界としての具体的な生命の危険

患者の自己決定の優越は、しかし、限界をもつ。それは、自己決定にもとづく医的侵襲が「具体的な生命の危険」をもたらすときである。これは、医療侵襲とは無関係の死亡の結果につながった薬物の譲渡やサドマゾ行為に傷害致死罪が成立するかどうか、同意が「良俗違反」として無効かどうかの基準は何かという問題として、判例においてまず展開されたことはすでに論じた。

3．医学的適応があるのに同意がない場合

(1) 事案の類型化

以下では、医学的適応に関する「医師の理性的判断」と「患者の不合理な自己決定」が葛藤する事案に関する問題を類型化して解説しておく。第1に、医学的適応があり、医的侵襲の必要性があるのに、患者が同意しない場合、第2に、逆に、医学的適応がないのに、患者が医的侵襲を望む場合、第3に、手術が開始された後になって拡大される必要性が生じた場合、すなわち、事後の手術の拡大の事例に関する葛藤事例をどのように解決するかが問われる。

---

203 BGHSt 11, 111, 114.

(2) 患者の信条に基づく輸血拒否

ある種の宗教団体に属する者、例えば、「エホバの証人」の信者が、信仰・宗教上の理由から輸血を拒否することがある。医師は、切迫した病状の場合ないしその他の緊急状態の場合、患者が輸血につき拒否的な態度をとることが分かっていても、輸血の点を除いて、その種の患者の治療を引き受ける義務がある。緊急状態が存在していない場合には、ひょっとして後に生じるかもしれない輸血の適応症にかんがみてエホバの証人の患者を引き受けるか、そこから生じうる医学的な危険に鑑みて拒否するかは自由である。もし初めから輸血が必要になることが医師に分かっている場合には、初めから治療を拒否しなければならない。医師は、患者が拒否しているのにその意思に反して輸血することは、―たとえ命の危険が存在する場合であっても― 許されない。なぜなら、患者の自己決定権の尊重は、医師の任務の範囲の本質的部分だからである。医師は、命を救う侵襲を受忍することを拒否する患者に対しても、基本法2条2項1文で保障された身体の不可侵性に対する権利を尊重しなければならないからである。

手術の途中で、予測できなかったが、後に輸血の必要が生じたとき、手術中で、意思を表明できない患者が、手術前に輸血拒否の意思を明確に表明していたとき、その生命の危機を救うため、輸血することは許されるかについては、見解が分かれる。一方では、それによっても生命を救えなくなっても、患者の意思を尊重すべきだという見解が唱えられる。というのは、信仰・良心の基本権は、「その信仰の教義に対してその全体的行為を向け、その内心の確信に従って行為する」権利を与えるからである。したがって、医師は、同意の意味の変化に対する兆候が見られないとき、患者の先の意思に拘束されるし、そうされてよいとする。これに対して、反対説は、生命保護と医師の職業上の義務を優先するものとする。医師には、このような状況においては、命を救う義務と患者の自己決定権を尊重する義務との葛藤に陥るのだから、利益衡量により、また期待不可能性により、命を救う方を優先させた医師を処罰すべきでないとする。

(a) ドイツの判例

ここでは、この後者の見解をとって処罰を回避した判例として、**シュトゥットガルト上級ラント裁判所**における検事総長の手続打ち切りの決定が出た事

案を検討しておこう[204]。

　(**事実**) 妊娠39週目に入っていた31歳の女性 X に関して、産婦人科医は、全前置胎盤（Plaecenta praevia totalis）のため、翌日、帝王切開をすることとした。麻酔医に対する書面による同意書では、エホバの証人の信者であるとし、一切の輸血に対する拒否の態度を明らかに示していた。健全な子供が出生した後、胎座の血管（Platzentagefässe）から大量の出血があった。麻酔医は、前もって表明していた患者の意思に反して、赤血球の凝縮剤を輸血し、血漿を与えた。その措置は、医学的には問題はなかった。医師と医療スタッフの努力にもかかわらず、患者は血圧が突然低下し、死亡した。過失致死および故意による危険な傷害の容疑で、検察が捜査したが、手続は打ち切られた。その理由は以下の通りである。

　(**決定要旨**)「後に死亡した患者への緊急措置との関係で生命を救うために行われた輸血は、それが患者の明白に表示された意思に反して行われたとしても、刑法34条〔正当化的緊急避難〕により、正当化される。本件においては、保護されるべき利益は、侵害された利益より本質的に重要である。衝突する利益の衡量が、客観的価値にしたがって行われなければならないことは承認されている。したがって、法益の担い手がこれに与えた個人的価値は、役割を果たさない」。

　「患者を、すでに一度行ったことのある輸血をしないで措置する別の病院に転院させることによって、輸血を回避できるという異議は、不当である。なぜなら、それは、生命を救う措置の投入に関する状況の深刻性と即時の決断の必要性を見誤るものだからである。しかし、―学説における通説とは違って―侵襲権が否定されたときですら、医師には、いずれにせよ回避不可能な、したがって責任を阻却する禁止の錯誤が認められなければならないであろう」[205]。

　医師は、この場合、一方では、患者の意思に従って、輸血をあきらめ、それによって患者が死亡したならば、過失致死ないし故意の殺人の罪に問われる可能性があり、他方では、患者の意思に反して自己決定権と信仰の自由を侵害し、故意の危険な傷害罪に問われる可能性があり、解決不可能な葛藤に陥ることになる。このような場合には、理論的根拠は別にして、結論的に

204　Vgl. *Ulsenheimer*, a. a. O., S. 138 f.
205　Vgl. *Ulsenheimer*, a. a. O., S. 138 f.

は、医師の行為は不可罰とされるべきであろう。

2001年8月2日連邦憲法裁判所決定[206]　ドイツの連邦憲法裁判所が扱った、エホヴァの証人の信者で患者である原告が意識のない状態で、医師の申請によりその夫が期限付きの暫定的な世話人に選任し、その夫が妻の輸血に同意したときに、その選任の違法性が争われた事案が以下に紹介する事案である。

　　(事実) エホヴァの証人の信者である患者 (異議申立人) が、1992年に手術の際に輸血が必要になっても輸血を拒否するとし、「医師の世話に対する記録」ならびに患者の医師を実行するために全権を委任する後見人 (Bevollmächtgte) を選任したことを証する文書を医師達に手渡した。手術は成功したが、合併症が発生し、生命を脅かす状況に入った後、治療に当たった医師が、世話裁判所に赴き、患者のための世話人を申請した。患者は、エホヴァの証人として輸血を拒否したが、輸血しないとすれば治癒のチャンスは、その時の健康状態からすればゼロにまで下がったからであった。区裁判所は、患者のために「期限付きの暫定的世話」を命じ、異議申立人の夫を暫定的世話人とした。夫は、輸血に賛成した後、輸血が行われた。世話命令に対して、患者 (異議申立人) が異議を申立て、それを取り消すよう訴えた。裁判所は、夫の側からの世話期間の延長は却下した。1993年になって、バイエルン最高裁は、異議申立人からの世話命令が違法だとの意義を理由なしとして却下した。すでに世話の期間が渡過し延長が否定されたため法的保護の必要性がないというのである。

　　(決定要旨) 異議は容れられなかった。バイエルン最高裁の非難された判決は、基本法19条4項の効果的権利保護の権利を侵害するものではない。「世話人の裁判所による選任は、被世話人にとっては、重大な基本権の侵害を意味する。被世話人は基本法2条1項からのその意思決定の自由において裁判所によって特定された事項に完全にまたは部分的に制限される。世話人は、その者の代わりに、またその者のために裁判所によって命じられた任務の範囲で、被世話人の希望をその幸福に反しない限りでのみかなえなければならない。したがって、一身専属的な事項においても、被世話人の明示の意思に反した決定に至ることが許される。…」

　　「期限付きの暫定的世話の区裁判所による命令の適法性に対する、非難され

206　BverfG, NJW 2002, 206. Vgl. *Dominik Wietfeld*, Selbstbestimmung und Selbstverantwortung — Die gesetzliche Regelung der Patientenverfügung, 2012, S. 149 ff.

た判決を支える考察は、憲法上異論あるものではない。異議申立人は、基本法2条2項における身体の完全性に対する権利においても、基本法2条1項における意思決定の自由においても憲法違反の態様で侵害してはいない」。

「基本法4条1項、2項の信仰の自由と宗教活動の自由に対する違憲とされる侵害は、裁判所の世話人の選任によって同様に存在しない。世話人の選任は、宗教上根拠づけられた異議申立人の輸血の拒否の意思決定に直接には反しない。ここでも間接の侵害を認め、それで十分であるとしても、この侵害は、合憲で許容される範囲内にとどまるものである」。

この連邦憲法裁判所の決定に対しては、様々な批判がある。第1に、本決定は、患者の生前の意思を一顧だにせず、患者の自己決定権を「必要もないのに無効とした」というのである[207]。連邦憲法裁判所は、人間の尊厳の中核とされた個人の自己決定権に重大な制約を課したのであり、しかも患者のリビング・ウィルの尊重を否定したのであった[208]。

(b) わが国の刑事及び民事判例

わが国の民事判例においては、最初のリーディングケースとして、骨肉腫の患部を切断する手術には同意したが、宗教上の理由から輸血せずに手術を受けることを希望したのに対し、患者の両親が、医師に必要な輸血等の医療行為を委任する趣旨の仮処分を裁判所に申請した**大分医科大学病院事件**[209]がある。地裁の決定は、患者が真摯な宗教上の信念に基づいて輸血拒否をしており、その行為もたんなる不作為行動にとどまるうえ、両親が主張する被侵害利益は、患者の信教の自由や信仰に基づき医療に対してする真摯な要求を凌駕するほどの権利・利益とは認められないとして、輸血拒否行為は権利侵害として違法性を帯びるものと断じることはできないとした。

---

[207] *Hassler*, Das Ende des Selbstbestimmungsrechts?, MedR 2003, S. 13; Vgl. *Wietfeld*, a. a. O., S. 150.

[208] これに続いて、本件の慰謝料請求訴訟についき、ミュンヘン上級ラント裁判所の判決も、患者の治療拒否も患者の生前の意思の拘束的効力も認めなかった。治療医は、原則的に患者の意思に拘束されるが、しかし、「この原則は、この関係で補正と補充を要する」(OLG München, NJW-RR 2002, 811.)。

[209] 大分地決昭60・12・2判時1180・113。山下登「エホバの証人信者の両親による輸血委任仮処分申請事件」医療過誤判例百選102号112頁、高井裕之「信仰上の理由にもとづく輸血拒否——エホバの証人」別冊ジュリスト109号38頁、山田卓生「宗教上の輸血拒否者の両親からの輸血委任仮処分申請事件」医療過誤判例百選(第2版)102頁、なお、甲斐克則『医事刑法への旅』(2006年) 53頁以下参照。

わが国の刑事事件において、エホバの証人である患者ないしその両親が輸血を拒否した事案で、患者の「死亡」に対し、過失行為者が責任を負うかがが問題とされた判例が二つある[210]。まず、**川崎エホバの証人輸血拒否事件**[211]は、以下の通りである。エホバの証人の信者である両親が、自転車に乗っていてダンプカーに接触する交通事故に遭遇し両足を骨折した10歳の男児の輸血を、医師団からの強い説得にもかかわらず拒否したため少年が手術を受けることができず、事故の4時間半後出血性ショックで死亡した事例[212]である。この事件では、刑事事件としては略式命令であったが、結局、運転手のみが業務上過失致死罪で起訴され、罰金15万円に処せられた[213]。これに対して、**富山エホバの証人輸血拒否事件**では、交通事故にあった54歳の女性が病院で信仰上の理由から輸血を拒否したために4時間後に死亡したという事案である。富山地検は業務上過失傷害罪で略式起訴した[214]。過失行為者に死亡結果が客観的に帰属しうるかという点で、この事案は、被害者の宗教上の理由での輸血拒否が、危険実現を妨げる自己危殆化とみなされるかという観点から興味深いが、ここではこれに触れない。

わが国における民事判例[215]において、エホバの証人の信者に対して、十

---

210 山中敬一『刑法における客観的帰属の理論』(1997年) 721頁以下参照。
211 川崎簡略昭63・8・20公刊物未公刊。川崎聖マリアンナ医科大学病院事件ともいう。甲斐・前掲『医事刑法への旅』55頁以下参照。
212 評釈として、山田卓生「信仰上の輸血拒否と医療」ジュリスト843号1頁、鈴木篤「輸血拒否死亡事件と患者の自己決定権」判タ555号7頁参照。
213 10歳の子供の輸血拒否を両親が代わって行うことができるかという問題は残る。少なくとも15歳にも達していない子供の同意は、たとえ自ら表明したとしても有効とは言い難く、また、逆に、子供に不利益な同意を両親が代行できるかどうかにも疑問があり、後述するドイツの学説のように、第三者機関による判断を求めるべきであり、場合によっては、医師は両親の拒否の意思を無視して輸血できるとするべきであろう。
214 橋本雄太郎・中谷瑾子「患者の治療拒否をめぐる法律問題」判例タイムズ569号8頁以下参照。
215 最判平12・2・29民集54・2・582。評釈として、澤登文治「エホバの証人輸血拒否事件」南山法学25巻4号 (2002年) 153頁以下、西野喜一「宗教的理由による輸血拒否と専断的輸血」判例タイムズ955号97頁以下、樋口範雄「『エホバの証人』最高裁判決」法学教室239号 (2000年) 41頁以下、山田卓生「宗教上の理由による輸血拒否患者への無断輸血と医師の責任」年報医事法学16 (2001年) 291頁以下、同「輸血拒否患者への無断輸血と不法行為責任」法学教室202号 (1997年) 122頁以下、野口勇「エホバの証人無断輸血訴訟とインフォームド・コンセントの法理」法学セミナー549号 (2000年) 65頁以下、同「エホバの証人無断輸血訴訟と最高裁判決」宗教法学20号 (2001年) 107頁以下、植木哲「各論⑤〔判例分析51〕判例タイムズ1178号214頁以下。なお、飯塚和行「患者の自己決定権と司法判断」唄賀寿267頁以下、石崎泰雄『患者の意思決定権』(2008年) 95頁以下参照。

分な説明をせずに手術を行って手術中輸血を必要とする事態が発生し、医師が、輸血を行ったことに対し、患者が医師らに損害賠償を請求した事案（**東大医科研病院輸血拒否事件**）がある。

　(事実) 患者Mは、63歳の女性で、ある病院で輸血をしないで手術はできないと言われたため退院し、輸血を伴わない手術を行ったことがあることで知られる病院に入院した。その病院は、エホバの証人に対する外科手術に際しては、①診療拒否は行わない、②信者が輸血を拒否するのを尊重し、できる限り輸血しないことにする、③輸血以外に手段がない事態に至ったときは、患者やその家族の諾否にかかわらず輸血するという方針をとっていたが、医師Uは、このことを患者に説明せず、患者が手術に同意したので、患者の夫と信者である長男に「術後再出血がある場合には、再び手術が必要になる。この場合は医師の良心に従って治療を行う」と説明した後、患者とその夫によって、説明したU医師に対し、輸血を受けなかったために生じた損傷について病院の責任を問わないという免責証書が交付された後、手術を実施した。U医師は、手術中出血量が増えたため、輸血をしない限り救えないと判断して輸血を行った。患者は、第2審中に死亡した。

　第1審東京地裁[216]は、手術中いかなる事態になっても原告に輸血をしないとする特約は公序良俗に反し無効であるとした上、医師の救命義務・治療義務からすれば、被告医師らが手術中いかなる事態になっても輸血を受け容れないとの原告の意思を認識した上で、原告の意思に従うかのように振る舞って、原告に手術を受けさせたことが違法であるとは解せられないし、相当でないともいうことはできないとして、原告の請求を棄却した。これに対し、**第2審東京高裁**[217]は、エホバの証人である成人の癌患者がその手術に先立ち「絶対に輸血しないでほしい」旨の意思表明をしている場合に、医師が右意思表明と異なり「できる限り輸血しないが、輸血以外に救命手段がない事態になれば輸血する」との治療方針を採用するときは、医師は、同患者に対してその治療方針を説明する義務があり、この説明義務を怠って手術をし、輸

216　東京地判平9・3・12判夕964・82。評釈として、山田卓生「輸血拒否患者への無断輸血と不法行為責任」法学教室202号（1997年）122頁以下。
217　東京高判平10・2・9判時1629・34。評釈として、石原明「エホバの証人と輸血拒否―最近の判例から―」産大法学32巻2＝3号（1998年）27頁以下、菅野耕毅「輸血拒否患者への無断輸血と医師の責任」年報医事法学14（1999年）137頁以下。

血をしたときは、これにより同患者が被った精神的苦痛を慰謝する義務を負うとした。

これに対して、**最高裁**は、次のようにいう。

(**判旨**)「患者が、輸血を受けることは自己の宗教上の信念に反するとして、輸血を伴う医療行為を拒否するとの明確な意思を有している場合、このような意思決定をする権利は、人格権の一内容として尊重されなければならない。そして、Mが、宗教上の信念からいかなる場合にも輸血を受けることは拒否するとの固い意思を有しており、輸血を伴わない手術を受けることができると期待して医科研に入院したことをU医師らが知っていたなど本件の事実関係の下では、U医師らは、手術の際に輸血以外には救命手段がない事態が生ずる可能性を否定し難いと判断した場合には、Mに対し、医科研としてはそのような事態に至ったときには輸血するとの方針を採っていることを説明して、医科研への入院を継続した上、U医師らの下で本件手術を受けるか否かをM自身の意思決定にゆだねるべきであったと解するのが相当である。

ところが、U医師らは、本件手術に至るまでの約1か月の間に、手術の際に輸血を必要とする事態が生ずる可能性があることを認識したにもかかわらず、Mに対して医科研が採用していた右方針を説明せず、同人及び被上告人らに対して輸血する可能性があることを告げないまま本件手術を施行し、右方針に従って輸血をしたのである。そうすると、本件においては、U医師らは、右説明を怠ったことにより、Mが輸血を伴う可能性のあった本件手術を受けるか否かについて意思決定をする権利を奪ったものといわざるを得ず、この点において同人の人格権を侵害したものとして、同人がこれによって被った精神的苦痛を慰謝すべき責任を負うものというべきである。そして、また、上告人は、U医師らの使用者として、Mに対し民法715条に基づく不法行為責任を負うものといわなければならない。これと同旨の原審の判断は、是認することができ、原判決に所論の違法があるとはいえない。論旨は採用することができない」。

本判決は、あらかじめ入院から手術までの間に患者に対して、必要な場合には、輸血をするという病院の方針に関する説明がなかったため、「Mが輸血を伴う可能性のあった本件手術を受けるか否かについて意思決定をする権利を奪った」ことにより「人格権」を侵害したとして、原判決を維持し、医

師らの不法行為を肯定した。まず、本判決は、医師の裁量権よりも患者の自己決定権を尊重すべきであるとした初の最高裁判例であるとされ、また、それが人格権の一内容であると位置づけられたものである[218]。最高裁は、本件で争われた論点のうち、輸血なしで手術する旨の契約の有効性につき、これを公序良俗違反として無効とする必要はないとし、医師が患者の輸血拒否の意思を知りながら、反対の医師の方針を説明せずに輸血を実施したということが、説明義務違反として不法行為を構成するとし[219]、さらに患者の受けた精神的損害の額につき、原審の裁量に属するとして55万円のみを許容した[220]。宗教上の理由ではなく、輸血のリスクなどの理由による輸血拒否の意思が尊重されるべきかについても、本判決の趣旨からは学説上はこれも含むとする見解も唱えられている[221]。

しかし、刑事事件であれば、これを理由に医師の傷害罪を肯定することはできないであろう。もし傷害罪の構成要件に該当するとしても、この病院以外で手術をしていたとしても同様に、出血多量の状態に陥り、輸血しなければ生命を失うという状況になっていたとすれば、患者の生命を救うための緊急避難として、患者の意思に反する輸血は正当化され[222]、あるいは少なくとも正当化事由に関する錯誤のゆえに責任阻却とされる余地があったであろう。

(c) ドイツの民事判例

日本の民事判例と逆の結論をとったドイツの民事判例を紹介しておこう。**ミュンヘン上級ラント裁判所の判例**[223] である。

---

218 野口勇「エホバの証人無断輸血訴訟とインフォームド・コンセントの法理」法学セミナー549号（2000年）66頁参照。
219 第1審は、患者の生命を救うためにした本件輸血は社会的に正当な行為であって、違法性がないとしていた。この点で、最高裁は、本件では、患者がいかなる場合でも輸血を拒否するという強い決意をもっていることを医師は知っていたので、医師は、患者の医師に反する医師らの方針を当該患者に説明して、本件手術を受けるべきかどうかを患者に委ねるべきであったとしたので、説明義務の程度の基準としては、具体的な患者が重要視し、かつ合理的な医師ならば認識しえたであろう情報が患者に説明されるべきであったとしたのであって、説明義務の程度に関するいわゆる「二重基準説」を採ったといわれている（野口・前掲法学セミナー549号66頁、野口・前掲宗教法20号121頁参照)。二重基準説については、前出参照。
220 これについて、野口・法学セミナー549号66頁、樋口・法学教室239号42頁以下参照。
221 石崎泰雄『患者の意思決定権』（2008年）106頁参照。
222 佐伯仁志「違法論における自律と自己決定」刑法雑誌41巻2号（2002年）77頁以下、甲斐・前掲医事刑法への旅58頁以下。
223 OLG München MedR 2003, 174 ff.

(事案) エホバの証人である患者が、病院と医師らに対して、損害賠償と慰謝料を請求した。医師らは、その患者を救うために意識不明の状態に陥った後に敗血症とヘモグロビンの値が低下したときに他人の血液を輸血したのであった。上級ラント裁判所は、原告の請求を棄却した。

(判旨)「ここで責任を追及されている医師達には、少なくとも責任阻却事由がある。…刑法の責任阻却事由は、とくに刑法35条〔免責的緊急避難〕は、民法には直接の意味はない。とくに、客観的基準に従って判断されるべき民法上の故意・過失を直ちに排除するものではない。民法においては、しかし、例外的に期待不可能性の観点が、責任非難を失効させることがある。良心の緊急事態も例外的状態においては、責任阻却事由でありうる」。…「…法的観点からは、輸血の拒否からもその実施からも何らかの非難も彼らにはなされえない。患者の手術前に表明された意思に反する輸血の実施に際して、生か死かという手術中または手術後の緊急状況において良心の決定に対する良心の決定という関係に立っている。ここでは、医師には、彼が患者に選択した良心の決定が是認されるべきである」。…「原告は、場合によっては、初めからもっぱらその信仰共同体の組織によって彼女に推薦され、彼女の患者としての要求に無条件に追従する準備のある医師のもとに赴くことに、そして、もっぱら彼らの宣誓の義務を負っていると感じている他の医師を、著しい良心の苦痛という危険にさらさないことに注意を払うべきであった」。

　ドイツの民事判例は、日本の民事判例と同様に、患者が事前に病院を選択できたかどうかを問い、日本の判例の事案とは逆に原告は、この普通の病院を選ぶべきではなかったとしているのである。

　輸血の実施と手術の是非について、ウルゼンハイマーは、一般的に次のようにいう。すなわち、その手術が重大な兆候を示していなければ、医師が手術すべきかどうかという決断は、その手術の切迫性、その意味およびその成功の見込みについての衡量、ならびに、具体的事例について一般的な医学的経験に応じて、輸血の必要性が予測されるべき確率の程度に依存する。その際、手術が重大な適応を示しており、輸血の確率が少なくなればなるほど、エホバの証人についても手術の適応を肯定することに賛成するということになる。逆に、適応が疑わしく疑問になればなるほど、そして輸血の確率が大きくなればなるほど、手術の実施はなされるべきではないということにな

る。その手術が、必然的に輸血に結びついていると初めから認定されるなら、医師の側から手術は実施されてはならない。手術が患者の賛同から開始され、その後、輸血が —あらゆる予期に反して、または恐れられていたように— 必要となった場合には、医師は、生命の危険または重大な健康上の損害の危険なしに継続できないときには、手術を中断すべきである。さもない場合には、医師は、医学的に適応のある輸血を実施してよい[224]。

(3) 親権者の拒否する子供の医学的適応のある輸血

ドイツの判例・通説によれば、両親が、その子供で、いまだ同意能力のない未成年者への医学的適応のある輸血を親権者として拒否した場合、医師は、この措置を彼らの意思に反してもとってよいし、とらなければならないとする[225]。子供の生命を救うためにその輸血が必要であり、危険も高くないなら、それを拒否するのは、親の監護権の濫用であり、無視してよいからである[226]。ドイツでは、このような場合でも、医師は、できるかぎり輸血の実施につき家庭裁判所の許可を取るのが望ましいとされる。それによって、仮命令を発し、または、民法1666条により、特別権限者の同意に代えることができるからである。**ツェレ上級ラント裁判所**[227]は、新生児の命を救うために必要となった血液交換のための輸血を、信仰上の理由から拒否した両親を不救助罪に問い、法秩序は、何人によっても良心に反する行為を要求してはならないという抗弁を、このような一般的な形では否定した。というのは、基本法は、その第4条において「あらゆる宗教上の確信そのもの」を保護しているのではなく、むしろ、このような確信も、今日の文化国家の一致した道義的原則から生じる一定の制約に服するからである。本件においては、「子供の生命と健康を救う」義務に、「子供の生命を賭ける、被告たる父親の良心の決定」に対する優位が与えられるべきであるという。

わが国における判例には次の二つの事案がある。

①大阪家庭裁判所岸和田支部平17・2・15審判（家月59・4・135）

（**事実**）妊婦健診において、胎児が脳に異常のある○○症であると診断され、

224　Vgl. *Ulsenheimer*, a. a. O., S. 143.
225　Vgl. *Ulsenheimer*, a. a. O., S. 142 ff.
226　OLG Celle NJW 1995, 792.
227　OLG Hamm, NJW 1968, 212 ff. Vgl. *Ulsenheimer*, a. a. O., S. 142 f.

その後自然分娩によって出生した未成年者（乳児）について、この症状を改善しなければ生命の危険や精神運動発達遅滞の発生又は重度化の危険が発生するので、医師から手術以外に適切な治療方法はないと説明・説得されたにもかかわらず、両親（親権者）は、その信仰する宗教の教えとして身体にメスを入れることは許されないとして、手術に同意しなかったため、病院が児童相談所に虐待通告を行い、児童相談所長が家庭裁判所に対し、本案として親権喪失審判を申し立て、その本案審判事件の審判確定まで父母の親権者としての職務執行を停止し、患者の疾患を専門とする元大学医学部教授のＤ医師をその間の職務代行者として選任する審判前の保全処分を申し立てたというのが本件である。

裁判所は、この申立を認容した。「両名が未成年者の手術に同意しないことは、たとえこれが宗教的信念ないしは確信に基づくものであっても、未成年者の健全な発達を妨げ、あるいは生命に危険を生じさせる可能性が極めて高く、未成年者の福祉および利益の根幹をなす、生命及び健全な発達を害する結果になるものといわざるを得ない」とし、「本案審判事件の結果を待っていたのでは、その生命の危険ないしは重篤な障害を生じさせる危険があり、これを回避するためには可及的早期に手術を含む適切な治療を行う必要性があることから、未成年者の福祉及び利益のためには、本案審判が効力を生じるまでの間、事件本人（父母）の親権者としての職務執行を停止する必要がある」と述べた。また、職務代行者としては、「○○症に精通するＤ医師、が、未成年者の病状、手術への適応、手術の危険性等の諸条件を子細かつ慎重に検討した上で、最も適切な医療処置を選択する能力があると認められる」とした。

②名古屋家庭裁判所平18・7・25審判（家月59・4・127）

（事実）重篤な心臓障害を有する乳児（平成18年生）である未成年者が重篤な心臓疾患に罹患し、早急に手術等の医療措置を数次にあたって施さなければ、近い将来、死亡を免れ得ない状況であるにもかかわらず、その説明を受けた父母（親権者）が信仰する宗教上の考えから同意することを拒否している状況があったため、児童相談所長が家庭裁判所に対し、本案として親権喪失審判を申し立て、その本案審判事件の審判確定まで父母の親権者としての職務の執行を停止させ、その停止期間中はＤ弁護士をその職務代行者に選任するのが相当で

あるとする審判前の保全処分を申し立てた。

　裁判所は、「このまま事態を放置することは乳児の生命を危うくすることにほかならず、事件本人ら（父母）の手術拒否に合理的理由を認めることはできない」とし、父母らの「手術の同意拒否は、親権を濫用し、未成年者の福祉を著しく損なっているもの」とし、したがって、彼らの「親権者としての職務の執行を停止させ」、「その停止期間中にDに職務代行者に選任するのが相当である」として申立を認容した。この未成年者の医療行為についての親権者・法定代理人の同意権（代諾権）の根拠については、それが法定代理人ついての権限（すなわち、代理人として未成年者に代わって同意する権限）に由来するという考え方であり、もうひとつは、身上監護権が同意権の基礎とする考え方である[228]。

　これに対して、未成年者自身が、宗教上の理由から輸血等の治療を拒否する場合もありうる。アメリカにおいては、17歳の女性がエホバの証人であることを理由に輸血を拒否し、その母親も輸血に同意しなかった事案に対し、イリノイ州最高裁が、18歳で成人となるが、「成熟した未成年者の法理」により、17歳の女性には、治療に同意ないし拒否する権利が認められるとしたとされている[229]。わが国では、このような事例に対する裁判例はまだない。

(4)　わが国における宗教上の輸血拒否に関するガイドラインの試み

　2008年2月28日には、宗教的輸血拒否に関する合同委員会[230]の報告として、「宗教的輸血拒否に関するガイドライン」が公表されている[231]。そこでは、「輸血実施に関する基本方針」、「輸血同意書・免責証明書のフローチャート」を示し、「輸血療法とインフォームド・コンセント」について指針を明らかにし、最後に、「医療側がなすべき課題」を挙げる。ここでは、宗教上の輸血拒否をする人につき、「18歳以上、15歳以上18歳未満、15歳未満の場合に分けて、医療に関する判断能力と親権者の態度に応じた対応」が整理

228　神谷遊「判例評釈〔家族①〕」判例タイムズ1249号（2007年）59頁以下参照。
229　永水裕子「成熟した未成年者の生命にかかわる治療拒否権」年報医事法学21号（2006年）9頁以下参照。
230　日本輸血・細胞治療学会、日本麻酔科学会、日本小児科学会、日本産科婦人科学会、日本外科学会からの委員の名前と法学者の名前が挙がっている。
231　http://www.jssoc.or.jp/other/info/info20080523-1.pdf

されている。「親が自己の宗教的信条によって小児に対する輸血治療を拒否し、その生命を危険にさらすことは一種の児童虐待であると考える立場もみられる」ことから、15歳未満の小児については、慎重な対応が必要である。「解説」においては、「本ガイドラインでは、患者が未成年者の場合の対応について慎重に検討し、基本的には患者自身の自己決定権（輸血拒否権）を尊重しつつも、満15歳未満の小児（医療の判断能力を欠く人）については、特別な配慮を払いながら、輸血療法を含む最善の治療を提供できるようにすることを提唱する。一方、20歳以上の成人で、判断能力を欠く場合については、一般的な倫理的、医学的、法律的対応が確立していない現段階では法律や世論の動向を見据えて将来の課題とせざるを得ない」とする。

4．医学的適応のない自己決定

(1) 適応なき抜歯の自己決定

医学的適応がないにもかかわらず、患者が、手術等の身体の侵襲を伴う治療を望む場合に、医師の行為は、患者の同意を有効として、手術をしても正当化されるのであろうか。これについては、不合理な根拠からすべての歯の抜歯を希望した患者の同意を無効としたドイツの1978年2月22日の連邦裁判所の判例[232]（**抜歯事件判決**）がある。事案は、次のようなものであった。

　　(事実) 患者Ｐは、長年、強い頭痛に悩まされていたが、その原因は究明できなかった。Ｐは、そのうち、歯を全部抜きたいと言い始めた。痛みと歯には関係があると信じたからである。診察した医師は、そのような措置は医学的には必要でないという見解であったが、患者の意見を変えさせるには至らなかった。そこで、その医師は、電話で状況を伝えた歯科医師（被告人）に患者を送った。被告人は、歯の状態が頭痛とは因果関係がないという見解であったので、それを患者に伝えた。患者は、それにもかかわらず、抜歯してほしいと固執した。そこで、医師は、後日、抜歯すると約束した。その後、歯科医師は、まず、上あごの2本の歯を、下あごの3本の歯を抜いた。医学的適応はなかった。ただ、未知の精神身体的関係が、抜歯の後、頭痛の減退をもたらすことはありうるとおぼろげながら考えていた。患者は、それでは状態が良くならない

---

[232] BGH NJW 1978, 1206

と考え、ふたたび抜歯を希望した。それは無知と困惑の結果であったが、歯科医師は十分な熟慮の結果だとみなした。後日、改めて通院し、被告人の助手が歯と頭を調べたところ、抜歯する理由を見いだせなかったが、患者が固執するので、被告人に相談した。被告人は、患者は鉛を詰めた歯のみを抜いてほしかったのに、上顎のすべての歯を抜いた。

地裁は、傷害罪を認めた。連邦裁判所も、有効な同意の存在を否定した。

(判旨)「あらゆる医師の措置が治療目的で行われるものではない。むしろ、医師は、断種や美容整形手術のように、他の目的に役立ちうるような治療も、それを施術することは、基本的に許されている」[233]。

「証人（P）には抜歯の判断に必要な判断能力がなかった。…彼女の蒙昧は、無知と、説明された医学的議論の理性的な衡量を妨げる精神状態とにもとづく。…抜歯に対する説明にもとづく同意も、被告人によって実施された措置を内容的にカバーするものではない。証人の表象によると、確かに確実ではないとしても、ともあれまったくなくはない、治療の見込みを提供する治療的侵襲をして欲しかったのだ。かくして、同意は、確かに治療に対しては与えられていた。これに対して、被告人の採った措置は、そのようなものを意味しなかった。このことが、説明にもとづく同意の無効性を根拠づける。被告人が、医学的適応の欠如を隠さなかったことは、法的に意味はない。決定的なのは、どのようなものであれ、証人の表象を、現実の医学的判断と一致させることができなかったことのみである」。

患者の自己決定権は、二つのことを守るものである。すなわち、第1に、専断的な医師の措置に対して患者を守る。第2に、同意がある場合に医師を処罰や損害賠償責任から守る[234]。

「同意は、必然的に正当化事由ではなく、ただ医師の行為に対する正当化を限定する枠にすぎない」[235]。したがって、医師は、一方ではたしかに患者が許したこと以上のことを行うことは許されないが、他方で患者が医師に要求したことをすべて行うことも許されない。

本判決がいうように、同意は、侵襲を正当化の枠組みに組み入れる意味をもつのみであり、医学的適のない医的侵襲については同意のみによってそれ

233　BGH NJW 1978, 1206.
234　*Ulsenheimer*, a. a. O., S. 94.
235　*Ulsenheimer*, a. a. O., S. 94.

を正当化することはできない。

(2) 要望にもとづく帝王切開

この関係で、ドイツにおいては、いわゆる「要望による（帝王）切開」（Wunschsectio）の適法性が論じられている[236]。医学的には帝王切開すべき医学的適応はないが、妊婦の希望により切開を行うことの適否が問題となる。**コブレンツ上級ラント裁判所の判決**[237]の事案は、次の通りである。

> **(事実)** 原告は、被告の責任のもとに行われた帝王切開によって誕生した。原告の母親は、すでに帝王切開によって出産したことがあり、今回もそれを望んだが、適応症がなく、初めは通常の出産が勧められた。予定日を9日すぎた時点で、陣痛が始まった。徐脈の所見が見られた。その後、破水があったが、長時間経った時点で、原告が帝王切開の準備を始めた。誕生後の原告には、発達遅滞が見られ、運動能力、言語能力、視力、頭の安定に障害が残った。出産時に帝王切開をためらったため、酸素が不足し、障害に至ったというのである。原告の訴えは退けられた。
>
> **(判旨)**「その母親の要望に応じて初めから帝王切開による分娩が行われなければならなかったという原告の主張は、理由がない。子供の母親に帝王切開の説明をすること、通常の分娩をする旨の説明をしておくことも、適切でもなく、必要でもない。帝王切開は、―原告が主張するように― 明示的にそれが要求されていたときですら、行われる必要はない」。

ここで、公序良俗違反が論じられている。法律上の文言によれば、医師による帝王切開の実行が問題であって、患者の同意ではない。通説によれば、決定的なのは、侵襲の目的、同意、種類と規模ならびにその危険の程度である。別の公式によるなら、「あらゆる公平かつ公正に考える者の礼儀感情（Anstandsgefühl）」[238]によるとされるが、この基準は不明確にすぎる。医学的適応のない手術は、そもそも手術ではなく、医学的適応のない同意は無効というが、正当化の要件として同意のほかに「医学的適応」が必要だというが、両者がそろって初めて傷害は正当化されるという結論に違いはない。

---

[236] *Ulsenheimer*, a. a. O., S. 95.
[237] OLG Koblenz MedR 2007, 365.
[238] *Berz*, GA 1969, 145 ff.; Vgl. *Ulsenheimer*, a. a. O., S. 95.

わが国においては、帝王切開を希望する妊婦に対し、経腟分娩を行わせたところ、出生した長男を死亡させた事案においては、最高裁[239]は、後に詳論するように（後述7、228頁以下参照）、経腟分娩が可能であること、すぐに異常事態が起これば帝王切開術に移行できること、帝王切開術の場合、手術部がうまく接合しないことがあること、次回の出産で子宮破裂を起こす危険性があることなどが説明され、妊婦の要望には従わずに経腟分娩が行われたとき、「経腟分娩を受け入れるか否かについて判断する機会を与えるべき義務があった」として説明義務違反を認めた。帝王切開については、たんなる妊婦の要望があれば医師はそれに従わなければならないものではなく、それを行わなければならない医学的適応、ないし危険の回避などの帝王切開を施術する医学的正当性が認められなければならいが、それに関する十分な説明が与えられた後に、妊婦の選択権が尊重されなければならないとされているように思われる。

(3) 男児の医学的適応のない割礼に対する親の代諾
(a) 問題の所在（宗教上の割礼と傷害罪）

ドイツでは、教義ないし宗教上の慣習から同意能力のない子供に対して医師により医学的適応のない侵襲が行われた場合に傷害罪として正当化されるかという問題が、2012年5月7日のケルン地裁の判決[240]以降、宗教界、政界、ジャーナリズムを巻き込んで大きな論争問題に発展した[241]。ケルン地裁は、イスラム教を信仰する両親の4歳の男児に対する「割礼」(Beschneidung) を、結論的には回避不可能な禁止の錯誤にあったとして、イスラム教徒である医師を無罪としたが、その侵襲行為を違法としたことが、割礼を

---

[239] 最判平17・9・8 判時1912・16。
[240] LG Köln, Urteil v. 7. 5. 2012, JZ 2012, 805; NJW 2012, 2128; FamRZ 202, 1421.
[241] これに関する文献として参照したものを挙げておく。*Holm Putzke*, Rechtliche Grenzen der Zirkumzision bei Minderjährigen — Zur Frage der Strafbarkeit des Operateurs nach §223 des Strafgesetzbuches, MedR 2008, S. 268 ff.; *Kyrill-A. Schwarz*, Verfassungsrechtliche Aspekte der religiösen Beschneidung, JZ 2008, S. 1125 ff.; *Gerhard Ring*, Die medizinisch nicht indizierte Beschneidung von Jungen im deutschen Recht — zur Rechtslage seit dem 28. 12. 2012, Neue Justiz 2013, S. 148 ff.; *Josef Isensee*, Grundrechtliche Konsequenz wider geheiligte Tradition — Der Streit um die Beschneidung, JZ 2013, S. 317 ff. なお、民法上の慣習法の観点から論じたものとして、*Peter Krebs/Becker, Maximilian*, Entstehung und Abänderbarkeit von Gewohnheitsrecht, JuS 2013, S. 97 ff.

擁護する立場から激しい批判を引き起こしたのみならず、従来、若干の裁判例はあるが、これを不可罰としてきた判例の変更を予感させ、宗教界や医外科医・泌尿器科医の間に「法的不安定」に対する動揺が走ったのであった。この事件とその後の迅速な立法の展開[242]は、そもそも割礼には予防医学を含めて医学的適応が認められるのか、同意能力のない子供に対する医的適応のない侵襲に対して、親の同意がどのような権限にもとづくか、宗教上何年間も宗教上の重要な儀式として行われていた行為を刑法上正当化する根拠は何なのか、憲法上の子供の人格の自由な発展や信仰の自由と親の教育権の相克など法的に興味深い問題を提起しているので、ここで少し詳しく論じておきたい。なお、ドイツでは、最近、アフリカなどからの難民申請や滞在許可などとの関係で、女性に対する「女性器切除」(Genitalverstümmlung)についても、行政事件判例となり、話題となっているが、こちらの方は、ドイツではこれを違法とみなす見解が圧倒的である[243]。

(b) ケルン地裁判決の事実と概要

(**事実**) ある医師が、両親の希望に応じて、4歳の男児をメスで医療過誤もなく包皮環状切除術を実施したが、やはりイスラム教徒である男児の両親は、敬虔なイスラム教徒であり専門技術をもった医師に、割礼を依頼していた。医師は、医学的適応はなかったが、手術を行ったのであった。

ケルン検察庁は、医師を危険な武器を用いて他人を傷害した罪で起訴した。ケルン区裁判所は、2011年9月21日に無罪を言い渡した。これに対して、検察庁が、控訴した。

ケルン地裁の判旨は以下の通りである。

(**判旨**) 危険な武器による傷害罪は、メスが武器とはいえないので成立しない。223条1項の傷害罪の客観的構成要件に該当する。

宗教的根拠にもとづく両親の同意を基礎に医師によって実施された、同意能

---

[242] これについては、*Jennifer Antomo*, Der Gesetzesentwurf der Bundesregierung über den Umfang der Personensorge bei einer Beschneidung des männlichen Kindes, Juristische Ausbildung 2013, S. 425 ff.; *Stephan Rixen*, Das Gesetz über den Umfang der Personensorge bei einer Beschneidung des männlichen Kindes, NJW 2013, S. 257 ff.

[243] 刑法上は、危険な傷害 (224条) ないし重大な傷害 (226条) にあたり、監護権のある者の同意は不可能であり、むしろ、同意を与えた者は、これらの教唆ないし幇助となりうる。不断の判例は、政治迫害の亡命の根拠であり、国外追放の障害となるとする。また、女性器切除のおそれがあることは、この目的で少女を国外の連れ出すという両親の滞在自己決定権の剥奪の根拠となる (vgl. *Antomo*, a. a. O., Juristische Ausbildung 2013, S. 427.)。

力のない男児の割礼は、いわゆる『社会的相当性』の観点のもとに構成要件から除外されるものではない。…両親による割礼の誘発も正当化効果をもつわけではない。子供の宗教上の教育に対する両親の権利は、身体の完全性に対する子供の権利やそれに対する自己決定権と衡量して優先されるわけではなく、割礼に対して同意することにより、子供の幸福に対する矛盾が認定されうるからである。それにもかかわらず、子供の幸福に違反する、そして責任阻却されない行為は、社会的に目立たず、一般に是認され歴史的に慣習的に行われ、したがって形式的可罰性の弾劾から逃れてきた。

　正当な見解によれば、社会的相当性は、構成要件該当行為を否認するという要件と並ぶ、独立の意味を与えられるものではない。行為の社会的相当性とは、むしろ、法的な否認の判断が与えられないということの裏面でしかない。社会相当性には存在する否認判断を止揚する機能が与えられるものではない。

　被告人の行為は、同意によって正当化されるわけでもない。当時4歳の子供の同意は存在せず、十分な理解力のあるほど成熟していないため、考慮にも値しない。両親の同意は存在する。それにもかかわらず、構成要件に該当する傷害が正当化されるわけではない。民法1627条1文によれば、両親の監護権による正当化に含まれるのは、子供の幸福に役立つ教育措置のみである。学界の通説によれば、同意能力のない男児の割礼は、それぞれの社会的環境に内部の仲間外れを回避するという視点からも、両親の教育権の視点からも子供の幸福にふさわしいものではない。基本法4条1項、6条2項による両親の基本権は、身体の完全性に対する子供の基本権と自己決定権により、基本法2条1項および2条1文により制限される。…いずれにせよ、基本法2条2項1文自体が、両親の基本権に憲法内在的な限界を画している。…宗教的教育のために割礼に存在する身体の完全性の侵害は、それがそもそも必要だとしても、いずれにせよ相当ではない。そのことは、民法1631条2項1文[244]の価値判断から帰結する。加えて、子供の身体は、割礼によって継続して、また修復できないほど変更される。このような変更は、後に自らその宗教を決定できるという子供の利益に矛盾する。逆に、両親の教育権は、男児が後に成熟したときに自らイスラム教への所属の目に見える徴表として割礼を決断するかどうかを待ったとしても、期待不可能なほどに侵害されるわけではない。

　しかしながら、被告人は回避不可能な禁止の錯誤に陥っているのであって、その責任が阻却される。

244　「子供は暴力によらない教育を受ける権利を有する」。

(c) 割礼の宗教上・医学上の背景

　割礼とは、陰茎の包皮環状切除術（Zirkumzision）を指す。男児の割礼の慣習は、古くかつ世界的に広がっており、15歳以上の全男性の3分の1が割礼を受けているといわれる[245]。割礼には、ユダヤ教やイスラム教ないしキリスト教の一部の教えに由来する宗教上の理由のみならず、文化的・社会的理由も存在する。オーストラリアや南アフリカにも文化的伝統として残っている。感染病の予防という医学的根拠も挙げられるが、実証されてはいない。

　宗教上の割礼が重要な意味をもつのは、とくにユダヤ教とイスラム教においてであるが、ユダヤ教では、生まれた子供は、割礼によって神との盟約が成立し、ユダヤ教集団の一員として迎えられる。聖書の伝承によれば、この盟約は、「アブラハム派の盟約」とも称される。割礼は、通常、専門的・宗教的教育を受けた専門家であるモーヘール（Mohel）によって（原則として生誕8日後）行われる[246]。割礼の行事は、ユダヤ人の宗教生活の一員になるための決定的な条件である。したがって、理由なく割礼を受けていない成人男子は、ユダヤ集団の完全な構成員とはみなされない[247]。割礼の際、鎮痛剤や麻酔を用いることは、経典上は禁止されていない。また、実際に割礼を行わず、シンボル的な行為で代替されることも今日では少なくない。イスラム教でも割礼は宗教上の義務である。

　刑法の傷害罪との関係で、「傷害」の程度や意味についてみておくと、男性器の包皮が部分的に切除されるので、身体の完全性を毀損することは間違いない。割礼には、合併症を伴う危険がある。医師が行ったのではない場合、尿道瘻孔（Harnröhrenfistel）が発症することもあるが稀である。割礼の医学的長所としては、性器の各種癌腫瘍を予防し、HIV感染やその他、淋病、尿道感染、嵌頓包茎などを予防するといわれている。HIV感染の危険については、割礼を受けた成人男性の感染率は約50％減少するとする研究結

---

[245] Vgl. *Antomo*, a. a. O., Juristische Ausbildung 2013, S. 425. 北米では、1980年代に至るまで新生児の大多数が通常割礼を受けていたという（vgl. *Putzke*, a. a. O., MedR 2008, S. 268）。
[246] モーヘールは、職業的な医療者ではなく、独自の治療行為を行う医療補助者でもない。したがって、基本法74条1項19号（医療・その他治療職および治療業の認可）にあたらないが、これらの職業については一般に広く解釈されている（Rixen, a. a. O., NJW 2013, S. 257）。
[247] Vgl. *Schwarz*, JZ 2008, S. 1126.

果もある[248]。しかし、包皮環状切除術が HIV 感染の効果的予防手段であり、治療手段であるという結論が導けるわけではない。それでも、2007年5月には世界保健機関（WHO）は、それをその予防手段として推薦している。しかし、これらの調査・研究の結果も、それに効果があるという結論を一義的に説明しているわけではないとされている[249]。

(d) 従来の判例とケルン地方裁判所判決の反響

さて、前掲のケルン地裁の判決まで、男児の割礼に関する判例は多くはなかった。一般的には、この儀式的な割礼に対する両親の同意権が両親の教育権に含められるとされていた。2002年の**リューネブルク上級行政裁判所**[250]は、イスラム教徒の子供が医師による割礼に費用を引き受けることを社会的監護権者に対して請求する権利を認めた。

刑事事件としては、2004年には、**デュッセルドルフ区裁判所**が、イスラム教徒の、汚れた食事用ナイフで割礼を施した77歳の男を危険な傷害罪で処罰した事案[251]がある。この男は、医師ではなく、すでに故国でも儀式的割礼を行っていたが、ドイツでもすでに数回その住居で子供の両親の依頼を受けて実施していた。危険のない手術のための衛生上の条件も満たしていなかった。被告人は、手術のあと粉を振り掛けて治療した。これに対して、裁判所は、ナイフという危険な武器をもってする危険な傷害罪の構成要件該当性を認定した。裁判所は、違法性をも認定した。刑法228条によって違法性を阻却する同意は、同意者がその決断に本質的に影響する全部の事情を知っていることを前提とするのであって、それを知らない場合、同意は無効だからだというのである。

違法な割礼に対する訴訟費用を請求した事案として、**フランクフルト上級ラント裁判所**の2007年の判決[252]がある。この事案では、監護権のないイスラム教徒の父親が、イスラム教徒でない母親の同意なしに、二人の間の12歳の息子の割礼を勧めたが、息子が、慰謝料を請求した訴訟において息子による

---

[248] *Putzke*, a. a. O., MedR 2008, S. 271.
[249] *Putzke*, a. a. O., MedR 2008, S. 271.
[250] OVG Lüneburg, Beschluss v. 23. 7. 2002, NJW 2003, 3290.
[251] AG Düsseldorf, Urteil v. 17. 11. 2004, Juris online. Vgl. *Antomo* Juristische Ausbildung 2013, S. 426.
[252] OLG Frankfurt, Beschluss v. 21. 8. 2007, NJW 2007, 3580.

訴訟補助の請求を、父親が子供の自己決定権を侵害したという理由で、容認した。「すでにその補償機能のゆえに子供の慰謝料請求権を根拠づける子供の一般的人格権の侵害が存在する」という。なお、本判決では、12歳の子供の同意能力が問題となったが、子供には、癲癇の症状によりそれが人格の発展遅滞に影響し、その時点で割礼の意味は知っていたが、それにつき自己答責的な決定をするほど成熟はしていなかったとしてこれを否定した。

ケルン地裁の判決に対する批判としては、侵害の修復不能性は、子供の将来の改宗を妨げるものではない、裁判所は、宗教問題における国家の監督機能を、両親の教育権に押し付ける方向に拡張した、関係する基本権の衡量において両親の宗教の自由のみを考え、両親が子供の宗教の自由をも行使しているという事実を考慮していない、子供は、自らのために洗礼を受け、割礼を受けたのだといったことが唱えられた[253]。確かにケルン地裁は、禁止の錯誤が回避不可能であったとして、被告人を無罪としたが、これほどに話題となったのであるから、今後は、この手法は通用しないことも、この判決が批判される理由である。そこで、法改正が話題とされるに至った。

(e) 法改正

ドイツ連邦議会は、2012年7月19日の決議において大多数の賛成で宗教上の動機からの割礼を許容する解決を提示した[254]。ベルリン州では、独自の暫定規定を制定した。2012年12月20日には、「男児の割礼の際の身上監護の範囲に関する法律」(Gesetz über den Umfang der Personensorge bei einer Beschneidung des männlichen Kindes) が制定された[255]。立法者は、刑法によるので

---

[253] Vgl. *Antomo*, a. a. O., Juristische Ausbildung 2013, S. 428. 親が、子供にピアスのため耳に穴をあけたり、入れ墨を入れる問題と比較されたりもしたという (Vgl. Berliner Amtsgericht, Urteil v. 31. 8. 2012)。

[254] BT-Dr. 17/10331, S. 1.

[255] ちなみに、医学的適応のない割礼の法的問題を特別法によって最初に規定したヨーロッパ唯一の国はスウェーデンであった。2001年10月1日に「少年の割礼に関する法律」(Lag om omskärelse av pojkar- SFS 2001: 499＝LOP) が発効した。Vgl. *Ring*, a. a. O., NJ 2013, S. 148 ff., S. 153 ff. スウェーデンでは、1997年9月29日の最高裁の判決で、身上監護権者の同意のある割礼を刑法上の傷害罪での処罰から解放すべきかという問題を、宗教上の理由からする割礼は社会相当性という正当化事由を充足するものとして解決したが、その後、前掲のLOPの「優先する法律の目的」は、「男児の幸福」である。同意権者、一定の成熟した少年に対する説明義務 (Informationspflicht) が定められ (3条1項1文)、3条3項2文によれば、侵襲は、少年の意思に反して行われることはない (拒否権)。4条によれば、手術は、資格を有する医師または看護師により痛みを和らげて、衛生上の条件を満たした上で実施される必要がある。

はなく、家族法による解決を試みたのである。すなわち、民法の規定の改正によった。両親の同意権の問題については、「刑法の制裁規範に対する家族法上の行為規範の優位性」が唱えられたのである。

①ベルリン州の暫定規定　ベルリン州は、2012年9月に、宗教上の動機による割礼の刑事訴追免除の暫定規定を制定した。それには次の条件を満たすことが要件とされた[256]。(ⅰ) 両親ないし監護権者が、侵襲の健康上の危険に関する詳しい説明を受けた後に書面で同意したこと、(ⅱ) 両親は、成熟前の子供の割礼の宗教上の動機と宗教上の必要性を証明したのでなければならず、(ⅲ) 侵襲は、医学の専門上適正な水準に従って実施されたこと。とくに治療環境ならびに医療器具の滅菌、できる限りの無痛性および止血措置がこれに属する。その当時の水準により、侵襲は、資格ある医師によって実施されたこと、がこれである。これらの一つないしいくつかの要件が欠けるとき、個別の事件に応じて可罰性が、検察官と裁判所によって検討されるべきである。

②邦議会の法案提出の経緯　上述の2012年7月19日の連邦議会の決議によれば、「2012年秋にドイツ連邦議会は、連邦政府に対し、基本法で保護された、子供の幸福と身体の完全性、宗教の自由および子供の教育に対する両親の権利といった諸法益を考慮して、少年の医学的に正しい苦痛の伴わない割礼が基本的に許容されることを保障する法案を提出するよう要請した」のであった。野党からの反対草案は、14歳からその同意によって割礼を許容すべきと主張した。連邦司法省は、9月に割礼の要綱を提案し、その新規定を連邦内閣が2012年10月10日に文字通りその法案に取り入れ、連邦参議院も11月2日に草案を支持する決議を行った。14歳からの同意権という野党の提案は実現しなかった。

③民法1631条dの新規定　草案の出発点は、両親が子供の身体の完全性に対する侵襲に対して同意できるかという問題は、原則として子供の権利として規定されるべきであり、両親の監護権の内容と限界は、家族法の中に規定されるべきであるという点にある。刑法は、究極の手段として社会的葛藤の解決のために第1次的に用いられるべきではないことが強調されてい

256　Vgl. *Ring*, a. a. O., NJ 2013, S. 149.

る。これは、刑法という制裁規範に対する家族法上の行為規範の優位の原則（刑法の順位の従属性）に従ったものである[257]。

そこで、民法1631条dの新規定によれば、両親の身上監護権 (Personensorgrecht) は、一定の条件の下で、医学的適応をもたない割礼[258]に同意する権利も包含する。「身上監護権は、割礼が、医療技術準則に沿って実施されるべきだとすれば、弁識・判断能力のない男児の、医学的には不要な割礼[259]に同意する権利をも含む。この規定が妥当しないのは、割礼によって、子供の幸福が、その目的を考慮しても危険にさらされるときのみである」（第1項）。「子供の出生後最初の6月間は、宗教結社によってそのために予定された者によっても、割礼は、1項によって実施してよい。ただし、その者は、特別に教育を受けた、そして医師ではないが割礼の実施に相当な能力をもった者であることを要する」（第2項）。

④論点　議論の中心となったのは、子供の身体の完全性に対する、医学上適応のない侵襲をも誘発する事態が、両親の教育権によって包含されるかである。これは、基本的な憲法問題である。草案では、憲法との整合性が論じられ肯定されている。基本法上の両親の教育権が優先され、子供の健康上の発達のチャンスが侵害されることによって子供の幸福が危険にさらされるときにのみ、国家がこの優位性を修正する仕組みとなっている[260]。

しかし、男児の割礼をこのような形で肯定する草案に対する批判も強いものがあった。「ドイツ子供の保護連盟」や「ドイツ子供支援の会」などがこれを批判した[261]。例えば、後者は、割礼を認めることが、これを超えて、両親が宗教上の理由から子供を孤立させることなども認められることになるという。医師が行い、病院で麻酔をかけ、宗教的成熟の年齢を引き上げることなどが主張された。　とくに批判があったのは、本法が、少女と女性の女

257　Vgl. *Rixen*, a. a. O., NJW 2013, S. 257.
258　この法律が適用されるのは、医学的に必要のない割礼のみである。医学的適応の有無が不明のときは、民法1631条dは適用可能である。
259　「割礼」とは何かにつき、法は、定義していない。立法理由では、陰茎の包皮の環状切除を意味しているが、明らかなのは「医学的にとくに外科的に記述できる侵襲」が意味されていること、したがって、それは、暗黙のうちに「医学のその当時の水準」を充たしたものを示しているということである（*Rixen*, a. a. O., NJW 2013, S. 261.）。
260　Vgl. *Rixen*, a. a. O., NJW 2013, S. 258.
261　Vgl. *Antomo*, a. a. O., Juristische Ausbildung 2013, S. 434.

性器切除を社会的に承認する方向で広がる効果をもたらすのではないかという点にあった。第1に、手術としても女性器切除は、男児の割礼と比較にならないほど重大な傷害をもたらす。第2に、ドイツで男児の割礼を合法化すれば、少女の女性器切除がそれによって世間でその問題性を失いかねないおそれがあるというのである。

5．事後の手術の拡大

(1) 事後の手術の拡大における同意の意義

患者の自己決定と「医師の理性」との葛藤する第3の事例群は、手術の拡大の事例[262]である。つまり、当初は正確に認定された手術の計画なしに着手し、それ以上の措置、すなわち、手術の範囲、補充的措置およびそれと結びついた危険の査定に対する特別の兆候が、手術中にはじめてそれぞれの所見に基づいて確定可能になった手術である。これを「術中の説明」(intraoperative Aufklärung) と呼ぶことがある[263]。初めから予見可能な手術の拡大については別である。ここでは、患者に対する手術の拡大の可能性を説明する義務を負う[264]が、途中で拡大の必要性が判明した場合には、まず、医師は、手術を中断しても危険と患者の負担が大きくないときは、いったん手術を中断して、患者の同意をとってから拡大すべきである。また、医師が、手術の範囲や結果、生じる可能性について注意深く手術計画を立てたことが前提となって、手術の中断ができないときには、「適応」の重要性に応じて「推定的同意」が働く[265]。

手術の拡大についての同意については、次のように解すべきである。

第1に、予見可能な手術の拡大については、原則的に、医師の説明の中で説明されるべきである。しかし、予見不可能な手術の拡大の場合で、原則的・通例的には手術の拡大と変更につき同意がもはや認められないときで

---

[262] 手術の拡大に関する刑法上の研究については、vgl. *Volker Götz Dringenberg*, Die strafrechtliche Verantwortlichkeit des Ärztes bei Operationserweiterungen, 2005; vgl. auch *Deutsch/Spickhoff*, a. a. O., S. 173.
[263] *Laufs/Kern*, Handbuch des Arztrechts, 4. Aufl., 2010, S. 729.
[264] これについては、説明義務（第3章）参照。
[265] *Laufs/Kern*, a. a. O., S. 729.

も、もともとの侵襲に対して与えられた同意が、一定の手術の変更に関してもまったく排除されえないという状況も考えられる[266]。そこで、場合によっては、「単純な」合併症（einfache Komplikationen）であって、もとの侵襲に対して与えられた同意に含まれるとみなされる手術の拡大もある。例えば、手術中に発生する大なり小なりの出血、手術中にはじめて認められた異常、手術中の医師の小さな失敗、例えば、血管や組織の微細な損傷、がその例である。このような「単純な」合併症の措置へと手術を拡大することは、当初の同意によりカバーされているというべきである。

第2に、上記の限界を超えた場合には、当初の同意に含まれていると解釈することはできず、別の根拠が必要である。治療措置、方法、手術の危険などに関する当初計画された手術を変更しなければならなくなる「真正の」拡大（echte Erweiterung）の場合[267]には、手術を中断して再度患者から同意をとるか、推定的同意がはたらくということになる。この場合に、当初の手術に対する同意も無効となるのか、当初の手術に対する同意の有効性には変更がないと解するかについては、見解が分かれている[268]。判例批評の中には、医師によって手術拡大について術前に説明があったなら同意していたであろうという場合には、法益関係的錯誤がなかったとして、当初の手術に対する同意は有効とするものがある[269]。

(2) ドイツ連邦裁判所の判例
(a) 手術の拡大に対する同意の必要性とその例外

手術の拡大とは、ここでは、侵襲が、当初の手術の目的を超えて、侵襲から帰結する新たな合併症が発生することなく、新たな手術の目標をもつことをいう[270]。手術の途中で判明した手術の拡大の必要性の問題については、ドイツの判例は、原則として同意のない限り、手術の専断的拡大はできないが、手術を中断して患者の意思を聞いても手術の続行以外に選択の余地があ

---

[266] *Dringenberg*, a. a. O.,S. 167.
[267] Vgl. *Dringenberg*, a. a. O., S. 171 ff.
[268] Vgl. *Dringenberg*, a. a. O., S. 50 ff.
[269] *Geppert*, JZ 1988, 1024 f.; *Müller-Dietz*, Mutmaßliche Einwilligung und Operationserweiterung- BGH, NJW 1988, 2310, JuS 1989, 280 f.; vgl. *Dringenberg*, a. a. O., S. 51 f.
[270] Vgl. *Schöch*, Ärztliches Handeln und strafrechtlicher Maßstab, in: Roxin/Schroth (Hrsg.). Handbuch des Medizinstrafrechts, 4. Aufl., S. 39.

りえない場合には、推定的同意が認められ、正当化されるという立場をとる。**連邦裁判所の1957年11月28日の刑事判決**[271]（**子宮筋腫事件**）において、同意を得ないで手術を拡大した場合に過失を認めている。

（事実） 被告人は、手術前の検査で握りこぶし2個分ほどの大きさの患者の子宮筋腫を発見した。手術中に腫瘍は、子宮の表面に乗っているのではなく、子宮に固く癒合していることが分かった。医師は、子宮を全摘する以外に方法がなかったので、子宮を全部摘出した。患者は、そこまでは同意していなかった。医師は、患者との話し合いの際にそこまでは同意していないことを認識すべきであったとして、過失傷害罪で起訴された。原審は、過失によって同意があったとみなしたことは立証されていないとした。原判決破棄。

（判旨）「被告人は、手術前の話し合いの際に、腫瘍が子宮と固く癒合しており、それを摘出するばあいには子宮を全摘することが不可避であるかもしれないという明白な可能性について考えを及ぼさなければならず、そうすることもできた。被告人がその可能性について認識しなければならなかったとすれば、患者をこの可能性につき示唆し、恐らく必要となり、結果として重大な侵襲に対する承諾を確保する義務がなかったかをさらに検討しなければならなかったであろう」。…患者が全摘に同意していただろうということもできない。なぜなら、患者が身体の器官への危険な腫瘍を、全摘するよりは残しておくということもありうるからである。被告人は、手術前に、ひょっとして手術中に明らかになる子宮の切除の必要性につき確認（説明）することを過失によって怠ったのである。

本判決は、医師にそれが予見可能である限り、手術前に手術の拡大の可能性について検討し、患者に説明する義務を認めている。

この事例のように、手術前に予見可能な手術の拡大ではない場合には、場合によっては、手術の拡大は、推定的同意によって正当化されることがある。まず、刑法学上は、一般に、推定的同意は、患者の現実の同意ではないので、患者の現実の意思に反した推定はできず、また、現実の同意が容易にとれる場合には、推定的同意の法理ははたらかないとされている[272]。判例に即してこれを詳しく検討しよう。

---

271 BGHSt 11, 111＝NJW 1958, 267.
272 山中・前掲『刑法総論』573頁以下参照。

1976年の連邦裁判所[273] によると、「手術中に、手術に伴う危険の増大に遭遇した医師は、その医師がその続行については、いまやそれに対する説明をしていなかったがゆえに、患者の有効な同意を得ていない場合、同意を得るために、手術をその危険なしに中断されうるとき、あるいは止めることもできるとき、侵襲をやめなければならない」。

これに続いて、さらにこの判決は、「開腹したときに初めて病原が、別の器官をも侵襲していることを認識できるようになったとき、悪性の器官を取り除いたうえで開腹した腹部を部分手術の後に、再び閉じなければならない」。それによって、「患者が麻酔から覚めるや否や、患者に同意を得るようにし、手続を初めからやり直せるようにしなければならいない」という。ここまで要求するのは行き過ぎのように思われるが、この判例は、もう一度手術をやり直すことの負担を考慮して、「危険の増大を知った上でも」手術の続行以外の決断は期待できないという場合、いわば患者の「推定的同意」を認めることができるとしてこの問題の解決を図るのである[274]。

(b) 例外としての推定的同意の要件

連邦裁判所の1988年3月25日の「原則的判決」[275] は、この方向を推し進めた。

 (**事実**) 事案は、以下の通りであった。被告人たる医師は、妊婦Mに帝王切開の手術を実施した。その結果、子供は無事に生まれた。Mの骨盤は狭かったので、その病院ではすでに二度帝王切開を実施していた。手術が始まるとすぐに、驚いたことに、子宮は、その下部で腹壁と膀胱に癒着していたことが分かった。医師は、通常の手術とは異なり、膀胱の上部を切らなければならなかったが、一般にその手術によって、次の妊娠の際に、母体と子供の生命に危険が及ぶ膀胱破裂のおそれがあったので、医長Dの助言を得て、「重大な適応症」があったとして、卵管を切断した。この手術に対する患者の同意はなかった。なお、Mは、4回目の妊娠を望んでいたので、説明を受けていればその手術には同意していなかったであろう。しかし、Mは、卵管を切断したにもかかわらず、後に妊娠し、帝王切開によって出産した。連邦裁判所の判決は、次のようにいう。

---

273 BGH NJW 1977, 337, 338.
274 手術の拡大の問題については、Vgl. *Dringenberg*, a. a. O., 2005.
275 BGHSt 35, 246＝MDR 1988, 248＝JZ 1988, 1021（mit Anmerkungen von *Weizel*, *Geppert* und *Giesen*）.

6．患者の同意と医学的適応

(判旨)「推定的同意の原則は、当事者の同意がとれないときにのみ適用できる。しかし、本件では、患者に、第3回目の帝王切開の前に、第4回目の妊娠の際のありうる危険について示唆し、不妊手術に対する同意をもたらすことが強く求められた。同意がなかったときは、不妊手術は中止され、患者と話し合われなければならなかった。現在の、差し迫った生命の危険は、存在しなかった。即時の手術は、後に行われることのある卵管手術の危険性の高さのゆえにも、必要ではなかった。これに加えるに、卵管切断の手術は妊娠予防のための多くの可能性の一つにすぎなかった」。「医学的適応のある侵襲の場合、とくに手術の拡大にあたっては、患者の推定的同意を基礎にする医療行為の許容性は、重大な適応がある事例に限定されない。患者が明示的にまたは黙示的に同意はしなかったが、推定的意思にかなう医療侵襲は、医師が、患者の同意をもって開始された手術を拡大するか、中断するか、または、新たな、事情によってはより大きな危険と結びついた、しかしいずれにせよ、さらなる身体的・精神的侵害をもたらす手術の危険に患者をさらすかどうかという問いに直面させられるときにも、患者の（推定的）意思は考慮されるべきである。推定的同意という正当化事由は、医師が、患者に予見可能で必要な手術の拡大について説明しないままにし、それによって患者の明示的な決断をもたらす可能性を過失によって利用しないままとしたときには、それだけですでに阻却されるわけではない」。

本判決を評釈したゲッペルトは、本判決が医師に医的侵襲、とくにありうるまた必要な手術の拡大にあたっての推定的同意の範囲と適用範囲について誤った解釈を生むのではないかと恐れている[276]。つまり、推定的同意を認めることによって当初の医師の説明義務の重要性が、患者のそれに対する要求と比べて低下するのではいかというのである。ゲッペルトは、執刀医が患者に十分に説明し、適宜その必要となり得る同意を取ることを有責に怠ったときには、推定的同意による手術の拡大は許されないものとする。

本判決のもたらす帰結につきウルゼンハイマーは次のようにまとめる[277]。

① 医師は、切迫した重大な適応があり、かつ、患者の反対の意思についての手掛かりとなる根拠がないとき、手術の変更をする権利と義務がある。

---

[276] *Geppert*, JZ 1988, S. 1024.
[277] *Ulsenheimer*, a. a. O., S. 146.

②　医師は、それが患者を一切危険にさらすことなく可能であり、手術の変更ないし拡大に、患者が同意するかどうかが不確実な場合、医学的適応のある拡大手術を行うために必要な同意を得るべく、手術を中断すべきである。

③　推定的同意にもとづく医師の行為の許容性は、医学的適応のある侵襲であれば、重大な適応に限定されず、かつ、手術を中断すれば、それに続く侵襲が事情によっては、より大きな危険と結びつき、いずれにせよ、それ以上の身体的・精神的侵害と結びつくときにも、肯定されうる。

それによって、正当化事由としての推定的同意の範囲は、切迫した生命の危険のある場合を超えて、高度の健康の危険が、後の、患者に健康上それに加えてに負担となる手術によってなお回避されうる事例にも拡大されるようになった[278]。

しかし、その後の**1999年10月4日の判決**[279]において、連邦裁判所は、この「患者の健康に負担となる手術」を行うことによる回避が可能な事例に限定を付そうとする。新たに「患者の健康と生命に著しい危険が存在する」場合という要件を立てるのである。まず、この事案を紹介しておこう。

> **（事実）** 被告人達は、アナベルクのある病院の婦人科医として勤務していたが、そこに24歳のLが第2子を出産するため入院してきた。彼女の第1子は、5年前に帝王切開により生まれた。出産中その女性は、非協力的で、喚き散らし、出産に積極的に協力することを拒んだ。呼吸の方法を誤ったため子供の健康がますます危険に陥ったとき、被告人達は、帝王切開による分娩を実施しようと決意した。被告人WがLに対して帝王切開に関する説明をしようと試みたが、果たせなかったので、Lの夫と話し、夫は帝王切開に同意した。麻酔が実施される前に、被告人Bは、すでに手術室にいたLに目前に迫った帝王切開手術に鑑みて質問した。「子供はこれ以上欲しくないのでしょう。すぐにでも不妊手術をしようと思うのですが」と。しかし、Lは、これを拒否した。被告人達は、これによりその手術をやめることにした。Wが医長となり、Bがそれを補助して手術が実施されたとき、患者の子宮に亀裂が生じ、大量の出血をみたが、すぐに収まった。この合併症により、被告人達は、患者の了承を得

278　*Ulsenheimer*, a. a. O., S. 146.
279　BGHSt 45, 219＝MedR 2000, 231＝JR 2000, 470＝NJW 2000, 885.

て（einverständlich）卵管不妊術を施した。この措置により、子宮が破裂し、妊婦と子供の生命に危険が生じる危険が危惧されたので、再度の妊娠を確実に避けようとしたのである。全部で3人の子供が欲しかったLは、実施された不妊手術につき承諾していなかった。

(判旨) この事案に関し、連邦裁判所は、まず、「地方裁判所は、この客観的事情においては、即時の不妊術をMの推定的意思として必然的に評価したことによって、弁護側の見解に反して、その1988年3月25日の連邦裁判所の基本判例において、手術の拡大が予測できない場合に、推定的同意の条件となる判断基準を見誤ってはいなかった。たしかに連邦裁判所は、患者の推定的意思にもとづく医師の行為の許容性は、重大な適応症、すなわち、現在の生命の危険の事案に限定されないと論じている。「患者の（推定的）意思は、むしろ、医師が、患者の同意をもって開始された手術を拡大し、またはそれを中断し、患者を、新たな、事情によってはより大きな危険に結び付いた、いずれにせよさらなる身体的・精神的侵害の危険をもたらす手術にさらすことになるかどうかという問いの前に立たされるときにも考慮されるべきである」[280]と述べ、その後、その推定的同意が認められる要件を詳論する。

「正当化事由としての推定的同意は、—すぐにであれ、後にであれ— 行われる侵襲がなかったとしたならば、患者の健康と生命に著しい危険が存在するという場合にのみ、考察に上る」[281]。「危険が、…小さくて、その危険が最近の診断可能性によってコントロールされうる場合には、患者の同意なくして手術を拡大することが、別段の手術を行えば、—患者によってなお要望されるなら— さらなる精神的または身体的負担が生じるはずだという観点だけを考慮すれば、許されるというわけではない。さもなくば、患者の自己決定権は無意味となろう。精神的・身体的負担は、あらゆる手術に必然的に伴われるものだからである」[282]。

それによって、連邦裁判所によって先の基本判決よりは狭く引かれるようになった限界を、民事判例においては**コブレンツ上級ラント裁判所**[283]がさら

---

[280] BGHSt 45, 222.
[281] Vgl. *Ulsenheimer*, a. a. O., S. 146.
[282] なお、本件では、次の妊娠の予防は、不妊手術によらなくても可能であるという事情も考慮されている。さらに、本件では、患者が不妊手術を明示的に拒否していることも、推定的同意が認められないとした根拠に挙げられている（BGHSt 45, 223.)。
[283] LG Koblenz, NJW 2006, 2928＝MedR 2005, 530.

に補強した。その判例において問題となったのは、切開の際に同意を得ずに不妊手術を実施したという事実であった。そこでは、「推定的同意の観点における正当化は、もともと当該の患者に尋ねる機会があったが、それを — 有責に — 怠ったときにも考慮に値する。そこで基準となるのは、患者の決断が手術の着手の時点で行われなかったかどうかのみである」。しかし、推定的同意があるとするためには、さらに、「個人的な意思の表明をたんなる推定によって代替し、それによって最終的に推測の次元に立ち入ることを許すような特別の緊急状態が存在しなければならない」。したがって、「手術することが、その重大性において明らかに、手術することによって損害としてもたらされものを超えるような健康上の危険を回避するために、客観的に適切であるような状況」が必要である。その際、「患者が、自らそのチャンスと危険を衡量するなら、その承諾を真摯には否定できず、それ以外の反応をすることが理解できないというような状況がなければならない」[284]。一般に民事においては、全身麻酔の場合、承諾を得るための手術を中断するのは、危険であるから避けるべきだとされるが、局部麻酔の場合には、手術拡大の可能性と新たな危険について説明され、同意が取られなければならないとされている。その上、原則的には、手術の前に手術拡大の可能性について説明しておく必要があり、医師は、予見不可能な状況だったとは主張できず、推定的同意も援用できないとされている[285]。むしろ、その場合、一般には「導入段階の過失」（einleitende Fahrlässigkeit）が認められるという[286]。

　このようにして、ドイツの学説においては、手術による苦痛が、耐えうるものであれば、手術を開始した医師は、その続行が患者に同様の負担をかけるという場合には、手術の中断の義務を負うとされる。つまり、その場合、患者がそれによって得る決断の可能性は、手術が繰り返されることによるさ

284　*Ulsenheimer*, a. a. O., S. 147.
285　1988年12月13日の連邦裁判所の民事判例（BGH NJW 1989, 1538）では、新生児が重大な心臓疾患を患って出生し、手術が行われたが、執刀医が、手術中に縫合されるべき血管が短すぎて計画されていた吻合ができなくなり、手術方法を変更したが、手術は52分かかり、その結果、その子が横断麻痺となり、慰謝料の支払いが求められたという事案で、原審の判断を破棄して医師の責任を認めた。医師は、手術の前に原告の解剖学的状態につき十分検査しておくべきであり、執刀者の特別の知見と経験が必要な手術であったとして、医療過誤を肯定し、説明義務については、執刀医が、手術中に吻合の方法を変更する特別の危険があるということを説明することは、そのような展開を予見でき、すべきときに認められるとする。
286　*Deutsch/Spickhoff*, a. a. O., S. 173.

らなる負担よりも基本的に高く評価されるべきであるとして、手術は中断されるべきとされるのである[287]。ドイツの判例においては、手術の事後的拡大の場合、手術を拡大する「特別の緊急状態」の存在が必要である。その緊急状態とは、手術を拡大しなければ「患者の健康と生命に対する著しい危険」が存在することである。この場合には、「推定的同意」によって手術は正当化されるというのである。

(3) 手術の拡大に関するわが国の指導判例

わが国の民事判例において、手術の拡大に対して患者の「承諾」がなく、また、「承諾を不要ならしめる緊急の事情」も認められない場合、身体に対する「違法な侵害」があるとして損害賠償請求を認めた患者の同意に関する先駆的判決となった「**乳腺症手術事件**」**判決**[288]についてはすでに検討した。判決は、本事案につき先に引用した原則的思想を適用し、「女性の乳房の内部組織を全部剔出する手術は、生理的な機能の点においてもまた外見上も患者にとって極めて重大な結果を生ずる手術であるといえるから、被告Ａまたは被告Ｂは、原告の左乳房の手術にあたっては、あらかじめ原告の承諾を求めるべきであったといわなければならない」としたのであった。

これに対して、刑法学説には、この処理は「少なくとも刑法上の問題の処理の仕方としては妥当性を欠く」とするものがある。左乳房の手術を患者の推定的意思に反しないものとして、適法性を認める余地は十分にあった」というのである[289]。患者は外貌に重大な変更をもたらす右乳房の手術にすでに同意を与えていたのであるから、左乳房への拡大に同意を拒絶する可能性は小さかった」というのである。しかし、同意なしに手術を拡大する緊急の事情がないかぎり、現実の同意を要求すべきである。推定的同意は、現実の同意をとれない場合に限って認められるのであり、そのような事情のない限り、安易に「患者の意思」を推定すべきではないというべきであろう。刑事法の謙抑性の原則から出発しても、患者の自己決定権を最大限尊重するという今日の医療の主流である傾向から言えば、改めで手術することが患者の身

---

[287] *Laufs/Kern*, a. a. O., S. 730.
[288] 東京地判昭46・5・19下民集22・5＝6・626。宇都木伸・木原章子「承諾なき乳腺全摘手術」医事法判例百選117頁。本章１．３．(2) 参照。
[289] 町野・前掲『患者の自己決定権と法』209頁。

体的・精神的不利益になるというパターナリスティックな理由のみで、安易に推定的同意を認めることはできない。

後に、乳房を切除する手術における説明について、近時、**東京地裁**[290] は、次のように述べている。「医師が患者に対して行うことが求められる説明は、患者が自らの身に行われようとする手術につき、その利害得失を理解した上で、当該手術を受けるか否かについて熟慮し、決断することを助けるために行われるものである。特に単純乳房切除術は、体幹表面にあって女性を象徴する乳房を切除する手術であり、手術により乳房を失わせることは、患者に対し、身体的障害を来すのみならず、外観上の変ぼうによる精神面・心理面への著しい影響ももたらすものであって、患者自身の生き方や人生の根幹に関係する生活の質にもかかわるものであるから、手術の緊急性があるというような事情のない限り、医師は、患者に対し、当該手術を受けるか否かについて熟慮し判断する機会を与えることが求められるべきものである」。この判決がいうように、緊急性がないかぎり、患者の意思が確認されなければならないが、手術の拡大の事案においても、実際に同意を得る間もないほどの緊急性があったのか、それとも患者が二度の手術を受ける負担を軽減するといった根拠のみで同意を省略したのかによって結論が異なりうる。

さらに、**平成元年の広島地裁**の判例に、脊椎麻酔をかけて手術中に卵巣嚢腫であると判明し、全身麻酔をかけた後、子宮筋腫であることが判明し、その姉に卵巣摘出の必要性を説明して同意を得て、左卵巣および子宮を摘出して子供が産めない体になったという事案における無意識の患者に代ってなした姉の同意の無効を論じた民事判例[291] があった。

（**事案**）医師が腹痛を訴える患者を虫垂炎と誤診し、手術のため入院させたが、手術室で虫垂切除手術のため脊椎麻をかけた後、卵巣嚢腫であることが判明し、左右の卵巣を両方とも摘出することになるかもしれず、子供が生めなくなる旨を説明したところ、原告が、「よろしくお願いします」と答えたので、全身麻酔に切り替えて手術したところ、右側部の腫瘤は子宮筋腫であることが判明したが、被告である2名の医師は、子宮全摘術により子宮全部を摘出することが相当であると考え、全身麻酔中で原告の意識がなかったので、付添いの姉

290　東京地判平15・3・14判タ1141・207。
291　広島地判平1・5・29判時1343・89。

を手術室に呼んで臓器を見せたうえ、左卵巣摘出の必要性、子宮筋腫が大きいのでいずれ再手術をすることになるであろうこと、したがって子宮を摘出したほうがよいと思うが、子供は生めなくなることを説明し、姉の承諾を得て、執刀し、左卵巣および子宮が摘出され、原告は、子供を生めない身体になったというのである。

(判旨) 医療行為についても、患者の身体に対する侵襲行為の側面を有する以上、たとえ医師の適切な判断によるものであったとしても、患者の承諾があってはじめてその違法性が阻却されるものというべきところ（…）、医療契約の締結によって右承諾が全てなされたものということはできず、医療契約から当然予測される危険性の少ない軽微な侵襲を除き、緊急事態で承諾を得ることができない場合等特段の事情がない限り、原則として、個別の承諾が必要であると解するのが相当であり、医師の医療行為が不適切な場合には、それだけ違法性が強いものといえる。

　もっとも、患者の右承諾は、ただ形式的に存在していればよいというものではなく、医師としては、患者が自らの判断で医療行為の諾否を決定することができるよう、病状、実施予定の医療行為とその内容、予想される危険性、代替可能な他の治療方法等を患者に説明する義務があり、右説明義務に反してなされた承諾は、適法な承諾とはいえないものと解するのが相当である（…）。

　子宮筋腫の手術適応があっても、若い未婚の女性及び既婚者でも妊娠・分娩を希望する女性の場合には、子宮全摘術を行うべきではなく、保存術式である筋腫核出術（筋腫のみを子宮筋層からくりぬく術式）を行って、子宮の温存に努めるべきであることが認められ、右認定を左右するに足りる証拠はない。

　原告の右側部の腫瘤が子宮筋腫であることが判明したとき、全身麻酔中で原告の意識がなかったため、被告Aと被告Bが、原告の承諾を得ることなく子宮全摘術を行った…（が、それは）、子宮の摘出が本件医療契約から当然に予測される危険性の少ない軽微な侵襲であるということは到底できないし、…原告の子宮筋腫について、緊急に手術を要したわけではなく、一旦閉腹して原告の承諾を得ることも可能であったことが認められるから、子宮全摘術の実施は、原告の承諾を要しない場合に当たらないものというほかない。

　そして、原告が成人で判断能力を有している以上、親族である姉Hの承諾を以て原告のそれに代えることは許されないものというべきである。

　脊椎麻酔から全身麻酔に切り替える前、被告Aと被告Bが、原告に対し、左右の卵巣を両方とも摘出することになるかもしれず、子供が生めなくなる旨

を説明し、その承諾を得た（…が）、被告らは、原告が子供を生めなくなることを承諾していた以上、子宮全摘術の実施に際し改めて原告の承諾を得る必要はない旨主張しているものとも解されるので検討する。

　しかしながら、開腹後、はじめて子宮筋腫が発見され、しかも右卵巣には囊腫も認められなかったのであるから、少なくとも右卵巣を摘出する必要のないことは明らかであるというほかなく、被告A及び被告Bとしては、原告に対し、新に右状況、術式の方法及び予想される危険性等を十分説明する義務があり、そのうえで子宮全摘術を実施することの承諾を得る必要があるものというべきであって、被告らの右主張は失当である。

　してみると、結局のところ、原告の子宮筋腫につき、被告Bの執刀によりなされた子宮全摘術の実施は、原告の適法な承諾を得ないでなされた違法な医療行為であるというほかない。

本判決は、全身麻酔中で原告の意識がなかったため、原告の承諾を得ることなく子宮全摘術を行ったことにつき、子宮の摘出が、①「当然に予測される危険性の少ない軽微な侵襲」ではなく、②「緊急に手術を要した」とも言えず、③「一旦閉腹して原告の承諾を得ることも可能であった」として、これを患者の承諾を要しない場合に当たらないものとした。なお、先に引用しなかったが、判決では、④「原告が成人で判断能力を有している以上、親族である姉Hの承諾を以て原告のそれに代えることは許されないものというべきである」としている。

7．患者の同意と医術的正当性

1．医術的正当性の枠内での治療方法の選択

　医師は、医学的適応のある症状に対して、医術的に正当な治療方法を選択して患者に施術する必要がある。その際、確立した治療方法が複数存在するときは、そのそれぞれの治療方法の意味、危険性、効果、副次的効果等を患者に説明し、患者の意思にしたがって選択できるようにしなければならない。ここでは、これに加えて、選択肢となる一方の治療方法が、医学的に未確立であり、新たな先端的な治療方法である事案も検討されなければならないが、このような場合を含めて、代替治療については、「説明義務」に関する第3章で解説する。

2．治療方法の選択の自己決定

　医師は、確立した複数の治療方法（術式）がある場合、患者の選択した治療方法を実施するべきであって、自己の信念と知見に基づき、正当と判断する治療方法を行うべきではない。治療方法の選択は、患者の自己決定権の問題であるから、医師は、患者の希望する治療方法についても説明においてそれに関する適切な情報を与えるべきであって、患者自身の自己決定が自由に実現できるように説明を与えるべきである。問題は、患者の自己決定権と医師の医術的正当性ないし医療水準の維持の衝突にどのような解決点を認めるべきかである。

(1)　分娩方法に関する説明義務違反事件[292]
　帝王切開か経腟分娩かに関する説明についての民事判例を例として挙げておこう。

(**事実**) 上告人らは夫婦であるところ、上告人である妻Xは、B病院を受診し、初めての妊娠が確認され、その後も、通院を続けて本件病院の医師である被上告人（Y）の診察、検査を受けていたが、胎位が、頭部を子宮底に、臀部を子宮口に向けた状態であることが判明した。被上告人医師は、妊娠37週3日の診察時に、内診やレントゲン撮影の結果などから、分娩時には臀部が先進して産道を降下する状態（「殿位」）となり、母体の骨盤の形状や大きさからして児頭骨盤不均衡などの経腟分娩を困難とする要因もなく、経腟分娩が可能であると判断して、上告人Xに対し、経腟分娩に問題はないと説明し、経腟分娩によるとの方針を伝えた。

上告人らは、骨盤位であるのに経腟分娩をすることに不安を抱き、被上告人医師に対し、帝王切開術によって分娩をしたいとの希望を伝え、さらに、上告人Xは、検診時にもその旨の希望を述べた。これに対し、被上告人医師は、上告人ら又は上告人Xに対し、上記のとおりの状況に照らして経腟分娩が可能であること、もし分娩中に問題が生じればすぐに帝王切開術に移行することができること、帝王切開術をした場合には、手術部がうまく接合しないことがあることや、次回の出産で子宮破裂を起こす危険性があることなどを説明し、更に家族で話し合うよう指示した。

上告人Xは、1時間おきに陣痛促進剤を1錠ずつ服用した。被上告人医師は、上告人Xを内診し、胎児の臀部とかかとの部分が触れたことから、当初の診断と異なり、分娩時には、両下肢のひざが屈し、両側のかかとが臀部に接して先進する状態（複殿位）となると判断したが、子宮頸部が軟らかくなっていることなどから、このまま経腟分娩をさせることとし、陣痛促進剤の点滴投与を始めた。そして、午後1時18分ころには、陣痛がほぼ2分間隔で発現するようになり、午後3時3分ころには、胎胞が膣外まで出てくる胎胞排臨の状態となったが、卵膜が強じんで自然に破膜しなかった。このため、被上告人医師は、分娩が遷延するのを避ける目的で人工破膜を施行したところ、破水後に臍帯の膣内脱出が起こり、胎児の心拍数が急激に低下した。被上告人医師は、臍帯を子宮内に還納しようとしたが奏功せず、午後3時7分ころ、骨盤位牽出術を開始した。

本件病院では、経腟分娩の経過中に帝王切開術に移行することのできる体制

292　最判平17・9・8判時1912・16＝判タ1192・249。判例評釈として、和泉澤千恵・年報医事法学21号153頁、小池泰「分娩方法の選択に関する医師の説明義務」民商法雑誌134巻3号486頁、小笠豊「分娩方法に関する説明義務違反と機会の喪失」医事法判例百選130頁参照。

7. 患者の同意と医術的正当性

となっていたが、被上告人医師は、破水後に帝王切開術に移行しても、胎児の娩出まで少なくとも15分程度の時間を要し、経腟分娩を続行させるよりも予後が悪いと判断して骨盤位牽出術を続行し、重度の仮死状態で上告人らの長男Aが出生した。Aは、待機していた小児科医によって蘇生措置を受けたが、死亡した。

(判旨)「帝王切開術を希望するという上告人らの申出には医学的知見に照らし相応の理由があったということができるから、被上告人医師は、これに配慮し、上告人らに対し、分娩誘発を開始するまでの間に、胎児のできるだけ新しい推定体重、胎位その他の骨盤位の場合における分娩方法の選択に当たっての重要な判断要素となる事項を挙げて、経腟分娩によるとの方針が相当であるとする理由について具体的に説明するとともに、帝王切開術は移行までに一定の時間を要するから、移行することが相当でないと判断される緊急の事態も生じ得ることなどを告げ、その後、陣痛促進剤の点滴投与を始めるまでには、胎児が複殿位であることも告げて、上告人らが胎児の最新の状態を認識し、経腟分娩の場合の危険性を具体的に理解した上で、被上告人医師の下で経腟分娩を受け入れるか否かについて判断する機会を与えるべき義務があったというべきである。ところが、被上告人医師は、上告人らに対し、一般的な経腟分娩の危険性について一応の説明はしたものの、胎児の最新の状態とこれらに基づく経腟分娩の選択理由を十分に説明しなかった上、もし分娩中に何か起こったらすぐにでも帝王切開術に移れるのだから心配はないなどと異常事態が生じた場合の経腟分娩から帝王切開術への移行について誤解を与えるような説明をしたというのであるから、被上告人医師の上記説明は、上記義務を尽くしたものということはできない」。

本判決は、分娩中に問題が発生した場合に、経腟分娩から帝王切開への移行には、時間を要するなどの危険が伴うにもかかわらず、いつでも帝王切開に移行できるから心配ないと不正確な説明をし、経腟分娩を承諾させたのは、分娩方法に関する選択の機会を失わせたものとし、医師の裁量を制限しており、結論的に正当であると思われる。しかし、本件原審である東京高裁（東京高判平14・3・19）は、逆の判断をしていた。

(2) 第2審判決[293]

（判旨）「Yが帝王切開の適応がなく、経腟分娩が可能であると判断したことは、上記の一般的な見解に照らしても、誤りとはいえない。そして、帝王切開に伴う危険性や将来の出産に及ぼすリスクなどを考慮して、経腟分娩が適当としたことは合理的な判断であったと認めることができる」。…「医療はその性質上、高度の専門性を有するものであって、医師はその専門的知識と経験等に基づいて、医療水準に適合する範囲内で医療行為を行うべき責任を負うものである。そして、患者との関係においては、その専門性と責任に基づいて、自己の正当と信ずる医療行為を説明し、患者に同意を求めることができ、患者がこれと相違する医療行為を求める場合には、患者を説得することが許されるだけでなく、医師が患者に対し適切な医療行為を行うべき責務を負っていることからすれば、積極的に患者を説得することが求められるものと解される。また、そのような説得をしたこと自体を、違法又は不当と評価されてはならない」。…「医師は自己の信念と専門的知見に基づき、合理的で正当と判断する医療行為を行うべきものであって、それに反する患者の選択に拘束されるものではない。診療義務、応招義務も、原則として、医師に対して、その意思に反してまで、自ら不合理で不適切と考える医療行為を行うべき義務を課するものとは解されない」。

経腟分娩か帝王切開かという分娩方法の選択につき、患者の自己決定権を尊重しつつ、医師が不合理・不適切と考える医療行為を施すべきではない[294]とはいえよう。しかし、第2審のように、「医師が患者に対し適切な医療行為を行うべき責務を負っていることからすれば、積極的に患者を説得することが求められるものと解される」というのは、医師が両分娩方法のメリット・デメリット等につき患者に十分な分かりやすい説明を尽くした上で、患者に求められれば患者の決断の助けになるような助言を提供することにとどめるべきではないだろうか。結論的には、患者（妊婦）の希望と医師の医術的適切性の判断の調整は、医師による分かりやすく丁寧な説明によって、合意をみる以外に解決方法はないであろう。本件事案においては、患者は、最高裁がいうように、経腟分娩の不安を縷々訴えているにもかかわらず、医

293　東京高判平14・3・19訟務月報49・3・799。
294　これについては、最判平13・11・27民集55・6・1154参照。

師は、その途中で異常事態が発生し、胎児に危険が生じた場合にはすぐに帝王切開分娩に移行できると説明しただけで経腟分娩に同意させている[295]。これは、誤解を与える説明であって、十分な説明とはいえない。

　母体に対する傷害の事例に対する刑事事件としてこの事案を見た場合、患者の自己決定権に反する医師の合理的判断によって経腟分娩が選択されたことが、医療過誤にあたるかについては、民事と異なる判断が可能であると思われる。十分な説明がなく、患者の同意をとっていなかったことが、直ちに故意の傷害罪ないし業務上過失傷害罪を根拠づけるわけではない。東京高裁の判旨ほどに強く医師の専門性と責任を主張できるかどうかについては疑問がないわけではないが、医師が説明義務を尽くしていなかったことを理由に、医師を傷害罪等に問うことは行き過ぎのように思われる。患者が帝王切開を希望していたが、医師の総合的な判断により、経腟分娩の方が危険ないし次の出産への影響が少ないと判断され、手術を開始したが、帝王切開に移行せざるを得なくなったという事案では、手術開始当初の説明が、十分でなかったとしても妊婦があくまで経腟分娩を拒否したわけではないので、結果的に経腟分娩による危険性が実現しているが、患者の真意に沿わず、患者が十分に納得したわけではなかったことによって、傷害罪の故意ないし過失があるとするのは、患者の意思そのものを直接の保護目的としない傷害罪の成立を認めるのは行き過ぎであると思われる。

　一般的には、医療の個人化の尊重の原則からして、患者の自己決定権が重視されるべきが原則であるが、患者の自己決定に優越する医師の医学的な合理的判断がどのような要件のもとで認められるかが重要である。次の東京地裁判決の事案では、事態の「緊急性」の要件が認められないとされている。

(3) 乳房切除術に対する説明義務違反事件

　本件の原告は、乳頭部線腫と診断され、被告の設置する病院において右の乳房を切除する単純乳房切除術を受けたが、その症状に照し同手術は不要なものであり、適切な説明がなかったとして、債務不履行に基づく損害賠償を求めた[296]。これに対し、判決は、単純乳房切除術の適応があったとして治

295　小笠・前掲医事法判例百選131頁参照。
296　東京地判平15・3・14判タ1141・207。

療方法の選択における医師の過失を否定したが、施術に至る医師の対応につき、医師の説明義務違反を認めて、原告の自己決定権侵害に対する精神的苦痛についての被告の損害賠償責任を肯定した。

> 「本件については、特にがんではないのに単純乳房切除術が必要であるというＡ医師の診断の内容は、原告にとって理解することの困難なものであったと考えられる。実際にも、原告は、手術の必要性に対する疑念から、一度は手術の延期を申し出、Ａ医師に対し、病状等について詳しい説明を求め、場合によっては他の病院での診断も受けるなどして、手術をするか否かを熟慮したいと真摯に申入れていたものである。加えて、前記のとおり、本件においては、病変部を直ちに切除しなければならないほどの緊急性は認められないのであるから、Ａ医師は、原告に対し、病状等を丁寧に説明し、熟慮する機会を与えなければならなかった」というのである。

手術の必要性について、その手術をその時点で受ける必要性について十分な説明のない場合、たとえ医学的適応があったとしても、その手術の医術的正当性についての説明が不十分といえる。本判決では、手術をしない選択肢を選ぶために十分な説明があったとはいえないとして、病院に対する損害賠償請求が一部認容されたのである。

(4) 刑事法における治療方法の選択

さて、このような治療方法の患者の選択に対する十分な説明がなく、もし説明があれば他の治療方法を選んでいたという事情が、刑事法としては、傷害罪等を構成することになるのだろうかが問われるべきである。医師は、例えば、重大な身体への侵襲と生命に対する危険を伴うような手術を選択する場合、その「必要性」と「緊急性」が必要である。患者と十分に話し合って、じっくりと説得し、同意を得てから医師の合理的と考える当該手術を施術することができるのであればそれに従うべきである。そうしない場合には、傷害罪の成立は否定できないというべきであろう。

8. 小　括

　傷害罪の保護法益は、人間の身体の完全性ないし生理的機能である。その法益は、軽微な侵襲に対してはその法益主体の任意の処分に委ねられるが、重大な不可逆性をもたない侵襲には、傷害の構成要件に該当しても、医学的適応があり、医術的正当性があることなどをも要件とした上で、利益衡量によって正当化されることになる。患者の同意が、軽微な医的侵襲については、構成要件該当性を阻却するのは、同意によって、保護法益とその担い手との帰属関係が否定され、法益が主体から切り離されるからである。重大な傷害をともなう医的侵襲が、構成要件に該当するのは、この切り離しの有効要件を充たさないからである。その場合には、他の利益衡量要件と相まって正当化事由となる。傷害罪が、身体に対する自己決定権をも法益の一部とするかどうかはさておいて、医的侵襲の正当化において、患者の自己決定権は、原則として医師の善行原則にも優越する利益要素である。

　医療の個人化は、どのように治療され、どのような状態の回復結果が個人の希望に合うかを考慮するものであり、それを充たさない医療は、失敗とみなされる虞がある。刑法上の犯罪がいかなる場合に成立するかの判断をする場合、このような自己決定権に基づく要望と、一般的・平均的な健康状態の回復との乖離がどの程度、衡量されるべきかかの基準・指針を得ることが困難な課題となっている。患者の同意論は、このような課題の解決に資するよう理論構成されるものでなければならない。

第 3 章

医師の説明義務

1. 説明義務の意義と根拠

1. 刑事法における説明義務違反の意義

　医療行為による侵襲に対する患者の同意は、その侵襲の意義と目的・効果・危険等に関する医師の説明を前提としてはじめて正当化機能を果たす。したがって、同意の有効性は、原則として説明の範囲以上には及ばないといってよい。医師の説明は、患者がその病状やその医療上の措置の内容、それに内在する危険に対して完全な情報と理解をもっていないのが通常であるから、それに関する知識を与え、自己決定の際の資料とするのが主たる目的である。さらに、説明は、治療が、医師と患者の協力関係のもとに成り立つことからも根拠づけられる。治療における両者の協力関係が成り立つ前提としては、患者は、その症状や病状を医師に告げ、医師は患者に病状と治療につきその展望や危険を説明する必要があるのみならず、治療が医師と患者の協力関係の中で行われるものであれば効果的な治療を実現するためにも医師の説明は不可欠の前提である。説明は、医師と患者の治療において対抗する利害の橋渡しをするとともに、適切な治療の実現にも役立つのである。

(1) 患者の自己決定権と医師の裁量

　もし治療における医師と患者の信頼・協力関係が患者の自己決定権ならびに医師の説明義務の前提とされるなら、そこに自己決定権と説明義務の限界も存在するはずである。従来、病院側被告人たる医師の側からは、医療行為の専門家である医師の医療における「医師の裁量」が主張されてきた[1]。医療は高度の専門性をもち、治療に関して医師は本来的に裁量の余地をもつのである。このことを強調するのが、昭和60年の東京高裁の**麻疹脳炎事件判**

1　片野正樹「患者の自己決定権と医師の義務、医師の裁量論」秋吉仁美（編著）『医療訴訟』225頁以下参照。

決[2]である。医師の説明義務について、東京高裁は、「いかなる医療措置を採るかを一般に患者の『自己決定』ないし選択に委ねるべきことを前提として、そのために医師が患者に対する説明義務を負うということは考えられない。何となれば、医療はまさに医師の職責で、高度の専門性があり、医師は医療水準に従い、正当と信ずる医療をおこなうべきものであって、若し患者の選択に従って医療をしなければならないとすれば、医師は常に患者の意向を確認すべきことになって混乱し、専門技術としての適正な医療は到底行われないからである」[3]。たしかに医療の専門性・高度の技術性からのみ見て、患者に対する善行原則から言えば、この命題は正しいのかもしれない。しかし、現代では、医療の個人化はますます進展している。むしろ、患者の自己決定権の範囲内においてのみ医師の裁量の余地が認められるということもできる。このようにして、説明義務を排除し、それから逸脱する広い医師の裁量の余地は、もはや一般的に認められないであろう。しかし、患者が情報として与えられていない事実、患者が知らなかった事実については、すべて説明義務違反となるわけではないのも明らかである。「医療行為は、個別性が極めて高く、予見が困難な分野といえる。さらに、医療行為は、将来の病状経過等を見据えて診断や治療法の選択といった医学的判断を行うことが必要になり、時に瞬時の判断を強いられることもある」[4]。かくして、医師の判断が尊重されるべき領域がなお残されているが、その範囲はどこまでなのかが検討されるべき課題であろう。

(2) 患者の同意と医師の説明義務──その展開過程

英米法においては、治療には患者の同意が必要だというルールは、18世紀ないし19世紀に成立していたとされ、アメリカでは、20世紀に入ると、判例

---

[2] 東京高判昭60・4・22判時1159・86。事案は以下の通りである。原告は、被告の開業する医院で麻疹と診断されたが、医師は、その症状を軽減するため、ガンマーグロブリン150を1mg注射したところ、容態が悪化したので、大学病院を経由してA病院に転院・入院させ、そこで麻疹脳炎と確定的に診断された。患者には両肢麻痺の重篤な障害が残った。原告は、ガンマーグロブリンを充分に投与しなかったこと、適時に転医させなかったことなどを理由に損害賠償を請求した。

[3] 平林勝政・西田幸典「ガンマーグロブリン投与不足の麻疹脳炎事件」医事法判例百選135頁参照。

[4] 片野・前掲233頁。

において、患者の同意は自由な市民の権利であり、患者の自律の源泉であるという考え方が見られるようになっていたという[5]。1950年代になって、**インフォームド・コンセント**（informed consent）**法理**の生成が始まり、1957年に判例中に「インフォームド・コンセント」という文言を用いるもの[6]が現れ、1960代に確立した[7]という。

　ドイツの学説において説明と同意の問題が論じられ始めたのは、19世紀の後半である[8]。しかし、1894年のライヒ裁判所の判例では、一般原則としての被害者の同意ですら一定の行為の適法性・違法性の基準を提供するには役立つかどうか、どの程度役立つかという議論は不要であるとさえ言われていた[9]。1912年以降、民事判例において同意の有効性との関係で医師の説明義務が徐々に承認され始めた[10]。しかし、判例においても、患者に不安や恐怖心を与えるから、「患者に対する手術のあらゆるありうる事後の結果に対する包括的な説明は、しかも誤りであることが稀ではない」[11]とされた。ライヒ裁判所においては、説明義務は、医療契約ないし準契約上の助言義務と理解された。1942年になってはじめて公式判例集の中に危険に関する説明を要求する民事判例が現れたのである[12]。ライヒ裁判所の刑事判例の中では、説明義務については傍論で触れられたものはあった[13]が、戦後になって、下級審のなかでそれを論じるがもの[14]が現れ、連邦裁判所の民事の「**電気ショック判決**」（Elektroschockurteil）および刑事の「**子宮筋腫判決**」（Myomurteil）に対する判例において説明義務が認められた[15]。電気ショック事件は、内因性

5　石崎泰雄『患者の意思決定権』(2008年) 1頁以下参照。
6　Salgo v. Lelang Stanford Jr. University Board of Trusteees (1957), 317 P. 2d 170.
7　石崎・前掲書10頁以下によると、Natanson v. Kline (1960), Mitchell v. Robinson (1960), Canterbury v. Spence (1972), Scott v. Bradford (1979) が挙げられている。
8　*Deutsch/Spickhoff*, Medizinrecht, 6. Auflage, 2008, S. 164. ビスマルクがそれを記している (*Bismark*, Gedanken und Erinnerungen, Bd. 2, 1898, S. 306.)。国王の後継者であったカイザー・ヴィルヘルム3世の喉頭がんについて、医師がそれを手術しようとするときに、本人と国王に同意を得て行うことを要望した。
9　RGSt 25, 375, 381. Vgl. *Dringensberg*, Die strafrechtliche Verantwortlichkeit des Arztes bei Operationserweiterungen, 2005, S. 38. ff.
10　RGZ 78, 432. Vgl. *Kern/Laufs*, Die ärztliche Aufklärungspflicht, 1983, S. 4.
11　RGZ 78, 432, 433.
12　RGZ 168, 207. Vgl. *Dringensberg*, a. a. O., S. 39.
13　RGSt 66, 181.
14　OLG Frankfurt, VersR 1954, 180; OLG Stuttgart, VersR 1954, 310.
15　BGH NJW 1956, 1106; BGHSt 11, 111＝NJW 1958, 267.　前者の判決について、唄孝一『医事法学への歩み』(1983年) 30頁以下、後者の判決につき、同60頁以下参照。

の抑うつ状態にあった原告に対し、電気ショック療法が施され、12本の胸椎骨折をもたらし、その後、右足の麻痺等の障害が生じたという事件であり、「適切な医師の説明と（患者の）同意なしに行われた電気ショック療法は…無害な侵襲ではなく、違法である」とした。子宮筋腫判決においては、手術途中で手術方法の変更が必要となった事案が取り扱われたが、これについては、すでに第2章で考察を加えた[16]。

その後の刑事法における説明義務の展開は、民事法の後追いとして展開された感が否めない。民事法においては、同意の有効性の前提条件というよりも、説明義務違反の効果としての賠償責任の側から説明義務の機能が前面に出た。損害賠償責任のいわば「受け皿要件」（Auffangtatbestand）として展開された[17]。治療の過誤や手術ミスとならんで、説明義務違反が民事責任を根拠づける事由として主張されたのである。とくに説明義務を侵害したと主張される訴訟の多くは、実際には、医師の注意義務が立証はできないが、少なくとも推定される医療過誤訴訟であることを意味した。

民事法において説明義務違反は、不法行為を認定するため大きな意味をもつ。もともとは、挙証責任の転換を図る点にその意義があった。民事訴訟において、挙証責任については、被害者である原告が、被告である医師の不注意を立証しなければならないが、これに対して医師は、その行為を正当化する事情、つまり患者の有効な同意が存在するということを説明すればよいというように分配されていた。原告人とっては、医師の不注意を立証することは困難であるが、説明に基づく同意がなかったこと、つまり、発生した損害については説明を受けていなかったことを立証するのは、難しいことではなかったのである[18]。刑事法においても、同意が正当化されるかどうかは、医師の十分な説明があるかどうかに依拠しており、その意義は少なくない。

(3) 刑事法における説明義務違反の事実上の機能

ドイツでは、1980年代には、説明義務を取り扱った目立った刑事高裁判例は少ないとされてきた[19]。最近の経験科学的研究も、刑事訴訟においては民

---

16 第2章、6.5.(2)（216頁以下）参照。
17 Vgl. *Siebert*, Strafrechtliche Grenzen ärztlicher Therapiefreiheit, 1983, S. 5.
18 Vgl. *Drothee Wilhelm*, Verantwortung und Vertrauen bei Arbeitsteilung in der Medizin, 1984, S. 20.

事と異なり、専断的治療行為が、実際上いまだ従とはいえない役割を果たしているとされている[20]。「民法において嘆かれている『説明不十分という一元的文化』は、事実、刑法にはいまだ持ち込まれていない」というのである。このようにして、医療に関する刑事訴訟について経験的研究を行ったリーリエとオルベンは、「民法とは異なり、医療過誤の証明に失敗したとき、説明義務が侵害されたという主張にはつながらない。手続の4パーセントのみが、説明義務違反で捜査されている。説明義務違反は、つねに医療過誤の非難に付け加えられてのみ行われる。もっぱら説明義務違反が非難され、告訴に持ち込まれたものは、調査した訴訟では現れなかった」という[21]。さらに続けて、「説明不十分であるという証明は、刑事訴訟においてはもともと失敗する運命にあるといわれている。なぜなら、患者による不十分な説明であるという非難は、原則的には、説明が書面により行われるので、記録として残っているのであって、反駁されうるからである。つまり、ライヒ裁判所の判決のように、手術が、患者の表明された意思に反して実施されたといった事情は、今日の実務ではもはやありえない。患者による、自己決定権を故意で無視したという非難は、調査の対象となった、どのような手続でも見られなかった」というのである。これに対して、ウルゼンハイマーは、これらの研究[22]では資料が限定されているので、そのような結論となっているが、それは必ずしも正しくはないという。高裁判例だけではなく、検察の訴訟打切り実務や区裁判所の実務を加えると、医療過誤と並んで次段の法的構成として説明義務違反が使われている例は、ますます多くなってきているという[23]。ウルゼンハイマーによると、「まさに検察の捜査手続を考慮に入れ、区裁判所の確定した略式命令という形での判決実務を見渡すと、説明が不備であるという非難は、本質的に頻繁に登場する。しかも、たいていは、付加

---

19 *Kern/Laufs*, Aufklärungspflicht des Arztes, 1983, S. 176. Vgl. *Ulsenheimer*, a. a. O., S. 76.
20 *Lilie/Orben*, Zur Verfahrenswirklichkeit des Arztstrafrechts, ZRP 2002, S. 156. しかし、ウルゼンハイマーは、これは確認できないという (S. 76.)。
21 *Lilie/Orben*, ZRP 2002, S. 156.
22 *Lilie/Orben*, ZRP 2002, S. 156. リーリエ／オルベンは、1995年および96年における25の検察庁における601件について調査した。*Peters*, Der strafrechtliche Arzthaftungsprozess, 2000, S. 31. ウルゼンハイマーは、ペータースは、1992年から96年の194件の捜査手続を基礎に評価しているだけだと批判する。
23 ウルゼンハイマーは、自分の「観察期間は30年に及び、基礎とした件数は、2500件以上に及ぶ」という。

的・予備的にあるいは念のためになされた主張として行われている」のである。「刑事においても民事の医事訴訟におけると同じ方向に次第に発展してきている。告訴または捜査の重点は、まず、治療のミスに置かれるが、それは立証が具体的には困難であるか、または ―鑑定意見が聴取された後― 失敗する。そこで、多くの事案において告訴人と検察官は、説明が不十分であるとか不適切であるという非難に切り替える。説明義務違反は、受け皿機能（Auffangfunktion）を果たしている」というのである[24]。刑事においては、「疑わしきは被告人に有利に」という原則が、説明義務違反をそれだけで単独にあるいは付加的に主張しても、告訴が成功するチャンスが高まらないというのでもなく、また、説明のミスの意義が、刑事訴訟においては、医師が説明したという書面が残っているということの証明力によって「制約」されているというのも正しくはなく、むしろ、「刑事訴訟における手術の危険について説明したことの挙証責任は、―民事のように― 医師に負担させられるのではなく、説明したという記録を残すための『どこにでもある』書類が、正しく使われるときには証明力をもち、刑事訴訟においては『一応の証明』（prima facie- Beweis）が存在しないというのはなるほど正しい。しかし、これによって、説明義務の範囲については現在不明確であるという事実、また、刑事裁判所により医師にとって極めて厳しい民事裁判の原則が ―誤って― 部分的に継受されているという事実、説明記録が不十分であることも多いという事実にかんがみれば、また、―そうであるがゆえに― 検察においては被害者が『王冠証人』としての地位を占めるという事実のゆえに、医師の説明義務違反がはるかに容易に立証できるという事実が変わるものでもない」[25]。このようにして、ウルゼンハイマーによれば、説明義務違反の主張は、過去も今後も、刑事訴訟においてもはやり重要な役割を果たすというのである。

　かくして、民事法における説明義務違反の肥大化の傾向は、刑事法においては、説明義務につき慎重に取り扱う必要性を示唆する。説明義務につき、刑事と民事で同じ原則と要件であって、統一的解釈が望ましいとしても、その目的の相違から、民事法とは違った評価をする必要があり、損害賠償を目

24　*Ulsenheimer*, a. a. O., S. 77.
25　*Ulsenheimer*, a. a. O., S. 77 f.

指す民事法の諸原則を直接に刑事法に受け入れるのは控えなければならないであろう[26]。

2．説明義務の形式的・実質的根拠

(1) 説明義務の法的根拠

説明義務は、倫理的・法的に根拠づけられる。医療を受けることも、自己の身体の健康を回復するという自己実現の一種であり、そのためには意思決定のための情報が必要であるというのは、倫理的要請である。また、法的にも、ドイツ基本法が「人格の自由な発展」の保障を規定し（基本法2条1項）、わが憲法が「基本的人権」を保障する（憲法11条）ように、それは、法的にも根拠づけられる。わが国においては、もちろん、私法上は、患者への説明は、私法上の「人格権」として位置づけられる[27]こともあり、医師の医療契約上の義務でもある[28]。医師と患者の医療契約がある場合、それは準委任に類似した契約ととらえられ、民法656条（準委任）が準用する645条を根拠とする。民法645条は、「受任者は、委任者の請求があるときは、いつでも委任事務の処理の状況を報告し、委任が終了した後は、遅滞なくその経過及び結果を報告しなければならない」と規定する。医療契約がない場合には、危険防止のために実験上必要とされる最善の注意義務を要求され、その注意義務の一つとして説明義務を負うとされる。医療法1条の4は、平成9（1997）年の改正後、「医師、歯科医師、薬剤師看護師その他医療の担い手は、医療を提供するに当たり、適切な説明を行い、医療を受ける者の理解を得るよう努めなければならない」という規定を置く。

---

26 *Dringenberg*, a. a. O., S. 43 f.
27 最判平12・2・29民集54・2・582が、輸血拒否を表明していた者に輸血を企図していることを説明せずに輸血したという説明義務違反につき、「輸血を伴う可能性のあった本件手術を受けるか否かについて意思決定をする権利を奪ったものといわざるを得ず、この点において同人の人格権を侵害したもの」として慰謝料の請求を認めた。
28 *Deutsch/Spickhoff*, Medizinrecht, S. 166.

(2) 自己決定権の実質的基盤
(a) ドイツ法における法的基盤

　医療侵襲における患者の同意の要請は、ドイツにおいては、基本法1条の「人間の尊厳」条項と2条1項の「自己決定権の保護」に基づいている。自己決定権の保護は、ここでは、医師が専断的に判断することを許さない、身体の完全性に対する患者の決断の自由を保護することを意味する。同意は、侵襲に対する身体の完全性の保護を放棄するという意味をもつのみならず、治療の副作用や合併症の可能性から生じる危険を明確にするという意味をもつ。それによって、医師による患者の身体ないし健康に対する侵襲を患者の視点から限定するという機能をもつのである[29]。戦後ドイツの医事刑法に関する基本的な判例によれば、「医師が、―医学的に適正な根拠にもとづくものであれ― 専断的・独断的に病者の重大な手術をその同意なしに施術するなら、人間の人格の自由と尊厳に対する違法な侵襲であろう。なぜなら、生命を脅かされる病者でさえ、手術によって、そして手術によってのみ、その苦痛から解放されうるときでも、手術を拒否する、説得的で人間的にも倫理的にも尊重されるべき理由を有しうるからである」[30]。

　ドイツ刑法の対案各則[31]は、患者の同意について規定を設けようとしていた。それによれば、患者の同意は、「同意者が治療の種類、射程、および、理性的な人間の決断にとって重要なその効果について説明を受けていたとき」にのみ有効である。ドイツの判例においても、医師は、治療の前に、侵襲、その経過、成功率、危険、代替治療の可能性について説明しなければならず、それを怠たる場合には、法益関係的錯誤が存在し、同意は無効であるとされる[32]。

(b) わが国における法的基盤

　このことは、わが国においては、憲法上の「個人の尊重」の原則（憲法13条）から根拠づけられるであろう。憲法は、個人尊重主義を標榜し、その背景として民主主義・自由主義を想定する。その意味で自己決定権は、第1

29　Vgl. BGH NJW 1989, S. 1535.
30　BGHSt 11, 114.
31　AE Besonderer Teil, §123 u. S. 79 f.
32　*Schöch*, Die Aufklärungspflicht des Arztes und ihre Grenzen, in: Roxin/Schroth (Hrsg.), Handbuch des Medizinstrafrechts, S. 50.

に、個人の生活と行動原理としてのその個人の自発的で自由意思による選択を保障するものであるが、第2に、法が、民主的で自由な選択基盤を保障することが重要である[33]。さらに、第3に、この自由な意思決定のためには、実質的に自由な意思決定のための基礎としての情報が意思決定者に十分に与えられている必要がある。そこで、自己決定権は、次の三つの前提にもとづいて行使されるべきである。第1に、外部的な強制から自由に行使されなければならない（**自発性の原則**）。第2に、個人の内部的に自由な意思にもとづいて行使されなければならない（**意思能力の原則**）。第3に、その行使に当たってその意味と効果が予測できるよう、自己決定の基礎となる十分な情報が与えられていなければならない（**情報提供の原則**）。このことは、生命倫理においても、インフォームド・コンセントの成立要件とされている[34]。

---

33 この問題については、医事刑法における「間接的なパターナリズム」が必要かどうかという問題として、ドイツ語で論じた論文がある。*Yamanaka*, Die Modelle und Typologie des indirekten Paternalismus im Strafrecht, in: v. Hirsch/Neumann/Seelmann (Hrsg.), Paternalismus im Strafrecht, 2010, S. 323 ff.

34 伏木信次・樫則章・霜田求『生命倫理と医療倫理』（改訂2版・2008年）22頁以下参照。

2. 医師の説明の機能

1. 医師の説明の機能的分類

　このように、医療侵襲に対する同意は、まず、身体への侵襲に対する自己決定権の表現として重要である。しかし、医療行為においては、医療侵襲の目的は、治癒することであり、健康の回復であって、身体に対する暫定的に患者に不利益な侵襲は、将来の健康回復のための不可欠なプロセスであるからこそ受忍されるのである。そうだとすると、この治癒プロセスの過程についても、その態様と方法については患者の自己決定を尊重するのが、自己決定の拡大された意義であるということになる。患者の治療を確実で効果的なものとするためには、医師は、患者の同意を得て医師の治療のための指示に納得して自発的に従ってもらわなくてはならない。患者の同意は、このように、患者が治療の方法などについても理解し、自ら治癒するためにも必要なのである[35]。

(1) 自己決定のための説明と治療のための説明の概念上の区別

　かくして、医師による患者への説明の機能には、大きく分けて二つのものがある[36]。第1は、いわゆる「**自己決定のための説明**」（Selbstbestimmungsaufklärung）である。これは、「患者の自己答責的決断」を可能にするための

---

[35] インフォームド・コンセントの法理の概説については、金川琢雄『医事法の構想』（2006年）3頁以下参照。そこでは、説明の類型として、①患者の有効な同意を得るための説明、②療養方法の指示指導としての説明、③転医勧告としての説明、④死因・死亡の経過についての説明に分類されている（4頁）。刑事法において、最近の論稿として、田坂昌一「治療行為とインフォームド・コンセント（刑事法的側面）」甲斐克則編『インフォームド・コンセントと医事法』（2010年）45頁以下参照。

[36] ドイツ法の影響を受けて発達したわが国の医事法においても、当初からこの区別が用いられてきた。これに対して、治療のための説明も、広い意味の自己決定権に関係するとするものとして、藤山雅行（編著）『医師の説明義務』（2006年）5頁参照。なお、これについて、西野喜一「医師の説明義務とその内容」新潟大学法政理論34巻3号（2002年）1頁以下参照。

説明であり[37]、診断・経過の説明と危険の説明を含む。その主たる領域は、「危険の説明」(Risikoaufklärung) である[38]。これと区別されるのが、「**治療のための説明**」(therapeutische Aufklärung) である[39]。これは、治療のために適切な患者の行動準則を示すべき説明である。わが国では、「**療養指導としての説明**」とされ、医師が患者の病状に関する療養方法を指導するために説明する場合をそう呼ぶ[40]。医師法23条で、「医師は、診療をしたときは、本人またはその保護者に対し、療養の方法その他保健の向上に必要な事項の指導をしなければならない」と規定する点にその根拠がある。患者の同意の前提となる医師の説明義務と療養指導としての説明義務は、前者が同意の有効要件とみなされるのに対し、後者は、その違反が、直接、結果回避義務、すなわち「過失」を根拠づけうる点で異なる[41]。

ここで、最近では、医師の説明義務には、患者の遺族に対する患者の死に至るまでの経過に死因に関する説明をも含むという見解も唱えられ始めている[42]ことに注意を促しておく。医療過誤等が問題となっていて、治療ないし死に至る経過、死因などについて遺族の側が患者の死因等に対する情報提供を求めることは頻繁にある。判例においても、遺族への説明義務の存否につ

37　Vgl. *Laufs/Kern*, a. a. O., S. 720.
38　Vgl. *Laufs/Kern*, a. a. O., S. 720.
39　この両説明の詳細については、vgl. *Laufs/Kern*, a. a. O., S. 711 ff. これらに対して、ドイツでは、最近30年ほどにわたり、判例において「経済的説明」の概念も用いられている。これは、医師が患者にある治療のありうる経済的結果について、示唆すること、つまり、健康保険会社によって費用が引き受けられるか、または償還されるかについて示唆するものである。これは、医学的な説明とは厳密に区別されるべきである。なお、これに対するわが国における文献として、河原格『医師の説明と患者の同意―インフォームド・コンセント法理の日独比較―』(1985年・成文堂) 4頁以下参照。
40　菅野耕毅『医事法学概論』(第2版) 176頁、手嶋豊「医療と説明義務」判例タイムズ1178号185頁以下、判例につき、詳しくは、中村哲「医師の説明 (療養指導) 義務について」(上・下)」判例タイムズ995号 (1999年) 14頁以下、997号50頁以下参照。
41　岡林・前掲判タ1178号190頁。「療養指導としての説明」に関する判例として、最判平7・5・30判時1553・78。本判決については、後に「新生児黄疸事件」として詳論する。評釈として、そこで挙げたもののほか、手嶋豊「医師が未熟児である新生児を黄疸の認められる状態で退院させ右新生児が退院後核黄疸に罹患して脳性麻痺の後遺症が生じた場合につき医師の退院時における説明及び指導に過失がないとした原審の判断に違法があるとされた事例」判例評論451号 (判時1570号) 193頁以下、小賀野晶一「各論⑤〔判例分析44〕判タ1178 (2005年) 194頁以下。その他、東京高判平10・9・30判タ1004・214。評釈として、西口元「各論⑤〔判例分析46〕判タ1178号200頁以下参照。
42　これについて、詳しくは、伊澤純「患者の遺族に対する医師の説明義務」岩田太 (編著)『患者の権利と医療の安全』(2011年) 243頁以下、服部篤美「死に至る経過及び原因を説明する義務」唄賀寿 (2004年) 399頁参照。

いて争われた事案[43]が少なからず存在する。その義務の理論的根拠としては、判例上、信義則上の義務であるとか、医師が負う義務の付随的義務とされている。学説には、診療契約を準委任契約と捉え、それは委任者の死亡によって終了する（民法653条1号）が、受任者には顛末報告義務（645条）があり、これが遺族（相続人）に相続されたと解する見解も唱えられている[44]。しかし、遺族に対する説明義務については、ここでは、治療の際の説明義務を中心として論じるため省略する。

そこで、まず、「自己決定のための説明」には、次の3種のものがある。

① 診断に関する説明（Diagnoseaufklärung）　医師の患者に対するその医学的診断についての情報を与え、説明する義務がこれである。患者は、自分が病気であること、そして、どのような病気に罹患しているのかを知る権利がある。説明のあり方については、ドイツでは医師は、その裁量によって「適切な表現方法」を選択すべきだとされている[45]。

② 経過に関する説明（Verlaufsaufklärung）　これは、患者の状態の今後の展開についての説明であり、侵襲の種類、規模および実施についての説明である[46]。医師は、患者に自分がどうなるのか、治療しなかった場合には、その病気がどうなるのかという「治療しなかった場合の危険」（Risiko der Nichtbehandlung）についても説明する必要がある。また、治療の方法について選択するための説明も、そして、確実な侵襲の結果に対する情報、また、「術後の状態」（postoperativer Zustand）に関する予測の提供も、これに属する。

③ 危険に関する説明（Risikoaufklärung）　これは、医療侵襲の危険性、つまり、継続的または一時的な副作用、必要な注意を払った場合、侵襲を誤って実行した場合に、確実には排除できない危険に関する情報を与え、説明する義務である。

次に、「治療のための説明」は、患者が、医師の助言に従うことを目的とし

---

[43] この義務の存在を認め、その義務を結論的に肯定した判例として、広島地判平4・12・21判タ814・202（評釈として、鐘築優「各論⑤〔判例分析55〕判例タイムズ1178号226頁以下）、東京地判平9・2・25判時1627・118、甲府地判平16・1・20判時1848・119、東京地判平16・1・30判時1861・3、東京高判平16・9・30判時1880・72がある。伊澤・前掲251頁以下参照。
[44] 伊澤・前掲253頁以下、256頁以下参照。
[45] Vgl. *Laufs/Kern*, a. a. O., S. 720.
[46] Vgl. *Laufs/Kern*, a. a. O., S. 721.

た、治療の効果を確実にするために必要な、保護ならびに警告を与える義務である。この説明は、「**安全のための説明**」(Sicherungsaufklärung) とも呼ばれる。

(2)　その効果の区別

　医師の説明は、自己決定のための説明にあっては、患者の医的侵襲に対する同意の有効要件である。したがって、医師の説明がない患者の同意は、適正な自己決定を行う前提に欠け、無効であるという効果をもたらす。これに対して、治療のための説明は、治療の効果を上げるための説明である。その説明は、治療に向けて患者の守るべき行為を指示し、避けるべき行為を禁止し、助言を与え、一定の生活態度を推奨するなど、患者の完全を確保するのに必要なものである。治療のための説明は、医療侵襲の前提としての同意の前提ではない。したがって、その説明義務を怠ったことが同意を無効にするという効果をもつものではなく、むしろ、治療のための説明を怠ったために、治療が成功しなかったときは、医療過誤となりうるのであって、医的侵襲そのものではなく、その後の治療過程における義務違反として、傷害ないし致死結果に対する違法行為と評価されうる行為となりうるのである。

(3)　説明義務の犯罪論上の体系的地位

　自己決定のための説明と治療のための説明の区別は、以上で述べたように、原則的には、患者の任意の同意の前提としての説明と患者の安全のための説明に対応し、前者の説明義務違反の効果は、同意の無効であり、後者の説明義務違反の効果は、それによって医師に過失が認められることがあり、医療過誤につながるという相違がある。しかし、その対応関係には、交錯する部分があり、厳密に二分されるわけではない。これをまず医師の説明義務の犯罪論上の体系的地位を明らかにするという観点から論じておこう。

(a)　説明の二重の地位と機能

　まず、もし自己決定のための説明が、患者の同意の前提であるなら、医療における患者の「同意」の体系的地位にかかわる。すでに論じたように、それは、構成要件該当性（阻却事由）の問題なのか、違法性（阻却事由）の問題なのかについて、刑法上争いがある。他方、過失犯における「注意義務」の

位置づけについても、構成要件の段階に位置づけられるか、責任の段階に位置づけられるかにつき対立があり、客観的注意義務違反は構成要件に、主観的注意義務は責任にというように二重に位置づけられるとする「二重の過失論」も唱えられている。違法性の段階に位置づける見解もあるが、これは構成要件要素でもあるとするのが通例であり、構成要件阻却事由説に統合されると考えてよい。そこで、もし説明義務が違法性阻却事由としての「同意の有効性」の前提であるなら、それを違法性阻却事由の段階において扱うことになり[47]、過失犯における注意義務違反の一基準としての説明義務違反を、例えば構成要件ないし責任の段階に位置づけるとき、体系的にその位置づけがずれることになる。先に考察したように、本書における客観的注意義務違反の位置づけは、客観的帰属論の「危険創出」論に属するので、構成要件の段階に属するといってよい[48]。そうだとすると、手術という重大な傷害に対する患者の同意の体系的地位は違法性の段階に位置するので、齟齬が生じる。

ここでこの体系的地位の問題を一般的に論じる必要はないと思われるので、本書の医事刑法の体系の中で本書の立場から生じる「齟齬」の問題をどう解決するかのみを論じておこう。論点をわかりやすくするためこの問題を次の観点から検討する。

(b) 同意の前提としての説明・注意義務の内容としての説明

まず、医師の説明は、①同意の前提としての説明、すなわち、同意の有効・無効判断の前提としての説明と、②注意義務の内容としての説明、すなわち、とくに構成要件的結果の原因となる患者の不適切な行動を防止するための説明とに分類できる[49]。この後者は、注意義務の内容をなすが、その義務違反は、同時に、構成要件的結果に対する事後の因果の展開に影響する点に特徴がある。①は、自己決定のための同意にほぼ対応し、②は、治療のための同意にほぼ対応するが、術後守るべき治療方法につき患者が説明を受けておれば、患者は危険な行為を行わなかったであろうから、死亡結果は発生

---

47 山中『刑法総論』（第2版）560頁以下参照。本書第2章130頁以下参照（同「医療侵襲に対する患者の同意」法学論集61巻5号24頁以下参照）。なお、後述7.3 370頁以下も参照。

48 山中『刑法総論』（第2版）376頁以下参照。

49 この説明の二つの機能の分類は、仮定的同意の問題の解決の混乱（本章7参照）に終止符を打つ観点である。

しなかったというように、説明義務違反が治療の事後の因果の流れに影響するのである。しかし、自己決定のための同意も、事後の因果の流れに影響することがある。例えば、「仮定的同意」の問題[50]として扱われている場合がそうである。つまり、医師が説明義務を果たしておれば、患者はその手術を拒否したであろうとすれば、その説明がなかったためにそもそもその手術が行われたことになり、患者が何らかの原因で死亡したとすれば、その説明義務違反は、少なくとも死亡結果との間に条件関係の意味における原因となるからである。また、同一事項の説明義務違反が、自己決定のための説明と治療のための説明の両者にとって、重要でありうる。例えば、一定の術式の手術の前に、術後の服薬とリハビリに関する説明をしなかったといった場合に、その説明があればその術式を採らず、服薬とリハビリを行っておれば死亡することはなかったといった場合がそうである。

さて、本書では、内臓の一部を切除したり、四肢を切断するといった重要な傷害に対する同意は、構成要件充足を妨げず、違法性の段階で、医学的適応や医術的正当性の要件と相まって、優越的利益の原則にしたがって、正当化されるものと位置づけた[51]。ここで医療過誤となるような手術は、ほぼ重要な傷害にあたりうるので、これを違法阻却事由と位置づける見解を考察の出発点に据える。他方、とくに患者の治療中の不適切な行動の有無の前提としての説明は、過失犯における注意義務ないし危険創出判断の問題であるから、構成要件に位置づけられる。そこで、医師の説明義務が、犯罪論上二重の地位を占めることになる。

(c) 傷害致死罪の正当化と業務上過失致死罪

したがって、ある医師の不十分な説明にもかかわらず、患者が臓器の一部の切除手術に同意したが、その切除による合併症の発生について十分な説明を受けなかったため合併症を回避する薬剤の定期的服用を怠ったことにより患者が死亡したといった場合には、第1に臓器の切除は、重大な傷害であり、患者の他の点では有効な同意があっても傷害罪の構成要件該当性は肯定される。したがって、患者が死亡しているので、その点につき、傷害致死罪の成否が問われる。同時に、構成要件該当性の段階で、死亡結果に対する注

---

50 本章7（349頁以下）参照。
51 本書第2章2.4.(2)（130頁以下）参照。

意義務違反と結果帰属が問題となるので、説明義務違反の有無が検討される。説明義務を尽くしておれば、患者は薬剤の定期的服用を怠らず、合併症の発生もなかったと思われるので、結果に対する因果関係と帰属が肯定される。構成要件該当性が肯定されると、違法性の段階で、正当化事由の有無が検討される。もし説明が不十分で患者の同意が無効とされると、そのまま傷害致死罪の違法性が確定する。もし患者の同意の前提としての説明としては不適切とはいえず、医学的適応や医術的正当性も存在するというなら、傷害致死罪のうち「傷害」の部分については正当化されるので、業務上過失致死罪の違法性が確定することになる。

(4) 説明の範囲の問題

自己決定のための説明、治療のための説明を問わず、必要とされる説明の範囲については、具体的な事案の事情による。また、説明の範囲については、専門性・技術性のゆえに医師に一定の裁量が認められると言われる[52]。合理的な裁量範囲を逸脱しない限り、医師は説明義務違反に問われることはない[53]というのである。しかし、重要なのは、自己決定権を適正に行使することができるためには、どの範囲の説明をしておかなければならないかである。

(a) 治療のための説明の範囲

まず、治療のための説明の範囲は、患者の行為規制、医薬品の経口の効果、副作用、血圧の規則的なの計測など、病気と治療方法に応じて決定される。例えば、HIV に感染した患者については、医療契約により、または保障人的地位から、医師に、患者のパートナーに感染の危険について情報を与えることも必要である。連邦裁判所は、患者だけではなく、配偶者や同棲人にも情報を与える義務を認めている。治療開始のときにそのような関係になくても、事後的にそのような関係に入った者についてもそれを認める[54]。これを「事後的な安全のための説明」という[55]。その他、連邦裁判所は、ポリ

---

52 これについて、金川『医事法の構想』14頁以下参照。
53 大阪地判昭60・6・10判タ594・92、東京高判平3・11・21判時1414・54、東京地判昭55・3・17判時979・83、東京地判昭56・9・28判タ459・120。ガンの告知における広い医師の裁量の余地について、最判平7・4・25判時1530・53。金川・前掲書14頁参照。
54 BGH, NJW 2005, 2614, 2617 f.

オの経口予防接種につき、幼児の両親にその後の何週間かにわたりウィルスから遮断して少なからぬ感染の危険を防ぐよう警告し教示する義務があるとした[56]。感染の危険は、1550万分の1に過ぎないとしても重大な継続侵害の危険があるので、「安全のための説明」は必要だというのである。

(b) 自己決定のための説明の範囲

次に、自己決定のための説明の範囲を決める指針としては、患者は、治療の本質と意味と射程を理解しなければならず、そのメリット・デメリットについて、原則的に、合理的な衡量、すなわち、その自己決定権の遂行をいやしくも可能ならしめる程度に理解できなければならないということができる[57]。すなわち、患者は、何に同意するのかについて、「全体的におおまかに」知らなければならないというのが最小限の原則である。

わが国の民事判例においては、いわゆる東大脳動脈奇形（AVM）事件判決[58]において「治療行為にあたる医師は、緊急を要し時間的に余裕がない等の格別の事情がない限り、患者において当該治療行為を受けるかどうかを判断決定する前提として、患者の現症状とその原因、当該治療行為を採用する理由、治療行為の内容、それによる危険性の程度、それを行った場合の改善の見込み、程度、当該治療行為をしない場合の予後等について出来るだけ具体的に説明すべき義務がある」とされ、患者の自己決定権を実質的に保障するため、具体的に危険を比較するなどして予後についても十分に説明する必要があるとされている。本判決では、脳動脈奇形（AVM）の手術適合性について必ずしも十分なコンセンサスがなかった当時において、「医師が患者に対し、当該手術に危険性及び手術をしない場合に将来懸念される症状について単に抽象的に説明したに止まり、具体的な説明をせず、それらの危険性を対比して説明することも十分行わなかった」として説明義務違反が認められたのである。

---

55 *Ulsenheimer*, a. a. O., S. 102.
56 BGH MedR 1995, 25. 本判決については、後述する（291頁）。
57 *Laufs/Katzenmeier/Lipp*, a. a. O., S. 108 f.
58 東京地判平4・8・31判時1463・102。加藤新太郎「東大脳動脈奇形（AVM）事件」医事法判例百選128頁。塚本泰司「東大脳動静脈奇形（AVM）事件」医療過誤判例百選（別冊ジュリスト140号）（第2版）20頁、金川琢雄「脳動脈奇形（AVM）手術の説明義務違反事件」金川『医事法の構想』（2006年）89頁以下。

2. 自己決定のための説明

(1) 説明の内容の概観

自己決定のための説明の内容については、1988年の**ドイツ連邦憲法裁判所の決定の反対意見**[59]の中で、次のように述べられている。

「同意能力のある患者の自由な決定が可能になるように、典型的な場合には、すなわち、患者が知ることを有効に放棄しないかぎり、患者が自己決定するに重要な事情を知っているということが必要である。この意味における重要な事情とは、少なくとも、認定された医学的所見、計画された侵襲、およびその予見される健康上の射程、ならびに ―この患者の具体的な状況に関係する― この侵襲があったとき、なかったときに予期される治癒または回復の可能性と見込み、ありうる他の医学上の意味のある治療方法、さらに、患者の健康状態の悪化の、完全に重要でないとはいえない危険である」。すなわち、自己決定のための説明は、医学的所見、治療の計画、手術の及ぶ射程範囲、回復の経過と見込み、代替治療、それに当該治療の危険を説明し、その結果、その同意の意味が認識され、その身体に関する自己決定権を的確に行使できるようにすることである。

自己決定のための説明の内容となる要素の詳細を、①診断に関する説明・②経過に関する説明および③危険に関する説明に分けて考察しよう。

(2) 診断に関する説明

医師は、患者を診察し、診断を下す。その診断を患者に説明する義務がこれである。したがって、診断に関する説明は、医療侵襲の前にする義務に限らない。患者に対する処置に対する医師の知見が明らかに重要となれば、説明はその都度しなければならない。しかし、医的侵襲をなす以前には、診断に関する説明のみならず、その措置の根拠についても説明しなければならない。とくに重要なのは、医師は、診断の蓋然性の程度について明確にし、患者に、その診断が「確実」なのか、「切迫している」のか、それとも「単純

---

[59] Vgl. BGH JZ 1988, 411.

な推測ないし疑いがある」程度なのかを知らせなければならないことである[60]。

(a) 診断結果の隠蔽

診断に関する説明が医師によって意図的になされない場合がある。それは、例えば、自らの医療過誤を隠蔽するために、必要となった第2の手術の必要性につき真実を告げないで、同意をとる場合である。ドイツの判例の事案に即してこの問題を検討しよう。事案は、医師の手術中に患者の肩に刺した錐が折れ、針が2センチメートル肩の骨に刺さったままになったが、この事実を隠すため、医師は、患者に肩の不安定な状態を治すため第2の手術が必要となったと偽って手術の同意を得たというものである[61]。

(事実) 被告人たる医師Aは、18歳の患者の肩の脱臼の治療をした。被告人は、患者とその両親に手術が長引くだろうと説明し、手術によって肩の脱臼が関節の縁が平たんすぎることが分かった場合には、ひょっとすると、後ろの骨盤から骨を削って取ることが、関節臼を作るために必要になると示唆した。手術の途中で、関節臼に舷部を固定することが必要になった。このため肩甲骨に穴をあける必要が生じた。この作業中、穴あけ機の針が折れ、骨に刺さったままになり、骨の中に埋まった。医師は手術を終え、折れた針はそのままにされた。手術のあと、医師は、患者の父親を呼び、手術は成功したのであって、骨盤の骨を削る必要はなかったと説明した。折れた針については意識的に言及しなかった。その夜になって、医師は、患者にもう一度手術をする方がよいと突然言い出した。針が刺さったままになっていることにはまったく触れなかった。4日後に第2の手術が行われた。医師は、肩を切開し、針を取り出した。カルテにも針については書かれなかった。患者は、翌年になってはじめて第三者からこのことを聞き知った。地方裁判所は、被告人を故意の傷害と過失傷害で有罪とした。

(判旨)「刑事裁判所は、適切にも、意思の欠缺によって影響されない患者の同意によってのみ、医師の治療行為が刑法228条に従って正当化されるという法的アプローチから出発している。刑事裁判所は、針を取り出すための手術に対して同意がないと、法的に誤りなく認定している。被告人は、説明の際に、患者と両親に肩の受け皿のひだを作るための第2の手術であると装い、折れた針

---

60 *Tag*, a. a. O., S. 272.
61 BGH, NStZ 2004, S. 442. Vgl. *Schöch*, a. a. O., S. 54.

について意識的に言及しなかったからである。患者が、折れた針を取り除くことについて同意を与えてはいないという明白な認定を基礎にするなら、手術が医術的正当性に応じて行われ、患者は真実に即した説明があったときには行われた手術に同意していたであろうということを理由に、違法性がなくなるという認定には、その余地はない」。

後に検討するように、本件は、説明義務を尽くしていたとしても、患者は同意していたであろうといえる（仮定的同意の）場合であるが、これを理由に違法性が阻却されないというのが本判決である。もとより、患者は、折れた針を肩に刺さったままにしておくわけにいかないので、第2の手術に同意せざるを得ないのであって、後に詳しく検討するように、同意の有効性を論じるには「仮定的同意」の問題は、考慮に値しない。

(b) 診断の告知と治療の効果

医師は、その診断が深刻で患者が重病ないし不治の病であっても原則として患者に説明しなければならない。患者の自己決定権という観点からみると、例えば末期癌の告知のように、患者に与える精神的・心理的負担に対しても原則として自己決定権の保障が優先するというべきである。患者は、医師の診断を知ってはじめて治療を選択できるからである[62]。ドイツとわが国において、最近では、いずれも自己決定権の尊重のため、病名を告知する方向に向かっている。

(i) ドイツにおける告知

病名を告知すべきであるという自己決定権からの論拠に対しては、ドイツでは、ヤスパースの挙げる観点が対置される。ヤスパースは、その『医者の理念』[63]の中で、「真実への欲求は、真実に堪え、それと理性的に向き合うことのできる病人のみがもちうる」。「…医師はすべての患者にいつでもその知ったことを伝えるということはできない」と述べているが、これは、現在でも、自己決定のための告知と対立するもう一つの観点である[64]。すなわち、治療の効果という観点から見たとき、癌のような重篤な重病であることを告

---

62 石崎泰雄『患者の意思決定権』（2008年）81頁参照。
63 *Karl Jaspers*, Die Idee des Arztes, in: K. Jaspers: Philpophie und Welt, 1958.
64 Vgl. *Carstensen*, Die Aufklärung des Krebskranken, Festschrift für Schreiber, 2003, S. 627 f.

知した場合には、それが回復困難な健康状態の障害を引き起こすおそれがあるのであれば、告知を制限しまたは告知をいないことも許され得るであろう65。ただ、できるだけ告知方法に工夫をして患者に無用な心配と負担をかけないような配慮をしつつ告知する道が選択されるべきであるというのである。ドイツにおいては、司法は、自己決定権のゆえの告知を優先させる傾向があり、これに対して、医師の側からは、命にかかわる重病者においては「真実」よりも「希望と優しさ」がより必要であるともいわれている66。このようにして、重病だという診断の告知によって患者の生命ないし健康が著しく脅かされ「回復不可能な健康障害」が迫るといった「特別の事案」においては、治療上の考慮から診断に関する説明を制限し、または省略することが許されることはある67。

癌の告知の是非に関するドイツの判例の基本的態度は、すでにライヒ裁判所の判例68において現れている。「病人にその癌の苦しみの質についての表象を伝えることは望ましいことではない」。しかし、他方で、「侵襲の種類と効果に関する患者の適切な表象にもとづく有効な同意を得るために必要であるときには、そのような告知を避けてはならない」という。最近では、癌の告知に関する見解についても「告知」の方向への変化が見られる。

(ii) わが国の民事判例の立場

わが国の民事判例においては、まず、ガンマーグロブリン投与不足から小児に麻疹脳炎が生じた事案において、その麻疹脳炎の発生につき、開業医に説明義務ならびに診療上の義務の違背がいずれも認められないとされた昭和60年の**民事事件判決**69がある。

---

65 これを間接的パターナリズム (*Andrew von Hirsch*, Direkter Paternalismus: Sollen Selbstbeschädigungen bestraft werden?, Anderheiden/Bürkli/Heinig/Kirste/Seelmann (Hrsg.): Paternalismus und Recht, 2006, S. 235 ff.) の立場から説明することもできる。これは、真に自由で合理的な自己決定ができるよう自己決定の条件を背後から支援することを認める立場でさる。
66 *Ulsenheimer*, a. a. O., S. 105.
67 Vgl. *Ulsenheimer*, a. a. O., S. 104.
68 RGZ 163, 129, 137.
69 京都地判昭60・4・22判時1159・86。岩志和一郎「ガンマーグロブリン投与不足の麻疹脳炎事件」医療過誤判例百選148頁、同「ガンマーグロブリン投与不足の麻疹脳炎事件」医療過誤判例百選（第2版）108頁以下、平林勝政・西田幸典「ガンマーグロブリン投与不足の麻疹脳炎事件」医事法判例百選135頁。

(**事実**) 開業医の罪責につき、麻疹についての説明義務を怠り、患者に対して両下肢麻痺の重篤な障害を生じさせたと非難され、次のように主張された。すなわち、医師は、患者が3年3か月の幼児であること、感染後6日以内であることを考慮し、ガンマーグロブリンの予防量を投与して、麻疹の発症を完全に予防すべきであった。けだし、麻疹は、重症麻疹、麻疹後肺炎、麻疹脳炎等、場合によっては死亡、重度後遺症に至る重大な合併症を稀に起こすことが医学的に知られているので、満4歳以下の年少児については、何らかの点で個体の抵抗性が減弱していることを考え、感染予防を行うべきであるとされている。そのためにワクチンやガンマーグロブリン投与による予防法も知られているのであって、かかる症状についての危険性を前提にすれば、麻疹感染患児に対するガンマーグロブリン療法については、予防量投与法及び軽減量投与法の双方について患者側に十分説明し、その選択に基づいて医療行為を実施しなければならない。軽減量投与法の利点は終生免疫の点だけであるから、ワクチンが実用化された以上、万が一にも麻疹脳炎発生の危険性がある軽減量投与法をとるときは、十分に説明義務を尽くし、患者の自己決定権を尊重して、患者の同意を得るべきである。

(**判旨**)「一般開業医が麻疹に感染した満四歳以下の年少児に対し、原則としてガンマーグロブリンの予防量を投与して完全に発症を予防しなければならないという医療上の指針ないし常識があったということはできない。結局、予防量投与法と緩和量投与法のいずれを採用するかは、右年少児の健康状態等、諸般の事情を考えあわせ、ケース・バイ・ケースによって医師がその裁量により適正と信ずるところに従って決定することができるものと解するのが相当である」。

「そもそも医師の説明義務というものは、医師が診断又は治療のため、患者の肉体の無傷性に対する侵襲行為、すなわち手術に代表されるように外形としては身体への侵害と考えられる医療行為をするについて、原則として患者の有効な承諾を得る必要があるので(もっとも軽度のものは承諾が推定されることが多いであろう。)、その承諾をとる前提として、医師が患者に判断資料を与えるため説明をする義務という意味で一般に認められるところであり、他に治療内容としての指導義務に付随する説明義務を指すこともあるが、少くとも本件で控訴人らが主張するように、いかなる医療措置を採るかを一般に患者の『自己決定』ないし選択に委ねるべきことを前提として、そのために医師が患者に対する説明義務を負うということは考えられない。何となれば、医療はまさに医師の職責で、高度の専門性があり、医師は医療水準に従い、正当と信ずる医療

を行うべきものであって、もし患者の選択に従って医療をしなければならない
とすれば、医師は常に患者の意向を確認すべきことになって混乱し、専門技術
としての適正な医療は到底行われないからである（そのかわり患者に転医の自由
がある。）。もとより事情に応じ、一般に医療内容につき患者の希望を聴くのが
相当な場合もありうるが、その事情は医学上以外にわたることも多く、いずれ
にせよ、医師の義務ではない。控訴人らは、本件の場合は、ガンマーグロブリ
ンの軽減量投与法では、低率にせよ麻疹脳炎等の合併症の危険があるのに対
し、予防量投与法は完全に麻疹感染を予防し、右危険がないのであるから、い
ずれを採るかは患者の自己決定によるべきであるとの趣旨の主張をするけれど
も、軽減量投与法自体に合併症を招く危険原因があるわけではないし、右両方
法は、前認定のようにそれぞれ長所短所があり、医療水準及び具体的事例によ
って適否が異なるのであるから、両方法の採否にあたり問題とされるのは、医
療効果という医学上の事柄であって、前示侵襲行為に対する承諾とは関係がな
いのである」（傍点引用者）。

結局、「昭和48年当時は勿論、現在においても、一般開業医が麻疹感染児
に対する医療行為を実施する場合に、当該医師が控訴人らの主張するような
説明義務を負担していたものとは到底解することができない」というのが本
判決の結論である。本判決においては、治療方法の選択に関する患者の自己
決定権は、明らかに「医療効果という医学上の事柄」の背後に後退すべきも
のと解されている。

民事判例の中には、患者の進行性の癌について、患者本人ないし配偶者で
はなく、患者の「近親者」に告知しなかったことが、債務不履行にあたると
した**平成6年の東京地裁の判決**[70]がある。

> この判例においては、「もはや延命しか期待し得ない進行性の癌にり患し
> た患者に、手術等の決断を促すためとはいえ、真実の病名・病状を告知すべき
> か否かについては、極めて慎重な考慮を要する」という。すなわち、「告知に
> より、患者が事態の深刻さを理解し、手術等の重要性を認識して、適切な医療
> 活動に積極的に協力したり、残された時間を有意義に過ごすための努力をする
> ようになるということもあり得るが、多くの場合には、患者が精神的に大きな
> 打撃を受けることにより、かえって適切な医療活動を妨げる結果を招来し、死

70　東京地判平6・3・30判時1522・104。

期を早めることにも繋がりかねないことが予想されるところである。したがって、患者本人に病名等を告知すべきかどうかは、病状それ自体の重篤さのほか、患者本人の希望、その人格、家庭環境、医師と患者の信頼関係、医療機関の人的・物的設備等を考慮して、慎重に判断すべき事柄であって、その判断は、第1次的には、治療に当たる医師の合理的裁量によるべきものと解される」とし、「もっとも、この判断は、患者本人に残された生活を根底から左右することによるものであるから、医師の独断によるべきものではなく、患者本人の意志やその家族等の意見を斟酌してされなければならないものというべきである」とし、「本件においては、被告が〔患者〕Sの家族等の意見を聴いてこれを斟酌した事実はない点に問題があるものの、Sの父親がSとほとんど同様の進行性胃癌により手術後退院することなく死亡したことをSが知っていたこと、Sは夫である原告Kと二人暮らしで、同原告は心臓病の治療を受けていたこと等を考慮すると、被告がS本人に真実の病名等を告知しなかったことは相当であり、この点において診療契約上の義務違反があったものとはいえない。そして、Sに真実の病名等を告知し得ない以上、胃潰瘍という偽りの病名を用いて手術を勧めたことも許容されるものであり、胃潰瘍も生命に危険がある病気であって、医師が繰り返し手術を勧めれば、多くの者はこれに従うことが期待されると考えられるから、被告のSに対する手術の勧め方は相当であったというべきである」という。

　ただし、結論的には、配偶者であるK以外の「Sの近親者への病名等の告知を行う診療契約上の義務を怠ったもの」とするのである。

末期癌の告知は、原則として医師の説明義務の範囲内であり、それは、患者の生活の質に対する自己決定権に由来する。したがって、患者の治療上の悪影響は、例外的な場合に限定されるべきである。かくして、医師の説明義務は、合理的な医師を判断の基準として、医師の立場から告知すべきかを判断するのではなく、少なくとも合理的患者ないし具体的患者の立場に立って判断される必要がある[71]。癌告知は、治療上の合理的な医師の裁量の範囲内に属するのではなく、患者の自己決定権の保障を第1義的に考慮すべきなのである。ただし、患者を差しおいて家族への告知が許されるかは問題である。

71　石崎泰雄『患者の意思決定権』(2008年) 89頁以下参照。

(c) 親族への告知

そこで、親族に対する告知によって告知の要件を満たしたことになるか問題となる。ドイツ連邦裁判所の判例では、この点につき近親者によって本人に代替することが許されないとする。

(i) 連邦裁判所の判例

「原告は、成人の生活者である。したがって、説明を受け、助言され、患者としてのその協力が求められうる。原告は、『精神的不安定』に陥っているのであるから癌に罹っているという診断を告知された場合、対処できないだろうという医師の思い込みは、詳細な専門的意見によって証明されない限り、原告自身と話すのではなく、その父親と妻とだけ話すことを正当化しない。その者がどの程度それによってその医師としての守秘義務をも侵害したのかは、ここでは論じない。いずれにせよ、原告を飛び越してその親族に、病気といまや着手されるべき診断的・治療的措置について語り、原告にその後の検査の切迫性について報告することを彼らに任せてしまうことを正当化する根拠はない。医師は、このようにして、患者を治療的に説明するというその任務から解放されてはならない。医師は、原告に、診断所見とそこから生じる帰結を、—もとより思いやりの心をもって—告知することができ、また、しなければならない」[72]。

(ii) わが国の民事判例

これに関しては、わが国の民事判例では、がんの告知につき、患者本人への告知とともに家族への告知が問題となったいわゆる**末期がん告知事件**がある[73]。

(**事案**) がんにより死亡したAの相続人である被上告人らが、上告人が開設し運営する病院の医師がAを末期がんであると診断しながらその旨を同人又はその妻子である被上告人らに説明しなかったことにより、A及び被上告人らが

---

72 BGH VersR 1989, 702 f.＝MedR 1989, S. 320 ff.
73 最判平14・9・24判時1803・28。この判決については、樋口範雄「家族に対するがんの告知」医事法判例百選（別冊ジュリスト183号）120頁以下、飯塚和行・NBL761号（2003年）71頁以下、岡林伸行・判例評論534号（判時1821号177頁）15頁、寺沢知子「末期がん患者の家族への不告知が医師の診療契約に付随する義務違反とされた事例」年報医事法学18号（2003年）153頁、飯塚・前掲唄賀寿283頁以下参照。本件第1審判決として、秋田地判平8・3・22判時1595・123、第2審判決として、仙台高判平10・3・9判時1679・40参照。

精神的苦痛を被ったなどと主張して、慰謝料を請求した。

　大正2年生まれのAは、妻である被上告人Bと二人暮らしであり、Aの成人した子である被上告人C、同D及び同Eは、Aと別居していた。被上告人Eは、Aの自宅の近所に居住し、…被上告人Cも…同じ市内に居住していた。Aは、本件病院循環器外来に…通院し、…脳動脈硬化症等の治療を受けていた。

　本件病院において、Aに対する上記疾患等の治療効果を確認するため、同人の胸部レントゲン撮影がされたところ、肺にコイン様陰影が認められた。このため、心臓病の担当医は、外来診察を担当していたF医師に、同レントゲン写真の解読等を依頼した。F医師は、同レントゲン写真等から、肺臓における多発性転移巣あるいは転移性の病変があると診断し…Aの病状は、手術によって治療することは不可能で…同人の余命は長くて1年程度と予測した。F医師は、診察の際、Aから肺の病気はどうかとの質問を受けたが、A本人に末期がんであると告知するのは適当でないと考えていたことから、前からある胸部の病気が進行している旨を答えた。同医師は、Aの病状について家族に説明する必要があると考えていたが、本件病院における診察の担当から外れる見込みがあったことから、同日のカルテに、転移病変につき患者の家族に何らかの説明が必要である旨の記載をした。

　F医師は、Aの家族へ同人の病状を説明するために、上記診察の期間中に、一人で通院していたAに対し、入院して内視鏡検査を受けるように一度勧めたことがあったが、同人は病身の妻と二人暮らしであることを理由にこれを拒んでいた。また、F医師は、Aに対し、診察に家族を同伴するように一度勧めたことがあったが、その家族関係について具体的に尋ねることはなかった。

　Aは、胸部の痛みが治まらなかったため、被上告人Bが付き添って、大学医学部附属病院…の紹介により、…同病院第2内科を受診した結果、末期がんと診断された。Aは、…赤十字病院に入院したが、入院先の同病院において、左じん臓がん、骨転移を原因とする肺転移、肺炎により死亡した。Aは、死亡に至るまで自己が末期がんである旨の説明を受けていなかった。

(判旨)「Aの診察をしたF医師は、…、Aに対し、入院を一度勧め、家族を同伴しての来診を一度勧め、あるいはカルテに患者の家族に対する説明が必要である旨を記載したものの、カルテにおけるAの家族関係の記載を確認することや…Aの家族に容易に連絡を取ることができたにもかかわらず、その旨の措置を講ずることなどもせず、また、本件病院の他の医師らは、F医師の残したカルテの記載にもかかわらず、Aの家族等に対する告知の適否を検討す

るためにAの家族らに連絡を取るなどして接触しようとはしなかったものである」。このようにして…本件病院の医師らは、連絡の容易な家族として、又は連絡の容易な家族を介して、少なくとも同被上告人らと接触し、…同被上告人らに対してAの病状等について告知することができたものということができる。「そうすると、本件病院の医師らの上記のような対応は、余命が限られていると診断された末期がんにり患している患者に対するものとして不十分なものであり、同医師らには、患者の家族等と連絡を取るなどして接触を図り、告知するに適した家族等に対して患者の病状等を告知すべき義務の違反があったといわざるを得ない。その結果、被上告人らは、…大学医学部附属病院における告知がされるまでの間、Aが末期がんにり患していることを知り得なかったために、Aがその希望に沿った生活を送れるようにし、また、被上告人らがより多くの時間をAと過ごすなど、同人の余命がより充実したものとなるようにできる限りの手厚い配慮をすることができなかったものであり、Aは、上告人に対して慰謝料請求権を有するものということができる」。

　末期がんの告知は、本人に「回復不可能な健康障害」が迫るといった「特別の事案」でない限り、本人になされる必要があるという原則は、わが国においても妥当するであろう。本判決では、はじめから「家族に対する告知」の必要性が問題とされている[74]が、高齢であるという事実を除いて、何らの特別の事情もない本人にこそまず告知されるべきであり、家族は、あくまで本人への告知の前提であって、本人に対する告知のショックを和らげるため、家族と告知の仕方について相談をする必要があるといった意味をもつにすぎない。しかも、本件では、医師の説明義務は故意によって違反されたのではなく、医師には患者の家族との連絡の後、家族に対して、あるいは家族を通じて説明しようとしていたともいうことができ、その義務はむしろ過失によって怠られたものであるということができる。

　もし本件につき刑事責任を論じるとすれば、したがって、まず故意犯は問題にならない。しかも、本件の認定では、手術は不可能だったのであるか

74　飯塚・唄賀寿283頁以下によれば、本判決の意義は、家族への告知が医師側の義務であるとした点にあり、家族に対する告知適否検討義務が、診療契約に付随する義務であるとした点にある。日本では「医師は、むしろ患者の家族に伝えることで責任を果たす」というレフラー教授の言を挙げ、わが国の文化的伝統を追認するものだという。家族への告知の法的根拠は不明確だとの指摘もある（小西知世「癌患者本人への医師の病名告知義務（3）」明治大学大学院法学研究論集15号〔2001年〕146頁）。

ら、説明を受ければ助かっていたといった事情はなく、民事における説明義務違反は、患者に「希望に沿った生活」が送れなくなったことを招いたというにすぎない。刑事事件としての構成要件該当性はない。

(3) 経過に関する説明
(a) 経過に関する説明の分類

経過に関する説明とは、患者に治療のおおまかな概要を説明することである。したがって、**治療に関する説明**（Behandlungsaufklärung）とも呼ばれる[75]。すなわち、どのような治療がどのように行われるのか、患者が自分自身の身に何が起こるのかの経過について情報を得るための説明である。治療を受けなかった場合と治療が成功した場合の患者の健康状態の進展に関する予測についての説明をも含む。経過に関する説明には、①「代替治療方法に関する説明」、侵襲の種類や重大性、範囲、痛み等の②「侵襲に関する説明」ないし③「侵襲の効果に関する説明」も含まれる。侵襲の効果に関する説明には、侵襲から生じる効果、予見しうる副次的効果、治癒する可能性の程度、失敗の危険等も含むのであるから、これについては、次の「危険に関する説明」と重なる。したがって、「効果」の方が「危険」よりも広範な概念といえなくもないので、この点については、次に詳述する。なお、経過に関する説明を「危険に関する説明」に含めてその上位概念とする見解もある[76]。しかし、これを別の項目にして、①診断、②経過、③危険として通常の医療行為の進行に従って説明する方が合理的であると思われる。

経過に関する説明には、手術の拡大の可能性、第2の手術の必要となる可能性についての説明も含まれるであろう。

(b) 代替治療に関する説明
(i) 代替治療に関する説明の基本原則

代替治療（ないし代替療法＝Behandlungsalternative）に関する説明とは、意図

---

75 *Geilen*, Materielles Strafrecht, in: Wenzel (Hrsg.), Handbuch des Fachanwalts, Medizinstrafrecht, 2. Auflage, 2009, S. 352. ガイレンによれば、治療に関する説明という表現を用いる方がベターだという。「経過」という場合、通常、治療後の経過を意味するからである。治療に関する説明の領域は、比較的問題が少ないので、まずこれについて説明を区別しておく方が適切だというのである。

76 *Ulsenheimer*, a. a. O., S. 107.

されている治療方法とは異なった治療法に関する提示をいう。患者が、有効な同意を与えるためには、医師は、患者に行われようとしている治療方法とは抜本的に異なる危険性をもち、抜本的に異なった成功の見込みをもつ治療方法について知識を与えなければならない。いずれの治療方法も医学的に根拠がなければならないが、患者が治療の主体としていずれかを選択しうるようにするためである。具体的にどのような治療方法を選ぶかは、基本的に医師の専権事項ではある[77]が、危険や成功のチャンスが異なる医学的に根拠のある代替する治療法が存在する場合には、患者にその長所・短所について詳細に説明しなければならない。患者が、例えば、その手術を苦痛が激しいために拒否するときは、危険度の異なる別の治療方法、別の病院における別の設備による治療をも含めて提示しなければならない。このように、一般に、代替治療が、同種の治療において、または成功の見込みにおいて、患者のより少ない危険負担を示し、または同じ負担と危険の種類と方向においてより大きな治療ないし成功の見込みを予測させるときは、代替治療について、説明される必要がある[78]。患者は、真に治療方法を選ぶに当たっては、医師の専門家としての完全な助言にしたがって、何が負担で危険であるか、どの病院の設備・人的設備におけるどの程度の経験と専門的知識をもつどの医師によるのがよいのかを自ら検討することが可能であるべきである[79]。代替治療は、危険や負担、成功のチャンスに関して抜本的に異なったものであることを要する。これは治療のための説明ではなく、自己決定のための説明に属する。しかし、現在の医学的な水準に適合する治療を実施する限りで、医師は、一般には患者に問われないならば、いかなる代替治療が理論的に考えられるかどのような長所と短所とそれらがそれぞれ結びついているかを説明する必要はない[80]。

例えば、患者が受けるのは、挿管法麻酔かマスク麻酔か、脊髄麻酔か硬膜外麻酔か、完全麻酔か局部麻酔か、それらの麻酔方法には基本的にどのような差があるのか、どのような危険があるのか、なぜその場合にはその方法が

---

77 *Laufs/Katzenmeier/Lipp*, a. a. O., S. 112. *Ulsenheimer*, a. a. O., S. 126 ff. 治療「方法の自由」(Methodenfreiheit) といわれている問題である。
78 *Laufs/Katzenmeier/Lipp*, a. a. O., S. 112.
79 *Ulsenheimer*, a. a. O., S. 127.
80 *Ulsenheimer*, a. a. O., S. 126.

他より優れているのかなどが説明されなければならない。身体に装着される人工骨・義歯の素材や装着方法についても、それぞれ説明される必要がある。

ドイツの民事判例においては、手術による分娩方法（帝王切開か、吸引あるいは鉗子によるか）の長短に関する説明が問題となっている[81]。吸引分娩術は、鉗子分娩、帝王切開と並ぶ手術による分娩の一つである。その危険はとくに吸引による頭蓋冠の損傷にある。帝王切開の場合には、胎児に対する危険はほとんどない。この場合、危険はもっぱら妊婦に生じる。医学的適応がないとき、つまり、「特別の契機」がない限り、手術による分娩は通常分娩の代替手段ではないことを常に言葉に出す必要はないが、通常分娩により子供に危険が生じるとき、母親の体質や状態から特別の状況があるときは別である。例えば、妊婦が自然分娩を希望し、過去にその第1子を帝王切開で出産していたといった場合、医師は、危険状況において、妊婦に切開の可能性を説明する義務を負う[82]。

(ii) 予防的治療における選択可能な確立した代替療法に関する説明

わが国の民事判例において、大学教授Aが、講義中に意識障害を起こし病院に行き、頭部造影CTの結果動脈りゅうが存在する疑いがあるということで、後日、脳血管の撮影をし、左内けい動脈分岐部に動脈りゅうが存在することがほぼ確実であるとされ、脳血管撮影の結果、動脈りゅうを確認したので、C医師から治療に関する説明を受けて、直ちに手術する必要はないが、予防的に手術する選択肢もあることを告げられ、コイルそく栓術による手術を受けたが、コイルの一部がりゅう外に逸脱し、これによって、生じた左中大動脈の血流障害に起因する脳梗塞により脳死状態になり、死亡したという事案につき、予防的治療の実施についての説明義務が問題となったものがある[83]。未破裂の脳動脈りゅうは存在しても症状はないことが多く、破裂

---

81 *Laufs/Kern*, a. a. O., S. 726.
82 *Ulsenheimer*, a. a. O., S. 129.
83 最判平18・10・27判タ1225・220。（本件差戻審判決として、東京高判平19・10・18判タ1264・317。）評釈として、手嶋豊「予防的な療法（術式）実施に当たっての医師の説明義務」平成18年度重要判例解説（ジュリスト臨時増刊1332号）81頁、米村滋人「未破裂脳動脈瘤に対するコイル塞栓術の選択に際しての医師の説明義務」年報医事法学23号169頁、平野哲郎「予防的な療法の実施に当たって、各選択肢を分かりやすく説明し、熟慮の機会を与える義務があるとされた事例」法律時報80巻1号80頁、寺沢知子「予防的な療法実施にあたっての医師の説明義

するかどうかも不確実である。また、予防手術にも一定の危険が伴う。本件では、そのような脳動脈りゅうの予防的措置を採る場合に、いずれも医療水準を充たす代替療法がある場合の説明義務が問われている。

(事実) 本件において、Aに確認された未破裂脳動脈りゅうは、無症状性のものであったところ、このような動脈りゅうに対しては、保存的に経過を見るという選択肢と治療をするという選択肢があり、また、治療をするという場合には、開頭手術という選択肢とコイルそく栓術という選択肢があったが、いずれの選択肢も当時の医療水準にかなうものであった。C医師らは、「[1]脳動脈りゅうは、放置しておいても6割は破裂しないので、治療をしなくても生活を続けることはできるが、4割は今後20年の間に破裂するおそれがあること、[2]治療するとすれば、開頭手術とコイルそく栓術の2通りの方法があること、[3]開頭手術では95％が完治するが、5％は後遺症の残る可能性があること、[4]コイルそく栓術では、後になってコイルが患部から出てきて脳こうそくを起こす可能性があることを説明した」。また、「C医師は、同日、Aらに、治療を受けずに保存的に経過を見ること、開頭手術による治療を受けること、コイルそく栓術による治療を受けることのいずれを選ぶかは、患者本人次第であり、治療を受けるとしても今すぐでなくて何年か後でもよい旨を告げたところ、Aが…C医師に開頭手術を希望する旨を伝えたことから、…本件病院でAの動脈りゅうについて開頭手術が実施されることとなった」。本件につき第1審は、説明義務違反を肯定したが、原審は否定した。最高裁は、一部破棄差し戻しとし、説明義務違反を認めた。

(判旨)「原審の上記判断のうち説明義務違反を理由とする損害賠償請求に関する部分は是認することができない。その理由は、次のとおりである。

医師は、患者の疾患の治療のために手術を実施するに当たっては、診療契約に基づき、特別の事情のない限り、患者に対し、当該疾患の診断（病名と病状）、実施予定の手術の内容、手術に付随する危険性、他に選択可能な治療方法があれば、その内容と利害得失、予後などについて説明すべき義務があり、また、医療水準として確立した療法（術式）が複数存在する場合には、患者がそのいずれを選択するかにつき熟慮の上判断することができるような仕方で、それぞれの療法（術式）の違いや利害得失を分かりやすく説明することが求め

務」民商法雑誌137巻2号220頁、古谷貴之「未破裂脳動脈瘤に対する予防手術に関する医師の説明義務」同志社法学60巻4号279頁。

られると解される(…)。

　そして、医師が患者に予防的な療法(術式)を実施するに当たって、医療水準として確立した療法(術式)が複数存在する場合には、その中のある療法(術式)を受けるという選択肢と共に、いずれの療法(術式)も受けずに保存的に経過を見るという選択肢も存在し、そのいずれを選択するかは、患者自身の生き方や生活の質にもかかわるものでもあるし、また、上記選択をするための時間的な余裕もあることから、患者がいずれの選択肢を選択するかにつき熟慮の上判断することができるように、医師は各療法(術式)の違いや経過観察も含めた各選択肢の利害得失について分かりやすく説明することが求められるものというべきである」。

　本判決では、医療水準として確立した術式が複数存在する場合に、各術式の違いや経過観察をも含めた各選択肢の利害得失について「分かりやすく説明する」ことが求められ、患者に実質的に選択の機会を提供することが要求されている。動脈りゅうの手術は、重大な結果に至る危険の実現の蓋然性も高く、手術しない選択肢についても十分に説明される必要がある[84]というのが、本判決の趣旨である。

　なお、代替療法に関する説明に関して、帝王切開を希望する妊婦に対し、分娩中に異常事態が生じたならばすぐに帝王切開に移行することができると説明して、経膣分娩を行わせたが、仮死状態で出生した長男を死亡させた事案につき、経膣分娩によるのが相当であるとする理由について具体的に説明し、経膣分娩の場合の危険性を具体的に理解した上で、それを「受け入れるか否かについて判断する機会を与えるべき義務」があったとして説明義務違反を認めた平成17年の最高裁判決[85]については、第2章で詳しく説明した。

(iii)　新しい治療方法に関する説明

　一般的には、医師が、医療の標準を逸脱して、まだその危険についてはすべてが明らかになっているわけではなく、新しくいまだ一般には導入されていない治療方法を用いようとするときは、医師は、慎重に、そして患者に詳細に包括的に説明する必要がある。とくに、患者に、それがまだ長く行われ

84　手嶋豊・平成18年度重要判例解説82頁参照。
85　最判平17・9・8判時1912・16＝判タ1192・249、評釈として、小笠豊「分娩方法に関する説明義務違反と機会の喪失」医事判例百選130頁以下参照。第2章7．2．(1)(227頁以下)参照。

てきている治療方法でないこと、その有効性については統計的にまだ確立されていないこと、未知の危険が排除できないことを説明しなければならない。患者は、その説明によって、既知の危険を伴う伝統的治療法によるのか、治る見込みは高いが未知の危険を伴う新しい治療法によるのかを注意深く衡量することができるのでなければならない[86]。その長所のみならず、短所ならびにその危険と、例えば、腹腔鏡ないし内視鏡を用いた手術の際の出血や腸穿孔のような特殊な合併症についても詳しく説明する必要がある。

　ⓐ **ドイツの判例**　　1984年の連邦裁判所の判例[87]において、新しいまだ実験段階にあり、若干の大学病院で行われているにすぎない代替治療について説明する必要があるかという問題が取り扱われた。具体的には、本件の発生した1975年にはドイツでも三つないし四つの大学病院で使用されていたにすぎないとされるコンピュータ断層撮影法（CTG）という無侵襲性の手術方法に関する説明が問題となったが、それは、とくに気脳撮影（Pneumencephalographie＝PEG）に対する代替治療を提供するものであり、腰椎穿刺（Lumbalpunktion）による髄液を採取し、空気とガスを混合したものを入れたた後で行われ、脳の組織的変化を撮影してとらえるという方法である。

　控訴審では、原告の損害賠償請求は理由なしとされた。上告審でも、控訴審の判決に法的誤りはないとされた。

　連邦裁判所は、まず、PEGが注意義務を守って導入されたのであり、レントゲンの故障とそれによる手術の中止についても被告に責任はないとした。CTGが使用されなかったことについても、この事件が起こった1975年の段階ではまだ実験段階にあったのであり、そこに過失はないとされた。

　次に、連邦裁判所は、説明義務を検討し、その違反を否定した。「医師は、患者に対しそれぞれの手段によって異なった危険が発生し、患者が真の選択の可能性をもつときにのみ、患者に自己決定的な決断を可能にするために、選択肢となりうる多数の診断ないし治療上の措置について情報を与え、それを選ぶかどうかを衡量させなければならない」という。CTGは、もとより原告の妻にとっては危険の少ないものであった。しかし、実際には、それは、既述したように、選択できるものではなかった。なぜなら、「長く続け

86　*Laufs/Katzenmeier/Lipp*, a. a. O., S. 113.
87　BGH NJW 1984, 1810.（1984年2月28日判決）

られた、比較的少ない危険をもつ検査方法が用いられる限り、医師は、患者に医師の方から自発的に、長い期間を経て、彼のケースでも補充的にまたは代替的に考察に上ることがあるような、他の、新しい方法につき説明する必要はない」からである。ただし、この判例については、代替治療についても患者の自己決定権の問題であり[88]、その方法が ―緊急性がない限りで― 普及するまで手術を待つという選択肢もあるのだから、妥当性を欠くとの批判もある。

同じくドイツの**最近の民事判例**[89]には、次のようなものがある。ある女性の患者に新しい股関節が埋め込まれる必要があった。手術を担当した医師は、伝統的な手で操作するという手術方法ではなく、手術用コンピュータ（ロボドック）を使って手術した。患者は神経に損傷を負った。判決は、医師は、未知のいまだ解明されていない危険を伴いうるような新しい手術方法を用いたのであり、未知の危険が排除できないと患者に説明ないし示唆すべきであったが、本事案ではそれがなかった。それにもかかわらず、この説明の不備は問題ないとする。というのは、神経の損傷によって、患者に ―伝統的な手術方法の関係で― 完全に説明されていた危険が実現したにすぎないからである。

ⓑわが国の判例　患者が、被告（国）の運営する病院において子宮癌の治療を受けたが、研究段階にあった癌化学療法により骨髄抑制の副作用が発現し、後に死亡した事案で、患者の遺族である原告らが、被告に治療契約上の債務不履行ないし不法行為に基づく損害賠償請求をした事件の民事判例[90]が次に掲げる、**アクチノマイシンＤ投与事件**である。

この事案では、第１審[91]は医師の治療上の過失、説明義務違反を認めず、請求を棄却したが、控訴審は、医師の治療上の過失は認めなかったものの、説明義務違反による過失を認めた。控訴審判決では、次のようにいう。

88　*Tag*, a. a. O., S. 247.
89　BGH NJW 2006, 2477. Vgl. *Deutsch/Spickhoff*, Medizinrecht, S. 189 f.
90　東京高判平11・9・16判時1710・105。吉井隆平「深刻な骨髄抑制の副作用を伴う先端的治療方法であったアクチノマイシンＤの投与を含む化学療法を実施するに当たり患者に対してなされた説明に説明義務違反が認められた事例」判タ1065号100頁（平成12年度主要民事判例解説）。
91　東京地判平９・４・25判タ968・210。

「N医師らのA子に対するアクチノマイシンDの投与を含む本件化学療法は、研究手段又は実験として行われたものといえないから、N医師らにそのことに関する説明義務があったということはできないが、右化学療法は平成4年当時においては明細胞癌に対する標準的治療方法として確立したものではなかったことも前示のとおりである。右化学療法には深刻な副作用を伴う蓋然性があることは良く知られていたと認められるから、仮にN医師らが右の化学療法の有効性を提唱した研究者であり、N医師らにおいては、この治療方法を採用したことに治療上の過失がないとしても、深刻な副作用を伴う生活ないし生存状況と癌の予後に伴う生活ないし生存状況や危険性等を衡量して患者のクオリティ・オブ・ライフあるいはより楽な死への過程を考えた医療を選択するために、この種の先端的治療方法を採ることについて患者等の自己決定を尊重すべき義務があり、そのためにA子ないしその家族に対して、採用しようとする先端的治療方法について厳密に説明したうえで承諾をとる義務があるというべきである」。そして、さらに「S医師の化学療法開始前の説明は、必ずしも標準的治療方法となっていなかった治療方法を採用する場合の患者らの自己決定権を尊重すべき説明となっていたとは認められない。すなわち、前記認定事実によれば、S医師は右の化学療法は5年ないし10年先を考えると、実施していた方が安全であり、また、必要な治療である。」として、本件化学療法の有効性と必要性を強調し、当時その治療方法が先端的なものであり、一般的には標準的治療方法として承認されてはいないという事実を説明していなかった。そのために、A子ないしその家族の副作用の危険に対する認識が明確にならず、本件化学療法回避の選択をする余地をも考慮に容れた判断が困難になったものと推認されるという。

本判決では、第1クールが開始した後にも説明があったが、この説明については、これは「控訴人Bらに対するものであり、副作用の深刻さの説明もあったものと認められるが、既に第1クールが開始されている状況の下での説明であるから、同じくA子らが途中で第1クールの本件化学療法の中止を申し出ることは事実上困難であると推認される。さらに、第2クールが開始される前までには、K医師ら主治医は、日常的な会話の中でA子に対してある程度の説明を行ったと推認されるが、右のような説明も、既に第1クールが終了し、医師らから血小板数等の著しい減少があったこと等の詳細

な説明がない限り、アクチノマイシンＤの投与による深刻な副作用や出血性ショック死等の危険性を考慮に容れた患者等の自己決定権を尊重する内容のものではなかったと認められ、説明義務を尽くしたとはいえない」とする。

さらに、大阪地裁は、**アドリシアン注入術実施事件**において、先端的治療における説明義務について判示した[92]。

> それは、Ａ病院において、被告医師Ｘが、痙性斜頚を発症していたＹに対し、十分な説明を行わないまま、適応のない副神経アドリシアン注入手術を実施したため、Ｙは、水頭症や脊髄空洞症などを発症して死亡するに至ったのに対して、Ｙの法定相続人である原告らが、被告らに対し、損害賠償を求めた事案につき、先端的治療であるアドリシアン注入術につき、医学的適応を否定することはできず、適応のない治療を実施した過失は認められないとし、また、被告医師には説明義務を怠った過失が認められるが、当該過失とＢ死亡の間に因果関係は認められないとした上で、被告Ｘ医師は、説明義務を怠ったことにより、Ｙが先端的治療法であるアドリシアン注入術を受けるか否か意思決定する権利を奪った点で自己決定権を侵害したことにつき精神的苦痛を慰謝すべき責任があると判示し、請求を一部認容したものである。
>
> 慰謝料の請求につき、「Ｙは、被告Ｘ医師を始めとする被告病院医師らが本件説明義務を尽くさなかったため、本件アドリアシン注入術の具体的内容や先端的な治療法であることなどを十分理解した上で本件アドリアシン注入術を受けるか否かについて意思決定する機会を奪われたことによる精神的苦痛を被ったものと認められる」とした。そして、「本件に現れた一切の事情を考慮すれば、本件説明義務を怠った過失によりＹが被った精神的損害に対する慰謝料は、180万円と認めるのが相当である」と判示した。

(iv) 未確立の治療方法としての代替治療

わが国の民事判例において、医療水準としていまだ確立していなかった治療方法について、代替治療として説明する義務があるかについて判断したものがある。平成13年の最高裁の判決[93]の事案であるいわゆる**乳房温存療法事**

---

[92] 大阪地平20・2・13判タ1270・344。評釈として、塩崎勤「先端的治療の実施について説明義務違反が認められた事例」民事法情報267号78頁。

[93] 最判平13・11・27民集55・6・1154。評釈として、山口斉昭「選択可能な未確立療法と医師の説明義務」医事法判例百選124頁以下、手嶋豊「医療水準として未確立である治療法につい

件がそれである。事案は、被上告人に乳がんと診断されてその執刀により、乳房の膨らみをすべて取る胸筋温存乳房切除術による手術を受けた上告人が、上告人の乳がんは腫瘤とその周囲の乳房の一部のみを取る乳房温存療法に適しており、上告人も乳房を残す手術を希望していたのに、被上告人は上告人に対して十分説明を行わないまま、上告人の意思に反して本件手術を行ったとして、被上告人に対し診療契約上の債務不履行又は不法行為に基づく損害賠償を請求したというものである[94]。

　ⓐ**最高裁判決**　この最高裁判決は、第1審[95]が一部認容したが、控訴審[96]は、患者の請求を棄却するとともに、患者の附帯控訴を棄却したのに対し、患者が上告したところ、上告審が、控訴審判決を破棄し、差し戻した事案である。

　(事実) 被上告人は、上告人の乳がんについては胸筋温存乳房切除術適応と判断し、平成3年2月16日、上告人に対し、入院して手術する必要があること、手術生検を行ったので手術は早く実施した方がよく、手術日は同月28日が都合がよいこと、乳房を残す方法も行われているが、この方法については、現在までに正確には分かっておらず、放射線で黒くなったり、再手術を行わなければならないこともあることを説明した。また、被上告人は、同月20日、上告人に対し、乳房を全部切除するが、筋肉は残す旨説明した。

　原審は、「(乳房温存)療法は、その実施割合も低く、その安全性が確立されていたとはいえないことからすれば、被上告人において、同療法実施における危険を冒してまで同療法を受けてみてはどうかとの質問を投げ掛けなければならない状況には至っていなかったと認めるのが相当である。したがって、被上

ての医師の説明義務」平成13年度重要判例解説90頁以下、同「医療水準として未確立の治療方法についての説明義務」民商法126巻6号(2002年)874頁、中村也寸志「乳がんの手術に当たり当時医療水準として未確立であった乳房温存療法について医師の知る範囲で説明すべき診療契約上の義務があるとされた事例」ジュリスト1229号58頁、廣瀬美佳「他の選択可能な未確立療法と医師の説明義務」年報医事法学18号158頁、中村也寸志「乳がんの手術に当たり当時医療水準として未確立であった乳房温存療法について医師の知る範囲で説明すべき診療契約上の義務があるとされた事例」最判解(民事篇)(平成13年度)714頁。なお、この判例については、さらに、飯塚和之「患者の自己決定権と司法判断」『人の法と医の倫理』(唄賀寿)275頁以下、石崎泰雄『患者の意思決定権』(2008年)119頁以下参照。

94　この問題について、金川琢雄「未確立治療法に関する医師の説明義務」金川・前掲『医事法の構想』111頁以下。なお、飯塚和行・前掲湯沢・宇都木・今井(編)『人の法と医の倫理』(唄賀寿)(2004年)275頁以下も参照。

95　大阪地判平8・5・29判時1594・124。

96　大阪高判平9・9・19判時1635・69。

告人の上記説明は、他に選択可能な治療方法の説明として不十分なところはなかった」とした。

(判旨) これに対して、本判決は、「ここで問題とされている説明義務における説明は、患者が自らの身に行われようとする療法（術式）につき、その利害得失を理解した上で、当該療法（術式）を受けるか否かについて熟慮し、決断することを助けるために行われるものである」とし、…「しかし、本件における胸筋温存乳房切除術と乳房温存療法のように、一方は既に医療水準として確立された療法（術式）であるが、他方は医療水準として未確立の療法（術式）である場合、医師が後者について常に選択可能な他の療法（術式）として説明すべき義務を負うか、また、どこまで説明すべきかは、実際上、極めて難しい問題である」という。そして、「一般的にいうならば、実施予定の療法（術式）は医療水準として確立したものであるが、他の療法（術式）が医療水準として未確立のものである場合には、医師は後者について常に説明義務を負うと解することはできない。とはいえ、このような未確立の療法（術式）ではあっても、医師が説明義務を負うと解される場合があることも否定できない。少なくとも、当該療法（術式）が少なからぬ医療機関において実施されており、相当数の実施例があり、これを実施した医師の間で積極的な評価もされているものについては、患者が当該療法（術式）の適応である可能性があり、かつ、患者が当該療法（術式）の自己への適応の有無、実施可能性について強い関心を有していることを医師が知った場合などにおいては、たとえ医師自身が当該療法（術式）について消極的な評価をしており、自らはそれを実施する意思を有していないときであっても、なお、患者に対して、医師の知っている範囲で、当該療法（術式）の内容、適応可能性やそれを受けた場合の利害得失、当該療法（術式）を実施している医療機関の名称や所在などを説明すべき義務があるというべきである。そして、乳がん手術は、体幹表面にあって女性を象徴する乳房に対する手術であり、手術により乳房を失わせることは、患者に対し、身体的障害を来すのみならず、外観上の変ぼうによる精神面・心理面への著しい影響ももたらすものであって、患者自身の生き方や人生の根幹に関係する生活の質にもかかわるものであるから、胸筋温存乳房切除術を行う場合には、選択可能な他の療法（術式）として乳房温存療法について説明すべき要請は、このような性質を有しない他の一般の手術を行う場合に比し、一層強まるものといわなければならない」とする。本件については、「被上告人は、この時点において、少なくとも、上告人の乳がんについて乳房温存療法の適応可能性のあるこ

と及び乳房温存療法を実施している医療機関の名称や所在を被上告人の知る範囲で明確に説明し、被上告人により胸筋温存乳房切除術を受けるか、あるいは乳房温存療法を実施している他の医療機関において同療法を受ける可能性を探るか、そのいずれの道を選ぶかについて熟慮し判断する機会を与えるべき義務があったというべきである」という。

結局、最高裁によれば、上記の被上告人の説明は、「乳房温存療法の消極的な説明に終始しており、説明義務が生じた場合の説明として十分なものとはいえない。したがって、被上告人は、本件手紙の交付を受けた後において、上告人に対して上告人の乳がんについて乳房温存療法の適応可能性のあること及び乳房温存療法を実施している医療機関の名称や所在を説明しなかった点で、診療契約上の説明義務を尽くしたとはいい難い」。

最高裁は、本判決において、未確立の治療法であっても、①「少なくとも、当該療法（術式）が少なからぬ医療機関において実施されており、相当数の実施例があり、これを実施した医師の間で積極的な評価もされているものについては、②患者が当該療法（術式）の適応である可能性があり、かつ、③患者が当該療法（術式）の自己への適応の有無、実施可能性について強い関心を有していることを医師が知った場合など」には、それについて説明する義務があるとしたのである。その説明の範囲については、①医師の知っている範囲で、②当該述式の内容、適応可能性、③それを受けた場合の利害得失、④当該術式を実施している医療機関の名称や存在など、であるとする[97]。この患者が「強い関心を有していることを医師が知った場合など」という要件は、医師の説明義務が存在するというべきかどうかを、合理的医師基準説によって判断するのか、合理的患者基準説によるのか、それとも具体的患者基準説によるのかという問題につき、「段階的適用説」（混合基準）を採用したものとされる。これは、医師と患者の応接が段階的に進むにつれ、医師は、最初は、合理的患者として接するが、対話が重ねられるに応じて、患者の具体的な状況が判明するので、その段階に応じた情報を提供し、説明すべきだとする見解によっているというのである[98]。

ⓑ本件のその他の審級の判例　　**本件差戻審** である **大阪高裁** は、控訴人は

97　飯塚・前掲唄賀寿281頁参照。
98　石崎・前掲書132頁以下参照。

被控訴人の乳がんについて乳房温存療法の適応可能性があること及び乳房温存療法を実施している医療機関の名称や所在を説明しなかった点で、診療契約上の説明義務を尽くしたとはいい難いとし、被控訴人の請求を一部認容した[99]。

これに対して、本件最高裁判決の控訴審（原審）判決である **大阪高裁判決** は、「本件手術当時、乳房温存療法は、欧米での比較試験の結果及び日本における実施例の報告により、その予後等については一応の積極的評価がなされていたというべきであるが、日本においては実施例の報告数が少ない上、経過観察期間も短く、さらに手術適応や術式の問題、再発のおそれや再手術の可能性、放射線照射による障害の可能性についてなお疑問を残し、これらについて臨床的に研究途上にあったものである」[100]として、乳房温存療法を実施すべき義務があったとはいえないとしていた。なお、前記最高裁判決以前には、そのほかにも、下級審の判例があるが、乳房温存療法に関する定着した見解がなかったとして、その実施義務ならびに説明義務を否定したもの[101]がある。

これに対して、本件の **第1審判決** では、乳房温存療法の実施義務を否定しながら、説明義務については肯定していた[102]。平成3年当時の乳房温存療法に対する評価及びその安全性等からすれば、被告に同療法の実施義務または他の医療機関への転送義務があったとはいえないが、当時の状況の下でも、被告は、原告の意向を知った以上、同療法の問題点等を説明して、原告に選択すべきかの機会を与え、原告の意思を再確認すべき義務があったというのである。

未確立であった乳房温存療法について説明義務を肯定した下級審の判例としては、ほかに、**平成19年の京都地裁の判決**[103]がある。ここでは、患者が乳房温存療法と乳房切除術を比較衡量のうえ、十分に納得したうえで乳房切除術を受けるか否かを決定するために、乳房温存療法に関する事項を説明する義務が認められた。また、最高裁判決以後、これを肯定した裁判例として

99　大阪高判平14・9・26判夕1114・240。
100　前掲大阪高判平9・9・19判時1635・69。
101　東京地判平5・7・30判夕859・228。
102　大阪地判平8・5・29判夕928・240。
103　京都地判平9・4・17判夕965・206。

は、平成17年の高松高裁の判決[104] がある。説明義務を認めた前記最判平13・11・27を引用しつつ、医師らには、乳癌について乳房切除術及び乳房温存療法のそれぞれの利害得失を控訴人が理解したうえでいずれを選択するかを熟慮し、決断することを助けるため、詳細な説明をすべき義務があったとした。

(v) 他の医療機関における治療に関する説明

ドイツの判例は、他の医療機関との比較における具体的な治療の状況の人的・物的設備に関する情報提供の問題においては、むしろ厳格である。よりよい治療条件の選択によって危険が著しく小さくなるとき、患者に説明しなければならないが、一般に、ある病院において大学病院におけるより治療条件が悪いときにはその必要はない。また、最高の器具がないため最新の器具を用いることはできないが、近隣の病院がそのような設備を持っているというとき、これを説明する必要はない[105]。

これに対して、わが国においては、その義務を肯定する判例がある。上述の、乳房温存法に関する差戻し審 **大阪高裁の判例**[106] である。次のようにいう。

> 「控訴人は、被控訴人が既に乳房温存療法を実施している医療機関としてOセンターを知っていたから、控訴人が被控訴人に対し乳房温存療法を実施している医療機関の名称や所在を説明する義務がなかった旨を主張する。確かに、被控訴人は、…D新聞の朝刊で、乳房温存療法の紹介記事に接しており、その中で、Oセンターにおける手術時の写真及び同センターのE医師のコメントが掲載されていたことからすると、Oセンターにおいて乳房温存療法が実施されていたことを知っていたということはできる。しかし、被控訴人が知っていたのはその限度であり、被控訴人の乳がんが乳房温存療法の適応可能性があるのか、同療法を実施している医療機関として、Oセンター以外にも存在するのかなどについて、説明する義務があったというべきである。控訴人の主張によると、本件手術当時、O府下において乳房温存療法を実施している医療機関は

---

104 高松高判平17・6・30判タ1235・260。
105 BGHZ 102, 17＝NJW 1988, 763; BGH NJW 2005, 1718. この判決では、「存在する別の治療の可能性が、より良い治療結果に至っていたかどうかという問題は、通常、代替治療を選んでいた場合の仮定的因果経過に関係する」という。OLG Oldenburg VersR 1996, 1023.
106 大阪高判平14・9・26判タ1114・240。

他にもあったが、最も信頼できる医療機関はOセンターであったというのであるから、被控の訴人に対し、被控訴人の乳がんが乳房温存療法の適応可能性があり、同療法を実施している医療機関として最も信頼できるのはOセンターである旨の説明をすべきであったということができる」。

前述の**高松高裁**も、「被控訴人医師らからみれば適応外の症例でも乳房温存療法を実施している医療機関の名称や所在を教示すべき義務があったというべきである」とする[107]。

このように、他の医療機関への**転医勧奨義務**も、説明義務の内容をなす。その義務が認められる要件としては、次のような基準の衡量によるとされている[108]。①患者の疾患が自己の専門外であるか、自己の臨床経験ないし医療設備によっては当該患者の疾病改善が困難であること、②患者の一般状態が搬送に耐えうるものであること、③地理的、環境的要因により、患者の病状との関連で、搬送可能な地域内に適切な設備・専門医を配置した医療機関があること、④転医により、その患者の改善の可能性を予測しうること、である。

(vi) 刑事法における代替治療に対する説明の意義

民事法において展開されてきた説明義務違反は、刑事法でどのような意味をもつのかは、刑事法の特殊性から独自に判断される必要がある。とくに、説明義務違反が、医療過誤の収集（受け皿）構成要件（Auffangtatbestand）となっている民事法においても制限の傾向もみられることから、刑事法においては、傷害罪や医療過誤による業務上過失致死傷罪を成立させる要件の問題として検討されるべきである。

その際、基準となる観点は、刑法が保護するのは、自己決定権の侵害そのものではなく、身体の完全性・安全であるという観点と、説明義務に反することによって、患者に法益関係的錯誤があり、同意が無効となるかどうかであると思われる。代替治療に関する説明が不完全であったことが、患者の身体の安全性を害し、法益関係的錯誤をもたらしたかどうかが、検討されるべきである。

---

107 高松高判平17・6・30判タ1235・260。
108 金川琢雄「医師の転医勧告義務に関する一試論」金沢医科大学雑誌8巻1号1頁以下、西野喜一「説明義務、転医の勧奨、患者の承諾、自己決定権」判タ686号（1989年）85頁参照。

2. 医師の説明の機能　279

(c) 異例な手術方法に関する説明

　医師が、手術の際に普通ではあり得ないような手術方法をとろうと予定している場合、そのことを患者に説明する必要がある。ドイツの判例において、高齢の女性患者の腸の手術に関して傷の治癒不全が原因となって再度の手術が必要になったが、医師が、第2の手術の際に、この医師がそれまでもしていたように通常のミキサーで絞ったレモン汁を縫合部分に塗ったが、それが原因となってではなく、第1の手術が原因となって患者が死亡したという事例で、医師の説明義務の範囲が問題となった事件[109]がある。この判決の意義を理解するには、事実関係の詳細な紹介が不可欠と考えられるので、判決の事実の部分をなるべく詳細に再現しておく。**2010年12月22日連邦裁判所判決**[110]（**＝レモン汁事件**）がそれである。

　（事実）被告人は、当該手術の行われた病院の経営者かつ外科部門の医長であり執刀医でもあった。2006年3月10日に80歳のMが患者として内科に腸検査の受診に訪れた。その結果、大腸に、内視鏡では完全に切除できない大きなポリープが見つかった。いずれ腸閉塞が発生する危険があったので、医師は、手術するのが妥当と判断したが、急を要するものではなかった。ほぼ半年は大丈夫だと思われた。患者は手術を嫌い同意に逡巡したが、その後、病院で二人の医師と何回も説明のための会話を続けた。手術の理由および計画された大腸の切除部分から生じる危険については、規則通り説明を受けた。3月12日に患者は手術に同意した。患者は、13日に手術を受けた。その後、手術の傷がひどい炎症を起こした。抗生剤の投与によっても患者の状態は悪化したので、被告人は、3月20に再手術を決意したが、その時点で話すことができなかった患者は、手術にうなずいただけであった。この手術の最後に被告人は、レモン汁を染み込ませたガーゼを置いて上から縫合した。被告人は、個人的な職業上の経験から、レモンは重大な創傷治癒不全の治療に適した手段であると確信していた。一般にレモン汁には殺菌作用があると思っていたので、それを絞るときに滅菌条件を守ることが必要だとは思っていなかった。そこで、医局の台所で、職員に市販のレモンを用い、それを手で押しつぶして汁をつくらせ、その際、バクテリアからの殺菌の予防措置を取っていなかった。実際には、そのように

---

[109]　Vgl. *Kraatz*, Aus der Rechtsprechung zum Arztstrafrecht 2010/2011 — Teil 1: Ärztliche Aufklärungspflichten, NStZ 2012, S. 1 ff.;
[110]　BGH NStZ 2011, 635; MedR 2011, 809.

して作られたレモン汁の使用には、傷のバクテリア菌の増殖の危険が潜んでいた。

被告人には、傷口にレモン汁を塗ることは、一般に行われている医療水準を充たしておらず、その作用並びに一般的無害性は、従来、科学的に研究されてこなかったこと、しかもレモン汁を用いた治療が、患者の同意を要し、通常の傷口の治療に加えて補充的に用いられたときでも、そうであることは明らかであった。しかし、手術の傷への創傷治療障害が出現した場合、―被告人のいつものやり方に従って― 殺菌せずに得られたレモン汁が傷口に塗られるであろうということについては、患者はどの時点においても説明されていない。それについて、知らされていたなら、患者は、第1手術の施術に同意していなかったであろう。被告人は、続いてレモン汁による手術の傷の治療をもう二度繰り返した。2006年3月30日に、患者は敗血性の心臓循環不全で死亡した。3月13日と20日の手術には過誤はなかった。手術のあとの傷口にレモン汁を塗ったことで、患者がバクテリアに感染したか、この治療が患者の死亡の原因であったかを、地裁は認定できなかった。むしろ、死亡原因は、―典型的に腹部の大手術に際して見られる― 第1手術の際の手術のあとの傷の炎症であった。

地裁は、3月13日以前に与えられた第1手術への同意は、説明の不備を理由として無効であるとした。この時点でそれが傷口の治癒不全となり、その結果、レモン汁の塗布に至るかどうかは、いまだ不明であったとしても、第1手術の前に患者にそのことを説明しなければならなかったというのである。この方法が、被告人によるその塗布の事情のみが、被告人による適切な治療への患者の信頼を揺るがす性質をもったものであったがゆえにも、説明は必要であったという。加えて、初めから傷口の治癒不全が遅く発生していた場合には、患者のレモン汁の塗布に対する決断の時点で、患者の状態は悪化し、患者はもはや制約なしには、事態を把握し、この手術方法に対するその同意を与えるべきかにつき適切に決断することはできなかったほどであるといった危険があったであろう。本件ではそうなってしまったのである。被告人には、たとえその有効性を信じていたとしても、傷口治癒不全に関するその治療方法が通常ではなく検証されたものでもないことは知られていた。医師は、そこから、手術の傷の傷口治癒障害の後の発生の高い危険が存在する大手術の前には、はじめから、その種の不全の治療に対する異例な方法に関して患者の説明が必要であるという正しい結論を引き出していたはずである。

(判決) 地裁の有罪判決は、法的検討に堪え得ない。第1手術の施術への患者

の同意は、被告人が傷口の治癒不全が発生した場合には、その治療にレモン汁も用いることについて患者に予め説明しておく義務に違反したが故に、無効であったという地裁の認定に対しては、強い法的疑念が存在する。原判決を破棄し、差し戻す。

連邦裁判所は、まず、患者の同意を有効にする医師の説明についての判例の従来の考え方について詳論するが、その部分は要約して述べるにとどめておく。同意の有効性の前提となるのは、「手術の経過、その成功の見込み、危険、そして本質的に異なった負担となるありうる代替治療」である。…内容的には、患者は、治療のチャンスと危険を「大まかに全体的に」説明されるべきである（基本的説明）。手術の重大性、患者の身体の完全性とその生活にとって生じうる負担の種類につき適切な印象が患者に伝えられるべきである。

手術による侵襲に関する患者に対する説明の中核には、特に必ずしも通常発生する術後の状態の説明が属する。例えば、通常の場合より高い傷口の感染の危険に対する指摘が必要である。例外的に、これと結びついた合併症の危険が実現することにより、技術的に正当な手術にもかかわらず発生しうる後続治療の重大な危険についても知らせなければならない。このことは、患者が、手術と結びついたすべての重大な危険について、それが実現することは極めて稀であっても、説明しなければならないということから生じる。医師の指示義務には合併症の層の一定の程度のみならず、問題となっている危険が侵襲に特有なものとして付属したものか、そしてそれが実現したときに患者の生活に特に負担となるのかも決定的に問題である。そのような場合には、第1の手術とひょっとして必要となる後続治療の間に緊密な関係が存在する。その関係は、後の治療の危険に関する説明をすでに第1の手術の前に必要とする。例えば、患者が腎盂形成術（Nierenbeckenplastik）の施術の前に、それと結びついた吻合術不全（Anastomoseinsuffizienz）の危険が、10％の確率で腎喪失を生じさせるような事後の手術を必要としうるということにつき説明されるべきである。

被告人は、患者に ―手術自体に関する説明とともに― 、この侵襲に典型的に付随する傷口治癒不全の危険についても説明する義務を負っていた。この義務に、被告人は、判決理由の全体的関連によれば、それを任せられた医師の説明によって実行した。

しかし、傷口治癒不全の治療のために、一般のジューサーによって絞られたレモン汁の ―被告人の病院では一般に行われていた― 投入も、―被告人にわかっていたように― 説明義務に含められる。この治療は、医療水準に相応

しないアウトサイダー的方法を意味する。その効果と一般的適合性は、従来、科学的に研究されていない。したがって、未知の危険が排除できなかった。被告人は、この説明を確かに行わなかった。それにもかかわらず、これを行わなかったことが、第1の（死因となった）腸の手術の施術への患者の同意は無効であっただろうということ、また、したがって、被告人は、この侵襲をもって、違法で危険な身体の傷害につき責任を負うということにはつながらない。というのは、このアウトサイダー的方法の適用に関して被告人は、すでに第1手術の前にではなく、第2手術（再手術）の前に説明しなければならなかったからである。詳論すると。

　腸の手術と場合によっては必要となる（殺菌されていない）レモン汁を用いた傷口治癒不全の後続治療との間には、被告人が患者を例外的にすでに第1の手術の前に、例えば必要な後続治療の種類と危険について知らせなければならないほどに高められた危険連関は存在しない。第1の腸の手術に特有の危険は、ただ傷口感染の発生である。その治療には、しかし、その現実化が、患者の将来の生活を特に負担となるように —例えば器官の喪失のように— 侵害するであろうという重大な危険と必然的に結びついていたわけではない。したがって、レモン汁の付加的な使用は、腸の手術の後に発生する傷口感染の治療の唯一の、代替手段のない可能性であったわけではない。むしろ、患者は、通常の方法で抗生剤の投与のみによって克服され得たであろう。傷口感染の発生の後、患者と、用いられるべき治療方法の問題に関する対話を行い、患者に代替的な治療方法を選択させる十分な時間もまだあったのである。その点で、—地裁の見解とは異なり— 患者がその健康状態においてすでに著しく低下されていた、再手術の施術の直前の時点のみを基準とする必要はないのである。むしろ、はじめて傷口治癒不全の治療の必要となった時点を視野に入れるべきである。それにもかかわらず、認定によれば、この治癒不全は、第1手術の後に何日かして発生し、5日後に抗生剤による治療に至っている。さらに2日後に被告人は、その第2手術を実施した。これにつき、患者は、—もはやほとんど会話できないにもかかわらず— その直前に説明され得た。したがって、何日か前に計画されたレモン汁の付加的な投入について知らせることができたはずである。最後に、患者の将来の生活に対する、殺菌されていないレモン汁の使用と結びついた、さらに傷口のバクテリアに汚染される危険は、例えば、膵臓の炎症、器官の喪失または類似の身体の完全性の侵害の危険と比較されるべきであった。しかし、地裁は、レモン汁の使用が感染のその後の経過に不利に作

用し、患者の死亡に寄与したことをも認定できなかった。このような状況にあって、被告人は、すでに第1手術の前に、傷口の治癒不全が起きた場合には、ひょっとすると加えてレモン汁を使用することについて患者に説明するよう義務づけられていたわけではない。患者は、被告人によって実施されていたこのアウトサイダー的方法を後の治療の際に用いることを知りながらすでに第1手術に同意したというわけではないと見ることができるからである。

　以上から、被告人には、傷害致死罪は成立しない。第2手術も、レモン汁の傷口への使用も、共に患者の死亡に対する原因ではないからである。むしろ、その死亡は、第1手術により生じた傷口感染のみによって引き起こされたものである。被告人は、第1の侵襲を…医術上正当な方法で実施し、患者にそれと結びついた危険…について規則通り説明したのであるから、患者の身体の完全性のこの侵害は、その同意によって正当化される。…これに対して、被告人は、その再手術によって危険な傷害の罪責を負う。なぜなら、患者にその侵襲の前に傷口にレモン汁を用いることについて説明しておらず、したがって、この手術に対して与えられた患者の同意は無効だからである。

　以上で引用したように、原審は、第1手術においてありうべき第2手術の際のレモン汁の使用について患者の同意を得ていないことを違法とし、傷害致死罪を認めたのに対して、連邦裁判所は、それについて説明することは第1手術の前の話合いでは不要で、同意は有効であるとした。説明義務につき、連邦裁判所は、通常の場合を上回る傷口の治癒不全について説明すればよく、例外的にのみ、つまり、その侵襲に特有に伴う、その実現が患者の生活に特に負担となるほどに重大であるときにのみ、後続治療の危険についても指摘すべきであったとした。そして、本件ではそのような危険はなかったというのである。したがって、患者が第1手術の後に後続手術の可能性、チャンスとリスクについて説明すれば十分だとし、それ故、第1手術における同意は、説明不足に影響されないというのである[111]。本件を評釈したハルトゥングは、原審の見解は、レモン汁を傷口に塗るような医師は疑わしい、したがって、患者は、手術する医師の「人格」に疑問を抱き、そのような医師による手術は、通常の手術であっても嫌だから同意しないというような思

---

[111] Vgl. *Hardtung*, Ärztliche Aufklärung über Außenseitermethode — „Zitronensaftfall", NStZ 2011, S. 635.

考方法を是認し、同意を無効とするものであり、妥当でないという。また、連邦裁判所のように、第2手術の前にレモン汁の使用につき説明し同意を得るべきだが、それをしていないので、説明義務違反であり、同意は無効であり、それゆえ全体的に同意は無効であり、手術は違法であるというのにも反対する[112]。彼によれば、「後続手術の要否・方法は、レモン汁の使用とは無関係である。後続手術は、医学的に必要であり、間違いなく執刀された。それは、当該レモン汁の使用・不使用とは全く独立のことである。患者は、説明された通りに後続手術に同意していたし、レモン汁の使用については同意していなかったであろう。医師は、『再手術によって』傷害を実行したのではなく、レモン汁を塗ったことによってのみ実行したのである。それは、不法と責任にとっても、実現された構成要件にとっても重要である」と[113]。

このように、レモン汁の使用と再手術を切り離して考えるなら、傷害致死を認定するにあたって重要となるのは、レモン汁の使用と死亡との因果関係ないし客観的帰属である。本件を評釈したシーマンは、連邦裁判所は、医師が、第2の手術に対する計画につき、傷口の感染が発生してからなお第2の手術前にレモン汁を使用することにつき説明することを怠ったという。もし説明していたら、患者は同意したであろうかどうかを検討しなければならなかったというのである[114]。いわゆる「仮定的同意」の問題[115]の検討である。その場合、同意があったことは、インデゥビオ・プロ・レオの観点から否定できないというのである。しかし、これに対しては、ハルトゥングが、その判断は必要ないと反論する。先のようなレモン汁の使用と再手術との分離により、そしてレモン汁と結果との因果関係が欠けることにより、レモン汁の使用につき説明を受けた患者が、『先生、すでにお話されたようにしてください。ただしレモン汁はやめてください』と言えば済むのだから、レモン汁の使用については同意はあっただろうと仮定できないというのである[116]。

---

[112] *Hardtung*, a. a. O., NStZ 2011, S. 636.
[113] *Hardtung*, a. a. O., NStZ 2011, S. 636.
[114] *Schiemann*, Der „Zitronensaftfall" — Die ärztliche Aufklärungspflicht bei der Anwendung von Außenseitermethoden, NJW 2011, S. 1047.
[115] これに関するドイツ文献の検討については、vgl. *Yamanaka*, Festschrift für Maiwald, 2010, S. 865 ff. 最近の文献として、vgl. *Christoph Sowada*, Die hypothetische Einwilligung im Strafrecht, NStW 2012, S. 1 ff.; *Hengstenberg*, Die hypothetische Einwilligung in Strafrecht, 2013.

たしかに、レモン汁の使用につき説明されていたなら、患者が再手術全体について同意しなかっただろうとはいえないように思われる。

しかし、この問題は、仮定的同意の問題ではなく、説明義務違反の有無とその説明義務違反と結果の客観的帰属の問題であり、たとえ説明義務違反があったとしても、その義務違反が結果に現実化したのではないならば、説明義務違反の故の過失責任を問うことができないというべきなのである。ドイツの学説の中には、第2手術の前には、患者がうなずくことだけしかできず、したがって、第2手術でレモン汁を使用することは、地裁と同様すでに第1手術の前にとっておくべきであったとするもの[117]があるが、連邦裁判所の事実認定によれば、第1手術の後に第2手術の必要性が明らかになった時点、すなわち、治癒不全が発生した「第1手術の何日か後」、そして遅くともその「5日後」に抗生剤による治療が開始され、「さらに2日後に」第2手術が実施されたのであるから、「5日以上の時間的間隔」があり、患者の同意能力はその時点で失われていたことにはならないからである。これを前提とすると、第1手術の際にすでに第2手術の必要性について説明しなければならない理由はないというべきであろう。

(4) 危険に関する説明

危険に関する説明は、患者に治療行為から生じうる危険について説明することを意味する。連邦裁判所は、その意義と目的について次のようにいう。「目前に迫った侵襲に対する医師の説明の意義と目的は、手術を受けるかどうかを自己決定することができ、しなければならない患者に、その決断にとって必要な事実を医学の素人に理解できるような形で伝えることである。このようにしてはじめて患者は、それに対する賛成・反対を自己答責的に衡量できるのである」[118]。その説明の内容は、手術、薬物治療等に伴う医療侵襲から生じる効果、予見しうる副次的効果、治癒する可能性の程度、おもわしくない結果が生じる可能性、失敗率等に関する説明であり、治療にかかる費

---

[116] *Hardtung*, a. a. O., NStZ 2011, 636.
[117] *Jan C Joerden*, Ärztliche Aufklärungsfehler und strafrechtliche Haftung bei ungewöhnlichen Behandlungsmethoden am Beispiel insbesondere des „Zitronensaft-Falles" des BGH,（2012年19月6日の関大法学研究所での講演）。山中友理訳で法学論集に公刊の予定。
[118] BGH JZ 1986, S. 201.

用や保険でカバーされる範囲などの説明もこれに属する。ただし、狭義においては、副次的に生じる結果として予測できなかった、望まれざる不測の事態に対する説明が危険に関する説明がこれにあたるということもできる[119]。

　危険に関する説明の範囲に関する基本原則は、医師の侵襲の危険に関する情報の伝達であり、したがって、必要な注意を払っても侵襲を間違いなく行っても確実に排除することはできない継続的ないし一過的な副次効果を伝達することである[120]。

　正確で、詳細な、考え得るあらゆる現象形態に関する説明は要せず、「具体的な危険の幅の重大性と方向に関する一般的な像」を与えることで十分である。その際、患者の私生活や職業を考慮した情報の提供も必要である。**「患者に関する情報の原理」**（Prinzip der patientenbezogenen Information）が妥当するのである[121]。説明されるべき危険には、「典型的危険」と「非典型的危険」ないし「稀有な危険」とがあるが、その侵襲に特有の危険（典型的危険）は、合併症の発生率とは独立に説明されなければならず、非典型的危険については、説明の程度は、合併症の発生率による。「稀有な危険」でも、それが発生すると患者の日常生活に大きな負担となる場合には説明が必要である。また、手術の「失敗の危険」については、手術が、その失敗によって患者の状態を良くするどころか悪化させることがある場合、それについて説明する必要がある[122]。なお、わが国の民事判例においては、侵襲の危険性に関する説明の程度は、侵襲の危険性の程度により変化するとしたもの[123]がある。

　重要なのは、患者が当該治療に同意するにあたって、その手術を施術すべきか、他の治療方法を選択すべきかを考慮する場合に、どのような項目について衡量するかである。危険を冒してでも手術をする決断をする理由があるかどうかが患者の最高の関心事である。患者は、説明にもとづいて、その手術の積極面と消極面とを合理的に比較衡量できなければならない。ガイレ

---

[119] Vgl. *Geilen*, a. a. O., Handbuch, S. 353 f.
[120] *Laufs/Kern*, a. a. O., S. 724.
[121] *Laufs/Kern*, a. a. O., S. 724.
[122] *Laufs/Kern*, a. a. O., S. 724 f.
[123] 静岡地判平10・12・24判タ1027・221。ドイツでは、手術の切迫性は、代替治療に関する説明で重要な役割を果たすとされる。医療侵襲に切迫性が少なければ少ないほど、医師の説明義務は広くなるというのである。

ン[124] は、その衡量のファクターとして以下のものを挙げる。手術を行うに積極面としては、①時間的切迫性、②医学的必要性、③確実に予期しうる治療結果の程度が、消極面としては、①危険が現実化した場合の結果の重大性、②当該侵襲に特有の結果なのかどうか、③損害結果の発生頻度、④一般的危険ないし一般に周知の危険に関するものかどうか、が衡量の要素となる。

(a) 一般的危険

「一般的危険」とは、当該侵襲に特有の危険ではなく、合併症の頻繁性、すなわち、当該侵襲の危険が現実化する頻度である。ただし、確率を数字で説明する必要はなく、また、「稀に発生することのある危険」といったものをも含めてありうる危険をすべて説明する必要もない。患者が本質的な危険につき「**大まかに全体的に**」(im grossen und ganzen) 明確になっていなければならないというだけである。危険の種類と重大性については説明する必要があるが、その蓋然性が比較的大きいか小さいかを詳細に説明する必要はない。具体的な危険の射程の大きさと方向のイメージを伝えればよい。**連邦裁判所の1984年2月7日の民事判例**を紹介しておこう。

(**事案**) 原告は、首筋のリンパ節肥大等で第1被告の病院に入院し、第2被告である医師の放射線治療を受けた。患者は、治療開始時に「放射線治療患者のための説明書」を手渡されたが、そこには脊髄損傷の危険に対する説明はなかった。患者は、縦膜照射に際し、脊髄に負担がかかり、嚥下障害、呼吸時の痛みを感じ始めた。何カ月かの地に、両脚に障害を感じ、痙攣性の麻痺現象が生じ、肛門や膀胱の括約筋が弱まるなどの症状が出て、脊髄損傷と診断された。その後、不完全性脊椎横断麻痺を患った。原告は、コバルト照射に医療過誤を遡らせ、その説明がなかったことを非難した。

(**判旨**) 「侵襲が重大な適応を示す場合でも、患者の自己決定権は、医師が、侵襲につき自ら決断し、場合によっては、そのような決断が医学的に不合理であっても、それを拒否する可能性を与えるべきである」。「その決断のために、原告は、一たんに大まかに全体的にではあっても（不断の判例である…）— 何について同意するのかを知らなければならない。そのためには、侵襲の種類のみならず、それが医学の素人である原告にとって侵襲の種類から直ちに明らか

---

[124] *Geilen*, a. a. O., Handbuch, S. 354.

になるものでなく、そしてその決断にとって重要でありうる限りで、その、全く非蓋然的であるというのではない危険につき、イメージを抱けるものでなければならない」。「本件で原告に結果的に実現した照射の危険も、説明の必要な事実であった」。しかし、「患者が照射の危険に、現実に生じる危険よりも相当に高い価値を置いてしまうほどに、患者に治療の不都合な経過が生じる極めて小さな可能性をも詳細に説明することは不要である」。

わが国の判例において、患者が、美容整形外科手術にあたって、陰茎にシリコンボールを挿入する手術について説明を受け、手術に承諾したが、手術承諾書には、「シリコンボールの移動を防ぐために術後の圧迫固定が必要です。圧迫固定が不十分であると、皮下で移動や露出することが稀にあります」とあったが、陰茎が変形したり、拘縮が生じるなどの後遺症が発生する可能性については、説明はなかったところ、術後約10日後から腫れと痛みが生じ、シリコンボールが露出してきたため、術後約20日後に抜去手術を受けたが、その後、陰茎に傷痕が拘縮し、陰茎が約30度曲がったという事案につき、説明義務違反を否定したものがある[125]。本判決では、「手術後の危険性の中には、手術自体から不可避的に生じる危険性から、手術後の処置あるいは手術後の患者自身の行動の不適切に起因する危険性など無限定に考えられるものであるが、手術を施行しようとする医師がそれらの危険性をすべて具体的に予測することは困難であり、当該手術により不可避的に生じる可能性のある後遺症発生等の危険性及び手術後の処置から生じることが通常予測しうる危険性等については、患者に説明すべき義務を負うものと言えるが、手術後の処置から**通常予測できない具体的危険性**についてまで、それを予測して患者に説明すべき義務を負うものではない」とし、本件については、「シリコンボール挿入術により、陰茎が変形するということは、通常の経過の中では発生しないものと認められる（…）ので、このような危険性についてまで患者に説明する義務はないというべきである」として、「一般に、美容整形においては、疾病や負傷等を治療するための処置と比較して、その医学的必要性、緊急性が低く、美容整形の手術等の処置を行う場合には、その目的が患者の主観的欲望を満たすことにあると言うべきであるから、処置をするに

125　東京地判平13・7・5判タ1089・228。鐘築優「各論⑤医療〔判例分析47〕」判例タイムズ1178号202頁以下。

あたっては、本人の主観的意図が極めて重要な意味を有する。したがって、美容整形手術を行う医師においては、患者の自己決定に必要かつ十分な判断資料を提示し、手術前に治療の方法、効果、デメリットの有無等を説明すべき義務を負うものと言うべきである」としながらも、説明義務を否定した。

(b) 侵襲に特有の危険

その「侵襲に特有の危険」とは、一定の合併症が発生するという、当該治療に付随する典型的な危険を意味する。これについては、一般的危険よりも詳しく説明する必要がある。したがって、「大まかに全体的に」明確になっておればよいという一般的危険に妥当する原則は、ここでは妥当しない。侵襲に特有の危険については、危険の頻度の一定の程度、とくに一定の統計について説明を要するというのではなく、極めて発生頻度の低い合併症についても、その侵襲にとって典型的であり、その作用が患者にとってとくに重要であるという危険について説明を要するのである。つまり、ここで決定的なのは、その危険がどの程度の頻度で合併症に至るかではなく、当該の危険が、その侵襲に特有のものとみなされるかどうか、予期せぬことかどうか、そしてその後の生活にとってとくに負担となるかどうかなのである[126]。

(c) 特有の危険の例外

危険の「大まかで全体的な」概要を説明すればよいという原理は、その侵襲に特有な、すなわち、その治療と典型的に結びついた合併症の可能性については妥当しないというのが、ドイツの不断の判例である[127]。この場合には、極めて稀有なものであってもその危険について説明しなければならない。説明の必要性は、その危険がどれだけ頻繁にある合併症につながるかに依拠するのではない。むしろ決定的なのは、当該の危険が、その侵害に特有なものとみなされ、意外で、以後の生活にとり負担が大きいかによる[128]。この種の実例は、連邦裁判所の他人から輸血を受ける際の「エイズ感染の危険」に関する説明である。感染の危険は、1対2,300万であり、極めて稀有である。

---

[126] Vgl. *Ulsenheimer*, a. a. O., S. 111.
[127] *Ulsenheimer*, a. a. O., S. 111.
[128] BGH NJW 2005, 1715, 1717: *Ulsenheimer*, a. a. O., S. 111.

(d) 一般的に周知の危険

特有の危険と区別されるのが、一般的に周知の危険である。これについては、医師は説明を要しない。これに属するのは、例えば、麻酔による大手術の場合、創傷感染、塞栓症、心停止などである。盲腸の手術においては、侵襲の性質や危険については要約して説明することができる。例えば、盲腸の手術でも、その日常性のゆえにまったく危険のないものではないという説明があればよい。

(e) 手術拡大の可能性に関する説明

手術の経過と事象の経過によっては手術の拡大の可能性があることについて、医師は、説明する必要があるのか、どの程度説明すべきなのだろうか。少なくとも、当初の手術の際に、客観的に予見可能な手術拡大の可能性につき説明しなければならないことは疑いない[129]。医師は、少なくともほとんどあり得ないような可能性以外の手術の拡大の可能性は説明し、同意を得ておくべきである。ここで、決定的なのは、**ありうる拡大の蓋然性の程度**であるとされる。手術中に発生する可能性のあるあらゆる偶然的な事象についても説明し患者の同意をとっておかなければならないということは医師には期待困難だからである。したがって、手術前の診断において明白にそして全くあり得ないではないような手術拡大の可能性について説明すれば十分である。

ドイツ連邦裁判所は、予見可能ではあるが、手術の途中ではじめてそれが分かるような手術の拡大の必要性について患者の同意をとらなかった医師に過失を肯定した[130]。また、帝王切開手術の際に卵管の切除が必要となった事案に関する、予見可能で必要な手術の拡大につき、医師の説明義務違反を認めた、手術拡大に関する詳細と「原則判例」[131]については、すでに「患者の同意」の章（215頁以下）において詳述した。

3. 治療のための説明

治療のための説明とは、自己決定権の行使のための説明とは異なり、患者

---

[129] *Dringenberg*, Die strafrechtliche Verantwortlichkeit des Arztes bei Operations-erweiterungen, 2005, S. 48 f.
[130] BGH, NJW 1989, 1541, 1542.
[131] BGHSt 35, 248, 249.

の治療のためにできるだけ支障なく治療が行われるよう保障し、患者の自己に危険を及ぼすような行動を避けるための警告や助言、指示、勧告などの形で、損害の発生を阻止するために行われる説明である。したがって、この説明は、「**安全のための説明**」(Sicherungsaufklärung) とも呼ばれる。医師が必要とされる治療のための説明をしなかったとき、同意が無効となるのではなく、医療過誤となり、(業務上)過失致死傷罪の成否が問われることになる。したがって、治療のための説明は、刑事法においては、同意の無効を介してではなく、むしろ直接に、患者の不適切な行動等を通じて傷害結果ないし死亡結果につながることによって、過失責任が問われる契機になるものである。

(1) 治療上の危険に関する説明

連邦裁判所1994年7月7日の判決[132]の事案に即してこれを説明しよう。本件では、小児麻痺の感染の危険に関する説明が問題となった。

> **(事実)** 予防接種医が、ある乳児に、小児麻痺を予防するための弱められたウィルスを接種したが、その子の親に、予防接種の際、接触する人には感染の危険があることを説明するのを怠った。家族の友人が、そのウィルスに感染し長年の治療を要し、手足と横隔膜の麻痺に繋がる脊椎性小児麻痺に罹患し、その後、車椅子での生活を余儀なくされた。
>
> **(判旨)**「生きたウィルスを接種された乳児に接触した者に生じる危険について、また、感染を避けるためにとられうる予防措置について指示することは、いわゆる治療のための助言、すなわち、安全のための説明にあたる。医師に患者の治療のための説明の際に侵された過失は、医療過誤と評価されるべきである。安全のための説明は、医師の健康維持の職責の本質的部分をなす。必要な限り、医師は、患者にその将来の行動に関して説明し、したがって、指示を与え、また、患者は自らを被害から守るためにその力の及ぶことをすべて行わなければならないと教えなければならない。…予防接種を行う医師が、乳児の親に第三者への感染の危険につき指摘する義務を負っていたかどうかという問題を判断するにあたって、控訴審は、接触した人につき、その判断の基礎とされた、接種回数1550万回の分の1という統計的な発生頻度を決定的な基準としてはならなかった。出発点とされるべきは、説明義務の問題にとり、危険に関す

---

[132] BGH, Urteil vom 7. 7. 1994, NJW 1994, 3012.

る統計は、基本的にほとんど価値をもたないということである。予定された侵襲のもつ危険に関する指示（侵襲に関する説明）においては、それが、現実化するなら、生活に大きな負担となり、それが稀有であるのにもかかわらず、その侵襲に特有の、素人にとっては驚くべきことであるような極めてまれな危険に関しても説明されるべきである。このことは、安全のための説明についてはいっそう高度に妥当する」。

(2) HIV 感染に関する説明

この安全のための説明に属するのが、HIV 患者の同棲生活者の HIV 感染についての説明である。連邦裁判所は、説明義務の対象となる人と時点を拡大し、治療中の患者に対してのみならず、配偶者や事実婚の状態にある者に対しても、治療開始にはまだまったく知られていなかったときですら、告知することが必要だとした。これを「事後的な安全のための説明」という[133]。

(a) 配偶者に対する説明

2005年6月14日の連邦裁判所の判決[134] の事案を検討しておこう。

(**事実**) 原告の夫は、オートバイの事故で、W 病院に入院し、その後も通院し、治療を受けたが、輸血の際血液検査で HIV 抗体が検出された。その後、原告も、HIV に感染していることが分かった。原告は、病院経営者たる被告から慰謝料を請求した。

(**判旨**) 控訴審は、治療を受ける患者のみならず、治療の時点でまだ知られていなかった配偶者も、輸血に結び付けられる HIV 感染の危険に関する事後的な安全のための説明義務の保護範囲に引き入れたが、適切である。民法844条、845条の外にある間接損害には、責任を負わされないという原則は、第1次的被害者の法益の侵害から第三者に生じる財産損害についてのみ妥当する。被害者が民法823条1項の独自の法益の侵害からなり、そして、帰属連関の枠内で加害者がそれにつき責任を負わなければならない損害を ——本件におけるように—— 被る場合、それは妥当しない。…いずれにせよ、患者の配偶者または不断の同棲者は、安全のための説明の保護範囲に含められなければならない。それは、責任法上の帰属連関から必要である。ことに HIV 感染と生命の危険が結び付いているからである。

---

[133] *Ulsenheimer*, a. a. O., S. 102.
[134] BGH NJW 2005, 2614.

(b) 医師の守秘義務と緊急避難

フランクフルト上級ラント裁判所の1999年7月8日の決定[135]は、同じ医師にかかっている患者が同棲者であったとき、他のパートナー（原告）にエイズの発病と感染の危険について他方に説明することができるだけではなく、その義務を負うとした。

> 「本法廷は、被告に存在する医師の守秘義務の問題において、地方裁判所とは異なる見解をとる。守秘義務は、正当化的緊急避難（刑法34条）の前提が与えられたとき、そして、被告が、原告は、原告のパートナーの意思に反してでも、原告に存在している危険について説明しようとしていると思ったことによって、本件においては決定的に制限されていた。たしかに、エイズに感染者は、医師の守秘義務を強く必要とするという地方裁判所の依拠点には反論できない。しかし、この保護の必要性に対して対立するのは、とくに発病した患者の性的パートナーは、エイズ感染の迫りくる死の危険に対して保護されなければならないという点である」。本件では、正当化的緊急避難が認められる。感染者の治療する医師に対する信頼は、本件では、現在脅かされている生命と健康という法益よりも重くはない。…原告に対して迫りくる危険の開示に対する医師の法的義務の存在も肯定されうる」。

本判決では、守秘義務と生命に迫る危険との比較衡量の上、医師の説明義務は、正当化的緊急避難であり、むしろ、法的義務であるとする。

(3) わが国における治療のための説明に関する判例

わが国においても、治療のための説明、すなわち、療養指導に関する判例は少なくない[136]。最高裁は、平成7（1995）年に、A女とB男の間の子で、未熟児である新生児（S）が退院後核黄だんにり患し脳性麻ひの後遺症が生じた場合につき、右新生児を黄だんの認められる状態で退院させた医師の退院時における説明、指導等の措置における過失につき判断した。

---

135 Beschluss des OLG Frankfurt v. 8. 7. 1999, NJW 2000, 875.
136 初期のものとして、患者に対する経過観察のための適切な指示・説明を怠ったため、急性虫垂炎の診断・治療が遅れたことに過失があるとした事例（東京地判昭58・1・28判時1081・88）、救急診療を担当した医師が、患者の付添人に対して、容体に対する留意点ないし取るべき措置に対する説明義務を尽くさなかったことに過失があるとされた事例（神戸地明石支判平2・10・8判時1394・128）などがある。

(a) 新生児黄疸事件[137]

　人の生命及び健康を管理すべき業務に従事する者は、その業務の性質に照らし、危険防止のために実験上必要とされる最善の注意義務を要求されるのであるが（…）、右注意義務の基準となるべきものは、一般的には診療当時のいわゆる臨床医学の実践における医療水準であるというべきである（…）。ところで、前記の事実に照らせば、新生児の疾患である核黄疸は、これに罹患すると死に至る危険が大きく、救命されても治癒不能の脳性麻痺等の後遺症を残すものであり、生後間もない新生児にとって最も注意を要する疾患の一つということができるが、核黄疸は、血液中の間接ビリルビンが増加することによって起こるものであり、間接ビリルビンの増加は、外形的症状としては黄疸の増強として現れるものであるから、新生児に黄疸が認められる場合には、それが生理的黄疸か、あるいは核黄疸の原因となり得るものかを見極めるために注意深く全身状態とその経過を観察し、必要に応じて母子間の血液型の検査、血清ビリルビン値の測定などを実施し、生理的黄疸とはいえない疑いがあるときは、観察をより一層慎重かつ頻繁にし、核黄疸についてのプラハの第1期症状が認められたら時機を逸することなく交換輸血実施の措置を執る必要があり、未熟児の場合には成熟児に比較して特に慎重な対応が必要であるが、このような核黄疸についての予防、治療方法は、上告人Ｓが出生した当時既に臨床医学の実践における医療水準となっていたものである」。

　「本件において上告人Ｓを同月30日の時点で退院させることが相当でなかったとは直ちにいい難いとしても、産婦人科の専門医である被上告人としては、退院させることによって自らは上告人Ｓの黄疸を観察することができなくなるのであるから、上告人Ｓを退院させるに当たって、これを看護する上告人Ａらに対し、黄疸が増強することがあり得ること、及び黄疸が増強して哺乳力の減退などの症状が現れたときは重篤な疾患に至る危険があることを説明し、黄疸症状を含む全身状態の観察に注意を払い、黄疸の増強や哺乳力の減退などの症状が現れたときは速やかに医師の診察を受けるよう指導すべき注意義

---

[137] 最判平7・5・30判時1553・78。判例評釈として、平林勝政「退院時における療養指導」医事法判例百選196頁、河野泰義「医師が未熟児である新生児を黄だんの認められる状態で退院させ右新生児が退院後核黄だんにり患して脳性麻ひの後遺症が生じた場合につき医師の退院時における説明及び指導に過失がないとした原審の判断に違法があるとされた事例」（平成8年度主要民事判例解説）判例タイムズ945号110頁、高波澄子「医師が未熟児である新生児を黄疸の認められる状態で退院させ右新生児が退院後核黄疸に罹患して脳性麻痺の後遺症が生じた場合につき医師の退院時における説明及び指導に過失がないとした原審の判断に違法があるとされた事例」北大法学論集48巻3号361頁。

務を負っていたというべきところ、被上告人は、上告人Ｓの黄疸について特段の言及もしないまま、何か変わったことがあれば医師の診察を受けるようにとの一般的な注意を与えたのみで退院させているのであって、かかる被上告人の措置は、不適切なものであったというほかはない」。

本判決は、黄疸の増強の可能性に関して説明すべき注意義務、黄疸の増強によって哺乳力の減退などの症状が現れたときに生じる「重篤な疾患に至る危険」について説明すべき注意義務を負い、全身状態の観察に注意を払い、上記のような症状が現れたときは速やかに「医師の診察を受けるよう指導すべき注意義務」を負うのであって、それは「当時既に臨床医学の実践における医療水準」となっていたというのである。

患者が退院する際の投薬についてもその服用上の留意点ないし具体的な情報提供をする義務、すなわち、療養指導上の説明義務が認められている。

(b) 中毒性表皮融解壊死事件[138]

(事実) 患者Ａが手術を受けて退院後、中毒性表皮融解壊死症（TEN）により死亡したことについて、薬剤の副作用によるものであり、医師の投薬等に過失があるとして、遺族である実父と弟が国に対してその債務不履行による損害賠償及び不法行為（使用者責任）による固有の損害賠償（慰謝料）を請求したものである。髄膜腫の手術を実施するについて、痙攣発作のおそれがある場合には、術前、術後の管理として抗痙攣剤の投与が必要であるところ、Ａの退院に際して、医師は、Ａに坑痙攣剤であるアレビアチンおよびフェノバールという薬剤を与えたが、これらはいずれも副作用としてTENの発症が起こりうる薬剤であったが、これにつき、退院に際して情報提供をしなかったことが問題となった。

(判旨)「医師には投薬に際して、その目的と効果及び副作用のもたらす危険性について説明をすべき義務があるというべきところ、患者の退院に際しては、医師の観察が及ばないところで服薬することになるのであるから、その副作用の結果が重大であれば、発症の可能性が極めて少ない場合であっても、もし副作用が生じたときには早期に治療することによって重大な結果を未然に防ぐことができるように、服薬上の留意点を具体的に指導すべき義務があるといわなくてはならない」。

138　高松高判平 8・2・2 判時1591・44。

「Aの退院に際してアレビアチン等を2週間分処方するについては、単に『何かあればいらっしゃい。』という一般的な注意だけでなく、『痙攣発作を抑える薬を出しているが、ごくまれには副作用による皮膚の病気が起こることもあるので、かゆみや発疹があったときにはすぐに連絡するように。』という程度の具体的な注意を与えて、服薬の終わる2週間後の診察の以前であっても、何らかの症状が現れたときには医師の診察を受けて、早期に異常を発見し、投薬を中止することができるよう指導する義務があったというべきである」という。

しかし、同様に、中毒性表皮壊死症を発症した事案でも、逆に、具体的な説明義務までは認めなかった判例もある。

(c) 中毒性表皮壊死事件[139]

(事実) 耳鼻咽喉科医師が、患者に対して、中毒性表皮壊死症という副作用のある2種類ないし3種類の薬剤を処方し、これを服用させた。その結果、患者に中毒性表皮壊死症を生じさせた。第1審浦和地裁[140]は、服用しなければ発症しなかったのではとの精神的苦痛を与えたこととの間には因果関係があり、医師の過失もあるとし、請求を一部認容した。これに対して、東京高裁は、臨床医療の現場における医療水準に照らして処方自体に違法性はなく、また、薬剤の全副作用に関する説明が現実的に困難であること、ならびに具合が悪くなった場合の服用中止に関する注意がなされていたことなどに鑑みて、医師が患者に対して極めて稀にしか発症しない副作用について具体的な説明をしなかった点についても義務違反は存在しないとした。

(判旨)「中毒性表皮壊死症という重篤な副作用が報告されている薬剤を同時に複数処方する場合、患者にその副作用等を説明することは望ましいことであると考えられるが、…、A医師による…注意がされている以上、薬剤の副作用について具体的な説明がなくとも違法とまでいうことはできない」。

次の判例は、術後の療養方法の指導の注意義務を認めたものである。

(d) ポリペクトミー手術事件[141]

(事実) 本件は、S字結腸のポリープ摘出手術（ポリペクトミー）の手術後、手術部位に生じた穿孔により腹膜炎を発症した場合に、医師に手術後の療養方法

139　東京高判平14・9・11判時1811・97。
140　浦和地判平12・6・30判時1811・105。
141　大阪地判平10・9・22判タ1027・230。

の指導、説明義務を怠った過失があるとされたものである。
(判旨)「そもそも医師がポリペクトミーを施術するにあたっては、術中のみならず術後も穿孔の起こる危険性を十分認識し、少なくとも、当日患者を帰宅させる場合には、手術の内容、食事内容、生活上の注意をして、その余後に万全の注意を払うべきであるのに、I、S両医師は、わずかに、出血や軽減しない痛みがあるときに来院するように指示しただけでそれ以上の予後の指示をしなかったために、原告は、ポリペクトミー施術後の穿孔の危険性など夢想だにしないまま、当日も約50分間自転車を押して徒歩で帰宅し、翌日には、自転車に乗って買い物に行くなど、ポリペクトミー施術後の患者としては危険な生活を送って本件穿孔を招来したものであるから、被告の医師には右のような当然なすべき術後の療養方法の指導、説明義務を怠った過失があり、かつ、右過失と本件穿孔との間には相当因果関係が是認されると言うべきである」。

本判決は、術後の穿孔の発生の危険を認識し、術後の療養方法を指導・説明する義務があったとしたものである。

最後に、医師が患者に再来院・再検査を指示したにもかかわらず、患者が再来院しなかった場合に、患者に過失があり、これを患者に不利に斟酌することができるかが問題となった事案があるが、これは、患者が医師の指示に従わなかったとき、医師の過失をどのように判断するか、民事上は過失相殺が認められるかという点で、興味深い判例であるので、紹介しておこう。

(e) 大阪地裁くも膜下出血看過事件[142]

(事実) 事実は、Aが頭痛・嘔吐を訴えて被告の診察を受けたが、多量の飲酒や過度の運動が原因であるとの診断を受け帰宅したところ、後に意識障害に陥り搬送先の病院で死亡したため、Aの遺族である原告らが、診療契約上の債務不履行又は不法行為に基づき、被告に対し、損害賠償を求めたところ、被告は、Aに対し不十分な問診をした結果、Aの症状につき、アルコール多飲や過度の運動に由来する脳血管の一時的拡張によるものと考え、くも膜下出血に特徴的な所見である突発性で持続性の頭痛や嘔吐を発症していたことを看過して、くも膜下出血でないと判断し、CT撮影の可能な病院への転医をさせなかったというものである。

(判旨) 転医を勧めなかったことと死亡の因果関係については、「被告がAに

---
142 大阪地判平15・10・29判時1879・86。

ついてくも膜下出血を否定する診断をせず、CT撮影の可能な医療機関への転医をしていれば（…）、直ちにクリッピング術が実施されることにより、Aが9月10日に再出血を発症することはなく、死亡することもなかったとの高度の蓋然性が肯定されるというべきである」とする。

次に「過失相殺」については、「被告は、Aに対し、週明けの9月9日（月曜日）にMRAの予約を入れ、再来院を指示したから、Aにおいて、その時点でも頭痛が続くようであれば、MRAを受け、その結果によっては、CT撮影が可能な施設への転医等、適切な対応を受けることができたはずであったにもかかわらず、上記指示に従わなかった過失がある旨」主張したのに対し、「仮に被告が9月9日にMRAの予約をしていたとしても、被告の主張によっても、被告は、Aにつきくも膜下出血を否定しており、その前提の下、予防的に動脈瘤を見つけて、必要があれば適宜の処置を行うためで、緊急の必要があると考えたからではないというものであって、脳神経外科の専門医である被告が、Aに対し、くも膜下出血ではないと告げており、かつ、MRAを実施すべき緊急性はなかったとされていたのであるから、むしろ、くも膜下出血ではないとの被告の判断に安心して、Aが再来院の指示に従わなかった可能性も十分考えられ、再来院しなかったことを過失と評価することはできない（仮に被告が必要性ないし緊急性があるとの説明の上でMRAを勧めたのであれば、Aがこれに従わなかったとは考え難い）」と判示する。

刑事法においては、過失相殺は意味がないが、これを患者の自己危殆化行為とみて危険実現連関を中断するかという問題として捉えることはできる。しかし、本件の事案では、判決がいうように、医師の指示が十分に重要性・緊急性があることを説明していたとは考え難く、患者は、その危殆化を十分意識してはいなかったと考えられる。したがって、医師の指示に従わない患者の予測外の不合理な行動によって、創出された危険が結果に現実化しなかったとは言い難い。

3. 説明義務の範囲

1. ドイツにおける説明義務の範囲決定の一般的基準

(1) ドイツ判例における「理解力ある患者」という基準

ドイツの判例は、一般に、危険に関する説明の範囲について、説明義務のある説明と説明義務のない説明を区別するにいわゆる「理解力ある患者」が当該医療侵襲に同意の決断をするにあたって重要性をもたないほどに蓋然性の低い危険については説明をする必要はないとする。説明の要・不要は一律に危険発生の蓋然性によるのではないのである。連邦裁判所の判決によれば、極めて稀にしか実現しない、そしてその発生が当該患者についても、それが理解力ある人間につき、治療に対して同意しようとする決断にあたって、真剣には重視されないほどの危険については、患者は、説明される必要はない。同様に、説明は、発生するかも知れない治療の悪い付随効果が、理解力ある人間を患者の立場に立って治療を受けるか拒否するかという意思決定にとって重要とはみなされないほどに、治療を受けない効果よりもよほど重大ではないとき、省略されてもよい」[143]。結局、説明義務の生じる範囲とは、「理解力ある患者が、当該の治療を受けるか、受けないかの決断をすることができるため、具体的な状況において、また、症状の緊急性を考慮して知りたいと思うこと」[144] であるということになる。

しかし、この見解に対しては、この見解が、理解力ある人間が個々具体的な事情に応じて意思決定にとり重要であるかどうかを基準とする点で疑問であるとして批判もある。この批判は、統一的な客観的基準によるべきだと主張するものと解することができる。すなわち、確かにそれが現実化はしたが、当該治療の当時の医学経験の水準によれば、未知であるといえるほどに

---

143 BGH, Urteil vom 16. 10. 1962, NJW 1963, 393 ff., 394.
144 OLG Celle, Urteil vom 15. 6. 1981, VersR 1981, 1184, 1185.

その侵襲にとっては異常であったような危険が存在するとき、説明義務はないというべきである。個々の危険を分類する必要はなく、義務違反行為は危険の認識可能性を前提にするという事情から明らかになるというのである[145]。

(2) 個別的基準と客観的基準

この対立は、「理解力ある患者」という基準の個別的解釈（具体的患者説）と客観的解釈（合理的患者説）の争いであるといってよいであろう。

この対立は、1979年7月25日の連邦憲法裁判所の決定[146]における多数意見と少数意見の対立の中に典型的にみることができる。多数意見が、違憲の主張を退けたのに対し、少数意見は、法廷の決定に従い得ないとして、**シュトゥットガルト上級裁判所の決定**は基本法2条1項に反するものとして、訴願を容認する。ここでは、この問題点に絞って連邦憲法裁判所の決定を紹介する。

まず、**多数意見**（法廷意見）は次のようにいう。「判例と学説において医師が患者に、比較的まれにしか発生せず、理解力ある患者に治療に同意をする決心をするにあたって真剣に重視されないような、予定された手術または治療の有害な効果について説明する必要はないということは全く一般的に承認されている。説明がどの程度省略されてよいかは、個々の事例の全事情に、とくに侵襲の必要性と発生するかもしれない有害な結果の重大性に、依拠している。侵襲または治療が必要になればなるほど、理解力ある患者の同意にとってはその治療と結びついた危険が背後に退く」[147]と。

これに対して、**少数意見**（Rdn. 135）によれば、「医師の説明義務に対する基本法2条2項1文の効果を基本的に誤解するものであるといえるのは、もとより、説明を、次の場合には基本的に不要なものとみなし、または限定された範囲でのみ必要なものとみなすことである。すなわち、一方で、苦痛の重さ、医療上の適切な措置の緊急性および必要性と、他方で、完全に小さいとはいえない生じうる加害の蓋然性との間の、前提とされた『理解力のある患者』の基準による衡量が、[説明を省略した]侵襲に賛成する論拠の重視をもたらす場合である。患者に対する説明義務のそのような制限は、結果的に患者の病気が深

---

145 *Riedelmeier*, a. a. O., S. 114.
146 BVerfGE 52, 131, Sondervotum von Hirsch, Niebler und Steinberger. これについては、vgl. auch *Riedelmeier*, a. a. O., S. 115.
147 BVerfGE 52, 131 (Rdn. 42).

刻になればなるほど自己決定権も強く制限されることになるということにつながる。基本法2条2項1文に照らせば、これに対して、同意という法概念は、内容上、その本来の自己の基準にしたがって、その同意を与え、または拒否をする患者の権利が保障されるべく、定義されるべきである。これにつき、患者は、憲法上、いかなる場合にも自ら、第三者とその基準に責任をなすりつけることはできないのである」。

このようにして、この少数意見は、「理解力ある患者」を抽象的・客観的に解するのではなく、重病に陥っている患者にもその個別の事情を斟酌して個別的に理解すべきだというのである。

2．わが国における説明義務の範囲決定の一般的基準

医師の説明義務は、どのような状況のもとでどのような内容でなければならず、どの範囲にまで及ぶかについては、大きくは患者の自己決定のための説明と治療のための説明とでは異なるであろう。ここでは、自己決定のための説明を中心にその範囲を決定する基準について考察する。

わが国では説明義務について「説明の程度」ないし「範囲」を決定するにあたっての一般的基準論が展開されている。この一般論の展開に意味があるのかという疑問がないわけではない。むしろ、「説明の内容」において具体的に論じられたところであり、説明義務の「程度」というよりは、どのような事項について説明すべきかという内容が重要だということもできる。したがって、ここでは、「説明の程度・範囲」の一般的基準に関するわが国の議論を簡潔に紹介するにとどめる。

この問題は、説明に関する医師の裁量判断と患者側の必要性のどちらに重点を置くべきかという観点から論じられてきたという[148]。すなわち、どこまで説明すべきかという問題を考えるにあたって、極端にいえば、医師の裁量の問題として捉えるか、または、患者の自己決定権行使につきどこまでの説明が必要かという二つの観点に依存するというのである。これは、従来、①医師の間の一般的慣行から通常の医師が説明する情報を説明したかどうか

---

148 藤山雅行（編著）『判例からみた医師の説明義務』8頁、西野喜一・前掲新潟大法政理論34号3号13頁以下参照。

を基準にする「**合理的医師説**」[149]、②当該患者の置かれた状況からして合理的な患者なら重要視する情報が説明されたか否かを基準とするという「**合理的患者説**」、③当該患者が重要視していたであろう情報が説明されたか否かを基準とするという「**具体的患者説**」、さらに、④具体的患者説を前提として合理的医師説を重畳基準とする「**二重基準説**」が対立していた[150]。

しかし、合理的医師説の出発点そのものがすでに問題である。この見解は、治療を医師の裁量であるという見解を出発点とするもので、現代の患者の自己決定権を基礎とする治療観に適合しない。最高裁もこのような見解をとるものでないことは、この最高裁の判決[151]で、原審が「大多数の医師が相当とする考え方に従って説明義務を履行した場合には違法」ではないという一般論を支持しなかったことが論拠として挙げられている[152]。説明義務が、患者の自己決定権と治療のためであるとすれば、具体的患者説が妥当なことは当然である[153]。

3．理解力ある患者と説明の個人化

説明は医師がするものであり、説明において医師が積極的役割を果たすことはいうまでもないが、患者も説明につき一定の役割を果たさなければならない。すなわち、説明にあたって患者は、「理解力ある患者」であって、例えば、医師の説明に不十分なところがあれば、質問をして詳しく聞くなどの合理的な行動をとることが予定されているのでなければならない。先に紹介したドイツの連邦憲法裁判所の法廷意見では、たしかに連邦医師令（Bundes-

---

[149] 最判昭56・6・19判時1011・54が、これに従うとするものがある（中村哲「医師の説明義務とその範囲」大田幸夫編『新裁判実務体系』〔第1巻〕71頁）。ただし、藤山・前掲書9頁は、合理的患者説や具体的患者説とも矛盾するものではないという。

[150] 新美育文「「傷害を受けた者に開頭手術を行う医師の説明義務の範囲」判例タイムズ472号102頁以下、判例における「説明の程度」を決める基準について論じるものとして、中村哲「意思の説明と患者の判断・同意について」判例タイムズ773号6頁以下（具体的患者説を正当とする）、藤山・前掲書8頁、西野・前掲新潟大法政理論34巻3号14頁参照。

[151] 最判平7・4・25判時1530・53。（控訴審）名古屋高判平成2・10・31判時1373・68。胆嚢がんの疑いがあると診断した医師が、患者にもその夫にもその旨の説明をしなかった事案。この判例については、本稿前掲箇所参照。

[152] 藤山・前掲書8頁参照。

[153] 民事法上も、本説が有力説とされ、これを妥当とするものに、西野・前掲法政理論34巻3号14頁。

ärzteordnung)において、「医師は個人と全国民の保健に資するものである」とされているが、加えて、「患者の協力 —医師の側から必要な治療提案に対する同意を受動的な態度で与えられた同意のみではなく— が必要である。要求されなければならないのは、可能な限り、患者の側でも共同責任として行われる対話である」[154]とする。

もとよりその前提として、少なくとも患者には「基本的説明」において侵襲の危険が意識できるようになっていなければならない。ドイツで行われている、まず文書による基本的事項の説明、次いで口頭による説明という**段階的説明方式**も、このような考え方に基づいている。とくに第2段階の口頭による説明は、説明の中核をなすものであって、患者に、種類、その期間、その特有の危険、効果および失敗率など、とくにその治療に関する個人的状況について質問をする機会を提供するためのものである[155]。例えば、手の手術において指の麻痺が残るものかどうかは、患者がピアニストである場合と指が動くかどうか職業上重要ではないその他通常の人である場合とでは大きく異なるからである。

手術の結果は、その種類に応じて個々の患者によって著しくその重要性は異なる。したがって説明にあたって、医師は、いたずらに負担を矮小化したり、不安がらせないよう、適切な言葉を選んで行わなければならない。いかなる合併症の危険を「理解力ある」患者が受忍するかという問題においては、個人的な事情、例えば、健康状態、職業、病歴からする知識や経験、学歴および知的能力、年齢、性別、家族・社会状況、感受性などが考慮されなければならない。このように、一切の説明は個人的な性格をもつことが強調される必要がある。ドイツでは、これを「**患者に関する情報の原則**」（Prinzip der patientenbezogenen Information）と呼ぶ[156]。これを実行するには、説明文書を示し同意書に署名させるだけでは、説明の本質と意義を満たさないのであって、決定的なのは、**医師と患者の間の信頼できる個人的な会話**なのである[157]。

説明義務の範囲は、しばしば、患者の体質や置かれた状況によって制限さ

---

[154] BVerfG NJW 1979, 1925. Vgl. *Ulsenheimer*, a. a. O., S. 124.
[155] Vgl. *Ulsenheimer*, a. a. O., S. 124.
[156] *Laufs/Kern*, Handbuch des Arztrechts, 4. Aufl., S. 724.
[157] BGH MedR 1985, 168 f.; BGH JZ 2000, 898. Vgl. *Ulsenheimer*, a. a. O., S. 125.

れることがある。たとえば、患者が痛みに過敏であり、しかも、鎮静剤注射の影響で精神力が落ちているといった状況にある場合がそうである。連邦裁判所の判例の事案で、患者が交通事故に遭い、重傷を負い、病院で大腿部とひざの骨が粉砕していることが確認されたが、翌日、医師が手術したという事案で、その説明の範囲について、**連邦裁判所**[158]は次のように述べる。「骨折の伝統的な治療は、問題にならない。その結果、手術の必要性に対する説明義務はそもそも存在しない。あらゆる手術に伴う一般的危険は、説明される必要がない。原告は、明らかにそれを受忍しようとしていたからである。…控訴審の見解に反して、被告は、手術の前に原告にいかなる手術方法が理論的に考察に上るか、また、そのメリット・デメリットはどうかについて説明する義務はない。反対の事情がないなら、医師は、自ら問い返さない患者がその意思の決定を熟知していて特殊な医学上の問題について詳しい専門的教示を期待していないということから出発してよい。…この控訴審の見解は、とくに、患者が重傷を負い、事故後に病院に搬送されてきて、事故のショックがまだ冷めやらないときには適切ではない。そのような患者がさまざまな考えられる手術の技法について説明を求めるという考え方は、筋違いである。そのような考え方は、医師の救助を期待しその苦しい状態において難解な医学的専門の講義を受けたいと思い、また受けることができると、患者の状況を見誤るものである」。

しかし、治療、とくに医的侵襲に伴う危険は、重要なものから軽微なものまで無数にある。医師が患者に対して個人的な特殊性をも踏まえてすべてを説明することは、その治療の緊急性や時間的制約に縛られ、不可能に近いといってよい。その場合には、どのようにして説明を限定することができるのであろうか。それには、患者が治療に伴う、とくに稀にしか発生しない重大とはいえない危険については、すべての危険について説明できない根拠を明らかにして、意思決定を部分的には医師に委ねるという方式が考えられる[159]。もとよりこの方式は、医師と患者の利害に鑑みて、厳格な要件のもとに行われることが必要である。このような患者の説明と同意の実質的な意味での放棄は、稀有で重大ではない危険に限定され、医師は、侵襲のあらゆ

---

[158] BGH, Arzt und Krankenhaus 1982, 417 ff.; Vgl. *Ulsenheimer*, a. a. O., S. 125 f.
[159] Vgl. *Riedelmeier*, a. a. O., S. 117 ff.

る危険につい包括的に説明することが諸般の事情から不可能であることも明らかにしなければならない。ここで重要なのは、医師がなぜすべての危険を詳しく説明できないかを患者に明らかに示すとともに、客観的な基準をまず挙げた上で、そこから選択してどの危険について説明を省略するかを、医師との対話を通じて開示することである。このような対話によって信頼関係が構築されうるからである[160]。

4．危険の種類と侵襲の切迫性・重大性による説明義務の範囲

さらに、説明義務がどの範囲にまで及ぶかを決定する要素となるものとして争いがないのは、侵襲の目的と切迫性・緊急性である[161]。説明の正確性と詳細性は、侵襲の切迫性・緊急性に反比例する。すなわち、医療侵襲が急がれるときは、医師に要求される説明の正確性・詳細性は低くなる。これに対して、侵襲の切迫性・緊急性と必要性が低くなればなるほど、その要求は高く厳格になる。侵襲の重大性も、説明の範囲に影響を及ぼす。危険に対する説明義務は、法的要請によって決まる。次の四つの要素が決定的である。それは、①危険の種類（侵襲に特有の危険、一般的危険、一般に周知の危険）、②侵襲の切迫性、③侵襲の重大性、④患者の個人的事情の四つの要素である。以上については、ウルゼンハイマーの分類[162]にしたがってドイツの事情を基礎にわが国の判例をも加えるという方法で解説を加える。

(1) 危険の種類と説明の範囲
(a) 一般的危険における説明の範囲

これについては、すでに説明の機能（ないし対象）の箇所で述べた[163]が、ここではその基準としての「合併症の頻度の原則」が重要である。頻度といっても、統計的な確率ではなく、「まったく稀有な」状態については、ある

---

[160] Vgl. *Riedelmeier*, a. a. O., S. 118. もし危険が包括的で医師がとても患者に説明しきれなときは、別の医師のもとにセカンド・オピニオンを求める可能性を示し、専門・啓蒙書を参照にすることを勧めることも必要である。
[161] Vgl. *Ulsenheimer*, a. a. O., S. 117 ff.; *Laufs/Katzenmeier/Lipp*, a. a. O., S. 109.
[162] Vgl. *Ulsenheimer*, a. a. O., S. 109 ff.
[163] 前節「(4) 危険に関する説明」(a)（287頁参照）参照。

いは「極めて稀な」合併症の可能性に関しては、説明の必要がないといったあいまいさの残る基準である。なぜなら、説明は、患者には医学的現象に対する一般的な講義を行うものではなく、その個人的状況にとっての侵襲が何を意味するかを示すものだからである。したがって、個別の、大きいが遠い確率の危険を示すのではなく、「具体的な危険の広がりの重大性と方向の一般像」が示されるべきである。それゆえ、患者の個人的「期待水準」も、説明の範囲を決めるに決定的な役割を果たすのである[164]。 他方、患者には意外であったが、その具体的で特殊な生活状況において認識できるとくに重要な合併症、例えば、重要な器官の損傷などの合併症については、それが発生することが稀であっても原則的に患者に説明されるべきである。もしも患者に発生しうる最も重大な危険について説明がなかったため、患者が侵襲の重大性と射程について適切な認識をもたなかったなら、この基本的説明の不備は、侵害された規範の意味と目的に従って、その侵襲が同意を欠き、その損害の大小にかかわらず、違法で可罰的となるにつながる。

(b) 侵襲に特有の危険

すでに述べたように、その侵襲に特有の危険については、その危険については極めて稀有なものであっても説明されるべきである。したがって、主要な危険に付随するあまり重大とはいえない従たる危険についても説明されるべきである。ここでは、具体的な判例を検討しておこう。

(i) 鼻の篩骨手術事件

当該侵襲に特有の危険に関する説明につき、**連邦裁判所の1993年11月2日の判決の事案**[165]を例にとって説明しよう。

> **(事実)** ある患者が、その鼻、篩骨迷路および両方の上顎洞に多数の鼻茸ができたため、鼻内篩骨手術を上顎洞両側に窓を開けることによって行った。これが骨の隔壁を侵害し眼窩に達し右目の失明に至った。患者は、何か月か前に同意の前提となる説明を受け、署名したが、その際失明の危険があることが警告されていなかった。この特に重大な危険の実現する危険は、極めて小さかった。
>
> **(判旨)** 連邦裁判所は次のようにいう。「本法廷の不断の判例によると、医師の

---

164 OLG Oldenburg VersR 1992, 1005; *Ulsenheimer*, a. a. O., S. 110.
165 BGH MDR 1994, 557＝NJW 1994, 793.Vgl. *Ulsenheimer*, a. a. O., S. 113.

警告義務については、合併症の頻度が一定程度に達したかどうかが基準ではなく、問題となっている危険が、侵襲に特有に付随するか、また実現したときに患者の生活に特に負担となるかが基準とされるべきである。そうだとすれば、説明の種類と範囲は、計画された手術がいかに切迫しているかに方向づけられる。しかし、侵襲と結びついた危険が冒されるかどうかにつき決定するのは、通常、医師の権限ではなく、患者の権限である。…患者によって署名された様式書においては、眼窩に対する篩骨の侵襲の危険性につき十分に警告しておらず、その手術の高度の切迫性について警告し、手術をしなかったときにまさに隣接する眼窩に対して現実化しうる危険に注意を向けていた。説明書における重大な危険の過小評価は、患者に理解できないことがあったら、あるいは詳細を知りたければ医師に尋ねる可能性を認めたということによって、中和されるものではない」[166]。

この事例においては、鑑定人の報告書によると、「その病院で毎年100回の手術が行われ、35年間にたった2回現実化しただけであり」「千分の1の範囲に属する」ものであった。

(ii) 輸血におけるエイズ感染事件

これに関する別の例としては、さらに、エイズの感染に関する危険や他人からの輸血に関する説明がある。エイズの感染の危険は、2から3百万分の1であり、極めて稀である。しかし、連邦裁判所は、この危険が絶対的確実性をもって排除されない限り、輸血ないし手術の前に適時に、注射によるエイズ感染の危険につき説明しなければならないとする[167]。他人の血液の輸血については、その他にも免疫に関する付随効果についても説明すべきである。

(iii) 輸血における免疫学上の副作用事件

他人の血液を輸血した際の危険としては、溶血のない発熱性の、そしてアレルギー性のアナフィラキシー性反応、急性のまたは後発性の溶血性の後続作用、提供者—供与者—反応、溶血性の保存、高カルシウム症、酸血症、空気塞栓、バクテリア性・ウイルス性・寄生性感染といった危険も含まれる。クロイツフェルト・ヤコブ病の危険の説明義務も争われている。その説明

---

166 BGH, Urteil vom 2. 11. 1993, NJW 1994, 793.
167 BGHZ 116, 379.

は、しかし、証明はされていなくても、血液製剤の使用により発生することがあるという可能性に関する真摯な声があるというものでよい[168]。サリドマイド事件では、**アーヘン地裁**は、すでに次のように述べている。

「患者の身体の完全性に対する侵襲に関して決定する患者の権利は、医薬品の有害な副作用が証明されたときはじめて侵害されるのではない。真摯な疑いを根拠にして、ある医薬品が健康被害をも招くかどうかを危惧しなければならないときすでに、消費者は、その身体の完全性を危険にさらすかどうかの決断の前に立たされる。消費者のこの決定権は、製薬会社の相応の開示義務を結果にもつ。…例えば、催奇形性のようなとくに重い損害は、製薬会社に、表明された疑いが正しいと証明される可能性 ―それが遠いものであっても― があるときにすでに、行動をとるよう強いるものである」[169]。

(ⅳ) 椎間板ヘルニア手術事件

侵襲に特有の危険に関する判例の事例をもうひとつ検討しておこう。**連邦裁判所の2001年1月30日の民事判決**[170] の例である。椎間板ヘルニアによって、患者に椎間板造影法およびレーザー神経根圧縮除去（Laser-Nervenwurzeldekommpression）が施された。それが、腓骨神経不全麻痺（Peronaeusparece）とインポテンツを招いた。患者には、横断麻痺の危険のみが説明され、インポテンツの危険については説明されなかった。患者がこの危険を知っていたら同意しなかったであろう。他の旧来の治療方法がまだ尽くされてはいなかったからである。連邦裁判所は、最も重大な横断麻痺の危険については説明されていたとしても、インポテンツに関する説明義務違反が、患者の同意を無効とするのであって、医師に損害賠償責任を負わせるという。

(c) 一般に周知の危険

「一般に周知の危険」である合併症の可能性については、医師が補充的に説明することが不必要な程度の情報を患者がすでに得ていると判断されるときは、説明を省くことができる。一般に周知の危険については、通常の患者にあっては、それを補充する説明を要しない情報水準が与えられているとみなされるのである。傷口の感染、後の出血の危険、血栓症、塞栓の危険など

168　*Ulsenheimer*, a. a. O., S. 112.
169　LG Aachen, JZ 1971, 507, 515.
170　BGH, MedR 2001, 421. Vgl. *Schöch*, a. a. O., S. 63.

が典型的な一般に周知の危険である[171]。これは、一般的危険や侵襲に特有の危険とは区別されている。

盲腸の手術のような、「その経過や、その重大性の程度に関して、その頻度のゆえに、公衆にとくに親しみのあるもの」である手術については、医師は、その手術の性質と危険の説明を簡単にまとめて行うことが許される。患者がその手術がその日常性のゆえにまったく危険のないものであると誤解していなければよい。

(i) 開頭手術事件

わが国における民事判例においては、医師（S）の患者の手術に際しての説明義務の及ぶ範囲につき、自転車の転倒事故によって後頭部に受傷した子供の開頭手術の必要性を子供（A）の父親（X）に告げ、手術を開始したが、手術開始直後、手術室に呼んで父親に手術の模様を説明しようとしたところ、拒否されたため、祖母の兄（Y）が説明を受けたが、子供は出血多量で死亡したという事実につき、子供の父親等が説明義務違反で損害賠償を請求したという事案で、手術の内容ないしその危険につき患者が認識しているとき等には、その説明を省略できるとした**昭和56年の最高裁判例**がある[172]。

>「原審の適法に確定した事実関係のもとにおいては、頭蓋骨陥没骨折の傷害を受けた患者の開頭手術を行う医師には、右手術の内容及びこれに伴う危険性を患者又はその法定代理人に対して説明する義務があるが、そのほかに、患者の現症状とその原因、手術による改善の程度、手術をしない場合の具体的予後の内容、危険性について不確定要素がある場合にはその基礎となる症状把握の程度、その要素が発言した場合の対処の準備状況等についてまで説明する義務はないものとした原審の判断は、正当として是認することができる」。

本件第2審たる高松高裁[173]は、説明義務の省略の前提としては、「患者側が、右侵襲の内容及び危険性について認識し、又は当然認識すべき事情及び通常予測できずごくまれに発生する危険については、これを省略しても差しつかえないが、その反面、患者側がしばしば無知であり、誤解している事情もあるから、右の点につき説明を求められなかったからといって、これを全く省略することは許されず、医師が善良な管理者として、その具体的事情のもとにおい

---

171 *Ulsenheimer*, a. a .O., S. 115.
172 最判昭56・6・19判時1011・54。
173 高松高判昭55・10・27LEX/DB。

て相当と認める範囲に及ぶべきものである」という。本件については、「亡Ａの手術は、その受傷部位からみて、左側後頭部という枢要部であり、被控訴人Ｓから多人数分の輸血を必要としていることが明言されているうえ、Ｈ医師がいったん入院を決めながら転医を指示し、転送の途中には酸素の吸入までしている経過などから、亡Ａにとって危険かつ相当大がかりなものになることは、控訴人らにとって容易に認識しえたことが推認される。しかも、本件手術は、夜間に及ぶものであり、被控訴人Ｓにおいて、具体的な手術の模様につき手術開始後に説明するため親族の者が手術室に入るように指示されたのであるから、控訴人らに対し、右手術につき直接に説明を受ける機会も与えられているのであって、同人らから依頼を受けたＹより右手術に関する報告もなされており、これらの諸点をあわせ考えると、被控訴人Ｓ、同Ｋにおいて、説明義務に違反したものと断定するのは困難である。控訴人らの理解認識があるいは十分でなかったとしても、控訴人らは敢て不安、疑問、不信を表明せず質問をすることもせず、医師たる被控訴人らとＯ病院を信頼して本件開頭手術を承諾したものと認められる」とする。

　本判決は、最高裁が医師の説明義務について判断を下した最初の判例である。しかし、本判決は、説明義務の法的性質・根拠について判示しておらず、説明義務の範囲につきどのような基準で判断すべきかについても判示していないので、先例としての意義は乏しいとされている[174]。本件では、緊急医療行為を要する場合にあたることから、説明義務の範囲について通常の場合より簡略な程度でよいとされたと思われるほか、原告側に手術が相当な危険を伴うものであり、また原告側に手術の模様についての説明の機会が設けられていたこと、原告の置かれていた状況が、十分な説明を受けていたとしても夜間での緊急性を考慮すると、他に、より安全確実な治療を受けられる医療機関もなかったことが斟酌されたとされている[175]。したがって、「患者の現症状とその原因、手術による改善の程度、手術をしない場合の具体的予後の内容、危険性について不確定要素がある場合にはその基礎となる

---

[174] 新美育文「開頭手術に際し医師がなすべき説明義務の程度」民商法雑誌86巻2号165頁以下、田上富信「開頭手術を行う医師といわゆる説明義務の範囲」判例評論280号25頁（法律時報1037号171頁）、須田清「開頭手術と医師の説明義務」日本法学48巻1号（1982年）163頁以下参照。

[175] 田上・前掲判例評論280号27頁参照。

症状把握の程度、その要素が発言した場合の対処の準備状況等についてまで説明する義務はない」という基準は、本件の状況のもとで妥当する基準であって、一般化されうるものではないといってよいであろう。

(ii) 特有の危険と一般に周知の危険の区別

一般に患者が知っている危険とその手術に特有の危険、そしてさらにその他の、手術や麻酔に伴う一般的危険とを区別することは困難である。例えば、鼻の篩骨の手術に続く失明がその手術と典型的に結びつく危険であったのかどうかを判別するのは困難である。しかし、この区別の問題は、実務的にはその意義は大きい。実務は、その危険が手術に特有であり、それが実現した場合には患者の生活にとくに負担となり、それが患者にとって意外なものであるとき、ある手術の極めて稀有な危険をも、つねに説明されるべきだとしている[176]。

患者にあまりにも多くの危険についての説明がなされるなら、患者が決断するにあたってその決断を困難にし、容易にすることにはならないのであって、それによって、まさに、説明の目的に逆行することになる。「医師が患者に突き付けなければならない事実にあふれることになると、患者を当惑させ、無能力状態に陥れる」[177]。

(2) 侵襲の切迫性・緊急性と説明の範囲

すでに述べたように、医師の説明義務の範囲が、手術の必要性と切迫性・緊急性によって決定されることは疑いない。その際、手術が必要であり、切迫・緊迫すればするほど、説明は詳細でなくともよくなる。

(a) 医学的適応のない侵襲

この場合、正確で詳細な説明が要求される。例えば、美容整形手術の場合、そのメリット・デメリット等が詳しく説明されなければならない。ドイツのある**上級ラント裁判所**の判例において、次のように述べられている。「美容侵襲においては、健康を理由に必要となる手術の場合に衡量に入れられる次のような観点、すなわち、患者は合併症やその他の消極的な付随現象に対する不相当な不安を掻き立て必要な医療を受けたくなくなるようにしてはな

---

[176] Ulsenheimer, a. a. O., S. 116.
[177] Weissauer, Information des BDC, 1996, S. 69.

らないという観点は、なくなる。たんにその外貌を不満に感じている女性は、完全な、包み隠さぬ説明によって、その自身の知識にもとづいて、手術によって達成できる状態をその従来の状態に比べて好ましいかどうかを判断することができるようにされなければならない」[178]。**連邦裁判所**も、「医師の侵襲が医学的に必要でなくなればなくなるほど、侵襲を受ける患者、あるいは自らそれを望んだ患者は、より詳細で印象深く、その成果の見込みと生じうる損害について情報を与えられるべきである。そのことはとくに美容手術にあてはまる。…患者は、最善の場合、どのような良い結果を期待できるのかについて教示され、万が一の場合の危険を明確に説明されなければならないが、それは、それによって、侵襲の効果としては稀なものであったとしても、もともと負担の大きい手術のありうる失敗の結果としかも残る醜悪な結果、あるいは健康侵害をも甘受しようとするのかどうかを厳密に衡量できるようにである」[179]。美容手術に近いレーザー治療についても同じことがいえる[180]。

上記連邦裁判所は、さらに続けて、次のように述べる。「患者が、何に同意するのかを知らないで医師の侵襲に同意することはあってはならないことはいうまでもないが、他方で、その患者にあらゆる結果に対するメリット・デメリットを明らかに示すのは、美容手術を行う医師の責任である。したがって、判例は、美容手術に対する患者の説明に関しては極めて厳格な要件を課してきたのである」[181]。厳格な要件を課する判例として、例えば、美容目的で皮下脂肪を除去する手術のあと傷痕治癒障碍が生じたが、それは、「極めて稀有であった」としても、説明されるべきであったとするもの[182]、減量のため食塩を詰めたシリコンの袋を胃の中に移植する手術にあたっては、危険のない別の方法で行うことはできなかったかを説明すべきであったとするもの[183]がある。

---

[178] OLG Hamburg, MDR 1982, 580 f.
[179] BGH MedR 1991, 85 f.
[180] OLG Düsseldorf, VersR 2004, 386. なお、レーザーでシミをとる美容整形にあたってレーザー治療の危険性に関する説明義務違反が問題となったわが国の民事判例として、横浜地判平15・9・19判時1858・94参照。萩原孝基・前掲（藤山編著）『判例にみる医師の説明義務』367頁以下参照。
[181] BGH MedR 1991, 85 f.
[182] OLG Düsseldorf, VersR 1991, 61.
[183] OLG Köln, VersR 1992, 754.

(i) わが国における美容手術と説明の範囲

わが国における民事判例[184]においては、かつては、美容手術は本人の申し出がない限り手術の必要性はないものであるから、「医師としては、かりに患者から強い懇望を受けたとしても、同女の外貌を毀損して尋常の手段をもってしては治療不可能ないし至難な予後症状に陥るような結果を避けるため、そうした手術の施行を拒否するのが無難、かつ穏当である」[185]とまで言われたのである。

そのような中、美容整形に関する術前説明義務について、次のようにいう判決[186]が出ている。

(事実) 被告は、A整形美容外科医院の名称で外科医院を経営し、美容整形を行っていた。原告は、被告に対し、鼻の段差をなくする美容整形手術をすることを依頼し、被告はこれを承諾した。被告は、同日、原告の鼻の段差を解消するため、原告の左腰背部を切開して自家組織である真皮を抽出し、それを鼻の突出した部分の直上及び直下である鼻根部に挿入移植してそこを相対的に嵩上げし、右突出部分を目立たなくさせる美容整形手術を行った。右手術で真皮を取り出した結果、原告の左腰背部には幅2ミリメートル、長さ9〜10センチメートルの傷痕が残った。原告は手術の結果が気に入らなかったので、その後2回にわたり手術を受け、挿入物の除去をした。

(争点) [原告の主張] ①原告は、鼻の段を取りたいので、鼻の骨を削ってくれるようにと希望し、鼻はこれ以上高くしたり、大きくしたりしては困るとはっきり述べているのに、被告はそれ程高くも大きくもなる訳ではない、可愛らしい鼻にしてあげよう、などと事実に反する説明をして手術を受けることを承諾させた。②腰に傷痕が残るのならば手術は受けないとはっきり言っているのに、腰の傷はすぐ消えるし、残らないと虚偽の説明をした。③自家組織を取って入れる方法は、美容外科のなかでも一般的な方法ではないのにそれを説明せず、また自家組織を入れると、シリコンプロテーゼを入れる場合などに比し、後に取り出すことが困難になることを十分説明しなかった。③術後の経過についても、通常腫れが引くには2週間程度かかり、落ちついた状態になるには最

---

184 これについて、坂田大吾「整形をめぐる問題」秋吉仁美(編著)『医療訴訟』(2009年) 388頁以下参照。
185 大阪地判昭48・4・18判時710・80。水沼宏「美容整形アカンベ事件」医事判例百選111頁。
186 広島地判平6・3・30判時1530・89。医事法判例百選136頁以下参照。

低1カ月はかかるのに、腫れは2、3日でとれると虚偽の説明をした。

[被告の主張] 右説明の結果、原告が十分納得し、右手術を直ちにして欲しいと強く希望したため、被告は手術をした。

(判旨)「一般に治療行為は患者の身体に対する侵襲行為であるところ、美容整形は、その医学的必要性・緊急性が他の医療行為に比して乏しく、また、その目的がより美しくありたいという患者の主観的願望を満足させるところにあるから、美容整形外科手術を行なおうとする医師は、手術前に治療の方法・効果・副作用の有無等を説明し、患者の自己決定に必要かつ十分な判断材料を提供すべき義務があるというべきである。そして、実際に外科手術を行うについては、患者において右のような判断材料を十分に検討・吟味したうえで手術を受けるかどうかの判断をさせるように慎重に対処すべきであって、それは場合によっては説明と手術を日を変えて行なうという位の慎重さが要求されて然るべきである」。

「殊に、本件においては、原告の希望は鼻の段を取りたいというやや特殊なものであり、しかも原告は、当初は段になっている部分の骨を削って段を除去したいという具体的な希望を表明したものであり、これに対して被告は骨を削るという方法を勧めずに鼻根骨の上下に真皮を挿入するという方法を提案したものであるが、真皮を挿入するという方法自体、他の医師は余りやっていない特殊なやり方であり、しかも程度はともあれ左腰背部に傷痕を残すことになるのであるから、特にその点については詳しく説明をするべきであったというべきである。また、鼻の段をとりたいが、鼻を高くしたり大きくしたりすることは困るという原告の希望が表明されているのであるから、この点についても被告がしようとしている手術がどのようなもので、これによって原告の希望が満たされるかどうかの点について十分に説明をし、しかるのちに原告が手術をするかどうか、するとしてどのような方法を選択するか等の決定をさせるべきであった。

しかるに、被告は…とるべき真皮の大きさについても述べず、傷痕についてはなるべく小さく切るから残りはするが、4、5年も経てばきれいになると述べ、また手術の効果についても明確・具体的には示さず、『可愛くしてあげる』等の極めて主観的な表現で示したものであるから、説明は不十分、不正確であり、義務を尽くしたとは認めがたいところである」。そうすると、被告は過失により右説明義務を怠ったものというべきである。

わが国においては、美容外科も、医療行為であるかどうかが争われ、消極説が有力であったが、近時、積極説が有力になっている。美容整形手術によって精神的な悩みを解消しうる効果は否定できず、広義では医療行為に含められるべきであろう。しかし、美容整形は、①医学的必要性、②緊急性が乏しく③専ら主観的願望を満足させる効果を目的として実施される点に特異性がある[187]。本判決では、このような場合、医師は、「手術前に治療の方法・効果・副作用の有無等を説明し、患者の自己決定に必要かつ十分な判断材料を提供すべき義務」があるというのである。とくに特殊な手術方法をとるときには、「詳しく説明をするべきであった」という。

さらに、整形美容目的に手術に関する説明義務の問題に関する民事判例には、平成5年の福岡地裁の**陥没乳頭手術事件**[188]がある。陥没乳頭手術を受けた患者に手術痕が残り授乳機能が喪失した障害が残った事故につき、整容目的の手術にあたり担当医は通常の手術以上に手術による傷跡の有無やその予想される状況について十分に説明する義務を負うとした。

(**事実**) 被告は、福岡記念病院を開設している医療法人であり、訴外Aは、被告病院に外科医（乳腺外科）として勤務し、原告の主治医としてその治療に当たった。原告は、被告病院に入院し、A医師から、原告の右乳頭にはゼルハイム法の術式、右乳頭にはビルケンフェルト法を基本とする術式による手術を受けた。手術の結果、原告の乳頭壊死及び瘢痕が発生した。原告は、Aの説明義務違反を主張した。

(**判旨**)「本件手術のように整容目的の手術の場合、手術の必要性や緊急性に乏しい上、その目的が整容ということから、手術の担当医師に対しては、手術の実施にあたって、手術の方法や内容、手術の結果における成功の度合い、副作用の有無等のみならず、通常の手術の場合以上に手術の美容的結果、なかでも手術による傷跡の有無やその予想される状況について十分に説明し、それにより、患者がその手術を応諾するか否かを自ら決定するに足りるだけの資料を提供する義務が当然負わされているものと解するのが相当である。

そこで、本件をみるに、前記認定事実によれば、A医師は、陥没乳頭は一

---

187 増田聖子「美容整形術についての術前説明義務」医事法判例百選（2006年）137頁、吉野孝義「美容整形」判タ686号（1989年）126頁参照。
188 福岡地判平5・10・7判時1509・123。評釈として、家永登「陥没乳頭手術事件」医療過誤判例百選（第2版・1996年）184頁。

般に乳腺炎や乳癌になりやすいので手術した方がよいと述べ、また、手術方法は、乳輪の中を切るだけで傷はほとんど残らず、美容形成外科医は乳房の機能について知識がないので手術を受けると授乳機能を失う危険があるが、自分はベテランの専門医であるからその危険はない、被告病院で手術を受ければ、保険診療の適用のある病名を付して行うなどと説明したものの、本件手術の方法であるゼルハイム法やビルケンフェルト法の切開線などの内容やその結果生じる傷跡の有無、予想される傷跡の状況について正確な説明を全くしていなかったものであり、その結果、原告は、本件手術による傷跡はほとんど残らないものと考えて手術に同意したといえるので、この点において、A医師に本件手術を行うに際して担当医師に求められる右説明義務に違反したことが認められ、その結果なされた原告の同意は、本件手術に対するA医師の責任ひいては同医師の不法行為に基づく被告の損害賠償責任を何ら免責するものではないといわなければならない」。

　本件では、整形美容手術であり、手術の必要性・緊急性が乏しく、担当医は、手術の方法・内容、手術の成功の度合い、副作用等についてのみならず、美容的結果、特に傷痕の有無等につき、自己決定権を行使しうるだけの十分な説明が必要であるというべきであるとするのである。

　美容整形手術における説明義務については、昭和時代にも多数の下級審民事判例[189]があるが、平成に入って以降の民事判例としては、さらに、①脇の下の多汗症および脱毛の手術を受けた際に、両脇に傷痕が残ったという事案につき、その手術は緊急性・必要性に乏しく、また、多汗であることを気に揉む患者の希望を満足させる手術であることから、どの程度患者の状態が改善されるか、手術の危険性・副作用について十分説明し、これらの判断材料を十分に吟味検討したうえで、手術を受けるかどうかの判断をさせる注意義務があるとし、目立つような大きな傷痕が残る可能性については説明していないとして、説明義務違反を認めた判例[190]、②美容外科において眼瞼の二重の幅を修復する美容整形手術を受けたが、希望通りにならず、眼瞼がめ

---

[189] 名古屋地判昭56・11・16判タ462・149、京都地判昭51・10・1・判時848・93、横浜地判昭54・2・8判時941・81、横浜地判昭58・10・21判時1094・85。なお、手術の適否についての手術に関する注意義務については、大阪地判昭48・4・18判時710・80、東京地判昭52・9・26判タ365・386等がある（これらの判例につき、吉野・前掲判タ686・127頁以下参照）。

[190] 東京地判平7・7・28判時1551・100。

くれて粘膜が見える状態になったとして、損害賠償を請求した事案で、美容整形の依頼者に対し、医師は、医学的に判断した当人の現在の状態、手術の難易度、その成功の可能性、手術の結果の客観的見通し、あり得べき合併症や後遺症等について、十分な説明をしたうえで、その承諾を得る義務があるとしたもの[191]がある。

(ii) 血液の採取と説明の範囲

輸血のための採血についても、このような厳しい要件が課される。血液提供は、自分のための採血を除き、提供者に医学的適応がなく、任意に公共の利益のために行うものだからである。連邦裁判所の判例[192]によれば、血液提供者は、稀ではあるが、血液提供ととくに結びついた危険について、例えば、採血用の注射針を刺すことによって発生する左前腕の皮膚神経の損傷とそれによってもたらされる慢性の神経障害的痛みについて、説明されなければならない。

(b) 診断のための侵襲

診断を下すための侵襲（diagnostische Eingriffe）に際しても、治療としての意味をもたないことから、説明につき厳格な要件が課されるべきである[193]。ここでは極めて稀にしか具体化しない危険についても説明すべきとされている。ただし緊急を要するときは別である。ここで注意すべきは、診断を下すための侵襲の重要性が極めて区々様々でありうるという点である[194]。それが緊急を要することもありえ、生死にかかわることもありうる。たとえば、腫瘍ができていると推測されるが、手術が可能なのかどうかが問われるときがそうである。一分一秒を争うわけではなく、説明義務が不要となるわけではないが、その範囲が制限されることはあるのである。もとより、緊急事態であっても、医学的知識のない患者がすぐに了解できるよう、侵襲のメリット・デメリットにつき適切に説明される必要がある。診断を下すため侵襲が、主として治療のための侵襲にあたって同時に行われるときには、治療のための侵襲の場合に必要な事項について説明されることを要することはいうまでもない。

---

[191] 東京地判平9・11・11判夕986・271。
[192] BGH NJW 2006, 2108.
[193] Vgl. *Laufs/Kern*, Handbuch S. 728.
[194] Vgl. *Laufs/Kern*, Handbuch S. 728.

(c) 適応はあるが、必ずしも必要のない医的措置

この場合も、比較的高い説明が課されている。患者は、ここでは、手術のメリット・デメリットを勘案し、いずれかを選択する。これに属するのは、例えば、医学的適応にもとづく一定の事情下での子宮の摘徐や肥満解消のための腹の脂肪の切除手術である。この場合、患者が侵襲の危険を知ったときにのみ十分な決断のための基盤を得るのであるから、医師による詳細な説明が必要である。

(d) 絶対的適応のある侵襲

著しい健康侵害をなくするために侵襲が必ず必要なとき、説明義務の程度は低い[195]。理性的な患者は、一定の危険を甘受するからである。しかし、患者の自己決定権は、患者に侵襲に対する決断を委ね、またはその決断が医学的には不合理であっても、それを拒否する自由を保障することを要求するからである。

(e) 命にかかわる、切迫して必要となる侵襲

命を脅かす状況を脱するために迅速に必要となった医的行為の場合、説明義務の必要性はゼロに近い[196]。この場合、生命を救うことが、自己決定権の保障に優先するからである。しかもそのような状態にある患者は、話しかけることもできず、事実上、説明は不可能なことが多いからである。生まれてくる子供に極めて高い生命の危険があり、すぐに帝王切開をする必要がある場合には、説明は、最小限でよく、またはしなくてもよいとされている。そのような場合、医師も、どの程度の侵害か、その効果はどうかなど、診断・方法的な根拠から、および時間的な理由から完全には認識できないからである。連邦裁判所は、「そのような緊急事態においては、最良の医師でさえしばしば疑念を後回しにする。事情によっては既往病歴を調査しないことがある。彼は、そんなに早くは調査できない患者の何らかの身体の状態が、必要な侵襲の危険を高めるものかどうかを問題にしなければならない。まだ助かる可能性があり、侵襲が急がれるなら、医師は、そのような危険を甘受しなければならない。その場合、もし不幸な結果に至っても医師を非難すべきではない」とする[197]。

---

[195] Vgl. *Ulsenheimer*, a. a. O., S. 122.
[196] Vgl. *Ulsenheimer*, a. a. O., S. 122.

(3) 侵襲の重大性

手術の重大性は、説明義務の範囲を決める第3の基準である[198]。結果が重大であればあるほど、または死亡率が高ければ高いほど、稀有な危険であっても説明義務はできるだけ早く肯定される必要がある。例えば、規則通りに実施された（腎盂形成＝Nierenbeckenplastik）手術においてもつねに、それが実現すれば、腎臓を失う高い危険を伴う再手術を必要ならしめるような、一定の危険（吻合不全）は存在するのであるから、患者には最初の手術にあたってその侵襲に特有の危険について説明されるべきである[199]。

---

[197] BGHSt 12, 382.
[198] Vgl. *Ulsenheimer*, a. a. O., S. 123.
[199] BGH MDR 1996, 1015 f. Vgl. *Ulsenheimer*, a. a. O., S. 123.

4．説明の省略可能性

1．説明の省略の要件

　説明義務は、有効な同意のための前提である。したがって、その前提が変わるとき、説明義務がなくなることがある。つまり、①医師による説明を患者自身が放棄しているとき、②患者の治療にとって説明が悪影響を及ぼす時、③患者が説明を理解しえないとき、あるいは④患者がすでに情報を得ていて医師による説明の必要がないときなどがそうである[200]。

　原則的には、患者は、同意ないし医師の説明を全面的に放棄できるか、その要件はどのように定められるかは問題である。ドイツの判例は、全面的放棄を可能であるとするが、その要件を厳しく設定している[201]。判例によれば、治療の危険が、医学的経験に照らして認識・予測できる限りで、合理的な素人にとって予見可能な程度を超えるかどうかが、説明の放棄の許容性の限界である[202]。学説においても、説明の放棄は、あらゆる危険につき可能であるが、説明の全面的な放棄は、否定するのが圧倒的多数である。患者がその決断の射程範囲を知っている限りでのみ、説明の放棄は有効であるとする[203]。

　しかし、最近では、患者の自己決定権とそのような「強制的説明」とは相容れないとする見解が有力となっている。患者の「知りたくない権利」をも認めようというのである。これ自体が、自己決定権の一種だというのである[204]。

200　*Ulsenheimer*, a. a. O., S. 175 ff.
201　*Riedelmeier*, a. a. O., S. 106 ff.
202　BGH, Urteil von 10. 7. 1972, NJW 1973, 1415 ff.
203　*Riedelmeier*, a. a. O., S. 107.
204　BGH, Urteil v. 28. 11. 1972, NJW 1973, 556 ff.「患者が医師にその全面の信頼を置くことを許すのも患者の自己決定権に属する」。

2. 省略要件の諸類型

(1) 患者が説明を受けることを放棄するとき
(a) 説明の放棄の概略

　患者が説明を明示的・黙示的に、または全部または一部、要らないということは、患者の自己決定権に属する。医師を全面的に信頼し医師に詳細を委ねることも患者の自由である。詳細を告げられることによって、患者に不安を与えることもありうる。知らないでいる権利は、国際的にも承認されている。しかし、「**白紙状態での放棄**」(Blankoverzicht) は、無効である[205]というのが判例・通説である。この点については、後に詳論する。判例・通説の根拠は、患者は、侵襲の種類と必要性を知り、それが、危険がないわけではないことを知らなければならないのであって、放棄する場合でも「基本的な説明」は行われなければならないというのである。この説明の放棄の範囲と限界については争いがあり、後に詳論する。

　患者が説明を放棄する事例には二つの類型がある。**第1類型**は、患者が専門知識をもっている場合、ないし他の方法で侵襲に結びつく危険を知っている場合である。この場合、患者は説明を受けなくても自分が同意しようとしているその危険に対する予備知識がある。これに対して、**第2の類型**は、侵襲の危険をすべて知っているわけではないにもかかわらず、患者が説明を要らないという場合である。この第2類型が問題である。

　一般的に言えば、患者に予備知識・専門的知識がない場合、説明を放棄するためには、厳格な要件を充たすことが必要である。それは、放棄する説明の程度が大きくなればなるほど厳格性を要求されるといってよい。その原則は、患者は、明確に、そして誤解なくその手術について知っている必要があるということである。

(b) 白紙状態での放棄をめぐる議論

　ドイツの判例・通説によれば、説明を放棄しうる範囲の限界は、医学の経験によれば認識・予見しうる限度で、治療の危険が、合理的な素人が予見し

---

[205] *Ulsenheimer*, a. a. O., S. 176.

うる程度を超えるところに見出される[206]。したがって、すべての事項を含む包括的な放棄（「白紙状態での放棄」）は許されないことになる。すべての説明を放棄できるという説がないわけではないが、圧倒的少数説である。患者が、その放棄の射程を知っている限りでのみ、放棄は有効なのである。そこで、実際には、患者が望むときに治療の経過に対する問題点や侵襲の個々の危険について詳細に説明することのみが省略しうるのである[207]。

このような説明の放棄の制限の根拠がどこにあるのかについては、いくつかの論拠が挙げられている[208]。第1に**憲法上の根拠**である。憲法は、人を客体として取り扱うことを禁じているが、説明の放棄の限界は、「説明がないことによって患者が第三者の客体とされるようになるとき」にある[209]というのである。それは、患者が侵襲の「種類、範囲そして危険の最小限度」の情報を得ていたことを要求するのである。これに対しては、どうして自ら決断することを放棄しようとする患者が「客体」とされることになるのかは、とくに逆に患者の意思に反して説明が行われるということに思いを致すと、明らかではないという反対論がある[210]。かくして、包括的な説明の放棄も、基本法1条1項1文における「人間の不可侵の尊厳」に反するものとみなすことはできないというのである。

第2に、「放棄」の**意味論ないし論理学的根拠**から唱えられる。すなわち、「少なくとも放棄すべきことの概要を知らなければ、それを放棄できない」[211]というものである。この見解ないし命題は、契約における責任限定事例につき展開された原則である。しかし、これに対しても、これを説明と同意に転用することはできないという批判がある。説明と同意においては、放棄の意義と目的は、情報を拒否するという点にあるのだから、危険の概要を説明されることで、知りたくない危険の概要を知ってしまうというジレンマに陥るからである。「知りたくない権利」（Recht auf Nichtwissen）も尊重されるべきだというのである。

---

206 Vgl. *Riedelmeier*, a. a. O., S. 106 f.
207 Vgl. *Tag*, Der Körperverletzungstatbestand im Spannungsfeld, 2000, S. 363.
208 *Riedelmeier*, a. a. O., 107 f.
209 *Tag*, a. a. O., S. 363.
210 Vgl. *Riedelmeier*, a. a. O., S. 107 f.
211 *Roßner*, NJW 1990, 2291 ff., 2294; vgl. *Riedelmeier*, a. a. O., S. 108.

第3に、少数説²¹²は、「白紙状態での放棄」も許されるとする。この見解は、**知らない権利**が自己決定権の重要な一部であるという命題を基本思想として、例外的に、**患者の保護の必要**があるときにそれを制限できるものとする。患者の保護の必要性が生じるのは、①次に論じる反対の適応があるとき、および②患者の侵襲の重大性に関する誤解を排除するために白紙状態での放棄を制限できるというものである。この後者の場合は、患者が明らかに侵襲がもたらす危険は小さいと誤解していたが、多くの重大な危険を伴う危険な手術であったといった場合、自己決定権の自律的行使と評価されるべき説明の放棄とはいえないというのである²¹³。このように患者の表象と現実の齟齬が極めて大きい場合、医師は、患者に、当該侵襲が、重大な危険を伴うことに注意を喚起すべきだというのである。

(2) 説明が反対の適応 (Kontraindikation) を示すとき
(a) 人道原理による制限

説明によって、生命の危険が発生するとき、ないし、深刻な健康侵害が発生するとき、あるいは臨死状態にある者に対しての苦痛緩和措置をとるときなどには、説明しないことが許される²¹⁴。これは、「人道原理」²¹⁵ (Humanitäres Prinzip) によるのである。治療の上で説明しない方がよいときにも、説明を省略できるが、説明することが、侵襲自体よりも治療を阻害し、患者に危険なときなどに限る。いわゆる「説明による殺人」(Tötung durch Aufklärung) といわれる場合が典型例である。その判断は、曖昧な推測では足りず、客観的な裏付けが必要である。学説においては、説明の必要がない場合として、バセドウ症候群が挙げられる。そこでは、少しの心理的興奮でさえ致死的に作用するというのである²¹⁶。判例は、「深刻な、取り除き

---

[212] *Riedelmeier*, a. a. O., S. 108 ff.
[213] *Riedelmeier*, a. a. O., S. 110.
[214] *Deutsch/Spickhoff*, Medizinrecht S. 202 では、トーマス・マンが書いたテオドール・シュトルムの逸話が語られている。シュトルムが癌にかかって医師に癌だと宣告されたが、それによってショックのあまり倒れ、生きる希望を失ったので、医師団が再検査することにし、実は癌ではなく、別の胃病であったと説明したところ、その後、彼の最高傑作『白馬の騎士』を完成したが、それは、まさに「心温まる幻想の所産」だというのである。
[215] *Deutsch/Spickhoff*, Medizinrecht S. 202. これは、「騙すべからずという格率が、害すべからずという原則によって修正される」場合であるという。
[216] *Schönke/Schröder/Eser*, StGB §223, Rdn. 42. *Schöch*, a. a. O., S. 69.

えない健康侵害または治療結果の危殆化」を要求する[217]。このように、反対の適応については、ドイツの判例は、「極めて厳格で狭量である」とされている。連邦裁判所は、説明が、「患者の深刻で取り除くことができない健康の侵害」につながるときにのみ、反対の適応を認める[218]。精神的侵害は、考慮されない。この前提を狭すぎるとする批判[219]もある。

(b) 説明の制限の類型化

ドイチュ・シュピックホフの教科書[220]では、説明の程度が制限される事情として、①心理的負担、②説明による危険の増加、③第三者を危険にさらす場合、④緊急に必要な措置が取れなくなる場合を挙げる。①心理的負担が、人道原理にもとづき、説明が制限されるべきとされるには、医学水準によれば死亡率が1から15％の間である場合、告知する必要はないとする。その場合、医師は、当該手術は決して無害なものではなく、生命を危うくする合併症を発症する可能性があると告げるだけで十分であるとする。②説明によってかえって危険が高まる場合、例えば、心臓の血管に疾患のある患者に造影剤を用いた撮影をするにあたり、極めて小さな蓋然性にすぎないが、死亡することもあると説明したところ、それを聞いて心臓麻痺で死亡する危険が高いといった場合である。③第三者を危険にさらすとは、とくに精神疾患患者の場合に、例えば、患者の親族から病状に関する情報が提供されたが、激高しショックを受けた患者によってこのような情報提供者が攻撃される危険があるといった場合をいう[221]。④緊急に必要となる措置を取れなくなる場合とは、先に挙げた「説明による殺人」の場合であるが、とくに情緒不安定で心配性な患者が、些細な付随的結果を説明したところ、緊急に必要な治療を嫌がってしないで重大な結果を招く場合である。例えば、大動脈血管の拡張 ―大動脈弓部動脈瘤― を患う患者が人造血管の使用に当たっての出血の危険のゆえにこの手術を先延ばしし、それによってこの手術より大きな生命の危険に見舞われるといった場合である。このような場合には、説明の

---

[217] BGHZ 29, 176, 183, 185.
[218] BGHZ 29, 46, 56; =NJW 1959, 811. Vgl. *Laufs/Katzenmeier/Lipp*, a. a. O., S. 117.
[219] *Deutsch/Spickhoff*, Medizinrecht S. 203. 「取り除きえない」という要件は不要であり、「重大な障害」が存在するだけでよいというのである。
[220] *Deutsch/Spickhoff*, Medizinrecht S. 203.
[221] *Deutsch/Spickhoff*, Medizinrecht S. 204.

範囲と程度を限定することが許されるというのである。

　上記のドイッチュ・シュピックホフの説明義務の制限の四つの類型は、カズイスティックである感を免れない。患者の治療との関係でこれを整理すると、むしろ、反対の適応による説明の制限は、**三つの事例群**に分けられる。第1の事例群は、患者の法的に必要な説明が、その患者については、患者を直接危険にさらすような身体的・精神的な反応につながることが予見できる事例群（＝**患者の生命・身体に対する危険の事例類型**）であり、第2の事例群は、治療の実施と成果を疑問にさらし、そのようにして治療の治癒目的に反するという患者の反応につながるというもの（＝**治療効果減殺の事例類型**）、第3の事例群は、適応のある治療が「不合理な理由」から拒否されるという反応につながるというもの（＝**患者の不合理な治療拒否招来の事例類型**）である。

(c) わが国の判例

　わが国の民事判例には、「**治療上の悪影響**」を根拠に医師の説明が省略されるとするものが多い。これは、先の「治療効果減殺類型」にあたる。まず、医師は、患者等に対し、療養方法その他保健の向上に必要な範囲の事項、現在の症状とその原因及び医師が患者等の予期し得ない結果を生ずる可能性がある処置を選択する場合におけるその処置内容についての説明義務を負うが、その説明を行うことが医療効果に悪影響を及ぼし、医療契約の本旨に反する結果となる場合には説明を省略し、あるいは悪影響を与えない範囲で虚偽の説明を行うことも許されるとした**1978年の札幌地裁の事案と判決**[222]を検討しておこう。

> **(事実)** 男児が、腹痛を訴え、K厚生病院に入院したので、開腹手術をしたところ、肝腫瘍があり、そこから出血していることが判明したので、同病院はその治療のために、H大医学部附属病院への転医を勧めた。H大病院は一般検査およびレントゲン検査等を行ない、肝腫瘍と診断、再度の開腹手術を考慮し、輸血、輸液、抗生物質投与、止血剤投与等を行なって全身状態の回復に努めたが、依然、出血、腹痛はあり、摂氏38.9度の発熱が持続した。そこで、H大病院は、男児の開腹手術を行なったが、男児の病状はさらに悪化し、やがて全身の衰弱が著明となり、全身状態は悪化し、輸血補液の処置が続けられたが、意識不明となり、ついに死亡した。男児の両親である原告は、H大を管

222　札幌地判昭53・4・18判時916・61。

理する国に対して医療契約上の義務違反を理由に損害賠償を請求した。不適切な手術、看護義務違反、および説明義務違反が主張されたが、ここでは説明義務違反についてのみ検討しよう。

(判旨)「本件医療契約は準委任契約に類似する無名契約の一と解すべく、従って特別の事情のないかぎりは民法第645条に準じた報告義務を負うものと解される。とはいえ、医療契約に基づく治療行為といっても種々の方法があってその選択は当時の医療水準を逸脱しないかぎりは原則として医師の自由裁量に委ねられているのと同様、報告義務といってもその報告内容をどのように解するかは問題である。言い換えると同条に委任事務処理の状況と云いまた其顚末と云う概念を医療契約の場面に移した場合に如何なる具体的内容を含むか、ということである。検討するに、医師は患者又はその保護者に対して療養方法その他保健の向上に必要な事項につき指導しなければならないこと（医師法第23条）は勿論で、その指導に必要な範囲の事項につき説明を要することは当然であるが、この他にも現在の症状とその原因および医師が患者やその保護者らの予期し得ない結果を生ずる可能性がある処置を選択する場合におけるその処置内容につき、それぞれその概要説明を行なう義務があるものと解される（…）。それは、患者やその保護者らが少なくとも右の範囲で説明を受けることを期待し望んでいるのが通例であることに加え、医師も多くかかる事情は知悉しているであろうこと、医療が医師と患者およびその保護者らとの信頼、協同関係の上に成り立っていることを考えれば、これを支えるものとして最低限右に述べた範囲の説明を行なう義務があり、その意味で右説明は医療契約の内容を為すものと言えるからである。しかし、右の如く解するからといって、如何なる場合であれ右の範囲の説明を欠いてはならない、とするのではない。右範囲の事項説明は最低限必要なものとはいえ、その説明を行なうことが医療効果に悪影響を及ぼし、かえって医療契約の本旨に反する結果となる場合もあるからであって、かかる場合には説明を省略し、あるいは悪影響を与えない範囲で虚偽の説明を行なうことも、場合によっては許されるからである。但し、右の例は債務不履行はあるけれどもその違法性に欠ける場合なのであるから、右の範囲での説明を省略しあるいは虚偽を述べることが許されるとする所以は医師の側で主張立証すべきものと解するのが相当である。なお附言するに、右範囲に属しない事項については全く説明の要なし、とするものではなく、これら事項も患者やその保護者らに説明されることによって医療効果が上がる場合も多いであろうと考える。しかし、これを行なうか否か、行なうとしてその時期、内容、相

手方等の選択はまさに医療行為の一環として医師の自由裁量に属するところというべく、従ってかかる説明が為されないからといって債務不履行にあたると言うのは当たらないのである」。

本判決では、「説明を行なうことが医療効果に悪影響を及ぼし、かえって医療契約の本旨に反する結果となる場合もある」が、このような場合には「説明を省略し、あるいは悪影響を与えない範囲で虚偽の説明を行なうことも、場合によっては許される」とする。このように、治療上悪影響を与えるなら、説明を省略し、場合によっては**「虚偽の説明」**をしてもよいというのが少なくとも1970年代の判例の主流であり、他の判例でも治療効果への「悪影響」を説明の省略根拠に持ち出すもの[223]が少なくない。

(i) 胆のうがん不告知事件

1980年代から1990年代にかけても、いまだ、このような治療上の効果に対する自己決定権の制限は、明白であった。胆のうがんに関して、説明義務が問題となり、地裁から最高裁判決まで出ている重要な一連の判決について、検討しておこう。まず、**名古屋地裁**は、この事案で、患者の遺族らが、診断結果の適切な説明を怠ったことが診療契約上の債務不履行に当たると主張して損害賠償を請求したのに対してこれを否定した[224]。

(事実) Aは、Y病院において診察・超音波検査の結果、胆のう腫瘍の疑いが生じ、結果的に、胆のうがんと診断された。消化器内科のE医師は、Aの性格、家族関係が不明であり、告知による精神的打撃と治療への悪影響を恐れて、Aに説明せず、精密検査の後、家族に説明することにした。E医師は、「胆石がひどく胆のうも変形していて早急に手術する必要がある」と説明し入院を指示したが、Aは、旅行や仕事、家庭の事情を理由に入院を拒んだ。その後、病状が悪化し、胆のうがんと診断されて治療を受けたが、それから約半年後に死亡した。

(判旨)「医師が患者に対し解明した病気を正確かつ具体的に説明する義務は、一般的な診療契約において、患者あるいはその家族などに対し、病気の内容、これに対する治療方法、期待される治療効果を具体的に説明することは、患者

---

[223] 先に引用した（医師の説明義務）「ガンマーグロブリン投与不足による麻疹脳炎事件」に関する東京高裁判決（東京高判昭60・4・22判時1159・86）を参照。
[224] 名古屋地判平1・5・29判時1325・103。

が治療に関する自己決定権を有することから、医師の診療契約上の債務の一内容ということができるが、医師が右義務を尽すにあたって説明相手、説明時期、説明内容及び説明程度については右説明が治療に対して影響を与えることから、病状の内容、程度に応じて医師が判断することが相当であり、原則として患者の右権利を侵害しない限度において、医師の裁量の範囲内にあるというべく、特に不治ないし難治疾患については、患者に与える精神的打撃を配慮する慎重さが望まれるというべきである」。

本判決では、医師が患者に対し病気を説明する義務を尽くすにあたって、説明相手、説明時期及び内容については、**医師の裁量の範囲**にあり、特に不治ないし難治疾患については、患者に与える**精神的打撃**を配慮する慎重が望まれるとして、原告の請求を棄却したが、高裁も同様に説明義務違反を否定した[225]後、**最高裁**も、精神的打撃と治療への悪影響を理由とし、さらに、患者の方から入院を中止し、それによって家族への説明の機会をも失ったとして、説明しなかったことが医師の責に帰すべき事由でないとして、説明義務違反を否定した[226]。

(**最高裁判旨**) まず、「E医師にとっては、Aは初診の患者でその性格等も不明であり、本件当時医師の間では癌については真実と異なる病名を告げるのが一般的であったというのであるから、同医師が、…Aに与える精神的打撃と治療への悪影響を考慮して、同女に癌の疑いを告げず、まずは手術の必要な重度の胆石症であると説明して入院させ、その上で精密な検査をしようとしたことは、医師としてやむを得ない措置であったということができ、あえてこれを不合理であるということはできない」とする。次に、真実と異なる病名を告げた結果患者が自己の病状を重大視せず治療に協力しなくなることのないように相応の配慮をする必要があるという点については、「E医師は、入院による精密な検査を受けさせるため、Aに対して手術の必要な重度の胆石症であると説明して入院を指示し、二回の診察のいずれの場合においても同女から入院の同意を得ていたが、同女はその後に同医師に相談せずに入院を中止して来院しな

---

225 名古屋高判平2・10・31判時1373・68。ここでも同様に、不治の病と一般に認識されている疾病につき、病名や病状の告知をするべきか否かの判断は、最終的には医療の専門家である医師の判断によるところが大きく、その合理的裁量は尊重されなければならず、担当医師がAに対して取った行為に法的に責められる点はないとして、控訴を棄却した。
226 最判平7・4・25民集49・4・1163。この判例については、ドイチュ・シュピックホッフの医事法の教科書で紹介されている (*Deutsch/Spickhoff*, Medizinrecht S. 204)。

くなったというのであって、同医師の右の配慮が欠けていたということはできない」とする。さらに、その家族に対して真実の病名を告げるべきかどうかについては、「同医師にとっては、Aは初診の患者でその家族関係や治療に対する家族の協力の見込みも不明であり、同医師としては、同女に対して手術の必要な重度の胆石症と説明して入院の同意を得ていたのであるから、入院後に同女の家族の中から適当な者を選んで検査結果等を説明しようとしたことが不合理であるということはできない。そして、…Aがその後にE医師に相談せずに入院を中止したため、同医師が同女の家族への説明の機会を失ったというのであるから、結果として家族に対する説明がなかったとしても、これを同医師の責めに帰せしめることは相当でない」というのである。

虚偽の病名を告げるのが妥当かどうかの判断については、患者が入院の指示に反して来院しなくなり、家族関係も不明であったなどの本件の特殊事情が判断に大きく影響しているということができる。本件の判決でいわれている「精神的打撃」は、治療効果減殺類型および生命・身体への危険の類型にまたがるものと位置づけることができよう。しかし、精神的打撃の程度については、異常反応や深刻な精神的打撃であることを要すると解すべきであろう。

(ii) 舌がん不告知事件

同じく民事判例のなかには、医師が舌癌患者に病名を告知せずに切除手術を説得したが、拒否されたので、潰瘍部分を焼きとるだけだと説明して承諾を得て3分の1切除手術をした事案につき、患者は舌切除には同意していなかったから、承諾を得ておらず違法であったとして医師の不法行為責任を認めた判例[227]がある。判決は、「医師は、治療行為の方法として患者の身体に侵襲を加える手術をなす際には、患者が意思能力未熟である場合、精神病患者である場合、特に急速を要する場合等を除いては、患者にその侵襲の本質、意味、射程範囲の大綱を説示し、患者の自己決定権に基く承諾を得なければならないものである」と一般論を述べた後、「仮りに、患者にその病名を告知することが治療上適当でない場合であっても、病名を告知せずにその侵襲の本質、意味、射程の範囲を説示することは可能であるというべきである」とし、「原告は、当時、意識は鮮明であり、手術に対する諾否の意思能

---

227 秋田地判昭48・3・27判時718・98。

力は完全であったところ、その承諾をしていないばかりか、積極的に、舌を切除する手術は絶対に拒否していたのである。にも拘らず被告Sは、原告の意思に反しあえてその手術を行なったのであって、それは、医療行為の方法ではあっても違法行為である。仮りに百歩譲って、被告らが原告の家族（妻と娘）にその病名を告知して手術の承諾を得たとしても、患者である原告本人の意思に反している以上、手術が違法であることに変わりはない」とする。

(3) 患者に判断能力がないとき

治療の延期ができないとき、意識不明の状態にある等によって判断能力を失っている患者は、代理人のいないとき、事前の説明なく治療を開始することができる。はじめから手術の拡大が予測されているのでないならば、医学的に必要な手術の拡大は、それが改めて説明の上でもう一度手術することが不可能ないし手遅れになるなどの事情があれば、推定的同意として許され、説明を要しない。

(4) すでに情報を得ているとき

患者がすでに必要な情報を得ており、説明が不要な場合、説明の必要はない。しかし、すでに患者が必要な情報を得ているかどうかは、医師が自ら確かめなければならない。どのような情報源から情報を得ているかは原則として問わない。医学本やその他の様々な情報源がありうる。その際、患者は、その治療法の一定の危険を知っていることが必要である。先に紹介した最高裁昭和56年の開頭手術事件（本章、309頁以下参照）のように、一般に周知の危険であって患者（ないしその父親）がすでにその危険を認識していた場合がその例である。しかし、患者同士の会話からこのような情報を得ているような場合には、説明を省略できないであろう。

5. 説明の実施方法

1. はじめに

　ここでは、誰が、誰にどのような方式で説明するかを解説する。医療の分野における分業は、今日の高度医療に関しては当然のこととなっている。このことは、医師の説明義務にもあてはまる。例えば、手術にあたっての説明が、執刀医とは別の医師によってなされることがありうるが、どのような要件のもとでそれが許されるのであろうか。

2. 説明の主体

(1) 執刀医・受任医師

　患者に説明をする主体は、原則として、治療を自らの責任をもって行う医師である。これには、医療侵襲を行う医師、薬物の処方をする医師、診断する医師も含まれる。とくに困難な、かなりの付随効果をもたらすようなそして専門知識を要する医療侵襲がなされる場合には、執刀医自らによる口頭での説明が必要である。高度の手術に対する専門的知識をもった医者が説明することによって、患者の信頼を得ることができるという観点からも、このことは根拠づけられる。そこまでは要求できないとしても、執刀医が説明する他の医師に対して説明に関する指示を与えておくか、予め説明する医師と話し合いをもっておくことが必要である。患者に対する説明は執刀医の「本来の医療上の任務」なのであるから、その任務を他の医師に委ねる場合には、しかるべきコントロールを行うことによって、きっちりと履行されるかどうかを監督する義務があるからである。このような監督義務を認めたうえで、説明を病院内の他の医師に委ねることは是認される。次に、この問題を取り扱ったドイツの民事判例[228]を検討しておこう。

連邦裁判所2006年11月7日判決　　（事実）原告は、手術が行われた病院の医長であった被告に対し十二指腸の憩室の手術の後、精神的損害の賠償を請求した。その医長が、当該患者の治療医でもあったが、患者への危険の説明にあたって部下の医師（医局医S）に説明を任せたところ、その医師が規則通りの説明をしなかった。侵襲にあたり、その医局医がいまだ行ったことがないものであり、その危険性については、専門書を調べて情報をえなければならないような手術が行われることになったのであった。医長と医局医は10年以上も共同作業を続けてきたが、いままでに説明について問題が生じたことはなかったのであり、医局医への信頼性を疑わせるような契機はなかった。通常、医長は手術前にカルテを見て文書による患者の同意があるかどうかを確認していた。地裁は、訴えを却下した。原告の控訴は成功しなかった。

（判旨） 判旨は、「ある患者の危険の説明を部下の医師に委ねた医長は、規則に適った説明を確保し、コントロールするために、そのとる組織上の措置がいかなるものかを説明しなければならない」というものである。これを詳しく見ておこう。

　医師の間の分業にあたっての医長のコントロール義務と監督義務については、控訴審はその意義と範囲につき誤解しているとして、次のように言う。「説明を委託した術者の説明の過誤に対する責任は、一方では、十分なコントロールがなく、他方で術者が医局医の信頼性に疑問を抱く具体的な契機をもったり、もつべきであったときにのみ、考慮されるという見解は、術者と説明する医師の分業の、ここで争われているような形態に十分には考慮を払ってはいない。控訴審は、術者が、医局医Sが証言したように、手術前に通常カルテを通読し、このようにして患者の文書による同意の存在について、手術と結びついたリスクに関する示唆とともに確認する。それに加えて、被告と証人S医師との間の10年間も特に説明の領域で異論のない共同作業において、その信頼性を疑わせるような事実は示されていない。他の医師に説明を委ねた治療する医師のコントロール義務については、厳格な要件が定立されるべきである。治療医には、患者の説明は、固有の医師の任務として課され、それは、適法な治療の前提としての患者の同意を要求するのであるから、この任務を他の医師に委ねるときには、その規則通りの履行が保障され、医師が何を行ったかを医

228　BGHZ 169, 364＝BGH, MedR 2007, 169 ff.＝NJW-RR 2007, 310＝VersR 2007, 209 f.; Vgl. *Strauß*, Die Organisation der Aufklärung, 2010, S. 1; *Ulsenheimer*, a. a. O., S. 148. 説明義務における組織責任が議論されるきっかけとなった判例である。

師の責任を問う訴訟において説明しなければならない」。…このことは、術者が医長として説明する医師の上司であり、彼に対して監督義務と指示権をもつときにはなおさら妥当する。…医長が、組織形成義務の枠内で説明を部下の医師に委ねたならば、その規則通りに執行されていること、また、特に説明が完全に行われていることにつき、彼が、必要とあれば医師責任訴訟において説明しなければならないようなこれにつき十分な指示を与えたときにのみ、それを信頼してもよい。

　控訴審では、被告にそのような信頼の保護が根拠づけられうるような事情の認定はない。…加えて、控訴審は、手術の際に、医局医Sの証言によれば極めて稀な、そのリスクについて証人自身が —長年の職業上の経験に照らしても— いまだ施術したことのないような手術であって、そのリスクについては専門書を調べなければならなかったほどであったことを考慮しなければならなかったであろう。そのような稀有な手術にとって常に明示的な、説明に関する組織形成責任が存在しなければならないかどうかは、問わない。手術が特別なリスクと結びついているなら、これをとくに考慮しているわけではないような一般的組織形成命令による説明義務の規制だけでは、いずれにせよ十分ではない。確かに重大なそして稀有な手術にあたって危険の説明が術者自身によってのみ行われることは、必要とはされていない。しかし、「そのような手術にとり、特別の説明の指示が存在するか、術者が、例えば説明医との事前の相談といった他の方法で、医長が手術についてその全体を把握し、患者に必要な意思決定の補助を説明の枠内で与えることができるよう、いずれにせよ保障することは必要である。説明のそのような程度の十分な組織形成が確保され、監督されていたときにのみ、医長は、説明医が一般に、または個別の相談において付与した命令を守っていることを信頼してよいのである」。

　この判決は、結局、医長たる執刀医が自ら患者に手術の危険に関する説明をせず、部下の医局医に説明を委ねたときは、**十分な指示監督とコントロール**を行うのでなければ、説明義務違反の責任を問われることを認めたものであり、「あまりにも**行き過ぎ**であると拒否されている」という。なぜなら、「**医療における分業の法的原則**を十分に考慮していないから」[229]であるという。しかし、医師が他の医師に説明を委ねることができるのはどのような場合かに

---

[229] *Bender*, MedR 2007, 170. 執刀医が決まるのは、手術直前であることも多いし、説明を他の医師が行うことも広く認められているという。

ついては、本判決では、説明の委任は侵襲の重大性に無関係に可能であるとするが、この点については、反対の見解もある。治療ないし手術を行う当該の医師による説明が必要であるという原則は、次のような場合には守られるべきであるというのである。すなわち、患者が担当医の行う侵襲に具体的に同意するかしないかを決断するべきとき、すなわち、患者が自己決定権行使を行う機会となるときには、担当医のみが説明すべきである。また、重大な医的侵襲ないし稀有な医的侵襲である場合もそうであるというのである。

しかし、**医師資格をもたない医療関係者**にこれを委ねることは原則として許されない[230]。ただし、**1973年11月27日の連邦裁判所の判決**によれば、判旨は、「医学の完全な教育を受けていない助手による患者の静脈注射への同意は、命じた医師がその措置の有益性と危険に関する患者との事前に会話をしたのでなければ無効でありうる」とし、「そのような侵襲の助手への委任がそもそも許されるのかどうか、または少なくともそれに付け加える説明を必要とするのかは、未決定にとどまる」ということである。このようにして、この判例では、「資格のない助手」に委ねることが許されないとしているにとどまり、この判決を一般化できるかは疑問であるとされている[231]。

このような治療主体である医師の監督義務を通じて、この医師は、彼に信頼を寄せる患者に対して保障人的地位に立つ。説明する医師と治療を行う医師とは、つねに相談し、的確な権限分配を行うことによって組織上の問題がないようにしておかなければならない。

(2) チーム医療の総責任者？

わが国の判例において、チーム医療として手術が行われる場合にチーム医療の総責任者が患者やその家族に対してする手術についての説明に関して、その説明を主治医に委ねたとき、説明義務違反の責任を負うかが問題となった民事事件として前述の**平成20年の最高裁の民事判決**[232]がある。

---

[230] BGH VerR 1982, 1142; BGH NJW 1974, 604.
[231] Vgl. *Strauf*, a. a. O., S. 122.
[232] 最判平20・4・24判タ1271・86。この判決については、「チーム医療」との関係でなお、後述（699頁以下）。この判決に対する評釈として、橋口賢一「チーム医療として手術が行われるに際し、患者やその家族に対してする手術についての説明を主治医にゆだねたチーム医療の総責任者が、当該主治医の説明が不十分なものであっても説明義務違反の不法行為責任を負わない場合」法律時報81巻3号117頁以下、手嶋豊「チーム医療における説明義務」平成20年度重

(事実) 大動脈弁閉鎖不全のため大学医学部付属病院に入院して大動脈弁置換手術を受けたXが手術の翌日に死亡したが、チーム医療の総責任者であり、かつ、本件手術を執刀した医師である上告人Aの不法行為が問題となった。Xは、結果的に、循環不全を克服することができず、死亡した。

(判旨)「本件病院におけるチーム医療の総責任者であり、かつ、実際に本件手術を執刀することとなった上告人には、Xまたはその家族である被上告人らに対し、Xの症状が重症であり、かつ、Xの大動脈壁がぜい弱である可能性も相当程度あるため、場合によっては重度の出血がおこり、バイパス述の選択を含めた深刻な事態が起こる可能性もあり得ることを説明すべき義務があったというべきである」。にもかかわらず、上記説明をもしなかった上告人には、信義則上の説明義務違反があったというべきである。「一般に、チーム医療として手術が行われる場合、チーム医療の総責任者は、条理上、患者やその家族に対し、手術の必要性、内容、危険性等についてその説明が十分に行われるように配慮すべき義務を有するものというべきである。」「しかし、チーム医療の総責任者は、上記説明を常に自ら行わなければならないものではなく、手術に至るまでの患者の診療に当たってきた主治医が上記説明をするのに十分な知識、経験を有している場合には、主治医に説明をゆだね、自らは必要に応じて主治医を指導、監督するにとどめることも許されるものと解される」。

本件では、チーム医療の総責任者が、手術における執刀医でもあり、他の助手であった医師も部分的に執刀しているのであるが、その助手の一人である主治医による説明が不十分としても、その主治医が十分な知識、経験を有している場合には、総責任者によるその指導、監督があったとき、総責任者は、主治医の不十分な説明に対する不法行為責任を負わないとした。

3．説明の相手方

医師の説明義務が向けられる相手方は、治療を受ける患者である。ここで問題となるのは、患者に同意能力がない場合であり、子供や意思ないし理解能力がない成人に対する説明である。

要判例解説（2009年）ジュリスト1376号89頁以下、高橋譲・〔時の判例〕ジュリスト390（2009年）135頁以下、水野謙・前掲判例評論606号152頁以下、川崎富夫「チーム医療の総責任者が手術説明について患者やその家族に対して負う義務」年報医事法学24号164頁以下。

当該の医療侵襲の意味と射程に対する概要に関する理解力があり、その是非に対する判断をなしうるかどうかが重要である。有効な同意に必要なのは、法律行為能力（わが国においては20歳、ドイツにおいては18歳）ではなく、刑事責任能力年齢（14歳）でもなく、「自然的な弁識・判断能力」であるといわれる。アメルングは、「同意能力とは、合理的な決断をなすための一般的能力である」という[233]。

(1) 未成年者への説明

画一的な同意能力年齢はないといわれている。むしろ、具体的な事案のあらゆる事情を勘案して個人的な精神的・倫理的成熟性が判断されるべきである[234]。

しかしながら、ドイツでは、限界線上にあるのは、ほぼ14歳という年齢ではないかといわれている。14歳未満の子供については、同意無能力であり、親権者（親）の承諾が必要である。

これに関し、連邦裁判所は、すでに他所（156頁）で論じたように1988年にいわゆる **三段階説** を展開した[235]。第1段階は、「日常茶飯の事案」、第2段階は、「些細とはいえない危険を伴う重大な医療侵襲」および第3段階は、「重大でかなりの広がりのある決断と著しい危険を伴う大手術」である。**第1段階** は、「軽い疾病と侵害」の治療の場合であり、付き添ってきた方の親に対する説明とその親の同意があればよい。**第2段階** の中程度の侵襲の場合には、付き添ってこなかった方の親が授権しているかどうか、それがどこまで及んでいるのかを確かめなければならない。**第3段階** の重大な侵襲については、付き添ってこなかった方の親の承諾を確実に得なければならない。

14歳以上の子供については、成熟度や年齢をも勘案しつつ、むしろ手術の切迫性や合併症の可能性身体に対する作用などを勘案して判断されるべきである。そして、ドイツの判例においては、日常的な治療であればあるほど、命にかかわる手術で緊急を要する手術であればあるほど、また、年齢が成人に近づけば近づくほど、弁識能力があり、親と意見が分かれた場合でも、子

---

[233] *Amelung*, JuS 2001, 942; *ders.*, NStZ 1999, 459.
[234] *Ulsenheimer*, a. a. O., S. 153.
[235] BGH NJW 1988, 2946 ff.

供が単独で決断しうる権限をもつと解されている[236]。

連邦憲法裁判所は次のようにいう[237]。「親権は、義務と結びついた権利として、子供の福祉に資する。それは、その本質と目的に従って、子供が、生活関係を独立に判断するに十分な、そして、法的取引において自己答責的に参加するに十分な成熟度をもつ年齢に達したとき、後退しなければならない。子供のために、また、その人格の発展のために存在する権利として、その権利は、子供が成熟すれば、余計となり意味がなくなるのは、その構造による。様々な生活領域と行為領域にとっての青少年の決断能力は、原則として異なって発達するので、青少年の教育の必要性と自己決定能力の間の衡量がその都度必要である。その際、極めて個人的な権利の行使については、たしかにいまだ未成熟な者ではあるが、すでに判断能力のある者は、彼にその人格のゆえに与えられる権利を独立に行使することができるという原則が妥当しなければならない」。

このようにして、有効な同意の前提条件としての医師の説明は、未成年者の年齢とそれらの者に対する侵襲の重大性・切迫性・危険、後遺症の結果等を勘案して、未成年および両親に対して適切な範囲・程度と方法において行わなければならない。

(2) 弁識能力のない成人の患者への説明

成人の患者でも、意識不明の状態に陥っている場合、事故のショック状態にある場合、精神的に混乱している場合、激しい苦痛がある場合等について、治療行為の必要性と意味を弁識しその意思をそれに従って決定することができないときに、弁識能力がないことによって同意の必要性がなくなるわけではない。もちろん、直ちに同意の権限が次の関係者に移るわけではない。ただし、例えば、配偶者や成人したその子が配慮権限を与えられている場合は別である。民法（1896条）により、職務上、または申し立てにより世話人が選任されなければならない。しかし、侵襲を延期するなどの時間的余裕がない場合には、親族を通じて患者の現実の、ないし推定的意思が推測される限りで、親族の意見が意味をもつ。

---

236 *Ulsenheimer*, a. a. O., S. 155. BGHSt 12, 382.
237 BVerfGE 59, 360, 387.

(3) 近親者への説明・手術拡大時の近親者への説明

患者本人に意思能力・弁識能力がある場合、未成年者や精神疾患を持つ患者についても、本人ではなく両親や配偶者などの近親者のみに説明することによって説明義務が果たされたということはできない。

(a) 精神的不安定

ここで、**ドイツ連邦裁判所の1989年の民事判例**[238]を検討しておこう。事案は、以下の通りである。

>   当時39歳の原告が、1979年に左眼に異状を感じ、ある病院（第1被告）の医師（医長＝第2被告）を訪れ、診断を受け、網膜剥離の治療のため組織を摘出し、大学病院で組織学上の検査を受けるためにそれが送られた。大学病院の教授は、おそらく脈絡膜の網膜組織上の細胞肉腫（Retikulumzellsarkom）が問題だとして、患者を内科的に徹底検査することが必要と暫定的に返答し、リンパ節が大きくなっているかなどを問い合わせ、その後、組織学上の結論が出た後、悪性のリンパ節の腫瘍であると連絡をした。第2被告は、患者にCT検査を施したが、悪性の所見は出なかった。患者は3年後に再び同病院を訪れ、今度は右眼の異状を訴えたところ、CT検査により頭に病巣が見つかり、早速、細胞増殖抑制治療を受けたが、眼病を原因とする労働不能に陥った。第1被告が、左眼の病気とその細胞学的所見につき説明せず、更に検査が必要と説明しなかったことを理由に、損害賠償を請求した。

連邦裁判所は、施された治療について医療水準を充たさないものとした後、説明義務について、次のようにいう。

>   「原告への医療上の助言は、その近親者への説明によって代替され得ない。このことは、控訴審自身が適切に認めている。原告は、成人した、自立した人間である。したがって、説明され、助言され、患者としての協力を求められるべきであった。原告は、その『精神的不安定』によりがんの診断の開陳に堪えないだろうという第1被告の詳しい事実報告によって証明されていない表象は、原告人とではなくその父親と妻とのみ話し合うことを第1被告に正当化しない」。…「このような方法によって医師は、患者に治療の説明をするその任務を済ませてしまうことは許されない。医師は、原告にその診断所見とそこか

---

[238] BGH, MedR 1989, 322.（連邦裁判所1989年5月30日判決）

ら明らかになる帰結を、もとより相手を思いやる形で開陳することができ、しなければならなかったであろう」。

(b) 精神障害

それでは、精神に障害をもつ患者に対しては、説明義務は認められるのであろうか。これについては、**わが国の民事判例を参考にしよう**。それによれば、「意思能力、判断能力を有していたこと」が「明らか」であった精神障害者に対する精神外科手術につき、「医療は生体に対する医的侵襲であるから、これが適法となるには、患者の生命又は健康に対する害悪発生の緊急の虞れの存するとき等特別の場合を除いて、患者の承諾が必要というべきで、患者の自己決定権に由来する右の理は、精神衛生法上の強制入院たる措置入院させられた精神障害者に対しても、右措置入院が当然には治療受忍義務を強いるものではないことから、適用され、更に、同人が医師の説明を理解し、治療を受けるか否かの判断能力を有する場合には、**患者本人の同意が必要**であって、近親者の同意では足りないと解すべきであり、特に、精神外科の如き治療法は患者に与える影響の重大さから、より一層患者本人の同意が尊重されねばならないというべきである」とする[239]。

(c) 手術中の手術の拡大

さらに、別に詳しく検討を加えた（215頁以下）手術中の手術の拡大の問題の一つであるが、手術中に手術の拡大の必要性が生じた場合に、近親者の同意のみを得て手術を拡大することの患者本人の同意を採らなかった場合に、説明義務違反があるといえるのかという問題に触れておこう。これに関し**わが国の民事判例**においては、手術中に子宮筋腫が発見されたが、患者の姉に説明し、その承諾を得たのみで患者本人の承諾を得ずに子宮全摘手術を行った事案につき、「原告の子宮筋腫について、緊急に手術を要したわけではなく、一旦閉腹して原告の承諾を得ることも可能であったことが認められるから、子宮全摘術の実施は、原告の承諾を要しない場合に当たらないものというほかない。そして、原告が成人で判断能力を有している以上、親族である姉Hの承諾を以て原告のそれに代えることは許されないものというべきである」とするものがある[240]。

---

[239] 名古屋地判昭56・3・6判時1013・81。

4．説明の形式

　文書による表示を必要とせず、また特別な様式に従う必要はない。署名も記録の交換も要しない。本来、医師と患者の間の信頼のある自由な対話でよい。できるだけあらゆる官僚的な形式主義からは解放されているものであるのがよい。しかし、実際には、印刷された用紙が渡され、患者が署名するという様式が用いられている。それらの様式は、平準化され、個別の事案には不正確で不完全なものとなっており、本質的な点で無内容なものとなっている。そのような説明のための用紙の証拠価値は、法的には、患者による署名があっても疑わしいとされている。署名があるからといって、説明の内容が読まれ理解されたとはいえない。内容的な説明があったともいえない。署名された用紙があることは、署名の前に説明のための対話が交わされたということに対するたんなる徴表にすぎない。

　そこで、ドイツでは、説明が行われたことを記録しておくというため、また、たんなる様式に形式的に限定されることを避けるために、説明は、2段階で行うべきであるとされている。このいわゆる**段階的説明**（Stufenaufklärung）の構想は、ヴァイスアウアーによって展開され、判例によって承認されたたものであり[241]、医師と患者の両方の利益にかなえようという目的をもつ。第1段階は、「**文書による基本様式**」によって行われ、手術の計画、それに伴う危険を説明する文書による形式的に様式化された基本的情報を含む説明集が手渡される。第2段階は、「**口頭による説明面談**」からなる。判例によれば、この第2段階が、説明の中心であり、治療の種類や期間、特有の危険、結果、失敗の確率などにつき、個人的な事柄を考慮して説明される[242]。これは理想型ではないとしても、基本的な説明と個人的な会話によ

240　広島地判平元・5・29判時1343・89。この判例につき、池町佐知子（藤山雅行編著）『判例にみる医師の説明義務』299頁以下参照。ほかに、東京地判平13・3・21判時1770・109も、夫の同意のみで子宮全摘をしたことが違法であるとする。この判例については、第2章4．(2)（本書162頁）（山中「医療侵襲に対する患者の同意」法学論集61巻5号49頁以下）で論じた。がん患者に対する説明義務の問題（東京地判平6・3・30判時1522・104）については、がんの「告知」の問題として先に（259頁以下）論じた。

241　*Weissauer*, Notfallmedizin, Bd. 6 (1980), 720; BGH JZ 2000, 898; Vgl. *Ulsenheimer*, a. a. O., S. 124.

る説明の両者を共に可能とするための有用な妥協であるとされている[243]。また、文書による説明は、もとより後の訴訟を考慮して証拠となることが期待されている。

わが国においては、2段階の説明方式はとられていない。むしろ、医師の口頭での説明を受けたあと、文書による説明を読み、同意書を提出するという方式が取られていることが多い。説明は、合併症や副作用、危険については、網羅的・包括的であるが、その危険の発生の程度・確率などは文書にはされていない。むしろ、患者の質問に基づき医師が口頭で回答するという形態で、説明されるが、質問がない場合には説明されないことの方が多いと思われる。

5. 説明の時点

同意は、治療の開始時までに与えられていなければならないのであるから、説明は、患者が手術等の医療行為を受けるか受けないかを静かに熟考することができ、時間的に急かされることがないよう、早めに与えられる必要がある。もとより、生命に対する危険が迫っているときには、侵襲の直前でも仕方がない[244]。具体的にどの程度の時間的間隔をあけた方がよいのかは、個別の事情により、説明の意味や目的、また、侵襲の重大性や切迫性による。あまり深刻でない手術や麻酔の危険についての説明については、治療の1日前であってもかまわない。麻酔については、具体的な事情に依存し、正確に予測できないから、切迫した段階であってもよいとされている。患者がディレンマに陥り、問題がある場合であれば、時間的間隔は長くなければならない。危険に関する説明が侵襲の日に行われるというのは、遅すぎる。手足を切開する手術については、「通常の」侵襲と「大きな」侵襲とで区別される。通常の侵襲の場合には、説明は、病院内の組織上の事情等を考慮して手術の日でもかまわない。しかし、手術室の前での説明は、患者に「もはや

---

[242] 説明においては、個々の患者の個人的事情を考慮して、その健康状態、体調を踏まえて説明されるべきだとするいわゆる「説明の個人化」が説かれている（vgl. *Ulsenheimer*, a. a. O., S. 124 f.）。

[243] *Geilen*, a. a. O., in: Handbuch des Flachanwalts, S. 359.

[244] *Schöch*, a. a. O., in; Handbuch des Medizinstrafrechts, S. 62.

進行を始めた事象経過から逃れられない」という印象を引き起こすのであり、遅すぎる。診断のための侵襲に関しても、連邦裁判所によれば、原則として、侵襲の日に行われれば十分とされる。「しかし、そのような場合には、患者には、侵襲の種類とその危険に関する説明との関係で、患者が侵襲を受け入れるのかについては独自の決断に委ねられていることを明らかにされなければならない。このような熟慮と決断を行うことができるよう、診断のための侵襲の前にも、十分に機会が与えられなければならない。しかし、患者が…すでに説明の間にそれに引き続いて行われる侵襲の実施を予定しなければならず」、したがって、すべては準備され、いまやもはや事は進行しているのだとの印象を抱くときには、充分な機会が与えられたとはいえない[245]。

---

[245] BGH NJW 1995, 2411.

6. 説明義務の制限

1. 説明義務の制限の意義

　治療行為には、無数の危険が伴う恐れがあるのが普通である。したがって、すべての危険について説明することは、実際上は困難となる。そこで、医師は、患者に極めて稀にしか発生しないような合併症について説明するという義務が、どの程度のものなのかを見極めなければならないという難問に直面する。つまり、医師が侵襲の稀な危険についても、より包括的に説明に含めなければならないとすればするほど、説明義務のある危険について説明しないという危険が高くなり、可罰的となる危険が大きくなる。

　そこで、危険に関する説明を、一定の危険についてははじめから医師の説明義務から取り除いておくことによって、制限することが必要となる。

2. 民事判例における原則と責任限定

(1) 包括的損害賠償責任の原則

　ドイツの民事判例によれば、説明の瑕疵は、それを原因として結びつくすべての損害結果に対する責任を根拠づけるものとする。このことは、いずれにせよ、考えられる最も重い危険に関する説明を含めた侵襲の種類と重大性の程度についての基本的な説明が欠けているときに妥当する。学説においては、不十分な説明による損害賠償義務は、義務に反して説明されなかった危険がまさに実現した場合に限定すべきであるという立場が唱えられてきたが、そのような立場は、上級ラント裁判所の判例においてはたまに見られるが、連邦裁判所の判例には見られない[246]。最近の判例においても、連邦裁

---

[246] *Laufs/Katzenmeier/Lipp*, a. a. O., S. 126.

判所は、患者の同意は、不可分である、それは、孤立して、個別の危険に関係するものではなく、侵襲全体に及び、同じ種類のある一つの説明事項の部分のみに関する義務違反的な違反を行えば、全体としての説明が違法となるとしている[247]。したがって、医師の部分的に欠陥のある説明でも、同意が全体として無効であり、治療行為が全体として違法であり、医師は、原則として治療の間に実現したすべての危険に対して責任を負わなければならないということになる（＝包括的損害賠償責任原則）。

1989年2月14日の連邦裁判所の民事判決においては、「患者の十分な侵襲に関する説明がなかったけれども、説明されなくてもよかった侵襲の危険のみが実現されたというとき、患者の身体と健康の被害と説明がなかったこととの間の帰属関係が存在しないとされるのは、個別の事案の評価的な考察において、説明義務のなかった危険が、患者にとっての意味と効果に従い、説明されるべき危険とかけ離れているとき、そして、患者が侵襲の一般的重大性の程度に関しては、少なくとも情報を与えられていたときにのみである」とされている[248]。事案は、コルチゾン含有薬の肩の関節内注射に関するものであるが、その際、稀ではあるが、肩コリを引き起こす可能性のある関節の感染の危険が、説明義務の対象であった。なお、この感染は、完全にコントロールはできず、敗血症により患者が死亡することもあった。

本判決においては、「いかなる事情のもとで、場合によっては、医療侵襲があった時に説明義務があった危険とは異なった危険が実現したときでも、医師の損害賠償義務が存在するのかという問いは、判例と学説において異なって答えられている」として、ちなみに、「本法廷は、そのBGHZ 90, 96以下において公刊された判決においてありうる診断のための侵襲の痛みに対する必要な説明を行わなかった医師に、説明義務がなかった治療の、一時的に痛みから生じた所見の侵襲に関係しない危険の実現から生じる損害を責任法上帰属させなかった」とする。そして、「結論としては、そのような法的問題は、この争いのある事案においては、被告の説明義務違反と、それによって発生した損害の間には、保護目的連関においても責任法上帰属連関が存在するというように答えられるべきだと」[249]という。連邦裁判所は、「この損

---
247 BGHZ 106, 391＝NJW 1989, 1533; BGH NJW 1991, 2346, 2347.
248 BGHZ 106, 391.

害、すなわち患者の死亡は、一般的侵襲危険とは関係のない領域に属するのではなく、逆にまさに、説明の際に大まかに全体的に説明されるべき、事情によっては重大な結果をもたらす感染の危険の結果である。したがって、その損害は、**侵害された行為規範の保護範囲**から外れることなく、したがって、医師によって賠償されるべきである」[250] とした。

(2) 近時の判例における包括的損害賠償原則の例外

しかし、最近の判例[251] では、この包括的損害賠償責任の例外が、二つの場合につき肯定されている。まず第1に、まさに説明されなければならず、実際に、説明もされたその危険が実現したという状況においては、説明の際に、他の危険についても説明されることが必要だったのかどうかは、原則として、何の役割も果たさないとされた。むしろ、患者は、実現した危険を知りつつ同意を与えたのであり、したがって、説明義務の規範の保護目的に従えば、その侵襲からは何ら責任は演繹されえないというのである。すなわち、他の危険について示唆を与えていたとしたなら、同意が与えられていなかったかどうかについての考察は、頭の中だけのことであり、したがって損害賠請求の基礎ではありえないというのである。

もうひとつの、連邦裁判所の包括的損害賠償責任の例外とされる場合とは、患者が、必要な基本的説明は受け、したがって、患者に適切な危険の意識は伝えられたが、説明義務がありかつ実現した危険が、作用しうる方向に関して、ならびに患者の将来の生活の在り方に対する意味に従えば、相互に無関係であるとき、したがって、これらの危険がまったく関係なく並立していたときである。この場合、「違法性連関」（Rechtswirdrigkeitszusammenhang）が否定される。例えば、先の判例の事案において、医師が、義務に違反して、患者は、直腸内視鏡検査（Rektoskopie）の際に、ひょっとすると、著しい痛みに耐えなければならないということを説明しなかったところ、直腸内視鏡検査の途中で、患者は、痛みを感じることはなく、腸穿孔（Darmperforation）が発生したが、この腸穿孔の危険については説明義務はなか

249　BGHZ 106, 397＝NJW 1989, 1533.
250　BGH 106, 401. ただし、本判決は、後述のように包括的損害賠償責任の例外を認める。
251　BGHZ 144, 1, 7 f.＝NJW 2000, 1784; BGH VersR 2001, 592.

ったという場合である。連邦裁判所は、このような場合においては、説明義務の保護目的を評価的に考察するなら、そのゆえに侵害が違法となる権利侵害は、外面的・偶然的にのみ発生した損害の中に表現されたのであり、したがって、帰属が否定されるべきであるとする[252]。しかし、これは、あくまで稀有な例外であって[253]、すでに論じたように本件では、連邦裁判所は、医師の責任を肯定した。

3．説明義務の発生する危険と発生しない危険の区別

(1) 両者の区別基準

まず、危険の説明義務は、もっぱらその実現の蓋然性の程度によるのではない。統計上の危険度にはあまり価値はないからである。危険の頻度ではなく、当該の危険がその侵害に特殊的に伴うものか、その実現の際に患者の生活にとくに負担となるかが決定的である。したがって、極めてまれな危険でも、説明義務に含まれることがある。当該副作用が患者に不利益であり、持続的に影響するものであればあるほど、稀な危険についても、それだけ説明が必要となる。したがって、患者の決断に対するその重大性と効果にかんがみて意味を持たないと予測されるような危険に関してのみ説明義務から除かれる。判例によれば、「極めて実現することが稀であってその発生が当該の患者の事案についても非常に蓋然性が低[254]く、その状況における合理的な人間にあっては、治療に同意する決意にとって、真摯に重要ではないほどである危険については、患者は説明される必要はない。同じようにして、説明は、ひょっとして発生するかもしれない不利益な治療の付随効果が、治療しなかった場合の結果よりもはるかに重大ではなく、患者の状況に身を置く合理的な人間が、治療を受けまたはそれを拒否する意思決定にとって重要であるとみなさないとき、不要でありうる」。また、このようにして「予測的な観察に従って、患者に立場における合理的な人間がその具体的な状況において兆候の切迫性を勘案して、患者に提案されている治療に対して賛成ないし

---

[252] BGHZ 106, 391, 400＝NJW 1989, 1533.
[253] *Laufs/Katzenmeier/Lipp*, a. a. O., S. 127.
[254] BGH, Uteil v. 16. 10. 1963, NJW 1963, 393 ff.

反対する決断をなしうるために、知りたいと思うと推定されること」[255]が、説明義務に含まれるのである。

しかし、この合理的人間としての患者を基準とするという見解は、学説において批判されている。

(2) 説明義務の保護範囲

説明義務違反は、同意の有効性の条件である。したがって、説明義務違反があれば、同意は無効になり、構成要件該当性が阻却されず、または、違法性が阻却されないことになる。そもそも説明義務がまったく果たされなかった場合は別にして、一定の事項については説明義務が果たされたが、別の事項については説明が行われなかったところ、説明義務違反とは無関係なところから、結果が発生した場合、同意がすべて無効であって、傷害罪等が成立することになるわけではない。説明義務には、保護範囲があり、その保護範囲の外に位置する事実からの結果の発生は、同意の無効を主張できない。

ドイツの民事判例は、後述するように、そのほかに医師が説明義務を怠ったが、説明義務を尽くしていたとしても、患者は同意していたであろうといういわゆる仮定的同意がある場合、損害賠償義務を負わないとする。この考え方が、刑事判例に採用され、学説の中にもこれを根拠づける見解が唱えられるようになり、これに対する賛否両見解が対立した。

4．刑事事件における説明義務の保護範囲

医師が、説明義務を怠ったが、このことが、必ずしも必然的に、その医師が、治療から生じたあらゆる危険に対する責任を負わなければならないということではない。患者の同意を得て行われた侵襲の結果として、侵害された説明義務の規範の保護範囲の外に存在する危険が実現した場合、医師の可罰性がなくなるのは具体的にいつなのかについては、判例も詳しく述べていない。しかし、説明の瑕疵が代替治療に対する指摘を行わなかったという点にのみあって、患者は、侵襲の種類と重要性について基本的な説明を受け、ま

255　OLG Celle, Urteil v. 15. 6. 1981, VersR 1981, 1184 f.

たありうる重要な侵害についても情報を与えられていたという場合には、保護目的思想が作用する。つまり、（説明されなかった）治療方法の特殊な危険がそもそも実現しなかったという場合である。ウルゼンハイマーが挙げる例によって説明しよう[256]。

ある子供が、麻酔事故の結果としてではなく、外科手術の後の合併症にもとづいて死亡した[257]。しかし、患者の親に麻酔の危険について十分に説明しなかったという点に関して、捜査の手は麻酔医に及んだ。麻酔医の説明義務は、患者に予想外の麻酔事故に対して保護し、患者がその危険を知らない麻酔手続に同意することを予防するという目的をもつ。しかし、その具体的事例においてはこの麻酔の危険が実現したのではなく、子供の死亡は、麻酔医がその危険につき説明していなかった外科的措置に発したのであるから、子供の死亡は、麻酔医の説明義務違反の保護範囲には入らないというのである。

保護目的論を援用して医師の責任を否定する判例もある。他の実現しなかった危険については、説明はなかったにもかかわらず、説明されるべきであった危険のみが実現した場合については、医師の責任が否定される[258]。説明義務を伴わない危険のみが実現したが、患者は少なくとも最悪の、考慮されるべき危険に関する説明によって基本的説明を受けていたときも同様である[259]。ウルゼンハイマーは、「説明の不足を援用することが、患者による説明義務の濫用である」とされるときにのみ、保護範囲論による医師の賠償責任の否定が行われていると結論づけている[260]。

---

[256] Vgl. *Ulsenheimer*, a. a. O., S. 177 f.
[257] Vgl. *Ulsenheimer*, a. a. O., S. 177 f.
[258] BGH VersR 2000, 725; BGH NJW 2001, 2798.
[259] BGH NJW 2001, 2798.
[260] *Ulsenheimer*, a. a. O., S. 179.

7．仮定的同意？

1．民事法における仮定的同意

(a) ドイツ民事法における仮定的同意

　民事判例において、「仮定的同意」の考慮が、説明義務違反の損害賠償範囲に制限を加える法概念として展開され、それが刑事判例にも影響を及ぼし、学説においても、賛否両論に分かれて、この法概念の適性と有用性について、議論されるに至っている[261]。

　説明義務違反のために損害賠償請求をされた医師ないし病院は、規定に沿った十分な説明が行われていたとしても、患者は、同じように、侵襲に同意していたであろうと主張できた場合、説明義務違反を理由に損害賠償を問えないというのがその原理である。判例は、この「仮定的同意」の抗弁を認めている[262]。それは、権利濫用的に主張される説明義務違反に対処するためである。しかし、これによって、患者の自己決定権が迂回されることがないように常に注意を払っている。

---

[261] この問題につき、詳しくは、山中「医師の説明義務と患者のいわゆる仮定的同意について」神山古稀祝賀（第1巻・2006年）253頁以下、278頁以下。その後のドイツにおけるこの問題に関する文献の検討を含めて改めてこの問題を採り上げ、自説を展開したドイツ語文献として、vgl. *Yamanaka*, Kritisch-dogmatische Überlegungen zur hypothetischen Einwilligung, in: (Hrsg.) Bloy/Böse/Hillenkamp/Momsen/Rackow, Gerechte Strafe und legitimes Strafrecht (Festschrift für Maiwald), 2010, S. 865 ff. (*Yamanaka*, Geschichte und Gegenwart der japanischen Strafrechtswissenschaft, 2012, S. 225 ff.) なお、同じテーマを取り扱ったわが国の文献として、武藤眞朗「医師の説明義務と患者の承諾—『仮定的承諾』序説—」東洋法学49巻2号（2006年）5頁以下、同「いわゆる仮定的承諾について—医師の説明義務と患者の承諾—」刑法雑誌47巻3号1頁以下、民法の分野におけるこの問題については、河原格『医師の説明と患者の同意』208頁以下参照。

[262] Vgl. BGHZ 29, 176, 187＝NJW 1959, 814; BGHZ 90, 103, 111＝NJW 1984, 1397: BGH NJW 1994, 799, 801; 1996, 3073, 3074; 1998, 2734; 2005, 1364; BGHZ 172, 1, 14＝NJW 2007, 2767. 判例は、当初は、この概念を用いるのには謙抑的であったという。「仮定的な内心の事実」が実際に「このようにして」認定されるものかどうかというのである（BGH VersR 56, 406. Vgl. *Edlbauer*, a. a. O., S. 252.）。判例の中には、仮定的同意によって、いったん認定された「違法性」は「除去」できないとするものもあった（BGH VersR 59, 355.）。

すなわち、仮定的同意が証明されたとするには、裁判所は、厳格な要件を課している。医学的適応があるということは、いかなる場合にも同意されていたであろうという仮定の拠り所となりうる。そこで裁判所は、「合理的な患者」の立場が、決め手となるのではなく、むしろ、まさに当該の患者がその特殊性と固有性をもってその当時具体的な状況において同意したであろうということが重要であるとする。認定する裁判所には、その確信を形成するに当たって、反対の根拠が欠けるがゆえに、病人は、通常は、比較的高い蓋然性をもって、比較的低い危険において健康の確実な回復につながる医学的適応のある侵襲に対する同意に至ることが多いという経験を援用することは許されないというのである。

しかし、このような患者の個人的な事情を基準とするなら、極端に言うと、患者が「同意しなかっただろう」と主張しさえすればよいことになり、医師の立証責任が重くなりすぎる。そこで、その間の「妥協」として、患者側は、「明白な根拠」（Plausibilität）をもってもし十分な説明があったならば同意に至っていなかっただろうという反証を挙げなければならないが、そのためにはその場合同意するかどうかにつき「葛藤ないし迷いの状態」に陥っていただろうという反証で十分だとするのである[263]。これについては、さらに後述する。

(b) わが国の民事判例における仮定的同意

わが国の民事判例において、仮定的同意の問題につき論じたものとして、前掲**東大脳動静脈奇形（AVM）事件**判決[264]がある。

(事実) 患者Eは、T大学病院を受診し、脳動静脈奇形（AVM）と診断され入院した。医師らは、将来の出血の可能性を考え、摘出手術を妥当と判断し、患者および家族の同意を得て手術を行った。手術は難航し出血があり、輸血を要したが、その後、患者の意識は徐々に回復したにもかかわらず、急に意識レベルが低下し、再開術が行われ、血腫の除去などが行われにもかかわらず、著しく脳が腫脹し、患者は2日後に死亡した。患者の家族らが手術時の過失とともに手術の適応・危険を含めた医師の説明義務違反を問うた。

---

263 これについては、vgl. *Edlbauer*, Die hypothetische Einwilligung als arztstrafrechtliches Haftungskorrektiv, 2009, S. 255 ff.; *Ulenheimer*, a. a. O., S. 180 ff.
264 東京地判平4・8・31判時1463・102。評釈として、加藤新太郎「東大脳動脈奇形（AVM）事件」医事法判例百選128頁以下。

（**判旨**）過失の認定は否定され、説明義務違反については肯定した。「治療行為にあたる医師は、緊急を要し時間的余裕がない等の格別の事情がない限り、患者において当該治療行為を受けるかどうかを判断決定する前提として、患者の現症状とその原因、当該治療行為を採用する理由、治療行為の内容、それによる危険性の程度、それを行った場合の改善の見込み、程度、当該治療行為をしない場合の予後等についてできるだけ具体的に説明すべき義務がある」。「A医師は、原告Mらに対し、AVMについての一般的説明、Eに対して手術をする理由、手術を行った場合の改善の見込みについては一般的な説明をしているものの、家族が最も知りたいと思っていた手術の危険性及び手術をしない場合に将来発現が懸念される症状について、単に抽象的に述べたに止どまり、具体的な説明もせず、また、それらの危険性を対比して説明するということも十分行わなかったものと認めざるを得ない」。

「本件は、実際に開頭して手術を進めてみると予想外に癒着が強く、手術が困難を極め、結果的には不幸な帰結に至ったものの、被告病院の設備とスタッフを考えれば、手術前にはそれほど高度な危険性を伴う手術とみることはできなかった。これらの事実を併せ考えると、Eが担当医らから十分な説明を受け、手術にある程度の危険を伴うことを具体的に知らされたとしても、手術を承諾した可能性を否定することもできない。そうすると、担当医らがEに対して十分な説明をしておればEが本件手術を承諾しなかったかどうかは必ずしも明らかではなく、担当医らが必要な説明義務を尽くさなかったこととEが死亡したこととの間には相当因果関係があるとはいえない」。

本件では、医師の十分な説明があったとしても、患者は手術を承諾した可能性を否定することができないとする。そして、結果的には、説明義務違反と「死亡結果」との間の「相当因果関係」を否定する[265]。

この因果関係の認定につき、①当該患者が同意したかどうかを基準とすべきだという見解（主観説）、②一般的な患者を基準にするという見解（合理的患者説）、③裁判所が判断するという説（客観説）がある[266]。本判決は客観説を

---

[265] ほかに、AVM（脳動静脈奇形）の全摘出手術を受けた患者に重篤な障害が残ったことにつき、担当医師らに治療方法の選択等の落ち度は認められないが、手術の危険性や必要性についての説明が不十分であったとして、慰謝料の支払を命じた判例（東京地判平8・6・21判時1590・90）がある。本判決では、説明義務違反による損害額について、障害との相当因果関係を否定し、精神的損害のみを認めた。判例評釈として、金川琢雄・判例時報1606号（判例評論463号35頁）197頁以下、山下洋一郎「各論⑤医療〔判例分析50〕」判例タイムズ1178号212頁以下参照。

とる。民事法で、そもそも「仮定的因果関係」を認めるのであれば、説明義務違反と「同意」との条件的な「因果関係」も、「相当因果関係」も問題にすることができるかもしれない。そのことを前提にしても、因果関係の「認定」を行うのは裁判所であり、その因果関係の判断の「基準」は、「患者本人」か、それとも想定される「合理的患者」かであり、「裁判所」と同列にすることはできないと思われる。この判断基準に関しては、結論としては十分な説明があれば同意していたかどうかは、一般人ではなく、あくまで本人の問題なので、基準とされるべきは、たとえ認定は困難であっても、理論的には当該患者本人であるべきであろう。

他方、**新潟地判平6・2・10判タ835・275**においては、説明義務違反を認めた後、さらに、「また、前記のとおり本件手術の有効性や必要性には重大な疑問があったのであるから、担当医らが説明義務を尽くしていれば、原告が本件手術を受けなかった可能性が高く、本件手術を受けなければ原告に本件後遺症が生じる事もなかったことが認められ、いずれにしても担当医らは原告に生じたすべての損害を賠償する責任があると言わなければならない。したがって、被告は民法715条により原告が被った損害を賠償しなければならない」として、条件関係を肯定する。問題は、これが理論的に「説明義務違反」と「同意」の「因果関係」の問題かどうかである。

(c) ドイツ民事判例における仮定的同意

民事判例では、このように、医師の説明義務違反があった場合に、医師は、患者の仮定的同意を援用して、義務違反がなくても患者の同意は得られていたであろうと主張して責任を免れることができることになっている。しかし、医師によって無制限にこの主張がなされると、患者はほとんど勝訴の見込みがなくなる。そこで、民事判例では、仮定的同意を援用して、医師がその責任を免れるのは、「極端で例外的な場合に限定されている」[267]。

まず、立証の問題であるが、医師が説明義務を尽くしていたとしても、患者は同様に同意していたであろうことを主張しなければならない。その場

---

[266] 塚本泰司「東大脳動脈奇形（AVM）事件」医療過誤判例百選（第2版・平成8年）21頁参照。
[267] *Ingeborg Puppe*, Die strafrechtliche Verantwortlichkeit des Arztes bei mangelnder Aufklärung über eine Behandelungsalternative- Zugleich Besprechung von BGH, Urteile vom 3. 3. 1994 und 29. 6. 1995, GA 2003, 773.

合、患者は、これに対抗するに、もし異なった治療方法に関する説明があったなら、患者は、「深刻な決断の迷いの状態」に陥っていたであろうと立証すれば反証として十分である。また、完全な説明が行われていた場合、患者は同意していたであろうと判断する場合の「患者」は、本人に代わる通常の「合理的な患者」であってはならない。その患者「本人」なら同意していたであろうという場合でなければならない。しかし、本人が、実際に行っていない場合に、仮定的に、一定の迷いに陥ったかどうかを判断し、立証することは困難である。したがって、患者が、そのような迷いが生じたことを明らかにすれば、医師が仮定的同意を援用することは事実上すでに意味がなくなるのである。

　実体法的には、医師の説明義務は、侵襲の重大性、その手術の効果、回復の見込み・危険性、その他その手術によって生じる生活上の負担などの基本的な事項については、「おおまかに全体的」に説明がされなければならない。説明義務によってカバーされた以外の危険が発生する場合にも、医師がそれだけで責任を免れるわけではない。上で検討した判例によると、「極めて稀有な、説明義務のない危険が実現したときも、侵害された行為規範の意義と目的に照らして、手術から生じた全損害に対して責任を負わなければならない」が、「例外は認められる」のである[268]。この判例の事案では、以下で検討する1984年判決の事案と異なり、この例外にはあたらないとした。

　以上の訴訟法上・実体法上の制限から、医師が、実際に、仮定的同意を立証して賠償責任を免れるのは極めて困難であるといえる。

(d)　1984年連邦裁判所判決

　ドイツの刑事判例において仮定的同意の問題が取り扱われたのは、民事判例の影響を受けている。それらの民事判例の先駆けとなった**1984年2月7日の民事判例**[269]の事案はおよそ以下の如くである。

　　医師が、首のリンパ腺が腫れた患者にホジキン病（＝リンパ内腫症）と診断し、上半身にコバルトの遠隔照射を行ったが、その際、患者に手渡した「照射

---

[268] BGH NJW 1991, 2347; Vgl. *Lothar Kuhlen*, Ausschluss der objektiven Zurechnung bei Mängeln der wirklichen und der mutmaßlichen Einwilligung, Festschrift für Heinz Müller-Dietz, S. 437.

[269] BGH NJW 1984, 1397. 山中・前掲神山古稀（第1巻）261頁参照。

を受ける患者のための説明書」に脊椎損傷の危険については書いてなかった。患者は、照射を受けはじめて約14日後、嚥下障害、呼吸時の痛み、その後、さらに腰を曲げたときに脊椎に沿った痛みを感じるようになり、一年以上経って、脊椎横断麻痺が発症するなどの症状が出た。医師に対して損害賠償を請求した。この事案につき、連邦裁判所は、①医師は、脊椎の治療を行う際には、その脊椎横断麻痺の危険が稀有で、その治療法をとらなかった場合でも高い蓋然性をもってその病気を原因として実現していたであろうといえる場合にも、脊椎横断麻痺（Querschnittslähmung）の危険について患者に説明する義務を負わされているとし、②医師が説明義務を果たしていないと主張する患者は、規則通りの説明があった場合には、患者の視点から見て、決断の迷いに立たされていたし、そこから当該の治療が拒否されることが合理的であることを説明し、立証しなければならないとした。

この判決は、仮定的同意に関する連邦裁判所民事第6部の一連の判例のリーディングケースとなったものである。

次いで、**1989年2月14日の連邦裁判所の判決**[270]においても、肩の関節の痛みを止めるため注射を行い、その後、敗血症により死亡したが、注射の際、関節の硬直が起こる可能性について説明を怠るという説明義務違反があったという事案で、患者側は、規則通り説明が行われていたなら、患者は決断に迷いが生じていたと主張した。すなわち、患者は説明義務のある危険、つまり、感染を引き起こす関節の硬直の危険ではなく、別の危険、つまり、注射によって引き起こされた感染の後の死亡につながる敗血症の危険が実現したものであるとして、生じた損害は、行為規範の保護範囲に含まれないと主張した。これに対して、連邦裁判所は、危険に対する説明は、「大雑把に全体的に」行われればよいとして、本件では、まさに医師によって告げられた侵襲の危険が実現したといえるものとした。かくして、患者の死亡の結果という損害は、まさしくおおまかで全体的な説明に相応する、事情によっては重大な結果となる感染の危険の結果であるというのである。

さらに、**1993年11月9日の連邦裁判所の判決**の事案では、仮定的同意があったとする原審の判決を破棄していることで注目に値する。

事案は、被告である歯科医師の親知らずの抜歯治療を受けた原告が、顎の

---

[270] BGHZ 106, 391＝JR 1989, 286. 山中・前掲神山古稀（第1巻）261頁以下参照。

神経を傷害され、骨髄炎になり、何度も手術が必要となった医療過誤の損害に賠償を請求したものである。医療過誤であるとして、原告は、施術された侵襲の範囲と危険につき十分な説明がなかったことも申し立てた。原審は、行われた侵襲は、違法ではなかったとし、その理由として、もし十分に説明していたなら患者は決断の葛藤に陥っていただろうという点と、もし十分に説明していても同意していただろうという点を挙げた。

これに対して、連邦裁判所は、もし実際に真剣に考慮すべき抜歯に対する対案が示されていたなら、原告は、すぐに抜歯させず、後に静かに知り合いの歯科に行くか、外科に行って治療を受けるかを考慮する時間をとるため、初診であった被告の医院では、とりあえずは薬で痛みを抑えるという治療を選択していただろうというのである[271]。

2．刑事法における仮定的同意

前述のように、ドイツの刑事判例においては、民事判例の影響を受けて仮定的同意が考慮されているが、これを考慮する判例は、すでに1963年にさかのぼる。

(1) 先駆的判例

1963年6月28日の連邦裁判所の判例 で、左の睾丸に膿瘍ができた患者に、医師ががんの疑いをもち、両方の睾丸を摘出することが必要となるかもしれないことにも言及したが、経験上、手術の拡大につき説明する義務はないと思っていたところ、手術の途中で両方の摘出が不可避だと判断し、摘出したという事案につき、連邦裁判所は、「左の睾丸がいずれにせよ摘出されなければならないであろうという説明を受けていた場合には、その同意を得られなかったであろうというときにのみ、医師に対して過失の非難がなし得る」とする[272]。

その次にこれが問題とされたのは、**1990年9月25日の連邦裁判所**のいわゆる「O脚矯正事件」の判例[273] においてであった。本件では、O脚を外科的に矯

---

[271] BGH NJW 1994, 801.
[272] BGH JZ 1964, 231. Vgl. *Edlbauer*, a. a. O., S. 273 ff.

正してくれる医師を探していた患者が、矯正を受けたが、その手術方法は「医学的にありうる枠内」の措置であった。しかし、医師は、その説明において、手術方法について精通していない助手医に説明をさせたところ、骨髄炎や誤った関節形成の危険が指摘されなかったが、これが現実化し、患者は車椅子生活を余儀なくされたという事案で、連邦裁判所は、医局医によって適切に説明されていたとしても、その「義務違反は傷害の原因ではない」から、過失は成立しないとした。なぜなら、被告人は、十分に説明されていたとしても、患者は被告人の能力と技術をなお無条件に信頼しており、結論的には同意していたであろうからである。

　この判例は、その当時、注目されなかったが、これらの先駆的判例を経て、この問題に俄然注目を集めることになった**1995年6月29日の連邦裁判所の判決**[274]が登場する。

(2)　サージボーン接合具事件

　(事案) 被告人は、ある大学病院の神経外科の医長であったが、HWディスク・切除術を患者に施した。首の椎間板を除去した後で、分離具として、脊椎骨の間に加工した牛の骨（サージボーン接合具＝Surgibone-Dübel）を挿入する手術であった。しかし、当時、ドイツでは、自分自身の骨か人造骨を用いた分離具を使用するのが通常であった。サージボーンを用いる場合には、ドイツ薬事法によれば、認可を申請する義務があるが、連邦健康省によって認可されていなかった。

　被告人は、手術の結果、患者達に〔骨の〕削り屑による合併症を発生させた。患者の一部に対しては、再手術がなされた。手術の前に、患者達は、不成功に終わる可能性も含めて手術の危険性について説明を受けた。しかし、一般に使われる挿入器具の素材の差や、その特殊な長所や短所に関する説明は、被告人の指示によって、患者に不安感を与えないようにという配慮から行われなかった。すべての事案において、患者達は、それらについて説明を受けていた場合には、被告人による手術に直ちには同意していなかったであろうといえる。原審は、被告人を6件につき傷害罪で有罪とした。

---

[273] BGHR StGB 223 Abs. 1 Heileingriff 2. Vgl. *Edlbauer*, a. a. O., S. 277.
[274] BGH JR 1996, 69＝NStZ 1996, 34.

（判旨）患者が、手術に際してその経過や成功の見込み、危険、代替治療の可能性などの説明を受けないで同意したとき、その同意は無効であるという原審の出発点は、正当である。本件の6件における同意は、必要な方法で説明が行われていないので、無効であるという点も正当である。

①用いられた「サージボーン」が認可されていなかったことについては、被告人は、患者に説明していないが、被告人は、使用されたサージボーンが連邦健康省によって認可されていないことを知らなかった。被告人が表象していたのは、他の挿入物の使用の可能性につき、患者に対する説明は必要でないということであった。つまり、被告人は、患者の同意は有効であると思っていたのであり、その侵襲は適法であると思っていたのである。正当化事情の誤認は、故意行為の可罰性を阻却する。

このような法的誤謬により原審の判決は破棄され、差し戻されることになる。新たな公判のため、次の点の指摘をしておく。

②説明の欠如は、患者が、侵襲に対する要件を充たす説明があったなら同意しなかったであろうという場合にのみ、傷害罪での医師の可罰性を根拠づける。このことは、民法とは違い、（検察官から）医師に対して立証されなければならない。その点で疑いが残るなら、その同意は、規則通り説明されていた場合にも、与えられていたであろうということから出発されるべきである。この仮定的同意の問題については、新たな事実審裁判官は、破棄された判決よりは詳しく取り組まなければならない。

新たな事実審裁判官は、発生した削り屑合併症（Spankomplikationen）と被告人によって侵害された説明義務の間に、必要な関係が存在するかどうかという問題に注意を払わなければならない。もちろん、医師の侵襲の判断に関する判例によれば、一切の、身体の完全性を侵害する医師の治療措置は、それが成功しようと否とにかかわらず、傷害罪の構成要件を充足する。それを正当化するためには、患者の同意が必要である。患者の同意なしに行われた手術は原則として構成要件に該当し、違法な傷害であることを表す。しかし、判例のこの原則から、一切の、不十分な説明により行われた侵襲が傷害罪として可罰的となるのではない。可罰性の限定は、とくに保護目的思想の観点のもとで行われる。「ここでは、患者の同意をとって行われた侵襲の結果であるとして、侵害された説明義務の保護範囲内に属さない危険が実現した場合に、患者への説明が不十分であるとして医師の可罰性が阻却されるのは、個別の場合につき何時であるのかは決定される必要はない。しかし、いずれにせよ、それについて考

慮されるべきなのは、説明不足が、代替治療に対する示唆が行われなかったことにのみ存在し、患者が侵襲の種類と程度に関する基本的説明を受けており、生じうる最も重大な侵害についても情報を与えられていたときであろう」。

(3) 椎間板事件

2003年10月15日の連邦裁判所の決定[275]（椎間板事件）の事案は以下の通りである。

（**事実**）被告人はある病院の神経外科の医長であったが、Ａが椎間板ヘルニアで被告人の管轄する科で手術を受けた。手術に先立って行われた核スピン断層撮影により、患者の腰脊椎の脊椎部位Ｌ４／Ｌ５に重大な椎間板ヘルニアが、その下の脊椎部位Ｌ５／Ｓ１には、軽い椎間板ヘルニアが認められた。重大な椎間板ヘルニアは、手術しなければならなかった。女医Ｋが助手とともにその手術を行った。Ｋは、気づかずに、下部のＬ５／Ｓ１段階につき手術し、小さな椎間板ヘルニアを切除した。翌日、患者には、下肢の麻痺現象が発生したが、それは、神経線維が傷つけられたことを意味していた。神経線維の侵害の原因は、早期再発か、あるいは、段階を間違えたことによるもともとのヘルニアの存続でありえた。レントゲンやコンピュータ断層撮影によると、明らかに段階の取り違えを示していた。Ｋは、そのことを上司である被告人に伝え、自分の医療過誤にショックを受けたので、相談にのってほしいと申し述べた。被告人は、患者にはミスのことは黙っておき、実際には手術が行われなかったＬ４／Ｌ５の部位につき早期再発のためもう一致度手術が必要だと説明するように申し述べた。また、第２手術の報告書には、患者は早期再発があり、その際に、右の椎骨半弓と小さな椎間板ヘルニアも除去したと書くように助言した。その虚偽の説明をされて、患者は、第２の手術に同意した。すでに手術の前に、右の椎骨半弓の切除が決められていたという事情については、患者は聞いていなかった。この切除が、医学的に必要であったことは、原審が認めた。

　量刑において、法廷は、患者が真実の事情を知っていたら、医学的に必要な手術に結果的には同意していたであろうし、手術は結果的に患者の意思にも利益にも相当していたと認定した。さらに、患者は、正しい情報を得ていても、第２の手術を女医Ｋによって行われることにも、必要性・緊急性からしてひょっとして同意していたであろうが、そのミスを知って他の医師による手術を希望したかもしれないと認定した。患者の推定的同意はなかった。結局、原審

---

[275] BGH JR 2004, 251＝NStZ-RR 2004, 16.

は、被告人を故意の傷害罪の教唆で有罪とした。

(判旨) 判決の認定からは、傷害教唆罪で有罪とはなしえない。

意思に瑕疵のない同意のみが正当化される。必要となった第2手術の原因に関して、欺罔によって招かれた同意は無効であった。したがって、正当化できない。

患者が、現に行われた手術に対する真実の説明をしていたら、同意していたであろうというとき、違法性が阻却される。原審は、説明不足の因果関係については開かれたままにした。因果関係の検討にあたっては、それぞれの患者の具体的な決断結果に注目されるべきである。患者は、どのみち手術しなければならなかった、あるいは、合理的判断のできる患者ならば同意していたであろうということは問題にならない。

仮定的同意について被害者に質問する場合には、その発言とともに根拠も聞き出すこと、それによって、当時の患者の決断が、患者の視点から真実の事実を発見するのに、追体験可能で、かつ、ありうる推論であるかに思わせるものであることが重要である。

本決定では、「仮定的同意」における「因果関係」の判断に関する要件を先の1995年判決に比べてより詳しく論じている。重要なのは、第1に、説明義務違反と患者の同意との間の因果関係を検討する際に、「患者の具体的決断」に着目すべきであって、「合理的判断のできる患者」の判断に置き換えてはならないということである。第2に、患者の仮定的決断に関する立証につき、「患者の視点」から、「追体験可能で、かつ、ありうる推論」であることを立証しなければならないとしている点である。

(4) その後の判例

その後の判例でも、仮定的同意の存在を否定したものが続いている。

(i) ドリルの先端事件

まず、2004年1月20日の「ドリルの先端事件」判決[276]では、医師が、18歳の患者の肩こりを解すため、同意を得て肩甲骨に穴をあける手術をしたところ、ドリルの刃先2cmほどが折れて骨に突き刺さったが、肩甲骨の中に埋まったので、医師はそれを隠し、第2の手術が必要になったと欺き、数日

---

[276] BGH JR 2004, 469＝NStZ 2004, 442.

後、第2の手術をして、欠けた刃先を取り出そうとして、承諾を求めたので、熟考の末、患者が同意したという事案が問題となった。刑事裁判所は、意思の欠缺に起因する同意は、医的侵襲の正当化事由とみなされないとして、被告人を故意の傷害で有罪とした。連邦裁判所も、真実の説明があったなら、患者は手術に同意していたであろうから、違法性が阻却されていたであろうとする余地はないとして、これを是認した。

(ii) 脂肪吸引事件

さらに、2007年7月5日の連邦裁判所の判例[277]では、次のような事案が問題となった。

> 医師が、患者に局部麻酔及び後に全身麻酔をして脂肪吸引をし、腹の脂肪を取り去る手術をしたが、これについては患者の同意があった。しかし、何カ月かして、同じ患者がまたも手術を受けたが、それは、先の手術の瘢痕の除去と新たな脂肪吸引を受けるためであった。医師は、今回は、脂肪吸引の危険につき説明をしなかったほか、手術の日、助手を務める看護師が留守であったので、化学専攻の学生であった義妹を助手として脂肪吸引の補助作業を手伝わせたほか、痛みを訴えた患者にいくつもの鎮静剤等を与えたが、被告人は、それらの薬の組み合わせが呼吸抑制的に作用することに気付いていなかったといった不注意が見られた。医師は、測定器のアラームにより手術を中断し、救命措置を図ったが、薬剤の過剰投与により患者は死亡した。患者は、第1の手術に同意していたのであるから、第2の手術にも同意していたはずだとして、地裁は、傷害致死罪ではなく、過失致死罪とした。

これに対して、連邦裁判所は、本判決が仮定的同意を認めた点で、これを破棄した。第1の手術の事情のみではなく、第2の手術の際に変更されていた枠組み条件を知った上でも、患者は同意していたかが考慮されなければならなかった。本件で、同意を仮定することはできない。第2の手術は、緊急を要するものでも、医学的適応があった事案でもなく、説明の要件も厳しくなる「たんなる」美容手術であったからである。正当化事情の存在に関する錯誤があった場合にのみ、故意非難ができないのであるが、原審の認定によれば、本件ではむしろこのような錯誤は認められない。

---

277 BGHR StGB 223 Abs. 1 Heileingriff 8＝StV 2008, 189＝MedR 2008, 158.

(iii)　ターボ禁絶治療事件[278]

(事実) 被告人は、開業医であり、麻薬中毒者の治療のための治療院をも営んでいたが、そこでは、麻酔薬による麻薬・薬物禁絶(いわゆる「ターボ禁絶」)を施していた。1999年1月15日に、33歳の患者Rにそのようなターボ禁絶を施したところ、治療中にRは死亡したというのが、本件の概要である。その経緯は以下の如くである。Rの母親が、事前に電話で、その治療で患者が死亡したと聞いたと話したところ、被告人はそれを即座に否定した。当日に看護師がいないなどの理由でRの来院は、延期され、Rには、「アヘン剤」(Opiat)に狙いを定めるために事前に、テムゲジック(Temgesic)やディヒドロコデイン(Dihydorocodein)が投与されていたが、1月15日に来院したとき、これらを含めた多数の薬剤が処方された。その日の午後2時30分にさらに多数の薬剤が投与され、麻酔が施された。22時10分に措置が終わり、被告人の監視する処置室に移された。気管カニューレは10時に抜かれ、翌朝2時には、血中酸素を測定する指先センサーも外されて、監視の不十分な状態に入った。この間に出血性肺水腫が進んでいた。Rに投与された薬剤の中の「毒素」が作用したのであった。当初、互いの毒素が効果を打ち消しあっていたが、そのバランスが崩れたことによる。しかもRは、麻酔中に吐瀉物を吸引し肺炎を起こしていた。午前4時になって被告人が異常に気づき救助を試みたが、患者はその後死亡した。地方裁判所は、死亡の原因は、肺水腫か肺炎かであったが、そのいずれかは認定できなかった。Rは、もしすでに以前に死亡事故があったと聞いていたなら、そして、当日22時10分以降、被告人の監視のみで病室にいることを聞いていたなら、また、このようなアウトサイダー的治療法の支持者にうちの少数説、つまり、事前の「麻薬」に狙いを定めることが必要でないと聞いていたなら、その日に「ターボ禁絶」治療を受けてなかったであろう。被告人もそのことを知っていた。

　参審裁判所は、傷害罪を肯定した。患者の同意は、説明が不十分であり、患者に錯誤(以前に事故がなかったと聞いていた、夜間看護師がいないことを聞いていなかった、「アヘン剤」に狙いを定めることが必要でないと聞いていなかった)があって無効であるとした。加えて過失致死罪も肯定したが。ただし、傷害と死亡との因果関係が欠けることを理由に、傷害致死罪の成立は否定した。

---

[278] BGH NStZ 2008, 150; StV 2008, 464.

(判旨)「上告理由によって主張された仮定的同意（…）は、医師の治療への同意は、―いずれにせよ十分に説明がないときには―、医学の水準（「医術準則」）に従って行われた治療にのみ当てはまる。したがって、まさに1999年1月15日の時点での「ターボ禁絶」に対する仮定的同意を検討することが想定されなければならない。すなわち、その場合、Ｒは、翌日２時までの被告人による不十分な監視について知っていたであろう（…）。その場合、しかし、少なくとも「さらに期日を延期することに価値を置いていたたであろう」（…）。

それと並んで、原審は、適切にも、被告人よって義務に反して惹起された患者の不十分な監視が、少なくともその死が ―被告人には予見可能だったのであるが― 早く発生していた（…）ことにつながり、その結果、被告人は過失致死の構成要件も違法かつ有責に実現したことを認めたのである」。

原審は、傷害致死罪については、故意の傷害と発生した死亡との因果が証明されていないとして否定した。というのは、患者は、治療開始前に（医師の知らないうちに）多数の有毒な物質を摂取していたのであり、「ターボ禁絶」を行わなくても「通常のあへん中毒」によって死亡していたであろうからである。この通常のあへん中毒の結果としての肺水腫で死亡していたとすれば、原則として原審の言う通りである。しかし、通常のあへん中毒という死因に関しては、原審は、もとより治療は、患者が麻酔状態に置かれたことから成り立っているのではなく、「麻酔の前と麻酔中…に身体に著しく負担となる薬剤が投与されたことからも成り立っている」ということをはっきりとは考慮していない。しかし、治療侵襲は全体として観察されなければならない。とくに高い受容親和性をもつ作用物質であるブプレノルフィン（Buprenorphin）の多数回の投与は、それによってはじめてＲを有毒な物質を摂取するよう促すに適していたとえるであろう」。…「一般的には、通院による『ターボ禁絶』は、地方裁判所が認定したような条件のもとで、そもそも ―監視の過失とは別に― 『医療技術』に即して実施された治療と評価されうるかは疑問である」。

連邦裁判所は、仮定的同意については、原審の判断を是認し、過失致死罪についてもこれを肯定した。しかし、傷害致死罪については、麻酔前と麻酔中の薬剤の投与だけではなく、事前の薬剤の摂取が、影響を与えていることが考慮されていないとし、治療侵襲を全体として考慮すべきだとして、原審判決は、「審議を尽くしていない」とする。「もし原審が審議を尽くし、麻酔投与の時に視野を狭めて因果関係ないし危険特殊連関を認定していなけれ

ば、被告人はひょっとして傷害致死罪で有罪とされていた」可能性があるというのである。

(iv)　内視鏡事件[279]

(事実) 被告人医師は、85歳の女性患者Ｐに腸の内視鏡検査を実施した。この検査は、Ｐに血便が認められたため、Ｐを治療していた泌尿器科医に依頼されたものであった。Ｐにはこの検査の危険が説明された。Ｐはこの検査に同意し署名した。検査の結果、異常がなかった。そこで医師は、Ｐの胃の内視鏡検査をする決意をした。その時、医師にはＰが内視鏡検査のために投与された麻酔薬の影響下にあることは明らかであった。しかし、この状態が胃の内視鏡検査のために利用された。というのは、そうすれば新たに麻酔を施す必要がないからである。しかし、Ｐはこの内視鏡検査に同意していない。侵襲についてもその危険についても事前に説明されていない。この時点ではＰは麻酔下にあり、有効な同意が不可能であることも医師は知っていた。にもかかわらず、胃の内視鏡検査は開始された。しかし、内視鏡のＰの食道への挿入を、嚥下運動によって促進することができず、胃腸病医である被告人には、その場合、食道穿孔の危険が高まることは明らかであった。それにもかかわらず、被告人は、食道を空にしてもう一度挿入を試みたが、今回も10センチから12センチ入っただけであった。そこで被告人は、2時間の時間的間隔を空けて再開しようと考え、麻酔が切れかかっていたので、あらたにドルミクム（Dormicum）というアンプルを注射し、なんか挿入を試みた。被告人は、食道穿孔の危険が実現すること、Ｐが生命を脅かす口内炎を患いうること、それは、85歳の患者を高い蓋然性をもって死に導くものであることを容認していた。実際、これによって、Ｐは食道穿孔に至った。Ｐは、運ばれたＢ病院においてその手術と集中治療室で治療を受けたが死亡した。

　地方裁判所は、被告人を「傷害致死罪」から出発し、次のように述べて被告人を無罪とした。「被告人は、Ｐにすぐに胃の内視鏡検査を実施して、もう一度麻酔を施す手間を省こうとした。被告人は、Ｐは、この措置に同意するであろうということから出発した。事実、Ｐは、その措置の前に規則通りその必要性、危険および生じうる合併症が説明されていたとしても、同意を表明していたであろう」。「Ｂ病院に入院中に医療過誤に至り、規則通りの治療があったとすれば、Ｐの生命は助かっていたかもしれないことは排除できない。誤って抗

---

[279]　BGH, Urteil vom 11. 10. 2011, NStZ 2012, 205.

生物質が長く投与されすぎ、それが交換されるのが遅すぎたこともありうる。もとより、被告人によって引き起こされた食道穿孔の傷害なしにはB病院に入院することも、したがって合併症に至ることもなかったであろうとはいえるが」。これに対して検察官が上告し、傷害致死を主張した。上告は容認。

(判旨)「ラント裁判所は、法的に誤って不適切な出発点から、その理由において『仮定的同意』の認容に至った。胃の内視鏡検査も原則として適応があったという認定は、この検査が急いで行わなければならなかったこと、Pの事前の同意を採れなかったということを意味しているわけではない。患者の人格を保障するために必要な自己決定権は、性急すぎる医療措置に反対する。そのことは、とくに、—本件の場合のように— 緊急を要する治療ではなく、診断のための検査が問題になっているにすぎないときに当てはまる」。

この事件では、判旨は、結果的には、仮定的同意の概念の濫用を戒めているように思われる。連邦裁判所のいう通り、安易に、説明を受けていても患者は同意していたであろうということから、説明や同意がなかったことを正当化することは不当であると思われる。

しかしながら、ドイツの刑事司法においては、「仮定的同意」の主張は、弁護人の主張としては、現実的に有効性をもつことが、最近でも実証されていることを指摘しておこう。この点で、最近、仮定的同意の主張によって無罪に至ったことによって注目された事件として、**2013年2月20日の連邦裁判所の事件**[280]がある。事案は、医師であるSとRの二人の被告人が、2006年9月に、意識的に十分な説明を行うことなくいわゆる肝細胞移植を実施し、その侵襲によって肝硬変を患っていた患者を死亡させが、その際、主治医であったSは、侵襲に同意した患者に意識的に「新たな治療方法」(Neulandmethode) を用いるという説明に重要な事実につき沈黙し、執刀医Sも説明が不十分であろうことを知りながら執刀したというものである。しかし、原審は、被告人の行為の可罰性を「仮定的同意」が存在することを理由に否定し、過失致死罪につき無罪とした。原審は、患者は、完全な説明を受けていたとしても侵襲に同意していたであろうというその見解を、患者が、すでに2006年にそれを思い止まっていたこと、他人の臓器を受けることを原則的に拒否していたこと、そのさらに生命を脅かすような病状増悪に対する不安か

---

[280] BGH, Urteil v. 20. 2. 2013, NJW 2013, S. 1688.

ら移植の待機リストに載ることを恐れていたことなどから、肝移植をもはや望まなかったとし、また、患者が新たな治療方法に賭けていたことを、Sにも明確かつ一義的に表明したいたことを指摘して根拠づけている。連邦裁判所は、この判断を原則的に追認した。「地方裁判所が過失致死の非難につき無罪を言い渡した点に法的誤謬はない」とし、「地方裁判所が被害者の仮定的同意が認められることに鑑みて説明違反と被害者の死亡との必要な義務違反連関を否定したことは正当である」とした。

(5) ドイツ刑事判例の意義

刑事訴訟においては、厳格な証明が要求され、インドゥビオ・プロ・レオ（疑わしきは被告人の利益に）の原則が妥当する。したがって、完全な説明が行われたとしても、患者が同意していたであろうことは、検察官によって立証されなければならない。民事訴訟の場合、患者は、完全な説明があった場合には自分が「決断の迷い」に陥っていたであろうと主張すれば、医師の仮定的同意の抗弁を否定できる。しかし、刑事訴訟においては、検察官は、医師によって完全な説明が行われていたとしても、患者によって同様に同意されていたであろうかという問いに答えられない場合、被告人たる医師に有利に、同意があったものと認定されることになる[281]。つまり、検察官は、医師に対して有罪とするためには義務を尽くして説明していたなら、結果は発生していなかったであろうと立証しなければならないのである。疑いが残るなら、「疑わしきは被告人の利益に」の原則により医師に有利に、説明を受けたとしても、患者は、同意していただろうということを前提にしなければならない[282]。

この点につき政策的に問題があるかどうかは、見解によって評価が分かれることになる[283]。医師の責任を問うべきであるという立場からは、これは許されないが、これを民事訴訟の場合とは異なって、限定すべきであるという立場からは、歓迎すべきことになる。民事法のように医師の責任を患者の利益のために拡大することは、客観的帰属の思想と矛盾し、刑法においては

---

[281] *Puppe*, GA 2003, 774.
[282] *Thomas Rönnau*, JZ 2004, S. 804.
[283] 医師に対する刑事責任の限定を好ましいものとして歓迎する見解として、*Krümpelmann*, GA 1984, S. 519. 反対の見解として、*Puppe*, GA 2003, S. 776.

拒否されるべきということになる[284]。刑事判例においても、民事にならって、仮定的に同意があったとされるかどうかの判断は、個々の患者の具体的事情を考慮して判断されるべきで、合理的な人が代置されるべきではないとされ、とくに、患者は完全な説明を受けた場合でも、その手術をする以外にないのだから、合理的に判断すればほとんどつねに同意していただろうと認定することはできないとしている。したがって、基本的な説明義務は尽くされ、代替治療の方法に関する説明が不十分であるといった場合にのみ、この仮定が許されるとされている[285]。

　判例は、因果関係や規範の保護範囲の理論に言及するが、この問題の体系的位置づけや、体系的意味を詳しく分析していない。1995年の判決では、故意が阻却され、過失犯の問題とされたが、2003年決定では、故意の傷害罪の教唆が問われた。そこで、未遂の可能性が考慮されるべきことになる[286]。仮定的同意が、因果関係ないし規範の保護範囲の理論の問題とされることから、故意犯においては未遂の可能性が問題になることは予想されるが、しかし、判例においては、この問題が、体系的に、構成要件該当性の問題なのか、違法性の問題なのかについて言及はなく、したがって、いかなる意味で既遂処罰の排除の問題であるのかは定かではない。この点の説明は、学説に委ねられているといってもよい。

(6)　ドイツの学説
(a)　クーレンの見解

　クーレンは、仮定的同意の問題をいち早く取り上げ、この問題を正当化事由の帰属の問題として体系化しようとした。「客観的帰属の理論は、構成要件論の一部であるとするのが圧倒的である。しかし、それは、それと並んで、違法論においても意味をもつ。既遂結果犯は、結果が、客観的構成要件の枠内で検討されるべき、客観的に帰属可能的に一見規範に違反するようにみえる…行為に依拠することを要請するだけではない。むしろ、結果が客観的に帰属可能的に決定的に、正当化するような行為に還元されえないので、

---

[284] *Kuhlen*, Festschrift für Heinz Müller-Dietz, S. 438 f.
[285] Vgl *Rönnau*, JZ 2004, S. 803.
[286] ドイツ刑法223条の傷害罪では、2項で、未遂を処罰する。

規範違反的なものに依拠していることを前提とする。それは、正当化事由の客観的前提の枠内ないしその付近で、行為が事前的に判断して、正当化事由の事実的前提を充たさないことが明らかになれば、検討されるべきものである。その後に、行為が正当化されなかったこと、したがって、最終的に違法となったことが確定される」。クーレンの分析によれば、仮定的同意の問題は、正当化事由における結果帰属を意味する。その法的効果は、既遂犯の客観的不法の阻却である。したがって、その効果は、既遂ではなく、故意犯においては未遂だということである。そして、クーレンは、このような考え方を一般化する。「既遂行為の客観的不法は、それとはまだ(…)必然的には結びつかない。むしろ、その客観的不法は、構成要件結果が、正当化事由が介入しなかったということに客観的帰属可能的に依拠していることを前提としている。それは、それぞれの正当化事由の不存在が、義務違反連関や危険連関によって結果に結合されているという場合のみである」[287]。これを説明するに、クーレンは、次のような例を出す。Eが、Eのカバンを持ち逃げしようとした窃盗犯人Dに「とまれ」と叫んだ。Dが止まらなかったので、本来、威嚇射撃をすべきところ、Dの足に向けて一発発砲し、命中した。既遂の傷害の構成要件は充足されている。発砲は、正当防衛とはならない。威嚇射撃をせずに発砲することは、財産を防衛するために必要ではなかったからである。それにもかかわらず、ここでは既遂とはならない。というのは、威嚇射撃ではDは止まらず、結局、Eは発砲していたからである[288]。クーレンによれば、傷害は正当化事由の不存在に客観的に帰属できないのである。

(b) クーレン説に対する批判

(i) 因果関係の認定方法に対する批判

プッペのクーレンの見解に対する批判は、まず、仮定的同意の問題は解答不可能であるという点であり、次に、ここで問題とされているのは、正当化事由と結果の「因果関係」の問題だという点である。

第1の批判は、患者が十分に説明していたら同意していたかどうかという

---

[287] *Lothar Kuhlen*, Objektive Zurechnung bei Rechtfertigungsgründen, in: Festschrift für Roxin zum 70. Geburtstag, 2001, S. 331.
[288] これに対しては、もちろん、仮定的事情を考慮することは許されないという批判がある。くわしくは、山中・神山古稀(第1巻)268頁以下参照。

問いには答えられないというものである。クーレンによると、答えが疑わしいなら、仮定的同意は、被告人に有利に判断されるべきであるとされる[289]。しかし、プッペによれば、この問いは解答不能である。なぜなら、患者の決断は、一般的法則によって理解可能になるのではないからである。特定の患者は、完全な説明が行われていた場合にも医師によって選択された治療方法に同意していたであろうかという問いに対する答えは、疑わしいのではなく、無意味である[290]。それが正しいとか間違っているとかを決定する方法がないからである。

第2の批判は、仮定的同意を検討する根拠を問題にしている。なぜ、結果が正当化事由の不存在に拠っていなければならないのか。このように問うなら、どのような任意の正当化事由も仮定されうる[291]。正当化事由と結果との間に因果関係がなければならないという見解にそもそも問題があるというのである。

(ii) 最近の学説における批判

近時、このクーレンの見解に対しては、批判的な見解が主流となっている[292]。

ⓐグロップの批判 まず、グロップは、仮定的同意を帰属阻却事由とすることに反対の根拠を次の4点にまとめる[293]。

① 刑事手続の諸原理との不一致。仮定的同意をどのようにして認定するのかが問題である。

② 正当化事由においては、因果結合は存在しない。正当化事由は、因果の外に存在する。

③ 代替原因は重要でない。窃盗の被害者が事情を知っていたら贈与していただろうということによって、窃盗にならないというわけではない。

④ 自己決定権を尊重しないことになる。仮定的同意による医師の負担免除は、侵襲時点での患者の自己決定権を尊重しないことにつながる。

---

[289] *Puppe*, a. a. O., GA 2003, S. 769.
[290] *Kuhlen* の反対論については、彼の論文参照、in: JR 2004, S. 228 f.
[291] *Puppe*, a. a. O., GA 2003, S. 770.
[292] これらの近時の学説を検討したものとして、*Yamanaka*, a. a. O., in: Festschrift für Maiwald, 865 ff.
[293] *Gropp*, Hypothetische Einwilligung im Strafrecht?, in: Festschrift für Schroeder, 2006, S. 197 ff.

ⓑ イエーガー／ドゥットゲの批判

イエーガーも、医師はたいていの場合患者がどうせ同意するだろうと信じているのだから、傷害の故意が否定され、傷害未遂での処罰も疑問であるとし[294]、ドゥットゲも、帰属を正当化の次元に転用することを批判する。それによって、構成要件とは異なる違法性の特徴が、中心的なところで損なわれることになるというのである[295]。つまり、構成要件段階では、行為と結果の帰属が問題となるのに対して、不法の段階では、阻却事由がないかどうか問題となり、構成要件的結果の帰属は、構成要件の次元のみで問われるべきであるというのである。

ⓒ ジッコーアの批判

さらに、ジッコーアは、仮定的同意の概念を合法的行為の代置の問題[296]と同様に扱うことができないと批判する[297]。その出発点は、「同意」の概念である。それを事実的な意味で捉えるか、規範的にとらえるかが問題である。前者であるとすれば、事実的に同意が与えられていたかが重要であり、後者であるとすれば、法的に有効な同意か無効な同意かが問われる。後者であるとすれば、合義務的行為の代置の問題との相違は明らかである。仮定的同意においては、説明があったとしても「同じく」同意されていたであろうという命題において、実際には、「同じく」同意があったのではなく、説明がなかった現実の同意は「無効な同意」、仮定される同意は、「有効な同意」だからである。同意の概念を事実的にとらえるとすると、事実的同意は、仮定された場合も存続することになる。この場合、前提の交換が帰属客体の状態を変えないのだから、説明に不備があったという事実は、事実上与えられた同意に影響しないのである。しかし、ジッコーアは、正当化事由の次元での「同意」は、阻却事由であり、構成要件段階の「結果」は処罰を根拠づける要素であることから両者の論理的相違に着目す

---

294 *Jäger*, Zurechnung und Rechtfertigung als Kategorialprinzipien im Strafrecht, 2006, S. 26; ders., Die hypothetische Einwilligung — ein Fall der rückwirkenden juristischen Heilung in der Medizin, in: Festschrift für Heike Jung zum 65. Geburtstag, 2007, S. 345 ff.

295 *Duttge*, Die „hypothetische Einwilligung" als Strafausschlussgrund: wegweisende Innovation oder Irrweg?, in: Festschrift für Friedrich-Christian Schroeder, S. 179 ff.

296 過失犯において、もし注意義務を守っていたとしたら、結果が発生していたであろうかを問い、「同じ結果」が発生していたであろうということが肯定されれば、「過失と結果の第2の因果関係」を否定したり、結果はその注意義務の保護目的に含まれないから客観的帰属が否定されるなどとして、過失犯の成立を否定するという問題を指す。詳しくは、山中『刑法における因果関係と帰属』(1984年) 1頁以下、286頁以下等参照。

297 *Sickor*, Logische Unbestimmigkeiten in der höchstrichterlichen Prüfungsformel zur hypothetischen Einwilligung, JR 2008, S. 179 ff.

る。正当化事由としての「同意」は正当化の必要条件であるが、十分条件ではないとする。仮定された「同意」は違法性阻却のためにはなければならないが、それだけで正当化されるわけではなく、同意能力があるなどの他の前提をも充たす必要がある。したがって、説明があったとしても、同意があり、正当化されていただろうという結論部分については、同意の過程だけでは十分でなく、「結論」部分については合法的行為の代置の場合とは異なるというのである。

3. 私 見

(1) 同意の有効要件としての医師の説明

ドイツの判例・学説の検討においてすでに考察してきたように、とくに患者の自己決定を保障するための医師の説明は、医的侵襲に対する患者の同意の有効要件であるというのが考察の出発点であるべきである[298]。構成要件該当性を否定するという意味をもつ同意、あるいは、正当化事由としての同意が正当化する効力をもつかどうかが、医師の有効な説明の有無にかかっているのである。この説明は、手術等の医療侵襲を受けることを決断するための資料となる情報を与えるものでなければならない[299]。それは患者の自己決定権を保障するためのものである[300]。したがって、説明のない同意は、これを保障するものではないが故に、無効であり、たとえ有効な同意が仮定されても現実の同意の無効の事実は変わらない。

説明義務が果たされていなかったが、果たされていたとしても患者の同意は与えられていたであろうという事情は、説明義務の「同意」ないし「構成要件的結果」に対する関係としてではなく、説明義務の有無そのものの問題としてとらえられるべきである。つまり、例えば、代替治療に関する説明が不十分であり、代替治療を行っている病院の所在について説明しなかったとき、それを聞いていたとしても現在治療を受けている病院で手術を受けてい

---

[298] これについて、詳しくは、山中・前掲神山古稀祝賀（第1巻）253頁以下、278頁以下。Yamanaka, a. a. O., Festschrift für Maiwald, S. 865 ff.
[299] Geilen, a. a. O., in: Handbuch S. 351.
[300] この目的は「自己決定のための説明」という。ここでは「治療のための説明」は問題ではない。それは有効性の問題とは関係がない。Vgl. Geilen, a. a. O., in: Handbuch, S. 352.

たであろうという事情は、どうせ同意をしていたであろうからではなく、その説明義務違反は同意の有効要件に影響しない義務違反だったから、同意は有効であり、したがって、手術は正当化されるのである。これは、当該説明義務は、当該の同意の有効性を保障するという意味をもたなかったということを意味するので、規範の保護範囲の問題といってよい。

(2) 説明義務の規範的意味
(a) 過失犯における注意義務違反

このような同意の有効要件としての説明義務の履行とならんで、従来、指摘されてこなかったが、説明義務は、過失犯における注意義務の内容としての機能をももつ[301]。体系的には、むしろ、この機能が構成要件段階で、同意の有効要件としての機能に先だって検討される。この機能は、説明義務違反があったことを過失犯における注意義務違反と捉えるので、それが、結果を帰属させるための「危険創出」を伴うものであることを前提として、その危険の「実現」があれば、結果がその過失行為に帰属されると考えるのである。

このようにみてくると、従来、「仮定的同意」の問題として捉えられ、それを正当化事由における客観的帰属の問題というように説明されてきたのは、実は、二つの意味をもつ問題であると考えることができる。第1に、すでに上記で論じたように、当該説明義務違反が、患者の同意の有効性を否定する程度の義務違反であったかどうかという問題である。そして、第2に、その説明義務違反が注意義務を根拠づけ、結果に実現したかどうかを問う注意義務の内容としての説明義務の問題である。仮定的同意とは、当該注意義務違反がなくても、結果が発生していたかという過失犯における注意義務と結果の関係の問題の中間過程における問題であって、説明義務違反がなくても、患者は同意していたであろうとすれば、同様の結果が発生していたであろうという結論の中間判断なのである。

---

[301] このような説明義務の二重機能につき、従来、明確にして来なかった。しかし、同意の有効性の前提としての機能と規範の保護範囲としての機能の区別はすでに行われていた（同60頁以下参照）。説明義務の体系的位置づけと二重の機能についてはすでに本章2.1（249頁以下）参照。

(b) 説明義務の二重機能性

結局、仮定的同意の問題は、実は、従来、正当化事由としての患者の同意の前提としての説明義務の問題と、注意義務の内容としての説明義務の問題とを十分に区別しないで論じられていた点に問題の混乱の原因があるといってよい。

クーレンの見解のように、仮定的同意を正当化事由における客観的帰属として論じる見解がその典型である。本書のように、①同意の有効性の前提としての説明と②注意義務の内容としての説明を分けて考える立場に立つと、上で示したように、①の説明における仮定的同意とは、十分で適切な説明を受けていたときにも患者は同意していたであろうということが重要なのではなく、患者に重大な意思の欠缺はなく、有効な同意の前提としての説明は尽くされていたということを意味するにすぎない。

仮定的同意の問題において問われているのは、むしろ、②の注意義務の内容としての説明なのである。上で紹介したドイツの「レモン汁事件」を例にとると、レモン汁の縫合部への塗布に対する説明の欠如は、患者は説明を受けていたとしたら同意していたかどうかが重要なのではなく、①レモン汁の塗布に関する説明の欠如が、患者の同意の有効性に影響したか、また、②注意義務の内容としての説明として、その説明のないことが、患者が手術を拒否し、患者の死亡事故は起こらなかったという結果につながったかどうかが重要なのである。この後者の問題は、注意義務違反という「創出された危険」が「結果」に実現したかどうかを問う客観的帰属論の問題に属する。

(3) 小活：仮定的同意と客観的帰属

以上をまとめると次のようになる。まず、仮定的同意の問題は、説明義務を同意の有効性の前提として捉える観点と注意義務の内容として客観的帰属に位置づけられるという観点の両者に分けて検討すべきである。

(a) 同意の有効性の前提としての説明義務

第1の観点からは、説明義務は、患者の同意の前提であるから同意と同様、正当化事由に位置づけられ、それは傷害の構成要件該当性を違法性の段階で正当化するかを問うものであり、したがって、ここでは、仮定的同意を問題にすることは原則的に無意味であるといってよい[302]。

これを正当化事由における不法結果の帰属の問題とする見解は、客観的帰属の問題を難解にするのみである。客観的帰属論は、自然的因果関係の限定の領域では大きな成果を得たが、その適用領域が過度に拡大される傾向にある。それは、まるで「無数の足をもった巨大蛸」のようだと評されている[303]。正当化事由の段階での仮定的同意は、説明義務違反の不法結果に対する客観的帰属論によって解決されるのではなく、それは、当該事項に関する説明の欠如が、医師が当該事例において患者に説明すべき義務の範囲内にあったかどうかという説明義務の射程の問題を表すにすぎない。この意味の説明においては、例えば、再びレモン汁事件を例にとると、レモン汁の塗布を説明せずに手術したことは、患者の同意を無効とするかのみが重要なのである。それでは、どのような場合に説明義務違反が同意を真に無効に導くかというと、それは、患者の自己決定権を侵害するような重大な錯誤を生じさせるような意思の欠缺を生じた場合である。

　このことは、定型的に説明義務の範囲内に含まれる事項の説明がなかったとき、つねに同意の無効を導くのではなく、患者に同意を思い止ませるような重大な錯誤を生じさせたことが必要であるということを意味する。例えば、先のレモン汁事件を例にとると、死亡の結果が説明義務違反となったレモン汁の塗布という事項とは、まったく別の事項（原因）から生じた場合でもやはり同意は説明義務違反に基づいているのだから無効だとはいえないのである。すなわち、説明義務違反は、患者の同意が無効となる重要なもののみが実質的な意味での説明義務違反であるということができるということである。そうでない場合、そのような同意は、なお正当化機能を果たすと捉えるのである。すなわち、同意の無効を導かない説明義務違反は、傷害罪の正当化を妨げないのである。

(b)　注意義務の内容としての説明義務

　第2の観点からは、説明義務違反は、それ自体ないしそれに基づく侵襲行

302　従来の仮定的同意の問題に対する私のアプローチは、①この意味の説明義務と②注意義務の内容としての説明義務を混同する見解に対して、とくに、①の立場を前提として②の問題を論じることの不合理を批判するものであった（山中「医師の説明義務」法学論集62巻1号52頁以下参照）。今回、これを明確に区別する見解を打ち出したことで、その批判は、すでに上で展開した論証で十分に行い得たと思われるので、ここでは元の説明をほとんど省略した。

303　Vgl. *Schünemann*, Über die objektive Zurechnung, GA 1999, S. 207.

為の開始が注意義務違反となり、その注意義務違反が結果に実現した場合、結果の客観的帰属が肯定され、傷害致死罪ないし業務上過失致死罪の構成要件該当性が根拠づけられる。場合によっては、これにより手術の失敗による傷の悪化などのゆえの傷害罪が肯定される。これは、構成要件の段階における通常の客観的帰属の問題であって、「仮定的同意」の特殊な論点を生じさせるものではない。患者が、十分な説明があったとしても手術に同意していただろうという事情は、説明義務違反の結果に対する危険増加ないし危険実現を妨げることがあるということを意味する。

　説明義務違反自体は、故意で行われる場合も過失で行われる場合もありうる。故意的説明義務違反も、それによって死亡結果が生じることまで意欲・予見していなかったなら、過失犯であり、業務上過失致死罪を構成する。説明義務違反は、客観的帰属論における危険創出行為であり、それによって患者の同意が得られた場合、それに基づいて手術が行われ、その手術の失敗によって患者が死亡した場合には、説明義務違反行為は、死亡結果に実現したといえる。もし説明義務違反がなく、例えば手術の縫合部へのレモン汁の塗布を説明していたとしても、患者は、レモン汁の塗布には同意しないが、「手術はやってください」と述べていたとすれば、レモン汁の塗布とは無関係の原因で患者が死亡したとき、レモン汁の塗布という創出された危険は、死亡結果に実現しておらず、業務上過失致死罪の成立は否定される。これは、客観的帰属の通常の事例であり、「仮定的同意」といった特別の法的構成を必要としない。

第 4 章

医療過誤と過失犯の成立要件

はじめに

　本章の目的は、医療行為が、医療過誤として過失犯を構成する要件としての「医療水準論」を含む「客観的帰属論」について論じることであるが、その前提として、まず、医療過誤の概念とその発生頻度や発生原因、特徴などについて、とくにドイツにおける医療過誤に関する実態調査を紹介することによって明らかにしておく。

　医療過誤が過失犯を構成する場合、新過失犯論からは「客観的注意義務違反」であることが、そして、客観的帰属論からは「許されざる危険の創出」であることが必要である[1]が、その要件を充足するためには、医師の当該治療行為が「医療水準」に達していないことを要する。「医療水準」に達しているかどかという基準は、医療行為によって望まざる事故が発生した場合に、それが過失責任を伴うものかどうかを判断する基準の重要な一つとして位置づけられる。

　医療水準概念の内容については、医療行為の当時における「臨床医学の実践における水準」を意味するとされるが、その概念の発展史を振り返るとともに、その概念の構成要素を検討し、その詳細な概念内容を確認する必要がある。さらに、医療は、日進月歩するものであり、医療過誤を恐れて医療の進歩の成果を活かすことができない固陋で保守的な基準であってはならないのであるから、医療過誤であるという判断は、医師の新たな治療法を試みる意欲を委縮させるものであってはならず、他方で、患者の意思をも勘案したものでなければならない。医師の治療は、「根拠にもとづく医療」（EBM＝Evidence-based Medicine）でなければならない反面、それを踏まえたうえでの患者の希望する代替治療を全く排除してよいわけではない。換言すれば、医療過誤の概念は、確立された医療の水準を満たさなければならないが、他方、その概念は、医師の医療の自由と患者の自己決定権を尊重することを許

---

[1]　これについて、山中『刑法総論』（2008年・第2版）365頁以下、とくに376頁、同『犯罪論の機能と構造』（2010年）142頁以下参照。

す内容を持たなければならない。

　かくして、本章では、医療過誤の実態調査を踏まえつつ、医療過誤概念の内容とその展開の沿革について考察した後、医療の様々な局面での医療過誤の具体的な医療水準を論じる前提として、医療過誤における医療水準の内容について考察を加え、さらにその注意義務違反が結果に現実化しなければならないという要件を検討することによって、総じて、医療過誤における過失犯の成立要件である客観的帰属要件について総論的考察を行う。

1．医療過誤の概念と実態調査

1．ドイツにおける医療過誤実態調査

　医療過誤がどの程度発生するもので、医療過誤であるとの患者や遺族からの申立てから、調停をも含めた民事手続にどの程度の頻度で発展し、また、刑事事件として起訴され、手続がどの程度の割合で打ち切られ、最終的に有罪に至るのはどの程度の頻度なのか、また、手続の最終段階まで進む類型にはどのような特徴があるのか等について、まず、確認しておく必要がある。その発生頻度の状況については、第１章でわが国とドイツについて簡単に述べた[2]が、ここでは、実態調査の進んでいるドイツの状況について詳しく検討しておくことにしよう。また、医療の各分野のうちどの分野において医療過誤の発生頻度が高いのか、その特徴はどうなのかについてもドイツの研究を紹介しておきたい。おそらくわが国においても共通する特徴が予想されるからである。このような実態調査は、それによって得られたデータを分析し、医療過誤と損害の発生を予防するための医療組織の経営を実践し、患者にとっての医療安全ないし患者の安全（Patientensicherheit）を保障し、さらには医療側の賠償責任の発生を予防する組織を作り上げるための第一歩である[3]。

2　本書第１章18頁以下（山中・「医事刑法の序論的考察（１）」法学論集61巻３号［2011年］17頁以下）参照。
3　これは、医療における患者保護とリスクマネージメントの問題である。リスクマネージメントとは、リスクを認識し、回避する目的で危険と専門的に向き合って、体系的にミスとその発生メカニズム、ミスから生じるその結果を認識・分析し、将来的にそれを回避する方法をいう（vgl. *Enneker/Pietrowski*, Was bedeutet Risikomanagement?, in: Ennker/Pietrowski/Kleine (Hrsg.), Risikomanagement in der operativen Medizin, 2007, S. 4.）。

(1) 医療過誤とその発生メカニズム
(a) 望まざる事故から医療過誤へ

まず、医療過誤の概念の多義性について指摘しておこう[4]。ドイツ語では、医療においてそもそもの元となっている患者の疾病そのものよりも、むしろ病院側のリスクマネージメント上の不備や能力不足から引き起こされた事故またはその両者による事故を「望まざる事故」(不如意な出来事＝unerwünschte Ereignisse) と呼ぶ。これは、英語の adverse events の訳語である。adverse events の概念は、当初、Harvard Medical Practice Study I および II、そして New England Journal of Medicine で相互に若干違った意味で用いられた[5]。それが今日でも、この概念に広狭取り混ぜて理解されている状況の嚆矢である。2004年には、欧州議会の「健康管理における安全と質のマネージメントに関する専門委員会」(Committee of Experts on Management of Safety and Quality in Health Care) において、重要なヨーロッパの言語におけるこの概念のそれぞれの言語の訳語を決定しようと試みられた。ドイツ語では、一般に人為的ミスを表す「医療過誤」(Behandlungsfehler) が用いられることが多い。これは、英語では medical error であるが、ドイツ語のそれは、法的な意味をもつ点で英語のニュアンスと異なるとされている。これらの概念的混乱を整序しようとする試みもある。例えば、医療における異常な事象につき、1）前兆的出来事（＝危機的事象、critical incident; Zwischenfall）2）ニアミス（Beinahe-Behandlunsgsfehler）3）望まざる事故、4）回避可能な望まざる事故、5）回避不可能な望まざる事故、に分けようとするものである[6]。例えば、前兆的出来事とは、人為的過誤かどうかは別としても、事故が起こりそうな小さな失敗や事象が活性化すること意味する。ニアミスは、ヒヤリ・ハットの事例である。望まざる事故は、患者に実害（被害）が生じた場合を意味するが、その場合、法的には、過失の場合と無過失の場合が、

---
4 これについては、vgl. *Thomecz/Rohe/Ollenschläger*, Das unerwünschte Ereignis in der Medizin, in: Madea/Dettmeyer (Hrsg.): Medizinschadensfälle und Patientensicherheit, 2007. S. 13 ff.

5 *Howard et al.*, A Study of medical injury and medical malpractice. An overview, New England Journal od Medicine (1989), P. 321, 480-484; *Troyen et al.*, Incidence of adverse events and negligence in hospitalized patients. Results of the Harvard Medical Practice Study I. N. Engl J Med (1991), 324, 370-376.

6 Vgl. *Thomecz/Rohe/Ollenschläger*, a. a. O., S. 17.

回避可能かどうかで分かれる。

これを図で表すと下記の通りである。

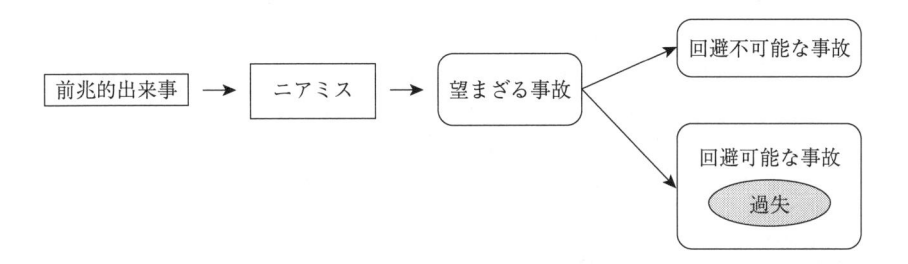

```
前兆的出来事 → ニアミス → 望まざる事故 → 回避不可能な事故
                                    ↘ 回避可能な事故
                                       過失
```

　このような法的には被害と制裁を伴わない事故をも把握することは、とくに病院におけるリスクマネージメントにとって重要な意味をもつ。人はミスを犯すものであって、ミスをあらかじめ組み込んだ組織を作っておくというのがリスクマネージメントの基本である。病院における望まざる事故は、アメリカの調査では、入院患者の約10％に生じているが、その約半分は、病院経営におけるミスであるといわれる[7]。アメリカの医学研究所（Institute of Medicine）の調査では、高リスクの手術を受けた者は、手術自体は成功しても約2％の死亡率にさらされているという[8]。人的組織、職員間の意思疎通、機械と人間の作業のミスマッチなどさまざまな要因から病院内での事故が発生する。ここでは、ミスは、事故の原因ではなく、システムに内在する「出来事」の結果であるという思考方法が重要である。重大事故が起こるメカニズムについては、重大事故は、小さな不具合や作業ミスの積み重ねから生じるという1941年に唱えられた「ハインリッヒの法則」[9]（Heinrich's Gesetz）が基礎に置かれるべきである。その調査によると、全部で4,000人の患者のうち、約300人に小さな目立たないミス（Zwischenfall）が生じ、29人の患者に重大事故につながるミスに遭遇したがまだかろうじて回避でき（ニアミス、Unfall）、そのうち一人が実際に重大事故（Katastrophe）に遭遇したというのである。大事故の発生がこのようなメカニズムを辿るとすると、小さな事故ないし危険が、患者保護のためのさまざまなバリアーを通過して重大事故につながるということになる。これに着目して、リスクマネージメントにおいて重要なのは、リーズン[10]によって

7　*Ennker/Pietrowski/Kleine*, a. a. O., S. 1.
8　Vgl. *Ennker/Pietrowski/Kleine*, a. a. O., S. 6.
9　ハインリッヒの法則について、芳賀繁『事故がなくならない理由―安全対策の落とし穴』PHO新書825（2012年）179頁以下。

唱えられた「スイス・チーズ・モデル」(Swiss-Cheese-Modell) であるといわれている。重大事故に至るのは、何枚も重なった保護バリアーともいうべきスライスされ並べられたたスイス・チーズのその穴をたまたま通ったものだけなのである。

下記の図は、ジェームズ・リーズンによる小さなミスが、安全のための設置された多数の保護バリアーの穴をかいくぐって重大事故に至る経過を表した「スイス・チーズ・モデル」の図をパウラの著書から借用したものである[11]。

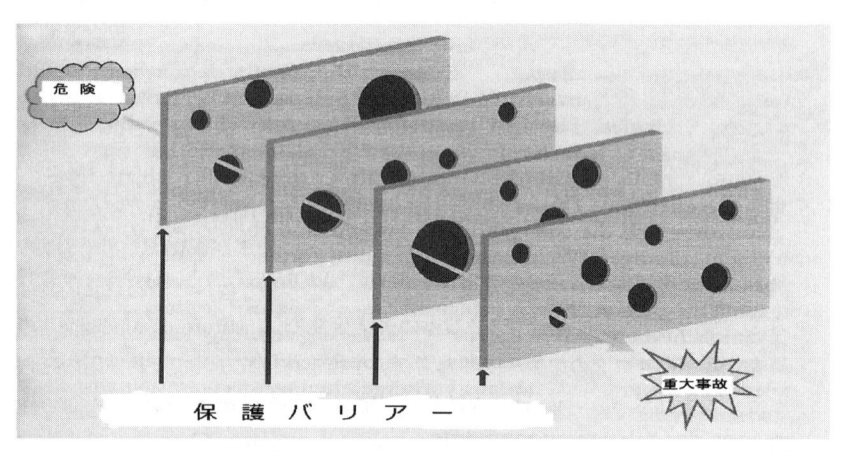

【スイス・チーズ・モデル】(Aus: *Paula*, a. a. O., S. 53)

(b) 広義の医療過誤概念

さて、以下の実態研究においては、民事事件ないし刑事事件にならなかったものをも含めて、「望まざる事故」が生じた事案も射程に入る。「医療過誤」の概念が、法的な概念であって、何らかの形で患者に被害が発生し、医師ないし病院側の責任が認められるものを意味するとするなら、それ以外のものをも含む「望まざる事故」といった概念も必要である。しかし、わが国では、「望まざる事故」という訳語も座りの悪い言葉なので、価値中立的な

---

10 Vgl. *James Reason*, Managing the Risk of Organizational Accidents, 1997. Vgl. *Ennker/Pietrowski/Kleine*, a. a. O., S. 4 ff.; *Helmut Paula*, Patientensicherheit und Risikomanagement, 2007, S. 52 ff. なお、ジェームズ・リーズン・塩見弘（監訳）『組織事故』(1999年)。

11 *Paula*, a. a. O., S. 53 の図をもとにそれに若干の修正を加えた。Vgl. *Ennker/Pietrowski/Kleine*, a. a. O., S. 5. わが国の文献でこれに言及するものとして、飯田修平（編）『新版・医療安全管理テキスト』(2010年) 27頁。なお、甲斐克則『医療事故と刑法』(2012年) 2頁以下も参照。

意味で一般に広い意味での「医療過誤」の概念を用いることにする。この広義の医療過誤には、民事・刑事・行政法などにおける法的効果が発生する以前の段階の事象をも含めた意味で用いる。この用法は、以下の医療過誤の実態調査について妥当するものである。

しかし、先にのべたように、医療過誤発生のメカニズムや事故の予防ないし医療上のリスクマネージメントという観点からは、前兆的出来事・ニアミス事例も重要な意味をもつ。実態調査においては、このような患者に現実的被害が生じた場合のみならず、被害発生の危険性が高い不注意に行われた逸脱行為を含むヒヤリ・ハット事例の研究も重要である。

(2) 医療過誤の実態調査
(a) 医療過誤発生数

ドイツにおいても医療過誤に関する民事事件のみならず刑事事件も著しい増加傾向にある。ドイツにおける医療過誤事件の統計研究に関しては、信頼できるデータ、統一的な資料はない[12]とされるが、個別の調査研究はいくつか存在する。最初に、これらの研究の一端を紹介し、医療過誤事件の発生頻度や特徴などを概観しておきたい[13]。

まず、連邦健康報告書におけるロベルト・コッホ研究所[14]のハンジスおよびハルトの調査[15]によれば、次のような調査がある。①ラント医師会の鑑定

---

[12] *Madea/Vennedey/Dettmeyer/Preuß*, Ausgang strafrechtliher Ermittlungsverfahren gegen Ärzte wegen Verdachts eines Behandlungsfehlers, Institut für Rechtsmedizin der Universität Bonn, S. 1;

[13] なお、アメリカについては、1991年のブレナンとリーペの調査では、年間4万4千から9万8千件の、医療過誤によって引き起こされた死亡事故が発生しているという (*Brenann TA et al.*, Incidentce of adverse events and negligence in hospitalized patients. Results of Harvard Medical Practice Study I, N Engl J Med (1991), 324, 370-376.; *Leape LL et al.*, The nature of adverse events and negligence in hospitalized patients. Results of Harvard Medical Practice Study II, N Engl J Med (1991), 324, 377-384; vgl. Thomeczek/Rohe/Ollenschläger, Incident Reporting System ― in jedem Zwischenfall ein Fehler?, in: Madea/Dettmeyer (Hrsg.), Medizinschadensfälle und Patientensicherheit, 2007, S. 169.)。

[14] ロベルト・コッホは、1885年に創設されたベルリンのフリードリッヒ・ヴィルヘルム大学の衛生学研究所の初代の教授兼所長として招聘された。1891年7月1日に感染病に関するプロイセン王国研究所がシャリテ（ベルリンのフンボルト大学及び自由大学両大学医学部）のそばに設立された。この研究所が、「コッホの研究所」と呼ばれた。現在は、「ロベルト・コッホ研究所」と公称し、ドイツ連邦政府の医学研究所であり、感染病の予防や国民の健康動向の分析を行う施設である。

[15] *Hansis/Hart*, Medizinische Behandlungsfehler in Deutschland, Gesundheitsbericht-

人委員会ないし調停所の調査、②健康保険金庫医療部の調査、③地裁民事部の調査などである。

　① **諸ラントの医師会の鑑定人委員会ないし調停所の調査**によれば、1999年に連邦規模で約9,800件の医療過誤が推定されるため調査してほしいとの申立てがあった。この期間に6,300件の鑑定手続が完了した。申立て数と決定数は、恒常的に増加し、1997年と比べると、1999年には申し立て数は、10.3％、なされた決定は3.5％増加した。鑑定・調停手続に進む前に約30％が終了した。認知率は地域によって異なる。ノルトライン（35％）で高く、最も低いのは、バイエルン医師会であった（18％）。総じて毎年微増している。

　なお、2011年6月21日現在の連邦医師会の記者会見によると「鑑定人委員会及び調停所の統計調査」（2010年）によれば、2010年の申立て数は、11,016件であり、そのうち、因果関係ありとされた過誤は、24.8％、因果関係なしとされた過誤は、5.1％、過誤とされなかったものが、70.1％であった。2010年に最も多く申し立てられた病名は、変形性膝関節症（Gonarthrose）（281件）、次に、変形性股間接症（Coxarthrose）（280件）、さらに、前腕骨折（155件）と続き、ようやく6位に乳がん（124件）が入るが、骨折関係がさらに続くといった状況である[16]。

　② **健康保険金庫医療部の調査**によると、近年、激増している。内部の統計によれば、1999年に9,678件の医療過誤の存在が推定される。医療過誤の認知率は、その年で、24％であった。

　③ **様々な地裁民事部の調査**によれば、地裁の民事部で取り扱われた医療過誤が推定される数は分からない。総括的統計は採られていない。1998年から2000年の間の医師の責任を追及する訴えに関する全部で116のドイツの地裁へのアンケートでは、52の裁判所がその裁判所での事例を報告している。民事訴訟の数は、まだ少ないが、若干上昇してきている（1999年は、1998年に比べ2.3％上昇している）。医師が敗訴した率は、知られていない。医師が入っている最大の責任保険機関（DBV Winterthur）の報告によると、判決によっ

---

　　erstattung des Bundes, 2001, S. 3.
　16　Statistische Erhebung der Gutachterkommissionen und Schlichtungsstelle, in: Präsentation der Statisctische Erhebung der Ständigen Konferenz der Gutachterkommisionen und Schlichtungsstellen 2010,（Bundesärztekammerのホームページによる。）

て確認されたのは4％（1999年）に過ぎない。
④ 連邦健康報告書の調査（典型的な医療過誤と過誤を生み出す状況）

ハンジスとハルトによれば、医療において望まざる事故が発生するには三つの原因要素が存在するという。第1に、疾病の付随現象として良い方向に転んでも回避できない結果が生じる場合である。第2に、同じく常に回避できるとはいえない治療の結果ないし付随現象（いわゆる治療方法に内在する問題）として生じる場合である。第3に、不十分な診断または治療の結果ないしこれと関連して医療過誤の結果として生じる場合である。この三つの要素が異なる度合で原因となることが多い。したがって、それが、「医療過誤」といえるかの判断は極めて難しいという。

患者の権利意識がますます強くなり、望まざる事故が生じた場合、患者がそれを常に批判的に観ることがあるのみならず、医療措置の質に関する透明性が増してきてもいる。そのように見てくると、医療過誤に関する問題視が増えてきたのは、患者側の医療の質に対する意識が高まったことの結果であるかもしれない。そこで、ハンジスとハルトは、医療過誤に関する調査を行う視座は次の二つであるという[17]。それは、一つは、望ましい成果を得られなかった治療が厳密に分析され、実際に患者の被害が医師の不注意によって生じたのかをきっちりと解明される必要があるということである。これによって、患者が民事訴訟ないし刑事告発に向かう道が開かれるのである。二つ目は、それが、前向きの性格をもつべきだということである。過ちから学ぶこと、それを避ける技術を習得することが肝要である。

医療部門別の医療過誤の発生頻度については、部門によって異なる。いわゆる観血療法部門（外科、婦人科、整形外科）では、多く、外科的手術を用いないいわゆる保存療法部門（内科、皮膚科、小児科等）では少ない[18]。次頁の表は、医療部門ないし科に応じた過誤の非難のあった頻度を表すものである[19]。

---

17 *Hansis/Hart*, Medizinische Behandlungsfehler in Deutschland, Gesundheitsberichterstattung des Bundes, 2001, S. 2.
18 これは、schneidende Fächer と konservative Fächer を訳した概念である。わが国の「観血的療法」と「保存的療法」（非観血的療法）に対応した部門であると思われる。
19 *Hansis/Hart*, a. a. O., S. 6.

医療部門	過誤の発生率（%）
外科	38
整形外科	15
婦人科・産婦人科	14
内科	8
一般医療	5

　そのような部門間の相違は、証拠、過誤や望まざる治療結果の認知可能性の相違から生じる。傷害の治癒障害、誤って矯正された骨折、不安定に装着された人口補助具、新生児の出生時傷害は、医学の素人にも容易に認識でき、少なくとも推定できる。薬剤の取り違え、糖尿病の治療の誤り、精神的苦痛に対する一貫しない治療などは、専門家でも時として判断が難しく、素人には原則として全く明らかではない。これに対して、保存療法部門では、医療過誤の申立てがあれば、それが調査委員会でそのまま認められる率が比較的高い。内科では、20％が、一般的医療では27％が、外科では16％が、整形外科では12％がそうである。

　なお、これとの関係で、デットマイヤー、プロイスおよびマデアの研究による部門別の医療過誤の申立て（Behandlungsfehlervorwürfe）の数[20]を見ておこう。これは、連邦健康社会省の財政上の支援による調査である。1990年から2000年まで総じて10万1,358の解剖例が用いられ、そのうち、4,450件（＝4.53％）が医療過誤の申立てがあった。医療過誤の申立てとは、後に刑訴法87条以下による裁判所の命令による解剖があった事件のみをいう。ここでは、10位内のもののみを挙げる。

20　次頁グラフは、*Dettmeyer / Preuß / Madea*, Zur Häufigkeit begutachteter letaler Behandlungsfehler der Rechtsmedizin, in: Madea/Dettmeyer (Hrsg.), Medizinschadensfälle und Patientensicherheit, 2007, S. 70 の表から作成した。

1. 医療過誤の概念と実態調査　*387*

部門	件数	%
外科（全数）	1266	28.5
内科	698	15.7
不明・分類不能	534	12.0
開業医	434	9.7
救急当直医（様々な分野）	254	5.7
麻酔科	157	3.5
整形外科	127	2.8
救急医	108	2.4
婦人科	88	2.0
小児科	87	2.0

(b)　ボン大学法医学研究所の調査

すでに上記の医療部門別の医療過誤の嫌疑の申立て率については、これに依拠して論じたが、ドイツにおける医療過誤の実態研究として、ボン大学医学部の法医学研究所のマデア（Burkhard Madea）教授らの研究が重要である。

このボン大学法医学研究所の研究成果は、2006年10月5日および6日に「医療被害事故と患者の安全」と題するテーマのシンポジウムとして、法医学研究所と行動連合「患者の安全」との共催で公表された。その結果は、さまざまな形で公刊されている。まず、最初に、2007年にヘルベルト・フェネダイが博士論文[21]を公表した。そして、このシンポジウムの記録は、マデアとデットマイヤーの編で『医療被害事故と患者の安全』[22]と題する著書として2007年に公刊された。

ドイツの連邦健康・社会保険省は、マデア教授率いるボン大学の法医学研究所に「法医学の分野において申し立てられた、致死的であった、および死に至らなかった医療過誤の鑑定」と題する研究を委託した[23]。その委託研究

21　*Herbert Vennedey*, Ausgang strafrechtlicher Ermittlungsverfahren gegen Ärzte wegen Verdachts eines Behandlungsfehlers, 2007, Bonn. ネットで公開されている。
22　*Madea/Dettmeyer*（Hrsg.）: Medizinschadensfälle und Patientensicherheit, 2007.
23　この委託研究の結果も連邦健康省のホームページ上で公開されている（Begutachtung behaupteter letaler und nicht letarer Behandlungsfehler im Fach Rechtsmedizin (bundesweite Multicenterstudien) Konsequenten für eine koordinierte Medizinschadenforschung, Mai 2005.

は、死亡したもの死亡しなかったものを含む医療過誤の嫌疑をもたれたもののデータ分析を含む。1990年から2000年までの10年間の資料を調査した結果、連邦の17の法医学研究所における医療過誤申立ての4,550件が死亡事故であり[24]、434件の連邦規模の八つの研究所における医療過誤申立てが死亡しなかった事故にあたる。

次頁のグラフは、1990年から2000年までの間に連邦規模で検察に認知された死亡事案の申立てで医師に対する手続が開始された事案の各年毎の絶対数を表したもの[25]である。グラフは、法医学に関する調査に参加した17の各研究所における頻度を表し、この調査機関ないでも1990年に比べて2000年にはその数はほぼ2倍となっている。

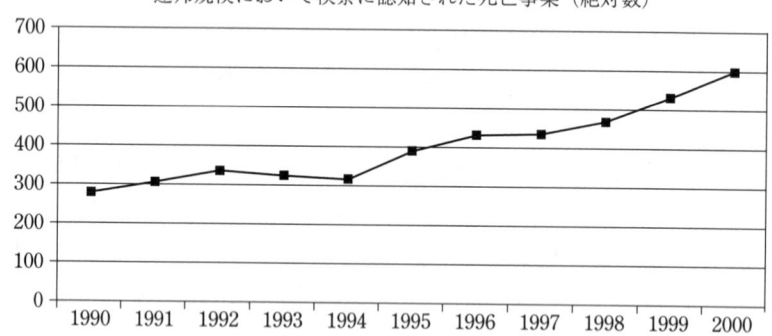

連邦規模において検察に認知された死亡事案（絶対数）

① **死の結果の発生**　マデアらの研究によれば、ドイツで年間（2001年）延べ約1650万人の病院入院患者がいるが、そのうち3万1,600人から8万3,400人が望まざる結果として死亡している。その内訳は、結腸癌による死（2万200人）、乳癌による死（1万8,000人）、肺炎（1万8,700人）、交通事故による死（7,700人）である。そのうち、医療過誤の非難が生じたものとして、損害賠償・慰謝料を求めたのが、1万人、3千件につき検察によって「医療過誤」とされ、ウルゼンハイマーによれば、4万件につき医療過誤と主張され、1万2,000件につき医療過誤が証明されたという。

24　*Dettmeyer/Preuss/Madea*, in: Madea/Dettmeyer (Hrsg.), a. a. O., S. 66.
25　*Madea/Preuß/Vennedey/Dettmeyer*, a. a. O., in: Madea/Dettmeyer (Hrsg.), a. a. O., S. 67.

② **刑事事件**　ボン大学法医学研究所で1989年から2003年の間に取り扱われた刑事上医療過誤の嫌疑があった全件数が把握され[26]、検察官による捜査行動の評価が、手続の終結と比較された。結論として、全部で210件の捜査手続が分析の対象となった。87％が、刑事訴訟法170条2項により手続打ち切りないし無罪となり、7.6％が刑事訴訟法153条aによって（過料の支払により）処理され、または有罪には至らなかった。医療過誤による医師に対する刑事捜査は、圧倒的に刑事訴訟法170条2項によって打ち切られているというのが結論である。

検察による捜査手続

調査内容	件数
検察による捜査手続	210
187件の嫌疑の主張を伴う捜査手続	171
・過失傷害（刑法229条）	29
・過失致死（刑法222条）	144
・麻酔剤法違反（同法29条、30条）	
・不救助罪（刑法323条c）	9
被疑者もおらず具体的嫌疑の主張もない死亡捜査手続	39
170件の捜査手続のうち、嫌疑の主張のあるもの	13
被疑者	210
医療過誤の嫌疑の合計	236

被疑者に関する捜査手続の終了の形態に関する絶対数と比率に関する表は、次の通りである[27]。

---

26 *Madea/Vennedey/Dettmeyer/Preuß*, Ausgang strfrechtlicher Ermittlungsverfahren gegen Ärzte wegen Verdachts eines Behandlungsfehlers. Outcome of preliminary proceedings against medical practitioners suspected of malpractice, in: Dtsch Med Wochenschr 2006, 131; 2073-2078.
27 *Madea/Preuß/Vennedey/Dettmeyer*, Begutachtung von Behandlungsfehlervorwürfen im Strafverfahren, in: Madea/Dettmeyer (Hrsg.), a. a. O., S. 113.

処 理	絶対数	被疑者の比率（%）
刑訴法170条1項による打ち切り	167	79.4
刑訴法153条a第1項	14	6.7
終結せず	9	4.3
無罪	5	2.4
遵守事項なしの刑訴法153条	4	1.9
起訴後の刑訴法153条a第1項	5	2.4
略式命令	3	14
暫定刑訴法154条2項	1	0.5
一部打ち切り	1	0.5
有罪	1	0.5
総数	210	100.0

手続打ち切りの理由の内訳は下記のグラフの通りである。全部で164件の内訳である。

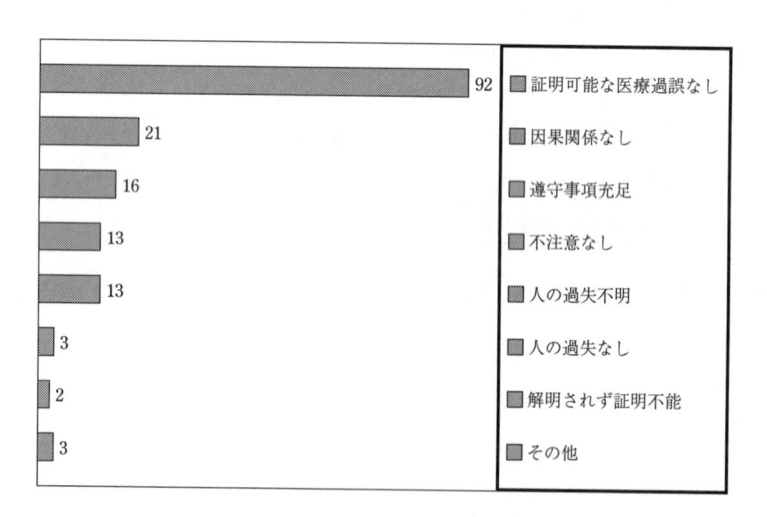

項目	件数
証明可能な医療過誤なし	92
因果関係なし	21
遵守事項充足	16
不注意なし	13
人の過失不明	13
人の過失なし	3
解明されず証明不能	2
その他	3

「その他」の内訳は、「非難可能性なし」（2件)、「軽微のゆえ」（1件）および「その他の処理」（1件）である。

(3) 規範的カテゴリーとしての医療過誤概念

さて、以上で用いた医療過誤の概念は、刑法において、過失犯として個人の不注意な行為による傷害ないし致死結果の発生した事案のみに限らず、「医療技術から逸脱する医療行為」があるとき、または「望まざる事故の発生」があるときにも用いうるものであり、民事上の損害の発生の事案も、刑事手続が開始されない事案も含むものとして用いられている。しかし、本書では、実態上の医療過誤ではなく、刑法上、過失犯の成立が問題となる規範的な意味での医療過誤が重要である。それは、少なくとも「医療技術から逸脱する医療行為」によって「望まざる結果の発生」があった事案についてのみ問題とされ、最終的に重要なのは、不注意による構成要件結果の発生を伴い過失犯として成立する事案である。

したがって、これ以降の叙述においてはいままでの実態調査における医療過誤概念とは異なり、規範的なカテゴリーとして使われるものである。その規範的なカテゴリーの内容は、過失犯として成立する医療過誤であるから、客観的帰属可能な構成要件結果が発生した医療過誤でなければならない。

(a) 過失要件を充足する医療過誤

まず、医療過誤が法的に重要な事実となるのは、原則として被害結果の発生を待った後である。過失犯においては、構成要件結果が発生しなければ、業務上過失致死傷罪や傷害罪は問題にないからである。

さらに、過失傷害や過失致死罪の成立要件は、構成要件的結果の発生のほか、その他の過失構成要件要素を充足し、違法性・責任が存在することである。したがって、医療過誤は、医師の行為が、危険を創出する注意義務違反かどうか、その注意義務違反が結果に現実化するかという理論的枠組みのなかで取り扱われることになる。すなわち、客観的に危険を創出する行為が行われたかどうか、それに発生した結果が客観的に帰属されるかなどの理論的枠組みにおいて、医療過誤に対する刑事責任が問われるかどうかが検討されるのである。

(b) 過失構成要件論の理論的枠組み

ここで、その理論的枠組みを概観的に提示しておくと、医療過誤といえるかどうかの基準とされている「医療水準論」は、新過失犯論的に言えば、「客観的注意義務違反」の存否の問題の判断基準であるということができる

が、私見では、過失犯における構成要件該当性の問題は、過失犯論としての客観的注意義務違反の問題としてではなく、客観的帰属論の内部で議論されるべきであるから、注意義務違反とは、危険創出および危険実現の判断の意味で用いられる[28]。以下では、客観的帰属論における「許されざる危険創出」の基準として「医療水準論」を論じ、その後に「危険実現」基準を位置づけて論じる。

---

28 過失構造論について、山中『刑法総論』(第2版・2008年) 376頁参照。なお、過失犯の構造に関してドイツ語で書いた最新の論文として、*Yamanaka*, Die Normstruktur der Fahrlässigkeitsdelikte, Vergleichende Strafrechtswissenschaft, (Frankfurter Festschrift für Andrzej Szwarc zum 70. Geburtstag), 2009, S. 279 ff.

2．医療過誤概念の展開とその概念要素

1．医術過誤から医療過誤へ

　近年、用いられる「医療過誤」(Behandlungsfehler) の概念は、以前は、ドイツでは「医術過誤」(Kunstfehler) と呼ばれた概念に取って代わるものである[29]。「医術」(Kunst) は、「技術」の一種であるから、本来、診断を下す際の熟練した医師の直感が重要な意味をもつものである。それが、医療過誤に取って代わるその原因となったのは、近代医学においては、「医術」は不要になったのではないとしても、その意義を大きく減じたことにある。かつては熟達した診察者の熟練の目や聴診器の役割が決定的であったが、今日では、その役割は大きくない。今日では、機械・装置・器具を用いた診察が不可避である。治療方法も、今日では、標準化・マニュアル化され、医師の治療の裁量の余地は狭くなっている。他方では、医療の将来の進歩のためには、危険性が皆無でないとしても新たな治療方法を取り入れる余地を残しておかなければならないが、医療過誤という用語が用いられるようになった背景には、過誤の原因が医師の習得した「技術」の不備にあるというよりも、それを全体としての「医療」の過誤の問題として捉えるべきだという認識の変化があると思われる。その典型例としては、医療組織の欠陥やチーム医療の際の意思疎通の欠如による患者の死亡に対する過失責任の事例が挙げられる。これは、医師の医療技術の問題ではないが、病院組織としての医療過誤の問題ではあるからである。

---

[29] *Geilen*, a. a. O., in: Handbuch, S. 368 ff. ドイツの判例は、すでに早くから医術過誤ではなく、医療過誤の概念を用いている。Vgl. *Schreiber*, Abschied vom Begriff des ärztlichen Kunstfehlers? in: Der meidizinische Sachverständige, 1976, S. 71: Vgl. *Deutsch/Spichhoff*, Medizinrecht 6. Aufl., 2008, S. 109.

2. 医療過誤概念の史的展開

　医術準則（lege artis）の内容については、ドイツでは、プロイセン刑法の立法時に、プロイセンのルドルフ・フィルヒョウ[30]（Rudolf Virchow）の提案した定義が最初である。フィルヒョウによれば、「免許を有する医療関係者が、その職業の遂行において必要な集中力または注意の欠如から、その行為または不作為によって、一般に認められた治療技術の準則に反して、その治療に自らを委ねた人の健康を侵害したとき、処罰されるべきである」[31]。フィルヒョウは、医療過誤を確認するための特定のメルクマールを挙げることは困難であるという。その理由は、生きている人の体は、しばしば独特の性質を有するものであり、また、医学が、あらゆる学問の中でも変化の激しい分野であることを挙げている。このように、常に変化するにしても、フィルヒョウによれば、そこには、一定数の認められた準則（ルール）が存在する。これらの準則違反行為が、医療過誤なのである。一般的な準則として、フィルヒョウは、最大限を上回る過剰投薬、感染の危険を回避するため絶対に避けるべき、傷ついた腸をそのまま体腔へと入れ戻す行為のような、学説の対立のないような、自然科学的な原則論的な真実として一切の医療の基礎であるような基本的な諸原則のみを挙げている[32]。

　それから140年以上も経った今日でも、医術準則の内容が明確になったわ

30　Rudolf Virchow (1821-1902) は、1810年創立のベルリンのFriedrich-Wilhelms-Universität zu Berlin（1949年よりフンボルト大学）附属病院（Charité）の医師で、政治家でもあり、近代病理学の創始者といわれる。

31　*Virchow*, Gesammelte Abhandlungen aus dem Gebiete der öffentlichen Medizin und der Seuchenlehre, Band 2, 1879, S. 514 ff. Vgl. *Brigitte Tag*, Der Körperverletzungstatbestand im Spannungsfeld zwischen Patientenautonomie und Lex artis ― Eine arztstrafrechtiche Untersuchung, 2000, S. 205. フィルヒョウは、そこで、カロリーナ刑事法典134条に医療過誤に言及した部分があることを指摘している。

32　*Virchow*, a. a. O., S. 514 ff. Vgl. *Tag*, a. a. O., S. 206. 医師という業務上の身分をもつがゆえに過失犯の加重処罰を定めた北ドイツ連盟の刑法222条の過失傷害ないし過失致死罪の規定が興味深い。その規定は、過失致傷・致死の法定刑を「3年以下の軽懲役」としたが、「行為者が、払わなかった注意につき、その公務、職業または営業のために特別の義務を負っていた場合」には、法定刑は、「5年の軽懲役」にまで引き上げることができた。フィルヒョウは、この規定の適用につき、「免許を有する医療関係者の側での、その職務における、技術的な行為の遂行ないし不作為に対しては、この規定は、その際、適切な集中力と注意を欠如するがゆえに、治療の一般的に承認された準則に違反するときにのみ適用される」と述べている。

けではない[33]。1997年にドイツの医師のための模範職業規則は、「治療原則」を定めている。そこでは、治療の引受けと遂行は、技術準則に従った必要な医的措置の遂行を必要とすると規定する[34]。その他、メツガーによる「医術の準則に従って必要な侵襲」という定義[35]、医療過誤とは、「医学と医術の準則に反する行為」であるというエーベルマイヤーの定義[36]、「その時々の医学の原則に基づく技術の準則」であるという判例[37]の定義がある。

3．医療過誤の要素

医療過誤とは、その治療から生じる患者に対する危険に関する ―治療のそれぞれの時点で必要な― 医学の基準に照らして実質的に通用しないような医療措置である[38]。それは、個人の能力の観点から独立の、客観的で類型化された基準である。ここで、「医療」(Behandlung) とは、診断 (Diagnostik) と治療 (Therapie) の両者を包括する概念である。

そのような水準化された医療過誤の判断にとって重要なのは、ガイレンによれば、次のような要素である[39]。

①**専門医基準** 医療過誤かどうかを判断するにあたって、専門医の水準を充たすことが挙げられる。ここで、専門医とは、資格をもつ専門医をいうのではなく、他の分野の専門医であっても、実質的に専門医としての水準を充たしている者であればよい。②**継続教育を受ける義務** 医師は、医学の発達に応じてその水準を維持する義務を負う。③**ガイドライン** 医師会、学会、厚生省などによって編集された「勧告」や「ガイドライン」は、法的拘束力はなくても、医療過誤の判断には重要であり、最新の水準を維持するために必要でもある。「ガイドライン」や「勧告」にしたがっていたかどうかは、医療過誤の判断の重要な徴表になりうる。④**医療過誤の程度** あらゆる過誤は、医師の可罰性を探る出発点として十分である。ドイツでは、民事法で

---

33 *Tag*, a. a. O., S. 207 ff.
34 Die Musterberufsordnung der deutschen Ärztinenn und Ärzte, Teil C Nr. 2.
35 *Mezger*, Deutsche Zeitschrift für die gesamte gerichtliche Medizin, Bd. 42, 1953, S. 365.
36 *Ebermeyer*, JW 1932, . 3305.
37 BGH NJW 1956, 1843〔当該箇所になし〕; BGH NJW 1953, 257; Vgl. *Tag*, a. a. O., S. 208.
38 *Geilen*, a. a. O., S. 369.
39 *Geilen*, a. a. O., S. 370.

は、「重大な過失」が要求され、これが挙証責任の転換につながったが、刑法では、特別の重い過失は要求されていない。すなわち、原則的には、医療水準違反の重大性は、刑法では、量刑において役割を果たすにとどまるのである。もとより、医療過誤が軽微であれば、わが国のように起訴便宜主義を採用する刑事訴訟法のもとにおいては、起訴猶予となり、ドイツにおいては、刑事訴訟法153条ないし153条aによって手続打ち切りとなることはありうる[40]。ともあれ、ドイツでは、その過誤が重大であることは、刑事責任の前提としては要求されない。

4．医療過誤の種類

(1) 医療における医療過誤の発現形態

医療過誤は、注意義務違反となる様々な事例を具体化し、一定の概観を得るためには、さまざまな下位の事例類型を形成して抽象的・一般的な体系化を図ることが重要である。医療行為の時間的経過に従って、術前・術中・術後における過誤というように、形式的に分類する試みは生産的ではない。これに対して、過誤の種類に着目する分類もなされている。ドイッチュ[41]による、「治療しないという過誤、逸脱医療の過誤、過剰医療、付随的過誤、情報の過誤」という分類がよく知られている[42]。また、ウルゼンハイマー[43]によれば、①診断の過誤、②管理・監督の過誤、③術域への異物の遺留、④事前検査と病歴の調査における過誤、⑤所見の調査不足、⑥誤った方法の選択、⑦治療のための説明・助言・指示の過誤、⑧薬剤の調合・投与の過誤、⑨衛生規定違反、⑩合併症の看過、⑪手術・蘇生術の過誤、⑫身体の状態（体位＝手足の伸長・圧迫）の過誤、⑬器具等の操作の過誤、⑭注射・輸血等の

40　*Geilen*, a. a. O., S. 371.
41　*Deutsch*, FS für Weissauer, 1986, S. 14; auch *Deutsch/Spickhoff*, Medizinrecht, 6. Aufl., 2008, S. 129. ドイッチュは、これを医療固有の分野の過誤の類型であるとし、その外に、一般的な領域の過誤の類型として、組織化、情報伝達、実施の粗雑性を挙げる。また、それぞれの類型につき、さらに、その共著の教科書において、a) 治療しないという過誤、b) 誤った処置、c) 新しい治療法と治療的実験、d) 逸脱医療、e) 過剰医療、f) 付随的過誤、g) 伝染、g) 情報の不備、i) 診断の過誤と診断の伝達、j) 経過観察の不作為と不備に分類する（S. 130 ff.）。
42　*Ulsenheimer*, a. a. O., S. 70.
43　*Ulsenheimer*, a. a. O., S. 70 ff.

過誤、⑮その他、入院決定の遅延等である。

(2) 医療過誤の類型化

ここでは、医療各分野における医療過誤をまず類型化しておく。先に述べたように、大きくは、まず、診断の過誤と治療の過誤に分類される。これに加えて、医療過誤は、組織の欠陥からも生じる。

(a) 診断の過誤

医療過誤の典型的な下位事例は、誤った診断（診断の過誤）である。しかし、診断の過誤（Diagnosefehler）と誤診[44]（Fehldiagnose）とを混同してはならない[45]。「診断の過誤」は、客観的な概念であり、結果概念であるのに対して、「誤診」[46]は、診断時における不注意な過失のある過誤である。したがって、診断の過誤は、必ずしも誤診からのみ生じるわけではなく、また、不適切な診断である誤診は、必然的に診断の過誤につながるわけではない。診断の過誤が生じる原因を分析すると、二つの類型がある[47]。第1に、判断に必要な所見をすべてまたは部分的に獲得しないで、すなわち、すべての情報を基礎にすることなく、診断の過誤に至る場合である。第2に、医師はすべての当該の診断に必要な所見を得ており、情報の基礎は整っているが、結局、資料の評価を誤り、診断の過誤に至った場合である。例えば、医師がデータの解釈を誤った場合である。第1の類型の方が判例においては厳しくとらえられている。これに対して、第2類型については、判例は、医療の過誤を認めるにつき寛大である。

---

44 誤診（Fehldiagnose）とは、病院側からの診断上の決定プロセスの終結の後、実際には存在しない疾病を存在すると認識され、実際に祖納する疾病の不認識が誤った治療の導入につながり、その結果、当該の患者の予後が悪化させられるこという vgl. *Wilhelm Kirch*, Fehldignosen und Patientensicherheit, 2005, S. 7.)。

45 *Geilen*, a. a. O., S. 371; auch *Ulsenheimer*, a. a. O., S. 71.

46 キルヒによると、すでにアメリカでは、1983年にゴールドマンが、1960年、70年、80年にボストンのハーヴァード医学部（Harvard Medical School）でそれぞれ無作為基準で選んだ100件の解剖事例につき「誤診」などの存在を分析した（*Goldman*, The value of the autopsy in three medical eras, in: New England Journal of Medicine 1983; 28, 1000-1005.）ところ、その期間の誤診の率は、ほぼ同じく10％に上ったという。なお、1980年に、肺塞栓と膵臓病は、死亡原因であることは稀であった。それらのうちの24％は、認識されていなかったという。一般には、調査された3回の年々に、肺塞栓、心臓発作、感染および腫瘍が、病院で最もよく見逃されてきたという。

47 *Geilen*, a. a. O., S. 371.

「誤診」が、実際に医療過誤であるかどうか、どのような場合にそうなのかを判断することは、極めて難しい問題である。キルヒ[48]によりながらその実態調査の一端を紹介しておこう。

　誤診がいわば日常茶飯事であることは古くから語られている。アメリカではすでに1910年にガボット（Gabot）がマサチュセッツ総合病院（Massachusetts General Hospital）で3千件の検死事例を臨床診断の的中率につき調査したところ、約40％の率で誤診であったと確認した。25年後、ガル（Gall）が同じ病院で1千件の検死事例につきこれを再調査し、ほぼ同じ結論を得た。1960年代初頭のシンシナチ総合病院（Cincinati General Hospital）の調査でも、ほぼ不変の頻度で誤診が生じていることを確認している。他の多くの調査でも、誤診の率はほぼ15％から50％に上っている。ドイツのキルヒの1959年から1999年までの10年毎のキール大学病院での調査でも、5回にあたってほぼ同じ10％の誤診率が確認されているゴールドマンの調査でも、その間、医療機器、超音波検査、CTなどの発達があったにもかかわらず、1960年と1980年の調査で誤診率が下がっておらず、ほぼ10％の率を維持している。キルヒによれば、誤診率の高い病名は、肺動脈塞栓（Lungenarterienembolie）、心筋梗塞、肺炎に至る感染症、腫瘍（neoplastische Erkrankungen）であり、最も高率なのは、肺動脈塞栓である。

(b)　治療の過誤

　治療の過誤（Therapiefehler）は、治療におけるミス（Missgriff bei der Therapie）であって、診断の過誤とは区別される[49]。治療の過誤は、医療関係者が担うべき任務が広範にわたるのに対応して広範囲の局面で生じうる。治療の過誤には、直接の患者の身体の侵襲を意味する「手術ミス」のみならず、患者に与えるべき助言の過誤もありえ、また、投薬の際に副作用について十分に強く警告していなかったこと、あるいは、例えば、麻酔中に十分に心拍数を監視していなかったといった「監視ミス・管理ミス」も含まれる。

(c)　組織の過誤

　組織（形成）の過誤[50]（Organizationsfehler）は、分業して行われる医療の組織に起因して過誤が生じる場合をいう。医療は、組織的な共同作業であり、

48　*Kirch*, a. a. O., S. 13 ff.
49　*Geilen*, a. a. O., S. 372.
50　Vgl. *Geilen*, a. a. O., S. 374.

チームの同僚医師や医療補助者の協力なしでは立ち行かない。病院組織ないし医療行為のためのチームの組織においても、管轄分担、上下関係、チェックシステムなどが決められており、医療過誤は、このような組織の欠陥、医師連絡体制の不備、相互誤解などによっても生じる。これについては、第6章で詳しく検討を加える予定であるので、本章の射程からは除く。

5．絶対的医療過誤と治療の自由

医療過誤の中には、手術の経過がどのようなものであろうと、それとは無関係に成立するものと、相対的に医師の裁量と患者の希望によって医療過誤とならなかったりする場合とがありうる。前者は絶対的医療過誤と呼ばれるが、後者は、「治療の自由」の問題とされる。

(1) 絶対的医療過誤

ドイツにおいては、外科医学においては、手術の後のガーゼや止血用包帯、タンポンの遺留[51]は、その手術の経過を考慮することなく、医療過誤であるとする見解も有力に唱えられている[52]。ここでは、予見できない合併症の発生があったからといっても、過誤を否定する理由にはならない。これに対して、判例[53]およびそれに従う通説は、それほど厳格ではない。この見解によれば、過誤といえるかどうかは、後に展開する経過による事実の問題である[54]。置き忘れられる物、場所、手術中に発生する、注意がそらされるような合併症、予防措置として外科医の間で要求されている安全基準が遵守されていたかどうか、術後、手術の個所が点検されたかどうかによるのである。

---

51 ウルゼンハイマーによると、手術による体内への異物の遺留は、2000例から5000例に1例の割合で生じ、アメリカ合衆国の調査でも、手術中の1対1500の割合である（Vgl. *Ulsenheimer*, a. a. O., S. 73.)。

52 *Schmauss*, Deutsches Gesundheitswesen, Bd. 37 (1982), 2145; *Ulsenheimer*, a. a. O., S. 73. *Geilen*, a. a. O., S. 372 f.

53 RGZ 97, 4.

54 わが国の判例においても、開腹手術に際し体内に鉗子を置き忘れたことと被害者の死因（膵臓壊死）との間に因果関係が認められないとされたものもある（釧路地判昭52・2・22刑月9・1＝2・82)。

(2) 治療方法の自由

　医療過誤かどうかは、絶対的に決まるものではなく、医師の裁量（方法の自由、Methodenfreiheit）と患者の自己決定権によって相対的に決まる。とりあえず、患者に不必要な危険と回避可能な痛みを伴う「誤った治療方法」は、治療の過誤の典型的な下位事例である[55]。つまり、危険の少なく負担の少ない治療方法を用いることは、医師の配慮義務からそれ自体自明のことである。しかし、それを修正するものとして、方法の自由ないし治療の自由が考慮されるべきである。一方で、病状というのは、個人的なものであり、個人の身体や精神に応じて特殊性をもつ。他方では、医学の発達は常に流動的であり、現在、合意があるといってもそれを金科玉条とするわけにはいかない。また、患者は、どのような治療をすべきかを共同決定していく医師の成熟したパートナーである。したがって、治療は個人の必要性に適合しなければならず、その範囲内で一般的な合意である学理医学（Schulmedizin）からは逸脱することがありうる。しかし、もとより方法の自由も、「害することなかれ」（nil nocere）という最上位の優先命題に服するのであり、あらゆる「治療」に許可状を与えるものではない。

　このような観点から医療水準ないし医療準則の概念について、以下でもう少し詳しく検討しよう。

55　*Geilen*, a. a. O., S. 373.

3．医療水準と治療の自由

　以下では、医療水準論の予備的考察として、ドイツにおける医療水準論の考え方をとくにその治療の自由（方法の自由）との関係において検討し、まず、医療水準が、決して固定的なマニュアルに尽きるものではないことを示しておこう。

1．治療の自由・学理医学・特殊療法

　医療準則に反する行為が医療過誤である[56]。当初、医術過誤（Kunstfehler）と呼ばれた医療過誤の内容については多様であって、帰一しない。医療準則は、今日、医療水準と呼ばれるものと同義であるが、その内容について考察しておく必要がある。その際、最も重要なのは、治療の自由を背景とする「医師の裁量」との関係である。そこで、まず、ドイツにおいて、医術準則ないし医療水準とは区別されるいわゆる「学理医学」（Schulmedizin）とその対極に位置づけられる「特殊療法」（besondere Therapierichtungen）との関係で、「治療の自由」の概念について考察しておこう。

(1)　学理医学
　ドイツにおける「学理医学」（Schulmedizin）とは、大学において医学の分野で教えられるものの総体、または、大学・医学部における学問研究、講義・治療において行われているそれ、または著名な大学教授・医師の見解であると解されている[57]。しかし、このような定義の言明力には限界がある。

56　Kunst という言葉は、今日では、芸術と関係し、創造的な意味をもつが、古くは、技術を意味し、むしろ、「能力」を意味した。これを能力的技術（Könnens-Kunst）と創造的技術（kreative Kunst）ということもある。医療技術（医術）も、「能力」という言葉と関係する。技術とは、知識、経験、能力、準備万端性、技術的的確性・手仕事的的確性と同義であり、ラテン語の scienta ars arteficium, machine で表わされる（Vgl. *Tag*, a. a. O., S. 203.）。技術とは、古い法律用語であり、19世紀中ごろにホフマン（*Hoffmann*, Die Befugnis zum Gewerbebetriebe, 1841, S. 202 ff.）は、外科薬局経営を手細工から技術への移行と特徴づけた。

今日、大学でも異なった治療法が教えられ、代替治療の講座も設けられているからであり、また、いろいろな大学で治療実験がなされ、大学医学にも多くの論争があるからである。

今日では、学理医学にはその固まった内容はない。特殊療法との限界も不明確になっている。しかし、学理医学の概念の中核は、自然科学に裏付けられた医学にある点で、その効果が十分に自然科学的に証明できない特殊療法とは異なる。その意味で、学理医学という基準はいまだに妥当するといってよい。

(2) 特殊療法

ドイツにおいて、学理医学と対極にあると位置づけられ、今日ではそれを補完するものとされることが多くなった「特殊療法」とは、価値中立的に、代替治療ないし代替の治療手続とか、アウトサイダー的方法、非伝統的方法、自然治療法とか呼ばれ、あるいは、価値判断を伴って、信仰医学（Glaubenmedizin）、準医学的方法（parameidizinisches Verfahren）、あるいは悪く言えば治療法の分野での「もぐり」、「いかさま」または「ペテン」と呼ばれているものの総称であり、これらを価値中立的に表現したものである[58]。本質的に学理医学において認められない方法や前提の上に構築される治療法である。わが国では、後に検討するように、これは「特殊な療法」と呼ばれている。

このような特殊療法に対しては、ホメオパシー（Homöopathie）[59]（ないし同種療法）[60]の治療法に対する分析がヨーロッパ連合の委託によってなされるなどの関心を呼んでいる。特殊療法に関して大きな関心が払われる一方、その

---

57 *Tag*, a. a. O., S. 208 ff.
58 *Tag*, a. a. O., S. 213 ff.
59 わが国では、日本学術会議は、2010年8月24日に、通常の医療とは異なる民間療法「ホメオパシー」の科学的根拠を全面否定する会長談話を出した。これを受けて、日本薬剤師会、日本医師会、日本医学会などもこれを支持する声明を出した。ホメオパシーは、200年以上前にドイツの医師ハーネマン（Sammuel Christin Friedrich Hahnemann, 1755-1843）によってはじめられた。ホメオパシーとは、病気と似た症状を起こす植物や鉱物を何度も水で薄めて攪拌し、この水を砂糖玉にしみこませた錠剤（レメディー）を服用して自然治癒力を引き出し、病気を治すというものである。2010年5月に、山口県で、助産婦が、必要なビタミンKの代わりにこの砂糖玉をビタミンKと偽って投与し、新生児が死亡したため、母親が山口地裁に損害賠償請求訴訟を提起した事件が発生している。
60 類似療法とも訳される。

代替療法としての有効性には疑問がないわけではなく、わが国では、平成22年8月24日に日本学術会議会長名義による「ホメオパシーについての会長談話」で「ホメオパシーの治療効果は科学的に明確に否定され」ていると疑義を表明している[61]。その他、ドイツでは、植物を利用して人の病気を予防ないし治療する植物療法（Phytotherapie）、ルドルフ・シュタイナー（1861-1925）の人知学（Anthroposophie）と不可分に結びついた人知学的治療法などがある[62]。今日では、これらの特殊療法をすべて非科学的であるとして、治療ルールから完全に排除してしまうことはできないであろうが、その療法の有効性については個別に吟味する必要があろう。

(3) わが国における「特殊な療法」に関する説明義務

わが国の民事判例において、「特殊な療法」の実施について、その自己決定権と説明義務の範囲について判断した**東京地裁判決**[63]があるので、その判決理由で論じられた見解につき検討を加えておこう。

事案は、自然医学療法なる治療法を提唱する被告医師により乳癌治療を受けていたAが治療における被告の過失により死亡したなどとして、Aの母親で相続人である原告が被告に対して債務不履行ないし不法行為に基づく損害賠償としてAの逸失利益及びAないし原告固有の慰謝料の支払並びにこれらに対する遅延損害金の支払を請求したものである。

社会通念上一般的な医療ではないと考えられる特殊な治療法を実施する診療契約を締結する場合には、医師は、医療の専門家として、さらには、人の生命を扱い、時にはこれに支配的な影響を与えることからこれに相応する社会的な責任を有する者として、その特殊な治療法につき患者が十分に理解して納得した上で契約締結ができるよう、信義則上、患者に対して右治療法の内容等につき一定の説明をする義務を負うものと解されている。

そして、この場合に医師が負う説明義務は、通常の診療契約が締結された

---

61 日本学術会議ホームページ参照。
62 筆者は、2010年11月にフランクフルトのヨハン・ヴォルフガング・フォン・ゲーテ大学に滞在したが、その（大学と契約している）宿舎は、Haus der Anja Textor-Goethe という老人ホームであり、植物を材料とする治療に功績のあったゲーテの母を顕彰して作られたものであった。そこでは、自然食品の店があり、ルドルフ・シュタイナー関係の施設もあった。
63 東京地判平12・3・27判タ1058・204。

後に一定の医的侵襲を伴う手術等を実施する際に問題となる医師の説明義務と比べても、より患者の根本的な自己決定にかかわる場面におけるものといえることから、そこで要求されている義務内容の水準は決して低いものとはいえない。具体的にいえば、社会通念上一般的な医療でないと考えられる特殊な治療法を実施しようとする医師には、診療契約の締結に先立ち患者に対し、実施しようとする特殊な治療法の具体的な内容及びその理論的根拠はもとより、患者の現在の状態（病名、病状）、実施しようとする特殊な治療法の一般の治療法との比較における長所及び短所、実施しようとする特殊な治療法と一般の治療法それぞれについての臨床における治療成績、実施しようとする特殊な治療法と一般の治療法をそれぞれ当該患者に実施した場合におけるそれぞれの予後の見通し、その他一般の治療法を実施しないことが患者の自己決定を根拠として許容されるために患者が知っておくことが不可欠な事項についての説明を、客観的な立場から患者の理解可能な方法で行うことが要求されているというべきである。

結論として、東京地裁は、被告には、診療契約締結に先立ち、その病状を把握した上で自らの実施する自然医学療法の内容及び治療成績等について説明する義務があるとし、説明義務違反を認めた。

2．治療の自由の意義

(1) 治療の自由の法的意義

現在では、治療法には様々なものがありうることが認められている。このような治療法の多様性に関する考え方の背後にあるのが、ドイツにおいて承認されている「治療の自由」(Therapiefreiheit) である[64]。

これに関しては、すでにドイツのライヒ裁判所は、「医学の一般的な、または広く承認された準則は、原則として、科学によって否定された、医者以外の者の、または医者ではない治療者の治療方法に比べて、有利な地位を占めるものではない」と述べていた[65]。連邦裁判所は、さらにこれに加えて、「手術する一切の医師は、その手術がどのようにその教育、経験および実務

---

64 *Tag*, a. a. O., S. 218 ff.
65 RGSt 64, 263: 67, 12, 22.

に相応するかに応じて適用されるべき手術法を求める自由を有する。多くの実務上は同価値の方法のうち、その裁量に従ってもっとも適合する手続、とくに、それにつきより大きな経験をもつ方法を優先させることが許される」[66]という。基本法12条1項と連邦医師法1条2項により保障された必然的な結果として、医師は、その良心に反する治療方法ないし薬物療法を強制されないのである。

(2) 治療の自由の根拠

治療の自由の根拠と法的性質については、次のように言われている[67]。

① **司法の役割・営業の自由**　まず、学問的な理論の争いにつき、権威的に決定を下すのは、司法の役割ではないとされ、これに加えて、法律家には、医学の専門的な問題について判断を下す知識がないということも挙げられるが、これは説得的ではない。なぜなら、その他の分野と同様に、医事法の分野においては、鑑定人が素人に分かりやすく説明する任務を負うからである。ライヒ裁判所は、その根拠を営業法上の治療の自由 (Kurierfreiheit) に求めた。1869年の北ドイツ同盟の営業法 (Gewerbeordnung) は、医師という業務には、他の営業と比較して広い自由を認めた[68]。各ラントにおいて、「手術する外科医」をも含めて治療を行いうる者は、全治療における大学での博士の学位を持った者に限られるという医師法 (Medizinalordnung) が廃止されたのである。ライヒ裁判所は、「方法の自由」(Methodenfreiheit) の原理を営業法の治療の自由から演繹した。しかし、治療の自由 (Therapiefreiheit) は、医師の特権とのみ解釈されるべきではない。

② **治療の個別性・患者の自律性・医学の進歩**　医師にとって治療の自由は自己目的ではなく、患者を利する、利他的な権利であると解されるべきである。それは、人間の尊厳、自己決定権、身体の完全性を維持する患者の権利を保障するための制度である。これを達成し保障するためには、治療に関する知識の変化と進歩に対して開かれた治療法の多様性と多種性が必要である。医師は、伝統的でない方法や新しい認識を無視する固陋なルールに縛

66　BGH NJW 1982, 2121 f.: OLG Hamburg VersR 1989, 147 f.
67　*Tag*, a. a. O., S. 219 ff.
68　*Cohn*, Zeitschrift für die deutsche Gesetzgebung und für einheitliches deutsches Recht, 6, 1872, 624 ff. Vgl. *Tag*, a. a. O., S. 219.

られないときにのみ、これが実現されうる。アウトサイダー的治療方法（Aussenseitermethode）に対しては反対論も根強いが、それを強調するあまり、医学の発展は、まさに因習的でない治療方法の主唱者による、伝統的な治療方法との衝突に依拠するということを見誤ってはならない。「昨日のアウトサイダー治療は、今日の大学における治療」なのである[69]。さらに、治療が原則的に患者個人の問題であるとすると、患者の自己決定を保障するのが、治療方法の自由であるという点が重要である。治療の自由の根拠は、患者に効果的で、自己決定的な健康維持を可能にするという点にある。

　これを要約すると、「治療方法の自由」は、医療文化の多元主義を表わすものであり、その根拠は、「医学の進歩」と「治療という事象の個人性」および「患者の自律性」の三つに要約できる。医学の進歩については先に述べたので、残りの二つについて解説しよう。

　治療が個人的なものである[70]というのは、次のような意味である。すなわち、医師の治療は、規定化できるものではなく、個別の特殊性に主導されるものであり、その際、適応は、病気の原因、人的な特徴、医師と患者の相互行為、患者の社会的地位等々に依存する。治療方法の多元主義のみが、個別のケースのこのような事情に十分考慮を払うものである。この治療の個人性は、わが国でいうところの「医療の裁量性」につながる。医療の裁量性の概念は、医師の任意の治療方法の選択権を意味するニュアンスがあるが、これは、おそらく医師の任意の裁量の意味ではなく、ここでいう病院や患者の事情等を含めた「治療の個人性」の意味に理解すべきであろう。

　患者の自律性とは、基本法2条2項1文によって保障された患者の自己決定権に由来するものである。治療の自由は、医師の権利ではなく、利他的な権利である。医師の治療の自由と患者の権利保障とは典型的に衝突するものではない。

69　*Schroeder-Printzen*, MedR 1996, 379. Vgl. *Laufs/Katzenmeier/Lipp*, a. a. O., S. 344.
70　「医療の個人化」の傾向については、すでに第2章1．(4) 116頁、（山中「医療侵襲に対する患者の同意」法学論集61巻5号8頁以下）において触れた。

3. 医療水準論

　診断・治療方法の選択の可能性は、多様な変数に対応する。これは、治療の自由は、医師の任意の自由裁量を認めるものではなく、診断や治療そのものや医師・患者関係などの変数に応じた一定のコントロール機能に服することを意味する。そのコントロール機能を果たすのが、「医療水準」である。ここでは、まず、ドイツにおける医療水準の議論を検討し、その後、わが国の議論の検討に入る。というのは、ドイツにおける医療水準論の考え方は、十分、わが国のそれに対応し、その思想的な背景にまで言及されているからである。

(1) 医療水準の概念内容

　ドイツにおける判例と学説は、原則として、適切な治療の標尺は、それぞれの医療水準（medizinischer bzw. ärztlicher Standard）を考慮しなければならないという点で一致している[71]。「水準」とは、この関係で、通常は、提供されるべき医療の標準的な統一という観点のもとで、「学問的認識の水準」と「承認された医療実務の水準」の両者を合わせたものと同義であると解釈されている[72]。

(a) 水準の相対性と具体性

　水準の独自の意義はまさにその基礎となっている普遍妥当性にあるにもかかわらず、医学上行われるべき当為は、抽象的にではなく、個々のケースの特殊性を考慮して具体的に確定されるべきである。というのは、水準という概念は、変化する諸事情と認識に応じたダイナミックなものを表すからである。その際、問題となる集団の、標準的標準的な平均人の標準的に必要な事項が満たされなければならない。医学的水準とは、それによれば、最高の医学の原則にしたがって統一的に判断されうるものではない。他方、質的な水準は、放棄できない基本としての最下限を下回ってはならない。決定的なのは、具体的状況におけるなされるべきその都度の当為である。

71　*Tag*, a. a. O., S. 229 ff.
72　*Tag*, a. a. O., S. 229.

(b) 専門的基準と特殊療法

専門的水準はどのようにして決定されるべきかについては、争われている。それは、しばしば、医学と医療技術の現状またはその一般的な科学的な承認と医学的経験ないしその中核であると定義される[73]。標準となる水準の決定はもともと医学の専門世界の課題であるにもかかわらず、この脈絡において必要な、科学的に承認されたものに限定されていることには疑いがあるわけではない。というのは、特殊療法は、しばしば、自然科学を志向する医学の意味における科学的に正確な有効性の証明から外れているからである。

治療の自由の包括的な理解に関して、「水準」のまさに意図されない厳格な解釈を避けるためには、水準の基準を「一般的承認」に還元する可能性が存在する[74]。例えば、保険においては、被保険者には、「認識の一般的に承認された水準」に応じた被保険者の扶助を保障しなければならないとされる。しかし、この基準を用いることによって、大学における学理医学と特殊療法の間の対立が解消されるというのは見かけ上のことにすぎない。というのは、一般的承認に対しては、学理医学の首唱者は、特殊療法の首唱者と同様、通常、自らの治療に有利で、対抗する治療には不利となる利益を持ち、しばしば相互承認に失敗するからである。それに加えて、それぞれの方向の内部でも学派の争いがある。治療者のイデオロギーや経験則も、治療形式の選択や、職務遂行のやり方に決定的に影響する。一般的承認という基準は、したがって、通常、イデオロギー的に特徴づけられた治療方向の権力闘争の危険をもたらし、それによって、新たな治療法や特別の治療形式を承認の土俵から放逐してしまう結果となる[75]。このことは、もちろん、医学の発展の動態性（ダイナミックス）と治療の自由と方法の自由に対して矛盾することになる。

(2) 治療の自由の限界

診断手続とそれに続く治療の選択にあたり、患者保護という観点から見れば、治療者の刑法上の裁量の余地は無制約ではない。立法者は、比例性の限

---

73 *Buchborn*, MedR 1993, 328; *Kriele*, NJW 1976, 355 f. Vgl. *Tag*, a. a. O., S. 231.
74 *Tag*, a. a. O., S. 232.
75 *Tag*, a. a. O., S. 232.

界内でしばしば、危険の回避という観点のもとで治療上の提案を規制するために、予防的措置をとる。遵守されるべき水準に関する必要な合意（コンセンサス）は、それぞれの治療の方針の枠内で、専門に関する「内部的承認」と外部からの「明白性」の検討を基準とする点に見出されうる[76]。それによれば、決定的なのは、それぞれの学派の熟練の、知識豊かな代表者が、その方法の選択ないし適用にあたっての一定の知識の遵守を必要であるとみなすかどうかである。

治療の自由の限界に関する判例[77]を一つ挙げておこう。当該医師は、「生物学的治療法の信奉者」であったが、子宮がんを患っていた女性を検証された治療法ではなく、「視診」の後に薬草エキス、座浴、洗浄ならびに「生物学的」ダイエットで治療する治療し、病院に入院させなかったという事案につき、裁判所は、医師を過失傷害罪で有罪とした。医師が、別の治療法を、事情によっては新しい方法を選び、それによってその治療が実験的な性質をもっていたという事実は、適用された対案的治療が他の医師にも検証可能な態様で客観的に主張可能なときにのみ、承認される[78]。

結論としては、次のようにいうことができる。それぞれの治療方向の守るべき医療水準は、原則として、専門内部で承認された事項にもとづいて求められるべきである。しかし、さらに、濫用を避けるためには、診断と治療は、外部からのコントロールにも服さなければならない。

4. 医療水準の三つの判断基準

それでは、医療水準は、具体的にどのような基準にもとづいて決定されるのか。以上で論じたような思想的背景のもとでは、次の三つの判断基準が重要である[79]。

(1) 現在の水準

医師は、患者に、当該の治療方針のそれぞれの発展段階における水準を充

---

76 *Tag*, a. a. O., S. 233.
77 BGH NJW 1960, 2253.
78 *Geilen*, a. a. O., S. 374.
79 *Tag*, a. a. O., S. 234 ff.

たす診断と治療を実施する義務を負う[80]。基準となるのは、内部的観点である。それは、その時点で存在する一般に承認された基礎的認識とその他の治療方針の経験であるが、その際、とくに自然科学的な「学理医学」を無視してはならない。医学的知見は、治療時の事前の判断において予見しうるものに限定され、事後に得られた知識や経験は、資料とされない。また、医師は、最新の治療方法を適用する必要はない。

(2) 分野関係的相対的水準

医師は、それぞれに期待された水準を充たした医療を提供しなければならない。例えば、一般開業医の専門的知識は、大学病院の専門医よりは低いものでよい。大学病院における水準は、たとえ、専門でない医者が手術をするときでも、専門医の知識を基準としなければならない。

(3) 治療効果・危険等の比較検討の義務

医療側は、当該病気に効果的に対処できる治療や侵襲ないし投薬のみを提供してよいが、同時に、そこから生じる患者の健康に対する危険は、できる限り最小限でなければならない[81]。この目的を達成するため、その医師が用いる措置を他のよく知られ検証された方法に対置し、具体的なケースにその措置が適していることを検討しなければならない。内在する危険は異なる、いくつかの同様に適した措置方法がある場合には、当初目指した治療成果とともに、患者にもっとも危険や害の少ない方法を選択するべきである。さらに、その技能と知識につき時間的な観点からも比較検討する義務を負う。医師は、自らの治療と能力をつねに反省し、旧態依然たる知識を新しいそれに照らして再検討しなければならない。

---

80 *Tag*, a. a. O., S. 235.
81 *Tag*, a. a. O., S. 236 f.

4．わが国における医療水準論の展開

1．医療水準概念の意義と機能

　医療水準の概念は、今日、圧倒的に過失犯における注意義務の基準を現すものと解されている。しかし、学説の中には、それを治療行為の正当化原理の一つとしての「医術的正当性」の判断基準とする見解[82]が展開されている。この見解は、正当化根拠の大枠を社会相当性に求め、その判断基準の一つとして医術的正当性を位置づける。たしかに治療行為の正当化事由の要素としての患者の同意、医学的適応と並ぶ医術的正当性は、「医学上一般に承認されている方法」による治療を意味する。これを医療水準と呼ぶこともできる。しかし、この意味の医療水準は、医療過誤の認定のための医療水準とはその概念の機能が異なることを明らかにすべきである[83]。

(1) 医術的正当性と医療水準
　治療行為の正当化事由の要素としての医術的正当性は、患者の身体に対する医療侵襲である傷害罪の構成要件該当性を前提として、それを正当化事由ありとして違法性を阻却する機能（35条）を果たし、傷害罪（204条）の不処罰を根拠づける。この要件を充足しているということは、もし手術の失敗によって患者が死亡した場合でも、傷害致死罪（205条）ではなく、（業務上）過失致死罪（210条、211条1項）が成立するにすぎないことを意味する。したがって、医術的正当性とは、致死結果の帰属や責任とは無関係に傷害罪の違法

---

[82]　小林公夫『治療行為の正当化原理』（2007年）136頁以下。
[83]　前田雅英「医療過誤と過失犯の理論」唄孝一編『医療と法と倫理』（1983年）316頁以下において、すでに、故意犯の問題と過失犯の問題との区別、つまり、「医師の手術行為は社会的に相当な行為の故にそもそも構成要件に該当しない」という主張と、「社会的に相当な範囲内の手術による生じた結果については、刑事責任は生じない」という主張が、必ずしも明確に区別されずに論じられていたと指摘されている。

性を阻却する機能を果たすにすぎないのである。したがって、医術的正当性がない身体侵襲行為は、傷害罪ないし患者が死亡した場合には傷害致死罪の可能性を根拠づける。

　これに対して、医療過誤事件における医療水準の概念は、一般的には過失犯における客観的注意義務の基準[84]として用いられる。これは、治療行為の正当化とは無関係に、治療が失敗した場合の傷害結果や死亡結果の行為者の行為への帰属判断のための基準としての機能を果たすものである。つまり、ここでの医療水準概念は、侵襲行為が「傷害」構成要件をにらんで正当かどうかにではなく、手術の不成功（や死亡結果）をもたらす危険を考慮して一般に不成功の危険が高いかどうか、医学上一般的に承認された知識や技術に添って施術されている場合には、たとえ不成功に終わってもその結果の責任を問わないというための基準なのである。前者の正当化事由としての医術的正当性の判断の基準と後者の客観的注意義務の基準[85]としての医療水準は、その機能が異なるがゆえに内容も異なるのである。

　手術が失敗して患者が死亡した場合、医療過誤として過失犯が成立するというとき、業務上過失致死罪が成立するのが普通である。傷害致死罪が成立することはわが国ではまずないといってよい。すなわち、医療水準を満たさない行為も、医術的正当性はもっているのが普通であるから、業務上過失致死罪が成立するのであって、もし、その概念が同じ内容をもつとすれば、医療水準を満たさない行為は、医術的正当性をももたない行為となって、傷害致死罪を成立させるのが普通ということになりうるからである。

　このようにして、医療水準の概念は、専ら過失犯における注意義務の基準と捉えるのが妥当であると思われる。しかも、医療過誤事件における医療水準の概念は、新過失論における結果回避義務の基準としての「一定の基準行為」からの逸脱に親近性をもつものと捉えられた[86]。

84　修正旧過失論を採る私見からは、過失犯の客観的帰属基準としての「危険創出」行為を意味する。
85　山中敬一『刑法総論』（第2版・2008年）378頁以下参照。
86　前田・前掲『医療と法と倫理』323頁以下参照。そこでは、医療における「一般水準」からの離反の有無で過失を認定する静岡地判昭39・11・1下刑集6・11＝12・1276が挙げられている。また、この判例には、「許された危険」の思想が示されているという。

(2) 医療水準の意義

医療水準とは、「診療当時のいわゆる臨床医学の実践における医療水準」[87]であり、それに従った医療は、客観的注意義務違反としての許されない危険の創出が否定されるものである。判例では、これは「当時の医学水準」、「当時の医学常識」、「現代の医学水準」「医療の一般水準」といわれることもある。しかし、これは、平均的医師が行っている医療における慣行を意味するものではなく、あくまで通常守られるべき準則の理念型である。民事法において、医師の注意義務の基準は、「当該具体的事案の客観的状態において社会通念上通常一般的に要求されると考えられる程度の注意」ないし「平均的な医師の持つべき注意」などとされるが、医学の知識・技術に関してもつべき水準としてこれを表現したものが、医療水準である。医療水準とは、実践的なものであり、たんに学理的なものではない。このことは、すでに、「**学問としての医学水準**」と「**実践としての医療水準**」との概念上の区別[88]において明確にされている。前者は、研究水準、学界水準といってもよいものであり、将来において一般化すべき目標の下に現に積み重ねつつある基本的研究水準である。後者は、経験基準、技術水準であり、専門家レベルでその実際適用の水準としてほぼ定着したものである[89]。その両者の関係については、医学水準が多くの研究段階を経て実践としての医療水準に発展するのであり、いったん医療水準となったものが、否定されるという逆転が起こることもある[90]。

---

87 最判昭57・3・30判時1039・66。
88 松倉豊治「未熟児網膜症による失明事例といわゆる『現代医学の水準』」判例タイムズ311号64頁参照。
89 松倉・前掲判タ311号64頁参照。
90 この例としては、未熟児網膜症事件における光凝固法の評価の変遷が挙げられる。これについては、米田『医療行為と刑法』113頁以下に詳しい。昭和49年の岐阜地裁（岐阜地判昭49・3・25後掲）は、光凝固法を、医療水準を充たすものとしたが、控訴審は、「光凝固法で治療しうる未熟児網膜症は、元来、放置していても自然治癒したはずであり、光凝固はその治療過程を短縮しただけにとどまるのではないか」とし、「光凝固法その技術的特性にかんがみ、専門研究家の実施に委ねるべきであって、一般的な方法として実地医学が応用しうる段階に至っていないものである」としたのである（岐阜地判昭49・3・25判時738・39、名古屋高判昭54・9・21判時942・21）。岐阜地裁によれば、「前記の如く光凝固法の存在等に対しては学会での講演専門誌での発表により眼科医の殆どが医学知識として有していたであろうことは推定でき、少なくともそれが専門医として有すべき一般水準であり決して最高水準であるとはいえないと考えるが、仮にそれが高度な知識であるとしても、医師はその当時の医学知識、医学技術を駆使し最善適正な治療を施すべきものであるから、高度な注意義務があるものであり、し

医療水準の形成過程は、一般に承認され確立された基準となる前に、その治療法が研究され実験的に適用され、治療方法として広く普及し、浸透していくという段階を歩む[91]。現代医療は高度に専門化され、細分化されている。今日の臨床医学は、一人の医師の学習能力をはるかに超えた膨大な知識の体系となっているといわれる[92]。また、医学の進歩の速度が極めて早く、行為当時の医療水準と裁判終結時のそれが異なることも少なくないとされている。

2．判例における医療水準論の展開と医療水準の判断基準

わが国の民事および刑事判例における医療水準論の生成と発展について若干の回顧を行っておこう[93]。その際、初期の判例において、「最善の注意義務」が要求され、「医療慣行」に従うだけでは医療水準を充たさないことが明らかにされた[94]が、未熟児網膜症事件において医療水準概念が確立され、さらに、医療水準とは、「診療当時のいわゆる臨床医学の実践における医療水準」をいうとされ[95]、また、医療水準とは、全国一律に絶対的な基準ではなく、諸条件に応じた「相対的な基準」とみなされるものとする。

(1) 最善の注意義務

まず、医療における注意義務が「最善の注意義務」か、それとも実際の「医療慣行」に従っておればよいかについては、すでに初期の民事判例にお

かも被告病院は綜合病院で且つ未熟児センターを有することからすると、その性格から当然高度な注意義務が要求されるところがある」。
91　これについて、滝井繁男「医療水準論に関する一考察―特に転医との関連において―」法曹時報56号6号82頁以下、饗庭忠男「医療水準と説明・転送義務」判タ415号54頁以下、とくに58頁以下、滝井繁男・藤井勲「『医療水準論』の現状とその批判」判例タイムズ629号（1987年）12頁以下参照。
92　饗庭・前掲判例タイムズ415具55頁参照。したがって、専門分野を超えた医療を期待することは困難であるとされる。
93　上田正和「医療水準」加藤良夫編著『実務医事法講義』104頁以下参照。
94　「危険防止のため実験上必要とされる最善の注意義務」という基準は、慣行的なプラクティスに従っていただけでは過失なしといえないとする消極的な役割を果たすことを目的としただけであったとされている（新美育文「医療過誤裁判」ジュリスト増刊総合特集「日本の医療―これから」174頁参照）。
95　医学水準と医療水準の相違について、松倉豊治・判例タイムズ311号61頁参照。

いて判断されている。手術の前後に渡って受けた輸血の給血者が梅毒に感染していたため輸血者も梅毒に感染したという昭和36年のいわゆる**東大輸血梅毒事件**[96]において、最高裁は、「注意義務の存否は、もともと法的判断によって決定されるべき事項であって、仮に所論のような慣行が行われていたとしても、それは唯だ過失の軽重及びその度合いを判定するについて参酌されるべき事項であるにとどまり、そのことの故にただちに注意義務が否定されるべきいわれはない。…いやしくも人の生命及び健康を管理すべき業務（医業）に従事する者は、その業務の性質に照らし、危険防止のために実験上必要とされる最善の注意義務を要求されるのは、已むを得ないところといわざるを得ない」という。

これと同様の観点に立ち、水虫治療のために両足にレントゲン照射を行ったところ、潰瘍が生じ、両下腿の切断手術を行わなければならなくなったといういわゆる昭和44年の**水虫レントゲン照射事件**[97]において、やはり最高裁は、「最善の注意義務」が要求されるものとし、「医師としては、患者の病状に十分注意しその治療方法の内容および程度等については診療当時の医学的知識にもとづきその効果と副作用などすべての事情を考慮し、万全の注意を払って、その治療を実施しなければならない」とする。しかし、このような最善の義務を抽象的に承認すると、医師の注意義務の範囲は著しく広くなり、これを具体化・制限することが実際上必要となる。そのためには、「当時の医学的知識」「当時の医療技術」といった基準が必要とされたのである[98]。

(2) 医療水準論の確立

その後、昭和54年の**未熟児網膜症事件**（長崎市立市民病院事件）[99]では、未熟児に呼吸障害が生じた際、酸素投与を行い、網膜に傷害が残ったが、「予防ないし治療の方法は、当時における本症に関する学術上の見解や臨床上の知見として一般に重要されていたところにほぼ従って行われたものであって当時の医学水準に適合したものというべきであり、…小児科医師としての裁量

---

96 最判昭36・2・16民集15・2・244。
97 最判昭44・2・6民集23・2・195。
98 山口・前掲早稲田法学会誌47巻367頁参照。
99 最判昭54・11・13裁判集（民）128・97。

の範囲を超えた不相当なものであったということはできない」とした。ここにはすでに医療水準論の萌芽が見られる。その後の一連の未熟児網膜症事件において、医療水準論が確立され形成されていく。

最高裁は、未熟児網膜症事件の一つである昭和57年の**高山日石病院事件**[100]において「注意義務の基準となるべきものは、診療当時のいわゆる臨床医学の実践における医療水準である」として不法行為責任及び債務不履行責任を否定し、明示的に「医療水準」という概念を使用した[101]。医療水準論は判例上これによって確立した。これにより、医療水準は、「最善の注意義務」ではなく、「診療当時の実践における医療水準」が注意義務の基準であるとなり、損害賠償責任を否定する機能を果たし始めたのである[102]。この高山日石病院事件上告審判決以降、「医療水準」の内容の理解につき、医療水準の判断要素として医療機関の特性等を考慮しない**絶対説**ないし**客観説**と、当該医師や医療機関を取り巻く具体的事情をも考慮して決定すべきであるとする**相対説**ないし**主観説**が対立していた[103]。

(3) 相対的基準としての医療水準

昭和63年の**北九州市立八幡病院事件**[104]においては、伊藤裁判官の「補足意見」が付され[105]、そこでは、より具体的に、「医療水準は、医師の注意義務の基準となるものであるから、平均的医師が現に行っている医療慣行とでもいうべきものとは異なるものであり、専門家としての相応の能力を備えた医師が研さん義務を尽くし、転医勧告義務をも前提とした場合も達せられるあるべき水準として考えられなければならない」とした後、次のように述べる。

---

100 最判昭57・3・30裁判集（民）135・563。
101 このことは、坂出市民病院事件（最判昭61・5・30裁判集（民）148・139）においても同様であった。
102 これについて、米田泰邦『医療行為と刑法』(1985年) 110頁参照。なお、この事件の第1審岐阜地裁判決に対する医学界の反発は大きく、その後の医療水準論は、医療側の主導で認められていったという（山口・前掲早稲田法学会誌47巻370頁）。
103 山口斉昭「『医療水準論』の形成過程とその未来—医療プロセス論へ向けて—」早稲田大学法学会誌47巻 (1997年) 361頁以下参照。
104 最判昭63・1・19裁判集（民）153・17。
105 この見解の基礎とされたのは、中谷瑾子・判例評論286号193頁で展開された医療水準の相対化論であったという（岡林・判例タイムズ1178号191頁）。

「このような医療水準は、特定の疾病に対する診療に当たった医師の注意義務の基準とされるものであるから、当該医師の置かれた諸条件、例えば、当該医師の専門分野、当該医師の診療活動の場が大学病院等の研究・診療機関であるのか、それとも総合病院、専門病院、一般診療機関などのうちのいずれであるのかという診療機関の性格、当該診療機関の存在する地域における医療に関する地域的特性等を考慮して判断されるべきものである。右のようにいうべきものとすれば、特定の疾病に対する有効かつ安全な新しい治療法が一般に普及して行く過程において、右治療法を施す義務ないしは右治療法を施すことを前提とした措置を講ずる義務又は転医勧告義務の存否が問題とされる場合には、例えば大学病院等の研究・診療機関においては右治療法を施すこと等が義務とされても、一般の診療機関においては自ら右治療法を施すこと等が義務とされないのはもとより、右治療法を施すために大学病院等への転医を勧告することも義務とはされない段階など、診療機関の性格等前記の諸条件に応じて種々の段階を想定することができるのであって、前記の諸条件を考慮することなく、右治療法を施すこと等が義務であるか否かを一律に決することはできないものといわざるをえない。この意味において、医療水準は、全国一律に絶対的な基準として考えるべきものではなく、前記の諸条件に応じた相対的な基準として考えるべきものである」。

その後、最高裁は、平成7年の**姫路日赤病院未熟児網膜症事件判決**[106]において、最善の義務を尽くすことを必要としつつ、医療水準が、医療機関ごとに異なり、「新規の治療法に課する知見が当該医療機関と類似の特性を備えた医療機関に相当程度普及しており、当該医療機関に置いて右知見を有することを期待することが相当と認められる場合には、特段の事情の存しない限り、右知見は右医療機関にとっての医療水準であるというべきである」として相対説に立ち、さらに、平成8年の最高裁の**腰椎麻酔剤ペルカミンS事件**[107]においては、「平均的医師が現に行っている医療慣行とは必ずしも一致するものではなく」、「医療機関に要求される医療水準に基づいた注意義務」を尽くす必要があるとして、麻酔剤の能書（貼付文書）に記載されたとおり

---

106 最判平7・6・9民集49・6・1499＝判時1537・3。第1審（神戸地判昭63・7・14民集49・6・1540）、第2審（大阪高判平3・9・24民集49・6・1578）が医師の責任を否定したのに対し、危険防止のために経験上必要とされる「最善の義務」を尽くす義務を認めた。岡林伸彦「各論⑤〔判例分析〕42」判例タイムズ1178号（2005年）190頁以下参照。

107 最判平8・1・23民集50・1・1。

に血圧測定をしなかったことにつき過失を認めた。

(4) 刑事事件における医療水準と医療の裁量性

医療水準が、医学と医療実務の承認された一般の基準であるにもかかわらず、医療の個人性ないし個別性が考慮されるべきことは、治療の自由のコロラリーである。先に述べたように、医療水準が、医師の裁量を排除するわけではない。むしろ、医療水準とは、抽象的・画一的・固定的なものではなく、具体的・個別的・流動的で相対的なものである。しかし、医療水準の相対性が行き過ぎると、その概念が細分化され空洞化し、その概念の有用性自体が疑われることにもつながると指摘されている[108]。

この問題は、刑事判例において、医療水準と医師の裁量というテーマで議論されている。後に「現在の医療水準」に関して検討する骨折治療によるフォルクマン拘縮の発生による手指や腕の成長・機能に傷害をもたらした事案における昭和53年の判決[109]ですでに、医師の裁量の範囲にあることを過失否定の一つの理由としているが、ここでは、まず、昭和55年の宮崎地裁延岡支部の虫垂炎切除事件の判決[110]を採り上げよう。

(a) 宮崎地裁延岡支部虫垂炎切除事件

(事実) 被告人は内科医であったが、急性虫垂炎の患者Aの腹部を切開してその虫垂を切除するための手術をするにあたって、虫垂患部を探索するに際し切開創から腹腔内に左示指を挿入して触知した大腸壁の一部位（自由紐）を虫垂であると即断、誤認し、これを切開創下に移動させて視野に入れながらも右部位が真実虫垂であるか否かを十分確認せず、当該部位を剥離切除し、右大腸壁の一部を欠損させたのに、これを放置したままで手術を終え、手術後、Aが左下腹部の痛みを訴え、あるいは高熱頻脈が持続昂進し、翌朝には、腹膜炎を併発し緊急開腹手術を要する症状となっていたのに、診察や諸検査及び緊急開

---

[108] 新美育文「医師の過失」法律論叢71巻4＝5号79頁、加藤良夫（編著）『実務医事法講義』117頁（上田正和・執筆）。小西知世・医事法判例百選149頁参照。

[109] 東京高判昭53・11・15刑月10・11＝12・1390（第1審＝浦和地判昭52・3・28刑事裁判資料233・469）参照。本件民事判例として、浦和地判昭53・4・31判夕366・311．本判決については、橋本雄太郎・医事法判例百選184頁、荻原由美恵「医療過誤訴訟における医療水準」中央学院大学法学論叢22巻1号（2009年）29頁以下参照。

[110] 宮崎地延岡地判昭55・8・27判夕678・56。評釈として、石原明「虫垂炎手術時の大腸切除事件」医療過誤判例百選（第2版・1996年）40頁以下、なお、これについて、小林公夫「医療水準と医療の裁量性」法律時報80・12・71頁以下参照。

腹手術等の適切な処置を行なわず、Aを右汎発性腹膜炎により死亡させた。

(判決)「事実認定の補足説明及び量刑の事情」において、「被告人は『盲腸のX』との世評を得ていたが、これは、虫垂炎の手術に際し、腹部切開手術による患者への肉体的負担を最小限に止め可能な限り早期に治癒させようと企図して、腹部切開創を他の医師が通常行なう場合の約半分（長さ2センチメートル）に停める方法をとり、これが成功を納めたことによるものであった」としている。「このような方法は、創口が小さいために手術野が狭くなり、手術部位の確認等が困難になり勝ちで、通常の方法に比し医療事故の危険が増大するのであって、医家向けの専門書等では厳に慎しむべきこととされている」という。すなわち、これを医療水準というなら、「医療水準」を逸脱しているというのである。被告人の「誤認の原因」はここにある。しかし、判決は、結論的には、「専門医として相当の技量と経験の持主であると認められる被告人が、腸壁を虫垂と誤認していることに気付かないというようなことは、やはり常識では考えられないこと」であるとして、被告人が正常な判断が困難な「肉体的、精神的状況」にあったことをその間接的な原因とする[111]。

本件においては、まず、専門書からの逸脱[112]が、医療水準に反していると考えるべきなのかどうかについても、何も述べられていない。また、医療水準からの逸脱自体が、「過失」ないし「注意義務違反」を根拠づけるかどうかについても何も述べていない。ただ、専門書からの逸脱は、虫垂と大腸の一部との誤認の原因でもあるとして、さらに、その誤認の背景を量刑事情としているのである。患者の苦痛をできるだけ緩和し、回復も早い術式は治療の進歩の重要な部分でもあり、被告人は、すでに、「多年に亘り一万例以

---

[111] 判決では、「そのような注意力の緊張を失なわせた事情」とは以下のごとき状況である。「被告人は、昭和53年末ころから手の震るえや不眠を訴え、夜間にウイスキーの普通びんを3、4日で空ける程度に飲酒し、就寝前には誘眠のために精神安定剤を常用していたこと、更には昭和54年8月ころには、それまで勤務していた看護婦が全員一挙退職し、その後は、日々仕事に不慣れな看護婦の介助による手術等を強いられたばかりか、午後10時ころまで医療事務の仕事もしなければならず、これらの諸事情が重なって、事件当時は相当に疲労していたこと、それにもかかわらず、事件当日の午後、右のような被告人の状況に照らせば相当に無理を伴なうと思料される3件（いずれも虫垂炎の患者）の手術を予定し、加えて、第1例の手術が虫垂の癒着等の事情から1時間以上に及び、本件の手術についても容易に虫垂患部を発見できず手術が長びき、更に、もう1件の手術と、その後の外来患者の診察が予定されていたこともあって、被告人には、本件手術を早く終えたいとの焦りがあつたこと」が認められる。

[112] 「体系書の中に記載され、一般臨床医の間に十分な知識の普及がみられるとき、過失判断基準として医療水準は形成される」という（中谷瑾子・判例評論286号21頁、25頁参照）。

上の虫垂炎の手術」を行ってきている。したがって、本判決が、そもそも一般の医師が行う術式を医療水準としたのかどうかは定かでなく、または、本件において、医療水準からの逸脱自体を注意義務違反としなかったことは、たんに多くの医師が行っているのが、「医療水準」ではなく、または医療水準からの逸脱をすべて医療過誤となしていないことを示している。

これにつきさらに明確に、平成20年の福島地裁のいわゆる**大野病院事件**判決[113]では、医学的準則に反するとして業務上過失致死罪で起訴した検察官の主張を退け、無罪と判示したことで、医療水準ないし医学的準則の内容につき多様性を排除しないものとされた。

(b) 福島地裁大野病院事件

本件は、医師である被告人が、患者に対して帝王切開手術を行った際、子宮に癒着していた胎盤を切り離したところ、多量に出血し、患者が死亡したという2004年に発生した業務上過失致死、医師法違反事件であるが、本件判決においては、検察官が主張するような、癒着胎盤であると認識した以上、直ちに胎盤剥離を中止して子宮摘出手術等に移行することが本件当時の医学的準則であったと認めることはできないし、被告人に、具体的な危険性の高さ等を根拠に、胎盤剥離を中止すべき義務があったとも認めることはできず、被告人による胎盤剥離の継続が注意義務違反に反することにはならないとし、無罪を言渡したものである。

判決では、一方では、三人の医師の鑑定ないし証言から、大学病院や地方病院などの臨床現場の標準的な医療措置をくみ取り、他方で、医学文献における医療措置の概要を摘出し、これを突き合わせると、「臨床における医療措置と医学文献の記載から読み取ることができる医療措置とが必ずしも一致しない部分があり、まさに、本件のような用手剥離開始後に癒着胎盤であると判明した場合に剥離を中止して子宮摘出を行うべきか否かについて、記載、見解が分かれている」とする。

そこで、検察官が、「癒着胎盤であると認識した以上、直ちに胎盤剥離を

---

113 福島地判平20・8・20LEX/DB＝季刊刑事弁護57・185。平岩敬一「業務上過失致死・医師法違反被告事件（大野病院事件）―医療の専門的知識を有しない捜査機関による不当な逮捕・起訴」季刊刑事弁護57号111頁、手嶋豊「大野病院事件を読んで」年報医事法学25号23頁以下。本判決における医療関連死の届出義務違反との関係については、山中（「身体・死体に対する侵襲の刑法上の意義」（3）法学論集63巻4号掲載予定）で論じる。

中止して子宮摘出手術等に移行することが本件当時の医学的準則であり、本件において、被告人には胎盤剥離を中止する義務があったと主張する」点については、判決は、この検察官の主張を採用できないとする。その理由の一つが以下の通りである。

　(理由)「臨床に携わっている医師に医療措置上の行為義務を負わせ、その義務に反したものには刑罰を科す基準となり得る医学的準則は、当該科目の臨床に携わる医師が、当該場面に直面した場合に、ほとんどの者がその基準に従った医療措置を講じていると言える程度の、一般性あるいは通有性を具備したものでなければならない」。「なぜなら、このように解さなければ、臨床現場で行われている医療措置と一部の医学文献に記載されている内容に齟齬があるような場合に、臨床に携わる医師において、容易かつ迅速に治療法の選択ができなくなり、医療現場に混乱をもたらすことになるし、刑罰が科せられる基準が不明確となって、明確性の原則が損なわれることになるからである」。

　結局、結論として、本判決は次のようにいう。「以上によれば、本件において、検察官が主張するような、癒着胎盤であると認識した以上、直ちに胎盤剥離を中止して子宮摘出手術等に移行することが本件当時の医学的準則であったと認めることはできないし、本件において、被告人に、具体的な危険性の高さ等を根拠に、胎盤剥離を中止すべき義務があったと認めることもできない。したがって、事実経過において認定した被告人による胎盤剥離の継続が注意義務に反することにはならない」。

　本判決では、臨床における医療措置と医学文献の記載が齟齬し、また、具体的に本件の事案について、癒着胎盤であると判明した場合に剥離を中止して子宮摘出を行うべきか否かについて見解が分かれているとき、医療水準はどのようなものでなければならないかについては、その医療措置が「**一般性あるいは通有性**」を有するものであることを要求している。一般性・通有性を有しない医療慣行に従わなかったとしても注意義務違反はないとする。このことは、対立する慣行や見解がある場合には、必ず医療水準としての「一般性・通有性」が否定されるということを意味しないであろう。したがって、これが、医療水準の具体性・個別性と矛盾するわけではない。

5．医療水準論における判断基準

このようにして、医療水準の概念は、一般性・通有性を維持しながらも、具体的・個別的であり、医療の多様性[114]を排除しない。むしろ、それは、治療方法の自由という医療の進歩・発展を支える理念を基礎にしたものであることが、その判断基準を具体的に考察する場合の基礎であるといわなければならない。わが国の判例において展開されてきた「医療水準」論における判断基準の要素について以下で具体的に考察しておくことにしよう。

1．医療水準と医療慣行

医療慣行とは、臨床の現場において、平均的医師の間で広く慣行的に行われている方法を指す[115]。先に引用したように、東大輸血梅毒事件判決において、そのような慣行は、過失の軽重と程度を判定する際に参酌されるべき事項であるにとどまるとして、慣行に従っているからといって直ちに注意義務が否定されるものではない[116]とされたが、これは、医療慣行に従っていたとしても医療水準に従ったとはいえないとするものである[117]。さらに、医療慣行については、最高裁は、前述のように、平成8年の判決において、医薬品の添付文書に記載された2分間隔で血圧を測定すべきか、それとも5分間隔で測定すれば足りるという医療慣行に従えば足りるかが争われた**腰椎麻酔剤ペルカミンS事件**につき、「医療水準は、医師の注意義務の基準（規範）となるものであるから、平均的医師が現に行っている医療慣行とは必ずしも

114　小林公夫・前掲法律時報80巻12号74頁参照。
115　金光秀明「医療水準と医療慣行」秋吉仁美『医療訴訟』220頁、小西知世・医事法判例百選149頁参照。
116　前掲最判昭36・2・16（前出2．「判例における医療水準論の展開と医療水準の判断基準」の（1）「最善の注意義務」参照）。
117　医療慣行と医療水準については、さらに、西野喜一「医療水準と医療慣行」大田幸夫編『新・裁判実務体系1医療過誤訴訟法』(2001年) 113頁以下、石井麦生「過失論」小山稔・西口元編集代表『専門訴訟体系1医療訴訟』(2007年) 17頁以下。

一致するものではなく、医師が医療慣行に従った医療行為を行ったからといって、医療水準に従った注意義務を尽くしたと直ちにいうことはできない」とし[118]、医療慣行に従って5分間隔で血圧を測定した医師に過失を肯定した。このように、判例によれば、医療慣行は、医療水準を表すものではない。

2．専門医の知識と経験

一般的には、「慎重で思慮深い当該社会生活圏に属する人」が、その状況においてとるべき行為が、なすべき行為の判断の基準である。医療行為においては、具体的には、それぞれの専門分野の「経験を積んだ医師の水準」が基準となる。「水準」とは、「その治療の時点で医療実務と経験において実証され、自然科学的認識に従って保障された、平均的能力をもつ専門医に要求される知識と能力という基準」である[119]。「**専門医にあてはまる水準**」とは、形式的にその医師が専門医でなければならないということを意味するものではない。その医師が、一定知識と経験の水準を持たなければならないということを意味するのであって、そのことを「専門医の水準」というのである[120]。この基準は、二本の柱からなる。一つは、科学的に裏付けられた認識と経験であるということである。これは、いわば「**医学的基準**」である。もう一つは、医療実務でこの知識の水準が承認されていることである。すなわち、「**実践的基準**」である[121]。「医療水準」とされるためには、この両条件がそろわなければならない。この水準は、行政官庁の発する医療に関する「行政指針」（Richtlinie）とは異なり、また、医師会などの「ガイドライン」（Leitlinie）ないし「勧告」（Empfehlung）とは異なる。これらは、医学的認識水準をまとめて宣言的に伝達したものにすぎない。決定的な基準は、医学的「水準」である。

その意味で、一般に承認されていない、安全度に確信がない新規の治療方

118　前掲最判平8・1・23民集50・1・1。
119　*Ulsenheimer*, a. a. O., S. 18.
120　*Schroth*, Die strafrechtliche Verantwortlichkeit des Arztes bei Behandlungsfehren, in: Roxin/Schroth（Hrsg.）, Handbuch des Medizinstrafrechts, 4. Auflage, S. 148.
121　稲垣喬「医療水準の意義と機能」判夕503号48頁参照。

法を採る場合には、注意義務違反となりうる。静岡地裁は、その刑事判例において、医師は「現代の医学が病理的にも、臨床的にも、一般に認めて誤りのないとする措置をとり、また、これまで自ら臨床経験をしたこともない新規な措置をとるには、あらゆる医学的調査研究及臨床試験を行った結果、それが診療に必要で、適当な措置であり、しかも生命、身体に危険な事態を引き起こさないことを確認しなければならない」とし、その危険を恐れないで、敢えて異例の診療上の措置をとることは回避しなければならないというのである[122]。

3．医療機関等の現状に応じた医療水準

(1) 諸般の事情の勘案

わが国においては、民事判例ではあるが、平成7年の**未熟児網膜症姫路日赤事件上告審判決**[123]において、客観的注意義務違反の注意義務の基準としての「医療水準」について、それを「診療当時のいわゆる臨床医学の実践における医療水準である」とし、未熟児網膜症の防止のため光凝固法を実施するのが、当時の医療水準であったかが争われた事件で、医療水準を一律・一義的なものではなく、医療機関の性格等諸般の事情を勘案して決定すべきとした。それによれば、「疾病の専門的研究者の間でその有効性と安全性が是認された新規の治療法が普及するには一定の時間を要し、医療機関の性格、その所在する地域の医療環境の特性、医師の専門分野等によってその普及に要する時間に差異があり、その知見の普及に要する時間と実施のための技術・設備等の普及に要する時間との間にも差異があるのが通例であり、また当事者もこのような事情を前提として診療契約の締結に至る。」「…医療水準であるかどうかを決するについては、当該医療機関の性格、その所在する地域の医療環境の特性等の諸般の事情を考慮すべきであり、右の事情を捨象して、すべての医療機関について診療契約に基づき要求される医療水準を一律に解するのは相当でない」。ここでも医療水準は、一律にではなく、「諸般の事

122　静岡地判昭41・6・24下刑集6・11＝12・1276。中村哲・前掲判タ825号14頁参照。
123　前掲最判平7・6・9民集49・6・1499。手嶋豊「未熟児網膜症事件」医事法判例百選142頁以下。

5．医療水準論における判断基準　　425

情」の考慮によって類型的・個別的な一般性を要求している。

(2) 転医義務ないし転送義務
(i) 民事事件における転医義務

　医療水準が各医療機関の性格や所在地域の医療環境によっているなら、当該の医療機関で祖要求される医療水準を充たせない場合、患者を他の医療機関に転医させる義務が生じる。転医義務は、昭和50年代からの一連の未熟児網膜症訴訟の過程で確立されてきたが、その際、転医先の医療機関において確立した治療方法が存在することが前提になるとされていた。しかし、すでに昭和55年には、下級審の判決[124] において、「医師に当該治療法の施行ないし同治療法施行のための患者の転医等を義務づけるには、当該治療法が一般臨床医の間で有効であるとして確立している必要があると一応は、いえるけれども、患者に対し予見される専門外の領域の疾患を説明し、専門医による受診を勧告すべき医師の義務は、必ずしも…有効な治療法が確立していることを前提とせず、むしろ、当該治療法の普及度合は、説明義務を尽くした場合に患者が同治療法の施行を受け最悪の事態を避け得たか否か、すなわち説明義務違反と損害との相当因果関係の存否を判断するうえでの基準要素として扱われるべきである」としたものがある。最高裁も、すでに、未熟児網膜症に関する昭和60年の最高裁判決[125] において、院外の他の専門医の診療を受けさせる措置を取らなかったことの過失に言及している。

　上記の未熟児網膜症姫路日赤事件上告審判決においては、最高裁は上述のように「医療水準を一律に解するのは相当でない」とした上で、さらに、「新規の治療法実施のための技術・設備等についても同様であって、当該医療機関が予算上の制約等の事情によりその実施のための技術・設備等を有しない場合には、右医療機関は、これを有する他の医療機関に転医をさせるなど適切な措置を採るべき義務がある」と判示して、医師に患者の転医義務を認めている[126]。

　この事件は、大阪高裁に差し戻され、差戻し審[127] では、光凝固法の普及

---
[124] 高松地判昭55・3・27判時975・84。
[125] 最判昭60・3・26民集39・2・124。評釈として、稲垣『医事訴訟理論の展開』262頁以下参照。
[126] 最判平7・6・9民集49・6・1499。

につき、昭和49年当時、この事件の発生した兵庫県では未熟児に対する眼底検査も、光凝固法も公立病院では相当に普及していたとして、これを「医療水準」として医師の義務違反を肯定し、損害賠償責任を認めた。医師は再上告したが、最高裁[128]は棄却した。

医師が、その医療機関で医療水準を充たす医療ができないとき、他の適切な医療機関での受診を勧める転医勧奨は、説明義務の内容をなす[129]。当該の医療機関が、医療水準を充たさない治療しかできない場合には、他の医療機関への転送義務を認めたのが、前記判決である。このような転医義務を認めた下級審の民事判例は、この最高裁判例以前にも多数存在する[130]。**平成15年の判決**で、最高裁は、開業医に他の高度な医療機関への転送義務を認め、これを怠ったことに過失を認めている[131]。転医義務の生じる条件としては、①物的設備が不十分な場合、②人的体制が不十分な場合、③医師の対応能力が不十分な場合が挙げられる[132]。

その他、文献においては、転医義務が認められる条件として、①患者の疾患が自己の専門外であるか、自己の臨床経験ないし医療設備によって患者の疾病改善が困難であること、②患者の病状が転医に堪えうること、③患者の症状との関係で、転医可能な地域内に適切な設備・専門医を配置した診療機関があること、④転医によって当該疾病の改善の見込みがあることが挙げられている[133]。

(ii) 刑事事件における転医義務

転医義務を考察した刑事事件としては、**名古屋地判平19・2・27判タ1296・**

127　大阪高判平9・12・4判時1637・34。
128　最判平10・12・17判例集未登載。
129　説明義務の内容としての転医勧奨義務については、「医師の説明義務」に関する本書第3章（277頁以下、法学論集61巻6号38頁以下）、開業医の専門医への転送義務については、「医療過誤と刑事組織過失」に関する本書第6章（本書640頁以下、法学論集62巻3号31頁以下）を参照。
130　比較的初期のものを挙げておくと、福岡高判昭55・5・13判時980・93、福岡地小倉支判昭55・6・5判時998・90、松江地判昭55・7・16判時1004・106、大阪地判昭55・12・20判タ429・72、佐賀地判昭57・5・14判タ477・186、京都地判昭58・5・27判時1094・88等である（西野喜一・判タ686・85頁以下参照）。
131　最判平15・11・11民集57・10・1466＝7判時1845・63、小池泰「開業医に他の高度な医療機関への転送義務を認めた事例」医事法判例百選150頁以下参照。
132　小池泰・前掲医事法判例百選151頁参照。
133　金川琢雄『診療における説明と承諾の法理と実情』36頁。森脇正「転医義務」加藤良夫（編著）『実務医事法講義』136頁参照。

308がある[134]。問題となったのは、説明義務違反ではなく、実際に当該病院での医療が困難な場合の転送義務である。

(事実) 被告人産婦人科医師が、妊娠37週のB（31歳）に対する分娩介助を行うにあたり、陣痛を誘発して早期に分娩させるべく、Bに対し、いずれも陣痛誘発剤を投与したところ、胎児に徐脈傾向が見られ、胎児仮死が懸念されたことから、Bの分娩を早めるため、急速遂娩法であるクリステレル法及び吸引分娩法を施したところ、Bが男児を分娩し、その際子宮頸管裂傷を負った。被告人は、Bの分娩直後の時点において、内診や視診を十分に行わなかったため、分娩時にBが負った子宮頸管裂傷を見落とし、その後、助産師のCから新たな出血がBに認められた旨の連絡を受け、Bに対する診察、治療を再開し、同日午後6時16分ころ、腟鏡を用いた内診や視診を行った際も、十分な視診を行わなかったため、再びBの子宮頸管裂傷を見落とした上、そのころ新たに認められた多量の出血により、Bが、出血性ショック状態に陥っているのが明らかな状態であったから、直ちに、出血量に応じた輸液措置を講じて血圧の回復を図るとともに、以後も出血が継続する事態に備えて、予め輸血用血液を手配するべきであったにもかかわらず、Bに対して十分な輸液措置を講じず、さらに、その後もBの出血部位が発見できず、Bの出血状態を回復するための措置を講ずることができなかったのであるから、直ちにBを高次の病院に転院させるべきであったのに、転院等の措置を講じなかった過失により、Bを子宮頸管裂傷による出血性ショックにより死亡させた。

(判旨) 判決では、①子宮頸管裂傷を見落とした過失は、子宮頸管裂傷の存在に合理的疑いが残ることから認められず、②輸液・輸血措置を怠った過失は、当該措置によって確実に被害者の死亡を回避することができたとは認められないことから否定されるとした上、さらに、③「被告人に午後6時16分の時点でBを高次医療機関に転送すべき刑法上の義務があり、その義務を怠ったことからBに死亡という結果が発生したといえるか」という転送義務ついて検討する。そして、さまざまな証人の意見に考察を加えた後、結論としては、「仮に被告人が午後6時16分の時点でBを高次医療機関に転送する手続をしていたとしても、Bを確実に救命できたと認めるには合理的な疑いが残る。したがって、被告人に午後6時16分の時点でBを高次医療機関へ転送すべき刑法上の

---

[134] 判例紹介として、日山恵美「高次医療機関へ転送したとしても、分娩後に出血性ショック状態に陥った患者の死亡結果を確実に回避できたと認めるには合理的な疑いが残るとして過失が否定された事例」年報医事法学25号108頁。

注意義務があったとは認められない」として、結局、被告人を無罪とした。

この判決では、転送義務があったとして、その義務を尽くしていたとしても、確実に救命できていたとはいえないから、結局、転送の注意義務があったとは認められないというのであるが、これは、ここで展開してきた見解によると、危険創出連関としての注意義務違反はあったが、それが結果に現実化しておらず、危険実現連関を欠くとしたものと解釈できる。すなわち、転送義務があったとしてもその転送義務を守っていたとしても、結果は発生していたであろうというのであるから、転送義務という規範は、結局、結果発生の防止という目的の達成には役に立たず、それが、事後的にみると、結果の危険を増加させたとはいえないから、客観的帰属の要件としての「危険増加連関」[135]に欠けるというのである。

4．現在の水準

専門医の医療水準とは、現在の水準でなければならず、過去のすでに古くなった水準では不十分である。これにつき、ドイツとわが国の判例を検討しておこう。

(1) 現在の水準に関するドイツの判例

デュッセルドルフ上級ラント裁判所の判決[136]の事案では、患者は、第2子を望んでいたが、代赭石（Röteln）を予防するため予防接種をしてもらおうとした。そのため実施された代赭石の検査では、その当時（1978年）に通用していた「母親のためのガイドライン」では予防接種を必要としない程度の値を示した。患者の1980年に生まれた娘は、重い代赭石胎児病（Röteln-embryopathie）の典型的症状を示した。患者は、専門医を、妊娠の看護の際にそれ以上の措置をとり、とくにテストの値をさらに解明しなければならなかったであろうという理由によって提訴した。これに対して産婦人科医は、「連邦医師および保険委員会」が基準とし、その当時通用していた（1974年12

---

135 危険増加連関については、山中『刑法総論』（第2版）396頁以下参照。なお、この問題については、6．（451頁以下）においてさらに詳しく検討する。
136 OLG Düsseldorf, VerR 1987, 414.

月16日の)「母親のためのガイドライン」を援用し、それに従えば、患者の十分な免疫状態が備わっているかどうかを疑わなかったのは適切であったと主張した。

裁判所は、1審も2審も原告の訴えを認めた。婦人科医は、何年も前の古くなった母親のためのガイドラインを信頼してはならなかったというのである。次のように述べる。

> 「鑑定人の説明にもとづいて、婦人科および助産に関する専門医学の当時の学問的認識水準によれば、高い値を示した場合、免疫の状態の解明を行うことは必要であった。鑑定人が述べるように、すでに1979年に婦人科および助産に関する専門文献の値が疑問であることは発見できた。それによって、代赭石の疑いのある場合には、胎児の危殆化を十分確実に排除するために、さらなる措置をとる必要があることが明らかになっていた」[137]。

本判決は、医療水準が現在の医療の水準を意味し、過去のものでは足りないとするものである。わが国には、医療行為の時点の現在の水準でなければならないとするものがある。

(2) 「現在の水準」に関するわが国の刑事判例
(i) 豊胸術肺塞栓死事件 (東京地裁昭和47年判決)[138]

わが国における美容整形術に際して肺塞栓による死亡の結果を予見できなかったとして、医師の業務上過失致死の責任について否定した判例において、行為当時の医療水準に従うべきであるとしたものがある。事案と判旨は、以下の如くである。

(事実) 美容整形を主とする医療に従事していた医師甲は、患者Aから依頼を受け、豊胸術を施術するにあたって、ワセリンを主体とする補てん液を乳房底部の乳腺下結合組織内に注射器により注入したが、患者は、看護師からマッサージを受けている途中で気分が不快になり、吐き気、胸部に苦痛を訴え、死亡した。死因は、肺の小動脈および毛細血管内にワセリンが充てんされたことに

---

137 Vgl. *Ulsenheimer*, a. a. O., S. 21
138 東京地判昭47・5・19刑月4・5・1007。評釈として、町野朔「豊胸術による肺塞栓死の予見可能性」医事法判例百選139頁。

より、両肺に生じた塞栓症であった。

これにつき、東京地裁は次のようにいう。

  (判旨) ワセリン液注入量の判定を誤った点につき「被告人の行っていた豊胸術の方法はワセリンの注入量を判定する客観的な基準がなく、施術者の経験と勘に頼ってその量を判定するものであって、本件のごとき被術者の死亡事故が発生した以上、結果から遡って判断すれば、施術者の経験と勘だけに頼る注入量の判定方法では人体に生命に対する危険をはらむことが明らかになったというべきであるが、本件の死亡事故が起きるまで過去に前記のように長期にわたり多数の床例を重ねて豊胸術を行ない、その間一度もワセリンの注入量が許容限度をこえなかったと思わせる、本件のごとき事故が生じなかったとすれば、被告人が通常の例にしたがい通常の方法により注入量を決定し、それについて、組織断裂の危険を全く予測しなかったとしても無理もないといわねばならない」。
  「美容整形術も、人々のもつ精神面の不満を解消することを目的とするもので、社会的に有用なものとしてその存在価値を認められるべき広義の医療行為に属すると解されるから施術当時の美容整形医一般の技術水準に照らし、あるいは自己または同業の積み重ねた研究成果や他数の経験に照らして、学問的技術的能力をもつ医師一般の目から観察して危険でないとされる手段、方法により施術が行われたときは、たとえ、後日において予測されなかった危険を伴うことが判明したとしても、その手段、方法を採用したことに刑事責任を負わしめる根拠としての過失を認めるべきではないと解される」。

　本判決は、豊胸術も社会的に有用なものとして、その技術水準に照らし危険でない手段・方法による場合には、医師の刑事責任は否定されるとした。美容整形手術が、治療行為かどうかについては疑問がないわけではないが[139]、本判決では、これを明確に「広義の医療行為」としている。本判決では、「施術当時において予測されなかった危険を伴うことが判明したとしても」過失を認めるべきでないとしているが、豊胸術によるショック死の事例では一般の注射器を使用してワセリンを注入した場合に、針先のとがってない「生命に危険のないような方法」を用いるべき注意義務に対する違反を

139　これについては、山中「身体・死体に対する侵襲の刑法上の意義」(3) 法学論集63巻4号掲載予定を参照。

認めて業務上過失致罪を肯定したもの[140]、美容のために顔面にストロンチューム90による放射線を過量照射して瘢痕を生じさせた行為に業務上過失傷害罪を認めた**ストロンチューム美容治療傷害事件**[141]などがあり、過失が肯定されているものが少なくない。平成に入ってからの判例には、無免許医が、フィリピン女性二人に対し豊胸手術を施術し、手術侵襲および麻酔薬注入によるアレルギー反応によってショック死させた事例に傷害致死罪を認めたものもある[142]。これは、美容手術には治療行為性を欠くことが結論に影響を与えているとも思われるものでもある。本判決は、さらに、美容整形手術のときの医療水準に従っておれば、裁判時の水準に従う必要はないとするものであって、その点で、手術時に、過去の医療水準に従っていたというドイツの判例の場合とは事案は逆である。しかし、いずれにせよ、医療行為時の「現在の医療水準」が基準となるとする点では一致している。

(ii) フォルクマン阻血性硬縮事件判決（東京高裁昭和53年判決）

さらに、フォルクマン阻血性拘縮の予見可能性について、「現在の医療水準」に照らして判断した東京高裁の判決[143]がある[144]。

　（事実）整形外科医である被告人は、2歳の患者Xを上顎骨顆上骨折と診断し、垂直牽引療法を開始したが、その療法には動脈性血行障碍によりフォルクマン阻血性拘縮と呼ばれる前腕筋組織の壊死等をもたらす可能性があるのに、その発生ないし悪化を防止する業務上の注意義務を怠り、左手指、左前腕等の

140　渋谷簡略昭39・7・28飯田・研究90頁＝医療過誤判例体系594頁。町野・医事法判例百選139頁参照。

141　大阪高判昭41・6・29高刑集19・4・407、医事判例百選52頁参照。中村哲・判タ825号14頁参照。

142　東京高判平9・8・4高刑集50・2・130。本判決では、「被告人は、A〔被害者〕の鼻部と左右乳房周囲に麻酔薬を注射し、メス等で鼻部及び右乳房下部を皮切し、右各部位にシリコンを注入するという医行為を行ったものであること、などの事実が認められ、右各事実に徴すると、被告人がAに対して行った医行為は、身体に対する重大な損傷、さらには生命に対する危難を招来しかねない極めて無謀かつ危険な行為であって、社会的通念上許容される範囲・程度を超えて、社会的相当性を欠くものであり、たとえAの承諾があるとしても、もとより違法性を阻却しないことは明らかであるといわなければならない」とする。甲斐「被施術者の承諾と豊胸手術の違法性」年報医事法学14号122頁、三浦守「美容整形手術により死亡した被害者の承諾について」研修608号15頁。

143　東京高判昭53・11・15刑月10・11＝12・1390．医事法判例百選184頁参照。

144　なお、本件の民事事件判決として、浦和地判昭53・3・31判タ366・311．民事事件において、阻血徴候の看視を怠ったことに医師の過失認めたものとして、仙台地判平13・4・26判時1773・113参照。

成長および機能障害の傷害を負わせた。原審[145]は、Xが症状をよく監視しない過失により適切な治療を怠ったとして、業務上過失傷害罪の成立を認めたが、控訴審たる東京高裁は、原判決を破棄し、Xを無罪とした。

(判旨) まず、病状監視義務の懈怠を否定した後、「①骨折の場合には、疼痛および腫脹は程度の差はあれ常に随伴する症状であり、たとえそれが強度のものであったとしても、多くの場合はフォルクマン拘縮にならずに治ゆしており、右症状が結果からみてフォルクマン拘縮の前駆症状ないし初期症状であったと判断される場合であっても、そのことから直ちに、その症状が発現した時点において、拘縮の発生を確実に予見することは非常に困難であること、②垂直牽引療法自体は、血流の障碍となる骨折による骨の転位を矯正する療法であって、…一般に是認されているものであり、…弾力包帯を巻くことにより血流が阻害され得るとしても、一時的にせよこれを解くことは骨折に対する治療を放棄することにほかならないこと」、そして、③「フォルクマン拘縮の原因たる血行遮断ないし障碍を除去するための観血療法は、ことに幼児の場合にあっては非常に難しいうえ、危険を伴うものであるから、症状の推移を見守るにとどめるのが、大多数の医師における現実の治療方法であること、④現に、上腕骨顆上骨折に対する豊富な治療経験を有するF医師においても、過去フォルクマン拘縮の発生を懸念される症状に多数出会いながら、これを防止するための観血的療法を施した経験はなく、しかもそれにもかかわらず、同人が治療を担当した患者にフォルクマン拘縮を起こした例はないこと」等を総合的に判断すると、医師としての裁量の範囲を逸脱した違法不当なものと断定することはできないというのである。

以上によって、結論として、フォルクマン拘縮発生のメカニズムについては医学上未だ解明し尽くされているとはいえない上に、治療上格別の落ち度がなくても拘縮が発生することがありうることが認められることからすると、「なお現在の医学水準に照らせば、結果的にフォルクマン拘縮が発生したことから、ただちに担当医師に診療上の過誤があったとすることは、もとより相当でない」とした。

この判決では、違法不当な医療行為かどうかを判断するには、「現在の医療水準」に照らして「医師の裁量の範囲」を逸脱することが必要であるとし、発生のメカニズムが医学上未解明である症例については、フォルクマン

---

145 浦和地判昭52・3・28刑月11=12・1391。

拘縮の前駆症状ないし初期症状があったと判断される場合でも、「そのことから直ちに、その症状が発現した時点において、拘縮の発生を確実に予見することは非常に困難」であって、予見可能性はないとされている。さらに、拘縮の懸念があったにもかかわらず、医師がフォルクマン拘縮の発症を防止するための「特別の治癒措置」である「観血的療法」を講じなかった点が過失かどうかにつき、幼児の場合はこれを実施することは難しく危険を伴うとして、これを否定している。

(3) わが国の民事判例の展開 (最新情報収集義務)

この現在の水準は、さらに、「最新情報」を要求する民事判例につながる。いわゆる**皮膚粘膜眼症候群事件**とは、精神障害のため精神病院に入院したXが、医師A及びBから入院中に投与された向精神薬の副作用によってスティーブンス・ジョンソン症候群(皮膚粘膜眼症候群)を発症し失明した旨主張して、不法行為又は債務不履行に基づく損害賠償を求めた事案であるが、これに対する最高裁判決[146]は、医薬品に関する最新情報を収集することを求めている。

> **(事実)** 医師らは、「もうろう状態・病的心因反応」と診断されたXの上記スティーブンス・ジョンソン症候群の発症による失明に対して、医薬品添付文書には過敏症状と皮膚粘膜眼症候群の副作用の記載があるにもかかわらず、継続投与した。その結果、Xには退院後も視覚障害が後遺症として残った。原審は、責任を否定したのに対し、最高裁は、これを破棄して差し戻した。
> **(判旨)**「精神科医は、向精神薬を治療に用いる場合において、その使用する向精神薬の副作用については、常にこれを念頭において治療に当たるべきであり、向精神薬の副作用についての医療上の知見については、その最新の添付文書を確認し、必要に応じて文献を参照するなど、当該医師の置かれた状況の下で可能な限りの最新情報を収集する義務があるというべきである。本件薬剤を治療に用いる精神科医は、本件薬剤が本件添付文書に記載された本件症候群の副作用を有することや、本件症候群の症状、原因等を認識していなければならなかったものというべきである。そして、…本件症候群は皮膚粘膜の発しん等を伴う多形しん出性紅はん症候群の重症型であり、その結果として失明に至る

---

146 最判平14・11・8裁判集民事208・465。

こともあること、その発症の原因としてアレルギー性機序が働くものと考えられていたことが認められる」。判決は、これに続いて、「過敏症状の発生から直ちに本件症候群の発症や失明の結果まで予見することが可能であったということはできないとしても、当時の医学的知見において、過敏症状が本件添付文書の（2）に記載された本件症候群へ移行することが予想し得たものとすれば、本件医師らは、過敏症状の発生を認めたのであるから、十分な経過観察を行い、過敏症状又は皮膚症伏の軽快が認められないときは、本件薬剤の投与を中止して経過を観察するなど、本件症候群の発生を予見、回避すべき義務を負っていたものといわなければならない」とする。

最高裁は、これによって、医薬品の添付文書を確認するだけではなく、「当該医師の置かれた状況の下で可能な限りの最新情報を収集する義務」を認め、それによって投与禁止などの危険防止措置をとる義務を認めた。

5．ガイドライン、指針、勧告の遵守と危険創出行為

(1) ガイドライン
(a) ドイツの判例

ガイドライン、指針、勧告を守らなかったことが、直ちに注意義務違反行為の推定につながってはならない[147]。しかし、学説においては、これが推定されるという見解が唱えられることがある。この推定によって、民事においては挙証責任が転換する。しかし、このような基準が、一過的な性格を有し、常にアクチュアルなものに改訂される必要があり、専門知識として古くなってしまうという性格をもつことが、このような見解をとりえない根拠であるとされる。**ナウンブルク上級ラント裁判所の判決**[148] では次のようにいう。

「まず、AWMF[149] の指針がその科学的基礎にかかわりなく、その当時たんに医師に対する情報という性格をもち、もつべきであったことは、注意すべきである。それ以上の意味、例えば、実務に携わる医師に対する拘束力の

147　*Ulsenheimer*, a. a. O., S. 25.
148　OLG Naumburg, MedR 2002, 471. Vgl. *Ulsenheimer*, a. a. O., S. 25.
149　Arbeitsgemeinschaft der Wissenschaftlichen Medizinischen Fachgesellschaften（仮訳：医学専門学会作業連合会）は、1962年にフランクフルトで設立された160を超える医学会が参加する専門学会の上位団体である。

ある行為準則としての意味をもつという見解には、少なくとも当時、その正当性に関しても、その質に差があることとそれがアクチュアルであるかどうかをめぐって、議論がとどまることなく反対していた」。

　シュトゥットガルト上級ラント裁判所の判決[150]も、このような指針違反から導かれた注意義務違反の推定に反対していた。指針に規定された治療の水準の不遵守は、必ずしも不合理な過誤と評価されるものではない。したがって、直ちに、因果関係において、医師に不利に挙証責任が転換されることにつながるという法的意味をもった「重大な」治療ミスであるという要件を充たすものではない。なぜなら、指針に治療規則が取り入れられたことからのみ、その治療措置が基本的な医療水準に属することになり、そしてまた、それを不作為することが医学的に直ちに不合理であるとは、いまだならないからである。

　ドイツにおいては、先述のAWMFは、それぞれのガイドライン（Leitlinie）の発展過程につき、3段階に分けている[151]。段階が上がるごとに医学的・方法的要件が厳しくなり、したがって、第3段階の説得力は、第1段階よりは高い。指針は、短期的なガイドラインとするには、専門家集団で十分であるが、第2、第3段階は、中長期的なガイドラインとなる。［**第1段階**］専門家集団＝専門家の代表的な人物が集まった専門学会の専門家集団が、インフォーマルなコンセンサスで、専門学会の理事によって決議された「推奨」とする場合をいう。［**第2段階**］＝正式の科学的根拠（evidence）研究を伴うガイドラインである。そのガイドラインは、正式に判定された科学文献の証言から展開されたか、または関係する全専門分野の代表者の参加をもって確認された正式な合意手続において審議され、決議されたことを要する。［**第3段階**］＝組織的発展の全要素を含むガイドラインである。そこでは、第2の発展段階のガイドラインの展開が、次の五つの要素へと拡大される。①論理的分析、②正式の合意手続、③科学的根拠にもとづく医療（Evidence-based-medicine）、④決定分析、⑤アウトカム（Outcome）分析[152]。ただし、いずれの段階のガイドラインも拘束的ではなく、根拠があれば逸脱することは

150　OLG Stuttgart, MedR 2002, 650.
151　これについては、vgl. *Frister／Lindemann／Peters*, Arztstrafrecht, 2011, S. 46 f.
152　*Frister／Lindemann／Peters*, a. a. O., S. 47.

常に可能であるとされている[153]。

しかし、医療水準がガイドラインのみによって決定されるわけではなく、個々の事案に応じた鑑定も必要とすることがある。例えば、心臓学の医療水準（kardiologischer Standard）を決定する必要があった事案において、**ハム上級ラント裁判所判決**[154] によれば、「この問題の判断に際しては、本法廷は、しかるべき医療水準は、関係医学会の推奨や行政指針（Richtlinie）によってのみ形成されるのはないと考えている。むしろ、―規則上正しい治療において― 守るべき注意は、治療の当時の医学の知識水準に従って判断される。行政指針は、この医学の知識水準を原則的に宣言的に表明しただけであって、構成的に根拠づけるものではない」。医療水準が、治療の自由の原則により学派により異なることもある。これについては、**ツヴァイブリュッケン上級裁判所**[155] は、「医師が医療過誤を犯したのかどうかは、もっぱら、当該医師が、当該具体的個別事例において、診断ならびに治療措置に関して、彼に必要とされた医学的知識と経験を動員して通用しうるような決定を行い、この措置を注意深く実行したかどうかによってのみ答えられる」としている。

(b) わが国の判例

わが国における「診療ガイドライン」については、近年、民事判例の中で言及される事案が増えている[156]。これには次のものがある[157]。

① 東京地判平16・2・23判タ1149・95 平成16年東京地裁判決の事案は、下記の通りである。

（事実）被告が開設するD大学医学部附属E病院における亡Fに対する待機的経皮的冠動脈形成術（PTCA）について、被告病院の担当医師らにおいて、①PTCAを施行すべきでなかったのに施行した、②PTCA施行についての説明義務違反がある、③PTCA施行中に手技上のミスにより左前下行枝に穿孔を生じさせた、④左前下行枝に穿孔が生じた時点で心のうドレナージを行うべきであるのに怠った、⑤左冠動脈主幹部に亀裂が生じた後、直ちにステントを

---

153 Frister/Lindemann/Peters, a. a. O., S. 46.
154 OLG Hamm VersR 2002, 857. Vgl. Frister/Lindemann/Peters, a. a. O., S. 47 f
155 OLG Zweibrücken, MedR 1999, S. 80 ff.
156 手嶋豊・未熟児網膜症事件・医事法判例百選144頁参照。
157 東京地判平16・2・23判タ1149・95、東京地判平16・2・2判タ1176・243、名古屋地判平15・11・26判時1883・78、大津地判平15・9・8判タ1187・292など。

挿入すべきであるのに怠った、⑥異常が生じた時点で冠動脈造影を行うべきであるのに怠った、⑦経皮的心肺補助装置（以下「PCPS」という。）を準備・使用すべきであるのに使用しなかった、⑧緊急の冠動脈バイパス手術（CABG）の準備をしていなかったと主張して、亡Fの相続人である原告らが、被告に対し、不法行為（使用者責任）又は診療契約の債務不履行に基づき、損害賠償金の支払を求める事案である。

平成16年東京地裁判決によれば、上記の主張のうち、緊急CABGの準備を怠った過失・債務不履行があるか否かという争点に関して、厚生労働大臣が定めるPTCAの施設基準（「PTCA施設基準」）が守られているかが問題となった。

（判旨）「本件適応ガイドライン」によれば、心臓血管外科との連携体制について、PTCA施設基準は、心臓血管外科医による緊急時の対応が可能である体制が整っていることを最低限の基準としているものと解され、適応のあるPTCAを行う限りにおいては、心臓血管外科医の立ち会いを得ることは義務であるとはいえない。もっとも、被告病院はPTCA設置基準を満たしているが、…本件PTCAは、一般的適応に欠けるところがあったのであるから、心臓外科医の立ち会いを得ることが望ましかったというべきである。しかし、本件PTCAにおいては、心タンポナーデの状態であると判断された後は心臓外科医が立ち会っており、被告担当医師らは、その後に生じた亡Fの症状に対して心臓外科医とともに対処しており、緊急CABGが依頼されてからCABGを実施するまでの対応も、緊急手術としては早い対応がとられたものと認められる（…）ので、本件PTCA実施にあたって心臓外科医が立ち会っていたら亡Fの死亡という結果が生じなかったと認めることはできない。したがって、被告担当医師らには、緊急CABGの準備を怠った過失・債務不履行は認められない。

このようにして、本判決では、PTCA施設基準違反は認めるが、その違反と結果との因果関係が否定されている。

② **東京地判平16・2・2判タ1176・243**　この事案では、「心臓ペースメーカー植込みに関するガイドライン」によって、ペースメーカー埋め込みが、手術の絶対適応であったか否かが争点となった。

(事実) J大学の開設する病院において、完全房室ブロックと診断されて、ペースメーカー植込み手術を受ける必要があるとされ、同病院に入院していた患者（C）が、手術予定日の前日に心臓発作を起こして死亡したことにつき、患者の遺族である原告らが、初診後速やかにペースメーカー植込み手術等の治療を行うべきであった、看護態勢等の術前の対応に過失があった、救急救命措置に過失があったなどと主張して、当医師に対しては不法行為に基づき、大学に対しては不法行為（使用者責任）又は債務不履行に基づいて、損害金及び遅延損害金の支払を求めた。

(判旨) 判決は、まず、「心臓ペースメーカー植込みに関するガイドライン」によれば、完全房室ブロックであって、症候性徐脈（症状が徐脈によるものであることが証明されているもの）を伴う場合には、ペースメーカー植込み手術の絶対適応となるが、…Cは、完全房室ブロックであって症候性徐脈を伴う状態にあり、ペースメーカー植込み手術の絶対適応に該当する状態であったといえ、また、速やかに治療を開始すべき緊急性のある状態であったといえるとして、医師と使用者である大学の過失を肯定した。

ペースメーカー植え込みの「絶対適応」である場合に、それを植え込まなかったのは、ガイドライン違反であるが、それは同時に刑法上の注意義務違反となる過誤である。上で見てきたように、わが国の民事判例においては「ガイドライン」違反があっても結果との因果関係を欠く場合には過失が否定され、絶対適応である場合にはそれが同時に過失犯における注意義務違反として過失が肯定されているものもあるというのが結論である。

(2) 医薬品添付文書

わが国の民事判例において医薬品の添付文書[158]に記載された使用上の注意事項に従わなかった場合に、医師の注意義務違反を認めた**平成8年の最高裁判例**[159]につき検討しておこう。

(事実) 7歳のXは、腹痛・発熱を訴え、Aの病院に搬送された。医師は、壊

---

[158] 医薬品「添付文書」の記載事項については、薬事法52条に規定されている。記載要領については、『平成9年（1997年）4月25日の厚生省の薬務局長通知で「医療用医薬品添付文書の記載要領について」等がある。薬事法研究会編『やさしい薬事法』（第6版・2009年）133頁以下参照。

[159] 最判平8・1・23民集50・1・1。医事法判例百選148頁以下。

症性の虫垂炎と診断し、虫垂切除手術を実施することにした。手術のため麻酔をし、執刀を開始した。麻酔剤の添付文書には、副作用とその対策」の項に、注入前に一回、注入後10分から15分まで2分間隔で血圧を測定するべきことが記載されていた。実際には、Aは5分ごとの血圧測定の指示をしていたにすぎなかった。Aが、虫垂を切除しようとした途端、Xは、「気持ちが悪い」と訴え、脈拍も遅く弱くなったので、手術は中止し救急蘇生の措置をとった。いったん心停止に至ったが、心マッサージの結果、心拍数・自発呼吸が回復したが、意識は戻らず、脳機能低下症となり、自宅療養を続けることとなった（後、死亡）。XらからAらを相手に債務不履行または不法行為による損害賠償が請求された。

(判旨)「医薬品の添付文書（能書）の記載事項は、当該医薬品の危険性（副作用等）に尽き最も高度な情報を有している製造業者又は輸入販売業者が、投与を受ける患者の安全を確保するために、これを使用する医師等に対して必要な情報を提供する目的で記載するものであるから、医師が医薬品を使用するに当たって当該文書に記載された使用上の注意事項に従わず、それによって医療事故が発生した場合には、これに従わなかったことにつき特段の合理的理由がない限り、当該医師の過失が推定されるものというべきである」。

　前述のように、添付文書に記載がなくとも最新の情報を収集する義務をみとめているが、すでに、昭和60年の最高裁判例[160]によって、添付文書の記載が不十分な場合には問診等によって情報を補充して診断すべきとされている。最高裁判決によれば、「チトクロームCの注射については、それがショック症状を起こしやすい薬剤であり、右症状の発現の危険のある者を識別するには、所論の皮膚反応による過敏性試験は不確実、不十分なものであって、更に医師による本人及び近親者のアレルギー体質に関する適切な問診が必要不可欠であるということが右死亡事故発生当時の臨床医の間で一般的に認められていた、というのである。したがって、…右薬剤の能書等に使用上の注意事項として、本人又は近親者がアレルギー体質を有する場合には慎重に投与すべき旨が記載されていたにすぎないとしても、医師たる上告人としては、ショック症状発現の危険のある者に対しては右薬剤の注射を中止すべきであり、また、かかる問診をしないで、前記過敏性試験の陰性の結果が出たことから直ちに亡Xに対して本件注射をしたことに上告人の医療上の過失があるとした原審の判断は、正当として是認することができ、その過程に所論の違法はない」とする。

160　最判昭60・4・4金融商事法務729・39＝裁判集民事144・433。

添付文書に記載されている事項を順守すれば、医療水準が満たされるわけではない。添付文書で要求されている過敏性試験が深く事実・不十分であることが臨床医の間で一般的に認められていたのであれば、ショック症状を起こしやすい患者につき、さらに適切な問診をし、当該薬剤の投与を控える注意義務が認められるであろう。

6．緊急性等の状況に対応した基準

　医師は、緊急の対応を要求される状況において、代替治療の検討を要求することは非現実的であり、状況対応的ではない。手術が緊急を要するものであれば、人員と医療設備についても現実的な可能性を基準にすべきことは当然であろう。その場合、一般の病院では、大学病院や専門病院とは、条件が異なることもいうまでもない。したがって、医療水準を充たしているかどうかの判断には、治療の重大性・緊急性のみならず、病院の種類・性格に応じて相対的に決定されるというべきである。

7．小　括

　従来、わが国においては、医療過誤が肯定され、刑事事件として立件され、有罪判決にまで至る事案は、医療水準が問題になるような医学的判断を要するような事案ではなく、単純で分かりやすいミスによるものが多かった。医師の医学的な判断のミスによる誤診や治療の過誤の事案は、起訴に至ることも多くなかった。しかし、最近では、根拠にもとづく医療（EBM）の徹底、患者やその遺族の権利意識と病院不信の高まり、医療行為の過程の透明化、カルテの電子記録化、病院内の分業体制と分担責任の明確化と整備などによって、高度な医学的判断を必要とする事案も立件されることが少なくなくなってきた。他方で、病院組織のリスクマネージメントも貫徹されはじめ、事故や医療過誤を防ぐための機械的チェック体制や電子機器を用いたチェック体制ないし人的組織によるチェック体制の確立も進んできている。さらに、刑事事件処理とは独立に機能すべき、事故や医療過誤が発生した後の事後事故事象報告（Incident Reporting）制度[161]の導入も進められてきている。

そのようななかで、どのような事故が、刑事事件として刑事制裁に値するかは、過失犯論における過失の成立要件を満たすかどうか以外にはありえない。その要件において、重要な意味をもつのが、当該医療行為が「医療水準」を満たすかどうかである。

医療過誤事案につき、具体的な医療行為の類型につき、判例・学説が各医療水準をどのように判断しているかについては、本章では論じることができなかったが、それは第5章の課題である。

161　2012年2月14日朝日新聞（朝刊）は、厚労省が、医療版事故調査制度化のため第3者委員会を設立するための議論を3年ぶりに再開したという記事を掲載している。

6．医療過誤における危険実現連関

1．過失犯体系における因果関係と客観的帰属

　過失犯の構成要件該当性における「危険創出連関」論の医療過誤事案における一基準としての以上の「医療水準論」は、注意義務違反の判断基準であるといってよい。しかし、過失犯の構成要件該当性は、結果発生にその危険が現実化するという危険実現連関をも満たすことによって初めて充足される。そこで、以下では、医療過誤における危険実現連関の論点に考察を加える。

　過失犯における実行行為と結果の間には、因果関係と客観的帰属関係が必要である。その際、因果関係とは条件関係を意味するが、それは、客観的帰属関係の基礎となるにすぎず、創出された危険が当該の発生した結果に実現したといえるには、さらにその関係が限定される必要がある。それが客観的帰属論の役割である。ここではまず、行為と結果の「因果関係」について論じ、因果経過の判断については、一般には「仮定的因果経過」は考慮されないが、不作為犯の因果関係については仮定的因果経過を考慮せざるを得ないことを論じ、次に、過失犯における「注意義務違反」である医療水準に満たない危険な行為とその結果との関係について、結果が注意義務を遵守していたとしても発生していたという場合に客観的帰属が否定されるのか、どのような理由で否定されるのかを論じる。その際、そのような仮定的な判断の判断基準としての「蓋然性の程度」の問題が主要な内容をなす。

2．仮定的因果経過

　因果関係の判断において、一般には、仮定的因果経過は考慮されるべきではないとされている。つまり、一般的には、もしその行為がなくても、別の

6．医療過誤における危険実現連関　443

原因から結果が発生していたであろうという事情は、因果関係の否定には結び付かないのである。このことは、もとより医事刑法についても妥当する。

まず、**連邦裁判所の2003年11月13日の外出許可事件判決**[162] を紹介しよう。

（事実）ある精神病院の責任ある2名の医師が、ある患者（S）をその「犯罪行為に至る高い可能性」が周知のものであり、治療の可能性がなかったにもかかわらず、監視を付けない外出を許可した。患者Sは、その外出を8件の危険な傷害、性的強要とを伴なった強盗および二つの殺人に利用した。ポツダム地方裁判所は、2名の医師を無罪とした[163]。

連邦裁判所は、これを破棄した。というのは、原審裁判所は、義務違反なしにも結果が発生していたことを考慮して、外出許可の義務違反による過失責任を否定したからである。すなわち、行為者は、脱出防止策が不十分であった病院をいつでも暴力的に脱出することができ、そのとき犯罪を犯すことができたという理由で、原審は、死亡と被害者の負傷に対するありうる因果関係を否定したのである。

（判旨）連邦裁判所は、この主張を退けた。というのは、原審によって引用される暴力的な脱出の可能性は、明らかに「具体的な行為状況」に属さないからである。脱出には、行為事象の完全に外部に存在する自律的な行為者の意思形成を必要としたであろう。その意思形成を現実化するには、地方裁判所によって行われた認定によると、十分な具体的な依りどころは存在しなかった。患者が暴力的に脱出するという仮定的な可能性の存在が、被告人によって責任をもたれるべき外出の因果関係を排除できないことは、病院の建物の安全性に対する第三者の責任からも証明される。彼の脱出の後に結果が惹起された事案においては、被告人の代わりに、その義務違反的な不作為のために欠如していた精神病院の閉鎖病棟の安全化に対して責任を負った者が、患者（犯人）に自由を与えたであろうといえることになるのである。かくして、被告人によって許可された外出は、結果の原因として排除されるべきではない。

連邦裁判所の判断が正当である。具体的な状況を無視して外出許可を与え

---

[162] BGHSt 49, 1 ff.＝MedR 2004, 86＝NJW 2004, 237＝JZ 2004, 975. 評釈として、*Roxin*, StV 2004, 485 ff.; *Saliger*, JZ 2004, 977. この判例については、島田聡一郎「患者による殺傷行為についての担当医師の刑事責任－ドイツの判例を素材として」中谷陽二（編集代表）『精神科医療と法』（2008年）320頁以下参照。

[163] LG Potsdam, Urteil vom 18. 10. 2003; vgl. *Ulsenheimer*, a. a. O., S. 253. ロクシンは、第1審判決を「明らかに間違いだ」とする（*Roxin*, StV 2004, 486）。

ていなかったとしても脱出していたであろうという考慮は、仮定的原因にすぎず、付け加えて考えることは許されないからである。ただし、注意すべきは、条件的な因果関係の発見公式として「あれなければこれなし」という条件公式を用いるかぎり、一定の条件を仮定的に取り除いて考えてみるという思考操作が不可避であるが、これと仮定的原因の付け加えをどう区別するかという問題である[164]。この問題の解決の前提として、因果関係の本質は、「合法則的条件の理論」によって説明されるべきであって、条件公式が因果関係の発見に本質的なものではないことを強調しておかなければならない[165]。さもなくば、真に因果関係を否定すべき場合と仮定的原因を考慮している場合との区別がつきにくいからである。例えば、医師が間違って手術すべきでない方の脚を手術して、手術が長引き、麻酔下で知られていなかった心臓病によって死亡したが、患者は、正しい脚を手術していても死亡していたであろうという場合[166]、手術と死亡の因果関係が存在するかどうかは、まず、因果関係の存否の判断において合法則的関係があるかどうかを判断基準として確認されなければならない。もとより、仮定的な代替原因としての正しい脚への手術が同じ結果を惹起していたであろうというために、具体的に行為のときに発生しうる状況が存在するとは言い難いから考慮すべきではないともいえようが、それも明言できるわけではないであろう。

　この意味での条件関係が肯定された後に、さらに、義務違反である誤った方の脚の手術と死亡結果の義務違反連関が、危険の創出があったか、それが結果に実現したかが問われることになる。

3．不作為犯における結果回避の蓋然性

　このような仮定的な判断は、不作為犯における因果関係の認定には許される。不真正不作為犯においては、条件関係は、保障人的義務があるときにそれを果たして、作為に出ていたならば、構成要件的結果が発生していなかったかどうかという公式に従って判断されるのであり、それは、「もし救助行

164　これについては、山中『刑法総論』253頁以下参照。
165　これについて詳しくは、山中・前掲書262頁以下参照。
166　この例は、Tag, a. a. O., S. 396による。

為をしていたなら」という仮定的な判断だからである。

　この不作為の因果関係の認定のための判断は、一般に、もし作為に出ていたなら、「確実に」結果を防止できていたであろうという100％の確率は要求されていない。それは、ドイツでも「確実性に境を接する蓋然性」をもって防止されておればよいと考えられているのである。わが国の判例[167]によっても、不作為犯においては、作為義務を果たしておれば、「10中8、9」結果が回避されていたであろうということが、不作為犯の（少なくとも未遂）既遂を根拠づける要件とされている[168]。

(1) ドイツの判例
(a) 結果回避の可能性・蓋然性

　ドイツにおいては、不作為犯における仮定的な作為による結果の回避可能性の程度については、通説・判例における「確実性に境を接する蓋然性」を要求する立場と、ロクシンが主唱者である[169]が、結果が、「ひょっとすれば発生しなかったであろう」という可能性があり、不作為によって結果発生の危険増加が認定されれば、既遂責任を負わせてもかまわないとする見解（危険増加説）とが対立している。判例は、従来、危険増加論を否定し[170]、前者の見解に立つことが明白であったが、ウルゼンハイマーは、それが、最近の判例において結果の定義の具体性の問題の操作を通じて後説に近づいていることを批判している[171]。もし作為義務を果たしていれば、そもそも結果が発生していなかった確率が高いというべきところを、もし作為に出ていれば結果は少し遅く発生していたはずだから、具体的には異なった結果が発生していた確率は高いと言い換えることにより、実質上、危険増加説に近づいているというのである。これを判例によって例証しよう。

(b) 不作為による早期の結果発生

　1980年5月20日連邦裁判所判決[172]がこれである。この判決は、患者が、腹

167　最決平元・12・15刑集43・13・879。山中『刑法総論』241頁以下参照。
168　山中『刑法総論』（第2版）241頁以下参照。
169　Vgl. *Roxin*, Strafrecht AT, Bd. II, 2003, S. 642 ff.
170　Vgl. BGH NStZ 1990, 591; OLG Koblenz, OLGSt §222 StGB S. 63.
171　*Ulsenheimer*, a. a. O., S. S. 262 ff.
172　BGH NStZ 1981, 218 mit Anmergung von *Wolfslast*.

膜炎を適時発見し治療していたとしても、当該の病気でもともと死んでいたかどうかは、因果関係を肯定するに重要でないとするものであり、死亡がその違法な不作為がなかったとしたら発生していたであろうよりも、早く発生していたならばそれで十分だとするものである。

(事実) R博士の私立病院に勤務する被告人医師Xは、1975年6月4日に14歳の生徒Eの盲腸を摘出したが、手術の後、Eに合併症が発生し、熱が出て、吐き気を催すなどした。患者は腹痛と眩暈を感じ、6月9日に腹膜炎と診断されたが、院長Rはそれを正しく患者に伝えず、合併症（腸アトニー：Darmatonie）とのみ告げ、白血球の数が多いこと、脈拍の高まっていること、腹部が固くなっていること等を告げなかった。6月12日になって、患者には精神的に問題が生じ、ベッドで暴れるようになったので、被告人の同意を得て患者は大学病院にショック状態で転送された。患者はすぐに手術されたが、その腹部には全面的に膿がたまっていた。6月16日に再度手術されたが、患者は6月19日に死亡した。

(判旨) 死亡の原因は、腹膜炎の発見の遅れであった。患者が6月11日に手術されていたとすると、患者の命を少なくとも1日延命したであろう。早期に手術しておれば、より長い命をもたらし、患者は完全に健康を回復していた高い蓋然性がある。10日には手術されなければならなかったであろう。この鑑定による認定は、不作為と構成要件的結果の間の因果関係を認める要件として十分である。因果関係を肯定するには患者が、拡大した腹膜炎のためにひょっとしてもともと死亡していたかどうかは、重要ではない。その死亡が義務違反的な不作為なくして発生していたであろうよりは、早く発生していたことで十分である[173]。

この判決に至るまでの、適時追加手術を行っていたときの延命の可能性・程度についての鑑定人の意見につき、ウルゼンハイマーは、次のように述べている[174]。腹膜炎の症状は典型的なものであり、検査が必要であってレン

---

173 しかし、適時手術していたとすれば「確実に境を接する蓋然性」をもって救助されていたかどうかについては、鑑定人達は一致した否定した。というのはいったん発症した腹膜炎は収拾がつかず、今日でも死亡に至ることが多いからである。そこで、3人の外科医の鑑定人のうち2人が「極めて蓋然的」とし、一人は、延命期間の量的測定は妄想の世界だとした。さらに、法医学者である一人の鑑定人が、「1日」は生命を延長できたことには「一切の合理的な疑い」はないとしたのである（vgl. *Ulsenheimer*, a, a. O., S. 263.）。

174 Vgl. *Ulsenheimer*, a. a. O., S. 262 f.

トゲン撮影などのその他の措置をも施すべきであったこと、措置が遅すぎたことは、四人の鑑定人からも肯定されている。しかし、術後適時に追加手術をしておれば患者の生命が確実に近い蓋然性をもって助かっていたかどうかという問いについては、四人とも否定している。腹膜炎がいったん発生すると今日でも多くの場合死に至るというのである。しかし、患者の生命は、適時の手術によって少なくとも延長させられたかどうかという問いには、三人の外科医が、「極めて蓋然的である」と答えている。法医学者たる鑑定人は、これに反して、少なくとも1日早く手術しておれば、確実に少なくとも1日は長生きしただろうと答えている。ウルゼンハイマーによれば、一人のみが、「1日延命することにつき一切の合理的疑い」はないと述べたに過ぎないにもかかわらず、連邦裁判所は、注意義務の因果関係を肯定したというのである。

このように、本判決は、早期に手術しておれば、1日延命していた高い蓋然性があれば有罪とするに十分だというのである。1日ないし数時間延命すれば、具体的な結果惹起を肯定するというこの見解に対しては、学説からも強い批判がある。また、判例においても従前は、延命の期間については、「法的に重要な本質的な時間的間隔」が要求されてきたのに対し、数時間でも延命できれば結果を惹起したといえるというのである。これが最近の判例の潮流であるが、これに対しては、ウゼンハイマーは、次の四点の批判を行う[175]。①連邦裁判所の見解は、過失結果犯を危険犯に転化させるものである。②死亡を回避しないことと生命の短縮とを同視するものであるが、これは、被告人に不利な立証責任の転換を図るものであり、「疑わしきは被告人に有利に」の原則に反する。③生命の短縮は、経験科学的には厳密に決定できない。④死亡結果の帰属は否定されるべきである。というのは、本来の危険のモメント（大腸菌による中毒）が、確実に中性化されえなかったのであって、発生した死亡結果は、規範の保護範囲に属さないからである。

(c) 作為と不作為の区別

もっとも、過失犯においてそれが不作為犯なのか、作為犯なのかの区別は実際には容易ではない。過失犯は、注意義務違反によって犯され、それは、

---

175 Vgl. *Ulsenheimer*, a. a. O., S. 265 f.

「すべきこと」を「しない」という形で表現されるのが通常であり、不作為犯であるとも考えられるからである。例えば、不注意によって、適時、ガンを摘出しなかったために患者が死亡したというと不作為犯であるが、それが、手術の際に誤って別の腫瘍を摘出したことによって大腸内に残されたことによって生じたという場合、不適切な手術を行ってガンを残したために死亡結果が発生したのであって、不注意な「作為」によって生じたともいえるからである。

作為か不作為かの区別においては、医師の一連の行為において、刑法上重要な行為をどの時点で認めるかという問題との関連で、その区別が問題となる場合がある。ドイツの判例において、ラント裁判所と連邦裁判所の判断が異なった事例がある。**2011年7月7日の連邦裁判所の判決**[176] である。それは、美容整形手術の後、その失敗の隠蔽工作のため患者を救助しなかったことにより患者が死亡した事案で、故意の殺人未遂罪に問われた事件[177] である。本件では、故意の麻酔医の不臨席に関する医師の説明義務違反の問題、同意の存否、故意と過失の区別の問題等も論じられ、さらに、医療におけるコンプライアンスを論じたものであり、第6章（602頁以下）でもう一度採り上げるが、ここでは、作為か不作為かに絞ってその判旨を見ておこう。

　(事実) 整形外科医が、2006年3月30日に49歳の女性に美容整形手術をする際に、腹壁を引締める美容手術を施し、脂肪吸引なども行ったが、手術の際、麻酔医が立ち会うと嘘をついて手術の同意をとった。患者は、手術の直前に麻酔医はどこにいるのと尋ねたが、手術助手が「ドクターが兼ねられます」と答えた。患者は計器につながれ、脈拍などを計測されたが、血圧計はなかった。傷の縫合の際に（12時30分）患者は心肺停止となった。医師は心臓マッサージにより蘇生を試み、酸素吸入を行い、アドレナリンその他の薬を投与した。一時は、それによって心臓が再作動し、生体反応も通常域に達した（14時30分）。18時頃に、夫は、妻が眠り込むので、今夜は病院に宿泊させたいと述べた。19時45分には、病院に運ばれてきたが、その時意識はなかった。緩んだ肢体、顔色等から酸素不足と判断された。被告人は、20時に、患者が昏睡状態で集中治

---

[176] BGH, Urteil vom 7. 7. 2011, HRRS 2011, Nr. 978; MedR 2012, S. 111 ff.; *Sternberg-Lieben/Reichmann*, Zur Vorsatzstrafbarkeit eines Schönheitschirurgen nach gravierendem Fehlverhalten, MedR 2012, S. 97 ff.

[177] Vgl. *Kudlich*, Grenzen des Tötungsvorsatzes im Medizinstrafrecht, NJW 2011, 2856 ff.

療室に運ばれた際、心停止に対し蘇生術を施し、吸引を行ったが、投与すべき薬剤もカルテも持っていなかった。患者は、4月12日に死亡した。3月30日に病院に運ばれたころには、すでに患者には低酸素症による死に至る脳障害が生じていた。蘇生措置の後すぐに病院に運び込んでいたなら、患者は「確実性に境を接する蓋然性」をもって生き延び、少なくとも少なからぬ時間生き続けたであろう。

(判旨) 非難の重点は、「誤謬なく行われた認定によれば、本件では、病院の集中治療室における医学的に必要な脳の蘇生の誘致の不作為にあるのであって、循環を安定させる薬剤の ―しかもむしろ意味のない― 単なる補給にあるのではない。ラント裁判所自身は、不作為の非難を、その評価的考察において中心的なものであるとみなしていたのである」。

すなわち、救急医を呼ぶのが遅すぎたことにより、集中治療室への緊急を要する転送が遅れたことが、「非難の重点」なのである。本判例は、ドイツの通説に従って作為と不作為の区別の基準を「非難の重点」がどちらにあるのかによって決まるとしているのである。

(2) わが国の刑事判例

岐阜地判平21・2・18LEX/DBの事実と判旨を紹介しておこう。

(事実) 被告人は、看護師免許取得者であり、「B自然療法室」の名称で食事療法等の指導を行うとともに、「Y」という医薬品等の販売業を営んでいたが、自然療法室を訪れたE(本件当時12歳)が生命を維持するためにはインスリンの投与が必要不可欠であったにもかかわらず、前記Yの使用を勧めてこれを飲用させるなどの指導を行い、さらにV研究所への宿泊を勧め、Eが研究所に宿泊していたところ、本件当日の午後6時29分ころ、同研究所責任者Fから自己の携帯電話に電話を受け(以下「6時29分の電話」という)、Eに嘔吐、食事不摂取等の症状が発現し、症状が一向に改善しないこと、インスリンの投与を中断していることを聞知したにもかかわらず、医師による適切な医療措置を講じさせず、Eを高度のケトアシドーシスによる糖尿病性昏睡により死亡させた。

　検察官は、被告人には、直ちに医師による医療措置を講じるよう適切な指示をして、Eの生命の危険を未然に防止すべき条理上の注意義務があったにもか

かわらず、これを行わなかった点で過失があり、6時29分の電話の時点において、被告人が適切な医療措置を講じさせる指示をしていれば、Eは救急車で適切な医療措置を受けることのできる病院へ搬送され、合理的な疑いを超える程度に救命が確実であったから、被告人の行為とEの死亡の結果との間に刑法上の因果関係が認められ、過失致死罪が成立すると主張した。

(判旨)「仮に被告人が、検察官主張のとおり、6時29分の電話の時点において、G〔研究所職員〕にEの医療機関への搬送等を指示していたとしても、Eの死亡の結果を回避することが合理的な疑いを超えて確実であったとは認められない。そうすると、検察官の主張するその余の点について判断するまでもなく、被告人にEの死亡の結果についての刑事責任を問い得ないことは明らかである」。

判決は、「死亡の結果を回避することが合理的な疑いを超えて確実であったとは認められない」というが、これが、不作為犯における「10中8、9」の蓋然性の要件とどのように違うのか、あるいは本件は、不作為犯ではなく、「過失犯」であって、別の基準が妥当するというのかは不明である。しかし、本件は、過失不作為犯の事案であり、両者の要件を充たすべき場合である。

さらに、救急蘇生措置の不作為と傷害との因果関係が争われた事案で、これを肯定した**平成17年の京都地裁**の事実と判旨を簡単に紹介しておこう。本判決では救命の蓋然性の程度には触れられていない。

> 医師である被告人が、勤務先の病院において、呼吸停止及び心停止の状態に陥った被害者に対する治療行為を行うにあたり、被害者がそのような状態に陥っていることを認識しながら、適切な救急蘇生措置を講じなかった過失により、被害者に加療期間不明の低酸素脳症後遺症による両上下肢機能全廃、軀幹麻痺及び咽喉機能不全等の傷害を負わせたという事案につき、「被害者に関し、塩化カリウムの静脈注射により心停止等が生じた場合であっても、被告人が、心停止等を認識した後にすみやかに救急蘇生措置を開始していれば、本件のような重篤な後遺障害は生じなかったと認められる」として因果関係を肯定した[178]。

---

178 京都地判平17・6・13LEX/DB。

4．過失犯における危険実現連関

　ところで、過失犯においては、構成要件的結果は、過失によって惹起されなければならないが、これは、結果は、注意義務違反に基づくものでなければならないことを示している。構成要件行為と結果との間に因果関係が存在し、結果が行為に帰属されなければならないことは勿論であるが、その際、過失行為たる注意義務違反行為に帰属される必要もあるのである。この判断は、一般に、注意義務違反がなく、注意義務を果たしていたとしても結果が発生していたかどうかという形で問われる場合には、不作為の因果関係が否定されるという問題と判断形式が酷似する。そこで、上記の判例におけるように過失不作為犯について、どちらの判断を行っているのかが不分明な場合が生じるのである。

　しかし、過失犯におけるこの注意義務と結果の「因果関係」の判断は、実際には、義務違反によってまさに創出された危険が、結果に現実化したのでなければならないという客観的帰属判断に位置づけられる。注意義務違反が危険創出を意味するのに対して、その注意義務違反と結果の「因果関係」の判断とは、危険実現の判断を意味する[179]。これを**危険実現連関**という。

　通常は、義務違反行為は、危険創出を意味し、それが結果の発生をもたらすことで、結果に実現する。しかし、例外的な状況においては、創出された危険が事後的にみて結果に現実化しないことがある。このような場合には、義務違反行為の結果への現実化、すなわち、客観的帰属が否定されるのである。したがって、この問題は、客観的帰属の問題の一つに位置づけられるのである。

(1)　わが国の判例

　この創出された危険（注意義務違反行為）が、発生した結果に実現したかどうかという判断に属する問題として、注意義務が守られていたとすれば、結果が発生していなかったかどうかを過失犯の要件とするかどうかという問題

---

[179]　詳しくは、山中『刑法総論』（第2版）279頁以下、より詳しくは、山中『刑法における客観的帰属の理論』(1997年) 1頁以下参照。

がある。わが国の判例においては、過失と結果との「因果関係」の問題ないし「結果回避可能性」の問題として取り扱われる[180]。これに関するわが国の医療過誤事件を検討しておこう。

(a) 歯科医師医療過誤事件

これは、歯科医師が、幼児である患者に局所麻酔を使用した歯科治療を実施するにあたり、十分な全身管理をする体制をとらなかったために、幼児が死亡した事故に対する判決[181]の、直接の治療を行った医師の過失を論じた事件である。ここでは**義務違反と結果の間の因果関係**が否定された[182]。

(**事実**) M小児歯科診療所の歯科医Xは、外来患者A（当時2歳）に対し歯科用局所麻酔を使用した歯科治療をするにあたり、それを使用すれば急性呼吸循環不全による心肺停止に陥って死亡する危険があり、また、歯科医師交代のため治療中の同児から離れる場合には交代して治療行為にあたる歯科医師に同児を直接に引き継ぐなどして同児の全身状態を継続的に管理し、同児に急性呼吸循環不全が生じた場合には、直ちに救命措置を講じて同児が急性呼吸循環不全による心肺停止により低酸素脳症に陥って死亡する事故の発生を未然に防止すべき業務上の注意義務があるのにこれを怠り、救命措置を講じたが間に合わず、同児を心肺停止に基づく低酸素脳症による死亡させた。

(**判旨**) 被告人は、自己の形成治療中に被害者が目をつぶり眠ったかのような状態になり、目視のみによっては急性呼吸循環不全が生じているのか判断できない状態になったところ、Y（歯科衛生士）の充填治療時に被害者の鼻の下に指を3秒程度当てて被害者の呼気を一回確認している。しかし、「被告人は、より長い時間、被害者の鼻の下に指をあてるなどして被害者の呼吸数や呼吸の程度を確認したり、ラバーダム（ゴム製防湿マスク）の端をあげて被害者の口唇部の色を確認したりすべきであったというべきである。被告人は、これを怠っているのであるから、注意義務違反があったと判断される」。しかしながら、「被告人の形成治療時及び被告人が被害者の呼吸確認をした時点において、被害者が急性呼吸循環不全に陥っていなければ、被告人が注意義務を果たしていたとしても被害者の異変は発見されず、被害者が救命されるという可能性もな

---

[180] これについて、山中『刑法総論』（第2版）395頁以下参照。
[181] 福岡地判平18・4・20飯田Ⅱ217頁。
[182] 福岡地判平17・7・14（未登載）、飯田Ⅱ198頁。これにつき詳しくは、第6章（718頁以下）も参照。

いのであるから、被告人の注意義務違反と被害者の死亡との間の因果関係が否定されることになる」。そして、判決は、「被告人の被害者に対する形成の治療中…すでに被害者に急性呼吸循環不全が生じていたと認定することには多大の疑問が残」るという。「以上からすれば、被告人が被害者の呼吸確認を行った時点で、被害者に急性呼吸循環不全が生じていた可能性が全くないとまでは断言できないものの、さりとて上記呼吸確認の時点で、被害者に急性呼吸循環不全が生じていたことが合理的疑いをさしはさむ余地のない程度に明らかであるとまで認定することはできず、さらにそれ以前の段階で被告人の形成治療の時点で被害者に急性呼吸循環不全が生じていたとはなおさら認定することはできない。…「結局被告人の注意義務違反と被害者の死亡との間の因果関係は認められないというほかはない」。

　本判決では、歯科医師に、形成治療中の呼吸数等の確認義務違反を認めているが、その注意義務違反と死亡結果との間の「因果関係」を否定している。急性呼吸循環不全が発生していなくても一般的に呼吸数等の確認義務はあるが、その義務違反は、その時点でいまだ存在していないがゆえに、呼吸循環不全に陥っていることを発見できないときには、それに対する救命措置なども取れないのであるから、呼吸循環不全による死亡結果とは「因果関係」がないというのである。本判決では、呼吸循環不全に陥っていることの訴訟法上の認定が、「合理的疑いをさしはさむ余地のない程度に明らかであるとまで」はいえないとしているのであって、実体法上、確認していたとしても同様に死亡していた確率が高いとしているわけではない。

　この事件については、診療所長も、同診療所に勤務する歯科医師及び歯科衛生士を指揮監督し、歯科医師らが治療に当たるに際して、これに伴う患者の生命・身体に対する危険を防止する業務に従事するものであるが、歯科医師らに対し、治療現場において直接指導し、あるいはセミナーなどを開くなどして指導するなど、幼児が歯科治療中に急性呼吸循環不全に陥って心肺停止状態になり、これによる低酸素脳症により死亡するという医療事故の発生防止を目的とした指導監督を行うべき業務上の注意義務があったにもかかわらず、それに違反して死亡させた点で、業務上過失致死罪に問われた[183]。

183　福岡地判平18・4・20（判例集未登載）、飯田・前掲書Ⅱ, 198頁、217頁。

判旨では、被告人は、M診療所における「治療及び患者への安全管理に関する最高の責任を有する歯科医師であったのであるから、被告人が、Mにおける治療行為の際に医療事故が発生しないように歯科医師らに対し適切な指導を行うとともに、歯科医師らが誤った治療を行わないよう監督するべき業務上の注意義務を負っていたことは明らかである」。また、開業医である被告人には、患者が治療行為中に心肺停止状態に陥ることを予測することはできた。被告人の注意義務違反と結果との間の因果関係についても、「注意義務を尽くしていれば、被害者の治療に従事していた歯科医師らにおいて、被害者の全身管理として口唇部や足のつま先などを目視で確認することにより、被害者の口唇部や足のつま先などに生じたチアノーゼを発見して、被害者が急性呼吸循環不全に陥っていることを早期に察知し、これに対する適切な救命措置を講じて被害者が死亡するという事態を防ぎ得たことは十分認めることができる」とする。

ここでは、注意義務を尽くしていれば、「適切な救命措置を講じて被害者が死亡するという事態を防ぎ得たことは十分認めることができる」というのであるから、実体法上、「防ぎ得た」と認定しているが、その蓋然性については言及していない。

さて、救命可能性が否定されたものとしては、先に転送義務の関係で検討した名古屋地裁平成19年2月27日の判例[184]がある。

(b) 子宮頸管裂傷出血性ショック死事件

(事実) 被告人である産婦人科医は、前期破水を起こしたため入院した妊娠37週のBに対し陣痛誘発剤を投与したところ、胎児に徐脈傾向が見られ、胎児仮死が懸念されたことから、Bの分娩を早めるため、急速遂娩法であるクリステレル法及び吸引分娩法を施し、Bは男児を分娩したが、その際、子宮頸管裂傷を負い、Bは、子宮頸管裂傷による出血性ショックにより死亡した。

(判旨) 高次医療機関への転送義務違反について、「被告人がBの転送義務を怠り、Bを死に致らしめたと認められるためには、被告人がその時点で転送していれば、Bの死亡という結果を確実に回避できたことが合理的な疑いを入れる余地のない程度に証明される必要がある」として、「仮に被告人が午後6時16分の時点でBを高次医療機関に転送する手続をしていたとしても、Bを確

---

184 名古屋地判平19・2・27判タ1296・308。

実に救命できたと認めるには合理的な疑いが残る。したがって、この時点で「Bを高次医療機関へ転送すべき刑法上の注意義務があったとは認められない」という。

ここでは、明確に救命の「**確実性**」が要求されているのであって、不作為における結果回避可能性の基準とは異なっている。そこでこの判決を不作為ではなく、過失における回避可能性を問題にするものであり、そこでは不作為犯とは異なり、「確実性」が要求されていると解することもできようが、本判決は、不作為犯における「10中8、9」の蓋然性の要件との整合性につき自覚していないと解するのがおそらく適切な解釈であると思われる。

(c) 割り箸刺入看過事件

さらに、マスコミで話題となった事件に、救急救命センターの当直担当医が、救急車で搬送された4歳の患者の治療に際し、割り箸が刺さったままになっているのをファイバースコープによる観察、頭部のCTスキャンによる撮影などをせずに、刺創部に消毒薬を塗布し、抗生物質を処方したのみで適切な処置をせずに帰宅させたため、脳損傷などにより死亡させた事件[185]があり、その事件でも、**注意義務違反と結果の間の因果関係**が問われた。これには、第1審と控訴審[186]の判決がある。

(**第1審判旨**) 判決は、結果回避可能性ないし因果関係につき、次のようにいう。「Aの死亡は、…割り箸の左頸静脈孔嵌入により頸動脈が穿通され、左頸静脈洞内に血栓が形成されて、左頸静脈が完全に閉塞したが、他のルートで静脈環流を完全に処理することができなかったために、致死的な静脈環流障害が生じたことによる蓋然性が高いというべきである。そうすると、本件割り箸片により挫滅した左頸静脈を再建することがAの死を回避する唯一の措置であるところ、仮にAを直ちに脳神経外科に引き継いでいたとしても、脳神経外科医において左頸静脈を再建することは技術的・時間的にみて極めて困難であったと認められる。したがって、Aの救命可能性はもとより、延命可能性も極めて低かったとの合理的疑いが残るというべきである。以上の次第で、被告人には、予見義務や結果回避義務を怠った過失があるというべきであるが、過

---

185 東京地判平18・3・28判時1975・2＝飯田・前掲書Ⅱ 726頁。なお、本件については、第5章（568頁以下）も参照。
186 東京高判平20・11・20判タ1034・304。

失と死亡との間の因果関係の存在については、合理的な疑いが残るので、被告人は本件業務上過失致死事件について無罪である」。

これに対して、検察官が控訴したが、東京高裁は、これを棄却した。

(控訴審判旨) まず、控訴審でも「本件の受傷機転及び創傷の部位からは、第1次・第2次救急外来の当直を担当していた耳鼻いんこう科の医師において、割りばしの刺入による頭蓋内損傷の蓋然性を想定するのは極めて困難であった」とし、「当時の医療水準に照らした場合、被告人に対し、第1次・第2次救急の耳鼻いんこう科の当直医として患児を初めて診察した段階で、直ちに頭蓋内損傷を疑ってCT検査やMRI検査をするべき注意義務がある、とするのは困難というほかない」として注意義務を否定する。

さらに、患児の意識状態、おう吐の状況等は、頭蓋内損傷と深く関係していたものと推測される。そこで次に、患児の意識状態、おう吐の状況等からして、受傷機転及び創傷の部位からは想定し難い頭蓋内損傷を疑い、その確認をするべきであったといえるかどうかを検討し、結論としては、「被告人において、割りばしの刺入による頭蓋内損傷の蓋然性を想定して、その点を意識した問診をするべき義務があるとはいい難い」とする。「直ちに頭蓋内損傷を疑って、患児の脳に対してCT検査やMRI検査を行わない限り、結果を回避する余地がなかった」ので、これを直ちに行う義務も認められえない。

そのような注意義務が認められたと場合には、さらに「結果回避可能性ないし被告人の不作為と患児の死亡との因果関係」が問われるべきであるが、「仮に被告人において検察官が訴因として主張する行為をしていた場合に、患児の救命あるいは延命が合理的な疑いを超える程度に確実であったということができるかについて、念のため更に検討」し、「CT検査をしていたとしても、患児の救命はもちろん、延命も合理的な疑いを超える程度に確実に可能であったということはできないというほかない」と結論づける。そして、「以上によれば、被告人には、頭蓋内損傷を疑ってこれを確認するべき注意義務がある、とはいえず、また、被告人が訴因に記載された行為をしていたとしても、患児の救命・延命が合理的な疑いを超える程度に確実に可能であったとは到底いえないから、被告人には、業務上過失致死罪は成立しない、というべきである」というのである。

この判決では「救命・延命が合理的な疑いを超える程度に確実に可能であった」とはいえないとされ、確実に救命・延命が可能であったことが要求さ

れている。ここでは「合理的な疑いを超える程度の確実性」とは、実体法上、どの程度の蓋然性を指すのか明確ではなく、また、この概念は、訴訟法上の概念と実体法上の概念が融合されて合成されたものと解すべきなのかどうかも不明であるが、いずれにせよ「確実性」の概念にこだわっていると読むことができる。

(2) ドイツの判例における「確実性に境を接する蓋然性」

ドイツの判例においても、この義務違反と結果の関係において、その間の「因果関係」が必要とされ、その問題が、すでにライヒ裁判所の時代から連邦裁判所の判例において採り上げられていることは周知である。医療関係では、とくに「薬剤師事件」や「コカイン・ノヴォカイン事件」が有名である[187]。これらの判例では、「確実性に境を接する蓋然性」をもって同じ結果が発生していただろうという場合には、義務違反と結果との間の因果関係は否定されるというのである。

このように、ドイツでは、注意義務を守っていたとしても、結果の発生は、「**確実性に境を接する蓋然性**」をもって発生していなければならないというのが通説・判例である。しかし、ドイツの実務においても、実際には、「確実性に境を接する蓋然性」ではなく、「**高度の蓋然性**」や「**大きな蓋然性**」といった表現が用いられ、それが鑑定人に誤解を与え、90％の蓋然性があっても、それを「死亡の回避の可能性があった」などと表現されることがある。これはすでに「確実性に境を接する蓋然性」というべき場合である。そこで、ウルゼンハイマーによれば下級審の判例の中にはこの点をあいまいに認定しているものが少なくない[188]。次の連邦裁判所の決定は、これを是正

---

187 これにつき詳しくは、山中『刑法における因果関係と帰属』(1984年) 10頁以下参照。薬剤師事件 (RGSt 15, 151) とは、薬剤師が義務に反して1回限りにすべきところ何回か有燐性の薬剤を患者に投与し、それによって子供が燐中毒により死亡したが、医師は、再交付の要求があれば何回でも与えていただろうという事例である。コカイン・ノポヴォカイン事件 (RG HRR, 1926, Nr. 2302) とは、医学上許されたノヴォカインではなく、コカインを麻酔目的で患者に注射したが、許されたノヴォカインであっても患者は特異体質であったため死亡していたであろうという事案である。薬剤師事件において、ライヒスゲリヒトは、「確実性に境を接する蓋然性」をもって、同じ結果が発生していたであろうと認定し、この場合、因果関係を肯定できないとして「疑わしきは被告人の利益に」の原則に従い、無罪を言い渡した。コカイン・ノヴォカイン事件についても同様に「確実性に境を接する蓋然性」をもって、ノヴォカインを使っていた場合、結果は発生していなかったであろうとは、認定できなかったとして無罪を言い渡した。

するものである。

① 1987年10月12日連邦裁判所決定[189]

(事実) 地方裁判所は、被告人医師を過失致死罪で有罪とした。治療にあたった医師が、患者Xにつき遅くとも4月11日までに、すでに4月9日に必要となっていたレントゲン検査等を勧め、病院に送ることをせず、また、それによって、その医師が胆石閉塞の結果死亡した患者の死を過失によって惹起したからである。これに対して、連邦裁判所は、上告を容れた。

(決定)「刑事裁判所（原審）は、必要な検査と治療を義務に反して勧めなかった医師に、患者の死亡の責任が負わせられるのは、患者が、義務に従っていたならば、実際上の死亡の発生時点を超えて、確実性に境を接する蓋然性をもって生き延びていたであろうというときのみであるということを見誤っている」。「そう言えるかどうかについては、原審の判決の認定では分からない。…事実審裁判官は、それにつき確信を抱いているとは思えない。そのことは、—生き延びていたことを仮定的に認定している点に関し—、不十分な蓋然性の程度でも十分としていることからわかる。…過失致死罪による有罪とするために要求される、医師の不注意と死亡結果の発生との間の因果関係は、むしろ、事実審が、患者の生命を、必要な措置を行っていれば、確実性に境を接する蓋然性をもって救助しあるいは延長させていたという確信を抱いたときにのみ、認定される」。

しかし、少数説には、その際、注意義務を守っていたとすれば、結果の発生の「危険が著しく増加していた」こと、また、「合理的人間の裁量で期待できる」という程度でよいとする見解があり、判例はこの見解を採用していない。

1980年8月20日のコブレンツ上級ラント裁判所の決定[190]においては、このような**危険増加論**を否定して、次のようにいう。

② コブレンツ上級ラント裁判所決定

「法的意味において損害結果に対して因果的であるとみなされるのは、注意義務に違反する行為が、義務を守って行為していたとき、損害には至らなかったであろうときのみである。それにもかかわらず、…被告人の医学的に誤った

---

188 Vgl. *Ulsenheimer*, a. a. O., S. 267 ff.
189 BGH MDR 1988, 100.
190 OGH Koblenz, OLGSt. §222 StGB S. 63. Vgl. *Ulsenheimer*, a. a. O., S. 259 ff.

決断と被害者の死亡との間の因果関係があるとは言えない。…なぜなら、初めの手術の時点では、事故はすでに24時間も前のことだからである。腸破裂の発生のあとすぐに腸の内部の腹腔への流入が生じていた。その経過からして、次の日にすでに腹膜炎の全貌が存在したという外科の鑑定人の認定も、これを支持する。しかし、死亡の原因とされる腹膜炎の手術は、大きな危険をともなっており、それよって確実に延命のチャンスがあったともいえない。…それ自体だけで、被告人の過失がなくても被害者の死亡に至っていた重大な事情が存在するのである。したがって、被告人の行為から確実に言いうるのは、それが、手術を生き延びるチャンスを短縮したということである。手術の危険の増加の認定は、因果関係を認めるに十分ではない」。

注意義務を守っていたとしても、結果は、ひょっとしたら発生していたであろうとしても、結果の帰属は否定されない。「**確実性に境を接する蓋然性**」をもって発生していたであろうといえなければならない。これは、わが国の判例にいうところの、「10中8、9」の蓋然性と同じである。

しかし、ドイツの判例においても、少しでも生命の短縮があり、それが「確実性に境を接する蓋然性」をもって認定されれば、義務違反と結果の関係が否定されるというのであれば、その要件を実質的に緩和していることになるのは、不作為犯の場合と同様であろう。

5．過失犯における危険実現の諸類型

創出された危険である注意義務違反行為が、結果に現実化することが過失犯の客観的帰属の要件であり、それには、注意義務を守っていたとしても結果が発生したであろうかという問題のほかにも、さまざまな類型がある。この問題をいわば注意義務違反と結果の「第2の（条件的）因果関係」の問題[191]とするならば、注意義務違反と結果との「相当因果関係」問題がその他にあたる。そこでは、その注意義務違反行為から結果が発生することが「相当」であったかが問われるのである。これを客観的帰属論風に言い換えるなら、当該注意義務違反から典型的に生じる結果としてその創出された危険行為が当該結果に実現したのか問題である。

---

191 これについて、山中『刑法総論』（第2版）398頁参照。

(1) 創出された危険の相当な実現

これを医療過誤事件ではないが、交通事故に関する判例を用いて説明すると、東京高裁の昭和45年5月6日の判例[192]の事案が分かりやすいと思われる。

(事案) 被告人は、国道上を制限時速60キロのところ、70キロで走行していてT字型交差点を剣道から国道上に進出して右折しようとした車両に衝突してその車両の運転手に傷害を負わせた。しかし、もし時速60キロで走っていたとしても、同様に衝突し傷害を負わせていたであろうと認定された。つまり、時速70キロでの注意義務に反した走行と結果の「条件関係」は否定された。しかし、裁判所は、時速60キロでの走行の基準となる地点を「事故現場から相当前」に置くと、結論が変わってくることも考慮した。

(判旨)「被告人は、事故現場の相当前から時速約70キロメートルで走っていたことが認められるから、そのことが本件衝突事故の一つの前提条件をなしていることは疑いがない。しかしながら、本件事故は、単に被告人がこのような時速で走っていたことにより発生したわけではなく、その後［被害者］の予期すべからざる交通法規違反という異常の事態が介入することによって発生したものであるから、…その間に刑法上の因果関係を認めることは困難で」ある。

注意義務違反は、事故現場から相当前の地点でも存在したのであるから、その時点での義務違反と結果の条件関係を問うと、被告人が事故現場にさしかかったときに、被害車両はまだ交差点に到着しておらず、したがって条件関係は肯定されるというのであるが、その場合には、経験則上通常予測しえられる過程を辿るという「相当因果関係」（刑法上の因果関係）はないというのである。これを帰属論の概念で言い換えると、相当前の地点での**注意義務違反の危険は、結果に現実化していない**というのである。

これと同様に位置づけることができるのが、次のドイツの判例における「鼠径ヘルニア事件」ないし「第2の手術事件」である。そこでは、第1の義務違反行為が、第2のそれ自体は非難されるべきでない合義務的に行われた行為を惹起し、しかし、その第2行為にともなう潜在的な危険の発現の結果、患者が死亡した場合に、第1の義務違反行為が結果に現実化したといえ

---

[192] 東京高判昭45・5・6高刑集23・2・374。山中・前掲書397頁参照。

るかが問題とされた。

まず、連邦裁判所の「**鼠径ヘルニア事件**」[193] を検討しておく。連邦裁判所は、1988年11月12日のこの事件においては、医師が、乳児の手術に際して、腹部の左側に執刀すべきであったのに、右側にメスを入れたが、それによってもう一度手術することが必要になり、その際の麻酔が原因で乳児が死亡したという事案と取り組み、第1の義務違反行為と結果の「**法的因果関係**」の有無を検討した。

（**事実**）医院を開業していた医師が、切開の前にその子を徹底的に検査することなく、生後3か月半の乳幼児の右鼠蹊部を手術した。それによって、医師は、膨張したヘルニア門（Bruchpforte）を左側にあることを看過した。間違いに気づいた後、生命に危険の及ぶ腸係蹄の嵌頓（Einklemmung einer Darmschlinge）の危険が鼠径ヘルニアの新たな出現によって生じるので、約1時間後に第2の手術を行い、左の鼠径ヘルニアを医術準則に則って行った。手術の終了後に突然に心停止に至り、救急措置の甲斐なく死亡した。

（**判旨**）「被告人が、乳児の両親との間で締結された医師契約による義務に応じて行動していたとするならば、彼は、鼠径ヘルニアの状況について確認するため、手術の前に乳児の腹部を検査していたであろう。被告人は、腹部を触診したときに、手術の準備をしている右側に、予期された大きさのヘルニア門を感じてはいなかったとしても、左側には、多くの整復のために明白に大きくなっていたヘルニア門があったことは確認していたであろう。その場合、彼は、乳児の正しい側、つまり、左側を手術していたであろう。事実審裁判所の確信としての判決理由から演繹されうるように、その場合であれば、乳児は、この手術に『確実性に境を接する蓋然性』をもって、害されることなく、耐えたであろう。乳児は、全快し、第2の、死亡につながった麻酔は不必要であっただろう。…」

「被告人 Dr. G によって間違った側を切開することにより生じた違法な傷害と、惹起された乳児の死亡との間には、評価的観察によれば、『法的因果関係』が存在する。…というのは、この違法行為によって、被告人は、短時間の間にもう一度麻酔の危険にさらされる必要性を創出したからである。右側に対する被告人の違法な手術によって直ちに、鼠径ヘルニアから発する生命を脅かすへ

---

[193] BGH MedR 1988, 149. これについては、山中『刑法における客観的帰属の理論』585頁以下に「第2の手術事件」として紹介した。

ルニア嵌頓（Brucheinklemmung）の危険が高められたのである。この危険に対処するため、正しい側の鼠径ヘルニアを、遅滞なく手術することが必要であった。かくして、被告人は、違法で有責な傷害によって、つまり、間違った側への最初の手術によって、子供の生命に対する付加的な危険を創出したのである。その危険は、まさに手術された子供が、その他においては通常であった安全性要件を本質的に下回って、第２の手術の麻酔の危険にさらされたことからなるのである。この危険は、乳幼児の死の中に実現したのであるから、刑法上の帰属可能性という　―因果関係を制限する―　法的観点のもとで、被告人にその義務違反によって惹起された死亡を刑法222条によって負わせない理由はない」。

　本件では、第２の手術に際しては、本来、非難されるべきではない通常の手術が行われたが、ただ第１の不必要で違法な腹部の右側への手術によって、患者の麻酔によって（患者の体力が弱っていたため）死亡する危険が創出され、その危険が患者の死亡に実現したがゆえに、第１の違法な手術のミスへの死亡結果の客観的帰属が肯定されるというのである。

　本件においては、第１の注意義務違反行為がなくても、第２の腹部の左側への手術はせざるを得なかったのであるから、結局行われていたのであり、そうだとすると、麻酔を伴いその場合でも死亡していたという主張に対して、判例は、第１の手術が注意義務を尽くして行われていれば、正しい側の鼠径ヘルニアが発見されており、第２の手術は不要であったから、死亡することもなかったとしている。しかし、昭和45年の上記の判例を踏まえたうえで判断すると、問題はそれに尽きないはずである。すなわち、条件関係の存在は認定されてもさらに「**客観的帰属**」ないし「**法的因果関係**」の問題は残されているから、第１の手術の時点で、第２の手術が必要になり、第２の手術の際の麻酔によって患者が死亡することが「経験則上通常」かどうかが問われなければならないのである。本件では、連邦裁判所は、被告人の違法な手術によってふたたび麻酔をかけられるという危険に赴く必要性が創出されたのであり、鼠径ヘルニアに発するヘルニア陥頓という生命に危険を高める「付加的な危険」を創出し、それが結果に実現したというのである。判例は、結論的に、第１の手術による付加的な危険を創出し、第２の手術の危険にさらし、その危険は患者の死亡という結果に現実化したとして「客観的帰属」

をも肯定しているのである。

(2) 過失の直列競合における危険の実現

わが国の判例の中には、さらに、ある行為者の注意義務違反のあとに他人の注意義務違反行為が介在し、それらが競合して結果の発生に至る場合もある。そのいわば直列的な過失の競合において、管理・監督関係が相互にない場合に、とくに介在前の注意義務違反は最終的結果に実現したといえるのであろうか。これをかつて相当因果関係の問題として大いに議論された「3％ヌペルカイン事件」によって検討しよう。

(a) 3％ヌペルカイン事件

（事実）「3％ヌペルカイン事件」[194] において、被告人たる薬剤師Aは、調剤室で、耳鼻咽喉科で使う毒性の強い3％ヌペルカインと20％ブドウ糖注射液を、前者に「劇」の字を記載した表示用紙を貼付して区別することなく、同じようにコルベン容器に入れ、滅菌器に入れて翌日まで放置した。翌日、薬剤科に勤務する事務員である被告人Bが、コルベンを薬品棚に置いたのを現認しながら、ヌペルカイン溶液入りコルンベンを所定の劇薬保管場所に入れることにも思い至らなかった。Bは、誤信したまま、ブドウ糖注射液を求めてきた内科看護師Cに渡した。Cは、それを内科処置室の処置台に運んだ後、ブドウ糖注射液ではなく、3％ヌペルカイン溶液入りのコルベンが含まれていることに気づき、処婦置台の片隅に寄せて置いた。同日午後、当時の乙種看護婦（現在の准看護師）のDが、それをブドウ糖注射液のコルベンと誤信し、患者2名にヌペルカイン溶液20ccづつを注射して、2人をヌペルカイン中毒によって死亡させた。

第1審は、薬剤師Aと事務員Bを業務上過失致死罪につき無罪とし、看護婦Dのみを同罪で有罪とした。AとBの過失は、Cの確認行為により「補足され是正され」ているから、Dのヌペルカイン注射の過失との相当因果関係がないというのである。これに対して、第2審は、Cの行為は先行者の過失行為を「補足是正」するものではないとし、A・Bの過失行為も結果との因果関係があるとし、業務上過失致死罪で有罪とした。

（最高裁の判決） 最高裁は、上告を棄却し、「看護婦が医師の指示に従って静

---

[194] 最判昭28・12・22刑集7・13・2608。井田良「3％ヌペルカイン事件」医事法判例百選160頁以下、甲斐『医療事故と刑法』（2012年）90頁以下参照。

脈注射をするに際し過失によって人を死傷に致した場合には刑法211条の責を負わなければならない。その他被告人等の過失並相当因果関係に関する原審の判断は正当である」とした。

　　（2審の判断）　ちなみに、第2審は、この点につき次のように述べている。第1審判決は、「被告人らの過失行為は同行為と被告人Dの過失行為との間に介入した看護婦Cの行為によって『補足、是正』（中断）せられたものとし、その後Dが内科処置台にあつた3％ヌペルカイン入100ccコルベンを過って葡萄糖注射液と速断してこれを注射器に詰め同人外1名により患者M、Oに注射して死亡せしめた結果と被告人A、B両名の右過失行為との間には相当因果関係がないものと断定し両名の責任を否定したものである。そこで原判決が右相当因果関係否定の根拠と為す看護婦Cの行為を其の者の直接の前者である被告人Bの行為及び其の者の直接の後者である被告人Dの行為とのそれぞれの連関において検討すべく、…被告人Aの調製した3％ヌペルカイン液100cc入コルベンを過って葡萄糖入コルベンと誤信した被告人Bがこれを主任医師の処方箋に基き患者に対する葡萄糖注射液100ccを請求する内科病棟看護婦Cに交付しCも又これを過って自己の請求した葡萄糖入コルベンと誤信して病棟に持ち来り、内科病棟処置室の処置台の上に一旦置いて他用の後患者に対する葡萄糖注射の為め処置台のところへ立ち戻り注射器に詰めんとして偶々右容器の品名に気着きその3％ヌペルカインなることを知つたが、内科病棟処置室の処置台にかような劇薬の存することの不審の余り、尚自己が誤って持参した事実にも想到せず、『ああこんなものどうしたんだろう、レントゲンの気管透視にでも使うのか』と思いそのまま処置台の隅に片寄せたのみで放置した為め、その後に病棟の受持患者に対する葡萄糖注射の準備に来室した被告人Dは同所が常に病棟患者に対する注射液充薬の為各看護婦共用の場所であって処置台上に注射液の容器が置かれる外ヌペルカインなどの劇薬が放置せられた例が絶無であつたところから葡萄糖注射液と同様の容器、標示を具え且つ共に無色透明な同一の外観を有する前記コルベン入りヌペルカイン溶液をその薬品名の記載に注意することも忘れ葡萄糖注射液と速断して其の内約60ccを20cc入注射器3本に詰めて外1名の看護婦と共に受持病室に持参して前記入院患者2名に注射して同人等を即時絶命せしめたものである事実が認定せられる。故に右認定事実によれば原判決の判示Cの行為は何等同人の前者の過失行為を『補足し是正』するに足るものではなく却って前者の過失行為の発展の危険を

更に過失によって維持増大せしめたものと見なければならない。」

　高裁・最高裁は、「相当因果関係」を否定することはできないとしたが、この問題は、相当因果関係によって解決されるべきものではなく、客観的帰属論によるべきである。帰属論によって本件を説明すると、間接的な危険創出行為と直接の危険創出行為との間に危険を減少させるかに思われる過失が介在した場合に帰属連関が否定されるかが問題となっている。この介在行為は、当初の危険を是正し消滅させるものではなく、むしろ、処置台の隅に片寄せたのみで放置したなら、それが他の看護師に誤ってブドウ糖注射液と即断され患者に注射される危険も高めているので、帰属連関を中断する意味をもつものではないのである。

　同様に、麻酔医の過失が介在した事例において、被告人医師の過失と結果の間の相当因果関係が肯定されたのが、次の判例の事案である。

(b)　慈恵医大青戸病院腹腔鏡下手術ミス事件[195]

　(事実) この事件は、3名の医師が、患者の前立腺ガン治療のための腹腔鏡下前立腺全摘除術を実施するための知識も技術及び経験がなく大量出血を招く恐れがあることからこの手術を避けるべきであるのに、これを実施し、大量出血させ、患者を低酸素脳症による脳死に起因する肺炎で死亡させたものである。
　(判旨) 麻酔医の過失が介在したとして、過失と被害者の死亡の間の相当因果関係の存否が問われている。本判決では、本件結果発生の予見可能性・予見義務のみならず、結果発生の回避可能性・回避義務は肯定されている。麻酔医の行為の介在については、「極めて不適切であり、麻酔医として過失があったというほかない」とする。しかし、麻酔医の行為に「過失があったとしても、被告人3名の過失と被害者の死亡との因果関係を否定するほど特殊な事情ということはできない」とする。

　一般的に言えば、過失犯において他人の過失が直列的に競合しても、結果に直近する過失がそれ以外の過失の結果に対する帰属関係を中断するものではない。**帰属連関の中断**が生じうるのは、結果から離れた過失が軽微で、先の過失から誘発されて介在したのではない過失が重大であるといった特別の事情がある場合に限るであろう。

195　東京地判平18・6・15（判例集未登載）、飯田・前掲書Ⅱ502頁。

(3) 保護目的連関

発生した結果が、侵害された規範の保護範囲内にあるかどうかも、危険実現連関の有無の判断基準として用いられるが、この保護目的連関は、医療過誤や説明義務違反において重要な意味をもつ。ドイツにおいては、連邦裁判所の次の判例（**クロラエチル麻酔事件**）がこれを用いている。事案は以下の通りである[196]。

(**事実**) ある歯科医が、強い脂肪過多と心臓の筋肉の慢性的な炎症を患っていた患者に 2 本の臼歯をクロラエチルの全身麻酔を行った。数分後に患者の顔色は、変色し、心臓の動きは止った。とりあえず当初は人工蘇生が成功したが、同日夜遅くなって朝の麻酔事件の結果として患者は死亡した。歯科医師の過失が問われた。

(**判旨**) 刑事裁判所は、W 夫人の外面的な様子と「心臓がおかしい」という申し立てからしてより安全な笑気ガスの代わりにクロラエチルを使ったにもかかわらず、まず内科医に精密検査をさせることを怠ったことを非難する。その際、心筋炎そのものが診断されていたことは期待できないとしても、心臓の重篤な障害に対するヒントが得られる可能性は生じていたであろう。この義務違反行為が、W 夫人の死亡に対する原因かどうかという問題については、刑事裁判所は次のようにいう。患者の死亡が、上記の措置を行うことによって最終的に回避しえたかどうかは、もとより明らかにはされていない。心筋炎が、近い将来あるいは遠い将来いかなる結果をもたらしていたかをいったん措くとしても、患者がその弱った心臓のために、必要な注意を守って行われた治療にも耐えられなかったかもしれないという可能性も残る。いずれにせよ、手術は、その場合、1963年12月 5 日の朝には行われていなかったであろう。内科医による専門医の検査が準備されこの検査そのものに一定の時間を要したからである。呼ばれた麻酔医も、まず、カルテを調べなければならなかたであろう。

これに対して、連邦裁判所は、次のようにいう。「行為者の行為によるもともと迫っている結果が、時間的に早期の段階で惹起されることで、一般には因果関係の根拠づけには十分であるように、このことは、義務違反行為の因果関係という特殊な問題にとっても妥当する。それによれば、被告人は、その行為によってその死亡を早めた限りで、その患者の死亡を義務違反行為によって惹起したと認定されうる。この考察は、被告人の義務違反行為と W 夫人の死亡

---

[196] BGHSt 21, 59.

6．医療過誤における危険実現連関　467

との間の因果関係を説明するには適していない。もとより、義務違反行為のために、実際に生じたよりも死亡が早く発生していたという関係の認定には適している。このような、判例において承認されている原則は、死亡がそれによって早く惹起されたことになる義務違反行為が、すでに存在した死亡につながる因果系列に対して付け加わる事例に関係する。しかし、その際、しかし、義務違反がこの意味において原因かどうかという問題にとって重要なのは、その実行の時点でのみであって、行為者が、それまでは存在しない条件の惹起のあとで、すなわち、今や義務に合致した条件のそろった後に同じく行っていたであろうという「仮定的な」時点ではない。その場合、確かに別の措置が必要になったし、それによって結果が同じように回避されえなかったであろうというとき、別のことが妥当するのではない。被告人の義務違反は、患者のクロラエチルによる麻酔ではなく、内科医による事前の検査と麻酔医を呼ぶことなくして麻酔薬を処方したことにのみみられる。したがって、刑事裁判所は、必要だと思われる措置を実施した後の同じ時点で行われたはずの治療をW夫人の死亡を後になって初めて導いたであろうということを認定したときのみ、因果関係を肯定しえたであろう。原判決からはこれについては明らかになっていない。

この判決[197]では、義務違反と結果の因果関係の認定につき、どの時点で現実の行為と仮定された行為とを比較すべきかを論じている。しかし、これは、学説によると、因果関係の問題ではなく、客観的帰属の問題であり、規範の保護目的の問題である。つまり、ここで義務違反とされた、麻酔の適否等につき事前に検査し、麻酔医を立ち会わせて麻酔を実施すべきであったという義務は、死亡の時間を早めることを禁止するという目的をもつものではない。すなわち、「専門医による麻酔学的検査を経ない抜歯と、その検査結果を待った上での治療の間の時間的差異は、はじめからまったく重要ではない。なぜなら、ある専門医の検査結果を出させる義務は、手術の着手を時間的にずらすという目的をもつものではないからである」。したがって、「結果発生を促進したということ」は、侵害された規範の保護範囲に入らない。「手術の代わりに、生命の延長の目的をもつ、別種の、危険性の少ない医学的な措置（伝統的な治療）が取られていたとしたならば、事情は異なっていたであろう」というのである[198]。

197　山中『刑法における客観的帰属の理論』351頁参照。

ウルゼンハイマーが紹介する同じような判例[199]をもう一つ紹介しておこう。ある患者が、帝王切開のあとで、肝臓疾患によって死亡した。麻酔医が、義務に反して肝臓の数値を計測していなかった。しかし、肝臓疾患が判明していたとしても、完全麻酔が行われ、麻酔剤ハロタン（Halothan）が使われていたであろう。義務違反は、麻酔を実施する決定には影響しなかったであろうというのである。すなわち、患者の死亡は、手術前に肝臓の検査をすべきという義務の保護範囲の外に位置したのである[200]。

(4) 自己答責性の原則

客観的帰属論においては、被害者が自ら責任を負うべき自由な自己危殆化行為の介在が帰属を中断させるという帰属基準が展開されている[201]。連邦裁判所によれば、「自己に答責性のある、意欲され、―つまり、確実なものとして予見されまたは認容され―、そして、実現された自殺ないし自傷は、殺人や傷害の構成要件にあてはまらない」[202]。なぜなら、法律は、他人の殺人や傷害を罰しているにすぎないからである」。自殺や自傷につながるような自己に答責性のある自損者の行為を過失で使嗾・誘発し、可能ならしめあるいは容易ならしめた者は、故意に惹起しても処罰されないのであれば、処罰されることはない。

この自己答責の原則は、とくに薬物の使用による死亡や、エイズに感染しているものとの性交渉による傷害の領域で議論されている。医療過誤の領域では、患者の事後の過誤行為の介在が問題となる[203]。しかし、判例は、この分野では図式的判断を避け、類型化して規範的評価を交えて慎重に分類している。判例においては、関与者が優越的な事実の知識によって自らを危険

198　BGHSt 21, 59. Vgl. *Ulsenheimer*, a. a. O., S. 273.
199　OLG Köln MedR 1987, 2293.〔当該箇所なし〕
200　*Ulsenheimer*, a. a. O., S. 273.
201　山中『刑法における客観的帰属の理論』（1997年）720頁以下、同『刑法総論』293頁以下参照。
202　BGH, Urteil vom 14. 2. 1984, Strafvereidiger 1984, 244. このいわゆる「百回ヒット事件」判決について詳しくは、山中・前掲『刑法における客観的帰属の理論』733頁以下参照。
203　わが国における判例に、被害者に傷害を負わせたが、被害者が緊急手術を受けた後、いったんは容体が安定したが、容体が急変して死亡したという事案で、被害者が容体急変の原因は、その直前に治療用の管を抜くなどして暴れたためであったとしても、暴行・傷害と患者の死亡結果との間に因果関係を肯定したものがある（最決平16・2・17刑集58・2・169）。

にさらす者よりも危険をよりよく理解していたかどうかによるとし、自己責任行為に出る自損者に積極的に関与する者が、自損者の生命や身体に対する保障人的地位にある場合にはどうかは明らかにされていない[204]。

以下では、**ツェレ上級ラント裁判所**の2000年１月14日の事案と判決[205]を検討しておこう。

　(**事案**）被告人は、交差点で明確な停止の標識を見逃し、優先権のある年金生活者Ｒの車に衝突し、胸部打撲を受け、その日のうちに病院を出たが、その後、胸に激しい痛みを感じ、大動脈破裂（Aortendissektion）の疑いを検査するため何日か後に入院した。その病院では手術できなかったため、Ｒは、Ｓ特別病院に転院した。診察の結果、Ｒの胃に出血が見られたが、Ｓ病院では手術できなかったため、Ｒは元の病院に送り返されたが、その２日後には出血が止まった。Ｒは、日増しに元気になったところ、その病院の内科部長は、手術が必要とみなしていた。５月になって患者の承諾を得て、患者は、心臓病学的観点から大動脈破断につき手術するため大学病院に転送された。しかし、患者が手術を拒否したため手術は行われなかった。その後、再び患者は元の病院に送り返された。Ｒの妻は、Ｒは正常な精神状態ではなく、一時的に混乱していると感じたが、継続的なものではないとも感じていた。病院では、鑑定の結果、Ｒには精神的錯乱が見られると判断し、妻を後見人とした。Ｒは、手術に対する承諾能力がないとされた。ＲにはCT検査の結果、脳委縮が見られたのであった。６月中旬になってＲは、たびたび心不全の徴候を示し、それが悪化した結果、死亡した。刑事裁判所は、被告人を過失傷害で有罪としたが、過失致死については、構成要件的結果は、いわゆる自己答責的自己損害ないし自己危殆化の原理によって被告人に帰属できないとした。

　(**判旨**）（**自己答責性**）「本件では、刑事裁判所によって採用された任意の自己答責的自己危殆化ないし自己侵害の事案が存在するわけではない。これに関し、薬物吸引者の死亡に対して薬物売人の刑事責任につき展開された判例は、―熟慮の末の確信によるものではないが―　自己答責的に意欲し実現された自己危殆化を誘発し、可能にし、使嗾した者が、構成要件に該当しない不可罰な行為である事象に関与したということから出発している。しかし、意識的自己危殆化の原則は、図式的に、行為者の不法行為により第三者が自己危殆化的行

204　BGHSt 32, 262, 264. Vgl. *Ulsenheimer*, a. a. O., S. 275.
205　OLG Celle, StV 2002, 366.

為に誘発されたすべての事案に適用可能なわけではない。この種の事案においては、連邦裁判所の上述の判例は、次のような場合に限定することが必要である。すなわち、行為者が不法行為によって意識的自己危殆化の明白な可能性を創出したが、それが、被害者が協力することなしに、また承諾することなしに、被害者の法益に対する著しい危険を根拠づけ、それによって被害者がそれに続く危険な措置をとろうとする明らかな動機を創出したことによる場合である（BGHSt 39, 322, 325）。本件の場合がまさにこの限定されるべき場合に当たる。Rは、交通事故の決定的な最初の危険をまさに容認してはおらず、この危険に対し意識的に自己答責的で能動的に意欲したわけでもない。Rが自己答責的に大学での治療を拒否していたとしても、このことは、認定された5から15パーセントという手術の死亡率を考慮すれば明らかに不合理とは言えない。その限りで、これに関し、刑事裁判所が、大学での手術に対する自己答責的なRの拒否を誤りなく認定していたのかどうかという問いは、問題とならない」。

　ここでは、判例の自己答責性原理を、被害者が行為者による危険の創出を意識的に容認し、それによって事故の危険な治療の拒否に対する明らかな動機が形成された場合に限定して適用する。本件においては、そのような状況は見られず、自己答責性原理による帰属の否定はできないというのである。

　（予見可能性） さらに、判決は、死亡の発生に対する予見可能性について言及する。「予見可能性にとっては、死亡の結果が交通違反行為の可能な作用の枠内にあること、また、義務違反的な第1の侵害によって創出された最初の危険に範囲内にあることが決定的に重要である。それに続くのは、その他の事情およびすでに設定された危険のそれと結びついた結果を引き起こす修正である。すなわち、侵害によって必要となった、場合によっては合併症を引き起こす治療行為を適用する際のそれである。それは、治療する医師が適切な措置を取らない場合にもあてはまる。本件においては、車中にいる者がハンドルないし計器にぶつかることによって、胸部打撲や大動脈破裂の形で重傷を負うことは予見可能である。その結果、心臓・循環器不全に陥り、死亡に至りうることもそうである。医療行為の経過は、設定された危険の枠外にあるのではなく、生活経験の枠外にあるというわけでもない」。

　ここでの予見可能性の肯定は、ドイツの判例が、一般に、予見可能性の概念を拡張して解釈していることの結果である。判例は、結果の予見可能性を

「その最終の結末における結果」であって、「その事象の経過における結果」と解しているわけではない[206]。連邦裁判所は、「予見可能性は、それに続く被害者の死亡に至る事象結果のあらゆる詳細に及ぶ必要はない」としている。

---

206 Vgl. *Ulsenheimer*, a. a. O., S. 277.

7．小　括

　医療において望まざる事故が生じたとき、その一部が、業務上過失致死傷罪を構成することがあるが、本章では、その成立要件を論じた。そのような医療過誤の発生が、現在、極めて増加し、民事紛争を呼び起こすばかりではなく、医師等の医療関係者の刑事責任が問われることも多くなっている。そのうちでも本章では、診断の過誤および治療の過誤にもとづく医師の過失責任が生じる要件について論じたのである。従来の医療過誤は、専門性の壁や証拠の壁に守られてその実態解明も困難な状況にあったが、現在では逆に医師の合理的な裁量が制限され、医師が医療過誤訴訟のリスクを負い、委縮する現象も見られるようになっている。そこで、刑事法学には、このような状況のなかであるべき医療過誤の刑事責任を適正に問いうる要件を見出すという課題が突きつけられているといってよい。

　その際、重要なのは、そのような結果に至る行為が、客観的注意義務に反するような結果に対する危険を創出するものであるかどうか、その危険が結果に実現したといえるかどうかの過失犯成立要件を明らかにする課題である。前者の要件は、医療行為においては、とくに「医療水準」を満たす行為かどうかを基準とする。本稿では、医療の発展的性格と患者の自己決定権を尊重する医療という観点から、「医療水準」概念を一般性・通有性を保ちつつ、具体的事情に応じた相対的な概念であるべきだという出発点から、医師の側の治療方法の自由ないし「医師の裁量」ないし「特殊療法」「特殊な療法」や患者の求める「代替治療」などのバランスをどのようにとらえるべきかを考察した。

　注意義務違反が認められても、その創出にかかる危険が結果に現実化するのでなければ、過失犯は成立しない。それが後者の要件である。ここでは、それを注意義務と結果の関係ないし不作為の因果関係の問題として判例によりながら、それが問題となる類型を考察した。その際、ドイツで議論されている、義務違反がなかった場合の結果の発生の蓋然性の程度につき「確実性

に境を接する蓋然性」が緩和されつつあるという問題、わが国の判例では、「80％から90％の確率」を要求する不作為犯における仮定的な作為義務行為の結果の不発生に対する「因果関係」ないし「結果回避可能性」の問題とは異なり、過失犯における義務違反と結果の「因果関係」の認定の問題においては「合理的な疑いを超える確実性」を要求する判例が多いことを検討した。

第 5 章

医療過誤の諸類型と刑事過失

1. 医療過誤の発現類型

　医療過誤は、治療行為のさまざまな局面において発生する。それぞれの典型的な局面において発生する医療過誤の事例について、判例をもとにその特徴やその類型およびその過失犯の成立要件、とくにそれぞれの局面における注意義務の根拠と医療水準論の具体的展開などの理論上の問題について検討を加えるのが本章の目的である。

1. 単純な医療過誤から判断の難しい医療過誤へ

　医療過誤には、もとより、典型的で単純なミスで医療過誤の判定が容易なものと、先端医療におけるリスクの高い手術で医療過誤かどうかの判定が難しいものなど様々なものがある。ドイツの判例によって典型的で医療過誤であることに異論がないのは、次のような事案である。例えば、民事判例であるが、オートバイの事故の被害者が腰に激痛を感じたにもかかわらず、医師がレントゲン撮影をしなかった場合[1]、同じく刑事判例によれば、医師が患者の申し立てのみで診断した場合[2]である。その他、異物を患者の体内に忘れた場合[3]、その確認手段をとらずに縫合した場合もそうである[4]。手術を補

1　BGHZ 159, 48.
2　BGHSt 3, 91. この判決については第6章5.(3)(724頁以下)(山中「医療過誤と刑事組織過失(2・完)」法学論集63巻1号1頁以下)で詳しく検討するが、もともと技術的にも経験上も問題のある医師であったが、患者の「サナダムシ」がおなかにいるという申告のみで、そのように診断したのは医療過誤であるとする。
3　戦前のわが国の判例では、卵巣嚢腫手術の際にガーゼを腹内に遺留した事案につき、医師の過失を否定した民事判例がある(東京地判明38年)。過失を認めた戦後の判例として、千葉地判昭32・11・15新聞91・18。両判例につき、野田寛『医事法』(中巻・1987年)424頁。なお、ドイツにおいて、身体中に忘れられたものが、脱脂綿、ガーゼ等の小さいものか、タオル、外科用器具などの大きなものかによって分ける見解もある。脱脂綿などは、予め数を数えるのも、事実上できないし、有効ではない。これに対して大きなものは、数えることができるし、大きいので、気がつきやすいというのである(vgl. Kamps, Ärztliche Arbeitsteilung und strafrechtliches Fahrlässigkeitsdelikt, 1981, S. 196 ff.).
4　Schroth, Die strafrechtliche Verantwortlichkeit des Arztes bei Behandlungsfehrn, Roxin/Schroth (Hrsg.), Handbuch des Medizinstrafrechts, 3. Aufl., 2007., S. 85. [第4版の

助する看護師もこれを確認する必要がある。医師が、まだ使ったことのない薬を処方する場合に、薬の箱の処方箋を書いたレッテルを読まずに投薬し、過剰投与に至ることも、典型的なミスである。ただし、わが国の刑事判例においては、食道の手術を受けた患者の腹腔内に鉗子を遺留したまま腹壁を縫合して、急性膵臓炎によって死亡させた事案については、それ自体は、単純な医療過誤であるが、その死亡との因果関係の存否については別に判断し、鉗子の存在と急性膵臓炎という本件死因との間の因果関係を肯定するには合理的な疑問が残るとして、無罪としたものがある[5]。さらに、民事判例においても、脊椎固定手術のあと、手術創瘢部の切開手術を受けた結果、赤色のガーゼが発見されたが、それは、脊椎固定手術の際に医師の過失によって遺留されたものなのかどうかが論点となり、第1審ではそれを肯定し、第2審ではこれを否定したものがあり[6]、遺留の原因が不明な場合には、絶対的な医療過誤には入らない[7]。

　これに対して、もともと医師の「診断の過誤（誤診）」による医療過誤については、判断が困難である。従来は、比較的単純な外形的に認識しやすいミスのみが判例に現れてきたが、今日では、医師の誤診を疑う医療過誤の主張の事例も増えている。さらに、新たに開発された先端的治療法において、危険を伴うことを承知で患者がその手術を希望し、それが不幸な結果を招くケースもありうる。そのような場合、医師や病院の事後の説明において患者・遺族の不信感を募らせ、医療過誤が主張される場合もある。

　　　当該論文には当該叙述は見当たらなかった］。
　5　釧路地判昭52・2・28刑月9・1＝2・82。遺留された鉗子が、患者の膵臓に刺激を与えたとすれば、これによって急性膵臓炎に陥って死亡したといえるが、その因果関係を肯定するには合理的疑問が残るというのである。しかし、鉗子の残留そのものを「傷害」と捉え、過失致死に問えなくても過失傷害に問う余地はなかったとはいえない（後藤弘子「鉗子遺留・急性膵臓炎事件」医療過誤判例百選［第2版］56頁以下参照）。
　6　（第1審）金沢地判昭55・2・8判時987・102、（第2審）名古屋高金沢支判昭58・1・26判タ492・117、橋本聡「脊椎固定手術のガーゼ遺留事件」医療過誤判例百選（第2版）58頁。
　7　もとより、現在では、人の犯す「単純なミス」も、そう単純ではなくなっている。というのは、単純ミスを防止するための組織的な「事故防止システム」が形成されていることが必要であって、単純なミスによってそのシステムを掻い潜る事故が発生すること自体が、システムの結果であるということができるからである。したがって、単純なヒューマンエラーもシステムエラーなのである（芳賀繁『事故がなくならない理由』PHP新書825（2012年）106頁以下参照）。

2．医療過誤の認知と事例研究の方法

　ある患者の傷害や死亡が医療過誤によるものかどうかは、医療過誤であるとの「認知」にも依拠するので、医師に対する「不信」が医療過誤を疑わせ、医療過誤と認知させる原因となることがあることは理解しうる。したがって、このような近年の医療不信が医療過誤の認知率を高める要因になっているということもできよう。とくに、医療過誤かどうかの外部からの客観的判断が困難な「診断の過誤」についてはそれが大きく作用しているとも推測される。

　このような医療過誤を認知し、その危険を予測することは、医療過誤の刑事責任を問うための前提となり、また、医療過誤の予防のための前提ともなる[8]。そのためには、どのような医療行為にどのような医療過誤が典型的に発生し、発生頻度が高いのかを分析することが重要である。それを行うには、一つは、最終的に医療過誤と判断されたかどうかを問わず、前兆となる危険な出来事の発生を調査し、原因分析をすることが必要である。そのためには、最近では、わが国ではいわゆる「ヒヤリハット事例」の報告集が資料となり、世界的にも、「**危機的事象報告制度**（＝医療事故報告制度）」（Critical Incident Reporting System＝CIRS）が重要な制度となる[9]。しかし、他方で、医療過誤事件として法廷で争われた事例研究も重要である。なぜなら、ここでは、危機的事象報告による事例と異なり、その事例の医療過誤の有無の判断に必要な事実関係が裁判所によって正確・詳細に認定されているからである。本稿では、このような判例に現れた事例につき、その発現形態に応じて

　8　事故調査の意義と実践については、加藤良夫・後藤克幸（編著）『医療事故から学ぶ』（2005年・中央法規）は、事故調査委員会の設置方法や事故分析の方法について実例に基づいて解説する。

　9　これについて、本書第1章「序論」（39頁以下）で詳しく論じた。これにつき詳しく研究したDissertationとして、vgl. *Jasmin Thüß*, Rechtsfragen des Critical Incident Reportings in der Medizin, 2012. この制度は、1978年の外科医ジェフリー・クーパー（Jeffrey Cooper）の研究ならびに1993年の「オーストラリア患者の安全基金」に発し、さらに遡れば、ジョン・C. フラナガン（John C Flanagan）の1954年のCritical Incident Techniqueがそれらを方向づけたという（*Thüß*, a. a. O., S. 4 ff.）。1995年にはスイスに導入され、ドイツでは、2002年にマールブルク大学附属病院が、そのプロジェクトを導入し、ほぼ同時にキール大学の総合医学研究所も、開業医につき、インターネットにもとづくCIRSを展開したという。

類型化し、その分析を試みることが目指される。

3．医療過誤の発現局面と発現形態

　医療過誤の発現形態については、先に紹介した[10]ドイッチュやウルゼンハイマーの分類がある。しかし、ここでは、とくにわが国の判例の分析をもとに一般に行われている分析に従って類型化する[11]。それは、医療過誤自体の発現形態というより、むしろ、医療行為の現象的局面に応じて判例に多い形態をグループ化して分類する方法である。治療行為は、診察、検査、診断、治療（注射・投薬）、麻酔、手術、術中の身体管理、術後管理などという段階を経て進行するが、ここでは、段階を追って類型化するのではなく、比較的典型的な発現の多い形態を中心に類型化する。それは、以下のごとくである。

　①注射による医療過誤、②投薬による医療過誤、③麻酔による医療過誤、④輸血による医療過誤、⑤手術にもとづく医療過誤、⑥医療機器の誤操作にもとづく医療過誤、⑦診断・治療に関する過誤、⑧看護に関する医療過誤である。

　もとより、注射による投薬もあり、麻酔は点滴ないし注射によって行われ、輸血も広い意味での注射によって行われ、手術中に輸血することが多く、また器具の誤操作による麻酔のないし手術の過誤もあるから、これらのカテゴリーは相互に重複することがありうるのであって、この類型化は、体系的とは言い難いのみならず、以下で紹介するひとつの事案の中にも重複した類型に属するものが少なくない。それにもかかわらず、医療行為の現象形態に応じて類型化するこの方法は、分かりやすいという最大の長所をもつように思われる。

　10　本書第4章（396頁以下）、（山中「医療過誤と客観的帰属」法学論集62巻2号84頁以下）参照。なお、佐伯仁志「ドイツにおける刑事医療過誤」三井古稀（2012）249頁以下も参照。
　11　これについては、前田・前掲『医療と法と倫理』359頁以下、飯田英男・山口一誠『刑事医療過誤』（2001年）（以下、飯田・山口と略記）目次参照。

2. 注射による医療過誤

1. ドイツにおける注射に関するガイドライン

　ドイツでは、注射業務を看護師等に委任できるかは、未定である。従来の判決から窺われるガイドラインは以下の通りである[12]。
　① 資格試験に合格し、訓練を受けた有資格者である医療補助者、例えば、看護師については、指導医がその看護師等の資質につき確信をもったなら、医師の隣席・監視するところで、筋肉注射をすることが認められる。重要なのは、その医療補助者の個人的な知識と能力である。
　② 静脈注射、輸血および静脈からの採血についても同様である。「静脈注射は、純然たる医師の活動である。疾病の種類と注射の場所から特殊な問題がありうるのでない限りで、実務においては、例外的な場合にのみ、特別の指導のもとに注射に慣れた熟練の補助要員に委託されてよい」のである。
　② その他の補助者に注射を委ねることについては、連邦裁判所は、それを直ちに違法とはしていない。しかし、多くの場合、医療過誤につながりうるとする。
　④ 看護補助者への静脈注射の委任については、一般には、違法とされる。しかし、看護師になろうとする学生が、医師ないし資格ある看護師の直接の監視と指導のもとで教育の目的で注射する場合には義務違反は否定される。
　⑤ 国家試験直前の研修生も含めた医学生[13]が、十分な経験と教育を受けずに、筋肉注射、静脈注射を任されることも違法である。

　12　Vgl. *Ulsenheimer*, Arztstrafrecht in der Praxis, 4. Aufl., 2008, S. 244 f.
　13　ドイツでは、研修は、医師資格の取得以前に行われる。

2．わが国における注射による医療過誤

　わが国においては、注射に関する事故は、医療事故の中でも3割以上であり、かなり大きな割合を占める[14]。注射過誤の種類には、薬剤の調合ミス、注射器などの消毒不完全、注射の部位・方法のミス、注射後の処置のミス、などがある[15]。ここではとくに、(1)注射ないし点滴時の身体管理ミス（救急措置のミス）、(2)注射準備におけるミス、(3)注射の部位・方法のミス、(4)医師による処方誤記、薬剤の内容・容器等の誤認ミス、(5)医師のオーダリングシステムによる指示ミス、(6)注射方法の指示のミスについて、判例を中心に検討しておこう[16]。

　このほかに、調剤のミスも注射に関する過誤の例に属するが、調剤ミスの類型には、注射以外の方法での投薬のための調剤と薬学的知識の不足に起因するものを配属することとし、ここでは便宜上、単純な薬剤の内容や容器の誤認による調剤ミスの存在を前提として注射によって患者に投与されるもののみを、この注射による医療過誤の項目に入れて考察する。

　ところで、わが国でも、基本的に注射は、本来的に医師の業務であり、看護師は「診療の補助」業務のひとつとして注射を行うにすぎない[17]。看護師の業務は、本来、**療養上の世話**と**診療の補助**に分けられる[18]。注射は、医師の指導は受けるが、行為の全てに指示を必要とするのではない「診療の

14　飯田英男『医療過誤に関する研究』（1974年）（以下、飯田・研究と略記）65頁、押田・児玉・鈴木「実例に学ぶ医療事故」（2000年）45頁、甲斐・日山「注射と過失」中山・甲斐（編著）『新版医療事故の刑事判例』65頁以下参照。

15　飯田・研究65頁参照。

16　注射による医療過誤の中には、もちろん、例えば、医師の指示に対する看護師の誤解のような当事者間のコミュニケーションの齟齬にもとづくものも含まれる。その両者の組織形成に関する過誤は、別の章で採り上げている（本書第6章720頁以下（山中「医療過誤と刑事組織過失」(1)法学論集62巻3号34頁以下））参照。

17　看護師の権限と法的責任の範囲については、菅野耕毅『看護事故判例の理論』（医事法の研究Ⅳ）（増補新版・2002年）19頁以下、佐々木みさ「医療過誤事件における医療補助者の業務上過失犯について」『刑事法学の新課題』（馬屋原成男教授古稀記念）（1979年）239頁以下参照。

18　保健師助産師看護師法5条では「この法律において『看護師』とは、厚生労働大臣の免許を受けて、傷病者若しくはじよく婦に対する療養上の世話又は診療の補助を行うことを業とする者をいう」と規定する。なお、准看護師については、その第6条で「この法律において『准看護師』とは、都道府県知事の免許を受けて、医師、歯科医師又は看護師の指示を受けて、前条に規定することを行うことを業とする者をいう」と規定する。

補助」に属する。そこで、注射は、診療の補助としての看護師の独立の業務か、それとも医師の業務を医師の監督のもとで代行するのかが問われる。診察等は、本来的に医師がなすべき医療行為であり、これを「**絶対的医療行為**」と呼び、静脈注射のように医師の指示のもとで看護師等が行うことが許されている医療行為である「**相対的医療行為**」とは区別される[19]。看護師による静脈注射の実施については、看護業務を超えるものとする行政解釈が示され（1951年医収517号医務局長回答）、看護業務の範囲内かについては争いがないわけではなかった[20]が、2002年に、行政解釈上、静脈注射を行うことは看護師の独立の業務であると認められた[21]。

(1) 医師による注射の際の患者の身体管理ミス

注射による医療過誤に関しては、一連の簡裁の判断[22]があるが、まず、医師による患者の身体管理のミス、医師から付添人への指示のミス、医師による救急措置のミスなどの注射時の患者の身体管理におけるミスを採り上げよう。

(a) 医師による患者の身体管理のミス

【1】**神戸簡裁平成13年判決**の事案は、医師が、高血糖状態にある患者にインスリンの点滴を行っていたが、血糖値の測定を適正に行わず、点滴したため低血糖昏睡に起因する脳幹部損傷に至らせたというものであった。この事案につき、「血糖値を頻繁に測定し、血糖値の値を適正に保持しつつ、適宜インスリンの持続点滴を中止するなどして、同人を低血糖昏睡の状態に陥らせることのないよう未然に防止すべき業務上の義務があった」のに、これを怠ったというのである[23]。

(b) 医師から付添人への指示のミス

まず、次の事案は、医師が付添人に患者の身体管理に関する適切な指示を

---

19 林道春「看護婦等の過失」判例タイムズ686号98頁以下参照。
20 金川琢雄『現代医事法学』（改訂2版・1995年）60頁、前田和彦『医事法講義』（全訂8版・2008年）52頁参照。
21 厚生労働省医政局長通知「看護師等による静脈注射の実施について」（平成14年9月30日医政発第0930002号）により、医師の指示の下に看護師等が行う静脈注射は「業務の範囲を超えるもの」から「診療の補助行為の範疇として取り扱うもの」へと行政解釈が変更された。
22 飯田英男『刑事医療過誤II』（増補版・2007年）（以下、飯田IIと略記）36頁以下参照。
23 神戸簡判平13・5・28飯田II85頁。

与えなかったことが原因で注射ミスが生じたものである。全身麻酔時の【2】問診過誤事件[24]がそれである。

> **（事案）** 医師であった被告人は、両拇指バネ症の患者であるT（1歳）を診察し、同女に全身麻酔剤ケタラールを用いて全身麻酔をかけたうえ前記バネ症拇指の手術をすることにした。全身麻酔剤ケタラールは副作用として嘔吐を伴い、それによる嘔吐物の逆流のため窒息をするなど患者の生命、身体に重大な危険を及ぼすおそれがあったから、右ケタラールの使用に当たっては、あらかじめ患者又はその付添人に対し、患者の飲食の有無を確認することは勿論、また、手術時までは絶食を保つよう具体的に指示、説明をなし、吐寫物の誤嚥による窒息などの生命身体の危険の招来を未然に防止すべき業務上の注意義務があるのに、これを怠り、（また、）…漫然同医院准看護婦Bに指示して全身麻酔剤ケタラール2cc、自律神経興奮剤アトロピン0.3cc混合注射液をTの左腎部に注射させた過失により、嘔吐を催し、…飲食した米飯、ミルクなどを吐寫、誤嚥させ、窒息死させた。

この事案では、医師が患者（1歳）の付添人である母親に、患者の飲食物の有無を確認し、絶食の指示などの具体的な指示をすることなく、准看護師に指示して注射させたために患者が、誤嚥等によって窒息死したことが過失とされている[25]。

（c） 注射後の医師による救急措置のミス

次に掲げたのは、いわゆる宇治川病院事件における准看護師の薬剤誤認による注射ミス[26]の後の医師の救急措置に関する過失責任に関する判決である。

> **【3】宇治川病院塩化カリウム液誤注射事件[27]**　医師Xに対しては、塩化カリウムの静脈注射によって呼吸停止及び心停止の状態に陥っていた患者Aに対して必要かつ十分な救急蘇生措置を講じていたかどうか、Xの行為と結果の間に因果関係があったかが弁護人から争われた。医師Xは、外来処置室に

24　福島簡判昭52・2・18判時858・130＝飯田・山口45頁。宮野彬「全身麻酔下での吐物誤嚥による窒息死事件」医療過誤判例百選［第2版］52頁参照。

25　ほかにも、手術中の嘔吐による窒息死につき、術前の食事制限指導に過失を認めたものとして、仙台高判昭52・6・22刑事裁判資料233・451参照。

26　これについては、後述する。判例【19】参照。

27　京都地判平17・6・13飯田Ⅱ155頁。

すぐ来てほしいという要請を受けたが、その際、当初は立って首をかしげ考え込んでいる様子をみせ、その後、被害者の胸部付近を両手で押さえるような動作などをしただけであった。そこで、応援要請を受けた別の医師が、患者に酸素マスクをあてて人工呼吸の措置を行いながら、心臓マッサージを行った。しかし、被告人は、「被害者が呼吸停止及び心停止の状態にあると認識していたにもかかわらず、被害者に対し、その胸部及び腹部等を押すような動作を繰り返すのみで、看護師等に対しても救急蘇生措置に向けた適切な指示を行わず、他の医師の応援を頼むこともせずに時間を浪費し」、人工呼吸等の救急蘇生措置を行うことはなかった。判旨は、この点につき、業務上の注意義務違反があるというのである。被告人は、禁固1年に処せられた。

本判決は、准看護師が犯した、塩化カルシウム液を注射すべきところを誤って塩化カリウム液を注射したという誤注射によって呼吸停止・心停止の状態に陥った患者に必要となった医師の救急蘇生措置を取るべき際に、医師が、容態の変容から（10時すぎから10時20分ころ）ほぼ20分内の間、被害者の胸部付近を両手で押さえる等の動作をするのみで、人工呼吸、心臓マッサージ等を行うという適切な措置を取れず、人工呼吸などを行わなかったために患者が死亡した事案につき、医師の業務上の注意義務違反を肯定したものである。判決は、被告人が心停止等を認識した後にすみやかに救急蘇生措置を開始していれば後遺障害は発生していなかったとし、医師の不作為と結果の因果関係を肯定している。問題は、医師は、人工呼吸・心臓マッサージを施す義務があるかどうかであるが、これにつき判決は、「業務上の注意義務」があるとしてこれを肯定する。これを過失不作為犯と捉えるなら、保障人的地位が問われるべきであるが、患者の身体・生命の安全につき契約・先行行為ないし事実上の引き受けによって保障義務を負う医師には、適切な救急措置を取る作為義務が認められるであろう。

【4】宇治川病院事件（控訴審）[28]　本判決は、宇治川病院事件【3】の控訴審判決である。控訴趣意では、量刑不当を訴えた。控訴審では、原判決後、被告人が罪の成立を争わない姿勢に転じたこと、民事訴訟で合計約2億5千万円の支払いを命じられ、確定したこと等を挙げ、執行猶予を付するほどではない

28　大阪高判平18・2・2飯田II165頁。

が、前記量刑は、刑期の点で多少重きに失するに至ったという。原判決破棄、禁固10月に処するとした。

　これらの注射に伴う過失は、注射そのものに関するミスではなく、注射を受ける患者の身体管理に関するミスである。

(2)　看護師の注射準備におけるミス

　注射の準備作業の際に、看護師等がミスを犯す事案がある。この準備作業は、医師の指示を受けて行われることが多いので、医師の指示を遵守しないというミスがあるのが通常である。準備の後、それにもとづく注射については、看護師が引き続いて行う場合と、それにもとづき医師が行う場合とがあるが、ここでは、準備段階の看護師のミスのみに注目する。

　まず、一人の看護師が、使用済み注射器と未使用の注射器を区別するルールを守らず、もう一人の看護師が、使用済み注射器を用いて他の看護師らに混注作業をさせたというミスを犯し、両者の「過失の競合」によって菌の感染が生じた事案を採り上げておこう。

【5】セラチア菌・プチダ菌感染事件[29]　本件は、XおよびYの2名の看護師が、水洗いした使用済みのガラス製注射器を用いて薬剤を点滴パックに注入するいわゆる混注作業を行うに際して、Xは、使用済み注射器を角形カスト内に収納後、同カストの通気孔を開き、滅菌テープをはがした上、これを使用済み医療器具回収用のカート内に確実に格納すべき業務上の注意義務を怠り、カストをナースステーション内に放置し、Yは、上記カストを開けて注射器を取り出すにあたり、同カストの通気孔の開閉と滅菌テープの有無を厳に確認すべき業務上の注意義務を怠り、Xが放置した上記カストから使用済み注射器を5、6本取り出してこれに針を付け混注作業の準備をして、看護師Aらにセラチア菌およびプチダ菌が付着した使用済み注射器を使用させて混注作業を行わせ、情を知らない看護師Bらをして、患者Aら5名に点滴させ、セラチア菌などを血行感染させ、敗血症などの傷害を負わせ、そのうち、1名を敗血症に伴う肝不全により死亡させたというものである。本件[30]では、Xおよ

29　豊橋簡略平14・5・22飯田II897頁。
30　本件については、日山恵美「看護上の過失」中山・甲斐（編著）『新版医療事故の刑事判例』234頁以下参照。

びYの過失が競合して結果が発生したものとされた。

　ここでは、看護師Xは、使用済み注射器と未使用の注射器を区別し、使用済み注射器を収納した角形カストをカート内に入れるというルールがあったが、それに従わず、また、看護師Yは、同カストの通気孔の開閉と滅菌テープの有無を厳に確認すべき業務上の注意義務を怠り、使用済み注射器を用いて混注作業をさせた過失の競合を認めたが、両看護師ともに安全対策のためのルールに明白に違反していたのであり、ルール自体の内容の不備があったり、行為者の連携ミスがあるという組織過失でもなく、両者が同時的に同一・同方向の共同作業している共同正犯となりうる事案でもないので、過失の競合の事案というべきであろう。

(3) 注射の部位・方法の過誤

　ここで採り上げるのは、医師や看護師等が注射の部位・方法を誤った場合である。注射は、(a)医師自身が行う場合と、(b)看護師に指示して医師が看護師に実施させる場合、そして(c)看護師の一般的な補助職務の一環として実施する場合があるが、この注射の部位・方法のミスに関しても、注射を行う主体が誰かにより分類することができる。

　まず、医師が注射の部位を誤った場合として、次の湯浅簡裁の事案がある。

　【6】**アミピロ注射ミス事件（湯浅簡裁略式命令）**[31]　被告人は、胃腸科医院を開業している医師であったが、腰部神経痛の患者Kの臀部に劇薬である注射薬アミピロ5cc注射した。アミピロは、劇薬であるから、注射に際しては、臀部上方4分の1区域内の中臀筋内筋肉注射するか、もしくは、もし臀部グロッス三角に注射するのであれば腸骨稜寄りになすとともに、注射針の刺入により患者が電撃痛を訴えた場合は刺入位置をかえるなどして神経組織の障害を防止すべき業務上の注意義務があるのに、これを怠り、Kに治療約2年を要する左腓骨神経麻痺の傷害を負わせた。

　本略式命令は、劇薬である注射薬アミピロによる神経組織の障害を防止するために、安全な注射部位を選択する注意義務があるのに、適切な注射部位

31　湯浅簡略昭42・12・18飯田・研究84頁。

に注射することを怠ったと認定し、その違反に注意義務違反を認めたものである。これに対して、上記の湯浅簡裁の略式命令に対する控訴審の判決が、次の判決である。

【7】アミピロ注射ミス事件（大阪高裁判決）[32]　弁護人は、控訴趣意において、本件注射部位は左臀部四方円の外上方内であって、何ら不当な部位ではないと主張する。これに対して、判決は、昭和36年以降の文献においては様々な理由なから、臀部上方4分の1の区域内で腸骨稜から二横指位下の中臀筋内に注射すべきであるとの見解が支配的となったとし、「注射部位として、誤りであるとはいえないにしても不適当な部位に注射したというを妨げないというべく、この注射部位不適当な事実は、…過失の内容をなすもの…」とする。

ここでは、「誤り」とまでは言えなくても。「不適当な部位」への注射によって傷害が発生すれば過失を認定できるとしたが、臨床医療において支配的な見解は、発生しうるさまざまな危険を考慮して形成されているものであるから、これに従わない場合には注意義務違反が認められるという見解は妥当であると思われる。注射部位の誤りないし不適切性の判断基準は、医学と医療の経験の進化によって変化する。医師は、特別の事情がない限り、医療の現場において医療過誤の危険を避けるために進化してきた支配的な見解による基準を遵守する義務があるといえよう。

(4)　医師による薬剤の処方ミス・誤認・確認ミス

医師が、薬剤の効用など薬学的知識に起因するミスを犯したのではなく、単純に薬剤の種類や容器等を見誤ったり、処方にあたって薬量等につき誤記を犯し、または記載ミスを犯した事案や、医師が患者の持参した薬剤を確認することなく注射したためミスが生じた事案については、この注射による医療過誤の類型で扱われるべきである。

(a)　患者の持参した薬剤の使用の事案

次の判例は、医師が、患者が持参した注射剤と思料されるアンプルを、その封がすでに切られているなどの徴候があるにもかかわらず、その性能を確認せず、患者に注射したところ、実は劇薬であって、患者を死亡させた事案

32　大阪高判昭43・12・17飯田・研究85頁。

に関するものである。

【8】劇薬アンプル誤信注射致死事件[33]　（事実）医師である被告人Xは、被告人のもとに通院し結核性脊髄カリエスの治療を受けていたEが、注射剤ぶどう糖カルシウムと思料されるアンプル1本20cc入のもの5本在中の紙函1個を同病院診療室に持参し、それを注射することを求めたので、これを受取り点検したところ、その紙函には、第1製薬株式会社ぶどう糖カルシウムの標示があったが、うすい埃が附着し、同函は相当古びており、封緘紙もすでに破って封が切ってあり、在中のアンプル5本のうち2本にはぶどう糖カルシウムのレッテルが貼付してあったが、残り3本にはレッテルがなく、剝げ落ちたレッテルも見当らず、その入手先については、Eは、夫Yの勧めにより自宅で夫より受取った旨を申出た。被告人は、アンプル5本の注射液はいずれも無色透明で、溷濁、変色、沈澱物の存しないことを確かめたのみで、主としてEの言を信頼し、不注意にもレッテルのない薬液が劇薬カルピノール1号であることに気づかず、レッテルのある薬液同様ぶどう糖カルシウムであると軽信し、Eの依頼に応じ、同薬液をEの右腕静脈に注射したため、約10分にして呼吸まひによりEを死亡するに至らしめた。

(判旨)「Eの持参した薬液のうちに、カルピノール1号のような劇薬が混在していることを予見することは容易でなかったとしても、本件薬液には、そのアンプルに現にレッテルの貼付がなく、その品質種類の判別につき、拠るべき明白的確な資料を欠如しているのであるから、良識をそなえた通常一般の医師である限り、品質種類の確実でない薬液の注射による不慮の障害の可能性を蓋然的に予見することの必ずしも不能でないことは、健全な常識に照らして明白であるというべく、したがって、…その性能の確認されないかかる薬液の注射は、たとえ、患者の依頼があっても、医師としてはこれを拒絶すべき業務上の注意義務があると解するのが相当である」。

「被告人の本件所為は、レッテルのない薬液につき、検定もしくは検定と同一視しうべき格別の事情があったものとは認められないのであるから、すべからく注射を拒絶すべきであったのにかかわらず、主としてEの言を信頼し、薬液の無色透明、アンプルの形状等を確かめたのみで、たやすくぶどう糖カルシウムであると軽信し、注射を施こした点において過失の責を免れないといわざるをえない。原判決がその摘示するような事実を認定しながら、被告人に

---

[33] 福岡高判昭32・2・26高刑集10・1・103＝飯田・研究72頁。

過失なしとしたのは、医師の業務上の注意義務に関する法則を誤まり、ひいて事実を誤認したものというのほかなく、論旨は結局理由があり、原判決は、破棄を免かれない」。

治療は、本来的に医師の任務であり、権限である。その治療に用いる薬液について、患者の持参したものをそのまま点検せずに使用することは、この基本的任務に反する。しかも、本件では、外見上もレッテルの貼付がないという明らかな徴表があったのであるから、医師の過失は否定できない。

(b) 医師による処方誤記・薬剤の内容・容器等の誤認のミス

この薬剤の内容や容器の誤認は、医師によるほか、看護師によるものもあるが、ここでは、まず、医師によるその誤認と医師による処方の記載ミスの事案を検討しておこう。

(i) 医師の処方の誤記等

【9】癌研究会付属病院抗がん剤過量投与事件[34] 医師が抗ガン剤注射薬を投与する際、同注射薬シスプラチンには、腎・肝機能障害等の副作用があるため、1日1回その後3週間休薬するなどの慎重な取扱いを要するところ、「他の薬剤と間違えて」3日間にわたり3回連続する旨の指示票を作成して看護師に投与させたため、患者を多臓器不全により死亡させたという事案に、業務上過失致死罪が認められ、「罰金50万円」が言い渡された。

注射すべき薬剤を他の薬剤と間違えるというのは、医師としての初歩的なミスであるが、本件事案ではしかも重大な副作用を伴うシスプラチンの処方にあたって他の薬剤と間違えて処方するというミスを犯したものであり、「過失」の存在は明白である。

【10】県立病院抗がん剤過量投与事件[35] 医師が、抗ガン剤の処方内容を入院診療録に記入し、看護師にこれを入院注射薬処方せんに転記させる方式で薬剤師に調剤を指示し、その薬品名などを確認したうえで注射すべきところ、「エクザール5mg」と記載すべきなのに、「エクザール50mg」と記入してその注意義務を怠り、これに基づいて調剤した薬剤師も処方内容が通常の使用量を大幅に超えていることを看過して調剤した注射薬を用い、同医師が、漫然とそ

---

34 東京簡略平13・9・5飯田II87頁。
35 福井簡略平16・3・31飯田II141頁。

の溶液を腕部静脈内に注射したという事案である。注意義務を怠って漫然と「エクザール」を調剤した薬剤師の過失も問われ、業務上過失致死罪に問われた。

　薬剤師の罪責については、調剤については、薬剤師は、「特に抗がん剤エクザールは劇薬指定がなされているのであるから、使用薬量等処方の内容についてことさら注意を喚起して、通常の使用量を超えるなどその処方に疑わしい点があるときには、速やかに処方した医師に問い合わせて、疑わしい点を確認した上で調剤し、患者の生命等に対する危険の発生を未然に防止すべき業務上の注意義務がある」ものとした。

　本件では、誤転記した看護婦の責任は問われていない。その理由は明らかではないが、薬量の確認については、医師および薬剤師の固有の義務であるとすれば、看護師の誤転記は、本来、医師ないし薬剤師による適切な点検によって治癒されるべきものであったと考えられたのかもしれない。薬剤師については、薬剤師法24条によって、「薬剤師は、処方せん中に疑わしい点があるときは、その処方せんを交付した医師、歯科医師又は獣医師に問い合わせて、その疑わしい点を確かめた後でなければ、これによつて調剤してはならない」とされているのであり、本略式命令においても、注意義務違反が認められている。医師と薬剤師は、独立して処方・調剤の責任を負い、本件は、両者の過失が競合した事案であるといってよい。

　注射内容・種類の誤認にもとづく医療過誤は、看護師のミスを医者が検証しなかったために生じることもある。注射は、本来、医療行為であり医師の業務であるから、医師は、看護師に対して信頼の原則を適用して過失責任を逃れることはできない。

【11】抗ヒスタミン剤過量投与事件[36]　小児科医が、5歳児の水痘患者に対して、治癒薬の抗ヒスタミンであるルペリアクチンの処方箋を作製するにあたり、1日の常用量（5〜6ミリグラム）を1日分として50ミリグラムを3包に分けて調剤と誤って記載して処方し、薬剤師にその通りに調剤させて交付させ、患者に抗ヒスタミン剤中毒症の傷害を負わせた。医師は、罰金20万円に処せられたが、薬剤師は起訴されていない。薬剤師は、前述のように、処方箋に疑わしい点があるときは、医師に問い合わせ、それを確かめてから

36　舟木簡略平13・1・5飯田Ⅱ167頁。

調剤すべきとされ、その違反に罰金が科せられている（薬剤師法24条、32条）ので、これを不当とする批判[37]が強い。

  (ii) 医師による注射液の誤認等

　ここでは、【12】誤ワクチン接種傷害事件[38]を検討しておく。それは、医師が乳幼児を対象とした百日咳等のワクチン予防接種にあたり、ワクチンの種類を誤り、接種を補助する看護師もこれを誤信して注射器に詰め、これを41名の体内に注射して接種した過失により、発熱、チアノーゼを生ぜしめ傷害を負わせたという事案である。

　　　判決によれば、「予防接種に当る医師は、医療専門家としての判断と責任において医療行為の一種である接種業務に従事しなければならない。その予防接種を施すに当たっては、注射の種類、品質を誤るときは人の生命、身体に不測の事態を招来する危険があるから、接種業務に従事する医師としては、単に注射液を注射するのみならず、注射液の確認、判別に過誤なきを期し、もって危険の発生を未然に防止すべき業務上の注意義務がある」という。看護師の行為に対する「信頼の原則」の適用については、「補助者たる看護婦の行為を或程度信頼して行動しなければ、円滑にして能率的な医療行為は期待できないが、この場合といえども、看護婦は医師の補助者であるに止り、医療行為につき主導的優位の立場に立つ者は医師である（ドクター優位）、その医師に対し前記の如き業務上の注意義務の要求せられるのは当然である」とする。したがって、医師が、看護師に「接種用量を尋ねたのみで、漫然注射を始めたのは、医師としての基本的注意義務を怠ったものであって、信頼の原則を適用して過失責任を否定すべき場合には当らない」とする。

　予防接種のための注射も、本来、医師の業務であり、看護師は補助者である。そこでは、医師は主導的優位的立場に立つのであって、看護師の適切な行為を信頼することは許されないというのである。本件ではしかももともと医師自らが「接種すべきワクチンの種類」を誤っているのであり、看護師も誤信して注射器に詰めた事案であって、看護師に医師の誤りを治癒させる機能を果たすことを期待できるものではないといえよう。

37　飯田Ⅱ167頁、北川・前掲201頁。
38　名古屋地判昭43・4・30下刑集10・4・412＝飯田・研究220頁。

（5） 医師のオーダリング・システムによる指示のミス

最近では、医師の薬剤投与は、コンピュータを用いて薬剤師に指示することが多い。その医師によるオーダリング・システムへの指示を、医師が単純に記載ミスをすることによる注射の過誤が生じている。

【13】高岡市民病院オーダリング・システム処方ミス事件[39] 事案は、医師がコンピュータによるオーダリング・システムで薬剤の投与を指示するにあたって、「サクシゾン100mg」と指示するつもりで、誤って「サクシン100mg」のボタンをクリックして選択し、プリントアウトしたものを、その記載内容を確認することなく助産師に交付し、薬剤師にその薬剤を準備させ、看護師に注射を指示し、情を知らない看護師がそれを患者に注射したため患者の自発呼吸を停止させてチアノーゼの症状を発生させたものであり、業務上過失傷害罪が認められた。

最近では、カルテも薬剤の処方もすべてコンピュータにより記録・保存され、病院内で情報が共有され、薬剤の処方の指示も行われるというシステムが導入されている。本件では、コンピュータの画面上、薬剤を記載した「ボタン」をクリックすることにより、当該薬剤を選択できるようになっている。このようなシステムは便利で簡単であるがゆえに、ミスを誘発しやすい。危機管理上、ミスの生じないシステム上の対策が取られるべきである。

【14】長崎医大オーダリング・システム処方ミス事件[40] 医師が、パソコンを利用したオーダリング・システムにより処方箋を作成する際に薬剤名の選択をミスした。パソコン処方オーダー画面上で薬剤の頭文字2文字を入力して、画面上に表示された適切な薬剤を選択し、薬種、薬量を確認して処方箋を作成する際、胃薬である「アルサルミン」を選択すべきところ、抗がん剤である「アルケラン」を選択して処方箋を作成し、その記載内容を十分に確認しないまま、その後、約7カ月間、計8回にわたりアルケラン合計398錠を患者に交付して、服用させ、入院加療116日間を要する薬剤性骨髄障害による汎血球減少症の傷害を負わせたのである。

判決は、医師に、パソコンを操作する際、「薬剤の種類及び数量に選別間違

39　高岡簡略平14・12・12飯田Ⅱ94頁。
40　長崎簡略平13・5・17飯田Ⅱ168頁。

いが生じないよう、薬剤一覧画面で適切な薬剤名を選択、確定する」…注意義務、およびその後も「その記載内容を十分に確認したうえで、患者に処方箋を交付すべき業務上の注意義務」を認めた。

この事案も医師が、パソコンを利用したオーダリング・システムによる薬剤名の選択を誤るという単純ミスによって処方ミスを犯した事案であるが、コンピュータのシステム上、このような単純ミスを回避する対策を講じることによって防止すべきものに属する。もとよりパソコンによるオーダリング・システムは長所をももつ。それは、指示の伝達が明瞭正確に行われ、看護師等の誤解を少なくするメリットがあることである。

(6) 注射方法の指示ミス

しかし、注射は、伝統的な方法で、医師が看護師等に口頭ないし文書指示して行わせることが多い。①医師（ないし看護師が准看護師に対する）指示を誤る場合のほか、②医師の指示の方法が不明確な場合と、③看護師が医師の指示を誤解し、指示に反する場合とがある。

(a) 医師・看護師の指示ミス

患者に誤った注射をしたため生じた事故による業務上過失致死事件は、注射する医師や看護師のミスのみな[41]らず、投薬を指示した医師の指示方法等にも問題がある場合が多い。その場合には、医師の指示ミスとそれに従って注射する看護師等の過失との「過失の競合」が問題となる。注射は、本来、医師の医行為である。看護師は、「診療の補助」として、「主治の医師又は歯科医師の指示」のもとでのみ注射を行うことができる[42]。看護師に一定の診療の補助行為を委ねることは法的に許されているが（補助的医療行為＝相対的医行為）[43]、その限度では、専門的知識と判断能力とをもった有資格者として、

41　前田和彦『医事法講義』（全訂第8版）（2008年）264頁参照。
42　保健師助産師看護師法37条は、「主治の医師又は歯科医師の指示があった場合を除くほか、診療機械を使用し、医薬品を授与し、医薬品について指示しその他医師又は歯科医師が行うのでなければ衛生上危害を生ずるおそれのある行為をしてはならない。ただし、臨時応急の手当てを…する場合は、この限りではない」と規定する。その違反には罰則が規定されている（同法44条の2）。なお、医師の指示があれば看護師が静脈内点滴注射を行いうるとして判例に、東京地判昭53・2・1判タ366・335がある。
43　これに対して、医師以外の者が行うことができない医療行為を、「絶対的医行為」という。ある行為が絶対的医行為かどうかについては、「当該行為が単純な補助的行為の範囲を超えているか否かおよび医師が常に自ら行わねばならないほどに高度に危険な行為であるか否か」を

適正に注射に関する業務を遂行する注意義務を負う。注射による医療過誤は、したがって、医師によるもの、医師が、看護師に適切な指示を与えなかったために生じたもの、看護師によるもの、看護師が医師の指示に反して誤って行うものなどの類型がありうる。

【15】筋注用オサドリン静注傷害事件[44] 　　**（事実）**医師である被告人は、准看護婦Ｔに対し患者に劇薬オサドリン注射液を注射せしめるにあたり、右注射の経験のない右Ｔに単にオサドリンを注射するよう指示したのみで注射の部位・方法を具体的に指示せず、かつ、十分な監督をしなかった不注意により、右Ｔがオサドリン注射液3ccを静脈注射して、眩暈及び胸部苦悶等の傷害を負わせた。
（判旨）「医師が看護婦に命じ、劇薬の注射をさせるに際しては自己の監督の下に具体的に注射部位・方法を指示して注射せしめ、もって注射による誤医療のないようにすべき業務上の注意義務がある」。

本判決では、准看護師という医療の補助を行うに際して医師の監督のもとに行うべき者の過失が問われているが、この過失は、医師の注射の部位・方法の「指示の具体性」の欠如を問題としたものである点に特色がある。「具体的で明確な指示」を怠るという過失は、医師が看護師の行為の「監督」を怠ったというよりも、医師自身の過失行為であるといえよう。したがって、本件は、とくに医師の監督のもとにおかれるべき「准看護師」に注射させた事例であるが、それが看護師であった場合でも同様である。

次の判例は、看護師の新人看護師に対する注射方法指示のミスに関するものである。

【16】長浜赤十字病院塩化カリウム液点滴ミス事件[45] 　　**（事実）**被告人Ｘは経験2年余りの看護師であったが、医師Ａから入院中のＭ（69歳）に対し、血中カリウム補給のため塩化カリウム20ミリリットル注射液を、点滴チューブを通じ体内に注入するよう指示され、これを、ペアを組んでいた、Ｘの指導する経験2か月の新人看護師Ｙに口頭で指示するにあたり、投与方法として、

　　判断要素であるとする（内閣参質155第14号平成15年1月28日）。これについて、川端和治「点滴および硬膜外麻酔時の看護師の過失」医事法判例百選221頁参照。
44　久留米簡略昭40・12・9飯田・研究84頁。
45　大津地判平15・9・16飯田Ⅱ132頁。

ボトル内の薬液と塩化カリウム注射液との混合希釈を意味する「混注」とのみ指示したのを、Yは、投与方法等についての理解がないまま、同注射液約9ミリリットルを希釈せず直接Mの体内に注入投与して、高カリウム血症による急性心臓機能不全に陥らせ、死亡させた。
(判旨)「同注射液を希釈せずに人体に投与すると心臓伝導障害の副作用により生命身体に危険を及ぼすおそれがあり、かつ、Yは看護婦としての経験が浅く、同注射液の投与方法を具体的かつ明確に指示すべき業務上の注意義務があったのにこれを怠り、同投与方法を指す『混注』という表現でその投与方法を指示しただけで、Yから投与方法を尋ねられても具体的に明確な指示をしなかった過失」がある。

本件では、看護師の新人看護師に対する注射液の投与方法に関する「明確な指示」がなかったという過失が問題となった。

(b) 指示内容の誤解

これには、①医師の指示内容につき、看護師等がその内容を誤解する事例類型と、看護師間の指示の事例類型につき、指示された看護師がその内容を誤解する場合とがある。さらに、②これらの類型につき、過失犯の競合ないし監督関係等の過失犯の関与者に関する理論上の類型を論じておく。

(i) 看護師の指示誤解事例

【17】塩化カリウム液点滴ミス事件[46] **(事実)** 被告人は、准看護師であったが、医師Aの指示により患者X(71歳)の静脈に塩化カリウム液約10ミリリットルを希釈しないで注入して、高カリウム血症に基づく心停止により同女を死亡させた。
(判旨)「塩化カリウム液である『K. C. L.』1アンプル約20ミリリットルを点滴するに当たり、同塩化カリウムを希釈しないで使用すると高カリウム血症による心停止の危険があった上、同医師が記載した入院注射箋には同塩化カリウム液を他の点滴液に混合して点滴すべき旨記されていたのであるから、他の点滴液と混合して希釈した同塩化カリウム液を点滴すべき業務上の注意義務がある」。

本件では、「同塩化カリウム液を他の点滴液に混合して点滴すべき旨記されていた」のを誤解して同液を「希釈しないで」注射したのであるから、准

---
46 新津簡略平15・3・12飯田II96頁。

看護師たる被告人の過失は明白である。同じく看護師等が医師の指示内容を誤解した事案として、次のものがある。

【18】ネンブタール過量投与致死事件[47]　斜視手術患者Ｔ（３歳）の手術には特別に手術前処置として120分前にネンブタール50ミリグラム…（等）のそれぞれ基礎麻酔薬を筋肉注射するよう麻酔医Ａから術前術後処置書によって指示されていたので、看護婦長Ｍは、…ネンブタールの注射経験のある看護婦Ｗにこの基礎麻酔薬注射の担当を命じ、カルテと右術前術後処置書を手渡し、その際右処置書に記載されているネンブタール50ミリグラムが何ccになるか不明であったので、この点をよく確め、かつ確めた結果を同病棟看護婦詰所処置室の黒板…に付加して記載しておくよう特に指示したにもかかわらず、右Ｗ看護婦は、手術室において同室勤務の主任看護婦Ｙから50ccのネンブタール容器を受け取った際、同人に50ミリグラムが何ccになるかが不明であったので同人に確かめるよう指示したにもかかわらず、第１病棟婦長Ｚ看護婦に尋ねて、さらに同婦長の注意で同病棟看護婦詰所の表示によりネンブタール50ミリグラムが１cc中に含まれていることを確認しておきながら、これを右Ｍ婦長の指示にある黒板への付加記載を怠り、…直前になって、第７病棟看護婦詰所で右Ｍ婦長から右注射時間の到来したことを注意されるや、たまたま同室にいた被告人Ｙに対し「11時半になったので、Ｔさんに注射して下さい。」と依頼した。この場合、Ｗ看護婦としては、…本件のネンブタールは劇薬の麻痺薬であるから、これの注射を他の看護婦に依頼すべきものではなく、仮に依頼するとしても、…特に依頼する看護婦には確実にかつ正確にネンブタール50ミリグラムが１cc中に含まれていることを伝える義務があるのに、これを全くせず、…さらに同被告人の量についての「50ミリ全部ね」という問いに対しても「うん」と答えてなんらそれ以上の説明をしなかった。被告人Ｙは…当時…第７病棟に配置換になって日が浅く、ネンブタールなる麻酔薬を注射したことが一度もなく、したがってネンブタール50ミリグラムが何cc中に含まれているかを全然知らなかったのであるから、同被告人としてはネンブタール50ミリグラムが何ccになるかを依頼者であるＷ看護婦に十分に問いただし、これを正確に確認してから注射するようにし、いやしくも麻酔薬過量投与による生命身体の危険の発生を未然に防止すべき業務上の注意義務があるにもかか

---

[47] 宮崎地日南支判昭44・5・22刑月1・5・535＝飯田・研究77頁。控訴審判決として、福岡高判宮崎支判昭44・10・23＝飯田・研究79頁。

わらず、…右安易な速断に基づき、右容器に入っていた約48ccのネンブタールを全量50cc用の注射器にすいとり、…前記Tに対し、その左腕正中静脈から右注射器をもってネンブタールを静脈注射し、約2、3分間という短時間に約15ccという多量のネンブタールを静脈内に注入したため、直ちに右Tをして呼吸麻痺を起させ、翌26日午前9時20分ごろ…、右急激かつ多量の麻酔薬投与による呼吸麻痺、これに基づく心臓停止により同人を死亡するに至らしめたものである。

Y看護婦は、ネンブタール50ミリグラムというのは、1cc中に含まれるものであることを知らず、50cc用の注射器で48ccものネンブタールを静脈に注射させ、W看護婦は、依頼する看護婦Yに確実にかつ正確にネンブタール50ミリグラムが1cc中に含まれていることを伝える義務に違反して、かつ、Y看護婦が「50ミリ全部」注射するのかどうかを尋ねているのに対しても、「うん」と答えてなんらそれ以上の説明をせずに、患者を死亡させた点に過失が認められたのであり、これらの過失の競合が見られる。

なお、判決では、被告人Yに業務上過失致死罪を認めたが、量刑においては、「W看護婦との過失競合」によるものとして、これを考慮し、禁固4月、執行猶予1年とした。

(ⅱ) 医師と准看護師の過失の競合

医師を補助するのが、看護師ではなく、准看護師だった場合はどうだろうか。准看護師は、医師の監督のもとでのみ医療業務を補助しうる。本件は、上述の宇治川病院事件に関する准看護師の過失責任が問題とされた事案である。

【19】宇治川病院（准看護師）事件[48] 准看護師Yは、産婦人科医Xの指示に基づいて塩化カルシウム液をじんましんと診断されたA（6歳）に静脈注射するにあたり、Xの指示した薬液を塩化カルシウム液と誤認し、漫然、補正用塩化カルシウムデアルコンクライトKを準備し、希釈点滴して使用されるべきコンクライトKを希釈せずに、患者の右手腕部静脈内に注射した過失により、高カリウム血症による心臓停止状態に陥らせ、その結果、低酸素脳症後遺症による両上下肢機能全廃等の傷害を負わせた。「准看護師である被告人に

---

48 京都地判平17・3・14飯田Ⅱ144頁。宇治川病院事件につき、前出【3】参照。

は、医師の指示に基づいて注射するに当たり、注射する薬液の種類を確認して薬液を準備し、その薬液の種類に応じた適切な注射方法を確認して、患者に注射すべき業務上の注意義務がある」として、業務上過失傷害罪を認めた。

なお、医師も起訴されたが、手続は分離されている。本判決は、医師の監督のもとでのみ医療補助の職務の遂行が認められる准看護師についても、その監督下の過誤につき過失責任が排除されるわけではないことを示している。

(iii) 看護師・助産師間の誤信事例

次の裁判例は、看護師と助産師の間の誤解のある事例に関するものである。

【20】薬剤誤投与流産事件[49] Xは、A総合病院で助産婦として、Yは、看護婦として勤務していたが、Xは、同病院医師Bの指示を受け、切迫流産の疑いにより入院していたC（当時30歳）に対し、使用する薬剤の容器・内容等を十分確認すべきところ、子宮収縮抑制剤ズファジランアンプルと誤信して陣痛誘発剤である薬剤プロスタルモン・FアンプルをCに投与する点滴液として準備し、Yは、Cにこれを点滴投与した。この両者の過失の競合により胎児を流産に至らしめて、子宮内出血等の傷害を負わせた。

判決では、「使用する薬剤の容器・内容等を十分確認して、薬剤の誤投与を防止すべき業務上の注意義務」を怠ったとして、業務上過失傷害罪で有罪とした。

本件事案では、助産師が、医師の指示を受けて薬剤を準備したが、指示内容を誤信し、看護師がそれを確認せずに点滴・投与したといういわば過失が縦に競合している。したがって、過失の共同正犯は問題になっていない。

(c) 看護師の準備ミスにもとづく医師の注射ミスの事例類型

医師が自ら患者に注射をするにあたって看護師にその準備をさせ、それにもとづいて医師がする際に、医師の指示内容を誤信するなどしたために生じた看護師のミスによって薬剤を間違えて準備し、医師がその確認を怠って結果が発生するという類型も多くみられる。この場合、注射は本来的に医師が責任をもつべき医行為であることから、医師も過失を一般的には免れえず、

49　八戸簡略平14・5・10飯田Ⅱ91頁。

したがって、医師と看護師の過失が競合することとなり、両者ともに過失責任を負うのが原則である。

このような事案では、監督過失ではなく、両者の過失の競合が認められる。医師は、自ら注射行為を行っているのであって、注射行為の前段階における看護師の準備行為への関与に対する監督は、すでに医師自身の実行によって背後に退くからである。過失犯には正犯があるのみと解すべきであるが、準備した看護師は過失があるとしても「幇助的」な行為を行ったに過ぎない。以下に三つの裁判例を挙げておこう。

【21】脊椎造影剤取り違え致死事件[50]　被告人Xは、勤務医であり、被告人Yは看護婦であった。Xが検査主任となり、Yがこれを補佐し、A（73歳）に対し、脊髄腔造影検査を行うため、腰椎脊髄腔へ造影剤イソビストを注射するに際し、Yは、Xの指示を受け、回診車のバット内からイソビスト注射液アンプルを取り出しXに手交しようとしたが、同バット内から止血剤トランサミンを取り出したのにこれに気付かず、その薬種・薬名の表示を正確に確認しないまま漫然アンプルをカットしてこれをXに手交した過失、被告人Xは、その薬種・薬名の表示を正確に確認しないまま漫然これを受け取って、その注射液を注射器に吸入した上、Aの腰椎脊髄腔内へ注射した過失の競合により、Aに疼痛、けいれん、呼吸困難に陥らせ、脳障害により死亡させた。

判旨は、かかる場合、看護師Yについては、注射液アンプルの薬種・薬名の表示を正確に確認した上でこれをXに手交すべき業務上の注意義務があり、また、医師Xについても、Yが手交する注射液アンプルの薬種・薬名の表示を正確に確認した上でこれを注射器に吸入し、事故の発生を未然に防止すべき業務上の注意義務があるとした。

【22】脊椎造影剤取り違え致死事件[51]　被告人たる医師は、Y県立中央病院において、A女（58歳）に対し、脊髄造影検査を実施するにあたり、造影剤を的確に選定して同人の生命身体に対する危険を未然に防止すべき業務上の注意義務があるのに、これを怠り、漫然看護婦が差し出した薬液を脊髄造影剤であるイソビストと誤信して右A女の脊髄腔に注入した過失により、尿路血管造

50　花巻簡略平2・3・30判タ770・77＝飯田・山口14頁。
51　甲府地判平6・6・3判タ1035・37＝飯田・山口16頁。

影剤であるウログラフィン10ccを同人の脊髄腔に注入し、もって、2次性ショックにより死亡するに至らしめた。

　本判決は、医師が造影検査を実施する際、注入すべき造影剤に誤りがないかを確認すべきことは当然であり、看護師の差し出したウログラフィンを造影剤であるイソビストと誤診したのは医師の過失であるとする。結局、看護師が適法行為を行うだろうと信頼することは許されないということとなる。

　次の事案は、他の看護婦はすべて准看護婦であった中で、看護婦歴15年の正看護婦が薬品ケースのラベルを確認せず、薬品を間違って取り出したのを医師が確認することなく注射したというものである。

【23】虫垂手術麻酔薬誤用注射事件[52]（腰麻トランサミン事件）

被告人Xは、内科外科放射線科の医師、被告人Yは、看護婦であって、X医師の医療行為の補助などの業務に従事していたが、Xが執刀し、Yおよび5名の看護婦が補助し、A（22歳）ならびにB女（15歳）外3名の虫垂切除手術を行うにあたり、医師の指示を受けた看護師が注射器に薬剤注入する際、薬剤を誤って注入したにもかかわらず、漫然と医師Xに手交し、医師もまた薬品名を自ら確認しなかったため、注射を受けた患者が死亡したというものである。患者AとBにつきそれぞれの行為は以下のごとくである。

(1)　Aに対し、手術直前に腰椎脊髄腔内へ麻酔薬ネオペルカミンSを注射しようとした際、①被告人Yは、被告人Xの指示を受け、同手術室の薬品ケースから麻酔薬ネオペルカミンS注射液アンプルを出し、1.7ミリリットルを注射器へ吸入して、右Xへ手交しようとしたが、かかる場合、注射液アンプルの薬種・薬名の表示を正確に確認したうえ、注射器へ吸入し、事故の発生を未然に防止すべき業務上の注意義務があるのに、これを怠り、同薬品ケース内から、静脈注射用止血剤トランサミンアンプル1本を取出したのに、その薬種・薬名の表示を確認しないまま漫然同アンプルをカットして注射器へ右静脈注射用止血剤トランサミンを約1.7ミリリットル吸入して被告人Xへ手交した。②被告人Xは、被告人Yに対し、麻酔薬ネオペルカミンS注射液1.7ミリリットルを注射器へ吸入するように指示したのであるが、かかる場合、医師として、同看護婦が吸入する薬液アンプルの薬種・薬名の表示を確認したうえ注射器へ吸入させ、事故の発生を未然に防止すべき業務上の注意義務があるのに、

---

[52]　前橋地太田支判昭51・10・22判タ678・59＝飯田・山口4頁。

これを怠り、右Yが誤って静脈注射用止血剤トランサミン約1.7ミリリットルを注射器へ吸入したのに、これを看過しその薬種薬名を確認しないまま漫然これを同女から受取り、前記Aの腰棒脊髄腔内へ注射した」。

　被告人両名の過失の競合により、Aをして虫垂切除手術後…けいれん、呼吸困難等に陥らしめ、…同人をして窒息により死亡するに至らしめた。

(2)　同日、B女に対しても同様に、①Yは、Xの指示を受け、麻酔薬ネオペルカミンS注射液1.4ミリリットルをXへ手交しようとした際、誤ってトランサミン1.4ミリリットルをXに手交し、②Xが、Yに対し、麻酔薬ネオペルカミンS注射液1.4ミリリットルを注射器へ吸入するように指示した際、…Yが誤って静脈注射用止血剤トランサミン約1.4ミリリットルを注射器へ吸入したことを看過し、それをB女の腰椎脊髄腔内へ注射したが、被告人両名の過失の競合により、B女をして、虫垂切除手術後、けいれん呼吸困難等に陥らしめ、…同人をして窒息により死亡するに至らしめた。

　本件でも、医師と看護師の「過失の競合」とされている。注射は、本来、医師の任務であるが、その準備作業である注射液を取り違えて手交した看護師の過失と、それを看過してそのまま注射した医師の過失が競合したものとみなしているのである。ここでは、ベテランの看護師の適切な行為に対する医師の信頼は許されないというのである。なお、量刑判断においては、「平素における被告人方病院における注射の取扱いに問題があ」ったことが指摘されている[53]。

53　飯田・山口4頁、7頁参照。

3．調剤・投薬による医療過誤

　調剤にあたって医師や薬剤師が医学的・薬学的知識を誤ったため、医療過誤が生じる場合がある。さらに、看護師や医療事務に携わる無資格者に薬剤に関する知識が欠けているため調剤を誤りあるいは投薬を誤る場合がある。その他、注射による投薬ではない薬剤の調合ミスについても、ここで取り扱う。

1．医師による調剤ミスの事例

　次の裁判例は、研修中の医師が、脊髄造影検査に禁忌とされるウログラフィンを含む注射液を用い、患者を死亡させた事案に関するものである。

　【24】脊椎造影剤誤用致死事件[54]　　（事実）被告人は、整形外科医であったが、かねて腰痛と足の痛みを訴えていたＡ（71歳）の診察を行うにあたり、脊髄造影検査が必要との判断を下してこれを実施したが、本来脊髄造影検査には禁忌とされているウログラフィン60パーセント注射液10ミリリットルを右検査に使用しうるものと誤信し、これを注入して、Ａを脳・神経障害により死亡させた。同日、同じく、腰痛を訴えていたＢ女（55歳）にも同じ注射をし、同じく死亡させた。
　（第1審判旨）「医師としては危険の伴う右検査の実施に際し、患者の脊髄腔内に注入する造影剤が安全であるかどうかを確認し、その使用による死亡事故を未然に防止すべき業務上の注意義務がある」（禁固1年）。
　（第2審判旨）「未だ研修中であって、医療知識、技術が未熟で、実際に診療経験にも乏しい被告人を、整形外科医として診察に従事させるに当たり、その指揮監督上の配慮が必ずしも万全でなかったことが、本件医療事故発生の一因となったことを否み難く、したがって、本件結果の全てを被告人のみの責めに帰

---

[54]　鹿児島地判平1・10・6判タ770・75＝飯田・山口9頁、福岡高宮崎支判平2・9・13判タ770・76＝飯田・山口12頁。

することができないこと…などの被告人に有利な状況をも参酌すると、…執行猶予を付さなかった点において重きに過ぎる」(執行猶予3年)。

本件医師は、研修医であるが、本来脊髄造影検査には禁忌とされているウログラフィンを使用しているのであり、基本的な知識につきすでに瑕疵がある。しかし、上記のように第2審では、被告人である研修医に診察させるには十分に「指揮監督」をしないで行わせた点にも「事故発生の一因」があったとして、被告人にすべての責任を負わせるのは妥当でないとし、執行猶予を付した。

【25】塩酸ドパミン過量投与事件[55]　この事案は、医師が看護師・薬剤師から塩酸ドパミンの使用量が多すぎるのではないかとの再三の指摘があったにもかかわらず、15時間にわたって、通常の約9倍もの大量の点滴を継続して患者を死亡させたものである[56]。

　　被告人は、ある病院の整形外科医であったが、A女（85歳）の左膝関節全置換手術の後、同女の心機能低下防止のため急性循環不全改善剤である塩酸ドパミンを含有する点滴剤「ブレドパ注200」の点滴を継続するにあたり、ブレドパ注200の説明書によれば、体重50キログラムの患者に対する点滴量は1時間当たり9ないし60ミリリットルと記載されていたにもかかわらず、同病院の看護婦Aらにブレドパ注200を1時間当たり540ミリリットル点滴するよう指示し、それを15時間もの間、患者Aに点滴させ、過剰点滴により患者Aを死亡させた。被告人は、禁固1年、執行猶予3年に処せられた。

この事案でも、自ら誤った調剤を指示し、その点検もしなかった医師の過失の重大性は明らかである。医師には、点滴の経過について監視・点検する義務がある。しかも看護師から再三の指摘があったのであるから、その点について注意することはできたはずであり、医師には、少なくとも点滴について点検する義務が課せられているということができよう。

55　新潟地判平15・3・28飯田Ⅱ129頁。
56　飯田Ⅱ129頁参照。

2．薬剤師による調剤ミスの事例

　薬剤師は、「医師、歯科医師又は獣医師の処方せんによらなければ、販売又は授与の目的で調剤してはならない」(薬剤師法23条1項)。他方、薬剤師は、医師の処方に従う限り、その業務の範囲内では独立して業務遂行を行う権限を有する。したがって、医師の処方指示に誤りがなく、それが調剤ミスを誘発しない限り、薬剤師の側での誤解等による調剤ミスについては、もっぱら薬剤師の責任であり、医師には監督責任は認められない[57]。ただし、薬剤師には医師の作成した処方せんの記載が不明確である場合には、医師に再確認する義務があり、勝手に判断してはならない[58]。

　以下に掲げるのは、薬剤師のいわば単純ミスの事案であるが、注射に関するものではないので、薬剤師の調剤ミスとして採り上げておく。まず、薬剤師が医師の処方せんを読み誤った事例がある。

> **【26】ゴンダフォン事件**[59]　本件では、病院薬剤部の薬剤師が、来院した患者に、医師の記載した処方せんにアルファベットで関節炎治療薬である「softam 42錠」と記載されていたのをとっさに糖尿病治療薬である「gondafon」と読み誤り、そのままゴンダフォン42錠を調剤した上、患者に交付して、低血糖性びまん性脳症に罹患させ、傷害を負わせた。薬剤師には、「医薬品はその性質上用法を誤れば人の生命、身体に重大な危険を及ぼすものであるから、調剤に当たっては、右処方せんの記載内容を十分確認して調剤し、医師の記載した医薬品以外の医薬品を絶対に患者に交付することのないようにしなければならない業務上の注意義務がある」とされた。

　本件で問題となったのは、薬剤師が医師の処方箋を読み間違えるという単純ミスであり、調剤の際の確認義務に違反することに疑いの余地はない。次に、同じく医師の診療録による処方指示を薬剤師が誤解した事案がある。

57　北川・前掲『新版医療事故の刑事判例』202頁参照。
58　「薬剤師は、処方せん中に疑わしい点があるときは、その処方せんを交付した医師、歯科医師又は獣医師に問い合わせて、その疑わしい点を確かめた後でなければ、これによつて調剤してはならない」(薬剤師法24条)。なお、飯田・山口23頁参照。
59　福岡地判昭52・3・31飯田・山口23頁。

【27】調剤過誤致死事件[60]　本件は、医師が、患者に合成副腎皮質ホルモン製剤プレドニンなどの処方指示を受け、診療録に記載された、同剤の患者に対する1日の投与量を見て、その投与量が同じである経口血糖降下剤のダオニールを調剤交付したところ、低血糖性脳障害の傷害を負わせ、それに起因する急性肺炎によって死亡させたというものである。薬剤師が医師の指示を十分確認せず、誤調したものである。処方を指示した医師には過失はない。

医師の処方自体に問題がないにもかかわらず、薬剤師がそれを十分確認ないし再確認せずに調剤した場合、薬剤師の過失責任が問われ、医師は、薬剤師の過失に対する監督責任は負わない。ただし、本件とは異なり、医師の指示が不明確であるなどの不備があった場合、それにもにもかかわらず、薬剤師の責任の独立性から医師の責任が中断されるかという問題もありうる。

【28】ウブレチド錠誤投薬事件[61]　（事実）被告人は、有限会社Cが開設・運営する「B」の管理者たる薬剤師として、同薬局に勤務する薬剤師その他の従業者を監督し、同薬局の構造設備及び医薬品その他の物品を管理するとともに、同薬局において販売又は授与の目的で調剤を行う業務に従事していたが、同薬局において、医師がE（当時75歳）に処方したマグミット錠250mgの調剤を行うに当たり、マグミット錠を自動錠剤包装機を使用して分包しようとして、同自動錠剤包装機からそのタブレットケース25番に収納されていたウブレチド錠5mg138錠が排出されたことに気づかないまま、Eが通院していた医療機関の職員を介してマグミット錠250mgと誤ってウブレチド錠5mgをEに交付した。さらに、その後、同誤投薬の事実に気付いたのに、責任追及を恐れ、Eに誤投薬の事実を通報せず、同医薬品の服用中止を指示しなかった。これにより、Eにウブレチド錠5mgを継続的に服用させ、ウブレチド（臭化ジスチグミン）中毒症状であるコリン作動性クリーゼを発症させ、Eをコリン作動性クリーゼにより死亡させた。

（判旨）①「同自動錠剤包装機を使用してマグミット錠250mgを分包しようとすることは避けるべきはもとより、あえて同自動錠剤包装機を使用して同医薬品を分包しようとする場合には、同自動錠剤包装機から排出された医薬品の種類及び分量が処方せんの記載と一致していることを慎重に確認すべき」過失

60　沖縄簡略平7・1・5飯田・山口40頁。
61　さいたま地判平24・6・15LEX/DB。

と、さらに、②「マグミット錠250mgと誤ってウブレチド錠 5 mgを患者に投薬したことに気付いた場合は、直ちに誤ってウブレチド錠 5 mgが投薬された患者の有無を調査した上、直ちに患者に誤投薬の事実を通報して同医薬品の服用中止を指示し、患者が既に同医薬品を服用していた場合は、医師に受診するよう指導し、患者が医師に受診した場合は、速やかに誤投薬の事実を当該医師に情報提供することにより、患者が適切な医療措置を受けられるようにすべき業務上の注意義務がある」にもかかわらず、ウブレチド上 5 mgを患者に交付し、使用中止の指示ないし誤投薬の事実を意思に情報提供しなかった過失という「過失の競合」があった。

本件においては、薬剤師には、誤った医薬品（ウブレチド錠 5 mg）を交付するという「作為」による過失と、交付後に、使用中止の指示をせず、患者に医師への受診を指導せず、医師への情報提供をしなかったという「不作為」の「過失の競合」を認めている。

3．看護師による投薬ミス

保健師助産師看護師法には、保健師、助産師、看護師につき、それらの「業」の制限規定がある（29条－32条）。37条には、医療行為の制限規定があり、「保健師、助産師、看護師又は准看護師は、主治の医師又は歯科医師の指示があった場合を除いては、診療機械を利用し、医薬品を授与し医薬品について指示をしその他医師又は歯科医師が行うのでなければ衛生上危害を生ずる恐れのある行為をしてはならない」と規定する。この違反には、罰則が付されている（同法44条の 3 ）。したがって、看護師には、医師の指示なしに「医薬品を授与」する行為が禁止されているのであるが、指示があれば許される。問題は、その指示が看護師等に誤解され、事故が生じた場合の医師の責任である。

次の事案は、看護婦長が、その指導監督する経験の乏しい看護師に、その薬剤の危険性について申し送ることなく、患者に交付させたため、それを経口摂取した患者が死亡した事案である。

第5章　医療過誤の諸類型と刑事過失

【29】アジ化ナトリウム誤投与事件[62]　被告人Xは、ある病院の看護婦長として部下である看護職員の指導監督の業務に従事していた。被告人Yは、同病棟看護師として入院患者の看護等の業務に従事していた。急性心筋梗塞の治療のためAが入院していたが、毒物であるアジ化ナトリウムを取り扱うにあたり、準夜勤務のYに看護業務を引き継ぐにあたり、Yは入院患者の看護経験が乏しかったのであるから、アジ化ナトリウムの危険性および使用方法を具体的に申し送るなどして的確に看護業務を引き継ぐべき業務上の注意義務があったのに、これを怠り、漫然、Yに対し看護助手Sを介して薬包紙に含まれたアジ化ナトリウム1.7グラムを交付し、被告人Yにおいては、それを受領した際、Aの診療記録ないしカーデックスを点検するなどして、同人に処方された薬剤の有無・種類・内容・投与方法等を確認すべき業務上の注意義務があるのにこれを怠り、これを経口薬であると誤信し、Aに交付し、これを経口摂取させ、急性中毒死心機能障害により死亡させた。簡裁は、被告人両名の過失の競合を認め、業務上過失致死罪を肯定した。

本判決は、看護婦長Xの「的確に看護業務を引き継ぐべき業務上の注意義務」と看護師Yの「処方された薬剤の…投与方法を確認すべき業務上の注意義務」を認め、本件は、それらの過失の競合として生じたものとした。看護婦長には看護師に対する監督責任があるとしたわけではない。

【30】東海大学病院栄養チューブ取り違え投薬事件[63]　看護師が、点滴ルートのチューブと栄養ルートのチューブを間違えて接続したため、患者に傷害を負わせ、死亡させたのが本件である。

　　(事実)看護師が、胃食道逆流症等で入院中の幼児（1歳6月）に対して経鼻挿入されていた経腸栄養ルートのチューブに接続された三方活栓から内服薬を投与する際、過失により、右上肢静脈への点滴ルートチューブを経腸栄養ルートチューブと間違えて、点滴ルートに接続された三方活栓から内服薬を同児の静脈内に注入したため、播種性血管内凝固症候群の傷害を負わせて、その傷害にもとづく多臓器不全により死亡させた。

62　京都簡略平14・12・25飯田Ⅱ171頁。北川「与薬・調剤と過失」中山・甲斐（編著）『新版医療事故の刑事判例』216頁参照。
63　横浜簡略平15・3・31飯田Ⅱ175頁。

判決では、看護師に確実に経腸栄養ルートのチューブであることを確認した上で「上記内服薬を投与すべき業務上の注意義務」が認められた。

4．見習看護師・事務員等の無資格者による調剤・投薬ミスに対する医師の責任

見習看護師や事務職員など看護師（准看護師）の資格を有しない者を補助として使った場合、医師は、薬剤の準備・調剤・交付をさせるにつき十分な指示をし、また監督をしなければならない。

すでに昭和13年の大審院の判例[64]で、医師の調剤上の監督義務が認められている。十二指腸駆除剤を投薬するに際し、医師が、産婆に調剤させ、「ネマトール球1コ」と記載した処方せんを横書きで「12コ」と記載してあると誤読して薬袋に入れたのを、医師が中身を確かめず交付したため、服用した患者が死亡したという事案につき、医師に「指揮監督」すべき義務を認めたのであり、無資格者に調剤・投薬を補助させる場合には、医師は当然、監督責任を負うという原則は古くから確立しているといってよい。

【31】見習看護婦プロカイン調剤過誤事件[65]　この判決においては、見習看護師に対する医師の監督責任を根拠づけている。

(判旨)「医師が無資格者たる見習看護婦を医療補助者として使用する場合は、平素から医薬品の管理を厳にし、また、麻酔薬等の調剤については直接指示してこれをさせ、擅に調剤しないように監督すべき義務があり、もし見習看護婦が擅に調剤することを黙認した場合はこれが施用の事前においてその結果の適否を確認すべき業務上の注意義務があるのに、被告人はこれを怠り、見習看護婦Kが擅に麻酔薬等の調剤をするのを黙認しておきながらこれが結果の適否の確認をすることなく、同人の麻酔薬の調剤に間違いのあったことに気付かず正常なものと軽信し、患者にこれを施用した点に本件業務上の過失があった」。

本判決では、医師が無資格者である見習看護師に麻酔剤等の調剤をすることを黙認したにもかかわらず、その結果の適否を確認する義務を怠った点に

64　大判昭13・10・14刑集17・759。
65　東京高判昭41・3・25判タ191・198。

過失が認められた。

次の判例は、医療実務の資格のない「事務職員」が医薬品の注文・受領の事務に携わっていたとき、医師は、その受領内容につき、誤りがないと信頼できないとするものである。

【32】フッ化ナトリウム等混合粉末誤調合事件[66]　本件では、医院で医薬品類の注文、受領等の事務に従事する女子事務員が、ブドウ糖と誤って届けられたフッ化ナトリウム等の混合粉末を水に溶解して患者に飲用させ、これを死亡させた事案に関して、事務職員Ｂと医師Ａが業務上過失致死罪に問われた。

> **(事実)** 医師Ａは、①注文を聞き違えた配達員Ｇが、ブドウ糖でなくフッ化ナトリウムの混合粉末約5.5グラムを届けたのを受領した際、その分量が、従前自己が使用していたブドウ糖よりも著しく少なかったのに、注文したブドウ糖と同一のものかどうか右Ｇに反問するなどしてその確認をせず、ブドウ糖が配達されたものと軽信してこれを受領したことにより、さらに、②Ｈ（36歳）の糖負荷検査のためブドウ糖溶液を飲用させるにあたり、自らその溶液の調合をせず、また被告人Ｂが調合した際も直接その指揮をせず、調合後にその溶液の確認もしなかったことにより、被告人Ｂが、ブドウ糖と軽信して受領、保管しておいた混合末粉を50ccの水に溶解して、Ｈに飲用させて同人をフッ化ナトリウム中毒に陥らせ、よって急性中毒による呼吸および循環麻痺により死亡させた。
>
> **(判旨)**「看護婦、薬剤師の資格がなく医薬品等に関する基礎的知識の不十分な者にその注文、受領、調合を任せきりにすると、常に誤投与の危険があるのであるから、たとえ長年任せてやってきたとの事情があったとしても、医師としてはその者の行為を信頼することは許されず、判示のとおり、自ら調合するか、あるいは被告人Ｂが調合するときは自己の直接の指揮下で調合させるか事後に調合液の点検をするかの義務があるといわなければならない」。

本判決については、形式的な無資格であることにより、信頼の原則が排除されるのか[67]、実質的に、被告人Ｂは「ブドウ糖」という名を知らされてお

66　函館地判昭53・12・26判時925・136＝飯田・山口25頁。大嶋一泰「フッ化ナトリウム致死量誤飲事件」医療過誤判例百選（第2版）62頁参照。

67　大嶋・前掲医療過誤判例百選（第2版）63頁。

らず、したがって、注文時にも正式な名称を言うことができなかったのであり、また同被告人が受領時に量の少なさを看過したのも、医薬品の一般的危険性に対する認識不足がその遠因であったということから、「実質的な信頼関係の基礎が成り立っていなかった」[68] のであり、それゆえに信頼の原則の適用が排除されるのかについては、見解が分かれている。

【33】イソニアジド誤調剤事件[69]　本件では、医師は、事務職員に調剤させ、事務職員が薬剤を誤認して調剤し、看護師が患者に服用させている。

医師が、薬剤師の資格のない事務員に指示して調剤させたが、事務員が、抗結核剤イソニアジド粉末をブドウ糖であると誤認して調剤し、看護婦がこれを溶解して患者に服用させ、患者が中毒死したという事案である。簡裁は、医師には「自らブドウ糖を調剤投与するか、資格のない事務員をして行わせる場合は、直接監督しながら調剤させ、かつ、医薬品がブドウ糖に相違ないことを十分確認したうえ投与させ」る業務上の注意義務があったとした。

次の事案も、同様に医師が事務職員に調剤させながら適切な指示・監督を怠っている。

【34】薬剤取り違え致死事件[70]　本件では、内科医院の医師が、医療事務員らに、高尿酸血症治療剤であるアリスメット錠を喘息患者の妻に交付するよう指示すべきところ、誤って、喘息患者には禁忌とされているアスターワール錠を交付させて、呼吸不全により患者を死亡させた。

医師としては、自ら薬剤の種類及び数量を確認して交付するか、同医院で雇用する事務員をして交付させる場合には、あらかじめ保管場所から取り出し手順、その袋詰め作業の方法等につき、個別に指示・監督をなしておく業務上の注意義務があるとされた。

68　北川・前掲『新版医療事故の刑事判例』273頁。
69　八戸簡略昭54・3・22飯田・山口30頁。
70　新潟簡略平6・5・30判タ1035・38＝飯田・山口39頁。

4．麻酔による医療過誤

1．麻酔事故の特徴

　麻酔は、患者の手術に伴う身体的苦痛を除去し、精神的苦痛や恐怖を除去するためのものである。麻酔医は、手術中、患者の全身管理を担当することが多い。麻酔には、全身麻酔と局所麻酔がある。全身麻酔は、中枢神経系全体を麻酔する。局所麻酔とは、末梢神経または脊髄神経に局所麻酔剤を与えて、局所的に神経を麻酔するものである。

　麻酔による医療事故は多い。麻酔事故に関する医療過誤訴訟の特徴として、次の点が挙げられている[71]。
(1)　麻酔は危険性が高い医療行為であるが、それが認識されていない。
(2)　麻酔科の専門医が少ない。麻酔専門医になるには、5年以上の臨床経験と試験に合格しなければならず、麻酔標榜医になるには、10年以上の臨床経験と試験に合格することが必要である。麻酔医が不足しているので、上記のような麻酔医以外が麻酔を実施することが多く、そのような場合に事故が多発している。
(3)　事故発生時に患者の不満が多く、訴訟に発展しやすい。
　麻酔事故の発生原因については、次の事項が挙げられている。
(1)　麻酔担当医の経験・能力の不足
(2)　麻酔担当医個人の性格・気質の問題（性急さ、不注意、他人への依存性過多）
(3)　麻酔医を取り巻く環境の問題（監督不十分、困難事例の強制、過労、医療チーム内部の連携不足など）
　さらに、麻酔事故に関する刑事裁判例における過失がどこに認められるかについては、麻酔薬の取違え、麻酔器具の誤接続などの初歩的ミスが半数、

71　熊本典道『麻酔事故の法律問題』（1992年）11頁以下、大塚裕史「麻酔と過失」中山・甲斐（編著）『新版医療事故の刑事判例』88頁以下参照。

残りの半数が、麻酔に際してのショック・副作用に対する対応のミスであるとされている[72]。ここでは、①麻酔せずに切開手術をする事例類型、②麻酔剤の取違えと調剤過誤の事例類型、③麻酔器の取扱いミスの類型、④麻酔の際の患者の身体管理に関するミスの類型に分類する。

2．無麻酔手術

次の判決は、乳児のヘルニア切開手術を麻酔なしで行ったが、乳児の場合、泣き叫ぶと腹圧が増し、腸管が外部に脱出することを予測すべきであり、手術の前に予め麻酔を施しておくべきであったとして、麻酔を施さないまま切開するのは、注意義務に反するというものである。

【35】ノブロン注射事件[73]　本判決は、生後62日の乳児Sの臍ヘルニア切開手術に際し開業医の執るべき業務上の注意義務について判示したものである。

　　(事実) 被告人は、Sの臍ヘルニア切開手術を施行するにあたり、手術の方法として麻酔を施さないまま、臍ヘルニアの患部の下部の表皮を切開し、腹部の腸を押し込み、切開した個所の粘膜を縫合する方法をとることにした。幹部の下部の表皮を約1センチメートル位切開したところ、その際、メスが腹膜に当たって腹膜が破れ、これによる患者の苦悶啼泣による腹圧のため、右損傷部から腸管が外部に脱出し、脱出した右腸管を腹腔内になかなか還納できない事態を惹起し、そのためあわてて右腹圧を除去しようとして、吸入麻酔トライレンを施したが、効果が現れないので、注射麻酔の方法を施行することにし、看護婦Bをして、鎮痛、催眠、鎮静剤ノブロンB注射液1管の3分の1宛を30分ないし40分の間隔を置いて2回にわたって皮下もしくは筋肉注射させ、その結果ようやく腹圧を除去し、腸管を腹腔内に還納し、縫合を終了し、手術を終了したが、Sは、その後、呼吸困難となり、昏睡状態に陥り、死亡した。

　　(判旨)「本件Sのような生後62日の乳児の臍ヘルニアの切開手術の際には、メスによる腹膜等の損傷等の場合、患者の啼泣等による腹圧に基づく腸管の脱出は、本件当時一般の医師（開業医）としては当然予想すべきことであり、そ

72　大塚・前掲『新版医療事故の刑事判例』90頁参照。
73　広島高判昭45・5・26判タ255・272。

の処置を誤るときは患者の生命身体に不測の障害を生ぜしめる危険があるから、このような事態になることを防ぐため、麻酔技術の発達した現今の医学上の常識に従い、あらかじめ適当にして、かつ、適量な吸入麻酔による全身麻酔を施して腹圧を除去した状態において、切開手術を行うべき業務上の注意義務があったものといわなければならない」。

　本件では、麻酔をせずに切開手術をしたこと自体が注意義務に反するとされている。患者は、乳児であり、切開の際、苦痛啼泣によって腹圧がかかり、損傷部から腸管が外部に脱出し、脱出した腸管を腹腔内に還納できない事態が生じることは一般に予測でき、予め全身麻酔をすることによってそのような事態の発生を予防しておくことは「医学上の常識」だとするのである。

3．麻酔剤の取違えと調剤過誤

　まず、医師自身が、麻酔剤を誤って注射して患者を死亡させた事案を見ておこう。

【36】局所麻酔薬取り違え致死事件[74]　被告人は、耳鼻咽喉科・小児科医院を開業していた医師であるが、A（32歳）に対して肥厚性鼻炎の手術を施すにあたり、同人の鼻腔内に局所麻酔薬として塩酸プロカイン溶液を注射しようとした際、毒性の強い塩酸ジブカイン溶液を塩酸プロカインであると誤信し、これを患部付近に注射し、右溶液を同所付近の血管内に混入させてけいれんを発生させた上、抗けいれん薬を投与してけいれんを抑制する等の適切な措置を講じなかった過失により、同人を局部麻酔中毒により死亡させた。
　局所麻酔中毒であったかどうか、ジアセパム等の抗けいれん薬を静脈注射することが不可能であり期待可能性がないかどうかが争われたが、判決は、「医師としては、使用する麻酔薬の種類等に間違いのないことを確認し、間違った麻酔薬の使用による局所麻酔中毒の発生を未然に防止することはもちろん、局所麻酔中毒による痙攣が発生した場合には、直ちにジアゼパム等の抗けいれん薬を静脈注射してけいれんを抑制する等の適切な措置を講じなければならない業務上の注意義務がある」のに、これを怠ったものとした。

74　静岡地沼津支判平5・11・25判タ1035・41＝飯田・山口51頁。

本件では、医師が麻酔剤の注射にあたり薬剤を間違っているが、それによってけいれんが発生した後にもそれを抑制する静脈注射をする等の適切な措置を講じる義務が認められている。

【37】見習看護婦プロカイン調剤過誤事件[75]　本件は、医師が見習看護師の調剤・補てんした麻酔薬を十分に確認することなく、患者に注射したため、患者に傷害を負わせた事案につき、医師の確認義務を認めたものである。

(事実) 被告人たる医師Ａは、来診患者Ｘに対し麻酔薬を施用することとなったが、見習看護婦Ｋが、調剤、補充した以後右壜中の溶液が補充、増量されていることを確めず、従ってその調剤の結果の適否をも確認することなく、Ｄがこれを2cc入り注射器に入れて持って来たのを受け取り、同人に対し単に口頭で薬は間違いないか否かを質しただけで、たやすくＫが右のように調剤、補充した以前の正常な麻酔薬であると軽信し、患者にこれを施用し、同人に傷害を負わせた。

(判旨)「凡そ医師たる被告人は先ずもって医薬品の管理を厳にし、見習看護婦が単独で麻酔薬等の調剤をしないように監督すべきであるほか、本件の場合は見習看護婦が単独で麻酔薬の調剤をするのを黙認していたのであるから(…)、見習看護婦が麻酔薬を新たに調剤、補充しているか否かに絶えず注意を払い、新たに調剤、補充されていることを知った際は直ちにその調剤が適正であるかどうかを確かめるは勿論、これが施用に当っては常にその結果の適否を確認すべき業務上の注意義務のあることはいうを俟たず、見習看護婦が新たに調剤したかどうかは前記麻酔薬の壜内の溶液の量を検することによって容易に判明することであり、また、調剤の結果の適否も味覚ないし簡単な化学反応検査によってこれまた容易に判別し得ることであって、格別困難ないし不可能なことを強いるものではない。そして、被告人には、かかる確認義務を怠り、見習看護婦Ｋが新たに調剤、補充していることを確めず、かつ、同人の取り違えて調剤した本件不適正な溶液の適否の確認をしないでたやすく正常な麻酔薬と軽信した過失があり、被告人がこれを患者に注射し傷害の結果を生じさせたことについて本件業務上過失傷害の刑事責任を負うべきことは当然であって、原判決の趣旨もここにあることが認められる」。

75　東京高判昭41・3・25判タ191・198。金沢文雄「見習看護婦プロカイン調剤過誤事件」医療過誤判例百選 (1989) 48頁以下。

本判決は、見習看護師に単独で麻酔薬を調剤させることは許されず、たとえ事実上黙認していたとしても、調剤が適正であるかどうかを確認する義務があるというのである。それに対して、看護師の場合については、前掲【23】の前橋地太田支判昭51・10・22判タ678・59が示している。

【38】オイナール動脈誤注射事件[76]　（事実）被告人は、Ｓ総合病院産婦人科勤務の看護婦であって、同病院産婦人科医長Ｎから、患者Ｋに対する姙娠中絶、輸卵管結紮の手術および盲腸手術のため、同人の右肘部に静脈注射用全身麻酔薬オイナール注射液5ccの静脈注射を行うよう命じられた際、Ｎ並びに医師Ｙからは、右の注射につき、格別の指示、注意などは与えられなかった。しかし、一般に麻酔薬は動脈に注射してはならないというのが、医学上の常識であり、したがって、その取扱いは、慎重を要するものとされていた。被告人は、右のＮ医師の命にもとづき、同医師がその場から席を外した後、Ｙ医師が傍にいるところで、Ｋの右腕をく血帯で緊縛し、注射しようとする部分の皮膚をアルコールで消毒して、オイナール注射液を注入すべき静脈の発見に努めたけれども、Ｋが肥満していたため静脈の発見が困難を極め、さらに手掌背部等を探しても静脈を発見することができず、そのため思案にくれて自信がない旨を口から洩らしたのであったが、傍にいたＹ医師が「大丈夫でないか」などと言うので、改めて具体的な指示を求めるなどのことはしないで、またもとの右肘部について静脈を探し求めた末、自らが静脈と判断した血管に注射針を刺入して、同血管にオイナール薬液を注入した。…Ｋは、右のオイナール注射後、ラボナール注射前、麻酔が効いていないのに、右手指を曲げたままでいて、被告人から同手指を延ばすよう求められても、痛くて延ばせない旨申し立てて、右手の疼痛を訴え、かつ、間もなく、その右手が指の先端から次第に変色しはじめ、…その後、右手の肘部から指先までの組織が壊死して、右手の肘関節部からの離断手術を受けるにいたった。右の壊死は、血行障碍によるものであるが、それは、単なる局所的なものではなく、右手肘部からの指先までに亘る広汎なものであった。結局、被告人がオイナール注射をしたのは、Ｋの右正中肘動脈であった。壊死は、オイナール注射に基因する右正中肘動脈の攣縮にもとづく血行障碍によるものであった。

（判旨）「この種の患者にオイナール薬液の静脈注射をなすに当たっては、医師としては、自ら注射の任にあたるか、または、その指示による看護婦をして注

76　仙台高判昭37・4・10判時340・32、最決昭38・6・20判時340・32。

射にあたらせる場合でも、自らその場に立ち会い、随時適切にして詳細な指示を看護婦に与えるとともに、その注射施行の状況は、これに対する患者の兆候等に絶えず留意しながら該注射を誤りなく完遂せしめるべきものであり、また、医師の指示によりオイナール注射を行う医師の医療業務の補助者たる看護婦も、患者の注射を行うべき静脈の発見が困難な場合には、医師はその旨を報告して、医師に替って注射をしてもらうか、または、医師に具体的な指示を求めて、他の個所の静脈に注射を施すなどの適当な措置を執るか、あるいは、医師の指示にもとづいて静脈を誤りなく確認した上で注射を行うかなどして万全の措置を講じ、オイナール薬液の動脈注射によって起こり得る危害の発生を未然に防止するよう周到な注意をなすべき業務上の義務がある…」。

「右医師らに医師としての過失が存する一方、看護婦として医師の指示により注射を行う等の業務に事実上従事していた被告人にもまた、右の点において過失の存したことが極めて明白である」

本判決でも、医師の過失と並んで看護師の過失をも認定している。しかし、本判決では、医師が自ら注射しているわけではないので、看護師の注射に対する監督義務が問われている。Y医師は、看護師の注射に立ち会っており、静脈の発見に手間取っているにもかかわらず、適切な指示を与えず、自ら代わって注射することもしていない点に、監督過失が認められる。

次の判例では、2名の医師が、当該患者に対して、「共同主治医」の関係にあるとし、一方が他方の「補助者」にすぎないという主張を退けた。これによって、過失共同正犯が認められるのかという点については、判例はあくまで「過失の競合」であるとする。

【39】クロロホルム誤注射事件[77]　　（事実）被告人A及びBは、外科医であったが、X女（27歳）の右肩肘関節の脱臼を共同して診察治療しながら、Aの提案によりX女に全身麻酔を施すことになり、看護婦Cにオーロパンソーダの注射を命じたところ、Cがクロロホルムを静脈内に注射したため、中毒症状を呈し、心臓衰弱によって死亡させた。原審宇部簡裁は、AおよびBに業務上過失致死罪の共同正犯を認めた。これに対し、被告人Aは、Xの主治医ではなく、Bの補助者に過ぎず、Xの死因となった静脈注射を行ったわけでも

---

[77] 広島高判昭32・7・20裁特4・追録696。内田文昭「看護婦静脈注射過誤と共同担当医の責任」医事判例百選18頁（＝最決昭33・3・6公刊物未登録）。

なく、オーロパンソーダを指示したこと自体は正当だったのであるから、過失はないと主張し、控訴した。

(判旨) まず、Aは、Xの主治医ではなく、「補助者」であったという主張に対しては、「被告人の地位名目がその何れにあったとするも、其の当時における実情は、被告人及びBは、右Xの診察治療については、その責任に軽重のつけ難い共同担当医（或は共同主治医）であったことが認められる」とする。次に、被告人の注射指示の正当性についてはこれを認める。さらに、被告人とBとが共同担当医であったことから、被告人は、看護婦の「一挙手一投足もたやすく見極め得る場所に居た」のであるから、「患者の衛生上危害を生ずる虞のある静脈注射、殊に全身麻酔の如き…危険を伴う行為に於ては、…医師は其の処方（…）に過ちなくば、之を示したのみで足り爾後の看護婦の行為については何等の責任はないと為すことは、右の如き事柄の重要性に鑑み到底首肯し難い論であって、AはXに対する共同担当医としてBと共にその責任を以て自己に於て現実に注射を行う場合と同様の注意を以て患者の体内に注射する直接の行為は勿論のこと、その以前に於ける…準備行為と云うべき…注射液の正確なる確認…分量等苟も注射に関係することについては細大もらさず厳重なる検査を為し以て注射の過誤なきを期すべき業務上の注意義務を有したもの」とする。けだし、「或る患者に対する診療行為が二人以上の医師により共同して行われその医師間の責任の軽重がつけ難いような場合、然もその診察過程に於て、医師の過失の存した場合は、その内の或医師につきその過失につき全然関係のないことが特に責任を分担しその帰責を明かにして行われたのでない限り、右過失についての責任は共同診察に当る医師全員に存するものと解するを相当とする」。ただし、これは、「過失行為の競合」であって、「共犯」ではないから、刑法60条を適用したのは法令の適用を誤ったものとする。しかし、判決に影響を及ぼすべき法令の適用の誤りとはいえないから、原判決を破棄する理由とはならない。

　本判決は、一人の患者につき、その責任に軽重のつけ難い共同担当医（或は共同主治医）」として、共同担当する医師の看護師の注射に対する「過失の競合」を肯定したものである。対等な担当医間の過失の「競合」が問われた点で特徴のある判例である。本判決は、原審が過失共同正犯を肯定したのに対し、過失犯には、刑法60条の適用がないとの根拠から、共同正犯性を否定する。60条の適用がなくとも、過失犯の単独正犯ないし同時犯を肯定できる

とするのである。たしかに、本件においては、両医師の過失は、単独でも生じるものであり、相互に相手方の行為をチェックするといった関係にあるのでもないから、過失共同正犯にする必要性は必ずしも認められない。また、本件においては、被告人の、看護婦に対する注射の指示自体には過失がなかったとされている。ということは、看護婦の誤った注射を「たやすく見極め得る場所」にいた被告人が監督しなかった不作為が過失の内容とされていることになる。ただし、このことは、判決からは全くうかがわれない[78]。共同担当医であったBにつき、作為可能性（回避可能性）があったのかどうかは、Bの本件当時の位置が不明であって、分からないが、共同正犯性を明らかにするには、Bの本件当時の「行為」（不作為）を明らかにする必要があろう。

4．麻酔器の取扱いミス

麻酔を行うには、笑気ガス吸入のための麻酔器が用いられることがあり、その操作を誤ったことにより事故が発生することがある。麻酔医による麻酔に先だって看護師がその準備をするが、麻酔器の操作ミスを前提として、その器械を使用した麻酔医が安全確認義務を怠って事故の発生に至るというのが典型的な事象経過である。

【40】西宮市立中央病院事件[79]　　（事実）被告人は西宮市立中央病院の外科医師であったが、同院外科部長Tの執刀のもとに、入院患者（51歳）に全身麻酔を施したうえ、その十二指腸潰瘍の手術を行う際、その麻酔を担当することになったが、手術に先立ち、医師の医療行為の介助に従事している同院看護婦Nが麻酔の準備として、循環式麻酔器に酸素ボンベと笑気（液化亜酸化窒素）ボンベとの耐圧ゴム管をそれぞれ接続するにあたり、右酸素ボンベの耐圧ゴム管を右麻酔器の酸素用流量計口金に、右笑気ボンベの耐圧ゴム管を右麻酔器の笑気用流量計口金に接続しなくてはならず、これを互いに誤って接続させると患者に当初から笑気を吸入させ酸素欠乏を来すなどの危険を惹起するおそれがあるので、これを正しく接続して事故の発生を未然に防止すべき業務上の注意

78　本件を評釈された内田文昭教授もこの点には触れられていない（内田・医事判例百選19頁参照）。
79　神戸地尼崎支判昭46・6・21判時753・11。

義務があるのに、これを怠り、漫然右耐圧ゴム管と各口金とを互いに誤接続したまま、これを麻酔導入の用に供した過失と、…被告人が、麻酔担当医として、右Aに右麻酔器を使用し、麻酔の導入をはじめたがあらかじめ前記接続状況を点検して、その安全を確認したうえこれを使用し、事故の発生を未然に防止すべき業務上の注意義務があるのに、これを怠り、前記誤接続が生じているのにかかわらず、右誤りはないものと軽信し、その点検および安全確認をせず、右誤接続に気づかないまま笑気ボンベの耐圧ゴム管を接続した右麻酔器の酸素用流入計バルブを開き、右Aに対し、毎分約5リットルの笑気を約16分間吸入させた過失が競合して、右Aをして、無酸素症による意識障害を生ぜしめ、よって、…右無酸素症による意識喪失を起因とする肺水腫肺炎並びに心不全により死亡するに至らしめた。

　麻酔器の準備作業は、医師の指示にしたがって看護師が行うが、その際に看護師が接続操作を誤り、医師が誤接続に気付かず、患者に麻酔を吸入させたため、患者が死亡したという場合、看護師の過失を前提として医師の過失が生じている。この事案では、医師が患者に麻酔器から笑気を吸入させるという結果発生に対する最終の行為を行っている。この場合、医師は、看護師の適切な行為を信頼することはできない。

　次の事案も看護師の誤接続に医師が気付かなかった事案であるが、准看護師だった場合に関するものである。

　【41】**笑気酸素ガス誤接続事件**[80]　　被告人は、准看護婦であり、入院中の患者A（49歳）の十二指腸潰瘍等の治療のための開腹手術を行うに際し、医師の指示により、右患者に麻酔をかける準備として麻酔器に酸素ガスおよび笑気ガス（亜酸化窒素）を導入するため、右二種のガスの配管ノズルに、麻酔巻取付の欠くゴムホースを接続したが、…酸素ガスのホースを笑気ガスホースの配管ノズルに、笑気ガスのホースを酸素ガスの配管ノズルに誤って接続し、麻酔器に酸素ガスと笑気ガスを取り違えて送った過失により、…医師Kが誤接続に気づかずに同患者にラボナールおよびサクシンを注射して意識消失、呼吸停止の状態を惹起させ、その間、人工呼吸のため酸素ガスを送るべきところを笑気ガスを送ったため、酸素欠乏症による後遺症として、逆行性健忘症の傷害を負わせた。

80　木之本簡判昭53・1・12飯田・山口50頁。

本判決でも、医師が誤接続に気づかず笑気ガスを送るという最終的な危険創出行為を行っているが、本件では、被告人は、「笑気ガスのホースを酸素ガスの配管ノズルに誤接続」した准看護師であり、その過失が問われている。

次の判決は、医師自身の麻酔器操作の誤りによる死亡事故に関するものである。

【42】笑気ガス誤吸入事件[81]　被告人は、A市民病院の外科医であったが、被告人が麻酔医を、同病院医師Mが執刀医を、同Nが助手及び指導医を各担当する医療チームをもって、患者A女（5歳）に対し、吸入麻酔器を使用して全身麻酔を施した上、左外鼠径ヘルニア根治術を行ったが、同根治術終了後同児を麻酔状態から覚せいさせるにあたり、麻酔医としては同麻酔器を的確に操作して酸素欠乏などによる事故の発生を未然に防止すべき業務上の注意義務があるのに、これを怠り、同麻酔器の酸素ガスの調節つまみを笑気ガス（亜酸化窒素ガス）のそれと取り違えて各操作して同児に酸素ガスの吸入を停止させ、かつ、笑気ガスのみを吸入させた上、同児の血圧が低下して自発呼吸が弱まり、間もなく同児の口唇等に酸素欠乏によるチアノーゼが発現したのにかかわらず、なお、同麻酔器の誤操作に気づかず、その後も…漫然同児に笑気ガスのみを吸入させた過失により、酸素欠乏に基づく無酸素脳症に陥らせた上、肺炎を併発させて呼吸困難とならしめ、死亡させた。

本件は、麻酔医が、自ら酸素ガスの調節つまみを笑気ガスのそれと取り違えるという単純ミスによる患者死亡事故事件であり、注意義務違反が肯定された。

次の事例は、執刀医を兼ねている麻酔医が、看護師の麻酔器の誤操作を確認せずに、死亡事故を起こしたというものである。

【43】麻酔器誤操作致死事件[82]　被告人Xは、医師、被告人Yは看護婦としてI病院に勤務していた。W（38歳）の虫垂炎手術にあたり、挿管麻酔器を使用した全身麻酔を施したが、Wを麻酔状態から覚せいさせるにあたり、①Xは、麻酔医と執刀医を兼ねていたが、Yに対して、Wに笑気ガスを止めて酸

---

[81] 富山地高岡支判昭61・2・3判タ678・60。
[82] 千葉簡略平10・7・10判タ1035・59＝飯田・山口323頁。

素ガスを吸入させるように右麻酔器の操作を指示したのであるから、麻酔医を兼ねる執刀医としては、自ら右麻酔器の流入計を視認するなどして被告人Yが的確に右麻酔器の操作をしたことを確認し、被告人Yの右麻酔器の誤操作による酸素欠乏などによる事故の発生を未然に防止すべき業務上の注意義務があるのにこれを怠り、切開部の流量計を視認せず、被告人Yのした右麻酔器の操作を確認しなかった過失、②被告人Yは、麻酔器の酸素ガスの調節つまみと笑気ガスの調節つまみを取違えて、酸素ガスの吸入を停止させ、笑気ガスのみを吸入させる操作をした過失により、Wに酸素欠乏に基づく低酸素脳症の傷害を負わせ、右傷害に基づく脳障害により死亡するに至らしめた。

本件では、看護師の麻酔器の操作ミスと医師が自ら麻酔器の流入計を確認しなかったミスによって死亡結果を発生させた過失が認められた。麻酔器の操作は、麻酔医でもあった医師の任務であり、医師には、自ら計器を確認し、それを補助する看護師のミスがないようにする注意義務があるというのである。

5．麻酔の際の患者の身体管理に関するミス

まず、参考のため、患者の身体管理に関する民事判例を検討しておこう。

(a) 麻酔後の身体管理に関する民事判例

【44】神戸大学悪性過高熱事件[83]　　（事実）S（7歳）は、神戸大学医学部附属病院整形外科において右股関節ペルテス氏病と診断され、その治療を受けるため…同病院整形外科に入院し、同病院整形外科のO医師及びK医師を術者とし、同病院麻酔科のI医師を麻酔担当医、M医師をその指導医として全身麻酔施用ソルター式骨盤切術を受けたが、右手術中悪性過高熱が発現し、麻酔剤の吸入を止めるなどし、手術を中止し、また、全身を氷で冷却するなどの措置を施したが、翌日、脳循環不全、心不全により死亡した。本件の死亡の原因は、悪性過高熱であると考えられたが、ある鑑定によると、「悪性過高熱の発生原因は、現在もなお不明であるが、ハロセン、メトキシフルレン等の吸入麻酔剤、脱分極性筋弛緩剤サクシニルコリンが引き金となって発症する薬物遺伝学的疾患と考えられており、麻酔手術中の悪性過高熱の発生頻度についての正

---

[83] 大阪高判昭53・7・11判時917・71。

確な統計はないが、小児で1万5000回の麻酔に1回、成人で5万回の麻酔に1回位であるなどといわれており、その死亡率は60乃至70パーセントの高率である」という。本件では、医師は悪性過高熱を特別に意識して血縁者の麻酔手術中の事故の有無を問うていないが、その問診が、麻酔担当医として問診義務の違背に当るか否かが問題となった。

(判旨)「本件事故は、これに先行する〔父の弟〕Kの死亡事故がなければ全く防ぎようのない不可抗力による事故とせざるを得ないものであることは、…明らかである。そして、Kの死亡当時、これがKの特異な体質に起因するものであつて、このような体質は家族性を有する可能性があるから、血縁者はなるべく全身麻酔を避けるべきであるというようにKの死因が究明され、それが縁類者に知れわたっておれば、〔患者の母親〕Xといえども、それがわが子の生命にかかわることであるだけに、I医師らの質問に対して真先にそのことを告げたであろう。それがそうでなかつたことはまことに不幸なことといわなければならない。…Xとしては、折角与えられたところのわが子の死亡事故を防止し得るほとんど唯一ともいうべきチヤンスを生かし得なかったことはまことに残念なことであり、運命ともいうべきものであるが、これは他人の責任に帰すべき筋合のものではない。

　以上、I医師に本件手術の麻酔担当医として問診義務の違背があつたものと認めることはできない」。

　本件では、医師は、「気管内挿管を容易にするべく代表的な脱分極性筋弛緩剤であるサクシニルコリン20ミリグラムを静脈注射し挿管を試みたところ、全身性の筋強直を起し開口不能であったため、直ちに同量のサクシニルコリンを追加投与したが、筋強直に変化がなかった」。そこで「作用機能の異なる…筋弛緩剤…を投与したところ、数分にして筋がやや弛緩し開口が可能となったので挿管し、笑気、酸素、フローセンを吸入せしめて全身麻酔を維持した」のであるが、本件悪性過高熱の原因は、サクシニルコリンの投与にあると推測されるにもかかわらず、悪性過高熱の原因は一般に究明されていたとはいえない状況にあった。そこで、筋肉弛緩剤であるサクシニコリンを投与する前に、麻酔に対する特異体質は家族性を有する可能性があるので、全身麻酔による手術について親戚の過去の麻酔事故について問診していれば、事故を防げたのではないかが問題とされることになる。しかし、原因

究明がなされていないにもかかわらず、医師にその点に関する問診義務まであるということはできず、判決によって問診義務違反が否定されたのは妥当であったといえるであろう。

(b) 麻酔後の身体管理

まず、ドイツの麻酔後の患者の身体管理に関する刑事判例を検討しておこう。

【45】連邦裁判所1982年12月21日決定[84] （**事実**）被告人らは、同じ病院に勤務していたが、医師Eは、外科の指導医、Mは麻酔担当職員、Kは熟練の看護職員（Pfleger）であった。患者Wは、E医師により尾骨瘻（Steissbeinfistel）の手術を受けた。手術は、5分で終わるお決まりの手術であったが、完全麻酔（筋肉弛緩と挿管後の酸素・笑気ガス・ハロタンの混合ガス吸入）のもとで行われた。一人の女医と一人の手術補助看護師が被告人の麻酔を手伝った。看護師Mは、酸素吸入に責任を負っていた。通常は通院部門ではたらく看護師Kは、手術開始直後、患者を寝かし静かにさせるために偶然に手術に引き入れられた。Kは、脈拍をいったんチェックしたが、その後、脈拍数を続けて声を出して数えなかった。手術室から6メートル離れたところに置かれていた心電図（EKG）モニターは用いられなかった。酸素吸入は、手術のときに被告人らに気づかれない原因で行われていなかった。E医師とKは、チアノーゼを観察したが、その時点ではすでに脈動はなかった。酸素吸入、心臓マッサージなどの救急措置が試みられたが、成果なく、患者は術後30分で死亡した。酸素不足に気付くのが遅すぎたため、救急措置が適時に実施しえなかったことが違法な行為である。

第1審は、3人を全員有罪とした。Eについては、手術前に面倒があったのであるから、EKGモニターを導入すべきであったし、Kが声を出して脈拍を数え、Mが血圧を監視するように促すべきであったというのである。

（**決定**）KとMについては、第1審の認定は、刑法上重要な義務違反があったとはいえないとした。Kについては、5分を要した手術後に薬剤室に送られていて、脈拍を引き続いて数える義務があったとはいえない。Mについては、呼吸を手のひらで測定し、瞼の反応を見ていたが、呼吸観察のほかにKの責任である脈拍の観察もすべきだったとはいえない。

医師Eの過失については、第1審は、それをまず心電図モニターを投入しなかったことに認める。それにもかかわらず、判決理由では、心電図モニター

84　BGH NStZ 1983, 134.

が、そのような麻酔法の実施にあたって、いかなる事情のもとでも使用されるべきものだったのか、それとも患者が面倒を起こした後に麻酔剤たるエヴィパンとズッチニルが追加注射された後に必要となったのかについては明らかにされていない。後者のように特別の事情があって心電図モニターの導入が必要になったのであれば、それによる安全性の確保と、それによってすでに麻酔が導入されているのにもかかわらず手術がその時点で開始できなかった危険とが衡量されなければならない。さらに、破棄された判決の理由には、義務に即した麻酔の準備と観察が行われていたときには、酸素の供給について適時に認識され、患者の死亡が、救助措置によりなお回避されえたのかどうかという問いにつき十分な認定がない。

本決定では、第1審が、被告人らの過失をどのような行為に認めているか厳密な認定を欠いている点が非難されている。確かに5分間の手術時間の間に酸素吸入に問題が発生したのか、当初から問題があったのか不明であり、手術の開始自体にすでに問題があったとすると、看護師KないしMの責任を問いうるかどうかは明確でない。医師Eの過失についても、心電図モニターの導入の必要となる時期が問題であるが、麻酔の準備と観察が適切に行われているかどうか、また、救助措置をとれば事故が回避しえたのかどうかについても明らかにされていないという。

次のわが国の判例は、麻酔薬注射後、監視装置によって患者を監視し、異常が発現した際には、救急措置を講ずる義務があるとしたものである。

【46】麻酔措置過誤致死事件[85]　　（事実）被告人Xは、外科医師であり、被告人Yは看護婦であったが、Xが執刀し、Yほか3名の看護婦がその補助として麻酔薬であるネオペルカミンSを注射し、患者M（11歳）に対する虫垂炎切除手術を行った際、MがネオペルカミンSの合併症によって高位脊椎麻酔症状を呈し、呼吸停止及び心停止等を惹起した際、Mを脳障害により死亡させた。
（判旨）(1)…ネオペルカミンSを注射した際には、その後、患者監視装置（モニター）を使用するとか肉眼的或いは理学的方法で患者の呼吸、血圧、心拍動の状態を把握し、その管理を十分に行い、呼吸停止等の異常が発現した場合には直ちにこれを発見して速やかに救急措置を講じ、呼吸停止による患者の低酸

85　浦和簡判平7・10・16判タ1035・52＝飯田・山口72頁。

素血症、心停止及びそれに基づく脳死傷害の招致を防止すべき業務上の注意義務がある」。
(2)被告人Yは、…「前記モニターの監視を十分に行うなどして右M女の容態観察や呼吸、血圧及び脈拍等が正常であることを確認し、もし異常を発見した場合には直ちに被告人Xにその旨を報告し、…脳障害の招致を防止すべき業務上の注意義務がある」。

本件では、医師につき患者に対する術後の身体管理の義務が認められ、看護師についても、モニターを監視し、異状を発見した場合には医師に直ちに報告する義務を認めている。次の判例も同様に、麻酔注射の後、血圧降下などの症状が発現した場合は、これを早期に発見し、救急救命措置を講じる義務があるとしたものである。

【47】麻酔措置過誤致死事件[86]　被告人は、H病院の消化器科医長であるが、外科医長TがL（9歳）の虫垂炎摘出手術を執刀する際、同手術における右Lに対する麻酔を担当し、かつ、右Tの執刀の指導介助を行うにあたり、Lに鎮静剤ドルミウム等の麻酔剤を静脈注射するとともに、マスクを用いて酸素と笑気ガスを吸入させ、Lの自発呼吸のまま全身麻酔を施したが、間もなく同人の血圧が降下したため、点滴剤ラクテック等を滴下するなどの血圧を上昇させる措置を講じた上、手術の執刀を開始させたが、Lを低酸素症及び急性肺気腫に起因する急性心不全により死亡するに至らしめた。
(判旨)「Lが麻酔の影響によって呼吸抑制による低酸素症に陥るおそれがあり、かつ、右点滴剤を短時間に過剰滴下するときは同人が循環不全を来たし急性肺気腫を惹起するおそれがあったから、同人の呼吸の状態や顔色の全身観察を行うはもとより、点滴嚥下量と尿の排出量のバランスを監視し、万一右各症状が発現した場合は、これを早期に発見し、気管挿管を実施して酸素を供給する等の救急救命措置を講じて事故の発生を未然に防止する業務上注意義務がある」。

本件では、被告人は麻酔医ではなく、消化器科医長であるが、外科医長の当該手術の執刀の麻酔担当であった。麻酔剤の修者の後には、呼吸抑制による症状に対する患者の身体管理を適切に行う注意義務があるが、これを怠っ

---

[86] 益田簡略平10・6・10判タ1035・52＝飯田・山口80頁。

たとする。

　次の事件は、交通事故による鞭打症治療のため局所麻酔薬であるキシロカインを頸部硬膜外注射した直後に局所麻酔剤反応を発現したが、このようなショックが発現した場合には、「ジャスト・フォー・ミニッツ」といわれ、4分以内に救急蘇生措置を講じた場合の救命率は80ないし90パーセントとされているところ、被告人は、局麻剤反応の経験がないのに事前に看護師らにそれに対してなんらの教示もせず、また救急蘇生措置の準備もない状態であったため、自身が混乱してしまい、時間を浪費したため死亡させたという事案であって、地裁、高裁、最高裁で争われたものである。地裁は、罰金5万円を言い渡し、高裁は控訴を棄却し、最高裁も、上告を棄却した。

【48】局所麻酔剤キシロカインショック死事件[87]　　（事実）被告人は、国立E病院の医師として、Jら3名の看護婦の介助を受け、入院患者Fに対し、キシロカイン液の頸部硬膜外注射を施術したものであるが、右注射施用は、その実施中或は実施直後に往々にして被施術者に呼吸及び心臓機能の停止を惹起する局所麻酔剤反応（…）を発現させるおそれがあり、かつ右反応が発現した場合には、発現後約3分ないし5分のうちに被施術者の脳中枢神経系への血流を十分回復させるため、すみやかに人工呼吸及び心臓マッサージなどの回復蘇生の処置を講じて被施術者を無酸素状態に陥らせないような措置をとらなければ同神経系の壊死、軟化、崩壊による脳死を招来し、ついには被施術者をして死亡するに至らしめる危険が予測できていたのであるから、…、Fに対し右注射の施術に及び右注射施術直後、同人が局麻剤反応の症状を呈し、呼吸及び心臓機能の停止を惹起したのを認めながら混乱し、呼吸及び心臓機能の回復蘇生のための迅速、適切な処置を講じなかつた過失により、同人をして脳中枢神経系の壊死、軟化、崩壊を生ぜしめ、同人を右脳死に伴なう両側性、出血性、化膿性肺炎によって死亡するに至らしめた。

（**第1審判旨**）「なるほど局麻剤反応の発現を予知すること自体はきわめて困難であるものの、キシロカイン液注射によって局麻剤反応が発現することは、被告人は医師として予見できていたところであるし、局麻剤反応が発現した場合

---

[87] 大阪高判昭58・2・22刑月15・1＝2・95＝判タ501・232、大津地判昭53・7・18刑月10・6＝7＝8・1146＝判時921・140、最決昭60・9・30判タ678・67。町野朔「頸部硬膜外ブロック後ショック死事件」医療過誤判例百選（第2版）84頁以下。中空壽雅「頸部硬膜外ブロック後ショック死事件」医事法判例百選158頁以下、飯田・山口143頁。

呼吸停止及び心停止が生ずると、3分ないし5分の時間内に人工呼吸及び心臓マッサージなどの救急蘇生措置を行って脳への血流再開をはからないときにはいわゆる脳死を防止しえないことは、これまた医師として当然知得し予見できていたことである。そしてこのような局麻剤反応が発現した場合の救急蘇生措置については、施術者の医師ひとりがこれを有機的に行うことはきわめて困難であり、介助看護婦の協力を得なければこれを十全に行いえないところであるから、被告人としては、キシロカイン液の頸部硬膜外注射に立会う介助看護婦に対し、該注射によって局麻剤反応が生ずるおそれがあること、局麻剤反応が生じた場合の対処方法すなわち何よりもまず迅速に人工呼吸及び心臓マッサージなどの救急蘇生措置を行って、呼吸及び循環管理をはかる必要性を教示しておくとともに、局麻剤反応が発現した場合に直ちに救急蘇生措置をとりうるための用意すなわち右措置に必要な器具、薬剤等を直ちに使用しうる状態に整備確保しておく、自らにおいて整備確保をしなくとも介助看護婦に指示して用意をさせておくことは、臨床の実際において局麻剤反応が発現した場合、医師たる被告人はもとより介助看護婦においても、混乱を生ずることなく、相協力して相応の整序立った医療措置をとりうる所以であって、医師として当然果さねばならない業務上の注意義務に属する事柄といわなければならない。また臨床に及んで局麻剤反応が発現した場合、救急蘇生措置を円滑に行うために医師として介助看護婦に適切な指示を与えて各自の行動を整序し、自らもまた適切な救急蘇生措置の手技に習熟しておくことも右注意義務に含まれる事柄である」。

(控訴審判旨)「被告人は、前記のようにジャストフォーミニッツともいわれる約3分ないし5分間という短時間に人工呼吸と心臓マッサージを看護婦と連携して適切に行わなければならないのに、介助看護婦に対し、役割分担についての適切な指示を怠り、かつ介助看護婦と協働すれば人工呼吸と心臓マッサージの同時平行的な実施が可能であったのに、混乱して単独蘇生法を行ったにとどまり、そのため前記限定された時間内に血流の回復及び脳への酸素補給に失敗したという過失が認められ、右と同旨の判断をした原判決の事実認定は正当であるということができる」。

本件では、局所麻酔薬であるキシロカインを頸部硬膜外注射した直後に局所麻酔剤反応を発現したのであるが、全脊麻が局所麻酔剤反応の発現させた原因であるかどうかを確定せず、その症状の発現に対して適切な救急蘇生措置をしなかったことが過失かどうかを問題とした。ちなみに、本件民事訴訟

においては、全脊麻が、ショック症状の原因であるとし、まず試験量のキシロカインを注入しなかったことが過失とされた[88]。本件判決においては、適切な救急蘇生措置は、看護師と協力・連携して行うべきであり、さらに、即刻人工呼吸を開始できるように準備しておく注意義務、そして、自ら事前に救急措置の手技にも習熟しておく必要性も注意義務の内容としている。控訴審は、これによって、局麻剤反応が予測し得たものであり、かつ「適時に適切な救急蘇生措置を施せば救命し得たものであることは明白」であるとしている。なお、本件行為が、作為犯か不作為犯かは問題である[89]。

【49】麻酔措置過誤致死事件[90]　被告人は、産婦人科を開業している医師であるが、右医院において、Ｊ女（45歳）に対して麻酔剤ネオペルカミンＳを用いて子宮筋腫に伴う子宮摘出手術を行うにあたり、右麻酔剤の施用は往々にして被施術者に対し、急激な血圧の降下等を生じさせて呼吸及び心臓機能の停止に至るいわゆる局所麻酔剤反応を発現させるおそれがあったのであるから、同女に対する術中の循環管理及び呼吸管理を的確に行いながら、手術を遂行する一方で、右反応が発現した場合には速やかに適切な血圧昇圧剤等を施し、更に麻酔器等を使用した人工呼吸及び心臓マッサージ等の回復蘇生術の措置を講ずる等して事故の発生を未然に防止すべき業務上の注意義務があるのに、これを怠り、…同女に血圧の降下等の反応を発現させたのに、有効適切な血圧昇圧剤等を投与することなく、術中の循環管理不十分のまま手術を継続した上、…急激な血圧降下及び徐脈等の局所麻酔剤反応を発現させたにもかかわらず、有効適切な血圧昇圧剤等を投与せず、かつ、経鼻カテーテルによる不十分な酸素注入を行うにとどまった過失により…同女を心肺停止により死亡するに至らしめた。

本判決では、局所麻酔剤反応の発現を防止するため術中の患者の身体管理を的確に行う義務および回復蘇生術の措置を講じる事前の義務を認め、これらを怠った点に過失を肯定した。

次に、医師が、直腸がん摘出による疼痛除去のため硬膜外麻酔を実施した際、局所麻酔剤を骨髄内に流入させたことにより、患者が手足のしびれ、急

88　大津地判昭50・8・27判時7816・77。
89　これについて、中空寿雅・医事法判例百選159頁参照。
90　札幌簡判平9・10・29判タ1035・50＝飯田・山口76頁。

激な血圧降下等の症状を示したにもかかわらず、局所麻酔薬が脊髄内に流入したことが原因であることに気付かず、患者を呼吸不全により死亡させた事案を検討しておこう。

【50】**硬膜外麻酔ミス事件**[91]　被告人は、外科医として医療業務に従事していたが、X女（57歳）に対し、直腸がん摘出手術による術後の疼痛除去のため、脊椎の特定部位の硬膜外腔内に局所麻酔麻薬を注入し、同部位で脊髄神経の伝達を遮断する硬膜外麻酔を実施するに当たり、硬膜外針の先端等により患者の脊髄硬膜を穿破し、局所麻酔を脊髄内へ流入させて全脊髄麻酔状態に陥らせ、患者に全身の痺れ、急激な血圧降下、呼吸停止等の症状を発現させ、特に、呼吸停止を数分間以上にわたって継続させれば、患者を呼吸不全により死亡させる危険性があるのを認識していたのであるから、患者に呼吸停止の症状が発現した場合、直ちに患者の気道及び呼吸を確保する蘇生措置が講じられるよう、あらかじめ上記処置室内に人工呼吸器等を準備するとともに、同麻酔実施後も引き続き患者の許に止まってその容態を観察し、患者に全身の痺れ等の上記症状が発現すれば、直ちにその原因が脊髄内への局所麻酔薬の誤入にあることを察知すべき業務上の注意義務があるのに、これを怠り、これまで脊髄内への局所麻酔薬の誤入事故を惹起したことがなかったことに気を許し、上記処置室内に人工呼吸器等を準備せずに、上記Xに同麻酔を実施し、同人の容態を観察しないまま、上記処置室を退出した上、その数分後、同人に手足の痺れ、急激な血圧低下等の症状が発現したことに気づきながら、引き続き数分間、脊髄内への局所麻酔薬の誤入にその原因があることを察知しなかった過失により、…呼吸不全により、死亡するに至らせた。

本判決では、硬膜外腔内に局所麻酔麻薬を施した際には、患者の気道及び呼吸を確保する蘇生措置が講じられるべく、人工呼吸器等を準備し、患者の容態を観察し、患者に全身の痺れ等の症状が発現すれば、直ちにその原因が脊髄内への局所麻酔薬の誤入にあることを察知すべき業務上の注意義務が認められた。

次の判決は、手術後の痛み止めのための局所麻酔に際し、担当看護婦に対し、患者の血圧低下の早期に発見できるように具体的に血圧測定に関する指示を行うべき注意義務を果たさなかった点に過失を認めた。

91　多治見簡判平13・10・9飯田Ⅱ179頁。

4．麻酔による医療過誤　531

【51】麻酔措置過誤致死事件[92]　被告人は、外科医であったが、入院患者Ｋ女（88歳）に対し、大腿骨骨頭部の骨折治療のための手術後の痛み止めを行うに際し、局所麻酔薬である0.1パーセントの濃度のキシロカイン８ミリリットルを使用した硬膜外ブロックによる痛み止めの処置を行ったところ、急激な血圧降下の症状を呈し、また、右手術の際にも、痛み止めのための同局所麻酔薬による硬膜外麻酔を行ったところ、その血圧が低下する症状が発現したため、それぞれ直ちに昇圧剤投与を行い、血圧を維持、上昇させるなどしていたことから、右手術の痛み止め薬として右キシロカインと同様の局所麻酔薬であるマーカインによる硬膜外ブロックの処置を行った場合には、同女の血圧が急激に低下するおそれがあったのであるから、同処置を担当看護婦に指示して行わせるに際しては、その処置後の血圧低下を早期に発見し、血圧が低下し始めた場合には、必要に応じ、昇圧剤の投与ないし輸液の調整を行いなどして同女の血圧を維持、上昇させることができるようにするため、担当看護婦に対し、右Ｋ女の血圧を２ないし５分程度の間隔で頻繁に測定するよう指示するなど、その血圧低下の早期に発見できるように具体的に血圧測定に関する指示を行うべき業務上の注意義務があるのに、これを怠り、硬膜外ブロックの副作用による血圧低下に基づく、虚血性脳障害、他臓器不全による心不全により死亡するに至らしめた。

　なお、本件の民事判例[93]は、病院、主治医、病院の管理者に対しては賠償責任を肯定したが、看護婦に対する請求は認めなかった。
　次の判例は、すでに麻酔機器の誤操作において扱った【42】が、術後に生じた麻酔事故の側面をも有するので、もう一度、採り上げておく。

【42】笑気ガス誤吸入事件[94]　麻酔医が、Ａ女（５歳）の手術に際して、吸入麻酔器を使用して全身麻酔を施した上、手術の終了後、麻酔状態から覚せいさせるにあたり、同麻酔器の酸素ガスの調節つまみを笑気ガス（亜酸化窒素ガス）のそれと取り違えて各操作して同児に酸素ガスの吸入を停止させ、自発呼吸が弱まり、酸素欠乏によるチアノーゼが発現したのにかかわらず、なお、同麻酔器の誤操作に気づかず、笑気ガスのみを吸入させて、無酸素脳症に陥らせた上、肺炎を併発させて、死亡させたというものである。

92　神戸簡判平10・３・３判タ1035・51＝飯田・山口78頁。
93　大阪地判平11・３・８判タ1034・222。川端和治・前掲医事法判例百選220頁以下参照。
94　富山地高岡支判昭61・２・３判タ678・60＝飯田・山口319頁。

次の事案では、麻酔薬の基準最高用量を超える量の麻酔薬を注入する手術法を選択したとき、局所麻酔中毒に陥る危険があることを予測して急変に備える態勢を整えておくべきであったとする。

【52】局所麻酔薬過量投与事件[95]　本件は、A女に豊胸手術を施すため、局所麻酔薬を投与するにあたって、同麻酔薬の基準最高用量を超える量の麻酔薬を注入する手術法を選択し、このような場合には、局所麻酔中毒に陥る危険があることを予測して、患者監視装置や蘇生器具等を備え、様態急変の場合に備えて直ちに酸素を投与できる態勢を整えるなどの措置をあらかじめ講じ、同女の状態を慎重に観察し、同女が局所麻酔中毒の症状を呈した場合には、これを見逃さないようにし、その場合には必要に応じて抗けいれん剤、昇圧剤等を投与するなどの措置をとると共に、心肺停止等の事態に至れば、人工呼吸を行う等の業務上の注意義務があるのに、これを怠り、患者監視装置や蘇生器具等十分な設備が整えられていない処置室で、状態観察不十分のまま、同女の前記部位に同局所麻酔…を注入し、…同女に回復のも込みのない低酸素脳症の傷害を負わせたというものである。

本判決も同様に、局所麻酔中毒に陥る危険があるとき、容体の急変に備える義務があるとしたものである。次の事案は、全身麻酔による手術後に患者を帰宅させ、経過観察を怠った結果、死亡させたというものである。

【53】歯科医麻酔過誤事件[96]　本件は、歯科医が、幼女に対する全身麻酔による抜歯等の手術後、麻酔から覚せいしない段階で帰宅させ、死亡させた事案である。麻酔からの覚せいを十分見極めずに帰宅させたこと、帰宅後異状を訴えられながら全く救護措置を取らずに長時間放置したこと等に過失があったとされ、医師に業務上過失致死罪の成立を認めた。

（**事実**）被告人は、歯科医であったが、患者A（5歳）の抜歯等の手術をするため同女の左腕に全身麻酔用ラボナールA約0.1グラムを静脈注射した。このような場合、歯科医師としては、当該麻酔剤の施用に伴う急速な血圧降下・……呼吸停止等のショックないし呼吸中枢の抑制・舌根沈下や咽頭痙攣による気道閉そく等の副作用の発現を予想し、これに備えて……自己の管理下におい

95　那覇地判平15・9・29飯田II181頁。
96　東京地判昭47・5・2刑月4・5・963。宮野彬「歯科医麻酔過誤事件」医事判例百選104頁以下。

て細心の観察を続け、異常を認めたときは、ただちに所要の救急措置（…）をとるべく、万一、…帰宅させた後、異状を訴えられたときには、自ら往診しまたは来診させ、…もって、麻酔剤施用に伴う危険事故の発生を未然に防止すべき業務上の注意義務がある。しかるに、被告人は、これを怠り、いまだ麻酔から覚醒していない同女に対する監視を解き、帰宅させた過失、および、帰宅後、母親から２回の電話で、……Ａの異状を訴えられながら、往診・救急等の措置をとることなく、漫然とそのまま放置した過失により、麻薬剤施用の副作用である呼吸中枢の抑制気道閉そく等による酸素欠乏を来させ、窒息により死亡させた。

(判旨) ①「被告人には、Ａが麻酔から覚醒したかどうかを確認せず、もしくは覚醒したものを誤認し、その結果、覚醒するまで歯科医師の監視下において、異状の発見がおくれないよう観察し、異状に対処できる準備を具えるべきであるのにこれを怠った過失があることは明白である」。

②「歯科医師としては、麻酔施用に伴うショックないし副作用の発現に備え、帰宅後もなお患者に対する経過観察をなすべきであり、…これらの配慮を全く怠り、（…）生理的睡眠だから心配ないとか、体温の測定と湯タンポの挿入を指示しただけで、帰宅後往診まで約３時間30分の長時間にわたり、漫然とそのまま放置したことは、著しい救護義務違背があったというほかはない」。

以上のように、麻酔を行う際には、その施用後、覚醒までの間、適切な患者の身体管理が重要である。麻酔は、呼吸抑制・停止、血圧の降下などの症状を引き起こす危険性が高く、身体の肉眼での監視のほか、心電図・血圧計などのモニターによるチェックなどを行い、まさかの場合の事態に対する迅速な救命措置がとれる体制を整えておくことが必要であり、これを怠った場合に過失が肯定される。

最近の判例に麻酔事故に対する麻酔科医の過失を否定したものがある。入院患者に全身麻酔を施した上、執刀医の手術に際して、マスクを通じて患者に酸素を供給していたところ、手術室を不在にした間に、マスクの蛇管が脱落し、患者に高次脳機能障害などの傷害を負わせたという事案で、「手術室不在という被告人の行動は、…被告人の置かれた具体的状況、更には当時の我が国の医療水準等を踏まえてみたとき、**刑事罰を科さなければならないほどに許容されないような問題性**があった」とはいえないとされた（横浜地判平25・９・17LEX/DB）。

5．採血・輸血による医療過誤

1．採血・輸血の医療過誤の特徴

　採血および輸血をめぐる医療過誤には、①採血器具の操作の過誤、②不適合輸血、③輸血準備・開始の遅延、④輸血感染症などの類型がある。不適合輸血は、古くから現在まで継続して発生している。血液型検査、患者の血液型との照合は、輸血の基本的な手続である。したがって、これを怠ったために生じる事故は、重大な過失といえ、刑事事件として立件されやすい[97]。

　輸血をするための採血過程においても、感染症の発生などを避けるため、血液の提供者に対し血清反応検査、視診・触診・聴診を行い、さらに問診を行う必要がある。採血ミス事件としては、民事事件としては、【54】東京大学附属病院輸血梅毒事件[98]があり、これについてはすでに「最善の注意義務」を要求した判例として言及した[99]が、事案は、職業的供血者の血液が、梅毒に感染していたため、子宮筋腫の手術に刺して輸血を受けた患者がこれに罹患し、視力減退・歩行困難などの後遺症が残ったというものであった。医師は、血液検査証明書を提示した提供者に対し血清反応検査、視診・触診・聴診を行わず、問診も、「身体は大丈夫か」と尋ねるにとどまった過失が問われ、そのうち「問診」を行わなかった点が、過失とされた。最高裁は、「いやしくも人の生命及び健康を管理するべき業務（医業）に従事する者は、その業務の性質に照し、危険防止のために実験上必要とされる最善の注意義務を要求される」としたのであった。

---

[97] 澁谷洋平「輸血と過失」中山・甲斐（編著）『新版医療事故の刑事判例』138頁参照。
[98] 最判昭36・2・16民集15・2・244。
[99] 本書第4章414頁以下（山中・「医療過誤と客観的帰属」法学論集62巻2号103頁以下）参照。

2．採血器具の操作の過誤の類型

【55】千葉大採血ミス事件[100]　本件は、医師は、採血に電気吸引器を用いたが、医師を補助する看護師の操作ミスにより、血管内に多量の空気が流れ込み、空気塞栓により採血対象者が死亡したというものである。電気吸引器の本来の用途は、患者の喀痰等を吸引するためのものであったが、本件第2内科では、輸血用の採血に用いられ、看護師Tは、本件までに数回この方法による採血を経験しており、医師は10数回経験していた。さらに、本件では、医師が採血し、看護師がその準備・補助をするという形で採血が行われているが、第2内科では、この作業には、「医師と看護婦が事実上協同して」あたっていた。看護師と医師が起訴された。

　　(事実)　被告人は、医師の資格を有していたが、C大学附属病院の無給の副手であったところ、看護婦Tの補助を受け、電気吸引器による採血方法でSから輸血用血液を採取することになり、T看護婦から渡された消毒用ガーゼでSの左肘窩部を拭きながら、Sに対し簡単な視診、触診、問診を行い、他方この間、T看護婦は、本件電気吸引器の電源コードをコンセントに差し込んだ。本件電気吸引器は、吸引と噴射の両機能を兼ね備えた器械であって、吸引用陰圧パイプと噴射用陽圧パイプが併存しているものであった。T看護婦は、誤ってタコ管を左側面の陽圧パイプにACD瓶の口にさし、電気吸引器のスイッチを入れたが、被告人は、点検確認することなく、また看護婦Tに確認させることなく、漫然採血針を静脈に刺し、血液が採血チューブに流入するのを認め金属針をT看護婦に手渡し、同看護婦がその金属針をすでに高圧状態にあったACD瓶に接続させたため、Sの正中静脈の血管内に多量の空気を注入し、よって同人をして空気塞栓症による脳軟化症の傷害を負わせ、死亡するに至らしめた。

　千葉地裁[101]では、看護師Tにつき、その電気吸引器の接続・操作を誤った行為につき、吸引用の陰圧パイプを正しく接続し、吸引に作動するかを点検・確認する注意義務に違反した過失を認めた。この看護師Tに対する判

100　千葉地判昭47・12・22刑月4・12・2001。
101　千葉地判昭47・12・22刑月4・12・2001。

決に先立ち、千葉地裁では、被告人たる医師の過失につき、次のように判示していた[102]。

(判旨)「医行為の実施に関する限り、医師が主体となって行うべきものであり、医師以外の関与者はその監督指示のもとにあることについては先に判示したとおりである。したがって、医師は看護婦を診察の補助者とすることはできるが、その監督の責任を放棄することはできない。…本件電気吸引器はこれを採血に用いるのは甚だ疑問があるところであった。従って、被告人は医師として看護婦に分担させた同吸引器の操作に全幅の信頼を置くのではなくて、さらに判示点検確認義務を尽くすべきであったといわなければならない」。

判決では、採血の方法について触れている。採血には、採血瓶（ACD瓶）が使用され、平圧式、減圧式、平圧減圧式の三つがあり、本件第2内科で用いられた吸引器は、瓶の圧力を平圧に保ち、吸引ポンプを用いて瓶の中を減圧して採血する方法である「平圧減圧式」に属するということができる。看護師に対する判決においては、このような電気吸引器を転用して平圧減圧式の方法による採血を行うなら、「人による二重チェックは不可欠」といわなければならないとされ、その操作作業を看護師と分担することは合理的であるが、「しかし、この場合に、医師がもしもその分担行為をなすのみで、電気吸引器の操作はあげて看護婦にゆだねてしまうのであっては、危害の発生を防止するのに不十分というほかない」とする。

看護師の採血にあたって器具操作ミスがあった場合、採血が通常の注射器によるものであれば、事実上看護師に委ねられている業務の場合、診療の補助を行う看護師のミスに対して医師が監督責任を問われないこともありえよう。しかし、本件では、電気吸引器という特殊な器具を用いたのであり、本則に戻って医師の監督責任が問われるものといえる。

3．不適合輸血の類型

輸血にもとづく医療過誤においては、ABO式不適合輸血がもっとも多

102　千葉地判昭和47・9・18塚月4・9・1539（控訴審＝東京高判昭48・5・30刑月5・5・942）。

い。日本輸血細胞医療学会[103]では、ABO 型不適合輸血への輸血学会による組織的な取り組みとして2000年1月に過去5年間の発生状況について全国調査を実施したが、その後、さらに、2000年1月から2004年12月までの5年間に、発生した ABO 型不適合輸血の調査が行われた。前者によると、578の施設総数（回答率54.4％）で166件の不適合輸血の報告があった。2005年に実施された後者の調査によると、829施設からの回答（回答率は61.2％）で60件の不適合輸血の報告があった。

(1) 初期の判例

異型輸血に関する判例は少なくないが、古くは、昭和30年代から40年代にかけての血液型不適合に関する刑事判例[104]がある。

まず、【56】佐世保簡略昭38・10・7飯田・研究160頁の事案は、以下の如くである。被告人は、K 病院外科医長 S から患者 A に対する輸血を命ぜられ、准看護婦に補助させ、A 型輸血用保存血液の入った瓶5本に各取り付けられた補助瓶と A から採血した B 型血液1.6ミリグラムを試験管に入れ、遠心分離機にかけて血清と血球とを遠心分離した後、いわゆる血清法による交叉試験により取り寄せた輸血用保存血液と同人の血液が同型出適合するか否かの検査をなそうとしたが、医長 S が全血法により ABO 式血液判定で、A の血液型が B 型であるのに A 型と誤って判定し、これをカルテに記載してあったためこれを軽信し、自己の交叉試験に際し、凝集現象を綿密周到に視察しなかった過失により、凝集現象が起きているのにこれに気づかず、A の血液に対し適合同型と誤って判定し、A に輸血し、腎不全に基づく肺水腫により死亡させた。

次に、【57】佐世保簡略昭41・9・5飯田・研究161頁では、被告人 A は、産婦人科医院を開業する医師であったが、M 夫の血液を N 子に輸血するに際し、以前から購入してあった ABO 血液型判定血清を使用して両名の血液型を検査したところ、この場合、医師としては、血清の有効期限を確かめて効能のある血清を使用してその凝集反応の有無を確認して血液型を判定し、さらに血清の交叉試験をして血液型の判定に誤りのないことを確認し、異型血

103　日本輸血細胞医療学会ホームページ参照。
104　渋谷・前掲『新版医療事故の刑事判例』129頁以下参照。

液型の輸血を未然に防止すべき業務上の義務があるのに、これを怠り、異型血液輸血に伴うショック症状がないことだけでＡＢＯ式によった血液型の判定が正しいものと軽信し、Ｍ夫の真実の血液型はＡ型であり、Ｎ子のはＯ型であって、Ｍ夫の血液型をＯ型と誤判していることに気づかず、Ｎ子に腎臓機能障害を惹起せしめ、急性肺炎を誘発させ、死亡するに至らせた。

本件では、血液型の判定に使用された血清が依然効能をもつかを確かめず、血清の交叉試験をする必要があるのにそれをしなかった過失が問われた。

【58】高知地判昭38・10・19飯田・研究163頁では、これと違い、被告人は無罪となった。

  事案は、以下のごとくである。被告人は、産科医師であったが、入院中のＳ子の子宮外異物摘出手術施行後輸血の必要を認め、同女に輸血するに際し、受血者の血液型を判定するに際し、従来の全血法によると血液型判定の誤判を招く虞れがあり、昭和30年12月1日厚生省発薬第174号により各都道府県知事通達により、やむを得ない場合以外は血球浮遊法を用いて判定するいわゆる浮遊法によるべき旨の指示があり、医師としては、浮遊法を用いる方法によりその判定をなし異型血液の輸血により受血者を死亡させる等の自己の発生をしないようにすべき業務上の注意義務があるにもかかわらず、その注意を怠り、同女の血液型がＯ型であるのにもかかわらず、これをＡＢ型であると誤判した。その後、Ｓ子は、死亡した。

しかし、判決では、異型血液の輸血行為とＳ子の死亡の因果関係の存在を疑問視した。同女の直接の死因は卵管破裂による多量の出血を生じた重篤なショックによるものであって、仮に適合輸血が行われたとしてももはや死の結果は不可避的であって、これを阻止できたものとは考えられない状態であったというのである。結局、本件については、「被害者Ｓ子の死の結果に対し、因果関係ありと認めるに足りる被告人の行為の証明がない」と結論づける。

(2) 昭和50年代以降の判例

次に、血液型不適合に関する医師の注意義務につき詳しく論じた昭和55年

の岡山地裁の判決[105]がある。

【59】異型輸血致死事件（第1審）　被告人（医師）は、入院患者であるＡ女（63歳）につき穿孔性腹膜炎治療のため腹部切開手術をした際、同女の腹腔内に小児手拳大の腫瘤を発見したのでこれを切除することを決意し、その手術創を拡大するにあたって同女に輸血しようとしたが、自らは同女の血液型を判定するための何らの検査をせず、真実同女の血液型はＢ型であるのに、居合わせた看護婦をして、右Ａ女の家族らから同女の血液型を聴取させた結果ＡＢ型である旨を聞知したのみで、岡山県血液配給センターからＡＢ型Ｒｈプラス200cc入りの血液瓶3本を取り寄せ、…その頃被告人の依頼に応じ、右Ａ女に全身麻酔を施すため同手術室に来合わせていた岡山大学医学部麻酔科勤務医師Ｍ（25歳）に対し、同女について前記のような方法によるＡＢＯ式血液型の判定検査がいまだ行われていない旨を告げることもなく、右血液瓶のうち200ccを輸血するように指示し、すでにＡＢＯ式血液型判定検査を終了しているものと思い込んでいた同医師をして、同女の手術創からガーゼに浸して取出した血液と右血液瓶に添付されている試験用血液との間で簡略な凝集試験をなさしめただけで取り寄せた輸血用血液のＡＢＯ式血液型が同女の血液のそれと一致しているものと軽信し、元来Ｂ型である同女にＡＢ型という不適合な血液200ccを輸血させ、さらに翌日、同医院勤務の看護婦Ｙをして、前記血液瓶の残り2本につきいずれも何らの検査をしないままうち約1本と4分の1（約250cc）を右Ａ女に輸血せしめた過失により、その直後同女に悪心、悪寒、震え、発熱の症状を出現せしめ、さらに同女の腎臓に血色素尿性ネフローゼの病変を生ぜしめ、もつて傷害を与えた。Ａは、電撃性急性肝炎で輸血から1ヶ月以上経った時点で死亡した。

　被告人は、当初、業務上過失致死罪で起訴されたが、後に業務上過失傷害罪に訴因変更された。

　判決では、「かかる場合、同女の主治医たる医師としては、輸血に先立って同女の血液につきＡＢＯ式血液型判定用血清を用いた精密検査をしてそのＡＢＯ式の血液型を判定するとともにあわせて交差適合試験を実施したうえ、これに適合した血液を輸血し、いやしくも血液型を異にした血液を輸血

---

[105]　岡山地判昭55・5・30判タ678・44。この判例については、飯田・山口84頁以下参照。なお、この判決につき同じく、渋谷・前掲『新版医療事故の刑事判例』130頁以下参照。

するなどにより同女に病変を負わしめることのないようにすべき業務上の注意義務がある」のに、これを怠ったとして医師の過失を認めた。

本件は、医師が血液型の判定検査をすることなく、患者の家族から患者の血液型を聴取しただけで、他の医師や看護師に、患者に輸血させたというものである。控訴審である広島地裁岡山支部は、次のように判示した。

【60】異型輸血致死事件（第2審）[106]　「被告人は原判示の如く自己の患者であるA女の手術を担当する医師として、同女に輸血の必要を認めた以上、万一にも不適合輸血の如き事態を生じさせないよう、同女の血液につき後記の如き判定用標準血清を用いたABO式血液型判定を行い、更に輸血用血液と同女の血液との間に交差適合試験を行って、輸血の安全性を確認する業務上の注意義務を負うものであるから、自ら輸血に当らず、初対面のBに、本来同人に応援を求めた目的である麻酔の実施以外に、血液型の判定をも含めて輸血全般の担当を求める以上は、Bに対して右の趣旨を徹底させ、同人が必要な検査を誤って省略することがないように特に注意すべき義務があり、単にBが資格ある医師であるというだけで漫然と検査を委ねるだけでは足りず、ABO式血液型判定が必要な場合であることを確認させたうえで、これに必要な標準血清や遠心分離機の所在を告げ、看護婦にも万一の手違いが生じないよう手配させる等の配慮を尽すべきである」。

この広島高裁岡山支部判決の後の判例として、次のものがある。

まず、同姓同名の患者に対する**【61】異型輸血致死事件**[107]である。事案は、次の通りである。

（事実）被告人Xは医師であり、Z病院において整形外科部長であったが、准看護婦であった被告人Yに指示して患者AのABO式の血液型判定のため凝集検査を実施した際、Yは、XにA女の血液型について医師の正しい判定を受けることなく、A女には同病院における過去の入院歴があったので、過去の患者の血液型判定結果を記録した同病院備え付けの血液型記録ノートを調査し、同ノート中、A女とは同姓同名の別人についての「A女A型」との記載を前記A女に関する記載であると誤信したため、真実はO型であったのにこ

---

[106]　広島高岡山支判昭57・3・24判夕678・50＝飯田・山口100頁。後藤弘子「異型輸血過誤事件」医事法判例百選180頁以下。本件民事判例として、岡山地判昭63・3・22判時1293・157。
[107]　御嵩簡略昭57・1・7判夕678・55＝飯田・山口109頁。

れをA型と軽信し、同女の血液一般尿便検査表にその旨誤った記載をし、X
は、A女の血液型検査および判定を何ら行わず、A女の血液型をA型と誤信
し、A女にA型の輸血用保存血液を輸血し、A女に対し不適合異型輸血によ
る腎機能障害を起こさせて死亡させたというものである。

　本件では、准看護師の過失は、明らかであり、医師についても、本来、血
液型検査についての知識のない準看護師に血液型検査を行わせたことそのこ
と自体も問題であるが、本件では、むしろ、医師自身が、検査の判定および
交差適合試験を実施しなかった点で、「不適合異型輸血に伴う右A女の生命
及び身体に関する危険を未然に防止すべき業務上の注意義務」を怠ったとい
うのである。

　次の【62】**異型輸血鹿屋事件**[108]の事案も、医師が輸血に際して、患者がA
型と申告していたことから血液型の確認をせず、O型の患者にA型の血液
を輸血し、死亡させた事案である。

　　被告人は、手術前日に「いわゆる全血法により血液型検査を実施したもの
　の、凝集の有無が判然としないときは、より正確な血液型検査法であるいわゆ
　る食塩水浮遊液法等により再検査する必要があるのに、患者がA型と申告し
　ていたことから、真実はO型であるのにA型と誤判し、もとより交差試験は
　実施しないまま手術を開始し、輸血が必要となったとき、A型の血液を輸血
　し、輸血不適合に気づかないまま輸血し、患者を播種性結果内凝固症候群に基
　づく急性心不全により死亡させたというのである。

　その他、【63】**異型輸血致死大阪事件**[109]は、看護師が医師の指示により輸血
する際、交叉試験伝票と輸血容器記載の血液型および番号の確認を怠り異型
輸血により患者を死亡させた事案で、看護師の過失が肯定された。また、
【64】**異型輸血致死山形事件**[110]では、看護師が血液保存庫には当該患者のA
型濃厚赤血球バッグのみが保存されているものと思い込み、同バッグの表示
を確認することなく同保存庫に保存されていた他の患者用のA型濃厚赤血
球バッグを取り出し、執刀中の医師に輸血する旨報告して患者を異型輸血に

108　鹿屋簡略昭61・11・11飯田・山口111頁。
109　大阪簡略平3・6・14判タ1035・54＝飯田・山口115頁。
110　酒田簡略平8・10・29判タ1035・55＝飯田・山口116頁。

よるショック状態に陥らせて死亡させたというものである。看護師は、罰金50万円に、医師は、起訴猶予とされた。

さらに、**【65】異型輸血致死杵築事件**[111] では、外科医院を経営する医師が、入院患者に輸血を行うにあたり、不十分な検査により、不適合輸血を行い、患者を死亡させた事案が扱われた。

> 輸血に際しては、患者血液のABO式血液型検査の際は、患者血液の赤血球中のA抗原およびB抗原を試薬として用いて調べる「オモテ検査だけではなく」、必ず、患者血清中の抗A凝集素および抗B凝集素を用いて調べる「ウラ検査を行い」、両検査の結果が一致して、初めて、患者血液のABO式血液型を確定でき、かつ、「患者血液と輸血用血液の交叉適合試験の際は、ABO式血液型の不適合を検出でき、摂氏37度で反応する抗体を検出できる適正な方法で」、患者血液の血清と輸血用血液の赤血球を試薬を用いて反応させる主試験及び患者血液の赤血球と輸血用血液の血清を反応させる副試験を行い、両試験で適合して、初めて、適合血液と確定できるにもかかわらず、それを怠り、看護師らに患者に対し、異型輸血を行わせ、患者を溶血性輸血反応によるショックを惹起せしめ、死亡させたというものである。医師は、業務上過失致死罪により罰金50万円に処せられた。

血液型検査には、「オモテ検査」と「ウラ検査」があり、しかも、「主試験」と「副試験」の両試験を行い両試験で適合する必要があり、そのそれぞれ両検査・試験を行うことが義務づけられているので、それを行わなかった場合には、過失があるというのである。

(3) 近時の判例

さらに、近時の判例を検討しておこう[112]。まず、看護師が、血液パックの氏名不詳等を確認しなかったことを問題にしたのが、次の事案である。

【66】異型輸血事件[113]　この事件においては、准看護師が、O型患者の自己血輸血用に採決保存しておいた血液を、冷蔵庫から取り出す際に血液パックに

---

111 杵築簡略平11・1・18判タ1035・55＝飯田・山口118頁。
112 これらの判例については、飯田・山口83頁以下参照。後藤弘子・前掲医事法判例百選181頁をも参照。
113 岐阜簡略平13・4・2飯田Ⅱ231頁。

記載された氏名・血液型を確認することなく、一緒に保存されていた他のA型患者に血液と取り違えて、輸血の準備をし、別の看護師がそれを確認することなく、輸血したため、患者を異型輸血に起因する心不全のため死亡させた。

同じく、看護師の血液型の確認不十分による【67】異型輸血事件[114]は次の如くである。

　　看護師Xは、O型の入院患者の緊急治療として輸血を行うに際して、交差適合試験報告書3枚の中に別のB型患者のものが混っていたのに、輸血用血液パックとの照合にあたり、本件患者をB型と誤信し、B型輸血用血液パックを準備し、准看護士Yが患者名を十分確認することなく輸血したため、患者を異型輸血による急性循環不全・腎不全により死亡させた。

医師の血液型確認義務について判断したのが、次の判例である。

【68】三重大学病院異型輸血事件[115]　　ここでは、医師甲が、カルテ等で患者の血液型を確認することなく、緊急時血液支払伝票を作成し、医師乙が、カルテ等を確認することなく、上記伝票を軽信して看護師に指示して輸血させ、患者異型輸血にもとづく多臓器不全により死亡させたという過失が問題となった。

これによれば、ひとりの医師が、患者の血液型を確認することなく、血液支払伝票を作成し、もう一人の医師がカルテを確認することなく、その支払伝票を信頼して看護師に異型輸血させた場合、両者ともに過失が認められる。

114　鰺ケ沢簡略平13・12・19飯田II233頁。
115　津簡略平14・4・3飯田II236頁。

6．手術に起因する医療過誤

1．手術における過誤の発現形態

　手術は、患部を治療する目的で身体に観血的侵襲を加える医療行為である。典型的な手術には、腫瘍などを切開し、臓器・組織の一部または全部を切除し、臓器等を摘出し、手足などを切断し、血管等をつなぎ合わせて吻合して行われるものがある。このような手術そのものが身体的侵襲であるので、そのような切開・切除・摘出・吻合などの過程でミスが生じうることは本来否めない。しかし、手術にもとづく医療過誤は、このような技術における手違いであるミスのみではなく、診断ミスに伴う手術の際のミス、医療水準に関する誤解、患者の同意の範囲を誤って逸脱して行われた手術のみならず、手術の準備におけるミスや手術後の術後管理のミスによっても生じる。すなわち、手術による医療過誤には、①医学的適応、医術的正当性ないし患者の同意に関する錯誤から生じる場合と、②錯誤によって患者や患部の場所を誤った場合、③術後管理をも含めて手術の過程でミスが生じ、または、爾後に合併症が発生して、患者の傷害や死亡の結果が発生した場合などがある。

　手術そのものの正当化にかかわる錯誤の故に生じた医療過誤については、すでに考察を加えたので、省略する。医術的正当性を誤った場合には、医療水準を充たさない手術を施術した場合も含む。したがって、ここでは、患者・患部の取り違えの事例と、とくに術後管理におけるミスに関する判例を採り上げて考察を加えておく。合併症の発生等による傷害・死亡結果の発生については、予見可能性や因果関係の問題でもあるので、それに譲る。

2．患者・患部の取り違えの事例

以下で採り上げる判例が出る以前は、手術前の患者の同一性の確認についても、病院のリスクマネージメントは、徹底されてはいなかった。これらの判決以降は、各病院において、名前を記した腕輪を装着する、その都度必ず患者自らに姓名を言わせるなどの患者の同一性の確認のための物理的・人的確認体制が整備されている。

(1) 横浜市立大学患者取り違え事件【69】

本件[116]は、看護師が74歳と84歳の患者の名前を取り違えて手術室に搬送し、その後、麻酔医、執刀医、助手医、主治医らが手術の過程において、同一性を疑う兆候がありながら、確認をせず取り違えたまま手術が行われ、業務上過失傷害罪に問われたものである。

> 後に詳しく検討するように[117]、本件では、看護師、麻酔医、執刀医、助手医、主治医らが手術の過程において、患者の同一性を疑う兆候がありながら、確認をしないまま手術が行われたのであり、過失の競合が問題となった。**第1審横浜地裁判決**[118]は、麻酔前の執刀医の患者の同一性確認の注意義務に関しては、これを否定し、麻酔医のそれに関して麻酔導入前の同一性確認義務を否定し、導入後の確認義務は尽くされたものとした。これに対して、**第2審東京高裁判決**[119]は、これらをすべて肯定し、最高裁は、麻酔医の確認義務につきこれを確認した。病院では、同一性確認のためのシステムを構築する必要があり、これが構築されていないところでは、相互に信頼の幻想によって過失責任は免れず、重畳的に注意義務があるというのが判例の立場である。

この点、若い麻酔医が上告してその判断を仰いだ最高裁決定においては次のようにいう。

---

116 最決平19・3・26刑集61・2・131＝飯田II242頁。大塚裕史「横浜市大患者取違え事件」医事判例百選192頁以下参照。
117 本書第6章708頁以下。山中「医療過誤と刑事組織過失」（2・完）法学論集63巻1号1頁以下参照。そこでは、看護師、麻酔医、執刀医のそれぞれの個別の注意義務を中心に検討する。
118 横浜地判平13・9・20判タ1087・296。
119 東京高判平15・3・25東京高刑判決時報54・1＝12・15。

(2) 最高裁の決定要旨

「医療行為において、対象となる患者の同一性を確認することは、当該医療行為を正当化する大前提であり、医療関係者の初歩的、基本的な注意義務であって、病院全体が組織的なシステムを構築し、医療を担当する医師や看護婦の間でも役割分担を取り決め、周知徹底し、患者の同一性確認を徹底することが望ましい」とし、「これらの状況を欠いていた本件の事実関係を前提にすると、手術に関与する医師、看護婦等の関係者は、他の関係者が上記確認を行っていると信頼し、自ら上記確認をする必要がないと判断することは許されず、各人の職責や持ち場に応じ、重畳的に、それぞれが責任を持って患者の同一性を確認する義務があり、この確認は、遅くとも患者の身体への侵襲である麻酔の導入前に行われなければならないものというべきであるし、また、麻酔導入後であっても、患者の同一性について疑念を生じさせる事情が生じたときは、手術を中止し又は中断することが困難な段階に至っている場合でない限り、手術の進行を止め、関係者それぞれが改めてその同一性を確認する義務があるというべきである」。

本件は、患者の取り違えという衝撃的なミスが発生した事件であり、病院関係者のみならず、世間的にもあまりにも基本的な間違いが起こりうることを示した点でも影響は大きかった[120]。患者の同一性の確認は、手術の際のみならず、点滴・投薬等においても必須の基本的事項である。本件事故発生直後、1999年2月に厚生省（当時）は、「患者誤認事故予防のための院内管理体制の確立方策に関する検討会」において類似事故の発生防止の方策を検討し、同年7月に報告書を提出した。同年3月には、横浜市立大学病院の事故調査委員会が「事故調査委員会報告書」を公表して、事故原因を分析している[121]。この事件と判決以降は、病院における取り違え防止策が検討され、同一性確認のマニュアルが整備された。特に本件患者のように高齢者に対する手術等においては、マニュアル作成にも確実に同一性の確認がとれるような配慮が必要である。

本件に関する組織面での過失ついては、第6章「医療過誤と刑事組織過失」[122] において詳論する。

---

[120] 大塚裕史・医事法判例百選192頁、甲斐克則『医事法への旅』(2006年) 138頁、平塚志保「横浜市大病院患者取り違え事件」年報医事法学18号 (2003年) 150頁。

[121] 甲斐・前掲『医事法への旅』138頁参照。

(3) その他の人ないし患部の取り違え事件

【70】いわき市立病院患者取違え妊娠中絶手術事件[123]　この事件では、妊娠13週の患者を妊娠7週の人工妊娠中絶患者と間違えて子宮掻爬を行った事案につき、「手術を開始するにあたっては、自から患者に面接し、もしくは、その姓名を呼ぶなどして患者が人違いでないことを確認する措置を講じる」等の業務上の注意義務が認められた。

【71】神戸徳洲会病院手術部位誤認致死事件[124]　この事件では、右鼠径部ヘルニア根治手術の際、手術部位の取り違え、膀胱を鼠径部ヘルニアに伴うヌック管水腫と誤認し、膀胱を手術用ハサミで切開し、膀胱壁損傷に起因する電解質異常に基づく急性循環不全による死亡させた事案につき、「いやしくも患部以外の臓器を損傷することのないように手術する業務上の注意義務」を怠ったとした。さらに、患者Ａの左腎臓・左尿管全部摘出・膀左腎臓胱部分切除手術にあたって、左右を間違え、右側の腎臓・尿管上約3分の2を切除した事件[125]があるが、これについては、医師の過失の競合する事案でもあるので、第6章に譲る。

次の判例は、適応が認められない小腸狭窄部へのステント留置術を施した事案に関するものである。

【72】国立高松病院ステント留置術ミス事件[126]　（事実）外科医である被告人は、国立高松病院内において、Ｐ（53歳）に対し、小腸（空腸）狭窄部の腸管拡張術を実施するに当たり、食道用ステントは、専ら末期的食道癌等の患者に対し、食道の狭窄症状を軽減して、生活の質を向上させることを目的にのみその施用が認められたものであって、小腸狭窄部の腸管を拡張するために同ステントを転用して留置する施術（「ステント留置術」）は、狭窄の原因が悪性腫瘍などのため、手術など他の治療法の適応や効果がなく、同ステントによる治

122　本書第6章708頁以下（山中・「医療過誤と刑事組織過失」（2・完）法学論集63巻1号22頁）参照。
123　いわき簡略平2・1・10判タ770・80＝飯田・山口290頁。なお、松宮・（中山・甲斐編著）前掲『新版医療事故の刑事判例』49頁参照。
124　神戸簡略平元・7・18判タ1035・56＝飯田・山口289頁。
125　山形地判平2・2・14判タ770・80＝飯田・山口274頁、仙台高判平2・12・6判タ770・82＝飯田・山口274頁。山形簡略平元・3・22判タ770号80頁。なお、松宮孝明「診断行為と過失」中山・甲斐（編著）『新版医療事故の刑事判例』50頁以下参照。第6章（本書716頁以下）参照。
126　高松地判平17・5・13LEX/DB＝飯田II455頁。

療のみが残された治療法と判断される場合でなければ、その適応が認められないから、ステント留置術を行うことを避けるべきであるのはもちろん、あえて同留置術を行うに際しては、十二指腸や小腸の腸管穿孔の危険性に十分留意し、もし、同留置術中に腸管が穿孔したときには、直ちに、穿孔部位の縫合手術を実施して腸内容物の腹腔内への漏出を防止するとともに腹腔内洗浄をするなどの救命措置を実施すべき業務上の注意義務があるのに、これらを怠り、Pに対し、上記の場合でなく、適応が認められない小腸狭窄部へのステント留置術を、その適応があると軽信して実施した上、同留置術中、十二指腸に穿孔が生じたことが判明し、同穿孔に対する救命措置のための緊急開腹手術を実施した際にも、穿孔部位同定後、直ちに同部位の縫合及び腹腔内洗浄をするなどの救命措置を実施せず、同ステントを前記小腸狭窄部に留置することに固執して、ステント留置術を継続した過失により、同人に前記穿孔部位等から腹腔内に漏出させた腸内容物により汎発性腹膜炎等を発症させ、よって、転院先のK医科大学医学部附属病院において、同人を前記腹膜炎による敗血症により死亡するに至らしめた。

(判旨)「被告人は、本件では食道用ステントを転用する施術の適応が認められないにもかかわらず、十分な経過観察を行ったり、他の医師に意見を聞くなどしないで、その適応があると軽信して、同留置術を行ったり、さらには、十二指腸穿孔の判明に伴う緊急手術に際し、穿孔部同定後、うかつにも直ちに同部の縫合や腹腔内洗浄をするなどの処置をしないで、ステント留置術を3時間余り継続したのであるから、法的評価としての過失が認められることは明らかである。また、本件ステント留置術につき、Pらが適応がないことを承諾していたとも認められないし、その他、ステント留置行為を正当化する事由もないから、違法性がないとか、医療行為として許容される範囲内の行為であるとは認められない」。

このように、判決は、本件では、医学的適応、医術的正当性および患者の承諾が欠けるとしている。なお、本判決は、インフォームド・コンセントについても、次のように判示しているので、次に注記しておこう。

「被告人が、Pらに対して、…胃瘻造設の説明と同時に行ったステント留置術に関する説明は、ごく簡単なものであり、同人らがその手技の内容を十分理解できるようなものではなかったと認められる。Pやその妻は、被告人から、

同年8月6日にステント留置術について聞き、その治療法を受けるか決めかねてM病院やN病院の医師に相談に赴いており、同日被告人から改めてステントについて聞くまで、その手技や内容を十分理解していなかったと考えられるからである。また、被告人がPらに対して説明した内容だと主張する診療録の8月6日欄の記載内容によると、ステント留置術を行うことが前提となっており、ステント留置術そのものについて、手技の困難性や穿孔の危険性などについて、説明をした旨の記載はない。上記のとおり、被告人が行おうとしていた医療行為は、前例がない小腸（空腸近位部）の癒着性再狭窄に対し、食道用ステントを転用して留置するという先端的で高度なものであるから、それに伴って当然必要とされる、手技中あるいは術後の危険性や長期効果の不確実性、合併症などについても、十分な説明が必要となる。しかしながら、被告人が、同日までにそのような十分な説明をしたと認める証拠はなく、同日以降もステント留置術に至るまで、被告人からPらに対し、更なる詳しい説明がなされたことも認められない。したがって、ステント留置術についての説明は十分なものではなく、同留置術までに詳しい説明はなされなかったと認められる」。

すでに「医師の説明義務」において論じた[127]ように、先端的治療に関する説明においてはその有効性の未確立・未知の危険の排除できないことなどが説明され、伝統的な手術の選択の可能性も説明されなければならない。本判決でも、「手技中あるいは術後の危険性や長期効果の不確実性、合併症など」の説明が必要とされている。

3．術後管理におけるミス

これに関しては、当直については無資格であるにもかかわらず当直勤務をしていた見習い看護婦と医師を無罪とした事案および手術ミスの後の術後管理に過失を認めた事案を見ておこう。

【73】帝王切開後ショック死事件[128]　　（事実）産婦人科外科医院の開業医である被告人は、Yに対して帝王切開手術を実施したが、同女が妊娠中毒症に

127　山中・本書第3章268頁以下（山中「医師の説明義務（1）」法学論集61巻6号29頁以下）参照。
128　東京地八王子支判昭47・5・22刑月4・5・1029＝判タ280・364。

より高血圧が2ヶ月間くらい存続していたのに、約10時間にわたって、同女の観察を当直勤務のK子（25歳）とG子（21歳）に任せて、自らは一回も回診しなかったのみならず、K子からYの脈拍が正常でないとの報告を受けたにもかかわらず、単に注射を指示したのみで自らは回診しなかった。Yは、ショック死した。

(判旨) 当直体制については、次のようにいう。「被告人病院はいわゆる診療所であって、無資格の看護婦のみが当直看護をしていたとしても、それは望ましい姿でないが、法令上の違反があるとは言えず、…同女は被告人医院に見習い看護婦として勤務し、宿直勤務の経験は7年に及び、…患者の容態を観察する能力において看護婦、准看護婦のそれにさして欠けるものがあったとは認められず、また、被告人は、右K子等の当直室から10メートルの距離にある同棟の居室に当直を兼ねて居住しているわけで、右K子らから患者の容態の推移の報告も受けやすくその病状の急変に即応できる体制を備えているわけで、当直態様に過失ありとは認め難い」。

看護方法については、「本件患者の場合は特に終夜酸素吸入を継続するとの措置をとるばかりか暑気を防止するために患者の枕元に携帯用の扇風機を廻す等の措置をとり…帝王切開患者として帰室後一時間ごとにK子が病室をおとずれ、血圧、脈拍を測定し、尿量を調査し、患者の一般状態を観察して被告人にその都度報告していたことが認められ同女の看護方法に過失があったとは認め難く、…従って同女に看護を命じた被告人に過失は存在しない」。

本件では、医師の当直体制に過失はなかったとし、また、看護方法についても、無資格ではあっても宿直勤務が長い見習い看護婦が、一時間毎に患者を訪れ、血圧などを測定し、患者の一般的状態を観察して医師にその都度報告していた場合には、医師に過失はなかったとしている。

【74】胆嚢手術ミス事件[129]　次の事案[130]は、2名の担当医の手術ミスがあったが、手術そのもののみならず、術後管理における不適切な措置に過失があるとされたものである。なお、手術に際しては、後記医師Yが執刀医を、医師Xが前立ホルスタントを務めた。

129　最決平17・7・14、東京高判平17・1・28、東京地判平16・5・14（LEX/DB）＝飯田II 413頁以下。

130　東京地判平16・5・14（LEX/DB）。武藤眞朗「手術と刑事責任」中山・甲斐（編著）『新版医療事故の刑事判例』173頁参照。

6．手術に起因する医療過誤　551

（事実）被告人Xは、X病院の院長・医師であり、被告人Yは、同病院の外科医長・医師であり、ともに同病院に入院したAの治療を行っていたが、両名は、Aに対し、…共同して胆嚢摘出術を実施するに際し、Aの胆嚢周辺部が高度に炎症を起こして癒着していたことなどにより、総肝管、胆嚢管、総胆管等の胆道系の解剖を目視で十分確認できないまま胆嚢底部から頸部に向けての漿膜下の剥離作業を行い、胆嚢管の結紮・切離を行おうとしていたが、上記剥離作業中に誤って総肝管を切離し、かつ、胆嚢管と誤認して総胆管を結紮・切離し、これによって、腹腔内に胆汁が漏出して胆汁性腹膜炎を発症させる危険性を生じさせたのに、術中胆道造影による胆管損傷の有無の確認を行わず、上記各切離に気付かないまま閉腹して手術を終えた。さらに、引き続き共同してAの本件手術後の管理を行うに当たり、Eの右肝床部に留置したドレーンから胆汁が漏出していたことを認識したが、胆汁は上記ドレーンからすべて体外に排出されているものと軽信し、胆管損傷の有無や胆汁性腹膜炎の発症の有無を感知するためのERCP検査、CTスキャン検査、血液生化学検査等の諸検査及びこれに引き続く開腹手術等の適切な処置を行わないまま、経過観察を継続した。それによって、Aに汎発性の胆汁性腹膜炎を発症させ、よって、転院先のN病院において、同人を胆汁性腹膜炎に起因する多臓器不全により死亡するに至らせた。

　検察官は、さらに、本件手術に際し、直ちに胆嚢摘出に着手するのが不適切な状態であったのに、被告人両名はあえて胆嚢摘出に着手したという事実を前提として、被告人両名には、①胆管損傷を確実に防止し得る手術手技を用いるべきであるという注意義務、②胆管損傷を起こした場合でもそれを手術中に発見して適切な処置を行うことができるように、術中胆道造影を行って損傷の有無を確認するとともに、損傷に気付きやすい手術器具を用いて手術を行うべきであるという注意義務があるとも主張したが、これらの主張は退けられた。

（判旨）「被告人両名は、①本件手術を実施するに際し、Aの胆嚢周辺部が高度に炎症を起こして癒着していたことなどにより、胆道系の解剖を目視で十分確認できないまま胆嚢の摘出を行おうとしていたのであるから、胆管損傷を起こした場合でもそれを開腹手術中に発見して適切な処置を行うことができるよう、術中胆道造影を行って損傷の有無を確認すべき業務上の注意義務があるのにこれを怠り、胆嚢摘出作業中に誤って総肝管及び総胆管を切離し、腹腔内に胆汁が漏出して胆汁性腹膜炎を発症させる危険性を生じさせたのに、術中胆道造影による胆管損傷の有無の確認を行わず、上記各切離に気付かないまま閉腹

して手術を終える過失を犯し、②引き続き共同してAの本件手術後の管理を行うに当たり、…Aの右肝床部に留置したドレーンから胆汁が漏出していたことを認識したのであるから、本件手術は胆道系の解剖を目視で確認できないまま胆嚢を摘出したという経過も踏まえて、胆管損傷の可能性があり胆汁性腹膜炎を発症させる危険性があることを考慮して、直ちにERCP検査[131]、血液生化学検査、CTスキャン検査等の諸検査を実施して胆管損傷の有無及びその原因の究明に努めるとともに、胆汁の腹腔内への漏出を停止させて胆汁性腹膜炎の発症及び進行を阻止するために開腹手術を実施するなど適切な処置を行うべき業務上の注意義務があるのにこれを怠り、胆汁は上記ドレーンからすべて体外に排出されているものと軽信し、胆管損傷の有無等を感知するためのERCP検査等の諸検査及びこれに引き続く開腹手術等の適切な処置を行わないまま、漫然と経過観察を継続した過失を犯したものと認めることができる」。

本判決では、術中、胆道造影を行って損傷の有無を確認すべき業務上の注意義務を認めたほか、術後、総肝管を誤って切断したことによって、手術後に胆汁が漏出したのに適切な措置をとらず、転院先でERCP検査をはじめて総胆管が途絶していることが判明したのであるが、術後すぐに通常の胆嚢摘出術後に漏出する胆汁とは性質の異なる胆汁漏出が生じていることを認識した上で、ERCP検査等を行うべき注意義務があったとした点で、手術後の措置に不適切な点があったとしたものである。本件では、被告人医師2名の過失共同正犯が認められている。

【75】広島市民病院心臓手術後心室細動看過事件[132]　広島市民病院の麻酔科部長Xと心臓血管外科の臨床研修医Yの幼児（2歳）に対する肺動脈狭窄介助、心室中隔欠損の各閉鎖手術の後に発症した心室細動に対して救急蘇生措置が遅れ、低酸素性脳症の傷害を負わせた事件が問題となった。被告人Yが公判請求されたのが本件であり、麻酔科部長Xについては、略式命令で30万円に処せられた[133]。

---

[131] ERCP＝内視鏡的逆行性膵胆管造影法（endoscopic retrograde cholangiopancreatography）。十二指腸内視鏡を用いて、主乳頭よりカテーテルを挿入し、膵管および胆管を造影する方法。

[132] 広島地判平15・3・12判タ1150・302＝飯田II710頁。

[133] 広島簡略平13・3・2飯田II723頁。後述判例【104】。「監視モニターの確認及び肉眼的方法による同児に対する全身状態の観察、把握等を十分に行わなかった過失」が問われた。

(事実)被告人Yは、市民病院外科の臨床研修医であったが、甲（2歳）の担当医として、同児に対する肺動脈狭窄の解除、心室中隔欠損及び心房中隔欠損の各閉鎖の手術が行われた後、同児が同病院集中治療室に収容された際には、上記手術に引き続き同児の担当医として同児の容態の観察を行っていたものであるが、上記手術後は、致死的不整脈である心室細動が起こり、血液の駆出停止等により低酸素性脳症等の脳障害を引き起こすおそれがあるところ、当時、同児は心室細動発生につながり得る心室性期外収縮を頻発させていたが、患者監視モニターや肉眼的方法によって確認することを怠ったため、その発見及び救急措置が遅れ、よって、同児に対し、酸素欠乏に基づく全治不明の低酸素性脳症の傷害を負わせた。被告人の過失責任について、弁護人は、約8か月半の研修経歴しかない臨床研修医である被告人には、心室細動の発生を具体的に予見することはできないから、心電図波形をチェックし、被害者の容態を直接診察することは期待できなかったと主張した。

(判旨)「しかしながら、本件被害者が当時2歳の幼児で、心臓手術を行った直後の患者であり、心室細動等の心臓の異常を起こすおそれがあることは医療関係者には明らかなことであって、被告人も当然そのことは知っており、また、だからこそ被害者はICUに収容され、監視モニターによってそのバイタルサインである各種数値が測定・表示されるようになっていたのであって、そのような被害者については、常時その容態を観察しておく必要があり、心室細動の具体的な兆候が現れなければ、監視モニターの確認や被害者の全身状態の観察等を行わなくてもいいというものではないことは当然のことである。

　したがって、被害者に付き添っている担当の医師である被告人としては、心室細動の発生を具体的・現実的に予見できたかできなかったかにかかわらず、監視モニターの確認及び被害者の容態観察を行うべきことは当然であって、これを期待することができないとは到底いえない。しかも、心室細動時の心電図波形は、上下の振幅の幅や波と波の間隔が極めて小さく、一見して顕著な特徴を示す異様な波形であって、心室細動であると正確に認識するか否かはともかくとして、異様な波形であることは容易に認識できるものであり、また、心室細動時の被害者の心音が聞こえず、脈拍を感知できないということも、触診や聴診を行えば容易に判明することであって、そのような基本的な注意義務を果たしていれば、被告人は被害者の異常に気付くことができたといえ、そのことを直ちに指導医である上級医や近隣の医師等に報告すれば、本件の結果は回避できたといえるのであるから、被告人には前記のような過失があったことが明

らかである」。

　研修経歴の少ない臨床研修医にも、幼児の術後、監視モニターの確認や被害者の容態観察を行うべきであったとし、また、触診や聴診を行うなど基本的な注意義務を果たしておれば、幼児の異常に気付くことができ、指導医や上級医に報告すれば結果を回避できたとする。

　ここでは、研修医たる被告人Yの術後管理を怠り、症状を看過して「監視モニターの動脈圧数値等の異常表示に気付いた後も、異常表示は器具の不具合によるものと思い込み、心電図の確認や肉眼的方法等による容態管理を行わず、器具の調整のみに当たった過失」について詳しく述べておくと、臨床研修医は、監視モニターの表示から患者が心室細動に陥っていたことに気付き、心臓マッサージを与え、看護師が「アレスト」と叫ぶまで心電図が心室細動の波形を示していることに気付かなかったと認定されている。そして、被告人は、「主治医」に指名され、公訴事実は、「被害者の側で術後管理に当たってきた主治医」であるとするのに対しては、「研修医については『主治医』に指名されたからといって、そのことの故に担当患者の診察、診療の中心的責任を負うものではない」とし、「当時被告人が負っていた具体的な注意義務を考察すべきである」という。被告人は、「研修医であるとはいえ、被害者を担当する医師として、少なくともその容態を観察するとともに、ベッドサイドモニターを確認し、心室細動等の異常が生じた場合には、直ちに指導医である上級医や他の医師等に報告して被害者の病状悪化、殊に心室細動等による脳障害の招致を防止すべき注意義務があったというべき」であるというのである。本件において、約8ヶ月半の研修経歴しかない臨床研修医であった被告人にも、注意を払っていて、異常に気付くことができ「直ちに指導医である上級医や近隣の医師等に報告すれば、本件の結果は回避できたといえる」として過失を肯定する。

　本件では、ICUを管理・運営する麻酔・集中治療科の医師・麻酔科部長Xが略式命令で罰金30万円の刑を受けていることとの関係で、本件事案で、被告人Yには、集中治療室の日直責任者として、略式命令によって自ら患者の状態を監視すべき責任を怠ったとして罰金20万円が言い渡されたが、公判請求された研修医の過失よりICUの管理体制、その責任者である医師X

の注意義務違反が問題ではなかったかという指摘とそれを否定する見解[134]があり、対立している。Xに自ら患者の状態を監視すべき義務があったというよりは、研修医に対する指導と麻酔科部長として患者の術後の安全を確保する組織体制を確立する義務も問うべきであっただろう。

---

[134] 飯田II711頁。

7. 医療機器の誤操作に起因する医療過誤

1. はじめに

　最近の医療においては、多数の各種医療機器が用いられることが多い。医師が手術や診察・検査を行うにあたって、医師の手によるメスや聴診器などの医療器具を用いることは古くから行われたが、最近では、医療機器が発達し、検査や手術に際しても、患者の身体の侵襲や身体管理に高度の医療機器を用いることが自明の事態となっている。医師単独ではそれらの機器をすべて管理・操作できないことから、技師や看護師に操作を委ねることも多い。このような各種の医療機器の誤操作による医療過誤も増えている[135]。医療機器の誤操作自体は、単純ミスである場合が多い。北大電気メス事件でも、電気メスの看護師による単純な誤接続が原因であった。医療機器が高度に複雑化してもその操作におけるミスは、単純なミスが多いことに変わりない。

　ここでは、とくに、最近多発している人工呼吸器の操作ミスによる事故に関する判例を分析し、次いで、患者の身体に挿入されるカニューレ、チューブ、カテーテル等の誤操作について検討しておく。

2. 人工呼吸器の誤操作

　まず、医師であった被告人が、P3の心房中隔欠損症等の根治術が行われた際、人工心肺装置の操作を担当したが、装置の操作にあたっての注意義務に違反したため、同人を死亡に至らせた【76】人工心肺装置誤操作事件[136]が

---

[135] 2007年発行の飯田Ⅱ5頁、32、33頁（の一覧表）では、刑事医療過誤判例のうち、医療機械の操作に関するものが、24件、被告人数30名が掲載されている。2001年発行の飯田・山口・目次ⅵ頁では、6件であった。なお、日山恵美「看護上の過失」中山・甲斐（編著）『新版医療事故の刑事判例』224頁も参照。

[136] 東京地判平17・11・30LEX/DB。

ある。本件では、人工心肺の陰圧吸引回路にガスフィルターが取り付けられており、そこに発生した水滴等でガスフィルターが閉塞し、脱血不能の状態に立ち至るということについて被告人に予見可能性があったかどうかが争われたが、判例ではこれが否定された。

　本件判決では、結論として、「本件手術の際、被告人において、人工心肺の操作に当たっていた間、人工心肺回路内に発生した水滴等により本件ガスフィルターが閉塞し、壁吸引の吸引力が回路内に伝わらなくなり、回路内の陰圧が減少して最終的には静脈貯血槽をはじめとする回路内が陽圧の状態になり、脱血不能の状態に立ち至るという一連の機序について、これを予見し得たものと合理的な疑いを超えて認定することは困難であるというほかはない。そうすると、被告人に、本件事故を回避するために何らかの措置を講じ得た可能性があったとも認められず、結果回避義務違反を問題とする余地はないから、これ以上に検討を進めて判断を加えるまでもなく、本件事故に関し被告人に過失責任を問うことはできない」という。

　本件では、因果経過の予見可能性と回避可能性が否定された。さらに、看護師による人工呼吸の加温加湿器の給水作業の際に生じた過誤の事例が比較的多い。

【77】**国立松江病院人工呼吸器操作ミス事件〔1〕**[137]　本件は、まず、酸素を供給する吸気口の蛇管を外して給水した後、誤ってその蛇管を酸素濃度ダイヤルに差し込み、気道内圧計や患者の胸郭の観察を怠ったため、急性呼吸不全により死亡させた事案である。器具の誤操作のほか計器・患者の観察に関する不注意も注意義務違反に挙げられている。

【78】**国立松江病院人工呼吸器操作ミス事件〔2〕**[138]　次に、先の事案と同一の病院で約5年後に起きた同様のミスの事案であり、准看護師が、人工呼吸器を装着した患者の身体の清拭作業の際に、人工呼吸器の「メインスイッチをオフの状態にしたが、清拭の後オンの状態にし、フロントパネルの表示を目視し、患者の胸郭を観察するなどして、人工呼吸器が正常に作動していることを確認しなかったため、患者を窒息状態にして死亡させたというも

---

[137] 松江簡略平12・5・8飯田II560頁。
[138] 松江簡略平13・1・9飯田II561頁。

のがある。

【79】国立岩手病院人工呼吸器操作ミス事件[139]　さらに、准看護師が、自発呼吸が不能であった患者に装着された人工呼吸器の加温加湿器に給水する際、作動用操作スイッチを押して人工呼吸器を停止させたが、給水終了後に人工呼吸器を作動させ、その気道内圧計および同人の胸郭の観察を行わなかったため、同人を酸素欠乏症に陥らせ、急性呼吸不全により死亡させた事案につき、操作スイッチと消音ボタンを間違ったのに、確認をしなかったという注意義務違反が認められた。

【80】国立岩手病院人工呼吸器操作ミス事件　本件控訴審[140]でも、被告人准看護師が、消音ボタンと操作スイッチを間違うことはあり得ないなどと争ったのに対し、被告人は、「本件人工呼吸器の給水作業をするに当たり、呼吸回路を外したところアラーム音が鳴り出したため、これを止めるため消音ボタンと誤って操作スイッチを押して本件人工呼吸器の作動を停止させ、その結果被害者が急性呼吸不全により死亡した」ものとした。

　控訴審では、被告人准看護婦には、人工呼吸器のアクアポールに接続しているホースが外れて、アラームが吹鳴したのに、アラームの一時解除キーを押して、ホースをアクアポールに接続しなかったところ、5分後に再びアラームが吹鳴した際、患者の容態を確認することなく、外れていたホースを誤って人工呼吸器のフローセンサに接続したため、患者を低酸素性脳症により死亡させた事実につき、異常箇所表示を点検して、同呼吸器を正常に作動させるとともに同人の容体を確認するなどの適切な措置を講ずべき業務上の注意義務を怠った過失があるとした。

　このようにして、控訴審も原判決を維持した。

　狭い意味で「医療機器」の誤操作といえるかどうかには、疑問がないわけではないが、広い意味では、機器の中に誤って別のものを入れるのも、器具の誤操作に入るといえるであろう。看護師が、滅菌精製水を補充しようとして、誤って消毒用エタノールを人工呼吸の加温加湿器に注入した行為が死亡

139　盛岡地一関支判平15・11・28飯田Ⅱ594頁。この点、松江簡裁は、操作スイッチを操作したことそのものの過失を問題にしていないのは不当だとする弁護人の主張に対して、「過失犯においては、いくつか落度のある行為があった場合そのうち結果に結び付く最終段階のものが過失行為として構成される」として直近過失論を標榜する。

140　仙台高判平16・10・14飯田Ⅱ622頁。

を引き起こした事件がこれである。

【81】京都大学医学部付属病院事件　これは、大阪高裁平成16年の判決[141]の事案である。脳症および肺炎治療のため入院していたＡに装着された人工呼吸器の加温加湿器チャンバー内に滅菌精製水を補充するにあたって、消毒用エタノール300ミリリットルを上記チャンバー内に注入・補充した。そのほかの4名の看護師も、その後、同じように注入・補充した。患者Ａは、気化した消毒用エタノールを約53時間にわたって吸引させられ、急性エタノール中毒及び脳症の増悪により死亡したというものである。第１審[142]は、業務上過失致死罪を肯定した。大阪高裁は、弁護人の量刑不当の主張に対する判断において次のようにいう[143]。

　「被告人の過失は、患者の体内に薬剤を摂取させるに当たり、その薬剤が真実自分が摂取させようとしている薬剤であるか否かをその容器のラベル等を見て確認するという看護婦として最も基本的で初歩的な注意義務を怠ったものである」。弁護人は、被告人以外の4名の看護師にも過失があると主張したが、これに対しては、「これらの4名の過失は、被告人が病室内の所定の位置に備え置いた前記エタノール入りポリ容器を見てこれが滅菌精製水であると思い込み、注入の際に同容器のラベル等を見て確認することを怠ったというものであって、被告人の過失がなければ生じることのなかった過失であるから、被告人はこれに対しても責任を負うべきである」。

　担当医の過失については、医師には、「人工呼吸器が正常に機能していることを確認する抽象的な義務もあると解せられるが、その機能のすべてにわたって常時点検を繰り返すまでの義務はなく、これが正常に機能していることに疑いを抱くべき事情が生じたときに始めて具体的な義務が生じるというべきである」が、そのような事情は認められないという。また、被告人に対する指導監視態勢が十分でなかったことが量刑に影響を及ぼすのではないかにつき、同病棟3階の薬品管理の責任者である看護師長の責任について、「これらを考慮して

141　大阪高判平16・7・7飯田Ⅱ585頁。医事法判例百選103。
142　京都地判平15・11・10判例集未登載。控訴審＝大阪高判平16・7・7判例集未登載＝日山恵美「エタノール誤注入と看護師の責任」医事法判例百選226頁以下。
143　飯田・前掲書590頁以下。なお、本件の民事判例としては、京都地判平18・11・1 LEX/DBがある。この判決では、消毒用のエタノールの入ったポリタンクから注入した看護師以外の4名の看護師の注意義務違反も認められた。日山・前掲『新版医療事故の刑事判例』227頁以下参照。

も、看護師という人命を容易に左右しかねない重要な職務に就く者の責任が大幅に軽減されるものとは考えられず、まして…その結果の重大性に照らせば、以上の事情が被告人の刑に与える影響はかなり小さなものに止まるというべきである」という。

これは、看護師が、医師の「診療の補助」を行うのであれば、「主治の医師又は歯科医師の指示」のもとでのみ行いうるのであるが、それにより、看護師の補助業務に過誤があれば、医師は自らの指導・監督が不十分であったことにより生じた結果につき責任を負うとされてきた[144]。しかし、今日、看護師は、自らに分担を許された診療補助行為につき、患者に危害が発生しないように防止すべき義務を負うとされ、医師は、このような場合に十分に訓練された看護師の適切な行為に対し、一定の範囲内で信頼をすることができると解されている。学説においても、看護師の適切な行為に対する医師の信頼に否定的な見解[145]と、医療現場で上記のように看護師の補助に独自の責任を認める見解[146]とが対立している。

なお、他の看護師4名も滅菌精製水であることを確認する義務を怠っているのであるから、その過失が重複して問題となるが、「これら4名の責任は、その程度において被告人の責任との間に差があると言うべきであるし、これら4名の過失と被害者の死亡との因果関係にはが疑問がある（特に、比較的遅い段階で関与した看護師については、すでに被害者の血中アルコール濃度が致死量に達していた可能性が高い。）」というのが、他の4名の看護師の過失責任が問われていない理由である。

3．カニューレ、チューブ、カテーテル等の誤操作

(1) カニューレの誤接続

カニューレ（Kanüle）とは、心臓・欠陥・気管などに管状のものに挿入するガラス製、プラスチック性などの管をいう。このカニューレの誤接続が問

---

[144] 飯田英男・藤永幸治ほか編「環境・医事犯罪」(1999年) 318頁、日山恵美・医事法判例百選226頁参照。
[145] 船山泰範「医療過誤と過失犯の役割」現代社会型犯罪の諸問題（板倉博士古稀祝賀論文集）(2004年) 208頁。
[146] 日山・前掲医事法判例百選277頁。

題となった**東京簡裁の略式命令の事案**[147]【82】は、看護師が、誤嚥性肺炎等の治療のため入院中のAの前頸部に装着されていた気管切開チューブ挿入していた窓付きインナーカニューレを洗浄・消毒するため窓なしインナーカニューレに交換する作業を行うに際し、気道を閉塞しないよう、窓なしインナーカニューレには、（会話を可能にするための）スピーキングバルブを接着せずにその交換作業を行う必要があったのに、それを怠り、同人を呼吸困難による窒息状態に陥らせ、低酸素脳障害に基づく意識障害の傷害を負わせたというものである。看護師が、カニューレの交換作業の際の危険の発生を未然に防止すべき業務上の注意義務違反が認められた。

(2) チューブの誤接続

看護師・准看護師のよるものとして以下の事例がある。第1に、【83】**自発呼吸補助装置操作ミス事件**[148]である。

> これは、准看護師が、自発呼吸補助装置を装着した患者をストレッチャーで集中治療室からCT室に移動させる際に、患者の気管内に装着された呼吸用挿管チューブを、集中治療室の酸素ボンベから、携帯用酸素ボンベの接続チューブに取り換えるに際し、その間に、排気用器具であるTピースを装着して排気を確保することを失念したため、患者を窒息死させた事案である。

第2の事案は、いわゆる【84】**盛岡赤十字病院栄養チューブ誤挿入事件**[149]である。

> この事案では、看護師Xが、入院中の患者（95歳）の鼻孔から胃内に栄養チューブを挿入する際に、誤って同チューブを気管支に挿入したが、その際、同チューブが確実に胃に挿入されていることを確認するなどしてからチューブ注入口を顔面に固定せずに、チューブが胃に挿入されたものと軽信し、気泡音を確認することなく固定した過失と、看護師Yが、上記の事情を確認してから栄養剤を注入すべきであったのにそれを確認しなかったため、誤って気管支にそれを注入した過失の競合により、患者に低酸素血症を生じさせて、患者を窒

---

147 東京簡略平13・11・20飯田II563頁。
148 栃木簡略平13・12・3飯田II564頁。
149 盛岡簡略平14・12・27飯田II574頁。

息死させた。

本件でも、直列に並んで分業する2人の看護師の両者の「過失の競合」が認められている。

第3の事案も【85】栄養チューブ誤挿入事件［1］[150]である。

　　ここでは、看護師が、入院患者（86歳）の鼻孔から胃内に経管栄養チューブを挿入する際に誤って気管内に挿入したが、気泡音を確認するなどを十分にしなかったため、栄養剤を肺に注入して患者を窒息死させた事案が問題となった。

医師が患者に誤ってチューブを挿入した事例もある。まず、入院患者（82歳）が鼻孔から胃に挿入されていた経腸栄養チューブを引き抜いたため、当直医がチューブを際挿入する際、誤って患者の気管を通じて左肺に挿入したが、同チューブが正しく胃に挿入されていることを確認せず、看護師に栄養剤および湯を注入させ、患者を急性肺傷害により死亡させた【86】栄養チューブ誤挿入事件［2］[151]がそうである。本件では、誤注入した「情を知らない看護師」の責任は問われていない。聴診器やレントゲン写真による確認は、本来的に医師の仕事であり、看護師には確認の義務はないといってよいと思われる。

その他、外科医が単独で、挿管ミスを犯した【87】気管内挿管ミス事件[152]がある。外科医が、手動式人工呼吸器による酸素吸入を行うために気管挿管をするに当たり、スタイレットの先端が同チューブの先端から突出していないことを確認せずに同チューブを誤って食道内に挿管して食堂に穿孔を生じさせ、漫然と食道内に酸素を送気し続けて、肺虚脱等により患者を死亡させたというものである。

(3) カテーテルの誤操作

これも医師のミスであるが、いわゆる【88】国立小倉病院心カテーテル検査ミス事件[153]では、医師が、入院中の患者（82歳）に対して心臓カテーテル検

150　富良野簡略平16・4・2飯田II706頁。
151　名古屋簡略平15・12・10飯田II642頁。
152　福岡簡略平16・1・19飯田II646頁。

査を実施した後、薬剤注入のためのシースカテーテル挿入部の止血を行うために左上腕部に止血帯を巻きつけて、止血帯空気注入口からディスポで空気を注入して止血するに当たり、ディスポを止血帯空気注入口と誤ってシースカテーテル薬剤注入口に装着して、20ミリリットル以上の空気を漫然注入し、患者に脳内空気塞栓の傷害を起こさせ、死亡させた。

(4) シリンジポンプの誤操作

【89】**国立嬉野病院麻酔薬過量投与事件**[154] は、看護師が、入院中の患者（67歳）に対し、注射薬投与機であるシリンジポンプで全身麻酔・鎮静用剤ディプリバンを投与していたが、シリンジ内の残量が少なくなったため、シリンジを交換した際、シリンジポンプの流量設定スイッチを誤って押したため、1時間に6ミリリットルのところ、106ミリリットルの流量に設定したまま、投薬開始ボタン押して投薬を再開し、同剤を過量投与して、患者を心肺停止に至らせ、死亡させたという事案である。略式命令では、シリンジポンプの流量表示を厳に確認し、投与すべき業務上の注意義務を認めた。

---

153 小倉簡略平16・1・6飯田II644頁。
154 武雄簡略平16・3・8飯田II647頁。

8. 診断・治療に関する医療過誤

　診断の過誤は、二つに分類されている。それは、①診断の資料に関する過誤（診断資料の過誤）と②診断における判断の過誤（診断自体の過誤）である[155]。これを「診断過程における過失」と「診断内容の過失」と表現する見解もある[156]。前者の診断資料の過誤の方が過失の認定は厳しく行われる傾向がある。これに対して、診断に必要な所見は揃っていたが、診断を誤った場合、または、その資料の一つの解釈を誤った場合、過失の認定はより謙抑的である[157]。この場合、病状は個人によっても異なり、疾病の兆候は常に一義的であるというわけではないからである。

1. 診断資料の過誤

　診断のためには、視診・聴診・問診ないし検査によって診断するための資料ないし情報が集められなければならない。その資料に誤りがある場合、それを基礎にした診察に誤りが出る。このような診断資料に関する過誤の例としては、例えば、CT などによる撮影のために造影剤を患者に注射ないし点滴することがあるが、その造影剤の注入に際して過誤が生じる場合がある。もっとも初歩的な診断のミスは、医師が自ら診察することなく、患者の申告を信じてそれを基礎として治療する場合である。
　その基本的な事案をドイツの1952年7月10日の連邦裁判所の判例[158]の事案から検討しておこう。

(1) 患者の申告のみに基づく診断・治療
【90】1952年連邦裁判所判決　　（事実）医師 A は、60歳の患者 B にサナダム

155　*Geilen*, a. a. O., S. 371.
156　松宮孝明「診断行為と過失」中山・甲斐（編著）『新版医療事故の刑事判例』43頁参照。
157　*Geilen*, a. a. O., S. 372.
158　BGHSt 3, 91.

シがいるという申立てで区の病院に入院してきたので、検査したが、サナダムシは見つからなかった。医長K（女性医師）の科でBを受け入れることになったが、Kは火曜と金曜しか病院に来なかった。そこで、医師WがBの担当となったが、Wは、戦時中野戦病院に勤務し完全な医学実習を受けていなかった。医師Kは、Bを診察することなく、フィルマロン治療（Filmaron-Kur）を処方し、効果がない場合には、いつもやっているように、クロロフォルム治療に移ると処方した。週末は被告人医師Wが勤務当番に当たっていた。医師Wは、治療を試みたが、効果がなく、第2の治療であるクロロフォルム治療に移った。被告人看護師Oは、Wに身ぶりでその治療については知らないと伝えたが、Wはそれに気づかなかった。Wは、廊下でカロメル（Calomel）やクロロフォルムの投与の方法を伝え、Oはメモをとった。クロロフォルムの過剰投与により、患者は死亡した。Wは、通常のクロロフォルムを処方したが、その投与を監視していなかった。しかし、地方裁判所は、その未熟な経験からWを、責任を否定し無罪とした。検察官が上告した。

(判旨)「口述の際に、聞き違いや誤記が生じうるというために、また、医師の処方が問題になる場合には、そこから重大な結果が生じうるというために、医師の教育や経験を要するものではない」。さらに、刑事裁判所は、実際にサナダムシがいたかどうかを明らかにしていないとして次のようにいう。「明らかな限りでは、関係した医師の中にその存在を信じていたものはいない。さもなくとも重大な身体の侵襲が、医師の診断にもとづくべきで、たんなる伝聞をもとにして行われるべきでないとは、立派な教育を受けていない医師でも自ら述べることができるであろう」。また、看護師Oにその治療の遂行を任せたことについては、「医師は、一般的に試験に合格した医療関係者は、試験で証明された知識を持っていることを前提にしてよい」。しかし、「看護師Oの教育は、実際にクロロフォルムを扱ったことがないという欠陥をもっていた」。このような事情のもとで看護師にひとりで治療させた点に過失がある。

これに対して、看護師Oの上告には理由がある。上司である別の看護師に経験のない治療を任されて相談しなかったことは過失ではない。

本判決では、医師が自ら診察することなく、患者の申告を信じてそれを基礎として治療した点に過失があるとした点が重要である。誤診は、患者の言を無条件で信じ、診察してから、診断するという基本的な手続を経ない診断をした点にすでに医療過誤の原因が認められる。

(2) 造影剤注入に関する過誤

　診察・診断に先だって行われるレントゲン・CTなどの検査において、造影剤が用いられるのが通常であるが、この段階で間違った造影剤を使用し、または使用方法を誤るなどの過誤によって患者に被害が生じる場合が少なくない。わが国の判例において、まず、脊髄内に注射することを禁止されていた造影剤を、脊髄内に注射した事案がある。

【91】脊椎造影剤誤用致死事件[159]　　被告人は、外科医院を開設していた医師であるが、H（26歳）に対し、動・静脈用尿路・血管等X線造影剤ウログラフィンを、患者O（47歳）に対して、静脈用胆嚢・胆管X線造影剤ビリグラフィンを、その他4名に同ビリグラフィンをいずれも脊髄造影用として施用するためそれぞれ脊髄硬膜外腔に注入しようとした。

　ウログラフィンは、これを施用するには耐容性に対する前試験を行い不耐性徴候が現れるかどうかを観察すべく、また、全身状態の非常に不良な患者には禁忌である、また、ビリグラフィンは、静脈用として血管に注入するものであり、アレルギー患者には特に注意して耐容性に対する前試験を行い不耐性徴候が現れるかどうかを観察すべきであるところ、これをせずに、注入することは、「これらの薬品の本来の用法に反する」。それにもかかわらず、Hに対し、ウログラフィン約10ccを注入して脊髄内腔に侵入させ、よって同人に対し無菌性髄膜反応を起こさせて、死亡させ、引き続きOに対してビリグラフィン約4ccに注入して同様に死亡させた。外の4名にもそれぞれ傷害を与え、または死亡させた。

【24】鹿児島地判平1・10・6判タ770・75[160]　　この脊椎造影剤誤用致死事件の事案と判旨については、薬剤の調合の項ですでに紹介した。本件で、医師は、脊髄造影検査には禁忌とされている注射液を右検査に使用しうるものと誤信し、これを注入して、患者を脳・神経障害により死亡させたというのであり、注入される造影剤が安全であるかどうかを確認する義務に違反するとされた。

159　静岡地判昭3・11・11下刑集6・11＝12・1276。
160　福岡高宮崎支判平2・9・13判タ770・76参照。
161　沼津簡略平9・10・9判タ1035・37＝飯田・山口18頁。

8．診断・治療に関する医療過誤　567

【92】脊椎造影剤誤用致死事件[161]　（事実）被告人は、整形外科医であったが、入院中のＢ女（66歳）の脊髄造影検査を行うに当たり、尿路・血管造影剤のアミドトリゾ酸ナトリウムメグルミン注射液（ウログラフィン）を脳・脊髄内に投与すると、重篤な副作用があり、これを脳槽・脊髄造影に使用してはならないことが、薬品の添付文書や文献等に明記されていたにもかかわらず、ウログラフィン60パーセント注射液約10ミリリットルをＢ女の脊髄に注入した過失により、全身性障害により死亡させた。

この事案につき、判決は、「検査実施医師としては、同検査に使用する造影剤の選定に際し、薬品の添付文書や文献等でその薬理作用を確認するなどして、薬品の誤用により事故の発生を未然に防止すべき業務上の注意義務がある」とした。

【93】脊椎造影剤誤用致死事件[162]　（事実）腰椎椎間板ヘルニアの疑いで検査入院中のＤ（25歳）に対し、造影剤の薬理作用を確認し、重篤な副作用の発現するおそれがある造影剤の使用を回避する業務上の注意義務があるのに、これを怠り、ウログラフィン76パーセントの造影剤約10ミリリットルを脊髄腔内に注入したウログラフィン中毒により、同人を死亡させた。

　そのようなウログラフィンを脳・脊髄腔内に投与することによって重篤な副作用が発現するおそれがあるので、それを使用してはならないことに気づかず、副作用が発現するおそれはないものと誤信してそれを注入した点が過失とされた。

造影剤の取違えによる過誤については、すでに注射に関する過誤において論じたので、ここでは、簡単に紹介するにとどめる。**【94】花巻簡略平2・3・30判タ770・77**（＝飯田・山口14頁）では、造影剤イソビスト注射液アンプルを手交するつもりで、止血剤トランサミンを手交したために事故が生じた事案が取り扱われ、**【22】甲府地判平6・6・3判タ1035・37**では、イソビストと誤信して、ウログラフィン10ccを同人の脊髄腔に注入し、死亡させた事案が取り扱われた。

　次の判例は、造影剤ショックにより死亡させた事案に関するものである。

162　福島簡略平10・3・24判タ1035・38＝飯田・山口21頁。
163　鹿児島簡略平14・10・10飯田II92頁。

【95】ヨード過敏症患者に対する造影剤注入事件[163]　被告人医師は、通院患者X（69歳）に対し、同人の右肺の異常陰影の原因を調べることを目的として、造影剤イオメロンを注射して胸部コンピュータ断層撮影検査を行おうとしたが、かつて被告人の指示により、看護士Aらが同人に同造影剤を注射したところ、ヨード過敏症を示したことがあり、今回、医師としては、その情を知っていたのであるから、Xに同造影剤の注射を差し控えるべき業務上の注意義務があるのに、これを怠り、放射線技師等Hして、同検査を行うよう指示した過失により、Xの静脈に同造影剤約66ミリリットルを注射し、アナフィラキシー様ショックによりXを死亡させた。

　かつて当該患者が、当該造影剤の注射によりヨード過敏症を発症させており、その情を知っていたのに再び当該造影剤を注射し死亡させたのであるから、ショック死に対する予見可能性も肯定される。

(c)　判断資料からの除外による過誤

　次の事件については、すでに第4章6で、過失犯における危険実現連関の問題として、必要な救命の蓋然性を取り扱う際に言及したが、頭蓋内損傷の存在を判断資料に入れなかった過失の可能性を取り扱った事例類型として再度取り上げておく。

【96】杏林大学病院割り箸刺入看過事件[164]　（事実）被告人は、耳鼻咽喉科の医師であったが、救急当直医師として、救急車によって搬送されてきたA（4歳）に対する初期治療を行った際、救助隊員からAが割り箸をくわえたまま転倒して、軟口蓋に受傷し、搬送中に嘔吐した旨申告されたが、その際、割り箸の刺入による頭蓋内損傷が疑われたのであるから、ファイバースコープで観察し、又は頭部をCTスキャンで撮影するなどして、頭蓋内損傷を確認した上、脳神経外科医師に引き継いで、頭蓋内損傷による頭蓋内圧亢進の抑制、割り箸除去等の適切な治療措置を行わせるべき業務上の注意義務があるにもかか

164　東京地判平18・3・28飯田Ⅱ726頁、評釈として、根本晋一「患者が転倒による割箸刺入に起因する頭蓋内損傷により死亡した症例につき、医師が患者の頭蓋内に遺残していた割箸片を看過した過失を否定した事例（後編）：杏林大学病院頭蓋内割箸片看過男児死亡事件（綿飴割箸事件）に関する請求棄却判決の評価」横浜国際経済法学17巻3号307頁。控訴審＝東京高判平20・11・21判時2054・42。評釈として、加藤麻耶「割りばし事件控訴審判決」年報医事法学25巻134頁以下。本書第4章455頁以下参照

わらず、軟口蓋を貫通した割り箸が、Aの頭蓋内に刺入して頭蓋内損傷を生じさせていることに気付かないまま、軽度の刺創であると軽信し、適切な治療しないまま帰宅させ、損傷を悪化させ、脳損傷、硬膜下血腫、脳浮腫等の頭蓋内損傷群により死亡させた[165]。

本件では、結果回避可能性ないし因果関係について判断し、「因果関係」を否定した。

（判旨）「Aの死亡は、…割り箸の左頸静脈孔嵌入により頸静脈が穿通され、左頸静脈内に血栓が形成されて、左頸静脈が完全に閉塞したが、他のルートで静脈環流を完全に処理することができなかったために、致命的な静脈環流障害ができたことによる蓋然性が高いというべきである。…したがって、Aの救命可能性はもとより、延命可能性も極めて低かったとの合理的疑いが残るというべきである」。「以上の次第で、被告人には、予見可能性や結果回避義務を怠った過失があるというべきであるが、過失と死亡との間の因果関係の存在については、合理的な疑いが残るので、被告人は本件業務上過失致死事件について無罪である」とする。

2. 診断自体の過誤

診断の過誤の認定は、資料の評価・判断の誤りであり、医師の評価・判断にかかわることから、「過誤」といえるかどうかの判断は難しい。診断の過誤も、患者の同一性の確認を誤る単純な事例から、診断の資料を看過する事例、症状を見逃す事例、さらに症状からの推論ないし症状の評価を誤り誤診に至る事例がある。

(a) 症状からの診断の過誤

まず、ここでは、症状からの診断を誤った事例群を検討しよう。次の事案は、主治医でも執刀医でもなかった医師が、児童の集団扁桃腺摘出手術のあと、執刀医から止血措置の依頼を受けて止血を行い、入院させたが、翌朝、診察の後、失血により重篤状態に陥っていたのを看過して、死亡させたとい

---

[165] 本件に関する予見可能性ないし因果関係の論点については、第4章（455頁以下）を参照。

うものであるが、このような症状から帰納・推論できる診断の誤りに至ったものである。

【97】児童の集団扁桃腺摘出手術[166]　（事実）医師である被告人は、K病院においてM町の児童に対し集団口蓋扁桃腺摘出手術が実施されるに際し、他の2名の医師B、Cとともに、小学校3年生N（8歳）ほか29名の児童に対して口蓋扁桃腺摘出手術等を実施したが、Bが所用のため帰った後、Nに対しては、医師Cが、午後5時過ぎ頃から執刀し、その依頼により、被告人が一応の止血の処置をなした上、退室させた。児童全員が入院の措置がとられ、被告人とC医師も宿舎に宿泊した。翌朝の術後の児童の診察の後、Nを診察したが、Nは前夜来多量の浸潤性後出血により吐血を繰り返し、そのころには顔面蒼白、手足が冷たいなどの全身に衰弱した症状を呈し失血状態を高度に進行させた重篤状態にあった。被告人は、これを看過し、輸血、吐血、強心剤注射、栄養剤等の輸液、酸素吸入等の緊急措置を講じなかった過失により、Nの失血状態をますます重篤なものとし、失血死させた。

（判旨）ここでは、特に、弁護人が、被告人は執刀しておらず、主治医ではないから責任はないと主張したのに対し、次のように言う。「一般に、いわゆる主治医ということから直ちに法律上の責任を負うべきものではなく、かえって主治医でない医師に法律上の責任を負わされる場合もあり、各時点、各場合の具体的事実関係によって、法律上の責任の負担者が決定されると考えるべきである」。

次の事案では、内科医である被告人に、浣腸用醋酸液の濃度について適確な知識がなく、従前に醋酸液浣腸をした経験もなかったことにより、患者が醋酸中毒であることを看過した診断の過誤が問題になった。

【98】醋酸液浣腸事件[167]　（事実）被告人は、内科医であったが、蟯虫症と診断した患者S（当時1年6月）に対し、その蟯虫を駆除する目的で醋酸30グラムを注腸したところ、Sは、間もなくけいれんを起こし、意識を喪失、虚脱状態に陥った。そこで、被告人は、Sの症状は醋酸液浣腸により惹起された醋酸中毒と推定しそれに対する療法を施す注意義務があったにもかかわらず、Sの症状を見て1時間半を経過してから、Sのおむつに血尿がにじんでいるのを

166　京都地判昭49・12・10刑月6・12・1237＝判夕319・306。
167　田川簡判昭33・8・13一審刑1・8・1229＝飯田・研究104頁。

発見してはじめて醋酸中毒であることに気がついたが、急性醋酸中毒により死亡させた。

(判決)「被告人が醋酸中毒ということを全く知っていなかったのなら格別、知っていて、なお１時間以上もたって血尿がおむつに赤くにじんでいるのを見てようやく醋酸中毒に気がつくのは、医師としての注意義務違反であろう」。

被告人が注意義務に反して２パーセント以上の高濃度の醋酸液を用いたのではないかとの疑問があるが、それを「認定できるような確証もない」として、この点の「過失責任を問うわけにはゆかない」とした後、「醋酸中毒に思い馳すべきではるまいか」として、上記のように、醋酸中毒と認識することが遅れたことによる適切な処置の遅れに過失を見出している。

【99】フォルクマン阻血性拘縮事件[168] 本件[169]は、整形外科医の、フォルクマン阻血性拘縮についての発症監視及び発症防止の業務上の注意義務違反の有無につき、第１審[170]ではこれを肯定したが、控訴審では、発症の予見は不可能であったとして、これが認められなかったものである。

本判決については、第４章の医療水準論における「現在の医療水準」[171]のところですでに検討したが、本件では、小児の上腕骨顆上骨骨折のよく知られてはいるにもかかわらず、その発生メカニズムについては解明されていない合併症である阻血性拘縮の発生の予見可能性が問題となった。監視義務を尽くすことで、拘縮性の発生を予見できたかが争われた。

(b) 産科関係の誤診

産科関係の誤信は、極端な場合、妊婦の同一性の確認の過誤によって人工妊娠中絶の対象者を誤り、また、産後の患者と誤解して胎盤を摘出する過誤から、妊娠月数を誤診する事例がある。産科における「誤診」を一つの類型として以下でまとめておく。まず、人違いでないことの確認を怠ったことによって生じた事案を紹介しよう。

---

168 東京高判昭53・11・15刑月10・11=12・13907。
169 評釈として、前田雅英・医療過誤判例百選142頁、橋本雄太郎「骨折治療による阻血性拘縮と医師の裁量」医事法判例百選184頁以下。
170 浦和地判昭52・3・28刑月10・11=12・1391。
171 本書第４章428頁以下（山中・「医療過誤と客観的帰属論」法学論集62巻2号120頁以下）参照。
172 いわき簡略平2・1・10判タ770・80=飯田・山口290頁。

【70】いわき市立病院患者取違え妊娠中絶手術事件[172]　被告人は、産婦人科の医師であったが、人工妊娠中絶手術が予定されていた妊娠7週の外来患者A（27歳）に対し、右手術を行おうとした際、看護婦の手落ちによりAと間違えられて検診台に仰臥させられた妊娠13週のB（28歳）をAと軽信し、子宮搔爬を行い、同女に傷害を負わせたという事案につき、「右手術を開始するに当たっては、自ら患者に面接し、もしくは、その姓を呼ぶなどして患者が人違いでないことを確認する措置を講じ、また、患者の子宮内診を開始した際にも子宮の大きさなどから慎重に判断するなどして、A以外の者に右手術を施すことのないようにすべき業務上の注意義務」を認め、業務上過失傷害罪で有罪とした。

本判決では、人違いがあったとしても、その後、「患者の子宮内診を開始した際にも子宮の大きさなどから慎重に判断する」などして、診断すべきであったとしている。

【100】誤診胎盤摘出事件[173]　被告人は研修医であったが、看護婦Yから産後の患者としてA女（28歳）を引き渡され、診察した際、産後の患者と軽信し、子宮内容物の一部摘出が必要と診断し、同女の子宮内から胎盤鉗子で胎盤の一部を摘出し、同女に傷害を負わせた。問診及びカルテの確認等により産後であるか妊婦であるかを十分確認し、適切な処置をなすべき業務上の注意義務があるとした。

以上の判例では、人工妊娠中絶手術にあたって患者を間違った事案、および産後の患者を人違いし胎盤を摘出した事案について過失を肯定している。患者の同一性の確認は、基本的な事項であり、手術前に患者に氏名を言わせる等のマニュアルの励行によって予防しうる単純なミスである。

次の事案は、人工妊娠中絶手術にあたり、「全身の状態を監視する」義務を認めたものである。

【101】妊娠月数誤診妊娠中絶失血死事件[174]　（事実）医師たる被告人は、妊娠7か月のA（16歳）に対し人工妊娠中絶手術を実施するにあたり、子宮口か

173　福岡簡略昭61・3・24判夕678・56＝飯田・山口369頁。
174　東京地判昭62・6・10判夕644・234＝飯田・山口371頁、橋本雄太郎「人工妊娠中絶時期の誤認事件」医療過誤判例百選（第2版）140頁以下。

ら胎児を、胎盤鉗子等を用いて強引に除去しようとしたため、同女に、子宮の胎盤剥離面の挫滅及び胎盤損傷の各傷害を負わせ、さらに、子宮から出てきた右胎児の左上肢を見て、妊娠中期であることに気づきながら、なお右中絶術を続行したのに、同女の出血量、脈拍、血圧等に十分注意するなどして、全身の状態を監視しなかつたため、出血多量等の異常に気づかないまま、漫然右中絶術を続行して、同女を右各傷害による失血により死亡させた。

(判旨)①同女のように妊娠5か月以上7か月以下（以下「妊娠中期」という。）の場合には、子宮口から胎児を胎盤鉗子等を用いて除去する中絶術は子宮壁等の損傷による多量出血の危険が大きいから採るべきでなく、陣痛誘発によって胎児を娩出させる中絶術を選択する必要があり、そのためには十分な内診をするなどして妊娠月数を正確に診断し、右危険の発生を未然に防止すべき業務上の注意義務があり、また、②中絶術の途中で妊娠中期であることに気づき、出血多量等の異常が生じたときには直ちに手術を中止し、輸血等の適切な救急措置を講じて同女の生命身体に対する危険を極力食い止める必要があり、そのためには同女の全身の状態を監視すべき業務上の注意義務があるのに、これらをいずれも怠たった。

本件は、中絶手術にあたり、「妊娠月数を正確に診断する」義務が認められたが、手術後の全身管理を怠った事案でもある。

(c) 画像読み違え

診断に至るには、レントゲンCTなどの検査機械を用いてその画像を読み取って症状を確認することが必要である。レントゲン画像やCT画像は、素人にはその判別・意味の理解が困難であるが、医師も読み違えることがある。例えば、医師がレントゲン画像を読み違えて「限局性大腸疾患」を「急性大腸炎」を即断したことによって死亡させた次の事案などがこれである。

【102】腸閉塞誤診事件[175]　被告人は、医院を開業する医師であるが、同院において腹痛、嘔吐、便秘などを訴えて来院したA（9歳）に対して診察・治療を行うにあたり、注腸バリウムによるレントゲン検査を実施したところ、絞扼性腸閉塞等が高度に進行した限局性大腸疾患を疑わせる顕著な所見が見られた。被告人は、適切な治療を行うべき業務上の注意義務があるのにこれを怠り、漫然急性大腸炎と即断し、高度の脱水及び閉そく部腸管組織の壊死等によ

---

[175] 岩内簡略昭60・12・24判タ678・55＝飯田・山口368頁。

り併発した呼吸機能等の不全により死亡するに至らしめた。

次の事案は、X線写真やCTの画像と症状から、造影剤検査をすべきであったのに、それをしなかったことによって死亡させたというものである。

【103】十二指腸後腹膜穿孔誤診事件[176] 被告人XおよびYは、外科医師であったが、交通事故の外傷等により入院したA（17歳）の診察・治療に共同してあたっていた。腹部X線写真およびCT画像には十二指腸後腹膜穿孔等を示す気腫像が映し出され、吐血・腹痛等の症状を訴えていたのであるから、早期に造影剤検査をすべきであるのに、当該気腫像を腸管ガスと軽信し、十二指腸後腹膜穿孔の発症に気づかず、御腹膜膿瘍を併発・悪化させ、播種性血管内凝固症により死亡させた。

(d) 症状の看過

次の判例は、患者（2歳）の心臓手術のあと、心室細動による血液駆出停止の発見、および救急措置が遅れ、低酸素脳症の傷害を負わせた事件に対する、①広島市民病院麻酔外科部長であって、集中治療質の日直医の責任者として、自ら患者監視モニターの確認および肉眼的方法等による同患者の管理を行っていた被告人Xに対する過失責任を問う広島簡裁における略式命令の事案である。同一事案において、②手術において第3助手を務め、心室性期外収縮が出ていた患者に集中治療室で、患者のベッドサイドに一人で付き添っていた臨床研修医Yの過失責任については、すでに**広島地裁の判決【75】**として検討を加えた。外科部長であって、日直医の責任者であったXに対しては、略式酩酊として罰金30万円が言い渡され、研修医であり、診察・診断につき「中心的責任」を負わない「主治医」にすぎなかった医師Yに公判請求し罰金20万円を言い渡している。麻酔外科部長の過失責任については、次の通りである。

【104】心臓手術後の心室細動看過事件[177] 「被告人Xは、…広島市民病院麻酔科部長として、…A子（2歳）に対する肺動脈狭窄の解除、心室中隔欠損および辛抱中隔欠損の各閉鎖の手術が行われ、…集中治療室に収容されたが、上

---

176 大阪簡略平11・1・14判タ1035・60＝飯田・山口376頁。
177 広島簡略平13・3・2飯田II723頁。

記手術後は、致死的不整脈である心室細動が起こり、血液駆出停止により低酸素性脳症等の脳障害を引き起こす場合があるところ、当時、同児は心室細動発生につながり得る心室性期外収縮を頻発させていたのであるから、同児の術後管理に当たっては、上記集中治療室の日直医の責任者として、自ら患者監視モニターの確認および肉眼的方法等によって同児の血圧、心拍数の状態を把握し、その管理を十分に行い、心室細動等の異常が発生した場合にはただちにこれを発見して速やかに救急措置を講じ、心室細動による同児の血液駆出停止及びそれに基づく脳障害の招致を防止すべき業務上の注意義務がある」。

本件は、症状を看過したため低酸素症の傷害を負わせた事件であるが、ここでは、日直医の責任者である外科部長の、「自ら患者監視モニターの確認」をし、患者の容態を「管理」して、危険を防止する注意義務を認めている。患者の容態観察に実際に当たっていた研修医については、主治医であっても指導が必要であり、独立して診断・術後管理等のすべての責任を負わせるわけにはいかず、外科部長が自らも術後管理を行う義務が認められたものである。

本件における研修医の注意義務についてはすでに別に論じた[178]が、そこでは、術後管理を怠り、症状を看過して「監視モニターの動脈圧数値等の以上表示に気付いた後も、異常表示は危惧の不具合によるものと思い込み、心電図の確認や肉眼的方法等による容態管理を行わず、器具の調整のみに当たった過失」が認められた。

次の判例は、産科医が常位胎盤早期剥離の発症を疑うべき症状を認識したにもかかわらず、その症状を正確に把握せず、適切な治療をなさなかったとされたものである。

【105】常位胎盤早期剥離看過事件[179] 　被告人は、産科医師であったが、切迫早産及び胎児仮死の病名で入院加療中のA（27歳）を看護していた助産婦から、胎児心拍数の異常な下降、嘔吐などのある旨の報告を受け、同女について、常位胎盤早期剥離の発症を疑うべき症状を認識したところ、これを放置することは…血管内凝固症候群を併発させてその生命に重大な危険を及ぼす蓋然

178　広島地判平15・3・12判タ1150・302＝飯田II710頁【75】（本章552頁）。この判決については、甲斐『医療事故と刑法』55頁以下参照。
179　札幌簡略平13・6・1飯田II725頁。

性が高いので、自ら同児を診察するとともに、分娩監視装置により継続的に同女及び胎児の状態等を観察するなどして、その症状を正確に把握した上、早急に帝王切開手術などの適切な治療を行うべき業務上の注意義務があったのに、これを怠り、それを重症化させ、その子宮内に大量の出血及び血栓を発生させるDICを併発させる傷害を負わせた。

　本件では、産科医が「常位胎盤早期剥離の発症を疑うべき症状」を認識したにもかかわらず、放置し、帝王切開手術などの適切な治療を行っておらず、その点の注意義務違反は明白である。その注意義務違反と傷害結果の因果関係も疑いの余地がない。

9．看護に関する医療過誤

　看護師の業務のうち、「療養上の世話」は、看護師の独立の業務である。看護自体から医療過誤が発生する場合、看護それ自体に内在している危険の問題というより、患者の行動に制約があり、自立して行動できない患者に対する不十分な看護ないし被害者の自己危殆化が介在して被害が発生する事案が多い。

　看護に関する医療過誤の類型は、新生児のケアにおける事故がほとんどであるといってよい[180]。新生児のケアにおいて最も多く発生するのは、転落・転倒事故である。新生児をうつ伏せに寝かせた結果、窒息死する事例についても、いくつかの判例があるが、とくに問題になったのは新生児のいわゆる「突然死」の事例である[181]。

　その他、高齢者の転落事故や誤嚥事故に対する看護師の看護上の医療過誤が問われる類型が目立つ。ここでは、まず、新生児に対する看護ミスを採り上げよう。

1．新生児に対する看護ミス

　これについては、民事事件は多数あるが、一連の刑事責任が問われた事例につき検討しておく。

(1) 乳児窒息死事件

　次の【106】伏臥乳児窒息死事件判決[182]は、生後8ケ月の乳児を敷き布団の

---

[180] 日山恵美「看護上の過失」中山・甲斐（編著）『新版医療事故の刑事判例』236頁参照。

[181] 突然死は、乳幼児のみならず、入院中の精神病患者にもみられる。松岡浩「精神科病院における若干の事例類型に関する考察—突然死、転倒・転落事故、誤嚥事例の検討」松下正明（総編集）『民事法と精神医学』（2005年）202頁以下参照。それによれば、1995年から2005年1月までに精神科病院協会の会員病院からの精神病患者に関する「突然死」の報告は、107例に及ぶという。

[182] 東京地判昭54・1・12刑月11巻102号74頁＝飯田・山口385頁。

上に伏臥させ、吐乳を吸引させるとともに、鼻口を閉塞させて窒息死させたとの控訴事実に対して、死因を断定できないとして無罪とした。

(判旨) 死因が吐乳吸引であるとの主張については、「本件死因が吐乳を軌道内に吸引したための窒息であると認定するには専門的立場から多大の疑問が提示されており、この疑問を払拭することができず、他にこれを認定するに足る証拠はない」とされる。また、本件が鼻口閉塞による窒息死であるという主張についても、「間質性肺炎」「肺炎または気管支炎での吐乳吸引による窒息」の可能性もあり、結局「死因をいずれとも断定することはできない」という。伏臥位にしたことが原因であるとの主張についても、伏臥位は帰って安全であるという見解もある。結局、死因をいずれとの断定できず、「本件は、その因果関係について合理的な疑いを入れない程度に立証されたとは言い難」いから、無罪だとするのである。

(2) 乳児突然死事件

乳幼児突然死症候群（SIDS＝Sudden Infant Death Syndrome）は、1979年から死亡統計に現れるようになった乳幼児の主要な死因である。それは、1994年の厚生省研究班の定義によると、「それまでの健康状態および既往歴からその死亡が予測できず、しかも死亡状況および剖検によってもその原因が不明である、乳幼児に突然の死をもたらした症候群」と定義される。

これに関して、乳児について吐乳誤嚥により窒息死させたとの起訴事実に対し、乳幼児突然死症候群の疑いもあり、無罪とした**【107】突然死事件**がある[183]。

それは、「それまでの健康状態および既往歴からその死亡が予測できず、しかも死亡状況調査および解剖検査によってもその原因が同定されない、原則として1歳未満の児に突然の死をもたらした症候群」[184]であると定義され、その疾患概念は、「主として睡眠中に発症し、日本での発症頻度はおおよそ出生4,000人に1人と推定され、生後2ヵ月から6ヵ月に多く、稀には1歳以上で発症することがある」とされている[185]。民事判例の中にも、うつ伏せに寝か

---

[183] これについては、松倉豊治「乳幼児のベッドの上の突然死」判例タイムズ336号53頁。

[184] 厚生労働省研究班による平成17年3月付の「乳幼児突然死症候群（SIDS）に関するガイドライン」の公表について（平成17年4月17日）厚生労働省ホームページ参照。

[185] 平成20年10月10日の厚生労働省発表の「平成20年度乳幼児突然死症候群（SIDS）対策強化

せたことによる窒息死を否定し、医学上、原因不明の乳幼児突然死症候群（SIDS）の不全型（ALTE）であるとするのが相当であるとして、損害賠償の請求を棄却したものがある[186]。なお、突然死の発生原因については、三種類のものがあるという[187]。①心疾患による突然死、②脳血管疾患による突然死、③大血管疾患による突然死、である。突然死の発生に関する時間的事情との関連につき、入院後3日に生じたものが約30％、4日ないし10日が24％であり、発見時刻については、早朝ないし7時ないし9時、深夜という順で多いとされている[188]。

なお、乳幼児突然死症候群の発生の概要については、1979年から2002年までの24年間にSIDSと診断された1歳未満の児は、6,759人であったとされている[189]。SIDSの死亡率は、以下の表のごとく、1995年をピークに減少傾向にある。

西暦	95	96	97	98	99	00	01	02	03	04	05	06	07
死亡者数	579	526	538	399	412	363	328	285	244	232	196	194	158

乳幼児の突然死が、窒息による死亡と相関関係があるかについて、1979年から2002年までの24年間において6,941人の1歳未満の窒息を原因とする死亡が見られ、その死亡率は年々減少しているが、両者の相関関係も94年以降はほとんど見られなくなったとされている[190]。

(3) 新生児うつ伏せ寝死亡事件

突然死や新生児をうつ伏せに寝かせた場合の死亡事故が知られるようになり、最近では、先の保育所乳児突然死事件と同様の事件につき、「予見可能性・回避可能性」を肯定し、有罪とするものが出ている。次の事件がそれで

月間（11月）の実施について」による。
186　東京地判平7・1・31判夕888・217、良村貞子「乳児の処置（SIDS）」医療過誤判例百選（第2版）160頁。
187　松岡・前掲『民事法と精神医学』206頁以下。村井達哉ら「解剖からみた突然死の原因」カレントテラピー21（4）（2003年9月）。
188　松岡・前掲『民事法と精神医学』205頁以下参照。
189　藤田利治「わが国における乳児の乳幼児突然死症候群（SIDS）窒息死の概況」母子保健情報53号（2006年）25頁、なお、松岡・前掲『民事法と精神医学』202頁以下も参照。
190　藤田・前掲母子保健情報53号25頁以下参照。

あるが、この事件の民事判例でも、原告（患者側）の勝訴判決が出ている[191]。

【108】東邦大学大橋病院新生児うつ伏せ寝死亡事件[192]　　（事実）看護婦兼助産婦である被告人は、新生児（A）を新生児用ベッドに顔を横向きにして腹臥位の状態で寝かせた際、呼吸が妨げられ窒息する危険のあることが予測できたのであり、その動静を監視するか、その場を離れるときには仰臥位の状態で寝かせるなどして安全に看護すべき業務上の注意義務があるのに、これを怠り、そばを離れて隣室に赴き、漫然腹臥位の状態で寝かせたまま、その動静を十分注意せず、放置した過失により、鼻口部圧迫・閉塞に起因する低酸素性脳症の傷害を負わせ、低酸素性脳症に基づく窒息により死亡させた。

（弁護人の主張）低酸素性脳症の原因が鼻口部圧迫・閉塞に基づく窒息であったという事実に対して、合理的な疑いを超える程度に証明がなされておらず、Aの心肺停止の原因は、ALTE[193]あるいは原因不明であるから、無罪である。

（判旨）①　死因　「Aの心肺停止の原因は、うつ伏せ寝にされた場合、通気性が十分とはいえない本件ベッド上に、おやつ程度のミルクを授乳され、かつ腹満がある状態で、うつ伏せにされたAが、頭の重み及び枕代わりの半タオル等で鼻口部が圧迫・閉塞され、呼吸環境が阻害されている最中、ミルクを嘔吐して誤嚥した結果、ミルクを鼻孔・口腔・気道内に詰まらせたため、鼻口部の閉塞状態がさらに悪化して徐々に低酸素状態に至ったところ、その状態を自ら回避できず、結局は、窒息状態に陥ったことにあると確認することができるというべきである」。

②　過失の有無　予見可能性・回避可能性は肯定できる。「以上によれば、Aの顔が下向きにならないよう適宜同児の動静を監視するか、あるいは、その場を離れるときには仰臥位に寝かせるなどして安全に看護すべき業務上の注意義務を怠り、これらの措置を講じなかった被告人には、Aが、鼻口部圧迫・閉塞に起因した低酸素性脳症に罹患した結果について、過失があるというべきであり、したがって、被告人は、業務上過失致死罪の罪責を負うべきことになる」。

191　東京地判平10・10・29判タ988・264、東京高判平13・10・17、最決平15・12・18飯田Ⅱ853頁参照。
192　東京地判平15・4・18LEX/DB＝飯田Ⅱ852頁。この事件につき、甲斐克則『医療事故と刑法』（2012年）56頁以下参照。
193　apparent life tnreatening event, 乳幼児突発性危急事態＝乳幼児突然死症候群で死亡に至らないケース。

この判決の後、「乳幼児突然死症候群（SIDS）に関するガイドライン」が、厚生労働科学研究「乳幼児突然死症候群の診断のためのガイドライン作成およびその予防と発症軽減に関する研究」において公表され、警察への届け出および解剖の義務づけが提言された[194]。

(4) 新生児落下事件

次の【109】日本赤十字社中央病院ベッド転落事件判決[195]は、乳幼児のベッドからの転落事故に対する看護師の刑事責任が問われが、窒息死とする死因そのものが争われ、結局、Reye症候群による急死とされたものである。

> **（事実）** 日本赤十字社中央病院の看護師が、小児科病棟に入院加療中の乳幼児に対する看護の業務に従事していたところ、気管支炎の疑いで入院中のAに対し、哺乳・検温等の措置を施した際、ベッドに仰臥させてある同児の安静を保つため同児に装着されていた布製抑制帯の胸当てが緩んでいたにもかかわらず、漫然とその場を離れ、同児がベッドの右端に移動し、その下半身をベッドからはみ出し、転落し、その際、同児の体重により胸当てがずり上がってその頸部を締め付け、縊首により窒息死させた。本件では、死因が「縊首による窒息死」かどうかが争われた。
>
> **（判旨）**「同児の死は、致命的な因子と考えられる肝の脂肪化を中心とするReye症候群[196]による内因性急死とする推定が充分成り立ち、かつ同児には、…窒息死の三大兆候が見られるが、右は、縊首による窒息死のみに特有のものではなく、他の急死にもみられるので、Reye症候群による急死と矛盾するものではない」。「同児の口腔内に吐物が充満していたことから吐物が気道を塞ぎ、窒息死するに至ったのではないかとの疑」については、「同時の口腔内の吐物は…Reye症候群による急死の前駆症状にみられる嘔吐によるとみることが自然であり、右前駆症状としての嘔吐等による激しい体動により同時の体がずれ下がり縊首するに至ったとの推定も十分成り立つ。そうだとすれば縊首前にすでに死の転機が来ており、吐物による気道の閉塞は、同児の死に影響を及ぼすものではない」。「結局同児の死が縊首による窒息死とするには合理的な疑

194　甲斐・前掲書58頁参照。
195　東京地判昭49・6・24飯田・山口378頁。
196　ライ症候群とは、小児に見られる急性脳症の一病型である。1963年Reyeによって報告されたので、この名称がつけられている。症候は重篤であり、脂肪や重篤な後遺症を残す。

が存する」。したがって、「…業務上の注意義務違反の行為があったとしても、右行為と同児の死との間の因果関係があるとの証明がないことに帰する」。無罪。

ライ症候群は、ウィルス感染症によって発症するが、その特徴は、「主たる病状として急性脳腫脹、脳浮腫を伴う発熱、不規則呼吸、けいれん、意識障害を特異なものとし、2、3日の経過で80パーセントが死亡する」[197] といわれる。

その他の看護に関する過誤事件としては、保育器手入窓からの【110】落下死亡事件[198] がある。未熟児室の担当看護師が、保育器の手入窓を開放させた際、手入窓から乳児が落下しないように監視することを怠ったため、乳児を落下させて死亡させたものである。看護師は、罰金50万円に処せられた。さらに、看護師が授乳の際に同児を床に落下させて傷害を負わせた【111】新生児落下事件[199] がある。罰金30万円に処せられた。

2．療養上の世話に関する判例

民事判例には、患者の退院にあたって医師が、患者ないし患者の保護者・家族に療養指導を行うべきときに、これを怠ったために患者が死亡したといった事例が、多数見受けられる。とくに、新生児が黄疸にかかったが、状態が良かったので退院させたが、その際、適切な療養指導を与えなかったため、黄疸が悪化して死亡した事案が少なくない。次の最高裁の判例の事案[200] がその代表である。

197　飯田・山口378頁参照。
198　佐賀簡略平12・12・27飯田Ⅱ850頁。
199　大田原簡略平13・12・28飯田Ⅱ851頁。
200　最判平7・5・30判時1553・78。評釈として、平林勝政「退院時における療養指導」医事法判例百選（2006年）196頁以下、手嶋豊「医師が未熟児である新生児を黄疸の認められる状態で退院させ右新生児が退院後核黄疸に罹患して脳性麻痺の後遺症が生じた場合につき医師の退院時における説明及び指導に過失があるとした原審の判断に違法があるとされた事例」判例評論451号（判時1570号）39頁、高波澄子「医師が未熟児である新生児を黄疸の認められる状態で退院させ右新生児が退院後核黄疸に罹患して脳性麻痺の後遺症が生じた場合につき医師の退院時における説明及び指導に過失がないとした原審の判断に違法があるとされた事例」北大法学論集48巻3号361頁、河野泰義「医師が未熟児である新生児を黄だんの認められる状態で退院させ右新生児が退院後黄だんにり患して脳性麻ひの後遺症が生じた場合につき医師の退院時における説明及び指導に過失がないとした原審の判断に違法があるとされた事例」判例タイ

(1) 退院時における療養指導（淀川キリスト教病院事件【112】）

(事実) Aは、被上告人Xの経営する病院で、Bの第3子として未熟児の状態で出生した。長男・長女に黄疸が出たことから、Aに黄疸が出るかもしれないと考えたBは、Aの血液検査を依頼したが、血液型に関する検査結果は誤っていた。生後4日ごろからA黄疸の症状が現れ始めた。Xは、Aには血液から不適合はなく、黄疸は未熟児であることによると説明し、「何か変わったことがあったらすぐにXあるいは近所の小児科医の診察を受けるように」という注意を与えたのみで、退院させた。退院後、黄疸の増強と哺乳力の減退が見られたが、Xから心配ないとの説明を受けていたため、直ちに病院に連れて行くことはなかった。その後、数日経って別の病院に連れて行ったが、交換輸血が実施されたが、その時はすでに手遅れであり、核黄疸の後遺症として脳性麻痺となった。

第1審および控訴審[201]は、Xの過失を否定し、Aらの請求を棄却した。これに対して、最高裁は、次のように判示した。

(判旨)「産婦人科の専門医である被上告人としては、退院させることによって自らは上告人Aの黄疸を観察することができなくなるのであるから、上告人Aを退院させるに当たって、これを看護する上告人Bらに対し、黄疸が増強することがあり得ること、及び黄疸が増強して哺乳力の減退などの症状が現れたときは重篤な疾患に至る危険があることを説明し、黄疸症状を含む全身状態の観察に注意を払い、黄疸の増強や哺乳力の減退などの症状が現れたときは速やかに医師の診察を受けるよう指導すべき注意義務を負っていたというべきところ、被上告人は、上告人Aの黄疸について特段の言及もしないまま、何か変わったことがあれば医師の診察を受けるようにとの一般的な注意を与えたのみで退院させているのであって、かかる被上告人の措置は、不適切なものであったというほかはない。被上告人は、上告人Aの黄疸を案じていた上告人Bらに対し、上告人Aには血液型不適合はなく黄疸が遷延するのは未熟児だからであり心配はない旨の説明をしているが、これによって上告人Bらが上告人Aの黄疸を楽観視したことは容易に推測されるところであり、本件において、上告人Bらが退院後上告人Aの黄疸を案じながらも病院に連れて行くのが遅れたのは被上告人の説明を信頼したからにほかならない（…）」。

ムズ945号（平成8年度主要民事判例解説）110頁。
201 最決平7・5・30判時1553・78、（第1審）大阪地判昭62・11・9判時1289・87、（第2審）大阪高判平成3・9・24民集49・6・1578、（差戻審）大阪高判平8・12・12判時1603・76。

核黄疸は、新生児が罹患すると、治療不能の脳性麻痺の後遺症を残すことのある疾患である。その予防・治療法は、慎重な経過観察を行って早期に黄疸を発見し、哺乳力の減退等の症状が現れた段階で交換輸血を実施するというのが、医療水準となっていた[202]。これに先立つ下級審の判例[203]では、母親に対して、「白目」や「皮膚の黄色みが増す」、「元気がない」といった一定の症状があらわれたときに、病院へ行くようにといった指示では不十分であるとされたが、最高裁は、より具体的に、「黄疸症状を含む全身状態の観察に注意を払い、黄疸の増強や哺乳力の減退などの症状が現れたときは速やかに医師の診察を受けるよう指導すべき注意義務を負っていた」としている。最高裁は、説明・指導が適切に行われていれば、素人である家族でも判断が可能であるという前提に立っている[204]点で、上記下級審の判断と異なるとされている。

(2) 病院内の転落・転倒事故

民事事件では、乳幼児とともに高齢者である入院患者の転落・転倒事故が多い[205]。また、精神障害者の入院中の転倒・転落事故（ないし誤嚥事故）も「自殺・自傷」「他害」事件に次いで多いとされている[206]。高齢者の転倒・転落事故は、とくに排泄行動に関連して発生し、また、判断力が低下した状況での自力行動中に生じているという[207]。ベッドからの転落事故については、注意義務としては、頻繁な巡回の義務[208]やベッド柵を立てる義務[209]、付添看護義務[210]を認めるものがある[211]。病院の窓から転落し死亡した事件に関し、遺族らが損害賠償を請求した事件[212]がある。

202　平林・前掲医事法判例百選196頁参照。
203　大津地判昭62・5・18判時1269・125、福岡地判平6・11・16判時1548・124。
204　平林・前掲医事法判例百選197頁参照
205　これについて、日山恵美「看護上の過失」中山・甲斐（編著）『新版医療事故の刑事判例』243頁以下、松岡・前掲『民事法と精神医学』207頁以下参照（65歳以上の高齢者の1996年総死亡数21,149人のうち、「転倒・転落」によるものが16％を占めるという）。
206　松岡浩「精神科病院における若干の事例類型に関する考察―突然死、転倒・転落事例、誤嚥事例の検討」（松下正明総編集）『民事法と精神医学』（2005年）202頁以下参照。
207　松岡・前掲『民事法と精神医学』208頁参照。
208　東京地判平8・4・15判時1588・117。
209　東京高判平11・9・16判タ1038・238。
210　名古屋地判平17・11・17。日山・前掲『新版医療事故の刑事判例』244頁参照。
211　日山・前掲『新版医療事故の刑事判例』243頁以下参照。

転落防止のために抑制帯を用いて抑制措置が取られた脳疾患のある入院患者がベッドから転落して後遺症障害を負った事案で、その措置が転落防止のために講じた対策として適切であり、病院がその患者の転落を予見することができない場合につき、過失を否定したもの【113】[213]がある。また、別の事案で、第1審で、入院中の患者が、ベッドから転落して頸髄損傷の傷害を負った場合に、病院側に患者を常時監視する義務や、抑制帯を使用して転落を防止する義務などはなかったとして、診療契約上の義務違反が否定されたものの[214]、控訴審において、転落を防止するために抑制帯を用いることがなかった場合には、診療契約上の義務違反が認められるとした事案【114】がある[215]。

転倒事故では、てんかんの発作、場所的見当識障害の発現などが予想された事案で、看護師が患者の側を離れたところ、患者が転倒し受傷した事案に過失を認めたもの【115】[216]、トイレで、排便時に貧血による失神を起こし転倒した事案【116】に、看護師には、排便時に相当な出血があった場合にはナースコールをして呼ぶよう指示をしておく注意義務、医師には、失神を起こす可能性について注意を促し、看護師にトイレまで付き添うよう指示する注意義務を認めた[217]。

さらに、多発性脳梗塞で入院した（女性）高齢患者にトイレまで同行した看護師がトイレの前で別れ、病室に戻るのに同行しなかったところ、約30分後、室内で転倒しているのを発見され死亡した事案に、看護師の過失と転倒との因果関係が肯定された[218]**東京高裁の判決【117】**がある。

> （事実）A看護婦が、定時の訪室のためにHの病室に赴いたところ、Hは、ベッドの上で座位になっており、トイレに行きたいというので、ベッドに座るように起座の介助をしたが、Hが点滴棒を押しながらトイレに行くのに同行しただけで、直接介助はせず、トイレの前でHから「一人で帰れる。大丈夫」

212　高知地判平7・3・28判タ881・183＝高橋智「高齢の入院患者転落事件」医事法判例百選208頁以下。
213　大阪地判平19・11・14判時2001・58。
214　岡山地判平21・9・29判時2110・60。
215　広島高岡山支平22・12・9判時2110・47。
216　東京地判平14・6・28判タ1139・148。
217　名古屋地豊橋支判平15・3・26判タ1188・301。
218　東京高判平15・9・29判時1843・69。

といわれたので、トイレの前で別れ、他の患者の介護に向かった。その後、A看護師がHの部屋を訪れたたところ、Hがベッドの脇で転倒しているのを発見したが、Hに意識はなかった。CTが施行された結果急性硬膜下血腫と診断されたが、翌日、急性硬膜下血腫により死亡した。

(判旨)「Hは、72歳の高齢であり、多発性脳梗塞と診断され、軽度ではあるが左上下肢の片麻痺が症状として観察されたこと、このため、医師及び看護婦らは、Hが転倒等によって外傷を負う危険性があることを認識しており、入院に際してHに対しても、トイレに行く際は必ずナースコールを押すように指導していたこと、Hは入院したばかりであり、実際にHの麻痺がどの程度であるのか、歩行能力があるのか、その際に安定性があるかなどについては、これを的確に判断し得る情報はなかった」。「したがって、…A看護婦には、Hがトイレに行き来する際は、必ずHに付き添い、転倒事故の発生を防止すべき義務があったというべきであり、A看護婦が、…Hがトイレで用を済ませて病室まで戻るのに同行しなかったのは、上記義務に違反したもの」である。

東京地判平成21年の判決【118】[219] は、高齢者やもともと精神障害を発症していたがゆえに入院していた患者ではなく、癌の治療のために入院していた患者が、失踪し病院敷地内で死亡した事例を扱った。

(事実) 癌の治療のために被告開設の病院に入院して手術等を受けたAが、病室から失踪し、同病院敷地内で死亡した状態で発見されたことについて、Aの相続人である原告らが、Aが死亡したのは、同病院の医療従事者らにおいて、患者が術後せん妄を発症しており、そのために危険行動に出ることが予見可能であったのに、これを予見しなかった上、上記危険行動を防止するための措置を採らなかったためである等として、債務不履行又は不法行為に基づき、損害賠償を求めた。

(判旨) Aの行動に興奮等がみられたからといって直ちに、被告病院の医療従事者らにおいて、Aが術後せん妄を発症していることを認識することができたとか、その近接した時期にAが術後せん妄を発症することを具体的に予見すべきであったとかいうことはできず、まして、せん妄のためにAが転落死することを具体的に予見すべきであったということもできない等として、原告らの請求をいずれも棄却した。

---

219 東京地判平21・9・15判タ1328・196。

本判決では、癌の治療のために入院していた患者が「せん妄症」を発症していることは認識できず、したがって危険行動をとることについては、病院の医療従事者に予見可能ではないとした。

(3) 病院内誤嚥事故

乳幼児や老人が病院内での食事の際に食物を誤嚥し、窒息死したことに対する損害賠償を求めた民事判例が多く存在する[220]。以下では、これを検討しておこう。

(a) 幼児の誤嚥事故

誤嚥事故については、4歳の入院患者に朝食を持って行ったが、そばを離れたすきにバナナを誤嚥して窒息死した**東京地裁判決の事案**[221]**【119】**がある。東京地裁は、医師につき「誤嚥などが生じないよう食物の種類・範囲を制限するだけでなく、食事を担当する看護師に対して、少しづつゆっくり食べさせたり、万一誤嚥が生じた場合には、直ぐに吐き出させたりするために監視するなどの措置を取るよう具体的に指示すべき注意義務があった」とする。

(b) 老人の誤嚥事故

ⓐ**こんにゃく・はんぺんによる事故**　誤嚥によって事故が起こりやすい食物として、こんにゃく・はんぺんが嚥下障害の患者や高齢者に向かない食物であるから、食物介助の際に細心の注意を払う必要があったとされた**【120】名古屋地裁判決**[222]の事案がある。

　　(事実) Dの遺族である原告らが、被告が設置経営する特別養護老人ホームにおいて、Dが被告の職員Fによる介助を受けて食事中に、こんにゃくとはんぺんをのどに詰まらせて窒息死したことにつき、被告に対し、使用者責任又は債務不履行に基づき、損害賠償を求めた。

　　(判旨) 入所時一般調査票等にDに嚥下障害がある旨記載されていたこと、こんにゃくはのどに詰まらせやすいこと等を考慮すると、Fは、こんにゃくを食

---

[220] 精神病院入院患者に関するこれについて、松岡・前掲『民事法と精神医学』211頁以下参照。昼食時に発生する頻度が最も高いという。精神障害患者の場合、盗食、異食にあたって発生している者も多いという（松岡・前掲212頁参照）。
[221] 東京地判平13・5・30判時1780・109（松岡・前掲『民事法と精神医学』213頁）。
[222] 名古屋地判平16・7・30LEX/DB。

べさせた後、Dの口の中の確認及びDの嚥下動作の確認をする注意義務を負っていたというべきであるから、Fが、これらの確認をしないまま、こんにゃくに続いてはんぺんを食べさせたことは、不法行為法上の過失に当たるということができるとして、請求の一部を認容した。

ⓑ白玉もち誤嚥事故

白玉もちについては、被告経営の病院に入院中、夕食として提供された「白玉もち」をのどに詰まらせて窒息死したCの父母である原告らが、Cの死亡は同病院医師らの過失によるものであるとして、同医師らの使用者である被告に対し、損害賠償を求めた**旭川地裁判決**[223]【121】の事案がある。

> **(判旨)** 本件事故は、Cが口腔内の白玉団子を一気に飲み込もうとしたことによるものであり、本件事故後の処置を含め、被告病院医師らに過失はなく、また、同医師らにCの食事の状況を常に監視すべき注意義務もないとして、請求を棄却した。

本判決は、食事の状況を常に監視すべき注意義務はないとして、「白玉もち」を喉に詰まらせた本件においては注意義務を否定した。かくして、判例は、喉を詰まらせ、誤嚥を起こしやすい食物で、事故に至る危険性の高い食物かどうかを考慮しているように思われる。

ⓒおにぎり誤嚥事故【122】

> おにぎりについては、福岡地裁[224]が、入院患者Aの看護を担当していた看護師である被告Bが、おにぎりを提供したこと、義歯を装着しなかったことについての過失は認めず、食事時の見守りについて、Aが誤嚥することがないように注意深く見守るとともに、誤嚥した場合には即時に対応すべき注意義務があったのにこれをしなかったとして、注意義務違反を認めた。

それとともに、Aは、特別養護老人ホームに入所していたが、加齢と脳梗塞、脳血管障害等によって食事の飲み込みが悪くなってきていたAの誤嚥事故について、ホームの設置者に対し、食事の際に介助を行う職員に対し教育、指導すべき注意義務があったのもかかわらず、違反したものとして損害賠償を認めた。本件では、食物が「おにぎり」であったことではなく、入

---

223 旭川地判平13・12・4判時1785・68。松岡・前掲『民事法と精神医学』213頁以下。
224 福岡地判平19・6・26判時1988・56。

所者の体調などの特別の事情によって誤嚥事故に対する注意義務の有無が判断されていると解することができる。

ⓓ **ロールキャベツ誤嚥事故【123】**[225]

（事実）ロールキャベツについては、75歳の交通事故の被害者Ａが、既往症である多発性脳梗塞の影響で咽頭反射が低下しており嚥下に障害があったが、病院で、ロールキャベツを食べさせた事案がある。

（判旨）キャベツが高繊維であることや、ロールキャベツが容易にかみ切ることのできない食品であるとして、こうした食品を選択し、提供したことに過失があるという主張に対し、キャベツが、誤嚥を起こしやすい食品であるということはできないし、高齢者の食事においても普通に食べられる食品である旨の報告もされているのであり、先にみたようなＡの食事内容、状況からすると、Ａにとって、ロールキャベツがことさらにそしゃくや嚥下の困難な食物であるということはできない。また、原告らは、Ａが高齢であったことなどから、被告病院の医師や看護婦には、Ａの食事の際に付き添って監視をするなどの措置をとるべき義務があった旨を主張するが、Ａの状態や食事状況の推移からすると、そのような義務があったということはできないとした。

このように、老人ホーム等において、食物を誤嚥した老人の死亡事故に対する病院側の責任を否定した判例も少なくない。次の判例は、誤嚥と死亡の因果関係を否定したものである。

ⓔ **横浜地裁誤嚥事故判決【124】**[226]

（事実）Ａは、被告が開設する介護老人保健施設に入所中、食べ物を誤嚥して死亡した。原告は、このような事態が起きたのは、被告の施設及び職員に対する管理体制、被告施設の職員らの亡Ａに対する事故発生前の対応、及び、事故発生後の亡Ａに対する救命活動にそれぞれ過失があったためであると主張して、被告に対し、不法行為又は債務不履行に基づき、損害賠償を求めた。

（判旨）「亡Ａは苦しんでいる様子を見せることなく、突然、後屈状態で意識を消失し、問いかけにも応じなかったのであるから、即座に、その原因が誤嚥であると判断した上で、気道確保及び吸引が必要と判断することを介護福祉士であるＢ介護士に求めるのは困難である等として、被告及び被告施設の職員に原告ら主張の過失があったとは認められないとして、原告らの請求をいずれ

225　富山地判平13・11・28LEX/DB。
226　横浜地判平22・8・26判時2105・59。

も棄却した。

裁判所は、「本件事故は、食物の誤嚥による窒息を原因とするものとは認められず、本件事故の発生状況及びAの既往症を考慮すると、脳梗塞、心筋梗塞などの何らかの疾病を原因とするもの、すなわち、Aが脳梗塞、心筋梗塞などによる発作を起こし、それによる吐き戻しの誤嚥が起きたものである蓋然性が高いことが認められる」とする。

ⓕ東京地裁誤嚥事故判決【125】[227]

この判決は、誤嚥にもとづく死亡の具体的な危険の予見可能性を否定して、原告側の請求を棄却した。

> **(事実)** 原告らの父であるAが、被告との間で、被告の開設する有料老人ホームへの入居契約等を締結し、入居していたが、同老人ホームにおける食事中、食物を誤嚥し、その後死亡した。原告らは、被告に対し、上記入居契約等に基づく安全配慮義務違反があった旨主張して、債務不履行に基づき、Aの死亡慰謝料と及びこれに対する遅延損害金の支払を求めた。
> **(判旨)** 被告が、Aについて、誤嚥による窒息が生じる危険があることを具体的に予見することは困難であり、そうすると、被告が、本件契約に基づき、Aについて、誤嚥防止のために、具体的に食事の調理方法や食事形態を改善すべき義務や、常時食事の介助を行い、又は食事の開始から終了までを逐一見守るべき義務を負っていたと認めることはできない等とし、被告が本件契約に基づく安全配慮義務に違反したとすることはできないとして、原告らの請求を棄却した。

このように、見てくると、判例においては、誤嚥の危険性が高い食物や入所する老人の体調などの事情から特別の事情が認められない限り、一般的な入居契約の内容から、施設側には、「誤嚥防止のために、具体的に食事の調理方法や食事形態を改善すべき義務や、常時食事の介助を行い、又は食事の開始から終了までを逐一見守るべき義務」は認められないというのが判例の基本的観点であると思われる。

このように、療養上の世話における事故に対しては、圧倒的に民事事件が多く、刑事事件はほとんどない。それは、おそらくは、事故の原因が、医師

---

[227] 東京地判平22・7・28判時2092・99。

や看護師の直接の何らかの明白な患者に対する作為的作用によって引き起こされる事故ではなく、転落、誤嚥など第 1 次的には老人などの、世話を要する患者の自身のある意味での「自己危殆化」行為ないし親族などの、世話人に適切な指導を従前に与えておかなかったことが直接の原因となって事故が発生し、医師・看護師は、間接的にその管理責任を問われているという点にあるのではないかと推測される。民事責任については肯定する判例も少なくないので、以上のような事情が相まって被害者の処罰感情が、被害者が高齢者の場合、乳幼児の場合と比べてそう強くなく、告訴される場合が少ないなどの実体法上の過失理論外の理由で刑事事件が少ないのではないかとも考えられる。自己責任を問題にしえず、かつ親の将来の期待が高い乳幼児の転落事故等に関しては、刑事責任を問う判例も少なくない。また、乳幼児突然死症候群による死亡については、事故発生当時の予見可能性に依存する。初期においては知られなかった、うつ伏せ突然死や新生児をうつ伏せに寝かせた場合の死亡事故について知られるようになってからは、有罪を言い渡す刑事判例も出ている。

10. 小　括

　以上で、医療過誤自体の事例類型ではなく、医療行為の現象的局面に典型的に発現する判例に現れた事案を類型化する方法によって、医師・看護師等の医療関係者の過失責任を検討した。ここでは、①注射による医療過誤、②投薬による医療過誤、③麻酔による医療過誤、④輸血による医療過誤、⑤手術にもとづく医療過誤、⑥医療機器の誤操作にもとづく医療過誤、⑦診断・治療に関する過誤、および⑧看護に関する医療過誤に分類したが、統一した理論的帰結を導くことはできず、むしろカズイスティックな問題思考的検討に終わっている。本章の検討からは、いわゆる組織過失の論点が典型的に現れる事例類型は除外し、別に予定している組織過失に関する各論的研究に委ねた。医事刑法関係の判例については、その基本的な理論的観点を示した判例には、民事判例が多く、刑事についてそこから類推するしか方法がないといった状態であるが、本章では、最後に検討した「看護に関する医療過誤」のうち「療養上の世話に関する判例」を除いては原則的に刑事判例を検討したので、その意味では、刑事判例の分析・類型化の意義はあると思われる。

第 6 章

医療過誤と刑事組織過失

1. 医療組織と過失類型

1. 医療組織における危険と責任

(1) 医療組織における分業・協業と医療安全

　現代医療にとっては、高度の専門化は必然であり、医療の分野における分業は「時代の要請」であるといってよい[1]。ごく普通の手術ですら、複数の異なった専門医、看護師、技師等からなる数名のチームで行われる。手術のみではなく、その前の診察にあたっては、尿・便検査、血液生化学検査のほか、内視鏡検査、レントゲン、エコー（超音波検査）、CTスキャン（コンピュータ断層撮影法）、MRI（磁気共鳴画像）などの様々な医療装置を使った画像診断などの専門の医師ないし技師による検査が絡み、手術後の経過観察、療養にも様々な医療関係者が関与する。「チーム医療」は、医療の高度の専門化と効率化の必然の結果であるとともに、患者に最新の医療を提供するための仕組みでもある。しかし、巨大な組織でもある大病院においては、患者個人に対するチーム医療で「組織」の問題が尽きるわけではない。そのチーム医療を確実・安全に安定的に機能させるには、その病院組織そのものが、患者の安全を図るという目的に向けて組織化・システム化されていなければならない。すなわち、チームの権限の明確化と相互の意思疎通を円滑化するための組織化・チェック体制の整備など医療組織全体の医療安全ないし患者の安全に向けての病院間の連携システムをも含めてそのシステム形成が必須の条件である。巨大化し、専門化する医療組織において権限を分散させ、それを統制し、患者の安全を図るための危機管理（リスクマネージメント）を図るシステムの構築は、医療機関の機能を向上させ、患者の治療効果と安全を図るために不可欠であり、機関ないし組織縦断的な協調体制の構築によってはじ

1　Vgl. *Ulsenheimer*, Arztstrafrecht in der Praxis, 4. Aufl., S. 186.

めて患者の治療に直接かかわる診断・治療・手術においても組織の全体としてのシナジー効果が得られるのである[2]。

(2) 医療における組織過失
(a) 分業・協業と組織の機能不全

医療組織における医療過誤ないし過失は、直接医療行為にかかわる医師やその他看護師等の医療関係者の意思の緊張の欠如や不注意な医療行為によって発生するだけではなく、このような医療組織における分業と協業ないし組織の機能不全によっても発生する。医療組織内においては、分業と責任分担が行われている。このような既存のシステム化された組織における各領域における過失が、相対的に独立に分業・協業され、また、とくに組織内で分業された組織の権限や責任に上下関係があり、一方が他方に指揮命令し、あるいは、相互に相対的に独立にではあるが、一定の事項に対する執行とチェックといった権限の分配が行われているとき、それぞれの過失の関係が問題となる。

(b) 組織過失の概念

まず、ここで用いる「組織過失」の概念について一言しておこう。これは、従来、システム過失ないし組織形成過失と呼んでいたものを、ドイツ民法における「組織過責」（Organisationverschulden）の概念[3]を変形させながら、これと融合させて、組織の責任者に要求される組織の形成・執行・コントロール関する固有の過失責任を問題とするものである。

> ドイツ民法における「組織過責」の概念は、すでにライヒ裁判所の判例によって展開され、学説においても承認されている[4]。それは、ドイツ民法823条1項に基礎を置く。これによれば、業務主は、他人の義務違反に対して責任を負うのではなく、自身の義務違反について責任を負う。組織義務を負うのは、病院の設立者・維持者・経営者である。しかし、これと並んで、病院の各部署の長、すなわち医長も各部署においてこのような義務を負う。医長は、治療にの

---

2 *Schroth*, Die Strafrechtliche Verantwortlichkeit des Arztes bei Behandlungsfehlern, Roxin/Schroth (Hrsg.), Handbuch des Medizinstrafrechts, S. 94.
3 この概念については、vgl. *Gabziele Zwiehoff*, Strafrechtliche Aspekte des Organisationsverschuldens, MedR 2004, S. 364 ff.
4 Vgl. *Strauf*, Die Organisation der Aufklärug, S. 13 ff.

みならず、その「組織」形成についても責任を負うのであって、この義務は、病院長ないし病院理事長の責任と並立する。

　ドイツにおいて、医療における組織責任が問題とされるのは、具体的には、次の事項である。

　第1に、組織義務は病院における診断から退院までの全治療過程に及ぶ[5]。その事項も人事、技術、薬剤のすべてに渡る。第2に、人事については、病院の人員を整えること、人の配置についても組織義務が及ぶ。各部署における権限を定めた明確なルールが必要であり、代替要員、当直などについても組織義務の範囲内である。第3に、組織義務は、病院における危険防止義務に及ぶ。感染の防止措置、建物の避難路の確保もこれに属する。第4に、説明義務を組織化することも組織義務の一つである。説明の内容と範囲、説明の相手方、説明の形式、特に文書の形式のみならず、治療に関わる各医師が、他の同僚の説明をどのような場合に信頼できるかについても意思疎通を図っておくことも組織義務に属する。

このようにして、ここでは、従来、管理監督過失を超える組織形成過失として用いてきたものを、このようなドイツ民法に由来する組織責任の概念を参考にして「組織過失」(Organisationsfahrlässigkeit) と呼ぶことにする。

　この組織過失は、最近ドイツ刑事判例においても採り上げられはじめている。例えば、ある下級審の判例において、運送会社の従業員である運転手が、常時、許された運転時間を超過して、運転困難な状況で運転し、交通事故を起こして人を死亡させた事案につき、事業主が、その事業において、その時間帯に第三者を危険にさらす極めて危険なシステムを形成・維持した事案で、事故の被害者の死は、義務違反的事業組織の直接の結果であり、それによって創出された「危険な回廊」(Gefarenkorridor) の内部で生じたものとしたのである[6]。

このように組織過失の概念は、複数の人からなる人的組織の形成や運営の不備をも含むが、ドイツでは、一人の人からのみなるその人の活動手順の「組織」の不備の意味でも用いられる。それは、わが国の物や設備に関する管理過失と同様であって、他人が関与する人的組織の管理にとどまらず、一人の人の自らの業務遂行の「組織化」における不備をも含むのである。この

5　Vgl. *Strauf*, a. a. O., S. 21 ff.
6　LG Nürnberg/Fürth, NJW 2006, 1824.

過失の競合ないし共犯という複数の行為者が登場しない一個人の組織過失については、ここでは、最初に事例を挙げて問題を剔抉するにとどめ、多数人の関与する組織過失がここで考察の中心となる。

次に、組織が関係する過失といった広い意味における組織過失をも含めて、一般的に、医療過誤事件において問題となりうる複数人の関与する組織における過失の類型化を行っておこう。

(3) 過失複合の諸形態
(a) 個人過失の競合と組織過失における競合

そもそも、多数人の過失が複合する場合には、①組織化されていない個人の過失が複合する類型と②組織における協業・分業関係ないし組織形成における過失の類型に分類できる。前者は、個人の過失の競合の事例[7]であり、これには、結果に対して別の因果系列として影響する「並列競合」と結果に向かって原因・結果の関係にある一連の条件が競合する「直列競合」がある。並列競合のうち共同正犯の要件を充たすものが、過失共同正犯であるが、これは意思の連絡と機能的共同によって組織過失に含められるべき類型ともいえるであろう[8]。

(b) 組織における過失の発現形態
(i) 組織過失（組織形成過失）

組織における過失の発現形態には、①ある組織の内部で他の並列的組織との相互関係の中で自らに与えられた任務を果たし全体的組織が適切に機能するようにする義務に違反するかどうかを問題とする類型と、②その組織の安全体制を形成する責任を問う類型がある。この類型の組織過失は、他人の過失との競合が問題とならない単独人による組織過失の場合も含む。とくに後者を、筆者は不作為犯的現を払拭し作為犯的要素を強調するため、「システム過失」ないし「組織形成過失」と呼んできたが、これは、組織全体の安全性に対する体制の形成の不備や、安全に対する相互チェックの体制、組織の

---

[7] 過失競合事案は、後に検討するように医療過誤事件においても多数みられ、初期の（1950年代からの）鉄道事故における過失責任についても多数みられた。

[8] ただ、分業・協業の体制とシステムがすでに確立されているのではない状況下での過失共同正犯は、それぞれの過失行為が独立の因果系列に属するのではなくとも、過失競合に位置づけるのが妥当であると思われる。

分業・協業体制のシステム化、透明性の確保などの点で、その組織を形成し運営する責任を問いうる類型である。組織における与えられた任務の遂行によってその機能を果たす組織過失と、下位の組織を含めて危険のある組織を形成する組織過失を総称して、これを「組織過失」(広義)と呼ぶことにする。

これらの組織過失類型は、組織における協業・分業体制が確立されている場合が基礎となる。ここでは、水平的協業・分業と、垂直的協業・分業の類型に応じて①水平的組織過失と②垂直的組織過失に分けることができる。前者は、信頼の原則の適用と過失共同正犯とが問題となりうる事例であり、後者は、管理・監督過失の事例である。

(ii) 管理監督過失

管理監督過失の概念は、わが国では1980年代から組織過失における個人の過失責任を問うとき、上司の部下の過失に対する過失責任を問う理論として展開されてきた。まず、監督過失の概念は、組織における人の不適切な行動につき、その上司の部下に対する選任・監督義務を問うことに資するものであった。これに対して、管理過失は、物・設備・施設・動物などの管理義務および人的組織体制の確立・運用を内容とするものであった。監督過失と管理過失は、ほぼ上のように分類されるが、厳密にいうと、監督過失は、過失事故の発生を招く直接行為者に対する指示ミスの過失であり、共犯的形態の過失である。この中には、上司がその本来の任務を委託して部下に委ね、自らはその部下の任務の遂行を監督する場合も含むであろう。これに対して、管理過失は、過失競合論との関係では、人的組織形成や事前の部下の選任・訓練における過失を意味するとすべきである[9]。すなわち、人的組織に関する管理過失は、(狭義の)共犯的形態ではなく、管理者の直接過失が問題となっている類型である。判例においても、管理・監督過失が問題にされるとき、管理・監督者は、部下の担当・管轄する業務について上位の責任を負う立場にあって、部下を介して同様の義務を負っているという場合が、初期においてはどちらかといえば一般的な事案であった[10]ので、これは管理過失の

---

[9] 一般には、監督過失の中に「選任」過失も含められるが、これは、人事組織の形成自体の過失であり、背後者の固有の過失と見る方が妥当であろう。

[10] 筆者は、製造物に関する刑事責任が問われた判例についてとくに初期の判例においてこのように、上司の過失責任を問うには、例えば上司たる工場長が部下の業務に関する上司としても部下同様の知識・技術をもち、その業務に対する部下の直接のコントロールを要求する事案が

一種として位置づけることができる。
(c) 過失複合の体系化
　このような多数人の過失の複合の類型は、これを次のように体系化することができる。

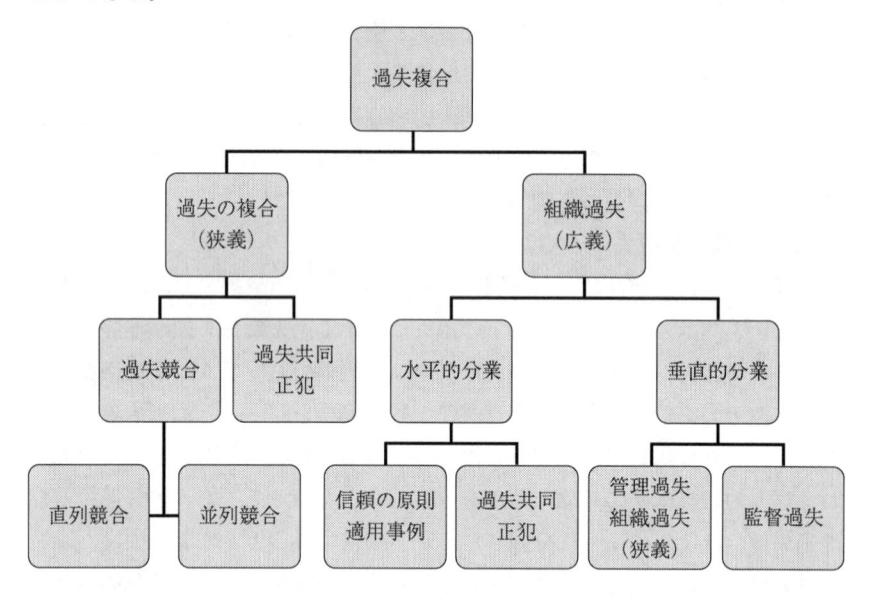

```
                           過失複合
                    ┌─────────┴─────────┐
              過失の複合              組織過失
              （狭義）               （広義）
           ┌─────┴─────┐         ┌─────┴─────┐
        過失競合   過失共同    水平的分業   垂直的分業
                   正犯
        ┌──┴──┐              ┌──┴──┐     ┌──┴──┐
      直列競合 並列競合    信頼の原則 過失共同  管理過失  監督過失
                          適用事例   正犯    組織過失
                                           （狭義）
```

　人事組織に関する管理過失は、物・設備・施設・制度などの組織形成を含めて、とくに部下の過失も競合するときの組織形成責任者である上司の組織過失を問うものである。つまり、組織過失（狭義）とは、一定の組織の中で業務分担され、権限を割り当てられた管理・監督責任にとどまらず、施設・設備・機械装置および選任・人員配置・権限分配等を含めて「組織」そのものを形成し、組織における業務分担と権限分配をシステム化する役割を果たす者が、危険の発生しうる危険な組織をつくりだし運営することによって事故結果を発生させた責任を問うものである。したがって、管理過失とほぼ同義で用いることができる概念であるが、管理過失がわが国では「安全体制確立義務」違反のように、不作為犯的にとらえられることが多いことと、「管

多いことを確認した（山中敬一「刑事製造物責任論における作為義務の根拠」法学論集60巻5号（2011年）1頁以下、8頁、13頁等参照）。これは、上司の管理過失が、上司独自の義務違反ではなく、むしろ、部下と同様の義務違反を前提にしていることを意味する。

理」責任より積極的な「組織形成」責任を表す意味で「組織（形成）過失」（狭義）の概念を用いることにする。

狭義の組織過失の例としては、例えば、ホテルの経営、管理事務を統括する地位にあり、その実質的権限を有していた代表取締役社長が、とくにほとんどすべての事項をワンマン体制で決定してきたという事情のもとで、管理権原者としての過失責任を問われたいわゆる**ホテルニュージャパン火災事件**[11]における組織責任が、これに属するであろう。**JR 西日本福知山線事故**[12] における JR 西日本社長の責任は、それを問いうるとすれば、これに属する。

(4) 単独人の組織過失の例
(a) 病院長の刑事責任に関するわが国の判例

病院長が、事故防止のための体制づくりを怠ったために生じた事故について組織過失が問われた刑事判例[13] をここで検討しておこう。

（**事実の概要**）脳神経外科病院の理事長兼院長が、院内感染防止のためのマニュアルの作成ないしそのための職員教育を実施しなかったため、ヘパリン加生理食塩水を作製する際の基準を指示せず、准看護師をして手洗い等不十分なままヘパリン加生理食塩水を作製させ、その食塩水中にセラチア菌を混入させ、患者6名をセラチア菌による敗血症ショックにより死亡させ、6名に傷害を負わせたというのが事実の要旨であり、その病院管理上の過失責任が問われた。起訴状記載の控訴事実の判旨となる部分を引用する。

（**判旨**）「病院においては、細菌に対する抵抗力の弱い患者が入院しているところ、…十分な手洗い及び消毒を励行しないで、血液凝固防止のために使用する

---

11 最決平5・11・25刑集47・9・242。
12 2005年4月25日に発生したJR西日本の福知山線（JR宝塚線）塚口―尼崎駅間で発生した列車脱線事故であり、乗客と運転士合わせて107名が死亡した。2012年1月11日、神戸地裁（LEX・DB）は、JR西日本社長の業務上過失致死傷罪につき、無罪判決を出した。しかし、この被告人は、「取締役鉄道本部副本部長兼安全対策室長として、運転事故の防止及び運転保安設備の整備計画に関する業務等を担当し、…取締役会決議に基づき安全問題に関する業務執行権限をゆだねられた取締役鉄道本部長として、平成8年6月1日から平成10年6月26日までの間は鉄道施設及び車両並びに列車の運行の安全確保に関する技術上の事項を統括管理する任務を法令により課せられた鉄道主任技術者として、同社の鉄道事業に関する安全対策の実質的な最高責任者を務めていた上、平成9年3月に開業予定のJRX3の開業準備総合対策本部長等として、同線開業に伴う安全対策を含めた輸送改善計画を統括指揮していた」者である。
13 東京簡略式平16・4・16（判例集未公刊）飯田『刑事医療過誤II』（増補版・2007年）899頁以下。

ヘパリン加生理食塩水などを作製し、常温で保存すれば、同食塩水にセラチア菌などの細菌が混入して繁殖し、これを患者治療に使用して血液中に注入することにより、敗血症などの感染症を引き起こし、患者の死傷の結果を招くことが予見できたのであるから、院内感染防止のためのマニュアル、点滴治療法等医療行為手順等の基準を作成し、看護師らに対して、これらに基づき研修等の職員教育を実施して、医療行為を行うときの清潔保持を徹底させた上、ヘパロン加生理食塩水を作製したときは、冷蔵庫に保管し、作成当日に使用することを義務づけるなどの指導・監督を行うなどして、院内における入院患者への細菌の感染を未然に防止すべき業務上の注意義務がある」。

　脳神経外科病院の院長（理事長）は、院内感染を未然に防止するためのマニュアルや基準を作成し、院内の安全を確保するための組織作りをする義務がある。本件では、現にヘパリン加食塩水を作製する准看護師の過失というより、これらの安全体制を確立していなかった院長の組織過失がこの事故の主たる原因であり、予見可能性は否定できない。病院長の組織過失が問われた事例と位置づけることができる。

(b)　ドイツにおける単独人の組織過失

　この個人組織過失の例としては、先に作為と不作為の区別に関する判例として採り上げた2011年7月7日の連邦裁判所の判例[14]をもう一度採り上げておく。この判例は、医療におけるコンプライアンスについて論じられる際に引証され、また、医療事故における「故意」の認定の問題[15]を論じる際に参照される判例でもある。

　(事案) 被告人は、整形外科医であり、局所麻酔は、自ら何度も施したことがあった。1994年からは、ベルリンでの病院で、整形外科を専門とする勤務医として、多くの美容整形も行っていた。被告人は、2006年3月30日に、49歳になる健康なSという女性に腹部の脂肪吸引の美容整形手術を施した。手術の前に書面で手術などに対する患者の同意はとっていた。被告人は、女性に、真実

14　BGH HRRS 2011, Nr. 978; MedR 2012, 111. 第4章（448頁以下）参照。
15　Vgl. *Michael Lindemann/Thomas Wostry*, Zur strafrechtliche Verantwortlichkeit für organisationsbedingte Behandlungsfehler im Rahmen ambulanter und statioinärer Operationstätigkeit. Zugleich ein Beitrag zur Bestimmung von Compliance-Strukturen im Arztrecht, HRRS 2012, S. 138 ff. この問題を取り扱った判例として、2003年6月26日の判例、BGH NStZ 2004, 35参照。

に反して、手術の日には、麻酔医も臨席すると説明していた。手術直前に患者の夫から麻酔医はどこにいると尋ねられた医師の助手は、「ドクターが兼ねられます」と答えた。手術20分前に麻酔が吸入され、その後すぐに硬膜外麻酔が施された。12時30分には傷口が縫合されたとき、患者は心肺停止に陥った。被告人は、心臓マッサージ器で救命を試みた。気道を確保するためチューブを挿入し、酸素を送り、アドネラリンほかの薬剤を投与した。その後、心臓の拍動は、通常に戻ったが、血圧が低下した。14時30分頃になって、救急病院に転医させた方がよいかと助手が問おうとしたが、被告人が癲癇持ちであったので、結局できなかった。19時10分頃に集中治療装備をもたない救急車を呼んだ。19時45分に到着したとき、救急救命士は、即座に意識のない患者の深刻な状況を認識し、その弛緩した四肢、肌の色、発汗状況から酸素が欠乏していることに気づいた。被告人は、当初、青色ランプをつけ、サイレンを鳴らして搬送することに抵抗した。被告人は、その後も、患者のカルテを見せないなど非協力的な態度を幾度となく示した。

　地方裁判所の認定によれば、「麻酔医を臨席させない複雑な何時間にも及ぶ手術の実施は、医療水準に適合しない。アヘンを投与して硬膜外麻酔を施すことは、患者の生体機能を著しく侵害する、周知の危険を伴う処置であった。麻酔医による監視は、生命を脅かす状態の早期の診断とそれに続く適切な治療を行うチャンス、すなわち、生き延びるチャンスを明らかに高めるものであった。被告人は、Ｓが意識を戻したあと、自発呼吸しているＳに、医術に反して、血圧を高める薬を与えたのみで、治療を続けた。この間、患者の脳に酸素が十分であったかはわからない。酸素不足によって、正確にいつ不可逆的な、死に至る脳損傷が発生したのかは解明されなかった。いずれにせよ、患者は、病院に到着したときには、すでに重大な低酸素性の脳損傷を被っていた。意識回復後、すぐに病院に転送していたら、患者は、確実性に境を接する蓋然性をもって生き延び、少なくとも少なからざる時間、より長く生きたであろう」。

　主観的構成要件については、次のように認定する。

　a）複雑な手術の事情から生じる要件である、麻酔医を少なくとも呼べる状況にしておくという要件は、被告人にはその受けた教育と職業上の経験にもとづき周知であった。

　b）心臓の再鼓動の後なお意識の戻らない患者を再呼吸後の局面で救急医を伴い集中治療室に運ぶという必要性の認識は、救急医療に長らく経験を積んできた医師が、これをもっているように、あらゆるその種の医師の知見のための

基本的なものとみなされる。これにもとづき、…地裁は、被告人にとって死亡の危険は予見できていたと認めた。

　c）被告人は、15時以降、麻酔剤の減少していく時間が過ぎても、患者の状態がよくならなかった後、被告人が死の結末に至る危険をありうることであって、まったくありえないことではないと認識していた。

　これにより、地裁は、「被告人は、少なくとも、とくに、その一連の出来事が知られることによって、その尊敬を失い経済上・職業上の存立を脅かされることを恐れたがゆえに、2006年3月30日の夜にはじめてSを病院に運んだ」と結論づけた。被告人は、さらに、「麻酔医の臨席なしに行われた手術が、医療水準を充たさないこと、その患者が心停止の後、不十分にしか治療されていないことを知っていた」。…参審裁判所は、組織的な隠蔽行為・無害化行為を認定した。それらの行為は、被告人が、普通ではない動機から救急車を呼ばなかったことを証明するものである。そのことから、被告人が患者の生命に危険が発生していることを認識した15時以降の殺人の未必の故意の認定につながる。地裁は、結局、故殺未遂と傷害致死罪の観念的競合を認めた。

(判旨) これに対して、連邦裁判所は、まず、患者を病院に移送しようという決意をする前には殺人の故意という意思要素を認定することはできないとし、次に、上告理由で、地裁が、被告人に有利な不作為な（不能）未遂ではなく、作為による未遂を認定した点につき述べる。作為と不作為の区別基準は、判例によると、「非難の重点」がどちらに置かれるかによる。そして、連邦裁判所は、結論的には、本件では、転医させなかったという不作為に重点があるというのである。結局、連邦裁判所は、被害者の死につながる特殊な危険を認め、傷害致死罪については肯定する。

　まず、殺人の故意の点については、殺意を否定する連邦裁判所の見解が妥当であろう。ベルリン地裁は、故殺の故意を一方的な考察から認定し、また、「隠蔽行為」から医療過誤の発覚を阻止しようという動機を導いたのであり、故意の阻却に向かう逆方向の意欲的要素は考慮していない。被告人の行為と先行の過誤の隠蔽という動機の合理的な理由のある関連性を認めるのは困難である。つまり、被告人は、不備のある手術が行われたという事情につき、後に患者を解剖すれば隠しきれないとも考えたはずで、患者の救助は、まだ可能だと思っていたとも推論できるからである[16]。この点では、殺

意を否定した連邦裁判所の認定が妥当である。

次に、本件における「組織責任」の問題については、第1に、この医師が麻酔医を臨席させないで手術を実施することは、意図的に行ったわけであるから、「医術的正当性」を持たない手術であることを知り、しかも麻酔医を臨席させると患者に虚偽の説明をして、麻酔医の臨席しない手術については同意がないであろうことを十分知りつつ、患者の同意を取り付けているのであるから、故意の傷害罪が成立するという結論は納得できる。第2に、そのことを前提にすると、手術を適切に遂行し、その手術から生じうる危険を防止するための対策・手順等の「組織化」を行っていることは、傷害を正当化するための客観的要件である。このような正当化要素は、本件では充されていない。

過失犯を考慮に入れるとしても、このような「危険対策」が十分に行われたうえで手術の実施に至っているかどうかは、注意義務違反があるかどうかの重要基準となることは疑いない。手術を含めた医療行為を安全に遂行するためには、それらの行為を実施するにあたって必要な法令・規則・ガイドライン、手順、装置、人員などあらゆる点で、必要事項を「組織化」しておかなければならない。これを事故の発生を防止するための医療における「コンプライアンス」といってもよい。コンプライアンスには、①情報管理、②危険対策、③実施組織、④責任体制の確立、が重要である[17]。医療においては、一般に、物的設備のみならず、専門医の医療水準充たすことなどの人的設備面での医療の「質の管理」(Qualitatsmanagements) が重要である。

(c) ドイツにおける病院長の刑事責任

ドイツにおいては、病院長の組織過失については、「一般に極めて低い役割しか果たしていない」と言われている[18]。後に詳しく検討する連邦裁判所の判例[19]においては、大学の研究所の所長代理の血液の製造に関する刑事不作為責任は否定されている。病院長の民事責任と比較して、その刑事責任については、病院長の刑事組織責任が全く考慮されないのと比べて、民事責任

---

16 *Lindemann/Wostry*, HRRS, 2012, S. 140 f.
17 *Lindemann/Wostry*, HRRS, 2012, S. 143.
18 *Wever, Carolin Wever*, Fahrlässigkeit und Vertrauen im Rahmen der arbeitsteiligen Medizin, 2005, S. 102.
19 BGH NJW 2000, 2754. 本章3.4（660頁以下）参照。

は、無制限に認められており、両者はまったく別の評価にさらされ、民事の「組織過失責任」(Organisationsverschulden) は刑法には継受されていないと言われている。その理由は、二つある。ブルンス[20]によってこれをまとめると、一つは、患者の関心のあり方が両者で異なるということである。刑事告訴は、感情的になされることもあり、責任追及は、まず、患者と接触した担当医に向けられる。これに対して、損害賠償を請求するための民事では、資力のある病院長ないし理事長に向けられる。病院の内部事情が、外部（検察官、裁判所）に隠されていて、透明性を欠くことも、起訴が少ない理由である。治療する医師と病院経営者の間の、「責任の希薄化」を生む「本来的なグレーゾーン」の存在もそれに寄与する。もう一つは、刑事訴訟において病院の組織的な欠陥を指摘する医師は、医療行為の時点で、病院の組織的に劣悪な条件を知っていたのであれば、自ら故意責任を追及される危険に陥れることになるからである[21]。もとより、民事責が法人の責任を問いうるのに対して、法人の刑事責任を問いえないこともその理由である[22]。

(d) ドイツにおける医長の刑事組織責任

しかし、先のブルンスも、「医療過誤とは、しばしば、その危険な結末が知られてはいるが財政上の圧力から維持され、あるいはしかも新たに導入されることもある病院におけるシステム不備の結果である」と認めている[23]が、ドイツ刑事医療過誤裁判においても、医長の組織過失については、これを考慮する判例が登場し始めている。

まず、麻酔医が人的・物理的設備の劣悪な状況での麻酔施術によって患者を死亡させたという点で共通である二つの判例がある。

それぞれの事案では、病院の麻酔上級医[24]および耳鼻咽喉科の麻酔女医[25]

---

20 *Bruns*, Persönliche Haftung des Krankenhaus-Geschäftsführers für Organisationsfehler?, ArztR 2003, 63 f.; *Wever*, a, a. O., S. 105 f.
21 この点については、ヴェーヴァーは、医師が患者の死に対して故意をもつこと故意犯で訴追されることは「極めてまれ」であって、ブルンスには賛成しかねるとする（*Wever*, a. a. O., S. 106）。
22 ヴェーヴァーは、病院長の刑事組織責任は現行法においても可能であるという（*Wever*, a. a. O., S. 110.）。
23 *Bruns*, ArztR 2003, 60.
24 AG Erfurt Strafbefehl v. 2. 2. 2010 – 46 Cs 102 Js 27948/06. これにつき vgl. *Kudlich/Schulte-Sasse*, „Täter hinter den Tätern" in deutschen Krankenhäusern? — Strafbarkeit von „patientenfernen" Entsheidungen in Gesundheitseinrichtungen bei organisations-

が、それぞれ、経済的営業を行っている医療組織で働き、そこでは、手術プログラムも経済を意識して組まれていた。これらの医師は、まったく適切性を欠く安価な人的基盤のもとで手術プログラムを実施したが、患者を死亡させた。上級医は、ひとりの麻酔補助員、数か月の経験しかない二人の助手医で耳鼻咽喉科の手術を3回行わなければならなかった。他方、女医も、人員不足の中で午前中に17人の子供に麻酔を施すといった内容であった。両人ともに人的にも物理的にも最低条件を満たしていないことを認識すべきであった。そのことを手術マネージャーや経営者に進言すべきであったという。

さらに、アウグスブルク地方裁判所の判決[26]の、一人の当直医しか配置せず、その医師に専門を超える診療をさせたが、二人の専門の異なる当直医を当直させるべきであったかが論じられた事故の事案でも、医長の組織責任が論じられたが、これについては、後に詳論する[27]。

(e) 組織に起因する事故の背景としての経営問題

ドイツでは、病院経営にとっては「医療費の節減」と「患者の安全」の相克が背景となって、経費節減のための結果として、医療による死亡事故が発生する事例が目立っている。財政上の理由から生じる病院における組織上の不備からそのような事故の多発が生じているのである。そのような事故につながる経営戦略事例を列挙すると[28]。①助手医をその専門を超えて当直に投入することによって人件費の節減を図り、②勤務時間外の専門医の常駐のない小規模病院での産婦人科の営業を行い、③麻酔・鎮静剤の施用を費用節減するために、医師の任務を医療職員へと委任し、④専門の看護業務を素人に委ねることによって、歯科医ないし耳鼻咽喉科医の臨床における治療毎の経費を節減し、⑤治療にあたる医師の資質を引き下げることによって、時間毎の手術数を増やして売上の増加を図り、⑥費用を軽減する一方、配置人員の不十分な集中治療室で患者を収容することから、マルチ耐性菌が体力の弱った患者に感染する確率が高まって、事故が発生するといった事例が目立つの

---

bedingten Patientenschäden, NStZ 2011, 245. この判例および次注の判例については、オリジナルを参照し得なかったので、この論文によった。
25 AG Hamburg-Harburg Urt. V. 2. 12. 2009 - 627 Ds 7200 Js 75/07 (526/08)
26 LG Augsburg ArztR 2005, 205.
27 詳しくは、本章3．2．(2)（652頁以下）参照。
28 Vgl. *Kudlich/Schulte-Sasse*, NStZ 2011, S. 243 f.

である。

(5) 複数人の関与する組織過失の前提としての危険と責任の分担

　医療行為が分業と協業によって組織的に行われる結果、医療過誤の危険や結果も、そのような組織の機能不全から生じることになる。先に掲げた医療過誤が生じる人的・物的組織の不備に基づく過失を、ウルゼンハイマーの分析によれば、①意思疎通上の過失、②調整上の過失、③資質に関する過失（選任上の過失）、④管轄分担上の過失、⑤権限委任上の過失[29] に分類される。

　一つの手術を行うにも、10人以上の医療関係者が関与して「チームワーク」として行われるのが常態となっている。そのようなチームワークを機能させ適切に働くよう維持するためには、各分担の範囲と権限、その密接な連携を維持する組織をしっかりと構築する必要がある。診断と治療にかかわる医師、技術者、補助者の数が増えれば増えるほど、また、医療器具や薬剤が複雑になり危険になればなるほど、そして、大きな病院で分業的な作業が複雑になればなるほど、医療作業の計画、調整、コントロールは、周到な用意と知恵を必要とする[30]。それに応じて、医療過誤を生じさせる危険源も多様となり、上記のそれぞれの分野においてその中に「危険」が潜むものとなる。

　分業・協業における危険は、同種の医師の間で、異なった専門医の間で、医師と看護師、介護人のような異なった医療関係者相互間で発生する。近年では、このような当事者間の組織上の欠陥から発生する医療過誤が著しく増えている。組織・チームの構造上の欠陥、人的設備の不備、医療装置の不備、手術における相互調整の欠如、異なった「科」の間の意思疎通の欠如、患者の看護の不十分性、若い医師の早すぎる投入などが原因である医療過誤が多発している。

　ここでは、もちろん、全体の安全体制を確立し、適切な組織形成を行うため、前述の組織の複合的な機能不全に対するシステム形成責任である「組織過失」が問われることもある。しかし、特定の組織の特定の機能不全に起因

29　*Ulsenheimer*, a. a. O., S. 187. Vgl. *Wever*, a. a. O., S. 5 f.
30　*Laufs*, Handbuch des Arztrechts (Hrsg) v. Laufs/Uhlenbruck, 3. Aufl., 2002, §102 Rn. 1; *Ulsenheimer*, a. a. O., S. 187.

する事故の危険に対する責任は、その組織を構成する個人の責任に帰せられる。

それでは、このような危険を内在する組織における個人の責任は、どのように問われるのであろうか。組織上の責任が問われるのは、「指示権限」があることによるのみならず、「点検義務」の存在にもよる。指導権限ないし指示権限を行使するということは、関係する既存の基準・規則の遵守を監督し、その他の処分に関する監督義務とは不可分に結合している[31]。ここで、事実上の分業のあることが、法的責任を分割することになるのか、または監督、点検、そして一定の組織体における組織化（安全体制確立）の義務による「**責任の輻輳化**」[32]（Verantwortungsvervielfachung）が一定の範囲で広まるのかが問題となる。このような監督義務・点検義務・安全体制確立義務を誰がどこまで負わせられるかを限界づける理論を提供することが刑法学に課せられた大きな課題である。

これをまとめると、次のようにいうことができる。責任の輻輳化は、管理・監督責任を根拠づける。これに対して、この義務を限定するのは、管理・監督責任がないとされる場合である。その否定論の論拠としては、二つの原則が用いられる。第1に、「**厳格分業の原則**」であり、第2は、「**信頼の原則**」[33]である。厳格分業の原則は、分業者がその分担する分野についてのみ責任を負い、他の分野については責任を負わないという原則である。信頼の原則は、「行為の自由」に根差す原則であり、「現行法の過失責任主義」に表れるものであるとされる[34]。それは、組織の中の個人がそれぞれの役割と任務を果たし、他人がそれを信頼してよいというものともいえるのであるから、相互の「自己責任主義」[35]といってもよい。

31　*Ulsenheimer*, a. a. O., S. 188.
32　*Ulsenheimer*, a. a. O., S. 188.　この意味の「責任の輻輳化」は、部下の責任と上司の責任の輻輳の事例を典型例として捉えており、先に述べた組織の複合的な機能不全による「組織過失」までには及ばないものとして用いている。
33　これについては、山中敬一「信頼の原則」現代刑法講座（第3巻）（1979年）71頁以下、チーム医療と信頼の原則についての最近の文献として、甲斐克則「医療事故と刑事過失・その2―チーム医療と刑事過失」現代刑事法5巻3号101頁以下、荻原由美恵「チーム医療と信頼の原則（1）（2）」上智法学49巻1号（2005年）49頁以下、2号37頁以下参照。
34　*Ulsenheimer*, a. a. O., S. 188.
35　*Schroth*, a. a. O., S. 95.

(6) 治療における管理監督過失の事例類型

以上のような医療ないし治療の組織の中における危険に鑑みて個人の責任を問うにあたっては、その組織の構造と機能によって発生する事故の類型化に則した過失の特徴が把握されなければならない。そのため、ここでは、医療ないし治療の組織内で発生する過失類型を分類しておこう。

病院は、患者の治療という目的を達成するために個別の治療を円滑に行わせることができるような合理的なシステムを備えなければならない。もとより、病院自体は、巨大な組織であり、その組織内において、それぞれの医療分野に応じて権限と責任とが細かく分担され、それが有機的に相互に協力し合いながら組織が動いていく。そのような分業しつつ協業でき、さらに上位の組織や構成員が下位の組織や人構成員に対して指揮命令することができるシステムを構築したうえで、それにしたがって専門医を適正に配置し、看護師を適正に配置・訓練し、各科の間の協力体制を構築し、医師から看護師への、あるいは看護師同士の指示・連絡がミスのないように行われるようチェック体制を整えなければならない。このような人的体制および物的体制をもつ組織内で重大な結果が発生する危険は、このような体制が何らかの機能不全に陥るときに生じる。人的体制から生じるミスとしては、①医師・看護師の適正配置体制におけるミス（選任上の過失）、②各部署間の協力体制のミス（管轄分担上の過失）、③医師の治療組織に対する適正な管理・指示体制のミス（意思疎通上の過失・調整上の過失）、④看護師の適正な管理・訓練体制のミスがある[36]。物的体制から生じるミスの問題としては、①医療装置・設備の不備のミス、②薬剤管理体制の不備のミスがある。

これらの類型において、信頼の原則と管理・監督過失がそれぞれどのような類型に対応するのかが分析されなければならない。

---

36 組織過失における過失の発生源の類型としては、ウルゼンハイマーは、患者の治療そのもののミス、患者に対する医師の説明におけるミス、治療過程の物的・人的組織形成におけるミスの三つを挙げ、組織形成におけるミスの発生源の類型としては、意思疎通のミス、相互調整のミス、資格の不備（選任ミス）、権限分配のミス、委託のミスを挙げる（*Ulsenheimer*, a. a. O., S. 187, なお本章 3．1．(2)（656頁）をも参照）。Vgl. auch *Wever*, Fahrlässigkeit und Vertrauen im Rahmen der arbeitsteiligen Medizin, 2005, S. 5 f.

2. 管理監督責任と信頼の原則

(1) 責任領域不可分の原則から個別責任の原則へ

　ドイツにおいては、1950年代から60年代初頭にかけて患者に対する医師の責任は不可分・一体であるという見解が優勢であった[37]。これを「**責任領域の不可分性**」説と呼ぶことにしよう。当時、エンギシュがこのような見解を表明しており、「一定の限界内で麻酔医とその完全無欠な機能を信頼することができるかどうかにかかわらず、執刀者に信頼を寄せている患者の利益において、術前術後・術中における外科医の一般的注意義務と責任は常に存在する」と述べていた[38]。しかし、1961年にヴァイスアウアーがこれに反論を唱え、「科学的に養成された完全な専門家と資格をもった医師ないし医療関係者の並列的な共同作業という近代的な組織形態」においては、責任領域の可分性というのが基本的な考え方にならなければならないとし[39]、専門家のそれぞれの「個別責任および自己責任の原則」が誕生した。これは、医療における共同作業を、同等の者同士であれ、主従関係にあるものの間であれ、「チームワーク」としてとらえるものである。この見解は、近代刑法における個人責任の原則により適合するものであった。これに対しては、「チームワーク（Team-work）ないし**医療チーム作業**」（ärtliche Teamarbeit）とは、ドイツでは、むしろ、対等で、より自由な、拘束の少ないものと捉えられ、そこで、「分業」の方が、対等関係と上下関係の両者を含む概念として妥当であるという見解も唱えられている[40]。

(2) 信頼の原則と自己責任の原則

　この自己責任の原則と表裏をなすのが、信頼の原則である。患者の治療にあたる者は、その機能にかかわらずすべて、他の共同者がその任務を支配

37　*Ulsenheimer*, a. a. O., S. 189.
38　*Engisch*, Langenbeck's Archiv für klinische Chirurgie, Bd. 297, 1961、S. 254; *Ulsenheimer*, a. a. O., S. 189.
39　*Maihofer*, Archiv für klinisch-experimentielle Ohren-, Nasen- und Kehlkopfheilkunde, Bd. 187, S. 534; *Ulsenheimer*, a. a. O., S. 189.
40　Vgl. *Drothee Wilhelm*, Verantwortung und Vertrauen bei Arbeitsteilung in der Midizin, 1984, S. 3.

し、その責任を全うすることを信頼してよい。他人がその義務を果たすことに対して信頼することは、—その信頼する者にとって決定的である経験に照らしてもその特殊な知識の可能性に照らしても、それがその者にその信頼を動揺させることのない限り—、義務違反とはいえない[41]。もとより、共同行為当事者が定められた任務を遂行していないことが明白となり、あるいはその者がミスを犯していることを認識しているような場合、つまり、他人の不適切な事実上の行動を基礎として関係者が行動しているような場合には、適切な行為を信頼することはもはや許されない[42]。

また、共同当事者が具体的な状況において、酩酊、病気、オーバーワーク、または疲労困憊などによって、明らかにその義務を果たせないとき、または、一定の手がかりによって同僚の準備作業の合法規性に深刻な疑念が認識できるときにのみ、例外的に信頼の原則は、適用を除外される。

このように、信頼の原則は、他の組織の構成員や機関がそれぞれその役割と責任を果たすことを前提に、別の構成員の行動が成り立つという組織の機能化の特性に相応する原則であり、ある目的に向かって組織の機能を十全に発揮するためには不可欠な行動原理である。この信頼の原則が妥当するためには、十分に権限の分配とその内容の明確化、それぞれの組織構成員の意思疎通のルーティン化とその徹底が前提となり、それが十全でない場合には、信頼の原則の適用は制限を受ける。

(3) ドイツ医事刑法における信頼の原則の展開

1927年のライヒ裁判所の判例[43]においてすでにその萌芽がみられる。事案は、大学病院に勤務していて、その仕事につき信頼を得ていたレントゲン技師の女性が、レントゲン照射にあたってフィルターを装着するのを忘れていたため、患者が重いやけどを負ったというものであった。問題は、それに対して医師が過失傷害の責任を負うかであった。ライヒ裁判所は、まさに医師は、その助手が、スイッチを入れる前にその重要な作業を事実上も行うであろうと信頼してよいかどうかが決定的だとみなしたのである[44]。

---

41 Eb. Schmidt, Der Arzt im Strafrcht, 1939, S. 193.
42 Vgl. Schroth, a. a. O., S. 95.
43 RG JW 1927, 2699.
44 本判決については後に詳論する。その後の判例評釈でエックスナーは、信頼の原則に言及し

連邦裁判所は、すでに1952年にはっきりとその概念を用いることなく、信頼の原則を考慮した[45]。そこでは、「医師は、他の試験に合格した医療者が試験で証明された知識を持っていることから出発してよい。それは、とくに医師と薬剤師の間に妥当し、また、おそらくは試験に合格した看護師にも妥当するであろう」というのである。1979年10月2日になって**連邦裁判所**[46]は、外科医と麻酔医の間の責任の区別につき**信頼の原則の概念**を初めて用いた。「刑事裁判所は、その考察において、手術室における医療の共同作業にあたって信頼の原則が適用されることから出発している。この原則は、手術が秩序正しく経過するためにそれに参加する専門医は、原則として他の分野からの同僚の間違いのない協力を信頼できるというものである(…)。被告人、つまり、麻酔医は、外科医の検査結果を再検討する義務、とくに自らもう一度腸の音を聴く義務はない。一方では、このような検査をするならば、緊急を要するものとされた手術にあっては増加する、患者に対する危険を生ぜしめただろうからである。他方では、もし術者と麻酔医がその力を相互の監視のために割くなら、手術室の協力の一切の形態が疑問にさらされ、さらに付加的な危険につながるだろうからである」。

ストリキニーネ事件[47]では、子供に対する正確な薬の量を添付の説明書には示してあったが、ガラス管自体の上には貼ってなかったため、子供の父親が何度も投薬したところ、子供が死亡したというものである。ここでは、医師は素人である患者の父親に対しては、その適切な行動を信頼することはできず、処方を明確にすべきであったとされた。

(4) 信頼の原則と専門領域間の調整義務

信頼の原則が制約を受ける場合として、二つの異なった専門領域の間の共同作業から療方法の特殊な危険が生じたときがある。これが、「**調整義務**」

て、問うている。「他人がその義務を果たすだろうと信頼することが義務違反だろうか」と。Vgl. *Exner*, Fahrlässiges Zusammenwirken, in: Frank-Festgabe, Bd. I, 1930, S. 569 ff., 577.

45 BGHSt 3, 91, 96. Vgl. *Karl-Otto Bergmann*, Arbeitsteilung und Vertrauensgrundsatz im Arztstrafrecht, in: Arbeitsgemeinschaft Rechtsanwälte im Medizinrecht e. V (Hrsg.), Medizin und Strafrecht, 2000, S. 37 f.

46 BGH NJW 1980, 649.

47 Vgl. *Hans Kamps*, Ärztiches Arbeitsteilung und strfrechtliches Fahrlässigkeitsdelikt, 1981, S. 23, 226.

(Koordinierungspflicht) の原則である。調整義務違反にあたる例として、1999年の連邦裁判所の判例[48] が挙げられる。いわゆる斜視の手術の際に、麻酔医が特殊な麻酔を用いたが、眼科医が止血のために焼灼器を用いたので、加熱により血管が閉じられた間に、患者が、高濃度の酸素を大量に吸った。それにより、激しい炎が立ち上がり、子供は顔に大やけどを負った。連邦裁判所は、その判決において、麻酔医は、手術上の措置の在り方を考慮に入れなければならず、その在り方によって必要となった要件の枠内で施術者と協議しなければならなかったという。このような原則が、水平的分業の本質的な原理に、すなわち、多様な専門分野の多数の医師の共同作業に対応する。「ここでも、患者のためというのが最高の命題であり指針であるから、関係する医師達の間での共同作業については、分業に特殊な危険に対抗すべく、計画された処置の調整を必要とする。それは、患者を保護するために、さまざまの専門家によって投入される方法または器具の起こるかもしれない不適合を予防するためである。このような視座のもとでは、その点で、関係する医師の間に明示的な申合せがなくても、すでに一般的原則に従って、関係する医師の義務が肯定されうるのであり、また、十分な相互の情報と合意によって患者にとり回避可能な危険を排除することができる」[49] というのである。

(5)　他の医師の説明または記録と信頼の原則
(a)　第三者の説明に対する信頼

第三者の説明[50] (Drittaufklärung) に対する信頼 とは、担当の医師が患者に対する他の医師の説明を信頼できることをいう。医師の分業を前提とするなら、規則通りになされた他の医師、たとえば麻酔医の説明を執刀医は信頼することができる。医師は、患者が他の医師によっても規則通りに重要な事項につき適切かつ包括的に説明を受けていることを信頼できなければ、効率的な分業は成り立たない。自らの説明義務を他の医師に委ねる場合も、両者の具体的に行われた話し合いを前提として医師が適正に説明していることを信頼してよいが、そのような話し合いなどの具体的な根拠がなければ、他の医

48　BGH NJW 1999, 1779, 1781.
49　*Ulsenheimer*, a. a. O., S. 193. Vgl. auch *Schroth*, a. a. O., S. 97.
50　この問題については、vgl. *Wever*, Fahrlässigkeit und Vertrauen im Rahmen der arbeitsteiligen Medizin, 2005, S. 83 ff., S. 91 ff., 96 ff.

師が適正に説明しているだろうと信頼することは許されない[51]。このように第三者の説明への信頼の範囲は限定される。

医師が適切な第三者の説明を信頼することができ、信頼した場合、医師は、有効な同意が存在すると錯誤することになる。この場合、通説によれば、正当化事由の事実的前提に対する錯誤（許容構成要件の錯誤）となり、事実の錯誤として（責任）故意を阻却する[52]。その場合でも過失は残りうるので、過失構成要件を充足するかを検討しなければならない。ここでは、信頼する医師が、他の医師に患者に対する十分な説明を行ったかどうかを問い返す必要があるかどうかが、注意義務違反の判断にとって重要となる。もとより医師は、懐疑的に問い返す必要はなく、何らかの消極的な手がかりがなければ、確認するだけでよい。1981年5月22日の**連邦裁判所の判決**[53]は、医学的適応があったからではなく任意に不妊手術を受けようとした患者に産婦人科医が、当該の精神病院の院長に提出された説明を前提とし、侵襲の前に、自ら説明不妊手術とその効果について患者の承諾を確認しなかったという事案につき、次のように言う。

(判旨)「刑法226条aにより、医療侵襲の違法性を阻却する法的に有効な同意は、いずれにせよこの侵襲が本件におけるように、―常にというわけではないが―、患者にその侵襲とその形態の本質、意義および射程をその概要において認識させ、患者をその侵襲に対する賛成・反対を判断することができるようにするような説明を前提とする（…）。この説明は、原則として、侵襲を行う医師の義務である。その医師にこの義務がなくなるのは、例外的に、説明がすでに他の医師によって上記の意味において十分な形で行われていた場合のみである（…）。他の医師ではなく、その医師のみが、錯誤のない同意につき責任と危険を負うのである。したがって、被告人は、本件事案において、ラント医事部長H博士とその役職上の代理人によって提出された患者の同意表明で十分としてはならなかった。不妊手術の実施は、…患者自身で申し出られたのではなく、H博士によって提出されたのである」。「…提出された表明に欠陥があることを知るには、患者の公的後見人であるDを通じて電話によって、患者がもはや子供を産めなくなると知っているかを確かめるだけでよかったのであ

51　Vgl. *Wever*, a. a. O., S. 92.
52　私見によれば、主観的構成要件としての構成要件的故意が阻却される。
53　BGH NStZ 1981, 351; DriZ 1981, 310. この判例につき、vgl. *Wever*, a. a. O., S. 94 f.

る」。「したがって、本法廷は、被告人の説明義務違反を認め、過失傷害罪を認定する」。

このようにして、連邦裁判所は、第三者の説明への信頼が許容される要件を厳格にし、医師に問い返す義務を認めている。患者の自己決定権の重要な意味にかんがみれば、病院内での責任の押し付け合いになるような「信頼」は許されないのである。

(b) 第三者の記録文書に対する信頼

医療の分業体制にとっては、医師や医療関係者の間の口頭の意思疎通にも増して、文書による意思疎通を図ることが重要である。担当医師以外の第三者の作成した文書であるカルテを信頼することによって、分業の効率化が図れるとともに、その無限定の信頼は、医療過誤につながる恐れがある。そこで、そのような要件のもとに第三者の記録文書の信頼が許されるかを明らかにしておくことが必要となる。この文書による記録は、医療措置が行われればその後すぐに記入される性質のものであり、治療の安全を図り、証拠の保全を図るために重要な役割を果たす。その正当性を信頼できることによって、分業は、とくに病院内のそのルーティンワークにとってはその目的を達成しうるのである。

デュッセルドルフ上級ラント裁判所の判例[54]の事案を紹介しよう。放射線・核医学科の医長がレントゲン写真を読み誤ったため、患者に適応がなかったにもかかわらず、腸の手術をしたが、その際、執刀医は、医長によって造影剤を使用した腸の写真から得られた所見を信頼することができるとしたものである。

> **(判旨)**「腸の造影剤使用撮影により所見を読み取った放射線・核医学科の医長に、回避可能な誤診があり、その医長によって伝えられた所見が、S状結腸切除（Sigmoideotomie）につき適応を肯定するための基礎をなすならば、医長は、…、その損害結果を伴う手術に対して責任を負う」。「これに対して、執刀した外科医には、S状結腸切除の適応ありとみなたことを非難できない。レントゲンによって十分で確実な疑いがあるとき、外科医による内視鏡検査を行うことは不要である」。

---

54 OLG Düsseldorf, VersR 1989, 191. Vgl. *Wever*, a. a. O., S. 97.

共同治療を行った医師の作成した記録を無条件に信頼することは許されない。このような文書に対する信頼の原則の限定は、ベルクマンの分類にしたがって、次の三つの類型に分けられる[55]。第1に、記録された所見は、現在の健康状態と病状に一致している必要がある（**現在の適応との一致の要件**）。第2に、記録には、欠損があったり、矛盾するところがあってはならない（**記録の完全性・無矛盾性の要件**）。第3に、検査それ自体に誤謬を含むものであってはならない（**記録の無謬性の要件**）。第1要件により、現在の所見が他の医師が記録した所見と一致しない古くなったものであれば、それを信頼することはできず、それがいまだアクチュアルであってはじめてそれを信頼しうることを意味する。しかも第2要件により、その記録が、信頼できる判断の基礎資料として用いることができるものでなければならない。医師は、それが意味不明であったり、不完全であればそれを信頼してはならない。第3の要件により、その医師としての経験によれば、その記録に誤りが頻繁に出現し、それが目立つようであれば、検査結果を確かめることが必要である[56]。これら三つの要件に共通するのは、その記録に対する信頼を揺るがすような具体的な兆候ないし手がかりが与えられるとき、自ら確認することを要するということである。この三つの制限類型は、垂直的分業にも水平的分業にも妥当する[57]。

---

[55] *Karl-Otto Bergmann*, Arbeitsteilung und Vertrauensgrundsatz im Arztstrafrecht, in: Arbeitsgemeinschaft Rechtsanwälte im Medizinrecht (Hrsg.), Medizin und Strafrecht (Strafrechtliche Verantwortung in Klinik und Praxis), 2000, S. 45.
[56] Vgl. *Wever*, a. a. O., S. 98.
[57] *Bergmann*, a. a. O., S. 45.

2. 水平的分業(並列分業)における組織過失

　分業の構造と形態に応じてそれぞれに典型的な過失が発生する。分業の形態については、大きく、「水平的分業」(並列分業)と「垂直的分業」(直列分業)に分類される。それぞれの形態に即してその過失の意味を検討しておこう。

1. 水平的分業の意義と特徴

(1) 水平的分業の意義

　関与者の間に、仲間同士の、一切の従属から自由な対等の関係がある分業をいう[58]。水平的分業の概念は、「パートナー的な対等の関係における共同の作業目標に向けての共同作業」をいう。典型的な例は、異なった専門医の間の医療共同作業、例えば、外科医と麻酔医の関係である。もとより、同じ権限をもつ同一の専門の医師同士の協力関係・分業関係もこれに属することは排除されない[59]。この関係にとって並列的分業の本質的特徴は、指示関係のない、相互協力的な共同作業の義務ないし権限領域である。

(2) 水平的分業の特徴

　この協力関係の基礎は、独立処理のための一定の任務領域の引き受けである[60]。あらゆる関与者は、その自身の医的任務領域の規則通りの処理に対して答責的であることである。決定的な基準は、同等の役割分担により交互に欠ける指示権限ないし、逆に、チーム作業にはめ込まれた医師の指示待ち状態である。病院においては、例えば、外科医が、放射線医による不適切なレントゲン画像に基づく所見に対して責任を負うかという問題である。逆に、

---

[58] Vgl. *Geilen*, Materielles Arztstrafrecht, in: Wenzel (Hrsg.), Handbuch des Fachanwalts, 2. Aufl., 2009, S. 374. Vgl. auch *Wilhelm*, a. a. O., S. 4.
[59] Vgl. *Wilhelm*, a. a. O., S. 4.
[60] *Tag*, a. a. O., S. 257.

放射線医は、患者が、血管造影法または腸のレントゲンを行うよう指示されるとき、外科医が判定する適応症を信頼できるのか。

　水平的分業は、同一の患者に対して共同して治療にあたる同種の医師間の分業のほか、外科医と麻酔医といった学際的な分業の事例群と一般医と専門医、開業医（かかりつけ医）と勤務医の間の協力関係の事例群に区別される。

　このほかに、水平的分業に属せしめられると考えられるのは、医師と薬剤師の分業関係である。異なった専門医の間の分業は、医師は、一般的には相互に独立の権限を有するものであるから、対等な水平的分業の類型に属するといえることは疑いない。このようにして、水平的分業においては、組織の各構成員は、原則として対等・独立・自己責任主義の関係にあり、信頼の原則の適用が認められる傾向にある。

　水平的分業関係においては、「過失共同正犯」と構成できる場合と「過失の競合」と捉える場合とがありうる。問題は、分担した業務が質的に異なる分業の場合に、分業の取決めがあったときに「共同正犯」とするのが妥当かどうかである。その意味では、垂直的分業の類型において、権限の異なる主体の分業においても、共同正犯とみなすことが全く排除されるわけではないので、垂直的分業においても共同正犯の可能性は残されている。過失共同正犯を肯定するか過失の競合と捉えるかによる実質的な相違は、各行為者の過失行為と結果の発生との因果関係の認定にある。しかし、実際には、択一的因果関係の事案となるものはほとんどなく、共同正犯を認めなくとも、競合する因果関係の各原因行為を肯定するに支障はないといってよい。わが国の判例は、医療過誤についてはほぼ過失の競合論で対処している[61]。

2．チーム医療における共同過失

　最近、わが国の刑事判例において、チーム医療における水平的分業事例において手術に関与した医師の過失共同正犯を認定した判例[62]が登場した。この事件は、いわゆる貧困ビジネスとして、野宿生活者に生活保護を受けさ

61　北川佳世子「刑事医療過誤と過失の競合」年報医事法学23号（2008年）102頁以下、甲斐克則「刑事医療過誤と注意義務論」年報医事法学23号99頁参照。
62　いわゆる山本病院事件。奈良地判平24・6・22LEX/DB。この事件並びにその背景については、NHK取材班『病院ビジネスの闇』（宝島社新書・2012年刊）参照。

せ、病院をたらい回しにして医療を受けさせ、国から診療報酬を得るという一連の事件の典型的なものであり、この病院では多数の類似の事件が発生していたと思われるが、通常は身寄りのない人々が被害者である中、内部告発により、唯一、患者の日記の記述などの証拠があり、起訴にまで至ったものであり、本件では、奈良県郡山市の私立病院長が、詐欺[63]や業務上過失致死罪で起訴され第1審では有罪を言い渡され、禁錮2年4月に処された。郡山警察署は、傷害致死罪の適用を目指したが、大阪高検がそれを困難と判断し、最高検の判断をも仰いだが、結局、業務上過失致死罪での起訴となった事件である[64]。この**山本病院事件**に対する奈良地裁の「認定事実」を以下に示しておく。

(事実) 被告人は、医師免許を持ち、Y病院の院長として、同病院の業務全般を統括し、かつ、医師として、同病院における医療業務に従事しており、また、Aも、医師免許を持ち、Y病院の常勤医師として同病院における医療業務に従事していたものである。

被告人及びAは、Y病院に入院中のXの肝腫瘍(以下「本件腫瘍」という。)の治療を行うに際し、同人のCT検査、腹部超音波検査、肝血管造影検査(腹部アンギオ)の結果等から、本件腫瘍がS7と呼ばれる肝臓の背部の表面から数センチメートル内側にあることを認識した。

一般に、そのような部位の切除手術は、肝静脈損傷等による大出血の危険を

---

[63] 本件被告人は、平成22年1月13日に奈良地方裁判所で詐欺罪により懲役2年6月に処せられ、その裁判は同年9月14日に確定した。
[64] 私は、捜査段階から郡山警察署の担当警察官から本件に関して意見を求められ、この事件が、通常の医療過誤事件と異なり、傷害罪の問題であると捉え、傷害致死罪での立件が理論上可能と助言した。患者が肝臓がんでないことは、医師免許をもつ医師であれば明らかであり、医師には傷害の故意があったとみられること、A医師に説明させているが、この点でも虚偽の説明をさせていることなどの(立証の点が課題であったが、病院長は、肝臓がんだと思ったと言い張った)説明と同意の観点、本件手術の医術的正当性と医学的適応の観点などから正当な手術とは言い難く、理論上は十分傷害致死罪の適用がありうる旨を説き、捜査員もその立件を目指したが、A医師が留置場で死亡したこともあり、結論的に立証の困難性の観点から業務上過失致死罪に落ち着いた。なお、医術的正当性の問題は、とくに、「本件腫瘍の切除は、右第7肋間を切開し、横隔膜切開により直視下に置いたS8からS7に向けて掘り進むような方法により行われた」と主張する検察官に対し、弁護人が、「本件手術はS7を直接切除する方法で行われたとし、被告人も弁護人の主張に沿う供述」をした点の検察官の主張を前提とするものである。奈良地裁は、「S7と接着している横隔膜を切開し直接S7に切り込む方法が同時に肝実質も切開することになるということは、その危険性を示すものではあるものの、これが物理的に行い得ないことを示すものではない」などとして検察官の主張を排斥した。本件評釈として田坂晶・年報医事法学28号(2013年)172頁以下参照。

伴う高度の専門性を有するもので、そのような切除手術を実施するには、肝臓外科医等の専門医が適切な手術方法によって実施するとともに、大出血等の急変に備えて手術中の患者の血圧脈拍等を管理し、迅速的確な止血処理が行えるようにするための十分な人員態勢を確保して実施すべきであるが、被告人及びAは、肝臓外科の専門医ではない上、肝臓の切除手術（以下「肝切除術」という。）の執刀経験は皆無であった。したがって、被告人及びAは、医師が両名だけの態勢で前記Xの肝臓の前記部位を切除して本件腫瘍を摘出する手術を行えば、手術中の執刀ミス等により大出血がおこり、それに対する適切な止血処理ができずに、同人が出血によって死亡するおそれがあることを十分予見できた。このような場合、医師として医療業務に従事する被告人及びAとしては、肝臓外科の専門医でなく肝切除術の執刀経験もない被告人とAの医師2名だけでは前記のような手術を安全に実施するための人員態勢として不十分であることを認識し、その実施を厳に避けるべき業務上の注意義務があった。ところが、被告人及びAは、これを怠り、本件腫瘍の切除摘出手術が安全に実施できるものと軽信し、被告人、A及び看護師2名の計4名という、前記手術を実施するのに不十分な人員態勢のまま、午前10時9分頃、前記Y病院第1手術室において、被告人らが本件腫瘍の切除摘出手術を開始した過失により、その頃から同日午後1時30分ころまでの間、電気メス等を用いて前記X（当時51歳）の右第7肋間を直線に約10センチメートル切開して切開部を開胸器で広げたものの、肝静脈切断や損傷を避けるための十分な術野を確保できないまま、そこからS8と呼ばれる肝右葉前部から肝臓上部に接着する横隔膜を剥離し本件腫瘍に向かって肝臓を切り進めていく中で、肝静脈等を損傷して大出血をさせ、適切な止血処理を行うこともできず、よって、同日午後3時39分頃、同病院において、前記Xを肝静脈損傷等に基づく出血により死亡させた。

(判旨) まず本件において争点となった論点に関する裁判所の判断を以下で掲げておこう。

① 「肝切除術を行うために必要な人員態勢について」　「肝切除術を行う場合には、大出血や肝不全の危険性が存在し、さらに、本件腫瘍の切除は、肝切除術の中でも、より高度の専門性を必要とするものであった」。「そこで、本件手術を実行する場合は、肝臓の専門医が執刀し、肝臓の手術に関して十分な経験を有する助手が少なくとも2ないし3名、麻酔医1名及び介助の看護師2名が

必要であるとされる。特に、血圧等の全身管理を行う麻酔医は、前記のとおり肝切除術が大出血を招く危険性が高いものであることからすると、極めて重要であり、必ず執刀医とは別に配置すべきものであった。また、このような人員態勢は、大学病院や総合病院においてより実現しやすいとはいえるが、Y病院程度の病床数（80床）を有する市中の病院であっても、専門医を招聘するなどの方法によれば、容易に実現できるものであり、仮に専門医を招聘できない場合には、大学病院等に転院させて肝切除術を実施することもできるし、そうすべきである」。

② 「**本件腫瘍に対する被告人及びAの認識**」　「本件診療録には、…、被害者に関するCT検査、肝血管造影検査、血液検査等の結果が綴られており、これらの検査結果は、いずれも本件腫瘍が肝臓がんではなく肝血管腫であることを示すものであり、そのような肝臓がんと肝血管腫の区別は、医学生が学ぶレベルの基礎的な診断事項であると認められる」。

③ 「**被告人及びAが本件手術を遂行する能力を有していたか否か**」　「まず、肝臓外科に関する分野の学会で専門医や指導医として認定されていれば、肝臓の手術を遂行する能力の存在が一応推認されるが、…被告人及びAは、そのような専門医等と認定されたことはなかった。また、被告人及びAが、…各種検査結果等から、各々本件腫瘍が肝血管腫であることを容易に認識できたにもかかわらず、Aが肝臓がんと誤診したこと、被告人については、Aの医療行為の未熟さについて認識しながら、漫然とAの誤診を信じて本件腫瘍が肝臓がんであると思っていたということも、被告人及びAが肝臓の専門医に匹敵する医学的知識を有してはいなかったことを示す事実である」。

④ 「**(a)予見可能性および(b)回避可能性**」　(a)「被告人及びAは、肝臓外科の専門医でもなく、肝切除術の経験もない自分たち2名の医師だけで本件手術を実施すれば、手術中の執刀ミス等によって大出血が起こり、それに対する適切な止血処理ができずに、患者が出血によって死亡するおそれがあることを十分に予見でき、また医師である以上予見しなければならなかった。…」(b)「肝切除術を行う際、その病院に肝臓外科医等の専門医がいない場合には、大学病院等から専門医を招聘すれば、…人員態勢を整えることが可能である。…本件手術についても、大学病院などから肝臓外科医等の専門医を招聘して、肝切除術を実施するのに十分な人員態勢を確保して実施することは容易であった」。「また、仮に専門医を招聘できなかったとしても、十分な人員態勢の整った大学病院等に転院させればよいところ、Y病院においてもそのような措置をとるこ

とは容易であった」。

⑤「**注意義務の内容**」　「医療業務に従事する被告人及びＡには、肝臓外科の専門医でなく、肝切除術の執刀経験もない医師２名のみでは、本件腫瘍のようなＳ７に位置する腫瘍の切除術を安全に実施できないことを認識し、そのような経験のない医師２名のみで手術を実施することを厳に避けるべき業務上共通した注意義務があったと認められる。

⑥「**死因について**」　「被告人及びＡが、本件手術当時、手技上のミスにより肝臓を傷つけて出血させ、これに対する止血を十分になさず、…（これによって）被害者は、本件手術後の出血も含め、本件手術の実施により大出血したために、出血性ショックにより死亡したと認定することが合理的である。

⑦「**因果関係**」　「被告人らが本件手術を実施しなければ、…本件手術中のＡや被告人のミスにより被害者が出血死することはなかったことは明らかである上、肝臓外科の専門医等でもなく、肝切除術の執刀経験もない被告人とＡという２名の医師のみで本件手術を実施すれば、手技上のミスにより肝静脈等を損傷して、患者の大出血を招き、これに対する適切な止血処置ができず、その結果患者が出血死するに至るというのは社会通念上相当といえる」。

結局、本件では、被告人およびＡは、肝切除術を実施するには不十分な人員態勢で本件手術を開始し、十分な知識と経験がないにもかかわらず、本件腫瘍の切除術が安全に実施できるものと軽信し、両者が意思を通じて、本件手術を施行したという注意義務に違反する共同の過失行為があったというのである。判決理由中では「業務上共通した注意義務」というだけにとどまるが、罰条として刑法60条を適用していることから、過失共同正犯を認めた判例ということができる。しかし、本件では手術は医学的適応・医術的正当性を欠いており、少くとも医術的正当性を欠くことについては故意が肯定しうることから、傷害（致死）罪が認められうるものと思われる。

３．病院内の治療担当医間の分業体制

(1) ドイツの刑事判例

まず、第１に、1997年11月17日の連邦裁判所の医師の代診における権限が問題となった事案[65]について、いわゆる水平的分業の事案についても信頼の

原則の適用が肯定されたことを検討しておく。

　（事実）放射線医学と放射線治療の専門医2人が、共同で診療所を開業していた。その内部では、K医師が放射線治療を、R医師が、休暇中、単にこの分野での代診をするというようにして分業を行っていた。そのような休暇を取っている間に、R医師は、5人の患者につき、K医師によって決められた放射線治療の時間を再検討することなく、放射線治療を行った。放射線治療の実施と、継続教育を必要としない両医師の医療上の知識は、しかし、もはや行為の時点では、医学の水準と当該の規定には相当していなかった。当該の5人の患者の照射の時間も、それによると、医学上の適応に比較して、2倍も高い量に達しうるほどの、誤った、古い方法に従って算出されていた。

　K医師は、休暇中を除いて、4件において過失致死罪で、16件につき過失傷害罪で有罪判決を受けた。連邦裁判所は、再検討せずに多量の照射を行った代診であるR医師に5名の患者につき、過失傷害罪の責を負うかを判断することになった。

　（判旨）有罪。被告人である放射線医Rには、その治療計画の正当性を真摯に疑う十分な手掛かりが認められた。したがって、信頼の原則の適用は排除される。「信頼の原則の妥当に関する要件は、医療過誤の危険と、そこから帰結する患者の危殆化が大きくなればなるほど、高くなる」。しかし、この原則は、「…判例においては、いわゆる水平的分業における同じ専門の医師達の共同作業の事案についても、…原則的に承認されている」。

　ある患者の治療を行うにあたって、複数の医師がその治療に当たるが、その医師間で意思疎通が図られていない場合がありうる。医療チームにおいては、主治医が決められ、治療方針に関するカンファレンスにおいて上級医、医長の検討を経て治療方針が決定されるので、治療方針については一致しているのが通例である。この治療方針の決定については、第1次的には、主治医が権限と責任を負うが、主治医が研修医であったり、複雑で治療の困難であり、最新の医療技術が必要な場合など、最終的には医長の権限と責任に属するのが通常である。

65　BGH NJW 1998, 1802. Dazu vgl. *Wever*, a. a. O., S. 48 ff.

(2) わが国の民事判例

治療にあたる医師相互間で治療方針が異なる場合の過失責任については、わが国に民事判例[66]があるので、それを検討しておこう。

(事案) 国立名古屋病院に入院した肝硬変患者Tの病状につき、K医師は、原告Eが、K医師に対し、Tの病状の説明を求めたところ、Tは、次第に全身的黄疸及び腹部膨満症状が著しくなり、昏睡状態に陥ったとのことであった。しかし、M医師がTを診察し、このままでは危ないが、血液の交換を行えば助かると述べ、血液の交換をするために献血者を直ちに集めるように指示した後、Tを手術室へ運んで交換血漿療法実施の準備を始めた。そこへ、S医師が病室を訪れ、原告Eらに対し、「病室は私の受持の…○号室に移ってもらいます。血液交換をしても助からない」などと述べた。しかし、M医師は、「私が責任をもって治療を続けます。とりあえず病室は○号室に移って下さい」などと述べ交換血漿療法を施した。Tは、第2回目の交換血漿療法を受けた後、効を奏することなく、死亡した。

(判旨)「実際問題としては、右のような病院においては、通常主治医制度が設けられており、主治医は患者を受持患者として第1次的に治療することになっているのであるから、患者の受診および治療については、この主治医が優先的な方針決定権を有するものというべきであり、また、諸般の事情から医師間の見解が統一されないまま、医師がそれぞれの考えにのみ従って患者や家族に対応し、説明したとしても、その内容が医学的に合理性をもつ以上、これによって患者や家族に精神的打撃を与えるものであっても、医師がそのような打撃を加えること自体を意図するというような特別な事情があれば格別、医療行為及びその結果と無関係にそのような対応や説明が、履行補助者としての義務不履行になると解することはできないというべきである。結局、そのために患者や家族が不快感や場合によっては精神的苦痛を被ったとしても、それは医師の倫理上の問題として考えるべきものであって、法的責任に結びつくものではない」。

診療契約上の義務違反については否定された。「このように瀕死の身内を前に困惑、不安、さらには憤怒の情抑え難いものがあった原告Eらの心情には同情を禁じえないところで、かかる事態の繰り返されることのないことを強く

---

[66] 名古屋地判昭59・6・29判時1136・105。この判例につき、甲斐「管理・監督上の過失」中山・甲斐（編著）『新版医療事故の刑事判例』251頁以下参照。

望むところであるが、さりとて、これによってTに対する治療行為及びその結果が阻害されたことはなく、かつ医師や看護婦らに前記のような不当な意図のなかった以上、右のような各医師や看護婦の原告Eらに対する対応、言動をもって、被告に診療契約上の義務違反があったとすることはできない」とする。

本件において、原告らは、予備的主張として、被告には、適応がないのにTに対する交換血漿療法を実施したこと及びその実施に際し説明義務を怠った点に本件契約の債務不履行がある旨を主張した。しかし、仮に説明義務違反があったとしても、それが治療効果を左右するものではなかったとして、結局、これらの点に原告ら主張のような債務不履行があったと解することはできないとする。

(3) 刑事事件への応用？

刑事事件としては、家族に精神的打撃を与えるだけでは、構成要件該当性がないので、事件とはならない。本件を患者の死亡に対する医師の業務上過失致死罪事件として捉えるなら、医師の見解が統一されないまま説明されたこと、それによる治療の実施が、死亡に因果関係を持たない以上、死亡は、その不適切な行為に帰属されない。

4．病院内の専門間分業の事例群

「専門間分業」(interdisziplinäre Zusammenarbeit) としては、外科医と麻酔医の分業がその典型例である。ここでは、それぞれの専門的知識と任務の分配によって相互補完する。外科医は、手術による侵襲の実施に対し権限を有し、麻酔医は、麻酔と患者の術前・術後の管理を権限範囲とする[67]。執刀医と麻酔医は、補完的機能において協力し、互いに指示を出したり、その管轄分野に干渉したりできない。管轄の衝突があっても、それは、あくまでも対等協力者の相談によって解決されるべきである。この関係については、連邦裁判所の二つの基本的判例がある[68]。

---

67 *Wilhelm*, a. a. O., S. 4.
68 *Ulsenheimer*, a. a. O., S. 194.

(1) ドイツの判例の二つの原則

ドイツの判例は、次の二つの原則に従う。第1に、麻酔医と執刀する外科医との間の信頼の原則の成立の原則である（**第1原則＝麻酔医・執刀医間の信頼の原則**）。第2原則は、特別の合意のないかぎり、麻酔医の権限と責任は、患者の生体機能が再開するまでの間に限定されるというものである（**第2原則その1＝麻酔医責任の時間的限界の原則**）。権限が二重に重なる領域については、執刀医が権限と責任を負う（**第2原則その2＝執刀医責任優先の原則**）。それぞれの原則を展開した判例を検討しておこう[69]。

(a) 連邦裁判所（1979年10月2日判決）の第1の基本判例

第1の判例は、麻酔（女）医Xに関するものである[70]。

（**事実**）麻酔医Xは、すでに手術台に仰臥していた18歳の女性の患者のために、ドイツ語をまだうまく話せなかったイラク人の助手医に呼ばれた。執刀医が、その予備検査により「通常の急性盲腸炎」と診断していたため、Xは、患者に、ただ、何も食べていないかを質問し、患者がこれにうなずくと、その腹部を触診することも、または腸の音を聞くこともしなかった。ところが、患者は、そのほかに腸の麻痺（嘔吐、腸の音がしない、満腹感、喉の渇きなどの症状）を患っていたので、胃と腸に未消化の食べた物が残っていた。それによって、麻酔の開始時にチューブ挿入前に吐いた胃の内容物を吸い込んだ結果、患者は気管支炎に至り、その結果2日後に死亡した[71]。

連邦裁判所は、この決定において、責任を限界づけるには、「手術室における医師の共同作業において、信頼の原則が適用され」なければならないとし、「手術が予定された経過を辿るために、その際関与した医師は、原則として異なった専門分野をもつ同僚の過誤のない共同作業を信頼することができる」。なぜなら、医学における専門が増加し、独立した専門が多数できたことによって、専門の管轄を超える場合には、それぞれの専門家の法的自己責任をも根拠づけたからである。「麻酔医は、執刀医が事故の活動を適切に麻酔医の活動と調整し、とくに正しい対話をなすことを信頼してよい」。「もし執刀医と麻酔医がその力を相互監督によって分裂させられるなら、手術室

69　*Ulsenheimer*, a. a. O., S. 194.
70　BGH NJW 1980, 649, 651＝MDR 1980, 155. Vgl. *Ulsenheimer*, a. a. O., S. 194.
71　*Ulsenheimer*, a. a. O., S. 194.

におけるいかなる共同作業の形式も疑問となり、患者に対する危険がさらに付け加わることになる」[72]というのである。

　麻酔医は、本件において、外科医の検査結果を再検査する権限も義務もなく、むしろ、その病歴と診断（急性盲腸炎）を信頼してよい。というのは、両医師の両者がいずれも他の医師がその活動を適切に遂行し、他方が正しく協力することを信頼してよいからである。特別の事情が、外科医の診断が正しくないという、または計画された麻酔が明白に不十分であるという推論をもたらすときは別である。そのような根拠がないのであるから、地方裁判所が被告人たる麻酔医を無罪としたのは正当である[73]。

　本判決は、麻酔医が原則として麻酔の準備につき外科医の診断を信頼してよいとしたものである。医師の対等の共同作業における信頼の原則の適用を原則として承認した点に本判決の意義がある[74]。

(b) 連邦裁判所の第2の基本判例

　連邦裁判所の第2の基本判例[75]は、術後管理における外科医と麻酔医の権限分配と関係する。次のような事案が問題となった。

　(事実) 38歳の患者は、約7時間かかった手術（Reithosenplastik＝サドル形成手術）の後、話ができる状態で外科医の監督下にある集中治療室に運ばれた。そこでは、助手医と一人の看護師が夜勤に就いていた。夜中に、患者は、激しい後出血によって著しい出血をみた。夜勤職員はこれに気づかず、何らの措置もとられなかった。そのため、患者は、翌朝、救護措置もむなしく心肺循環停止によって死亡した。

　(判旨) 連邦裁判所は、麻酔から覚醒するまでか、あるいは麻酔効果が完全になくなるまでかの（麻酔医と外科医の任務の）境界領域にとっては、「医療的看護における重複と間隙を避ける」ため、「権限の具体的な配分」が必要であるとした。その際、基準となるのは、原則として、当該の病院で定められた任務分担、ないし例外的に個別事例の特殊性のためにそれから逸脱する、関与する医師間の個別の相談である。特別の協議がなければ関与する職業団体によって決められた合意が補充的に妥当する。それによると、麻酔後の局面における麻

72　BGH NJW 1980, S. 650. Vgl. *Ulsenheimer*, a. a. O., S. 194.
73　Vgl. *Ulsenheimer*, a. a. O., S. 195.
74　Vgl. *Wever*, a. a. O., S. 43 f.
75　BGH NJW 1980, 651．

酔医の責任の領域は、病院長によってそれ以上の任務が、例えば、宿直室の組織的監督といった任務が与えられていないかぎり、生体機能（Vitalfunktion）の回復までに限定される。これに対して、事後検査や事後治療は「麻酔手続と直接に関係する限りでのみ」麻酔医の管轄に属する。これに対して、手術そのものから生じる、例えば、後出血のような、合併症に対しては外科医が責任を負う。彼は、専門の管轄が重複・交差する場合も「第1の管轄」をもつからである。

したがって、連邦裁判所が麻酔医を無罪としたことは、結論として正当である[76]。

(c) 連邦裁判所判例のまとめ

その後、**連邦裁判所**は、1991年2月26日の判決[77]で、執刀医と麻酔医の術後・術中・術後の権限と責任の分配について、これをまとめた。上級ラント裁判所は、三人の医師と病院の経営者を損害賠償の責に任じた。連邦裁判所は、耳鼻科の二人の医師については、判決を破棄し、上級ラント裁判所にさらに事実解明をし、判決を得るため差し戻した。麻酔医と病院経営者の責任についてはそのままとした。

(事実) 原告は、Gの未亡人で、夫は、1983年に53歳で被告の耳鼻咽喉科病院で死亡したが、原因は、医療過誤によるというのであった。副腎皮質の不全（いわゆるアジソン病）を患い、1982年来コルチゾルを投与されていた。1983年8月22日にGが鼻血が止まらないといって被告人の病院に来院したが、彼の病名を書き、コルチゾル不足を解消するようメモされた救急証明書をもっていた。その日は、帰宅したが、24日に再びひどい鼻血が出て来院したが、その時は、いわゆるベロクタンポン法（Bellocq-Tamponade）を施した。これは、鼻腔と咽頭の間の通路を完全麻酔を施して閉じる方法である。耳鼻咽喉科の専門医教育を受けている最中の被告（A）には、このような措置はこれまで未経験であった。その他の二人医師のうち執刀医Bは、Aと同じく耳鼻咽喉科の教育中、女医Cは、麻酔医としての教育を受けているものであった。麻酔は、75分続き、手術には大きな出血を伴った。術後、Gは通常病棟に移され、恒常

---

76 *Ulsenheimer*, a. a. O., S. 197.
77 BGH, Urteil vom 26. 2. 1991, VersR 1991, 694. Vgl. *Ulsenheimer*, a. a. O., S. 197 ff.; *Frister/Lindemann/Peters*, a. a. O., Arztstrafrecht, S. 68.

的な監視を要する他の患者と同室とされた。出血を補うため、1000ミリリットルの輸血が行われた。コルチゾルプレパラートは、術中も術後も与えられなかった。午前2時までは、通常の血圧・脈拍を示していたが、2時50分ころ、Gが無呼吸で脈もない状態となっており、看護師による蘇生は実らなかった。原告は、夫は心不全で死亡したが、それはコルチゾル不足によるもので、執刀医AおよびBが必要なコルチゾルを投与しなかったことが原因であると主張し、その他、最年長の医局医と麻酔医C等に責任があるとし、病院経営者も訴えられ、計6名が被告となった。

地裁は、経営者と執刀医A、Bおよび麻酔医Cを連帯債務者として訴えを容認し、上級ラント裁判所は、被告達の控訴を棄却した。これに対し被告達が上告した。

(判旨) a) 控訴審が適切に論じたように、術前の段階では麻酔医は麻酔の準備につき管轄を有する。彼の権限は、適した麻酔手続を選択し、患者に注意深い麻酔前投薬を行ってこれに向かわせることである。すでにこの時点で患者に健康状態により、その麻酔中の生命機能を維持するために与えられなければならない薬剤を投与することもこれに属する。したがって、術前は、…麻酔医が単独で責任を負う。…」

b) 術中の段階、つまり外科的侵襲が続いている間は、執刀医も麻酔医（C）もGの治療にかかわる。この段階においても、控訴審により言及された水平的分業の原則が妥当する。つまり、外科医は、手術的侵襲とそこから生じる危険に対して、麻酔医は、患者の生体機能の監視と維持を含めて麻酔に対して管轄を有する。これによれば、すべての医者は、その任務領域において生じる危険に対処しなければならない。しかし、公式の資格の欠如や過誤が認識可能でない限り、他の専門領域の同僚もその任務を、必要な注意をもって履行すると信頼してよい。その限りで、相互監督義務は存在しない。これと異なる見解は、手術室において、まさにそこで最も重要な医療協業を甚だしく破壊し、執刀医と麻酔医は、その力を、フルにその本来の任務に捧げる代わりに、相互監視をするために分散させてしまうとき、患者にとってさらにそれに加わる危険も発生するであろう（…）。

さらに、連邦裁判所は、「控訴審が、コルチゾル投与を怠ったことを、その術中または術後の段階に対する（耳鼻科の医師たる）被告の責任領域に割り当てようとしているのかどうかは、控訴審の判決からは必ずしも明白というわけではない」[78]とし、術中における執刀医の共同作業と責任についても論じ、こ

れについては結論的に否定している。

c) 術後の段階につき過失行為が耳鼻科の医師達に負わせられうるかについては、連邦裁判所は判断していない。「Gの術後治療においても、同様に…控訴審判決を支える過失行為は、(耳鼻咽喉科の医師である)被告には負わせられえない。コルチゾルに匹敵する薬剤の投与による、Gにとって存在する危険のコントロールに対する義務に関する控訴審の言及が、そもそも術後の段階に関してである場合、一既述のように、それは必ずしも明らかでないのであるが一、それは、この期間についても被告の損害賠償義務を根拠づけうるというものではない。手術の終了後の患者の治療の継続にとっては、麻酔医と外科医の間には、同じく既述の分業の原則が妥当する。確かに麻酔と執刀医の間の管轄の区別は、通常、患者が手術の後に通常の医局に到達したとき、患者は、再び麻酔医からそれぞれの医局医の監視に委ねられるのである」。「しかし、争いのある場合には、まさに被告が医局においてGの世話の義務を負う医師であったことは、いままで認定されていない」。…

連邦裁判所は、術後の段階での麻酔医の責任の範囲につき、原則は、患者が医局に戻ったときに、麻酔医の責任から担当の医師に移行するとし、本件ではそれが麻酔医については認められたが、耳鼻科の医師については疑問とされている。しかし、ウルゼンハイマーは、本判決の結論を疑問とする。本件では、患者は来院時にコルチゾル不足の解消を指摘するメモがついた救急証明書を持参しているから、むしろ耳鼻咽喉科の医師の責任が重要であるというのであろう。

ウルゼンハイマーによれば、手術直後の麻酔後の段階の責任がまさに重要である。この危険な時機において、すぐには発見できず適切に克服できないような、重大な健康侵害やさらには死亡の結果を伴う高い事故の危険が存在するのである。「外科の患者にとって入院中の時期で低酸素症の危険が、手術直後の時期ほど大きい時期はない」と判例も長年強調してきているというのである[79]。したがって、監視不足に対して、患者の十分な世話とコントロールがないがゆえに、投入された医師・非医師の医療関係者の過失に対して、覚醒室ないし集中治療室から通常の医局への早すぎる移動に対して、管

---

78 なぜなら、裁判所は、まず、生体機能の維持に対する執刀医の管轄についても問題とし、また、Gの手術の特別な事情と危険についても、述べているからである。
79 Vgl. *Ulsenheimer*, a. a. O., S. 199.

轄の間隙に対して、備えが講じられていなければならない。患者には、麻酔後、当初には継続的監視が必要であるから、とくに委託された職員のみならず、麻酔に責任をもつ医師もいつでもスタンバイできる準備をして待機していなければならない。「具体的には、麻酔医は、患者のチューブを抜いた後にも、継続治療が引き受けられているとき、または麻酔の望まざる副作用の危険が存続するとき、責任を負う」[80]のである。

(d) 個々の病院の内規の優先

2005年3月1日の**アウグスブルグ地方裁判所の判決**[81]は、患者の術後の監視に対する責任は、「明らかに麻酔医の領域に属する」という。この病院では、帝王切開手術後の監視は、内規により、助産師の責任とされていたが、鑑定人は、このような病院内規は、職務規定を排除せず、失効させないのであり、したがって、麻酔医の責任が残っているという。しかし、これは、連邦裁判所の見解に矛盾する。科学専門会議ないし職業団体の協議、推奨、決定は、たんに補充的に妥当し、当該の病院の個々の規定がこれに優先するのである。また、1979年10月16日の**連邦裁判所の判決**[82]によると、麻酔直後については、原則として、術後の検査や治療が、麻酔と関係する限り、麻酔医の責任に属するが、執刀医と麻酔医の専門上の権限が交叉する場合、その分担につき両者が合意して決定されることが推奨されている。手術を受けた者の術後の治療に関する管轄に関する協議（Absprache）が行われたかどうかが決定的である。しかし、**連邦裁判所**は、1999年1月26日の判決[83]で、これを制限している。

（**判旨**）上告趣意は、1991年2月26日の判決から、本件の事情のもとでは、…

80　*Ulsenheimer*, a. a. O., S. 199.
81　*Ulsenheimer*, a. a. O., S. 197.
82　BGH NJW 1980, 650.＝MDR 1980, 156.
83　BGH, Urteil vom 26. 1. 1999, NJW 1999, 1779. 事案は、両眼が斜視の患者の右眼の手術に際して麻酔が施され、高圧酸素の入ったホースを顎に固定され、顔は、右眼のところまで殺菌された布で覆われていた患者に対して、手術の際、医師は、出血を鎮めるため、侵害された欠陥が熱で閉じられる熱焼灼器を用いた。それを用いている間に激しい炎が上がり、患者は、顔にかなりの火傷を負ったというものである。麻酔医（女医）と執刀医（第1の被告）および病院の設置者である州（第2の被告）が被告となって損害賠償が請求された。原告は、第1の被告は、ともに責任を負うとした。なぜなら、ともに別の麻酔方法、出血止めの方法を用いていたら結果は発生しなかったであろうからである。上告審では、第1の被告の責任は肯定された。

麻酔医と執刀医の間の術前の協議は、不必要であったとしている。確かに本法廷は、その判決の中ですべての医師は、その任務の領域で発生する危険に対処しなければならず、公式の資格不備や誤りが認められない限り、他の専門領域の同僚も、その任務を必要な注意を払って履行しており、その限りで相互監視の義務はないという原則を定立した。しかし、この原則から、治療に参加する数人の医師 ―ここでは麻酔医と執刀医― の間の協議がが、患者の危殆化がまさに数人の医師の共同作業からないし医師達の用いる方法または器具の不調和がから生じるような事例においては、なされなくてよいということは導き出され得ない。つまり、上述の信頼の原則は、専ら関与した医師達の任務領域に属する危険が問題である事案においてのみ妥当するのである。これに対して本件では、原告の損害は、関与した医師達によって提供された措置がそれ自体それぞれ誤りのないものであったのであるが、特別の危険が両者の措置の組み合わせからはじめて生じたことから発生したのである。

このようにして、連邦裁判所は、術中の相互監視義務が否定されるという原則は、「明らかに、患者の損害が、もっぱら関与した医師達の一人の専門領域において、したがって、他から区別することができるような、当該専門領域に限定された危険領域において発生した事案にのみ妥当する」というのである。

(2) 麻酔医と執刀医の任務分担

わが国における麻酔医と執刀医の関係についても、原則的には独立・対等の関係であるといえる。しかし、わが国では、専門の麻酔医ではなく、外科医が当該手術において麻酔を担当するといったことも頻繁に行われている。そこでドイツと比べると独立性・対等性は比較的弱いということができる。

(a) 術中の麻酔医と執刀医の関係

まず、民事事件であるが、**フローセン全麻ショック事件**[84]に即して麻酔医と執刀医の関係における分業の原則を見ておこう。

(**事実**) 胃潰瘍と診断された患者Ｐが、被告Ａ事業団の管理する病院に入院したが、入院中胃出血でショック状態となり、胃切除手術を受けた。執刀医は、

---

84 新潟地判平6・5・26判タ872・263。評釈として、石崎泰雄「フローセン全麻ショック死事件―麻酔医と執刀医等との法的関係」医療過誤判例百選（第2版）36（88頁）。

X医師であり、助手はY医師、麻酔を担当したのはB医師であり、後にC医師が麻酔担当を引き継いだ。Pは、脳神経傷害のため覚醒することなく手術後1年2ヶ月後に死亡した。Pの家族らが執刀医X、A事業団に対し、不法行為、債務不履行によって逸失利益等の損害賠償を請求した。フローセンを使用し吸入酸素濃度を20パーセントとするという麻酔の管理が適切であったかが争点となった。

(判旨)「…加えて、高濃度のフローセンを吸入させれば、血圧が低下して循環血流量が減少するおそれのあること、…ひいては血圧の上昇、不整脈の発生、さらには高血圧脳症が発生する可能性のあることは、医師にとっては一般的な知識であり、右結果の発生は容易に予見できたことである」。このようにして、新潟地裁は、麻酔医の麻酔管理の過失を認めた。

執刀医と麻酔担当医との関係については、次のようにいう。「外科医師が外科手術に際し、麻酔管理を他の医師に委ねるのは、自己が手術に専従できるようにするためであり、特段の事情のない限り麻酔は外科手術の補助的手段である。麻酔担当医師は、術者である外科医師の指揮の下で患者に対して麻酔を行う。したがって、外科医師は、麻酔担当医師の麻酔管理が適切に行われているかどうかを監督すべき立場にあり、その監督に不備があった結果、患者に損害が生じた場合には、その監督責任を問われることとなる」。「しかし、麻酔担当医師の過失により患者に損害が生じた場合は、当然に術者である外科医師にも注意義務違反があったことになるとする原告らの主張は、本件手術のように複雑困難で、多数の専門的知識と技術を有する手術要員の役割分担により、はじめて実施可能となる手術においては、不可能を強いるものであり、採用できない」。

本判決は、外科手術においては、特段の事情のない限り、**麻酔は「外科手術の補助的手段」**であり、麻酔医は外科医の「指揮の下」に立つという基本的認識を示している。しかし、麻酔医の過失が、外科医の注意義務違反を示すわけではなく、役割分担が、責任の分担をも根拠づけるものとする思想をも示している。わが国においても、麻酔医は、麻酔薬の選定・用法・容量、麻酔方法の選択、患者の呼吸、心拍、血圧、体温、けいれん等の異常状態が生じていないかを常時管理し、麻酔管理にあたる義務がある。そして、麻酔医は、麻酔に関するその専門領域については独立した責任を負うのである。

麻酔医は、チーム医療のなかで手術においても重要な一翼を担うが、執刀医・外科医とは独立の責任を負うというべきである[85]。しかしながら、民事法においては、チーム医療の総括責任者に当たる者に当該医療行為全体に関する決定権限と責任を認めることが不可欠だとされ[86]、「誰が手術現場での指揮・決定権者となるのかについては、病院内における地位の上下関係の要素も大きいのではないか」とされる。麻酔担当医が主治医で外科医長であるときは、執刀医がその立場にあるとは言えず[87]、外科医長である執刀医が麻酔医に事実上支持している場合[88]もあるという。このことは、とくに、麻酔担当医が専門の麻酔医ではないときに妥当する[89]。しかし、刑事責任につき、手術につき総括責任者を認める必要があるかは問題であり、チーム医療における手術については、**執刀医と麻酔医は、対等独立の関係にあるのが原則**であるとして、信頼の原則の適用が認められるであろう。

(b) 執刀医と麻酔医の術後の任務分担

ドイツの判例においては、基本的に先に紹介した「第2原則」、すなわち、生体機能の回復まで麻酔医の責任が及び、それ以降は、執刀医と責任が重複し、執刀医責任優先の原則が妥当する。

ただし、ドイツの判例では、麻酔医の術後の責任に関して、手術直後ないし麻酔からの覚醒の直後の時期については、何らか異常な事態の発生する危険が残るがゆえにその責任が問われうるとされている[90]。判例によると、「外科手術を受けた患者には入院中低酸素状態に陥る危険は、手術直後と同様に大きい」[91]。麻酔後の何時間かは、病院のスタッフのみならず、麻酔医もつねに出動できるようにしておかなければならないというのである。

これに対して、執刀医の責任については、次のドイツにおける**民事判例**[92]がある。事案は、腎臓の手術に際して、生後4カ月の女児に術後麻酔医が薬剤を注入するため静脈に滞留カニューレを装着したが、十分固定されておら

---

85 稲垣喬『医事訴訟理論の展開』(1992年) 47頁参照。
86 石崎・前掲医療過誤判例百選89頁参照。
87 東京地判平1・3・27判タ713・237。
88 岐阜地判平4・2・12判タ783・167。
89 石崎・前掲医療過誤判例百選89頁参照。
90 *Ulsenheimer*, a. a. O., S. 199.
91 Vgl. OLG Düsseldorf, Urteil v. 30. 12. 1985, KRS 85, 129.
92 BGH MedR 1984, 143＝NJW 1984, 1400. Vgl. *Ulsenheimer*, a. a. O., S. 202.

ず、監視されていることもなかったので、失血ショックにより心臓停止に至り死亡したというものである。連邦裁判所によれば、「手術においてカニューレは、麻酔を可能ならしめるため麻酔医によって装着される。この措置をとるという決定、その実施、および、術中ないし患者の保護反応が回復するまで、ないし病室に戻るまでの麻酔後の時期までの危険を防止するコントロールは、麻酔医の管轄であり、泌尿器科医のそれではない。本件では、介在事情は、患者が小児外科に戻った2日後に発生した。麻酔の効果はもはや問題ではなく、問題は、術後の治療上の世話のみであった。この時期にはもはや麻酔医の責任ではなく、術後の世話をしている執刀医の専門的管轄に属する。薬剤の投与のためカニューレを装着したままにしておくことの決定、並びに、カニューレを使い続けることから生じうる合併症の安全措置の適用は、この段階では泌尿器科医に属する」[93]。

さらに、民事判例において、帝王切開手術の後の婦人科医と麻酔医の権限についても、「傷痕の検査に際しての麻酔の準備と実施と無関係の診断と治療に関する措置に関与することは、麻酔医の任務ではない。患者の治療は、婦人科医と麻酔医との間の分業の原則によれば、婦人科医の任務である」とするものがある[94]。

(3) 外科医と放射線科医の任務分担

その他、水平的分業の例としては、外科医と放射線科医の分業がある[95]。手術の前提としての誤った適応認定が、放射線科医によるレントゲン画像の不適切な所見によるとするなら、外科医に責任はない。しかし、重大で危険な侵襲であり、付加的な検討が時間と重大さによって術者に期待可能であれば、外科医は、レントゲン撮影、コンピュータ断層撮影法、核スピン断層撮影法、その他の技術的記録といった反対検査を実施できる。これに対して、放射線科医は、患者が、脈管撮影ないし腸レントゲンを頼んだとしても、適応の再検査の義務はない。

---

93 BGH NJW 1984, S. 1401.
94 BGH NJW 1987, 2293: Vgl. *Ulsenheimer*, a. a. O., S. 203.
95 *Ulsenheimer*, a. a. O., S. 204.

5. 外来通院の領域における共同作業

　ここでも基本的には、前述のところと同じ原則が妥当する。しかし、ドイツにおいては、外来治療は、「最小限の侵襲による外科手術」(minimal-invasive Chirurgie) の猛烈な速度での発展と、財政的根拠からする「入院より通院を」という政策により、著しく広まった。これにより外来治療として手術を行う医師の責任も入院の場合と同水準のものが求められるようになった。

　これにつき、次の**エッセン地方裁判所の判決**[96]を検討しておこう。

①エッセン地方裁判所判決

　(事実) 誕生以来、筋ジストロフィーを患っていた5歳の男児が、通院によるポリープの手術の際に死亡した。挿管を容易ならしめるため、麻酔医は、―ここでは禁止された― サクシニルコリン（Succinycholin）という筋肉を眠らせる薬物を注射した。それが静脈に入れられた後、10分後救命措置の甲斐もなくその子の心臓が停止し、死亡した。検察官は、二人の手術にかかわった医師と麻酔医を起訴した。麻酔医のみが有罪とされた。

　(判旨)「なぜなら、患者が麻酔に耐えうるかどうかの判断に対しては、麻酔医のみに責任があったからである。この任務に適切に従うなら、麻酔に関する重要な情報も、実際に確認され、麻酔医の手に渡ったことを確認したのでなければならない。これが本件では行われていなかった。小さな血液撮影、病歴カルテ、Dr. Yの依頼用紙などの彼から提出された書類からは、麻酔にとって重要な問いや答えは何もなかった。Dr. Yによって編集され、「御両親へ」宛名書きされた説明のための質問票も、麻酔医にとって重要な問いはなかった。その限りで、被告人は、麻酔にとって重要な質問、例えば、説明のための調査にもとづき通常患者に問われ、記録されるだろうと、確信しなければならなかったであろう。その子の麻酔に耐えうる能力に関して、Dr. Yが行ったことは、被告人が信頼してよいような信頼の要件を与えなかった。このような背景をもとにすると、被告人は、手術の前に両親に、筋ジストロフィーが存在する場合にはすぐに現れる固有の既往症について説明しなければならなかった。被告人は、これによって、サクシニルコリンという薬品を使ってはならないことを認

96　LG Essen, Arztrecht 1996, 291 ff. 本判決については、実際に確認できなかった。Vgl. *Ulsenheimer*, a. a. O., S. 205.

識しえていたであろう。筋肉の病気がその子に認識されているときに、その子には、決して麻酔を施されてはならなかったであろう」。

次の民事判決[97]は、通院患者に対する術後および麻酔後の局面での医師の義務に関して重要とされるものである。

②2003年4月8日連邦裁判所判決

(**事実**) 医長（被告）は、胃内視鏡診察が行われる予定だった患者（原告の夫）に、鎮静剤を投与し施術する前に侵襲的措置の危険について説明し、侵襲の後トラックを運転してはならないと指示した。患者は、同様の指示をすでにかかりつけ医から聞いていた。診察の日に、患者の子どもが病気になり、彼の妻が手を離せなくなったので、自車で来院したのであるが、医師にはタクシーで帰宅すると述べた。大柄な患者には、鎮静剤として20ミリグラムのブスコパン（Buscopan）および30ミリグラムのドルミクム（Dormikum）が投与された。8時30分頃、行われた診察の後、患者は、30分ほど診察室で観察され、その後、医長の執務室兼処置室の前の廊下にいたが、その時、医長は、彼を観察し、繰り返し声をかけていた。行ってよいとは言われなかったが、患者は、11時前にそこを去り、自車で帰宅した。その後すぐに、原因は不明であるが、反対車線に入り、トラックと衝突し、致命傷を負った。

(**判旨**)「投与された鎮静剤とその後続効果により患者に対する危険の増加に導いた、そして被告によって取られた患者監視措置が十分でなかったという特別な、原告には周知であった事情が存在した」。…「いずれにせよ、不断に観察される可能性がなくして、実際に行われた廊下に立たせておく措置は、患者に、見とがめられずに立ち去り、自己を危殆化する行為の危険を排除するためには、十分ではなかった。医長に負わせられた『配慮義務』は、患者を、常に監視されているような、そして、時に応じて無断で病院を立ち去ることができないことを思い起こさせるような部屋に入れておくことが必要であっただろう。例えば、そのための特別の待合室である」。

医師には、配慮義務があり、術後の患者の行動に対する安易な信頼は許されないというのがこの民事判例である。ただし、刑事事件として本件をとらえると、配慮義務の内容がどのようなものでなければならないかについては、疑問がありうる。特別の待合室で待機させ、常時監視できるような部屋

---

97 BGH NJW 2003, 2309 ff., 2311. Vgl. *Ulsenheimer*, a. a. O., S. 208.

に入れておかなければ、過失があるといえるか、医師が麻酔後の運転について危険であることを患者に説明し、タクシーで帰宅するといいながら、医師が目を離した隙に帰宅したのであり、患者の自己答責的行動が介在しているのであって、客観的帰属が否定されるという結論もありうるであろう。

6．一般医と専門医、開業医と勤務医の共同作業

(1) 一般医と専門医
(a) 共同作業

　その病状が明確でないため患者を内科医ないしレントゲン医に送った一般医は、その専門医から下された所見を、その患者を再び治療するにあたって信頼することができるが、もとより手術の比較的直前に下された場合にかぎる[98]。所見は、健康状態や病状によって異なるからである。その際、その都度、治療にあたった医師が責任を負うのであって、したがって、患者を引き受けたとき、引き受けた者に移行するという原則が妥当する。以前に治療した医師の診断の所見および治療の指示を守る義務はない。しかし、逆に、検査方法や検査研究所の質に対する疑念が存在し、ないし明らかな誤診または明らかな治療の提案があったとき、それに従うことが「正当化」されるわけではない。引き継がれた所見が、既存の病状と一致しない場合、またはそれが他の所見と目立って異なる場合、それは信用できない。つまり、それは、信頼の基礎とはならず、したがって、患者の利益のために繰り返して再検査されなければならない。

　信頼の原則の制限は、一定の検査が特に誤った結論を示すことが多い場合、または、一定の検査の結果、例えば、血液型の特定を誤った結果が、患者にとって特別の危険と結びついている場合にも必要である。ここでは、一般に、検査結果の誤謬の危険が大きくなればなるほど、そして、そこから生じる患者の危険が大きくなればなるほど、大きな疑いをもつことが必要である。別の言い方をするなら、ますます信頼の原則の限界が狭く引かれることになる。危険が大きくなれば、以前の所見をそのまま引き継ぐのではなく、

98　*Ulsenheimer*, a. a. O., S. 208.

再度点検する必要性が高くなるのである[99]。

(b) 専門医への転送義務

厳密には、単に将来的な共同作業にすぎないが、非専門医が、専門外の患者であると思われる場合には、専門医に転医させる義務が認められることも、広い意味では、一般医ないし非専門医と専門医の間の協力作業の一種である。ここでは、病院の勤務医の間で、または別の専門病院間の一般医ないし非専門医から専門医への転送義務に関するわが国の判例を検討しておこう。

まず、**東京地裁の事案**で、生後10か月の幼児につき、痙攣を訴えて入院してきたが、医師が適時に結核性髄膜炎との鑑別診断をせず、専門医に転医させなかったという事例[100]があり、東京地裁は、「原告Aを転医させ、適切な抗結核療法が開始されていれば、同原告に重篤な後遺症が残らなかった相当程度の可能性はあったというべきである」として転医義務について過失があるとした。

次に、急性心筋梗塞の患者が転送措置の途中で心室細動により急性心筋梗塞発症後、心室期外収縮を発症し、これが引き金となって、心室細動を発症し、これを直接の原因として死亡したという**神戸地裁の事案**では、被告病院は、患者によっていわゆる「かかりつけ医」として利用されていたが、当日、患者の妻からの電話に応対した看護師は「心筋梗塞と思われるので、すぐに来るように」と指示し、来院した患者を担当した非常勤の日直勤務医師は、心電図により、急性心筋梗塞を強く疑ったが、急性心筋梗塞の最善の治療法は、PCI[101]であり、医師は、患者が急性心筋梗塞を発症していると診断した場合には、速やかにPCIを実施する手配をしなければならず、自らの病院でPCIを実施することができない場合には、直ちにPCIの実施が可能な医療機関に転送する義務があったにもかかわらず、医師の転送の要請・手配が極めて緩慢であったため、死亡に至った。判決は、医師が転送義務を果たしていれば、適時、専門病院において、適切な不整脈管理を受け、PCI

---

99 Ulsenheimer, a. a. O., S. 209. Vgl. BGHSt 43, 306。
100 東京地判平19・1・25判タ1267・258。
101 PCI＝Percutaneous Coronary Intervention。「経皮的冠動脈形成術（インターヴェンション）」と呼ばれる。冠動脈の狭い部分を広げ、冠動脈の拡張を図る手術。冠動脈内に「ステント」を留置して安定を図る方法が用いられる。

による治療を受けることができていたはずであるとして、転送義務違反の責任を認めた[102]。

さらに、**名古屋地裁**は、産婦人科医院で出生後、原因不明の発熱が続いていた新生児につき、医師には、敗血症及び細菌性髄膜炎等の感染症に罹患した可能性を疑い、必要な治療を施すことのできる医療機関[103]へ速やかに転院すべき義務があったとし、適時に転院されていれば現実に生じた重大な後遺障害の発生を回避できた高度の蓋然性が認められるものの、軽度の後遺障害が生じた蓋然性も認められるとして、財産上の損害額につき重大な後遺障害が生じたことを前提として算定される額の5割とするのが相当とした[104]。

(2) ホームドクター（開業医）と勤務医（専門医）
(a) ホームドクターと専門医との協力関係

開業医であるかかりつけの医師ないしホームドクターと病院に勤務する専門医との間の協力は、開業医が、その手に負えないようなあるいはさらに専門的な診察と治療を要する事案の場合には、より適切な診断と治療を提供するために勤務医に患者を送って見てもらうといった形で行われる。この関係も対等の関係であるが、両者は、その活動において二つの全く異なってはいるが同様に必要な医療の分野である[105]。両者は、それぞれの分野に固有の権限をもち、お互いに影響し合うことによって変更されることはない。原則として、依頼された勤務医は、かかりつけ医を信頼してよく、その委任の範囲内でのみ責任を負う。しかし、かかりつけ医の診断・治療に深刻な疑念を抱くときは別である。

(b) ドイツの判例

病院の専門医の診察を受けるように勧めたかかりつけ医と病院の専門医とは、独立の関係であり、後者は前者の職務補助者ないし履行補助者ではない。したがって、かかりつけ医も、原則として病院の勤務医の診断を信頼してよい。**連邦裁判所**は、この間の責任の範囲の限界づけにつき、次のようにいう[106]。

---

102 神戸地判平19・4・10判時2031・92。
103 具体的には、小児科医師のいる「高次医療機関」への転送義務である。
104 名古屋地判平20・7・18判時2033・45。
105 Vgl. *Wilhelm*, a. a. O., S. 4 f.

「一般には、ホームドクターは、たしかに病院の勤務医がその患者を正しく治療し助言したことを信頼してよく、また、たいてい、そのより優れた専門的知識とより大きな経験を信頼してよい。しかし、ホームドクターが、特別の検査なくして、その前提となっていると経験にもとづいて、病院の治療の、そして、そこで患者に与えられた医学的助言の医術的正当性に深刻な疑念が存在することが認められまたは認められなければならないときは、別である」。

連邦裁判所は、子供を開業の眼科医から眼科病院に転送したというケースで同じように次のように述べている[107]。

「原則的には、受任した医師は、委任した医師の委任に拘束される。そして専断的にそれ以上の検査ないし治療措置をとってはならない。…受任医の、この指示付き委任の拘束は、しかしながら、その活動が、たんに委任の技術的充足を限定され、したがって、受任した医師の機能をたんにその独自の責任のない道具の一つとみることができるということを意味するわけではない。むしろ、受任医は、指示付き委任の範囲内で一定の独自の義務をも負う。受任医は、独自の責任において、給付の仕方（例えば、レントゲンによる放射線に量の決定）のみならず、自らに求められた給付が、医師の技術の規則に相応するか、反対の兆候があるかをも吟味しなければならない。同様にして、受任医は、自己に求められた給付が、医学的に意味のあるものかどうか、したがって、委任が、委任した医師によって正しく行われているか、当該病状にふさわしいかを検討しなければならない。一般的には、一定の給付の実行のために委任された医師は、委任した医師がいずれにせよ彼が同じ専門に属するなら、患者をその答責性の範囲内で、注意深く規則に従って検査したこと、治療したこと、そして求められた給付に対する適応症が適切に認定されていることを確かに信頼してよい。しかし、受任医が一定の根拠をもって、伝えられた診断の正当性に関する疑念を抱くなら、受任医は、この疑念を追跡しなければならず、そのままに放置してはならない。そのことは、とくに委任した医師が、彼自身が履行できない給付のゆえに、専門家にまたは病院に依頼する場合に、あてはまる[108]。

106　BGH NJW 1989, 1536, 1538. Vgl. *Ulsenheimer*, a. a. O., S. 210 f.
107　BGH Arztrecht 1994, 156. Vgl. *Ulsenheimer*, a. a. O., S. 211.
108　BGH Arztrecht 1994, 156. Vgl. *Ulsenheimer*, a. a. O., S. 211.

(c) わが国の判例

わが国の民事判例においては、開業医が、現に患者を専門医に現に転送した場合ではなく、むしろ、転送しなかった場合につき、開業医の医療水準との関係で、専門医への転送義務ないし転医勧奨義務が認められた事案がある。医療水準論における転医義務についてはすでに検討した[109]が、ここでは、開業医の専門医への転送義務ないし転医勧告義務に関する判例を検討しておこう。

まず、**長崎地裁佐世保支部の判決**[110]の事案に、ガラス障子に衝突して顔面を負傷した児が強膜穿孔等により失明するに至った場合に、外科医の夜間救急診療及びその際の診断による処置の継続等に義務違反がないとされたものがある。

> 事案は、胃腸科を標榜する開業医が、眼については瞼結膜皮下溢血、球結膜充血を認めたのみで、失明原因となった右眼強膜穿孔を発見できなかったもので、「外科医としての眼窩の範囲に属する部分の救急診療としては適切であった」とし、救急医療時に専門領域以外の診療をする場合には、患者が承知している限り注意義務の程度が専門医のそれに比してある程度軽減されること、ならびにその後引き続き自己の専門領域の診療を継続する場合に、専門領域外の疾患に罹患の可能性がある場合には、専門医受診勧告義務が生じうることを認めた。しかし、結論としては、「原告の父母は被告の専門が外科であって眼科でないことは十分に承知しており、外科医に眼の診断、治療を期待するべきでないことは通常の社会人の常識に属することであるから、被告が専門外の医師としてなした救急診療の際の診断にもとづいて前記のような返答をし、続いて、眼については眼科の診断を受けるよう勧めたということは前認定のとおりであるから、これをもつて右診療義務を履行したものというべきである」とした。

次に、**広島高裁高松支部判決の事案**で、脳外科・神経科専門の山間部の開業医が、異物が左眼に入ったとして異状を訴える患者を診察したという事案に

---

[109] 本書第4章425頁以下(山中・「医療過誤と客観的帰属―医療水準論を中心に―」法学論集62巻2号51頁以下)参照。
[110] 長崎地佐世保支判昭58・9・26判タ517・219。この判例につき、畔柳達雄「医療水準―専門医、地域差、施設差」判例タイムズ686号76頁以下参照。

つき、患者に重篤な眼障害の疑いがあり、失明のおそれがある場合においてこのような眼障害を診断、治療する設備、能力を有しないときは、直ちに患者を、診療設備を備えた眼科医へ転医させ、または転医勧告をなすべきであったとした判例[111]がある。

さらに、**広島地裁判決の事案**には、外科診療所開設者たる医師が、自宅で昏睡状態に陥った60歳の女性を貧血ないし脳血栓と診断し、入院治療させていたが、家族の判断で市民病院脳神経外科へ転院させ、CTスキャンによりクモ膜下出血の見落としであったことが判明したが、2年8カ月にわたって植物状態に陥った後、死亡したというもの[112]があり、高裁は、「クモ膜下出血の可能性をも十分に考慮し、そのための諸検査設備を有する専門病院に直ちに転送して、確定診断や手術の要否判断を委ねるべきであったと考えられ、右転送をしなかったことも、過失により債務の本旨に沿う履行を怠ったものというべきである」とした。

最高裁も、二つのその民事判決においてすでにこのような開業医の高度医療機関に対する患者の転送義務を認めている。平成15年判決[113]については、すでに検討したので、ここでは、**平成9年の判決**を検討しておく。

顆粒球減少症事件[114]　　（**事実**）患者Aが、風邪で、医師である被上告人Xらによる診療を受けたが、Xらの投与した抗生物質等の薬剤が原因で顆粒球減少症にかかって死亡したという事案である。顆粒球減少症は、薬剤等を原因として、骨髄において生成される顆粒球の数が減少し又は末しょう血液中において消費若しくは破壊される顆粒球の数が増加することにより発生する。

原審は、Xには注意義務違反の一部が認められるが、これとAの死亡の結果との間には相当因果関係が認められず、注意義務違反が認められないとして、請求を棄却すべきものとした。最高裁は、原判決を破棄・差し戻したが、転医義務を肯定した。

（**判旨**）「開業医の役割は、風邪などの比較的軽度の病気の治療に当たるとともに、患者に重大な病気の可能性がある場合には高度な医療を施すことのできる診療機関に転医させることにあるのであって、開業医が、長期間にわたり毎日

111　広島高高松支判昭61・5・30判例集未登載＝畔柳・前掲判タ686・76参照。
112　広島地判昭62・4・3判時1264・93。
113　最判平15・11・11民集57・10・1466（本書第4章426頁以下参照）。
114　最判平9・2・25民集51・2・502。

のように通院してきているのに病状が回復せずかえって悪化さえみられるような患者について右診療機関に転医させるべき疑いのある症候を見落とすということは、その職務上の使命の遂行に著しく欠けるところがあるものというべきである」。「開業医が本症の副作用を有する多種の薬剤を長期間継続的に投与された患者について薬疹の可能性のある発疹を認めた場合においては、自院又は他の診療機関において患者が必要な検査、治療を速やかに受けることができるように相応の配慮をすべき義務があるというべき」である。

　最高裁は、前述のように、このあと、平成15年の**急性脳症事件判決**においても、頭痛・発熱等を訴えて通院し治療を受けていた6年生の患者Xに関する開業医Aの転送義務を認めたのであり、そこでは、「本件診療中、点滴を開始したものの、Xのおう吐の症状が治まらず、Xに軽度の意識障害等を疑わせる言動があり、これに不安を覚えた母親から診察を求められた時点で、直ちにXを診断した上で、Xの上記一連の症状からうかがわれる急性脳症等を含む重大で緊急性のある病気に対しても適切に対処し得る、高度な医療機器による精密検査及び入院加療等が可能な医療機関へXを転送し、適切な治療を受けさせるべき義務があったものというべきであり、Aには、これを怠った過失があるといわざるを得ない」とする。

　このように、開業医は、専門外の診療については、救急医療の場合を除き、専門分野や設備・規模等から判断して自分の手に負えない場合には、専門医院に転送ないし転医勧告義務があるというのがわが国の民事判例である。刑事事件としての転送義務を論じた判例については、第4章[115]ですでに検討した。

7．連携診療

　連携診療（Konsilium）とは、専門領域間の分業においても病院内の分業においても行われる連携作業であり、医師が共同して診療するのではなく、例えば開業医が病院の専門医に助言を求め、同一の病院内の医師が他の専門医の助言を求める形態での医療連携をいう。ここで、連携医（Konsiliararzt）を

115　名古屋地判平19・2・27判タ1296・308。本書第4章（426頁以下）（山中・前掲法学論集62巻2号52頁以下）参照。

招くことが、水平分業行なのかについては争いがある。水平分業ではないとする説は、共同診療（Mitbehandelung）ではなく、助言を求めるだけだということを根拠にする。しかし、共同診療であることだけが水平的分業といいうる関係ではない。連携医の助言が、治療医を、提案にかかる治療の自己責任をもって検討しないでよいとするものではないが、いわば機能的には水平分業の一種と位置づけてよいであろう。連携医は、診察と助言を行うのみであって共同治療するものではないが、自立的な助言・提案を行うのであるから、純然たる垂直分業ではないといえるであろう[116]。

8．医師と薬剤師の分業関係

　医師と薬剤師の関係は、水平的分業関係である。医師が処方し、これを受けた薬剤師が調剤し、薬剤を患者に交付する。したがって、医師が処方を誤った過失、医師の薬剤師への連絡ミス、薬剤師の薬剤調合ミス、患者への投薬ミスにおける過失があり、それぞれ、医師の過失責任と薬剤師の過失責任が、その自身の過失と相手方の過失に対する監督過失が問われることになる。薬剤師は、医師の処方せんに拘束されるが、その職務は、独立した権限を与えられている。したがって、医師と薬剤師の関係も独立の水平的分業に属するのであって、薬剤師が医師の指揮・指導・監督に服するという垂直的分業関係にないことは明らかである。判例においては、薬剤師には、「調剤に当たっては、医師作成の処方せんの記載内容を十分確認して調剤し、医師の記載した医薬品以外の医薬品を絶対に患者に交付することのないようにしなければならない業務上の注意義務」があるとされる[117]。この意味では、薬剤師は、原則として、医師の処方せんに従う義務がある。しかし、医師の処方せんに不明確な点や誤りなどの疑わしい点があった場合には、薬剤師法において、薬剤師は、処方せんを交付した医師に問い合わせて、その疑わしい点を確かめた後でなければ調剤してはならないと定められている（同法24条）。したがって、処方については全面的に医師が責任を負い、その処方の疑わしい点を医師に確認した後、調剤については薬剤師が全面的に責任を負

---

[116] Vgl. *Hendrik Strauf*, Die Organisation der Aufklärung, 2010, S. 73.
[117] 福岡地判昭52・3・31飯田Ⅰ23頁。

うというのが、薬剤投与の際の医師と薬剤師の権限関係であるということができよう。これは、要するに、その関係は、原則的に水平的分業関係であるが、処方と調剤の分野によって医師の責任・薬剤師の責任に相違があるということを意味する。

3．垂直的分業(直列分業)における組織過失

1．垂直的分業の意義と特徴

(1) 垂直的分業における指導監督関係

　垂直的（直列）分業の特徴は、異なった地位に根拠をもつ指示関係における共同作業である。ここでは、権限の分配において、上下関係があり、上位者には指導監督義務がある。ここでは、ヒエラルキー的な人的組織を前提とし、職業上の地位の上下関係がある[118]。例えば、ドイツにおける医長（Chefarzt）、上級医（Oberarzt）、医局医（Stationsarzt）の関係がそうである。垂直的分業の目的は、専門的知識を持ち寄って相互補充し合う点にあるのではなく、上位に位置する地位を占める者の力を、治療に特有な任務を分割することによって、支える点にある[119]。したがって、委ねられた任務は、委任者の責任から排除されるわけではない。委任者には、全責任、および、指示を与える義務が存続する。このように、垂直的分業には、委任（Delegation）も含まれる。すなわち、下位に立つ者に、上位に立つ者の権限が委任される場合である。例えば、注射は、本来医師の行うべき医療行為であるが、看護師にとっては医師から看護師に委任された「診療」の補助である。これに対して、「療養上の世話」は、看護師の本来の業務である[120]。このように、垂直的分業においては、上司の指示・命令・監督は、部下の本来の固有の業務に対するそれらと、上司の管轄が部下に委任される業務とがある。この両者はつねに截然と別れるわけではない。先の看護師の二つの任務もその限界が必ずしも明らかではない。薬剤の投与や注射・輸血の任務がそうである[121]。病院の経営面についても上司の業務か部下の固有の業務かは往々

---

[118] Vgl. *Wilhelm*, a. a. O., S. 3.
[119] *Tag*, a. a. O., S. 260.
[120] 保健師助産師看護師法第5条参照。
[121] Vgl. *Wilhelm*, a. a. O., S. 6.

にして明らかではない。そこで問題は、①委任者が委任によってその任務から解放されるか、②受任者は、単に委任者の執行の手段なのか、③その措置は、確かに委任者の任務であるが、委任によって受任者の固有の任務になるのか[122]である。これが、垂直的分業における個人の「責任」の問題にとって重要な役割を果たす。それに加えるに、このヒエラルキー的なシステムにおいては、関与者の選任と委任が行われる。

(2) 指導監督関係における過失の発現形態

そこで、選任、監督、指示、教育訓練における不備が問題となる。これを列挙すると以下のようになる[123]。
① 選任責任（協力者の無資格の場合）
② 管理監督過失（コントロールの欠如）
③ 指示・連絡の欠如
④ 委任の瑕疵
⑤ 調整の欠如

順位の下位の協力者は、重要な意味をもつ。単に「履行の半分」のみを依頼されているのではなく、順位の上の医師が、それをさらに取り上げることのない限り、彼に委託された―本来は他人の― 任務を委任ないし指示によって自己の任務として履行しなければならない[124]。

このような上下関係のある縦の分業においては、当事者は、注意深くその分担業務を遂行することを信頼してよい。したがって、原則として、当該の分担部分に関しては当該担当者が責任を負う。このようにして、その関係の原則においては、信頼の原則が妥当する。その責任の限界は、原則として対等の水平的（並列）分業の場合よりも狭い。下位の医師は、例えば、その治療が、その医師にその独立した遂行のために任せられ、または、早計な行為によって指示に反して行われ、「義務に反して必要な抗議がなされず、または引受の責任が留保されうるがゆえに、彼のみによって単独に責任を負うべき行為に際してのみ、責任を負う」[125]。

---

[122] Vgl. *Wilhelm*, a. a. O., S. 6 f.
[123] *Ulsenheimer*, a. a. O., S. 214.
[124] *Ulsenheimer* a. a. O., S. 214.
[125] OLG Zweibrücken, VersR 2000, 728; VersR 1997, 833.

2．ドイツにおける医長(Chefarzt)の「全管轄性」

　ある部局ないし科（Abteilung）の医長[126]には、「全管轄性」の原則が妥当する。すなわち、専門的領域においては、その管轄に含まれないものはなく（**医長原則**＝Chefarztprinzip）、「熟練専門の水準」にふさわしい患者の治療に対する最終的責任を負う者である。この水準を確保するために、その最高の知識と能力によって必要な医療のための指示を与えるのみならず、多数の純然たる組織上のコントロール措置を通じて必要な職務を行わなければならない。ノルトラインーヴェストファレンの**上級行政裁判所**（OVG）は、大学病院の科の医長につき、特に次のようにいう。

　「医長は、患者を世話するため適切な組織を確立する責任を負う。組織を確立する義務は、その際、患者の待ち合わせ期日の決定と管理に関しての患者の説明に関しても存在する。そのほか、指導的な医師は、とくに部下である人員の監督につき配慮し、適切な統制手続を規定し、メンバーの選任と投入にあたって、その資質に注意を払わねばならない。さらに、メンバーに典型的なミスと危険につき教示し、指導する義務を負う」[127]。

(1)　医師の記録と患者に対する説明に関する職務命令と点検

　「科」の長は、適切な指示と点検によって、カルテへの記録が、完全に、

---

[126]　「医長」（Chefarzt）の概念は、わが国でも用いられるが、ドイツ語で用いられる医長の概念と同様とはいいがたい。わが国では、病院の医師の地位・権限については統一の名称はない。各病院の規模・組織によって異なるが、例えば、脳外科、消化器内科の「科長」、あるいは、その上の外科ないし内科の「部長」などが一般的である。「医長」の名称が用いられることもあり、外科医長のように、前記の「科長」に対応することもある。これに対して、「医長」という独自の階級を表し、科長の下に位置づけられることもある。
　ここでいう上級医（Oberarzt）は、独立の権限を持つ医師であり、助手医（Assistentarzt）は、上級医の指導を受け、上級医を補助する。なお、広島地判平15・3・12判例タイムズ1150・302（術後管理の箇所において引用）において、主治医ないし上級医と臨床研修医に関して以下のような言及がある。「一般には、『主治医』とは、担当患者の診察、診療に最も中心的な責任を負う医師を意味する用語として用いられることが多いけれども、また…同科では、そのような『主治医』として、臨床研修医と上級医とを指定し、かつ上級医を臨床研修医の指導医と位置付けていたのであって、上級医はともかく、臨床研修医については、『主治医』に指名されたからといって、そのことの故に担当患者の診察、診療の中心的責任を負うものとは解されず、被告人の刑事責任を論じるについては、当時被告人が負っていた具体的な注意義務を考察すべきである」という。

[127]　OVG für das Land Nordrhein-Westfalen, Arztrecht, 2006, 50.

適時にそして事実上正しく行われるよう保証しなければならない。さらに、部下の医師が、患者への説明の原則について告知し、それが守られるよう適宜監督しなければならない。**ケルン上級裁判所**は、最新の知見にもとづいた説明をすべき義務について次のように述べる。

> 「そもそも、また、いかなる程度にこの義務が充足されているかに関するコントロールをもせずして、危険の説明に際してなされる要請に関して医師がたんに説示をなしたことによって、責任が免れさせられるわけではない。説明の基礎が、すでに不十分であった。50年代の文献および判例と、1963年までのそれらを参照した、1967年に上梓された博士論文は、患者の説明についての連邦憲法裁判所と連邦裁判所の判例の展開にかんがみれば、1978年には、もはや若い医師の教育のための適切な基礎を意味するものではない。医長が、患者が適切かつ十分に説明を受けたかどうかに関する点検も、次のような場合には十分に行いえたとはいえない。すなわち、困難なケースにおいてのみ、―重要な手術の前には― 患者に一切の手術が一定の危険を内在することを説明し、患者が、医局医 (Stationsarzt) によって与えられた説明を理解し、またはその他にもっと質問があるかを問うたといったような方法をとった場合である。不完全な説明をした場合には、まさにこの質問に対して答えたことが、不適切な推論につながることがありうる危険があったからである」[128]。

したがって、最新の説明に関する判例が継続教育または毎朝の朝礼において同僚医師に知らされるだけでは十分ではない。「職務命令」(Dienstanweisungen) が必要である[129]。

医長が、上級医 (Oberarzt) が患者に説明したかどうかを点検する義務に関する次の**連邦裁判所**の最近の判例[130] が参考になる。

> 外科病院の医長は、患者の十二指腸の憩室の手術を実施した。その後、縫合が不十分であったため重い腹膜炎と化膿した膵臓炎に至った。その措置に医療過誤が認められなかったので、医局医 (Stationarzt) が女性患者を、規則通り手術と結びついた膵臓炎の危険について説明したかどうかが、決定的に重要と

---

128 OLG Köln, NJW 1987, 2302, 2303. Vgl. *Ulsenheimer*, a. a. O., S. 216.
129 それに加えて重要な説明に関する判決集も有効であるという。新規雇用の医師が、それによって判例の現状はどうかを確認できるからである。
130 Urteil des BGH, MedR 2007, 169＝GesR 2007, 108 ff.

なった。患者は、それを否定した。というのは、もしその危険を知っていたら手術に同意しなかっただろうからである。シュレスヴィッヒ上級ラント裁判所は、医長の責任を否定した。医長には、上級医（Oberarzt）の説明に関する過誤は帰責できないというのである。

しかし、連邦裁判所は、次のように述べて判決を破棄した。たしかに施術者は、自分で説明する必要はない。しかし、彼は、医長として、したがって、規則通りに説明する体制につきその部局の中での責任者として、適切な措置とその指示が遵守されているかを点検することによって、患者が実際に手術の危険について知っていたかどうかを確認しなければならなかった。この点検義務については「厳格な要件」が設けられなければならなかった。例えば、それには患者との話し合い、または、患者の承諾に関する説明を確認するための病院の記録を一覧することが属する。

(2) 当直業務と待機体制の組織形成

指導医には、救急医療における当直体制と呼出し体制の規則通りの組織形成に配慮し、明確な配備計画および代替要員に関する規則を定立し、必要な権限の相互分担を行う義務がある[131]。例えば、麻酔医を20分ないし25分内に呼び出せる体制を整えるための規則の作成[132]もこれに属する。

ここでとくに問題になるのは、病院の財政上の問題から、複数の専門にまたがる当直体制の設立によって費用を節約するという最近増えてきている試みである[133]。これは、「**専門を超える当直業務**」（fachübergreifende Bereitschafts-

---

[131] Vgl. *Ulsenheimer*, a. a. O., S. 217.
[132] OLG Braunschweig, MDR 1998, 907. OLG（ウルゼンハイマー（a. a. O., S. 218）は、Stuttgart, NJW 1994, 2384も引用するが、見当たらなかった）.
[133] Vgl. *Ulsenheimer*, a. a. O., S. 218. これについて、過失犯における正犯の背後の正犯の問題として医療における組織過失の問題を論じるものとして、vgl. *Kudlich/Schulte-Sasse*, „Täter hinter den Tätern" in deutschen Krankenhäusern? Strafbarkeit von „patientenfernen" Entscheidern in Gesundheitseinrichtungen bei organisationsbedingten Patientenschäden, NStZ 2011, S. 241 ff. 経費削減と医療事故の関係については、そのほかにもとくに、常勤医のいる時間帯以外の専門医のいない小規模病院における産婦人科の経営、経費節減のための医師の業務の無資格職員への委託、歯科医や耳鼻咽喉科医の実務における素人への専門業務の委託による手術毎の作成費用の削減、売上を増加させるための時間毎の手術数の引き上げと同時に、参加する医師の資格要件の引き下げ、コスト削減的経営による、不十分な人員しか備えない集中治療室での患者の世話とそれによって生じる多耐性バクテリアへの弱った患者の感染、などである（*Kudlich/Schulte-Sasse*, a. a. O., S. 243）.

3．垂直的分業(直列分業)における組織過失　　*653*

dienst) が許されるかという最近ドイツ医事法において重要問題として論じられている問題[134]である。ドイツにおける病院は、最近、物価上昇や消費税の値上げ、法定健康保険立て直しのための額によるコスト増に見舞われ、コスト負担の重圧が、全医療コストの70％を占めるといわれる人件費におけるコスト節減につながっていることが衆目を集めている[135]。このコスト節減は、とくに救急医療の領域で行われ、専門医の当直から撤収し、「専門を超える当直業務」に代えられている点に現れている。これは、ひとりの（専門の）医師による当直が、その医師の固有の専門領域に属さない医局および領域に対しても保証されることを意味する。このような専門を超える当直業務が、法的に、また医療の質の低下という観点から許されるのかにつき、激しい議論が湧き上がっているのである[136]。「専門医の医療水準」[137] に関しては、法律上は、これについては規制がなく、法的には病院と患者の医療契約があるのみである。

　さて、このような救急医療における当直医制度が問題とされ、医長がその組織形成の不備に対して過失犯としてどこまで責任を負うか[138]を論じた判例がある。**2004年のアウグスブルク地裁の判決**[139] がそれである。

　事案は、専門を超える当直業務において、専門外の当直医（内科医）による甲状腺手術の後の治療に際して、出血が脳の酸素供給不足という切迫した危険を生じさせ、それが患者に直ちに挿管することを必要とすることを見誤ったため、患者が脳障害を負ったが、それが組織の不備が原因であるとして、医長の不作為による過失傷害罪が問題とされたものである。この判決の**判旨**は、以下のようにまとめることができる。

134　これについて、判例と学説を検討した論稿として、vgl. *Ulsenheimer*, Haftungsrechtlihe Probleme beim fachübergreifenden Bereitschaftsdienst, in: Ulsenheimer, Medizinrechtliche Schriften, 2010, S. 505 ff.
135　Vgl. *Boemke*, Facharztstandard bei fachübergreifendem Bereitschaftsdienst, NJW 2010, S. 1562.
136　Vgl. *Boemke*, NJW 2010, S. 1562.
137　専門医の医療水準については、当該の治療医が、誠実で注意深い医師によってその専門領域の職業上の観点から前提とされ、期待される処置を施すとき、充足するものとされている（*Boemke*, NJW 2010, S. 1562）。
138　*Kudlich/Schulte-Sasse*, NStZ 2011, insbesondere S. 243 ff.
139　Urteil des LG Augsburg vom 30. 9. 2004, in: Arztrecht 2005, 205. これについては、vgl. *Frister/Lindemann/Peters*, Arztstrafrecht, 2011, S. 57. なお、前述本章 1．(4)(d) 参照。

①　医長が、専門を超える当直勤務の間にも危険が発生するのが相当な術後管理がなされるべく、また、ありうる合併症が適時、認識され、評価され、必要な措置をもって治療されるべく、適切な組織上の予防措置をとることを怠ったなら、その医長に課された注意義務の要件を侵害するものである。
②　当直の内科医が、出血に対する存在する予兆を正しく評価すべく責任を負うがゆえに、また、その当直医が、患者が気管の圧搾による酸素欠乏に基づき低酸素脳障害を負うほどに、このような（専門医としての）資格欠如に基づいて気管の圧搾に対する適時の予防措置を怠ったがゆえに、専門を超える当直勤務の間に当直中の内科医が医長の不在中に実施された甲状腺手術の後の出血の発生を見誤ったとき、医長は、不作為による傷害罪のゆえに可罰的である。
③　本件において、適切で、かつ可能な組織上の措置を取らず、ないし専門を超える当直勤務の時にも術後管理の際に甲状腺手術の後の出血の存在が、適時認識され、十分に訓練を受けていない専門外の当直医の患者の傷害が予見できるような、不適切な反応であるがゆえに、回避されうるものであるとき、それに対して具体的な指示を与えなかったとき、医長には、その不作為に対して責任があり非難されるべきである

　一般には、救急医療における専門を超える当直医勤務の許否については、その専門によって異なるとして、次のように言われている。
(a)　専門を超える当直勤務は、全く許されないのではなく、一定の分野と病院において医学的・法的理由から許されない[140]。麻酔科と産科がそうである。というのは、そこで要求される専門医の水準は、ありうる合併症の重大性、迅速な対応の必要性、ならびに必要な特別の専門的知識と経験にかんがみて、患者の保護と安全のための専門に特殊な当直勤務を要するからである。
(b)　大学病院および救急病院ないし専門病院においては、迅速な専門に特殊な治療が可能でなければならない。したがって、専門を超える当直体制を組むことは、許されない。
(c)　その他のすべての専門科と病院においては、次の制限的な留保を付したうえで、専門にまたがる当直勤務が原則として許される。①特別の継続教育

140　*Ulsenheimer*, a. a. O., S. 220.

3. 垂直的分業(直列分業)における組織過失　655

を受けること。例えば、内科医が外科の専門を超える職務につくとき、蘇生術の講習を受けておくことである。②患者を専門の異なる医師に引き渡すときは、とくに詳しく、入念に注意深くなされること。患者の健康状態や付随する疾病、手術の合併症の危険などを引き継ぐことが必要である。③バックアップ勤務は、専門が異なるが当直勤務に参加していう「科」のすべてにとって、事実を知ったときから遅くとも20分以内に病院に来て勤務できる専門医によって占められていなければならない。病院長ないしこれに参加した医長は、助手医（Assistentärzte）に書面で指示を与えなければならない。

　アウグスブルク地裁は、**医長の組織化の責任**を、とくに内科医の継続教育を十分に行わなかったこと、患者の引継ぎにつきとくにルール化しなかったこと、危険な患者にとくに指示を与えなかったことに認めた[141]。

　それでは、当直医における「専門医の水準」はどのように考慮されるべきか。専門医の水準が保障されたといえるのは、治療医が、誠実で注意深い医師によりその専門領域の職業専門上の視点から前提とされ、期待される治療を施すときである。これをどのように実践するべきかは、具体的にその病院の人的組織などの具体的事情に依存する[142]。当直医勤務における専門医の水準については、行政法裁判所は、すでに1981年の判決以来、「第１次救助」（erste Hilfsmaßnahme）、すなわち、一般医療的な治療で十分だとする[143]のに対して、民事[144]および刑事判例では、救急事案においても専門医の水準が満たされるべきだとする。先のアウグスブルク地裁判決は、刑事法においてこれを示したものである。「それぞれの専門領域の基本的知見」にもとづく第１次的救助では十分ではなく、「当直時間内においても危険に相当な医療上の世話にふさわしい組織的な準備措置」が必要だとするのである。夜間や祝祭日でも、24時間、当直の未熟な医師による危険が生じないような当直体制が必要だというのである[145]。

141　*Ulsenheimer*, a. a. O., S. 221.
142　Vgl. *Boemke*, NJW 2010, S. 1563.
143　VGH München, Urteil v. 12. 11. 1981, KRS I 1983, 81. 097, 1-24. Vgl. *Boemke*, NJW 2010, S. 1563.
144　BGH, NJW 1994, 3008; BGH NJW 1998, 2736. OLG Düsseldorf, NJW 1986, 790; VersR 1986, 659. このデュッセルドルフ上級裁判所の判決はすでに、夜間勤務および日曜日勤務においては、病院においては、原則として患者にとって救急の場合に、専門医の水準が保障されるよう組織形成されるべきだという。
145　Vgl. *Boemke*, NJW 2010, S. 1563.

3.「科」の十分な人的配備に対する責任

(1) 医長の組織形成責任

医長（Chefarzt）の組織形成責任が、その指導義務と監督義務にもとづき、どの程度に達するのかは、関係する病院、病院経営の規模、規則、医師の勤務の人的構成などのそれぞれの状況によっている[146]。したがって、一般的には言えない。若干の例示ができるにすぎない。例えば、麻酔科の医長は、その病院の麻酔業務については、責任を負う。したがって、手術にあたっては、その活動に対する必要な的性、専門知識と経験をもつ麻酔医を割り当てる。医長は、病院長が十分に麻酔医を配備し、資格をもった看護師を準備すべく配慮するために、その権限に属する事柄をすべて行わなければならない。病院長に一回だけ人員充足を進言するだけでは十分ではなく、必要な限り何度も提案しなければならず、人員を備えることは、何事にも優先するのである。

(2) 組織形成責任に関する判例

この点につき、**ハンブルク地方裁判所の判決**[147]において次のように述べられた。「このような麻酔医が不在であるという状況が指導医によって繰り返し指摘されていたにもかかわらず、病院における麻酔医の六つのポストが空いたままであったことは」、その指導医の免責につながらない。「…いずれにせよ、その手術が、危険なくして延期することができた場合には、当該の場所的・人的事情のもとでは、挿管麻酔を施して手術するという主張は通らない」。**連邦裁判所**は、この見解を確認して、次のようにいう。「病院長は、その病院において麻酔学的に規則を守って実施されえた手術のみを行うという配慮をなさなければならなかったであろう。病院長がその病院に十分に麻酔医を獲得することができなかった限り、緊急の場合には、外科部門の拡張を放棄し、その都度示される許容性の限界に従って、患者は他の病院に移送されなければならないと指示されなければならなかったであろう。いずれにせ

---

[146] *Ulsenheimer*, a. a. O., S. 222.
[147] Urteil des LG Hamburg, Anästhesiologie und Intenssivmedizin 1983, 108 f.

よ、不測の事態に際していかにして病院を運営するかを、医師に明確に指示することが必要である。どのような手術が止められるべきか、とくにいまだ研修中の医師の誰が、また、どの看護師が麻酔に投入されてよいか、彼らがいかにして有効に指導され管理されうるかが明確にされなければならない」[148]と。

　引受け過失の観点から、医学の水準に照らしてその任務を果たせない者は、その医療の提供を撤回しなければならない。「もともとこのような義務は、病院長に妥当する。しかし、病院長とならんで、事情によっては、構造的欠陥があるにもかかわらず治療を引き受けた医師にも責任がある。同じことは、過労気味の医師に手術させるといったことにも妥当する」。過労のため勤務できないような医師を勤務させる[149]なら、医長の引受け過失（Übernahmeverschulden）も問題となる。

　上級医の組織責任がいかに包括的かを示す簡裁（区裁判所）の判例[150]を紹介しておこう。

　　ある女性患者が、右足の膝にスポーツによって負傷したので、一般的な麻酔により手術し、手術のあと、覚醒室においてモニターで監視されていた。熟練の看護師がその監視を行っていた。患者は患部の激痛を訴え、まず、5ミリグラムのモルヒネを投与され、45分後、再び投与された。1時間後、看護師が交代した後、10ミリグラムのモルヒネを投与され、2時間足らずの間に計35ミリグラムのモルヒネを投与された。最後のモルヒネ投与の後、35分して、血圧計が警告音を発した。呼吸・循環停止の状態に陥り、患者は死亡した。パルスオキシメターは、原因不明の理由により警告を発しなかった。鑑定人によれば、呼吸・循環停止は、突然に起こるものではなく、継続的に発生する。

　　したがって、最初の看護師に責任がある。パルスオキシメターは、補助具にすぎない。しかし、鑑定意見によると、上級医も非難に値する。麻薬は、医療補助者によって投与されるとき、医師に再度問い合わせることが必要だからである。本件では、医療補助者に対する明確な組織上のルールがなかった点で、上級医は非難されるべきである。この事例の教訓的な点は、外来の手術でも病

148　BGH NJW 1985, 2189 ff.; Vgl. *Ulsenheimer*, a. a. O., S. 222 f.
149　BGH NJW 1986, 776.; vgl. *Ulsenheimer*, a. a. O., S. 223.
150　2006年3月10日のリューデンシャイド簡裁（AG Lüdenscheid）の打切り決定。Vgl. *Ulsenheimer*, a. a. O., S. 226 f.

院では、痛み止めなどの麻薬の副作用などを観察するため、患者を職員によって術後管理のために監視するに相当な組織構造が必要であるということである。

それにもかかわらず、本件は、最終的には、刑事訴訟法153条aによる手続の打切りによって終結した。この事案は、上級医がその治療を適切に遂行するにあたって必要な治療体制・病院の適切な組織・構造が重要であり、医師が管理過失を問われる可能性を示したが、最終的には本件では手続の打切りという結末に至ったものである。

(3) 医長の組織責任の位置づけ

ドイツにおける医長の組織責任は、包括的である。医療過誤が、医師・看護師の選任ミスによって生じたか、または、空きポストを充足していなかったかについても、適切な組織を形成・運営する「組織過失」が問われる立場にある。

4．施設・設備と器具・装置の設置および整備

(1) 病院長と医長の責任

病院長（理事長）は、医療を実施するためにその医療機関において必要な施設・設備を準備する必要がある。病院の理事長の責任は、その民事の組織過失責任（Organisationsverschulden）の延長線上で、限定的ながら刑事の組織責任を問う方向に進んでいる[151]。しかし、具体的にその専門分野の医療にとりどのような医療器具・装置が必要かを判断するには、特殊な専門的な資格・権限が必要である[152]。その権限を有するのは、その病院の「科」の医長、すなわち、「科」の部長・科長等である。医長の組織形成義務の内容は、下方に向かっては、それらの使用方法・安全性、機能・整備状況を所属の医師達に伝えることである。医長の上方に向かっての義務としては、総合病院の部長である場合には、病院長に、または、公立の単科病院の病院長である

---

[151] これについては、vgl. *Gabriele Zwiehoff*, Strafrechtliche Aspekte des Organisationsverschuldens, MedR 2004, 364

[152] OLG München, GesR 2007. 115; vgl. *Ulsenheimer*, a. a. O., S. 224.

場合には、行政にしかるべき要請をし、安全を図ることである。

さらに、施設・設備を運営するには、そのための人的組織と運営マニュアルが必要である。治療の手順、手術や投薬のための設備や器具・装置の使用ルールの策定なども典型的な医長の組織形成義務の内容である[153]。施設・設備ないし器具・装置の使用方法に関する患者の監視や安全については、病院長の義務であるが、その「科」における監視と安全体制の維持形成については、「科」の部長に委ねられているというべきである。

(2) 医療器具に関する組織形成に関する判例
①チーム医療事例

いわゆるチーム医療事例[154] (Gemeinscaftspraxis-Fall) では、3人の医師と10人の補助者が、皮膚の表面の腫瘍に照射することによってレントゲン治療器によるガン治療を行っていた。レントゲン測定器には、レントゲン照射の量と時間が決められており、それを操作することができるようになっていた。9歳の子供の治療に当たって、その測定器の故障により実際よりも少ない放射線量を示した。そこで多量かつ長時間照射したことにより少年の腫瘍は除去できたが、照射によって骨が壊死したため、少年は生活するに車椅子を離せなくなった。医師が、TÜV (Technischer Überwachungs-Verein＝技術監視協会[＝工業製品検査認証機関]))と保守契約を結び、機械を検査に出しておれば、故障が見つかり、少年は、この運命は免れたであろう。この事案では、補助者の過失責任は、機械の故障につき予見可能性がなく問えないが、3人の医師については、組織過失が問われうるというのである。

次の判例は、患者の輸血の際にバクテリアに汚染された血液を使用したため患者が死亡した事故に対して、保存血液の回収・再利用を行ったことが原因で死亡事故が発生したときの研究所の所長・副所長の不作為責任が問題となった事案である。

153　Vgl. *Ulsenheimer*, a. a. O., S. 224.
154　Vgl. *Kamps*, a. a. O., S. 23, 243.

②連邦裁判所2000年4月19日判決[155]

(事実) ある大学病院の血液凝固剤および輸血研究所において、経済的理由で、医局から要請されたが使用されなかった保存血液（Blutkonserven）を回収し、再度、提供することが行われていた。その際、もともとの管が用いられることなく、むしろそれを「押しつぶして」新しい管が作られた。この方法は、一部は、栄養素の溶解の接触と結びつき、その結果、バクテリアを形成することになった。バクテリアに汚染された血液によって6人の患者に実施された輸血に際して、5人の患者がバクテリアの内部毒素によって惹起された敗血症により死亡し、1名が集中治療の結果生き延びた。研究所長Aと所長代理B（女性）が過失致死罪および不作為による過失致傷罪で有罪とされた。その理由は、研究所長代理として、Bは、血液銀行で製造された製品の受領者がこれにより回避可能な健康上の損害を被らないように配慮すべき注意を払う法的義務を負っていたというのである。Bが上告した。

(判旨) 地方裁判所は、Bの罪責につき不作為による正犯を認定する。しかし、Bの保障人的地位を根拠づけるには、その認定は十分ではない。発生した死亡と身体の傷害結果に対する不作為の因果関係も、十分に立証されていない。

不真正不作為犯のゆえの可罰性は、正犯者が当該法益に対する保障人とみなされることを前提とする。問題は、所長代理に、血液銀行で製造された製剤の受領者がこれによって回避可能な健康被害を被らないようにする注意を尽くす義務があったかどうかである。形式的なノルトライン・ヴェストファーレン大学法（44条）からは、保障人的義務は導けない。薬剤法などの規定からも、保障人的義務は導けないし、当時のガイドラインからも、また、先行行為からも導けない。結果の発生に対する不作為の因果関係も、十分には立証されていない。

本判決では、本件を不真正不作為犯と捉えて、保障人的地位の否定によって無罪としている。この結論に対しては、本件で、病院経営者の民事並びに刑事責任が問われていないのは「驚くべきこと」であるとする評価がある[156]。「本来返送されるべき保存品を使用する必要性とバクテリア感染を引き起こす『押しつぶし』が必要になったのは、結局、病院の経営状態の悪化によるのであり、他方では、経営陣は、適切な病院経営を可能ならしめる財

---

155 BGH NJW 2000, 2754. Vgl. *Wever*, a. a. O., S. 102.
156 Vgl. *Wever*, a. a. O., S. 103.

政的設備につき配慮しなければならないからである」。

　本件は、所長らが、保存血液の再利用の慣行につき、これをやめさせる義務を怠ったと捉えるか、これを容認して、それをむしろさせていたと捉えるかによって、作為による管理過失の問題となるかが分かれる事案であるが、本件では、所長代理の責任も問われているのであり、所長代理の血液保存の方法に対する事実上の権限[157]如何によっては、病院経営者のうち本事案における責任者としての組織形成過失があると言えない事例ではないように思われる。

---

[157] 連邦裁判所は、先行行為による保証人的義務の有無を検討し、控訴審とは逆に、これを否定している。1992年に被告人が、「押しつぶし」を促したというのは、保障人的地位を根拠づけない。「義務違反的先行行為が保障人的地位を根拠づけるのは、それが、具体的に認定された構成要件結果の発生の近い危険性を引き起こす場合のみだからである」(NJW 2000, 2756)。

4．入院患者の自傷他害行為に対する組織過失

1．問題の所在

　病院に入院している患者が、病院施設の安全配慮上の不備によって傷害・死亡に至る事例のほか、とくに精神病院への入院患者が、うつ病のため自殺・自傷を図ったり、精神病患者が、入院中、院内でないし外出中に他の患者や一般人に対して傷害等加える事案、さらに入院患者が外出中に凶器を入手しそれによって院内で他患者を殺傷するといった事案が少なくない。このような事例においては病院の安全・管理上の責任が問われているのである。今世紀に入って、その防止のための精神病院における医療事故に対するリスクマネージメントの在り方についても見直しの取り組みが始まっている[158]。精神病院におけるリスクマネージメントは、患者の安全と治療との調和であり、患者・医師・職員の徹底的な管理ではなく、「自由な組織風土」づくり[159]の中での安全対策を目指す必要があることに留意すべきであろう。

　病院においてその入院患者に対する監視や安全に対する注意義務が実際上問題となるのは、高齢の入院患者や、病院内で騒ぎを起こし、他の患者等に暴力的行為を繰り返す患者、あるいは精神病院における自殺の危険のある患者に対するものである。その際、患者が他害行為に対する責任能力に疑問がある場合も少なくない。

　この問題は、精神病院における病気の治療過程において生じるものが多く、その場合、治療方法と治療目的、とくに開放化医療のそれ、ないしその効果と社会の安全の相克が問われることになる[160]が、医師の具体的治療行

---

[158] これについては、日精協誌における「特集・精神科病院における医療事故防止と安全対策」日精協誌20巻3号（2001年）6頁以下参照。とくに、三宅祥三「精神病院における医療事故と安全対策」、同誌20巻3号15頁以下参照。

[159] 尾上博和・上村神一郎「自由な組織風土づくりと安全対策」日精協誌20巻3号47頁以下参照。

為との関係が希薄で、むしろ病院の管理体制が問われることも少なくないという特徴をもつ。

2．ドイツの判例

ドイツにおいては、とくに精神病院における患者の自殺に対する病院の安全義務が論じられているが、近年、精神病院外でも他害事件に対する医師の刑事責任を問題とする判例も出始めている。

(1) 精神病院内の自殺

原則的には、精神病院においても、自殺を決意した者の自殺の危険は回避できないというのが、連邦裁判所[161]の判決の見解である。そこでは、患者の安全を図るという目的と治療の効果を挙げるという目的の相克を、治療目的に軍配を挙げる方向で考察されている。

(a) 1993年連邦裁判所民事判例

1993年9月23日の連邦裁判所の判決[162]の事案は、原告たる保健機構の保険に入っていた患者が、被告たるラントの精神病院に収容されていたが、持っていたライターで自身の衣服に火を付け自殺を図り、重傷を負った。原告は、被告が、自殺の危険のある患者を十分に監視していなかったとして損害賠償を請求した。連邦裁判所は、これに関して次のようにいう。

「精神病院に入院中の自殺は、決して絶対的安全性をもって回避できない。それは、治療が開放施設においてであろうが閉鎖施設においてであろうが、あらゆる現実化可能な監視の可能性を考慮して実施されたであろうかにかかわらない。一切の極めて遠い危険源をも排除するような間隙なき監視と安全は、考えられないように思われる。それに加えて、近年の見解によれば、まさに精神病患者の場合には、**患者と医師ならびに病院関係者の間の信頼関係と共同作業**

---

[160] 精神科医療の事故の実態については、辻伸行「精神科医療事故と法」、松下正明（総編集）『民事法と精神医学』（司法精神医学4）（2005年）164頁以下、木ノ元直樹「法律の立場から」前掲書182頁以下、分島徹・佐々木龍一「精神医療の立場から」前掲書191頁以下、松岡浩「精神科病棟における若干の事例類型に関する考察―突然死、転倒・転落事故、誤嚥事例の検討」前掲書202頁以下参照。
[161] BGH NJW 1994, 794＝MDR 1994, 39.
[162] BGH NJW 1994, 794.

が、治療上の根拠からも適切と思われるような医学の必要性がつねに尊重されるべきである。尊厳なき監視措置・安全措置は、それがいやしくも許されるかぎりで、今日の医学的見地によれば、成果のある治療を危殆ならしめることがある。自殺を決意した者は、いずれにせよ、その計画を実行するために、その手段と方法を見出すものである」。

　結論としては、被告と病院職員が患者の自殺に対する規則を超えて、自殺防止のために別のそれ以上の措置をとらなければならないかどうかは、証拠調べの結果によるのであり、その際、とくに患者の部屋の中でライターを使用することを規制することが必要だったかどうかによる。すなわち、患者の側で着火による自殺の危険がどの程度あったのかによるのであって、それに対してどのような保護措置をとるべきかは個々の事案の衡量の問題であるという。

(b)　2000年連邦裁判所および上級ラント裁判所民事判決

　精神病棟に収容された患者の自殺等の事故防止に関して、病院側がどの程度安全策を講じなければならないかをめぐって、具体的には「すべてのドアと窓を閉め切る必要があるのか」につき、上級ラント裁判所と連邦裁判所の間を往復した重要な民事判例があるので、これを検討しておこう。まず、**ツヴァイブリュッケン上級ラント裁判所**[163]が、原告の訴えを退けた地方裁判所の判決を不服として控訴した原告の訴えを正当として、「原則としてすべてのドと窓を閉め切らなければならない」としたのに対し、被告が上告し、連邦裁判所[164]が、具体的な自殺の危険が存在しなければとられる措置は治療上適切なものでなければならず、患者の治療は、患者の福祉のためにそれが必要なときのみ、侵害してよいとして、「特別の事情がなければ、精神病院の開放病棟においてすべてのドアと窓を閉め切られることは要求できない」として、差し戻し、最終的に、ツヴァイブリュッケン上級ラント裁判所が連邦裁判所に従って、原告の訴えを退け、地方裁判所の判断を正当とし、上級医（Oberarzt）には、「開放施設におけるできるだけ強制のない治療上有効的な雰囲気と、必要な安全の要求の間の目的の相克の中で、決定の裁量の余地」[165]があると認められたのである。

163　OLG Zweibrücken, MedR 2000, 272.
164　BGH, Urteil vom 20. 6. 2000, MedR 2001, 201＝NJW 2000, 3425.

(事実) 原告は、妄想性の幻覚の精神病のため州立神経病院で治療を受けていたが、1994年11月22日に「精神病」として被告病院に転送され、入院の希望を述べたので、担当の女医が、病歴を調査し、自殺の危険につき尋ねたところ、以前は自殺願望をもったことがあるが、それは子供が原因であり、自殺未遂はまだやったことがないと説明した。原告は、開放施設3階の病床をあてがわれた。その部屋の窓の取っ手は患者が開けるのを防止するため取り外されていた。薬が処方され、原告は、夜中1時頃に夜間看護師詰所にやってきてお茶を所望した。睡眠薬が必要かと聞かれ、うなずいたので、看護師は、まず原告の部屋にティーグラスを取りに行ったが、この間、原告は、バルコニーへの通路が閉ざされた休憩室に赴いた。看護師が、グラスもって薬をとるため執務室に帰って来たとき、休憩室の開けられたドアを通して原告がバルコニーのドアを開け、短く自分の方を振り向いたが、すぐに窓の下の壁をよじ登るのを目撃した。原告は転落し、重傷を負った。

(連邦裁判所判決) 控訴審は、もとより、出発点においては、誤りなく、精神病院の経営者は、受け入れた患者の治療の義務を負うだけではないということを認めている。その経営者には、不法行為法上患者に自らに発し、また、病院の設備や建築上の形式によって迫る損害から患者を保護するための「社会生活上の安全義務」が課せられる。もとより、この義務は、必要なものに限定され、病院の職員と患者に期待できるものに限られる。安全の要求は、あまりにも厳格な管理による治療が危険に瀕することと比べて衡量されなければならない。しかし、控訴審は、自己危殆化の具体的な根拠なしに、一予見できない一自殺未遂に対する安全措置として、被告の病院においては夜間も、3階の開放病棟の休憩室のバルコニーのドアも、バルコニーから飛び降りる危険に対する配慮がなされていなければならないとして、閉じられていることを要求するとき、病院経営者としての被告に患者の保護のために課された注意に対する要件をあまりにも厳しいものとするものである。精神病院の開放病棟における患者の安全としての最低要件については、医学上・技術上の標準はない。…法的根拠からは、開放病棟においては、特別の事情がなければすべてのドアと窓が閉じられていることは要求されえない。

(ツヴァイブリュッケン上級ラント裁判所差戻審判決)「本法定によって召喚された鑑定人の鑑定によれば、一特に自殺予防の観点から— 精神病院の建築事

---

165 OLG Zweibrücken, Urteil vom 26. 3. 2002, MedR 2003, 181. Vgl. *Ulsenheimer*, a. a. O., S. 225.

項についての基準は、医学文献には見当たらない。『開放施設』における入院の上での精神療法の構想にふさわしいのは、患者の安全はまず医療職員により行われるべきで、扉を閉ざすことによるのではないということである。患者が医局にいるときに開けたままにされてよいかという問いの答えは、とくに危険な患者が医局にいるかどうかに依存する。したがって、バルコニーへのドアは、激しく興奮していつでも衝動的に爆発することが予測されうる患者が医局にいるとき閉められるべきである。患者が混乱して施設の配置がよくわかっていないとき、視力の弱い、または視力を失った患者がいるとき、精神錯乱に伴う幻視のような知覚障害を持つ患者がいるときがそうである。これに対して、ある患者に切迫した自殺の危険があるとき、バルコニーのドアを閉めることは十分な措置ではない。その場合には、患者の特別の監視、特に保護された領域内における監視が必要である」。夜間にも、鑑定の結果によれば、根本的に異なる安全対策の必要性があるのではない。

本判決では、さらにこの患者には特別の監視が必要ではなく、そもそも開放的施設に受け入れたことにも過失はなかったとする。

(c) 1997年シュトゥットガルト上級ラント裁判所決定

これに対して、1997年のシュトゥットガルト上級ラント裁判所の決定[166]はもっと厳しく病院内の安全対策につき次のように述べていた。

> **(事実)** 精神病学・精神療法科の院長は、17歳の、潜在的な自殺の危険のある患者の入院治療を両親に対して次のように約束して引き受けた。すなわち、前もって、彼女自身の身体と、自殺するのに適した物を探すための持ち物の捜索を行わずに、娘は病院では「安全である」と請け合ったのである。しかし、収容の3日後にその娘は持ってきた子牛皮製のヒモで自殺した。

裁判所は、過失致死罪の嫌疑が十分にあるとした。病院の院長は、個人的に両親に安全だと保障することによって「高い注意義務」を負ったからである。判決によれば、「その娘の安全性の観点は、申立人にとっては重要な役割を果たした。…被告は、娘は病院の中で安全であると彼らに保障した。ここでは、被告の単独の責任を娘との接触を被告の命令により断絶され、両親

---

[166] OLG Stuttgart, Beschluss vom 3. 2. 1997, MedR 1999, 374; NJW 1997, 3013. Vgl. *Ulsenheimer*, a. a. O., S. 225.

は娘を訪問することも電話することもできなかったという状態からして、…その他の医療契約に比べて『高い注意義務』が発生している。彼らが、保護を引き受け、―まさしく自殺の危険があるがゆえに― 単独でこの病院から脱出してはならないと命令しているのであれば、患者が自殺に適した道具を病院内に持ち込むことができないようにすべきである。患者は、散歩のため部屋を出ることがあったのであるから、気づかれずに捜索をすることもできたであろう。判決は、このようにして、保障人的地位にもとづき、病気の未成年の患者が自殺するのに適した物をもっていないかどうかを絶えず監視しておく責任があったとし、其の不作為が患者の死亡に対して因果的でもあり、自殺幇助に関する不可罰とする判例[167]にも反しないとしたが、手続は、起訴強制手続において、153条aを適用して打ち切られた。

本件においては、日常用いる物ではなく、まさに自殺用具として適し、病院内においては自殺のために用いられることが明らかな「子牛皮製のヒモ」を持ち込んでいる。これについては、一応、これを取り上げる義務が認められ、刑事上の組織責任が肯定されている。

(2) 精神病院内での自傷行為
2011年1月17日オルデンブルク上級裁判所決定[168]（民事）

次に、精神病院における患者の自傷行為に関して、患者（原告）が、被告の病院に損害賠償等を求めた事件である、民事判例を一つ上げておこう。

> **（事実）** 原告は、当時、トラックの助手席で自分のナイフで自分の腕や腹部を切ったとして、精神病院法18条に基づいて被告（A）の病院の閉鎖病棟に収容されていた。被告Bは、精神病の指導医、被告Cは上級医であった。原告は、ロシア語を話すが、ドイツ語は話せなかった。原告は、医局に閉鎖されてつな

---

[167] BGHSt 24, 342; 32, 262, 367. この第1の判決は、自殺者を過失で幇助した者は不可罰であるとしたもの。第2の判例は、危険に意識的に赴いたその危険が実現したときは、過失致死・過失傷害などの構成要件に該当しないとし、そのような危険を誘発したり、可能にしたり、促進しただけの者は過失致死・過失傷害で可罰的となるものではないとするもの。 第3の判例（1984年7月4日判決）は、その患者が自殺を図って意識不明にあったとき、医師は、その患者を救うために何もしなかったとき、殺人や不救助罪で可罰的であるとしたもの。自殺を図った患者であるから、治療を望まないはずであるがゆえに自己決定権を尊重して救助の必要がないとはいえず、医師の治療義務との衡量が必要であるとした。

[168] OLG Oldenburg, Beschl. Vom 17. 1. 2011, MedR 2012, S. 332 ff.

がる集中室に収容され、抗精神病薬を投与された。その後、原告はおとなしく、2004年6月4日にも一日中ベッドに横たわっていた後、17時ごろに、集中室に隣接する、中を覗くことができず、監視ビデオも取り付けられていないトイレに向かった。原告は、そこで、両手で自分の眼球をつぶした。眼球は回復しなかった。

(判旨)「閉鎖病棟での治療の枠内で、被告Aは、原告を自傷行為から保護する義務を負っていた。これに関していかなる注意義務が課せられるかその都度医師の目から見て患者に必要な治療を考慮して決定する。しかも、この注意義務は、病院の職員や患者に期待できるものに限定される」「そこで、原告自身によって行われた眼球の侵害に対する原告の責任の問題にとって決定的なのは、一つには、原告のその後の自傷行為の予見可能性ならびにそのような行為を防ぐためにいかなる措置が必要であったかである」。「原告は、直接の監視コントロール(付き添いかビデオ監視か)なしに、トイレに行くことができたという事実は、医療過誤ではない」。…「トイレに行くときに付き添うといった厳格な措置は、それによって危殆されうる患者にとっての有用性と衡量するならば、適切ではなかった。ビデオ監視は、まさに精神病院の救急病棟では有意義ではないように思われる」。「原告によって必要と考えられた監視措置は、そのプライヴァシーの重大な侵害を意味したであろう。原告は、収容後の数日静かで目立ったところがなかったのであるから、治療に当たった医師が緊急の事象行為の危険を認めず、したがって、それ以上の監視措置をとる切っ掛けがなかったことは理解できるし、主張しうることであるように思われる」。

ここには、精神病棟における患者のプライヴァシーと自律に対する病院の安全措置の限界に関する問題に対するドイツの判例の基本的考え方がうかがわれる。

(3) 病院外の他害行為

ドイツの刑事事件としては、1984年のゲッティンゲン地裁の事案[169]と第4章で義務違反と結果の「因果関係」の問題としてすでに検討した[170] 2003年の連邦裁判所の判例[171]の事案がある。病院外での他害行為に対する医師

---

[169] LG Göttingen, Urteil vom 17. 7. 1984, NStZ 1985, 410.
[170] 本書442頁以下、(山中・「医療過誤と客観的帰属—医療水準論を中心に—」法学論集62号67頁以下)参照。

の責任の問題、とくにその「義務違反」の点に焦点を当ててもう一度この判例を採り上げる。

(a) 1984年ゲッティンゲン地裁判決

(事実) 被告人は、精神科の専門医であり、ゲッティンゲンの州立病院の精神科に勤務していたが、その被告人のもとに1980年7月に、1976年から1980年に少なくとも七件の性犯罪を犯し、そのうち二件が責任無能力状態で行われた強姦既遂で、1977年7月には刑事施設に収容されていたSが入院してきた。Sは、1977年7月以降、ゲッティンゲン大学の精神科による観察を受けていたが、その年の8月20日に病院を逃走し、その日のうちに学童を強姦した。Sは、1977年12月から1980年7月までM病院に収容されたが、1977年のクリスマスにはじめて両親のもとに外出が許され、1980年のフィングステンの3度目の休暇時にさらに強制わいせつを犯した。Sを受け入れたとき、これらのことをすべて被告人は知っていた。被告人は治療が始まったとき、Sに「敷地内の外出」、すなわち、囲いのない、塀で遮蔽されていないG病院内の外出を許した。その外出の際Sは一人で行動していた。1981年2月13日に、時間に遅れて、アルコールを飲んで帰って来た。被告人はこれに罰を与えることもせず、施設内外出を許可し続けた。1981年4月3日には、市内で女性を襲い、強制わいせつを行った。4月6日には被告人が眼科に入院し、他の医師が引き継いだが、外出規則はそのままにした。4月12には、Sが眼科に被告人を訪れ、外出の期間に町に行ったことを告げた。4月18日にSは、さらに二件の性犯罪を犯し、そのうち一件は強姦既遂であった。ゲッティンゲン参審裁判所は、被告人を過失傷害罪（処罰妨害罪と観念的競合）で有罪とした。

(判旨)「被告人の行為と、4月3日、4日にSによる性犯罪によって受けた三名の女性の苦痛との間には、因果関係が存在する。被告人は、女性たちに加えられた苦痛を、Sに監視なき施設内外出を許可し、それによって敷地を出て犯罪を行う可能性を創出することによって、惹起した。これを許可していなければ、Sは犯行に至らなかったであろう」。判決では、続いて、被告人の義務違反、義務違反と結果の関係、予見可能性を肯定し、さらに「Sの性犯罪の実行は、監視なき施設内外出の許可の結果として、一切の生活経験の外にあるのではない」ともして、三件につき過失傷害罪を認めた。

---

171 BGH, Urteil vom 13. 11. 2003, BGHSt 49, 1　なお、この判例を詳しく検討したものとして、島田聡一郎「患者による殺傷行為についての担当者の刑事責任—ドイツの判例を素材として」（中谷陽二責任編集）『精神科医療と法』（2008年）322頁以下参照。

本件については、「事実」から、被告人医師の施設内外出許可が、過失傷害罪の構成要件を充足することを否定する理由は見当たらない。客観的帰属の肯定は、本件においては、患者Ｓが過去の外出中の同種の犯行を繰り返したおり、「犯行への明白な流れ」があり、医師がそれを熟知していたことからも根拠づけられる。

(b) 2003年連邦裁判所判決

（事実） 事案は、被告人医師二名により被収容者が、重大な人格障害をもつものとして、「他人の生命・身体に危険」があると判断され、閉鎖病棟に収容されていた患者Ｓが、脱走したり、許可された外出から帰院せず、侵入窃盗を行うといった前歴をもっていたにもかかわらず、1998年10月１日に、医局医からの逃走の危険の警告に従わず、女友達との被収容者Ｓの外出を許可し、Ｓが、10月４日には、許可された外出から帰らず、その後、ベルリンで身を隠して生活していたところ、その年の12月28日から翌年６月７日までの間に八件の危険な傷害を伴う強盗、および性的強要を伴う強盗と二件の高齢の女性に対する謀殺を犯した件につき、この二名の医師が、過失致死罪・致傷罪で起訴され、地裁で無罪とされたというものである。Ｓは、十分外部から遮蔽されていない病院から出ることはできたのだから、医師らの義務違反なくしても犯罪を犯し得たというのである。

これに対して、連邦裁判所は、死亡事件と傷害事件に対するその因果性は、Ｓが十分に安全策を講じられていない病院の窓を通っても逃走できたことを考慮したことによって、なくなるものではないとした。

連邦裁判所は、新たな公判において事案の解明と評価がさらに必要であるとしたが、医師らの「義務違反性」については次のように示唆する。

（判旨） 被告人らの義務は、Ｓの収容の具体的事情を基準とする「精神病者の支援および保護措置ならびに裁判所によって命じられた収容に執行に関するブランデンブルク州法」の規定から生じる。その15条の３項によれば、収容の目的がそれを許す限り、収容はできるだけ緩和して執行されるべきである。新たな裁判所は、Ｓが、治療可能ではなかったこと、その犯罪傾向のため15条３項の意味での開放処遇の濫用の可能性が存在したことを新たに認定するなら、治療のための（監視なしの）外出は、排除されなければならないことになり、外出を許可することは法に反することになるであろう。…外出が、例えば、治療

上の根拠をもって精神医学上の医術準則に相応していた場合には、事情は異なる。濫用の危険のなくなる理由という観点からは、その枠内でいくつかの同じような、法的に是認しうるものと評価可能な決定がなされうるような予測判断の裁量の余地があることになるであろう。結論的に誤った予測は、不完全な事実の基礎にもとづき、または認定された事実の不当な評価のもとで濫用の危険が否定されたであろう場合にのみ、義務違反となろう。

Sの犯罪の被害者の死亡と傷害という結果の帰属可能性と客観的予見可能性は、慣用的な経験の範囲内かどうかという基準によって、いずれにせよ、Sに認定められる精神障害と、Sによって実行された犯罪との間に関連性が存在するとき、認められる。それを根拠づけるためには、ブランデンブルク区裁判所によって認定された自己愛的人格障害は基本的に適切であると思われる。というのは、それは、個々の事案において刑法20条の重大なその他の精神的偏倚の意味における責任の重大性に達していないときでも、犯罪の実行を阻止する敷居を低めうるからである。

そのような関係が認定できなくても、義務違反的に許可された外出の特別の被害惹起適性にもとづき、結果の客観的予見可能性の認定を考慮することは可能であろう。そうしても、必要な義務違反連関に疑いが生じさせるわけではない。上記の法律の9条1項、3項および20条1項1文の規制の関係からみて、Sの収容の目的が、彼による危険に対する公共の安全でもある　—しかも存在する治療の可能性とは無関係にそうである—　ことからも帰結する。法的に拘束力のある収容命令から、被告人には治療中ではなくても、他の施設に移送されるまでは…その危険が、その精神病との関係で発生したことに疑いがないとは言い切れないときですら、いずれにせよSの重大な犯罪から公共を保護する義務が生じる。存在した危険が、具体的に実行された犯行に現実化したことは、これまで行われた認定によれば明らかだからである。

判決は、最後に、もし被告人達の過失責任が肯定されるのであれば、医師達は、故意の正犯としてのSと並ぶ過失の同時犯であり、そのことが量刑において考慮されるべきだということにも言及している。

本件を評釈したロクシンは、結論としては、差し戻された刑事裁判所は、もし、本質的に異なった事実認定がなされないなら、被告人を二件の過失致死罪、八件の過失傷害罪で有罪としなければならないだろうと述べている[172]。ロクシンは、本事案につき、判決が「義務違反性」の問題とするも

のを、客観的帰属論の許されざる危険創出の問題としてとらえ、その存否を三つの基準に照らして検討すべきとする[173]。①正しい行動を示す法規範の観点、②信頼の原則の適用の是非、③具体的状況に即した区別的に適用されるべき基準の観点である。第1基準は、精神病院に関する法律違反である。第2基準については、本件の患者Sのように、過去の経歴から犯行への明白な流れがあるときは、信頼の原則の適用は排除されるとする。第3基準に関しては、本件の具体的状況において、医師が、外出を、精神医学上の正当性をもって治療の観点から許可したという場合には、許された危険かどうかは場合にわけて判断されなければならないとするものである。しかし、本件では、治療上外出許可を与えなければならない根拠はない。

3．わが国の判例

(1) 判例における病院事故の傾向

わが国においては、病院の内外での自殺や事故[174]に関する刑事事件は少ないが、民事事件ではかなりの裁判例がある[175]。

(a) 一般病院における事故と管理責任

具体的治療に関する組織上の過失は、当該部ないし科の部・科長ないし医長の責任ではあるが、物理的な施設・設備が原因となる事故ないし一般的な人事配置等の一般の病院経営にかかわる組織上の過失は、病院長（ないし理事長）にあると考えられているように思われる。

病院内での医療業務遂行のための組織や安全体制の確立などは、病院長や病院理事長の義務であり、当該専門領域における業務遂行組織や安全体制の

---

172 *Roxin*, StV 2004, 488.
173 *Roxin*, StV 2004, 487. ちなみに、ロクシンによれば、予見可能性や回避可能性の判断は不要であるとする（S. 488）。
174 精神障害者の事故については、入院中の事故と退院後ないし入院前の事故の2類型に分けることができる（藤岡康宏「措置入院中の精神分裂病患者による院外での殺人事件につき、主治医に院外作業療法実施上の過失があるとした事例」判例時報1085号192頁以下参照）。
175 これについては、民事責任の包括的研究として、辻伸行「精神障害者による殺傷事故および自殺と損害賠償責任（1）～（5）」判例時報1549号148頁、1552号164頁、155号164頁、1558号、165頁、1561号161頁、また、辻・前掲（松下総編集）『民事法と精神医学』164頁、同「精神障害者の他害行為と近親者の損害賠償責任―福岡高裁平成18年10月19日判決の検討を中心にして―」中谷陽二（編集代表）『精神科医療と法』（2008年）241頁以下参照。なお、甲斐「管理・監督上の過失」中山・甲斐（編著）『新版医療事故の刑事判例』285頁以下も参照。

確立は、外科、内科、産婦人科、小児科などの各専門分野の責任者、例えば、どのように呼ばれようと、外科部長（科長）ないしさらに細分されているならば、消化器内科、脳外科、心臓外科などの長が第1次的に適切な組織化の義務を負うというべきであろう。

(b) 精神病院における事故と管理責任

病院の直接の（物的・人的）管理責任といえるかどうか疑いがないわけではないのが、病院入院患者の危険な行為による被害の発生に対する病院や医師の管理・監督責任である。その典型的な事例群が、とくに精神病患者の自殺・自傷行為[176]ないし他害行為に対する病院・医師の責任である。中には、病院の看護師などのスタッフによる患者に対する他害行為に対する病院側の責任の類型もある。

ちなみに、精神病院内の事故類型としては、1994年4月1日から2000年3月31日までの6年間に日本精神病院協会の医療問題検討委員会に報告された事故報告において多かったのは、順に、自殺、不慮の事故、患者間傷害・傷害致死である。自殺の手段としては、飛び降り、縊死、飛び込みの順に多い。また、患者間傷害が多く発生する病名は、閉鎖病棟での精神分裂病（統合失調症）、精神遅滞、痴呆であり、開放病棟においても精神分裂病がもっとも多い[177]。

これらの事故に対する責任については、実際には民事事件として問題となっている。その際、精神障害患者の自殺は、①開放的処遇を受けていた患者の自殺事例と②閉鎖病棟・保護室内での自殺事例、そして③通院中の患者の自殺事例に分けることができる[178]が、開放的処遇を受けていた事例については、開放的処遇の採用の当否、開放的処遇の適切な運用がなされていたかが問題となる。一般的には、担当医師の治療行為の裁量との関係で問題とされるが、医療側の責任が否定される傾向にある[179]。閉鎖病棟や保護室で患

---

[176] 日本精神科病院協会の調査報告で、精神病患者の事故で最も多いのは、自殺の報告であるとされている。飛び降り、縊死、飛び込みである（分島・佐々木・前掲（松下総編集）『民事法と精神医学』196頁、石井一彦「精神病院における医療事故」日本精神病院協会雑誌20巻（2001年）244頁以下、藤野ヤヨイ「精神病院の特質と入院患者の人権」現代社会文化研究28号（2003年）184頁参照）。

[177] 石井一彦「精神科病院における医療事故」日精協誌20巻3号244頁以下参照（病名は、この論文で使用されているままを使用した）。

[178] 辻・前掲173頁以下参照。

者が自殺した事例については、医療側の責任を肯定した者が少なくないとされている[180]。上述のような設備・施設・人員の欠陥に起因する事故については病院長の過失が問われるように思われる。なお、病院から外出中の自殺についても、過失は否定される傾向があるとされている[181]。ここで問題となるのは、精神病院では外出が治療・復帰訓練の一環として行われることと、病院側の責任との関係である。

(2) 精神病患者の自殺

民事判例においては、精神病院の入院患者が自殺した場合に、病院側に診療契約違反や過失があるかが争われた判例は多数ある[182]。医療側の責任を認める判例と、予見可能性を否定し[183]、または医師の判断が裁量の範囲内であるとして、請求を棄却する判例とに分かれる。民事上一般的には、精神病患者には通常人より自殺が多く認められることから、診療契約上の義務として患者に対し、一般的な自殺防止義務が含まれていると解されているようである[184]。ここでは、社会復帰のための治療と自殺防止の二律背反性が問題となる[185]。

(a) 閉鎖病棟内での自殺
(i) 過失否定例

まず、予見可能性を否定して過失を否定した判例を検討しておこう。その事案では、まだら痴呆状態の患者が病室の窓をこじ開けたうえ、誤って転落したか、自殺を図って飛び降りたかしたことにより死亡した事故につき、医

---

179 肯定されたものとして、福岡地小倉支判昭49・10・22判時780・90がある。
180 辻・前掲175頁以下参照。肯定例として、福岡地判昭55・11・25判時995・84、東京地判平7・2・17判時1535・95、福岡地小倉支判平11・11・2判タ1069・232、横浜地判平12・1・27判タ1087・228、東京高判平13・7・19判時1777・51、否定例として、福岡地判昭51・11・25判時859・84、名古屋地判昭58・12・16判時1116・95、広島高判平4・3・26判タ794・142。
181 辻・前掲179頁以下では、医療側の責任が争われたもの自体が少なく、公表された判例は、3例のみとする（東京地判昭55・10・13判タ433・134、大阪地判昭61・3・12判タ599・61、東京高判平13・7・9判時1777・51）。なお、甲斐・前掲中山・甲斐（編著）『新版医療事故の刑事判例』285頁参照。
182 永井順子「精神病院における自殺」ソシオサイエンス10巻（2004年）125頁以下は、精神科治療における患者像の変化を患者の自殺という観点から明らかにしようとする。
183 東京地判昭53・2・7判タ366・331、広島高判平4・3・26判タ794・142＝医療過誤判例百選168頁。その他、大阪地判昭61・3・12判タ599・61参照。
184 宮下毅「精神科患者の自殺事件」医療過誤判例百選（第2版）169頁参照。
185 永井・前掲ソシオサイエンス10巻（2004年）130頁参照。

師らに予見可能性がなかった等として、病院の不法行為責任、債務不履行責任を否定した[186]。患者が病室の窓をこじ開けるという行為が予見可能かどうかがポイントであるが、容易にこじ開けることができないほどの防止対策が行われている場合には予見可能性は否定される。

次に、初老期うつ病の患者が自殺した事案で、持っていた帯で自殺したとき、Aに対する睡眠薬の不投与や、医師による帯の着用の許可は、裁量の範囲内に属し、いずれも、本件看護診療契約に基づく自殺防止義務の履行において、帰責事由に該当せず、控訴人の本件看護診療契約の履行に欠けるところはないのであって、Aの自殺は誠にやむを得ざる結果であったという外はないとしたもの[187]がある。

さらに、精神病院の病室内においてうつ病患者が、腰紐で自殺未遂を犯した場合、担当医師らには治療方法に関し精神科医療の特質に応じた広範な裁量があり、自殺防止措置を採らなかったことが合理性を欠くとはいえず、注意義務違反が認められないとしたものがある[188]。本判決では、さらに次のようにいう。「自殺を防止するために絶え間ない監視を続け、用法上自殺の用に供されうるが、それ自体の性質上必ずしも危険物ともいえない着物の帯、紐のような患者にとつて正常時日用必需品ともいえる物を除去し、あるいはこれを徹底して閉鎖病棟さらには保護室への収容等物理的措置をとるだけでは、事故防止に限定した面でそれ相応の効果を期待しうるかもしれないが、その反面治療上屢々有害な影響を及ぼし、治療の終局的目的に背馳する結果を惹起するおそれがあると考えられる。むしろ、精神的疾患に起因する自殺を防止するための最も抜本的な方法は当該疾患自体を治癒させることであるのはいうまでもないことであるから、ここに、**閉鎖管理から開放管理へ**という精神科看護のあり方の歴史的ともいうべき趨勢をも併せ考えるならば、自殺企図の差し迫ったおそれの感じられない患者については、うつ病の治療の終局目的の達成を優先させ、**治癒へ向けての可及的合目的的な看護の体制を採用することも合理的な裁量として許容されるところであると解するの

---

186 名古屋地判昭62・6・24判時1777・51。
187 前掲福岡高判昭54・3・27判タ368・143。本件第1審判決は、福岡地小倉支判昭49・10・22判時780・90であり、医師と看護師の過失を認めたが、過失相殺により損害賠償額の6割を減じた(この判決について、永井・前掲ソシオサイエンス10巻130頁以下参照)。
188 福岡地判昭57・1・26判タ465・173。

が相当である」。
　(ⅱ)　過失肯定判例
　このような中、最近では、精神病院内での患者の自殺に対し病院側の過失を肯定した自殺事件[189]の民事判例もある。

> **(事実)** それまでＡ病院に通院していた患者Ｐが、状態が悪化したため、Ｂ病院に入院したが、入院当日の深夜に同病院の隔離室内で縊首により自殺した事件につき、患者の妻らが、担当したＡ病院のＸ医師が、Ｐがうつ病であったのに診断を誤り、また、Ｂ病院の担当医師ＹがＰ自殺念慮があったにもかかわらず、自殺予防措置を取らず、隔離室で自殺するに至らしめたとして、ＡおよびＢ病院の経営者に損害賠償を求めて民事訴訟を提起したというものである。
> **(判旨)** ①Ｐの自殺のとき、Ａ病院とは診療契約関係は断絶した後であった。ＰのＢ病院での自殺とＡの病院の債務不履行との間には相当因果関係があるとはいえない。しかし、「医師の債務不履行がなければ、患者が自殺しなかった可能性があれば、医師は患者がその可能性を侵害されたことによって被った損害を賠償すべき債務不履行責任を負うと解される」として、慰謝料の請求を認める。②Ｂの責任についても、ＰのＢの病院入院時においてはＰに自殺の客観的危険性があったと認められ、Ｙ医師にとっては自殺に対する予見可能性があったと認められるうえ、…ＢにはＰの自殺の防止を図るべき診療契約上の義務があった」（損害の３割を減額）。

　相当因果関係を否定しつつ、条件関係を認めて「可能性」を侵害されたことによって被った損害を賠償すべきであるとする論理は、結果犯であることを前提とする刑事法の論理とは異なり、興味深い[190]。
　(b)　開放的処遇における自殺
　開放的処遇において患者が自殺した事例では、その開放的処遇措置の妥当性、実施・運用の適切性が問題となるが、判例では過失を否定する者が圧倒的に多い[191]。とくにうつ病などの精神病に罹患している患者が自殺する事

189　東京高判平13・7・19判時1777・51、医事法判例百選70頁。
190　本件は、上告不受理決定がなされ、確定した（最決平16・1・30LEX/DB、木ノ元直樹「精神科における自殺事故と民事責任」判タ1103号63頁）。飯塚・前掲71頁参照。
191　辻・前掲173頁参照。肯定例として、前掲福岡地小倉支判昭49・10・22、大阪高判昭57・10・27判タ486・161があり、肯定例として、前掲福岡高判昭54・3・27判タ388・143、津地判

例においては、治療の一環として開放的な処遇に移行した後に患者が自殺するといった場合も少なくない。その際、医師の治療上の判断の妥当性が問題となり、医師の民事責任が否定される場合が多い。**開放的処遇への移行の判断**が、**医師の裁量の範囲内**であるとするものに、次のような事件[192]がある。

(事実) Aは、いわゆるうつ状態になり、自宅で自殺をはかって未遂に終り、外科病院に入院し治療を受け、退院した夜に再び自宅で自殺をはかったので、翌日、原告ら（Aの両親）は、Aを、M療養所に伴い、被告である精神科医Xの診察を受けさせたところ、Xは、治療の必要を認め、AをM療養所に入院させることとした。Aは、M療養所に入院して、Xを主治医として治療を受けていたが、その許可を得て外出したまま行方不明となり、その日のうちに同所構内の使用されていない建物の中で、縊死した。原告らは、国、所長、Xを被告として、その死亡に対する不法行為責任を問うた。これに対して、判決は、次のように述べて、被告らの責任を否定した。

(判旨)「一般的には、うつ病が全治しきっていない間は、自殺の危険性は常に何がしかは存在するのであるが、それにもかかわらず、治療の目的からは、開放的処遇に移行することが必要とされるのであるから、どのような病状の段階でどの程度の開放的処遇を行うかを決定することは、診療行為の核心に属することであって、医師が、そのときの医療水準上要求される医学的知識に基づき、かつ、患者の病状の変化の的確な観察に即して、治療効果と危険とを衡量しつつ、判断すべきであるとともに、処遇が個々の患者の精神状態の多様性に応じたものでなければならず、かつ、病状の診断が、検査データ等の客観的資料により得るものではなく、医師による患者の表情や挙止動作の観察と対話の内容に依拠する部分が大きいものであるだけに、右の決定にあたっては、医師の裁量的判断に委ねられる範囲が広いものといわざるを得ない。したがって、医師が患者の病状を注意深く観察し、自殺念慮が軽減し、開放的処遇によって改善を期待し得るものと判断して治療方法を選択した場合に、この判断に医学上不合理な点が認められないときには、たとい医師の見込に反して不幸な結果を招いたとしても、そのことの故に医師の過失を問うことはできないと解される」。

昭46・8・16季刊病院精神医学42・96、東京地判昭和53・2・7判タ366・331、福岡地判昭57・1・26下民集33・1＝2・10、東京地判昭62・11・30判時1267・82（次に詳論）、東京地判平2・2・27判時1369・120、東京地判平3・10・29判時1461・78。
192 東京地判昭62・11・30判時1267・82。

判決は、開放的処遇をいつどのような体制で行うかの判断は、「医師の裁量的判断」によらざるをえず、それが「医学上不合理」でなければ、不幸な結果を招いたとしても医師の過失を問うことはできないというのである。

(c) 外泊中の自殺事例

これに関しては、**大阪地裁の判決**[193]の事案がある。判決においては、統合失調症の患者が自殺するおそれが認められず開放病棟に入院するのが相当と判断されて、県立の精神病院に入院したが、看護者から指示された医師による診察を受ける直前に、病院から抜け出し、外泊して、数日後自殺した場合、病院には、患者が病院から出てゆかないよう看護者等が常時注視しなければならない義務はなく、また患者に対する開放病棟による治療方針から、常時注視が必ずしも適当ではなく、看護者等の気付かない数十分間に、離院したことをとらえて、患者の動静に対する注意を怠ったものとして、病院設置者、担当医等の不法行為に基づく損害賠償請求をすることはできないとした。

精神病患者の自殺および自殺未遂は精神科病院の事故事案の約3割を占めているとされている[194]。

(3) **自殺防止行為による死亡**

自殺の例ではないが、刑事判例としては、**千葉地裁の判決**[195]の事案で、精神科医であった被告人が、患者Cを他の病院に入院させるため職員に自動車で搬送させるに当たり、自殺を防ぐため、その口腔内にティッシュペーパーを入れるなどした上にガムテープで口をふさぎ、さらに鎮静剤を投与し、両手両足をしばって全身を毛布でくるむなどして窒息に陥りかねない状況を作出したにもかかわらず、自ら又は他の医師等を同行させなかったことにより、搬送中に呼吸困難に陥らせ死亡させたとされた事案につき、「本件搬送時に被告人が同行するか、あるいは、被告人が、ほかの医師や適切な救急処置を行う能力のある看護師に対し、Cの病状並びに搬送時の鎮静及び抑制の状況等を適切に説明するなどして同行させ、絶えずCの全身の状態を観察

193　大阪地判昭50・6・17判時803・102。
194　角南譲「精神科医療における医療事故」川村治子編『事例から学ぶ医療事故防止』(2000年) 85頁。飯塚和之「精神障害者の自殺」医事法判例百選71頁参照。
195　千葉地判平17・11・15LEX/DB＝飯田II902頁。

し細心の注意を払っていたとすれば、Ｃの呼吸の異変に早期に気付き、口腔内のティッシュペーパーの塊を取り除き、身体の抑制を解いた上で気道を確保し、さらには人工呼吸等の救急処置を施すこと等によって、Ｃの窒息死という結果の発生を回避できたものと認められるから、これを怠った被告人に過失があったことは明らかである」とする。

(4) 精神病患者の他害行為

　これについては、判例においては、民事事件のみが存在する[196]が、①病院内での他害行為、②外泊・外出中ないし無断退去した上での他害行為、③通院中の患者による他害行為に分けることができる[197]。その過失責任については、大雑把にいうと、患者の他人に対する傷害行為や殺害行為が予見可能かどうかによって、医師ないし病院の過失責任の成否が分かれる。判例は、精神病院の内外で発生する他害行為が問題となったものがほとんどであるが、一般病院内で発生した事案[198]もある。精神病院入院患者によって発生させられた事案においては、他害の危険防止に就き、監護・監視が適切に行われていたかが争点である。精神病院内で発生した事件については「**精神科医療の理念と事故防止の調和**」が考慮されているという[199]。民事判例においては、病院の責任を肯定したものと否定したものとが相半ばしているとされている[200]。

196　これに関する研究として、辻伸行「精神障害者による他害事故と損害賠償責任」町野朔編著『精神医療と心神喪失者等医療観察法』（ジュリスト増刊）190頁以下、同「精神科医療事故と法」（松下正明総編集）『民事法と精神医学』（司法精神医学４）（2005年）104頁以下。病院内の他害行為に関する判例として、神戸地判昭55・２・６判時971・91、福岡高判平３・３・５判時1387・72、大阪地判平５・２・17判時1486・96、大阪地判平12・12・22判タ1073・177（以上責任肯定）、浦和地判昭60・３・29判時1177・92、大阪地判昭61・９・24判時1227・99、東京地判平６・1018判タ894・232、大阪地判平６・11・８判タ895・230（以上責任否定）、病院外の他害行為に関する判例として、鹿児島地判昭63・８・12判時1301・135、東京地判平10・３・20判時1669・85、静岡地判昭57・３・30判時1049・91（評釈として、藤岡・前掲判例時報1085・191）、最判平８・９・３判時1594・32、通院治療中の他害行為に関する判例として、福島地判平16・５・18判時1863・91。なお、高知地判昭47・10・13下民集23・９＝12・551、広島地判昭56・６・24判問1022・107もある。

197　辻・前掲（松下総編集）『民事法と精神医学』165頁参照。

198　大津地判平12・10・16判タ1107・277。医事法判例百選74頁。

199　辻伸行「患者の病院内での他害行為と安全配慮義務」医事法判例百選75頁参照。

200　辻・前掲医事法判例百選74頁。これによると、肯定したものとして、神戸地判昭55・２・６判時971・91（後述）、福岡高判平３・３・５判時1387・72（後述）、大阪地判平５・２・17判時1486・96、大阪地判平10・３・20判タ984・208（後述）があり、否定したものとして、大阪

(a) 病院内の他害行為

刑事事件においては、患者の異常行動が反復されていたり、誰が見ても明白に予見しうる状態にある場合については、発生した傷害ないし殺人の結果に対して医師・看護師・院長等の病院側スタッフの過失が肯定されうるが、さもない場合には、過失は否定される。

(i) 民事責任否定例

胃炎の治療のために内科病棟に入院していた精神分裂病者（統合失調症患者）が、同室の患者を刺殺したという事案で民事過失責任が否定されたもの[201]として**大阪地裁の昭和53年判決**がある。

（事実） A は、約半年間精神分裂病の再発のため S 病院に入院していたが、退院後も通院し継続して服薬を続けていたところ、顔面及び両下肢の浮腫、心悸昂進のため J 市民病院第 1 内科外来で、N 医師の診察を受けた。N の問診には、既往症がないと答えた。A の精神分裂病は、J 市民病院に入院する当時、完全緩解に近い不完全緩解状態にあり、分裂病感情はなく、正常な意思の疎通が行なわれた。7 か月の入院中、本件発生の前日に、一度大きな奇声を発しただけであった。その日、A は、ベッドの上に仰向きになって新聞を読んでいた T に対し、いきなり自分のベッドから下りて T のベッドの傍らに行き、乗りかかるようにして所持していたペティナイフで T の心臓部を力一杯刺した。このとき、A には「T が S 病院に強制的に入院させるといつている」との幻聴があった。その直後、A は、同じナイフで自殺を図ったが、未遂に終わった。

（判旨）「A のように精神分裂病が完全緩解に近い者が、一度、大声で奇声を発したからといって、このことを直ちに精神病者の異常行動と結びつけて考えることは無理である。ただし、医師が、精神分裂病の既往症を知っているか、異常行動があったとき幻聴、幻覚のあることを患者から告げられたときは別である。しかし、本件では、W 医師が、A から精神分裂病の既往症を告げられていなかったし、前日の大声で奇声を発したとき、幻聴、幻覚があったことを

地判昭53・9・27判タ375・110（院外事故・後述）、浦和地判昭60・3・29判時1177・92、東京地判平6・10・18判タ894・232（後述）、大阪地判平6・11・8判タ895・230（後述）がある。なお、精神医学者による裁判例13例（実質11例）における加害者の病歴や直近の病状を中心に判例の内容について検討した論稿として、中島直「精神病院入院中の精神病患者が他害事件を起こした際の民事裁判判決の検討」精神神経学雑誌103巻4号（2001年）341頁以下参照。

201 大阪地判昭53・9・27判タ375・110。

A本人から告げられていない」。

東京地裁平成6年の判決の事案では、患者Aが、同室のXに頸部を締められ、さらに、口腔内深部に多量のティッシュペーパーを塊状に挿入され、気道閉塞によって窒息死させられたという事案で、①事件発生時ないし事件発生直後に本件事件を発見しなかった過失、②予見可能であった本件事件を予見することなく、その防止策を講じなかった過失、③Aに対する保護、看護の過誤による過失をすべて否定し、病院の責任を否定した[202]。

(ii) 民事責任肯定例

次の事案[203]では、病院に民事責任が肯定された。3名の夜間勤務者によって殺害が回避されていたというのである。

(事実) XはAが就寝していた第7病棟101号室に浸入し、まず牛乳びん等によりAの後頭部等を数回以上殴打し、壊れた牛乳びんを凶器としてAの後頭部、項部、顎部等を切りつけた後、所携の革バンドや手でAの頸部を締めつけ、よって、その頃、同所において、同人を絞頸または扼頸による窒息により死亡するに至らしめた。

(判旨) Xは入院当時よりその精神障害の程度は顕著であり、一時、好転しながら僅かの刺戟により思わぬ対象に対し殺意を以て攻撃を加える挙に出ることが明らかとなったのである。本件事故はこのような推移を経て、先行事件から1ヶ月余りの後に発生したものであり、たとえ、病院の夜間勤務中に発生したものとはいえ、少くとも、3名の夜間勤務者が勤務していたのであり、本件事故発生時に右夜間勤務者の居た場所とXの病室およびAの病室（本件事故発生の場所）との距離、配置関係、本件事故の態様および本件事故発生時の環境（静けさ、気配）等を考え併せるならば、XがAに対して牛乳びんで攻撃を開始した近い時点で右夜間勤務者らにおいて何らかの物音に気付き得たものと考えられ、右時点で本件事故現場へ急行していたならば、少くとも、その後のXの攻撃を回避し、Aの死亡の結果を免れ得たことは明らかである。しかるに本件事故発生時における夜間勤務者において本件事故の発生に気付くのが遅れ、結局、Aの死亡を阻止し得なかったものということができ、たとえ、看護単位、勤務体制の面で人的施設の不十分なることを考慮に入れても、右夜間勤務者の看護、看視は十分でなく、本件事故の発生を未然に防止すべき注意義務を

---

202 東京地判平6・10・18判タ894・232。
203 神戸地判昭55・2・6判時971・91。

つくさなかった過失あるものといわなければならない。そうだとすれば被告は右夜間勤務者の使用者として本件事故による損害賠償義務を免れない」。

次の事案[204]では、被告に、本件病院の設置管理者として、本件病院の過失に基づく診療契約上の債務不履行又は不法行為の責任を負うとされた。

(事実) Aは、被告との間で診療契約を締結し、本件病院に入院し、入院治療を受けていたが、同じく入院患者であるXから腹部を十数回踏みつけられる等の暴行を受けた。Aは、右暴行により、嘔吐し、ショック状態に陥り、膵挫傷により失血死した。Xは、非定型精神病により、本件病院に入退院を繰り返しており、本件事故当時は3回目の入院中であった。

(判旨)「本件病院は、長期にわたる入通院期間を通じて、Xの前記病状を熟知していた。そして、Xの衝動的人格障害からすれば、他の入院患者との間のトラブルの発生は予見可能であった」。このような事実からすれば、「本件病院には、Xを閉鎖病棟に入院させるべき義務」があり、また、「仮にXを準開放病棟に入れるのであれば、本件病院においては、Xが他の患者に危害を加えることのないよう、十分な監視並びに看護をなし、Xの病状、日常の言動、他の入院患者との人間関係に常時注意を払い、同人が衝動的行動に出る危険を予知して未然に防止すべき義務があった」。

次の判決[205]は、病院の中で、集団暴行が行われていたという特異な事件に関するものである。

(事実) 亡Aに暴行を加えた入院患者らは、上記のとおり、看護職員から患者管理の職務の一部を委ねられる等して病棟を取り仕切る、いわゆるボス患者グループであり、訴えの多い患者や反抗的な患者に対し、私的制裁を加えていた。

(判旨)「被告病院は、患者の生命・健康の維持・回復をその使命とする医療機関として、亡Aを入院患者として受け入れ、かつ、同人を閉鎖病棟であるA3病棟に収容して完全に自己の管理・監督下に置いていたのであるから、入院中の事故・不祥事を未然に防止し、生命身体の安全に万全の配慮をすべき義務を負っていたにもかかわらず、同人に対する暴行を未然に防止することを怠った」。

---

204 大阪地判平6・11・8判タ895・230。
205 大阪地判平10・3・20判タ984・208。

(b) 病院外の他害行為

すでに**昭和57年の静岡地裁判決**において、措置入院中の統合失調症患者による院外での殺人事件につき主治医に院外作業療法実施上の過失を認めた民事判例がある[206]。「院外作業療法を実施したこと自体は相当な治療方法であった」としつつ、それを実施するに際しては「医師として同人を相当の治療的管理下に置くべき注意義務を怠った過失」があるとした。逆に否定した判例として、**昭和63年の鹿児島地裁の判決**[207]がある。この事案では、統合失調症患者が許可を得て保護者のもとに外泊中他人を殺害したときの病院の損害賠償責任が問われ、外泊は治療の一環として行われているのであるから、病院側に「外泊中の患者を監督すべき契約上の義務がある」とし、その義務違反があったかを検討する。そのためには、「他害の危険性の程度に応じて予防措置がとられていたか」を検討する必要があるが、結論としては、加害意思をもっていたことがうかがえず、また、病状も安定していたので、外泊の取り扱いとして落ち度があったものとは言い難いとする。このように判例[208]では、精神障害者が事故を起こす何らかの**前兆的な症状**があったかどうかを**他害の危険の具体的判断の基準**としている[209]といえる。

重要なのは、いわゆる北陽病院事件に関する**平成 8 年 9 月 3 日の最高裁の判決の事案**[210]である。これは、院外での他害事件に関する病院側の責任を認めたはじめての最高裁判断である[211]。ここでは、措置入院中の患者が病棟作業療法の一環で院外散歩中に信号待ちしていた通行人に、金銭奪取の目的で

---

[206] 静岡地判昭57・3・30判時1049・91。評釈として、藤岡・前掲判時1085号191頁以下参照。
[207] 鹿児島地判昭63・8・12判時1301・135。評釈として、新関輝夫「精神分裂病の入院患者が許可を得て保護者のもとに外泊中他人を殺害した事件につき、精神病院の損害賠償責任が否定された事例」判時1321号212頁参照。
[208] その他、大阪地判昭53・9・27判タ375・110、浦和地判昭60・3・29判時1177・92、大阪地判昭61・9・24判時1227・99参照。
[209] 新関・前掲判時1321号215頁参照。
[210] 最決平 8・9・3判時1594・32。評釈として、宮下毅・医事法判例百選72頁以下。東京高判平 6・2・24判タ872・197（第 2 審判決）、吉田邦彦「精神病者の殺人事件」医療過誤判例百選（第 2 版）170頁、辻伸行「措置入院患者の無断離院中の加害行為と院長らの過失」民商法雑誌117巻 4 = 5 号（1998年）736頁以下、島田聡一郎・前掲論文・中谷陽二（編集代表）『精神科医療と法』（2008年）313頁以下。
[211] 院外作業実施中の他害行為が問題となった判例に、静岡地判昭57・3・30判時1049・91（過失肯定）、東京地判平10・3・20判時1669・85（過失肯定）、鹿児島地判昭63・8・12判時1301・135（過失否定）がある。宮下・前掲医事判例百選72頁参照。

登山ナイフで腹部、廃部、胸部を突き刺し死亡させた事件で、被害者の遺族がH病院を経営するI県に国賠法に基づき損害賠償を請求したが、無断離院を防止しなかった県立精神病院の院長、担当医師らに過失があるとされた。

(事実) 患者Aは、統合失調症が進行し、凶器所持や、窃盗で懲役刑に処せられるなどして、心神耗弱と認定され、出所後に本件病院に措置入院となった。Xが主治医となり閉鎖病棟から開放棟に移されたとき無断離院して連れ戻されることもあった。院外散歩の際に看護の隙を狙って停車してあったライトバンに乗り込んで逃走して、本件殺傷事件を起こしたのであった。第1審（横浜地判平4・6・18判時1444・107）では、義務違反を認め、患者の自由意思で行われた犯行でもないとし、相当因果関係も肯定した。

(第2審判旨) X等は、本件無断離院及び他者殺傷の蓋然性の高さについて、十分予見可能であるとし、無断離院を回避すべき義務もあった。「患者が離院した場合、財産犯の過程で人を殺傷する蓋然性が高いことは予見可能であったと認められるから、本件無断離院と本件殺人事件の間には相当因果関係がある」ということもできる[212]。

(上告審判旨)「患者の治療、社会復帰が精神医療の第一義的目標であり、他害のおそれという漠然とした不安だけで患者の治療を拒否し、患者を社会復帰から遠ざけてはならないことなど所論指摘の点を考慮してもなお、北陽病院の院長、担当医師、看護士らには院外散歩中にAが無断離院をして他人に危害を及ぼすことを防止すべき注意義務を尽くさなかった過失の存することは到底否定し難いといわざるを得ず、また、右過失と本件殺人事件との間には相当因果関係があるというべきである。したがって、右と同旨の見解に立って本件につき上告人に損害賠償の義務があるとした原審の判断は、正当として是認することができる」。

最高裁がこのような結論に至ったのは、およそ以下の事実認定を基礎としている。

①Aは、破瓜・緊張混合型の精神分裂病が進行し、社会的適応機能が著しく低下し、銃砲刀剣類所持等取締法違反等の犯罪を繰り返して服役するに至

---

212 東京高判平6・2・24判タ872・197。吉田邦彦「精神障害者の殺人事件」医療過誤判例百選（第2版）170頁。

り、服役終了と同時に、I県知事によって、他害のおそれがあるとしてH病院への入院の措置がとられた、②Aには、作業療法実施中に病院内の自動車を盗んで無断離院をし、離院中に窃盗をしたり叔父に対して暴行を加えたりした前歴があり、その後も無断離院を口にするなどしていた、③Aは、病院内でも親族への恨みや加害の意思を公言しており、ささいなことから被害者意識を抱き、立腹しては他の患者の顔を殴るなどの問題行動を頻繁に起こしており、しかも第三者に対する加害行為につき心理的抵抗が少ない傾向にあった、④担当医師は、無断離院などにより向精神薬の投与が中止されるとAの病状は悪化する可能性が大きいことを認識していた、⑤にもかかわらず、H病院の院長は、特別の看護態勢を定めておらず、また、担当医師も無断離院に関する要注意患者であるAを院外散歩に参加させるに当たり、引率する看護士らに対して何ら特別の指示を与えず、看護士らも院外散歩中Aに対して格別な注意を払わなかった、⑥本件殺人事件当時、Aは精神分裂病の影響で、自己の行為の是非善悪を弁識し、これに従って行動する能力が著しく低下していた。

精神障害者がすでに何回か殺傷事件を繰り返している場合、その入院中の外出（散歩等）において殺傷事件を犯したとき、その予見可能性が肯定されうることは否定できない。しかし、社会復帰を目指す処遇には、開放処遇や外出が不可避であるので、処遇上の必要性と安全措置とが相克するとき、どのような具体的な注意義務違反があるのかを認定する必要がある[213]。しかし、本件においては、看護体制そのものを定めておらず、看護の具体的指示もなされなかったのであり、この問題は生じない[214]。最高裁は、上述のような六つの事情を挙げて「相当因果関係」を認定しているが、この点は、「微妙なところではないか」[215]とする見解もある。たしかに本件は、無断離院後何日か経ってからの遠隔地での犯行であり、その具体的予見可能性は微妙であるかもしれない。しかし、因果経過の基本的部分の予見可能性でよいとすると、当該患者の従来の前歴等、最高裁の挙げる六つの事情を前提にすればその反復可能性は予見可能であったといえるように思われる。

213　吉田・前掲医療過誤判例百選（第2版）172頁参照。
214　辻・前掲民商法雑誌117巻4＝5号739頁参照。
215　吉田・医療過誤判例百選（第2版）173頁。

(c) 凶器による他害行為

患者が果物ナイフや角材を持ちこみ、あるいは外出中路上において文化包丁で他の入院患者を殺害した場合に民事責任が肯定されている。

　①加害患者が無断外出し果物ナイフを買って持ち帰り、程なくして被害患者が殺害された場合、精神病院管理者は、患者の身体の安全に配慮する義務、具体的には、患者の無断外出、帰院の把握義務、刃物等の持込みの有無の検査義務を怠った過失があり、精神病院は被害患者の遺族に対し、債務不履行及び不法行為責任を負う[216]。

　②亡Xの相続人である原告らが、Xが脳梗塞を発症して被告病院に入院していたところ、精神分裂病を発症して同室に入院していたYが角材で甲の頭部等を殴打する暴行を加え、Xを死亡させたことに関し、被告に対し、損害賠償を求めた事案で、被告病院の医師Aには、Yが以前入院していた病院に照会する等して、Yの病状や治療の経過を把握し、向精神薬の服用の継続などの適切な措置をとるべきであったにもかかわらず、右措置をとらなかったため、本件事故に及んだというのが相当であり、Aの右行為は、被告の履行補助者として、被告とXとの間で締結された診療契約に付随する義務である安全配慮義務に違反する[217]。

　③本件は、被告の経営する精神病院に入院中の患者が外出したまま帰らず、数日後、刃物で原告に怪我をさせた事案について、医師に精神保健法39条1項所定の通知義務を怠った過失があることなどを理由に、損害賠償請求がされた事案に対し、「Xの前記認定の暴行による原告の受傷は、被告病院の管理者が法39条1項所定の通知及び探索願いの措置を講じなかったことにも起因すると認められ、被告は、Xの暴行により原告が被った後記の損害を賠償する責任を負う」とされた[218]。

このように患者が凶器を院外から持ち込んだにもかかわらず、それを検査しなかったためにその凶器を用いて他の患者を殺傷した場合に、判例は、債務不履行や安全配慮義務違反を認め、病院側の民事責任を肯定する傾向にある。

216　福岡高判平3・3・5判時1387・72。評釈として、手嶋豊「精神病院入院患者が無断外出先から持ち込んだナイフにより他の入院患者を殺害した事案につき、病院の安全配慮義務違反による損害賠償責任が認められた事例」判時1409号155頁以下参照。評釈では、その他の他害事故・自殺事例に関する判例も検討されている。
217　大津地判平12・10・16判タ1107・277。評釈として、辻・前掲医事法判例百選74頁以下。
218　東京地判平10・3・20判時1669・85。

(d) 刑事事件

　わが国の刑事判例には、患者の自殺や他害行為によって他人が殺傷された事案は見当たらない。以上の事案を刑事事件としてとらえてみると、これらは、自殺や他人に対する故意による殺傷に対する管理過失が問われる事案である。その際、直接行為者が故意犯ではあるが、責任能力に疑義がある場合が主として問題となる。したがって、管理過失を問うには、他人の過失が介在するのではなく、故意はあるが、責任能力に問題がある者の違法行為に対する管理監督責任の判断根拠が問われる。患者の自殺に対する病院長や担当医師の管理過失は、自殺未遂の反復その他の予兆を病院側が把握していながら、およそ考えられないような管理上の重大なミスがないかぎり、業務上過失致死罪を認めることは困難であろう。自殺の任意性に疑問はあっても、故意犯であっても自殺関与罪にとどまるからである。

　他害事件の場合には、精神障害患者の故意の犯罪行為に対する管理・監督・監護者の過失犯の成立原理が問われる。結果の発生に至る経過における故意犯の介在は、管理者の結果に対する客観的帰属が否定されるのが原則であるが、ここでは、精神障害患者という完全な自己答責性が否定される人の行動が介在しているので、他害行為に出る危険性の高低と、病院内の事故か院外の事故か、凶器の持ち込みがあったかなどの管理者の管理の及ぶ範囲と程度の関係によって、具体的に決定されるべきであろう。

　とくに、外泊中の他害事件に対する病院側の個人の刑事責任を問うた刑事事件は、判例には見当たらないが、その理由は、やはり、開放的処遇という医療方法の実施に過失があったと認定し難いこと、組織全体の体制の不備に対する個人の刑事過失を認めることが困難なことにある[219]。しかし、理論的には、患者の外泊中の他害事故に対しても、院長らの刑法上の管理過失を肯定する可能性はある。この場合、帰属を中断する患者の故意行為の介在が問題となるが、患者の責任能力が減退していたこと等を勘案すれば、患者の従来の前歴や、過去に同種の事件を反復していたといった事情があるなど北陽病院事件において最高裁の挙げる六つの事情を前提にするなら、客観的帰属が肯定されることもありえよう。

219　島田・前掲（中谷・編集代表）『精神科医療と法』317頁参照。

5.チーム医療における組織過失

1.チーム医療と垂直的分業

(1) 組織の中の分業の意義と機能
　医学と技術の進歩の必然的結果として医療の高度化・専門化が進み、医療にかかわる多数の専門家の協力・分業によって医療を行わざるを得なくなってきた[220]。そうすると、医療における様々な課題を処理していくには、もはや個人の力ではなく、ホームドクターとしての開業医、病院の専門の勤務医、手術の際の執刀医、麻酔医、助手医、看護師、レントゲン技師その他の医療関係者が協力・分業してそれぞれの役割を担わなければ、医療行為を担っていくことができなくなっている。分業とは、多数の協力者と共通の行動目標があってはじめて成り立つ。医療の分野では、共通の行動目標とは患者に最高、かつ、できるだけ効率的な療養と治療を提供することである[221]。医療行為は、それぞれの専門の役割を果たす医療関係者を組織化し、システム化することによってはじめて、効率的・機能的に行っていくことができる。

(2) 医療組織における分業の諸形態
(a) 病院組織の三本柱
　病院組織は、水平的分業と垂直的分業に分けられるが、患者の治療という目的に向かっての病院の組織は、①医師、②医療補助者、③事務・経営の業務の共同作業によって成り立っている。これを「病院の三本の柱」[222]とい

---

[220] Vgl. *Carolin Wever*, Fahrlässigkeit und Vertrauen im Rahmen der arbeitsteiligen Medizin, 2005, S. 1 ff.
[221] *Wever*, a. a. O., S. 3.
[222] *Laufs/Uhlenbruck-Genzel*, Handbuch des Arztstrafrechts, 3. Aufl., 2002, §89, Rdn. 7. *Hendrik Strauf*, Die Organisation der Aufklärung, 2010, S. 69.

う。これらの三本の柱の間で水平的分業が行われ、そのそれぞれの柱の内部においても分業が行われるが、垂直関係においても分業がなされ、その役割に応じて組織的に上下関係に立つ関係も含まれる。垂直的関係としては、病院組織においては、①病院経営者（Krankenhausträger）、②病院長（Ärztlicher Direktor）、③医長（Chefarzt）、④医師、⑤看護師、⑥その他の医療関係者（Personal）が指示・委任関係によってヒエラルヒーをなしている。垂直的分業においては部下が固有にもっているのではない任務・権限を与えられた部下に対して「委任」（Delegetion）が行われる場合と、上司が自らの業務の履行の補助を部下に行わせているに過ぎない場合とがある。このような組織における業務の「委任」の場合においても、上位の医師が下位の医師に委任する場合と医師が非医師に委任する場合とがある。

(b) 医師の業務の特殊性

ここで、医師間の委任の特殊性に言及しておくことが必要である。ドイツにおける医師の業務に関する特殊性の議論を参考にして論じるならば、これには二つの特徴がある。第1に、医師の業務において成り立つのは、「**一身専属履行**」（persönliche Leistungserbringung）の原則であり、第2は、「**医師の指示からの自由（Weisungsfreiheit）の原則**」である[223]。前者は、医師の職業が自由業であることから、医師は医療を個人的に、自己の責任で施すということを意味する。このことは、ドイツ民法613条1文などからも演繹される。しかし、今日では、すべての医療を医師が個人的に実施することは不可能であり、他の医師らへの業務の「委任」が認められるのである。医師は、その固有の治療活動において独立であり、指示から自由である[224]という後者の原則も、医師が自由業であるということから演繹される。この医師の業務の独立性と指示自由性に対立するのが、労働法上の指示権である。しかし、医療業務においては、医師は、このような指示権から自由に、いわば専門的に指示から自由に活動する権利をもつ。医長の部下の医師への指示権は、それらの医師に一定の活動領域およびその独立した処理のための個別の任務を委譲する場合に限定されているのである。

医師は、もちろん、患者の看護についても、治療に必要な限りで責任を負

---

[223] *Strauf*, a. a. O., S. 105.
[224] *Strauf*, a. a. O., S. 109.

うが、基本看護（Grundpflege）業務は、医師の委託業務ではなく、看護師の本来的業務である。2004年の看護法（Krankenpflegegesetz）の制定以降、看護教育は、その自己責任において実施する能力を賦与する（法3条2項1号）のであって、看護は、もはや医師の責任のもとにあるのではなく、看護師の本来的な任務を意味する。したがって、その履行に対しては、医師の具体的な命令が不要であり、医師がその場にいなくても行いうる[225]。

(c) 無資格者への委任

ここで、医師資格をもたない者に対する医師の委任についてのドイツにおける基本原則について言及しておく。医師が、医師資格を持たないものに委任できないのは、「医療行為の中核領域」（Kernbereich ärztlicher Tätigkeit）に属する行為である。それは、医療処置がその困難性と危険性のゆえに、または生じうる反応を支配できないために医療の専門的知識を前提とする行為を意味する。これを具体化以下する基準として、連邦医師会と連邦保険医協会（Kassenarztliche Bundesvereinigung）の共同の推奨である2008年8月29に作成された「一身専属履行（persönliche Leistungerbringung）―医師の業務の委託の可能性と限界―」である。それには、病歴、適応の決定、侵襲性の診断業務を含む患者の検査、診断の決定、患者に対する説明と助言、治療及び、手術的侵襲の中核的業務を含む侵襲的治療の遂行に関する決定、が属する[226]。医師の業務の委任がそれ自体許容される限りで、委任は十分に資格をもった職員にのみ認められる。医師は、あらゆる委任に関し、原則として自ら確信しなければならない。医師が、正式の資格を持たない職員に医師業務を委任するときは、医師には、より厳格な選任・監督義務が課せられる。医師でない職員への医師業務の委任は、個別的に行われなければならない[227]。

(d) 組織における垂直的分業の複雑化と危険

このようにして、医療におけるたんに対等な関係の協業・分業（水平的分業）のみならず、協業・分業体制を組織化し、その安定的で効率的な作動を果たすため統制・管理・検証する上司と、その役割を上司の指揮・命令に従って遂行する部下によって維持されなければならない。この垂直的分業は、

---

[225] *Frister/Lindemann/Peters*, a. a. O., S. 60.
[226] Vgl. *Frister/Lindemann/Peters*, Arztstrafrecht, 2011, S. 58.
[227] *Frister/Lindemann/Peters*, a. a. O., S. 59 f.

関係者相互のヒエラルヒー的な関係によって規定される。これに属するのは、典型的には、医師と看護師の関係である。一定の「科」の中の「医長」と「それに服する医師」の間にもこの関係が成り立つ。ここで、上司は、部下に対して指示・命令し、部下はそれに服さなければならない。

医療の高度の専門化・専門的知識と技術のますますの複雑化は、専門間にまたがる水平的分業のみならず、縦の関係における組織化された垂直的分業・協業をも不可避のものとする[228]一方、そこから生じる治療の失敗に至る危険の確率をも上昇させた。診察と治療に関与する医師、技術者、医療補助者の数が増えれば増えるほど、機器や医療手段が複雑化し危険になればなるほど、また、大きな事業における分業的医療現象が複雑になればなるほど、医療過程の計画、協力およびコントロールは、注意力を要し、慎重かつ精力的に労力を投入して行うことを要する[229]。

垂直的分業には、医療組織体制にもとづくその医療関係者の地位に根拠をもつ①一般的・静的な役割分担と、具体的医療行為の遂行に向けたダイナミックな②目的・機能的な役割分担とがありうる。例えば、医師と看護師の垂直的分業は一般的・静的であり、手術における執刀医と助手医の分業は、具体的状況における動的・機能的な分業である。ベテランの外科医が助手医を務め、執刀医には若手の医師がなることもありうる。

(e) 水平的・直列的分業の類型の特殊性

水平的分業と垂直的分業の区別と、並列的分業と直列的分業の区別の意義にずれを生じるのが、事象経過は、水平的分業に属するが、直列的分業でもある事案である。従来前提にしてきた水平的・並列的分業の類型は、多様な偏差はあれ、対等の関与者が、同時的に事象経過に関与する類型であり、垂直的・直列的分業の類型は、結果の発生に対して、最も近いものから、その関与者に対して、その指揮命令を受けながら準備・補助したり、あるいはその体制を組織したり、または管理監督したりする関与者が直列的に並ぶ場合を想定している。これに対して、水平的・直列的分業類型の場合には、対等な関与者が、時間的に相前後しながら直列的に並んで作業する点に特徴がある。

---

[228] *Katzenmeier*, Arbeitsteilung, Teamarbeit und Haftung, MedR 2004, S. 34.
[229] *Laufs/Uhlenbruck*, Handbuch des Arztrechts, S. 1227, Rd. 1; *Wever*, a. a. O., S. 4.

この類型においては、相互に監督関係にもなく、同等な注意義務が直列的に併存しているので、直近過失行為者のみを過失正犯とする理論からは、法益侵害から直列的に他人を介してつながる行為者の責任を問うのが困難となる。そこで、過失犯において、正犯と共犯を分ける理論からは、「過失共犯の可罰性」の問題が生じる。この類型について、対等な者の「過失共同正犯」を認めることも困難な場合が多い。なぜなら、この類型においては、組織の上司から直接意思を連絡することなく、直列的に作業を分担する例も少なくないからである。

その問題点を解明し、それを例示するため**「都立広尾病院消毒液誤注射事件」判決**[230]を採り上げておこう。

(事実) 被告人両名（A・B）は、東京都立広尾病院整形外科に勤務する看護婦として、医師による患者に対する医療行為の補助等の業務に従事していたものであるが、入院患者であるX子（58歳）に対し、主治医であるCの指示により、同病院整形外科520病棟5号室において、点滴器具を使用して抗生剤を静脈注射した後、血液が凝固するのを防止するため、引き続き血液凝固防止剤であるヘパリンナトリウム生理食塩水を点滴器具を使用して同患者に注入するに際し、①被告人Aにおいて、患者に投与する薬剤を準備するにつき、同病棟処置室において、Xに対して使用するため、ヘパリンナトリウム生理食塩水入りの注射器の注射筒部分に黒色マジックで書かれた「ヘパ生」という記載を確認することなく、これを他の患者Eのための消毒液ヒビテングルコネート液入りの注射器であると誤信して、黒色マジックで「6、E様洗浄用ヒビグル」と手書きしたメモ紙をセロテープで貼り付け、他方、もう一本の消毒液ヒビテングルコネート液入りの注射器をヘパリンナトリウム生理食塩水入りの注射器であると誤信して、これを抗生剤と共にXの病室に持参し、同患者に対し点滴器具を使って抗生剤の静脈注射を開始すると共に、消毒液ヒビテングルコネート液10ミリリットル入りの注射器を同患者の床頭台に置いて誤薬を準備し、②被告人Bにおいて、Xから抗生剤の点滴が終了した旨の合図を受けて患者Xの病室に赴き、「ヘパ生」の記載を確認することなく、同患者の床頭台に置かれていた注射器にはヘパリンナトリウム生理食塩水が入っているものと軽信し、漫然、同注射器内に入っていた消毒液ヒビテングルコネート液を同患

230　東京地判平12・12・27判時1771・168＝飯田II38頁以下。

者に点滴して誤薬を投与した結果、同患者の容態が急変し、同患者を消毒液ヒビテングルコネート液の誤投与に基づく急性肺塞栓症による右室不全により死亡させた。
(判旨) Aの行為につき「薬剤の種類を十分確認して準備すべき業務上の注意義務」を認め、Aの一連の行為を「誤薬を準備した過失」とし、Bの行為につき「患者に薬剤を投与するにつき、薬剤の種類を十分確認して投与すべき業務上の注意義務」を認め、Bの行為を「誤薬を投与した過失」として、それらの「過失の競合」により、Xを死亡させたものと判示した。

本件では、看護師AとBは、AがXに対する誤った薬剤を準備し、Bがこれを投与したという関係にあり、過失が直列的に競合しているが、二人の関係は、水平的であり、直列の管理監督関係にはない。本判決では、「法令の適用」において刑法60条が掲げられており、本判決は、本件をA・B両名の共同正犯とみていることが分かる。しかし、両看護師が直接これらの作業を共同にした事実の認定もなく、看護師Bは、患者「Xから抗生剤の点滴が終了した旨の合図を受けて」同室に赴いたのであり、A・B間の「意思の連絡」の認定もない。むしろ、本件は、「過失の競合」の事例とすべきであり、共同正犯とすることに実際上のメリットもない。

水平的・直列的分業の類型に属する本件のような事案につき、過失の競合を認め、それぞれを過失単独正犯とすることに原理的に違和感があるわけではない。Aの行為とBの行為は直列に並んでいるのであるから、条件的因果関係は否定されず、Aの過失責任がBの過失の介在によって中断され、帰属連関が否定されない限り、両者はともに過失正犯である。したがって、結論的には、本類型には別段の理論上の「特殊性」があるわけではないことになる。

2．チーム医療における管理監督過失

(1) わが国刑事判例における管理監督過失

わが国の刑事判例において、チーム医療における執刀医がチーム全体における監督者的な地位に立つかどうかがはじめて問題とされたのが、いわゆる**北大電気メス事件**[231]であった。しかし、この判例においては、執刀医の管理

監督責任は結論的に否定された。これに対して、指導医、主治医を指導監督する立場にあった科長の監督過失・医師としての自身の過失を論じた刑事判例がある。

(a)　さいたま医科大学抗がん剤過剰投与事件

それは、医療機関における一つの科の中で、教授たる耳鼻咽喉科科長、大学の助手である指導医、病院助手である主治医が垂直の関係にあり、科長が指導医と主治医を、指導医が主治医を指導監督するという関係にあった場合の過失の競合により、患者が死亡した事案としての「さいたま医科大学抗がん剤過剰投与事件」[232]である。

> **(事実)**①被告人甲は、埼玉医科大学総合医療センターの耳鼻咽喉科科長兼教授であり、Aは、埼玉医科大学助手の地位にあって、被告人の指導監督の下に、耳鼻咽喉科における医療チームのリーダー（指導医）、Bは、本センター病院助手の地位にあって、被告人甲及びAの指導監督の下に、耳鼻咽喉科における診察、治療、手術等の業務に従事していた。
>
> ②診療は、耳鼻咽喉科専門医の試験に合格した医師を指導医として、主治医、研修医各1名の3名がチームを組んで当たるという態勢が採られていた。その職制上、指導医の指導の下に主治医が中心となって治療方針を立案し、指導医がこれを了承した後、科の治療方針等の最終的決定権を有する科長に報告をし、その承諾を得ることが必要とされていた。そして、難しい症例、まれな症例、重篤な症例等では、チームで治療方針を検討した結果を医局会議（カンファレンス）にかけて討議し、科長が最終的な判断を下していた。
>
> ③患者Xは、Bの執刀により、右あご下部腫瘍の摘出手術を受け、術後の病理組織検査により、上記腫瘍は滑膜肉腫と診断された。滑膜肉腫は、四肢大関節近傍に好発する悪性軟部腫瘍であり、頭頸部領域に発生することはまれで、予後不良の傾向が高く、多くは肺に転移して死に至る難病であり、確立された治療方法はなかった。
>
> ④Bは、同科病院助手のC医師から、VAC療法が良いと言われ、同療法を実施すればよいものと考えた。VAC療法とは、硫酸ビンクリスチンはじめ他

---

[231]　札幌地判昭49・6・29判時750・29、札幌高判昭51・3・18下刑集29・1・78。後述726頁以下参照。

[232]　さいたま地判平15・3・20判タ1147・306、東京高判平15・12・24、最決平成17・11・15刑集59・9・1558。北川佳世子「抗がん剤過剰投与と主治医、指導医、科長の過失の競合」医事法判例百選190頁以下。

の2剤の計、3剤を投与するものである。硫酸ビンクリスチンの用法・用量、副作用、その他の特記事項は、同薬剤の添付文書に記載されているとおりであり、本剤の過量投与により、重篤又は致死的な結果をもたらすとの報告があるとされていた。

⑤Bは、整形外科の軟部腫瘍等に関する文献中にVAC療法のプロトコール（薬剤投与計画書）を見付けたが、そこに記載された「week」の文字を見落とし、同プロトコールが週単位で記載されているのを日単位と間違え、同プロトコールは硫酸ビンクリスチン2mgを12日間連日投与することを示しているものと誤解した。そのころ、Bは、Aに対し、上記プロトコールの写しを渡し、自ら誤解したところに基づき、硫酸ビンクリスチン2mgを12日間連日投与するなどの治療計画を説明して、その了承を求めたが、AもVAC療法についての文献や同療法に用いられる薬剤の添付文書を読まなかった上、上記プロトコールが週単位で記載されているのを見落とし、Bの上記治療計画を了承した。さらに、Bは、被告人甲に、Xに対してVAC療法を行いたい旨報告し、甲はこれを了承した。甲は、その際、Bに対し、VAC療法の具体的内容やその注意点などについては説明を求めず、投与薬剤の副作用の知識や対応方法についても確認しなかった。

⑥Bは、医師注射指示伝票を作成するなどして、Xに硫酸ビンクリスチン2mgを12日間連日投与するよう指示するなどし、Xへの硫酸ビンクリスチン2mgの連日投与が開始された。同日、Bは、看護師から硫酸ビンクリスチン等の使用薬剤の薬剤添付文書の写しを受け取ったが、Xの診療録（カルテ）につづっただけで、読むこともなかった。カンファレンスにおいても、BはXにVAC療法を行っている旨報告したのみで、具体的な治療計画は示さなかったが、被告人はそのままこれを了承した。

⑦7日間、Xに硫酸ビンクリスチン2mgが連日投与され、歩行時にふらつき等の症状が生じ、次に、起き上がれない、全身けん怠感、関節痛、手指のしびれ、口腔内痛、咽頭痛、摂食不良、顔色不良等が見られ、体温は38.2度であり、その後、強度のけん怠感、手のしびれ、トイレは車椅子で誘導、口内の荒れ、咽頭痛、前頸部に点状出血などが認められ、血液検査の結果、血小板が急激かつ大幅に減少していることが判明した。

⑧A、B、C医師が、Bが参考にしたプロトコールを再検討した結果、週単位を日単位と間違えて硫酸ビンクリスチンを過剰に投与していたことが判明した。Xは、硫酸ビンクリスチンの過剰投与による多臓器不全により死亡した。

(b) 判決

(第1審判決)「本件では主治医である被告人Bがプロトコールを読み間違えて抗がん剤を過剰投与し、指導医である被告人A、耳鼻咽喉科科長である被告人甲がこれを看過したため、被害者の死亡に至ったことが明らかであり、主治医である被告人Bに業務上過失致死罪が成立することに疑問の余地はない」とした後、判決は、「主治医が医療過誤を犯し、その刑事責任を問われる場合に、科長の職にある被告人甲にどのような注意義務が存するか」について検討する。

「本来医療行為は、身体への侵襲を伴うことから有資格者である医師、看護師らがこれを行うこととされ、無資格者がこれを行うことは犯罪として禁圧されている。医師免許は、一定の教育を受けた者が国家試験に合格してはじめて付与されるものであって、高度の専門性を有している。したがって、主治医を監督する立場にある科長は、主治医が一定の医療水準を保持するように指導、監督すれば足り、部下の医師の行う具体的診療行為の全てについて、逐一具体的に確認し、監視する義務まで負うものではなく、仮に主治医が医療過誤を犯しても、その刑事責任を問われないのが原則である。

しかしながら、本件のように難治性の極めて稀な病気に罹患した患者に対し、有効な治療方法が確立していない場合には、同様に解することはできない。このような場合には、医療行為に従事する者は、症例を検討し、適切な治療方法を選択すべきであって、この責任を放擲して主治医に全責任を負わせることは許されない。殊に、本件のように、がん患者に対し、化学療法を用いる場合には、もともと抗がん剤は副作用が強く、個人差も大きく専門知識と経験が強く要求されているのであるから、尚更である。被告人甲も含め、当時、本センター耳鼻咽喉科には、滑膜肉腫の臨床経験を有する医師はおらず、当然その治療方法についても十分な知識を有していなかったのであるから、被告人甲は、自ら滑膜肉腫という病気の病態、予後、治療方法を十分検討し、主治医、指導医らにも同様の検討を行うよう指導し、治療方法を選定すべきであったのに、これを怠り、主治医である被告人Bの誤った治療計画に漫然と承諾を与え、その誤りを是正しなかったのであるから、刑事責任を問われるべきものである。換言すれば、科長たる被告人甲としては、一般的な診療と同様に主治医の被告人Bやチームリーダーたる同Aに任せることなく、滑膜肉腫及びVAC療法についての文献等の調査を通じて、その内容を十分理解し、そこで投与される硫酸ビンクリスチンについても、同様の調査を通じ、また、医薬品

添付文書を熟読して、その用法、用量を理解し、副作用についても、その発現の仕方やこれに対する適切な対応を十分把握した上、主治医の被告人Bが立てた治療計画について、その適否を具体的に検証し、同被告人の投与薬剤の副作用についての知識を確認するなどして、副作用に対する対応についても適切に指導すべきであった。

本判決では、科長は、一般に「部下の医師の行う具体的診療行為の全てについて、逐一具体的に確認し、監視する義務まで負うものではな」いとするが、「難治性の極めて稀な病気に罹患した患者に対し、有効な治療方法が確立していない場合」は別であるとする。そこで、科長甲には、①誤った投与計画を漫然と承認し過剰投与させた過失、②副作用に対する対応についてBを事前に適切に指導しなかった過失がそれぞれ認定されたが、これは、科長職にある被告人甲の監督過失を問うているのであって、指導監督上の過失とはいえないところの、甲のXの治療医としての自身の過失を問うてはいないということである。これに対し、被告人と検察官が各控訴を申し立てた。

(第2審判決)「原判決は、被告人甲は、同科における治療全般を統括し、同科の医師らを指導監督する業務に従事していた者であるとしたが、B及び被告人Aが科長の承認なしにXの治療方針等を決定することができなかったことなどを認定せず、また、被告人甲のXに対する治療医としての立場を認定せず、単なる指導監督者であると位置付け、被告人甲の注意義務及びその過失内容をBの立てた治療計画の適否を具体的に検証し、副作用に対する対応についても適切に指導すべき点に限定し、Xに対する化学療法の実施に当たり、科長回診等を行う治療医としての注意義務及びその過失内容を認定しなかったものである」。

控訴審では、A及び被告人の①の各過失については、第1審判決の認定を是認したが、第1審判決が、副作用への対応に関し、訴因に記載されていた副作用への対処義務を認めず、②の指導上の過失のみを認めたことには、事実の誤認があるとして破棄・自判し、被告人に対する犯罪事実として、業務上の注意義務及び過失を認定した[233]。それは、被告人3名の「過失の競合」を認めたものであった。科長であり教授である被告人甲が上告した。以

---
233 東京高判平15・12・24刑集59・9・1582。評釈として、甲斐克則・年報医事法学20号146頁。

下では、被告人とは甲のことを指す。
(c) 最高裁決定要旨
これについて、最高裁決定は、「投与計画立案・検討に関する過失」と「実施過程の過失」とに分けて論じている[234]。
(i) 投与計画立案・検討に関する過失

被告人は、主治医のBや指導医のAらが抗がん剤の投与計画の立案を誤り、その結果として抗がん剤が過剰投与されるに至る事態は予見し得たものと認められる。そうすると、被告人としては、自らも臨床例、文献、医薬品添付文書等を調査検討するなどし、VAC療法の適否とその用法・用量・副作用などについて把握した上で、抗がん剤の投与計画案の内容についても踏み込んで具体的に検討し、これに誤りがあれば是正すべき注意義務があったというべきである。しかも、被告人は、BからVAC療法の採用について承認を求められた9月20日ころから、抗がん剤の投与開始の翌日でカンファレンスが開催された9月28日ころまでの間に、Bから投与計画の詳細を報告させるなどして、投与計画の具体的内容を把握して上記注意義務を尽くすことは容易であったのである。ところが、被告人は、これを怠り、投与計画の具体的内容を把握しその当否を検討することなく、VAC療法の選択の点のみに承認を与え、誤った投与計画を是正しなかった過失があるといわざるを得ない。

(ii) 実施過程の過失

「抗がん剤の投与計画が適正であっても、治療の実施過程で抗がん剤の使用量・方法を誤り、あるいは重篤な副作用が発現するなどして死傷の結果が生ずることも想定されるところ、…被告人としては、Bらが副作用の発現の把握及び対応を誤ることにより、副作用に伴う死傷の結果を生じさせる事態をも予見し得たと認められる。そうすると、少なくとも、被告人には、VAC療法の実施に当たり、自らもその副作用と対応方法について調査研究した上で、Bらの硫酸ビンクリスチンの副作用に関する知識を確かめ、副作用に的確に対応できるように事前に指導するとともに、懸念される副作用が発現した場合には直ちに被告人に報告するよう具体的に指示すべき注意義務があったというべきである。被告人は、上記注意義務を尽くせば、遅くとも、硫酸ビンクリスチンの5倍投与（10月1日）の段階で強い副作用の発現を把握して対応措置を施すこと

---

[234] 評釈として、北川佳世子「大学附属病院の医療事故において耳鼻咽喉科科長に業務上過失致死罪が成立するとされた事例」重判解（平成17年度）163頁以下。

により、Xを救命し得たはずのものである。被告人（甲）には、上記注意義務を怠った過失も認められる」。

「原判決が判示する副作用への対応についての注意義務が、被告人に対して主治医と全く同一の立場で副作用の発現状況等を把握すべきであるとの趣旨であるとすれば過大な注意義務を課したものといわざるを得ないが、原判決の判示内容からは、上記の事前指導を含む注意義務、すなわち、主治医らに対し副作用への対応について事前に指導を行うとともに発生を未然に防止すべき注意義務があるという趣旨のものとして判示したものと理解することができるから、原判決はその限りにおいて正当として是認することができる」。

このようにして、最高裁[235]は、抗がん剤の投与計画立案・検討に関する過失と治療の実施過程における副作用への対応に関する過失に分けて検討し、前者については甲の治療医としての直接の過失を認定し、後者の「副作用への対応についての注意義務」については、「主治医と全く同一の立場で副作用の発現状況等を把握すべきであるとの趣旨」ではなく、「事前指導を含む注意義務」として捉え、原判決を是認した。かくして、最高裁は、実施過程における過失については、科長の注意義務は、事前指導等の指導・監督義務であって、直接に副作用の発現状況等を把握する義務ではないとしたのである。科長の治療方針の決定に関して責任を認めると、直接の手術の実施者である主治医の役割がどうなるのかという批判的見解[236]もあるが、当該のVAC療法について実施経験のない執刀医を投入するとき、信頼の原則の適用はなく、ドイツ流の「医長の全管轄性の原則」から見ても、最終権限のある科長に「事前指導を含む注意義務」が認められてしかるべきであろう。

(2) チーム医療の総責任者の説明義務に関する民事判例

チーム医療において、執刀医である医師の説明義務違反を理由とする損害賠償を否定した最高裁の**民事判例**がある[237]。事案は、大動脈弁閉鎖不全のた

---

[235] 最決平17・11・15刑集59・9・1558。本件につき、甲斐『医療事故と刑法』46頁以下、207頁以下参照。

[236] 甲斐・前掲書54頁参照。

[237] 最判平20・4・24民集62・5・1178＝判時2008・86。本件についてはすでに第3章5.3「説明の相手方」（334頁以下）で採り上げた。本判決に関する判例評釈として、手嶋豊「チーム医療における説明義務」平成20年度重要判例解説89頁以下、水野謙「チーム医療として手術が行われる場合に患者やその家族に対して説明が十分になされるようにチーム医療の総責任者

めA大学医学部附属病院に入院して大動脈弁置換術を受けたBが本件手術の翌日に死亡したことについて、Bの相続人である被上告人らが、本件手術についてのチーム医療の総責任者であり、かつ、本件手術を執刀した医師である上告人に対し、本件手術についての説明義務違反があったこと等を理由として、不法行為に基づく損害賠償を請求したというものである。チーム医療における総責任者である執刀医が自分自身で手術について説明する義務があるかどうかが争われた[238]。

　(事実) 上告人は、A大学医学部心臓外科教室の教授の地位にあり、本件病院において心臓外科を担当していた医師であり、Cは、A大学医学部心臓外科助手（病院講師）として、本件病院において心臓外科を担当していた医師である。Bは、近隣の病院で受けた心臓カテーテル検査の結果、大動脈弁狭さく及び大動脈弁閉鎖不全により大動脈弁置換術が必要であると診断され、本件病院の心臓外科に入院した。本件病院では、C医師がBの主治医となり、術前の諸検査が実施された。本件病院の心臓外科は、この諸検査を踏まえたカンファレンスにおいて、大動脈弁置換術の手術適応を確認するとともに、D医師を執刀者とすることを決定した。C医師は、B及び被上告人らに対し、本件手術の必要性、内容、危険性等について説明をした。上告人は、C医師に対し、本件手術においては上告人自らが執刀者となる旨を伝えた。上告人自身は、B又は被上告人らに対し、本件手術について説明をしたことはなかった。

　本件手術の開始当初、C医師が執刀したが、体外循環が始められた後、上告人が術者、C医師及びD医師らが助手となって本件手術が進められた。切開後の所見によれば、Bの大動脈壁は、通常の大動脈壁と比較して、薄く、ぜい弱であった。上告人は、人工弁を縫着して大動脈壁の縫合閉鎖をし、…動脈遮断を解除し、体外循環からの離脱を図ろうとして徐々に血圧を上げたところ、大動脈壁の縫合部から出血があり、縫合を追加しても次から次へと出血があっ

が配慮する義務を負うとされた事例」判時2042号152頁、川崎富夫「チーム医療の総責任者が手術説明について患者やその家族に対して負う義務—チーム医療の措定」年報医事法学24号164頁、高橋譲「(1)チーム医療として手術が行われる場合にチーム医療の総責任者が患者やその家族に対してする手術についての説明に関して負う義務、(2)チーム医療として手術が行われるに際し、患者やその家族に対してする手術についての説明を主治医にゆだねたチーム医療の総責任者が、当該主治医の説明が不十分なものであっても説明義務違反の不法行為責任を負わない場合〈時の判例〉」ジュリスト1390号135頁。

[238] なお、本件につき、石川優佳「チーム医療における説明義務」岩田太（編著）『患者の権利と医療の安全』(2011年) 266頁以下も参照。

た。追加縫合を反復してようやく出血が止まったので、上告人は手術室を退室した。その後、D医師、E医師が術者となって本件手術が続けられた。その後、C医師は、被上告人らへの説明のため一時手術室を退室し、「予想以上にBの血管がもろくて、縫合部から出血が続いている。」と説明して再び手術に加わった。大動脈遮断がされた後、人工血管パッチが大動脈へ縫着され、その後、大動脈遮断が解除されたが、体外循環からの離脱は難しかった。Bは、補助循環を止めると右室機能の低下が起きる状態にあり、右冠状動脈の閉そくによる心筋こうそくが疑われたため、…E医師らにより大動脈冠状動脈バイパス術が開始されたが、バイパス術の終了後、循環不全を克服することができず、死亡した。

（原審の判旨） 原審は、上告人の説明義務違反を認め、民法709条に基づき、上告人に対する請求を一部認容した。その理由につき次のようにいう。本件病院におけるチーム医療の総責任者であり、かつ、実際に本件手術を執刀することとなった上告人には、B又はその家族である被上告人らに対し、Bの症状が重傷であり、かつ、Bの代動脈壁が脆弱である可能性も相当程度あるため、場合によっては重度の出血が起こり、バイパス術の選択を含めた深刻な事態が起こる可能性もあり得ることを説明すべき義務があったというべきである。にもかかわらず、上告人は、大動脈壁のぜい弱性について説明したことはなかったことを自認しているものであり、上記説明をしなかった上告人には、信義則上の説明義務違反があったというべきである。

（判旨） 原審のこの判断は是認することができない。「一般に、チーム医療として手術が行われる場合、チーム医療の総責任者は、条理上、患者やその家族に対し、手術の必要性、内容、危険性等についての説明が十分に行われるように配慮すべき義務を有するものというべきである。しかし、チーム医療の総責任者は、上記説明を常に自ら行わなければならないものではなく、手術に至るまで患者の診療に当たってきた主治医が上記説明をするのに十分な知識、経験を有している場合には、主治医に上記説明をゆだね、自らは必要に応じて主治医を指導、監督するにとどめることも許されるものと解される。そうすると、チーム医療の総責任者は、主治医の説明が十分なものであれば、自ら説明しなかったことを理由に説明義務違反の不法行為責任を負うことはないというべきである。また、主治医の上記説明が不十分なものであったとしても、当該主治医が上記説明をするのに十分な知識、経験を有し、チーム医療の総責任者が必要に応じて当該主治医を指導、監督していた場合には、同総責任者は説明義務違

反の不法行為責任を負わないというべきである。このことは、チーム医療の総責任者が手術の執刀者であったとしても、変わるところはない」。

「これを本件についてみると、…上告人は自らB又はその家族に対し、本件手術の必要性、内容、危険性等についての説明をしたことはなかったが、主治医であるC医師が上記説明をしたというのであるから、C医師の説明が十分なものであれば、上告人が説明義務違反の不法行為責任を負うことはないし、C医師の説明が不十分なものであったとしても、C医師が上記説明をするのに十分な知識、経験を有し、上告人が必要に応じてC医師を指導、監督していた場合には、上告人は説明義務違反の不法行為責任を負わないというべきである」。

本判決は、①チーム医療の総責任者には、条理上、患者・家族に対し、手術の必要性、内容、危険性等について十分な説明が行われるよう配慮すべき義務があり、②主治医が説明のための十分な知識と経験を有する場合には、主治医に説明を委ね、自らは主治医を指導・監督するにとどまり、③以上のことは、チーム医療の総責任者が、手術の執刀医であったときも同様であるとする[239]。チーム医療の総責任者立場のから、「条理」上、説明を配慮すべき義務を認めた点で、原審が、総責任者と執刀医という両者の立場から、「信義則上の説明義務違反」を認めた点で異なる。

また、本件判決は、先の刑事事件に関するさいたま医科大学事件決定と共通の考え方に基づいているといえる。なぜなら、患者に対する説明義務の実行は、先の刑事事件に関する最高裁の分類によれば、「計画立案・検討に関する過失」と「治療の実施過程における過失」のうち後者に属し、後者については、指導監督者たる医師の過失は直接の過失行為者の過失行為を通じて実現されており、本件では、説明義務が具体的に誰によって果たされるかは、治療の実施過程における過失に属するのであるから、チームの総責任者は「説明が十分に行われるように配慮すべき条理上の義務」を負うのであり、実際上の説明はその能力のある主治医に委ねることができ、その主治医に「過失」がなければ指導監督者にも過失はないというべきだからである。

民事法学説においては、本件のチームの総責任者の説明義務は、709条の直接責任が問題なのか、それとも715条2項の代理監督責任が問題なのかが

---

[239] 石川・前掲岩田（編著）『患者の権利と医療の安全』270頁以下参照。

問われている。最高裁は、715条2項を援用しているわけではないので、「説明が十分に行われるよう配慮する義務」の根拠は、刑法における管理監督過失と同様、直接過失と同様の過失責任の一類型としての指導監督上の過失を認めたものと解釈される[240]。

3．垂直的分業における信頼の原則

(1) 医療における権限分担と信頼の原則

垂直的分業において、信頼の原則は、どのように適用されるのであろうか。ここでは、上下関係のある医師相互の間の信頼の原則と、医師とその他の医療関係者の間の信頼の原則とに分けることができる。医師相互間の上下関係は、医長と執刀医・麻酔医・助手医の関係に現れ、他方で、指導医と研修医の関係に現れる。この前者の上下関係は、後者のように、地位にもとづく一般的な指導・監督関係ではなく、チーム内の専門医の独立の職務権限を認めた上の目的的に必要とされる権限関係である。前者の独立の権限を前提とする権限関係においては、特に信頼の原則の適用の余地がある。しかし、いかなる場合に具体的に信頼の原則が適用可能であり、いかなる場合に監督責任が認められるかについては、具体的なケースの具体的な権限付与の形態と事情による。

(2) 信頼の原則の適用例外

ドイツにおいても、医療における信頼の原則の適用例外の要件については、議論がある。その例外とは、ハネスによれば、①明確に認識できる過失行為（Fehlverhalten）がある場合、②認識可能な資質の欠如ないし失敗行為（Fehlleistungen）がある場合、③管理・点検義務がある場合、④任務分担に不備がある場合、⑤本人の不注意な行為がある場合の五つの場合であり[241]、ヴェーヴァーによれば、①相手方のミスが認識され、または認識可

---

240 石川・前掲274頁も、同旨のように読める。刑法における監督過失論は、過失共犯論ではなく、あくまで正犯論であり、監督過失の処罰根拠は、他人の選任・監督という独自の過失ではなく、通常の過失と同様に過失正犯としての過失にある（山中『刑法総論』〔第2版〕395頁参照）。この点で、この刑法上の考え方は、代理監督者責任ではなく、709条の直接の不法行為責任とする民事法の解釈論と構造論上の共通性があると思われる。

能なとき、または相手方に明白な資質欠如がある場合、②本人に管理・点検義務がある場合、③任務分担に欠陥ないし不備がある場合、④本人に注意義務違反があるという四つの場合である。両者の違いは、相手の過失行為の存在、資質の欠如の存在、失敗行為（Fehlleistungen）の存在を区別することが意味があるかどうかにあるに過ぎない。任務分担に不備がある場合に信頼の原則の適用が排除されるというのは、とくに垂直的分業においては、任務分担は明確になされていなければならないということを意味する[242]。例えば、病院の医局で薬剤投与については、その種類と量に関して、医長、上級医、医局医、助手医の垂直関係において詳細に定められていなければならない。水平的分業においては、権限の衝突が起こらないようルールが定められていなければならない。本人の不注意な行為の存在を適用排除の条件とするのは、わが国でいわゆるクリーンハンドの原則を認めることを意味する。この交通事故について論じられた原則が、ドイツでは医療過誤にも適用され始めているのである。しかし、ドイツにおいても、もしこの見解によるなら自らの注意義務違反が少しでもあれば、信頼の原則は適用できなくなるが、不注意と結果の間に因果関係のないときなど、信頼の原則は適用可能であるとされるべきだと反論されている。その際、クリーンハンドの原則は、危険犯処罰につながる、規範の保護範囲の考え方に反する、結果責任（versari in re illicita）に帰着する[243]などと指摘されている。

(3) 医療における信頼の原則と管理監督関係

以下においては、医療行為における医師の上下関係、執刀医・麻酔医などの間の医師の役割分担、医師と看護師その他の医療関係者との上下関係における信頼の原則の適用について具体的に論じる。

医師とその他の医療関係者の関係については、一般に次のように言える。原則として、治療行為に対する権限と責任を有する医師が、原則的に管理監督責任を負うことが多い。しかし、薬剤師のようにとくに調剤については独立の権限と責任を負う職務との分業においては、医師には信頼の原則の適用

---

241 *Miriam Hannes*, Der Vertrauensgrundsatz bei arbeitsteiligem Verhalten, 2002, S. 88 ff.
242 Vgl. *Wever*, a. a. O., S. 79.
243 *Roxin*, Strafrecht AT, Bd. 1 §24, Rd. 24.（ロクシン『刑法総論』（山中敬一監訳）第1巻第2分冊605頁以下参照）。

の余地が大きくなる。

4．医師間の垂直的分業における信頼の原則

(1) ドイツの判例
　まず、第1に、多数の医師が分業的にかかわった連邦裁判所の「**双子出産時メテルギン注射事件**」[244]を採り上げておこう。

　（事実）双子を妊娠中の女性が、分娩のため入院したが、双子であることは、それぞれ担当専門医、医局医、婦人科の指導医、その助手医によって認識されなかった。助手医は、第1子の誕生の後、産後の衰弱を和らげるメテルギン（Methergin）を女性に注射した。その注射の結果、それまで正常に成長していた第2子は、重度の脳障害を負った。婦人科の指導医が過失傷害罪で起訴された。この判決において、信頼の原則について、判決は次のようにいう。
　（判旨）「（地方裁判所の）法廷が、鑑定人K博士の証言に引き続いて、すでに行われた検査を常に自らの検査によって再検査することは、原則として、指導医の任務ではないと説明するとき、それは適切である。なぜならば、さもなければ、水平的及び垂直的分業の原則は放棄されるからである」。しかし、「指導医が、不注意に、または医術のルールに対応しないで実施されたことにつき手掛かりをもつときにのみ、別のことが妥当する」。本件では、「指導医には、メテルギンの効果を知っていた助手医が、子宮が実際に空であるということを予め確かめることなく、注射を命じるであろうということが予見可能であったといったような例外を認め得ない」[245]。

　本判決は、水平的分業のみならず、垂直的分業にも信頼の原則が適用可能であることを認めた基本判例であり、指導医は、医局医が不注意に行為したことをうかがわせる手がかりがない場合、自ら再検査する必要はなく、助手医が適切な注射を行うであろうことを信頼してよいとする。
　さらに、信頼の原則の適用を認めた2006年12月13日の**連邦裁判所の判決**[246]の事案を検討しておく。

244　BGH Urteil vom 21. 1. 1988, StV 1988, 251. Vgl. *Wever*, a. a. O., S. 47 ff.
245　*Wever*, a. aO., S. 47 f.
246　BGH MedR 2007, 304.

（事実）被告人は、1986年10月から1993年夏までハンブルクのエッペンドルフ大学病院の放射線科の科長であった。末期大腸がんの治療の水準は、腫瘍の切除とならんで付随する（「免疫増強」 „adjuvant"）癌治療であり、再発の危険の最大の減少を目的とするものであった。この治療は、術前・術後の放射線の組み合わせ（「サンドウィッチ方式」）から成り立っている。

地裁は、被告人のサンドウィッチ方式は、80年代末期にあった「科学的方針喪失」を背景にして、末期がんにおける放射線治療結果の改良のためのその当時の目から支持しうる試みであるという確信に達した。地裁は、その当時の目から支持しうる、前任者Fによって何年もの間適用されていた、術前・術後に放射線を当てるという方式に関する修正を問題とした。

当時56歳の女性患者Sは、1988年1月から5月まで末期がんで被告人の経営する病院の部に末期の大腸がんで入院していた。被告人は自ら治療にあたっていたのではない。術前・術後の放射線治療では、「サンドウィッチ方式」が採用され、さらに追加的に、放射線学の専門医である被告人の部の医師の指示によって放射線治療が行われた。地裁は、この付加的に行われた放射線治療が「誤り」であったという。適応がなく、当時の医術のルールに照らしても正当ではないというのである。

患者は、がんを再発しなかったが、何年かの間に放射線治療による健康被害を受け、徐々に悪化した。性器に真菌感染、炎症、硬化、収縮が発生した。1994年には、人工膀胱が設置され、小腸癒着が確認された。軟性神経結節部の傷害により佇立・歩行困難となり、1999年に手術を受け、小腸が切り詰められた後、その年の4月に67歳で心不全により死亡した。

（判旨）地裁は、患者死亡の原因であっただろう被告人の義務違反行為を認定しなかった。 被告人は、患者の治療とは直接かかわらなかった。被告人が患者を個人的に治療し、または患者の治療に対して命令を与えたことも認定されなかった。被告人が患者の手術の計画にまたは放射線治療処方に同意したこと、または、それが行われることを知っていたことは認定できなかった。

被告人によって改良された「サンドウィッチ方式」の実施は、義務違反ではない。この方式は、1988年には、当時の医療水準では、支持しうる治療法であり、医術の規則に相応していた。義務違反は、被告人の「サンドウィッチ方式」が書面で公式化されていなかった点にも、放射線治療の結果につきアフターケアを好まない患者のデータからその他の認識をえるためには、何回も治療を受けた患者に対するアフターケアがもっと厳格にされえたであろうという点

にも認められない。「追加的な放射線治療に対する被告人の刑事責任は、協力者の選任と監督の注意義務からも生じない。地裁の認定によれば、被告人は、その協力者の専門資格またはその注意力を疑う契機はもたなかった。したがって、任務を放射線学の専門医に ―上級医の監督のもとで― 独自に、放射線治療の処方を行わせる方法で委託することは許されたのである。」

本判決では、医師が、その部下である医師を通じて追加的に放射線治療を委託して行わせたことも許されるとし、監督責任を問わなかった。

ところで、ドイツにおける医療組織の中のさまざまな医師の地位については、次のようにいうことができる。長年実証されてきた注意深く求められた協力者としての医師は、その者がその専門領域内で活動している限り、原則としてとくに監督される必要はない。いまだ若い学ぶ必要のある医師の場合には、その信頼性は、その医学的・人間的な資質を、その部の医長による絶えざる適切なコントロール措置を通じて検討されなければならない。医長は研修中の医師に対してその診断・治療を点検する義務を負うというのが、ドイツの不断の判例である[247]。これに対して、研修中の医師は、主任医師の監督と指導のもとに手術し、助手医[248]（Asisstenzarzt）の基本的な医学的原則に反する違反、または、その専断的な行為に対する手掛かりが存在しないとき、手術ミスに対して責任を負わない。助手医も、注意義務を遵守することが要請されるのである。

次の2005年の**ハム上級ラント裁判所**の判決の事案がこのことを明らかにする。

　(**事実**) 助手医が、ある患者につき医長の補助とコントロールのもとで腹腔鏡による膀胱の切除を行った[249]。その際、誤って末梢の胆管をクリップで閉じ、手術によって中枢部を電気メスの熱で損傷した蓋然性が極めて高い。壊疽のため、胆汁が腹腔に流れ出たので、多数の合併症が生じ、最終的に多臓器不全で

247　これについて、BGH MedzR 1984, 63. 診断については、BGH MedR 1987, 231. 後者の判例（1987年2月10日判決）は、外科の医長は、自身で、または、委託された資格をもつ専門医によって、研修医の診断や治療をチェックする義務を負うというのである。
248　助手医の概念は、おそらくドイツとわが国では異なって用いられることがあると思われる。ドイツでは、専門医ではない研修中の医師を一般的に表す概念として用いられるが、わが国では、手術に際して、執刀医を補助する医師を「助手医」と呼んでいる。
249　*Ulsenheimer*, a. a. O., S. 228。

死亡した。

(判旨) ハム上級ラント裁判所[250]は、助手医による重要な切開の前に解剖学的な状況を明確に把握し同一性を確認していなかったことに、その助手医の医療過誤を認めた。資格をもった専門医の監視のもとで手術する助手医についても一定の資格要件が要求されるというのである。「執刀する助手医からも注意義務の遵守は要求されうる。たしかに、まだ研修中の医師は、原則としてその投入とその組織化に責任を持つ者が、…合併症が生じるような事例…に対しては必要な注意を払うと信頼してよい」。「しかし、資格のある専門医の監視のもとで執刀する助手医にも…一定の資格要件は要求される」。

この判旨が示しているのは、助手医を専門医へと研修する初期の段階でも、手術の開始前の上述の確認は必要であり、助手医のそのような初歩的なミスに対しては、監督者である医長は、監督責任を負わないということである。

(2) わが国の判例
①横浜市立大学患者取り違え事件

平成11（1999）年1月11日に横浜市立大学医学部付属病院で発生した「**患者取り違え事件**」[251]では、看護師が患者の名前を取り違えて手術室に搬送し、その後、麻酔医、執刀医、助手医、主治医らが手術の過程において、同一性を疑う兆候がありながら、確認をしないまま手術が行われ、業務上過失傷害罪に問われたものである。患者の受け渡しを行った看護師二名、執刀医、麻

---

250 OLG Hamm, Beschluss vom 8. 6. 2005, MedR 2006, 358; Vgl. *Ulsenheimer*, a. a. O., S. 228.
251 最決平19・3・26刑集61・2・131。飯田Ⅱ 242頁以下、最高裁決定については、386頁以下、評釈として、甲斐克則「医療事故と過失の競合」年報医事法学24号（2009年）132頁以下、山本紘之「患者を取り違えて手術をした医療事故において麻酔を担当した医師につき麻酔導入前に患者の同一性確認の十分な手立てを採らなかった点及び麻酔導入後患者の同一性に関する疑いが生じた際に確実な確認措置を採らなかった点で過失があるとされた事例」法学新報114巻9＝10号171頁、緒方あゆみ「チーム医療と過失」同志社法学60巻6号451頁、平山幹子「チーム医療と過失」平成19年度重要判例解説（ジュリスト臨時増刊1354号）167頁、大野勝則「（1）患者の同一性確認について手術に関与する医療関係者が負う義務、（2）患者を取り違えて手術をした医療事故において麻酔を担当した医師につき麻酔導入前に患者の同一性確認の十分な手立てを採らなかった点及び麻酔導入後患者の同一性に関する疑いが生じた際に確実な確認措置を採らなかった点で過失があるとされた事例」法曹時報62巻12号166頁、前田雅英「事故調査と過失責任」警察学論集64巻1号147頁、甲斐克則『医療事故と刑法』99頁以下参照。東京高裁判決については、大塚裕史「横浜市大患者取違え事件」医事判例百選192頁以下参照。

酔医各二名の計六名が起訴された。第１審では麻酔医甲に対しては注意義務を尽くしていたとして無罪が言い渡されたほかは有罪とされた。控訴審では、麻酔医以外は有罪が確定したが、麻酔医甲は上告した。

最終的に最高裁では、麻酔科医師である被告人甲は、麻酔導入前にあっては、患者の容ぼうその他の外見的特徴などを併せて確認しなかった点において、さらに麻酔導入後にあっては、外見的特徴や経食道心エコー検査の所見等から患者の同一性について疑いを持つに至ったところ、他の関係者に対しても疑問を提起し、一定程度の確認のための措置は採ったものの、確実な確認措置を採らなかった点において、過失があるというべきとされた。事実を詳しく見ておこう。

(事実) 同第１外科では、その日午前９時から、同時に三件の手術を開始することが予定されており、病棟の４階にある全12室の手術室のうち、３番手術室でＸの心臓手術が、12番手術室でＹの肺手術が予定されていた。被告人甲は、医師免許を取得して５年の麻酔下医であり、３番手術室でのＸの手術のファースト担当であった。

患者Ｘは、当時74歳、身長約166.5cm、体重約54kgであり、…左心室から左心房へ最も重い４度の血液の逆流状態が認められたため、僧帽弁の縫合による形成を試み、これが困難な場合には人工弁等に置き換える手術が予定されていた。他方、患者Ｙは、当時84歳、身長約165.5cm、体重約47.3kgであり、…約５cm大の腫りゅうが発見され、強く肺がんが疑われたが、…がんであれば切除するという開胸生検、右肺上葉切除、リンパ節郭清の手術が予定されていた。

午前８時20分ころ、病棟の看護婦Ｃは、ＸとＹを手術室側の看護婦ＤにＸらを引渡した。その際、Ｄは、ＸをＹであると誤解して受け取り、肺手術担当の看護婦に引渡した。ＣもＤも患者の氏名を確認しなかったため、ＤはＹをＸであると誤解して受け取り、心臓手術担当の看護婦に引き渡した。その後、２名分のカルテ等が引き渡されたため、患者両名の取り違えに気付く者はなかった。

心臓手術が行われる予定であった３番手術室には、午前８時40分ころ、麻酔医であった被告人甲が医師として最初に入り、Ｙに、「Ｘさん、おはようございます。」などと声を掛けると、Ｙがいずれに対しても頷いたため、それ以上

には、その容ぼう等の身体的特徴や問診によって、意識的に患者がXであるかを確認することはなかった。午前8時45分ころ、セカンド担当の麻酔医Iとともに酸素吸入をしつつ点滴により麻酔を開始した。甲は、その際、患者の外見的特徴や病状の相違などから、その同一性に疑念が生じたが、その後も他の医師らにその疑念を告げ、電話により介助担当の看護婦をして病棟看護婦にXが手術室に搬送されたか否かを問い合わせはしたが、他の医師からはとりあってもらえず、病棟からXを手術室に搬送した旨の電話開頭を受けただけであるのに、その身体的特徴を確認するなどの措置を取ることなく、麻酔を継続した。

その後、第1助手で主治医であったEと同じく主治医で第2助手であったFが患者の胸骨正中の切開を開始し、遅れて入室した執刀医のAは、経食道心エコー検査等の結果を聞かされ、そのモニター画面も見て、経験したことのない所見の著変に疑問を持ったが、麻酔の影響等で説明が可能であると考えて手術を続行することとし、血液循環を人工心肺装置に切り替え、心臓の肥大等もなかったが、逸脱のない僧帽弁を2度にわたって縫合するなどし、極くわずかだった血液の逆流も止め、手術は、午後3時45分ころに終了した。

他方、12番手術室では、ファーストの麻酔下医である乙が、午前8時40分ころ、医師として最初に手術室に入り、Xに「Yさん、おはようございます。」などと声を掛けると、Xは「おはようございます。」などと返答した。乙は、意識的に患者の同一性の確認をすることなく、入れ替わりに気付かないまま、セカンドの麻酔科医師であるHとともに麻酔を開始した。その後入室した執刀医兼主治医Iは、患者の同一性を確認をすることなく、右胸の開胸手術を開始し、途中、酸素飽和濃度等の状態がYの事前の検査時と異なり、事前のレントゲン等では見られなかった肺気腫等があるなど、患者の入れ違いに気付くべき状況があったが、それに思い至らず、腫りゅうの発見を先決と考え、第1助手の医師と共に触診等を重ね、結局は腫りゅうの発見に至らずに、肺の裏側にあったのう胞を切除して縫縮し、手術を終えた。

(第1審判旨) 第1審横浜地裁判決[252]は、執刀医の患者の同一性確認の注意義務に関しても、麻酔科医甲のそれに関しても、第2審東京高裁判決[253]とは異なり、その注意義務を否定した。

---

[252] 横浜地判平13・9・20判タ1087・296。
[253] 東京高判平15・3・25東京高刑判決時報54・1＝12・15。大塚裕史・前掲医事法判例百選192頁以下参照。

まず、麻酔医の同一性確認義務については、麻酔導入前の過失について、麻酔科医の術前訪問は麻酔実施の支障の有無を中心に比較的短時間行われるのが通常であることに鑑みれば、外見的特徴の記憶などという不確かさを残すものより、声掛けやカルテ等により当該患者の同一性を確認することが劣るとはいえず、本件の場合、外見的特徴から同一性に気付かなかったことをもって、被告人甲に注意義務違反があったとはいえないとし、また、麻酔導入後の過失については、患者の同一性確認のため正当な問題提起をし、相応な努力をした若い被告人甲にさらに尽くすべき義務があるというのは過酷に過ぎて賛同できないから、被告人甲としてはなすべき注意義務を尽くしたというべきであるとした。

第1審判決で注目すべきは、麻酔開始後に入室し執刀した執刀医Aの過失に関する判断である。判決は、これを「麻酔導入前入室義務」と「入室後の注意義務違反」とに分けて論じている。前者に関しては、「そもそも執刀医自身が麻酔導入前に入室する注意義務はないのであるから、その義務として、助手として関与する医師らを麻酔導入前に入室させ、これを介してまで同一性を確認する義務はな」いとする。後者に関しては、「さらに患者の同一性について確認すべき注意義務がある」とする。

これに対して、東京高裁は、最高裁と同様に甲のこの義務違反を肯定する。東京高裁は、執刀医による患者の同一性確認に関する過失につき、第1審判決で、執刀医が麻酔導入前に入室して患者を確認するかどうかを裁量の範囲内であるとして麻酔導入前の患者確認義務を否定したのに対して、次のようにいう。

　（第2審の判旨）「執刀医は、主治医を兼ねているかどうかにかかわらず、手術における最高かつ最終の責任者として、手術開始前、すなわち、麻酔導入前において、当該患者がその手術を行う患者であるかどうかの同一性を確認する義務を負うというべきである。執刀医は、麻酔導入前に、自ら手術室に赴いて患者確認を行うか、あるいは、執刀助手らをしてこれを行わせる義務がある。執刀医が自ら入室しない場合には、本来、執刀助手らによる患者確認の具体的な手立ては、確実なものであることを要するのであり、執刀医と執刀助手らの間で、具体的な手立てについての確認がなされていることが必要なのである。このような確実な手立てが講じられるようには取り決められていないのはもとよ

り、患者確認の手立ての確認もなされていなかった本件の場合においては、執刀医は、自ら麻酔導入前に立ち会わなかった場合、執刀助手らから患者確認の状況の報告を受けるなどして患者確認がなされたことを確認し、患者確認の状況に問題がなければ執刀を開始することになるが、執刀助手らの患者確認状況の報告や患者の状態等から執刀医として患者の同一性について疑問があれば、その時点で自ら患者確認の手立てを講じる義務があるというべきである。そして、麻酔導入前の患者の同一性確認義務を怠った執刀医は、入室時において、麻酔導入前における患者の同一性の確認に準じるような慎重な確認を行うべき義務があるというべきである」。第1審の執刀医の責任の範囲の限定は、医療現場の慣行を重視したものであるとされる[254]。

麻酔科医甲の過失については、「麻酔導入前の過失」と「麻酔導入後の過失」に分けて論じ、原判決の説示に反論する。まず、前者に関しては、甲が声掛け・問診や患者の容貌等により患者の取違えに気付かなかった点につき、意識的に患者確認に慎重を期すべきであり、患者の同一性を確認する義務を怠ったとする。後者に関しても、甲が患者の同一性についての疑問を明確に提示した点について、主治医らが、不適切に対応したにもかかわらず、その「刑事責任を問われることなく、積極的に疑問を提起して上記のような手立てを講じた被告人（甲）が執刀医らとともに刑事責任を問われることは、いささか公平を失するように感じられる」。しかしながら、「上記程度の手立てでは不十分であり、その過失の程度は軽いとはいえ、患者の同一性についての疑問を解消するだけの措置を講じないまま…麻酔管理を行った」のであり、「過失の存在は否定できない」という。

これに対して、被告人甲が上告したが、最高裁は、これを棄却し、職権で次のようにいう。

（最高裁決定要旨）「医療行為において、対象となる患者の同一性を確認することは、当該医療行為を正当化する大前提であり、医療関係者の初歩的、基本的な注意義務であって、病院全体が組織的なシステムを構築し、医療を担当する医師や看護婦の間でも役割分担を取り決め、周知徹底し、患者の同一性確認を徹底することが望ましいところ、これらの状況を欠いていた本件の事実関係を前提にすると、手術に関与する医師、看護婦等の関係者は、他の関係者が上記

---

[254] 飯田II 244頁参照。

確認を行っていると信頼し、自ら上記確認をする必要がないと判断することは許されず、各人の職責や持ち場に応じ、重畳的に、それぞれが責任を持って患者の同一性を確認する義務があり、この確認は、遅くとも患者の身体への侵襲である麻酔の導入前に行われなければならないものというべきであるし、また、麻酔導入後であっても、患者の同一性について疑念を生じさせる事情が生じたときは、手術を中止し又は中断することが困難な段階に至っている場合でない限り、手術の進行を止め、関係者それぞれが改めてその同一性を確認する義務があるというべきである」。

「これを被告人についてみると、①麻酔導入前にあっては、患者への問い掛けや容ぼう等の外見的特徴の確認等、患者の状況に応じた適切な方法で、その同一性を確認する注意義務があるものというべきであるところ、上記の問い掛けに際し、患者の姓だけを呼び、更には姓にあいさつ等を加えて呼ぶなどの方法については、患者が手術を前に極度の不安や緊張状態に陥り、あるいは病状や前投薬の影響等により意識が清明でないため、異なった姓で呼び掛けられたことに気付かず、あるいは言い間違いと考えて言及しないなどの可能性があるから、上記の呼び掛け方法が同病院における従前からの慣行であったとしても、患者の同一性の確認の手立てとして不十分であったというほかなく、患者の容ぼうその他の外見的特徴などをも併せて確認をしなかった点において、②更に麻酔導入後にあっては、外見的特徴や経食道心エコー検査の所見等から患者の同一性について疑いを持つに至ったところ、他の関係者に対しても疑問を提起し、一定程度の確認のための措置は採ったものの、確実な確認措置を採らなかった点において、過失があるというべきである」。

「この点に関し、他の関係者が被告人の疑問を真しに受け止めず、そのために確実な同一性確認措置が採られなかった事情が認められ、被告人としては取り違え防止のため一応の努力をしたと評価することはできる。しかしながら、患者の同一性という最も基本的な事項に関して相当の根拠をもって疑いが生じた以上、たとえ上記事情があったとしても、なお、被告人において注意義務を尽くしたということはできないといわざるを得ない」。

「したがって、以上と同旨で被告人の過失を認めた原判断は正当である」。

本件では、看護師二名と麻酔医二名、さらに執刀医二名が起訴され、患者の同一性確認について、それらの「過失の競合」の観点から個人の過失責任が論じられている。評釈の中には、これを「過失の共同正犯」として取り扱

うべきであったとするものが少なくない[255]。

　東京高裁は、患者の同一性確認の注意義務は、手術に関与する看護師、医師がそれぞれの役割を遂行する中で行うべき義務であるとした。病棟看護師は、患者を病室から搬送し、手術室看護師は患者の引き渡しを受けて手術室まで搬送する際に確認する義務がある。麻酔医は、麻酔導入前後に、執刀医は手術開始前、麻酔導入前に患者の同一性を確認する義務がある。最高裁は、麻酔科医甲の上告に対して、注意義務違反を肯定し、その上告を棄却した。執刀医の麻酔導入前の同一性確認義務についても、第1審は、これを「裁量の範囲」の問題として、否定したのに対し、第2審は、執刀医は手術チームにおける「最終・最高の責任者」であり、「手術の全過程は執刀医の執刀のためになされるもの」であるとして、これを肯定した。入室後の確認義務についても、第1審は、主治医を兼ねている執刀医とそうでない執刀医の注意義務を区別して、前者にのみこの義務を認めたのに対し、第2審では、両者を区別せず、確認義務を肯定した。

　本件を過失共同正犯として捉えるべきだとの見解については、看護師、麻酔医、執刀医がそれぞれの段階で共同目的において分業している事案であるから、あえて共同正犯とする必要性に乏しく、過失の競合と捉える本判決の見解が妥当であると思われる。看護師の確認義務違反と結果の間の「相当因果関係」が「切れる」のではないかとの見解[256]には賛成できない。危険増加論・客観的帰属論に従っても、他人の過失の介入は、原則的に帰属を中断しない[257]。

　最高裁は、上告した若い麻酔医が「麻酔導入後にあっては、外見的特徴や経食道心エコー検査の所見等から患者の同一性について疑いを持つに至ったところ、他の関係者に対しても疑問を提起し、一定程度の確認のための措置は採ったものの、確実な確認措置を採らなかった」ことが過失であるなどと

255　甲斐・前掲139頁、大塚・前掲医事法判例百選192頁。
256　甲斐・前掲139。共同正犯と捉えるべきとしながら、他人の過失の介在によって「相当因果関係」が「切れる」というのは矛盾である。
257　山中『刑法における客観的帰属の理論』(1997年) 643頁以下、663頁以下、674頁以下参照。看護師の過失によって結果の発生に至る「状況的危険」が創出されているが、この場合、医師の行為の介入によってはじめて結果の実現が可能である。他人の過失行為の介入の促進の素地が形成されている本件のような過失の段階的競合の事案では、帰属は中断されないことが多い。

し、結論的に麻酔医の過失を肯定した。これに対しては、判例批評においては、若い麻酔医には、危険をなくする措置を期待することは相当困難であり、義務違反を認めるのは酷であるという批判が有力であり[258]、甲には「過失犯からの離脱」を認めて正犯から格下げして、不可罰な過失の幇助とすべきだとの見解も展開されている[259]。しかし、麻酔医は、その専門性から見ても、他の医師（執刀医）の指示・監督に服する地位にあるわけではない。この努力を評価しその「過失の程度は軽」いとしつつも、その過失を否定する程度の回避可能性まで否定されるものではないとし、量刑で他の被告人の半額の罰金を認め、その点を考慮した決定は是認できるであろう[260]。

本件では、執刀医・麻酔医、看護師の患者の麻酔前および麻酔後の同一性確認義務が肯定されたが、患者の同一性確認は、初歩的・基本的な義務であって、「病院全体の組織的なシステム構築」が望ましいとし、これが構築されていない現状では、「重畳的に、それぞれが責任を持って患者の同一性を確認する義務」があり、「信頼の原則」の適用は許されないとしたのである。

なお、第１審（甲の罪責を除く）および第２審は、３番手術室における医師達の患者Ｙに対する過失傷害罪と同時に、12番手術室における患者Ｘの手術に対する過失傷害罪をも構成すること、その逆も成り立つことについて、他の「手術室に患者の取り違えを連絡する機会」ないし「手術を中止させる機会」を失わせた点を過失としている。確かにほぼ同時に行われた両手術につき、一方が患者の取違えに気づけば、自ずと他方にも及ぶという関係にある。この関係では、しかし、その過失は、「連絡しなかった」という不作為

---

258 甲斐・前掲中山・甲斐（編著）『新版医療事故の刑事判例』266頁以下参照。照沼亮介・判例セレクト2007（法学教室330号別冊付録）26頁、平山幹子・平成19年度重要判例解説（ジュリスト1354号・2008年）168頁、大塚裕史・前掲医事法判例百選193頁。

259 甲斐『医療事故と刑法』14頁以下、128頁以下、212頁以下、232頁以下では、「過失犯からの離脱」の概念を認め、この医師を実質的に不可罰な過失共犯（幇助）に格下げするべきだという。しかし、通常、離脱の要件とされる他の関与者の「了承」がなく、自らの因果的寄与を打ち消す努力によって、因果的寄与が否定されるには至っていないし、不可罰な過失犯の共犯の概念を措定し、それに当たるから不可罰とするが、一般的に過失犯の幇助にあたる事例をすべて不可罰であるとする一般論を前提にするので、その理論展開がまず必要である。しかし、問題は、この「斬新な理論」が、過失共同を犯ではなく過失同時犯である「過失の競合」の事例でも「過失犯からの離脱」を肯定する点にある。この場合、単独正犯からの離脱という新たな概念を認め、さらに「正犯なき幇助」を認めることになる。この理論が十分に熟考されたものであるかは疑わしい。

260 山本輝之・法学新報114巻9＝10号（2008年）90頁も、「支持されるべきだ」とする。

であるともとらえることができる。二人の看護師の過失は、二人の患者を、一方は患者を引き渡し、他方は受け取るという役割を担っていたので、二人の患者の過失傷害に対しそのそれぞれの作為が因果関係に立つことは明らかであるが、別の手術室でそれぞれ麻酔・手術を担当した医師達については、上記のような因果関係が認められるにすぎない。ここではいわば過失作為犯に過失不作為犯が競合しているのである。

②患部左右取り違え切除事件

本判決[261]では、患者Aの左腎臓・左尿管全部摘出・膀左腎臓胱部分切除手術にあたって、左右を間違え、右側の腎臓・尿管上約3分の2を切除した事件につき、主治医である被告人Kが執刀医、Kの研修医時代の指導医であるその病院の非常勤委嘱医である被告人Nを助手医として手術が行われたが、その過失責任の帰属が問題となった。

> **(事実)** Kは、Aの主治医として、Nを助手医としてAの左腎臓・左尿管全部摘出・膀左腎臓胱部分切除の手術を行うにあたり、執刀医となり、執刀に際しては、診療録やレントゲン写真を精査することは勿論、右Nと十分な打ち合わせを行い、患側を取り違えることのないよう万全を期すべき業務上の注意義務があるのに、これを怠り、診療録や白板に術式として右腎臓等を誤記し、患側が左であることの明確な意識のないまま手術室に入り、前記白板の記載を見て患者Aの患側が右であると誤信していたNがレントゲン写真3枚を患側が右になるように表裏を逆にしてシャーカステンに貼りつけた上、すでに全身麻酔をかけられていた患者Aの体位を予定されていた截石位から右上の側臥位に変更するよう間接介補者の看護婦らに指示したとき、手術申込票の記載から事前に患側が左であり、手術の体位が截石位であると認識していた同看護婦らが不審を抱き、注意を喚起したにもかかわらず、手術を開始して、正常な右腎臓等を切除摘出する傷害を負わせた。

判決は、量刑事情の中で、「被告人は本件患者の主治医であったのであり、主治医は患者に対し自ら治療行為を施すことは勿論、全責任をもって患者の

---

[261] 山形地判平2・2・14判タ770・80＝飯田・山口274頁、仙台高判平2・12・6判タ770・82＝飯田・山口274頁。山形簡略平元・3・22判タ770号80頁。なお、松宮孝明「診断行為と過失」中山・甲斐（編著）『新版医療事故の刑事判例』50頁以下参照。本事例については、第5章（547頁以下）参照。

治療行為にあたるべきであり、仮に複数の者が患者の治療行為に対し何らかの関与をすることがあっても、その最終的な責任はすべて主治医にかかっている」という。被告人が N 医師の言動に影響されたとしても「治療行為の過誤の責任という規範的な側面においてはそれほど過失責任の度合を軽減するものではない」という。この点は、控訴審判決においても同旨の指摘がなされている[262]。

③その他の手術部位を間違った事例

これには、医師が、妊娠13週の患者がたまたま妊娠7週の人工妊娠中絶患者と同姓であったため、前者がトイレに言っている間に名前を呼ばれ、手術室に入って診察台に上がったのを、カーテンで上半身が見えず、姓名を確認せず、子宮の大きさが12、3週であることを認識しながら、間違って子宮搔爬を行ったという事案に対する**いわき簡略平2・1・10判タ770・80の略式命令**がある[263]。さらに、ヘルニア根治手術の際に手術部位を取り違えた上、手術用ハサミで切開したという**神戸簡略平元・7・18判タ1035・56**があるが、これらについては、信頼の原則が問題となる事案ではないので、すでに「医療過誤の諸類型と刑事過失」において考察した[264]。

④診療所長たる歯科医の組織過失

次に、診療所に勤務する歯科医師が、外来の患者（2歳）に対し歯科用局所麻酔を使用して治療を施した際、その口唇部をゴム製防湿マスクで覆うなどしていたために、同児の全身状態を把握することが困難であって、治療中に同児が泣きやみ、同児に急性呼吸循環不全が開始したが、これを判断できないまま、同児が入眠したと軽信して同児の元を離れ、交代して治療に当たった歯科医師が同時の心肺停止状態に気付いて救命措置を講じたが間に合わず、低酸素脳症によって死亡させたという事案につき、歯科医師を無罪とした判決[265]に対し、診療所の管理責任者である診療所長に対しては有罪とし

---

[262] 仙台高判平2・12・6判タ770・82、これについて、飯田・山口288頁参照。
[263] 松宮・中山・甲斐（編著）『新版医療事故の刑事判例』49頁参照。これについて第5章・判例 [70] で論じた。
[264] 本書第5章判例 [71]（本書547頁）参照。（山中「医療過誤の諸類型と刑事過失」法学論集62巻6号122頁以下）参照。
[265] 福岡地判平17・7・14飯田 II 198頁。結論として、福岡地裁は、つぎのようにいう。「…上記呼吸確認の時点で、被害者に急性呼吸循環不全が生じていたことが合理的疑いを差し挟む余地のない程度に明らかであるとまで認定することはできず、さらに、それ以上の被告人の形成治

た[266]。この二つの判決については、両者ともに、注意義務違反と結果のとの間の「因果関係」を問題としているので、とくに前者の地裁判決についてはすでに第4章で詳しく検討を加えた[267]。そこで、ここでは、組織過失の観点から、後者の責任についてなお若干の考察を加えておく。

（**事実**）被告人は、医療法人の理事長であり、小児歯科X診療所の診療所長であって、同診療所に勤務する歯科技師および歯科衛生士らを指揮監督する業務に従事していた。歯科用局所麻酔を使用した歯科治療においては、歯科用局所麻酔薬によるアナフィラキシーショックにより患者が急性呼吸循環不全により歯科治療中に患者が急性呼吸循環不全による心肺停止を起こし、これによって低酸素脳症に陥って死亡する危険がある一方、同診療所では、診療中の患者に致死、個々の治療行為ごとに歯科医師が交代して患者の治療に当たる体制をとっていた。その上、患者の口唇部をゴム製防湿マスクで覆い、患者を身体抑制具を用いて診療代の上に固定していたため、患者の全身状態の把握は困難であったのであるから、同診療所に勤務する歯科医師らに対し、幼児に対して歯科用局所麻酔薬を用いて浸潤麻酔を行った際には全身状態の継続的管理を徹底させるとともに、急性呼吸循環不全に陥った場合にはこれに対し適切な措置を講じることができるように、歯科医師らに対し、治療現場において直接指導し、あるいはセミナーを開くなどして、医療事故の発生防止を目的とした指導監督を行うべき業務上の注意義務があった。患者は急性呼吸循環不全による心肺停止に基づく低酸素脳症により死亡させた。

（**判決**）判決では、Xの診療体制下における「被告人の安全管理責任の有無」を論じている。まず、Xの診療体制において、患者が急性呼吸循環不全に陥る危険性を論じて、これを肯定し、次に、「Xの診療体制等に内在する危険性」について論じる。まず、①分担医性の当否について、一度の診察の機会に分担する各治療行為を担当する歯科医らが、自らが治療行為を開始する時点よりも前の患者の様子を具体的に把握できないため、時間の経過に伴う患者の全身の状態の変化を正確に把握することが困難であり、一人の歯科医が継続的に

療の時点で被害者に急性呼吸循環不全が生じていたとはなおさら認定することはできない」。「そうすると、…被告人が…その呼吸状態を十分確認するという注意義務を果たしていたとしても、必ずしも被害者の異変が発見され被害者が救命されたということは断定できず、結局被告人の注意義務違反と被害者の死亡との間の因果関係は認められない」。

266 福岡地判平18・4・20飯田II217頁。この判例については、甲斐『医療事故と刑法』235頁以下参照。
267 本書第4章（452頁以下）（山中「医療過誤と客観的帰属」法学論集62巻2号137頁以下）参照。

患者の治療に当たる場合よりも、患者の全身状態変化を見過ごす危険性が大きい。②治療行為中に歯科医師が診察台を離れ、歯科衛生士のみが治療行為を担当することがあったが、その際、結局、歯科衛生士を通じて全身状態を管理すべき歯科医師が決められていない状態が出現しているというほかはなく、その間は、一人の歯科医師が継続的に患者の治療に当たる場合よりも、患者の全身状態の変化を見過ごす危険性が大きい。③幼児の場合、自己の体調の異変につき自発的に歯科医師らに伝えることができないから、その体調異変につき見過ごしてしまう危険性が大きい。④幼児に対する歯科治療を行う際、レストレイナーを用いて幼児を診察台に固定し、ラバーダムを装着していたため、歯科医師らが治療中の幼児の体表面のうち頭部および顔面の鼻から上の部分しか観察することができず、当該幼児の全身状態の変化を見過ごす危険性が大きい」。

さらに、Xの診療体制の下における被告人の安全管理責任の有無については、「被告人が、Xにおける治療行為の際に医療事故が発生しないように歯科医師らに対し適切な指導を行うとともに、歯科医師らが誤った治療行為を行わないよう監督するべき業務上の注意義務を負っていたことは明らかである」。その「注意義務の一内容として、歯科医師らに対し、幼児である患者に浸潤麻酔を行った場合に当該患者が急性呼吸循環不全に陥る危険性があることを認識させるために、治療現場において直接指導し、あるいはセミナーなどを開くなどして指導するなど、歯科医師らに対し前記医療事故の発生防止を目的とした指導監督を行うべき業務上の注意義務があったといえる」。

そして、被告人の結果発生の予見義務があるかについては、「治療行為中に患者が急性呼吸循環不全に陥る可能性があること自体容易に予見できる」とし、弁護人の「被告人に歯科医師が被害者に対する適切な安全管理を行わないことについての予見可能性は認められない」との主張に対しては、前記のように危険性が大きいのであるから、「小児歯科治療に慣れていない歯科医師などが、不慣れであるがために患者に対する安全管理を怠る結果となってしまう可能性があることは十分予測し得るところである」という。

なお、最後に、被告人の注意義務違反及び同違反と結果との因果関係については、前記のような注意義務を尽くしていれば、被害者が急性呼吸循環不全に陥っていることを早期に察知し、これに対する適切な救命措置を講じて被害者が死亡するという事態を防ぎ得たことは十分認めることができるとする。

本判決においては、診療所長の組織責任が問われている。本判決では、治

療中に幼児に対して麻酔を施用しながら、分担医制度を採用し途中で医師を交代させ、その引継ぎに不備があり、医師の臨席しない時間が生じるような体制で歯科治療に当たらせた点に注意義務違反を認めた。

5．医師と看護師の間の監督関係

(1) 信頼の原則適用の基礎としての医師と看護師の任務分担

ドイツでは、連邦医師会、ドイツ看護師協会作業部会、ドイツ病院協会などの機関が、医師は、看護師（Krankenschwester, Krankenpfleger）に注射、輸血及び採血などの委任をすることが許されるがという問題に一致した見解を表明している。それによると、診断と治療は医師に留保されているが、「診断的・治療的措置の実施」については、それが、技術的困難やその高い危険性の故に「特別の医学的知識と経験」を要求するのでない限り、看護師等に委ねることが許される[268]。例えば、医師のみが注射を許される薬品があり、その一般的状態が看護師等に任務を分担させることを排除する患者がいるのである。

病院において治療措置を取る際に、医学的知識と経験とが必要とされるならば、そのような措置は、もっぱら医師の任務であり、その責任領域に属し、看護師等に委ねることは許されない。しかし、どのような内容の行為がそれに属するかについては、ドイツでは1939年の治療者法（Heilpraktikergesetz）にも規定がない。これにつき、ウルゼンハイマーは、一般的には、医師の任務の委任可能性の実質的限界は、医学と医療実践から演繹され、医学のダイナミックな発展や、その専門化の進行度により変更されるものだとしている[269]。医師の委任不可能な行為、すなわち「本来の医師の任務」に属する行為について、ウルゼンハイマーは、二つの例を挙げる。それは、まず、輸血である。その理由として輸血には大きな危険が伴うからだという。第2に、すべての麻酔措置は、医師の委任不可能な行為に属する。医学実習生も、専門医の指導と監視と責任のもとに実習目的でのみ麻酔を実施することができる。これらの委任禁止は、長年麻酔科で働いてきた個人的に信頼のお

---

268 Vgl. *Ulsenheimer*, a. a. O., S. 243.
269 *Ulsenheimer*, a. a. O., S. 245.

ける熟練の看護師についてもあてはまる[270]。

(2) 信頼の原則と特別の事情

　医師と看護師などのその他の医療関係者との共同作業も、垂直的分業関係の典型例である。医師の治療にあたっても、これらの医療関係者に指示し、その補助を受けて、共同作業として行わないと医療行為そのものが不可能である。

　医師は、看護師を補助者とすることができるが、それは、本来の自らの権限領域・責任範囲を看護師に委ねているにすぎないので、原則的には、判断の必要な、または看護師の経験や知識が十分でない業務の遂行については、看護師の行動を監督し、点検する必要がある。したがって、信頼の原則は例外的な特別の事情がある場合にのみ認められると解すべきである。

(a) 看護師の調剤の過誤と医師の責任

　ドイツの医薬品の調剤を看護師に指示した事例で、医師の責任を肯定した1954年7月1日の連邦裁判所の判例[271]を紹介しておこう。

　(事実) 51歳の胆嚢炎の患者Pが入院してきた。被告人医師Aは、看護師Lに10ccのプロトキド（Protocid）と同じく10ccのデコリン（Decholin）を混合して注射液を調剤するよう指示した。Lがこれを聞き違え、プロトキドとコリン（Cholin）の混注と誤信した。Lは、液を垂らしてのみ用いるというコリンのアンプルの注意書を読まなかったのである。患者はこの注射を受け、死亡した。地裁は、両被告人を過失傷害罪で罰金に処した。被告人と検察の両者が上告した。

　(判旨) ①**被告人の上告について**　医師については、空になったアンプルを点検して行うという病院で通常行われている注射の準備の監視を義務に違反して行わなかった。被告人には、義務に反した不作為がみられる。被告人は、看護師Lが未熟なのを知っていた。被告人が、一般に行われるべき、本件のような事情によっては特に必要となるアンプルの点検を義務に反してしなかったことによって行為したことに法的疑念はない。被告人は、その能力と知識によって期待される、注射器の注意深く点検するという義務を怠った。

270　*Ulsenheimer*, a. a. O., S. 247.
271　BGHSt 6, 282.

②**検察の上告について**　これについては、判決は、原審は過失傷害罪ではなく、被告人は、致死結果をも予見しなければならなかったとして、過失致死罪を適用すべきであったとする。

　この判例の事案が示すように、医師の看護師に対する口頭での指示が、聞き違えられることは稀有な誤解とはいえない。そこで、このような意思疎通の完全を期するための危険防止措置が取られなければならない。

　医師と看護師の間のみならず、医療行為における医療関係者の共同作業・分業は、資質の欠落、誤解、情報の間隙、独断性など危険と医療過誤の温床であり、特有の危険源であるといってもよい。医師が、これらの危険源から生じうる「不注意」をすべて掌握していなければ、刑事過失責任を問われるというわけではない。むしろ、「特別の事情」がない限り、それらの補助者の注意深い行為を信頼し、それらの補助者の第１次的責任を信頼してよい場合があるのである[272]。

(b)　看護師による手術用具の滑落に対する医師の責任

　連邦裁判所は、1955年８月10日のいわゆる**ルー・ハーケン事件**（Roux-Haken-Fall）に関する判決[273]で信頼の原則に言及した。

　　（**事実**）事案は、医師の手術の際に、その補助をした看護師が、患者の腹壁を広げるためのハーケンが患者の腹部に落ちたのを、医師が気付かず、そのまま縫合したため、それを取り出すために第２の手術が必要となり、１ヶ月後に手術を受けたが、手術後、血栓症による肺動脈塞栓症で死亡したというものである。

　　（**判旨**）判決は、第２の手術は、ハーケンを取り除くのを忘れたことから必要になったのであり、これと被害女性の死亡との間の因果関係の存在は明らかであるとし、刑事裁判所が、死亡の原因となった過失は、執刀医である被告人の管理・監視義務違反にあるとしたが、「この義務は、患者の腹腔へのハーケンの滑落を防止し、少なくとも適時発見し、手術を終えるにあたって除去するに至っていたであろうという準備をすることを被告人に命じていた」。さらに、地方裁判所は、「女性の死亡は、確実性に近い蓋然性をもって、ハーケンが足

272　Vgl. *Ulsenheimer*, a. a. O., S. 237.
273　BGH NJW 1955, 1487. Roux-Hakenは、Langenbeck-Hakenなどと並ぶ医療器具で、腹壁などを広げる器具。

りないことが手術の直後に気づかれていた場合にも、回避されていたであろう」という。判決は、特に、助手を務めた看護師の資質に言及する。被告人には、看護師が課せられた任務を自ら正しく評価するだろうと留保なしに信頼することは禁止されていたし、そのことは周知であったという。手術に参加した看護師は、完全な教育を受けておらず、助手としての十分な経験もなかったのであって、その看護師の手術の医学と技術とそれに伴う危険に関する知識は低かったというのである。

(3) ドイツの判例

ドイツにおいては、看護師などの医療関係者は、資格試験に合格するという資格を有した者であり、助産師も、公的機関により監督された身分であるから、医師は、まずは、その合格証と試験を信頼するのが正しいが、その次には、その協力者達の専門的知識と信頼性に関する自らの印象に頼らなければならないとする[274]。しかし、彼らに対する間断なき監視の要請は不当であり、監視を、麻酔・手術・レントゲン撮影業務などへの協力といった危険な業務へと拡大し、点検義務を拡大するならば、分業体制を事実上崩壊させ、信頼の原則の適用を排除してしまうとされている[275]。

したがって、医師は、注意深く補助者を選任し、専門的・人的資格を試し、必要な一般的・個別的に指示し、規則通りの監視をする責任を負うのである。生じた過誤が、そのような一般の補助者の通常の経験等を超えるものであるときは、それに対して、その補助者は、刑法上の責任を負わず、医師もその特別の知識の範囲を超える過誤に対しては責任を負わない。医師は、長く挙動作業を行ってきて、専門的資格をもっていて、信頼できる補助者であると分かっていて、しかも折に触れてそれを確かめている場合、監督義務を充たしているといえる[276]。しかし、その補助者の無能さやルーズさの明らかな徴候に気づき、信頼を動揺させるようなその他の事情に気づいたときには、その問題点を除去するべく、監視を強め、しかるべき指示を与え、再教育コースを受けさせるなどの行為に出なければならない[277]。

---

[274] Vgl. *Ulsenheimer*, a. a. O., S. 237.
[275] *Stratenwerth*, Festschrift für Eb. Schmidt, S. 398. Vgl. *Ulsenheimer*, a. a. O., S. 237.
[276] *Weissauer*, a. a. O., S. 25; *Kamps*, Ärztliche Arbeitsteilung und strafrechtliches Fahrlässigkeitsdelikt, 1981, S. 184; *Ulsenheimer*, a. a. O., S. 238.

この医師と補助する看護師の教育や無経験、未熟さが問題となったドイツの**クロロホルム治療過剰投与事件**[278]に関する1952年 7 月10日の連邦裁判所判例を検討しておこう。

> **（事実）** 患者 B が、サナダムシが寄生していると申告し、E 病院に入院してきたので、婦人外科の科長の K 医師（女性）と以前内科に属していた被告人 W 医師が担当することになった。K 医師は、改めて診察することなく、まず、フィルマロン療法、次のクロロフォルム療法を実施したが効果がなかった。そこで、K 医師の指示で、B が被告人 O 看護師の局に移され第 2 のサナダムシ療法の開始を待った。看護師 O は、手術の補助をしたことはなく、クロロフォルムに触れたこともなかった。W 医師は、廊下の机で、O に患者 B に対する措置を口述した。日曜日の夕方にカロメル0.3グラム、月曜日にクロロフォルム 5 ccm、その半時間後に0.45グラムのカロメルを与え、続いて浣腸すること。O はこれを日曜日の夕方に0.2グラムのカロメル、月曜日に50ccmのクロロフォルム、続いて0.3グラムのカロメル、その後浣腸とメモした。O は、上級看護師と薬局に薬をとりに行き、その際、クロロフォルム療法については知らないなどと話したが、上級看護師は、クロロフォルムは危険であり、前に講義を受けているはずだからまったく知らないことはないはずだと述べ、他の、これについてよく知っている看護師問い合わせるように、しかも、薬局ではクロロフォルムは50グラムの瓶で渡されるから、そこから注射用の 5 グラムを取り、残りは捨てるように助言した。O は、月曜日50グラムのクロロフォルムを B に与え、B は、発汗し、意識混濁状態に陥り、20分後に O が K 医師を呼び、K 医師が駆けつけたが、B は死亡した。地方裁判所は、O を過失致死罪で有罪とし、W を、確かに投薬後、O が正しくメモしたかを監視することを怠ったが、W は、医師の経験を開始したばかりで、これまでのその病院でのサナダムシ療法通りにしておれば、注意義務の程度としては十分であり、その程度を W は、その立場からは十分に尽くしていたものであるとして、無罪とした。連邦裁判所は、まったく逆の判断をした。

> **（判旨）（1） W の罪責について。** 医者のような責任のある職業に就いている者は誰でも、そのような（口述する際に聞き違えやメモのし間違いが生じるというような）簡単な考慮を自らなすことが要求されなければならない。しかも、その

277　Vgl. *Ulsenheimer*, a. a. O., S. 238.
278　BGHSt 3, 91. (Urteli vom 10. 7. 1952)

者が、医師として十分に教育されていないで、経験も十分でなく、悪しき手本をもっていたとしても、そうである。被告人がその命令に署名しなかったとしても、それを声に出して読ませ、少なくとも復唱させなかったことに対する免責はない。危険がいかに大きいものであるかは、被告人が、伝えようとした内容とは、3回分のすべての処方を間違ってメモされた本件から、まさに明らかとなる。

(2) Oの罪責について。看護師Oの注意力散漫（Unaufmerksamkeit）は、Oの責任ではない。大きな注意を払っていたとしても、聞き間違いや書き間違いは完全には排除できない。むしろ、Oの責任は、上級看護師に言われていたにもかかわらず、クロロフォルム療法の実施に詳しい看護師に助言を求めなかったことにある。刑事裁判所は、この不作為が患者の死亡に対する原因であったという。しかし、問い合わせていたら、クロロフォルムの量を知ることになっていたであろうというのは、単なる推測である。被告人の注意義務が、まさに他の看護師に問い合わせるべきだと言うところまで及んできたのなら別であるが、そうではない。

本判決における医師の責任については、まさに連邦裁判所がいうように、治療にあたる医師であれば、医師としての教育に欠陥があり、経験が欠け未熟であったとしても、自ら診察した上で医療行為をせず、また、第2次大戦中であって十分な教育を受けておらず、クロロホルム治療に経験のなかった看護師を十分監督することがなければ、医療過誤を免れないというべきであろう[279]。看護師の罪責については、医師の監督に問題があったとしても、当該療法に自信がない場合、クロロフォルム療法が危険なものであることを上級看護師から聞いて知っていたのであり、それが患者の死亡につながることは予見しうる危険があるのだから、医師に問い直し、また、経験ある看護師に問い合わせるべき注意義務があったのではないか思われる。

本件では、判決は、結論的には、医師は看護師の注意深い作業が行われると信頼できないとしている。しかし、明らかに信頼の原則につき、一般的に「医師は、試験に合格した他の医療スタッフが試験で試される知識を持っていることから出発してよい。それはとくに医師と薬剤師の関係にとり、そして試験に合格した看護師にとっても多くの点で妥当する」と述べて、信頼の

---

[279] Vgl. *Wever*, a. a. O., S. 46.

原則を是認している[280]。本判決は、結論はともかく、垂直的分業関係においても信頼の原則の適用がありうることを認めた点で意義のある判例であると評価されている[281]。

(4) わが国の判例
(a) 介助看護師の誤接続

いわゆる「チーム医療」における執刀医と介助看護師の信頼関係、監督関係について判示し、また、予見可能性の概念につき、危惧感説の妥当性について論じ、これを否定した重要な判例として、札幌高裁の「**北大電気メス事件判決**」[282]がある。第1審札幌地裁も、「具体的な危険発生の予兆も認識されない」として、執刀医の注意義務違反を否定した。

> **(事実)** 事案は、昭和45年に北海道大学医学部付属病院で2歳半の患者に対して動脈管を大動脈との分岐点で切断する手術が行われた際、介助看護婦が、手術に用いられた電気メス器の対極板付ケーブルのプラグとメス側ケーブルのプラグとを誤接続したため、対極板を装着した患者の右下腿部に高周波電流が流れ、熱傷を生じて下腿切断をせざるをえなくなったというものである。本件手術は、いわゆるチーム医療として行われたが、これに関し次の事実が認められる。
>
> ①被告人Sは、執刀医1名、手術助手3名（うち1名は指導医を兼ねる。）、麻酔医2名、介助看護婦（直接介助1名、間接介助2名）3名から成るチームで行われた動脈管開存症の手術における執刀医として手術にあたったこと、②被告人Aは右手術の間接介助看護婦として介助の任にあたり、電気手術器のケー

280　BGHSt 3, 91, 96.
281　Vgl. *Wever*, a. a. O., S. 46.
282　札幌高判昭51・3・18高刑集29・1・78、札幌地判昭49・6・29刑月6・6・742、飯田英男「北大電気メス事件」医療過誤判例百選（第2版・1996年）50頁以下、同「チーム医療における未知の危険と過失犯の成否―北大電気メス控訴審判決」研修347号、船山泰範「北大電気メス事件」医事法判例百選（2006年）186頁以下、飯田I166頁。評釈として、平良木登規男「予見可能性の意義」刑法判例百選1総論（第4版）108頁、井田良「予見可能性の意義（1）―北大電気メス事件」刑法判例百選1（第5版）100頁、古川伸彦「予見可能性の意義（1）―北大電気メス事件」刑法判例百選I（総論）（第6版）(2008年)102頁以下、町野朔「過失犯における予見可能性と信頼の原則」ジュリスト575号78頁、米田泰邦「刑事過失の限定法理と可罰的監督義務違反―北大電気メス禍事件控訴審判決によせて」（上・中・下）判例タイムズ342号11頁以下、345号19頁以下、346号34頁以下、同「医療における未知の事故とチーム医療における医師の責任」判例タイムズ315号19頁以下（1975年）。

ブルの接続も同被告人が行なったこと、③同病院では上述のとおり手術部が創設された後においては、各診療科の医師が手術を行なうときには手術部所属の看護婦が手術部の看護婦長に指名されて介助の任にあたっていたこと、④手術の介助看護婦には手を消毒して主に執刀者に対する手術器具の手渡しを受け持つ直接介助と右の作業を除いたその余の介助全般を受け持つ間接介助とがあること、⑤既述のとおり手術に使用する器具・器材の整備、提供は手術部の任務とされ、実際上は介助看護婦が所要の器具・器材を手術室に準備することになっていたこと、⑥電気手術器については、電源への接続、アース線への取付けは間接介助看護婦が行ない、患者に対する対極板の装置もほとんど介助の看護婦がつけていたこと、また⑦対極板側ケーブル及びメス側ケーブルを本体に接続するのもまれに医師がすることもなかったわけではないが、ほとんどの場合間接看護婦が行なっていたこと、⑧助手の任務は執刀の際の鈎引き及び血管の結さつなど手術の直接の補助にあること、⑨指導医は危険を防止し手術が間違いなく進行するよう注意を払い、術中困難な箇所にさしかかったときや事故が起きたときは執刀医の処置を補佐し、あるいは自らメスをとることを義務づけられるものであること、⑩麻酔医は患者に付いて麻酔をかける外患者の全身管理を行い、生命に直結する呼吸・循環の管理をするものであること、である。

　被告人Ａは、電気手術器のメス側ケーブルと対極板側ケーブルの各プラグを電気手術器本体に接続するに際し、前者は本体の出力端子に、後者は対極端子に正しく接続して事故の発生を防止すべき業務上の注意義務があったのにもかかわらず、これを怠り、右各ケーブルと各端子を互いに誤接続させたまま手術の用に供した。

(判旨) 判決は、介助看護婦であった被告人Ａの過失に関しては、次のようにいう。

　被告人Ａの場合、「刑法上結果発生の予見可能性があったといえるのであって、これに反する所論は採用しえない。所論指摘の原判決の説示も、帰するところ、電気手術器から患者の身体に流入する電流の状態の異常により患者の身体に傷害を被らせるおそれのあることについて認識可能であったこと、すなわち特定の構成要件的結果発生について予見可能であつたことを意味し、単なる危惧感ないし不安感を抱くことをもって結果発生についての予見と同視する趣旨ではないと解することができる。従って、被告人Ａに対し本件傷害事故惹起について過失を認め業務上過失傷害罪の成立を肯認した原判決に法令の解釈適用の誤りはない。論旨は理由がない」。

次に、執刀医であった被告人Ｓの監督過失については、次のようにいう。

「チームワーク手術における執刀医の立場は、自らは直接作業に携わらず、専ら配下の各員に指揮命令して作業を分担・遂行させ、その状況を監督することを本旨とする純然たる統率の地位にあるものとは性質を異にする面があるといわなければならない。手術を成功させる目的で執刀医に協力補佐するためチームが組まれるものというべく、チームを指揮監督するために執刀医が置かれるものとはいえない。もとよりチームワークによる手術の執刀医も、執刀医としての立場で、自己の医療行為に対する補助者の補助行為に対する指示ないし監督義務を負うことは当然であり（但しどの程度の監督義務を負うかは上述のとおり具体的状況により判断されるべきである。）、また自らがチームの作業の中核である執刀を担当する関係上、補助者に対する指示・監督の外、手術の遂行について調整的権限を有する場合もありうると思われる。しかしながら、チームワークによる手術の執刀医が、単に執刀医としての立場だけにとどまらず、右の限度を越えて、当然にチームを指揮監督する統率者の地位にもあるものとして、その立場を前提とするチームの成員の作業に対する監督責任まで負担すべきものと即断することはできない。チームワークによる手術の執刀医の立場を右のように解することは、さきに述べた執刀医の本来の役割と対比して調和しないものがあることを否定できない。証人Ｓが当審公判廷において、外科医師としての立場から、外科医が麻酔の状態、機器の整備などにまで精力を分散することはチームワークの機能が発揮できないことになる旨を供述している点も右の消息を窺うに足りるものということができる」。

また、本判決は、執刀医と指導医の関係についても言及している。

「本件手術には救急外科助教授Ｍが指導医兼助手として加わっていたこと、指導医は執刀医に比し経験・能力のすぐれた者が充てられること、上述のとおり指導医は危険を防止し手術が間違いなく進行するよう注意を払い、術中困難な箇所にさしかかったときや事故が起きたときは執刀医の処置を補佐しあるいは自らメスをとることを義務づけられるものであること、手術遂行の方法について見解が分れた場合の最終決定権は指導医にあることが認められる。もっとも、前掲の証拠によって本件手術において指導医たるＭ医師がチームの指揮統率についていかなる権限を持っていたかの点はにわかに断定しがたいところであるが、序列においても被告人Ｓの上位にあるとみられる同医師が指導医

としてついている以上、少なくとも執刀医たる被告人Ｓが指導医を凌駕してチームを指揮・統率すべきまでの地位になかったことは窺うことができる。そして関係証拠を精査しても、同被告人が単独で、もしくはＭ指導医と並んで、単なる執刀医としての立場だけでなく、チームを指揮監督する統率者の地位にもあったことを認めるに足る証拠は存しない」。

さらに被告人医師の事故発生の予見可能性と看護師の適切な行為に対する信頼の原則の適用については、次のようにいう。

「チームワークによる手術の執刀医として危険性の高い重大な手術を誤りなく遂行すべき任務を負わされた被告人Ｓが、その執刀直前の時点において、極めて単純容易な補助的作業に属する電気手術器のケーブルの接続に関し、経験を積んだベテランの看護婦である被告人Ａの作業を信頼したのは当時の具体的状況に徴し無理からぬものであったことを否定できない。なお被告人Ｓを含め当時の外科手術の執刀医一般について電気手術器のケーブルの誤接続に起因する傷害事故の発生を予見しうる可能性が必ずしも高度のものでなかったことはさきに述べたとおりである。所論は、医師は人の信頼を受けて人の生命・健康を管理することを業とする者であるからその業務の性質に照らし人に危害が及ぶことを防止するがために最善の措置を尽すべき高度の義務を課せられていると主張する。確かに医師がその業務にかんがみ診療に伴う危険を防止するため高度の注意義務を負うことは抽象的には所論のとおりであるが、その義務が無制限に課せられてよいものではなく合理的な限界があるべきことも当然である。医師の行為が刑法上の制裁に値する義務違反にあたるか否かは、当該専門医として通常用いるべき注意義務の違反があるか否かに帰着すべく、結局当該行為をめぐる具体的事情に照らして判定される外ない。執刀医である被告人Ｓにとつて、前叙のとおりケーブルの誤接続のありうることについて具体的認識を欠いたことなどのため、右誤接続に起因する傷害事故発生の予見可能性が必ずしも高度のものではなく、手術開始直前に、ベテランの看護婦である被告人Ａを信頼し接続の正否を点検しなかったことが当時の具体的状況のもとで無理からぬものであつたことにかんがみれば、被告人Ｓがケーブルの誤接続による傷害事故発生を予見してこれを回避すべくケーブル接続の点検をする措置をとらなかったことをとらえ、執刀医として通常用いるべき注意義務の違反があったものということはできない」。

本判決では、電気メスのケーブルを誤接続した看護師の過失責任については、「未知の事故」とされた本件のような事故発生のメカニズムにもかかわらず、危惧感説を否定して、予見可能性の対象を「因果経過の基本的部分」としつつ、その予見可能性を肯定して過失責任を認めた。他方、執刀医については「チームを指揮・統率すべき地位」にはなかったとして、監督者としての地位を否定した。その理由の一つは、「指導医」が上位にいたことである。「手術における執刀医の立場は、自らは直接作業に携わらず、専ら配下の各員に指揮命令して作業を分担・遂行させ、その状況を監督することを本旨とする純然たる統率の地位にあるものとは性質を異にする」のである。したがって、誤接続に起因する事故発生の危険の予見可能性も高度なものではなく、ベテラン看護師の誤接続については、それがないものと信頼することができたとする。本件評釈の中には信頼の原則の適用を支持する見解を表明するものも少なくない[283]が、しかし、本判決が、信頼の原則の適用を認めた点に関し、医療従事者間の業務分担が明確になっておらず、指揮命令系統が確立していないこと、指導医もそのような立場になかったことを理由に、信頼の原則の適用を否定すべきであったとする見解も展開されている[284]。しかしながら、執刀医が、看護師の業務分担につき、監督すべき義務を負うかについて積極的な根拠がないのであれば、看護師の適切な行動を信頼するか否かにかかわらず、医師には看護師の過失をチェックする注意義務がないのであるから、執刀医の過失責任を問うことはできないであろう。

(b)　熟練看護師の静脈注射

　次の判決[285]は、熟練看護師が静脈注射を行ったが、特異体質であった患者がショック症状を示し、死亡した事案において医師が何らの注意を与えていなかったことが、過失かどうかが問題となり、判決は、医師が自ら注射していたとしても特異体質により患者のショック死は避けられなかったとして、医師の責任を否定したものである。

　（事実） 被告人医師が、看護婦Ｉを呼んで右処方を指示したが、Ｉ看護婦は患者Ｈを処置室寝台に仰臥させ、その腕の中関節内側の静脈に指示どおりサルソ

283　米田・判例タイムズ316号58頁、平良木・刑法判例百選Ｉ（第4版・1997年）109頁。
284　飯田・前掲医療過誤判例百選（第2版）51頁、船山・前掲刑事法判例百選187頁。
285　神戸地姫路支判昭43・9・30下刑集10・9・948。

グレラン注射液一アンプル20ccを注射した。I看護婦は当時看護婦歴約14年の経験を持つ熟練者でサルソグレラン静脈注射はゆっくり薬液を注入しなければならないこと、注入速度がはやいと体が熱くなったり気分が悪くなったりすることがあるのを良く知っていたから、注射前にHに対し「体が熱くなるか気分が悪くなれば言って下さい」と告げたうえで、ゆっくりと静脈内に薬液を注入し約2分で終えた。右注射中、Hは気分が悪そうな反応は示さなかったにも拘わらず、注射終了直後気分が悪いと訴え、ぜん息発作のような声を出していたが、間もなく意識がなくなった。I看護婦に急を告げられ駆けつけた被告人は、Hがショック症状を呈していると診て、直ちに昇圧剤、強心剤等の注射、人工呼吸、酸素吸入、気管切開等を施し、Hの蘇生をはかったが、Hは死亡した。Hは、特異体質であった[286]。

(判旨)「被告人はI看護婦にサルソグレラン静脈注射をするよう指示したときに、注射速度等につき特に何らの注意を与えていないことは前認定のとおりであるが、I看護婦は経験約14年の熟練看護婦であり、静脈注射についての知識技術にも習熟していたこともまた前認定のとおりであって、被告人が日常多用するサルソグレラン静脈注射に関し一々注意を与えていないからといって何の不思議はなく、現実にI看護婦がHに対し行った静脈注射の方法も前認定のとおり何らの手落ちも認められず、本件Hの薬物ショック死は被告人自身が静脈注射を行っていようとI看護婦が行っていようと結局は避けられなかったことが明らかに認められる本件では、被告人がI看護婦に静脈注射をさせた点をとらえて被告人に監督義務を怠った過失があるとすることも、もちろんできない」。判旨は、さらに次のように述べる。

① 保健婦助産婦看護婦法第37条には、「保健婦助産婦看護婦又は准看護婦は、主治の医師又は歯科医師の指示があった場合の外、診療機械を使用し、医薬品を授与し、又は医薬品について指示をなし、その他医師若しくは歯科医師が行うのでなければ衛生上危害を生ずる虞のある行為をしてはならない。但し臨時応急の手当をなし、又は助産婦がへそのおを切り、かん腸を施し、その他助産婦の業務に当然附随する行為をなすことは差支ない」と定められている。

---

[286] 「被告人がHの診察に際しいかに聴診、打診、触診を綿密に加えても分り得るものでなく、またサルソグレラン静脈注射液については、例えばペニシリン注射のように注射前にいわゆる予備テストを行い、過敏者あるいは特異体質者かどうか一応の判定を得るような方法も未だ開発されていないのであったから、科学的検査の方法を以てしても注射前に平岡が過敏者ないしは特異体質者であることは、絶対に予知できなかったことが明らかであり、右の診察方法の限りにおいては被告人に医師としての過失は全く認めることができない」。

②　右条文の解釈上、静脈注射については「薬剤の血管注入による身体に及ぼす影響の甚大であること及び衛生的に困難であること等の理由により、医師自ら行うべきものである」との見解が従来採用されており、厚生省医務局長名において、また兵庫県においては兵庫県衛生部長名においてその旨の通達指導等が昭和26年頃以来なされていた。
③　従って静脈注射を看護婦が行うことは前記法規に抵触することとされてはいるけれども、本件当時においては一般にこれが徹底せず、医師数の不足等の理由により大部分の病院等においては、医師の指示により看護婦が静脈注射を行っていたのが実情であって、今後漸次法の解釈どおりの実行に近づくべく改善する方針が採られていた。

本判決は、看護師が静脈注射を行った事案に関するものであり、本件発生当時は、法規上「医師自ら行うべきものである」とされていたが、「一般にこれが徹底せず」「大部分の病院等においては、医師の指示により看護婦が静脈注射を行っていたのが実情」であったとして、看護師の静脈注射の方法にも何らの手落ちもなかったという場合に、看護師に静脈注射を委ねた医師の過失が否定されたものである。医師自身が注射していても、結果の発生は避けられなかったというのであり、法規に違反したとしても、それが、結果に現実化したものではないのである。

6．医師とレントゲン助手の間の監督過失

ライヒ裁判所1927年7月14日判決[287]がこの問題を取り扱っている。

（**事実**）レントゲン研究所の責任者Aの指導のもと、患者Bに対するレントゲン照射が行われた。AがBの身体の照射すべき箇所に印を付け、照射器を30センチメートル離して90分間照射するようレントゲン助手Rに指示した。Aは、助手が正しく照射器をセットすると確信していたが、助手は、前もってフィルターを装着することなく電源を入れたため、Bは健康障害に至るやけどを負った。Aは、フィルターの装着を確認することなくその場を去り、それ以降の措置をRに委ねた。第1審は照射開始まで確認を怠ったことをAの過失とする。

287　RG JW 1927, S. 2699.

（**判旨**）第１審裁判所は、「フィルターの設置自体は、技術的操作によって実施されること、手先の作業としてその責任を持つ人に任されてよいことを見誤ってはいない」。また、Ｒが、５年から６年来、レントゲン助手として、その後何年間か大学の婦人科病院において勤務しており、熟練の、そして信頼できる人として知られたレントゲン助手であったし、フィルターの設置の必要性を知悉していたとしている。しかし、フィルター設置の監視は必要であったとする。なぜなら、それが医師によるレントゲン治療の要であり、一定の照射箇所へのレントゲン機器の正しい設置と正しい距離がこれと関連するからであり、さもなくば、レントゲン治療に対する責任が、重要な点で、患者が信頼している医師からレントゲン助手に押しやられてしまうからである。しかしこの見解には与し得ない。

第１審で聴聞された鑑定人が、医師がフィルターの設置の監視の義務を負っていたかどうかという問題を未解決のままにしたのなら、決して医学の承認されたルールが確立されているとはいえない。したがって、決定的なのは、やけどを避けるためにはフィルターの設置が大きな意味をもつことを知っているのみならず、それと結びついた重傷の危険を知っていた上告人が、まさに本件で、共同被告人Ｒが、電流を流す前にこの重要な操作を実際にも行うであろうと信頼してよかったかどうかである。その場合にのみ、必要があった他の仕事がしたいときに、フィルターの設置を監視することなく、または、少なくともＲに設置の必要性を指示することなく、持ち場を離れてよかったであろう。結局、判決は、Ｒがこれまでに独立して照射器の操作を行う訓練をしていたかどうか、必要な思慮と安心・安全であることを実証していたかどうかであるとして、この点を審理するために、原審に差戻すとした。

本判決の時代からレントゲン技術も進歩し、現代ではフィルターを装着する必要性もなくなっているので、本判決の個別具体的事例としての意義はもはやないといってよい。助手による医療機器の操作に対する責任者の「信頼」の是非という観点からは参考とすべき点が残っているということができよう。

6．薬品事故の刑事組織責任

1．ドイツにおける薬品事故と刑事規制

(1)　ドイツにおける薬害に対する民事責任
(a)　コンテルガン訴訟

　ドイツにおいては、すでに薬害事故は、刑事法において、ドイツにおける最大の薬害スキャンダルであった**サリドマイド（コンテルガン）訴訟**[288]から始まっている。コンテルガン訴訟は、1961年から1982年にかけて発覚した、グリュネンタール有限会社が製造・発売した精神安定剤であるコンテルガンが引き起こした薬害事件に関する刑事裁判を指す。コンテルガンとは、サリドマイドという物質を含んだ鎮静剤であり、妊娠初期の妊婦が飲むと胎児の発育、とく四肢の発育に障害を生じる医薬品であったが、それが1950年代 (1957年10月1日～1961年11月27日) に市場に大量に流通し、妊婦の睡眠薬として推奨されたのであった。

　サリドマイドは、世界中で1万人の奇形を伴う子供を誕生させ、そのうちドイツで5千人が生まれ、成人には神経の損傷 (Polineuritis) をもたらした[289]。2012年段階でもドイツには2400人のコンテルガンによる障害者がいるといわれている。

　コンテルガン訴訟では、グリュネンタール社の社長と8人の社員が起訴され、付随私訴人 (Nebenkläger) として、数千人被害者のうち312人が臨席を許され、1968年5月27日から公判が開始された。1970年12月18日に手続打ち切りとなり、グリュネンタール社は、障害を負った子供に対し10億万マルクと利息の支払い義務を負った[290]。製薬コンツェルンであるグリュネンター

---

[288]　LG Aachen, JZ 1971, 507 ff.
[289]　Panorama, Samstag, 18. Dezember 2010, http://www.n-tv.de/panorama/Verurteilung-waere-wichtig-gewesen-article2183036.html
[290]　アドルフシュタットのホームページ Der Contergan-Prozeß を参照 (http://www.alsdorf-

ル社は、事件発覚から50年以上経った2012年になってはじめてコンテルガン・スキャンダルに対して公式に謝罪したという[291]。

このコンテルガン訴訟は、手続打ち切りによって終幕を迎えたが、その後、民事では、サリドマイドによって障害を被った児童に対する基金の設立という解決が図られた。1971年12月17日の「障害児に対する救援組織」基金の設立に課する法律がそれである。なお、ドイツにおいて多数の被害者を出した薬害関係の事件として、80年代のHIVウィルスに汚染された「血液製剤」による被害の補償問題がある。こちらは、確実に認定されなかったウィルス保持者に対する責任は、組織責任の観点から連邦裁判所によって肯定されたが、血友病患者による製薬会社に対する賠償請求は、長い過程を経て和解に至った[292]。

(b) ドイツにおけるその後の薬害事件

コンテルガン訴訟と同じような大規模な薬害事件としては、1980年代に発生したHIVに感染した血液製剤の製造販売事件、脂肪低下薬リポバイによる事故がある。

(i) HIV感染血液保存事件

世界ではじめてAIDSが話題になったのはアメリカである。1981年6月5日に、合衆国健康省（Centers for Disease Control and Prevention＝CDC）が、若い同性愛者の珍しいがんないし肺炎の形態が増加していることを初めて報道した。1982年には、ドイツやその他のヨーロッパ諸国で最初の事例が診断され、そのような免疫不全病は、Aids（Aquired Immunodeficiency Syndrome）と名付けられた。1983年には、ロバート・ガロ（Robert Gallo）（USA）とルー・モンテニュ（Luc Montagnier）（フランス）の研究チームがその病気を引き起こすウィルスを確認し、のちにそれは、HIV（Human Immunodeficiency Virus）と名付けられた。

ドイツでは、雑誌SPIEGELが1982年5月31日に「海の向こうからの恐怖」（Der Schreck von drüben）というタイトルで報道し、1982年6月にフランクフルト・アム・マインのある患者にその病気が発見されたと報じた。ドイ

---

online.de/geschichte/pdf/kapitel-12.05.pdf#search='Contergan＋Prozess')。
291 2012年8月31日のシュピーゲル・オンラインによる。http://www.spiegel.de/wirtschaft/unternehmen/pharmakonzern-entschuldigt-sich-bei-contergan-opfern-a-853259.html
292 *Deutsch/Spickhopff*, Medizinreht, 6. Aufl., 2008, S. 847.

ツでウィルスの非活性化処理が全面的に行われたのは、1984年から85年にかけてであった[293]。しかも検査方法は厳格に守られてはいなかった。例えば、ドイツでは、UBプラズマ（UB Plasma）という会社は、節約対策として、血液提供者の血液を混合してプールし、一緒にHIVの検査をしていた。

ドイツでは、HIVに感染した血液製剤の問題性が発覚したのは1993年である。その年に連邦議会は、「血液および血液製剤によるHIV感染」調査委員会を設置したが、1994年にはその最終報告において1993年までにHIVを含む血液製剤によって血友病の治療を受けている者の43.3％が感染し、1994年までに彼らのうち423人が死亡したと報告し、「汚染した血液製剤によって引き起こされたHIV感染のほぼ60パーセントは、予防できる」と報じた。1998年には、血液製剤による感染を予防するための「輸血法」（TFG）が成立した。

血液製剤によるHIV感染が民事訴訟となった事件に、ボン地裁の事件がある。1990年に製薬会社ビオテスト（Biotest）がビオテスト剤（PPSB）の製剤により11人にHIVに感染させた。被害者となった13歳の少年の両親が、ビオテスト社を訴え、地裁は、25万マルクの慰謝料と月々1000マルクの年金の支払いを命じた[294]。

(ii) リポバイ（Lipobay）事件

1997年にドイツの巨大製薬会社バイエルは、リポバイ（Lipobay）というコレステリンないし血中脂肪低下薬を導入したが、すでにその１年後の1998年には、患者が、筋肉の溶解によって生じる腎不全によって死亡するという最初の死亡事故が発生している。2001年には、大問題となり、リポバイは市場から回収された。１年後にはリポバイの被害者の公式数は104名であると報告されている[295]。国外では、1114件の疑わしい事故が報告されており、100件の死亡事故のうちほとんどがアメリカで発生し、たいていの場合に製薬会

---

[293] ドイツ刑法において、エイズ事件（AIDS-Fälle）といえば、エイズに罹患しているにもかかわらず、性的関係をもった者に、傷害（致死）罪や殺人罪が成立するか、強姦罪において、HIVの感染をどのように評価するかなどであった。これについては、多くの文献があるが、例えば、vgl. *Andrzej Szwarc* (Hrsg.), AIDS und Strafrecht, 1996; *Eberbach*, AIDS und Strafrecht, MedR 1987, 267 ff.

[294] *Markus Krischer*, BLUTSKANDAL Vor Gericht gelogen? in: FOCUS Magazin Nr. 22 (1994)（1994年５月30日号）の記事。

[295] *DIE ZEIT* vom 23. 4. 2001, S. 25.

社の責任が認められているという。ドイツでは、ケルン検察庁は、バイエルに対する捜査手続を十分な嫌疑なしとして打ち切っている。その事故の原因は、リポバイが「セリヴァスタティン」(Cerivastatin) という物質を含むが、この物質を含む別の医薬品を同時に摂取したときに腎不全に至る事故が発生すると推測されていた。

(c) 医薬品法の成立と改正

ドイツにおける薬の製造は、伝統的には薬局で小規模に行われていた。薬局に似た制度は、12世紀にシチリアやスペインで始まったという。医薬分離は、すでにその頃からの伝統であり、1231年に発付されたホヘンシュタウフェン家のフリードリッヒ2世[296] (1194-1250) の Contitutio Requi Siciliae の医事条項で、医師自らが薬局を営むことを禁止した[297]。ドイツでは1300年にドイツで初めての「薬局令」(Apothekenordnug) が発せられ、その法的根拠を見出した。19世紀初頭になってはじめて尿素を組み合わせて、有機的結合を人工的に作り出すことに成功した。この製造は、小さな薬局で行うことは不可能であった。そのため製薬会社が医薬品の生産を開始するに至った。大規模な製薬薬害の発生は、このころからのことである。製薬業が飛躍的に発展するのは第2次大戦以降である。1950年代末には、製薬業の中心は、薬局から製薬会社に移っていたが、これに関しては、1961年になるまで連邦統一的な規制はなかった。

1961年に医薬品に関する法統一を図る「**医薬品法**」(Arzneimittelgesetz＝AMG) が制定された[298]。医薬品法2条1項は、人や動物の病気の予防や治療に用いられるあらゆる手段のみではなく、身体の機能に影響を与える予防薬、診断薬、美容薬、さらに興奮剤や避妊薬も含まれると規定する[299]。最終的に決定的なのは、予防・発見または治療の手段であるという「目的」、ないし身体の機能に題する影響という「目的」である。これは原則として客観的目的であるが、製造者による主観的目的も第2次的に考慮される[300]。

---

[296] 1220年からその死亡の時までローマ・ドイツ帝国の王。十字軍遠征の後1229年には、イエルサレム王国の君主でもあった。

[297] Vgl. *Michael Mayer*, Strafrechtliche Produktverantwortung bei Arzneimittelschäden, 2008, S. 2.

[298] Vgl. *Nina Jenke*, Haftung für fehlerhafte Arzneimittel und Medizinprodukte, 2004, S. 22.

[299] わが国の医薬品法2条1項2号3号でも、「医薬品」について同様に定義されている。

[300] *Mayer*, a. a. O., S. 6.

医薬品の製造については、原則として登録制をとり、製薬業務は監視下に置かれた。しかし、製薬会社の賠償「責任」については、その法律には規定されなかった。その直後、コンテルガン事件が大きな社会問題となり、この法律の不備が明らかになった。コンテルガン刑事訴訟は、9年間続き、1970年に打切りとなったが、ドイツの裁判所は、この時はじめて製薬業者の注意義務の問題と取り組んだ。何千人もの被害者を出したこの事件は、医薬品法の抜本的な改革の声を生んだ。この事件を通じて、医薬品の事前検査が重要で、過失主義にもとづく不法行為法の責任を基準にすると、医薬品の被害から消費者を保護するには十分でないことが意識し始められたのである[301]。

(d) 医薬品法84条
(i) 1976年の医薬品法改正

1976年には、このような観点から医薬品の安全を国際基準に合わせることを目的として医薬品法の重大な内容的・体系的改正が行われた[302]。改正法では、その1条で、その目的に「医薬品の取引における安全の保障」を掲げた。この改正ではまた、従来の登録制に代えて許可制を導入した（21条以下）。その後、ドイツにおける第2番目に大規模な薬害となったHIVスキャンダルに対する訴訟を契機として、90年代にも改革が試みられた。それは、医薬品法旧84条の不備と欠陥を正そうとするものであった。このような欠陥は、第12立法期の第3調査委員会の「血液と血液製剤によるHIV感染」という研究[303]によって発見されたのである。

これにより、製造物責任の一種として医薬品法84条の規定が導入された。

(ii) 2002年の医薬品法改正

この規定は、2002年に、製薬会社の責任を重くし拡大する方向でさらに改正された。この2002年の改正は、損害賠償法上の規定の改正を主眼とした。2002年7月31日までの法律状態では、薬害の被害者は、とくに証拠法の観点からは著しく負担が大きかった。被害者側は、責任要件のほぼすべてを立証する必要があった。つまり、法益侵害と並んで、医薬品の欠陥も責任を根拠づける因果関係をも立証しなければならなかった。被害者にとりわけ困難で

---

[301] *Jenke*, a. a. O., S. 22 ff.
[302] *Jenke*, a. a. O., S. 22 ff.
[303] BT-Drücks. 12, 8591. vgl. *Jenke*, a. a. O., S. 25.

あったのは因果関係の立証である。立法者は、2002年8月1日に発効した医薬品法の「損害賠償規定の第2次改正法」により、その改正の要求を充たそうとした。そこでは、一方で、包括的保護を求める患者の利益および官庁の利益と、他方で、経済的現状の保護および生産者・保険会社の刷新の利益との間の妥協点を見つけることが重要であった。医薬品法新84条以下は、とくに被害者の立証状況の改善に役立った。立証負担の軽減と因果関係の推定の規定が導入されたのである。その時、慰謝料の一般的請求権に関する規定も導入された[304]。

(iii) 84条の法的性質

医薬品法84条の規定の法的性格については争いがあるが、「危険責任」の規定ないし製薬会社の過失から独立の客観的責任を認める規定であると解されている[305]。その要件は、次の四つである。すなわち、①保護法益、②保護された人、③責任追及される医薬品の範囲、ならびに④因果関係および危険の実現が規定されている。まず、責任を負うのは、規定された医薬品を流通に置いた製薬会社である。したがって、医薬品の入ったパッケージを作成した会社は含まれない。保護法益は、人間の生命・身体および健康である。後に出生してくる胎児も含むと解されている。本法によって、保護された人とは、医薬品を投与された患者である。胎児も含む。直接の被害者以外の、医薬品により運手中に居眠りして被害に遭った者などを除く。医薬品は、認可され許可されたものに限る[306]。被害は、医薬品の服用によって発生したものでなければならない。したがって、医薬品の服用と被害とに因果関係が必要である。これに反して、相当因果関係、すなわち、被害の結果の一般的予見可能性は不要である。2002年に損害賠償に関する規定が改正され、製薬

---

304 Vgl. *Jenke*, a. a. O., S. 27.
305 危険責任というのは、近代工業社会のコントロール困難な危険に対する立法者の典型的な回答であるという（vgl. *Deutsch/Spickhopff*, Medizinreht, 6. Aufl., 2008, S. 844）。Vgl. auch *Spickhoff*, Medizinrecht (Beck'sche Kurz-Kommentare), 2011, S. 162.
306 薬剤法84条1項は、次のように規定する。「本法の通用領域において消費者に交付され、認可義務に服し、法規命令によって許可を免じられた、人の消費に供せられる薬剤の使用によって、人を殺害し、人の身体または健康を著しく侵害した場合、当該薬剤を本法の通用領域において流通に置いた製薬会社は、被害者に、そこから生じた損害を賠償する義務を負う。賠償義務は、次の場合にのみ存在する。すなわち、1．当該薬剤が、その規定通りの消費に際して、医学の知見によって主張できる程度を超える有害な作用をもつとき、または、2．その損害が、医学の知見に適合しない効能書、専門案内または用法案内のために発生したときである」。

会社に対する責任は厳しくなった。それは、使用された医薬品が損害を惹起するに「適した」ものであるならば、その損害はその医薬品によって引き起こされたものと推定する規定である。しかし、これは、たんなる包括的な「因果関係の推定」規定ではなく、その「適性」は、医薬品法84条2項によれば、服用された医薬品の調合と配量、一定の使用方法の種類と期間、損害発生との時間的関係、損害の様相と服用の時点での被害者の健康状態、個々の損害惹起に有利ないし不利に働くその他の事情に従って判断される[307]。推定は、個別に与えられた事実によって他の事情が損害を惹起するに適していたとき成り立たない。

(2) ドイツにおける薬事犯に対する刑事法規制

ドイツにおける医薬品法違反ないし薬害に対する刑事法規制の方法は、三つに分けることができる。それは、①医薬品法95条以下の規定に対する違反行為、②その他の特別刑法違反、および③過失傷害や致死などの一般（中核）刑法違反である。

(a) 医薬品法95条・96条

医薬品法違反に対しては、その重いものにつき罰則が付されている。罰則は、医薬品法95条、96条に規定されている。両規定は、刑罰に値するような重大な行為を採り上げている[308]。例えば、5条は、疑わしい医薬品を流通に置き、他人に使用することを禁じるいわゆる「**疑義のある医薬品の禁止**」（Verbot bedenklicher Arzneimittel）規定である。「疑義のある」[309]というのは、医学の知見に沿って主張できる程度を超える、規定通りの消費方法をとった際にも、有害な作用をもつという、医学的知見のその都度の水準に照らして科学に根拠づけられた疑義が存在する医薬品である（5条2項）。このように、医薬品法95条は、有害な作用に対する科学的根拠のある疑義が存在する医薬品を流通させ、輸入し、認可されていない放射性医薬品を流通させ、な

---

[307] Vgl. *Deutsch/Spickhopff*, Medizinreht, 6. Aufl., 2008, S. 846; *Hans-Dieter Lippert*, Grundzuge des Arzneimittelrechts, in: Wenzel (Hrsg.), Handbuch des Fachanwalts. Medizinrecht, 2. Aufl., 2009, S. 1544 f.

[308] Vgl. *Deutsch/Spickhopff*, Medizinreht, 6. Aufl., 2008, S. 869.

[309] この概念に関する研究として、vgl. *Birgit Wolz*, Bedenkliche Arzneimittel als Rechtsbegriff: Der Begriff der bedenklichen Arzneimittel und das Verbot ihres Inverkehrbringens in den §95 I Nr. 1 iVm 5 AMG (Kieler Schriften zum Strafrecht, Bd. 3), 1988.

らびに処方義務のある医薬品を薬局以外で、または権限のない人に交付することを刑罰によって禁止し、医薬品法の基本枠組みを害する行為を処罰しているのである。96条は、故意行為のみ罰金または1年以下の自由刑に処するものとする。過失行為は、秩序違反とされる97条は、過料（Bußgeld）に関する規定である。その1項では、96条に規定された行為を過失によって実行した者が秩序違反行為とされ、2項では、故意または過失で実行されたその他のさまざまな秩序違反行為を列挙している。

医薬品法95条・96条における構成要件につき、重要なのは、行為主体である。法人の犯罪能力については否定されている。しかし、法人の機関や法定代理人などの自然人は処罰の対象である。また、企業の所有者または支配人として委託を受けた者も処罰の対象である。開発から販売までの薬品の製造・販売過程は、分業によって分担されて実施される。

(i) 特別刑法犯

第2に、その他の特別刑法違反としては、治療薬宣伝法（Heilmittelwerbegesetz＝HWG）の規定が代表的である。同法3条で禁じられた「誤解を招く宣伝」（irreführende Werbung）が、14条で処罰されている。薬局法23条は、認可を受けずに薬局を経営することを禁止し、処罰する。製造物の瑕疵に対する刑事責任の問題にとっては、過失責任の範囲をどのように決定するかが問題となる。医薬品法では、法律上経営組織につき一定の形式を要求している。製薬業務につき、製造主任、検査主任、販売主任ならびに段階的計画責任者につき十分な資格を持つ人を任命しなければならない。医薬品法19条では、責任範囲につき、「14条に定める専門家は、医薬品のそれぞれの工程[310]（Charge）が、医薬品とのかかわりに関する規定に応じて作成され検証されたことに対して責任をもつ」と定められている。

(ii) 一般刑法犯

一般刑法における構成要件としては、医薬品の使用によって人間の生命・身体・健康が危殆化ないし侵害されたときに、殺人罪・過失致死罪、傷害致死罪、過失傷害罪が適用される。故意犯の既遂ないし過失犯として処罰する

---

310 ここで「工程」とは、同一素材の製造過程ないし殺菌過程で生じる個々の過程の全体をいい、または一定の時間帯で製造される個々の過程の全体をいう（*Spickhoff*, Medizinrecht, S. 46）。

には、もとより医薬品の使用と死亡ないし傷害との間に因果関係が存在することが必要である。問題点としては、人体を用いての臨床試験の態様の中には、故意の傷害罪として可罰的ではないかと思われる態様のものもあることである。すなわち、医薬品の臨床試験において、当該医薬品を与えるグループと与えないグループにその事実を告げないで実験する場合に、他のグループに比べて有害と思われる医薬品を与えたとき、傷害の故意が認められることである[311]。しかし、臨床試験の刑事法的評価については本書第2巻の課題である。その他、最近論議の対象になっているのは、監督・コーチがスポーツ選手にドーピングをさせた場合の刑事責任である。医薬品法95条1項2号aは、「6条1項に反して人に対しドーピングの目的で医薬品を流通に置き、処方し、他人に使用し、または所持する」行為を処罰している。問題は、この罪の共犯規定である。第三者がドーピングを教唆し幇助したとき、可罰的であるが、スポーツ選手自身が、「所持」を除いて、この罪に関与するときに処罰されないというのである[312]。

医薬品法も秩序違反規定をもつ。秩序違反により、刑事犯ではない（行政不法）医薬品法上の義務違反に制裁が課せられる[313]。これにより行政法規が遵守されることを側面補強されるのである。これに対する違反には、過料によって対処される。過失で実行された96条のすべての要件違反に、97条1項で、過料を課している。

(3) ドイツにおける薬害に対する刑事過失責任
(a) 民法と刑法における製造物責任論の展開

医薬品の製造過程において生じた欠陥によって、それを摂取した患者が傷害を負いまたは死亡するといった事故が発生したときに、その事故に対する製造者の責任を問う製造物過失責任論は、民事法において、なかんずく民事判例ないし民事法学において理論的に発展させられた。刑事法の分野は、これに後塵を拝したのであるが、今日では刑事製造物責任論も理論的に議論の対象となっている。ドイツ刑法においても、すでに1980年代末以降から刑事

---

311 Vgl. *Deutsch/Spickhopff*, Medizinreht, 6. Aufl., 2008, S. 874.
312 Vgl. *Deutsch/Spickhopff*, Medizinreht, 6. Aufl., 2008, S. 874. 所持犯については、クラウス・ロクシン・山中友理〈訳〉「所持犯」刑事法ジャーナル20号（2009年）51頁参照。
313 *Lippert*, a. a. O., in: Wenzel (Hrsg.), Handbuch des Fachanwalts, S. 1544 f.

製造物責任論が本格的に論じられ始めている[314]。そこで、クーレンは、上記のこのテーマの民事判例における先行的取組にかんがみて、特に民事判例において展開された「注意義務」の基準を刑事法においてどのように扱うべきかという問題を論じている[315]。

　それは、まとめると、①規範的統一説（normative Einheitlichkeitsthese）、②カズイッスティックな統一説（kasuistische Einheitlichkeitsthese）、③先例説（Präjudizienthese）である。第1の見解は、注意義務は、民法においても刑法においても統一的に定義されるべきだとするもので、その概念は、両法において規範的に統一的に解釈されるべきだとするものである。第2の見解は、製造物責任に関する民事判例による注意義務の具体化は、大雑把に全体的には刑法にも適切に具体化されているが、規範的に統一されるわけではなく、大雑把に全体的に言って適切であれば、刑法においても主張できるというものである。第3は、刑法における注意義務について、民法におけるそれに関する判例を先例として刑事法にも受け入れるというものである。つまり、これは、刑事判例は、民事判例を引用できるが、特別の理由があればそれから逸脱してよいという帰結を伴う見解である。これによれば、例えば、民事法における「危険責任」（Gefährdungshaftung）については、刑事法ではこれと異なる帰結をもたらしうるということになる[316]。

(b)　刑事製造物過失論における注意義務の基準

　この方法論にしたがって、民事法における「注意義務」論に注目すると、民事判例は、債務者の責任について定めたドイツ民法276条2項の基準から出発している。「社会生活上必要な注意を怠った者は、過失によって行為するものである」。この「**社会手生活上必要な注意**」の概念は、いわゆる新過失犯論により、刑事過失の概念にも採り入れられている。

　まず、一般的に、製造物責任の領域における特殊な注意基準としては、許された危険と客観的注意の関係に特別の意味が与えられているといえる[317]。医薬品の製造販売は、それが生命や身体に悪影響を及ぼす危険を内

314　当時の重要文献として、Vgl. *Schmidt-Salzer*, Produkthaftung Bd. 1, Strafrecht, 2. Aufl., 1988; *Lothar Kuhlen*, Fragen einer strafrechtlichen Produkthaftung, 1989.
315　*Kuhlen*, a. a. O., S. 87 ff.
316　*Kuhlen*, a. a. O., S. 91 f.
317　Vgl. *Mayer*, a. a. O., S. 277 f.

包した活動であるが、治療に役立つのだから社会的に有用であることは疑いない。そこで、製造者は、その活動に当たってどのような具体的な安全対策をとるべきかが、その活動の可罰性を判断する上で重要となる。これは二つの要素に依存する[318]。一つは、その製品がターゲットとする消費者に対する平均的な安全対策であり、もう一つは、安全を維持するに必要な科学と技術のその時の水準によって可能なことをなす安全対策である。第1の点に関しては、生産者が製品を向ける消費者圏が決定的意味をもつ。専門家のみが使用するのか素人も使うのかによって安全対策は異なる。それぞれの消費者圏において、その通常の平均的消費者の期待に向けられた客観的な規範的基準が妥当する。一般的にいうなら、医薬品については、患者の立場を考えると、他の製品より厳格な基準が必要である。第2点に関しては、科学技術的可能性から見て、その製品を安全に関しては最高の水準が注意義務の基準とされるべきである。これは、科学技術の水準という責任の限界を意味する。開発・販売当時、認識できなかった医薬品の欠陥については社会生活上の注意を払っても回避できなかったのであり、損害回避ができなかったことについて非難はできない。

(c) 医薬品の製造販売における注意義務の種類

それでは、医薬品の製造販売に関する製薬会社の義務にはどのようなものがあるのだろうか。これに関しては、民法では1960年代に学説が集中的に議論し、1970年代・80年代に一連の連邦裁判所の判例が、製造者の義務を論じた。それには、創製上の義務、製造上の義務、指示義務、製品監視義務、そして対応義務（警告・回収義務）が含まれる[319]。

(i) 開発および製造過程における義務

ⓐ創製上の義務（Konstruktionspflichten）

創製の段階とは、医薬品の合成の計画ないし設計の段階[320]である。この段階では、製造者には、医薬品を科学技術の水準に従って物性と目的に即して創製し、一定の使用の際に回避可能な、そして許し難い副作用の危険を排

---

318 これについて、vgl. *Mayer*, a. a. O., S. 278.
319 以下の叙述については、vgl. Mayer, a. a. O., S. 280 ff.
320 「創製」の語は、医薬品の開発の最初の段階における「物質創製」から、Konstruktion をこう訳したものである。*Hager*, Umwelthaftung un Produkthaftung, JZ 1990, S. 397 において、毒物の創製（Konstruktion）につき、計画ないし設計（Plannung）と同義に使っている。

除する合成を選択する義務が課せられる。計画・調合に一般的に欠陥があるのがその特徴であるので、この段階の欠陥はすべての製品に共通する。製造者は、開発された医薬品を、薬理上・毒物学上の検査および臨床試験によってその薬効、副作用、代謝作用を検査し、発見されたデータを厳密に評価しなければならない。

　この段階の必要な安全義務は、医薬品法5条に根拠をもつ。疑わしくない医薬品のみを市場におくことが許される。立法者は、「疑義がある」かどうかの判断においては、「技術の水準」ではなく、「医学上の認識」のみを重要だとする[321]。

　ⓑ製造上の義務

　製造段階では、創製は適切になされたが、この段階に至って医薬品に発生した、健康に危害を及ぼす欠陥が、回避されるよう製造工程を形成しなければならない。製造上の義務（Fabrikationspflichten）とは、製造過程で欠陥が生じることを防止する義務である。原料や最終製品の純度、医薬品の化学合成、生産設備の清潔性ならびにありうる汚染の危険の回避などに関する多数の規定が遵守されなければならない。製品があるべき性状から逸脱することが。これらの義務によって回避されるべきなのである[322]。この典型例としては、鶏肉を袋詰めする段階で、バクテリアの汚染に対するワクチンに欠陥があったという連邦裁判所の1968年11月26日の「鶏肉伝染病事件」[323]（Hünerpest-Fall）が挙げられる。具体的には、製造者には、注意深く製造過程を設計し、抜かりなく形成し、厳密に組織し、恒常的に監視し、また、製品の製造過程で品質管理する義務が課せられる。

　ⓒ用法上の義務

　製造物の欠陥は、その品質によって生じるのみではなく、消費者の使用方法によっても生じる。したがって、医薬品の添付される用法の指示や注意書きが、危険なくその医薬品を使用するためには不可欠である。この段階の欠陥は、指示の不備（Instruktionsfehler）と呼ばれる。製造者は患者に医薬品の指示通りの使用を指示し、指示に違反した場合危険であることを説明する義

---

[321] Vgl. *Jenke*, a. a. o., S. 115.
[322] Vgl. *Jenke*, a. a. o., S. 115 f..
[323] BGHZ 51, 91 ff.

務を有する。この医薬品の危険性の説明と警告に関する企業の責任については、とくに厳格な要件が付されている。例えば、明白な誤用に対しても警告する義務があるとされている[324]。この責任は、狭義における製造物責任には属さない。その典型例は、**エスティル判決**[325]（Estil-Entscheidung）である。ある女性が、エスティルという麻酔薬を、規定通り静脈内にではなく、動脈に注射されたため、上腕を失ったという事案であり、製造者が訴えられた。このエスティルの静脈注射が、四肢の喪失に至ることを明確に医師達に指示しておくべきであったと判示された。さらに、連邦裁判所は、いわゆる**喘息スプレー判決**[326]（Asthoma-Spray-Entscheidung）において、製薬害は、その製品説明において、それ自体疑義のない医薬品の明らかに規定に反した使用に対しても警告しなければならないとした。

　　事案は、24歳の男性が喘息にかかっていたところ、医薬品の容器に記載された、最大限10分間に噴霧剤3回の噴射を約50回連続して押して使用し、その結果死亡したというものである。裁判所は、医薬品の過剰使用の危険に対しては、原則として警告する必要はないとした。異なるのは、患者に喘息発作や心筋梗塞が起こった場合などの劇的な状況において患者自ら使用するよう予定された医薬品の場合である。製薬会社が、誤った使用を予想しなければならないなら、警告の義務を負う。連邦裁判所によれば、医学が、医薬品の一定の使用方法により使用者に健康の危険が生じうるという真摯に考えられる疑義が存在するとき、容器に書いて警告しなければならないというのである。

　要するに、製造企業に指示義務違反が見られるのは、危険や真摯な危惧を警告しなかったり、不完全・不明確に警告を発したり、あるいは必要な強調を加えずに警告したことによって、その危険が軽視された場合である[327]。

　しかし、その後のドイツの判例は、警告義務違反と結果との因果関係が証明されない場合には、警告義務違反は損害賠償を根拠づけないと判示して、警告義務の射程に制限を加えている。1993年のフランクフルト上級ラント裁

---

[324] BGHZ 106, 273（下記喘息スプレー判決）；BGH NJW 1972, 2217 下記（エスティル判決）。
[325] BGH VersR 1972, 1075. 当該の麻酔薬には、「静脈注射は絶対に避けなければならない」と書かれていた。この麻酔薬については、同様の事故が多数発生し、たいていは、後に上腕を失うこととなった。この事件については、Vgl. *Jenke*, a. a. O., S. 68.
[326] BGHZ 106, 273.
[327] Vgl. *Mayer*, a. a. O., S. 287.

判所の **M/M-Vax-ワクチン事件判決**[328] がそれである。

（事実）本件の発生した1980年当時16歳の患者が、なかんずく、医薬品の使用法の指示に不備があるとして、そのワクチンを注射した医師とそのワクチンを製造した製薬会社を訴え、損害賠償を請求した事件において、ワクチン注射後2週間して命を脅かす血中糖度が確認され、慢性糖尿病と診断されたが、ワクチンの注意書きには糖尿病の危険については記載がなかったというのである。フランクフルト上級ラント裁判所は、訴えを退けた。
（判旨）ワクチン注射と発症した糖尿病との間には密接な時間的関係はあるが、ワクチンが糖尿病の原因であったとは証明されていないというのである。原告には、むしろすでにその体質があり、インシュリンを産出する細胞の病的破壊過程が始まっていたのであるが、ワクチンによって12カ月発症が早まっただけである。警告ミスがあったとも証明されていない。1980年には、医学において確かに流行性耳下腺炎（Mumps）保護のためのワクチンに起因する糖尿病の発症の可能性は時には議論されていたが、確実な知識でも、深刻に受け止められる疑念があったわけでもない。「流行性耳下腺炎からの保護のためのワクチンは、すでにひそかに存在していた糖尿病を早期に引き起こしうる。しかしながら、このような危険は、治療する医師には認識されていなかった。1980年には、医師にとって流行性耳下腺炎に対する予防注射による糖尿病の早期発症がありうることにつき説明する義務はない」というのである。

この判決は、連邦裁判所の「喘息スプレー事件」から離反して、本件では、裁判所は、医薬品法84条1項2文による指示ミスが存在するのは、その因果関係に関する医学上の確実な知識があるにもかかわらず、警告が発せられていなかった場合のみであるというのである[329]。それに対して、民法823条1項による警告は、「深刻に受け止められるべき疑念」が存在すればよいとされている。この判決の趣旨は、次のような判例の傾向から説明されうる。

1980年代には、連邦裁判所は、製薬者ないし製薬会社の医薬品の危険に対する警告義務は、内容的に不法行為法から生じる範囲と医薬品法84条の危険責任から生じる範囲とは同じ範囲であるとしていた。しかし、指示の不備に

---

328 OLG Frankfurt a. M., NJW-RR 1995, 406 ff.
329 Vgl. *Jenke*, a. a. O., S. 70.

対する責任は、民法823条1項によれば、医薬品法による場合より極めて早期に発生しうる。84条1項第2文2号の枠内では、検査資料に基づいて、又は医学上確認された知識に基づいてよく知られたその他の危険に対して指示を与えなかったことのみが、責任を根拠づける。これに対して、民法823条1項による医薬品製造者の責任は、深刻ではあるが、必然に迫るのもではないような疑念に基づいて発生しうる健康被害に対する警告を怠ったときすでに発生する。連邦裁判所は、法律上ないし所管官庁の諸規定を遵守したというだけでは、製造者に一般的製造物責任を免れさせるには十分ではないとしている[330]。

(ii) 販売上の義務

製造者は、医薬品を適切に、外部の影響から保護する形で保存し輸送する義務を負う。販売の経路についても、認可および経営許可を得て、薬局を通す義務のある医薬品については、その販売経路は、医薬品法47条[331]を遵守する必要がある。

(iii) 流通後の義務

製薬業者は、医薬品を流通に置いた後は、実際のその使われ方を監視し、損害事故が発生した場合にはそれに対して適切に対応する義務を負う。

ⓐ製品監視義務

製品監視義務とは、副作用のような製品の一定の危険が、流通に置かれた後にはじめて発覚することを考慮した義務であり、製造者の義務に続くものである。製造者の義務を販売後にまで拡張・継続させる意味をもつ。この義務は、販売された当該の医薬品に関するその後の研究を踏まえて再評価し、損害の申し出を考慮して常に再検討することを目的とする。生命や身体に損害を及ぼす危険のある医薬品ほど、経済的利害を超えて高い販売後のコントロールを必要とする。製品監視には、能動的監視と受動的監視がある[332]。

---

[330] Vgl. BGH VersR 1987, 102. この判決は、その要旨において「法律、法規命令ないしそこで参照されている技術上の準則は、それらが危険な製品の特徴と必要な警告方法に関して、または安全のための助言に関する規定をもつ限り、製造者の注意義務を具体化している。しかし、それらは、一般的に保護財に対して完結的な行動プログラムを持つわけではなく、場合によってはなお補完の必要がある」という。Vgl. *Jenke*, a. a. O., S. 116 f.

[331] 医薬品法47条では、原則として、製薬会社ないし卸売業者は、医薬品はその交付が留保されている薬局に、そして薬局のほかには、(1) 他の製薬会社および卸売業者、(2) 病院および医師、その他、(3)…に納入できると規定する。

後者が、損害の申立てを受けて行われる監視であるのに対して、前者は、それがなくても積極的に最新の内外の研究や文献に照らして製品の性質をコントロールし、再検査することを意味する。製造企業は、他社の新製品などとの同時服用によって生じうる新たな危険を積極的に発見するよう努めなければならない。

　製造者は、主作用、相互作用、副作用並びに不適応に関して、当該医薬品を実際に使用した経験の報告を収集し、評価し、相応の帰結を引き出さなければならない。さらに製造業者は、恒常的に、当該領域における科学技術の発展の進み具合を追跡する義務を負う。事情によっては、その医薬品に関してさらに臨床研究を実施しなければならない。この点で、フランクフルト地方裁判所は、製品監視義務は、製品を市場に投入してからとくに最初の1～2年は、集中して行い、その後は減らされ、とくに時間の経過のうちに目立った事象がないとき、減らしていかなければならず、その結果、実質的にはゼロになるまでに至ることもあるという[333]。

ⓑ危険防止義務

　製品監視義務は、製品をただ監視するだけに尽きるものではない。それは、監視によって得られた認識から正しい答えを引出し、遅滞なく損害発生を防止する措置、最終的には製造停止、流通する医薬品を回収する義務に結びつかなければならない。製品の引き渡し以前にあってはならないことは、その後でも同じである。

　ⓘ　**義務の発生時点**　医薬品製造業者が行動をとらなければならない基準となる時点はいつかを確定するのが、困難な課題である。とくに、製薬会社の作為義務を引き起こすに、その医薬品の有害性についてどの程度の疑義が必要かが問題である。原則的には、医薬品法5条2項における「根拠のある疑義」(begründeter Verdacht) の解釈と同様に解釈できる。つまり、一方では、製薬会社は、遅くともその医薬品の有害な作用が確認されたときには、介入しなければならないと解されるが、他方で、科学的コンセンサスが得られるまでは一切の安全措置は取られなくてよいとするなら、製造物の有害性の証明における様々な問題点の故にもあまりにも限定されすぎである。単に

---

[332] Vgl. *Mayer*, a. a. O., S. 290.
[333] LG Frankfurt NJW 1977, 1108. Vgl. *Jenke*, a. a. O., S. 117.

「抽象的な危険の疑義」でも、しかるべき指示を追加する必要があるという以上に、それを超えて作為義務を根拠づけるには、十分ではない。刑法上の不作為犯を成立させる作為義務が生じるというためには、その疑念を確認するための期間が必要である。しかし、このような刑法上中立的な期間は、当該医薬品の有害性の推定が深刻な疑義にまで濃厚になる瞬間に終わる[334]。しかし、その時点が具体的にどの時点かについては個々の事案の事情による。

(ⅱ) **具体的に必要な危険防止措置**　次に、個々の事例で具体的に必要な危険防止義務の内容はいかなるものかという問題がある[335]。これには、三つのものがある。①警告、②製造停止・販売停止、③製品の回収である。第1に、「警告」に関しては、健康に有害だと疑われる医薬品のすでに流通に置かれたものから生じる潜在的危険を防止するためには、製薬会社は、消費者や専門家から得られた情報から認められた指導義務を継続・補完して、医師と患者に、事後的に知らされた副作用の深刻な疑義について告知しなければならず、また、その医薬品の消費方法や一定の使用方法に対して警告しなければならない。必要な警告の内容と範囲に関して有害だという仮定が覆されることがあるまで、それ以上販売しない義務を負っている。事情によっては、製薬会社は、適用範囲を制限し、使用方法を限定することによって、医薬品の危険を排除し、適当な程度に減じることによって製造停止ないし販売停止を回避することができる。使用方法や専門情報の変更が必要であり、それは、例えば、容器ないし使用書の相応の形にして修正を明確に強調することによって行われる。第2に、「製造停止・販売停止」に関しては、健康被害を引き起こすという疑義のある医薬品で、すでに製造されたが、未だ流通に置かれていないものを、製薬会社が、最終的に被害の過程が解明され反駁されるまで販売しない義務を負うことは争いがない。有害な副作用があることにつき、根拠のある疑義があるときは、医薬品法5条から直接にこの義務を負う。さらに、販売停止期間中在庫の検討義務などが課されている。第3に、有害な医薬品の「回収」に関しては、どのような事情が生ずれば、市場

---

[334] BGHZ 80, 186; BGHZ 106, 273（喘息スプレー判決）など。これについて詳しくは、vgl. *Jenke*, a. a. O., S. 68; *Mayer*, a. a. O., S. 293.
[335] Vgl. *Mayer*, a. a. O., S. 294.

に出た医薬品の回収にまで至らなければならないのかについて論議されている。一部には、製造者の回収義務を全面的に否定する見解もあるが、とくに医薬品のような病人、高齢者、子供のような弱者が使用する危険を伴うものについては、説得力はない。刑法上の製造物責任として回収義務を認めるかについては、今日でも激しい争いがある[336]。回収義務をめぐる議論の出発点は、製品の回収が、比例原理の意味において、健康への有害性を回避するために適切かつ必要であり、製造者にそれが期待できるということである。第1に、被害回避のために回収が適していること（＝適切性要件）である。回収の不作為が、有害結果を招くという因果関係の存在することが必要である。第2に、被害回避のために回収が必要であること（＝必要性要件）である。危険が製品の性質によるものではなく、警告された客観的に危険な使用方法から発するものであるとき、この義務を論じることは疑わしい。第3に、製品回収の措置を取ることが製造企業に期待可能性かどうかである（＝期待可能性要件）。製品回収には多額の費用と甚大な努力が必要である。それは、その医薬品の危険性と有益性の間の包括的な利益衡量を必要とする判断を要する。それは、財政的・組織的費用を考えると、回収は、究極の手段（ultima ratio）である。

(iv) 組織義務

これらの各種の義務を適切に充足する不可欠の前提として、製薬会社は、適切に危険を防止できるように経営過程を組織化する義務（＝組織義務）を負う[337]。企業組織全体として、法益侵害は許されないのであって、企業はそのように組織されなければならないのである。品質の安全を保障することができる物理的・人的組織が確保されなければならない。製薬会社は、開発、仕上げ、コトロールのプロセスが全体として安全なものとされ、製品の欠陥ができるだけ回避され、少なくとも欠陥が適時発見されるよう組織化されていなければならない。十分な専門的知識をもった人員を整え、適切な垂直的ないし水平的な部署への分業組織を形成し、十分な研究資料および相応の技

---

336 回収義務に反対するのは、*Torsten Alexander*, Strafrehtliche Verantwortlichkeit für die Warnung der Verkehrssicherungspflichten in Unternehmen, 2005, S. 76 f.; *Rolf Jungbecker*, Strafrechtliche Verantwortung des Herstellers, in: Arzneimittel und Medizinprodukte: Neue Risiken für Arzt, Hersteller und Versicherer, 1997, S. 164 f.

337 Vgl. *Mayer*, a. a. O., S. 305 ff.

術を備え、十分な情報をももち、危険源に対する従業員に対する指示を与え、詳細な生産・品質記録をつけることも必要である[338]。組織義務の本質的な構成要素としては、さらに、集中的な監視措置・点検措置の実施がある。

これに加えて、最近では、薬害については、環境刑法と同じく「公法上の倫理委員会」の委員などの公務担当者の危険源の管理に関する不作為責任の理論的根拠の問題が注目され始めていることを指摘しておく[339]。

2．わが国における薬害事件

(1) サリドマイド事件

ドイツでは、サリドマイドを含んだ薬剤がその名前で販売されたことから、コンテルガン訴訟と呼ばれる先に紹介した刑事事件の裁判は、アーヘン地裁で訴訟打切りによって終結した[340]が、わが国の刑事法にも、とくに因果法則の明らかでない因果関係の認定につき関心を呼び、日本の刑法学にも影響を及ぼした。しかし、同じサリドマイドを含む精神安定剤・睡眠薬は日本でも開発・販売され、すでに1950年代に同様に薬害事件が発生していたのであり、ドイツで問題にされた後、わが国においても大問題となり、これがわが国最初の薬害事件となった。わが国では、「**サリドマイド事件**」と呼ばれる[341]。わが国では、大日本製薬がサリドマイドを独自の方法で開発・販売し、1958年1月20日に「イソミン」として、また、1959年8月22日に「プロパンM」の名称でサリドマイドの入った整腸剤として販売した。当初は、原因不明の奇形を伴った新生児が多数出生した。1961年11月26日にドイツのグリュネンタール有限会社がその回収を決定した。1962年9月13日になっ

---

338 Vgl. *Jenke*, a. a. O., S・113.
339 Vgl. *Philipp Georgy*, Die strafrechtliche Verantwortlichkeit von Amtsträgern für Arzneimittelrisiken, 2011, S. 15 ff.
340 LG Aachen, JZ 1971, 507.
341 Vgl. *Yamanaka*, Die Bilanz des AIDS-Skandals in Japan —Strafrechtliche Haftung wegen der Produktion, der Aufsichtspflichtverletzung und der ärztlichen Verschreibung von AIDS kontaminierten Blutprodukten—, in: Rengier/Yamanaka (Hrsg.), Die gegenwärtigen Aufgaben des Rechts in sich ändernden Sozialsystems, S. 147 ff., in: http://kops.ub.uni-konstanz de: *Yamanaka*, Geschichte und Gegenwart der japanischer Strafrechtswissenschaft, 2012, S. 317 ff.

て、大日本製薬は、その薬剤の発送を中止し、市場に出ていたものを回収する措置をとった。奇形をもって出生した子供は、3000人以上に達した。大日本製薬に対する損害賠償を請求する民事訴訟は、1963年6月28日に名古屋地裁に提起された。1974年10月26日に訴訟は和解に達した。

(2)　京都ジフテリア禍事件[342]

ジテリアの残存するジフテリア予防液が製造販売された結果、ジフテリア予防接種を受けた乳幼児と児童らのうち604名がジフテリア毒素中毒により死傷した[343]。本件では、ジフテリア予防液製造機関における主任技術者の過失が問われた。主任技術者が、その実務担当者に対し製造上の実験則たる製剤を単一容器に集注する操作に関し何等の指示注意を与えることなく、そのなすがままに任したため、実務担当者が、操作を怠り小壜に分注した結果全製剤の均質性を欠きジフテリア毒素を含有するものを生ぜしめたという事案であり、判決は、主任技術者Aの注意義務違反を認めた。実務担当者は、B、C、及びDであり、Eは、過失がなかったとして原審において無罪が言い渡されている。

　　（判旨）「主任技術者は製造について管理者として製造所の物的設備及び人的設備を完全にすることによって製造の完全を期しなければならないことは当然である。しかしながら主任技術者の責務はそれだけに止まるものでなく、叙上の如くこの地位が認められたところより由来する条理に基く職務或は慣例に基く職務として自ら親しく製剤の製造に従事するか将又他人をしてその製造に従事せしめる場合にはその製造につきこれが実務を担当する者をば指導監督するの責務をも併せ有するものと解しなければならない」。

　　「畢竟被告人Aの過失は本件ジフテリア予防液明ばんトキソイド製造に関し生物学的製剤製造上の実験則や便法の趣旨につき指導監督することを怠ったこと、又右予防液の検定を出願するに際し四個のコルベンの製剤をそれぞれ別個の製造番号として検定を出願せねばならないことについて指導監督することを怠ったことを前提とするのである。そもそもジフテリア予防液の如き生物学的製剤にあっては無毒均質であるべきことが第1要件であることは当然であり、

342　大阪高判昭32・3・30高刑集10・4・333。
343　この事件につき、北川佳世子「予薬・調剤と過失」中山・甲斐（編著）『新版医療事故の刑事判例』190頁参照。

この点につき絶大な注意が払われねばならぬ」。

弁護人は、因果関係をも争ったが、判決では、この点、次のようにいう。「所論は本件明ばんトキソイドの注射と患者の死亡との間の因果関係は充分証明せられておらず未だ単なる嫌疑の程度を出ないのでありこの点原判決には事実誤認がある旨主張する。しかし所論因果関係の如きは解剖等の自然科学的究明方法によって寸分の疑なきまでに解明せられなくても関係証拠により条理上その因果の関係が真実存在するとの高度の蓋然性があり而も論理的疑問をさし挟む余地のない迄の心証を形成し得る場合にはこれが証明充分と断じなければならない」のである。

本件では、主任技術者の物的・人的設備の管理義務とともに、製剤の製造に従事する者に対して指導監督の義務をも負うとする。明ばんトキソイドの注射と患者の死亡の間の因果関係については、「寸分の疑いなきまでに解明される」必要はなく、その存在の「高度の蓋然性」があればよいとする。

(3) その後の民事薬害事件

その後、わが国では、1971年になって、**薬害スモン事件**が、民事訴訟に発達した。スモン病の症状は、はじめ下痢、腹痛などの腹部症状があり、続いて急性又は亜急性の知覚障害が引き起こされる。その臨床的特徴は、「下肢筋力低下等による歩行障害や視神経萎縮による視力障害に加えて、4、6時中続くしびれや激痛などの知覚障害がみられることで、スモン病患者は時としてこの三重苦の悲惨な様相を呈する」[344]。1955年以降現れ始め、1965年以降各地で集団的に発生し、1969年にはピークに達した[345]。その原因については、当初、ウイルス説も唱えられたが、1969年9月には、厚生省のスモン特別研究班が発足し、1970年にはスモンの原因は当時整腸剤として使用されていたキノホルムであるという見解が発表され、厚生省は、1972年にこれにもとづきキノホルム剤の販売・使用中止の措置をとった。これまでに1万1千人を超える患者が出ていた。

1971年5月に、第1次訴訟は提起された。その訴訟の被告は、日本チバガイギー株式会社、武田薬品工業株式会社、田辺製薬株式会社および国であっ

---

344 東京地判昭53・8・3判時899・48参照。淡路剛久『スモン事件と法』(1981年) 3頁。
345 淡路・前掲書3頁。

た。これらの会社は、ホルム製剤を製造または輸入のうえ販売し、厚生大臣は、本件キノホルム製剤の製造・輸入を許可または承認したのであった。その年、全国で4800人の患者が27の裁判所に提訴し、1978年8月3日に東京地裁が初めて判決に至った[346]。判決は、添付資料を別にして全文約千頁に及ぶ膨大なものであり、その内容として特徴的なのは、因果関係につき詳細な判断をなし、キノホルムがスモンの唯一の病因であるとし、予見可能性につき、昭和31年1月当時キノホルム剤のヒトに対する神経障害の予見は可能であり、製薬会社にはその結果回避義務の違反があったとされた点にある[347]。予見可能性については[348]、とくに「危惧感」ないし「懸念を持たせるような疑問点」があれば足りるという原告側の主張を排斥し、「ヒトの身体・生命に対する単なる危惧感では足りず、反面、衡平の観点から、その内容をある程度抽象化し、予見の幅を緩やかに解するのが相当である」としたのが注目される。

さらに、**クロロキン訴訟**が周知である。クロロキンとは、本来、マラリア予防薬であるが、それ以外にリューマチの治療に用いられた。その副作用として、視野狭窄や失明を伴う「クロロキン網膜症」を発生させる。クロロキンは、1934年にドイツで開発され、日本では、小野薬品工業株式会社によって1961年に腎疾患の薬として宣伝され販売されたが、すでにその年、角膜の混濁や網膜障害が報告されている。日本では、マラリア以外に慢性腎炎や関節リューマチにも用いられた。アメリカでの副作用に関する報告があったにもかかわらず、日本では情報開示されず、製薬会社に対する指導もなく、被害が拡大した。1000名にも上る人が被害を被った。1973年に横浜地裁に、1975年には東京地裁に民事訴訟が提起されている。1975年にはクロロキンの販売が禁止された。そのうち約100名が民事訴訟を提起した。1977年に東京地裁は、医師の責任を認め、1995年に最高裁は、国家の責任を否定した[349]。

---

[346] 前掲東京地判。原田尚彦「薬害と国家責任―東京スモン訴訟第一審判決」ジュリスト臨時増刊693号41頁。
[347] 詳しくは、淡路・前掲書21頁以下参照。
[348] 予見可能性説については、淡路・前掲書48頁以下参照。
[349] 東京地判昭57・2・1判時1044・19。東京高判昭63・3・11判時1271・3、最判平7・6・23民集49・6・1600。

(4) クロイツフェルト・ヤコブ病事件

クロイツフェルト・ヤコブ病[350]（Creutzfeld-Jacob-Disease＝CJD）は、異常プリオンが脳内に侵入し、脳組織に海綿状の空腔をつくって脳機能障害を引き起こす疾患で、100万人に一人の発症率といわれる。感染性の海綿状変性（transmissible spongiform encephalopath＝TSE）. が見られる 脳疾患である。潜伏期間は2、30年に及ぶが、通常発症後1年で死に至る。この病気に特徴的なのは、プリオン蛋白が、遅延性感染と神経変性に重要な役割を果たす。密かな睡眠障害、記憶障害、精神的変性から始まって、さらに進行すると、重篤な運動障害・人格変性が生じる。

わが国では、1996年11月に、大津地裁に初めて損害賠償訴訟が提起された。原告は、乾燥硬膜（dural graft）を移植されてこれに感染した女性とその夫であった。原告らは、硬膜の輸入販売を承認した国とこれを輸入して販売した企業などを相手どって損害賠償を求める訴訟を提起した。2001年に薬害ヤコブ病訴訟は提訴以来4年8月ぶりに結審し、当事者双方に和解の勧告を行い、2002年に原告と被告が和解の「確認書」に調印した。

(5) C型肝炎訴訟

日本では、およそ200万人がこれに罹患した。C型肝炎ウィルスの感染は、血液を媒介して生じる。今日では、輸血による感染は珍しくなり、血液製剤を通じて感染する。

2002年に、16人の患者がフィブリノゲン製剤[351]による損害賠償請求を製薬3社（田辺-三菱、ベネシス、日本製薬）[352]ならびに国に対して提起した。その後、大阪、東京、福岡、名古屋及び仙台の5地裁に、総数200余名の原告から順次、国家賠償を求めて提訴があったが、2006年から07年にかけて言い渡

---

[350] この病気については、精神科医 ハンス・ゲルハルト・クロイツフェルト（Hans-Gerhard Creutzfeldt）によって1920年に初めて報告された。1921、1922年には、精神科医アルフォンス・マリア・ヤコブ（Alfons Maria Jakob）によっても報告された。1922年に「クロイツフェルト・ヤコブ病」という名称が導入された。

[351] フィブリノゲンは、血液中において止血効果のある蛋白を構成する者の一つである。フィブリノゲン製剤の原料は、何人ものヒトの血液から集められたプラズマ・プールであり、出産や手術の前に止血剤として用いられる。

[352] 2007年に田辺三菱とベネシスが統合した。日本製薬は、1946年に創立され、武田製薬の子会社であり、50年代に問題の血液製剤を製造していた。

された五つの判決は、厚生大臣に、原告の主張する適応限定義務違反や指示・警告させる義務違反の違法があったかどうか、あったとしてその時期及び内容について、それぞれ異なる判断を下した。例えば、2007年に東京地裁は、製薬会社と国の責任を一部認めた[353]。これにその他の判決も続いた[354]。

このように5地裁の判決が分かれる中、最も審理の進んでいた大阪高裁において試みられた和解が難航し、立法的解決が図られることになり、2008年1月11日、国会で「薬害肝炎被害救済法」[355]が成立し、同月15日、原告団と政府の間で基本合意が締結された。そこでは、薬害肝炎被害に対する政府の責任および政府の医薬品被害の再発防止努力が明記された。さらに、2010年1月1日からは、患者の経済的負担の軽減を図り観念の予防を目的とした「肝炎対策基本法」（平成21年12月4日法律第97号）が施行された。その第1条には、その目的として「この法律は、肝炎対策に関し、基本理念を定め、国、地方公共団体、医療保険者、国民及び医師等の責務を明らかにし、並びに肝炎対策の推進に関する指針の策定について定めるとともに、肝炎対策の基本となる事項を定めることにより、肝炎対策を総合的に推進することを目的とする」と掲げられた。

3．薬害エイズ刑事事件

(1) 薬害エイズ事件

薬害エイズ事件とは、日本においては、1983年ないし1985年に、主として1800人以上の血友病患者または肝臓病の患者がHIVに感染し、そのうち、500人以上が、HIVに感染した非加熱血液製剤が投与されたことによって、エイズを発症して死亡したという事件である。日本においては、非加熱製剤は、厚生省によって加熱製剤が許可されたのちにも2年4カ月にわたって使用され続けた。それによってエイズ感染の被害が極めて拡大された。1989年には、血液製剤を生産・販売した薬品会社に対する民事訴訟が提起された。

---

[353] 東京地判平19・3・23判時1975・2。
[354] 名古屋地判平19・7・31訟月54・10・2143、仙台地判平19・9・7訟月54・11・2171。
[355] 「特定フィブリノゲン製剤及び特定血液凝固第9因子製剤によるC型肝炎感染被害者を救済するための給付金の支給に関する特別措置法」（平成20年法律第2号）。なお、法務省ホームページ参照。

また販売許可をした厚生省に対しても訴えが提起された。この訴訟は、当時の厚生大臣が謝罪した後、1996年に和解に達した。1996年には、非加熱製剤を製造・販売した「ミドリ十字」株式会社の当時の代表取締役に対して株主代表訴訟が提起され、2002年に和解に至った。

(2) 薬害エイズ刑事事件

薬害エイズ刑事事件[356]としては、1996年8月以降、①ミドリ十字の社長、副社長、営業部長の3人（ミドリ十字ルート）、②帝京大学医学部教授で副学長であり、内科医長であった血友病の専門医A（帝京大ルート）、③厚生省生物製剤課長であったM（厚生省ルート）が、業務上過失致死罪で起訴され、三つのルートで刑事訴訟が始まった。薬害エイズ事件の被害者は多数にのぼるが、刑事事件で被害者として選ばれたのは、2名に過ぎない。被害者Xは、血友病患者であり、帝京大学医学部付属病院で1984年5月にHIVに対して加熱処理をされていない血液製剤を投与され、HIVに感染して死亡した。被害者Yは、1986年4月に大阪医科大学附属病院において肝疾患に伴う食道静脈瘤の硬化手術を受けた際、止血用薬剤として非加熱クリスマシン3を投与され、ヒト免疫不全ウィルスに感染し、1993年9月頃までにエイズの症状を発症させ、1995年12月、同病院に於いて死亡した。この非加熱製剤の投与の時期のずれが、過失の認定に大きな差異をもたらした。

4. 薬害エイズ刑事事件の判旨と論点

(1) ミドリ十字ルート

ミドリ十字の代表取締役社長（A）、副社長（B）、製造本部長（C）の三人が業務上過失致死罪で起訴され、二人につき有罪が確定した事件である。第1審[357]では有罪判決が出て、三名が、控訴したが、被告人Cは、第1審判決後死亡したため、控訴棄却とされた。控訴審大阪高裁[358]は、AおよびB

---

[356] 薬害エイズ刑事事件のうち、ミドリ十字ルート判決および厚生省ルート判決については、山中「刑事製造物責任論における作為義務の根拠」法学論集60巻5号1頁以下ですでに検討した。
[357] 大阪地判平12・2・24判時1728・163。
[358] 大阪高判平14・8・21判時1804・146。

につき有罪の判決を下した。

　本件の被害者は、被害者Yである。被告人らは、昭和61年（1986年）3月に、Dを通じて、大阪府高槻市…所在の大阪医科大学附属病院に非加熱クリスマシン合計7本を販売させ、同年4月に同病院において、医師K及び同Lに、肝疾患に伴う食道静脈瘤の硬化手術を受けたY（当時38歳、死亡当時47歳）に対して3本を投与させた。そして、間もなくYをその非加熱クリスマシンに含まれていたHIVに感染させて、平成5年（1993年）9月ころまでにエイズの症状である抗酸菌感染症等を発症させ、平成7年12月4日、同病院において死亡させた。

（事実） 本件の被害者は、肝疾患に罹患して、O病院に入院し、肝疾患に伴う食道静脈瘤の硬化手術を受けた。同病院医師は、被害者に対し、止血ないし出血防止用薬剤として、非加熱濃縮血液凝固第〈9〉因子製剤であるクリスマシン（以下、「非加熱クリスマシン」ともいう。）3本（合計1200単位）を投与した。被害者は、まもなくその非加熱クリスマシンに含まれていたエイズウイルス（ヒト免疫不全ウイルス）に感染し、エイズ（後天性免疫不全症候群）を発症させ、2年余り後、同病院において死亡した。本件結果の直接の原因は非加熱クリスマシンの投与にある。本件非加熱クリスマシンは、医薬品の製造販売を業とする当時の株式会社Dが製造したものである。Dは、医薬品卸販売業者のF商事株式会社に非加熱クリスマシン160本を販売し、同社は、同病院に対して、うち7本を販売した。本件被害者の主治医は、食道静脈瘤の硬化手術に際して非加熱クリスマシンを使用していた同病院医師作成の投与医薬品指定書に従って処方箋を作成し、これによって本件非加熱クリスマシン3本が本件被害者に投与されたものである。

（第1審判旨）①予見可能性について　「被告人らにおいて、非加熱クリスマシンを投与された患者らがHIVに感染し、エイズを発症するということの危険性を認識することは可能であったことが認められる。したがって、加熱クリスマシンHTの販売が開始された時点において、非加熱クリスマシンの販売を継続し、また、販売済みの非加熱クリスマシンを放置すれば、その投与により患者らにHIVを感染させ、エイズ発症により死亡させる危険性があることを予見することができたことは、明らかである」。

②回避可能性について　「被告人らが、加熱クリスマシンHTの販売後は、非加熱クリスマシンの販売を中止し、販売済みの非加熱クリスマシンの回

収措置を採ることにより、その後のHIV感染の結果を回避させることは、可能であったことが明らかである。すなわち、被告人Aが、代表取締役社長として、常務会等に諮るなどして、販売中止、回収の措置を実行し、あるいは、被告人Bが、代表取締役副社長兼研究本部長として、常務会等において、販売中止等の措置を採ることを提言するとともに、被告人Aにその旨を進言し、被告人Cが、代表取締役専務兼製造本部長として、販売中止等の措置を採ることを提言すれば、それぞれの社内における地位や職責に照らし、販売中止、回収が実現する可能性は極めて高く、本件被害の発生を未然に防止することが可能であったと認めることができる。したがって、被告人らにいずれも業務上の注意義務を怠った過失があることは、明らかである」。

本判決では本件においては、この非加熱クリスマシンのエイズ危険性及びその予見可能性が重要な問題となることはいうまでもない。本件非加熱クリスマシンが本件被害者に投与された期間には、すでにDによって加熱クリスマシンHTが販売されていた。しかし、Dは、加熱クリスマシンHTの販売開始後も非加熱クリスマシンを併行販売していた。かくして予見可能性は肯定され、回避可能性についても、「販売中止・回収」を取り、結果発生を防止することは可能であったとする。控訴審判決によってこの理由を詳しく見ておこう。

(控訴審判旨) ①予見可能性について Dの医学研究ないしこれに関する情報伝達分野の最高責任者である被告人Bは、遅くとも加熱濃縮血液凝固第9因子製剤が承認、輸入承認、販売開始された昭和60年12月ないし昭和61年1月当時において、エイズに関する上記…の有力な見解に基づく報告等の情報を広く収集し、慎重に考察していれば、エイズ発症の機序はまだ十分に分かっておらず、エイズを巡る知見には混迷があり、また、後に判明したような被害の恐るべき増大まではとても予測できなかったとしても、その職務上当然の任務として、わが国においても、[1] 血友病関連のエイズ患者が5名程度は認定公表されるに至っていること、[2] 専門家らにおいて、エイズウイルス抗体検査が行われた結果、かなりの割合の抗体陽性者が存するとの報告がされていたこと、[3] 抗体陽性者がエイズウイルス保有者であること、[4] 抗体は防御的作用が乏しく、エイズウイルスは将来にわたって保有され続けると想定されることなどから、血友病患者の抗体陽性者の中で、近い将来、エイズそのもの

の発症率が10パーセント前後、ARCを含めると30パーセント程度にまでは上るかも知れないと、そのことだけでも十分大きな危険性を認識し得たと認められる。したがって、同被告人は、上記の当時、非加熱濃縮血液凝固因子製剤のエイズウイルス感染、エイズ発症・死亡の危険性を十分予見し得たものと認められる。

②回避可能性について 「被告人Aは、血液製剤等の医薬品の製造販売等を業とするDの代表取締役社長として、同社の業務全般にわたる重要な案件について協議し決定する機関である常務会と経営会議を主宰し、営業方針等について報告を受けるなど同社の業務全般を統括していたもの、被告人Bは、同社の代表取締役副社長兼研究本部長として、常務会等を構成して同社の意思決定に参画し、被告人Aを補佐して同社の業務全般に関与すると共に、エイズと血液製剤との関わりについての情報収集等の調査を含む医薬品の研究に関する業務を統括していたものであり、いずれも同社の医薬品の製造販売に伴う危険の発生を未然に防止すべき地位にあった」。

「被告人らは、加熱クリスマシンHTの販売開始時点において、濃縮血液凝固第9因子製剤の加熱化がこれによって状況を決定的に変化させた極めて重要な意義を有するエイズ対策であって、非加熱クリスマシンの販売を継続し、また、医療機関等に販売済みの非加熱クリスマシンを放置すれば、その投与により患者らをエイズウイルスに感染させ、エイズ発症により死亡させる危険性があることを予見することができ、かつ、血友病等の治療のため非加熱クリスマシンを販売することも販売済みの非加熱クリスマシンを留め置くこともその必要がなかったのであるから、直ちに非加熱クリスマシンの販売を中止するとともに、販売済みの非加熱クリスマシンの回収措置を取るべき業務上の注意義務があった。すなわち、被告人Aは、代表取締役社長として、常務会等に諮るなどして、販売中止、回収の措置を実行すべき義務があり、被告人Bは、代表取締役副社長兼研究本部長として、常務会等において、販売中止等の措置を取ることを提言するとともに、被告人Aにその旨を進言すべき義務があった。ところが、被告人両名は、いずれもこの義務を怠り、加熱クリスマシンHTの販売後も引き続き非加熱クリスマシンを販売するとの営業方針を常務会等で了承し、その後も、非加熱クリスマシンの販売を継続するとともに、販売済みの非加熱クリスマシンを回収する措置を採らないという過失を犯したものである」。

本件においては、被告人3名は、それぞれ独自に結果予見可能性・回避可能性を認定し肯定されている。結果回避義務である販売中止・回収義務については、原審・控訴審両審で、社長Aに販売中止・回収の措置を取る義務、副社長兼研究本部長に、そのような措置を取ることを提言し進言する義務が肯定され、原審では、製造本部長Cについても、「販売中止、回収が実現する可能性は極めて高く、本件被害の発生を未然に防止することが可能であった」としている。このような措置を取る義務は、社長Aが最終的な判断をする義務を負うのであって、副社長・製造本部長は、社長や常会に提言・進言することによってこの義務を果たすことができるものとされている。その意味で、3名の不作為は、相互に独立にではなく、最終的にはAの作為（措置）を経由して実現される構造になっている。ここでは、過失共同正犯が認められているわけではないので、いわば過失共犯的構造を示しているといえる。しかし、過失犯には教唆や幇助は認められないので、BもCもAを通じた犯行でありながら、正犯である。

(2) 帝京大学ルート

帝京大ルート[359]では、被告人である同病院で科長等の立場にあった医師には、エイズによる患者の死亡という予見可能性はあったがその程度は低

---

[359] 東京地判平13・3・28判時1763・17。評釈として、井田良「薬害エイズ帝京大学病院事件第一審判決をめぐって」ジュリスト1204号（同『変革の時代における理論刑事法学』〔2007年〕150頁以下）、同「過失犯理論の現状とその評価」同書147頁以下、同『過失犯における『注意義務の標準』をめぐって」同書183頁以下、大塚裕史「非加熱製剤の投与と医師の刑事過失責任：薬害エイズ事件帝京大ルート第1審判決」法学教室257号、同「薬害エイズと具体的予見可能性」佐々木史郎先生喜寿祝賀『刑事法の理論と実践』（2002年）143頁、甲斐克則「薬害エイズ事件帝京大ルート第一審判決」平成13年度重要判例解説（ジュリスト臨時増刊1224号）153頁、同「薬害と医師の刑事責任」広島法学25巻2号69頁、島田聡一郎「薬害エイズ事件が過失犯論に投げかけたもの」刑事法ジャーナル3号26頁、鎮目征樹「注意義務の存否・内容（3）—薬害エイズ帝京大学病院事件」刑法判例百選1（第6版・2008年）（別冊ジュリスト189号）112頁、林幹人「エイズと過失犯」判例時報1775号11頁、前田雅英「（1）血友病患者が大学付属病院において血友病治療薬である非加熱濃縮液凝固子製剤の投与を受けたところ、同製剤にHIVが混入していたためこれに感染し、やがてエイズを発症して死亡した場合につき、同病院内科長等の立場にあった医師の過失責任が否定された事例、（2）過失の成否について予見可能性の程度が重要な考慮要素になるとされた事例、（3）専門分野における過失と注意義務の基準となるべき『一般通常人』の意義、（4）特定の専門医における医療行為の選択につき専門医に過失責任が生ずる基準—薬害エイズ帝京大学病院事件第1審無罪判決」判例時報1767号39頁、前田雅英「刑事過失とエイズ禍」判例タイムズ1076号3頁以下、松宮孝明『過失犯論の現代的課題』（2004年）168頁以下、山口厚「科学技術の進歩と刑法—過失責任の視点から」城山英明・西川洋一（編）『法の再構築3—科学技術の発展と法』（2007年）171頁以下。

く、被告人の行為に結果回避義務違反があると評価できないとして、その過失責任は否定された。被告人は、控訴審における審理中、2005年に死亡した。本件で問題になったのは、病院の第1内科の科長が、その科に属する医師が行った血液製剤の注射に対して業務上過失致死罪の責任を負うかである。

(事実) 帝京大学病院の内科では、かねてより同患者の止血治療のため外国由来の非加熱濃縮血液凝固因子製剤（「非加熱製剤」）であるクリオブリン等を多数の血友病患者に継続投与していた。しかし、昭和59年5月までに…（アメリカ合衆国においては）血友病患者のHIV感染率が高率に及び、HIVにより汚染された非加熱製剤の投与にその原因があるものと認識されていた。そのような状況のもとで、同60年5月12日から同年6月7日までの間、3回にわたり、同病院において、同内科所属の医師をして、何ら生命に対する危険がない手首関節内出血症状を呈しているにすぎない血友病患者1名（…）に対し、上記クリオブリン合計2000単位を投与させたこと（…）により、同人をしてHIVに感染させた上、平成3年10月ころまでにエイズの症状である悪性リンパ腫を発症させ、よって、同年…、同病院において、同人を死亡させた。

このような事実につき判断する上で「基本的な視点」となるのは、以下の点であるとされた。すなわち、「本件当時、血友病につき非加熱製剤によって高い治療効果をあげることとエイズの予防に万全を期すこととは、容易に両立し難い関係にあった。すなわち、非加熱製剤を使用すれば高い治療効果は得られるが、それにはエイズの危険が伴うことになり、また同製剤の使用を中止すればエイズの危険は避けられるが、血友病の治療には支障を来すという困難な問題が生じていた。このためエイズと血液製剤をめぐる問題については、最先端の専門家によってウイルス学的な解明がなされるとともに、その解明が進むのを受けて、血友病治療医らがエイズへの対処法を模索しているという状況にあった」というのである。

(判旨) ①科長の権限および基本的治療方針　　まず、第1内科の科長が、直接、投与したわけではなく、他の医師に投与させたのであるが、この点、これが、科長の監督過失なのかどうかについては、判決中に言及がない。しかし、科長の権限については、「昭和58年1月1から施行された帝京大学医学部附属病院規程が存在する」とし、同規程が、各診療科の科長の権限について、「科長は、病院長の命を受け当該診療科の業務を掌理し、所属職員を指揮監督す

る。」と定めていること（8条3項）、そして、「被告人は、本件当時、帝京大学病院第1内科において、第1内科長かつ血液研究室の責任者という指導的地位に就いていたことに加え、血友病の治療について抜きんでた学識経験と実績を有すると目されていたことから、これらに由来する権威に基づき、自ら第1内科における血友病に係る基本的治療方針を決定していた。他の医師が被告人に対し、基本的治療方針の内容について意見具申をすることは可能であったが、被告人自身が了解しない限り、基本的治療方針が変更されることはなかった。患者に対し直接診療に当たる個々の医師は、独立した権限と職責を有する医師としての立場上、基本的治療方針に沿わない治療を施すことも不可能ではなかったが、被告人が容易に反論を許さない姿勢を日頃貫いていたことや、被告人に異を唱えた者がその逆鱗に触れて現に厳しい仕打ちを受けていたことなどから、あえて被告人の意向に背いて基本的治療方針に反する診療を行うような者は、皆無であった。また、血友病の診療を専門としない医師らが血友病の診療を担当する場合には、カルテに記載された従来の治療を踏襲するのが常であった。このように、第1内科に所属する他の医師は、被告人が決定した血友病に係る基本的治療方針を忠実に遵守し、これに従って血友病の診療を実施していた。本件当時、第1内科においては、血友病患者の出血に対し、非加熱製剤が投与されていたが、それは、被告人の意向に従って行われていたものであった」と認定している。

続いて、「被告人の行為と実際の治療行為との間に他の医師が介在していたことは事実である」としつつ、「…認定した事実関係の下においては、第1内科において血友病患者の出血に対し非加熱製剤が投与されていたことについて、被告人の過失行為の有無を問題とすることは、法律上十分可能というべきである」という。弁護人は、被害者とされる患者に対する非加熱製剤の投与については、被告人の行為は法律上関連がなく、被告人の過失責任を問題とする前提が欠けているかのように主張するが、この主張は、被告人が第1内科において決定的な影響力を行使して非加熱製剤を投与する体制を構築し、かつそのような体制を維持していた事実を無視し、非加熱製剤の投与に関する被告人の役割をことさらに過小評価するものであって、事の実態から乖離しているものといわざるを得ない」というのである。

②予見可能性について　「本件当時、HIVの性質やその抗体陽性の意味については、なお不明の点が多々存在していたものであって、検察官が主張するほど明確な認識が浸透していたとはいえない。エイズやHIVに関する知見が

確立されるまでには種々の曲折が存在したものであって、この間の事情を無視して、現時点において正しいとされている知見の発表経過のみを追って本件当時のあるべき認識を決定したり、また、そうした知見が最初に発表された時点でそれが事実として明らかになったなどと断定したりするのは相当でない。帝京大学病院には、ギャロ博士の抗体検査結果やエイズが疑われる二症例など同病院に固有の情報が存在したが、これらを考慮しても、本件当時、被告人において、抗体陽性者の『多く』がエイズを発症すると予見し得たとは認められないし、非加熱製剤の投与が患者を『高い』確率でHIVに感染させるものであったという事実も認め難い。検察官の主張に沿う証拠は、本件当時から十数年を経過した後に得られた関係者の供述が多いが、本件当時における供述者自身の発言や記述と対比すると看過し難い矛盾があり、あるいは供述者自身に対する責任追及を緩和するため検察官に迎合したのではないかとの疑いを払拭し難いなどの問題があり、信用性に欠ける点がある。被告人には、エイズによる血友病患者の死亡という結果発生の予見可能性はあったが、その程度は低いものであったと認められる」。

「被告人には、エイズによる血友病患者の死亡という結果発生の予見可能性はあったが、その程度は低いものであったと認められる。このような予見可能性の程度を前提として、被告人に結果回避義務違反があったと評価されるか否かが本件の帰趨を決することになる」。

③回避可能性について　次に、注意能力の基準については、「刑法上の過失の要件として注意義務の内容を検討する場合には、一般通常人の注意能力を基準にしてこれを検討すべきことは、動かし得ないというべきである。そして、ここでいう『一般通常人』とは、問題となる注意義務を負担すべき行為者の属性（医師という職業やその専門分野等）によって類型化されるものであると考えられる。本件で審判の対象となっているのは、…帝京大学病院という一私立大学の附属病院において、第１内科長及び同内科血液研究室主宰者の立場にあったとされる被告人の行為である。したがって、本件においては、このような行為者の属性を類型化した『通常の血友病専門医』の注意能力が基準になるものと考えられる」。

「結果回避義務違反の点についてみると、本件においては、非加熱製剤を投与することによる『治療上の効能、効果』と予見することが可能であった『エイズの危険性』との比較衡量、さらには『非加熱製剤の投与』という医療行為と『クリオ製剤による治療等』という他の選択肢との比較衡量が問題となる。

刑事責任を問われるのは、通常の血友病専門医が本件当時の被告人の立場に置かれれば、およそそのような判断はしないはずであるのに、利益に比して危険の大きい医療行為を選択してしまったような場合であると考えられる。他方、利益衡量が微妙であっていずれの選択も誤りとはいえないというケースが存在することも、否定できない。非加熱製剤は、クリオ製剤と比較すると、止血効果に優れ、夾雑タンパク等による副作用が少なく、自己注射療法に適する等の長所があり、同療法の普及と相まって、血友病患者の出血の後遺症を防止し、その生活を飛躍的に向上させるものと評価されていた。これに対し、非加熱製剤に代えてクリオ製剤を用いるときなどには、血友病の治療に少なからぬ支障を生ずる等の問題があった。加えて、クリオ製剤は、その入手についても困難な点があり、また、止血を求めて病院を受診した血友病患者について補充療法を行わないことは、血友病治療の観点から現実的な選択肢とは想定されなかった。このため、本件当時、我が国の大多数の血友病専門医は、各種の事情を比較衡量した結果として、血友病患者の通常の出血に対し非加熱製剤を投与していた。この治療方針は、帝京大学病院に固有の情報が広く知られるようになり、エイズの危険性に関する情報が共有化された後も、加熱製剤の承認供給に至るまで、基本的に変わることがなかった。もとより、通常の血友病専門医が本件当時の被告人の立場に置かれた場合にとったと想定される行動については、規範的な考察を加えて認定判断されるべきものであり、他の血友病専門医がとった実際の行動をもって、直ちにこれに置き換えることはできないが、それにしても、大多数の血友病専門医に係る以上のような実情は、当時の様々な状況を反映したものとして、軽視し得ない重みを持っていることも否定できない。以上のような諸般の事情に照らせば、被告人の本件行為をもって、『通常の血友病専門医が本件当時の被告人の立場に置かれれば、およそ非加熱製剤の投与を継続することは考えないはずであるのに、利益に比して危険の大きい治療行為を選択してしまったもの』であると認めることはできないといわざるを得ない。被告人が非加熱製剤の投与を原則的に中止しなかったことに結果回避義務違反があったと評価することはできない。

したがって、被告人に公訴事実記載のような業務上過失致死罪の刑事責任があったものとは認められない」。

本件では、第1内科の科長の過失行為が問題になっている。科長は、「所属職員を指揮監督する」権限を有し、実際にも、第1内科長かつ血液研究室

の責任者という指導的地位に就いていたこと、その学識経験と実績に由来する権威に基づき、自ら「血友病に係る基本的治療方針を決定していた」のであり、「あえて被告人の意向に背いて基本的治療方針に反する診療を行うような者は、皆無」という状況であり、「被告人が第1内科において決定的な影響力を行使して非加熱製剤を投与する体制を構築し、かつそのような体制を維持していた」という状況のもとでは、医師を介在させて非加熱製剤を使用させていたとしても、「被告人の過失行為の有無を問題とすることは、法律上十分可能というべきである」というのである。「法律上十分可能である」というこの結論は、極めてあいまいである。第1に、基本方針を作成・実施する科長の直接過失なのか、管理監督過失なのかが不明である。また、直接行為者である医師が単なる道具でないとしたなら、その過失が問われていないのはなぜかについても不明である。

　予見可能性については、本判決では、これを肯定しつつ、「その程度は低いものであった」とし、そこで、「このような予見可能性の程度を前提として、被告人に結果回避義務違反があったと評価されるか」を問い、結論として、「被告人の本件行為をもって、『通常の血友病専門医が本件当時の被告人の立場に置かれれば、およそ非加熱製剤の投与を継続することは考えないはずであるのに、利益に比して危険の大きい治療行為を選択してしまったもの』であると認めることはできないといわざるを得ない」とし、非加熱製剤の投与を中止しなかったことが結果回避義務違反であるとはいえないとした。つまり、「治療上の効能」と「エイズの危険性」、「非加熱製剤の投与」と「クリオ製剤による治療等」を比較衡量し、いずれも前者が後者に優越すると判断したのである。

　本判決では、結果回避可能性につき、「通常の血友病専門医」を基準にし、血友病治療のわが国での第一人者（判決によれば、「当時我が国で最も権威のある医師の一人」）であったことからとくに加重された注意義務を負うとの検察官の主張は排斥された。判決は、過失判断の「標準」は、専門家における一般人・平均人を基準にすべきなのである。そうだとすると、「本件当時、我が国の大多数の血友病専門医は、…血友病患者の通常の出血に対し非加熱製剤を投与していた」のである。

　理論的には、さらに、予見可能性と回避可能性の判断の乖離か連動かが問

題である。すなわち、本判決では、予見可能性が低い場合、回避可能性の判断によって注意義務違反の有無が決せられるというのであるが、理論的に、結果の予見可能性が肯定されているのに、その結果を回避する必要がないといった場合があってよいのかどうかである。過失犯論における予見可能性は、回避義務を根拠づける程度に「高度」の者であることが必要なのか[360]、それとも、予見可能性が「低い」場合、結果回避義務の判断に連動させ[361]、通常の専門医が、危険の高い治療方法を選択するのが、他の手段がないため「許された危険」とみなされる場合、結果回避義務が否定されるとするのかである。後者の見解からは、結果予見可能性は、刑事責任を根拠づけ、限界づける概念ではなく、むしろ、その結果の発生の確率、すなわち結果発生の予見可能性の程度が「低い」ことが、エイズ発症の危険があったとしても非加熱製剤を使って「治療」を目指すという利益を利益衡量判断において選択することを合理的な決断とみなすのである。この両方の考え方の背後に、過失犯論があり、前者が基礎とするのが、旧過失犯論であり、後者が基礎とするのが、新過失犯論であるというのである[362]。予見可能性が低い場合、結果回避義務違反の有無を持ち出すのが、新過失論的アプローチであるとする見解も唱えられている[363]が、正確ではない。新過失犯論においては、結果回避義務は、あくまで一定の社会生活上の局面における行為準則として現れるのであって、全体的な結果回避可能性をまず第1に問うことはない。結果回避義務概念は、それによれば、二つの意味で用いられている。一つは、上述の具体的局面における行為準則を遵守する義務（＝事前の結果回避義務）である。もう一つは、行為準則を遵守していたとしても、結果が回避可能であったかを問い、それが不可能であったとき、危険の実現が否定され、結果回避可能性が否定されるという意味でのその概念（＝事後の結果回避義務）である[364]。

しかし、この図式は、必ずしも正しくない。というのは、旧過失論は、予

---

[360] 大塚・前掲佐々木喜寿148頁参照。
[361] 井田・前掲書169頁以下。
[362] 大塚・佐々木喜寿147頁以下、井田・前掲書171頁。
[363] 井田」前掲書166頁以下、大塚・佐々木喜寿148頁以下参照。
[364] これについて、詳しくは、山中『刑法総論』399頁以下参照。なお、正確に言うなら、このような過失犯の認定方法は、新過失犯論に限らず、修正旧過失犯論からも可能である。

見可能性・回避可能性を注意義務の第1の要件とするが、新過失論は、社会生活上必要な注意を怠った「行為準則違反」を第1の要件とするのであり、本判決の認定方法は、あくまで旧過失犯論のモデルに依拠するものだからである。新過失犯論の中の危惧感説にあっても、結果回避義務違反としての行為準則違反がなければ、予見可能性としての危惧感のみで、注意義務違反を認定するわけではない。むしろ、本判決が新過失犯論に依拠するのであれば、行為準則違反を先に認定し、結果予見可能性と行為準則違反と結果の関係を問うという方法をとるべきであった。

具体的な行為準則違反を認定できていない本件においては、新過失犯論からは、注意義務違反の認定がそもそも困難な事例であったといわざるをえない。過失犯の構成要件該当性の第1の基準である「許された危険」を超える行為準則違反という危険の創出が見出せないのである。

(3) 厚生省ルート
(a) 事実と判旨

薬害エイズ事件**厚生省ルート**の事案[365]は、厚生省の生物製剤課長の刑事過失が問われたものである[366]。本件では、被害者は、帝京大ルートの被害者

---

[365] 最決平20・3・3刑集62・4・567。第1審=東京地判平13・9・28刑集62・4・791。第2審=東京高判平17・3・25刑集62・4・1187。評釈として、家令和典「HIV（ヒト免疫不全ウイルス）に汚染された非加熱血液製剤を投与された患者がエイズ（後天性免疫不全症候群）を発症して死亡した薬害事件について、厚生省薬務局生物製剤課長であった者に業務上過失致死罪の成立が認められた事例」ジュリスト1361号166頁、北川佳世子「行政官の不作為と刑事責任：薬害エイズ厚生省ルート最高裁決定」刑事法ジャーナル14号73頁、松宮孝明「薬害エイズ事件厚生省ルート最高裁決定」年報医事法学24号158頁、稲垣悠一「行政官僚の監督責任と『不作為的過失』：薬害エイズ厚生省ルート事件決定について」専修法研論集44号147頁、松宮孝明「薬害エイズ事件厚生省ルート最高裁決定」判例時報2030号187頁、齊藤彰子「薬害エイズ厚生省事件最高裁決定」〔平成20年度重要判例解説〕ジュリスト臨時増刊1376号172頁、甲斐克則「公務員の不作為と刑事責任：薬害エイズ事件厚生省ルート最高裁決定」ジュリスト1387号181頁、甲斐克則「企業犯罪と公務員の刑事責任：薬害エイズ事件厚生省ルート最高裁決定を契機として」早稲田法学85巻1号1頁。

[366] 公務員の刑事責任について論じた文献として、林幹人「国家公務員の作為義務」現代刑事法41号（2002年）20頁、岩間康夫「製造物責任と不作為犯論」現代刑事法41号26頁、常岡孝好『行政の不作為による刑事責任―行政法学からの一考察』ジュリスト1216号〔2002年〕19頁、山口厚「薬害エイズ3判決と刑事過失論」ジュリスト1216号10頁、甲斐克則「官僚の不作為と刑事過失責任論」医事法判例百選62頁、同「企業犯罪と公務員の刑事責任―薬害エイズ事件厚生省ルート最高裁決定を契機として―」早稲田法学84巻1号（2008年）1頁以下、岡部雅人「公務員の過失不作為犯について―薬害エイズ事件厚生省ルート最高裁決定をめぐって―」姫路法学49号（2009年）316頁以下。

(＝被害者X)およびミドリ十字ルートにおける被害者(＝被害者Y)の両名であったが、結論的には、前者については無罪、後者については結果予見義務・結果回避義務を認めて有罪と判断された。

(事実) 被告人Mは、厚生省生物製剤課長であり、同製剤の安全性を確保し、その使用に伴う公衆に対する危害の発生を未然に防止すべき立場にあったが、HIVが混入しているおそれのある米国製の非加熱製剤について、販売中止ないし回収をさせ、あるいは、患者への投与を控えさせる等の措置をとらずに、血友病患者Xと肝機能障害患者Yに非加熱製剤を投与させた結果、両名がHIVに感染し、エイズを発症し死亡した。

(第1審判旨) 東京地裁[367]は、公訴事実第1(被害者X関係)については、帝京大ルートと同旨の根拠から、「第1訴因当時、我が国の大多数の血友病専門医は、各種の事情を比較衡量した結果として、血友病患者の通常の出血に対し非加熱製剤を投与していたものであり、こうした状況は、血友病患者のHIV抗体検査結果等の情報が知られるようになった後も、加熱製剤の承認供給に至るまで、基本的に変わることがなかった。こうした当時の実情の下では、血友病治療の経験もない行政官にすぎない被告人が、例のない治療方針を血友病治療医に実施させるべき注意義務があったなどとは到底認められない。したがって、被告人に公訴事実第1のような結果回避義務違反があったと評価することはできない(無罪)」とした。

これに対して、公訴事実第2(被害者Y関係)については、「『生物学的製剤の安全性を確保するとともに、その使用に伴う公衆に対する危害の発生を未然に防止する』という生物製剤課長の一般的・抽象的職責は、本件の事実関係の下においては、本件非加熱製剤の不要不急の投与を控えさせるよう配慮を尽くすべき注意義務として、具体化・顕在化していたとみるべきであって、刑法上もそのような注意義務が被告人に存したというべきである」とし、このような職責に照らせば、被告人には、上記2社をして、非加熱製剤の販売を直ちに中止させるとともに、未使用非加熱製剤を可及的速やかに回収させ、さらに、当該製剤を使用しようとする医師をして、本件非加熱製剤の不要不急の投与を控えさせる措置を講ずることにより、本件非加熱製剤の投与によるHIV感染およびこれに起因するエイズ発症・死亡を極力防止すべき業務上の注意義務があったとした。

---

367 東京地判平13・9・28判時1799・21。

本件公訴事実第2では、厚生省の課長が、その行政上の不作為について、刑事過失責任を負うべきことが認められたが、本判決は、製造物に対する**行政の管理監督義務違反**について判断したはじめての判決として重要な意味をもつ。第2審、東京高裁は、原判決を支持した。

これに対して、上告審では、最高裁は、上告理由にあたらないとして、業務上過失致死罪の成立を認めた。

（最高裁決定要旨）「本件非加熱製剤は、当時広範に使用されていたところ、同製剤中にはHIVに汚染されていたものが相当量含まれており、医学的には未解明の部分があったとしても、これを使用した場合、HIVに感染してエイズを発症する者が現に出現し、かつ、いったんエイズを発症すると、有効な治療の方法がなく、多数の者が高度のがい然性をもって死に至ること自体はほぼ必然的なものとして予測されたこと、当時は同製剤の危険性についての認識が関係者に必ずしも共有されていたとはいえず、かつ、医師及び患者が同製剤を使用する場合、これがHIVに汚染されたものかどうか見分けることも不可能であって、医師や患者においてHIV感染の結果を回避することは期待できなかったこと、同製剤は、国によって承認が与えられていたものであるところ、その危険性にかんがみれば、本来その販売、使用が中止され、又は、少なくとも、医療上やむを得ない場合以外は、使用が控えられるべきものであるにもかかわらず、国が明確な方針を示さなければ、引き続き、安易な、あるいはこれに乗じた販売や使用が行われるおそれがあり、それまでの経緯に照らしても、その取扱いを製薬会社等にゆだねれば、そのおそれが現実化する具体的な危険が存在していたことなどが認められる」。

「このような状況の下では、薬品による危害発生を防止するため、医薬品法69条の2の緊急命令など、厚生大臣が医薬品法上付与された各種の強制的な監督権限を行使することが許容される前提となるべき重大な危険の存在が認められ、薬務行政上、その防止のために必要かつ十分な措置を採るべき具体的義務が生じたといえるのみならず、刑事法上も、本件非加熱製剤の製造、使用や安全確保に係る薬務行政を担当する者には、社会生活上、薬品による危害発生の防止の業務に従事する者としての注意義務が生じたものというべきである」。

「そして、防止措置の中には、必ずしも法律上の強制監督措置だけではなく、任意の措置を促すことで防止の目的を達成することが合理的に期待できるときは、これを行政指導というかどうかはともかく、そのような措置も含まれるというべきであり、本件においては、厚生大臣が監督権限を有する製薬会社等に

対する措置であることからすれば、そのような措置も防止措置として合理性を有するものと認められる」。

「被告人は、エイズとの関連が問題となった本件非加熱製剤が、被告人が課長である生物製剤課の所管に係る血液製剤であることから、厚生省における同製剤に係るエイズ対策に関して中心的な立場にあったものであり、厚生大臣を補佐して、薬品による危害の防止という薬務行政を一体的に遂行すべき立場にあったのであるから、被告人には、必要に応じて他の部局等と協議して所要の措置を採ることを促すことを含め、薬務行政上必要かつ十分な対応を図るべき義務があったことも明らかであり、かつ、原判断指摘のような措置を採ることを不可能又は困難とするような重大な法律上又は事実上の支障も認められないのであって、本件被害者の死亡について専ら被告人の責任に帰すべきものでないことはもとよりとしても、被告人においてその責任を免れるものではない」。

(b) 評価

最高裁が、製造物過失につき、国の機関の担当者の「不作為」責任を問い、その幾つかの根拠を挙げた点で、本決定は注目すべきものである[368]。本件が、わが国の公務担当者の過失不作為責任の問題の議論の重要な切っ掛けを与えたといってよい。学説においては、作為義務の根拠を「排他的支配」があったかどうかなどの一元的根拠に収斂させ、演繹的に根拠づけようとの意図がみられるが、判例は、むしろ作為義務を根拠づける徴表を列挙していくという方法論を採っている[369]。

(c) 製造物過失における作為義務の根拠

そこで、これらの判例において、作為義務を根拠づける根拠について、類型的な事実を複合させて総合するという方法論からアプローチすると、それは「危険源安全義務」を根拠づける事実類型であるということができる。これを指導理念とすると、①法的期待状況の存在、②具体的危険状況の発生の認識（欠陥事故情報の収集と集積）、③製造物安全に関する担当機関の職責と事実上の所管、④組織体内機関におけるその機関の地位・権限の継承の諸観点から、それらの四つの要件を充たすとき、刑事製造物責任の問題における不

---

368 これについて、甲斐「薬害における公務員の不作為と刑事責任―薬害エイズ事件厚生省ルート最高裁決定―」甲斐『医療事故と刑法』（2012年）169頁以下参照。
369 山中敬一「刑事製造物責任論における作為義務の根拠」法学論集60巻5号（2011年）1頁以下、とくに64頁以下参照。

作為犯成立のための「作為義務」の存在を肯定してよいのではないかと考えられる。

①**法的期待状況**の要件について、薬害エイズ事件の後の現在の法的状況を基礎にして、以下で若干詳しく論じると。

まず、取締行政官庁の危害防止義務として、薬事法69条の3の「緊急命令」は、「厚生労働大臣は、医薬品、医薬部外品、化粧品又は医療機器による保健衛生上の危害の発生又は拡大を防止するため必要があると認めるときは、医薬品、医薬部外品、化粧品若しくは医療機器の製造販売業者、製造業者若しくは販売業者、第14条の11第1項の登録を受けた者、医療機器の賃貸業者若しくは修理業者、第18条第3項、第68条の9第6項若しくは第77条の5第4項の委託を受けた者又は薬局開設者に対して、医薬品、医薬部外品、化粧品若しくは医療機器の販売若しくは授与又は医療機器の賃貸若しくは修理を一時停止することその他保健衛生上の危害の発生又は拡大を防止するための応急の措置を採るべきことを命ずることができる」と規定し、厚生労働大臣に、「危害の発生又は拡大を防止するための応急の措置」を採る義務を認めている。

次に、医薬品の製造販売業者に薬害についての危害防止のため、「医薬品、医薬部外品、化粧品若しくは医療機器の製造販売業者又は外国特例承認取得者は、その製造販売をし、又は承認を受けた医薬品、医薬部外品、化粧品若しくは医療機器の使用によって保健衛生上の危害が発生し、又は拡大するおそれがあることを知ったときは、これを防止するために廃棄、回収、販売の停止、情報の提供その他必要な措置を講じなければならない」(薬事法77条の4第1項)と規定されたことにより根拠づけられる。この規定に対する違反には罰則は付されていないが、この義務は、厚生労働大臣への報告義務によって、行政官庁にも危害防止義務を課することになる。同法77条の4の2で、医薬品等の製造販売業者等に、「当該品目の副作用その他の事由によるものと疑われる疾病、障害又は死亡の発生、当該品目の使用によるものと疑われる感染症の発生その他の医薬品…(等)の有効性及び安全性に関する事項…を知ったとき…」に厚生労働大臣への報告義務を課し、さらに同法77条の4の3で「医薬品、医薬部外品、化粧品又は医療機器の回収に着手したとき」には厚生労働大臣への回収の報告を義務づけているのである。さらに、

生物由来製品については、同法68条の8において厚生労働大臣への「感染症定期報告」の義務を課していることが指摘されるべきである。

　このような危害の発生の報告義務、ないし回収の報告義務は、それにもとづき、厚生労働省が、その防止のための何らかの適切な措置を取るための前提条件である。したがって、このような措置を取る義務は、監督官庁としての厚生労働省に課せられているといってよい。

　これによって、厚生労働大臣は、「必要な措置」を採らなければならないとされるのであり、厚生労働省に対する法的期待状況は存在している。このような義務違反があったとき、厚生労働省のどの担当者が具体的に回収義務違反の刑事責任を負うべきかは、その内部的な職掌権限によるであろう。

　②**具体的危険状況の発生の認識**は、人の主観的認識よりも、医薬品の具体的危険性に対する情報の収集、すなわち、欠陥や事故に対する事故報告がどの程度が厚生労働省に上がっていたか、このような事故発生の兆候をどの程度把握していたかを問うものである。まず、このような事故発生の予見可能性については、「これを使用した場合、HIVに感染してエイズを発症する者が現に出現し、かつ、いったんエイズを発症すると、有効な治療の方法がなく、多数の者が高度のがい然性をもって死に至ること自体はほぼ必然的なものとして予測された」とする。さらに、危害発生防止措置を取り得たかについては、被告人は、「…加熱第9因子製剤の供給が可能となった時点において、自ら立案し必要があれば厚生省内の関係部局等と協議を遂げその権限行使を促すなどして、…非加熱第9因子製剤の販売を直ちに中止させるとともに、…出庫済みの未使用非加熱第9因子製剤を可及的速やかに回収させ、さらに、第9因子製剤を使用しようとする医師をして、本件非加熱製剤の不要不急の投与を控えさせる措置を講ずることにより、本件非加熱製剤の投与によるHIV感染及びこれに起因するエイズ発症・死亡を極力防止すべき業務上の注意義務があった」とする。

　③**製造物安全に関する担当機関の職責と事実上の所管**に関しては、最高裁は、生物製剤課長の注意義務について、「非加熱製剤が、…生物製剤課の所管に係る血液製剤であることから、厚生省における同製剤に係るエイズ対策に関して中心的な立場にあった」とし、「厚生大臣を補佐して、薬品による危害の防止という薬務行政を一体的に遂行すべき立場にあった」ことを認め

ている。かくして、「…薬務行政上必要かつ十分な対応を図るべき義務」があったとする。

④**組織体内機関におけるその機関の地位・権限の継承**の諸観点からは、生物製剤課長は、非加熱製剤に代えて加熱製剤を承認する権限をもつ地位にあったのであり、非加熱製剤の使用についても、そこから生じるエイズ発症の危険を予見しえた立場にいたものであり、しかも医師や患者には、HIV感染を回避することが期待できなかったのであるから、これを回収するなどの措置を取る注意義務があった。生物製剤課長は、非加熱製剤の回収については、地位・権限を他の者から継承したのではなく、当初から自らそのような地位につき権限を有していたのである。

7. 小　括

1. 現代社会における因果の連鎖と責任の拡延

　「人は誰でもミスをする」。したがって、―昔のように―「そのミスを咎め立てすることは差し控えよう」ということにはならない。したがって、―最近では― そのミスが生じないよう手を打っておくべきだとなる。そして、その手を打てるのに打たなかった者もミスをしたのである。患者の死亡等による医師の直接のミスは、その治療行為そのもの、その準備段階・アフターケアにおけるミスのみならず、医師自身が医学上の知識や技術を十分に習得しなかったミスも問われる。しかし、治療を担当した医師の個人の過失責任だけにはとどまらない。病院組織における医療過誤が生じないように樹立すべきであった安全対策に問題がなかったか、すなわち、その担当医師に協力する他の治療担当者がその職責を果たしたか、そのチームの医療行為が安全に実施されるような組織が責任者によって形成されていたかが問われ、「組織過失責任」が問われる。この責任のシステム状の拡散・拡延は、原因と結果の間の因果関係の解明とそれに対する人知の到達の程度に応じて科学の発達とともにどこまでも続く可能性がある。医療過誤を回避するために原因を解明し、組織的安全対策を講じると、その対策におけるミスは医療過誤発生の原因となる。それは誤った安全対策を立てるという作為の組織形成のミスにとどまらず、そもそも経験上予測できたミスなのに不作為によって対策を組織的に立てなかったことにも向けられる。

　このようなミスの組織因果的拡延と責任の組織的拡延は、まさに21世紀社会のシステム性にも起因する。われわれの社会は、とくに「情報」を通じてどのような小さな共同体も全体社会と他の部分社会における因子に大なり小なり影響される。因果の連鎖は、無限に拡大しているといってよい。かつては、コントロール不可能であった自然災害も、今日では、少なくともそれに

対する何らかの対策を講じ、被害を最小化することが可能となっており、そこに人為的なミスの介入する余地が生じている。人間は、因果をコントロールできるのであり[370]、そうだとすると、コントロールすべきだという「期待」が生まれ、それが果たされなかったとき、「失望」し、「非難」が生まれる。このことは医療に対しても妥当する。患者の医療に対する期待は、「人間の生命と健康は、医療によってコントロール可能であり、治療が思わしい成果を上げなかったということは、何らかのミスによるものである」という基本的認識を生み出す。この基本的認識は、医師や病院の不適切な対応等に基づく医療に対する不信によって促進・増幅させられる。さらに、それは、「生」に対する社会の一般的「期待」の中で、例えば、亡くなった患者の遺族が抱く「死の不条理」に対する一般的感情と、例えば、もっとよい医療機関に委ねるべきであったのに自分の看護の都合や経費の点で近くの病院への入院を勧めてしまったといった、身内の不幸に対する不条理な「自責の念」によっても促進・増幅させられる。

2．刑事組織過失論の課題

　刑事過失論は、直接の不注意な行為による事故に対する責任を問うという牧歌的な社会における責任論から、危険を内在する機械文明の象徴ともいうべき交通事故の多発する近代自由主義社会における「許された危険」という思考を生んだ時代の新しい過失論を経て、公害・薬害・大規模火災などの企業や組織の不備が生み出す事故をモデルとする構造型過失ないし管理監督過失論の時代を超え、21世紀に入って新たな局面を迎えている。それは、単に企業や組織の内部における物的・人的管理や部下の行動に対する上司の監督責任などの個別の管理監督ではなく、当該事故事象の発生に関係する組織やシステムのもつ事故の危険を防止するシステムを誤って形成・樹立した責任を問う過失論である。これを「組織過失論」と呼ぶ。もとより、組織過失論には、小さな組織における組織過失論もあれば、―薬害エイズ厚生省ルート

---

[370] 過失犯の重罰化傾向について論じたものとして、vgl. *Yamanaka*, Betrachtungen zur Fahrlässigkeitsbestrafung anhand der Diskassion in Japan, in: Philipps/Lachmeier/Bengez (Hrsg.), Rechtsentstehung und Wertsetzung (Festschrift für Roland Wittmann), 2014 掲載予定。

裁判に見られるような―、企業の活動に対する国家・公共団体の機関の許認可・監視・監督・検査などの大きな組織のシステム形成過失までに及ぶ広がりをもつ。

　この組織過失論における最大の課題は、その刑事過失をどのように根拠づけ、限界づけるかである。刑事過失を明確な基準が提示されない限り、この組織過失は、恣意的に運用され、とくに過失責任の過剰な拡大につながるおそれがある。大きな事故になればなるほど、被害者遺族の処罰要求が厳しいものとなり、加害企業の経営陣に対しては、検察審査会による強制起訴を通じて起訴される蓋然性も高い[371]。過失犯処罰には、その予防効果も勘案されるべきであるが、このような大事故の責任を問う場合には、民事責任を問うといった私的関心からではなく、刑事責任という正義を追及するのだという「正義感情」に裏打ちされているのみならず、その背後には再発防止に名を借りた「応報感情」も強く影響することも看過されえない。過失犯そのものの処罰の再発防止・予防効果は、意識的な規範違反でないがために、実際には極めて低いと考えられる。

3．医療過誤と刑事組織責任の課題

　医療過誤に対する医師の責任を厳しく問うことは、医師の職業倫理を高め、病院の安全対策の徹底によい影響を与えると同時に、医師の治療の試みに対する委縮効果を生み、ひいては、医療過誤の危険、被告人になる危険の

---

[371] JR福知山線脱線事故は、2005年（平成17年）4月25日にJR福知山線塚口駅～尼崎駅間で、列車の1両目から5両目までが脱線し、107名（乗客106名、運転士1名）が死亡し、549名が負傷した事故である。この事故に対し、当時のJR西日本の社長が起訴された。しかし、その他の関係者については、不起訴とされた。そのうち、検察によって不起訴処分とされたJR西日本の歴代3社長に対しては、検察審査会で起訴議決がなされ、業務上過失致死傷罪で強制起訴され、公判は続いている。明石歩道橋事故についても、不起訴処分とされた明石署警察署長に対して2010年4月20日に強制起訴がなされ、2012年11月15日に結審に至った。2013年2月20日神戸地裁は、副所長につき時効が完成しているとして免訴を言い渡した。明石歩道橋花火事故は、2001年7月21日にJR朝霧駅周辺の歩道橋で、花火大会帰りの見物客らが将棋倒しとなった事故であり、傷害を負った多数の者のほか、最終的に11人が死亡した。
　JR福知山線脱線事故については、神戸地裁は、平成24年1月11日、通常起訴されたJR社長に対し、業務上過失致死傷罪につき、無罪を言い渡し（神戸地判平24・1・11LEX/DB）、神戸地検が控訴を断念したため同年1月26日に無罪判決が確定した。
　なお、事故については、国土交通省運輸事故安全委員会『福知山線脱線事故・事故調査報告書』（http://www.mlit.go.jp/jtsb/index.html）参照。

高い専門分野への患者の受け入れを拒否したり、そのような分野の医師へのなり手がいなくなり、地方の病院の小児科や産科が閉鎖に至るという効果をも生むことになる。病院ないし医療組織の過失責任も厳しくすればするほど、安全対策に日月と費用が必要となり、身近で迅速に医療を提供してくれる病院・医療機関が減り、新しい医療機器や新薬の認可、病院でのその導入に慎重になり、救われるべき患者の命を失わせる結果にもなりかねない。

(1) 行為準則の遵守と違反に対する補強制裁

　刑事組織過失が問われるような事案については、とくにいわゆる行政取締法規によって事故につながる危険な行為を禁止し、事故が起こらないように行うべき行為を指示する行為準則が定められているのが通常である。このような行為準則は、これを遵守しておれば原則として事故は防止できるのではないかという事故発生予防策を定めているのであり、それに対する違反の重要なものに対しては、刑罰が科されている。従来からこのような行政取締法規の遵守に対する措置は、行政の監視体制が機能不全に陥っていることも少なくなく、例えばその業種がいったん認可されると、改善命令を出すどのそのコントロールが極めて不十分にしか行われない、業界と担当官庁のもたれあい・癒着が見られるなどの弊害が指摘されてきた。環境法に見られるように、行政取締法規違反に対する取り締まり官庁からの告訴・告発も期待できない。

　医療過誤の防止にも、刑事過失の多用よりは、医療組織における行為準則を徹底させ、行政上の指導をすることによって、または、行政上の処分をすることによって、さらに、場合によっては、その違反に対する刑事罰をこまめに科することによってその遵守を図り、それによって事故の予防を図っていく方が効果があるように思われる。

　そのためには、とくに組織過失を問う場合に、行政取締法規違反と過失犯論における注意義務違反とを区別する理論の明確化が重要課題である。

(2) 刑事組織過失の限定原理の展開

　刑事組織過失の限定原理として、例えば、過失共犯の処罰は刑法によって意図されていないという過失共犯不可罰論がありうるが、過失犯において

は、正犯概念を広く解することができ[372]、組織過失行為者は、直接行為者ではなく、過失正犯ではないという論拠は意味をもたない。組織過失行為者も、過失正犯であるとしても、過失直接行為者の過失を介在さえていることが多いので、因果関係を中断するという議論も、過失犯においては、過失の直列的競合における直近過失が帰属を中断するという理由では結果説得力をもたない。

　また、従来の過失判断基準であった「予見可能性」論による限定も、予見可能性概念が融通無碍で伸縮自在な概念であることによって、それだけでは、その役割を果たすことができなかった。

　そこで、適正な範囲への過失限定のための解釈論としては、行政取締法規違反と過失犯における「注意義務」違反との質的相違の明確化、逆にその実質的依存関係の解明と、注意義務違反と結果との帰属連関の否定原理の精緻化によるほかないであろう。言い換えれば、過失帰属論における「危険創出」連関と「危険実現」連関の厳密な適用によって過失成立範囲を適切に限定することである。過失不作為犯については、不作為犯論における保障人的地位の根拠を明らかにし、類型化を図り、帰属論の要件に加えるべきであろう。その際、重要な指導理念としては、組織責任者の過失責任は、その方針として安全対策を怠ったそのような許されざる危険行為が組織的に行われていれば、危険の実現は高い蓋然性をもって予測できるにもかかわらず、その組織の責任者の決定ないし指示によってあえてそれを行ったといった事実があることが挙げられる。

　組織過失限定原理の展開には、このような理念のもと、危険創出連関を根拠づける行為を類型化していく必要がある。刑事組織過失の存在には、その組織の責任者の、過失行為防止のための安全対策に反するような明らかな許されざる危険創出行為が前提とされるのであり、その要件を類型化していくことが必要である。一つの類型としては、例えば、病院の利潤追求の観点から医療法等の取締法規法に規定された安全対策を故意に無視した病院経営を、組織内の反対意見を無視して続行するなどの病院理事長や病院長の組織の責任者としての許されざる危険創出行為があったときがそうである。事故

---

[372] 山中『刑法総論』（第2版・2008年）366頁参照。

の発生は、組織的な安全対策の網の目を掻い潜って発現するが、そのような組織的安全対策の重要部分を、組織の責任者の指示によって故意に怠ったとき、その組織形成過失が問われるのは、適正な過失処罰の範囲内にとどまるであろう。しかし、第2に、形式的な行政取締法規の故意による違反の指示を超えて、実質的に専門家・業界においては事故の発生の危険があることは、高い蓋然性をもって予測できるような不注意な行為を行わせるといった具体的な危険創出行為についても、組織責任者の過失責任は問われるであろう。ただし、一定の安全対策の実施が必要だが、不注意な不作為によってこれを怠ったといった場合には、その組織責任者が、その対策をとるための過失不作為犯の保障人的地位にあったかどうかが慎重に検討されなければならない。そこで、さらに、例えば、事故の危険の発生を高めるような病院の体質や土壌を長年にわたって改めず形成し続けてきたといった消極的な形態での「抽象的危険状況の醸成」の責任は、刑事過失責任としては問えないものと思われる。

　これをまとめると、①医療法・医薬品法などの行政取締法規に対する組織の責任者（病院理事長・病院長・病院の当該部科長・製薬会社社長・製造・販売担当部長など）の重要な組織の運営方針における意図的な（故意の）業法違反の指示があること（組織の方針としての故意による行政取締法規違反の存在）、②意図的な行政取締法規違反の指示がなくても、経営方針において、専門家や業界の常識からみて明白で具体的な危険が予測される行為（作為）が不注意にも指示されていること（準具体的危険行為指示の存在）、③欠陥ある薬剤の販売中止や回収を行わないなどの不作為につき、刑事過失が問われるには、保障人的地位にある責任者であることを要する。その要件については上で概略を示した（危険源管理責任の存在）。④組織の責任者である病院長が、従来の経営方針を受け継ぎ漫然と従来の安全対策に十分でない病院の経営に携わっていたとき、医師と看護師の連絡ミスによって事故が起こったといった場合、すなわち、組織責任者が、事故発生の「抽象的危険状況」を形成しているに過ぎないときは、組織形成過失は否定される（消極要件＝単なる抽象的危険状況の形成）。

和文献一覧

青木清相・武田茂樹
　「医療行為の適法性について―その総論的考察―」日本法学48巻3号（1983年）127頁以下

赤沼康弘
　「同意能力のない者に対する医療行為の法的問題点と立法提言」新井誠編『成年後見と医療行為』253頁以下

赤林朗（編）
　『入門・医療倫理 I』（2005年・勁草書房）

赤林朗（編）
　『入門・医療倫理 II』（2007年・勁草書房）

秋吉仁美（編著）
　『医療訴訟』（2009年・青林書院）

莇立明・中井美雄
　『医療過誤法入門』（1979年・青林書院）

莇立明・中井義雄（編著）
　『医療過誤法』（1994年・青林書院）

安部圭介・米村滋人
　「臓器移植と自己決定権―ミュンヘン会議からの示唆」（樋口範雄・土屋裕子編）『生命倫理と法』（2005年・弘文堂）26頁以下

新井誠
　「成年後見法における医療行為の同意権」新井誠編『成年後見と医療行為』（2007年）1頁以下

新井誠（編）
　『成年後見と医療行為』（2007年・日本評論社）

淡路剛久
　『スモン事件と法』（1981年・有斐閣）

粟屋剛
　「脳死と臓器移植」加藤良夫（編著）『実務医事法講義』（2005年・民事法研究会）294頁以下

飯塚和之
　「精神障害者の自殺」医事法判例百選（2006年）70頁以下

飯田修平（編）
　『新版医療安全管理テキスト』（2010年・日本規格協会）

飯田英男
　　『医療過誤に関する研究』法務総合研究所法務研究報告書61巻2号（1973年・法務総合研究所）
飯田英男
　　「チーム医療における未知の危険と過失犯の成否―北大電気メス控訴審判決」研修347号（1977年）211頁以下
飯田英男
　　「刑事医療過誤訴訟―その後の動向―」昭和51年10月～昭和62年10月・全16件」判例タイムズ678号（1988年）41頁以下
飯田英男・山口一誠
　　「刑事医療過誤訴訟―その後の動向その2―」昭和59年1月～平成2年12月・全22件」判例タイムズ770号（1992年）70頁以下
飯田英男
　　「北海道大学電気メス事件」医療過誤判例百選（第2版・1996年）50頁以下
飯田英男・藤永幸治ほか編
　　『捜査実務全書　環境・医事犯罪』（1999年・東京法令出版）
飯田英男・山口一誠
　　「刑事医療過誤訴訟―その後の動向その3―」平成元年7月～平成11年1月・全25件」判例タイムズ1035号（2000年）28頁以下
飯田英男・山口一誠
　　『刑事医療過誤』（2001年・判例タイムズ社）
飯田英男
　　『刑事医療過誤II』（増補版）（2007年・判例タイムズ社）
飯田英男
　　「刑事司法と医療」ジュリスト1339号（2007年）60頁以下
飯田英男
　　「刑事医療過誤の現状と課題」社会保障法第26号（2011年）117頁以下
飯田喜信
　　「コンタクトレンズの処方のために行われる検眼及びテスト用コンタクトレンズの着脱と医師法17条にいう『医業』の内容となる医行為」最高裁判所判例解説（刑事篇）平成9年度（2000年・法曹会）166頁以下
飯塚和之
　　「患者の自己決定権と司法判断―近時の最高裁・説明義務判決をめぐって―」湯沢雍彦・宇都木伸（編集代表）『人の法と医の倫理』（唄賀寿）（2004年・信山社）263頁以下
家永登
　　「陥没乳頭手術事件」医療過誤判例百選（第2版・1996年）184頁以下

家永登
　　　『子どもの治療決定権―ギリック判決とその後―』（2007年・日本評論社）
塩崎勤
　　　「先端的治療の実施について説明義務違反が認められた事例」民事法情報267号78頁以下
池町佐知子
　　　「産科の手術（その１）―子宮筋腫患者に対する子宮摘出」（藤山雅行編著）『判例にみる医師の説明義務』（2006年・新日本法規）299頁以下
池町佐知子
　　　「産科の手術（その２）―帝王切開術中に夫の同意のみで子宮を摘出することの可否」藤山雅行（編著）『判例にみる医師の説明義務』307頁以下
伊澤純
　　　「患者の遺族に対する医師の説明義務」岩田太（編著）『患者の権利と医療の安全』（2011年）243頁以下
石井麦生
　　　「過失論」小山稔・西口元編集代表『専門訴訟体系１医療訴訟』（2007年）17頁以下
石井一彦
　　　「精神科病院における医療事故」日精協誌20巻３号（2001年３月）28頁以下
石井美智子
　　　「治療としてのリプロダクション―人工授精・体外受精の法的諸問題」ジュリスト増刊総合特集44「日本の医療―これから―」198頁以下
石川優佳
　　　「チーム医療における説明義務」岩田太（編著）『患者の権利と医療の安全』（2011年）266頁以下
石崎泰雄
　　　「フローセン全麻ショック死事件―麻酔医と執刀医等との法的関係」医療過誤判例百選（第２版）88頁以下
石崎泰雄
　　　『患者の意思決定権』（2008年・成文堂）
石原明
　　　「人体実験に対する西ドイツのコントロール体制」神戸学院法学13巻１号（1982年）１頁以下
石原明
　　　「虫垂炎手術時の大腸切除事件」医療過誤判例百選（第２版・1996年）40頁以下
石原明
　　　『医療と法と生命倫理』（1997年・日本評論社）

石原明
『法と生命倫理20講』(1997年・日本評論社)(第4版・2004年)
石原明・大島俊之（編著）
『性同一性障害と法律―論説・資料・Q&A―』(2001年・晃洋書房)
石原明
「性別変更の可能性を探る」石原明・大島俊之（編著）『性同一性障害と法律』(2001年) 32頁以下
医事法学会シンポジウム
「医師・患者の関係」法律時報47巻10号8頁以下
和泉澤千恵
「帝王切開を強く希望していた夫婦に経膣分娩を勧めた医師の説明が、同夫婦に対して経膣分娩の場合の危険性を理解した上で経膣分娩を受け入れるか否かについて判断する機会を与えるべき義務を尽くしたものといえないとされた事例」年報医事法学21号 (2006年) 153頁以下
磯崎辰五郎・高島学司
『医事・衛生法』法律学全集16―2 （新版・1979年・有斐閣)
板倉宏
「医療過誤と過失責任」法律のひろば23巻5号 (1970年) 6頁以下
板倉宏
「看護婦静脈注射薬品過誤事件」医事判例百選（別冊ジュリスト50号）(1976年) 14頁以下
板倉宏
『現代社会と新しい刑法理論』(1980年・勁草書房)
井田良
「予見可能性の意義（1）―北大電気メス事件」刑法判例百選1（第5版・2003) 100頁以下
井田良
「3％ヌペルカイン事件」医事法判例百選 (2006年) 160頁以下
井田良
「終末期医療と刑法」ジュリスト1339号 (2007年) 39頁以下
井田良
『変革の時代における理論刑法学』(2007年・慶応義塾大学出版会)
井田良
「薬害エイズ帝京大学病院事件第一審判決をめぐって」ジュリスト1204号（同『変革の時代における理論刑法学』〔2007年〕159頁以下)
井田良
「過失犯理論の現状とその評価」同『変革の時代における理論刑法学』〔2007年〕

147頁以下、

井田良
「過失犯における『注意義務の標準』をめぐって」同『変革の時代における理論刑法学』(2007年) 183頁以下

井田良
「医療事故に対する刑事責任追及のあり方」三井誠先生古稀祝賀論文集 (2012年・有斐閣) 229頁以下

位田隆一
「医療を規律するソフト・ローの意義」(樋口範雄・土屋裕子編)『生命倫理と法』(2005年・弘文堂) 70頁以下

市村光恵
『醫師ノ権利義務』(改版・1928年・寶文館)(改版・1994年)(復刻叢書法律学篇) 信山社

稲垣喬
「患者の拒否が明らかであるのになされた舌癌病巣部の舌右半側切除手術が違法であるとして損害賠償が認められた事例―癌の手術をめぐる説明と承諾―」判例時報734号143頁以下

稲垣喬
「医療水準の意義と機能―大阪高裁昭和58年2月9日判決―」判例タイムズ503号 (1983年) 45頁以下

稲垣喬
『医事訴訟理論の展開』(1992年・日本評論社)

稲垣悠一
「行政官僚の監督責任と『不作為的過失』：薬害エイズ厚生省ルート事件決定について」専修法研論集44号147頁以下

井上正治
『判例にあらわれた過失犯の理論』(1959年・酒井書店)

岩佐和一郎
「死亡した夫の凍結保存精子を使用した人工授(受)精」年報医事法学21号191頁以下

岩佐和一郎
「医療契約・医療行為の法的問題点」新井誠編『成年後見と医療行為』69頁以下

岩崎康孝
「医療からみた現状」法律のひろば59巻12号 (2006年) 24頁以下

岩瀬博太郎
「日本の死因究明制度が異状死届出に及ぼした影響―法医学の視点から―」判例タイムズ1238号 (2007年) 9頁以下

岩田太（編著）
『患者の権利と医療の安全―医療と法のあり方を問い直す―』（2011年・ミネルヴァ書房）

岩間康夫
「製造物責任と不作為犯論」現代刑事法41号（2002年）26頁以下

植木哲
「各論⑤医療〔判例分析51―承認を得るための説明―〕」判例タイムズ1178号214頁以下

上田健二
「診療行為の意義」中山研一・泉正夫編『医療事故の刑事判例』（第2版・1993年・成文堂）23頁以下

上田正和
「医療水準」加藤良夫編著『実務医事法講義』（2005年・民事法研究会）104頁以下

上野正吉
「医療行為における医師の自律規範」法律時報47巻10号（1975年）25頁以下

植松正
「性転換手術の適法限界」判例時報569号（判例評論129号）125頁以下

上山泰
「医療行為に関する成年後見人等の権限と機能」新井誠編『成年後見と医療行為』85頁以下

上山泰
「成年後見と意思能力」新井誠・西山詮（編著）『成年後見と意思能力』（2002年）127頁以下

上山泰
『成年後見と身上配慮』（2000年・筒井書房）

宇賀克也
「医療安全に関する行政処分の現状」ジュリスト1323号（2006年）40頁以下

宇賀克也
「医療事故の原因究明・再発防止と行政処分―行政法的視点からの検討―」ジュリスト1396号17頁以下

内田文昭
「看護婦静脈注射過誤と共同担当医の責任」唄孝一・成田頼明（編）医事判例百選（別冊ジュリスト50号）（1976年）18頁以下

宇津木伸・迫田朋子・恒松由紀子・野本亀久雄・唄孝一・麻酔徹・松村外志帳
「（座談会）ヒト組織・細胞の取扱いと法・倫理」ジュリスト1193号（2001年）2頁以下

宇都木伸・木原章子

「承諾なき乳腺全摘手術」医事法判例百選（2006年）117頁
宇都木伸・町野朔・平林勝政・甲斐克則（編）
『医事法判例百選（別冊ジュリスト183号）』（2006年・有斐閣）
宇都木伸・良村貞子・平林勝政
「シンポジウムⅢ　医療安全とプロフェッション」年報医事法学26（2011年）151頁以下
瓜生原葉子
『医療の組織イノベーション』（2012年・中央経済社）
アルビン・エーザー（上田健二・浅田和茂編訳）
『医事刑法から統合的医事法へ』（2011年・成文堂）
江見健一
「心神喪失者等医療観察法の施行の状況について」法律のひろば59巻12号（2006年）4頁以下
大阪府医師会編
『医事裁判と医療の実際―医家と法律家による判例研究―』（1985年・成文堂）
大阪府医師会編
『医療と法律』（1961年・法律文化社）
大嶋一泰
「フッ化ナトリウム致死量誤飲事件」医療過誤判例百選（第2版・1996年）62頁以下
大嶋一泰
「治療行為―説明義務を中心として―」刑法基本講座（第3巻・違法論／責任論）（1994年・法学書院）160頁以下
大杉一之
「治療行為といわゆる『代諾』序説」法学新報113巻3＝4号（2006年）377頁以下
大塚仁
『刑法概説総論』（第4版・2008年・有斐閣）
大塚仁
『刑法概説各論』（第4版・2008年・有斐閣）
大塚裕史
「薬害エイズと具体的予見可能性」佐々木史朗先生喜寿祝賀『刑事法の理論と実践』（2002年・第1法規）143頁以下
大塚裕史
「非加熱製剤の投与と医師の刑事過失責任：薬害エイズ事件帝京大ルート第1審判決」法学教室257号138頁以下
大塚裕史
「チーム医療と過失犯論」刑事法ジャーナル3号（2006年）15頁以下

大塚裕史

「横浜市大患者取違え事件」医事法判例百選（2006年）192頁以下

大塚裕史

「麻酔と過失」中山・甲斐（編著）『新版医療事故の刑事責任』（2010年）86頁以下

大野勝則

「（１）患者の同一性確認について手術に関与する医療関係者が負う義務，（２）患者を取り違えて手術をした医療事故において麻酔を担当した医師につき麻酔導入前に患者の同一性確認の十分な手立てを採らなかった点及び麻酔導入後患者の同一性に関する疑いが生じた際に確実な確認措置を採らなかった点で過失があるとされた事例」法曹時報62巻12号166頁

大野真義（編）

『現代医療と医事法制』（1995年・世界思想社）

大谷實

「豊乳術により患者を死亡させた事案につき医師の過失を否定した事例」判例タイムズ294号99頁以下

大谷實

『医療行為と法』（1980年・弘文堂、新版・1990年）

大谷實

『刑法講義総論』（新版第４版）（2012年・成文堂）

大谷實

『新いのちの法律学―生命の誕生から死まで』（2011年・悠々社）

岡上雅美

「生体からの臓器摘出の正当化要件と臓器移植法の立法課題―真の自己決定権実現のために―」『刑事法の理論と実践』（佐々木史郎先生喜寿祝賀）（2002年・第１法規）97頁以下

岡上雅美

「ドイツ連邦共和国における生体移植」法律時報79巻10号59頁以下

小笠豊

「分娩方法に関する説明義務違反と機会の喪失」医事法判例百選（2006年）130頁以下

緒方あゆみ

「チーム医療と過失」同志社法学60巻６号（2009年）451頁以下

緒方あゆみ

「精神傷害犯罪者の処遇と心神喪失者等医療観察法」刑法雑誌50巻（2010年）２号215頁以下

岡田庄作

『刑法原論総論』（増訂４版・大正６年［1917年］明治大學出版部）

小賀野晶一
　　「各論⑤医療〔判例分析44―療養指導としての説明―〕」判例タイムズ1178（2005年）194頁以下
小賀野晶一
　　「医療同意と身上監護」（新井誠編）『成年後見と医療行為』（2007年）137頁以下
岡林伸彦
　　「各論⑤〔判例分析〕42―医療水準―姫路日赤病院未熟児網膜症事件判決」判例タイムズ1178号（2005年）190頁以下
岡部雅人
　　「公務員の過失不作為犯について―薬害エイズ事件厚生省ルート最高裁決定をめぐって―」姫路法学49号（2009年）316頁以下
尾上博和・上村神一郎
　　「自由な組織風土づくりと安全対策」日精協誌20巻3号（2001年3月）47頁以下
小川佳樹
　　「医療事故と医師の届出義務」刑事法ジャーナル3号（2006年）40頁以下
岡西賢治
　　「治療行為における自己決定権」日本大学大学院法学研究年報17号（1987年）71頁以下
大阪府医師会編
　　『医事裁判と医療之実際―医家と法律家による判例研究―』（1985年・成文堂）
押田茂實・児玉安司，鈴木利廣
　　『実例に学ぶ医療事故』（2000年・医学書院）
押田茂實
　　「医療事故の現状とリスクマネージメント」刑事法ジャーナル3号（2006年）48頁以下
甲斐克則
　　「被施術者の承諾と豊胸手術の違法性」年報医事法学14号（1999年）122頁以下
甲斐克則
　　「薬害エイズ事件帝京大ルート第一審判決」平成13年度重要判例解説（ジュリスト臨時増刊1224号）153頁以下
甲斐克則
　　「薬害と医師の刑事責任」広島法学25巻（2001年）2号69頁以下
甲斐克則
　　『安楽死と刑法』（2003年・成文堂）
甲斐克則
　　『尊厳死と刑法』（2004年・成文堂）
甲斐克則

「人体およびヒト組織等の利用をめぐる生命倫理と刑事規制」『人の法と医の倫理』唄賀寿（信山社・2004年）481頁以下

甲斐克則
『被験者保護と刑法』（2005年・成文堂）

甲斐克則
「大学病院耳鼻咽喉科において、がん患者に抗がん剤を過剰投与したため、その副作用により同人を死亡させた医療過誤について、主治医、指導医、課長の過失の競合が認められた事例」年報医事法学20号（2005年）146頁以下

甲斐克則
『医事刊法への旅Ⅰ』（2006年・成文堂）

甲斐克則
「医療事故と刑事法をめぐる現状と課題」刑事法ジャーナル3号（2006年）2頁以下

甲斐克則
「官僚の不作為と刑事過失責任論―薬害エイズ厚生省ルート―」医事法判例百選（2006年）62頁以下

甲斐克則（編著）
『遺伝情報と法政策』（2007年・成文堂）

甲斐克則
「生殖補助医療と刑事規制」法律時報79巻（2007年）11号37頁以下

甲斐克則
「生体移植をめぐる刑事法上の諸問題」法律時報79巻10号37頁以下

甲斐克則
「企業犯罪と公務員の刑事責任―薬害エイズ事件厚生省ルート最高裁決定を契機として―」早稲田法学84巻1号（2008年）1頁以下

甲斐克則
「刑事医療過失と注意義務論」年報医事法学23（2008年）93頁以下

甲斐克則（編）
『ブリッジブック医事法』（2008年・信山社）

甲斐克則
「医療事故と過失の競合―横浜市大患者取違え事件最高裁決定―」年報医事法学24号（2009年）132頁以下

甲斐克則
「医療事故と過失の競合」年報医事法学24号（2009年）132頁以下

甲斐克則（編）
『ポストゲノム社会と医事法』（医事法講座第1巻）（2009年・信山社）

甲斐克則

「公務員の不作為と刑事責任：薬害エイズ事件厚生省ルート最高裁決定」ジュリスト1387号（2009年）181頁以下

甲斐克則
「医療と刑法―医事刑法の回顧と展望」ジュリスト1348号（2008年）130頁以下、

甲斐克則（編）
『インフォームド・コンセントと医事法』（医事法講座第2巻）（2010年・信山社）

甲斐克則・日山恵美
「注射と過失」中山・甲斐（編著）『新版医療事故の刑事判例』65頁以下

甲斐克則
「管理・監督上の過失」中山・甲斐（編著）『新版医療事故の刑事判例』255頁以下

甲斐克則
「医療事故の届出義務とリスクマネージメント」中山・甲斐（編著）『新版医療事故の刑事判例』290頁以下

甲斐克則
『生殖医療と刑法』医事刑法研究（第4巻）（2010年・成文堂）

甲斐克則
『医療事故と刑法』（2012年・成文堂）

甲斐克則（編）
『医療事故と医事法』（医事法講座・第3巻）（2012年・信山社）

角南譲
「精神科医療における医療事故」川村治子（編）『事例から学ぶ医療事故防止』（2000年・日本評論社）85頁以下

角南譲
「人間は過ちを犯すもの」日精協誌20巻3号（2001年3月）7頁以下

角南譲
「隔離室での医療事故」日精協誌20巻3号（2001年3月）71頁以下

片野正樹
「患者の自己決定権と医師の義務、医師の裁量論」秋吉仁美（編著）『医療訴訟』225頁以下

片平洌彦
「新薬の研究開発と人権」ジュリスト増刊総合特集「日本の医療―これから」178頁以下

勝又義直
「被拘禁者の死因確定について」犯罪と刑罰17号（2006年）65頁以下

勝又義直
「検死制度の現状」福島至編著『法医鑑定と死因制度』（2007年・日本評論社）

168頁以下

勝本勘三郎

「刑法35条ト医業トノ関係」勝本勘三郎著・勝本正晃編『刑法の理論及び政策』（1925年・有斐閣）231頁以下

加藤一郎・森島昭夫（編）

『医療と人権―医師と患者のよりよい関係を求めて』（1984年・有斐閣）

加藤一郎（編）

『注釈民法（19）債権』（加藤執筆）（1975年・有斐閣）148頁以下

加藤新太郎

「東大脳動脈奇形〔AVM〕事件」医事法判例百選（2006年）128頁以下

加藤久雄

『ポストゲノム社会における医事刑法入門』（初版・1999年、新訂版・2005年、東京法令出版）

加藤紘之

「医療事故情報の警察への報告の問題点」（樋口範雄編著・ジュリスト増刊「ケース・スタディ生命倫理と法」）（2004年）69頁以下

加藤紘之・児玉安治・佐伯仁志

「医療事故情報の警察への報告」ジュリスト増刊「ケース・スタディ生命倫理と法」（2004年）68以下

加藤麻耶

「末期医療における患者の死に直結しうる治療中止の許容要件―川崎共同病院事件（第1審判決）」年報医事法学21号142頁以下

加藤麻耶

「医療行為の意義」（中山研一・甲斐克則編著）『新版医療事故の刑事判例』（2010年・成文堂）17頁以下

加藤麻耶

「割りばし事件控訴審判決」年報医事法学25巻134頁以下

加藤良夫

「患者の人権―医療へのアクセス権を中心として―」ジュリスト総合特集44号（1986年）「日本の医療―これから」166頁以下

加藤良夫・後藤克幸（編著）

『医療事故から学ぶ―事故調査の意義と実践―』（加藤良夫執筆）（2005年・中央法規）

加藤良夫（編著）

『実務医事法講義』（2005年・民事法研究会）

門広繁幸

「患者に対する、聴診・触診・指圧と医行為」医事判例百選（別冊ジュリスト50

号）（1976年）140頁以下

金川琢雄
「医師の転医勧告義務に関する一試論」金沢医科大学雑誌 8 巻 1 号（1983年）1頁以下

金川琢雄
「AVM 摘出手術を受けた患者に重篤な障害が残ったことにつき、担当医師らに治療方法の選択等の落ち度は認められないが、手術の危険性や必要性についての説明が不十分であったとして、慰謝料の支払いが命じられた事例等」判例時報1606号197頁以下（判例評論463号35頁）

金川琢雄
『現代医事法学』（改訂 2 版）（1995年・金原出版）

金川琢雄
『医事法の構想』（2006年・信山社）

金沢文雄
「治療行為」木村亀二（編）『刑法（総論）』（新法律学演習講座）（1955年・青林書院新社）255頁以下

金沢文雄
「人体実験の適法性の限界」『刑法と科学（法律篇）』（植松博士還暦祝賀）（1971年）113頁以下

金沢文雄
「医師の応招義務と刑事責任」法律時報47巻10号36頁以下

金沢文雄
「医療と刑法」（中山・西原・藤木・宮沢編）現代刑法講座（第 2 巻）（1979年・成文堂）125頁以下

金沢文雄
『刑法とモラル』（1984年・一粒社）

金澤文雄
「見習看護婦プロカイン調剤過誤事件」唄孝一・宇都木伸・平林勝政（編）医療過誤判例百選（1989年）48頁以下

金田朗
「医療過誤訴訟・実務上の論点」加藤良夫（編著）『実務医事法講義』（2005年）232頁以下

鐘築優
「各論⑤医療〔判例分析47〕―療養指導としての説明―」判例タイムズ1178号（2005年）202頁以下

金光秀明
「医療水準と医療慣行」秋吉仁美『医療訴訟』211頁以下

神作良二
　　「被害者の承諾と傷害罪の成否」最判解（刑事篇）（昭和55年度）（1981年）235頁以下

神谷遊
　　「判例評釈〔家族①〕未成年者への医療行為と親権者による同意の拒否」判例タイムズ1249号（2007年）58頁以下

家令和典
　　「HIV（ヒト免疫不全ウイルス）に汚染された非加熱血液製剤を投与された患者がエイズ（後天性免疫不全症候群）を発症して死亡した薬害事件について，厚生省薬務局生物製剤課長であった者に業務上過失致死罪の成立が認められた事例」ジュリスト1361号166頁

川口浩一
　　「臓器売買罪の保護法益」法律時報79巻10号42頁以下

川崎富夫
　　「チーム医療の総責任者が手術説明について患者やその家族に対して負う義務──チーム医療の措定」年報医事法学24号（2009年）164頁以下、

川端博
　　『刑法総論講義』（第3版）（2013年・成文堂）

川端和治
　　「点滴および硬膜外麻酔時の看護師の過失」医事法判例百選（2006年）220頁以下

河原格
　　『医師の説明と患者の同意──インフォームド・コンセント法理の日独比較──』（1998年・成文堂）

河原格
　　「歯科医師による診断書の交付拒否」医事法判例百選（2006年）38頁以下

出河雅彦
　　『ルポ医療事故』（朝日新書・2009年）

菅野耕毅
　　『医事法学概論』（第2版）（2004年・医歯薬出版）

菅野耕毅
　　『看護事故判例の理論』（医事法の研究Ⅳ）（増補新版・2002年・信山社）

北川佳世子
　　「抗がん剤過剰投与と主治医、指導医、科長の過失の競合」医事法判例百選（2006年）190頁以下

北川佳世子
　　「大学附属病院の医療事故において耳鼻咽喉科科長に業務上過失致死罪が成立するとされた事例──埼玉医科大学事件」平成17年度重要判例解説（ジュリスト

1313号・2006年）163頁以下

北川佳世子
「刑事医療過誤と過失の競合」年報医事法学23号（2008年）102頁以下

北川佳世子
「行政官の不作為と刑事責任：薬害エイズ厚生省ルート最高裁決定」刑事法ジャーナル14号73頁以下

北川佳世子
「予薬・調剤と過失」中山・甲斐（編著）『新版医療事故の刑事判例』（2010年・成文堂）187頁以下

木ノ元直樹
「精神科における自殺事故と民事責任」判例タイムズ1103号63頁以下

木ノ元直樹
「精神科医療事故と法」松下正明（総編集）『民事法と精神医学』（2005年・中山書店）182頁以下

木村亀二
「不作為犯における作為義務」木村亀二『刑法解釈の諸問題』（第1巻・1938年）263頁以下

木村亀二
「生体実験と刑法」法学セミナー195号巻頭言。

木村亀二（阿部純二・補訂）
『刑法総論』（増補版）（1978年・有斐閣）

木村光江
「医業類似行為の規制」医事法判例百選（2006年・有斐閣）18頁以下

ギュンター／ケラー（編著）（中義勝・山中敬一監訳）
『生殖医学と人類遺伝学—刑法によって制限すべきか？—』（1991年・成文堂）

ギュンター、ハンス＝ルートヴィッヒ著（日髙義博・山中敬一監訳）
『トピックドイツ刑法』（1995年・成文堂）

響庭忠男
「医療水準と説明・転送義務」判例タイムズ415号54頁以下

久々湊晴夫・旗手俊彦（編）
『はじめての医事法』（2009年・成文堂）

久保真一
「日本型死因究明制度の構築を目指して—死因究明医療センター構想（日本法医学会の提言より）」年報医事法学25号（2010年）59頁以下

熊谷健一
「ゲノム研究成果物の保護のあり方」ジュリスト1193号（2001年）57頁以下

熊本典道

『麻酔事故の法律問題』（1992年・信山社実務双書）

黒須真弓・岩淵由佳・樹神学
「薬剤管理と医薬品のリスクマネジメント」日精協誌20巻3号（2001年3月）19頁以下

黒田誠
「病理学の立場から―日本の病理解剖の現状―」年報医事法学25号（2010年）52頁以下

黒田美亜紀
「ドイツ世話制度における医療行為の同意」新井誠編『成年後見と医療行為』237頁以下

畔柳達雄
「医療水準―専門医、地域差、施設差」判例タイムズ686号（1989年）70頁以下

畔柳達雄
「医師法21条のルーツを求めて―ドイツ連邦共和国を構成する諸州の埋葬法調査」判例タイムズ1155号（2004年）41頁以下

小池泰
「分娩方法の選択に関する医師の説明義務」民商法雑誌134巻3号（2006年）486頁以下

小池泰
「開業医に他の高度な医療機関への転送義務を認めた事例」医事法判例百選（2006年）150頁以下

高久史麿編
『医の現在』（岩波新書・1999年・岩波書店）

厚生省健康政策局医事課（編）
『あん摩マッサージ指圧師、はり師、きゅう師等に関する法律・柔道整復師法逐条解説』（1990年・ぎょうせい）

厚生省保健医療局臓器移植法研究会（監修）
『逐条解説臓器移植法』（1999年・中央法規）

河野泰義
「医師が未熟児である新生児を黄だんの認められる状態で退院させ右新生児が退院後核黄だんにり患して脳性麻ひの後遺症が生じた場合につき医師の退院時における説明及び指導に過失がないとした原審の判断に違法があるとされた事例」（平成8年度主要民事判例解説）判例タイムズ945号110頁、

河野龍太郎
「医療におけるヒューマンエラー―なぜ間違えどう防ぐ」（2004年・医学書院）

L・コーン／J・コリガン／M・ドナルドソン（編）
（米国医療の質委員会著）（医学ジャーナリスト協会訳）

　　　　『人は誰でも間違える』（2000年・日本評論社）
小笠豊
　　　　「分娩方法に関する説明義務違反と機会の喪失」医事法判例百選（2006年）130頁以下
厚生省保健医療局臓器移植法研究会（監編）
　　　　『逐条解説臓器移植法』（1999年・中央法規出版株式会社）
児玉安司
　　　　「医師法21条をめぐる混迷」ジュリスト1249号76頁（ジュリスト増刊「生命倫理と法」（2004年）64頁以下
児玉安司
　　　　「医療安全　How safe is safe enough?」ジュリスト1339号（2007年）67頁以下
児玉安司
　　　　「医療現場からみた医療安全・医事紛争の10年―1999年から2006年までの3つの物語をめぐって―」ジュリスト1396号（2010年）34頁以下
児玉安司
　　　　「医療安全・医事紛争の10年をふりかえって」岩田太（編著）『患者の権利と医療の安全』（2011年・ミネルヴァ書房）350頁以下
後藤弘子
　　　　「鉗子遺留・急性膵臓炎事件」医療過誤判例百選（第2版・1996年）56頁以下
後藤弘子
　　　　「異型輸血過誤事件」医事法判例百選（2006年）180頁以下
小西知世
　　　　「癌患者本人への医師の病名告知義務（3）」明治大学大学院法学研究論集15号（2001年）133頁以下
小西知世
　　　　「医薬品添付文書と医師の注意義務―腰椎麻酔ショック事件―」医事法判例百選（2006年）148頁以下
小林公夫
　　　　『治療行為の正当化原理』（2007年・日本評論社）
小林公夫
　　　　「医療水準と医療の裁量性―福島県立大野病院事件・福島地裁判決を中心に―」法律時報80巻12号70頁以下
小林憲太郎
　　　　「コンタクトレンズの処方のために行われる検眼及びテスト用コンタクトレンズの着脱の各行為と医師法17条にいう『医業』の内容となる医行為」ジュリスト1167号（1999年）127頁以下、
小松進

『医師法』（平野龍一・佐々木史郎・藤永幸治〔編〕）『注解特別刑法』5（医事・薬事編）（1983年・青林書院）

近藤昌昭
「医療安全に関する民事訴訟の現状」ジュリスト1323号（2006年）32頁以下

齊藤彰子
「薬害エイズ厚生省事件最高裁決定」〔平成20年度重要判例解説〕ジュリスト臨時増刊1376号172頁以下

斎藤信治
「柔道整復師のX線照射事件」医事法判例百選（2006年）年16頁以下

齊藤誠二
『刑法講義各論Ⅰ』（1978年・多賀出版）

齊藤誠二
『刑法における生命の保護―脳死・尊厳死・臓器移植・胎児の傷害―』（初版）（1987年・多賀出版）

齊藤誠二
『医事刑法の基礎理論』（1997年・多賀出版）

佐伯仁志
「違法論における自律と自己決定」刑法雑誌41巻2号186頁以下

佐伯仁志
「異状死体の届出義務と黙秘権」ジュリスト1249号（2003年）77頁（ジュリスト増刊「生命倫理と法」［2004年］69頁以下所収）

佐伯仁志
「医療安全に関する刑事司法の現状」ジュリスト1323号（2006年）27頁以下

佐伯仁志
「『医業』の意義―コンタクトレンズ処方のための検眼とレンズ着脱」医事法判例百選（2006年）4頁以下

佐伯仁志
「医療の質の向上と刑事法の役割」ジュリスト1396号（2010年）30頁以下

佐伯仁志・千佳佳
「英米における医療過誤への刑法上の対応」刑事法ジャーナル28号（2011年）29頁以下

佐伯仁志
佐伯仁志「ドイツにおける刑事医療過誤」三井誠先生古稀祝賀論文集（2012年・有斐閣）249頁以下

坂田大吾
「美容整形をめぐる問題」秋吉仁美（編著）『医療訴訟』（2009年）383頁以下

佐久間修

『刑法総論』（2009年・成文堂）
佐々木みさ
　　「医療過誤事件における医療補助者の業務上過失犯について―判例を中心とした看護婦の注意義務基準―」『刑事法学の新課題』（馬屋原成男教授古稀記念）（1979年・八千代出版）229頁以下
佐々木養二
　　『医療と刑法―治療行為に関連して―』（1994年・南窓社）
佐藤恵子
　　「似て非なる『日本式インフォームド・コンセント』を超えるために」岩田太（編著）『患者の権利と医療の安全』70頁以下
佐藤雄一郎
　　「死体に対する遺族の権利について」岩田太（編著）『患者の権利と医療の安全』150頁以下
佐藤陽子
　　『被害者の承諾―各論的考察による再構成―』（2011年・成文堂）
澤登文治
　　「エホバの証人輸血拒否事件」南山法学25巻4号（2002年）153頁以下
塩谷毅
　　『被害者の承諾と自己答責性』（2004年・法律文化社）
鎮目征樹
　　「注意義務の存否・内容（3）―薬害エイズ帝京大学病院事件」刑法判例百選1（第6版・2008年）（別冊ジュリスト189号）112頁以下
渋谷洋平
　　「輸血と過失」中山・甲斐（編著）『新版医療事故の刑事判例』122頁以下
島田聡一郎
　　「薬害エイズ事件が過失犯論に投げかけたもの」刑事法ジャーナル3号26頁以下、
島田聡一郎
　　「患者による殺傷行為についての担医師の刑事責任―ドイツの判例を素材として」中谷陽二（編集代表）『精神科医療と法』（2008年・弘文堂）313頁以下
下野省三
　　「医師法17条にいう『医業』の意義」医事判例百選（別冊ジュリスト50号）（1976年）136頁以下
下山憲治
　　「薬事法改正と一般用医薬品供給のリスク制御」ジュリスト1387号（2009年）2頁以下
城下裕二
　　「生体移植をめぐる法的状況」法律時報79巻10号（2007年）4頁以下

城下裕二（編著）
　　　『生体移植と法』（2009年・日本評論社）
新関輝夫
　　　「精神分裂病の入院患者が許可を得て保護者のもとに外泊中他人を殺害した事件につき、精神病院の損害賠償責任が否定された事例」判例時報1321号（判例評論369号）212頁以下
菅沼信彦・盛永信一郎（責任編集）
　　　『生殖医療』（シリーズ生命倫理学　6巻）（2012年・丸善出版）
ローヌ・スキーメ（樋口範雄訳）
　　　「身体や臓器について所有権で語る議論への批判」（樋口範雄・土屋裕子編）『生命倫理と法』（2005年・弘文堂）341頁以下
レベッカ・スクルート（中里京子訳）
　　　『不死細胞ヒーラ―ヘンリエッタ・ラックスの永遠なる人生―』（2011年・講談社）
鈴木篤
　　　「陣痛促進剤の投与」医療過誤判例百選（第2版・1996年）154頁以下
鈴木真
　　　「医療関連死について―福島県立大野病院事件を振り返って―」判例タイムズ1238号（2007年）17頁以下
須田清
　　　「開頭手術と医師の説明義務」日本法学48巻1号（1982年）162頁以下
砂原茂一
　　　「新薬開発と人権」ジュリスト547号（1973年）38頁以下
須之内克彦
　　　「被害者の承諾」刑法基本講座（第3巻・違法論／責任論）（1994年・法学書院）147頁以下
須之内克彦
　　　『刑法における被害者の同意』（2004年・成文堂）
精神保健福祉研究会（監修）
　　　『精神保健福祉法詳解』（改訂第2版・2002年・中央法規）
総合研究開発機構・川井健（共編）
　　　『生命倫理法案―生殖医療・親子関係・クローンをめぐって―』（2005年・商事法務）
曽根威彦
　　　『刑法総論』（第4版）（2008年・弘文堂）
高木武
　　　「断食道場入寮希望者に対する問診」医事判例百選（別冊ジュリスト50号）（1976年）142頁以下
高嶌英弘

髙嶌英弘

　　「日本における生殖補助医療の現状と法的対応」龍谷大学「遺伝子工学と生命倫理と法」研究会編『遺伝子工学時代における生命倫理と法』(2003年) 404頁以下

高田利廣・小海正勝

　　「HIVの無断検査」医事法判例百選 (2006年) 46頁以下

高田利廣・小海正勝

　　『事例別医事法Q&A』(第5版) (2011年・日本医事新法社) 320頁以下

高波澄子

　　「医師が未熟児である新生児を黄疸の認められる状態で退院させ右新生児が退院後核黄疸に罹患して脳性麻痺の後遺症が生じた場合につき医師の退院時における説明及び指導に過失がないとした原審の判断に違法があるとされた事例」北大法学論集48巻3号361頁以下

高橋眡正

　　「薬害と医師の責任―医師は薬の自動販売機のボタン押し係でありうるか―」ジュリスト547号 (1973年) 57頁以下

高橋智

　　「高齢の入院患者転落事件」医事法判例百選 (2006年) 208頁以下

高橋譲

　　「(1) チーム医療として手術が行われる場合にチーム医療の総責任者が患者やその家族に対してする手術についての説明に関して負う義務、(2) チーム医療として手術が行われるに際し、患者やその家族に対してする手術についての説明を主治医にゆだねたチーム医療の総責任者が、当該主治医の説明が不十分なものであっても説明義務違反の不法行為責任を負わない場合〈時の判例〉」ジュリスト1390号135頁以下

田上富信

　　「開頭手術を行う医師といわゆる説明義務の範囲」判例評論280号24頁 (法律時報1037号170頁) 以下

髙山佳奈子

　　「異状死体の届出義務」医事法判例百選 (2006年) 8頁以下

滝井繁男

　　「医療水準論に関する一考察―特に転医との関連において」法律時報56号6号82頁以下

滝井繁男・藤井勲

　　「『医療水準論』の現状とその批判」判タ629号 (1987年) 12頁以下

滝井繁男

　　「医療水準論に関する一考察―特に転医との関連において―」法律時報56号6号82頁以下

武田茂樹

田坂晶
　　　「医学上の人体実験の適法性」日大大学院法学研究年報11号（1981年）63頁以下
田坂晶
　　　「刑法における治療行為の正当化」同志社法学58巻7号263頁以下
田坂晶
　　　「ドイツにおける治療行為に対する患者の同意能力の意義とその判断基準」島大法学53巻3号（2009年）83頁以下
田坂晶
　　　「治療行為とインフォームド・コンセント（刑事法的側面）」甲斐克則（編）『インフォームド・コンセントと医事法』（医事法講座第2巻）（2010年・信山社）45頁以下
田坂晶
　　　「刑法における同意能力を有さない患者への治療行為に対する代諾の意義」島大法学55巻2号（2011年）1頁以下
田坂晶
　　　「同意能力を有さない患者への医的侵襲の正当化」大谷實先生喜寿記念論文集（2011年・成文堂）509頁以下
田坂晶
　　　「肝腫瘍の切除手術の執刀経験皆無の医師が当該手術を実施するのに不十分な人員態勢のまま手術を開始し、過失によって肝静脈等を損傷して出血させ、適正な止血処置を行うことができず、患者を死亡させたことにつき、業務上過失致死罪の成立が認められた事例」年報医事法学28号（2013年）172頁以下
辰井聡子
　　　「歯科医による気管挿管研修」医事法判例百選（2006年）6頁以下
田中圭二
　　　「主治医の医療過誤と医師法21条の届出義務―都立広尾病院事件の検討を中心にして―」香川法学24巻3＝4号（2005年）241頁以下
田中圭二
　　　「医療事故と医師法21条の届出義務―都立広尾病院事件と今後の検討課題」年報医事法学20（2005年）181頁以下
田中圭二
　　　「性転換手術と旧優生保護法28条」医事法判例百選（2006年）86頁以下
田中圭二
　　　「医療事故死と医師法21条の届出義務違反の罪―本罪に関する判例の立場の解明と厚労省の『大綱案』の検討―」香川法学28巻3＝4号（2009年）77（441）頁以下
棚瀬慎治
　　　「弁護人からみた刑事医療過誤事件」年報医事法学23号（2008年）111頁以下

種谷良二・竹中淳一
　　　「死因究明制度の現状と課題」警察学論集62巻1号（2009年）36頁以下
塚本泰司
　　　「東大脳動脈奇形〔AVM〕事件」医療過誤判例百選（第2版・1996年）20頁以下
辻伸行
　　　「精神障害者による他害事故と損害賠償責任」町野朔編著「精神医療と心身喪失者等医療観察法」（ジュリスト増刊）190頁以下
辻伸行
　　　「精神障害者の他害行為と近親者の損害賠償責任―福岡高裁平成18年10月19日判決の検討を中心にして―」中谷陽二（編集代表）『精神科医療と法』（2008年）241頁以下
辻伸行
　　　「精神科医療事故と法」松下正明（総編集）『民事法と精神医学』164頁以下
辻伸行
　　　「患者の病院内での他害行為と安全配慮義務」医事法判例百選（2006年）74頁以下
辻伸行
　　　「精神障碍者による殺傷事故および自殺と損害賠償責任」（1）～（5・完）判例時報1549号148頁以下、1532号164頁以下、1555号164頁以下、1558号165頁以下、1561号161頁以下
土屋裕子
　　　「患者の権利と法の役割」（岩田太編著）『患者の権利と医療の安全』（2011年・ミネルヴァ書店）27頁以下
常岡孝好
　　　「行政の不作為による刑事責任―行政法学からの一考察」ジュリスト1216号（2002年）19頁以下
手嶋豊
　　　「医療水準として未確立の治療方法についての説明義務」民商法126巻6号（2002年）874頁以下
手嶋豊
　　　「医療と説明義務」判例タイムズ1178号（2005年）185頁以下
手嶋豊
　　　「未熟児網膜症事件」医事法判例百選（2006年）142頁以下
手嶋豊
　　　『医事法入門』（第2版）（2008年・有斐閣）
手嶋豊
　　　「チーム医療における説明義務」平成20年度重要判例解説（2009年）ジュリスト1376号89頁以下

手嶋豊

　　「大野病院事件を読んで」年報医事法学25号（2010年）23頁以下

手嶋豊

　　「精神病院入院患者が無断外出先から持ち込んだナイフにより他の入院患者を殺害した事案につき、病院の安全配慮義務違反による損害賠償責任が認められた事例」判例時報1409号155頁以下

手嶋豊

　　「医師が未熟児である新生児を黄疸の認められる状態で退院させ右新生児が退院後核黄疸に罹患して脳性麻痺の後遺症が生じた場合につき医師の退院時における説明及び指導に過失がないとした原審の判断に違法があるとされた事例」判例評論451号（判例時報1570号）193頁以下

寺沢知子

　　「未成年者への医療行為と承諾―『代諾』構成の再検討―」（1）〜（3）民商法雑誌106巻5号655頁以下、106巻6号799頁以下、107巻1号56頁以下

寺沢知子

　　「『承諾能力』のない人への治療行為の決定と承諾」潮見佳男編『民法学の軌跡と展望』（国井和郎先生還暦記念論文集）（2002年・日本評論社）113頁以下

寺沢知子

　　「医療行為に対する承諾の相対化と法的評価」新井誠編著『成年後見と医療行為』（2007年・日本評論社）107頁以下

寺沢知子

　　「同意能力のない人への医療行為の決定と家族の利益」実践後見16号（2006年）19頁以下

寺沢知子

　　「医療行為に対する承諾の相対化と法的評価」新井誠編『成年後見と医療行為』107頁以下

照沼亮介

　　判例セレクト2007（法学教室330号別冊付録）26頁以下

土井文美

　　「医師の説明義務」判例タイムズ1260号（2008年）18頁以下

東京大学医療政策人材養成講座（編）

　　『医療政策入門』（2009年・医学書院）

グンナール・ドゥトゥゲ（山中友理訳）

　　「ドイツにおける死体からの臓器移植に関する最新の議論」刑事法ジャーナル34号（2012年）79頁以下

堂囿俊彦

　　「その他の倫理理論」赤林朗（編）『入門・医療倫理1』（2005年・勁草書房）69

　　　　　頁以下
堂囲俊彦
　　　　　「義務論」赤林朗（編）『入門・医療倫理2』（2007年・勁草書房）31頁以下
特集
　　　　　「心神喪失者等医療観察法の展望」法律のひろば59巻12号（2006年）4頁以下
特集
　　　　　「精神科病院における医療事故防止と安全対策」日精協誌20巻3号（2001年3月）
　　　　　6頁以下
特集
　　　　　「21世紀の検死制度を考える」犯罪と刑罰17号（2006年）57頁以下
特集
　　　　　「医療安全と法」児玉安司・畔柳達雄・加藤良夫「弁護士の立場から」ジュリス
　　　　　ト1323号（2006年）56頁以下
特集
　　　　　「生体移植をめぐる法的諸問題」法律時報79巻10号（2007年）4頁以下
特集
　　　　　「医療安全の確立と法」ジュリスト1396号（2010年）8頁以下
戸波江二
　　　　　「胎児の人権・死者の人権」（戸波・棚村・曽根・甲斐・岩佐著）『生命と法』（2005
　　　　　年）1頁以下
永井順子
　　　　　「精神病院における自殺―『精神病者』から『生活者』へ、福祉社会学的視座か
　　　　　ら―」ソシオサイエンス10巻（2004年）125頁以下
長尾紀一郎
　　　　　「当院における医療事故防止対策」日精協誌20巻3号（2001年3月）56頁以下
中川淳・大野真義（編）
　　　　　『医療関係者法学』（1989年・世界思想社）
中島直
　　　　　「精神病院入院中の精神病患者が他害事件を起こした際の民事裁判判決の検討」
　　　　　精神神経学雑誌103巻4号（2001年）341頁以下
中島直
　　　　　『犯罪と司法精神医学』（2008年・批評社）
中園一郎・福永龍繁・箕輪幸人・種谷良二
　　　　　「（座談会）死因究明制度の現状と今後の展望」警察学論集62巻1号（2009年）1
　　　　　頁以下
中空壽雅
　　　　　「頸部硬膜外ブロック後ショック死事件」医事法判例百選（2006年）158頁以下

央忠雄
「医師の医療手術と身体侵害罪」法曹会雑誌3巻4号（1925年）64頁以下、5号83頁以下

中谷瑾子
「1．いわゆる未熟児網膜症につき担当医師においてステロイドホルモン剤等の投与に関する診療上の過失責任が認められなかった事例、2．いわゆる未熟児網膜症につき担当医師において光凝固法の存在を説明し転医を指示する義務がないとされた事例―日赤高山病院未熟児網膜症訴訟上告審判決」判例評論286号21頁以下（判例時報1055号191頁以下）

中谷瑾子編著
『医事法への招待』（2001年・信山社）

中谷陽二（編集代表）
『精神科医療と法』（2008年・弘文堂）

中村哲
「医師の説明と患者の判断・同意について」判例タイムズ773号（1992年）4頁以下

中村哲
「試行的な医療行為が法的に許容されるためのガイドライン―主として試行的な治療行為について―」判例タイムズ825号（1993年）6頁以下

中村哲
「医師の説明（療養指導）義務について」（上・下）」判例タイムズ995号（1999年）14頁以下、997号50頁以下

中村哲
「医師の判断（裁量）と患者の自己決定権について」（上・下）判例タイムズ1018号（2000年）83頁以下、1019号（2000年）43頁以下

中村哲
「ルンバールのショックによる脳出血事件」医療過誤判例百選（第2版・1996年）48頁以下

中村也寸志
「乳がんの手術に当たり当時医療水準として未確立であった乳房温存法について医師の知る範囲で説明すべき診療契約上の義務があるとされた事例」最高裁判例解説（民事篇）（平成13年度・下）714頁以下

中森喜彦
「医師の診療引受義務違反と刑事責任」法学論叢91巻1号1頁以下

中山研一
『刑法総論』（1981年・成文堂）

中山研一・泉正夫（編著）
『医療事故の刑事判例』（1983年・成文堂、第2版・1993年）

中山研一
　　『脳死・臓器移植と法』（1989年・成文堂）
中山研一（編著）
　　『資料にみる脳死・臓器移植問題』（1992年・日本評論社）
中山研一
　　『脳死論議のまとめ―慎重論の立場から』（1992年・成文堂）
中山研一・石原明（編著）
　　『資料に見る尊厳死問題』（1993年・日本評論社）
中山研一
　　『脳死移植立法のあり方―法案の経緯と内容―』（1995年・成文堂）、
中山研一
　　『心神喪失者等医療観察法の国会審議』（2005年・成文堂）
中山研一・甲斐克則（編著）
　　『新版医療事故の刑事判例』（2010年・成文堂）
中山研一
　　「医療事故刑事判例の動向」中山研一・甲斐克則（編著）『新版医療事故の刑事判例』1頁以下
奈良雅俊
　　「倫理理論」赤林朗（編）『入門・医療倫理1』（2005年・勁草書房）29頁以下
新美育文
　　「医師の過失」法律論叢71巻4＝5号（1999年）79頁以下
新美育文
　　「傷害を受けた者に開頭手術を行う医師の説明義務の範囲」判例タイムズ472号（1982年）101頁以下
新美育文
　　「医療過誤裁判」ジュリスト増刊総合特集「日本の医療―これから」（1986年）172頁以下
新美育文
　　「開頭手術に際し医師がなすべき説明義務の程度」民商法雑誌86巻2号345頁以下
西口元
　　「各論⑤医療〔判例分析46―療養指導としての説明―〕」判タ1178号200頁以下
西口元
　　「医師法21条の『異状死』をめぐる裁判例概観」判例タイムズ1238号（2007年）23頁以下
西田典之
　　『刑法総論』（第2版・2010年・弘文堂）
西野喜一

西野喜一
　　　「医師の説明義務とその内容」新潟大学法政理論34巻3号（2002年）1頁以下
西野喜一
　　　「医療水準と医療慣行」大田幸夫編『新・裁判実務体系1医療過誤訴訟法』（2001年）113頁以下
西野喜一
　　　「宗教的理由による輸血拒否と専断的輸血」判例タイムズ955号（1998年）97頁以下
西野喜一
　　　「説明義務、転医の勧奨、患者の承諾、自己決定権」判例タイムズ686号（1989年）79頁以下
西山雅昭
　　　「治療行為と刑法」西南学院大学法学論集2巻3号（1969年）272頁以下
日本医事法学会（編）
　　　『医事法学叢書』1巻（医師・患者の関係）、2巻（医療文書）、3巻（医事紛争）、4巻（医療の制度と保障）、5巻（医療と生命）（1986年〜・日本評論社）
日本医事法学会（編）
　　　『年報医事法学』（1986年〜・日本評論社）
棚島次郎
　　　「生体移植の公的規制のあり方—臓器移植法改正試案」法律時報79巻10号48頁以下
根本晋一
　　　「患者が転倒による割箸刺入に起因する頭蓋内損傷により死亡した症例につき，医師が患者の頭蓋内に遺残していた割箸片を看過した過失を否定した事例（後編）：杏林大学病院頭蓋内割箸片看過男児死亡事件（綿飴割箸事件）に関する請求棄却判決の評価」横浜国際経済法学17巻3号307頁
野口勇
　　　「エホバの証人無断輸血訴訟とインフォームド・コンセントの法理」法学セミナー549号（2000年）65頁以下
野口勇
　　　「エホバの証人無断輸血訴訟と最高裁判決」宗教法学20号（2001年）107頁以下
野崎和義
　　　『コ・メディカルのための医事法学概論』（2011年・ミネルヴァ書房）
野島精二
　　　「当院における医療事故防止と安全対策について」日精協誌20巻3号（2001年3月）23頁以下
野田寛
　　　『医療事故と法』（1982年・新有堂）
野田寛
　　　『医事法』（中巻）（現代法律学全集　58巻）（1987年・青林書院新社）

野村稔
　　「医師の異状死体等の届出義務―判例を中心として―」判例タイムズ1238号（2007年）4頁以下

野村好弘
　　『医療事故の民事判例』（1971年・有斐閣）

野山宏
　　「胆のうがんの疑いがあると診断した医師が患者にその旨を説明しなかったことが診療契約上の債務不履行に当たらないとされた事例、胆のうがんの疑いがあると診断した医師が患者の夫にその旨を説明しなかったことが診療契約上の債務不履行に当たらないとされた事例」最高裁判例解説（民事篇・下）（平成7年）440頁以下

唄孝一
　　『医事法学への歩み』（1970年・岩波書店）

唄孝一（編）
　　『医療と法と倫理』（1983年・岩波書店）

唄孝一・宇都木伸・平林勝政（編）
　　『医療過誤判例百選（別冊ジュリスト140号）』（第2版）（1996年・有斐閣）

唄孝一・宇津木伸・佐藤雄一郎
　　「ヒト由来物質の医学研究利用に関する問題（上・下）」ジュリスト1193号（2001年）36頁以下、1194号（2001年）91頁以下

萩原由美恵
　　「チーム医療と信頼の原則（1）（2）」上智法学49巻1号（2005年）49頁以下、2号37頁以下

萩原由美恵
　　「医療過誤と過失犯論（1）（2）」中央学院大学法学論叢21巻1号1頁以下、2号（2008年）27頁以下

萩原由美恵
　　「医療過誤訴訟における医療水準」中央学院大学法学論叢22巻1号（2009年）25頁以下

萩原由美恵
　　「医療過誤における刑事責任の限定」中央学院大学法学論叢24巻1＝2号（2011年）123頁以下

橋口賢一
　　「チーム医療として手術が行われるに際し、患者やその家族に対してする手術についての説明を主治医にゆだねたチーム医療の総責任者が、当該主治医の説明が不十分なものであっても説明義務違反の不法行為責任を負わない場合」法律時報81巻3号117頁以下、

橋本聡
：「脊椎固定手術のガーゼ遺留事件」医療過誤判例百選（第2版・1996年）58頁以下
橋本雄太郎・中谷瑾子
：「患者の治療拒否をめぐる法律問題」判例タイムズ569号8頁以下
橋本雄太郎
：「人工妊娠中絶時期の誤認事件」医療過誤判例百選（第2版）140頁以下
橋本雄太郎
：「骨折治療による阻血性拘縮と医師の裁量」医事法判例百選（2006年）184頁以下
筈井卓也
：「患者の死後、遺族に対して肝バイオプシーを行うことの可否」藤山雅行（編著）『判例にみる医師の説明義務』（2006年・新日本法規）486頁以下
旗手俊彦
：「生体臓器移植の問題点」年報医事法学20号（2005年）41頁以下
旗手俊彦
：「生体移植をめぐる『法と倫理』」法律時報79巻10号15頁以下
畑中綾子
：「同意能力のない子に対する親の治療拒否をめぐる対応—医療ネグレクトへの介入—」岩田太（編著）『患者の権利と医療の安全』51頁以下
服部篤美
：「死に至る経過及び原因を説明する義務」湯沢雍彦・宇都木伸（編集代表）『人の法と医の倫理』（唄賀寿）（2004年・信山社）399頁以下
花井卓蔵
：「刑法と医師」『刑法俗論』（1912年・博文館）383頁以下
林幹人
：「エイズと過失犯」判例時報1775号11頁以下
林幹人
：「国家公務員の作為義務」現代刑事法41号（2002年）20頁以下
林道春
：「看護婦等の過失」判例タイムズ686号（1989年）98頁以下
原田啓一郎
：「医療安全対策の展開と課題」社会保障法26号（2011年）159頁以下
原田尚彦
：「薬害と国家責任—東京スモン訴訟第一審判決」昭和53年度重要判例解説（ジュリスト臨時増刊693号）41頁以下
トム・L・ビーチャム／チジェイムズ・F・チルドレス（永安幸正・立木教夫監訳）
『生命医学倫理』（原書第3版の訳）（1997年・成文堂）
トム・L・ビーチャム／チジェイムズ・F・チルドレス（立木教夫・足立智孝監訳）

『生命医学倫理』（原書第5版の訳）（2009年・麗澤大学出版会）

樋口範雄・土屋裕子（編）
『生命倫理と法』（2005年・弘文堂）

樋口範雄
「医療安全と法の役割」ジュリスト1396号（2010年）8頁以下

樋口範雄
「『エホバの証人』最高裁判決」法学教室239号（2000年）41頁以下

樋口範雄
『続・医療と法を考える―終末期医療ガイドライン―』（2008年・有斐閣）

日山恵美
「医療の安全確保における刑事過失論の限界―刑事医療過誤判決の分析から―」年報医事法23号（2008年）8頁以下

日山恵美
「エタノール誤注入と看護師の責任」医事法判例百選（2006年）226頁以下

日山恵美
「看護上の過失」中山・甲斐（編著）『新版医療事故の刑事判例』221頁以下

平岩敬一
「業務上過失致死・医師法違反被告事件（大野病院事件）―医療の専門的知識を有しない捜査機関による不当な逮捕・起訴」季刊刑事弁護57号111頁以下

平尾博志
「心神喪失者等医療観察法制度における保護観察所の業務の概況」法律のひろば59巻12号（2006年）11頁以下

平塚志保
「横浜市大病院患者取り違え事件」年報医事法学18号（2003年）146頁以下

平野哲夫
「生体臓器移植をめぐる医学的・社会的状況」法律時報79巻10号10頁以下

平野龍一
『刑法概説』（1971年・東京大学出版会）

平野龍一
『刑法総論』（II・1975年・有斐閣）

平林勝政
「医行為をめぐる法制度論的問題状況」年報医事法学19号（2004年）73頁以下

平林勝政
「医行為をめぐる業務の分担」『人の法と医の倫理』（唄賀寿）（2004年・信山社）573頁以下

平林勝政
「医師に対する法的規制」加藤一朗・森嶋昭夫（編）『医療と人権』（1984年・有

斐閣）40頁以下
平林勝政
　　　「退院時における療養指導」医事法判例百選（2006年）196頁以下
平林勝政・西田幸典
　　　「ガンマーグロブリン投与不足の麻疹脳炎事件」医事法判例百選（2006年）135頁
平山幹子
　　　「チーム医療と過失」平成19年度重要判例解説（ジュリスト臨時増刊1354号）167頁以下
平良木登規男
　　　「予見可能性の意義」刑法判例百選1総論（第4版）108頁以下
廣瀬美佳
　　　「医療における代諾に関する諸問題（下）」早稲田大学大学院法研論集61号178頁以下
廣瀬美佳
　　　「中絶胎児を『廃棄物』として処理した事例」医事法判例百選（2006年）102頁以下
福島至・反町吉秀
　　　「21世紀の検死制度を考える起点としての共同研究」犯罪と刑罰17号（2006年・成文堂）57頁以下
福永龍繁
　　　「日本の死因究明制度の現状と将来展望」警察学論集62巻1号（2009年）56頁以下
藤岡康宏
　　　「措置入院中の精神分裂病患者による院外での殺人事件につき、主治医に院外作業療法実施上の過失があるとした事例」判例時報1085号191頁以下（判例評論296号29頁以下）
伏木信次・樫則章・霜田求
　　　『生命倫理と医療倫理』（改訂2版・2008年・金芳堂）
藤木英雄
　　　「医療過誤と過失」（特集・医療過誤）ジュリスト1969年7月1日号（No. 427）30頁以下
藤木英雄
　　　「医療事故における因果関係と過失」（特集・医療と人権）ジュリスト548号（1973年）300頁以下
藤田利治
　　　「わが国における乳児の乳幼児突然死症候群（SIDS）窒息死の概況」母子保健情報53号（2006年）25頁以下
藤永幸治ほか編
　　　『環境・医事犯罪』（1999年・東京法令出版）

藤野ヤヨイ
  「精神病院の特質と入院患者の人権」現代社会文化研究28号（2003年）171頁以下
藤本直
  「医師の手術と身体傷害罪」司法協会雑誌11巻（1933年）244頁以下、364頁以下、426頁以下、498頁以下
藤本直
  「医師の手術と身体傷害罪の問題に就て（1）（2）（3）」法学新報41巻2号（1931年）167頁以下、417頁以下、756頁以下
藤山雅行（編著）
  『判例にみる医師の説明義務』（2006年・新日本法規）
船山泰範
  「北大電気メス事件」医事法判例百選（2006年）186頁以下
船山泰範
  「医療過誤と過失犯の役割」現代社会型犯罪の諸問題（板倉博士古稀祝賀論文集）（2004年・勁草書房）201頁以下
古川伸彦
  「ドイツにおける事故と過失―医師の刑事責任の限定？」刑事法ジャーナル28号（2011年）26頁以下
古川伸彦
  「予見可能性の意義（1）―北大電気メス事件」刑法判例百選Ⅰ（総論）（第6版）（2008年）102頁以下
ホープ、トニー（児玉聡・赤林朗訳）
  『医療倫理』（2007年・岩波書店）
保木本一郎
  「あん摩師・はり師・きゅう師及び柔道整復師法12条・14条・7条の合憲性」医事判例百選（別冊ジュリスト50号）（1976年）154頁以下
前田和彦
  『医事法講義』（全訂第8版・2008年、新版・2011年・信山社）
前田達明
  「医療契約について」京都大学法学部創立百周年記念論文集（3）民事法」（1999年）111頁以下
前田雅英
  「医療過誤と過失犯の理論」唄孝一（編）『医療と法と倫理』（1983年・岩波書店）316頁以下
前田雅英
  「刑事過失とエイズ禍―医療過誤と結果回避義務」判例タイムズ1076号（2002年）3頁以下

前田雅英
「（1）血友病患者が大学付属病院において血友病治療薬である非加熱濃縮血液凝固因子製剤の投与を受けたところ、同製剤にHIVが混入していたためこれに感染し、やがてエイズを発症して死亡した場合につき、同病院内科長等の立場にあった医師の過失責任が否定された事例、（2）過失の成否について予見可能性の程度が重要な考慮要素になるとされた事例、（3）専門分野における過失と注意義務の基準となるべき『一般通常人』の意義、（4）特定の専門分野における医療行為の選択につき専門医に過失責任が生ずる基準—薬害エイズ帝京大学病院事件第1審無罪判決」判例時報1767号39頁以下

前田雅英
「事故調査と過失責任」警察学論集64巻1号147頁以下

前田雅英
「手技・部位・遺留等　骨折治療による阻血性拘縮と医師の裁量」医療過誤判例百選（第1版・1976年）142頁以下

前田雅英
「被害者の承諾」警察学論集51巻10号（1998年）185頁以下

牧聡
「牧病院における事故防止対策」日精協誌20巻3号（2001年3月）52頁以下

増田聖子
「美容整形術についての術前説明義務」医事法判例百選（2006年）136頁以下

町野朔
「刑法解釈論からみた治療行為」法学協会雑誌87巻4号、88巻9号、10号（昭和45～46年）

町野朔
「患者の自己決定権」ジュリスト568号（1974年）44頁以下

町野朔
「過失犯における予見可能性と信頼の原則」ジュリスト575号（1974年）78頁以下

町野朔
「ストロンチウム美容的治療障害事件」医事判例百選（1976年）52頁以下

町野朔
『患者の自己決定権と法』（1986年・東京大学出版会）

町野朔・秋葉悦子（編）
『脳死と臓器移植』（第2版・1996年、第3版・1999年・信山社）

町野朔
「頸部硬膜外ブロック後ショック死事件」医療過誤判例百選（第2版・1996年）84頁以下

町野朔、臼木豊、西村秀二、山本輝之、秋葉悦子、丸山雅夫、安村勉、清水一成（著）

町野朔・秋葉悦子（編）
　　『安楽死・尊厳死・末期医療（資料・生命倫理と法Ⅱ）』（1997年・信山社）
町野朔・秋葉悦子（編）
　　『資料・生命倫理と法1・脳死と臓器移植』（第3版・1999年・信山社）
町野朔・長井圓・山本輝之（編著）
　　『臓器移植法改正の論点』（2004年・信山社）
町野朔・中谷陽二・山本輝之（編）
　　『触法精神障害者の処遇』（2005年・信山社）
町野朔
　　「『脳死臓器移植』について」年報医事法学20号（2005年）57頁以下
町野朔
　　「豊胸術による肺塞栓死の予見可能性」医事法判例百選（2006年）138頁以下
町野朔・水野紀子・辰井聡子・米村滋人（編）
　　『生殖医療と法』（2010年・信山社）
町野朔・山本輝之・辰井聡子（編）
　　『移植医療のこれから』（総合叢書医事法）（2011年・信山社）
松岡浩
　　「精神科病院における若干の事例類型に関する考察―突然死、転倒・転落事例、誤嚥事例の検討」（松下正明総編集）『民事法と精神医学』（2005年・中山書店）202頁以下
松倉豊治（編）
　　『一般医家のための医療過誤の諸問題』（1968年・金原出版）
松倉豊治
　　『医学と法律の間』（1970年・判例タイムズ社）
松倉豊治
　　『医療過誤と法律』（1970年・法律文化社）
松倉豊治
　　「未熟児網膜症による失明事例といわゆる『現代医学の水準』」判例タイムズ311号61頁以下
松倉豊治
　　「乳幼児のベッドの上の突然死」判例タイムズ336号（1976年）53頁以下
松下正明（総編集）
　　『民事法と精神医学』（司法精神医学4）（2005年・中山書店）
松田純（監訳）
　　『ドイツ連邦議会審議会答申・人間の尊厳と遺伝子情報―現代医療の法と倫理（上）』（2004年・知泉書館）
松田純
　　『遺伝子技術の進展と人間の未来―ドイツ生命環境倫理学に学ぶ―』（2005年・知

泉書館）

松田純監訳
　　　『ドイツ連邦議会審議会答申・受精卵診断と生命政策の合意形成―現代医療の法と倫理（下）』（2006年・知泉書館）

松宮孝明
　　　「薬害エイズ事件と過失論―帝京大ルート第1審判決を素材に―」『刑事法の理論と実践』（佐々木史郎先生喜寿祝賀）（2002年・第1法規）167頁以下

松宮孝明
　　　『過失犯論の現代的課題』（2004年・成文堂）

松宮孝明
　　　「薬害エイズ事件厚生省ルート最高裁決定」年報医事法学24号（2009年）158頁以下

松宮孝明
　　　「薬害エイズ事件厚生省ルート最高裁決定」判例評論602号（2009年）187頁以下（判例時報2030号187頁以下）

松宮孝明
　　　「診断行為と過失」中山・甲斐（編著）『新版医療事故の刑事判例』（2010年・成文堂）43頁以下

丸山英二
　　　「臓器移植法と臓器摘出の承諾要件」ジュリスト1339号（2007年）32頁以下

丸山英二
　　　「ヒトゲノム・遺伝子解析研究に関する最近の政府指針」ジュリスト1193号（2001年）49頁以下

丸山正次
　　　「医師の診療過誤に就て」司法研究18輯報告書集4（1934年・司法省調査課）

三浦守
　　　「美容整形手術により死亡した被害者の承諾について」研修608号15頁以下

水沼宏
　　　「美容整形アカンベ事件」医事判例百選（1976年）110頁以下

水野謙
　　　「チーム医療として手術が行われる場合に患者やその家族に対して説明が十分になされるようにチームの総責任者が配慮する義務を負うとされた事例」判例時報2042号152頁以下（判例評論606号152頁以下）

水野俊誠
　　　「医療倫理の四原則」赤林朗（編）『入門・医療倫理』（1）（2005年）53頁以下

南良武
　　　「医療過誤―リスクマネジメントを考える」日精協誌20巻3号（2001年3月）41

三村三緒
　　　「裁判所からみた医療観察法による審判手続の現状」法律のひろば59巻12号17頁以下
三宅祥三
　　　「精神科病院における医療事故と安全対策」日精協誌20巻3号（2001年3月）15頁以下
宮下毅
　　　「精神科患者の自殺行為」医療過誤判例百選（第2版・1996年）168頁以下
宮野彬
　　　『安楽死から尊厳死へ』（1984年・弘文堂）
宮野彬
　　　「歯科医麻酔過誤事件」医事判例百選104頁以下
宮野彬
　　　「全身麻酔下での吐物誤嚥による窒息死事件」医療過誤判例百選（第2版・1996年）52頁以下
深山正久・加治一毅・出口徹
　　　「医師の立場から」「特集・医療安全と法」ジュリスト1323号（2006年）48頁以下
宮本英脩
　　　『刑法学粋』（1931年・弘文堂書房）
武藤眞朗
　　　「治療行為と傷害の構成要件該当性—専断的治療行為と患者の自己決定権に関する研究の予備作業—」早稲田大学法研論集54号（1990年）243頁以下
武藤眞朗
　　　「人工的栄養補給の趣旨と患者の意思—ドイツにおける判例を素材として—」東洋法学49巻1号〔2005年〕1頁以下
武藤眞朗
　　　「医師の説明義務と患者の承諾—『仮定的承諾』序説—」東洋法学49巻2号（2006年）5頁以下
武藤眞朗
　　　「いわゆる仮定的承諾について—医師の説明義務と患者の承諾—」刑法雑誌47巻3号317頁以下
武藤眞朗
　　　「手術と刑事責任」中山・甲斐（編著）『新版医療事故の刑事判例』151頁以下
村井達哉ら
　　　「解剖からみた突然死の原因」カレントテラピー21（4）（2003年9月）
村山淳子

「神戸診療拒否事件」医事法判例百選（2006年）212頁以下
村山淳子
　　　「諸外国の医療法制：ドイツ」年報医事法学26（2011年）53頁以下
森茂郎・武市尚子・児玉安司
　　　「病理解剖・司法解剖後の検体・遺体の取扱い」ジュリスト1244号（2003年）214頁以下＝（樋口範雄編著）ケーススタディ生命倫理と法（ジュリスト増刊1244号）（2004年）214頁以下所収
森亘・本間三郎（編）
　　　『21世紀へ向けての医学と医療』（1990年・日本評論社）
薬事法研究会編
　　　『やさしい薬事法─医薬品開発から新医薬品販売制度まで─』（第6版）（2009年・じほう）
矢崎義雄編
　　　『医の未来』（岩波新書）（2011年・岩波書店）
山内俊雄
　　　『性転換手術は許されるのか─性同一性障害と性の在り方』（1999年・明石書店）
山内俊雄（編著）
　　　『性同一性障害の基礎と臨床』（改訂第2版）（2004年・新興医学出版社）
山上皓
　　　「司法精神医学の視点からみた医療観察制度施行の現状と課題」法律のひろば59巻12号（2006年）33頁以下
山口厚
　　　「薬害エイズ三判決と刑事過失論」ジュリスト1216号（2002年）10頁以下
山口厚
　　　「科学技術の進歩と刑法─過失責任の視点から」城山英明・西川洋一（編）『法の再構築3─科学技術の発展と法』（2007年・東京大学出版会）171頁以下
山口斉昭
　　　「『医療水準論』の形成過程とその未来─医療プロセス論へ向けて─」早稲田法学会誌47巻（1997年）361頁以下
山下登
　　　「医事法制・Ⅱ医事法」加藤良夫編著『実務医事法講義』442頁以下
山下洋一郎
　　　「各論⑤医療〔判例分析50─承認を得るための説明─〕」判例タイムズ1178号212頁以下
山田卓生
　　　「信仰上の輸血拒否と医療」ジュリスト843号（1985年）86頁以下
山田卓生

「宗教上の理由による輸血拒否患者への無断輸血と医師の責任」年報医事法学16 (2001年) 291頁以下

山田卓生
「輸血拒否患者への無断輸血と不法行為責任」法学教室202号 (1997年) 122頁以下、

山中敬一
「被害者の同意における意思の欠缺」関西大学法学論集33巻3＝4＝5号 (1983年) 271頁以下

山中敬一 (訳)
「ハンス・ルートヴィッヒ・ギュンター『胚子の保護に関する法律討議草案』」法学論集38巻1号 (1988年) 354頁以下

山中敬一 (訳)
アルビン・エーザー『胚子の刑法上の保護―新ドイツ胚子保護法に関する比較法的覚書』」ノモス2号 (1991年) 239頁以下

山中敬一
『刑法における客観的帰属の理論』(1997年・成文堂)

山中敬一
「医師の説明義務と患者のいわゆる仮定的同意について」神山敏雄先生古稀祝賀論文集 (第1巻) (2006年・成文堂) 253頁以下

山中敬一
『刑法総論』(第2版・2008年・成文堂)

山中敬一
『刑法各論』(第2版) (2009年・成文堂)

山中敬一
「刑事製造物責任論における作為義務の根拠」法学論集60巻5号 (20011年) 1頁以下

山中友理
「ドイツ刑法63条の精神病院収容の現状と課題」中谷陽＝編集代表『精神科医療と法』195頁以下

山本啓一
「司法解剖の実際」犯罪と刑罰17号 (2006年・成文堂) 89頁以下

山本輝之
「医療事故への刑事法の介入」年報医事法学18号 (2003年) 85頁以下

山本輝之
「心神喪失者等医療観察法における強制処遇の正当化根拠と『医療の必要性』について―最高裁平成19年7月25日決定を契機として」中谷陽二 (編集代表)『精神科医療と法』125頁以下

山本紘之

「患者を取り違えて手術をした医療事故において麻酔を担当した医師につき麻酔導入前に患者の同一性確認の十分な手立てを採らなかった点及び麻酔導入後患者の同一性に関する疑いが生じた際に確実な確認措置を採らなかった点で過失があるとされた事例」法学新報114巻 9 ＝10号171頁、

湯沢雍彦・宇都木伸（編集代表）
『人の法と医の倫理―唄孝一先生に賀寿と感謝の気持ちを込めて』（唄幸一賀寿）（2004年・信山社）

横野恵
「イギリス判例法における未成年者に対する医療と同意（１）（２）」早稲田大学大学院法研論集97号（2001年）228頁以下、98号210頁以下

吉井隆平
「深刻な骨髄抑制の副作用を伴う先端的治療方法であったアクチノマイシンＤの投与を含む化学療法を実施するに当たり患者に対してなされた説明に説明義務違反が認められた事例」（平成12年度主要民事判例解説）判例タイムズ1065号100頁以下

吉田邦彦
「精神障害者の殺人事件」医療過誤判例百選（第２版・1996年）170頁以下

吉野孝義
「美容整形」判例タイムズ686号125頁以下

良村貞子
「乳児の処置（SIDS）」医療過誤判例百選（第２版・1996年）160頁以下

米田泰邦
「医療における未知の事故とチーム医療における医師の責任―北大電気メス禍事件第１審判決によせて―」判例タイムズ315号（1975年）19頁以下、316号49頁以下

米田泰邦
「刑事過失の限定法理と可罰的監督義務違反―北大電気メス禍事件控訴審判決によせて―（上・中・下）」判例タイムズ342号11頁以下、345号19頁以下、346号34頁以下

米田泰邦
『医療行為と刑法』（1985年・一粒社）

米田泰邦
『医療紛争と医療裁判―その病理と法理―』（1986年・成文堂）

米田泰邦
『医療者の刑事処罰』（2012年・成文堂）

ジェームズ・リーズン（塩見弘・監訳）
『組織事故』（1999年・日科連出版社）

龍谷大学「遺伝子工学と生命倫理と法」研究会議編（代表・石塚伸一）

　　　　『遺伝子工学時代における生命倫理と法』（2003年・日本評論社）
ロバート・B・レフラー（長澤道行訳）
　　　　『日本の医療と法―インフォームド・コンセント・ルネッサンス―』（2002年・勁草書房）
Robert B. Leflar（三瀬朋子・訳）
　　　　「医療安全と法の日米比較」（特集・医療安全と法）ジュリスト1323号（2006年）8頁以下
クラウス・ロクシン（平野龍一監修・町野朔・吉田宣之監訳）
　　　　『刑法総論』〔第1巻第1分冊〕（2003年・信山社）
クラウス・ロクシン（山中友理訳）
　　　　「所持犯」刑事法ジャーナル20号（2009年）51頁以下
我妻栄
　　　　『債権各論〔1〕』（1954年・岩波書店）
分島徹・佐々木龍一
　　　　「精神科医療事故とその実態―精神科医療の立場から」松下正明（総編集）『民事法と精神医学』（司法精神医学　4）（2005年・中山書店）191頁以下
渡邊斉志
　　　　「遺伝子診断法」（海外法律情報・ドイツ）ジュリスト1387号（2009年）103頁

外国文献一覧

Albrecht, Andreas:
　Die „hypothetische Einwilligung" im Strafrecht, (Schriften zum Strafrecht, Heft 211), 2010, Duncker & Humblodt

Alexander, Torsten:
　Strafrehtliche Verantwortlichkeit für die Warnung der Verkehrssicherungspflichten in Unternehmen, 2005, Centaurus-Verlag

Amelung, Knut:
　Rechtsgüterschutz und Schutz der Gesellschaft- Untersuchungen zum Inhalt und zum Anwendungsbereich eines Strafrechtsprinzips auf dogmengeschichtlicher Grundlage. zugleich ein Beitrag zur Lehre von der „Sozialschädlichkeit" des Verbrechens, 1972, Athenäum.

Amelung, Knut:
　Über die Einwilligungsfähigkeit, ZStW 104 (1992), 525 ff., S. 821 ff.

Amelung, Knut:
　Irrtum und Täuschung als Grundlage von Willensmängeln bei der Einwilligung des Verletzten (Strafrechtliche Abhandlungen, n. F., Bd. 108), 1999, Duncker & Humblodt,

Amelug, Knut/Eymann, Frieder:
　Die Einwilligung des Verletzten im Strafrecht, JuS 2001, 937 ff.

Antomo, Jennifer:
　Der Gesetzesentwurf der Bundesregierung über den Umfang der Personensorge bei einer Beschneidung des männlichen Kindes, Juristische Ausbildung 2013, S. 425 ff.

Arzt, Gunther:
　Willensmängel bei der Einwilligung, 1970, Athenäum

Arzt, Gunther:
　Die Aufklärungspflicht des Arztes aus strafrechtlicher Sicht, in: Wiegand (Hrsg.), Arzt und Recht (Berner Tage für die juristische Praxis 1984), 1985, S. 49 ff.

Arzt, Gunther:
　Heileingriffe aufgrund einer Blanko-Einwilligung bezüglich der Person des Arztes, in: Fezer, Gerhard/Schlüchter, Ellen/Rößner, Dieter/Arzt, Gunther/Weber, Ulrich (Hrsg.) Festschrift für Jügen Baumann, 1992, Gieseking, S. 201

ff.

Arzt, Gunther/Ulrich Weber :
  Strafrecht Besonderer Teil, 2000, Gieseking

Bauer, Wolfgang :
  Die strafrechtliche Beurteilung des ärztlichen Heileingriffs, (Schriftenreihe Strafrecht in Forschung und Praxis, Bd. 140), 2008, Verlag Dr. Kovač

Baumann, Jürgen/Ulrich Weber/Wolfgag Mitsch :
  Strafrecht Allgemeiner Teil, 11. Aufl., 2003, Gieseking

Beauchamp, Tom :
  Prinzipien und andere aufkommende Paradigmen in der Bioethik, in : Rauprich/Steger (Hrsg.) Prinzipienethik in der Bioemedizin, 2005, S. 48 ff.

Bender, Albrecht :
  Anmerkung zum Urteil des OGH München v. 31. 1. 2002, MedR 2003, S. 174 ff.

Bergmann, Karl-Otto :
  Arbeitsteilung und Vertrauensgrundsatz im Arztstrafrecht, in : Arbeitsgemeinschaft Rechtsanwälte im Medizinrecht (Hrsg.), Medizin und Strafrecht, Strafrechtliche Verantwortung in Klinik und Praxis (Schriftenreihe Medizinrecht), 2000, Springer

Bergmann, Karl Otto/Wever, Carolin :
  Risiko- und Qualitätsmanagement im Gesundheitswesen - Entscheidung und Tendenzen 2010/2011, MedR 2011, S. 633 ff.

Berz, Ulrich :
  Die Bedeutung der Sittenwidrigkeit für die rechtfertigende Einwilligung, GA 1969, 145 ff

Beschlussempfehlung und Bericht des Ausschusses für Gesundheit, Bundestagsdrucksache 16/12713.

Binding, Karl :
  Lehrbuch des Gemeinen Deutschen Strafrechts, BT, 2. Aufl., 1902, Bd. 1, (Scientia , 1969)

Bockelmann, Paul,
  Strafrecht des Arztes, 1968, Georg Thieme Verlag

Böckenförde-Wunderlich, Barbara :
  Präimplantationsdiagnostik als Rechtsproblem, 2002, Mohr Siebeck

Boemke, Burkhard :
  Facharztstandard bei fachübergreifendem Bereichschaftsdienst, NJW 2010, S. 1562 ff.

Bruns, Wolfgang :

Persönliche Haftung des Krankenhaus-Geschäftsführers für Organisationsfehler?, ArztR 2003, 63 ff.

Buchborn, Eberhard :
Der Ärztliche Standard, MedR 1993, 328

Burchardt, Monika :
Vertretung handlungsunfähiger volljähriger Patienten durch Angehörige, (Göttinger Schriften zum Medizinrecht Bd. 9), 2010, Universitäsverlag Göttingen

Carstensen, Gert :
Die Aufklärung des Krebskranken, in : Strafrecht - Biorecht - Rechtsphilosophie, (Festschrift für Hans-Ludwig Schreiber zum 70. Geburtstag am 10. Mai 2003) 2003, C F Müller, S. 627 ff.

Clouster, K. Danner/Gert, Bernard :
Eine Kritik der Prinzipienethik, in : Rauprich/Steger (Hrsg.), Prinzipienethik in der Biomedizin, 2005, S. 88 ff.

Cohn, Max :
Studien zur Gewerbeordnung, Zeitschrift für die deutsche Gesetzgebung und für einheitliches deutsches Recht, 6, 1872, 624 ff.

Deutsch, Erwin/Andreas Spickhoff :
Medizinrecht, 6. Aufl., 2008, Springer.

Dringenberg, Volker Götz :
Die strafrchtliche Verantwortlichkeit des Ärztes bei Operationserweiterung (Rechtfertigungsprobleme bei Operationserweiterungen anhand BGHSt 35, 246), 2005, Shaker Verlag

Duttge, Gunnar :
Die „hypothetische Einwilligung" als Strafausschlussgrund : wegweisende Innovation oder Irrweg?, in : Festschrift für Friedrich-Christian Schroeder zum 70. Geburtstag, 2006, C. F. Müller, S. 179 ff.

Duttge, Gunnar :
Rechtliche Problemfelder einer „Personalisierten Medizin", in : Wolfgang Niederlag/Heinz U. Lemke/Otto Rienhoff (Hrsg.), Personalisierte Medizin & Informationstechnichnologie, Health Academy 15, 2010, 251 ff.

Duttge, Gunnar :
Arberitsteilige Medizin zwischen Vertrauen und strafbarer Fahrlässigkeit, ZIS 2011, S. 349 ff.

Duttge, Gunnar/Engel, Wolfgang/Zoll, Barbara (Hrsg.):
Das Gendiagnostikgesetz im Spannungsfeld von Humangenetik und Recht

(Göttinger Schriften zum Medizinrecht Bd. 11, 2011, Universitätsverlag Göttingen

Eberbach, Wolfram H.:
AIDS und Strafrecht, MedR 1987, 267 ff.

Eberbach, Wolfram H:
Juristische Aspekte einer individualisierten Medizin, MedR 2011, S. 757 ff.

Edlbauer, Benedikt:
Die hypothetische Einwilligung als arztstrafrechtliches Haftungskorrektiv, 2009, Verlag Dr. Kovač

Ennker Jürgen/Pietrowski, Detlef/Kleine, Peter:
Risikomanagement in der operativen Medizin, 2007, Steinkopf Verlag

Feinberg, Joel:
The Moral Limits of the Criminal Law, Vol. 3, Harm to Self, 1989, Oxford University Press

Frank, Reinhard:
Das Strafgesetzbuch für das Deutsches Reich, 11.-14. Aufl., 1914, Mohr

Frisch, Wolfgang:
Zum Unrecht der sittenwidrigen Krörperverletzung (§228 StGB), in: Festschrift für Hans Joachim Hirsch zum 70. Geburtstag am 11. April 1999, 1999, de Gruyter, S. 485 ff.

Frister, Helmut/Michael Lindemann/Th. Alexander Peters:
Arztstrafrecht, 2011, C. H. Beck

Geerds, Friedrich:
Einwilligung und Einverständnis des Verletzten, 1953

Geerds, Friedrich:
Einwilligung und Einverständnis des Verletzten im Strafgesetzentwurf, ZStW 72, (1960), S. 42 ff.,

Geilen, Gerd:
Einwilligung und ärztliche Aufklärungspflicht, (Schriften zum deutschen und europäischen Zivil-, Handels- und Prozessrecht; Bd. 22), 1963, Gieseking

Geilen, Gerd:
Materielles Arztstrafrecht, in: Wenzel (Hrsg.), Handbuch des Fachanwalts. Medizinstrafrecht, 2. Auflage, 2009, Luchterhand, S. 336 ff.

Georgy, Philipp:
Die strafrechtliche Verantwortligkeit von Amtsträgern für Arzneimittelrisiken. Am Beispiel öffentlich-rechtlicher Ethik-Kommissionen und des Bundesinstituts für Arzneimittel und Medizinprodukte, (Strafrechtliche Abhandlun-

gen, Neue Folge Bd. 225), 2011, Duncker & Humblodt

Geppert, Klaus:
Zu Zweifelsfragen der mutmaßlichen Einwilligung eines Patienten in einen operationserweiternden ärztlichen Eingriff aus strafrechtlicher Sicht, in: JZ 1988, 1024 ff.

Gesetzesentwurf der Bundesregierung, Entwurf eines Gesetzes über genetische Untersuchungen bei Menschen (Gendiagnostikgesetz-GenDG), Bundestagsdrucksache 16/10532

Golbs, Ulrike:
Das Vetorecht eines einwilligungsunfähigen Patienten (Studien zum Strafrecht Bd. 2), 2006, Nomos

Goldman, L/Sayson R/Robbins S/Cohn LH, /Bettmann M/Weisberg M.
The value of the autopsy in three medical eras. in: New England Journal of Medicine 1983 Apr 28, 308 (17) 1000-1005.

Gropp, Walter:
Hypothetische Einwilligung im Strafrecht?, in: Festschrift für Friedrich-Christian Schroeder, 2006, S. 197 ff.

Gropp, Walter:
Die fahrlässige Verwirklichung des Tatbestandes einer strafbaren Handlung - miteinander oder nebeneinander Überlegungen zur so genannten fahrlässigen Mittäterschaft, GA, 2009, S. 265 ff.

Grosskopf, Volker/Hubert Klein:
Recht in Medizin und Pflege, 3. Aufl., 2007, Spitta

Günther, Hans-Ludwig/Jochen Taupitz/Kaiser:
Embryonenschutzgesetz, 2008, Kohlhammer

Günther, Klaus:
Die Person der personalen Rechtsgutslehre, in: Neumann/Prittwitz (Hrsg.), Personale Rechtsgutslehre und Opferorientierung im Strafrecht, 2007, S. 15.

Hager, Günter:
Umwelthaftung und Produkthaftung, JZ 1990, S. 397 ff.

Haker, Hille:
Ethik der genetischen Frühdiagnostik, 2002, mentis Verlag

Hannes, Miriam:
Der Vertrauensgrundsatz bei arbeitsteiligem Verhalten, 2002, Shaker-Verlag

Hansis/Hart,
Medizinische Behandlungsfehler in Deutschland, Gesundheitsberichterstattung des Bundes, 2001

Hardenberg, Simone/ Wilman, Nikola:
    Individualisierte Medizin als Exklusiv-Medizin?, MedR 2013, S. 77 ff.
Hardtung, Bernhard:
    Ärztlich Aufklärung über Außenseitermethode — „Zitronensaftfall", NStZ 2011, S. 635 ff.
Hart, Dieter:
    Patientensicherheit nach dem Patientenrechtegesetz, MedR 2013, S. 159 ff.
Heimberger, Joseph:
    Arzt und Strafrecht, in: Hegler, August (Hrsg.), Festgabe für Reinhard Frank Bd. 1, 1930 (Neudruck: Scientia Verlag), 389 ff.
Hengenstenberg, Nike:
    Die hypothetische Einwilligung im Strafrecht: Zu den Risiken und Nebenwirkungen eines Trasfers der Rechtsfigur aus dem Zivil- in das Strafrecht, 2013, Springer
Herring, Jonathan:
    Medical Law and Ethics, 2nd Edition, 2008, Oxford University Press
Hirsch, von, Andrew:
    Direkter Paternalismus: Sollen Selbstbeschädigungen bestraft werden?, in: Anderheiden/Bürkli/Heinig/Kirste/Seelmann (Hrsg): Paternalismus und Recht. In memoriam Angela Augustin(1968-2004), 2006, Mohr Siebeck S. 235 ff.
Hirsch, Andrew von/ Neumenn, Ulfrid,
    „Indirekter" Paternalismus am Beispiel auf Tötung auf Verlangen (§216 StGB), GA 2007, S. 671 ff.
Hirsch, v. Andrew/Neumann, /Ulfrid/Seelmann, Kurt (Hrsg.):
    Paternalismus im Strafrecht, 2010, Nomos
Hirsch, Hans-Joachim:
    Hauptprobleme einer Reform der Delikte gegen die körperliche Unversehrtheit, ZStW 83, 1971, S. 140 ff.
Hoffmann, Johann Gottfried:
    Die Befugnis zum Gewerbebetriebe, 1841,
Hönle, Tatjana:
    Paternalismus in der Medizin - am Beispiel der Eizellenspende in der Reproduktionsmedizin, in: v. Hirsch/Neumann/Seelmann (Hrsg.), Paternalismus im Strafrecht, 2010, S. 111 ff.
Isensee, Josef:
    Grundrechtliche Konsequenz wider geheiligte Tradition — Der Streit um die

Beschneidung, JZ 2013, S. 317 ff.

Jäger, Christian:
Zurechnung und Rechtfertigung als Kategorialprinzipien im Strafrecht, 2006, C. F. Müller

Jäger, Christian:
Die hypothetische Einwilligung - ein Fall der rückwirkenden juristischen Heilung in der Medizin, in: Müller-Dietz/Müller/Kunz/Radtke/Britz/Momsen/Koriath (Hrsg.) Festschrift für Heike Jung zum 65. Geburtstag, 2007, Nomos, S. 345 ff.

Janda, Constanze:
Medizinrecht, 2010, UVK Verlagsgesellschaft

Janker, Helmut:
Heimliche HIV-Antikörpertests -strafbare Körperverletzung?, NJW 1987, 2897

Jaspers, Karl:
Die Idee des Arztes (1953), in: K. Jaspers: Philpophie und Welt, 1958, R. Piper

Jenke, Nina:
Haftung für fehlerhafte Arzneimittel und Medizinprodukte. Eine vergleichende Untersuchung des deutschen und US-amerikanischen Rechts (Schriftenreihe Medizinrecht), 2004, Springer

Joerden Jan C.:
Menschenleben. Ethische Grund- und Grenzfragen des Medizinrechts, (Grundfragen der Rechtsphilosophie Bd. 1), 2003, Franz Steiner Verlag

Joerden, Jan C.:
Das Versprechen der Menschenwürde - Konsequenzen für das Medizinrecht, ZiF (Zentrum für interdisziplinäre Forschung, Universität Bielefeld) 2010, Nr. 3, S. 10 ff., 16.

Joerden, Jan C:
Ärztliche Aufklärungsfehler und strafrechtliche Haftung bei ungewöhnlichen Behandlungsmethoden am Beispiel insbesondere des „Zitronensaft-Falles" des BGH, Vortrag an der Kansai Universität am 6. 10. 2012

Joost, Nine:
Schönheitsoperationen - die Einwilligung in medizinisch nicht indizierte „wunscherfüllende" Eingriffe, in: Roxin/Schroth (Hrsg.), Handbuch des Medizinstrafrechts, 4. Aufl., S. 383 ff.

Jungbecker, Rolf:

Strafrechtliche Verantwortung des Herstellers, in : Arzneimittel und Medizinprodukte : neue Risiken für Arzt, Herstelleer und Versicherer, 1997, Springer

Kamps, Hans :
Ärztliche Arbeitsteilung und strafrechtliches Fahrlässigkeitsdelikt, 1981, Duncker & Humblodt

Kargl, Walter :
Körperverletzung durch Heilbehandlung, GA 2001, 538 ff.

Katzenmeier, Christian :
Arbeitsteilung, Teamarbeit und Haftung, MedR 2004, S. 34.

Kern, Bernd -Rüdiger/Adolf Laufs :
Die ärztliche Aufklärungspflicht, 1983, Springer

Kindhäuser, Urs :
Strafrecht, AT, 1. Aufl., 2005, Nomos,

Kirch, Wilhelm (Hrsg.) :
Fehldiagnosen und Patientensicherheit, 2005, Springer

Knauf, Christian :
Mutmaßliche Einwilligung und Stellvertretung bei ärztlichen Eingriffen an Einwilligungsunfährigen. Zugleich ein Beitrag zur Patientenverfügung, (Düsseldorfer Rechtswissenschaftliche Schriften Bd. 35), 2005, Nomos

Kraatz, Erik :
Aus der Rechtsprechung zum Arztstrafrecht 2010/2011 - Teil 1 : Ärztliche Aufklärungspflichten, NStZ 2012, (Teil 1) S. 1 ff., (Teil 2) 33 ff.

Krebs, Peter/Becker, Maximilian :
Entstehung und Abänderbarkeit von Gewohnheitsrecht, JuS 2013, S. 97 ff.

Kretschmer, Joachim :
Die Rechtfertigungsgründe als Topos der objektiven Zurechnung, NStZ 2012, S. 177 ff.

Kriele, Martin :
„Stand der medizinischen Wissenschaft" als Rechtsbegriff, NJW 1976, 355 ff.

Krümpelmann, Justus :
Zur Kritik der Lehre vom Risikovergleich bei den fahrlässigen Erfolgsdelikten, GA 1984, 491 ff.

Kubella, Kathrin :
Patientenrechtegesetz, (Kölner Schriften zum Medizinrecht Bd. 7), 2011, Springer

Kudlich, Hans :
Grenzen des Tötungsvorsatzes im Medizinstrafrecht, NJW 2011, 2856 ff.

Kudlich, Hans/Schulte-Sasse, Uwe:
    „Täter hinter dem Tätern" in deutschen Krankenhäusern? Strafbarkeit von „patientenfernen" Entscheidern in Gesundheiteinrichtungen bei organisationsbedingten Patientenschäden, NStZ 2011, S. 241.ff.
Kuhlen, Lothar:
    Fragen einer strafrechtlichen Produkthaftung (Mannheimer rechtswissenschaftliche Abhandlungen, Bd. 7), 1989.. C. F. Müller
Kuhlen, Lothar:
    Grundfragen der strafrechtlichen Produkthaftung, JZ 1994, S. 1142 ff.
Kuhlen, Lothar:
    Ausschluss der objektiven Zurechnung bei Mängeln der wirklichen und der mutmaßlichen Einwilligung, in: Grundfragen staatlichen Strafens (Festschrift für Heinz Müller-Dietz), 2001, C. H. Beck, S. 431
Kuhlen, Lothar:
    Objektive Zurechnung bei Rechtfertigungsgründen, in: Festschrift für Claus Roxin zum 70. Geburtstag am 15. Mai 2001, 2001, de Gruyter, S. 331 ff.
Laufhütte, Heinrich Wilhelm/Rissing-van Saan, Ruth/Tiedemann, Klaus (Hrsg.):
    Strafgesetzbuch. Leipziger Kommentar, 12. Aufl., Band 7 (§§211-241a), 2013, de Gruyter
Laufs, Adolf/Christian Katzenmeiner/Volker Lipp:
    Arztrecht, 6. Aufl., 2009, C. H. Beck
Laufs, Rainer/Adolf Laufs:
    Aids und Arztrecht, NJW 1987, 2257
Laufs, Adolf/Bernd-Rüdiger Kern (Hrsg.):
    Handbuch des Arztrechts, 4. Aufl., 2010, C. H. Beck
Laufs, Adolf/Uhlenbruck, Wilhelm (Hrsg.),
    Handbuch des Arztstrafrechts, 3. Aufl., 2002, C. H. Beck
Lilie, Hans/Steffen Orben:
    Zur Verfahrenswirklichkeit des Arztstrafrechts, ZRP 2002, 154
Lindemann, Michael/ Wostry, Thomas:
    Zur strafrechtlichen Verantwortlichkeit für organisationsbedingte Behandlungsfehler im Rfahmen ambulanter und stationärer Operationstätigkeit. Zugleich ein Beitrag zur Bestimmung von Compliance-Struktur im Arztrecht, HRRS 2012, S. 138 ff.
Lippert, Hans-Dieter:
    Grundzuge des Arzneimittelsrechts in: Wenzel (Hrsg.), Handbuch des Fachanwalts, Medizinrecht, 2. Aufl., 2009, S. 1544 ff.

Lorz, Sigrid :
: Arthaftung bei Schönheitspoperationen, (Schriften zum Bürgerlichen Recht, Bd. 360), 2007, Duncker&Humblodt
Madea/Vennedey/Dettmeyer/Preuß :
: Ausgang strfrechtlicher Ermittlungsverfahren gegen Ärzte wegen Verdachts eines Behandlungsfehlers. Outcome of preliminary proceedings against medical practitioners suspected of malpractice, in : Dtsch Med Wochenschr 2006, 131
Madea, Burkard/Reinhard Dettmeyer (Hrsg.) :
: Medizinschadensfälle und Patientensicherheit Häufigkeit - Begutachtung - Prophylaxe, 2007, Deutscher Arzte-Verlag
Mayer, Michael :
: Strafrechtliche Produktverantwortung bei Arzneimittelschäden. Ein Beitrag zur Abgrenzung der Verantwortungsbereiche im Arzneiwesen aus atrafrechtlicher Sicht (Veröffentlichungen des Instituts für Deutsches, Europäisches und Internationales Medizinrecht, Gesundheitsrecht und Bioethik der Universitäten Heidelberg und Mannheim Bd. 31), 2008, Springer
Mezger, Edmund :
: Strafrecht. Ein Lehrbuch, 2. Aufl., 1933, Duncker & Humblodt
Mezger, Edmund :
: Über strafrechtliche Verantwortlichkeit ärztlicher Kunstfehler, Deutsche Zeitschrift für die gesamte gerichtliche Medizin, Bd. 42, 1953, S. 365 ff..
Michel, Frank, P.:
: Aids-Test ohne Einwilligung - Körperverletzung oder Strafbarkeitslücke? in : JuS 1988, 8 ff.
Müller, Kai :
: Paternalismus und Persönlichkeitsrecht, 2005, Duncker & Humblodt,
Müller, Tina :
: Die medizinische Indikation lebenserhaltender Maßnahmen, (Düsseldorfer Rechtswissenschaftliche Schriften Bd. 80), 2010, Nomos
Müller-Dietz, Heinz :
: Mutmaßliche Einwilligung und Operationserweiterung- BGH, NJW 1988, 2310, in : JuS 1989, 280 ff.
Münzel, Hartmut :
: Die Beteiligung nachgeordneter ärztlicher Mitarbeit an Liquidationseinnahmen der Chefärzte, NJW 2001, 1752 ff.
Neumann, Ulfrid/Andrew von Hirsch :

„Indirekter" Paternalismus im Strafrecht am Beispiel der Tötung auf Verlangen (§216 StGB), GA 2007, S. 671 ff.

Neumann, Ulfrid/Cornelius Prittwitz (Hrsg.):
„Personale Rechtsgutslehre" und „Opferorientierung im Strafrecht", (Frankfurter kriminalwissenschaftliche Studien Bd. 104), 2007, Peter Lang,

Niedermair, Harald:
Körperverletzung mit Einwilligung und die Guten Sitten. Zum Funktionsverlust einer Generalklausel, (Münchener Universitätsschriftenreihe der Juristischen Fakultät, Bd. 139), 1999, C. H. Beck

Noll, Peter:
Übergesetzliche Rechtfertigungsgründe - im besonderen die Einwilligung des Verletzten, 1955, Verlag für Recht und Gesellschaft

Noll, Peter:
Tatbestand und Rechtswidrigkeit, ZStW 77 (1965), S. 1 ff.

Oswald, Katja:
Heilversuch, Humanexperiment und Arzneimittelforschung. Eine systematische Einordnung humanmedizinischer Versuchsbehandlung aus srafrechtlicher Sicht, in: Roxin/Schroth (Hrsg.), Handbuch des Medizinstrafrechts, 4. Aufl., 2010, S. 669 ff.

Otto, Harro:
Eigenverantwortliche Selbstschädigung und -gefährdung sowie einverständliche Fremdschädigung und -gefährdung, in: Festschrift für Herbert Tröndle zum 70. Geburtstag am 24. August, 1989, de Gruyter, S. 168 ff.

Paula, Helmut:
Patientensicherheit und Risikomanagement im Pflege- und Krankenhausalltag, 2007, Springer

Peters, Thomas Alexander:
Der strafrechtliche Arzthaftungsprozess — Eine empirisch-dogmatische Untersuchung in kriminalpolitischer Absicht, 2000, Pro Universitate Verlag,

Preuß/Dettmeyer/Madea:
Begutachtung behaupteter letaler und nicht-letaler Behandlungsfehler im Fach Rechtsmedizin (Bundesweite Multicenterstudie) Konsequenzen für eine koordinierte Medizinschadensforschung, 2005,

Puppe, Ingeborg,:
Die strafrechtliche Verantwortlichkeit des Arztes bei mangelnder Aufklärung über eine Behandlungsalternative - Zugleich Besprechung von BGH, Urteile vom 3. 3. 1994 und 29. 6. 1995, in: GA 2003, 764

Putzke, Holm:
> Rechtliche Grenzen der Zirkumzision bei Minderjährigen — Zur Frage der Strafbarkeit des Operateurs nach §223 des Strafgesetzbuches, MedR 2008, S. 268 ff.

Quaas, Michael/Rüdiger Zuck:
> Medizinrecht, 2. Auflage, 2008, C. H. Beck

Rauprich, Oliver:
> Prinzipienethik in der Biomedizin - Zur Einführung, in: Rauprich/Steger (Hrsg.), Prinzipienethik in der Biomedizin, 2005, Camps Verlag, S. 11 ff.

Rauprich, Oliver/Florian Steger:
> Prinzipienethik in der Biomedizin (Moralphilosophie und medizinische Praxis), 2005, Camps Verlag

Reason, James:
> Managing the Risk of Organizational Accidents, 1997, Ashgate Pub Ltd

Rengier, Rudolf:
> Strafrecht, AT, 5. Aufl., 2013, C. H. Beck

Riedelmeier, Sabine:
> Ärztlicher Heileingriff und allgemeine Strafrechtsdogmatik, (Düsseldorfer Rechtswissenschaftliche Schriften, Bd. 32), 2004, Nomos

Rieger, Hans-Jürgen
> Rechtsfragen im Zusammenhang mit HIV-Infektionen und AIDS, Deutsche Medizinische Wochenschrift 1987, 736 ff.

Ring, Gerhard:
> Die medizinisch nicht indizierte Beschneidung von Jungen im deutschen Recht — zur Rechtslage seit dem 28. 12. 2012, Neue Justiz 2013, S. 148 ff.

Rixen, Stephan:
> Das Gesetz über den Umfang der Personensorge bei einer Beschneidung des männlichen Kindes, NJW 2013, S. 257 ff.

Rönnau, Thomas:
> Willensmängel bei der Einwilligung im Strafrecht, 2001, Mohr Siebeck

Rönnau, Thomas:
> Einschränkung der Strafbarkeit des Arztes wegen hypothetischer Einwilligung des Patienten in den Eingriff, JZ 2004, 801

Rönnau, Thomas, /Hakan Hakeri (Hrsg.):
> Der medizinische Behandlungsfehler (Schriften zum Bio-, Gesundheits-, und Medizinrecht, Bd. 1), 2008, Nomos

Rosenau, Henning:

    Begrenzung der Strafbarkeit bei medizinischen Behandlungsfehlern?, in: Rosenau/Hakeri (Hrsg.), Der medizinische Behandlungsfehler, 2008, S. 215 ff.

Roxin, Claus:
    Literaturbericht. Allgemeiner Teil, ZStW 85, 1973, 76 ff.

Roxin, Claus:
    Die durch Täuschung herbeigeführte Einwilligung im Strafrecht, in: Gedächtnisschrift für Peter Noll, 1984, Schulthess, S. 279 ff.

Roxin, Claus/Ulrich Schroth (Hrsg.):
    Handbuch des Medizinstrafrechts, 4. Auflage, 2010, Luchterhand

Schiemann, Anja:
    Der „Zitronensaftfall" — Die ärztliche Aufklärungspflicht bei der Anwendung von Außenseitermethoden, NJW 2011, S. 1046 ff.

Schmidt-Salzer, Joachim:
    Produkthaftung Bd. 1, Strafrecht, 2. Aufl., 1988, Verlag Recht und Wirtschaft GmbH

Schöch, Heinz:
    Ärztliches Handeln und strafrechtlicher Maßstab, in: Roxin/Schroth (Hrsg.). Handbuch des Medizinstrafrecht, 4. Aufl., S. 21 ff..

Schöch, Heinz:
    Die Aufklärungspflicht des Arztes und ihre Grenzen, in: Roxin/Schroth (Hrsg.), Handbuch des Medizinstrafrechts, 4. Aufl., S. 51 ff

Schreiber, Hans-Ludwig:
    Abschied vom Begriff des ärztlicher Kunstfehlern? in: Der meidizinische Sachverständige, 1976, S. 71

Schroeder-Printzen, Günther:
    Zur Leistungspflicht der Krankenkassen für eine Drogensubstitution mit Remedacen und zur Kostenübernahme von alternativen Behandlungsmethoden, MedR 1996 379 ff.

Schroth, Urlich/Schneewind, Klaus A./Gutmann, Thomas/Fateh-Moghadam,: Bijan:
    Patientenautonomie am Beispiel der Lebendorganspende, (Medizin - Ethik - Recht, Bd. 6), 2006, Vandenhoeck&Ruprecht

Schroth, Urlich:
    Die strafrechtliche Verantwortlichkeit des Arztes bei Behandlungsfehrn, in: Roxin/Schroth (Hrsg.), Handbuch des Medizinstrafrechts, 4. Auflage, 2010, S. 125 ff..

Schulte, Stefanie:
    Die Rechtsguter des strafbewehrten Organhandelsverbotes. Zum Spanungs-

feld von Selbstbestimmungsrechts und staatlichem Paternalismus, (Recht & Medizin vol 99), 2009, Peter Lang

Schünemann, Bernd:

Über die objektive Zurechnung, GA 1999, 207 ff.

Schwarz, Kyrill-A.:

Verfassungsrechtliche Aspekte der religiösen Beschneidung, JZ 2008, S. 1125 ff.

Sickor, Jens Andreas:

Normenhierarchie im Arztrecht, 2005, Springer

Sickor, Jens Andreas:

Logische Unbestimmigkeiten in der höchstrichterlichen Prüfungsformel zur hypothetischen Einwilligung, JR 2008, S. 179 ff.

Siebert, Arvid,

Strafrechtliche Grenzen ärztlicher Therapiefreiheit, 1983, Springer

Sodan, Helge:

Verfassungs- und europarechtliche Grundlagen des Medizinrechts, in: Wenzel (Hrsg.), Handbuch des Fachanwalts: Medizinrecht, 2. Aufl., 2009, Luchterhand

Sowada, Christoph:

Die hypothetische Einwilligung im Strafrecht, NStZ 2012, S. 1 ff.

Spickhoff, Andreas (Hrsg.):

Medizinrecht, (Beck'sche Kurz-Kommentare), 2011, C. H. Beck

Springorum, Hans:

Selbstbestimmungsrecht des geistig Behinderten in der medizinischen Behandlung, (Universität Potsdam Diss. 1999) 2000,

Stegmüller, Ulrich:

Die Sittenwidrigkeit der Körperverletzung trotz Einwilligung des Verletzten §228 StGB, 2009, Vrerlag Dr. Kovač

Sternberg-Lieben, Detlev:

Die objektiven Schranken der Einwilligung im Strafrecht, 1997, Mohr Siebeck

Sternberg-Lieben/Reichmann, Philipp C:

Zur Vorsatzstrafbarkeit eines Schönheitschirurgen nach gravierenden Fehlverhalten, MedR 2012, 97 ff.

Stooß, Karl:

Chirurgische Operationen und ärztliche Behandlung, Anhang 108 ff.

Stratenwerth, Günter:

Arbeitsteilung und ärztliche Sorgfaltspflicht, in: Bockelmann, Paul/Gallas,

Wilhelm (Hrsg.), Festschrift für Eberhard Schmidt zum 70. Geburtstag, 1961, Vandenhoeck & Ruprecht S. 398

Stratenwerth, Günter/Lothar Kuhlen :
　　Strafrecht AT, 5 Aufl., 2004, Carl Heymanns Verlag

Strauf, Hendrik :
　　Die Organisation der Aufklärung, 2010, Verlag Dr. Kovač

Sunstein, Cass Robert :
　　Gesetze der Angst, 2007, Suhrkamp (Laws of Fear. Beyond the Principle, 2005, Cambridge University Press)

Swoboda, Sabine :
　　Die hypothetische Einwilligung — Prototyp einer neuen Zurechnungslehre im Bereich der Rechtfertigung?, ZIS 1/2013, S. 18

Szwarc, Andrzej (Hrsg.) :
　　AIDS und Strafrecht (Schriften zum Strafrecht H. 107), 1996, Duncker & Humblot

Tag, Brigitte :
　　Der Körperverletzungstatbestand im Spannungsfeld zwischen Patientenautonomie und Lex artis - Eine arztstrafrechtliche Untersuchung, 2000, Springer

Taupitz, Jochen (Hrsg.) :
　　Kommerzialisierung des meschlichen Körpers, (Veröffentlichung des Instituts für Deutsches, Europäisches und Internationales Medizinrecht, Gesundheitsrecht und Bioethik der Universität Heidelberg und Mannheim, Bd. 28), 2007, Springer

Thole Larissa :
　　Das Patientenrechtegesetz — Ziele der Politik, MedR 2013, S. 145 ff.

Thurn, Peter :
　　Das Patientenrechtsgesetz — Sicht der Rechtsprechung, MedR 2013, S. 153 ff.

Thüß, Jasmin :
　　Rechtsfragen des Critical Incident Reportings in der Medizin, (Kölner Schriften zum Medizinrecht Bd. 9), 2012, Springer

Uhl, Martin :
　　Richtlinien der Bundesärztekammer. Ein verfassungsrechtlicher Beitrag zur exekutiven Rechtsnormsetzung, (Medizinrecht in Forschung und Praxis Bd. 16), 2008, Verlag Dr. Kovač

Uhlenbruck, Wilhelm :
　　Vorab-Einwilligung und Stellvertretung bei der Einwilligung in einen

Heileingriff, MedR 1992, 134 ff.
Uhlenbruck, Wilhelm :
: Schmerzgeld wegen HIV-Test ohne Einwilligung des Patienten, MedR 1996, S. 206 ff.
Ulsenheimer, Klaus :
: Arztstrafrecht in der Praxis, 4. Aufl., 2008, C. F. Müller
Ulsenheimer, Klaus :
: Haftungsrechtlihe Probleme beim fachübergreifenden Bereitschaftsdienst, in : Ulsenheimer, Medizinrechtliche Schriften, 2010, S. 505 ff.
Ulsenheimer, Klaus,
: Medizinrechtliche Schriften, (Medizinrecht in Forschung und Praxis, Bd. 26) 2010, Verlag Dr. Kovač
Vennedey, Herbert :
: Ausgang strafrechtlicher Ermittlungsverfahren gegen Ärzte wegen Verdachts eines Behandlungsfehlers, 2007, Diss. Bonn. http://hss.ulb.uni-bonn.de/2007/1122/1122.htm
Virchow, Rudlf :
: Gesammelte Abhandlungen aus dem Gebiete der öffentlichen Medizin und der Seuchenlehre, Band 2, (Nachdr. der Ausg. Berlin 1879) Olms, 2006.
Vossenkuhl, Wilhelm :
: Ethische Grundlagen ärztlichen Handels, in : Roxin/Schroth (Hrsg.), Handbuch des Medizinstrafrechts, 4. Aufl., 2010, 3 ff.
Wenzel, Frank :
: Handbuch des Fachanwalts, Medizinrecht, 2. Aufl. 2009, Luchterhand
Wever, Carolin :
: Fahrlässikeit und Vertrauen im Rahmen der arbeitsteiligen Medizin. Vergleichende Betrachtungen zum materiellen Strafrecht und zur Verfahrenswirklichkeit in Deutschland und im anglo-amerikanischen Rechtskreis, 2005, Verlag Dr. Kovač
Wienke/Eberbach/Kramer/Janke (Hersg.) :
: Die Verbesserung des Menschen. Tatsächliche und rechtliche Aspekte der wunscherflüllenden Medizin, 2009, Springer
Wiesing, Urban :
: Vom Nutzen und Nachteil der Prinzipienethik für Medizin, in : Rauprich/Steger (Hrsg.), Prinzipienethik in der Biomedizin, S. 74 ff.
Wietfeld, Dominik :
: Selbstbestimmung und Selbstverantwortung - Die gesetzliche Regelung der

Patientenverfügung, (Bochumer Schriften zum Sozial- und Gesundheitsrecht, Bd. 12), 2012, Nomos

Wilhelm, Drothee :
Verantwortung und Vertrauen bei Arbeitsteilung in der Medizin, (Medizin in Recht und Ethik Bd. 13), 1984, Enke

Wolter, Jürgen (Hrsg.) :
Systematischer Kommentar zum Strafgesetzbuch (SK-StGB), 2012, Carl Heymanns Verlag

Wolz, Brigit :
Bedenkliche Arzneimittel als Rechtsbegriff : Der Begriff der bedenklichen Arzneimittel und das Verbot ihres Inverkehrbringens in den §§95 I Nr. 1 iVm §5 AMG 1988, Spreinger

Yamanaka, Keiichi :
Wandelung der Strafrechtsdogmatik nach dem 2. Weltkrieg — Zugleich Kontextwechsel der Theorien in der japanischen Straftatslehre—, in : (Hrsg.) Jehle/Lipp/Yamanaka, Rezeption und Reform im japanischen und deutschen Recht, Universitätsverlag Göttingen, 2008, S. 173 ff.

Yamanaka, Keiichi :
Strafrechtsdogmatik in der japanischen Risikogesellschaft, 2008, Nomos

Yamanaka, Keiichi :
Die Normstruktur der Fahrlässigkeitsdelikte, Vergleichende Strafrechtswissenschaft, (Frankfurter Festschrift für Andrzej Szwarc zum 70. Geburtstag), 2009, S. 279 ff.

Yamanaka, Keiichi :
Die Modelle und Typologie des indirekten Paternalismus im Strafrecht, in : v. Hirsch/Neumann/Seelmann (Hrsg.), Paternalismus im Strafrecht, 2010, S. 323 ff.

Yamanaka, Keiichi :
Kritisch-dogmatische Überlegungen zur hypothetischen Einwilligung, in : (Hrsg.) Bloy/Böse/Hillenkamp/Momsen/Rackow, Gerechte Strafe und legitimes Strafrecht (Festschrift für Maiwald), 2010, S. 865 ff.

Yamanaka, Keiichi :
Geschichte und Gegenwart der japanischen Strafrechtswissenschaft, 2012, de Gruyter

Yamanaka, Keiichi :
Vorläufige Betrachtungen zur strafrechtlichen Haftung bei ärztlichen Behandlungsfehlern in Japan, in : Hilgendorf/Rengier (Hrsg.), Festschrift für

Wolfgang Heinz, 2012, Nomos, S. 837 ff.

Yamanaka, Yuri:

Warum ist die Organentnahme in Japan so wenig? - Bemerkungen zum japanischen Organtransplantationgesetz, in: Festschrift für Claus Roxin, Bd. 2, 2011, S. 1623 ff.

Zink, Noëlly:

Medizinische Fehlemeldesystem, (Düsseldorfer Rechtswissenschaftliche Schriften Bd. 92), 2010, Nomos

Zitelmann, Ernst:

Ausschluß der Widerrechtlichkeit, AcP 99 (1906), S. 1 ff.

Zwiehoff, Gabriele:

Strafrechtliche Aspekte des Organisationsverschuldens, MedR 2004, 364

日本判例索引

【 】は、第5章判例番号

大判明20・5・19刑録明20・124 …………… 81
大判明40・10・3刑集13・20・1047 ……………76
大判明40・12・5刑集13・26・1338 ……………76
大判明43・10・31刑録16・22・1792 ……………76
大判明44・10・27刑録17・24・1800 ……………76
大判大5・2・5刑録22・2・109 ……………… 81
大判大12・12・22刑集2・1009 ………………… 84
大判昭2・11・14刑集6・4453 ………………… 83
大判昭11・6・16刑集15・798 ………………… 84
大判昭13・10・14刑集17・759【30】………………509
大判昭15・3・19刑集19・134 ………………… 84
平簡判昭28・4・16刑集14・1・41 …………… 90
大阪高判昭28・5・21刑集9・7・1093 ………… 81
最判昭28・12・22刑集7・13・2608 ……………463
広島高岡山支判昭29・4・13高刑集31・87 …… 83
仙台高判昭29・6・29刑集14・1・43 ………… 90
最判昭29・8・20刑集8・8・1287 ……………… 81
最判昭30・5・24刑集9・7・1093 ……………… 83
福岡高判昭32・2・26高刑集10・1・103=飯田・
　研究72頁【8】………………………………489
大阪高判昭32・3・30高刑集10・4・333 ………753
広島高判昭32・7・20裁特4・追録696【39】…517
千葉地判昭32・11・15新聞91・18 ………………477
最決昭33・3・6公刊物未登載(内田文昭・医事
　判例百選18頁)………………………………517
田川簡判昭33・8・13一審刑1・8・1229=飯田・
　研究104頁【98】……………………………570
最判(大)昭35・1・27刑集14・1・33 ……88, 90, 91
最判昭36・2・15刑集15・2・347 ……………… 91
最判昭36・2・16民集15・2・244【54】…415, 422,
　535
仙台高判昭37・4・10判時340・32【38】………516
最決昭38・6・20判時340・32 …………………516
仙台高判昭38・7・22判時345・12 …………… 90
佐世保簡略昭38・10・7飯田・研究160頁【56】

高知地判昭38・10・19飯田・研究163頁【58】…538
最決昭39・5・7刑集18・4・144 ……………… 91
渋谷簡略昭39・7・28飯田・研究90頁=医療過誤
　判例体系594頁………………………………431
静岡地判昭39・11・1下刑集6・11=12・1276【91】
　………………………………………………412, 566
最大判昭40・7・14刑集19・5・554 ……………92
久留米簡略昭40・12・9飯田・研究84頁【15】…495
東京高判昭41・3・25判タ191・198【31】【37】
　………………………………………………………515
静岡地判昭41・6・24下刑集6・11=12・127 ……424
大阪高判昭41・6・29高刑集19・4・407 ………431
佐世保簡略昭41・9・5飯田・研究161頁【57】
　………………………………………………………537
東京高判昭42・3・16刑裁特18・3・82 …………82
湯浅簡略昭42・12・18飯田・研究84頁【6】……487
名古屋地判昭43・4・30下刑集10・4・412=飯
　田・研究220頁【12】…………………………492
神戸地姫路支判昭43・9・30下刑集10・9・948
　………………………………………………………730
大阪高判昭43・12・17飯田・研究85頁【7】……488
最判昭44・2・6民集23・2・195 ………………415
宮崎地日南支判昭44・5・22刑月1・5・535=飯
　田・研究77頁【18】…………………………497
福岡高判宮崎支判昭44・10・23飯田・研究79頁
　………………………………………………………497
東京高判昭45・5・6高刑集23・2・374 ………460
広島高判昭45・5・26判タ255・272【35】……513
東京地判昭45・6・10メジカルダイジェスト1
　35-46 ………………………………………………162
東京地判昭46・5・19下民集22・5=6・626…113,
　223
神戸地尼崎支判昭46・6・21判時753・11【40】
　………………………………………………………519

津地判昭46・8・16季刊病院精神医学42・96…676
東京地判昭47・5・2刑月4・5・963【53】……532
東京地判昭47・5・19刑月4・5・1007………429
東京地八王子支判昭47・5・22刑月4・5・1029
　＝判タ280・364【73】……………………549
千葉地判昭47・9・18刑月4・9・1539……535, 536
高知地判昭47・10・13下民集23・9＝12・551…679
千葉地判昭47・12・22刑月4・12・2001【55】……535
秋田地大曲支判昭48・3・27判時718・98……114,
　329
大阪地判昭48・4・18判時710・80……………313
東京高判昭48・5・30刑月5・5・942…………536
最判昭48・9・27刑集27・8・1403……………88
岐阜地判昭49・3・25判時738・39……………413
東京地判昭49・6・24飯田・山口378頁【109】…581
札幌地判昭49・6・29刑月6・6・742＝判時750・
　29【98】……………………………………694, 726
福岡地小倉支判昭49・10・22判時780・90……674,
　675, 676
京都地判昭49・12・10刑月6・12・1237＝判タ319・
　306…………………………………………570
大阪地判昭50・6・17判時803・102……………678
大津地判昭50・8・27判時7816・77【……529
札幌高判昭51・3・18高刑集29・1・78…694, 726
京都地判昭51・10・1判時848・93……………316
前橋地太田支判昭51・10・22判タ678・59＝飯田・
　山口4頁【23】………………………………501
福岡地判昭51・11・25判時859・84……………674
福島簡判昭52・2・18判時858・130＝飯田・山口
　45頁【2】……………………………………484
釧路地判昭52・2・28刑月9・1＝2・82…399, 478
浦和地判昭52・3・28刑月11＝12・1391＝刑事裁
　判資料233・469………………418, 432, 571
福岡地判昭52・3・31飯田・山口23頁【26】……505
仙台高判昭52・6・22刑事裁判資料233・451…484
東京地判昭52・9・26判タ365・386……………316
木之本簡判昭53・1・12飯田・山口50頁【41】…520
東京地判昭53・2・1判タ366・335……………494
東京地判昭53・2・7判タ366・331……674, 677

浦和地判昭53・3・31判タ366・311………431, 646
札幌地判昭53・4・18判時916・61………………325
浦和地判昭53・4・31判タ366・311……………418
大阪高判昭53・7・11判時917・71【44】………522
大津地判昭53・7・18刑月10・6＝7＝8・1146＝
　判時921・140………………………………527
東京地判昭53・8・3判時899・48……………754
大阪高判昭53・9・27判タ375・110………680, 683
東京高判昭53・11・15刑月10・11＝12・1390【99】
　…………………………………………………571
東京高判昭53・11・15刑月10・11＝12・13907…418
函館地判昭53・12・26判時925・136＝飯田・山口
　25頁【32】……………………………………510
東京地判昭54・1・12刑月11・102・74＝飯田・山
　口385頁【106】………………………………577
横浜地判昭54・2・8判時941・81………………158
最決昭54・3・22刑集33・2・77………………92
八戸簡略昭54・3・22飯田・山口30頁【33】……511
福岡高判昭54・3・27判タ388・143………675, 676
名古屋高判昭54・9・21判時942・21……………413
最判昭54・11・13裁判集(民)128・97……………415
神戸地判昭55・2・6判時971・91…………679, 681
金沢地判昭55・2・8判時987・102……………478
東京地判昭55・3・17判時979・83…………252, 425
福岡高判昭55・5・13判時980・93………………426
岡山地判昭55・5・30判タ678・44【59】………539
福岡地小倉支判昭55・6・5判時998・90………426
松江地判昭55・7・16判時1004・106……………426
宮崎地延岡地判昭55・8・27判タ678・56………418
東京地判昭55・10・13判タ433・134……………674
高松高判昭55・10・27LEX/DB…………………309
最決昭55・11・13刑集34・6・396…………139, 147
福岡地判昭55・11・25判時995・84………………674
大阪地判昭55・12・20判タ429・72……………426
名古屋地判昭56・3・6判時1013・81…………339
最判昭56・6・19判時1011・54………158, 302, 309
広島地判昭56・6・24判時1022・107……………679
東京地判昭56・9・28判タ459・120……………252
名古屋地判昭56・11・16判タ462・149…………316

日本判例索引 845

御嵩簡略昭57・1・7判タ678・55=飯田・山口
　109頁【61】……………………………………540
福岡地判昭57・1・26下民集33・1=2・10=判タ
　465・173【60】………………………………675, 677
東京地判昭57・2・1判時1044・19 ……………755
広島高岡山支判昭57・3・24判タ678・50=飯田・
　山口100頁 ……………………………………540
最判昭57・3・30裁判集(民)135・563=判時1039・
　66 ………………………………………………416
静岡地判昭57・3・30判時1049・91 …413, 679, 683
佐賀地判昭57・5・14判タ477・186 ……………426
大阪高判昭57・10・27判タ486・161 ……………676
名古屋高金沢支判昭58・1・26判タ492・117 …478
東京地判昭58・1・28判時1081・88 ……………293
大阪高判昭58・2・22刑月15・1=2・95=判タ
　501・232【48】…………………………………527
京都地判昭58・5・27判タ1094・88 ……………426
名古屋地判昭58・8・19判時1104・107 …………96
福岡地小倉支判昭58・8・26判時1105・101 …158
最決昭58・9・13判時1100・156 …………………62
長崎地佐世保支判昭58・9・26判タ517・219 …643
横浜地判昭58・10・21判時1094・85 ……………316
名古屋地判昭58・12・16判時1116・95 …………674
名古屋地判昭59・6・29判時1136・105 …………625
最決昭59・7・3刑集38・8・2783 ………………62
最判昭60・3・26民集39・2・124 ………………425
浦和地判昭60・3・29判時1177・92 …679, 680, 683
最判昭60・4・4金融商事法務729・39=裁判集
　民事144・433 …………………………………439
東京高判昭60・4・22判時1159・86 ……………327
京都地判昭60・4・22判時1159・86 ……………257
東京高判昭60・4・22判時1159・86 ……238, 327
大阪地判昭60・6・10判タ594・92 ……………252
最決昭60・9・30判タ678・67 …………………527
大分地決昭60・12・2判時1180・113 …………195
岩内簡略昭60・12・24判タ678・55=飯田・山口
　368頁【102】……………………………………573
大阪高判昭61・1・30判タ589・108 ……………93
富山地高岡支判昭61・2・3判タ678・60=飯田・

山口319頁【42】……………………………521, 531
大阪地判昭61・3・12判夕599・61 ……………674
福岡簡略昭61・3・24判タ678・56=飯田・山口
　369頁【100】……………………………………572
最判昭61・5・30裁判集(民)148・139……………416
広島高高松支判昭61・5・30(判例集未登載)=
　畔柳・判タ686・76 ……………………………644
千葉地判昭61・7・26判時1220・118 ……………98
大阪地判昭61・9・24判時1227・99 …583, 679, 683
鹿屋簡略昭61・11・11飯田・山口111頁【62】…541
仙台地石巻支判昭62・2・18判タ632・254 ……147
広島地判昭62・4・3判時1264・93 ……………644
大津地判昭62・5・18判時1269・125 ……………584
東京地判昭62・6・10判タ644・234=飯田・山口
　371頁【101】……………………………………572
名古屋地判昭62・6・24判時1777・51 …………675
大阪地判昭62・11・9判時1289・87 ……………583
東京地判昭62・11・30判時1267・82 ……………677
最判昭63・1・19裁判集(民)153・17 ……………416
東京高判昭63・3・11判時1271・3 ……………755
岡山地判昭63・3・22判時1293・157 ……………540
神戸地判昭63・7・14民集49・6・1540 …………417
鹿児島地判昭63・8・12判時1301・135 …………683
川崎簡略昭63・8・20公刊物未公刊 ……………196
東京高判平1・2・23判タ691・152 ………………85
山形簡略平元・3・22判タ770・80 ……547, 716
東京地判平1・3・27判タ713・237 ……………635
名古屋地判平1・5・29判時1325・103 …………327
広島地判平1・5・29判時1343・89 ……………340
神戸簡略平元・7・18判タ1035・56=飯田・山口
　289頁【71】……………………………547, 717
鹿児島地判平1・10・6判タ770・75=飯田・山口
　9頁【24】………………………………503, 566
最決平1・12・15刑集43・13・879………………445
いわき簡略式平2・1・10判タ770・80=飯田・山
　口290頁【70】……………………547, 571, 717
山形地判平2・2・14判タ770・80=飯田・山口
　274頁 ……………………………………547, 716
東京地判平2・2・27判時1369・120 ……………677

花巻簡略平 2・3・30判タ770・77=飯田・山口14
頁【21】【94】……………………………500, 567
福岡高宮崎支判平 2・9・13判タ770・76=飯田・
山口12頁……………………………503, 566
神戸地明石支判平 2・10・8 判時1394・128 …294
名古屋高判平 2・10・31判時1373・68……302, 328
仙台高判平 2・12・6判タ770・82=飯田・山口274
頁 …………………………………547, 716, 717
最決平 3・2・15刑集45・2・32………………89
福岡高判平 3・3・5 判時1387・72………679, 686
大阪簡略平 3・6・14判タ1035・54=飯田・山口
115頁【63】……………………………………541
大阪高判平 3・9・24民集49・6・1578……417, 583
東京地判平 3・10・29判時1461・78……………677
東京高判平 3・11・21判タ1414・54……………252
岐阜地判平 4・2・12判タ783・167……………635
広島高判平 4・3・26判タ794・142……………674
横浜地判平 4・6・18判時1444・107……………684
神戸地判平 4・6・30判タ802・196……………100
東京地判平 4・8・31判時1463・102 ……253, 350
広島地判平 4・12・21判タ814・202……………248
大阪地判平 5・2・17判時1486・96……………679
東京地判平 5・7・30判タ859・228……………276
福岡地判平 5・10・7判時1509・123……………315
最決平 5・11・25刑集47・9・242………………601
静岡地沼津支判平 5・11・25判タ1035・41=飯
田・山口51頁【36】…………………………514
新潟地判平 6・2・10判タ835・275………333, 352
東京高判平 6・2・24判タ872・197………683, 684
東京地判平 6・3・30刑集51・8・689=判時
1522・104…………………………83, 259, 340
広島地判平 6・3・30判時1530・89……………313
新潟地判平 6・5・26判タ872・263……………633
新潟簡略平 6・5・30判タ1035・38=飯田・山口
39頁【34】………………………………313, 511
甲府地判平 6・6・3判タ1035・37=飯田・山口16
頁【22】…………………………………500, 567
東京地判平 6・10・18判タ894・232…679, 680, 681
大阪地判平 6・11・8判タ895・230………679, 682

東京高判平 6・11・15高刑集47・3・299 ………84
福岡地判平 6・11・16判時1548・124……………584
沖縄簡略平 7・1・5飯田・山口40頁【27】……506
東京地判平 7・1・31判タ888・217【107】……579
東京地判平 7・2・17判時1535・95………………674
高知地判平 7・3・28判タ881・183………………585
最判平 7・4・25判時1530・53……………………252
最判平 7・4・25民集49・4・1163………………328
最判平 7・5・30判時1553・78【112】……247, 294,
582
最判平 7・6・9民集49・6・1499=判時1537・3
………………………………………244, 414, 425
最判平 7・6・23民集49・6・1600………………755
東京地判平 7・7・28判時1551・100 ……………316
浦和簡判平 7・10・16判タ1035・52=飯田・山口
72頁【46】………………………………………525
最判平 8・1・23民集50・1・1 ……417, 423, 438
高松高判平 8・2・2 判時1591・44……………295
秋田地判平 8・3・22判時1595・123……………261
東京地判平 8・4・15判時1588・117……………584
大阪地判平 8・5・29判時1594・124……………273
大阪地判平 8・5・29判タ928・240……………276
東京地判平 8・6・21判時1590・90……………351
最判平 8・9・3 判時1594・32……………679, 683
酒田簡略平 8・10・29判タ1035・55=飯田・山口
116頁【64】……………………………………541
大阪高判平 8・12・12判時1603・76……………583
東京地判平 9・2・25判時1627・118……248, 270,
644
東京地判平 9・3・12判タ964・82……………197
京都地判平 9・4・17判タ965・206……………276
東京地判平 9・4・25判タ968・210……………270
東京地判平 9・8・4 高刑集50・2・130…147, 431
大阪高判平 9・9・19判時1635・69………273, 276
最決平 9・9・30刑集51・8・671………………84
沼津簡略平 9・10・9判タ1035・37=飯田・山口18
頁【92】…………………………………………566
札幌簡判平 9・10・29判タ1035・50=飯田・山口
76頁【49】………………………………………529

東京地判平9・11・11判夕986・271……………317
大阪高判平9・12・4判時1637・34……………426
東京高判平10・2・9判時1629・34……………197
神戸簡判平10・3・3判夕1035・51=飯田・山口
　78頁【51】……………………………………531
仙台高判平10・3・9判時1679・40……………261
大阪地判平10・3・20判夕984・208……………682
東京地判平10・3・20判時1669・85…679, 683, 686
福島簡略平10・3・24判夕1035・38=飯田・山口
　21頁【93】……………………………………567
益田簡略平10・6・10判夕1035・52=飯田・山口
　80頁【47】……………………………………526
千葉簡略平10・7・10判夕1035・59=飯田・山口
　323頁【43】…………………………………521
大阪地判平10・9・22判夕1027・230……………297
東京高判平10・9・30判夕1004・214……………247
東京地判平10・10・29判夕988・264……………580
最判平10・12・17判例集未登載 ………………426
静岡地判平10・12・24判夕1027・221……………286
大阪簡略平11・1・14判夕1035・60=飯田・山口
　376頁【103】…………………………………574
杵築簡略平11・1・18判夕1035・55=飯田・山口
　118頁【65】…………………………………542
大阪地判平11・3・8判夕1034・222……………531
東京高判平11・9・16判時1710・105=判夕1038・
　238……………………………………270, 584
福岡地小倉支判平11・11・2判夕1069・232…674
横浜地判平12・1・27判夕1087・228……………674
大阪地判平12・2・24判時1728・163……………758
最判平12・2・29民集54・2・582…………196, 243
東京地判平12・3・27判夕1058・204……………403
松江簡略平12・5・8飯田II560頁【77】………557
千葉簡略平12・6・30判時1741・113……………93
浦和地判平12・6・30判時1811・105……………296
大津地判平12・10・16判夕1107・277……679, 686
大阪地判平12・12・22判夕1073・177……………679
佐賀簡略平12・12・27飯田II850頁【110】……582
東京地判平12・12・27判時1771・168=飯田II38頁
　………………………………………………692

舟木簡略平13・1・5飯田II167頁【11】………491
松江簡略平13・1・9飯田II561頁【78】………557
広島簡略平13・3・2飯田II723頁【104】
　……………………………………………552, 574
東京地判平13・3・21判時1770・109
　…………………………………………162, 176, 340
東京地判平13・3・28判時1763・17……………762
岐阜簡略平13・4・2飯田II231頁【66】………542
仙台地判平13・4・26判時1773・113……………431
長崎簡略平13・5・17飯田II168頁【14】………493
神戸簡略平13・5・28飯田II85頁【1】…………483
東京地判平13・5・30判時1780・109【119】
　………………………………………………587
札幌簡略平13・6・1飯田II725頁【105】………575
東京地判平13・7・5判夕1089・228……………288
東京高判平13・7・19判時1777・51………674, 676
東京高判平13・9・5飯田II87頁【9】…………490
横浜地判平13・9・20判夕1087・296……545, 710
東京地判平13・9・28刑集62・4・791=判時1799・
　21……………………………………………769, 770
多治見簡判平13・10・9飯田II179頁【50】……530
東京高判平13・10・17飯田II853頁………………580
東京地判平13・11・20飯田II563頁【82】………561
最判平13・11・27民集55・6・1154…………230, 272
富山地判平13・11・28LEX/DB【123】 ………589
栃木簡略平13・12・3飯田II564頁【83】………561
旭川地判平13・12・4判時1785・68【121】……588
鯵ヶ沢簡略平13・12・19飯田II233頁【67】……543
大田原簡略平13・12・28飯田II851頁【111】…582
東京高判平14・3・19訟月49・3・799……229, 230
津簡略平14・4・3飯田II236頁【68】…………543
八戸簡略平14・5・10飯田II91頁【20】………499
豊橋簡略平14・5・22飯田II897頁【5】………486
東京地判平14・6・28判夕1139・148【115】……585
大阪高判平14・8・21判時1804・146……………758
東京高判平14・9・11判時1811・97……………296
最判平14・9・24判時1803・28……………………261
大阪高判平14・9・26判夕1114・240 ……276, 277
鹿児島簡略平14・10・10飯田II92頁【95】……567

最判平14・11・8裁判集(民)208・465…………433
高岡簡略平14・12・12飯田Ⅱ94頁【13】………493
京都簡略平14・12・25飯田Ⅱ171頁【29】………508
盛岡簡略平14・12・27飯田Ⅱ574頁【84】………561
新津簡略平15・3・12飯田Ⅱ96頁【17】………496
広島地判平15・3・12判タ1150・302=飯
  田Ⅱ710頁【75】……………………552, 575, 650
東京地判平15・3・14判タ1141・207 …………231
さいたま地判平15・3・20判タ1147・306 ……694
東京高判平15・3・25東高刑時報54・1＝12・15
  …………………………………………545, 710
名古屋地豊橋支判平15・3・26判タ1188・301
  【116】……………………………………………585
札幌地判平15・3・28医事法判例百選6頁………85
新潟地判平15・3・28飯田Ⅱ129頁【25】………504
横浜簡略平15・3・31飯田Ⅱ175頁【30】………508
東京地判平15・4・18LEX/DB＝飯田Ⅱ852頁
  【108】……………………………………………580
大津地判平15・9・8判タ1187・292 …………495
大津地判平15・9・16飯田Ⅱ132頁【16】………436
横浜地判平15・9・19判時1858・94……………312
那覇地判平15・9・29飯田Ⅱ181頁【52】………532
東京高判平15・9・29判時1843・69【117】……585
大阪地判平15・10・29判時1879・86……………297
京都地判平15・11・10（判例集未登載）医事法判
  例百選103……………………………………559
最判平15・11・11民集57・10・1466＝7判時1845・
  63 ……………………………………426, 644
名古屋地判平15・11・26判時1883・78…………436
盛岡地一関支判平15・11・28飯田Ⅱ594頁
  【79】……………………………………………558
名古屋簡略平15・12・10飯田Ⅱ642頁【86】……562
最決平15・12・18飯田Ⅱ853頁……………………580
東京高判平15・12・24刑集59・9・1582 …694, 697
小倉簡略平16・1・6飯田Ⅱ644頁【88】………563
福岡簡略平16・1・19飯田Ⅱ646頁【87】………562
甲府地判平16・1・20判時1848・119……………248
東京地判平16・1・30判時1861・3 ……………248
最決平16・1・30LEX/DB……………………676

最決平16・2・17刑集58・2・169……………468
東京地判平16・2・2判タ1176・243 …………437
東京地判平16・2・23判タ1149・95……………436
武雄簡略平16・3・8飯田Ⅱ647頁【89】………563
福井簡略平16・3・31飯田Ⅱ141頁【10】………490
富良野簡略平16・4・2飯田Ⅱ706頁【85】
  ………………………………………………562
最判平16・4・13刑集58・4・247……18, 23, 83, 93
東京簡略平16・4・16（判例集未公刊）＝飯田Ⅱ
  899頁………………………………………601
東京地判平16・5・14LEX/DB＝飯田Ⅱ413頁
  ………………………………………………550
福島地判平16・5・18判時1863・91……………679
大阪高判平16・7・7飯田Ⅱ585頁【81】………559
名古屋地判平16・7・30LEX/DB【120】………587
東京高判平16・9・30判時1880・72……………248
仙台高判平16・10・14飯田Ⅱ622頁【80】………558
大阪家岸和田支審平17・2・15家月59・4・135
  ………………………………………………201
京都地判平17・3・14飯田Ⅱ144頁【19】………498
東京高判平17・3・25刑集62・4・1187 ………769
高松地判平17・5・13LEX/DB＝飯田Ⅱ455頁
  【72】……………………………………………547
京都地判平17・6・13LEX/DB＝飯田Ⅱ155頁
  【3】……………………………………450, 484
高松高判平17・6・30判タ1235・260 ……277, 278
最決平17・7・14（上告審）（東京高判平17・1・
  28＝控訴審、東京地判平16・5・14＝第1審＝
  LEX/DB）＝飯田Ⅱ413頁 ………………550
福岡地判平17・7・14飯田Ⅱ198頁【74】…452, 717
最判平17・9・8判タ1192・249＝判タ1192・249
  ………………………………………228, 268
千葉地判平17・11・15LEX/DB＝飯田Ⅱ・902頁
  ………………………………………………678
最決平17・11・15刑集59・9・1558………18, 694, 699
名古屋地判平17・11・17. 日山・前掲論文244頁
  ………………………………………………584
東京地判平17・11・30LEX/DB【76】…………556
大阪高判平18・2・2飯田Ⅱ165頁【4】………485

東京地判平18・3・28判時1975・2＝飯田Ⅱ726頁【96】……………………………………455, 568
福岡地判平18・4・20(判例集未登載)、飯田・Ⅱ, 198頁・217頁 ……………452, 453, 718
東京地判平18・6・15(判例集未登載)＝飯田・Ⅱ502頁……………………………………………465
名古屋家審平18・7・25家月59・4・127 ………202
最判平18・10・27判タ1225・220 ……………266
京都地判平18・11・1 LEX/DB………………559
東京地判平19・1・25判タ1267・258 …………640
名古屋地判平19・2・27判タ1296・308…426, 454, 645
東京地判平19・3・23判時1975・2 ……………757
最決平19・3・26刑集61・2・131＝飯田Ⅱ242頁【69】……………………………17, 545, 708
神戸地判平19・4・10判時2031・92……………641
福岡地判平19・6・26判時1988・56【122】……588
最決平19・7・25刑集61・5・563 ………………65
名古屋地判平19・7・31訟月54・10・2143 ……757
仙台地判平19・9・7訟月54・11・2171 ………757
東京高判平19・10・18判タ1264・317 …………266
大阪地判平19・11・14判時2001・58【113】……585
大阪地判平20・2・13判タ1270・344 …………272

最決平20・3・3刑集62・4・567………………769
札幌高判平20・3・6 LEX/DB ………………86
最判平20・4・24民集62・5・1178判時2008・86＝判タ1271・86……………………………334, 699
最決平20・4・25刑集62・05・1559………………62
名古屋地判平20・7・18判時2033・45…………641
福島地判平20・8・20LEX/DB＝季刊刑事弁護57・185 …………………………………420
東京高判平20・11・20判タ1034・304 …………455
東京高判平20・11・21判時2054・42……………568
岐阜地判平21・2・18 LEX/DB ………………449
東京地判平21・9・15判タ1328・196【118】……586
岡山地判平21・9・29判時2110・60………………585
最決平21・12・8刑集63・11・2829………………62
東京地判平22・7・28判時2092・99【125】……590
横浜地判平22・8・26判時2105・59【124】……589
広島高岡山支平22・12・9判時2110・47【114】……………………………………………585
神戸地判平24・1・11LEX/DB ……………601, 778
さいたま地判平24・6・15LEX/DB【28】……………………………………………506
奈良地判平24・6・22LEX/DB ……………27, 619
横浜地判平25・9・17LEX/DB ………………533

ドイツ判例索引

ライヒ裁判所　1886・2・20判決 RGSt 15, 151
　………………………………………120, 457
ライヒ裁判所　1894・5・31判決 RGSt 25, 375
　………………………………………120, 239
ライヒ裁判所1901・4・11判決 RGZ 48, 114
　…………………………………………………138
ライヒ裁判所1903・10・16判決 RGZ 55, 367
　…………………………………………………138
ライヒ裁判所1908・7・3 判決 RGSt 41, 392
　…………………………………………………149
ライヒ裁判所1912・3・1 判決 RGZ 78, 432
　…………………………………………………239
ライヒ裁判所1919・10・17判決 RGZ 97, 4 …399
ライヒ裁判所不明判決 RG HRR 1926, Nr.
　2302 ……………………………………………457
ライヒ裁判所1927・7・14判決 RG JW 1927,
　2699 ……………………………………612, 732
ライヒ裁判所1930・7・8 判決 RGSt 64, 263
　…………………………………………………404
ライヒ裁判所1931・12・1 判決 RGSt 67, 12
　…………………………………………………404
ライヒ裁判所1932・2・29判決 RGSt 66, 181
　…………………………………………………239
ライヒ裁判所1932・11・11判決 RG JW 1938,
　30 ………………………………………………139
ライヒ裁判所1936・6・19判決 RGZ 151, 349
　…………………………………………………120
ライヒ裁判所1939・7・8 判決 RGSt 64, 263
　…………………………………………………404
ライヒ裁判所1940・2・23判決 RGSt 74, 91
　…………………………………………………139
ライヒ裁判所1940・3・8 判決 RGZ 163, 129
　…………………………………………………257
ライヒ裁判所1941・12・3 判決 RGZ 168, 207
　…………………………………………………239

ライヒ裁判所1942・5・19判決 RG DR 1943,
　579………………………………………………139
ライヒ裁判所1942・11・26判決 RG DR 1943,
　234………………………………………………139
フランクフルト上級ラント裁判所1951・3・7
　判決 OLG Frankfurt, VersR 1954, 180
　…………………………………………………239
連邦裁判所1952・7・10判決 BGHSt 3, 91
　………………………………477, 564, 613, 724, 726
シュトゥットガルト上級ラント裁判所1952・
　11・5 判決 OLG Stuttgart, VersR 1954,
　310………………………………………………239
連邦裁判所1952・11・27判決 BGH NJW 1953,
　257………………………………………………395
連邦裁判所1953・1・29判決 BGHSt 4, 24 …138
連邦裁判所1953・7・9 判決 BGHZ 10, 228
　…………………………………………………138
連邦裁判所1954・7・1 判決 BGHSt 6, 282
　…………………………………………………721
連邦裁判所1954・7・10判決 BGH NJW 1956,
　1106 ……………………………………121, 239
連邦裁判所1955・6・10判決 BGH NJW 1955,
　1487 ……………………………………………722
連邦裁判所1956・11・16判決 BGHZ 22, 167
　…………………………………………………138
連邦裁判所1957・10・10判決 BGH NJW 1958,
　267………………………………………………217
連邦裁判所1957・11・28判決 BGHSt 11, 111=
　NJW 1958, 267 ………121, 191, 217, 239, 244
連邦裁判所1958・12・5 判決 BGHZ 29, 33
　……………………………………………109, 149
連邦裁判所1958・12・9 判決 BGHZ 29, 46=
　NJW 1959, 811 ………………………………324
連邦裁判所1959・1・16判決 BGHZ 29, 176=
　NJW 1959, 814 …………………………324, 349

連邦裁判所1959・1・26判決 BGH VersR 59, 355 ……………………………………349
連邦裁判所1959・2・10判決 BGHSt 12, 382 ……………………………………319,337
連邦裁判所1960・6・21判決 BGH NJW 1960, 2253 ……………………………409
連邦裁判所1961・2・1判決 BGH NJW 1962, 682= BGHSt 16, 309 ……………184
連邦裁判所1962・10・16判決 BGH, NJW 1963, 393 ……………………………299,346
連邦裁判所1963・6・28判決 BGH JZ 1964, 231 ……………………………………355
連邦裁判所1963・8・14判決 BGHSt 19, 135 ……………………………………155
連邦裁判所1963・12・2判決 BGH VersR 1961, 632= NJW 1964, 1177 …………151
連邦裁判所1966・4・27判決 BGHSt 21, 59 ……………………………………466,467
ハム上級ラント裁判所1967・10・10判決 OLG Hamm NJW 1968, 212 …………201
連邦裁判所1968・11・26判決 BGHZ 51, 91 …745
アーヘン地方裁判所1970・12・18決定 LG Aachen JZ 1971, 507 ………308,734,752
連邦裁判所1972・5・16判決 BGHSt 24, 342 ……………………………………667
連邦裁判所1972・7・11判決 BGH VersR 1972, 1075= NJW 1972, 2217 ………746
連邦裁判所1972・7・10判決 BGH NJW 1973, 1415 ……………………………320
連邦裁判所1972・11・28判決 BGH NJW 1973, 556 ……………………………320
連邦裁判所1973・11・27判決 BGH NJW 1974, 604 ……………………………334
連邦裁判所1976・11・2判決 BGH NJW 1977, 337 ……………………………218
フランクフルト地方裁判所1977・2・15決定 LG Frankfurt NJW 1977, 1108 ………749
連邦裁判所1978・2・22判決 BGH NJW 1978, 1206 ………………………204,205

連邦憲法裁判所1979・7・25決定 BverfGE 52, 131= NJW 1979, 1925 ………121,300,303
連邦裁判所1979・10・2判決 BGH NJW 1980, 649= MDR 1980, 155 ………613,627,628
連邦裁判所1979・10・16判決 BGH NJW 1980, 650= MDR 1980, 156 ……………628,632
連邦裁判所1980・5・20判決 BGH NStZ 1981, 218 ……………………………445
コブレンツ上級ラント裁判所1980・8・20判決 OGH Koblenz, OLGSt. §222 StGB S. 63 …………………………………458
連邦裁判所1981・3・17判決 BGHZ 80, 186 …………………………………750
連邦裁判所1981・5・22決定 BGH DRiZ 1981, 310= NStZ 1981, 351 ……………615
ツェレ上級ラント裁判所1981・6・15判決 OLG Celle VersR 981, 1184 ………299,347
ミュンヘン行政裁判所1981・11・12判決 VGH München KRS I 1983, 81 …………655
連邦憲法裁判所1982・2・9判決 BVerfGE 59, 360 ……………………………337
ハンブルク上級ラント裁判所1982・3・5判決 OLG Hamburg, MDR 1982, 580 ………312
連邦裁判所1982・3・10判決 BGH NJW 1982, 1455 ……………………………138
連邦裁判所1982・5・11判決 BGH NJW 1982, 2121 ……………………………405
連邦裁判所1982・9・21判決 BGH VersR 1982, 1142 ……………………………334
連邦裁判所1982・12・21決定 BGH NStZ 1983, 134 ……………………………524
連邦裁判所1983・9・27判例 BGHZ 88, 249= MedR 1984, 63 ………………184,707
連邦裁判所1984・1・10判決 BGHZ 89, 263= BGH MedR 1984, 143= NJW 1984, 1400. …………………………………635,636
連邦裁判所1984・2・7判決 BGHZ 90, 103= NJW 1984, 1397 …………………349,353
連邦裁判所1984・2・7判決 BGHZ 90, 96=

NJW 1984, 1395= VersR 1984, 468 ……353
連邦裁判所1984・2・14判決 BGHSt 32, 262=
　StV 1984, 244 ………………468, 469, 667
連邦裁判所1984・2・28判決 BGH NJW 1984,
　1810 ………………………………………269
ゲッティンゲン地方裁判所1984・7・17判決
　LG Göttingen NStZ 1985, 410 …………668
連邦裁判所1985・1・8判決 BGH MedR 1985,
　168 …………………………………………303
連邦裁判所1985・6・18判決 BGH NJW 1985,
　2189 ………………………………………657
デュッセルドルフ上級ラント裁判所1985・10・
　2判決 OLG Düsseldorf, NJW 1986, 790=
　VersR 1986, 659 …………………………655
連邦裁判所1985・10・29判決 BGH NJW 1986,
　776 …………………………………………657
連邦裁判所1985・11・19判決 BGH JZ 1986,
　201 …………………………………………285
デュッセルドルフ上級ラント裁判所1985・12・
　19判決 OLG Düsseldorf, VerR 1987, 414
　………………………………………………428
デュッセルドルフ上級ラント裁判所1985・12・
　30判決 OLG Düsseldorf, KRS 85, 129 …635
ケルン上級ラント裁判所1986・3・18判決
　OLG Köln NJW 1987, 2302 ……………651
連邦裁判所1986・10・7判決 BGH VersR
　1987, 102 …………………………………748
連邦裁判所1986・11・12判決 BGH MedR
　1988, 149 …………………………………461
連邦裁判所1987・2・10判決 BGH MdeR 1987,
　231 …………………………………………707
ケルン上級ラント裁判所1987・2・10判決
　OLG Köln MedR 1987, 231 ……………707
ベルリン高等裁判所連邦検察庁1987・2・25処
　分 Generalstaatsanwaltschaft beim
　Kammergericht, NJW 1987, 1495=JA
　1987, 461 …………………………………178
連邦裁判所1987・5・19判決 BGH NJW 1987,
　2293 ………………………………………636

ハンブルク上級ラント裁判所1987・6・26判決
　OLG Hamburg VersR 1989, 147 ………405
デュッセルドルフ上級ラント裁判所1987・7・
　31判決 OLG Düsseldorf, VersR 1989, 191
　………………………………………………616
連邦裁判所1987・9・22判決 BGHZ 102, 17=
　NJW 1988, 763= JZ 1988, 411 ………254, 277
連邦裁判所1987・10・12決定 BGH MDR 1988,
　100 …………………………………………458
連邦裁判所1988・1・21判決 BGH StV 1988,
　251 …………………………………………705
連邦裁判所1988・3・25決定 BGHSt 35, 246=
　NJW 1988, 2310= MDR 1988, 248= JZ
　1988, 1021 …………………216, 218, 290
連邦裁判所1988・6・28判決 BGH NJW 1988,
　2946 …………………………………156, 336
メルン区裁判所1988・10・6判決 AG Mölln
　NJW 1989, 775 ……………………………177
連邦裁判所1988・11・8判決 BGH NJW 1989,
　1535 …………………………………244, 642
連邦裁判所1988・11・12判決 BGH MedR
　1988, 149 …………………………………461
連邦裁判所1988・12・6判決 BGH NJW 1989,
　1538 ………………………………………222
連邦裁判所1988・12・13判決 BGH NJW 1989,
　1541 …………………………………222, 290
連邦裁判所1989・1・24判決 BGHZ 106, 273
　………………………………………746, 750
連邦裁判所1989・2・14判決 BGHZ 106, 391=
　NJW 1989, 1533= JR 1989, 286= MedR
　1989, 188 ………………124, 344, 346, 354
連邦裁判所1989・4・25判決 BGH VersR
　1989, 702= MedR 1989, 320 ……………261
連邦裁判所1989・5・30判決 BGH, MedR
　1989, 322 …………………………………338
リューベック地方裁判所1989・6・22判決 LG
　Lübeck, NJW 1990, 2344 ………………177
連邦裁判所1990・7・6判決 BGH NStZ 1990,
　591 …………………………………………445

連邦裁判所1990・11・6判決 BGH MedR
　1991, 85 ……………………………312
デュッセルドルフ上級ラント裁判所1991・2・
　6判決 OLG Düsseldorf, VersR 1991, 59
　…………………………………………428
連邦裁判所1991・2・26判決 BGH VersR
　1991, 694 …………………………629
連邦裁判所1991・3・12判決 BGH NJW 1991,
　2346 ……………………………344, 353
オルデンブルク上級ラント裁判所1991・7・2
　判決 OLG Oldenburg VersR 1992, 1005
　…………………………………………277
デュッセルドルフ上級ラント裁判所1990・7・
　30判決 OLG Dsseldorf, VersR 1991, 61
　…………………………………………312
連邦裁判所1991・10・15判決 BGHSt 38, 83
　…………………………………………138
連邦裁判所1991・12・17判決 BGHZ 116, 379
　…………………………………………307
ケルン上級ラント裁判所1992・2・5判決
　OLG Köln VersR 1992, 754 …………312
オルデンブルク上級ラント裁判所1993・5・11
　判決 OLG Oldenburg VersR 1992, 1005
　…………………………………………306
連邦裁判所1993・9・23判決 BGH NJW 1994,
　794= MDR 1994, 39 ………………663
連邦裁判所1993・10・5判決 BGH Arztrecht
　1994, 156= MedR 1994, 111 …………642
連邦裁判所1993・11・2判決 BGH NJW 1994,
　793= MDR 1994, 557 ……………306, 307
連邦裁判所1993・11・9判決 BGH NJW 1994,
　799……………………………349, 355
フランクフルト上級ラント裁判所1993・11・11
　判決 OLG Frankfurt, NJW-RR 1995, 406
　…………………………………………747
シュトゥットガルト上級ラント裁判所検事総
　長決定1993・11・30処分 Ulsenheimer,
　a.a.O., S. 138 …………………………192
ツェレ上級ラント裁判所1994・2・21決定

OLG Celle NJW 1995, 792 ………………201
連邦裁判所1994・7・7判決 BGH NJW 1994,
　3012= MedR 1995, 25 ……………253, 291
連邦裁判所1994・7・12判決 BGH, NJW 1994,
　3008 …………………………………655
ケルン上級ラント裁判所1995・2・8判決 LG
　Köln MedR 1995, 409 ………………178
ザールブリュッケン地方裁判所1995・3・7判
　決………………………………………133
連邦裁判所1995・4・4判決 BGH NJW 1995,
　2411 …………………………………342
連邦裁判所1995・6・29判決 BGH JR 1996,
　69= NStZ 1996, 34 …………………356
オルデンブルク上級ラント裁判所1996・3・5
　判決 OLG Oldenburg VersR 1996, 1023
　…………………………………………277
連邦裁判所1996・7・9判決 BGH MDR 1996,
　1015= NJW 1996, 3073 ……………319, 349
シュトゥットガルト上級ラント裁判所1997・
　2・3決定 OLG Stuttgart MedR 1999,
　374= NJW 1997, 3013 ………………666
デュッセルドルフ上級ラント裁判所1997・6・
　6決定 OLG Düsseldorf NStZ-RR 1997,
　325……………………………………139
連邦裁判所1997・11・19判決 BGHSt 43, 306=
　NJW 1998, 1802………………624, 640
連邦裁判所1997・12・3判決 BGHSt 43, 346
　…………………………………………123
ブラウンシュヴァイク上級ラント裁判所
　1997・12・18判決 OLG Braunschweig
　MDR 1998, 907 ………………………652
連邦裁判所1998・2・3判決 BGH NJW 1998,
　2736 …………………………………655
連邦裁判所1998・3・17判決 BGH NJW 1998,
　2734 …………………………………349
ツヴァイブリュッケン上級ラント裁判所
　1998・5・12判決 OLG Zweibrücken,
　MedR 1999, 80 ………………………436
ツヴァイブリュッケン上級ラント裁判所

1998・10・20一部判決 OLG Zweibrücken, VersR 2000, 728 ……………………632,649

連邦裁判所1999・1・26判決 BGH NJW 1999, 1779 ………………………………614,632

フランクフルト上級ラント裁判所1999・7・8 決定 OLG Frankfurt　NJW 2000, 875 ……………………………………293

連邦裁判所1999・10・4判決 BGHSt 45, 219= MedR 2000, 231= JR 2000, 470= NJW 2000, 885 ……………………220,221

連邦裁判所1999・10・12判決 BGH NStZ 2000, 87 ……………………………138,150

ツヴァイブリュッケン上級ラント裁判所 1999・11・2判決 OLG Zweibrücken, MedR 2000, 272 …………………664

連邦裁判所2000・2・15判決 BGHZ 144, 1= NJW 2000, 1784= VersR 2000, 25=JZ 2000, 898 ………………303,340,345,348

連邦裁判所2000・4・19判決 BGH NJW 2000, 2754 ……………………605,660,661

連邦裁判所2000・6・20判決 BGH MedR 2001, 201= NJW 2000, 3425 ……………664

ツェレ上級ラント裁判所2000・11・14判決 OLG Celle, StV 2002, 366 ……………469

連邦裁判所2001・1・30判決 BGH NJW 2001, 2798= MedR 2001, 421= VersR 2001, 592 ……………………………308,345,348

シュトゥットガルト上級ラント裁判所2001・2・22判決 OLG Stuttgart, MedR 2002, 650 ……………………………………435

ハム上級ラント裁判所2001・5・9判決 OLG Hamm VersR 2002, 857 ……………436

連邦憲法裁判所2001・8・2不受理決定 BVerfG NJW 2002, 206 ……………194

ナウンブルク上級ラント裁判所2001・12・19判決 OLG Naumburg, MedR 2002, 471 …434

ミュンヘン上級ラント裁判所2002・1・31判決 OLG München MedR 2003, 174= NJW-RR 2002, 811 …………………195,199

デュッセルドルフ上級ラント裁判所2002・3・21判決 OLG Düsseldorf VersR 2004, 386 ……………………………………312

ツヴァイブリュッケン上級ラント裁判所2002・3・26判決 OLG Zweibrücken MedR 2003, 181 ……………………………………665

シュトゥットガルト上級ラント裁判所2002・7・22判決 OJG Stuttgart, MedR 2002, 650 ……………………………………435

リューネブルク上級行政裁判所2002・7・23決定 OVG Lüneburg　NJW 2003, 3290. …211

連邦裁判所2003・4・8判決 BGH NJW 2003, 2309 ……………………………………638

連邦裁判所2003・6・26判決 BGH NStZ 2004, 35 ……………………………………602

連邦裁判所2003・10・15決定 BGH JR 2004, 251= NStZ-RR 2004, 16 ……………358

ポツダム地方裁判所2003・10・18判決 LG Potsdam, Ulsenheimer, S. 253 …………443

連邦裁判所2003・11・13判決 BGHSt 49, 1= MedR 2004, 86= NJW 2004, 237= JZ 2004, 975 ………………………139,443,669

連邦裁判所2003・12・11判決 BGH NJW 2004, 1054.= BGHSt 49, 34 ……………139,143

連邦裁判所2004・1・20判決 BGH JR 2004, 469= NStZ 2004, 442 ……………255,359

連邦裁判所2004・4・27判決 BGHZ 159, 48 ……………………………………477

連邦裁判所2004・5・26判決 BGHSt 49, 166= NJW 2004, 2458= NStZ 2004, 621 …139, 145

アウグスブルク地方裁判所2004・9・30判決 LG Augsburg ArztR 2005, 205 ……607,653

デュッセルドルフ区裁判所2004・11・17判決 AG Düsseldorf, Juris online ……………211

デュッセルドルフ地方裁判所2005・2・1判決 BGH NJW 2005, 1364 ………………349

ノルトライン・ヴェストファレン上級行政裁判所2005・2・10判決 OVG Nordrhein-Westfalen　ArztR 2006, 50 …………650

連邦裁判所2005・3・15判決 BGH NJW 2005, 1716 ……………………………………289
連邦裁判所2005・3・15判決 BGH NJW 2005, 1718 ……………………………………277
コブレンツ上級ラント裁判所2005・4・14判決 MedR 2005, 530= NJW 2006, 2928 ……221
ハム上級ラント裁判所2005・6・8決定 OLG Hamm MedR 2006, 358 ………………708
連邦裁判所2005・6・14判決 BGH, NJW 2005, 2614 ……………………………252, 292
ニュルンベルク・フリュー地方裁判所2006・2・8判決 LG Nürnberg/Fürth, NJW 2006, 1824 ………………………………597
リューデンシャイト区裁判所2006・3・10決定 AG Ludenscheid, Vgl. Ulsenheimer, S. 226………………………………………657
連邦裁判所2006・3・14判決 BGH NJW 2006, 2108 ……………………………………317
連邦裁判所2006・6・13判決 BGH NJW 2006, 2477 ……………………………………270
コブレンツ上級ラント裁判所2006・7・13判決 OLG Koblenz, NJW 2006, 2928= MedR 2005, 530 …………………………………221
ミュンヘン上級ラント裁判所2006・9・21判決 OLG München, GesR 2007. 115= MedR 2007, 349 …………………………………658
連邦裁判所2006・11・7判決 BGHZ 169, 364= MedR 2007, 169= NJW-RR 2007, 310= VersR 2007, 209= GesR 2007, 108 …332, 651
コブレンツ上級ラント裁判所2006・11・30判決 OLG Koblenz MedR 2007, 365 …………206
連邦裁判所2006・12・13判決 BGH MedR 2007, 304…………………………………………705
連邦裁判所2007・3・27判決 BGHZ 172, 1= NJW 2007, 2767………………………………349
連邦裁判所2007・7・5判決 BGHR StGB 223 Abs. 1 Heileingriff 8= StV 2008, 189= MedR 2008, 158 ………………………360
フランクフルト上級ラント裁判所2007・8・21決定 OLG Frankfurt NJW 2007, 3580…211
連邦裁判所2007・10・23判決 BGH NStZ 2008, 150= StV 2008, 464 ……………………361
ハンブルク―ハルブルク区裁判所2009・12・2判決 AG Hamburg-Harburg ……………607
エアフルト地方裁判所2010・2・2略式命令 AG Erfurt ……………………………………606
連邦裁判所2010・7・6判決 BGH, HRRS 2010, 774 ……………………………………57
連邦裁判所2010・12・22判決 BGH NStZ 2011, 635= MedR 2011, 809 ………………279, 283
オルデンブルク上級ラント裁判所2011・1・17決定 OLG Oldenburg MedR 2012, 332…667
連邦裁判所2011・7・7判決 BGH HRRS 2011, Nr. 978= MedR 2012, 111 ……448, 602
連邦裁判所2011・10・11判決 BGH NStZ 2012, 205………………………………………363
ケルン地方裁判所2012・5・7判決 LG Köln JZ 2012, 805；NJW 2012, 2128；FamRZ 202, 1421………………………………207, 208
ベルリン区裁判所2012・8・31判決 AG Berlin ……………………………………212
連邦裁判所2013・2・20判決 BGH NJW 2013, 1688 ……………………………………364

事項索引

あ

アウトサイダー的方法 …… 402
新しい治療方法に関する説明
　………………………… 268
安全のための説明
　…………………… 249, 291, 292
安楽死 ……………………… 65
医学研修生事件 …………… 184
医学的水準 ………………… 407
医学的適応
　…………… 189, 206, 206, 311
　──のある輸血 ………… 201
　──のない割礼 ………… 207
意義 …………………… 3, 404
　──と機能 ……………… 411
　──と対象 ………………… 3
　──と内容 ………………… 5
　──と分野 ………………… 3
医業 ……… 81, 84, 86, 89, 94
　──類似行為 ………… 89, 91
異型輸血事件 …… 539, 540, 541,
　542, 543
医行為（医療行為）
　………… 81, 82, 86, 87, 88, 92
　──の定義 ……………… 82
医師
　──刑法 …………………… 3
　──と看護師の任務 …… 720
　──と看護師の間の監督関係
　………………………… 720
　──と薬剤師の分業関係
　………………………… 646
　──とレントゲン助手 … 732
　──による調剤ミスの事例

　………………………… 503
　──の応招義務 ………… 93
　──の裁量 ………… 237, 238
　──の裁量判断 ………… 301
　──の指示からの自由 … 689
　──の処方の誤記 ……… 490
　──の説明 …… 142, 237, 246
　──の説明義務
　…………………… 238, 247, 353
　──の説明義務の展開過程
　………………………… 238
　──の説明の機能 ……… 246
　──の理性 ………… 190, 215
　──の理性的判断 ……… 191
医師間の垂直的分業 …… 705
医事刑法 ……………… 3, 5, 67
　──の対象領域 …………… 7
　──の展開 ………………… 10
　──の方法 ………………… 8
意思の欠缺 ……………… 165
意思表示説 ……………… 109
医事法 …………………… 3
医師法17条 ………… 85, 86, 89
医術過誤 ………………… 393
医術的正当性 ……… 227, 411
医長 ……………………… 650
　──の刑事組織責任 …… 606
　──の組織化の責任 …… 655
　──の組織責任の位置 … 658
一般医 ……………………… 639
一般的危険 ……………… 287
　──における ……………… 305
一般(的)に周知の危険
　…………………… 290, 308, 311
一般病院における事故と管理

　責任 …………………… 672
医的侵襲 ………………… 125
違法性阻却 ……………… 130
医薬品添付文書 ………… 438
医薬品法 ………… 737, 738, 740
　──84条 …………… 738, 739
医療安全 ……………… 17, 379
　──対策 …………… 31, 32
　──調査委員会 ………… 29
医療過誤 …… 380, 391, 393, 564
　──概念 ………… 391, 393, 394
　──事件 ………… 18, 19
　──実態調査 …………… 379
　──の認知 ……………… 479
　──の発現形態 ………… 396
　──の発現類型 ………… 477
　──の類型化 …………… 397
医療慣行 ………………… 422
医療機器の誤操作 ……… 556
医療器具 ………………… 659
医療契約法 ………………… 51
医療行為 …………………… 46
医療事故調査 …………… 28
医療事故の届出 ………… 23
医療侵襲 ………………… 122
医療水準 ………… 411, 418, 422
　──と医療の裁量性 …… 418
　──の意義 ……………… 413
医療水準論 ……… 377, 407, 422
　──の展開 ………… 411, 414
　──の判断基準 ………… 414
医療政策 ………………… 16
医療組織における危険 …… 595
医療チーム作業 ………… 611
医療における権限分担 …… 703

医療の個人化 ………116, 231
医療の発展……………………54
医療被害防止・救済センター
　………………………………33
医療不信 ………………16, 17
医療崩壊………………………16
医療法改正……………………31
医療倫理………………………67
医療倫理四原則 ……69, 75, 190
異例な手術方法 ……………279
因果関係 ……………………442
インフォームド・コンセント
　………………163, 177, 239, 548
ヴァーチャル・チャイルド…55
うつ伏せ寝死亡事件 ………580
営業……………………………81
　――意思説……………………81
　――目的説……………………81
エイズ（AIDS）……………735
エイズ感染事件 ……………307
エイズ検査 …176, 177, 179, 180
エイズ・テスト …179, 180, 182
HIV 感染……………………292
HIV 感染血液保存 …………735
HIV 抗体テスト ……………178
延命治療………………………65
大野病院事件 ………………420
オーダリング・システム …493
おにぎり誤嚥事故 …………588
親の代諾 ………………156, 207

か

開業医と勤務医 ……………639
介助看護師の誤接続 ………726
改正法方式……………………35
蓋然性 ………………………445
開頭手術事件 …………309, 330
ガイドライン ……48, 190, 423,
　434, 435

外泊中の自殺事例 …………678
開放的処遇における自殺 …676
概要 …………………………407
外来通院 ……………………637
確実(性)に境を接する蓋然性
　………………………………457
学問としての医学水準 ……413
学理医学 ………………400, 401
確立した代替療法に関する説
　明 …………………………266
過失犯 ………………………451
　――の重罰化…………………43
過失犯処罰 …………………42
　――の意義……………………25
　――の機能……………………42
過失複合 ……………………598
　――の体系化 ………………600
過失理論の課題………………43
画像読み違え ………………573
家族に対する告知 …………263
家族による同意 ……………159
課題……………………………42
割礼 …………………………210
仮定的因果経過 ……………442
仮定的同意
　………………349, 350, 352, 355, 364
カテーテルの誤操作 ………562
カニューレの誤接続 ………560
川崎エホバの証人輸血拒否事
　件 …………………………196
看過事件 ……………………574
勧告 ……………………423, 434
看護師による投薬ミス ……507
看護師の調剤の過誤と医師の
　責任 ………………………721
看護に関する医療過誤 ……577
患者
　――に関する情報の原理
　………………………286, 303

――の安全 …………………379
――の医療へ ………………116
――の権利 ………………34, 36
――の権利に関する法律…38
――の権利法
　………………33, 35, 37, 114
――の自己決定権 …………237
――の自己答責的決断 …246
――の信条に基づく輸血拒
　否 …………………………192
――の同意 ……………165, 189
――の同意能力 ……………149
――の取り違え ……………546
――の不合理な自己決定
　………………………………191
患者・患部の取り違えの事例
　………………………………545
患者左右取り違え切除事件
　………………………………716
患者取り違え事件………17, 708
患者法 …………………………5
間接的パターナリズム ……135
監督義務 ………332, 333, 334
願望充足医療…………………78
陥没乳頭手術事件 …………315
管理監督過失 ……599, 610, 693
管理監督関係 ………………704
管理監督責任 ………………611
危害を及ぼすおそれのある行
　為……………………………88
危害を及ぼす行為……………88
基幹法…………………………35
基幹法方式……………………35
危機的事象報告制度
　…………………39, 40, 479
危険実現の諸類型 …………459
危険実現連関 …………442, 451
危険と責任の分担 …………608
危険に関する説明 ……248, 285

危険防止 ……………………750
危険防止義務 ………………749
北九州市立八幡病院事件 …416
規範の保護範囲 ……………366
欺罔アプローチ ……………168
欺罔無効説 …………………167
客観的帰属(論) ………377, 442
客観的限定の基準 …………139
客観的傷害概念 ………123, 127
凶器による他害行為 ………686
行政指針 ……………………436
共同過失 ……………………619
共同作業 ………………637, 639
京都ジフテリア禍事件 ……753
業務権説 ……………………120
近親者への説明 ……………338
具体的患者説 ………………302
具体的な死の危険 …………146
具体的な生命の危険 ………191
クロイツフェルト・ヤコブ病
　事件 ………………………756
クロラエチル麻酔事件 ……466
クロロキン訴訟 ……………755
経過に関する説明 …248, 264
　——の分類 ………………264
刑事医療過誤事件……………18
刑事製造物過失論 …………743
刑事組織過失の限定原理 …779
刑事組織過失論の課題 ……777
刑事組織責任の課題 ………778
軽微な傷害 …………………131
外科医と放射線科医の任務
　………………………………636
血液の採取 …………………317
結果回避の可能性 …………445
厳格分業の原則 ……………609
現在の水準 ……………409, 428
憲章モデル……………………34
合意 …………………………165

行為規範………………………46
行為規範違反…………………52
合意と同意 …………………165
抗がん剤の過剰投与…………18
向上医療………………………78
公序良俗違反 ………………206
厚生省ルート ………………769
構成要件阻却 ………………130
口頭による説明面談 ………340
合法則的条件の理論 ………444
合理的医師説 ………………302
合理的患者説 …………300, 302
合理的な患者 ………………353
誤嚥事故判決 …………589, 590
告知 …………………………256
誤診 …………………………397
個人化された医療 …………116
個人的給付 …………………689
個人の尊重 …………………244
誤認・確認ミス ……………488
個別責任の原則 ……………611
個別的・脱価値的傷害概念
　………………………………123
誤薬投与・異状死届出違反事
　件 …………………………17
(科学的)根拠にもとづく医療
　…………………377, 435, 440
コンタクトレンズ処方………84
コンテルガン訴訟 ……734, 735

さ

採血器具の操作の過誤 ……535
採血目的の欺罔 ……………176
採血・輸血による医療過誤
　………………………………534
採血・輸血の医療過誤 ……534
最善の注意義務 ……………414
作為義務の根拠 ……………772
作為と不作為の区別 ………447

錯誤 …………………………165
錯誤アプーチ ………………168
サージボーン接合具事件 …356
サリドマイド ……………734, 735
サリドマイド事件 …………752
3％ヌペルカイン事件 ……463
三段階説 ………………156, 336
C型肝炎訴訟 ………………756
歯科医の組織過失 …………717
子宮筋腫事件 …………217, 239
自己決定 ……………………227
　——のための説明 …246, 254
　——のための説明の範囲
　………………………………253
自己決定権の行使 …………188
自己決定権の実質的基盤 …244
自己責任主義 ………………609
自己責任の原則 ……………611
自己答責性(の)原則
　………………………468, 470
事後の手術の拡大 …………215
自殺防止行為による死亡 …678
事実行為説 …………………109
自傷他害のおそれ……………63
指針 …………………………434
施設・設備と器具・装置の設置
　………………………………658
実践としての医療水準 ……413
実体的規範的限界 …………141
執刀医と麻酔医の術後の任務
　分担 ………………………635
指導監督関係 …………648, 649
死の危険の概念 ……………145
脂肪吸引事件 ………………360
社会手生活上必要な注意 …743
宗教上の割礼 ………………207
重畳的管轄説 …………152, 153
重大性説 ……………………138
重大な傷害

………111, 112, 131, 132, 146
自由な組織風土 ……………662
手術拡大の可能性 …………290
手術中の手術の拡大 ………339
手術に起因する医療過誤 …544
手術の拡大 …………………217
手術部位を間違った事例 …717
術後管理におけるミス ……549
傷害 …………………119, 122
——の程度 ………………111
症状の看過 …………………574
承諾と同意 …………………165
章典モデル……………………34
諸原理間の葛藤………………71
諸原理倫理……………………67
女性器切除 ……………208, 214
ジョン・ムーア事件 ………175
白玉もち誤嚥事故 …………588
自律性…………………………74
自律性尊重原則(原理) ……67,
　69, 71, 73, 75, 190
シリンジポンプの誤操作 …563
事例研究の方法 ……………479
近親者に告知 ………………259
人工呼吸器の誤操作 ………556
侵襲
　——傷害説 ………………120
　——非傷害説 ……………121
　——に特有の危険 …289, 306
　——の重大性 ……………319
　——の切迫性・緊急性 …311
心神喪失………………………61
心神喪失者等医療観察法
　…………………………63, 64
心神耗弱者……………………61
新生児うつ伏せ寝死亡事件
　……………………………579
新生児に対する看護ミス …577
新生児落下事件 ………581, 582

親族への告知 ………………261
身体以外の法益に関係する事
　情 …………………………173
身体管理に関するミス ……522
身体の処分不可能性 ………141
診断
　——に関する説明 …248, 254
　——の過誤 ………………397
　——の告知と治療の効果
　 ……………………………256
　——のための侵襲 ………317
診断結果の隠蔽 ……………255
診断自体の過誤 ……………569
診断資料の過誤 ……………564
人的法益概念 ………………129
人道原理 ……………………323
信頼の原則…609, 611, 612, 613,
　614, 703, 704, 720
　——と特別の事情 ………721
　——の展開 ………………612
診療……………………………93
　——の補助 ………………482
診療義務 …………………93, 94
　——違反 ……………102, 103
診療拒否 ……………………102
水準の相対性と具体性 ……407
スイス・チーズ・モデル …382
垂直的分業 ………648, 688, 703
　——の意義と特徴 ………648
　——の複雑化と危険 ……690
推定的同意 …………164, 218, 222
水平的・直列的分業の類型の
　特殊性 ……………………691
水平的分業 …………………618
生活資料獲得行為反復説……81
正義原則 ………67, 69, 75, 79
整形美容手術 ………………316
制裁規範………………………52
生殖補助医療…………………55

精神医療………………………61
精神的打撃 ……………328, 329
精神病院内での自傷行為 …667
精神病院内の事故類型 ……673
精神病院内の自殺 …………663
精神病院における事故 ……673
精神病患者の自殺 …………674
精神病患者の他害行為 ……679
精神保健(福祉)法 ……63, 64
製造上の義務 ………………745
製造物過失 …………………772
製造物責任論 ………………742
正当化事由……………………95
製品監視義務 ………………748
生命の処分不可能性 ………140
生命倫理法案試案……………58
世界医師会……………………33
責任能力判断…………………61
責任無能力者の処遇…………63
責任領域不可分の原則 ……611
施術者の同一性 ……………183
　——に関する錯誤 ………169
舌癌手術事件 ………………114
舌がん不告知事件 …………329
絶対的医療(治療)過誤 …399
絶対的医療行為 ……………483
絶対的適応 …………………318
説明
　——に基づく同意 ………113
　——の相手方 ……………335
　——の形式 ………………340
　——の個人化 ……………302
　——の実施方法 …………331
　——の時点 ………………341
　——の主体 ………………331
　——の省略 ………………320
　——の省略可能性 ………320
　——の二重の地位と機能
　 ……………………………249

事項索引　861

──の範囲 ……………305
──が反対の適応 ………323
説明義務
　──の意義 ……………237
　──の規範的意味 ……371
　──の制限 ……………343
　──の二重機能性 ……372
　──の範囲 …………299, 305
　──の範囲決定 ………301
　──の犯罪論上の体系的地
　　位 …………………249
　──の法的根拠 ………243
　──の保護範囲 ………347
説明義務違反 ……………240
世話裁判所 ………………159
世話人 ……………………159
世話法 ……………………160
全管轄性 …………………650
善行原則
　………67, 69, 70, 73, 75, 76, 78
全体的・価値的傷害概念 …125
全体的考察説 ……………125
全体優越衡量説 …………125
前兆的出来事 …………380, 383
専門医 ……………………639
　──基準 ……………395
　──の知識と経験 ……423
　──への転送義務 ……640
専門家集団のガイドライン …49
専門家集団の倫理基準 ………48
専門間分業 ………………626
専門的基準 ………………408
専門を超える当直業務
　………………………652, 653
善良の風俗 ………………137
造影剤注入に関する過誤 …566
臓器移植 ………………58, 60
　──法 ………………58, 59
臓器摘出の目的に関する錯誤

…………………………170
臓器の摘出の要件……………60
臓器売買 …………………79, 80
操作ミス事件 …………557, 558
創製上の義務 ……………744
相対的医療行為 …………483
組織過失……596, 597, 598, 602,
　608, 618, 648, 662, 688
組織義務 …………………751
組織形成責任 ……………656
組織の過誤 ………………398
ソフトロー …………………47
損害賠償原則 ……………345
尊厳死………………………65

た

退院時における療養指導 …583
待機体制 …………………652
第三者の記録文書に対する信
　頼 …………………………616
第三者の説明に対する信頼
　………………………………614
代替治療
　………227, 264, 265, 272, 278
　──に関する説明 ………264
代諾の要件 ………………162
高山日石病院事件 …………416
他の医師の説明または記録
　………………………………614
他の医療機関における治療
　………………………………277
ターボ禁絶治療事件 ………361
段階説 ……………………152
段階的説明 ………………340
段階的適用説 ……………275
治験 …………………………65
チーム医療 ………………688
　──における管理監督過失
　　…………………………693

──の総責任者 ……334, 335
──の総責任者の説明義務
　………………………………699
チーム医療事例 …………659
着床前診断法…………………57
注意義務の内容としての説明
　義務 ………………………373
注射による医療過誤 …481, 482
注射の部位・方法の過誤 …487
注射方法の指示ミス ………494
チューブ誤挿入(事件) ……561
チューブの誤接続 …………561
調剤・投薬による医療過誤
　………………………………503
直列分業 …………………648
治療
　──と人権…………………63
　──に関する錯誤 ………171
　──の過誤 ………………398
　──の自由……399, 401, 404,
　　405
　──の自由の限界 …408, 409
　──のための説明…247, 248,
　　291
　──のための説明の範囲
　　………………………………252
　──の特権 ………………190
　──への悪影響 …………328
治療効果・危険等の比較検討
　の義務 ……………………410
治療上の危険 ……………291
治療担当医間の分業体制 …623
治療方法の自由 ………400, 406
治療方法の選択 ………227, 232
椎間板事件 ………………358
帝王切開(術) …………229, 230
帝京大学ルート ……………762
摘出臓器等の利用目的に関す
　る錯誤 ……………………174

デザイナーチャイルド………55
手続的規範的限界…………142
転医義務……………425, 426
電気ショック判決…………239
転送義務……………………425
ドイツにおける薬品事故…734
同意
　——の意義………108, 135
　——の規範的制限………141
　——の客観的・規範的制限
　　……………………………137
　——の制限………………135
　——の代行
　　…………154, 156, 160, 161
　——の必要性……………216
　——の放棄………………188
　——の有効性の前提として
　　の説明義務……………372
　——の有効要件…………370
　——の要件………117, 135
同意能力……………………149
　——の欠如・限定………159
東大医科研病院輸血拒否事件
　……………………………197
東大脳動脈奇形（AVM）事件
　……………………………253
東大輸血梅毒事件…………415
当直業務……………………652
特殊（な）療法
　……………401, 402, 403, 408
特有の危険…………………311
突然死事件…………………578
ドーピング…………………742
富山エホバの証人輸血拒否事
　件…………………………196
都立広尾病院……………17, 18
ドリルの先端事件…………359

な

内視鏡事件…………………363
ニアミス………………380, 381
二重基準説…………………302
入院患者の自傷他害行為…662
乳児窒息死事件……………577
乳児突然死事件……………578
乳腺症手術事件（判決）
　……………………113, 223
脳死……………………………58
　——と臓器移植法…………58
脳死者の家族の同意………158
脳死判定………………………61
脳死臨調………………………59
望まざる事故………………380

は

配偶者に対する説明………292
胚保護法…………………56, 57
ハインリッヒの法則………381
白紙状態での放棄……321, 323
剥離看過事件………………575
抜歯事件判決………………204
ハードロー……………………47
判断基準……………………422
判断能力………………151, 154
販売上の義務………………748
反復継続意思説………………81
被害者の同意………………130
人ないし患部の取り違え事件
　……………………………547
ヒポクラテスの誓い………190
秘密裡のエイズ検査………176
秘密裡のエイズ抗体………178
姫路日赤病院未熟児網膜症事
　件判決……………………417
ヒヤリ・ハット事例…………41
病院外での他害行為………683

病院外の他害行為…………668
病院事故の傾向……………672
病院長の刑事責任……601, 605
病院内誤嚥事故……………587
病院内の専門間分業………626
病院内の他害行為…………680
病院内の転落・転倒事故…584
美容手術と説明……………313
美容整形手術…………315, 316
フォルクマン阻血性硬縮事件
　判決………………………431
福島県立大野病院……………18
福島地裁大野病院事件……420
不適合輸血の類型…………536
不法行為能力………………149
分業…………………………688
　——の諸形態……………688
文書による基本様式………340
分野関係的相対的水準……410
閉鎖病棟内での自殺………674
ベット転落事件判決………581
弁識能力………………151, 154
　——のない成人…………337
法益関係的錯誤（説）
　………167, 169, 170, 181, 186
法益の処分不可能性………140
法益保護の放棄……………109
包括的損害賠償責任
　……………………343, 344, 345
　——の例外………………345
包括法方式……………………35
法定代理人の代諾…………157
法律行為説…………………108
法律行為能力………………149
法律行為類似説……………109
法律モデル……………………34
北大電気メス事件判決……726
保護目的連関………………466
保護目的論…………………348

事項索引　*863*

ホームドクターと専門医との
　協力関係 …………………641
ホメオパシー …………402, 403
本質的錯誤説 ………………167

ま

麻酔医と執刀医 ……………633
　――の任務分担 …………633
麻酔器の取扱いミス ………519
麻酔剤の取違え ……………514
麻酔事故 ……………………512
麻酔による医療過誤 ………512
末期がん告知事件 …………261
未確立の治療方法 …………272
未熟児網膜症事件 ……415, 416
未熟児網膜症姫路日赤事件上
　告審判決 …………………424
水虫レントゲン照射事件 …415
未成年者の同意能力 ………155
未成年者への説明 …………336
ミドリ十字ルート …………758
民事訴訟件数…………………20
ムーア事件 …………………182
無危害原則 …67, 69, 74, 77, 190
無資格者による調剤・投薬ミ
　ス ……………………………509
免疫不全病 …………………735
目的説 …………………138, 139
目的に関する錯誤 …………169
モデル事業……………………29

や

薬害エイズ事件 ………757, 758
薬害スモン事件 ……………754
薬剤師による調剤ミスの事例
　………………………………505
薬剤の処方ミス ……………488
薬品事故 ……………………734
山本病院事件……………27, 620
輸血拒否 ……………………203
　――の意思 ………………192
幼児の誤嚥事故 ……………587
用法上の義務 ………………745
要望にもとづく帝王切開 …206
抑制・制御能力 ……………151
横浜市立大学医学部附属病院
　………………………………17
横浜市立大学患者取り違え事件
　………………………………708

ら

利益衡量 ……………………112
理解力ある患者 …299, 300, 302
リスクマネージメント ……662
リスボン宣言…………………34
リポバイ（Lipobay）事件
　………………………………736
流通後の義務 ………………748
良俗違反 ………144, 145, 191
良俗違反概念 …………137, 138
良俗概念 …………………143, 146
療養指導としての説明 ……247
療養上の世話 ………………482
　――に関する判例 ………582
臨床試験 ………………………65
倫理委員会……………………50
倫理原則………………………67
レモン汁事件 ………………279
連携診療 ……………………645
老人の誤嚥事故 ……………587
ロールキャベツ誤嚥事故 …589

わ

割り箸刺入看過事件 ………455

初出一覧

第1章
「医事刑法の序論的考察（1）」法学論集61巻3号（2011年9月）1-34頁
「医事刑法の序論的考察（2・完）」法学論集61巻4号（2011年12月）36-88頁

第2章
「医療侵襲に対する患者の同意」法学論集61巻5号（2012年1月）1-112頁

第3章
「医師の説明義務（1）」法学論集61巻6号（2012年3月）1-51頁
「医師の説明義務（2・完）」法学論集62巻1号（2012年5月）1-62頁

第4章
「医療過誤と客観的帰属」法学論集62巻2号（2012年6月）64-157頁

第5章
「医療過誤の諸類型と刑事組織過失」法学論集62巻6号（2013年3月）53-166頁

第6章
「医療過誤と刑事組織過失（1）」法学論集62巻3号（2012年9月）1-71頁
「医療過誤と刑事組織過失（2・完）」法学論集63巻1号（2013年5月）1-97頁

著者略歴
山中敬一（やまなか けいいち）
　1947年　大阪府生まれ
　1970年　関西大学法学部卒業
　1975年　京都大学大学院博士課程単位取得退学
　1985年　関西大学法学部教授
　1999年　博士（法学）京大
　2004年　関西大学法科大学院教授
　　　　　旧司法試験考査委員（1994-2002）
　　　　　新司法試験考査委員（2006-2007）

主要著書
　刑法における因果関係と帰属（1984・成文堂）
　正当防衛の限界（1985・成文堂）
　論考大津事件（1994・成文堂）
　刑事法入門（改訂版）（1996・成文堂）
　刑法における客観的帰属の理論（1997・成文堂）
　刑法総論Ⅰ・Ⅱ（1999・成文堂）
　中止未遂の研究（2001・成文堂）
　刑法各論Ⅰ・Ⅱ（2004・成文堂）
　ロースクール講義刑法総論（2005・成文堂）
　刑法総論（第2版）（2008・成文堂）
　刑法概説Ⅰ（総論）・Ⅱ（各論）（2008・成文堂）
　Strafrechtsdogmatik in der japanischen
　　Risikogesellschaft, 2008, Nomos-Verlag
　刑法各論（第2版）（2009・成文堂）
　犯罪論の機能と構造（2010・成文堂）
　Geschichte und Gegenwart der japanischen
　　Strafrechtswissenschaft, 2012, de Gruyter

医事刑法概論Ⅰ（序論・医療過誤）
2014年8月1日　初版第1刷発行

著　者　山　中　敬　一
発行者　阿　部　耕　一

〒162-0041　東京都新宿区早稲田鶴巻町514番地
発行所　株式会社　成　文　堂
電話 03(3203)9201　FAX 03(3203)9206
http://www.seibundoh.co.jp

製版・印刷　シナノ印刷　　製本　弘伸製本
©2014 K. Yamanaka　Printed in Japan
☆落丁本・乱丁本はおとりかえいたします☆
ISBN978-4-7923-5121-2 C3032　　検印省略

定価（本体14000円＋税）